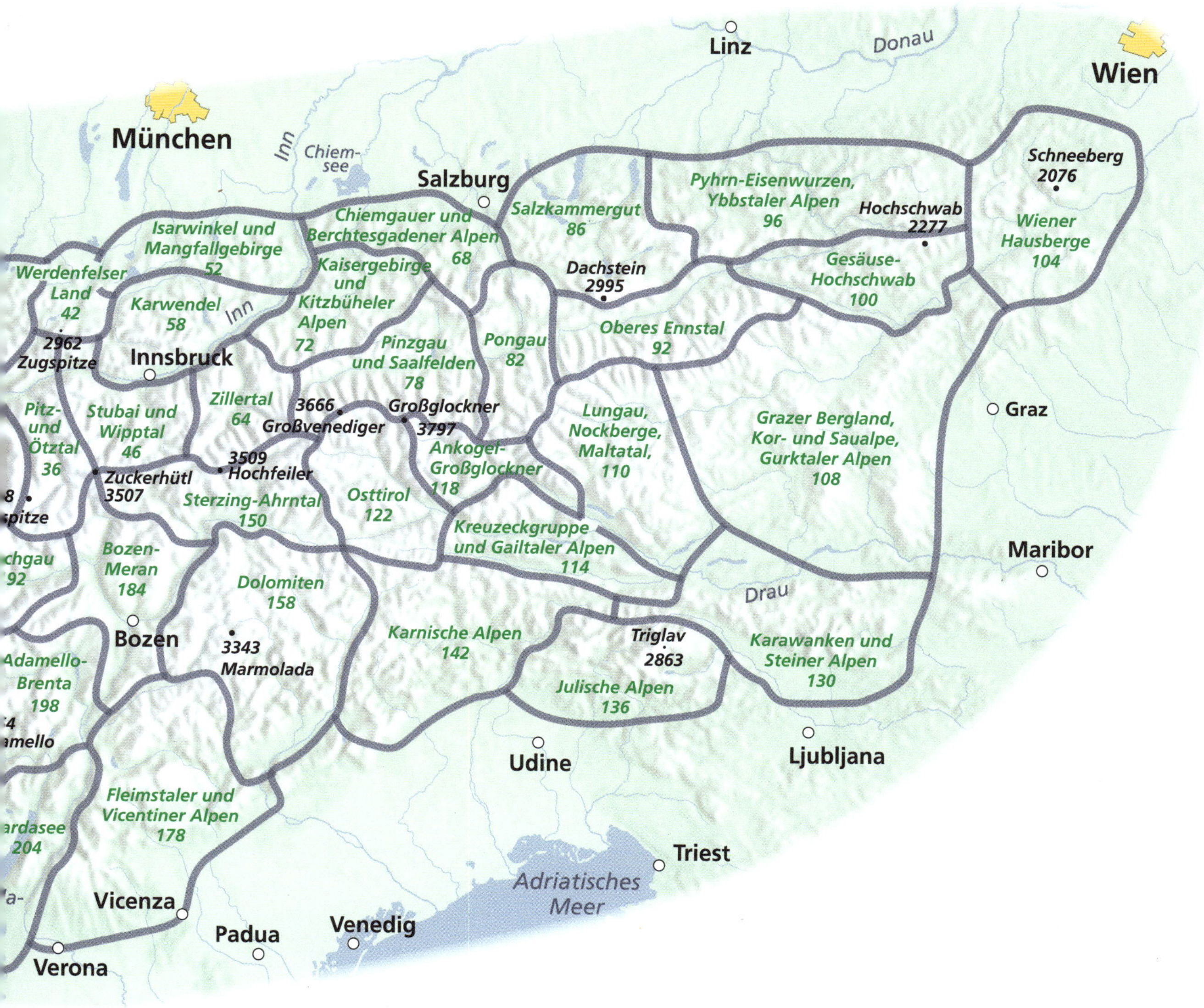

Linz
Donau
Wien
München
Inn
Chiem-see
Salzburg
Isarwinkel und Mangfallgebirge 52
Chiemgauer und Berchtesgadener Alpen 68
Salzkammergut 86
Pyhrn-Eisenwurzen, Ybbstaler Alpen 96
Schneeberg 2076
Hochschwab 2277
Wiener Hausberge 104
Werdenfelser Land 42
Kaisergebirge und Kitzbüheler Alpen 72
Dachstein 2995
Gesäuse-Hochschwab 100
Karwendel 58
Inn
2962 Zugspitze
Innsbruck
Pinzgau und Saalfelden 78
Pongau 82
Oberes Ennstal 92
Zillertal 64
3666 Großvenediger
Großglockner 3797
Pitz- und Ötztal 36
Stubai und Wipptal 46
Lungau, Nockberge, Maltatal, 110
Grazer Bergland, Kor- und Saualpe, Gurktaler Alpen 108
Graz
3509 Hochfeiler
Ankogel-Großglockner 118
Zuckerhütl 3507
Sterzing-Ahrntal 150
Osttirol 122
Kreuzeckgruppe und Gailtaler Alpen 114
Maribor
Bozen-Meran 184
Dolomiten 158
Drau
Bozen
3343 Marmolada
Karnische Alpen 142
Triglav 2863
Karawanken und Steiner Alpen 130
Adamello-Brenta 198
Julische Alpen 136
Udine
Ljubljana
Fleimstaler und Vicentiner Alpen 178
204
Triest
Adriatisches Meer
Vicenza
Padua
Venedig
Verona

Eugen E. Hüsler

BERGWANDERATLAS
ALPEN

Eugen E. Hüsler

BERGWANDERATLAS ALPEN

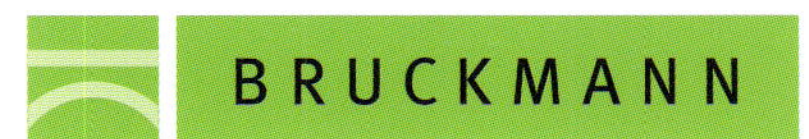

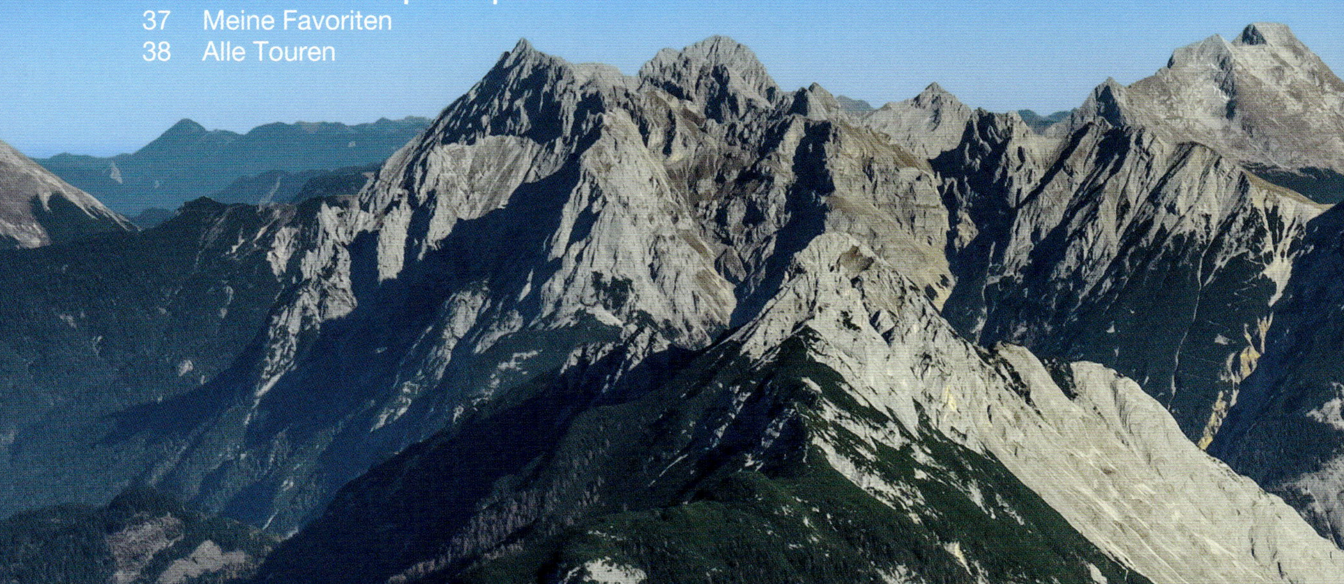

Zwischen Graz und Comer See (Südalpen)

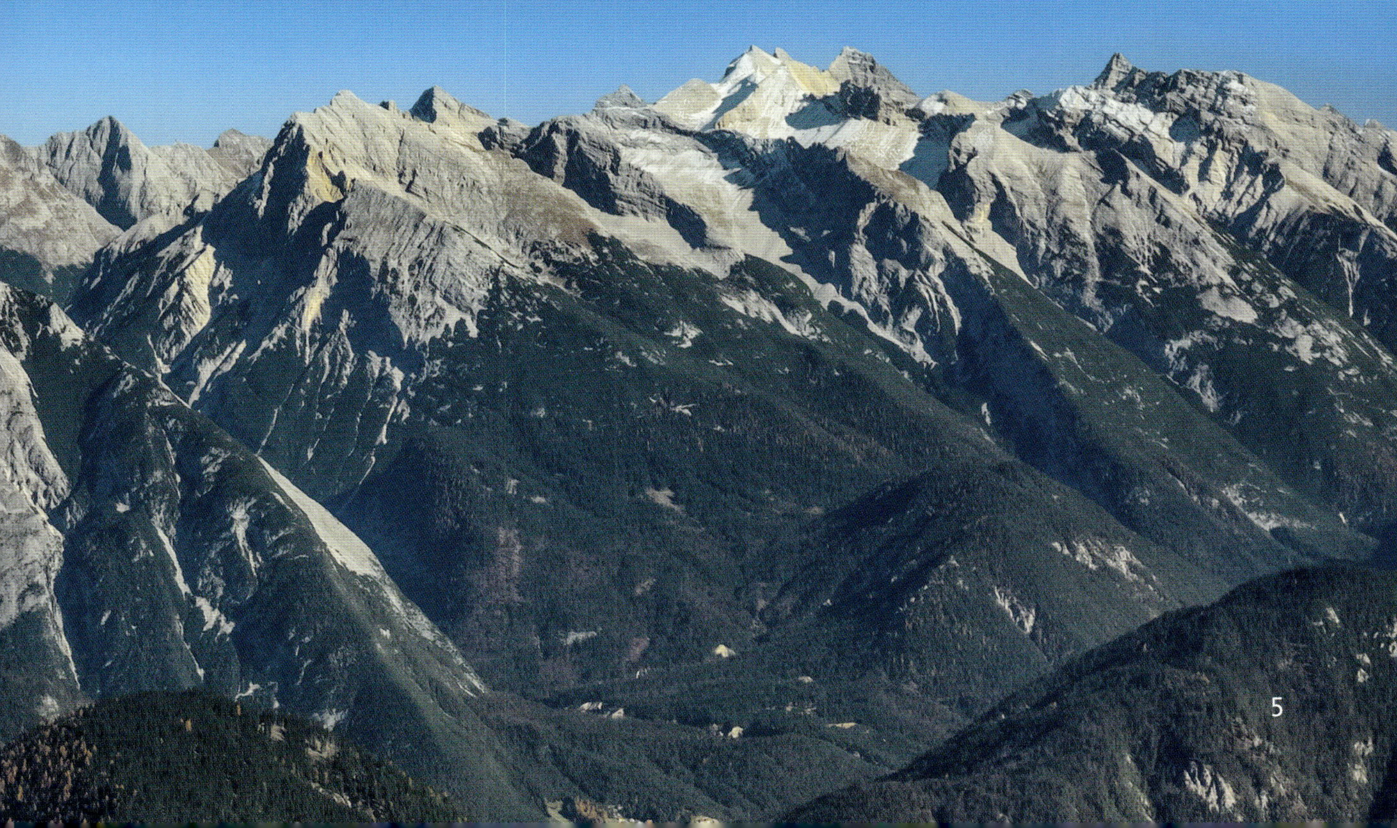

Blick von der Hohen Munde auf das westliche Karwendelgbirge

Zwischen Bodensee und Riviera (Westalpen)

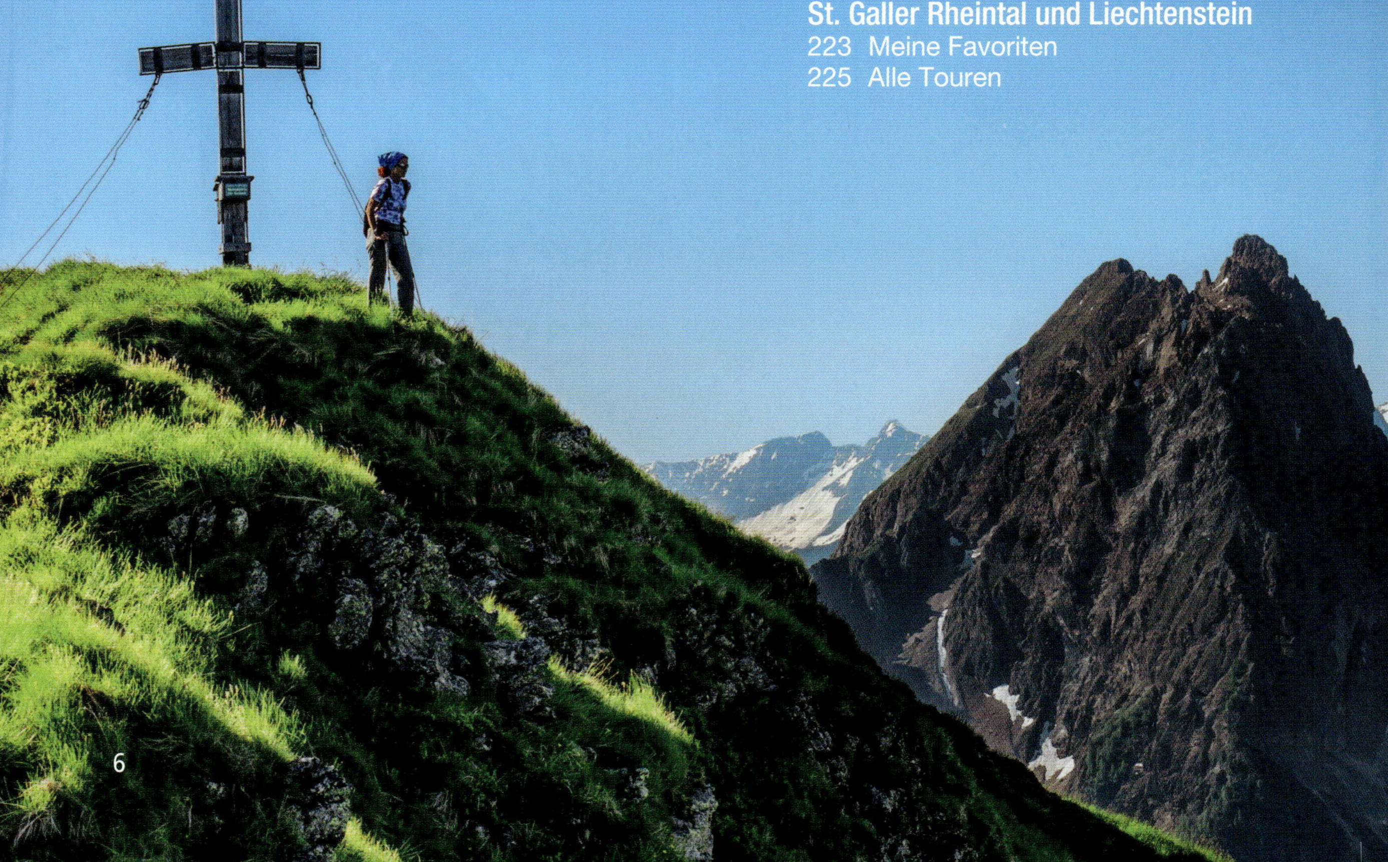

Am Brechhorn mit Blick zum Rettenstein und auf die Hohen Tauern mit dem Großvenediger

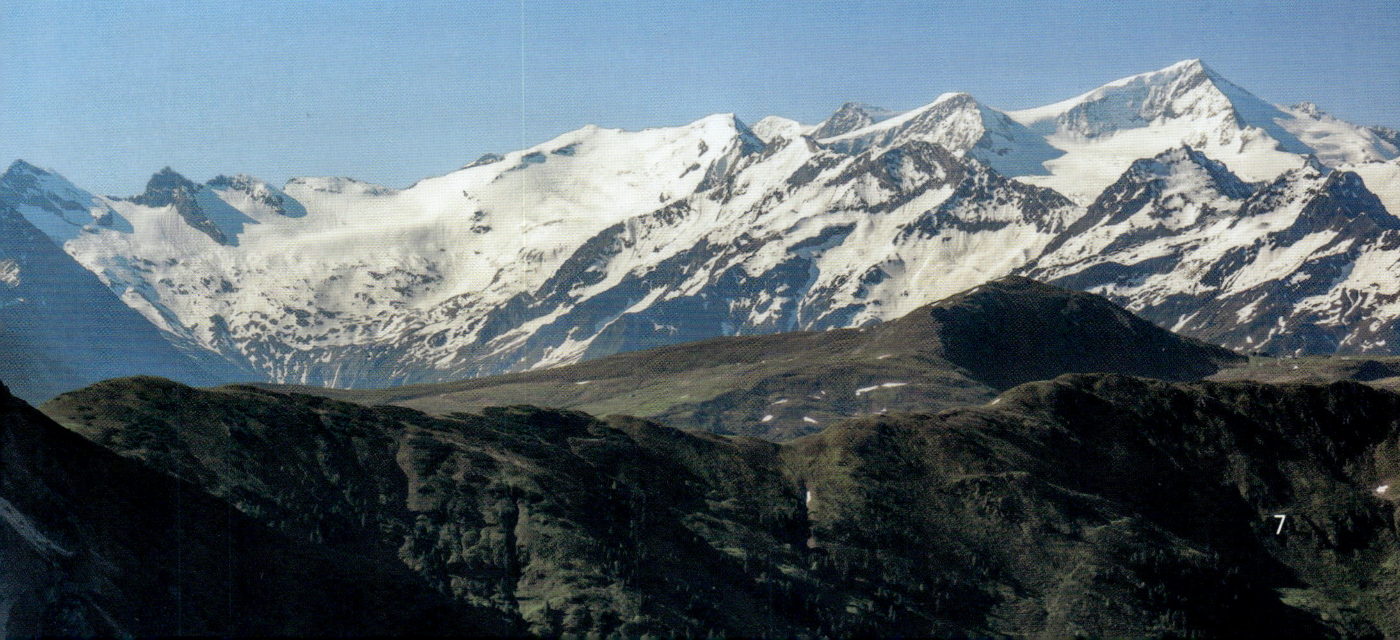

Die Alpen erleben – wandernd

Wir Menschen sind Fußgänger, alle, von Natur aus. Unsere Vorfahren wanderten umher auf der Suche nach Nahrung, sie unternahmen riesige Züge, um in klimatisch günstigere Regionen zu gelangen; die Geschichtsbücher sind voll von Kriegszügen, die über halbe Kontinente führten.

Der moderne Wanderer ist, obwohl auch er öfter in »Heerscharen« auftritt, entschieden friedlicher. Eroberungen plant er allerdings ebenfalls: Gipfel, sie sind seine bevorzugten Ziele – oben sein, noch so ein alter Menschheitstraum.

Reisen, unterwegs sein. Das macht heute für viele Lebensqualität aus; wer kennt nicht das geflügelte Wort von den »kostbarsten Wochen des Jahres«? Unsere Erde ist geschrumpft: Marco Polo war Jahre unterwegs ins Reich der Mitte, für den Trekker von heute liegen gerade zwölf Stunden zwischen dem Berliner Alltagsgrau und der Landung am Katmandu Airport.

Times are changing, das merken auch die Hoteliers in den Alpen, denen die (Sommer-)Gäste buchstäblich davonlaufen. Auf den Kanarischen Inseln ist das Wetter halt besser, die meisten Gipfel sind zwar nicht so hoch, die Preise dafür (meistens) niedriger. Und die Alpen, die kennt ja eh' schon jede/r …

Die Alpen? Die Drei Zinnen vielleicht, ein paar Karwendelberge, den Wilden Kaiser und das Surfparadies Gardasee. Doch wer war schon in den Monti Lessini unterwegs, wer kennt die Südtäler der Bergamasker Alpen, ist rund um den Monviso gewandert? In den wilden, macchiaverwachsenen Talgräben der Cárnia vergisst man schnell, dass Venedig keine hundert Kilometer entfernt ist, und auf den abenteuerlichen Wegen des Sopra Ceneri wird eine untergegangene (Bauern-)Kultur wieder lebendig. Die Alpes du Sud mit ihren kahlen Fels- und Schutthängen, den abgrundtiefen Schluchten erinnern an Landstriche jenseits des Mittelmeers.

Die Alpen – sie sind weit größer, interessanter und vielgestaltiger als ihre Klischees. Matterhorn und Königssee, St. Moritz und Kitzbühel, Jungfraujoch und Gardasee – nicht mehr als ein paar bunte Tupfer im größten europäischen Gebirge. Einige Hundert Millionen Jahre alt sind viele Gesteine der Alpen, seit Jahrtausenden besiedelt und mancherorts entvölkert, bis zu den Gipfeln hinauf voller Geschichte und Geschichten. Kultur und Historie, Vergangenes und Zukunft: die Alpen als Spiegel unserer Kultur. Und wie anders als »per pedes« kann man sie besser kennenlernen, im Takt der Schritte, langsam, nachdenklich auch. Denn so manches ist leichtfertig zerstört worden in den letzten Jahrzehnten, einem »Fortschritt« geopfert, von dem wir bloß wissen, dass er fortführt. Wohin?

Die Alpen sind unser Gebirge, inmitten Europas gelegen, kein unentdecktes Paradies am Ende der Welt. Doch wir wissen: Abenteuer beginnen im Kopf. Also dann – viel Spaß auf 2000 Wegen zwischen Luzern und Wien, zwischen Graz und Marseille!

Dietramszell, Sommer 2017
Eugen E. Hüsler

Wandern im Berner Oberland: Schreckhorn und Finsteraarhorn von den Almen über Grindelwald

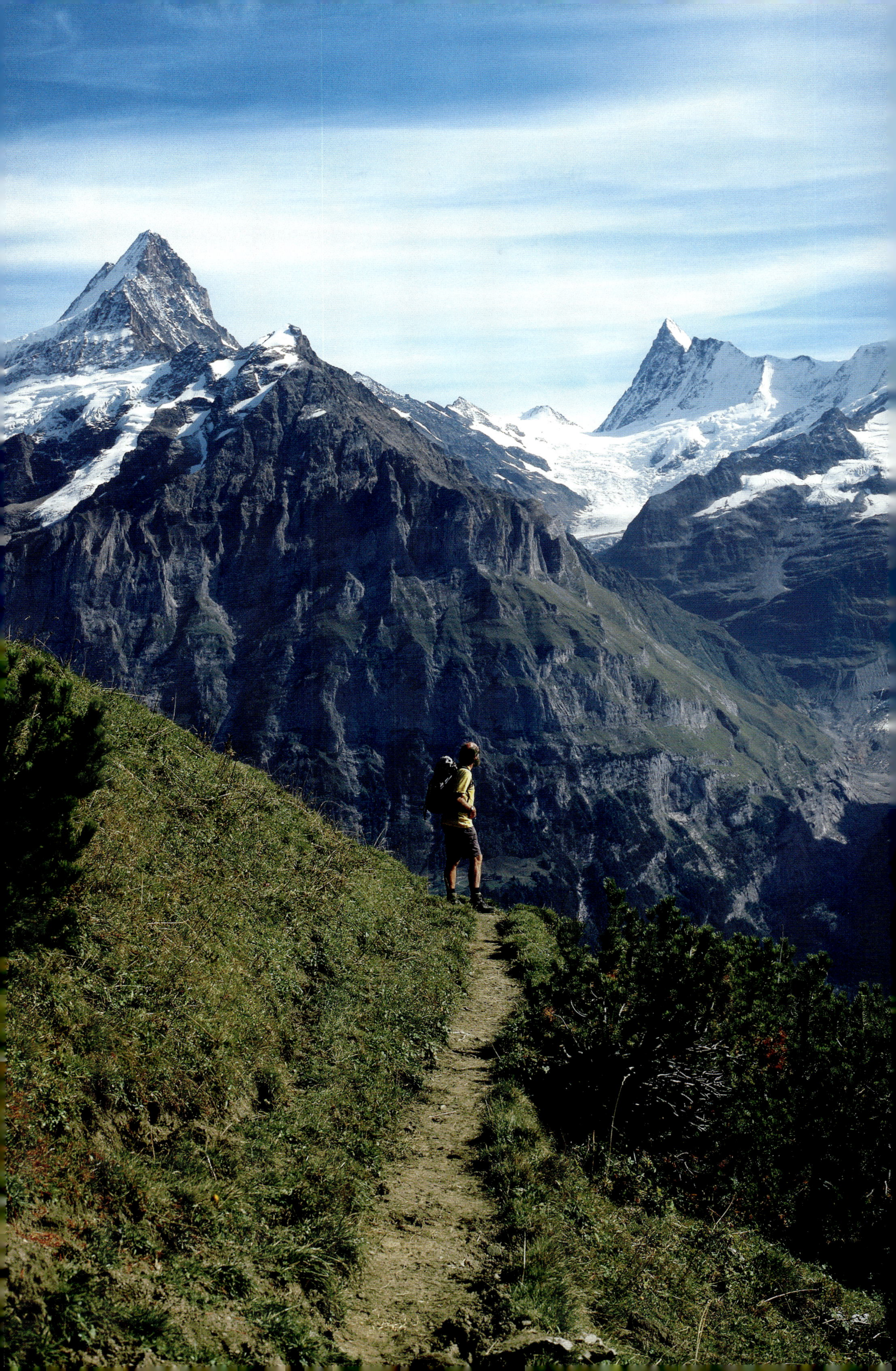

DIE ALPEN

Das größte Hochgebirge Europas zieht in weitem Bogen vom Golf von Genua bis zur Donau bei Wien, rund 1200 km lang, 150 bis 200 km breit. Die höchsten Erhebungen (Mont Blanc, 4808 m; Monte Rosa, 4634 m) liegen im Westen; höchste Gipfel der Ostalpen sind Bernina (4049 m), Ortler (3905 m) und Großglockner (3798 m), höchster deutscher Gipfel ist die Zugspitze (2962 m). Mit 24 km längster Gletscher der Alpen ist der Aletschgletscher. Die Schneegrenze (oberhalb der mehr Schnee fällt als taut und sich damit Gletscher bilden) liegt in den Randgebieten bei 2600–2700 m, im Innern der Alpen bei 2800–3100 m.

Ein weites Feld

So etwa könnte ein Lexikoneintrag lauten, ergänzt vielleicht um ein paar Angaben über die geografische Gliederung der Alpen, über Gewässer, Pflanzen und Tiere. Einiges zum Thema Alpen hat auch die Schule, Fach Erdkunde, beigesteuert, und die Sport- und Sensationsspalten der Zeitungen versorgen uns regelmäßig mit Stichwörtern zum Thema: die »Streif« bei Kitzbühel, Tunnelbrand unter dem Mont Blanc, Skifliegen in Planica, Lawinenabgänge in Galtür, Stau am Brenner usw.

Ein Puzzle an Bildern, Informationen, angereichert durch eigene Erinnerungen an den einen oder anderen Urlaub im »Playground of Europe«, wie Leslie Stephen die Alpen vor 150 Jahren nannte. Damals war Reisen noch eine elitäre Angelegenheit, nur wenigen vorbehalten. Der von König Edward VII. geadelte Theologe und Bergsteiger würde seinen »Spielplatz« heute wohl kaum mehr wiedererkennen. Er reiste noch mit der Kutsche, wanderte in Täler, durch die sich heute ein endloser blecherner Tatzelwurm zwängt, übernachtet wurde im Heu oder unter freiem Himmel – Alpenvereins-»Hotels« gab's natürlich noch nicht. »Spielplatz« und riesiger Freizeitpark sind die Alpen längst, und das in einem Ausmaß, von dem Sir Leslie nicht einmal geträumt haben mag. Trotzdem, jene »weißen Flecken«, fast unbekanntes Land, vom Massentourismus übersehene oder gemiedene Winkel, die gibt es auch heute noch in den Alpen, und zwar nicht wenige. Das liegt einerseits an der Größe des Reviers, aber auch an wirtschaftlichen und sozialen Umwälzungen, die zur Entvölkerung ganzer Landstriche vorab im Westteil des Gebirges führten. Fast zwei Drittel so groß wie das heutige Deutschland sind die Alpen, dabei jedoch viel kleinräumiger gegliedert; von Wien aus zeigen sich die ersten Zweitausender am Horizont, und der letzte Dreitausender im Südwesten ist keine fünfzig Kilometer vom Badestrand der Riviera entfernt. Linz ist von Grenoble so weit weg wie Berlin von Mailand; Österreich und die Schweiz liegen zu großen Teilen innerhalb der Alpen.

LANG, LANG IST'S HER

Jeder Blick auf die Alpen ist auch ein Blick zurück, zurück in die Erdgeschichte. Rund 100 Millionen Jahre sind vergangen, seit die ersten Gesteinspakete der heutigen Alpen aus dem Meer aufgetaucht sind, nicht gerade viel im Vergleich zum Alter des blauen Planeten: geschätzte fünf Milliarden Jahre.

Millionen, Milliarden. Astronomische Zahlen, bei denen man sich vorkommt wie ein Spaziergänger auf dem Weg zum Mond: schwer vorstellbar! Doch an solche Zahlen und Zeiträume muss sich gewöhnen, wer die Alpen und ihre Entstehung begreifen will. Auch um zu verstehen, dass ein Ende dieser Entwicklung keineswegs in Sicht ist. Die Alpen leben und wachsen weiter; jedes Jahr werden sie um etwa einen Millimeter höher. Auf ein Jahrtausend gerechnet ergibt das bereits einen Meter, in anderthalb Millionen Jahren wäre das Matterhorn glatt ein Sechstausender.

Doch was treibt sie in die Höhe, was hat sie überhaupt entstehen lassen, die Berge? Verantwortlich dafür ist die »Haut« unserer Erde, vergleichsweise dünn und keineswegs so solide, wie sie uns meistens vorkommt. Nicht nur, dass sie gelegentlich bebt und Magma ausspuckt: Die Kontinente verändern ganz langsam, aber stetig ihre Lage zueinander. Afrika und Europa kommen sich seit etwa 100 Millionen Jahren kontinuierlich näher. Dieser Zeitlupen-Zusammenprall hat die Alpen entstehen lassen, hat Felsschichten zu Bergen angehoben, riesige Gesteinspakete gefaltet wie ein Tischtuch, das zusammengeschoben wird. Die Alpen als kontinentale Knautschzone …

Alpinen Faltenwurf kennt natürlich jeder Bergsteiger. Im Kaisergebirge beispielsweise folgen viele Kletterrouten den senkrecht gestellten Schichten. Und wer durch die Lechtaler Alpen wandert oder aus dem Grödner Tal aufs Puez-Plateau hinaufsteigt, der fühlt sich geradezu

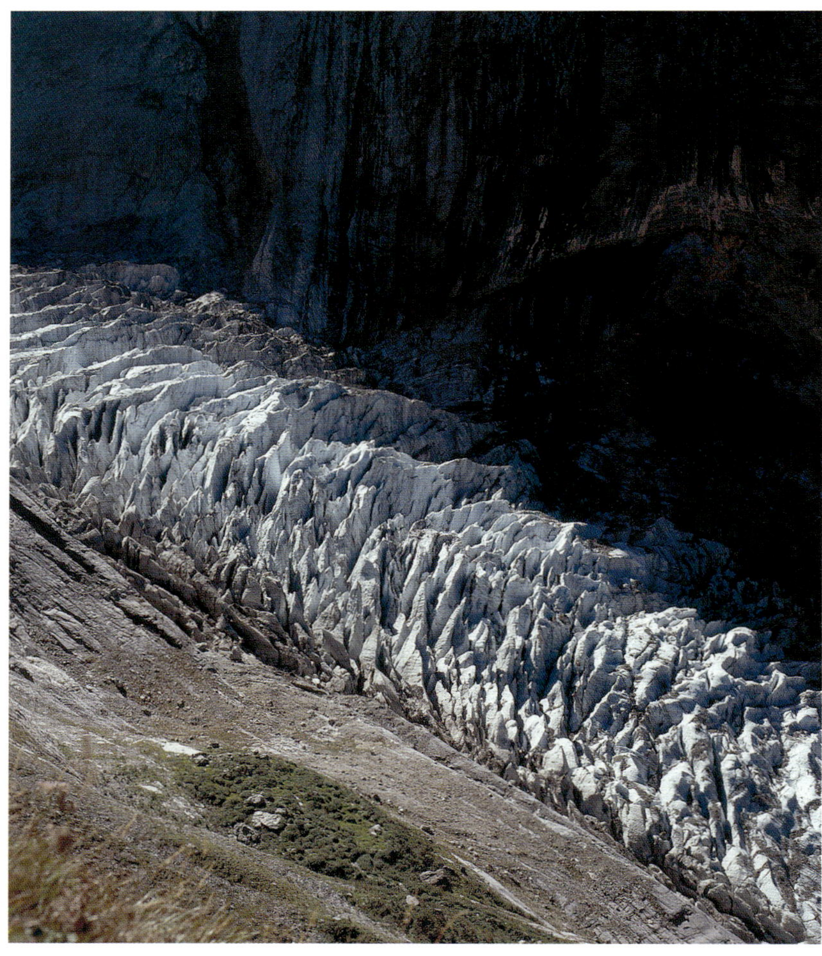

Immer faszinierend: die Eisströme des Hochgbirges wie der Obere Grindelwaldgletscher

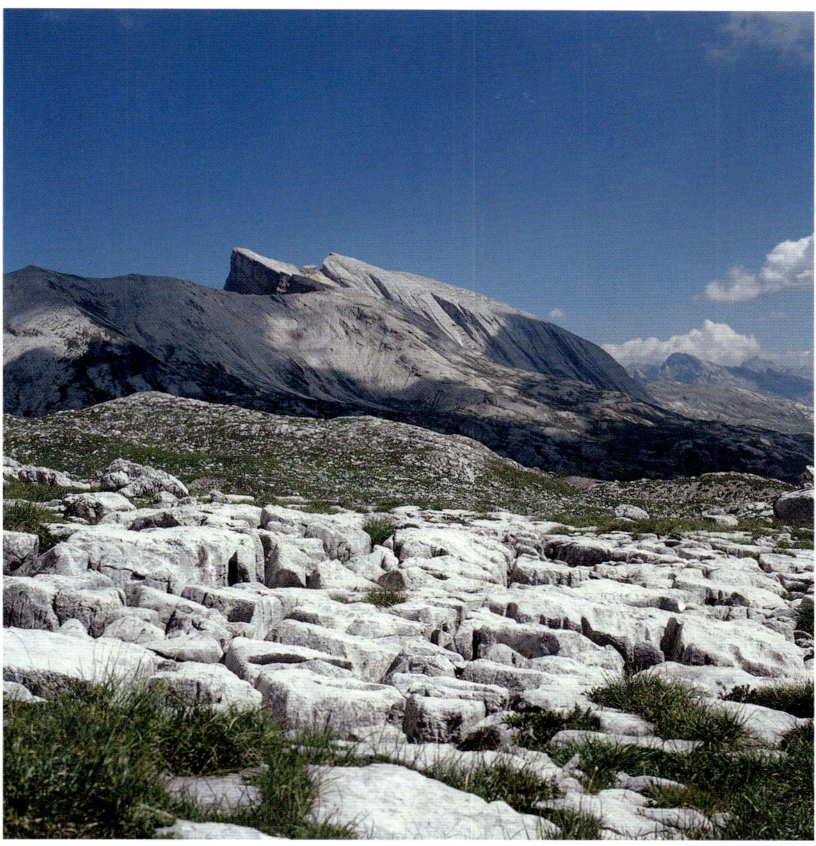

Allgegenwärtig in den Bergen: Erosion. Wind und Wasser, Eis und Kälte nagen am härtesten Stein. Senesalm und Seekofel in den Pragser Dolomiten

in eine erdgeschichtliche »Großbaustelle« versetzt. In dieser Kulisse chaotisch durcheinandergewürfelter Felsen, zerborstener Grate und mächtiger Geröllströme versteht man, dass Natur nie »fertig« ist, dass es weder »ewiges Eis« noch unverrückbare Gipfel gibt.

Nicht jedem Bergsteiger dürfte allerdings bewusst sein, dass er etwa in den Dolomiten auf dem verfestigten »Bodensatz« eines urzeitlichen Meeres herumspaziert. Wer's nicht glaubt, braucht bloß Gesteinsbruchstücke genauer anzuschauen, um mit etwas Glück Beweise zu entdecken: Ammoniten, Muscheln, Schnecken, Korallen, Kopffüßer, Seeigel. Deponiert wurden die meisten vor gut 200 Millionen Jahren auf dem Meeresgrund; unter dem Gewicht immer neuer Ablagerungen wurden sie allmählich verfestigt, sprich versteinert.

Schichten, meterdick oder auch ganz dünn, verbogen, gefaltet und schräg gestellt – sie sind typisch für Sedimentgesteine, und so mancher Weg verläuft über jene Absätze, die durch unterschiedlich starke Verwitterung entstanden sind. Riffkalken fehlt diese Schichtung: Der Langkofel beispielsweise, berühmter Dolomitengipfel und Wahrzeichen Grödens, ist ein während der alpinen Gebirgsbildung ans Tageslicht befördertes urzeitliches Korallenriff. Wie so etwas vor Jahrmillionen ausgeschaut hat, lässt sich heute vor Australien am Great Barrier Riff besichtigen: abtauchen in die Erdgeschichte. Aber Vorsicht, im pazifischen Wasser schwimmen nicht nur bunte Zierfische!

Eisige Zeiten

Nichts hat die Alpen so rücksichtslos gründlich bearbeitet wie das Eis. Was wäre das Oberengadin ohne seine Seen, wo bliebe der mediterrane Zauber von Locarno ohne den Lago Maggiore? Die Gletscher, unter deren Last die Alpen eine Million Jahre lang ächzten, haben die Seebecken ausgetieft, die Täler »geweitet« und so – nach ihrem Rückzug in höhere Regionen – Raum geschaffen für menschliche Siedlungen.

Als riesiger weißer Mantel bedeckte das Eis einst die Alpen bis weit ins Vorland, zuletzt bei der Würmeiszeit vor nur 18 000 Jahren. Der Rhonegletscher war während der Risseiszeit rund 25 000 Quadratkilometer groß. Geblieben ist davon ein Rest von gerade noch 15 Quadratkilometern, Tendenz abnehmend!

➔ Alpenländer: Deutschland, Frankreich, Italien, Liechtenstein, Monaco, Österreich, Schweiz, Slowenien
➔ Höchster Gipfel: Mont Blanc (4808 m)
➔ Wichtigste Alpenflüsse: Aare, Drau, Durance, Enns, Etsch, Inn, Isère, Rhein, Rhone

LEBENDIGE NATUR

Was da so kreucht und fleucht

Zum »Erlebnis Berge« gehören natürlich auch die Alpenbewohner, und dabei denke ich jetzt nicht an Ladiner, Walliser oder Savoyards, sondern an die Tiere. Sie in »freier Wildbahn« zu beobachten, ist immer wieder ein Erlebnis, egal, ob es sich um einen bunten, durch die Lüfte gaukelnden Schmetterling oder um ein Gämsrudel handelt. Wer freut sich nicht über den lauten Warnpfiff eines Murmeltiers, steht mucksmäuschenstill am Weg, wenn sich zufällig ein paar Steinhühner in der Nähe niedergelassen haben, gut getarnt zwischen Steinen?

Durch den Rückzug des Menschen aus größeren Alpenregionen, aber auch dank der Schaffung von Schutzzonen erobern sich viele Tierarten ihren ursprünglichen Lebensraum langsam zurück. Bestes Beispiel: Der Steinbock, einst bis auf einen Restbestand am Gran Paradiso ausgerottet, ist heute wieder in zahlreichen Alpen-

500 Millionen Jahre auf einen Blick

• Vor einer halben Milliarde Jahren entwickelten sich die ersten Gesteine, die man heute im alpinen Grundgebirge findet. Dabei entstanden u. a. Gneise, Marmor, Kalksilikate, Serpentinit und Granit.

• Zwischen Afrika und Europa bildete sich vor 230 Millionen Jahren ein Urmeer (Tethys). Auf seinem Grund wurden die unterschiedlichsten Sedimente abgelagert und allmählich zu Stein, u. a. Kalk- und Dolomitgesteinen, verfestigt.

• Vor knapp 100 Millionen Jahren setzte die alpine Gebirgsbildung ein: Afrika bewegte sich auf Europa zu, wodurch der für die Hebung/Faltung notwendige Druck entstand. Den letzten, entscheidenden »Stoß« erhielten die Alpen vor etwa sieben Millionen Jahren.

• Für den »Endschliff« des Gebirges sorgten die Gletscher. Eis- und (wärmere) Zwischeneiszeiten wechselten sich ab, beginnend vor gut zwei Millionen Jahren bis zum letzten großen Eisvorstoß vor 18 000 Jahren.

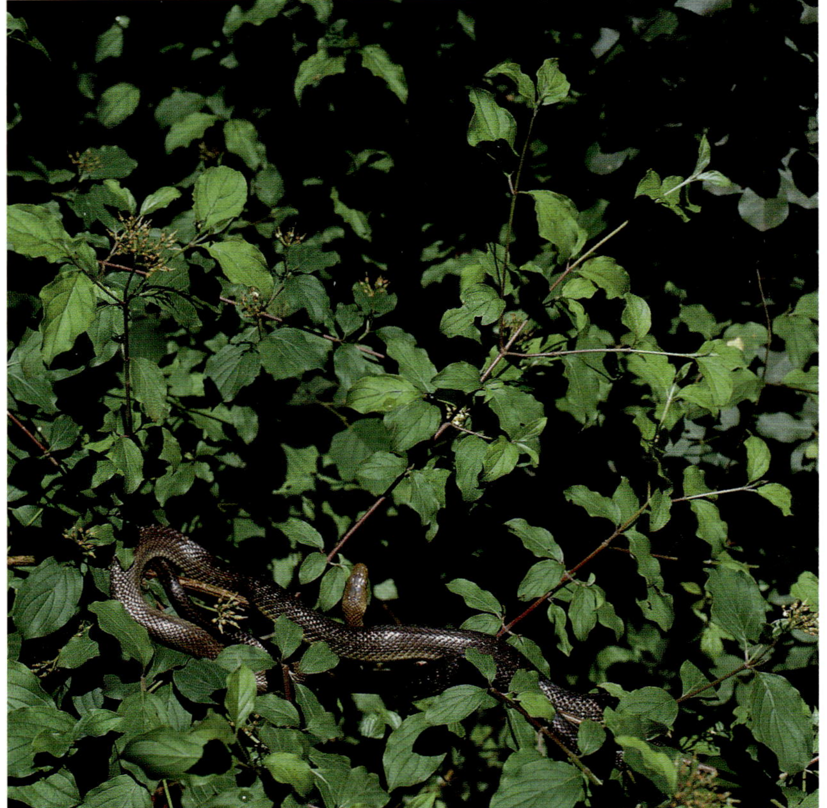

Die größte Schlange der Alpen ist die Aeskulapnatter *(Elaphe longissima)*, die bis zwei Meter lang werden kann und sehr gut klettert. Man begegnet ihr vor allem in den Südalpen, u. a. in Südtirol.

➔ Mufflon *(Ovis musimon)*, Schulterhöhe 75 cm; Männchen mit auffallend großen Kreisbogenhörnern, in Bergwäldern zu Hause, vor allem in den Südwestalpen. Warnlaut: wie Gämse.

➔ Wildschwein *(Sus scrofa)*, Schulterhöhe bis knapp 1 m; Fell langborstig, Männchen mit auffallenden, vorstehenden Hauern. Vor allem in Wäldern der Haute Provence und der Seealpen anzutreffen (frz. sanglier).

➔ Murmeltier *(Marmota marmota)*, bis 50 cm lang; lebt in größeren Kolonien an steinigen Wiesenhängen oberhalb der Baumgrenze. Winterschlaf von Ende Oktober bis Anfang April. Warnlaut: greller Pfiff.

➔ Steinadler *(Aquila chrysaëtos)*, Spannweite bis 2 m, Gefieder dunkelbraun, vorzüglicher Gleiter. Baut seinen Horst in Nischen und auf Vorsprünge steiler Felsflanken. Nicht häufig, aber in vielen Regionen der Alpen heimisch.

➔ Auerhuhn *(Tetrao urogallus)*, schwerfälliger, großer Vogel, fliegt mit polterndem Geräusch auf. Männchen mit dunklem Gefieder, blau-grün glänzender Brust und abgerundetem Schwanz, bis 1,5 m Spannweite, Weibchen wesentlich kleiner.

➔ Äskulapnatter *(Elaphe longissima)*, größte Schlange in den Alpen, bis 2 m

regionen zu Hause. Auch Schlangen, früher von den Hirten wo immer möglich ausgerottet, begegnet man (vor allem in tieferen Lagen der Alpensüdseite) wieder recht häufig. Der Wolf, in den Alpen seit hundert Jahren ausgerottet, ist zurück. Nachdem in den 1990er-Jahren zunächst einzelne Exemplare gesichtet wurden, gibt es mittlerweile Wolfsrudel in Graubünden (Calanca) und in den Seealpen. Der alpenweite Bestand dürfte aktuell bei über 250 Tieren liegen. Der Braunbär, der vor einigen Jahren nur noch in Slowenien und mit ein paar wenigen Exemplaren im Adamello (italienische Alpen) vorkam, lebt in geringer Population mittlerweile auch wieder in Teilen Süd- und Ostösterreichs. Der Luchs – vor wenigen Jahrzehnten angesiedelt – ist u. a. in den Schweizer Alpen wieder heimisch geworden. Gleiches gilt für den Bartgeier, einst ebenfalls ausgerottet, aber inzwischen wieder in mehreren Regionen der Alpen zu beobachten.

Ein paar Alpenbewohner, vierbeinige und andere

➔ Gämse *(Rupicapra rupicapra)*, Schulterhöhe 75 cm; sehr guter Kletterer, meist oberhalb der Waldgrenze anzutreffen, oft in Rudeln. Warnlaut: pfiffartiges Luftausstoßen.

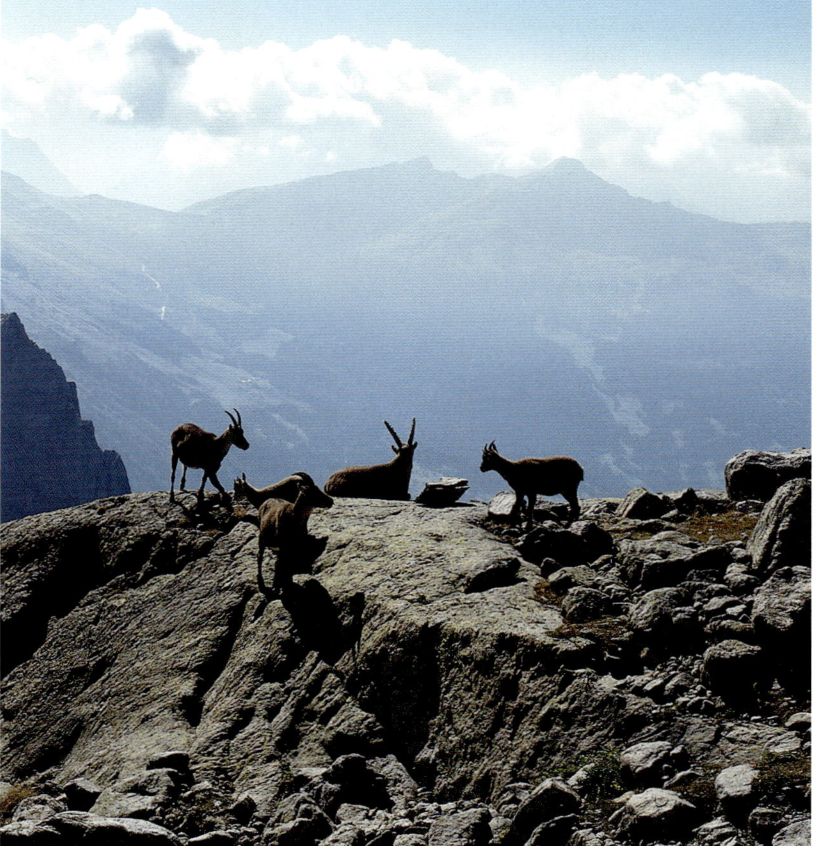

Steinbockkolonie im Berner Oberland. Zu den Highlights auf Bergwanderungen gehören Begegnungen mit wild lebenden Tieren.

lang. Oberseite glänzend braun, oft im Geäst von Bäumen und Büschen anzutreffen. Vor allem in den Ost- und Südalpen heimisch, ungiftig.

➔ Kreuzotter *(Vipera berus)*, 60–80 cm lang (Weibchen meist größer), gehört zu den Vipern; Färbung stark variierend, mit auffallendem Zick-Zack-Band am Rücken. Meistverbreitete Giftschlange Europas. Seltener, aber ebenfalls giftig ist die in den Süd- und Westalpen vorkommende Aspisviper *(Vipera aspis)*.

➔ Smaragdeidechse *(Lacerta viridis)*, bis 40 cm lang, liebt sonnig-trockene Buschhänge bis 1300 m. Oberseite grün, beim Männchen mit feinen dunklen Punkten und (während der Paarungszeit) leuchtend blauer Kehle.

➔ Alpensalamander *(Salamandra atra)*, bis 15 cm lang, schwarz. In Bergwäldern, Strauchregionen und Geröllhalden anzutreffen, bis gegen 3000 m; nachtaktiv, bei feuchtwarmem Wetter auch tagaktiv.

➔ Feuersalamander *(Salamandra salamandra)*, bis 25 cm lang, schwarz mit gelben/orange-gelben Flecken. In feuchten, schattigen Schlupfwinkeln bis gegen 1500 m.

➔ Hirschkäfer *(Lucanus cervus)*, bis 8 cm lang, Männchen mit auffallendem »Geweih«. Lebt in warmen Laubwäldern, vorzugsweise Eichen.

➔ Gottesanbeterin *(Mantis religiosa)*, 4–7,5 cm (Weibchen größer als Männchen) lang, mit auffallendem vorderem Fangbeinpaar, von August bis Herbst an sonnigen Buschhängen, vor allem in den Seeregionen der Alpensüdseite.

➔ Zecke *(Ixodes ricinus)*, 2,5–4 mm lang, Blut saugend, satt bis 11 mm lang. Zecken können eine bakterielle Infektion verursachen (Borreliose). Sie können darüber hinaus einen gefährlichen Virus übertragen (FSME, Impfung empfehlenswert).

➔ Schwalbenschwanz *(Papilio machaon)*, Schmetterling, bis 4,5 cm; Flügel schwefelgelb, rundum mit breitem, gelb geflecktem Rand, Hinterflügel mit rotem Augenfleck; steigt in den Alpen bis 2000 m hinauf.

➔ Bachforelle *(Salmo trutta fario)*, gehört zur Familie der Lachsfische, bis 40 cm lang, in Gebirgsbächen oft wesentlich kleiner. Körper lang gestreckt, Schnauze stumpf, sehr unterschiedlich gefärbt, Flanken mit schwarzen und roten, hell umrandeten Punkten. Standfisch, bis etwa 2500 m, mit eigenem Jagdrevier.

Bunte kleine Sehenswürdigkeiten

Dass man Alpenblumen zwar anschauen und fotografieren kann, aber nicht gleich rupfen soll, dürfte sich inzwischen sogar in den alpenfernsten Winkeln herumgesprochen haben. Das Edelweiß an der Höfats ist ungleich schöner als die kümmerlich-vertrocknete Trophäe am Tirolerhut. Und die Zeiten, als Kinder noch Alpenrosenbüsche an den Passstraßen verkauften, sind auch (fast) vorbei.

Schlicht faszinierend ist die Vielfalt der alpinen Flora, mitunter versetzt auch ihre Üppigkeit in Erstaunen: Bergflanken voller blühender Narzissen im Frühling an der Golica (Kahlberg) oder wie Unkraut wucherndes Edelweiß in den Karnischen Alpen. Überhaupt ist die Alpensüdseite das Dorado der Blumenliebhaber; hier kann man mit etwas Glück auch den einen oder anderen Endemiten entdecken. Vor allem am Monte Baldo, der seit jeher als »Giardino botanico di Europa« gilt, aber auch an anderen höher gelegenen Standorten, die während der Eiszeit von den Gletscherströmen verschont blieben.

Schwammerl

Sehr beliebt, vor allem in Italien, ist das Sammeln von Pilzen. In den meisten Gegenden ist es allerdings längst reglementiert, teilweise auch schon verboten, um die Bestände zu schützen. Wer die wichtigste Zutat zu seiner Pasta con Funghi selbst beibringen will, informiert sich vorher beim örtlichen Verkehrsverein über die geltenden Bestimmungen.

STRASSEN, WEGE

Das alpine Wegenetz ist fast so alt wie die Siedlungsgeschichte des größten europäischen Gebirges. Neu ist lediglich das Ausmaß der Mobilität: Wo früher ein paar Säumer oder Pilger unterwegs waren, rauscht heute tausendfach der Autoverkehr, Schienenstränge verbinden die großen Städte beiderseits der Alpen. Diese Verkehrserschließung erst hat den Massentourismus in Gang gebracht, zusammen mit einem relativen Wohlstand in den Alpenländern und vor allem in den Anrainerregionen. Hier interessieren Autobahn und TGV allerdings weniger als die schmalen, oft sehr alten, manchmal aber auch neu angelegten Pfade.

Wanderwege

Ihr Netz bemisst sich alpenweit auf etwa 200 000 Kilometer, was immerhin der halben Strecke zum Mond entspricht – die unmarkierten Wege nicht einmal mitgerechnet. Und sie haben sehr unter-

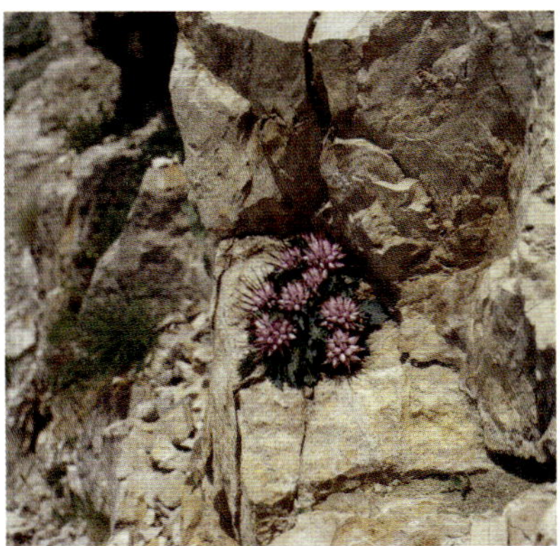
Schopf-Teufelskralle *(Phyteuma comosum)*

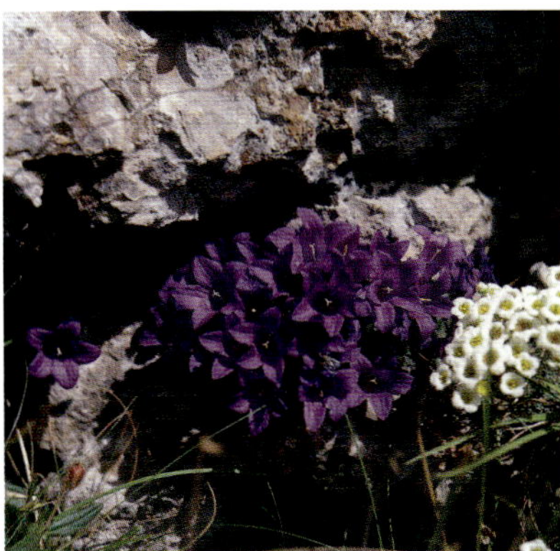
Dolomiten-Glockenblume *(Campanula morettiana)*

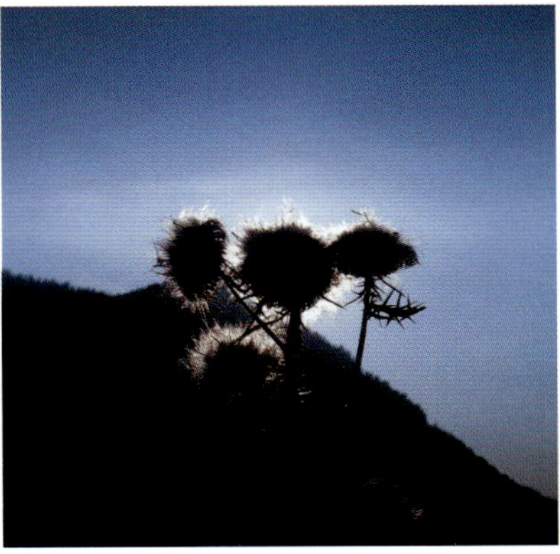
Distel

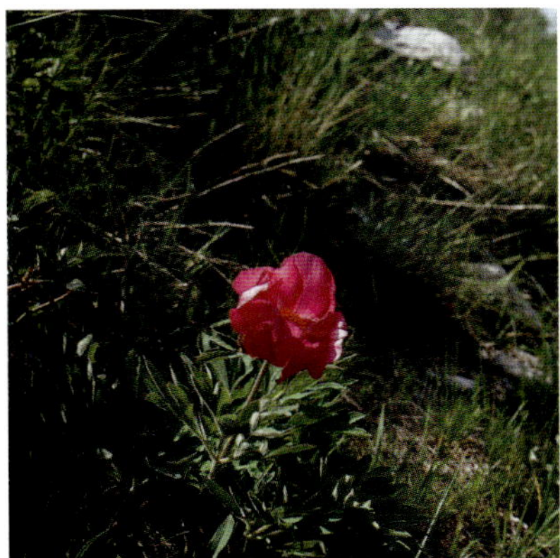
Pfingstrose *(Paeonia officinalis)*

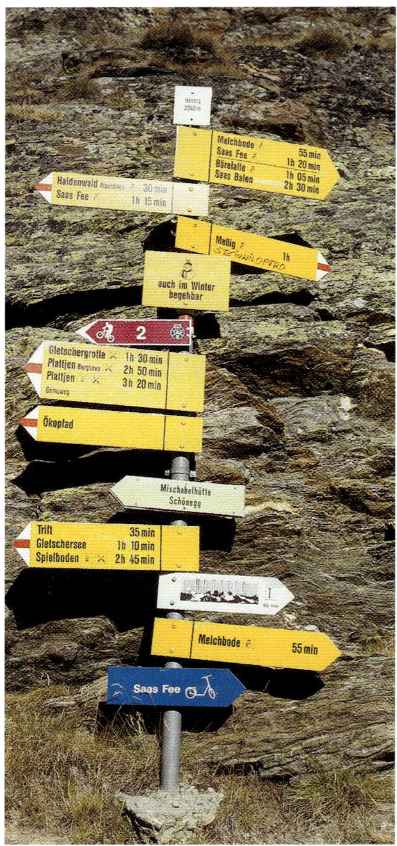

Erleichtern die Orientierung auf Wanderungen: informative Wegzeiger

schiedliche Väter: Vielfach waren es Bauern oder Jäger, die – oft unter erheblichen Mühen – Steige anlegten. Hauptsächlich in Grenzregionen hinterließ der Erste Weltkrieg ein verästeltes System von Front- und Nachschubwegen, von denen viele touristisch genutzt werden. Und dann haben vor allem auch die alpinen Vereine viel zur Erschließung der Alpen beigetragen, Hüttenzugänge angelegt und viele Gipfelsteige, auch in felsigem Gelände, gebaut. Sie betreuen heute die meisten Bergwege, oft zusammen mit regionalen Tourismusorganisationen.

Wohin des Weges?

Wichtig für den Ortsunkundigen sind Wegweiser (= Wegzeiger) und Markierungen, an denen er sich orientieren kann Da hat sich in den letzten Jahren viel zum Positiven verändert; fast überall in den Alpen sind die Wege heute ausreichend ausgeschildert und bezeichnet, vorbildlich in der Schweiz, sehr gut auch in Bayern und in Österreich.

Die Slowenen hätscheln ihr kleines Alpenrevier mit Hingabe, was sich auch in überwiegend zuverlässigen Markierungen ausdrückt; das Gleiche gilt für die italienischen Alpen. Besonders hervorzuheben sind dabei die Arbeitsgebiete des Südtiroler Alpenvereins und der SAT, des Trienter Bergsteigerverbands. Als problematischer erweisen sich die Verhältnisse in manchen Alpenrandgebieten, etwa rund um die großen Seen. Trifft man beispielsweise in den Grigne (Comer See) auf ein hervorragend markiertes und bestens gepflegtes Wegnetz, ist man dagegen im Hinterland des Lago Maggiore und auch am Gardasee oft auf seinen Spürsinn angewiesen. Markierungen: Fehlanzeige.

In Frankreich sind die »Sentiers de Grande Randonnée« (Fernwanderwege) durchwegs bestens (rot-weiß) bezeichnet, das übrige Wegnetz wird von den verschiedensten Organisationen betreut – mit entsprechend unterschiedlichem Ergebnis.

Gesicherte Steige

Viele Höhen- und Gipfelwege sind auf kürzeren Abschnitten mit Sicherungen versehen (Drahtseile, Ketten, Leitern), die eine Begehung erleichtern sollen. Mitunter sind am Beginn solcher Routen entsprechende Warnhinweise angebracht (Nur für Bergerfahrene! Alpiner Steig).

Wer sich auf solche Routen wagt, sollte auf jeden Fall einige Bergerfahrung besitzen und natürlich schwindelfrei sein. Eine besondere Ausrüstung ist dort nicht erforderlich. Die benötigt man aber auf jeden Fall, wenn man richtige Klettersteige oder Vie Ferrate begehen will. Dabei handelt es sich um Kletterrouten, die mit Fixseilen, Eisenhaken und Leitern gangbar gemacht worden sind. Teilweise extrem ausgesetzt, nichts für Wanderer!

Unheiliges Erbe

Geschichte hinterlässt Spuren, Kriege sowieso und das nicht nur in den Köpfen der Menschen. Wer etwa an der ehemaligen Südgrenze der österreichischen Monarchie unterwegs ist, stößt noch heute überall auf Relikte des Gebirgskrieges 1915–17: Unterstände, Schützengräben, Kavernen, oft tief in den Fels geschlagen. Und Wege. Wie ein dichtes Netz überziehen sie die Höhen um den obersten Gardasee, den Pasubiostock, das Hochplateau der »Sette Comuni«, der Sieben Gemeinden. Auch in den Dolomiten und am Karnischen Hauptkamm wandert man oft auf den kunstvoll angelegten Maultierpfaden.

Die Westgrenze Italiens erhielt unter dem faschistischen Regime Mussolinis ebenfalls ein militärisches Wegnetz, das heute von Bikern und Wanderern gleichermaßen genutzt wird. So besaß beispielsweise die Gipfelfestung auf dem 3131 m hohen Mont Chaberton einst eine Zufahrt! Und in den Seealpen (Alpes Maritimes/Alpi Maritime) wartet die Grenzkammstraße mit der wohl längsten Bikerstrecke auf: von Tende bis Ventimiglia etwa 120 km über nicht weniger als 15 (!) Pässe.

Fernwanderwege

Ein ganzes Netz von Fernwanderwegen durchzieht die Alpen; als echte Publikumsmagneten kann man aber nur wenige bezeichnen. Beliebt sind etwa die »Dolomiten-Höhenwege« oder der GTA in den italienischen Westalpen; andere Projekte, hoffnungsvoll gestartet, erwie-

Muss es wirklich das Auto sein? Eine umweltfreundliche Alternative

Urlaub, Ferien – das heißt auch Entspannung, stressfreie Tage, erholsames Erleben. Und auf viel befahrenen Straßen ist so etwas ja nur bedingt möglich, oft mit nerviger Parkplatzsuche und Kolonnenfahren verbunden. Also warum nicht einmal aufs eigene Vehikel verzichten, die Möglichkeiten des öffentlichen Verkehrs nutzen? Ganz leicht geht das in der Schweiz (die Eidgenossen sind ein Volk von Bahnfahrern), wo Eisenbahn- und Busfahrpläne bestens aufeinander abgestimmt sind und man selbst das kleinste Bergnest noch rechtzeitig für die Tour per Postauto (Linienbus) erreicht. Manche Regionen bieten auch Urlaubsabonnements, die beliebig viele Fahrten mit Schiff, Bahn, Bus und Bergbahn einschließen; für besonders beliebte Wanderungen werden spezielle Rundfahrtbilletts angeboten.

Nachahmenswerte Initiativen gibt es auch in Österreich: hier ist beispielsweise der Lungauer Tälerbus zu nennen. Viele Hotels organisieren Busfahrten für ihre wandernden Gäste. Bei der DB und der ÖBB gibt es Infoblätter zum Thema »Wandern mit der Bahn«.

➔ Unser Service zum Thema: Alle mit Bahn, Bus oder Schiff erreichbaren Wander-Startpunkte sind in den Tabellen mit 🚌 gekennzeichnet. Geht man bei einer Bergbahn los, steht das Zeichen 🚡.

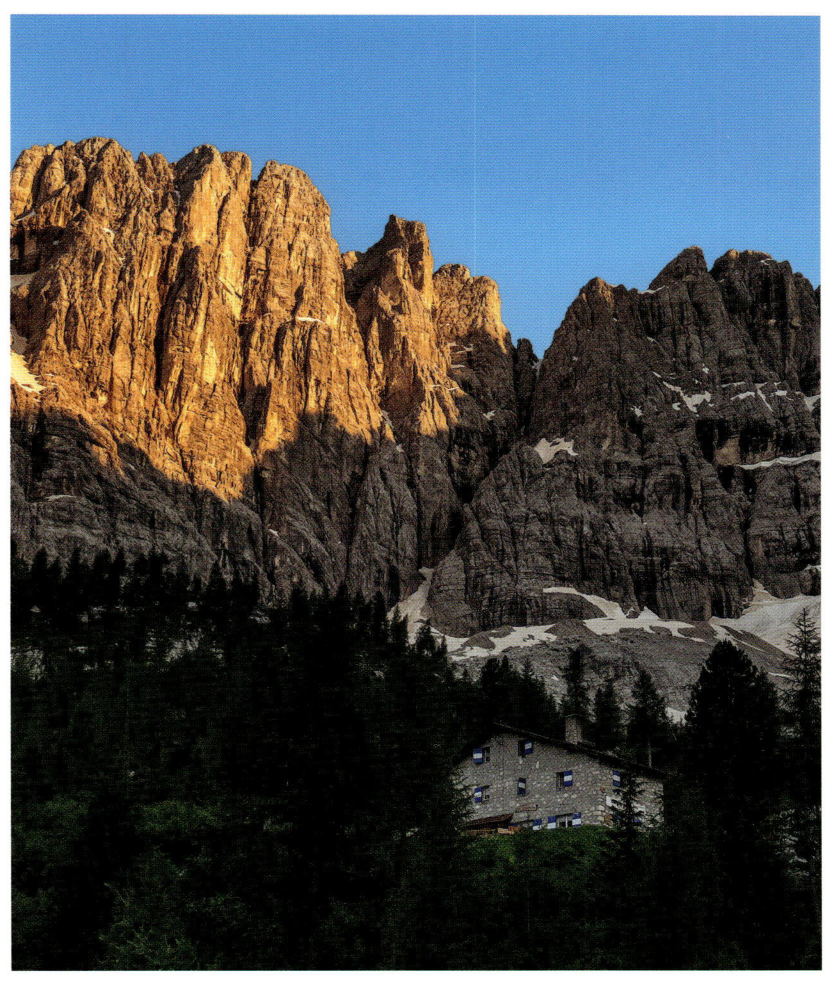

Stützpunkte für Wanderer und Alpinisten: die Berghütten. Im Bild das Rifugio Vandelli im Zentrum des Sorapis-Massivs

sen sich bald als Flops. Es würde zu weit führen, hier all die Weit- und Fernwanderwege aufzuzählen. Bei den einzelnen Alpenregionen ist auf besonders lohnende mehrtägige Unternehmungen (meistens von Hütte zu Hütte) hingewiesen.

Gute Nacht, bonne nuit!

Wer mit großem Rucksack unterwegs ist, plant meistens eine oder mehrere Hüttenübernachtungen, sofern er nicht lieber gleich unterm Sternenhimmel schläft (was seinen besonderen Reiz hat). Insgesamt gibt es in den Alpen etwa 5000 Berghütten von Alpenvereinen und privaten Besitzern. Manche sind eher Berghotels mit Komfort, andere wieder einfache Bergsteigerunterkünfte. Die (in der Regel stets offenen) Biwakschachteln bieten meistens nicht viel mehr als ein Dach über dem Kopf und ein paar Liegen, auf die man seine müden Knochen betten kann. Alpenvereinsmitglieder genießen auf ihren Hütten (und jenen anderer alpiner Vereine) bei der Lagerzuteilung Vorrecht, bezahlen auch ermäßigte Preise. Voranmeldung ist, zumindest auf den stärker frequentierten Hütten, unbedingt empfehlenswert; Schlafsack-Inlet obligatorisch.

Naturparks

Der älteste alpine Naturpark, der schweizerische Nationalpark im Unterengadin, hatte US-Vorbilder; er wurde 1914 gegründet zu dem Zweck, die Berglandschaft vor menschlichen Eingriffen zu schützen. Die Schutzbestimmungen gelten als sehr rigoros (ein Verlassen der wenigen markierten Wege beispielsweise ist strikt untersagt), was man von jüngeren Parks nicht durchwegs behaupten kann. Als ein Nachteil für so manches Schutzgebiet hat sich gerade die bewahrte, »heile« Natur erwiesen: Sie zieht das Publikum in Massen an. Was wiederum den Druck auf das sehr sensible ökologische Gleichgewicht erhöht. Und außerhalb der Parks (die manchmal ohnehin nur Alibifunktion erfüllen) wird munter weitergebaut, planiert und betoniert …

GEHEN WIR WANDERN!

Es ist kein Geheimnis, dass Wandern der Gesundheit dient, Kreislauf, Bewegungsapparat und Muskulatur fit hält – und darüber hinaus auch die Seele füttert. Wie anders ließen sich die vielen »Lebenslänglichen« erklären, die es immer wieder hinaus in die Natur zieht, in die Berge, auf die Gipfel? Ihnen braucht man auch kaum mehr etwas über die notwendige Ausrüstung, das richtige Verhalten zu erzählen. Sie haben sie sich in vielen Sommern erworben: die Bergerfahrung.

Fehlt noch etwas?

Wer ins Gebirge geht, zu Fuß unterwegs ist zwischen Tal und Gipfel, braucht natürlich ein Minimum an Ausrüstung. Nicht unbedingt Seil und Pickel, aber ein paar Dinge gehören auf jeden Fall in den Rucksack, weil Schlechtwetter (manchmal von Schnee und dichtem Nebel begleitet) den Wanderer genauso erwischen kann wie den Kletterer. Also: einen Anorak, besser noch die altmodi-

Einige der wichtigsten Naturparks der Alpen

- **Schweizerischer Nationalpark** im Unterengadin, 169 Quadratkilometer groß; Betreten nur auf wenigen bezeichneten Wegen gestattet. Wildbeobachtungen.
- **Nationalpark Berchtesgaden** in den Bayerischen Alpen, 210 Quadratkilometer groß, 1978 gegründet.
- **Nationalpark Hohe Tauern**, zurzeit 1040 Quadratkilometer groß; unter absolutem Schutz steht allerdings nur eine Kernzone.
- **Nationalpark Stilfser Joch**, ältester italienischer Nationalpark, 1935 im Ortlermassiv gegründet, erst vor ein paar Jahren erweitert, durch touristische Einrichtungen insbesondere in den Randzonen erheblich gefährdet.
- **Parco Nazionale della Val Grande**, jüngster italienischer Nationalpark im Hinterland des Lago Maggiore, praktisch unzugängliches Gebirgsrevier.
- **Parc National de Mercantour** in den französischen Seealpen, 280 Quadratkilometer groß, grenzt an den neuen italienischen Argentera-Naturpark. Reicher Tierbestand (u. a. Mufflons, Steinböcke), im Vallée des Merveilles bedeutende prähistorische Felsbilder.
- **Triglav-Nationalpark** in Slowenien, 1981 gegründet und später um große Teile der Julischen Alpen erweitert, reiche Flora, viele Steinböcke.

sche Pellerine, einpacken, dazu Pullover, Wäsche zum Wechseln, evtl. Handschuhe. Wer größere Touren unternimmt, sollte auch die Möglichkeit eines unfreiwilligen Biwaks unter freiem Himmel (Biwaksack) ins Kalkül ziehen. Und dann sind da noch ein paar Dinge, die sich leicht im Rucksack verstauen lassen und nicht fehlen sollten: Taschenlampe, Apotheke (Pflaster), Taschenmesser, Papiere (nicht im Auto zurücklassen!), Landkarte und Führer. Und natürlich eine ordentliche Brotzeit (da hat jede/r so sein persönliches Rezept) sowie Getränke gegen den großen Durst (aber keine Dosen ...).

Wichtigster Ausrüstungsgegenstand sind die Schuhe, und die müssen nicht nur ausreichend Halt auf oft steinigen Wegen vermitteln, sie sollen auch bequem sein. Wer wandert schon gern auf (schmerzhaften) Blasen? Im Allgemeinen genügen feste, über den Knöchel reichende Wander- oder Trekkingschuhe, vorzugsweise Modelle, an die sich Leichtsteigeisen (Grödel) befestigen lassen.

Teleskopstöcke erleichtern vor allem das Bergabgehen, reduzieren die Belastung der Gelenke. Wenig Sinn macht allerdings ihr übertriebener Einsatz. Der Mensch ist nun mal ein Zweibeiner, und beispielsweise in Blockwerk oder bei leichten Felspassagen sind die Stöcke eher hinderlich als nützlich.

Richtig wandern

Die Erfahrung macht's! Dieser Satz gilt auch fürs Wandern im Gebirge; Trittsicherheit stellt sich durch Übung ein. Wer viel unterwegs ist, lernt dazu. Man muss einfach ein paar Mal im losen Geröll ausrutschen und unsanft auf dem Hintern landen, sich verlaufen oder die richtige Abzweigung im Gelände übersehen. Und wer einmal in ein richtiges Gewitter geraten ist, wird hinterher viel sorgfältiger auf Anzeichen für eine Wetterverschlechterung achten. Eine Gefahr, die man nie ganz ausschließen kann, ist Steinschlag. Zu vielen Unfällen haben auch schon harte Altschneefelder geführt (Leichtsteigeisen).

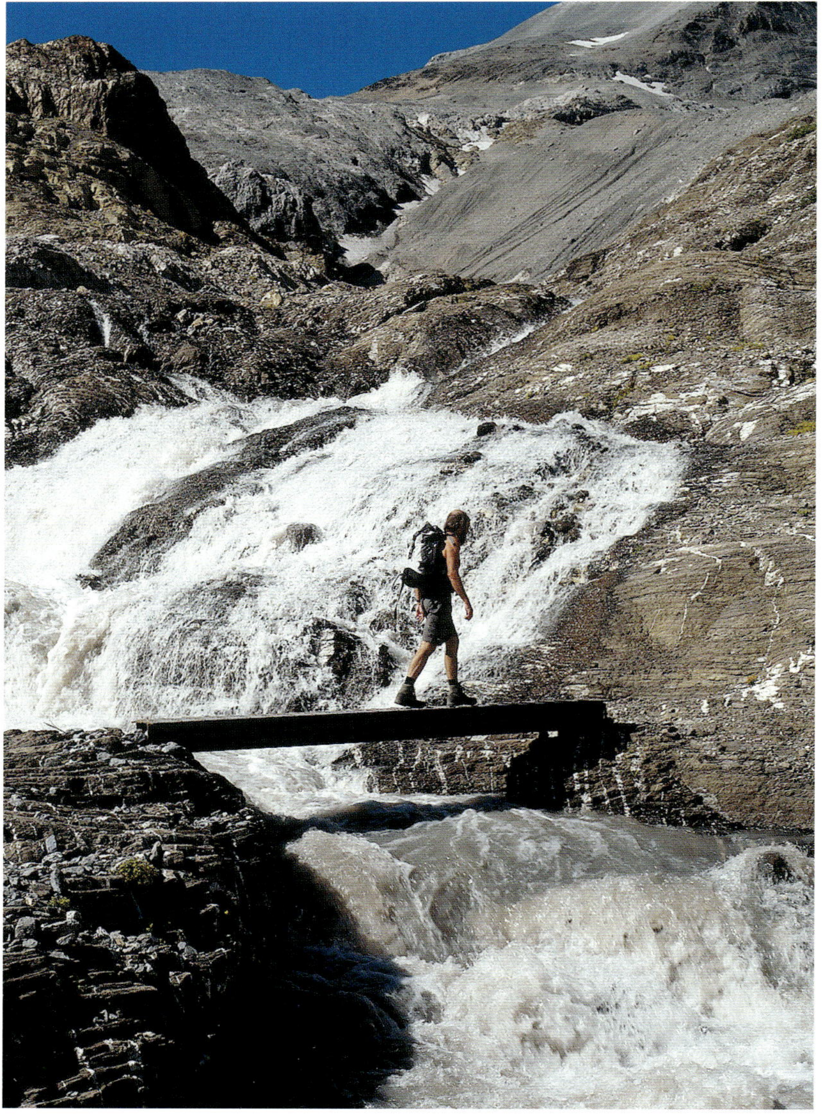

Markierte Wege führen bis in hochalpine Regionen. Gletscherbach unter dem Glacier de la Plaine Morte

Mit Kindern unterwegs

Kinder sind weit leistungsfähiger, als besorgte Eltern annehmen, doch verlieren sie mitunter rasch die Lust, was dann zu wenig erfreulichen Konflikten in der Familie oder Gruppe führen kann. Eine Regel, die immer gilt: Abwechslung oder – neudeutsch gesagt – Action. Nichts ist verhängnisvoller für eine Familienwanderung als Langeweile. Kinder wollen etwas erleben, ihnen genügt in der Regel der Leistungsnachweis – »Ich war am Gipfel!« – nicht. Darin unterscheiden sie sich ganz wesentlich von den zielorientierten Erwachsenen. Also keine zu langen Touren planen und nicht vergessen: Eine lustige Brotzeit auf der Hütte hat schon manchen Wandertag gerettet. In ausgesetztem Gelände nimmt man kleinere Kinder an eine kurze Reepschnur.

Sonne oder Regen?

Wetterfrösche behaupten ja immer wieder, Meteorologie sei eine Wissenschaft. Kann sein, eine exakte ist es auf keinen Fall – und schon gar nicht im Gebirge. Vorhersagen sind deshalb zwar wichtig (Radio, TV, Internet), müssen aber nicht unbedingt zutreffen. Leider kann man immer wieder beobachten, wie wenig von Wanderern und Bergsteigern auf die aktuelle Wetterentwicklung geachtet wird. Was statistisch längst bewiesen ist, wird von vielen einfach nicht wahrgenommen: Das Wetter ist der größte Risikofaktor bei Bergwanderungen!

Ein strahlend schöner früher Morgen bietet keine Gewähr, dass es den ganzen Tag über sonnig bleibt, dass weder Gewitter noch Regen oder Schnee drohen. Als Vorboten einer Wetterverschlechterung gelten Morgenrot, fallender Luftdruck (lässt sich am Höhenmesser ablesen), bestimmte Wolkenbilder (z. B. Föhnfische und von Westen aufziehende Federwolken) und Halo-Erscheinungen (weiter, regenbogenfarbiger Ring um die Sonne, Nebensonnen). Bilden sich bereits am Vormittag Haufenwolken, die rasch zu mächtigen Türmen anwachsen, sind Schauer, Blitz und Donner zu erwarten. Grundsätzlich gilt bei einer Wetterverschlechterung: lieber einmal zu oft umkehren!

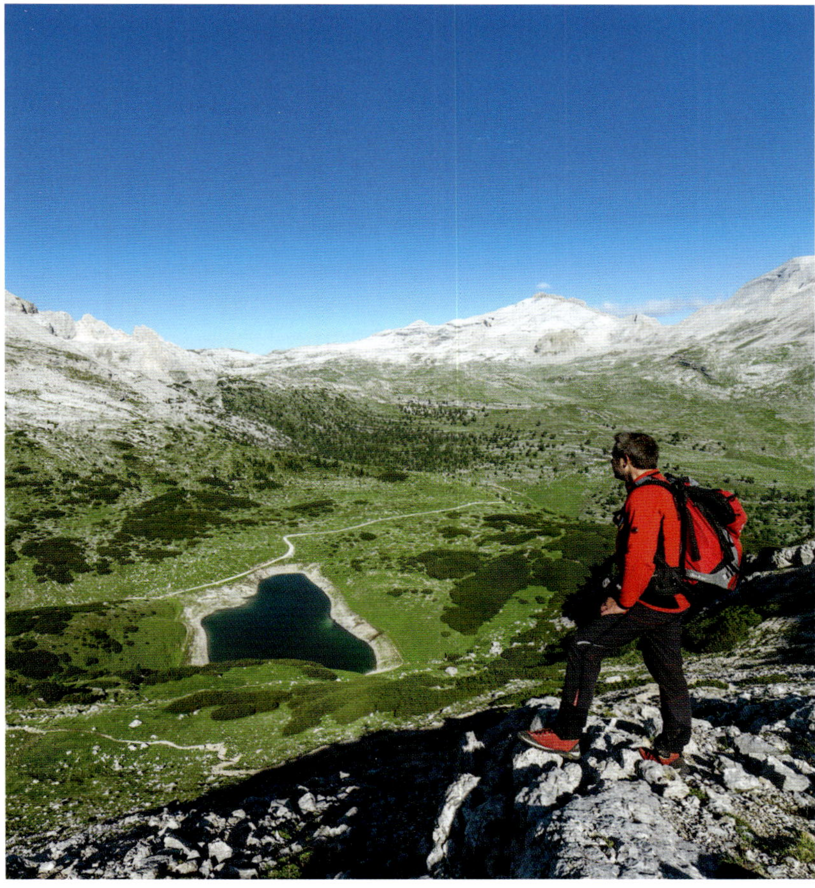

Die Anforderungen auf Wanderwegen variieren beträchtlich, deshalb unsere Schwierigkeitsskala in drei Farben. Bei der Besteigung der Varela (3055 m) im Hochabtei sind Bergerfahrung und ein sicherer Tritt unerlässlich!

Alpines Notsignal

In einer ernsten Notlage kann mit diesem Signal Hilfe herbeigerufen werden: sechs akustische oder optische Zeichen pro Minute. Antwort: drei Signale pro Minute.

Jeder Wanderer oder Bergsteiger, der das Notsignal vernimmt, ist im Rahmen seiner Möglichkeiten zur Hilfeleistung verpflichtet. Muss die Bergrettung auf der Hütte oder im Tal alarmiert werden, sind präzise Angaben von größter Wichtigkeit:

- ➔ Was ist passiert (Art des Unfalls, Zahl der Verletzten, evtl. Art der Verletzungen)?
- ➔ Wo ist es passiert (genaue Ortsangabe)?
- ➔ Wann war der Unfall (Zeitpunkt des Unglücks)?
- ➔ Wie sieht es am Unfallort aus (Gelände, Wetter, Sichtweite)?
- ➔ Wer macht die Meldung (Personalien)?

Ein Wort zum Umweltschutz

Über die Belastungen, denen die Alpen als »Playground of Europe« ausgesetzt sind, muss an dieser Stelle nichts weiter gesagt werden. Von den Besuchermassen darf man wohl nur bedingt erwarten, dass sie – entgegen sonstiger Gewohnheiten – das Naturwunder Alpen nicht bloß konsumieren, sondern als Individuum sinnvoll erleben. Diese Erkenntnis entbindet aber gerade den Naturfreund keineswegs von der Mitverantwortung gegenüber seinen Bergen. Also zumindest dafür sorgen, dass der Müllhaufen nicht weiter anwächst! Was bereits herumliegt, braucht nicht ansteckend zu wirken, im Gegenteil: Ich habe es mir zur Gewohnheit gemacht, nicht nur die eigenen Abfälle, sondern auf jeder Tour zumindest ein zurückgebliebenes Exponat unserer Wegwerfgesellschaft wieder hinab ins Tal mitzunehmen. Diese winzige »Mühe«, praktiziert von all jenen, die sich als Bergfreunde fühlen, müsste eigentlich erfreulich reinigende Wirkungen auf Gipfeln und an Wegrändern zeitigen …

Blau – Rot – Schwarz: Die Schwierigkeitsskala

Schwierigkeiten auf Wanderungen werden oft sehr subjektiv wahrgenommen; da spielen Faktoren wie Angst, Müdigkeit und fehlende Erfahrung eine große Rolle. Während manche auf ausgesetzten Passagen rasch ein mulmiges Gefühl beschleicht, fühlen sich andere im losen Geröll unsicher. Den Blick in die Tiefe mögen ohnehin nicht alle, was aber sehr viel öfter mit (normaler) Angst als mit echten Schwindelgefühlen zu tun hat. Die vorgestellten Wanderungen sind deshalb in drei Kategorien gegliedert und im Text entsprechend farbig markiert: blau, rot, schwarz.

Blau
Gebahnte Wege, weder ausgesetzte Passagen noch lange Steigungen, Gehzeit höchstens vier Stunden.

Rot
Längere Touren mit größeren Höhenunterschieden, überwiegend auf Bergwegen, aber auch mit Passagen im Geröll oder Schnee, teilweise leicht ausgesetzt. Kurze gesicherte Stellen.

Schwarz
Raue Bergpfade, längere weglose Passagen, insgesamt anstrengende Touren, die Bergerfahrung verlangen. Kletterei in leichtester Form (maximal Schwierigkeit I–II der Alpenskala), gesicherte, auch sehr exponierte Stellen. Querung abschüssiger Schneefelder; Ausrüstung fallweise um Helm und Leichtsteigeisen ergänzen.

Vorarlberg

Vom Bodensee bis zum Silvrettaeis

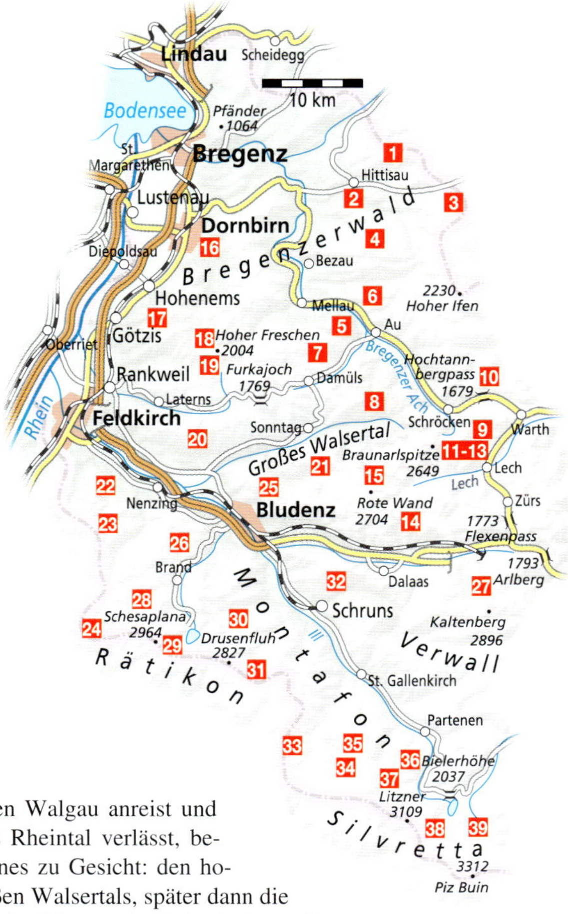

Ein kurzer Blick auf die Landkarte macht es deutlich: ganz schön gebirgig, das »Ländle«. Flach ist eigentlich nur das Rheintal zwischen Feldkirch und dem Bodensee, der Rest hügelig bis hochalpin. Sanft gewellt und in freundlichem Grün zeigt sich der nördliche Bregenzerwald, doch schon hinter Bezau gerät vermehrt Felsgrau ins Bild, und Schröcken liegt bereits »mitten im Gebirg«. Zu den Luxusherbergen und Skipisten von Lech und Zürs ist es nicht mehr weit.

Auch wer durch den Walgau anreist und bei Feldkirch das Rheintal verlässt, bekommt bald Alpines zu Gesicht: den hohen Bergkranz des Großen Walsertals, später dann die Gipfel links und rechts des Klostertals. Bei Bludenz öffnet sich von Süden das Brandner Tal, effektvoll abgeschlossen von der Schesaplana (2964 m). Sie ist die höchste Erhebung des Rätikons, das die Grenze zum Schweizer Kanton Graubünden bildet. Dem aus Kalk aufgebauten Hauptkamm folgen die beliebten, gut markierten »Rätikon-Höhenwege«.

Das touristische »Herz« Vorarlbergs schlägt im Montafon, hier verzeichnet die Statistik die meisten Besucher. Entsprechend gut »erschlossen« sind die Berge am Oberlauf der Ill und ihrer Zuflüsse: viele Hütten, im Sommer bewirtschaftet, und ein dichtes Wegnetz. Dazu Straßen und zahlreiche »Aufstiegshilfen«, nicht wenige eine Erbschaft der Ill-Kraftwerke. Mit ihren Stauseen und Werksanlagen prägen sie noch heute das Tal, auch wirtschaftlich. Wer kann sich die Passstrecke der »Silvretta-Hochalpenstraße« ohne den milchig grünen, fast zwei Kilometer langen Silvretta-Stausee vorstellen, wer weiß, dass es sich beim Lüner See um ein hochgestautes natürliches Gewässer handelt?

Die Rätikon-Höhenwege

Im Rätikon gibt's nicht bloß schöne Gipfel und einladende Hütten, sondern auch zwei Höhenwege, die dem Hauptkamm des Massivs auf der Nord- bzw. Südseite folgen: eine Einladung zum Weitwandern. Ein paar Tage oben sein, Natur hautnah erleben und den Alltag zurücklassen, Schritt für Schritt. Mein Vorschlag für eine Fünf-Tage-Tour: **1. Tag:** Älpli (1801 m) – Iljes – Heidbühel – Schesaplanahaus (1908 m), 4 ½ Std. **2. Tag:** Schesaplanahaus – Golrosa – Garschinahütte (2236 m) – Tilisunahütte (2208 m), 6 Std. **3. Tag:** Tilisunahütte – Sulzfluh (2817 m) – Lindauer Hütte – Öfenpass – Douglasshütte (2180 m), 8 Std. **4. Tag:** Douglasshütte – Schesaplana (2964 m) – Pfälzer Hütte (2108 m), 7 Std. **5. Tag:** Pfälzer Hütte – Malbun (1602 m).

Trittsicherheit und Ausdauer unerlässlich, einige gesicherte Passagen. Bergfahrt mit der Älpli-Seilbahn unbedingt vorher reservieren; Tel. 081/322 47 64

Steckbrief

Fläche: ca. 2000 qkm
Höchster Punkt: Piz Buin (3312 m)
Gebirgsgruppen: Bregenzerwald, Lechquellengebirge, Verwallgruppe (West), Rätikon (Nord), Silvretta (Nordwest)
Wichtigste Ortschaften: Bregenz, Dornbirn, Feldkirch, Bludenz, Lech, Schruns
Wandervorschläge: 39

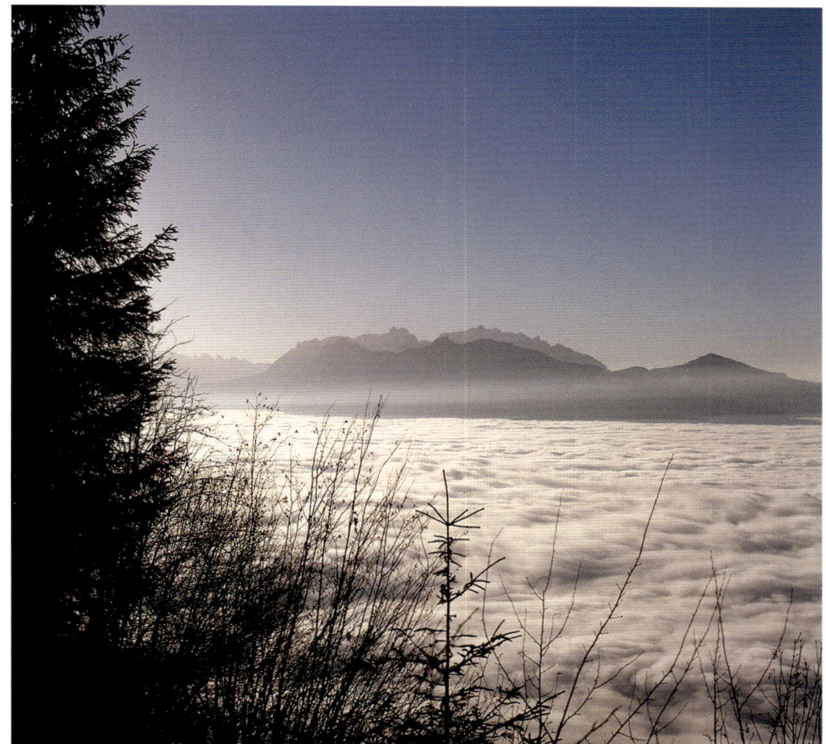

Herbst über dem Rheintal. Am Horizont das Alpsteinmassiv

Über den Lechquellen

12 Braunarlspitze, 2649 m

Höhenluft und Gipfelglück. Das bietet diese (recht anspruchsvolle) Tour im Lechquellenmassiv. Was bedeutet: viel packende Gebirgsbilder und an der Braunarlspitze ein Panorama von immenser Weite, das bei guter Sicht bis in die Berner Alpen reicht. Die zeigen sich allerdings nur ganz selten – wen wundert's bei einer Distanz von 200 Kilometern! Dafür ist die gastliche Göppinger Hütte (2245 m) am Abstieg auch bei Nebel kaum zu verfehlen. Architektur – alpine – gibt's auch zum Auftakt, vor allem moderne Chalets und Liftstation am Weg von Oberlech hinauf gegen den Butzen, und da wird man sich so seine Gedanken über den landschaftfressenden Skisport machen.

Die Wanderung führt von der Seilbahn in Oberlech zunächst westlich aus dem Siedlungsbereich heraus, an den Gipslöchern vorbei und unter dem Zuger Hochlicht über die Steinmähder hinauf

Was für ein Profil!

5 Kanisfluh, 2044 m

Der Berg hat Statur, kein Zweifel, doch halt auch eine weiche Rückseite. Was aus dem Tal der Bregenzer Ach, etwa von Mellau aus, ganz und gar abweisend erscheint – fast tausend Meter hoch ragt der Fels in den Himmel –, erweist sich als »Potemkinsches Dorf«. Das stört den Wanderer nicht, wird die Fluh dadurch erst zu einem Ziel für ihn, und der Blick hinab, über den monumentalen Nordabsturz, ist ja mindestens so beeindruckend wie die Postkartenansicht aus dem Tal!

Gut die Hälfte des beachtlichen Höhenunterschieds zwischen Tal und Gipfel nimmt die Mellauer Seilbahn den Gipfelstürmern ab: In ein paar Minuten schwebt die Gondel hinauf ins weitläufige Almgelände. Das quert man dann ansteigend nach Osten hin, gut markiert. Ein schmaler Weg führt hinter der Wurzachalm (1622 m) links in die harmlose Südflanke der Kanisfluh. Über steinige Grashänge geht's aufwärts, vorbei an der Einmündung eines Pfades, der vom Gasthaus Edelweiß (1441 m) heraufkommt (alternativer Zugang von Au), in die flache Senke zwischen Stoß und Holenke (2044 m) und am Kamm entlang östlich zum Gipfel.

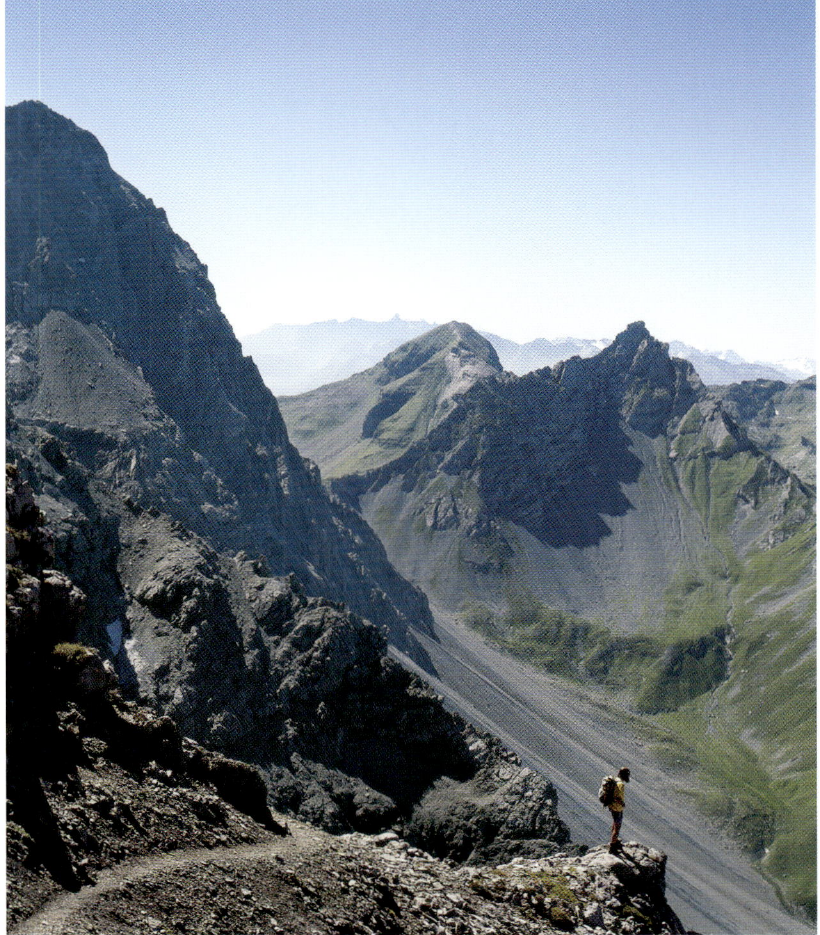

Der »Spusagang« vermittelt einen überraschend leichten Anstieg durch die zerklüfteten Westabstürze am Panüeler Kopf.

gegen den Butzensattel (2204 m). Nun über Schrofen steil bergan zur Butzenschulter, wo der AV-Weg in die felsdurchsetzte Südflanke des Braunarlstocks quert. Leicht abwärts zur Abzweigung des Gipfelsteigs (ca. 2330 m): im Zickzack über einen Schuttkegel, dann Markierungen folgend über raue Felspartien kraxelnd zum Ostgrat und knapp links von ihm zum höchsten Punkt. Zurück zur Verzweigung und weiter auf dem aussichtsreichen Höhenweg (»Theodor-Praßler-Steig«) in leichtem Auf und Ab zur Göppinger Hütte (2245 m). Abstieg zum Lech auf viel begangenem Weg über das Obere Älpele (1770 m). Zurück nach Lech mit dem Wanderbus oder auf dem schönen Talweg abseits der Straße.

Im Schatten der Schesaplana

28 Spusagang, 2237 m

Dass mir die Runde über den Spusagang so gut gefällt, hat nichts mit dem etwas kuriosen Namen zu tun, der auf eine uralte »Romeo-und-Julia-Geschichte« aus dem Brandner Tal zurückgeht (rätoromanisch »spusa« = Braut). Vielmehr ist es die Fülle schönster Bergbilder, ihr Kontrastreichtum, der so fasziniert. Den Auftakt macht eine Passwanderung, die mehr Höhenspaziergang ist und viel Aussicht bietet, erst ins Brandnertal, später weit übers Gamperdonatal hinaus. Packend der Aufstieg in grandiosfelsiger Kulisse über den Spusagang, eher gemütlich der Abstieg zur gastlichen Oberzalimhütte (1889 m).

Von der Liftstation am Niggenkopf (1589 m) zunächst kräftig bergan, dann flacher am Grat und schließlich hinauf ins Amatschonjoch (2028 m). Aus dem Wiesensattel links auf schmaler Spur quer durch die abschüssigen Grashänge unter der Windeggerspitze (2331 m) und dem Blankuskopf, dabei allmählich an Höhe verlierend. Von der Setschalpe (1722 m) nicht hinab zum Nenzinger Himmel, sondern auf einer breiten Piste in leichtem Gegenanstieg um das felsige Otterkirchle (1964 m) herum zur Abzweigung des Spusagang-Steigs. Aufstieg erst durch lichten Wald, dann im Zickzack über einen gewaltigen Schuttkegel. Anschließend links in die Felsen und am »Spusagang« überraschend leicht hinauf zum Grat. Jenseits der Oberzalimscharte (2237 m) hinab zur Oberzalimhütte und auf dem Alpsträßchen hinaus nach Brand (1037 m).

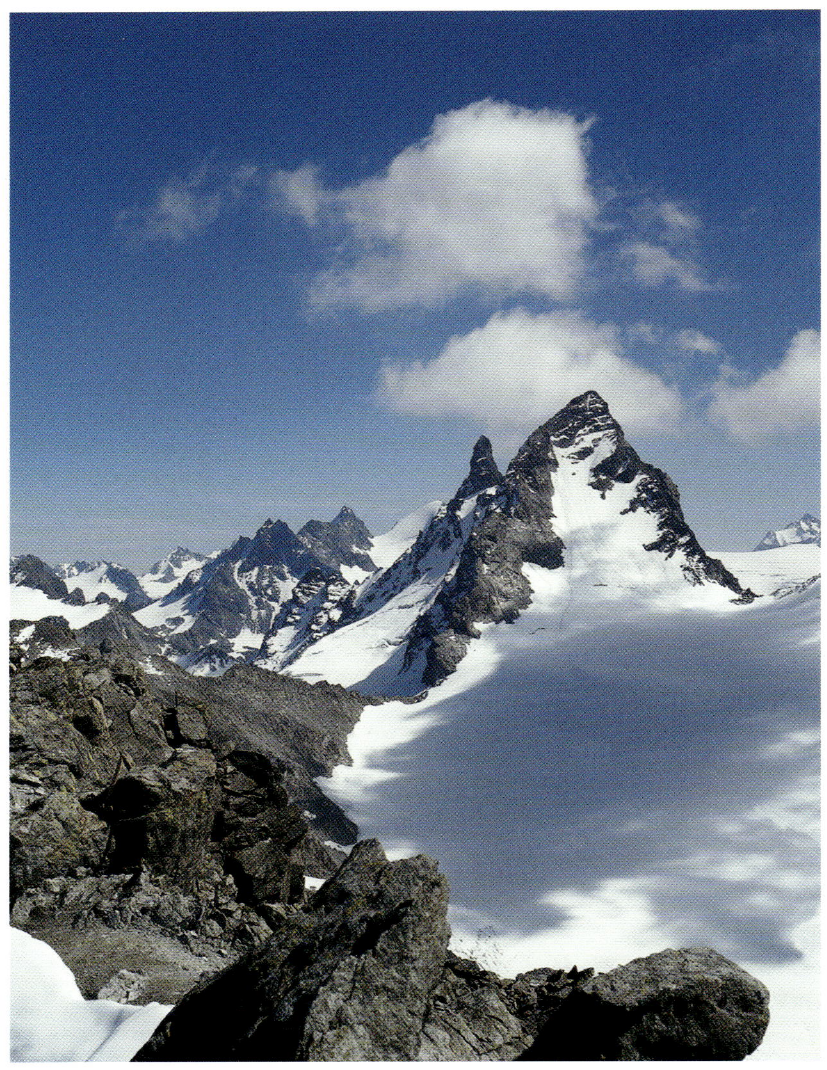

Berühmtes Gipfelduo in der Silvretta: Seehorn und Großlitzner.

Das große Silvretta-Erlebnis

37 Schweizer Lücke, 2744 m

Hochgebirge pur gibt's auf dieser Runde, aber auch viel Auf und Ab, quer durch Felsen, über kleine Gletscher. Ein Glanzpunkt ist der unvergleichliche Blick auf das Gipfelduo Großlitzner – Großes Seehorn (3121 m), stimmungsvoll die Hangwanderung hoch über dem inneren Garneratal zur Tübinger Hütte. Und schließlich das »Schartenhüpfen« zwischen Fels und Firn mit packenden Tiefblicken ins Vermunt: Plattenjoch – Schweizer Lücke – Mittelrücken – Kromer Lücke. Silvretta, hautnah erlebt.

Vom Vermunt-Stausee (1747 m) erst auf der Schotterpiste, dann auf einem schmalen Weg durch das Maderneratäli hinauf zum Hochmadererjoch (2505 m). Dahinter etwas rau abwärts ins Gatschettatäli; bei der Weggabelung hält man sich links: »Tübinger Hütte«. Der Weg läuft hoch über dem Garnerabach talein, senkt sich schließlich zu dem bereits von weitem sichtbaren Schutzhaus.

Hinter der Hütte zunächst auf einem überwachsenen Moränenrücken bergan, dann am Rand des fast verschwundenen Plattengletschers über Geröll ins oberste Schneebecken und ins Plattenjoch (2728 m; rechts ½ Std. zur Westlichen Plattenspitze, 2883 m – lohnend!). Nun fast eben über harmlose Felsen hinüber zur Schweizer Lücke (2744 m) und jenseits hinab auf den gleichnamigen kleinen Gletscher. Auf deutlicher Spur leicht ansteigend zum Mittelrücken; dahinter steil abwärts auf den Firn und in einem leichten Linksbogen (große Steinschlaggefahr!) in die Kromer Lücke (2729 m). Hier kommt die Saarbrücker Hütte zum ersten Mal ins Blickfeld: erst im Zickzack hinab, dann unter den Felsen des Kleinlitzner (2783 m) hinüber zum Schutzhaus. Beim weiteren Abstieg zum Stausee kann man die Kehren der hässlichen Piste teilweise abkürzen.

Tourenziel/Charakteristik	Ausgangspunkt	Wegverlauf & Gehzeit	Markierung	Einkehr am Weg
1 Hochhäderich, 1566 m Westpfeiler der Nagelfluhkette, die sich bis in die Gegend von Sonthofen hinzieht. Beliebter Wander- und Skiberg	Hittisau (790 m, Bus) am Nordrand des Bregenzerwaldes	Hittisau – Gfäll (802 m) – Gehrenalpe (1354 m) – Hochhäderich (2 1/2 Std.) – Urschlaboden – Leckner Tal – Hittisau (4 1/2 Std.)	Rot-weiße Mark., Abstieg teilweise auf Straßen	Gh. Hoch-Hädrich (1540 m) am Gipfel
2 Hittisberg, 1328 m »Inselberg« zwischen den Tälern der Bolgenach und der Subersach. An der Rappenfluh interessante Nagelfluhformationen	Hittisau (790 m, Bus) am Nordrand des Bregenzerwaldes	Hittisau – Stöcken (922 m) – Rappenfluh – Hittisberg (2 1/4 Std.) – Hittisbergalpen – Bütscheln – Hittisau (4 Std.)	Rot-weiß markierte Wege	
3 Feuerstätterkopf, 1645 m Hübscher Aussichtspunkt zwischen Balderschwanger Tal und dem Massiv des Hohen Ifen	Sibratsgfäll (929 m, Bus), 8 km von Hittisau)	Sibratsgfäll – Hocheggalpe (1291 m) – Feuerstätterkopf (2 1/4 Std.) – Lustenauer Riesalpe (1256 m) – Sibratsgfäll (4 Std.)	Wege rot-weiß bez.	Jausenstation Riesalpe (1256 m)
4 Winterstaude, 1877 m Hausberg von Bezau, ein mächtiger, lang gestreckter Bergstock, dessen hoher Kamm den vorderen Bregenzerwald beherrschend überragt. Am »Hasenstrick« ausgesetzte Passage (Drahtseile)	Seilbahn Baumgartenhöhe (1620 m), Bergstation der Bezauer Seilbahn	Baumgartenhöhe – Hintere Niedere (1711 m) – Winterstaude (2 Std.) – Lingenauere-Alpe – Wildmoosalpe – Bezau (650 m; 4 1/2 Std.)	Mark. 123 und 123A	
5 Kanisfluh, 2044 m Schönster Gipfel des Bregenzerwaldes, mit gewaltigem Nordabsturz und »weicher« Rückseite – und stimmungsvoller Aussicht	Seilbahn Bergstation der Mellauer Bergbahn (Roßstelle-Alpe, 1390 m), Talstation Mellau (688 m, Bus)	Roßstelle-Alpe – Kanisalpe (1463 m) – Kanisfluh (Holenke; 2 1/4 Std.) – Hofstätten (1192 m) – Mellau (688 m; 5 Std.)	Rot-weiß bez. Wege	Mellauer Seilbahn, Bergstation, Almen an der Kanisfluh
6 Mittagsfluh, 1637 m Markanter Gipfel nördlich über Au, vom Liegstein fantastischer Tiefblick zur Bregenzerach	Rehmen (824 m), Ortsteil von Au (791 m, Bus), 44 km von Dornbirn	Rehmen – Obere Sattelalpe – Liegstein/Mittagsfluh (2 1/2 Std.) – Obere Sattelalpe – Stoggenalpen – Rehmen (4 3/4 Std.)	Rot mark. Wege	
7 Damülser Rundtour; Hochblanken, 2068 m Aussichtsreiche Kammwanderung über dem Damülser Skirevier	Seilbahn Bergstation der Sesselbahn Uga (1840 m). Damüls (1428 m, Bus) liegt an der Strecke Rankweil – Furkajoch (1769 m) – Au (39 km).	Ugaalpe – Hochblanken (1 1/4 Std.) – Sünser Kopf (2032 m) – Sünser Joch (2 3/4 Std.) – Sieben Hügel – Sunnegg – Damüls (4 Std.); mit Mittagspitze (2095 m) etwa 1 Std. mehr	Rot-weiß und blau-weiß bez. Wege	
8 Fürggele, 2145 m – Biberacher Hütte, 1846 m Große Runde zwischen Hochkünzel- und Braunarlspitze (2649 m). Wer in der Biberacher Hütte übernachtet, kann die Tour leicht mit einer Gipfelbesteigung verbinden.	Schröcken (1269 m, Bus), Ferienort im hintersten Bregenzerwald	Schröcken – Fürggele (2 3/4 Std.) – Litehütte (1836 m) – Biberacher Hütte (4 1/4 Std.) – Bregenzerach (5 3/4 Std., Bus) – Schröcken (6 1/2 Std.)	Bis zum Fürggele gelb-rot, weiter rot-weiß Mark.	Biberacher Hütte (1846 m)
9 Karhorn, 2416 m Abwechslungsreiche, aber recht anstrengende Runde über dem Hochtannbergpass. Im Panorama fallen neben vielen schönen Bergen auch weniger ansprechende Eingriffe des (Ski-)Winterbetriebs auf.	Kalbelesee bzw. Hochtannbergpass (1679 m), je etwa 5 km von Schröcken bzw. Warth, Bus	Kalbelesee – Salobersattel (1792 m) – Warther Horn (2256 m) – Karhorn (3 Std.) – Auenfeldsattel (1710 m) – Körbersee (1656 m; 5 1/4 Std.) – Kalbelesee (6 Std.). Bei Benützung der Jägeralpbahn etwa 4 1/4 Std.	Durchwegs ordentlich mark. Wege	Hotel/Restaurant Körbersee
10 Widderstein, 2533 m Der mächtige, frei stehende »Stein« beherrscht die Passregion des Hochtannbergs – für erfahrene, trittsichere Bergwanderer eine echte Herausforderung. Einige Sicherungen	Hochtannbergpass (1679 m), je etwa 5 km von Schröcken bzw. Warth, Bus	Hochtannbergpass – Widdersteinhütte (2009 m) – Widderstein (3 Std.); Abstieg auf dem gleichen Weg (gesamt 4 3/4 Std.)	Gute farbige Mark.	Widdersteinhütte (2009 m)
11 Oberlech – Bürstegg, 1719 m – Warth Höhenspaziergang ohne größere Steigungen. Bürstegg ist eine malerische alte Walsersiedlung.	Seilbahn Bergstation der Seilbahn Oberlech (1669 m), Talstation in Lech (1444 m, Bus)	Oberlech – Auenfeldsattel (1710 m) – Bürstegg (1 3/4 Std.) – Wannenkopf (1941 m) – Warth (1495 m; 3 3/4 Std., Bus)	Durchwegs gut bez. Wege	
12 Braunarlspitze, 2649 m Großes Gipfelziel, nicht ganz leicht. Der Aufstieg führt durch felsiges Gelände, die Rundschau ist einfach formidabel!	Seilbahn Bergstation der Seilbahn Oberlech (1669 m), Talstation in Lech (1444 m, Bus)	Oberlech – Gipslöcher (sehenswert!) – »Theodor-Praßler-Weg« – Braunarlspitze (4 1/2 Std.) – Göppinger Hütte (5 3/4 Std.) – Unteres Älpele (1562 m; 7 Std., Bus)	Gut markierte Höhen- und Bergwege	Göppinger Hütte (2245 m)
13 Göppinger Hütte, 2245 m Höhenwanderung vor einer beeindruckenden Felskulisse; sehr sonnig	Formarinalpe (1871 m), 12 km von Lech, Verkehr reglementiert. Wanderbus	Formarinalpe – Johanneskanzel (2365 m) – Göppinger Hütte (4 Std.) – Unteres Älpele (1562 m; 5 1/4 Std., Bus)	AV-Weg 601 rot-weiß, Hüttenweg gut bez.	Göppinger Hütte (2245 m)

Region	Tourenziel/Charakteristik	Ausgangspunkt	Wegverlauf & Gehzeit	Markierung	Einkehr am Weg
Bregenzerwald	**14 Gehrengrat, 2439 m** Abwechslungsreiche, wegen abschüssiger Grashänge auch anspruchsvolle Höhenroute. Faszinierendes Karstgebiet (»Steinernes Meer«), überraschende Fern- und Tiefblicke, zwei Seen. Nicht bei Schnee oder Nässe gehen!	Spullersee (1827 m), 12 km von Lech, Verkehr reglementiert. Wanderbus	Spullersee – Gehrengrat (2 Std.) – Freiburger Hütte – Formarinalpe (1871 m; 4 Std.)	Rot-weiß mark. Bergwege, AV-Nr. 601	Freiburger Hütte (1918 m)
Bregenzerwald	**15 Rund um die Rote Wand** Die Rote Wand (2704 m) ist der Berg schlechthin zwischen Bregenzerwald und Klostertal, ein mächtiger, isoliert aufragender Klotz. Man kann ihn auf guten Wegen umwandern – oder ihm gleich aufs Haupt steigen (AV-Steig, 3 1/2 Std. ab Formarinalpe, nur für erfahrene Berggänger!).	Formarinalpe (1871 m), 12 km von Lech, Verkehr reglementiert, Wanderbus	Formarinalpe – Lange Furka – Laguzalpe (2 1/4 Std.) – Sättele (1737 m) – Klesenzaalpe – Obergschröf (ca. 2090 m; 5 Std.) – Formarinalpe (6 Std.)	Rot-weiße Mark.	Laguzalpe (1584 m) und Klesenzaalpe (1589 m)
Rheintal-Walgau-Montafon	**16 Staufen, 1465 m – Rappenlochschlucht** Auf den Berg und in den Berg! So das Motto dieser Runde, die über den Dornbirner Hausberg in die beeindruckende Klamm führt.	Bergstation der Karren-Seilbahn (971 m), Talstation in Dornbirn (442 m)	Karren – Staufen (1 1/2 Std.) – Schuttannen (1150 m) – Spätenbachalpe (842 m) – Rappenloch – Gütle – Fußenegg (637 m) – Dornbirn (4 1/4 Std.)	Gut mark. Wege	Panoramarestaurant, Schuttannen, Rappenloch, Gh. Gütle
Rheintal-Walgau-Montafon	**17 Hohe Kugel, 1645 m** Beliebtes Wanderziel über dem Rheintal. Trittsicherheit für den schrofigen Gipfelaufbau (Drahtseil)	Ebnit (1088 m), alte Walsersiedlung, 12 km ab Dornbirn	Ebnit – Emser Hütte – Hohe Kugel (2 Std.) – Staffelalpe – Ebnit (3 1/4 Std.)	Mark. Wege	Emser Hütte (1272 m) am Strahlkopf
Rheintal-Walgau-Montafon	**18 Hoher Freschen, 2004 m** Berühmter Aussichtsberg zwischen Bregenzerwald und Großem Walsertal; auf verschiedenen Wegen erreichbar. Trittsicherheit erforderlich; an den Graten einige Sicherungen. Bei Nässe nicht empfehlenswert	Ebnit (1088 m), alte Walsersiedlung, 12 km ab Dornbirn	Ebnit – Valorsalpe (1302 m) – Valüragrat – Hoher Freschen (4 3/4 Std.) – Binnelalpe – Ebnit (7 1/2 Std.)	AV-Mark. 201A und 201	Freschenhaus (1840 m), 20 Min. südlich unter dem Gipfel
Rheintal-Walgau-Montafon	**19 Hoher Freschen, 2004 m** Weniger weit, auch leichter ist der Weg aus dem Laternser Tal auf den Hohen Freschen, vor allem bei Benützung des Liftes zur Gapfohlalpe (1572 m).	Bad Laterns (1147 m) an der Straße zum Furkajoch	Bad Laterns – Untere Saluveralpe (1565 m) – Freschenhaus (1840 m; 2 3/4 Std.) – Hoher Freschen (3 1/4 Std.); Abstieg auf dem gleichen Weg (gesamt 5 1/2 Std.)	Rot-weiße Mark.	Freschenhaus (1840 m)
Rheintal-Walgau-Montafon	**20 Hochgerach, 1985 m** Leicht erreichbarer Aussichtsgipfel zwischen dem Laternser Tal und dem Walgau	Bergstation (1340 m) der Schnifiser Bergbahn; Talstation in Schnifis (657 m)	Schnifiserberg – Älpele – Hochgerach (2 Std.) – Äußere Alpila (1535 m) – Schnifiserberg (3 1/4 Std.)	Rot-weiße Mark.	Bergstation, Älpele
Rheintal-Walgau-Montafon	**21 Wangspitze, 1873 m** Große Wanderrunde abseits der ausgetretenen Pfade. Die Wangspitze bietet ein stimmungsvolles Panorama; Naturschutzgebiet Gadental.	Buchboden (910 m) im innersten Walsertal, 18 km von Thüringen	Buchboden – Rindereralpe (1242 m; 1 1/2 Std.) – Matonajöchle (1790 m) – Wangspitze (3 1/2 Std.) – Bad Rothenbrunnen (1010 m) – Buchboden (5 1/2 Std.)	Rot, rot-weiß mark. Wege	Gh. Bad Rothenbrunnen (1010 m)
Rheintal-Walgau-Montafon	**22 Gurtisspitze, 1778 m** Aussichtsgipfel über dem Walgau, von Gurtis aus leicht zu besteigen	Gurtis (904 m) in schöner Terrassenlage oberhalb von Frastanz, 6 km	Gurtis – Bazoraalpe (1406 m) – Gurtisspitze (2 1/2 Std.) – Sattelalpe (1383 m) – Gurtis (4 Std.)	Rot-weiß mark. Wege	Bazoraalpe (1406 m)
Rheintal-Walgau-Montafon	**23 Hohe Köpfe, 2045 m** Große, anspruchsvolle Wanderrunde über dem Walgau mit ein paar gesicherten Passagen	Gurtis (904 m) in schöner Terrassenlage oberhalb von Frastanz, 6 km	Gurtis – Bazoraalpe (1406 m) – Hohe Köpfe (5 Std.) – Galinaalpe (1566 m) – Gurtis (8 Std.)	Rot-weiße Markierungen	Bazoraalpe (1406 m)
Rheintal-Walgau-Montafon	**24 Liechtensteiner Höhenweg** Große Wanderrunde über dem innersten Gamperdonatal, folgt zwischen dem Hochjoch (2353 m) und der Pfälzer Hütte auf österreichischem Boden dem »Liechtensteiner Höhenweg«.	Nenzinger Himmel (1370 m) im Gamperdonatal. Zufahrt nur mit Kleinbussen (im Sommer ab 7 Uhr)	Nenzinger Himmel – Panüelalpe (1780 m) – Hochjoch (3 Std.) – »Liechtensteiner Höhenweg« – Pfälzer Hütte (4 1/2 Std.) – Güfelalpe – Nenzinger Himmel (6 1/4 Std.)	Gut mark. Wege, AV-Nrn.	Pfälzer Hütte (2108 m)
Rheintal-Walgau-Montafon	**25 Hoher Frassen, 1979 m** Natürlich ist der Bludenzer Hausberg ein beliebtes Wanderziel, zumal eine Seilschwebebahn die Anstiegsleistung auf die Hälfte reduziert.	Bergstation der Muttersberg-Seilbahn (1402 m); Talstation Bludenz (588 m)	Seilbahnstation – Frassenhütte (1725 m) – Hoher Frassen (1 3/4 Std.) – Tiefenseesattel (1562 m) – Bludenz (4 3/4 Std.)	AV-Nr. 633, rot-weiß mark. Gipfelweg	Madeisastüble (Seilbahn), Frassenhütte (1725 m)
Rheintal-Walgau-Montafon	**26 Schillerkopf, 2006 m** Abwechslungsreiche Runde über dem Eingang ins Brandner Tal. Am felsigen Gipfel Trittsicherheit erforderlich	Bürserberg, Bergstation des Sesselliftes (1170 m) oder Bürser Ortsteil Dunza (Zufahrt bis Ronasäge, 1230 m)	Dunza – Schillersattel (1847 m) – Schillerkopf (2 3/4 Std.) – Dunza (4 1/2 Std.)	Rot-weiße Farbmark.	In der Umgebung der Liftstation

Tourenziel/Charakteristik	Ausgangspunkt	Wegverlauf & Gehzeit	Markierung	Einkehr am Weg
27 Kaltenberghütte, 2089 m Beliebte Hüttenwanderung, herrlicher Blick auf das Klostertal und die Kletterzacken um die Grubenspitze (2569 m)	Stuben (1407 m,) höchstgelegener Flecken im Klostertal, an der Arlbergroute	Stuben – Stubner See – Kaltenberghütte (2 1/2 Std.) – Bludenzer Alpe – Langen/Stuben (4 Std./5 Std.)	Gut mark. Wege	Kaltenberghütte (2089 m)
28 Spusagang, 2237 m Alpine Runde für ausdauernde, trittsichere Bergwanderer. Am Spusagang große Kulisse	Bergstation der Palüd-Seilbahn (1608 m). Nach Brand (1037 m,) kommt man von Bludenz via Bürserberg, 11 km.	Palüd – Amatschonjoch (2028 m) – Setschalpe (3 1/2 Std.) – »Spusagang« – Oberzalimscharte (5 1/4 Std.) – Oberzalimhütte (6 Std.) – Brand (7 1/2 Std.)	Gut bez. Wege	Oberzalimhütte (1889 m)
29 Schesaplana, 2964 m Höchster (und meistbesuchter) Gipfel im Rätikon mit relativ leichtem Zugang (für Trittsichere) und immensem Panorama	Bergstation der Lüner-See-Seilbahn (1979 m). Zufahrt von Bludenz via Brand (1037 m, 17 km,)	Lüner See – Totalphütte (1 1/2 Std.) – Schesaplana (3 1/4 Std.); Abstieg auf dem gleichen Weg (gesamt 5 1/4 Std.)	Viel begangener, gut bez. Weg, AV-Nr. 102	Totalphütte (2381 m), Douglass-Hütte (1980 m) am Lüner See
30 Geißspitze, 2334 m Beliebte Wanderrunde über dem Gauer Tal mit packenden Blicken auf den Rätikon-Hauptkamm. Trittsicherheit an der Geißspitze!	Bergstation der Golmerjoch-Gondelbahn (1890 m); Talstation Latschau (983 m,)	Golmerjoch – »Golmer Höhenweg« – Geißspitze (2 3/4 Std.) – Lindauer Hütte (3 3/4 Std.) – Gauer Tal – Latschau (5 1/2 Std.)	Gut bezeichnete Wege	Golmerjoch, Lindauer Hütte (1744 m, Alpengarten), im Gauertal
31 Tilisunahütte, 2208 m Auch ohne eine Besteigung der Sulzfluh (2817 m; 3 1/4 Std. hin und zurück) bietet diese Runde zwischen Rätikonkalk und Silvrettagneis viel Interessantes.	Latschau (983 m), Anfahrt von Tschagguns	Latschau – Grabs – Alpilaalpe (1686 m) – Schwarzhornsattel (2166 m) – Tilisunahütte (4 Std.) – Gampadelsalpe (1363 m) – Tschagguns (7 Std.)	Anstieg rot mark., Abstieg teilweise Straßen	Grabs; Tilisunahütte (2208 m)
32 Itonskopf, 2089 m Kurz oder lang? Das ist hier die Frage: hinauf bis zum Endpunkt des Monteneu-Sträßchens (kleine Runde, 1 1/2 Std.) oder ab Bartholomäberg unter Einbeziehung des Geologischen Lehrpfades	Bartholmäberg (1087 m,) Terrassensiedlung 5 km ab Schruns	Bartholomäberg – Rellseck (1487 m; 1 1/2 Std.) – Itonskopf (3 1/2 Std.) – Ganzaleita – Fritzensee (1440 m) – Bartholomäberg (6 1/4 Std.)	Bestens mark., 24 Schautafeln	Gh. Rellseck (1487 m)
33 Gafierjöchle, 2415 m Interessante Wanderrunde über zwei Grenzpässe (Gafierjöchle, St. Antönier Joch) nördlich des Madrisastocks	Bergstation der Schafbergbahn (2130 m); Talstation in Gargellen (1423 m,)	Schafberg – Gafierjöchle (1 Std.) – Gafia – St. Antönier Joch (2379 m; 4 1/4 Std.) – Schafberg (5 Std.), kürzere alpine Variante am Grenzkamm entlang (4 Std.)	Beiderseits der Grenze gut markierte Wege	Gafia (1747 m), Gargellenalpe (1733 m)
34 Heimbühljöchli, 2495 m Aussichtsreiche Höhen- und Passwanderung zwischen Gaschurn und Gargellen (1423 m) quer durch die »grüne« Silvretta. Im Vergaldatal reiche Flora	Bergstation der Versettlabahn (1990 m); Talstation bei Gaschurn (979 m,) im Montafon	Versettlabahn – Versattla (2372 m) – Matschuner Joch – Heimbühljöchli (2 3/4 Std.) – Vergaldaalpe (4 Std.) – Gargellen (5 Std.)	Gut mark. Wege	
35 Versettla-Höhenweg Beliebte Kamm- und Höhenwanderung in der »grünen« Silvretta, mit Aussicht über die Montafoner Gebirgskulisse	Bergstation der Versettlabahn (2010 m), Talstation Gaschurn (979 m,)	Seilbahnstation – Versettla (2372 m) – Matschuner Joch (2390 m, 2 1/2 Std.) – Novatal – Seilbahnstation (4 Std.)	Rot-weiß mark. Wege	Versettlabahn
36 Rund um den Hochmaderer Große Runde, auch ohne Abstecher auf den Hochmaderer (1 3/4 Std., markiert, aber nur für Geübte) sehr lohnend	Bergstation der Vermuntbahn (1732 m); alternativ Vermunt-Stausee	Seilbahnstation – Schafbodenjöchli (2330 m; 2 Std.) – Innere Alpila – Hochmadererjoch (2505 m; 4 1/4 Std.) – Vermunt-Stausee (5 3/4 Std.) – Vermuntstollen – Seilbahn (6 3/4 Std.)	Rot und rot-weiß bez. Wege	Vermuntbahn
37 Schweizer Lücke, 2744 m Hochalpine Eindrücke zwischen Garnera und Vermunt, bei der mehrere harmlose Gletscher traversiert werden. Nur für Bergerfahrene, Steinschlaggefahr zwischen Schweizer Lücke und Kromer Lücke (2729 m)	Vermunt-Stausee (1747 m,) an der mautpflichtigen »Silvretta-Hochalpenstraße«, 10 km ab Partenen	Vermunt-Stausee – Hochmadererjoch (2 1/4 Std.) – Tübinger Hütte (3 1/2 Std.) – Plattenjoch (2728 m) – Schweizer Lücke (2744 m) – Saarbrücker Hütte (6 1/4 Std.) – Vermunt-Stausee (7 3/4 Std.)	AV-Wege, rot-weiß bez.	Tübinger Hütte (2191 m); Saarbrücker Hütte (2538 m)
38 Klostertal; Rote Furka, 2688 m Talwanderung zu einem der schönsten Logenplätze in der Silvretta	Bielerhöhe (2037 m,) Scheitelhöhe der »Silvretta-Hochalpenstraße« am Silvretta-Stausee	Bielerhöhe – Rote Furka (3 Std.); Abstieg auf dem gleichen Weg (gesamt 5 Std.)	Mark. rot-weiß und rot	(Klostertaler Hütte, 2362 m, nur Selbstversorger!)
39 Rund um das Hohe Rad, 2934 m Wanderklassiker über dem Silvretta-Stausee, am Gipfel ganz leichte Kletterei (I). Großes Panorama	Bielerhöhe (2037 m,) Scheitelhöhe der mautpflichtigen »Silvretta-Hochalpenstraße« am gleichnamigen Stausee	Bielerhöhe – Radschulter (2697 m; 2 1/4 Std.) – Hohes Rad (3 Std.) – Radsattel (2652 m) – Wiesbadener Hütte (4 1/4 Std.) – Bielerhöhe (6 1/4 Std.)	Rot bzw. rot-weiß mark.	Wiesbadener Hütte (2443 m)

Das Allgäu

Grauer Fels über grünen Wiesen

Auch wenn die Hauptgipfel der Allgäuer Alpen bereits beachtliche Höhen erreichen, so ist das »Alp-Gau« doch vor allem eine grüne Bergregion, gibt es doch hier mehr Wiesen als Fels. Manche davon sind allerdings so steil, dass der Bergwanderer sie besser meidet (z. B. die Höfats). Einen freundlichen Mix aus Grün und Grau bieten die nördlichen Vorberge, durchwegs sehr lohnende Aussichtswarten.

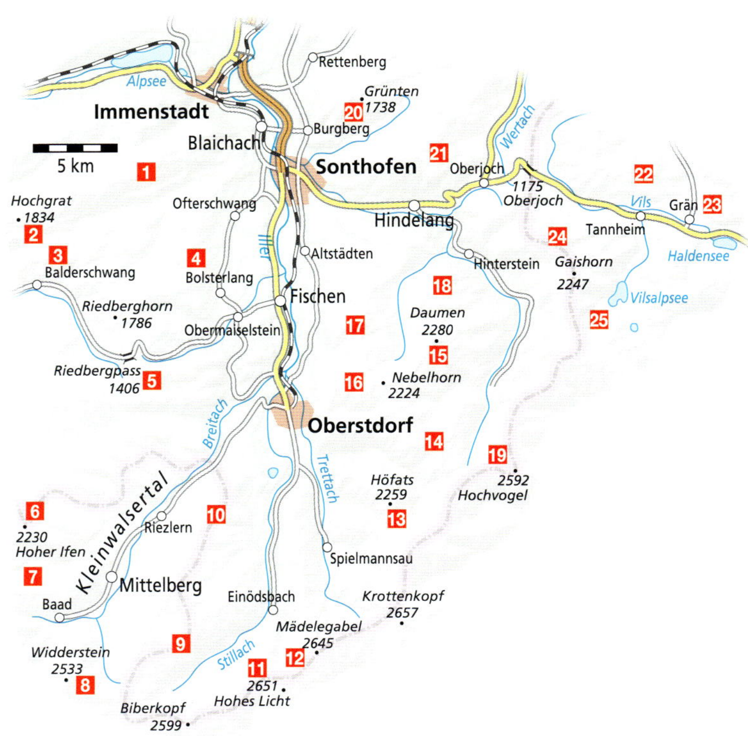

Blickfang im Panorama fast aller Gipfel zwischen der Nagelfluhkette und dem Grünten ist der Allgäuer Hauptkamm, der das Tal im Süden so markant alpin abriegelt. Weit offen ist dagegen der Zugang von Norden, und das macht nicht nur Freude: Stau auf der Autobahnanfahrt, Blechlawinen in den Dörfern, Abgasschwaden über dem grünen Tal. Immerhin: In Hindelang und Oberstdorf etwa bemüht man sich redlich um die (heikle) Balance zwischen Business und Natur, Erschließung und Verzicht. Denn auch hier – das hat man erkannt – wachsen höchstens die Gipfel, nicht aber die Bäume in den Himmel!

Apropos Bäume: Waldreich ist das Allgäu ja nicht gerade, doch das hat einen anderen Grund. Seit Jahrhunderten wird Milchwirtschaft betrieben, was großflächige Rodungen bedingte. Ein schmackhaftes Ergebnis: der berühmte Allgäuer Käse!

Oberallgäuer Rundwanderweg

Abwechslungsreiche, gut 200 Kilometer lange Wandertour auf gut markierten Wegen,
1. Etappe: Altusried – Wiggensbach – Buchenberg, 6 Std. **2. Etappe:** Buchenberg – Wengeregg (1056 m) – Wengen – Weitnau, 6 Std. **3. Etappe:** Weitnau – Hauchenberg – Missen – Salmaser Höhe (1254 m) – Oberstaufen/Hündlebahn, 6 Std. **4. Etappe:** Hündlebahn – Brunnenauscharte (1626 m) – Scheidwangalp – Siplingerkopf (1746 m) – Grasgehren, 8 Std. **5. Etappe:** Grasgehren – Rohrmoos – Riezlern, 5 Std. **6. Etappe:** Riezlern – Oberstdorf, 6 Std. **7. Etappe:** Oberstdorf – Gaisalpe – Schnippenkopf (1833 m) – Zwölferkopf (1355 m) – Hindelang, 7 Std. **8. Etappe:** Hindelang – Wertacher Hörnle (1684 m) – Wertach, 7 Std. **9. Etappe:** Wertach – Zollhaus – Wildpoldsried, 5 1/2 Std. **10. Etappe:** Wildpoldsried – Probstried – Altusried, 8 Std. Auch Teilbegehungen möglich,
Infos: Tourismusverband Allgäu/Bayerisch-Schwaben, Schießgrabenstraße 14, 86150 Augsburg; Tel. 0821/450 401-0.

Steckbrief

Fläche: ca. 1500 qkm
Höchster Punkt: Krottenkopf (2656 m)
Gebirgsgruppen: Allgäuer Alpen
Wichtigste Ortschaften: Immenstadt, Sonthofen, Hindelang, Oberstdorf, Riezlern, Mittelberg
Wandervorschläge: 25

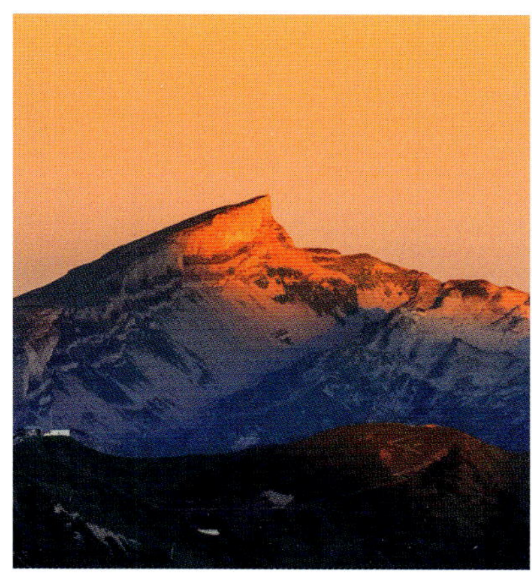

Ein markantes Profil: der Hohe Ifen Ifen

Über den Acker aus Stein

6 Hoher Ifen, 2230 m

Sein Profil, die felsig-steile Stirn, ist es, die neugierig macht. Seine Rückseite, der »Gottesacker«, bildet die eigentliche Sensation der Tour: ein riesiges Karrenplateau, in Jahrtausenden vom Wasser bearbeitet, zerfurcht, da und dort fein ziseliert, mit bodenlos tiefen Gräben. Dazwischen grünt es schüchtern, belegen Farbtupfer, dass dieses »steinerne Meer« nicht ganz ohne Leben ist. Auch nicht ganz ungefährlich, vor allem, wenn Schnee die Spalten zudeckt oder Nebel die Sicht auf ein paar Meter reduziert.

Von der Liftstation auf viel begangenem Weg bergan in die von Felstrümmern übersäte Ifenmulde, dann links über Geröll in Kehren aufwärts gegen den Felsfuß. Mit Drahtseilhilfe ist die Schwachstelle in der gelbbraunen Ifenwand bald überwunden; weiter rechts über die ausgedehnte grüne Gipfelschräge zum Kreuz.

Zurück bis zum Felsfuß, dann links in einem Bogen hinüber gegen das Hahnenköpfle (2143 m). Nun nördlich über den »Gottesacker«, wobei Markierungsstangen die Richtung weisen. Von der (längst verfallenen) Gottesackeralpe Gegensteigung zu der in die Oberen Gottesackerwände eingekerbte Torkopfscharte (1967 m). Dahinter über Schutt hinab, am markanten Felsen des Torkopfs (1926 m) vorbei und zum Windeggsattel (1752 m). Rechts auf bezeichnetem Weg durchs Mahdtal hinab, vorbei an dem über 70 Meter tiefen Schlund des Höllochs, und zurück nach Riezlern.

Allgäuer Alpenpanorama

14 Laufbacher Eck, 2178 m

Ein richtiger Gipfel ist das Laufbacher Eck gar nicht, doch das stört hier keineswegs, denn am Höhenweg von der Nebelhornbahn herüber kommen fast alle Allgäuer Berge ins Bild, zuletzt auch die elegante Pyramide des Hochvogels (2592 m). Blickfang ist aber erst einmal die steile, mehrgipflige Pyramide der Höfats (2258 m), in deren Flanken das Edelweiß blüht. Von der Nebelhornbahn (1929 m) zunächst in die kleine Senke zwischen Zeiger (1994 m) und Hüttenkopf, dann am Kamm entlang, mit Tiefblick auf den Seealpsee. Im grasigen Schochen (2100 m) biegen Grat und Weg nach Osten ab; hinter dem Lachenkopf zeigt sich das Laufbacher Eck, höchster Punkt der Tour. Dahinter leitet die Wegspur abwärts (Vorsicht, wenn noch Schnee liegt!) zur Verzweigung über der Zwerchwand (ca. 1820 m). Hier rechts hinauf ins Himmeleck (2007 m), das den Übergang ins Oytal vermittelt.

Dann unter den Westwänden der beiden Wilden (2379 m) abwärts zur Käseralpe (1405 m) und schließlich auf bequemen Wegen durch das Tal hinaus nach Oberstdorf.

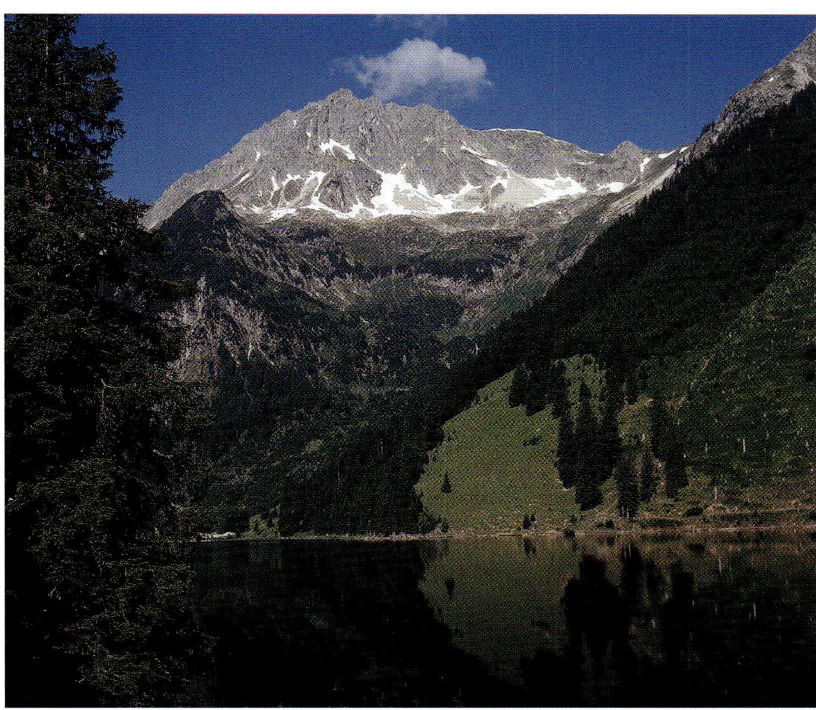

Über dem Vilsalpsee ragt der Felsgipfel des Rauhhorns in den Himmel.

Zum Felsenthron über dem Vilsalpsee

25 Landsberger Hütte – Rauhhorn, 2241 m

Der Höhenunterschied zwischen dem Vilsalpsee und dem Gipfelkreuz am Rauhhorn beträgt »nur« gut tausend Meter, doch das sollte niemand täuschen: Die Runde hat es in sich, das ständige Auf und Ab verlangt eine ordentliche Kondition, am Gipfel ist der Weg wirklich »rau«, und der Abstieg zum See geht ganz schön in die Gelenke, wird bei Nässe auch zur unangenehmen Rutschpartie. Das Rauhhorn kann man allerdings auf dem »Jubiläumsweg« ostseitig umgehen, wodurch sich die Gehzeit um etwa 1 ½ Stunden, die Schwierigkeit ganz entscheidend verringert. Am Rauhhorn einige leichte Kletterstellen (I+), ein kleiner Überhang ist durch ein Fixseil entschärft.

Vom Parkplatz 10 Min. am Ostufer des Vilsalpsees (1165 m) entlang, dann bergan zum (aufgestauten) Traualpsee und über einen Felsriegel zur Landsberger Hütte (1805 m). Westlich in die Senke zwischen Steinkarspitze und Roter Spitze (2130 m). Nun in einem weiten Bogen – erst ab-, zuletzt wieder kurz ansteigend – hoch über der Kastenalpe zur Grenzscharte (1926 m) unter dem Kirchendach. Hübscher Blick auf den dunklen Schrecksee mit seinem Inselchen. Auf dem »Jubiläumsweg« um das Kugelhorn herum in den Grateinschnitt vor dem Rauhhorn. Hier gabelt sich die Route: Gipfelstürmer mit sicherem Tritt bleiben am Grat; wer's gemütlicher mag, folgt weiter dem »Jubiläumsweg«. In der Vorderen Schafwanne treffen die beiden Wege zusammen. Auf etwas rauem Pfad steigt man ab zur Vilsalpe am oberen Ende des Vilsalpsees (1168 m). Nun am Westufer zurück zum Ausgangspunkt.

Allgäuer Alpen

Tourenziel/Charakteristik	Ausgangspunkt	Wegverlauf & Gehzeit	Markierung	Einkehr am Weg
1 Stuiben, 1749 m Sehr aussichtsreiche, nur mäßig anstrengende Höhen- und Gipfelwanderung. Am Steineberg und am Stuiben leichte Felspassagen (Drahtseile, lange Leiter)	Bergstation der Mittagberg-Sesselbahn (1451 m), Talstation Immenstadt (728 m)	Mittagberg – Steineberg (1683 m) – Stuiben (2 1/2 Std.) – Mittelbergalp (3 1/4 Std.) – Immenstadt (728 m; 4 1/2 Std.)	Bestens mark. Wege, rot-weiß und blau-weiß	Mittagberg, Gundalm (1502 m), Mittelbergalp
2 Hochgrat, 1834 m, und Rindalphorn, 1821 m Kammwanderung über die höchsten Erhebungen der Nagelfluhkette mit herrlichen Fernblicken. Trittsicherheit, bei Nässe nicht ratsam	Bergstation (1704 m) der Hochgratbahn. Gästebus ab Oberstaufen (791 m) zur Talstation	Seilbahnstation – Hochgrat (1/2 Std.) – Brunnenauscharte (1626 m) – Rindalphorn (1 1/2 Std.) – Brunnenauscharte – Talstation Hochgratbahn (856 m; 3 3/4 Std.)	Gut bez., über den Kamm verläuft der »Maximiliansweg«	Hochgratbahn
3 Siplingerkopf, 1745 m, und Höllritzereck, 1669 m Abwechslungsreiche, recht lange Kammwanderung über insgesamt vier Nagelfluhgipfel. Trittsicherheit, nicht bei Nässe gehen!	Balderschwang (1044 m), das »oberbayrische Sibirien«, 12 km von Hittisau, 21 km von Oberstdorf	Balderschwang – Obere Balderschwanger Alpe (1205 m) – Heidenkopf (1685 m) – Siplingerkopf (2 1/2 Std.) – Bleicherhorn (1669 m) – Höllritzereck (3 3/4 Std.) – Schwabenhof – Balderschwang (5 1/2 Std.)	Gut bez., am Grat »Oberallgäuer Rundwanderweg«	
4 Über die Hörner; Weiherkopf, 1665 m Ein Kenner hat die Hörner als »Skiberge im Sommerschlaf« bezeichnet – eine recht zutreffende Bezeichnung, doch lohnt sich die Überschreitung des langen, mehrgipfligen Kamms auch im Sommer.	Ofterschwang (864 m) 6 km westlich von Sonthofen	Ofterschwang – Allgäuer Berghof (1 Std.) – »Panoramaweg« – Weiherkopf (3 1/2 Std.) – Großer Ochsenkopf (4 1/2 Std.) – Gh. Schwaben – Bolsterlang (892 m; 6 1/4 Std.)	Mark. Wege, Hinweisschilder	Allgäuer Berghof (1206 m), Gh. Schwaben (1510 m)
5 Besler, 1679 m Mittelgebirgsrunde mit felsigem Höhepunkt. Für den gesicherten Steig durch die Nordabstürze des Besler ist etwas Bergerfahrung unerlässlich (kann umgangen werden, mark.). Beim Rückweg: Besuch der Sturmannshöhle!	Obermaiselstein (859 m) westlich von Fischen	Obermaiselstein – »Königsweg« – Nordwandsteig – Besler (3 Std.) – Freyburger Alp – Obermaiselstein (6 Std.)	Bestens mark. Wege	Freyburger Alp, Gh. Sturmannshöhle
6 Hoher Ifen, 2230 m Sein markantes Profil ist ein Wahrzeichen des Allgäus, der »Gottesacker« die größte Karsthochfläche der Region. Nur für Bergerfahrene, nicht bei Schneelage (Klüfte, Dolinen) oder Nebel!	Bergstation des Ifen-Sesselliftes. Zufahrt zur Talstation ab Riezlern (1086 m)	Ifenhütte – Hoher Ifen (1 3/4 Std.) – Gottesacker – Windeggsattel (1752 m; 4 Std.) – Riezlern (6 Std.)	Am »Gottesacker« gut auf Mark. achten!	Ifenhütte (1586 m), Bergadler (2020 m)
7 Grünhorn, 2039 m Gemütliche Kammwanderung mit viel Aussicht. Schmale Steige, bei Nässe nicht ratsam	Bergstation der Walmendinger-Horn-Bahn (1990 m), Talstation Mittelberg (1215 m)	Walmendinger Horn – Ochsenhofer Köpfe (1950 m) – Ochsenhofer Scharte (1850 m) – Grünhorn (2 1/2 Std.) – Starzeljoch (1867 m) – Baad (1244 m; 4 Std.)	Mark. Wege	Walmendinger Horn
8 Rund um den Widderstein Lange, recht anstrengende Rundtour über dem innersten Kleinwalsertal, in Verbindung mit einer Besteigung des Widdersteins (2533 m) großes Tagespensum	Baad (1244 m) im innersten Kleinwalsertal, 15 km ab Oberstdorf	Baad – Bärgunthütte – Hochalppass (1938 m) – Widdersteinhütte (3 1/4 Std.) – Gamstelalpe – Innerbödmen (5 1/2 Std.) – Baad (Straße; 6 1/4 Std.)	Gut bez. Wege	Bärgunthütte (1391 m), Widdersteinhütte (2009 m), Gamstelalpe (1320 m)
9 Krumbacher Höhenweg Großzügige Runde mit Aussicht auf fast alle Allgäuer Gipfel. Ausdauer unerlässlich, für den Abstieg aus der Kemptner Scharte auch Schwindelfreiheit	Bergstation (1949 m) der Kanzelwand-Seilbahn, Talstation Riezlern (1086 m)	Seilbahnstation – Kanzelwand (2059 m) – Kühgundalpe (1754 m) – Roßgundscharte (2005 m; 2 Std.) – Mindelheimer Hütte (4 1/4 Std.) – Kemptner Scharte (2108 m) – Mittelberg (1215 m; 6 3/4 Std.)	Gut bez. Wege	Kanzelwandbahn, Mindelheimer Hütte (2013 m); Fluchtalpe (1390 m), Wiesalpe (1298 m)
10 Fellhornkamm Eine der beliebtesten Höhenwanderungen im Allgäu; Aufstieg per Bahn. Tolle Aussicht, ab Frühsommer ungewöhnlich reiche Flora	Bergstation (1949 m) der Kanzelwand-Seilbahn, Talstation Riezlern (1086 m)	Seilbahnstation – Fellhorn (2039 m) – Söllereck (1703 m) – Schönblick (1350 m; 3 1/4 Std.) – Riezlern (4 1/2 Std.)	Mark., viel begangene Wege	Kanzelwandbahn, Fellhorn, am Schönblick und am Weg ins Tal
11 Rappenseehütte, 2091 m Beliebte Hüttentour, aber auch recht weit. Die meisten Besucher nächtigen in dem großen Haus und gehen anderntags auf den »Heilbronner Höhenweg«.	Oberstdorf (813 m) berühmter Ferienort im Tal der Iller. Parkplatz bei der Talstation der Fellhornbahn; Bus bis Birgsau (949 m)	Birgsau – Einödsbach (1114 m; 1 Std.) – Rappenseehütte (4 Std.); Abstieg auf dem gleichen Weg (gesamt 6 3/4 Std.)	Mark. Wege	Birgsau, Rappenseehütte (2091 m); Enzianhütte (1780 m)

Tourenziel/Charakteristik	Ausgangspunkt	Wegverlauf & Gehzeit	Markierung	Einkehr am Weg	
12 Waltenberger Haus, 2084 m Schön gelegene, gemütliche Alpenvereinshütte über dem Bacherloch	Oberstdorf (813 m,) berühmter Ferienort im Tal der Iller	Birgsau – Einödsbach (1114 m; 1 Std.) – Waltenberger Haus (3 1/2 Std.); Abstieg auf dem gleichen Weg (gesamt 6 Std.)	Mark. Bergwege	Waltenberger-Haus (2084 m)	Allgäuer Alpen
13 Rund um die Höfats Große Runde um den berühmtesten (und steilsten) Grasberg der Ostalpen. Abwechslungsreiche Tour: Flora, malerisches Hölltobel, Stuiben-Wasserfall. Ausdauer erforderlich	Oberstdorf (813 m,) berühmter Ferienort im Tal der Iller. Parkplatz Nebelhornbahn	Oberstdorf – Hölltobel – Gerstruben (1 3/4 Std.) – Älpelesattel (1780 m; 3 1/2 Std.) – Gh. Oytal – Oberstdorf (6 1/4 Std.)	Mark. Wege	Gerstruben (1154 m), Dietersbachalpe (1325 m), Käseralpe (1405 m), Gh. Oytal (1009 m)	
14 Laufbacher Eck, 2178 m Aussichtsreiche Höhenwanderung auf teilweise schmalen Wegen, faszinierend die Ausblicke auf Höfats und Hochvogel. Vorsicht beim Abstieg vom Laufbacher Eck!	Bergstation (1929 m) der Nebelhornbahn, Talstation Oberstdorf (813 m,)	Nebelhornbahn – Laufbacher Eck (2 1/2 Std.) – Zwerchwand (ca. 1820 m) – Himmeleck (2007 m; 3 1/2 Std.) – Käseralpe – Oytal – Oberstdorf (6 1/4 Std.)	AV-Mark. 428 bis Zwerchwand	Edmund-Probst-Haus (1932 m), 2 Min. von der Nebelhornbahn; Käseralpe (1405 m), Gh. Oytal (1009 m)	
15 Großer Daumen, 2280 m Dank der Nebelhornbahn ist der Weg auf den Großen Daumen und zur großen Aussicht nicht mehr allzu weit – und entsprechend populär.	Bergstation (1929 m) der Nebelhorn-Seilbahn, Talstation Oberstdorf (813 m,)	Nebelhornbahn – Koblat – Großer Daumen (2 1/4 Std.); Abstieg auf dem gleichen Weg (gesamt 4 Std.)	Bez. Bergweg	Edmund-Probst-Haus (1932 m)	
16 Rubihorn, 1957 m Hausberg von Oberstdorf, bietet packende Tiefblicke auf das Illertal	Mittelstation der Nebelhornbahn auf der Seealpe (1280 m), Talstation Oberstdorf (813 m,)	Seealpe – Roßbichl – Rubihorn (2 Std.) – Unterer Gaisalpsee (1509 m) – Gh. Gaisalpe – Oberstdorf (4 1/2 Std.)	Mark. Wege	Gh. Gaisalpe (1165 m)	
17 Höhenweg Hindelang – Oberstdorf Fast schon ein Weitwanderweg: in 6 Std. über die Sonnenköpfe nach Oberstdorf. Aussicht, Blumen!	Bergstation (1320 m) der Sesselbahn Hornalpe, Talstation Hindelang (825 m,)	Hornalpe – Straußbergalpe – Sonnenköpfe (Schnippenkopf, 1833 m; 3 1/2 Std.) – Gh. Gaisalpe (5 Std.) – Oberstdorf (813 m; 6 1/2 Std.,)	Gut mark.	Hornalpe, Straußbergalpe (1227 m), Gh. Gaisalpe (1165 m)	
18 Breitenberg, 1893 m Beliebtes Gipfelziel über dem inneren Ostrachtal. Trittsicherheit erforderlich	Hinterstein (866 m,) 7 km von Hindelang. Großer Wanderparkplatz	Hinterstein – Älpealpe (1499 m) – Breitenberg (3 1/4 Std.) – Häblesgund – Hinterstein (5 1/2 Std.)	Gut mark. Wege		
19 Prinz-Luitpold-Haus, 1846 m Leichte Hüttenwanderung, Anfahrt zum Giebelhaus per Bus oder mit dem Radl	Giebelhaus (1067 m,) 10 km von Hinterstein (für Motorfahrzeuge gesperrt)	Giebelhaus – Prinz-Luitpold-Haus (2 3/4 Std.); Abstieg auf dem gleichen Weg (gesamt 4 1/2 Std.)	Gut mark.	Giebelhaus, Prinz-Luitpold-Haus (1846 m)	
20 Grünten, 1738 m Seilbahnberg über dem Eingang ins Oberallgäu mit abwechslungsreichem Zugang über die Südflanke	Burgberg (752 m,) nordöstlich von Sonthofen	Burgberg – Wustbachschlucht – Grünten (2 3/4 Std.) – Alpe Kehr (1082 m) – Burgberg (5 Std.), mit Umweg via Starzlachklamm 3/4 Std. mehr	Viel begangene, gut mark. Wege	Grüntenhaus (1535 m), Mittlere Schwandalp (1319 m), Alpe Kehr, Gh. Alpenblick	
21 Hirschberg, 1458 m, und Spieser, 1649 m Beliebte Frühlings- und Herbstwanderziele, im Hirschbachtobel erdgeschichtlicher Lehrpfad	Hindelang (825 m,) an der Strecke Sonthofen – Oberjoch	Hindelang – Hirschbachtobel – Hirschberg (2 Std.) – Spieser (3 1/4 Std.) – Oberjoch (1136 m; 4 1/2 Std.,)	Gut mark. Wege	Hirschalpe (1493 m)	
22 Einstein, 1866 m Frei stehender felsiger Gipfel im »Niemandsland« zwischen Allgäuer und Tannheimer Bergen. Trittsicherheit im Gipfelbereich	Berg, Weiler bei Tannheim (1097 m,)	Berg – Einstein (2 Std.). Abstieg auf dem gleichen Weg (gesamt 3 1/4 Std.)	Rot-weiß bez.		
23 Tannheimer Höhenweg; Aggenstein, 1987 m Abwechslungsreiche Panoramawanderung mit felsigem Gipfelfinale (Drahtseile). Etwas Bergerfahrung unerlässlich	Bergstation des Sesselliftes am Füssener Jöchl (1818 m), Talstation Grän (1138 m,)	Füssener Jöchl – Vilser Jöchl – Bad Kissinger Hütte (2 Std.) – Aggenstein (2 3/4 Std.) – Bad Kissinger Hütte – Grän (4 3/4 Std.)	AV-Mark. 414, 411	Am Füssener Jöchl, Bad Kissinger Hütte (ehem. Pfrontener Hütte, 1788 m)	Tannheimer Berge
24 Ponten, 2045 m Bschießer (2000 m) und Ponten: Gipfelzwillinge zwischen Tannheimer Tal und Ostrachtal. Alpine Wege	Schattwald (1072 m,) im Tannheimer Tal	Schattwald – Stuibental – Ponten (2 3/4 Std.) – Zirlesegg (1872 m; 3 1/4 Std.) – Pontental – Schattwald (4 3/4 Std.)	Örtliche Mark.		
25 Landsberger Hütte – Rauhhorn, 2241 m Große Runde über dem idyllischen Vilsalpsee. Am Rauhhorn leichte Kletterei – reizvoll aber nur für Geübte (kann östlich umgangen werden)!	Vilsalpsee (1165 m,), 4 km südlich von Tannheim. Zufahrt nur bis 10 Uhr für private Motorfahrzeuge gestattet, sonst mit Bus	Vilsalpsee – Landsberger Hütte (2 Std.) – Hintere Schafwanne (4 3/4 Std.) – Rauhhorn (5 3/4 Std.) – Vilsalpe (8 Std.) – Vilsalpsee (8 1/2 Std.). Ohne Rauhhorn 7 Std.	Rot mark., AV-Nrn. 425, 421, 423, 424	Landsberger Hütte (1805 m); Vilsalpe (1178 m)	

Das Lechtal

Wilde Gipfel über (noch) ungezähmtem Fluss

Kontraste. Sie prägen das Lechtal, noch stärker als andere nordalpine Bergregionen. Das Entrée markieren die Märchenschlösser des Bayernkönigs, am oberen Ende setzen die mondän-übergroßen Hotelchalets von Lech und Zürs, mit verkabelten Hängen rundum, ganz andere Akzente.

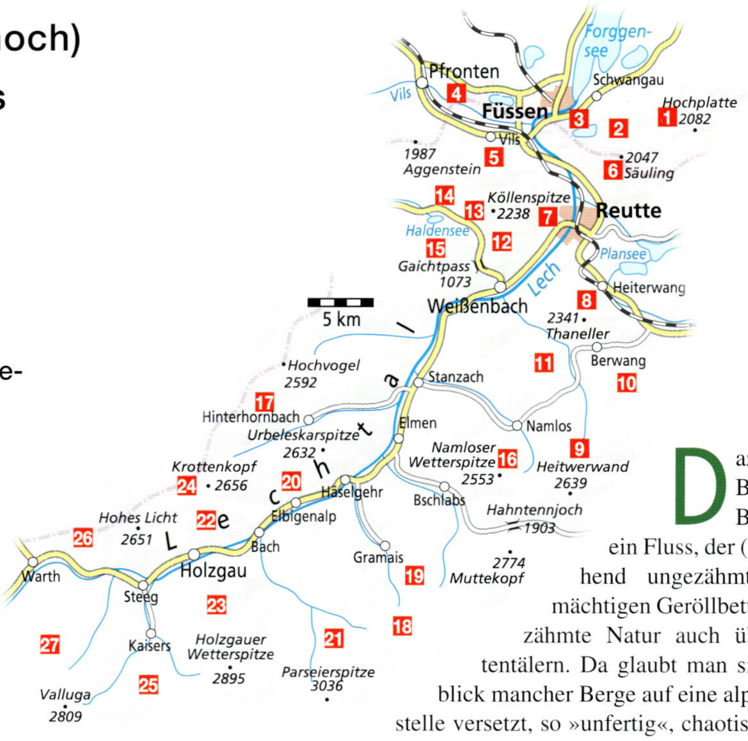

Dazwischen: Bauern- und Bergwelt, dazu ein Fluss, der (noch) weitgehend ungezähmt in seinem mächtigen Geröllbett fließt. Ungezähmte Natur auch über den Seitentälern. Da glaubt man sich beim Anblick mancher Berge auf eine alpine Großbaustelle versetzt, so »unfertig«, chaotisch wirken sie in ihrer Gesteinsvielfalt, bunt und zusammengewürfelt. Tief eingerissene, von Lawinenzügen gezeichnete Talgräben lassen die Gipfel höher, die Wege beschwerlicher erscheinen. Kein Zufall, dass man zwischen Namlos und Kaisers weder Pistenautobahnen noch Seilbahnmasten entdeckt – aber viel Natur erleben kann, Schritt für Schritt.

Das gilt sowohl für die Lechtaler Alpen im Süden wie auch für den Allgäuer Hauptkamm, der links des Lechs die Grenze zum Allgäu bildet. In ihm stehen bekannte, viel bestiegene Gipfel wie der Hochvogel (2592 m), die Mädelegabel (2645 m) und das Hohe Licht (2651 m), da verlaufen herrliche Höhenwege, allen voran der legendäre »Heilbronner Weg«. Der Lech gehört zu den letzten relativ unberührten Gebirgsflüssen der Nordalpen; mit seinen naturbelassenen Uferstreifen ist er Lebensraum für viele Pflanzen und Tiere. Dieses einzigartige Habitat ist seit einigen Jahren geschützt. Der Naturpark Tiroler Lech umfasst flussnahe Flächen von Steeg bis zur bayerischen Grenze.

Der Lechtaler Höhenweg

Einer der schönsten Weitwanderwege der Ostalpen; in Höhen zwischen 2000 und 3000 m verlaufend, weitgehend am Hauptkamm der Lechtaler Alpen, mit mehreren gesicherten Passagen (vor allem am »Augsburger Höhenweg«, dem Kernstück), oft harte und abschüssige Schneefelder, weglose Stellen, aber durchgehend markiert. Für erfahrene Berggänger; beste Zeit Mitte Juli bis zum ersten Schneefall in den Hochlagen. Es sind auch verschiedene Varianten möglich, ebenso von allen Hütten Zwischenabstiege ins Lechtal bzw. Stanzer Tal. Wichtig: Das mit Abstand schwierigste Teilstück, der »Augsburger Höhenweg«, kann nördlich der Parseierspitze über die Memminger Hütte (2242 m) umgangen werden.

1. Etappe: Zürs – Stuttgarter Hütte (2305 m) – Leutkircher Hütte (2261 m) 6 Std. **2. Etappe:** Leutkircher Hütte – Kaiserjochhaus (2310 m) – Ansbacher Hütte (2376 m) 6 1/2 Std. **3. Etappe:** Ansbacher Hütte – »Augsburger Höhenweg« – Augsburger Hütte (2289 m) 8 Std. **4. Etappe:** Augsburger Hütte – Württemberger Haus (2220 m) 7 Std. **5. Etappe:** Württemberger Haus – Steinseehütte (2061 m) – Hanauer Hütte (1922 m) 6 Std. **6. Etappe:** Hanauer Hütte – Muttekopfhütte (1934 m) 6 Std. **7. Etappe:** Muttekopfhütte – Hahntennjoch – Anhalter Hütte (2038 m) 3 1/2 Std. **8. Etappe:** Anhalter Hütte – Namlos 2 Std.

Steckbrief

Fläche: ca. 1500 qkm
Höchster Punkt: Parseierspitze (3038 m)
Gebirgsgruppen: Lechtaler Alpen (Nord), Ammergauer Alpen (West)
Wichtigste Ortschaften: Pfronten, Füssen, Reutte, Berwang, Nesselwängle, Elbigenalp
Wandervorschläge: 27

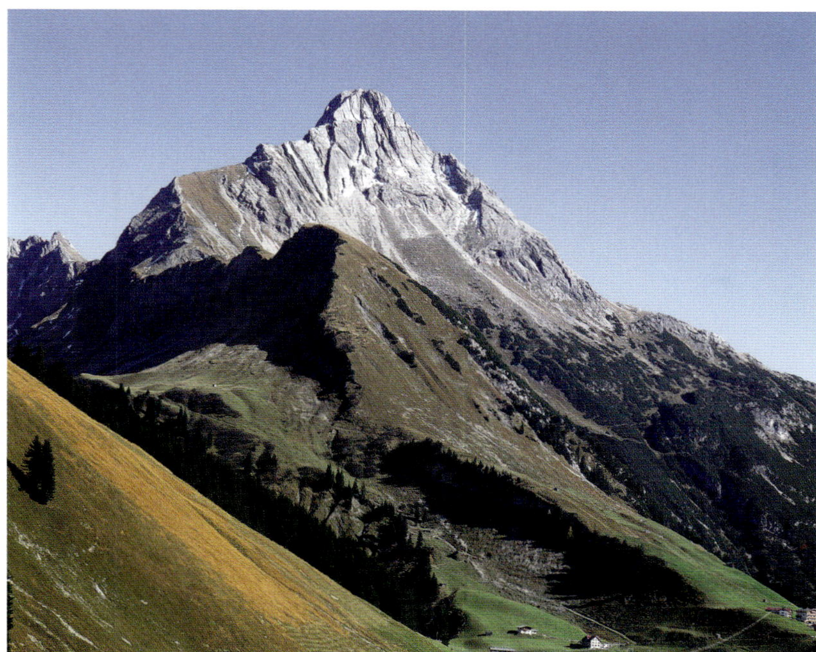

Elegantes Felsprofil über dem obersten Lechtal: der Biberkopf

Steilwandwandern

8 Thaneller, 2341 m

Wie kaum ein anderer Lechtaler Berg steht er frei über den Tälern, eine Aussichtswarte par excellence. Und eine viel besuchte dazu, schlängelt sich von Berwang aus doch ein markierter Wanderpfad für jedermann/-frau durch die sonnige Südflanke hinauf zum Kreuz und zur großen Aussicht. Da kommen auch jene Gipfelstürmer an, die den Aufstieg über die Nordflanke nehmen. Die wirkt vom Tal aus zwar recht schauerlich, doch das geübte Auge registriert eine deutliche Gliederung der Felsen, entdeckt Bandsysteme. Ihnen folgt der »Werner-Riezler-Steig«, gut markiert und nur an ganz wenigen Stellen gesichert: gerade richtig für erfahrene Berggänger mit einem leichten Hang zum Abenteuer!

Der Aufstieg beginnt nordwestlich von Heiterwang, bei der Talstation des Schleppliftes. Hier auf markierter Spur ins Tälchen des Kärlesbachs und in ihm aufwärts, erst einer Schotterpiste folgend, dann im Zickzack südlich bergan. Dabei rücken die Felsen allmählich näher, bis man schließlich am Einstieg (ca. 1900 m) steht. »Für Geübte« vermerkt ein Schildchen lakonisch, und das stimmt auch. Ein paar Haken helfen über gestufte Felsen auf das Bandsystem, das die ganze Nordflanke des Thaneller durchzieht. Man verfolgt es, ab und zu ein »Stockwerk« ansteigend, nach links bis in die Nordflanke. Hier über Schrofen und leichte Felsen aufwärts zum Grat und an ihm zum großen Gipfelkreuz – Abstieg südlich nach Berwang.

Lechtaler Alpen total

19 Kogelseespitze, 2647 m

In den Lechtalern verdient so manche Tour das Prädikat »einzigartig«. Das liegt an der sprichwörtlichen Vielgestaltigkeit dieses Gebirges, da lässt sich kaum ein Tal, kein Gipfel mit dem andern vergleichen. Auch auf der Runde über die Kogelseespitze. Allein schon die Seen, jeder ein Juwel für sich, und dann der »schönste alpine Mittelscheitel« (am Felsklotz des Vorderen Gufelkopfs) oder der tiefe, wilde Graben des Gramaistals.

Die große Runde beginnt mit dem Aufstieg zum Kogelsee (2171 m), der in einer überraschend weiten Karmulde liegt. Dahinter in Serpentinen weiter bergan, zuletzt etwas mühsam in die Kogelseescharte (2497 m), wo sich ein bezaubernder Blick ins Parzinn mit seinen Seeaugen und den bizarr aufgesteilten Dolomitzinnen auftut. Man steigt bis zum oberen See ab, biegt dann in die deutliche, aber unmarkierte Spur ein, die am milchig grünen Gewässer vorbeiläuft und unterhalb der Gufelseescharte in den von der Hanauer Hütte heraufkommenden Steig mündet. In der Scharte ist dann das nächste »Wow!« fällig, und ganz oben, an der Kogelseespitze, verbinden sich all die Bilder zum faszinierenden Panorama, das weit über die Lechtaler Alpen hinausreicht.

Der ordentlich markierte Abstieg beginnt recht gemütlich, führt am Gufelsee vorbei zu den grünen Böden der Hinteren Gufel. Nach einer aussichtsreichen Querung geht's zunehmend steiler, teilweise unangenehm schottrig, bergab. Drunten am »Branntweinboden« wird aus der Rutschpartie wieder eine (gemütliche) Wanderung: hinaus und zurück nach Gramais.

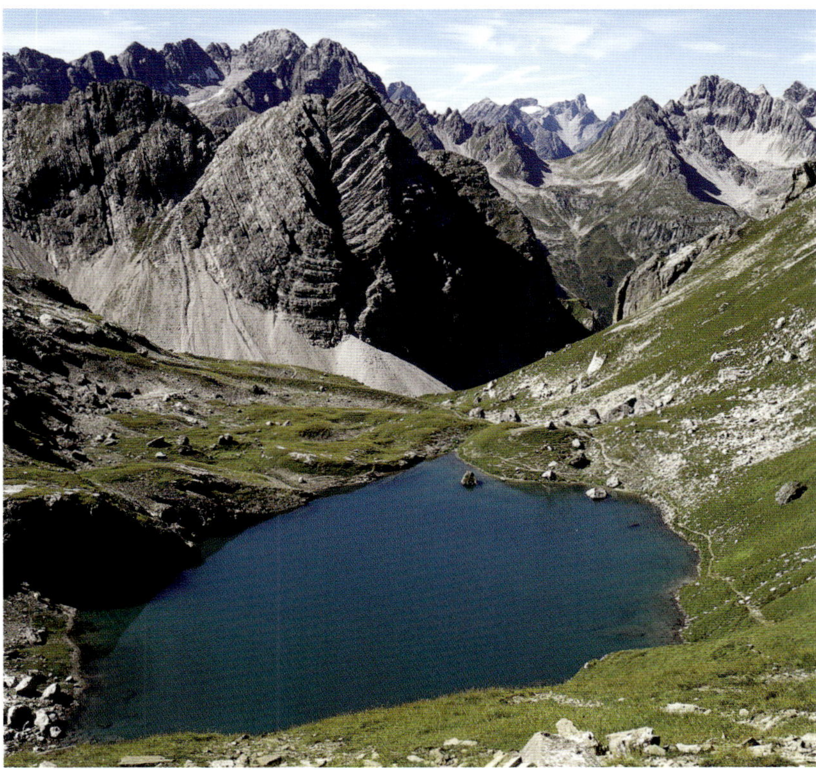

Gufelsee und der Vordere Gufelkopf mit seinem eigenwilligen »Scheitel«

	Tourenziel/Charakteristik	Ausgangspunkt	Wegverlauf & Gehzeit	Markierung	Einkehr am Weg
Ammergauer Alpen-Tannheimer Berge	**1 Rund um den Geiselstein** Abwechslungsreiche Wanderung in den nordwestlichen Ammergauer Alpen, mit Einblicken in die Kletterwände des Geiselsteins	Kenzenhütte (1285 m), 12 km von Halblech (825 m,); Zufahrt nur mit Kleinbus	Kenzenhütte – Kenzensattel (1650 m) – Geiselsteinsattel (1729 m) – Kenzenhütte (3 Std.)	Mark. Wege	Kenzenhütte (1285 m)
	2 Tegelberg – Branderschrofen, 1880 m Viel besuchte Aussichtsberge am Alpenrand; der Abstecher zum Branderschrofen verlangt Bergerfahrung (gesicherte Felspassagen). Beim Abstieg herrliche Tiefblicke auf Neuschwanstein	Bergstation (1720 m) der Tegelberg-Seilbahn, Talstation Hohenschwangau (810 m,)	Tegelberg – Branderschrofen – Tegelberg (3/4 Std.) – Pöllatschlucht – Hohenschwangau (Seilbahnstation, 3 Std.)	Gut mark. Wege	Tegelberghaus (1707 m)
	3 Alpsee und Königsschlösser Hier wandelt man auf den Spuren des Bayernkönigs Ludwig II., die Berge sind vor allem romantische Kulisse. Besichtigung von Neuschwanstein und Hohenschwangau	Hohenschwangau (810 m,) östlich von Füssen	Hohenschwangau – Pöllatschlucht – Marienbrücke – rund um den Alpsee – Hohenschwangau (2–2 1/2 Std.)	Wegzeiger, mark.	Hohenschwangau
	4 Burg Falkenstein, 1268 m Abwechslungsreiche Seen- und Kammwanderung zwischen Füssen und Pfronten; packende Tiefblicke vom Zirmgrat	Füssen (808 m,), Zentrum des Ostallgäus	Füssen – Obersee – Alatsee (868 m; 1 Std.) – Saloberalpe – Zirmgrat (1292 m; 2 1/2 Std.) – Ruine Falkenstein (3 1/2 Std.) – Pfronten (882 m; 5 Std.,)	Örtliche Mark., Wegweiser	Gh. Alatsee, Saloberalpe (1089 m), Falkenstein
	5 Vilser Kegel, 1831 m Auf kleinen Wegen um und auf den »Kegel«, Trittsicherheit erforderlich	Vils (826 m,), Tiroler Städtchen zwischen Pfronten und Füssen	Vils – Hundsarschjoch (1600 m) – Vilser Kegel (3 Std.) – Vilser Alpe – Vils (5 Std.)	Örtliche Mark. 23, AV-Nr. 412	Vilser Alpe (1228 m)
	6 Säuling, 2047 m Alpines Wahrzeichen des untersten Lechtals mit großem Panorama. Oberhalb der Hütte abschüssige Felspartien (teilweise Drahtseile, nur für Geübte)	Pflach (840 m,), Dörfchen an der Strecke Füssen – Reutte	Pflach – Säulinghaus (1693 m; 2 1/2 Std.) – Säuling (3 1/2 Std.); Abstieg auf dem gleichen Weg (gesamt 5 1/2 Std.)	Örtliche Mark. 28	Säulinghaus (1693 m)
	7 Rund um die Gehrenspitze »Schartenhüpfen« im Osten der Tannheimer Berge mit wenig Steigung, aber viel Aussicht	Bergstation (1733 m) der Reuttener Bergbahn. Talstation 4 km südwestlich von Reutte bei Höfen (868 m,)	Seilbahnstation – Hahnenkamm (1938 m) – Tiefjoch (1701 m; 1 Std.) – Sabachjoch (1860 m; 1 3/4 Std.) – Sabachhütte (1563 m) – Schallerkapelle (3 1/4 Std.) – Reutte/Höfen (5 1/4 Std.)	AV-Mark. 418, 413, örtliche Mark.	Seilbahnstation
Lechtal	**8 Thaneller, 2341 m** Bekannter Aussichtsgipfel mit anspruchsvollem Nordanstieg. Er setzt Bergerfahrung voraus (kurze gesicherte Passagen, leichter Fels).	Heiterwang (994 m,) an der Strecke Reutte – Lermoos	Heiterwang – Kärlestal – Thaneller (4 Std.) – Berwang (1342 m; 5 3/4 Std.,)	AV-Nr. 611, rotweiß	
	9 Hintere Tarrentonalpe, 1519 m Wenig anstrengende Talwanderung zum weiten Almboden am Fuß der zerklüfteten Heiterwand	Mitteregg (1349 m), 6 km südwestlich von Berwang (1342 m,)	Mitteregg – Hintere Tarrentonalpe (2 1/4 Std.); Rückweg auf der gleichen Route (gesamt 4 1/4 Std.)	Mark. Weg	Hintere Tarrentonalpe (1519 m)
	10 Roter Stein, 2366 m Gipfelrunde im Süden von Berwang. Vom Roten Stein weite Rundschau, unterwegs teilweise schmale Pfade	Berwang (1342 m,), Ferienort 5 km von Bichlbach	Berwang – Älpele (1663 m) – Roter Stein (3 Std.) – Bichlbächler Jöchle (1943 m; 4 Std.) – Bichlbächle (1278 m; 5 1/2 Std.) – Berwang (6 3/4 Std.)	AV-Nr. 612, 618; örtliche Mark.	Gh. Bergmandl (Bichlbächle)
	11 Galtjoch, 2109 m Almwanderung mit Gipfelabstecher im Osten der Liegfeistgruppe	Rinnen (1262 m,) an der Strecke Berwang – Namlos	Rinnen – Ehenbichler Alpe (1 3/4 Std.) – Galtjoch (3 1/2 Std.) – Raaz-Galtalpe (1736 m) – Rauth – Rinnen (6 1/2 Std.)	AV-Mark. 613, 614, 613A	Ehenbichler Alpe
	12 Gaichtspitze, 1986 m Aussichtskanzel über dem Lechtal, bietet packende Einblicke ins Kletterrevier der Tannheimer Berge	Gaichtpass (1093 m,) an der Strecke Weißenbach – Tannheim	Gaichtpass – Gaichtspitze (2 3/4 Std.) – Gaichtpassstraße – Weißenbach/Gaichtpass (4 1/2 Std.)	Örtliche Mark.	
	13 Nesselwängler Scharte, 2007 m Wanderung in die »Dolomitenlandschaft« der Tannheimer; für alpin Erfahrene ist auch eine Besteigung der Köllenspitze (Kellespitze, 2238 m) möglich. Abstieg bei Nässe unangenehm!	Nesselwängle (1136 m,), Ferienort an der Strecke Weißenbach – Tannheim	Nesselwängle – Gimpelhaus (1 1/2 Std.) – Nesselwängler Scharte (2 3/4 Std.) – Sabachjoch (1860 m) – Nesselwängle (5 Std.)	AV-Mark. 415, 419, 416	Gimpelhaus (1659 m)
	14 Rote Flüh, 2108 m Bekannter Klettergipfel in den Tannheimer Bergen mit verhältnismäßig »weicher« Rückseite. Trittsicherheit unerlässlich (gesicherte Passagen)	Nesselwängle (1136 m,), Ferienort an der Strecke Weißenbach – Tannheim	Nesselwängle – Gimpelhaus (1 1/2 Std.) – Rote Flüh (3 Std.) – Tannheimer Hütte – Nesselwängle (5 1/4 Std.)	AV-Mark. 415, 417, 416	Gimpelhaus (1659 m); Tannheimer Hütte (1713 m)

Tourenziel/Charakteristik	Ausgangspunkt	Wegverlauf & Gehzeit	Markierung	Einkehr am Weg
15 Krinnenspitze, 2000 m Aussichtswarte gegenüber den Tannheimer Kletterzacken, am Ostgrat Trittsicherheit erforderlich	Bergstation (1506 m) der Sesselbahn Krinnenalpe; Talstation Nesselwängle (1136 m,)	Krinnenalpe – »Gamsbocksteig« – Krinnenspitze (1 1/2 Std.) – Nesselwängler Ödenalpe (2 1/4 Std.) – Nesselwängle (3 1/4 Std.)	Örtliche Mark.	Ödenalpe (1672 m), Krinnenalpe (1527 m)
16 Namloser Wetterspitze, 2553 m Große Gipfelrunde, Ausdauer erforderlich. Von der Wetterspitze faszinierendes Panorama, in Fallerschein Ausblick auf die trostlose Zukunft so mancher Alp: Touristen statt Kühe …	Namlos (1225 m), Weiler an der Strecke Stanzach – Berwang	Namlos – Staffalle (1831 m; 2 1/4 Std.) – Grubigjoch (2185 m) – Wetterspitze (4 1/2 Std.) – Fallerschein (1302 m; 6 3/4 Std.) – Namlos (7 3/4 Std.)	AV-Nr. 616, 617	Anhalter Hütte (2038 m), 20 Min. von Staffalle)
17 Kanzberg, 2009 m Aussichtsreiche Höhenwanderung im hintersten Hinterhornbachtal. Kleiner Abstecher zur Jochspitze (2332 m; 1/2 Std.) möglich	Hinterhornbach (1101 m,), 7 km von Vorderhornbach im Lechtal	Hinterhornbach – Kanzberg (2 1/2 Std.) – Hornbachjoch (3 1/2 Std.) – Jochbachalp (1273 m) – Hinterhornbach (5 1/4 Std.)	Örtliche Bez., Abstieg AV-Nr. 431	
18 Rund um die Dremelspitze Über hohe Scharten aus dem Parzinn zum Steinsee und zurück: große Lechtaler Berglandschaft. Trittsicherheit unerlässlich!	Boden (1356 m) im Bschlaber Tal, an der Straße über das Hahntennjoch	Boden – Hanauer Hütte (2 Std.) – Westliche Dremelscharte (2435 m; 3 1/2 Std.) – Steinsee (2222 m) – Östliche Dremelscharte (2470 m; 5 Std.) – Hanauer Hütte – Boden (7 1/2 Std.)	AV-Mark. 601, 621	Hanauer Hütte (1922 m)
19 Kogelseespitze, 2647 m Lange und anstrengende Tour um und auf die Kogelseespitze. Abstiege ins Parzinn und nach Gramais teilweise rau (Trittsicherheit)	Gramais (1321 m), winziges Bergdörfchen, 8 km von Häselgehr (1006 m,). Parkmöglichkeit vor dem Ort und am Weg zum Sattele	Gramais – Kogelseescharte (3 1/4 Std.) – Gufelseescharte (4 Std.) – Kogelseespitze (4 3/4 Std.) – Gufelseescharte (5 1/4 Std.) – Gramais (7 1/2 Std.)	AV-Mark. 624, 621, 626	
20 Rotwand, 2262 m Abwechslungsreiche Runde unter der Hornbachkette. An der Rotwand leichte Felsen, oben prächtige Rundschau	Elbigenalp (1039 m,) im Lechtal	Elbigenalp – Rotwand (3 Std.) – Balschtesattel (3 1/4 Std.) – Barthhütte (4 3/4 Std.) – Elbigenalp (6 1/2 Std.)	AV-Mark., örtliche Bez.	Hermann-von-Barth-Hütte (2129 m)
21 Oberlahmsjöchl, 2505 m Lechtaler Alpen pur auf dieser Runde: Lawinenhänge, buntes Gesteinsdurcheinander, zerklüftete Gipfel	Madau (1310 m), 8 km von Bach (1066 m,). Nach Madau nur mit dem Taxi oder (besser) per Bike!	Madau – Parseiertal (bis 1723 m) – Memminger Hütte (4 Std.) – Oberlahmsjöchl (4 3/4 Std.) – Röttal – Madau (7 Std.)	Mark. Wege	Memminger Hütte (2242 m)
22 Jöchlspitze, 2226 m Aussichtsreiche Gipfel- und Höhenwanderung, bei Nässe nicht ratsam, Aufstieg sehr sonnig	Holzgau (1114 m,) im Lechtal	Holzgau – Jöchlspitze (3 1/4 Std.) – Mutte – Bernhardseck (4 3/4 Std.) – Obergiblen (1062 m; 6 1/4 Std.,)	Bez. Wege	Gh. Bernhardseck (1812 m)
23 Simmshütte, 2002 m Interessante Hüttenwanderung durch das wildromantische Sulzltal; über dem Talschluss steht markant die Holzgauer Wetterspitze (2895 m).	Stockach im Lechtal (1075 m,); Abzweigung des Fahrwegs ins Sulzltal nach der Straßenbrücke über den Sulzlbach.	Stockach – Sulzlalpe (1455 m) – Simmshütte (3 Std.); Abstieg auf dem gleichen Weg (gesamt 5 Std.)	AV-Mark. 636	Simmshütte (2002 m)
24 Kemptner Hütte, 1844 m Frequentierter Stützpunkt am Hauptkamm der Allgäuer Alpen; östlicher Ausgangspunkt des »Heilbronner Weges«. Anstieg aus dem Lechtal weniger stark begangen, aber sehr reizvoll	Holzgau (1114 m,) im Lechtal	Holzgau – Simmswasserfall – Untere Roßgumpenalpe – Mädelejoch (1973 m) – Kemptner Hütte (3 1/2 Std.); Abstieg auf dem gleichen Weg (gesamt 5 3/4 Std.)	AV-Mark. 438	Kemptner Hütte (1844 m)
25 Rund um den Stanskogel Abwechslungsreiche Runde am Lechtaler Hauptkamm	Kaisers (1518 m), 5 km von Steeg (1124 m,)	Kaisers – Kaiserjochhaus (2 3/4 Std.) – Leutkircher Hütte (4 3/4 Std.) – Bodenalpe (1554 m) – Kaisers (7 Std.)	AV-Mark. 641, 601, 642	Kaiserjochhaus (2310 m); Leutkircher Hütte (2261 m)
26 Biberkopf, 2599 m Recht anspruchsvolle Tour zur Rappenseehütte. Gute Kondition unerlässlich, anregende Kletterei (I) am nur sparsam gesicherten Gipfel – nur für Geübte!	Lechleiten (1518 m), Weiler im obersten Lechtal gegenüber von Warth (1495 m,)	Lechleiten – Biberkopf (3 Std.) – Rappenseehütte (5 Std.) – Obere Biberalpe – Lechleiten (7 Std.)	AV-Mark. 439	Rappenseehütte (2091 m)
27 Wösterhorn, 2310 m Lohnender, mit wenig Mühe erreichbarer Aussichtsgipfel über Lech	Bergstation (2355 m) der Rüfikopf-Seilbahn, Talstation Lech (1444 m,)	Rüfikopf – »Friedrich-Mayer-Weg« – Wösterhorn (2 1/4 Std.) – Oberstubenbach – Lech (4 1/2 Std.)	Bez. Wege, teils AV-Mark.	Rüfikopf

Rund um Landeck

Zwischen Arlberg und Reschenpass

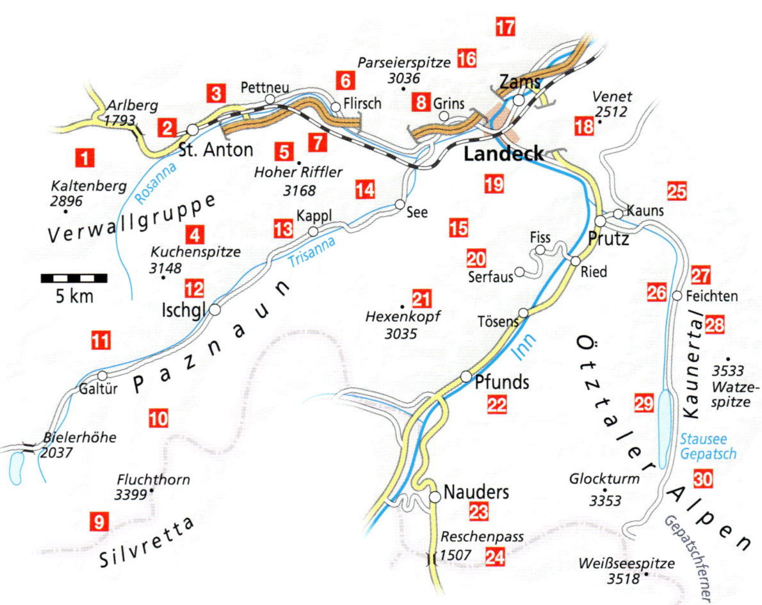

Stanzer Tal, Paznaun, Inn- und Kaunertal heißen die Täler dieser Region, ihre Gipfel gehören den Lechtaler Alpen, der Verwallgruppe, der Silvretta, der Samnaungruppe und den Ötztaler Alpen an. Zentrum ist Landeck, in dessen Nähe die Täler alle zusammenlaufen, wichtigste Touristenorte sind St. Anton am Arlberg und Ischgl.

Ein Gebiet fast so groß wie Vorarlberg, überwiegend hochalpin, von Dreitausendern umrahmt, nach Süden bis zum Alpenhauptkamm reichend. Und eine Region so vielgestaltig wie ihre Tourenmöglichkeiten: einsame Hochtäler, kaum besuchte Gipfel, aber auch dem Kommerz geopferte Bergnatur. Arlberg und Reschen sind die beiden großen, historischen Passübergänge nach Westen und Süden, nach Vorarlberg und in den Süden Tirols. Letzterer wurde bereits von den Römern als »Via Claudia Augusta« ausgebaut. St. Anton verdankt seinen Aufstieg vom Bauerndorf zum Ski-Mekka vor allem der 1884 eröffneten Arlberg-Eisenbahnlinie.

Verkehrszentrum der Region ist Landeck, zu dem sich die großen Täler alle öffnen, von Süden, Südwesten und Westen. Eine interessante historische Reminiszenz: Vor hundert Jahren bestanden Pläne für eine weitere österreichische Bahnlinie über den Alpenhauptkamm (neben dem Brennerpass), sie sollte von Landeck über den Reschenpass nach Mals und weiter nach Meran führen. Gebaut wurde schließlich nur die Strecke Meran – Mals; Pläne für eine Verbindung ins Engadin verschwanden ebenfalls bald wieder in der Schublade. Immerhin: Die Vinschgaulinie wurde im Jahr 2005 zu neuem Leben erweckt, nachdem sie 1990 stillgelegt worden war.

Steckbrief

Fläche: ca. 1600 qkm
Höchster Punkt: Weißseespitze (3518 m)
Gebirgsgruppen: Lechtaler Alpen (Süd), Verwallgruppe (Ost), Silvretta (Ost), Samnaungruppe, Ötztaler Alpen (Nordwest)
Wichtigste Ortschaften: St. Anton am Arlberg, Landeck, Ischgl, Nauders
Wandervorschläge: 30

Auf Höhenwegen durch die Verwallgruppe

Die berühmten Alpengipfel stehen anderswo, nicht im Verwall. Wer gerne in einer weitgehend unberührten Hochgebirgslandschaft wandert, und das gleich ein paar Tage lang, wird an den Höhenwegen in dieser Gebirgsgruppe seine Freude haben. Gefragt sind Ausdauer und ein sicherer Tritt, übernachtet wird in AV-Hütten. An einigen Übergängen muss mit Firn bzw. harten Altschneefeldern gerechnet werden, deshalb Leichtsteigeisen und Teleskopstöcke mitführen! Startpunkt ist Pettneu am Arlberg (1222 m); die große Verwall-Durchquerung endet oberhalb von Schruns im Montafon.

1. Etappe: Pettneu – Edmund-Graf-Hütte (2375 m), 3 Std. **2. Etappe:** Edmund-Graf-Hütte – »Kieler Weg« – Niederelbehütte (2310 m), 4 1/2 Std. **3. Etappe:** Niederelbehütte – »Hoppe-Seyler-Weg« – Darmstädter Hütte (2384 m), 5 1/2 Std. **4. Etappe:** Darmstädter Hütte – »Ludwig-Dürr-Weg« – Friedrichshafener Hütte (2138 m), 5 1/2 Std. **5. Etappe:** Friedrichshafener Hütte – »Friedrichshafener Weg« – Heilbronner Hütte (2308 m), 3 Std. **6. Etappe:** Heilbronner Hütte – »Wormser Weg« – Wormser Hütte (2307 m), 8 1/2 Std. **7. Etappe:** Wormser Hütte – Kapellalpe (1874 m) – Schruns (690 m), 3 Std. Alternativ mit Sessellift und Seilbahn.

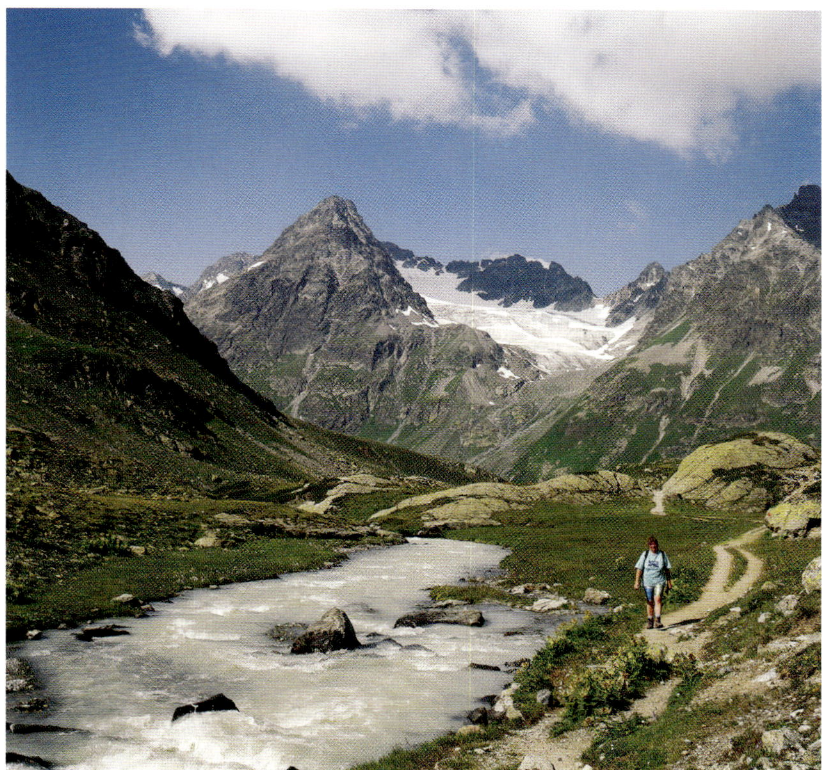

Am Weg zur Jamtalhütte in der Silvretta

Erdgeschichte, erwandert am Weg ins Jamtal

9 Jamtal und Grenzeckkopf, 3047 m

Eine Tour für Liebhaber großer Landschaften – und dazu eine Lehrstunde in Sachen Klimaerwärmung. Wer über die schier endlosen Wälle alter und jüngerer Moränen hinauf zum Kronenjoch (2974 m) gewandert ist, im Blick die kümmerlichen Gletscherreste unter den Fluchthörnern (3399 m) und am Augstenberg, der ahnt, wie so manche Hochalpenlandschaft in wenigen Jahrzehnten ausschauen könnte. Am Grat, der über den Grenzeckkopf in den Futschölpass (2768 m) läuft und – nomen est omen! – gleichzeitig Grenze zwischen Tirol und Graubünden, zwischen Österreich und der Schweiz ist, gibt's dann viel Fernsicht, südlich übers untere Engadin und seine Gipfel hinweg immerhin bis zum Ortler.

Erstes Etappenziel ist die Jamtalhütte (2165 m), frequentierter Tourenstützpunkt in der östlichen Silvretta. Der Weg zum Kronenjoch führt, mäßig steigend, vom Schutzhaus zunächst ins Tal des Futschölbachs, dann über Schotterböden und Geröllhänge hinauf in die Grenzscharte. Nun rechts auf deutlicher Spur, aber ohne Markierung, aufwärts zur Bischofsspitze (3029 m) und hinüber zum Grenzeckkopf (Piz Faschalba). Weiter westlich, stets am Kamm entlang und hinunter in den Futschölpass (2768 m).

Ab hier gibt es wieder Farbtupfer, die durch das offene Gelände hinableiten zum Anstiegsweg, auf den man wenig oberhalb des »Finanzersteins« (2476 m) stößt. Wer noch Zeit und Lust hat, sollte beim Rückweg den kleinen Abstecher von der Jamtalhütte in Richtung Jamtalferner unternehmen, vielleicht bis zum Aussichtspunkt am Steinmannli (2353 m), etwa eine halbe Stunde. Großartig der stark vergletscherte Talschluss mit der Dreiländerspitze (3197 m).

In die Nauderer Berge

24 Goldseen und Bergkastlspitze, 2912 m

Gold gibt's an den beiden Karseen nicht, und was im Panorama der Bergkastlspitze glänzt, ist auch kein Edelmetall, sondern Firn und Eis. Doch obwohl die benachbarte Plamorder Spitze (2982 m) den Blick nach Süden, in den Vinschgau, etwas einschränkt, bietet der Gipfel eine bemerkenswerte Rundschau, die von der Silvretta bis zu den Firnhäuptern der Ötztaler Alpen reicht.

Die Gipfeltour führt vom Bergkastlboden zunächst ins Ganderbild, dann »Beim Stein« über eine markante Talstufe zu den beiden dunklen Goldseen. Am Abfluss des oberen Sees (2585 m) wendet sich die markierte Spur nach Westen. Unter dem Ostgrat steigt man über einen schrofendurchsetzten Hang bergan, zuletzt am sichernden Drahtseil unschwierig zum Gipfelkreuz.

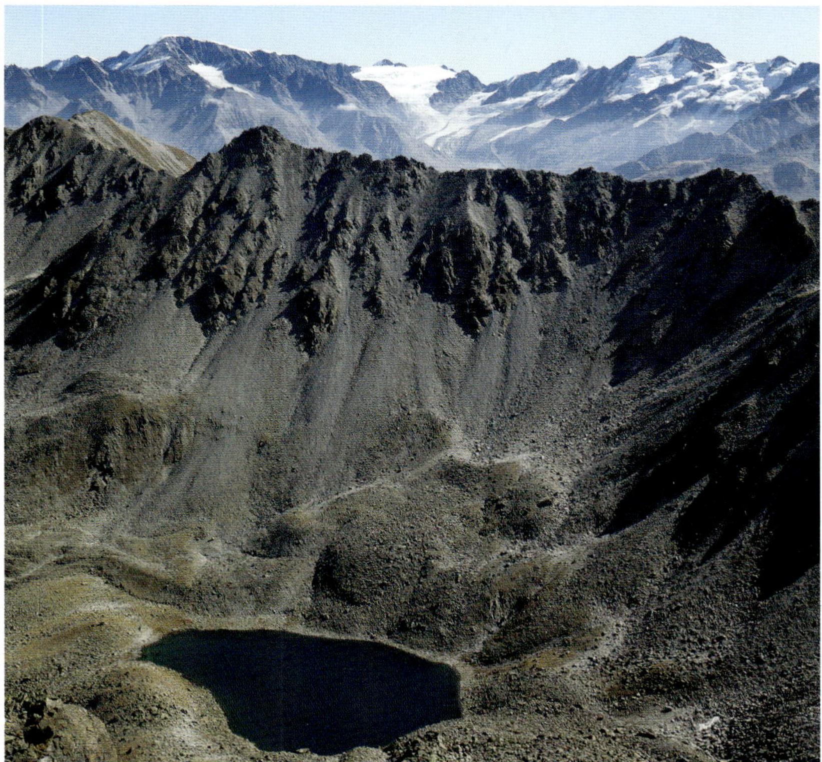

Beliebtes Nauderer Wanderziel: die Goldseen

	Tourenziel/Charakteristik	Ausgangspunkt	Wegverlauf & Gehzeit	Markierung	Einkehr am Weg
Stanzer Tal	**1 Kaltenberghütte, 2089 m** Abwechslungsreiche Höhen- und Hüttenwanderung über dem Arlberg	St. Christoph am Arlberg (1765 m), unterhalb der Arlberg-Passhöhe (1793 m), 7 km von St. Anton	Arlberg – »Berggeistweg« – Maroijöchle (2380 m; 3 Std.) – Kaltenberghütte (3 1/2 Std.) – Stubigeralpe – St. Christoph (5 1/2 Std.)	Mark. Wege	Kaltenberghütte (2089 m)
	2 Arlberg, 1793 m Auf dem historischen Passweg von St. Jakob auf den Arlberg	St. Jakob am Arlberg (1297 m), Ortsteil Gand	Gand – »Sonnenweg« – Moos – »Maienweg« – St. Christoph am Arlberg (1765 m; 4 Std.)	Bez. Wege	Im Siedlungsgebiet von St. Anton
	3 Leutkircher Hütte, 2261 m Aussichtsreiche, wenig beschwerliche Höhenwanderung am Hauptkamm der Lechtaler Alpen entlang. Kurze, leichte Felspassagen	Zwischenstation (2646 m) der Valluga-Seilschwebebahn, Talstation St. Anton (1284 m)	Seilbahn – Valfagehrjoch (2543 m) – Leutkircher Hütte (2 1/2 Std.) – St. Anton (4 1/2 Std.)	AV-Mark. 601, 642	Leutkircher Hütte (2261 m)
	4 Darmstädter Hütte, 2384 m Ausgedehnte Wanderung auf bequemen Wegen. Großartig der Talschluss mit zwei der höchsten Gipfel des Verwall	St. Anton am Arlberg (1284 m)	St. Anton – Roßfallalpe (2 1/4 Std.) – Darmstädter Hütte (4 Std.); Abstieg auf dem gleichen Weg (gesamt 7 Std.)	AV-Mark. 513	Darmstädter Hütte (2384 m); Rossfallalpe
	5 Hoher Riffler, 3168 m Große Gipfeltour, mit Nächtigung in der Edmund-Graf-Hütte weniger anstrengend. Markierter Steig	Pettneu am Arlberg (1222 m)	Pettneu – Malfonalpe (2 Std.) – Edmund-Graf-Hütte (3 1/2 Std.) – Hoher Riffler (6 Std.); Abstieg auf dem gleichen Weg (gesamt 10 Std.)	AV-Mark. 511	Edmund-Graf-Hütte (2375 m)
	6 Ansbacher Hütte, 2376 m Teilweise recht steile Runde zu einem Aussichtsbalkon über dem Stanzer Tal	Flirsch (1154 m) an der Arlbergstrecke	Flirsch – Fritzhütte (1 3/4 Std.) – Ansbacher Hütte (3 1/2 Std.) – Flirsch (5 1/2 Std.)	AV-Mark. 633, örtliche Bez.	Ansbacher Hütte (2376 m); Fritzhütte (1727 m)
	7 Ganatschalpe, 1854 m Almwanderung am Fuß des Hohen Riffler	Flirsch (1154 m) an der Arlbergstrecke	Flirsch – »In der Wanne« – Ganatschalpe (2 3/4 Std.) – Flirsch (4 1/2 Std.).	Örtliche Mark.	Ganatschalpe (1854 m)
Paznaun	**8 Augsburger Hütte, 2289 m** Mehr als nur Zwischenstation auf dem Weg zur Parseierspitze (3008 m): einer der schönsten Aussichtspunkte in der Landecker Gegend! Steiler, »heißer« Aufstieg	Grins (1006 m) westlich von Landeck, oberhalb der Arlbergstrecke	Grins – Homers Kreuz – Augsburger Hütte (4 Std.) – Ochsenberghütte (1875 m) – Grins (6 1/2 Std.)	AV-Mark. 634, örtliche Bez. 41	Augsburger Hütte (2289 m)
	9 Grenzeckkopf, 3047 m Sehr lange, mäßig schwierige Gipfelwanderung in großer Kulisse. Als Tagestour nur für Konditionsbolzen, schöner mit einer Übernachtung in der Jamtalhütte	Galtür (1584 m), Ferienort im innersten Paznaun	Galtür - Jamtalhütte (3 ¼ Std.) - Kronenjoch (6 Std.) - Grenzeckkopf - Futschölpass (7 Std.) - Jamtalhütte (9 Std.) - Galtür (11 ½ Std.)	Bis auf Kammweg (Spur, Steinmännchen) gute AV-Markierung	Scheibenalm; Jamtalhütte (2165 m)
	10 Lareinalpe, 1860 m Leichte Wald- und Talwanderung. Auf der Lareinalpe wird im Sommer gekäst (Besichtigung möglich).	Galtür (1584 m), Ferienort im innersten Paznauntal	Galtür – Gampele – Maißwald – Lareinalpe (2 Std.) – Tschafein – Galtür (3 ½ Std.)	Mark. Wege	Lareinalpe (1860 m)
	11 Gaisspitze, 2779 m Schöner Aussichtspunkt über dem Paznaun, mit Prachtblick in die Silvretta	Mathon (1454 m) im Paznaun, zwischen Ischgl und Galtür	Mathon – Friedrichshafener Hütte (2 Std.) – Gaishorn (4 Std.); Abstieg auf dem gleichen Weg (gesamt 6 1/2 Std.)	AV-Mark. 515, 502A	Friedrichshafener Hütte (2138 m)
	12 Madleinsee, 2437 m Fern vom Ischgler Seilbahnrummel: die Wanderung zum stimmungsvollen Bergsee	Ischgl (1376 m), an der Strecke Landeck – Bielerhöhe	Ischgl – Madleinalpe – Madleinsee (3 1/2 Std.); Abstieg auf dem gleichen Weg (gesamt 6 Std.)	AV-Mark. 502	
	13 Kappler Kopf, 2404 m Aussichtspunkt über dem mittleren Paznaun. Wer höher hinauswill, kann sich die Kreuzjochspitze (2919 m) vornehmen (2 Std., bez., nur für Geübte).	Bergstation (1830 m) der Dias-Seilbahn, Talstation Kappl (1256 m)	Diasalpe – Niederelbehütte (1 3/4 Std.) – Kappler Kopf (2 1/2 Std.) – Riepasee – Kappl (5 Std.)	AV-Mark. 512, örtliche Bez. 4	Diasalpe; Niederelbehütte (2310 m)
	14 Pezinerspitze, 2550 m Faszinierender »Guck-ins-Land« über dem Zusammenfluss von Rosanna und Trisanna. Besteigung alternativ von Langesthei (1485 m) möglich	See im Paznaun (1056 m), an der Strecke Landeck – Ischgl	See – Schrofen (1502 m; 1 1/4 Std.) – Langestheialpe – Pezinerspitze (4 1/2 Std.) – Gh. Fernblick (7 Std.) – See (8 Std.)	Örtliche Mark.	Gh. Fernblick
	15 Rotpleiskopf, 2936 m Hausberg der Ascher Hütte und »Fast-Dreitausender« mit weitreichender Rundschau	Bergstation (1787 m) der Medrigalpe-Gondelbahn, Talstation See (1056 m)	Medrigalpe – Ascher Hütte (1 1/2 Std.) – Spinnscharte (2681 m; 2 3/4 Std.) – Rotpleiskopf (3 3/4 Std.) – Südgrat – Ascher Hütte (5 Std.) – Medrigalpe (6 Std.)	Bez. Wege	Medrigalpe; Ascher Hütte (2256 m)

Tourenziel/Charakteristik	Ausgangspunkt	Wegverlauf & Gehzeit	Markierung	Einkehr am Weg	
16 Zammer Loch Wanderung in den schauerlich-wilden Graben des Lochbachs. Im Sommer heiß!	Zams (767 m,), Nachbarort von Landeck	Zams – Zammer Loch – Jagdhütte (1581 m; 3 Std.); Abstieg auf dem gleichen Weg (gesamt 5 1/4 Std.)	AV-Mark. 631		Paznaun
17 Steinseehütte, 2061 m Prächtig gelegenes Haus unweit vom idyllischen Bergsee (2222 m), großartige Kulisse mit der Dremelspitze (2733 m)	Alfutzalpe (1261 m), schmale Zufahrt von Zams	Alfutzalpe – Vorderstarkalpe (1509 m) – Steinseehütte (2 ½ Std.); Abstieg auf dem gleichen Weg (gesamt 4 Std.)	AV-Mark. 625	Steinseehütte	
18 Venetberg, 2512 m Landecker Hausberg und eine Aussichtswarte ersten Ranges	Bergstation der Venet-Seilschwebebahn am Krahberg (2202 m), Talstation Zams (767 m,)	Krahberg – Venet (Glanderspitz, 2512 m; 1 Std.) – Schrotthütte – St. Georgen (1192 m) – Landeck (5 Std.)	Örtliche Mark. 11, 5	Krahberg	Landeck
19 Thialkopf, 2398 m Ausläufer der Samnaunberge, der dank seiner exponierten Lage über dem Zusammenfluss von Inn und Sanna packende Tiefblicke bietet. Ausdauer notwendig	Landeck (807 m,), Städtchen am Inn	Landeck – Perfuchsberg – Zirmegg (2073 m; 4 Std.) – Thialkopf (5 Std.) – Hochgallmigg (7 1/4 Std.) – Landeck (8 1/2 Std.)	Örtliche Mark. 18	In Hochgallmigg (1218 m)	
20 Blankaseen – Planskopf, 2804 m Seenwanderung mit Gipfelfinale, lässt sich über Brunnenkopf (2682 m) verlängern	Kölner Haus (1965 m) an der Bergstation der Komperdell-Seilbahn, Talstation in Serfaus (1429 m,)	Kölner Haus – Furglersee – Blankaseen – Planskopf (2 3/4 Std.) – Komperdell – Kölner Haus (4 1/2 Std.)	Mark. Wege	Kölner Haus (1965 m)r	
21 Furgler, 3004 m Großes Gipfelziel mit weitem Panorama, Überschreitung auf mark. Wegen. Trittsicherheit, ganz leichte Felspassagen	Bergstation der Komperdell-Seilbahn, Talstation in Serfaus (1429 m,)	Kölner Haus – Schneid (2429 m) – Furgler (3 1/4 Std.) – Furglerjoch (2748 m) – Kölner Haus (5 1/2 Std.)	Mark. Wege	Kölner Haus (1965 m)	
22 Radurschlschlucht Abwechslungsreiche Runde im Mündungsbereich des Pfundser Tals	Pfunds (970 m,) an der Strecke Landeck – Reschenpass	Pfunds – Radurschlschlucht – Greit (1407 m) – Pfunds (2 1/2 Std.)	Mark. Wege	Gh. Berghof in Greit	Inntal
23 Nauderer Höhenweg Aussichtsreiche, wenig beschwerliche Höhenrunde auf gut markierten Wegen. Im Frühsommer üppige Flora	Bergstation der Bergkastlboden-Gondelbahn (2170 m), Talstation Nauders (1394 m,)	Bergkastlboden – »Nauderer Höhenweg« – Labaunalpe (1977 m; 5 Std.) – Nauders (6 1/2 Std.)	Örtliche Mark. 22, 30, 14	Bergkastlboden, Parditschalm (1650 m)	
24 Goldseen und Bergkastlspitze, 2912 m Seen- und Gipfeltour mit leicht felsigem Finale. Großes Panorama von der Bergkastlspitze	Bergstation der Bergkastlboden-Gondelbahn (2170 m), Talstation Nauders (1394 m,)	Bergkastlboden – Goldseen (2585 m; 1 3/4 Std.) – Bergkastlspitze (2 3/4 Std.) – Goldseen – Goldseehütte – Nauders (5 1/2 Std.)	Örtliche Mark. 33, 20	Bergkastlboden, Goldseehütte (1870 m)	
25 Hohe Aifner Spitze, 2779 m Nördlicher Eckpfeiler des Kaunergrats, sehr schöner Aussichtsberg mit zwei mark. Anstiegen	Kaunerberg (Prantach, 1330 m,), Streusiedlung über dem untersten Kaunertal. Im Sommer Wanderbus zur Aifner Alpe	Kaunerberg – Aifner Alpe (2 Std.) – Aifner Spitze (2558 m; 4 Std.) – Hohe Aifner Spitze (5 Std.) – Brauneben – Kaunerberg (8 Std.)	Örtliche Mark. 3, 2	Jausenstation Aifner Alpe (1980 m)	
26 Thomas-Penz-Höhenweg Höhenweg an der linken Steilflanke des Kaunertals. Im Sommer Wanderbus zur Langetsbergalpe	Feichten (1287 m,) im Kaunertal, 12 km von Prutz	Feichten – Vergötschen (1/2 Std.) – Langetsbergalpe (2 1/2 Std.) – »Thomas-Penz-Höhenweg« – Kaunertalstraße – Feichten (6 1/2 Std.)	Örtliche Mark. 3, 50, 10		
27 Dr.-Angerer-Höhenweg Ostseitiges Pendant zum »Thomas-Penz-Höhenweg«, mehrere gesicherte Passagen. Nur für bergerfahrene Wanderer, bei Nässe nicht ratsam	Bei Feichten-Unterhäuser (1270 m,)	Unterhäuser – Gsallalpe (1970 m; 2 Std.) – »Dr.-Angerer-Höhenweg« – Lückle (2220 m) – Gallruthalm (1980 m; 4 3/4 Std.) – Falkaunsalpe (5 1/2 Std.) – Nufels (1275 m; 7 Std.)	Örtliche Mark.	Falkaunsalpe (1962 m), Gallruthalm	
28 Mooskopf, 2532 m Hütten- und Gipfelwanderung auf der rechten Seite des unteren Kaunertals. Der Mooskopf ist zwar nur ein unscheinbarer Gratausläufer des Madatschkopfs (2778 m), bietet aber einen Prachtblick über das lang gestreckte Tal und seinen westseitigen Gipfelkranz.	Feichten (1287 m;) im Kaunertal, 12 km von Prutz	Feichten – Verpeilhütte (2 Std.) – Mooskopf (3 1/2 Std.); Abstieg auf dem gleichen Weg (gesamt 5 1/2 Std.)	Mark. 926 und 19	Verpeilhütte (2016 m)	Kaunertal
29 Kreuzjöchl, 2639 m Aussichtsreiche Höhenwanderung über dem Gepatsch-Stausee	Kaunertaler Gletscherstraße, an der Staumauer (1772 m) des Gepatschsees, 10 km ab Feichten	Staumauer – Nassereinalpe (1 1/4 Std.) – Kreuzjöchl (3 1/4 Std.) – Fissladalpe – Kaunertaler Gletscherstraße (Bushalt »Am See«, 1509 m; 5 1/2 Std.)	Mark. 29, 28	Jausenstationen Nassereinalpe (2041 m) und Fissladalpe (1988 m)	
30 Ölgrubenjoch, 3044 m Hochalpiner Übergang zum Taschachhaus, markierter, gletscherfreier Weg bis in die Scharte	Bushalt »Gepatschhaus« (ca. 1920 m,) an der mautpflichtigen Kaunertaler Gletscherstraße, 17 km ab Feichten	Gletscherstraße – Ölgrubenjoch (3 1/2 Std.); Abstieg auf dem gleichen Weg (gesamt 6 Std.)	AV-Nr. 924		

Imst, Pitz- und Ötztal

Vom grünen Inn zu den Gletschern des Alpenhauptkamms

Ötztaler Alpen. Da denkt man zunächst einmal an firngleißende Grate, hohe Gipfel, an Gletschereis, dunklen Fels; kurzum: an hochalpines Bergsteigen, 3000 Meter und drüber. Aber natürlich sind Pitz- und Ötztal auch lohnende Wanderreviere, mit Zielen bis in die Regionen des »ewigen« Schnees. Der wiederum gab 1991 einen vor 5300 Jahren erfrorenen Alpenwanderer frei, den »Ötzi«, der heute – makabererweise – als Mumie im eigens eingerichteten Museum in Bozen zu besichtigen ist.

Der Schnee hat den einst mausarmen Tälern Wohlstand gebracht, allerdings (auch) auf Kosten des sensiblen Ökosystems Hochgebirge. Im Sommer wird wohl kaum ein Naturfreund von den mit Eisenmasten gespickten, kreuz und quer verdrahteten und von Planierraupen malträtierten Berghängen ums Rettenbachtal oder bei Obergurgl begeistert sein. Da gibt es zwischen Imst und dem höchsten Gipfel Tirols, der Wildspitze (3768 m), ungleich schönere Wanderreviere, beispielsweise das Taschachtal, die Venter Gegend oder das Sulztal.

Und nicht zu vergessen Imst, das klassische Tor zum Pitztal, mit seinen Bergen. Sie liegen zwar nördlich der Zentralalpen, doch wer den Tschirgant bestiegen hat oder auf dem »Imster Höhenweg« unterwegs war, der weiß, wohin man halt immer schaut, schauen muss: in die Ötztaler Alpen, die sich, tief gestaffelt, im Süden aufbauen. Da leuchten die Gletscher, und aus der Ferne sieht man überhaupt nicht, wie schwer die vielen warmen Sommer ihnen mittlerweile zugesetzt haben …

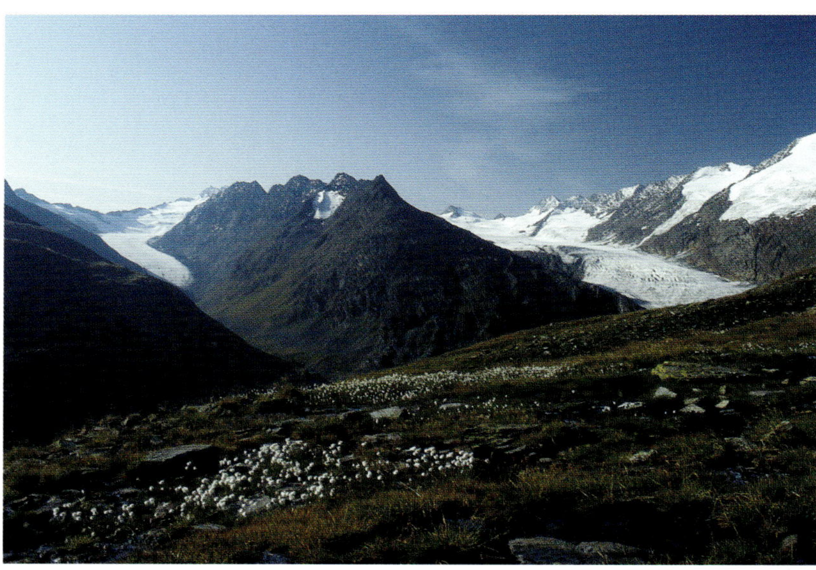

Langtaler und Gurgler Ferner vom Weg zum Ramolhaus

Steckbrief

Fläche: ca. 1300 qkm
Höchster Punkt: Wildspitze (3768 m)
Gebirgsgruppen: Lechtaler Alpen (Südost), Mieminger Kette (Südwest), Ötztaler Alpen, Stubaier Alpen (West)
Wichtigste Ortschaften: Imst, Sölden, Obergurgl
Wandervorschläge: 39

Hoch über dem Tal des Inn

2 Imster Höhenweg

Unter Kennern gilt die an einigen Stellen gesicherte Höhenroute als echtes »Schmankerl«. Sie folgt dem lang gestreckten Larsenngrat vom Pleiskopf (2560 m) bis zum Laggers (2328 m), dessen Gipfelkreuz unmittelbar über dem Inntal steht. Was für eine Schau! Die muss man sich allerdings erst verdienen, auf der langen Kammwanderung mit ihrem Auf und Ab und einigen etwas heiklen Passagen in den abschüssigen Steilflanken. Da ist ein sicherer Tritt besonders wichtig. Der Abstieg lädt dann ein zum Schlendern und Schauen, bis die Schatten drüben am Tschirgant allmählich länger werden. Doch dann ist man schon unten in Imst und lässt die Tour in einem Gastgarten Revue passieren: schön war's!

Von der Liftstation am Kamm zum Hinteren Alpljoch (2425 m), dann kurz bergab und zum Ostgrat des Pleiskopfs (2560 m). Über eine Felsbarriere hilft solides Eisen (Leiter) hinweg, über Bänder und kleine Steilaufschwünge gewinnt man den Gipfel. Hier links leicht zum Ödkarlekopf (2565 m), dann mit einigem Auf und Ab rechts des Larsenngrates durch abschüssige, mit Felszacken besetzte Steilflanken, zuletzt wieder ganz bequem am breiten Wiesenrücken zum Laggers (2328 m). An dem Aussichtspunkt beginnt der lange Abstieg nach Hochimst.

Höhenrausch

14/15 Cottbuser- und Fuldaer Höhenweg

Eineinhalb-Tage-Tour. – Diese beiden Höhenwege gehören gewiss zu den schönsten in den Tiroler Hochalpen; begeht man sie in Folge, ist das Erlebnis »Ötztaler Alpen total«. Die Tour startet mit einem schweißtreibenden Anstieg, wird unter dem Brandkogel fast zum Klettersteig, samt einigen luftigen Passagen, ehe der Riffelsee einen idyllischen Kontrastpunkt setzt. Der »Fuldaer Höhenweg« ist dann vor allem ein Schaupfad mit packendem Gletscherblick als Finale.

Von Plangeross auf steilem Zickzackweg im Wald bergan, vorbei am Wasserfall des Lussbachs und talein über die Plangerossalpe zur Abzweigung des »Cottbuser Höhenweges« (2452 m). Nun leicht fallend an steilem Hang wieder talauswärts zu einem grasigen Kopf unter dem Steinkogel. Hier beginnt der spannendste Wegabschnitt: ein rüdes Auf und Ab quer durch felsiges Gelände, mehrfach mit Drahtseilen und Eisenbügeln gesichert, dazu packende Tief- und Fernblicke. Mit dem Abstieg zum Riffelsee (2232 m) wird aus dem »Fast-Klettersteig« wieder ein Wanderweg, der sich dann, die Höhe in etwa haltend, hoch an der orografisch linken Flanke des Taschachtals als »Fuldaer Weg« fortsetzt: ein dreistündiges Schauerlebnis. – Abstieg vom Taschachhaus auf dem Talweg.

Einsichten und Aussichten

32 Panoramaweg Tiefenbach – Vent

Noch ein Höhenweg, in die Steilhänge des Venter Tals trassiert, wenig anstrengend, aber – der Name sagt es zu Recht – mit viel Aussicht, vor allem auf den Ramolkamm mit seinen Dreitausendern. Was für ein Kontrast zu dem wüsten Skirevier rund um Rettenbach- und Tiefenbachferner! Fast könnte man meinen, die (Alpen-)Welt im Venter Tal wäre noch ganz heil.

In wenigen Minuten lässt man die trostlose Szenerie von Tiefenbach (2793 m) hinter sich. Der gut markierte Höhenweg führt, erst kurz ansteigend, über einen Schrofenrücken ins Seiterkar, dann weiter zum Mutboden. Aus dem Weißkar wandert man in einem weiten Bogen hinaus zu einem besonders schönen Ausguck unter dem felsigen Ostgrat des Weißkarkogels (2996 m). Ziemlich genau im Süden zeigt sich der hohe Firndom des Similaun (3599 m). Nun über die (da und dort recht feuchten) Böden des Sonnbergs leicht abwärts und zuletzt auf einer Erschließungsstraße hinein nach Vent.

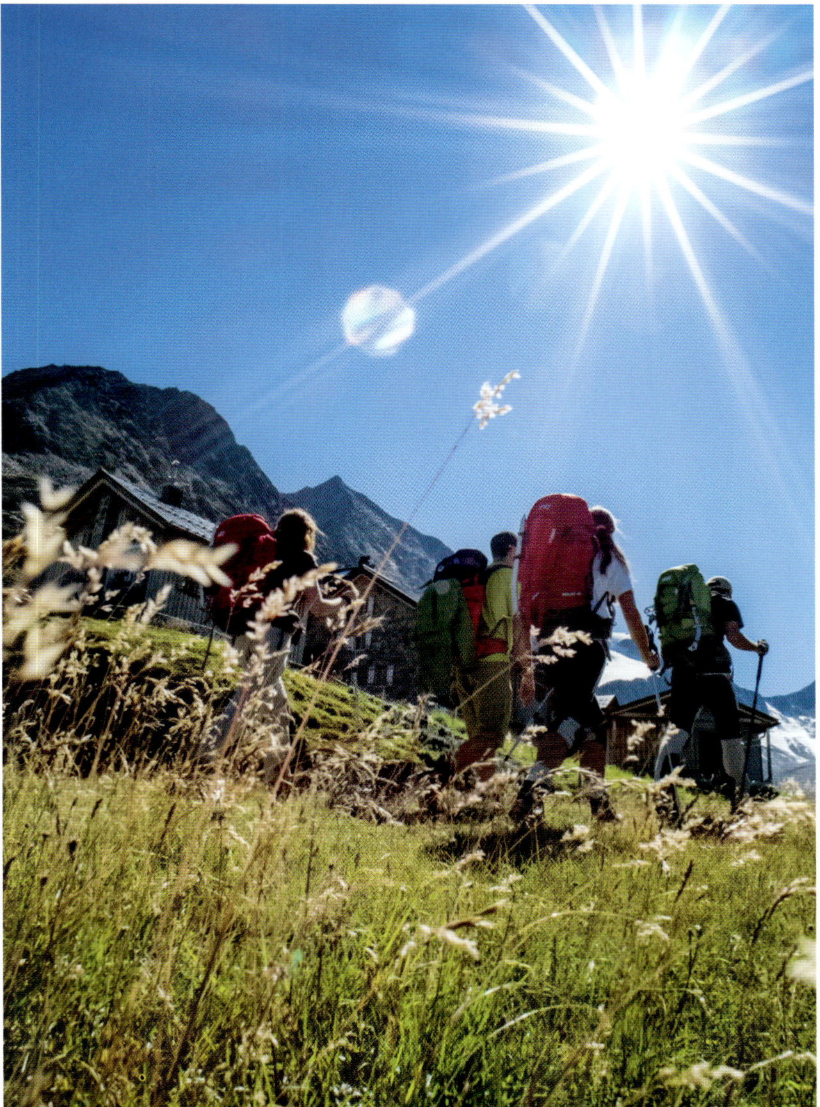

Am Ende des Fuldaer Höhenwegs wartet das Taschachhaus auf die Wanderer.

	Tourenziel/Charakteristik	Ausgangspunkt	Wegverlauf & Gehzeit	Markierung	Einkehr am Weg
Imst	**1 Rosengartenschlucht** Kleine Runde durch die malerische, 1,5 km lange Klamm des Schinderbachs	Johanneskirche in Imst (827 m,)	Imst – Rosengartenschlucht – Hochimst (1050 m; 1 1/2 Std.) – Wetterkreuz – Imst (2 3/4 Std.)	Örtliche Mark. 11	In Hochimst
	2 Imster Höhenweg Anspruchsvolle Kammwanderung mit kurzen gesicherten Passagen. Teilweise steiles Schrofengelände, Bergerfahrung unerlässlich. Nur bei sicherem Wetter gehen!	Bergstation (2030 m) der Imster Bergbahnen am Vorderen Alpljoch, Talstation Hochimst (1050 m,)	Liftstation – Pleiskopf (2560 m; 2 Std.) – »Imster Höhenweg« – Laggers (2328 m; 4 1/2 Std.) – Hochimst (7 Std.)	Rot-weiß mark., AV-Nr. 622	
	3 Muttekopf, 2774 m Hauptgipfel der östlichen Lechtaler Alpen, bietet ein großes Panorama. Trittsicherheit erforderlich	Zwischenstation (1491 m) der Imster Bergbahnen auf der Untermarkter Alm; alternativ auch Obermarkter Alm (Zufahrt von Imst, etwa 8 km; nur vor 8 Uhr und nach 17 Uhr gestattet)	Untermarkter Alm – Muttekopfhütte (1 1/2 Std.) – Muttekopf (3 3/4 Std.); Abstieg auf dem gleichen Weg (gesamt 6 1/4 Std.)	Mark. Wege	Muttekopfhütte (1934 m); Latschenhütte (1623 m)
	4 Tschirgant, 2370 m Je nach Blickwinkel elegantes Felsdreieck oder massig lang gestreckter Bergrücken. Steile Bergwege, Ausdauer erforderlich	Karrösten (918 m,), kleines Dorf südöstlich von Imst; Parkplatz etwa 1 km oberhalb vom Ort an der Straße zur Karrösteralpe	Karrösten – Karrösteralpe (1 Std.) – Westgratroute – Tschirgant (4 Std.) – Nordostgrat – Karrösteralpe – Karrösten (6 Std.)	Mark. Wege	Karrösteralpe (1467 m)
	5 Muthenaualm, 1739 m Abwechslungsreiche Wanderrunde an der Westflanke des Wannig (2493 m). Ausdauernde besteigen den Gipfel in etwa 5 Std. (ab Nassereith, mark.).	Nassereith (838 m,), Ferienort an der Strecke Imst – Fernpass	Nassereith – Adlerhorst (1011 m) – Muthenaualm (3 Std.) – Fernpassstraße – Nassereith (5 1/4 Std.)	Rot-weiß mark.	Muthenaualm (Nassereither Alm, 1739 m)
	6 Wankspitze, 2209 m Logenplatz über dem Mieminger Mittelgebirgsplateau	Gh. Arzkasten (1151 m) nordwestlich von Obsteig (991 m,). Zufahrt 3 km	Gh. Arzkasten – Lehnberghaus – Wankspitze (3 Std.); Abstieg auf dem gleichen Weg (gesamt 5 Std.)	AV-Mark. 812, örtliche Bez. 22	Gh. Arzkasten; Lehnberghaus (1554 m)
Pitztal	**7 Venet; Wannejöchl, 2497 m** Große Wanderrunde über dem untersten Pitztal, mit weiter Gipfelschau. Verschiedene Varianten möglich	Wenns (982 m,) im untersten Pitztal. Zufahrt von Imst	Wenns – Larcheralpe (2 1/2 Std.) – Wannejöchl (4 1/4 Std.) – Venetalphütte (5 1/2 Std.) – Wenns (7 Std.).	Mark. 12, 10, 11, 8	Larcheralpe (1814 m), Venetalphütte (1994 m)
	8 Hochzeiger, 2560 m Viel besuchte Aussichtswarte über dem unteren Pitztal	Bergstation (2020 m) der Hochzeiger-Gondelbahn. Ab Wenns/Jerzens im Sommer Wanderbus zur Talstation (1468 m)	Bergstation – Hochzeiger (1 1/2 Std.) – Zollberg (2225 m) – Ebni – Talstation (3 1/2 Std.)	Mark. 14, 11	Seilbahnstation
	9 Wildgrat, 2971 m Recht anspruchsvolle Gipfeltour im nördlichen Geigenkamm, Bergerfahrung unerlässlich. Für Konditionsstarke in Verbindung mit einer Hochzeiger-Überschreitung (1 Std. zusätzlich)	Bergstation (2020 m) der Hochzeiger-Gondelbahn. Ab Wenns/Jerzens im Sommer Wanderbus zur Talstation (1468 m)	Bergstation – Zollkreuz – Großsee (2416 m; 2 1/4 Std.) – Wildgrat (3 1/2 Std.) – Zollkreuz – Zollberg – Ebni – Talstation (6 1/2 Std.)	AV-Mark. 902A, örtliche Bez. 11	Seilbahnstation
	10 Brechsee, 2145 m Rundwanderung am Kaunergrat, abseits ausgetretener Pfade	Zaunhof (1265 m,) Ortsteil von St. Leonhard im Pitztal	Zaunhof – Söllbergalpe (2 Std.) – Brechsee (3 Std.) – Mauchelealpe – Rehwald – Zaunhof (5 Std.)	Mark. Wege	Söllbergalpe (1849 m), Mauchelealpe
	11 Schwarzenbergalpen; Am Gampen, 2266 m Wanderrunde auf kühn angelegten, steilen Almwegen (gesicherte Passagen). Nur für geübte Berggänger, keinesfalls bei Nässe gehen!	St. Leonhard im Pitztal (1366 m), Ortsteil Enger,	Enger – Äußere Schwarzenbergalpe (2120 m; 2 1/4 Std.) – Am Gampen – Innere Schwarzenbergalpe (2080 m; 3 3/4 Std.) – St. Leonhard (5 1/4 Std.)	Mark. Wege	
	12 Rappenkopf, 2320 m Kleiner Gupf mit traumhaftem Tiefblick, dazu schöne Sicht auf den Geigenkamm	St. Leonhard im Pitztal (1366 m,)	St. Leonhard – Arzler Alpl (1 3/4 Std.) – Rappenkopf (Rundweg, 3 1/4 Std.) – Arzler Alpl (4 Std.) – St. Leonhard (5 Std.)	Mark. Wege	Arzler Alpl (1870 m)
	13 Rüsselsheimer Weg; Rötkarljoch, 2709 m Große Hochsommerrunde am Geigenkamm, lässt sich mit einer Besteigung der Hohen Geige (3393 m) verbinden (ab Rüsselsheimer Hütte 3 Std., AV-Mark.). Nördlich des Rötkarljochs steile Rinne (Kettensicherung)	Plangeross (1612 m,) Weiler im hinteren Pitztal	Plangeross – Rüsselsheimer Hütte (2 Std.) – Gahwinden (2648 m; 3 Std.) – Rötkarljoch (4 Std.) – Trenkwald (1501 m; 7 Std.,)	AV-Mark. 911, 911A, 916; örtliche Bez. 6	Rüsselsheimer Hütte (2328 m)

Tourenziel/Charakteristik	Ausgangspunkt	Wegverlauf & Gehzeit	Markierung	Einkehr am Weg	
14 Cottbuser Höhenweg Landschaftlich sehr reizvoller Höhenweg mit einigen nicht ganz einfachen Passagen (Eisenbügel, Drahtseile). Nur für Geübte!	Bergstation (2291 m) der Riffelsee-Gondelbahn, Talstation Mandarfen (1675 m)	Riffelsee (2232 m) – »Cottbuser Höhenweg« – Plangerosstal (2 1/2 Std.) – Plangeross (4 Std.)	AV-Mark. 926, 927	Riffelseehütte (2289 m)	Pitztal
15 Fuldaer Höhenweg Höhen- und Hüttenwanderung zum Taschachhaus, mit packendem Gletscherblick-Finale	Bergstation (2291 m) der Riffelsee-Gondelbahn, Talstation Mandarfen (1675 m)	Riffelsee (2232 m) – »Fuldaer Höhenweg« – Taschachhaus (3 1/4 Std.) – Taschachtal – Mandarfen (5 1/2 Std.)	AV-Mark. 925, 924	Taschachhaus (2432 m)	
16 Wetterkreuz, 2591 m Packender Aussichtspunkt hoch über der Mündung des Ötztals, ab Hochoetz vergleichsweise kurzer Anstieg	Bergstation der Acherkogel-Gondelbahn (2020 m), Talstation Oetz (812 m)	Hochoetz – Wetterkreuz (2 Std.) – Acherberg-Sennhütte (1893 m, 3 1/4 Std.) – Hochoetz	AV-Mark. 148, 149, 147	Bielefelder Hütte (2112 m)	
17 Armelenhütte, 1747 m Abwechslungsreiche Runde zwischen Oetz, dem Piburger(Bade-)see und der mächtigen Armelenwand	Oetz (812 m), großer Ferienort im untersten Ötztal	Oetz – Piburger See (914 m; 1/2 Std.) – Armelenhütte (3 Std.) – Tumpen (4 3/4 Std.) – Oetz (5 3/4 Std.)	Mark. Wege	Armelenhütte (1747 m); in Tumpen	
18 Erlanger Hütte, 2541 m Ziemlich anspruchsvolle Hüttenrunde, lässt sich bei einer Übernachtung um die (lohnende) Besteigung des Wildgrats erweitern (ab Erlanger Hütte 1 3/4 Std., mark.)	Vordere Leierstalalm (1798 m; Kleinbus ab Umhausen) oder Umhausen (1031 m) im Ötztal	Vordere Leierstalalm – Erlanger Hütte (2 1/4 Std.) – Gehsteigalm (4 3/4 Std.) – Ötztal – Umhausen 7 1/4 Std.). Ab Umhausen 9 3/4 Std.	AV-Mark. 913, 902A	Erlanger Hütte (2550 m)	
19 Narrenkogel, 2309 m Abwechslungsreiche Runde, verlangt Ausdauer und einen sicheren Tritt (lässt sich auch verkürzen)	Umhausen (1031 m) im Ötztal, evtl. auch Niederthai (1538 m), 7,5 km ab Umhausen	Umhausen – Wolfsegg (1680 m) – Niederthai (2 1/2 Std.) – Bergle – Narrenkogel (4 1/2 Std.) – Bichl – Stuibenfall – Umhausen (7 1/2 Std.)	Mark. Wege	In Niederthai, Stuibenfall, Stuiböbele	
20 Guben-Schweinfurter-Hütte, 2034 m Gemütliche Tal- und Hüttenwanderung	Niederthai (1538 m) im Horlachtal, 7,5 km von Umhausen	Niederthai – Guben-Schweinfurter-Hütte (2 Std.); Abstieg auf dem gleichen Weg (gesamt 3 1/2 Std.)	AV-Mark. 142	Guben-Schweinfurter-Hütte (2034 m), Larstighof (1777 m)	
21 Grastalsee und Hemerkogel, 2759 m Tolle Runde für trittsichere und ausdauernde Berggänger, vom Hemerkogel packende Tiefblicke ins Ötztal	Niederthai (1538 m) im Horlachtal, 7,5 km von Umhausen	Niederthai – Grastalsee (2533 m; 3 Std.) – Hemerkogel (4 Std.) – Hemerachalm (1867 m) – Niederthai (6 1/2 Std.)	Mark. Wege	—	
22 Gänsekragen, 2914 m Schöne Hütten- und Gipfelwanderung. Vom Gänsekragen tolle Rundschau, Trittsicherheit erforderlich	Gries (1569 m) im Sulztal, 5 km von Längenfeld	Gries – Winnebachseehütte (2 1/4 Std.) – Gänsekragen (4 Std.); Abstieg auf dem gleichen Weg (gesamt 6 3/4 Std.)	AV-Mark. 141, ab Hütte ohne Nr.	Winnebachseehütte (2361 m)	Ötztal
23 Amberger Hütte, 2136 m Wenig anstrengende Hüttenwanderung	Gries (1569 m) im Sulztal, 5 km von Längenfeld	Gries – Amberger Hütte (2 1/2 Std.); Abstieg auf dem gleichen Weg (gesamt 4 1/4 Std.)	AV-Mark. 131	Amberger Hütte (2136 m), Sulztalalm (1898 m)	
24 Hauersee, 2380 m, und Hohe Eggen, 2328 m Abwechslungsreiche Runde am Geigenkamm. Biwak am Hauersee (unbewirtschaftet)	Längenfeld (1180 m), Ferienort im Ötztal	Längenfeld – Lehn (1159 m) – Stabelealm (2 1/2 Std.) – Hohe Eggen – Hauersee (4 Std.) – Hauertal – Längenfeld (6 1/2 Std.).	Mark. Wege	Stabelealm (1908 m), Innerbergalm	
25 Äußerer Hahlkogel, 2655 m Felsiger Gipfel hoch über Huben. Trittsicherheit und Kondition erforderlich, teilweise raue Wege	Huben (1189 m) im Ötztal	Huben – Hahlkogelhütte (2 1/2 Std.) – Äußerer Hahlkogel (4 Std.) – Großeben (4 3/4 Std.) – Vordere Pollesalm (6 1/4 Std.) – Huben (7 1/4 Std.)	Örtliche Mark.	Hahlkogelhütte (2042 m), Pollesalm (1776 m), Am Feuerstein (1505 m)	
26 Kleblealm, 1983 m Leichte Wanderrunde an der Mündung des Windachtals mit viel Aussicht und Einkehrgelegenheiten. Sehr schön der Blick durch das Venter Tal auf die Kreuzspitze (3495 m)	Sölden (1368 m), frequentierter Urlaubsort im inneren Ötztal	Sölden – Moos – Brunnenbergalm (1 3/4 Std.) – Windachtal – Kleblealm (3 Std.) – Schmiedhof – Sölden (4 1/4 Std.)	Mark. Wege	Brunnenbergalm (1972 m), Kleblealm, Stallwiesalm	
27 Hochstubaihütte, 3174 m Hochalpine Tour, mit Nächtigung in der Gletscherregion – ein Erlebnis der Extraklasse. Bergerfahrung und eine gute Kondition unerlässlich, gesicherte Passagen. Von der Hochstubaihütte überwältigender Gipfel- und Gletscherblick; ganz nah der Windacher Daunkogel (3348 m)	Sölden (1368 m), frequentierter Urlaubsort im inneren Ötztal	Sölden – Fiegls Gasthaus (2 1/4 Std.) – »Himmelsleiter« – Hochstubaihütte (5 3/4 Std.) – Laubkarscharte (2759 m) – Kleblealm (8 1/4 Std.) – Sölden (9 1/2 Std.)	Gut bez. Wege	Fiegls Gasthaus (1956 m); Hochstubaihütte (3174 m); Kleblealm (1983 m)	

Ötztal

Tourenziel/Charakteristik	Ausgangspunkt	Wegverlauf & Gehzeit	Markierung	Einkehr am Weg
28 Hildesheimer Hütte, 2900 m Große Hüttenwanderung im malerischen Windachtal; der lange Schlussanstieg wird durch prächtige Hochgebirgsbilder versüßt. Alternativ bietet sich auch die Siegerlandhütte (2710 m) als Tourenziel an (ab Sölden 5 1/2 Std., ab Gh. Fiegl 3 1/4 Std.).	Sölden (1368 m), großer Ferienort im Ötztal. Bei Bedarf fahren Kleinbusse bis zum Gh. Fiegl (1956 m).	Sölden – Gh. Fiegl (2 1/4 Std.) – Hildesheimer Hütte (5 1/2 Std.); Abstieg auf dem gleichen Weg (gesamt 9 Std., ab Gh. Fiegl 5 1/2 Std.)	AV-Mark. 102	Gh. Fiegl (1956 m); Hildesheimer Hütte (2900 m)
29 Brunnenkogelhaus, 2738 m Große Runde über dem unteren Windachtal; vom Brunnenkogelhaus Dreitausenderparade, mit Hüttennacht noch schöner	Sölden (1368 m), frequentierter Urlaubsort im inneren Ötztal	Sölden – Brunnenbergalm (1 3/4 Std.) – Brunnenkogelhaus (4 Std.) – Fiegls Gasthaus (6 Std.) – Sölden (7 1/2 Std.).	AV-Mark. 171, 172, 102	Brunnenkogelhaus (2738 m); Fiegls Gasthaus (1956 m), Brunnenbergalm
30 Dr.-Bachmann-Weg Gemütliche Höhenwanderung ab Hochsölden: eine kleine Reise in die (bäuerliche) Vergangenheit des Tals. Weniger schön die »Fun-Landschaft« rund um Hochsölden und das Rettenbachtal	Bergstation des Hochsölden-Sessellifts (2083 m), Talstation Sölden (1368 m)	Hochsölden – Peerler See (2456 m; 2 1/4 Std.) – Gransteiner Bergalm (1988 m) – Hochwald (1570 m; 3 3/4 Std.) – Sölden (4 3/4 Std.)	Örtliche Mark. 35A	Hochsölden, Hochwald, Granstein (1469 m)
31 Söldener Grieskogel, 2911 m Schroffer Gipfel nordwestlich über Sölden, einige leichte Felspassagen (Sicherungen). Großes Panorama der Ötztaler Alpen; besonders schön der Blick ins Windachtal mit seinem Dreitausenderkranz	Bergstation des Hochsölden-Sessellifts (2083 m), Talstation Sölden (1368 m). Zufahrtsstraße, 7,5 km	Hochsölden – Grieskogel (2 1/4 Std.); Abstieg auf dem gleichen Weg (gesamt 4 Std.)	Örtliche Mark.	Hochsölden
32 Panoramaweg Tiefenbach – Vent Höhenweg an der linken Flanke des Venter Tals; Trittsicherheit erforderlich. Faszinierende Hochgebirgsbilder	Parkplatz Skigebiet Tiefenbachgletscher (2788 m) von Sölden)	Tiefenbach – Panoramaweg – Vent (4 Std., Bus nach Sölden)	Rote Mark. 26	In Vent (1895 m)
33 Wildes Mannle, 3023 m Toller »Guck-ins-Land« hoch über Vent, gut mit Abstecher zur Breslauer Hütte zu verbinden. Evtl. per Wildspitz-Sessellift bis Stablein	Vent (1895 m) Bergsteigerdorf im gleichnamigen Tal, 17 km von Sölden	Vent – Stablein (2356 m; 1 1/4 Std.) – Wildes Mannle (3 1/4 Std.) – Breslauer Hütte (3 3/4 Std.) – Vent (5 1/2 Std.)	Mark. Wege	Breslauer Hütte (2844 m)
34 Vernagthütte, 2755 m Ötztaler Hochalpen pur bietet die Höhenwanderung über den »Seuffertweg« zur Vernagthütte. Grandios der Blick auf das Gletscherrevier des Großen Vernagtgletschers	Bergstation des Wildspitz-Sessellifts (Stablein, 2356 m), Talstation Vent (1895 m)	Stablein – Breslauer Hütte (1 1/2 Std.) – Vernagthütte (4 1/4 Std.) – Vent (6 3/4 Std.)	AV-Mark. 919, 920	Breslauer Hütte (2844 m); Vernagthütte (2755 m)
35 Kreuzspitze, 3455 m Für Wanderer, die in den Ötztalern ganz hoch hinauswollen, ist die Kreuzspitze das richtige Ziel, sicheres Wetter vorausgesetzt. Weitere Bedingungen: eine sehr gute Kondition und Trittsicherheit	Vent (1895 m), Bergsteigerdorf im gleichnamigen Tal, 17 km von Sölden	Vent – Martin-Busch-Hütte (2 3/4 Std.) – Kreuzspitze (5 1/2 Std.); Abstieg auf dem gleichen Weg (gesamt 9 Std.)	AV-Nr. 923, ab Hütte rot bez.	Martin-Busch-Hütte (2501 m)
36 Sonnbergalm, 2510 m Sonnige Höhenwanderung über die Gurgler Seenplatte. Wenig Anstrengung – viel Aussicht	Obergurgl (1907 m), bekannter Wintersportplatz im hintersten Ötztal	Obergurgl – Sonnbergalm (1 1/2 Std.) – Küppelehütte (2303 m; 2 1/2 Std.) – Obergurgl (3 1/4 Std.)	Örtliche Mark. 38, 37	
37 Ramolhaus, 3005 m Eine große Ötztaler Alpenschau bietet diese recht lange Hüttenwanderung. Faszinierend die Aussicht auf den Langtaler und den Gurgler Ferner	Obergurgl (1907 m), Wintersportplatz im hintersten Ötztal	Obergurgl – Ramolhaus (4 Std.); Abstieg auf dem gleichen Weg (2 1/2 Std.). Gesamt 6 1/2 Std.	AV-Mark. 902	Ramolhaus (3005 m)
38 Langtalereckhütte, 2430 m Beliebte Hüttenwanderung ins innerste Gurgltal. Besonders schön der Blick auf das Ramolmassiv und durchs Langtal auf die Hohe Wilde	Obergurgl (1907 m), Wintersportplatz im hinteren Ötztal	Obergurgl – Schönwieshütte (2266 m) – Langtalereckhütte (2 1/2 Std.); Abstieg auf dem gleichen Weg (gesamt 4 Std.)	Bestens markierter Weg	Schönwieshütte (2266 m); Langtalereckhütte (2430 m)
39 Mutsattel, 2556 m Abwechslungsreiche, nur wenig anstrengende Wanderrunde zwischen dem Gaisberg- und dem Rotmoostal. Interessant: Granat-Fundstelle, Lehrpfad im Zirbenwald bei Obergurgl, Rotmoos-Wasserfall	Obergurgl (1907 m), Wintersportplatz im hinteren Ötztal	Obergurgl – Zirbenwald – Rotmoos-Wasserfall – Schönwieshütte (1 1/2 Std.) – Rotmoostal – Mutsattel (2 1/2 Std.) – Gaisbergtal – Obergurgl (4 Std.)	Gut markierte Wege	Schönwieshütte (2266 m)

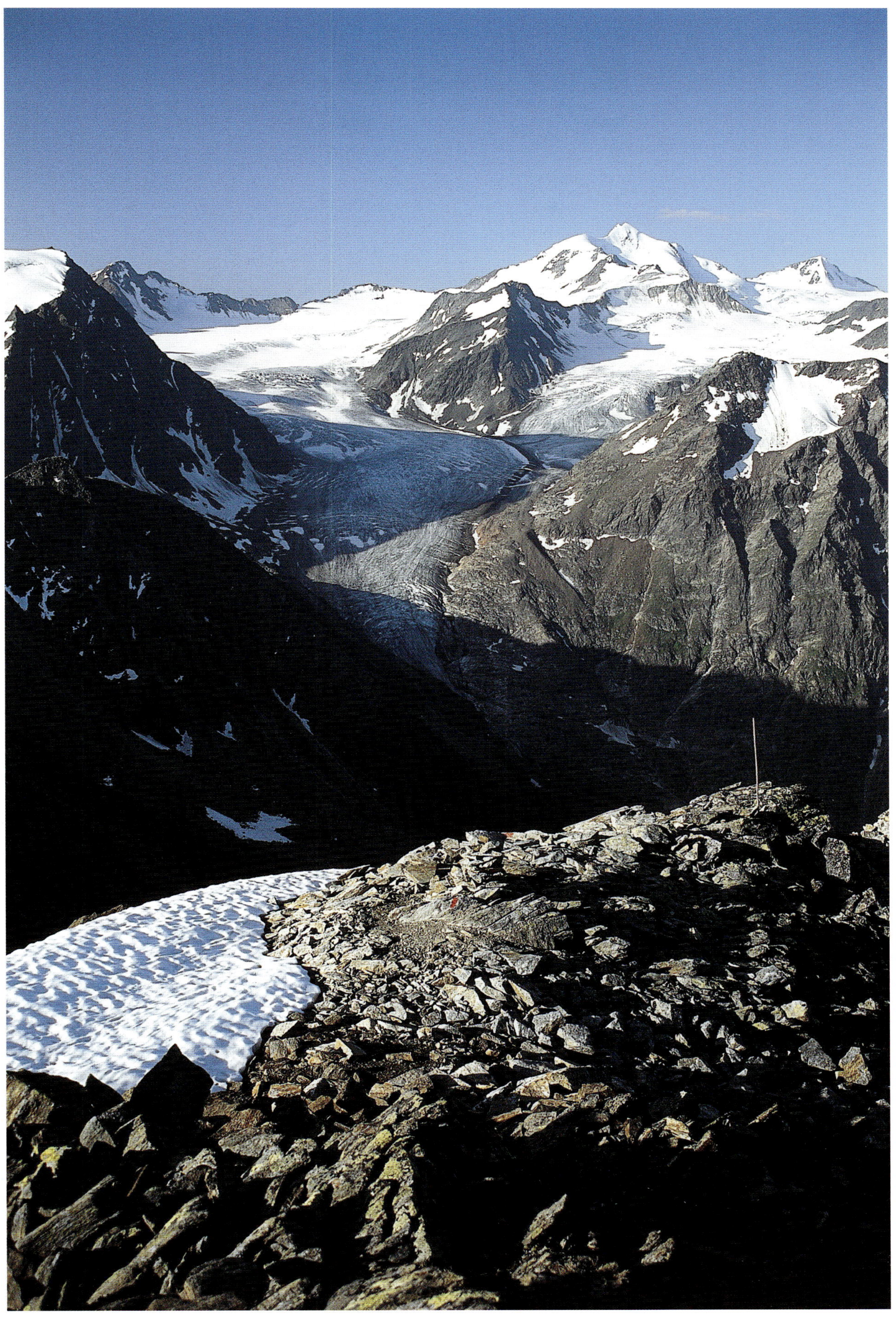

Blick vom Polleskogel auf Wildspitze und Mittelbergferner

Werdenfelser Land

Im Bann der Zugspitze

Garmisch-Partenkirchen, Werdenfelser Land. Da denken Bergfreunde natürlich gleich an die Zugspitze, den Top-Gipfel Deutschlands, fast 3000 m hoch und Blickfang auf den meisten Wanderungen zwischen der Isar und dem Plansee. Ob man auf die Hohe Kisten steigt, den Schellschlicht als Tourenziel nimmt oder den Pürschling ansteuert, stets dominiert sie felsig-riesig das Panorama mit ihrem unverwechselbaren Profil.

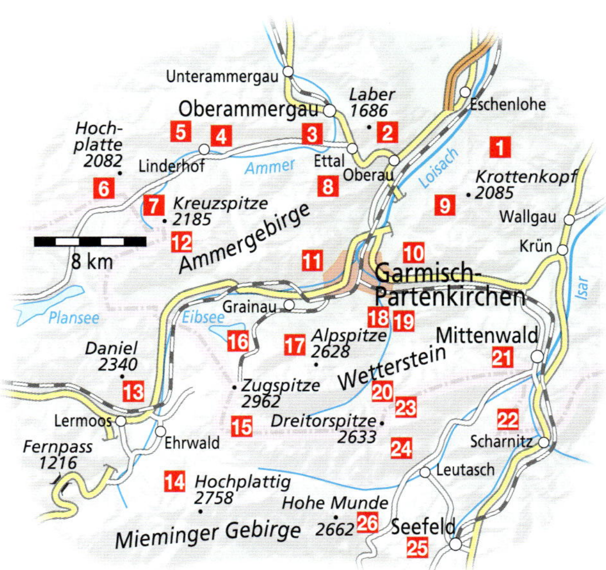

Für den Wanderer ist die Zugspitze, wie die meisten Felsgipfel des Wettersteinmassivs, vor allem attraktive Kulisse. Seine schönsten Ziele liegen davor, darunter: Balkone zum Hochgebirge. Davon gibt es hier viele, und einige erreicht man ganz bequem per Seilbahn. Das wiederum eröffnet vielfältige Möglichkeiten zu wenig anstrengenden Bergabwanderungen, in aller Regel mit Aussicht und Einkehrgelegenheit.

Leicht erreichbare Hochpunkte im Werdenfelser Land sind – neben der Zugspitze – etwa der Laberberg, der Wank, der Eckbauer und das Kreuzeck; ganz nahe an den formschönsten Gipfel der Region führt die Alpspitz-Seilbahn heran.

Dass eine so gut ausgebaute touristische Infrastruktur viele Besucher anlockt, versteht sich von selbst, doch entdeckt man zwischen Oberammergau und der Mieminger Kette auch überraschend große Bergreviere, die im Vergleich nahezu unberührt erscheinen, wenig Besuch bekommen. Dazu gehören Teile der Ammergauer Alpen mit den hohen Graten rund um die Kreuzspitze, und auch das Estergebirge, das sich mit schroff-steilen Flanken östlich der Loisach aufbaut, ist kein Modegebiet für Wanderer und Bergsteiger. Das Werdenfelser Land: voller Gegensätze, grün in den Vorbergen, hochalpin im Wetterstein.

Neben dem mit olympischen Weihen versehenen Garmisch-Partenkirchen sind Oberammergau, Mittenwald und die Leutasch sowie die Ortschaften des Ehrwalder Beckens wichtige Zentren der Zugspitzregion.

Steckbrief

Fläche: 1400 qkm
Höchster Punkt: Zugspitze (2962 m)
Gebirgsgruppen: Ammergauer Alpen, Wettersteingebirge, Mieminger Kette
Wichtigste Ortschaften: Oberammergau, Garmisch-Partenkirchen, Ehrwald, Mittenwald, Seefeld
Wandervorschläge: 26

Von Hütte zu Hütte – vier Wandertage im Wetterstein

Keinen (großen) Gipfel, dafür aber eine Fülle schönster Wettersteinbilder bietet diese Runde um und über den Wettersteinkamm. Durchwegs markierte Bergwege, am Anstieg aus dem Reintal zum Schachen ein paar (leichte) gesicherte Passagen. Vorsicht bei Nebel auf dem Zugspitzplatt!
1. Tag: Leutasch – Scharnitzjoch (2048 m) – Wettersteinhütte (1717 m), etwa 4 Std. **2. Tag:** Wettersteinhütte – Rotmoosalm (1904 m) – Gatterl – Knorrhütte (2051 m), 6 ½ Std. **3. Tag:** Knorrhütte – Reintalangerhütte (1370 m) – Bockhütte (1052 m) – Schachenhaus (1866 m), 5 Std. **4. Tag:** Schachenhaus – Meilerhütte (2375 m) – Bergltal – Leutasch, 4 Std.

Aussichtsbalkon vor dem Wetterstein

5 Hennenkopf, 1768 m

Dass gerade Schloss Linderhof Ausgangs- und Endpunkt der Wanderrunde über den Hennenkopf ist, stört keineswegs; nach dem Bergauf-Bergab ist ja durchaus ein Kunstgenuss erlaubt: Kontraste. Zum Blick in die Ferne also ein Blick zurück in die bayerische Geschichte. Den muss man dann allerdings mit ungleich mehr Menschen teilen als die große Rundschau vom Hennenkopf, doch ins Schwärmen geraten manche auch ob der »märchenhaften« Architektur Ludwigs II.

Von Linderhof auf dem alten Reitweg im Wald bergan zum Kamm (Verzweigung), dann links zu den bereits sichtbaren Brunnenkopfhäusern (1602 m). Zurück zur Weggabelung und auf den Höhenweg, der durch die steilen Südhänge des Kammes zwischen Klammspitz und Pürschling führt. Kurzer Abstecher auf schmalem Steig über einen Grashang und durch ein kleines Felslabyrinth zum Hennenkopf, ½ Std. hin und zurück. Weiter auf dem aussichtsreichen Höhenweg bis in die Mulde (ca. 1450 m) unter dem Laubeneck; hier rechts und durch den Linderwald hinab nach Linderhof.

Stille Wege – großes Panorama

12 Schellschlicht, 2053 m

Dass die benachbarte Kreuzspitze gut 100 Meter höher ist, mindert das Panorama vom Schellschlicht nur marginal und beeinträchtigt den herrlichen Blick zur Zugspitze (2962 m) überhaupt nicht. Den darf man bereits während des langen Aufstiegs genießen, der bei der ehemaligen Schellalm aus dem Wald kommt und dann über das Brandjoch (1957 m) – weitgehend am Grat entlang – zum Gipfel führt. Beim Abstieg über den Sunkensattel fasziniert vor allem der wilde Graben der Schellaine, der sich an seiner Mündung zu einer richtigen Klamm verengt.

Vom ehemaligen Zollamt Griesen (816 m) auf einer Schotterpiste nördlich taleinwärts, über den Sunkenbach und dann rechts in den Wald. Auf solider Brücke über die Klamm der Schellaine und im Zickzack angenehm schattig hinauf zum Schelleck. Von der aufgegebenen Schellalm (1479 m) mit zunehmend freier Sicht am breiten Rücken weiter bergan. Am Hohen Brand (1764 m) kurze gesicherte Passage, ab Brandjoch schöne Kammwanderung, die – zuletzt über eine kleine Felsstufe – zum Gipfelkreuz führt.

Der Abstiegsweg folgt zunächst dem Ostgrat, weicht dann in die sonnseitige Steilflanke aus. Hier etwas heikel über ein paar Gräben, ehe ein Gegenanstieg zurück zum Kamm leitet. Hinunter in den Sunkensattel (1762 m), anschließend im Wechsel von Zickzack- und Flachstücken hoch über dem Graben der Schelllaine talauswärts. Bei der bereits erwähnten Brücke stößt man wieder auf den Anstiegsweg.

Zugspitzblick und Höllenschlund

17 Höllental

Darf's für einmal eine Bergabwanderung sein? Schauen, nicht schinden? Den Bergaufpart übernimmt die Alpspitzbahn: knapp 10 Minuten bis zum Osterfelderkopf. Umso mehr Zeit bleibt dann am Rückweg, gerade richtig für Genießer. Die können sich an der Zugspitze (2962 m) und dem zerklüfteten Waxensteinkamm kaum sattsehen, erleben das alpine Ambiente der Höllentalangerhütte bei einer bayerischen Brotzeit und bestaunen beim Abstieg nach Hammersbach in der Höllentalschlucht das Ergebnis von vielen Jahrtausenden unermüdlicher Wasserarbeit.

Von der Seilbahnstation zunächst kurz Richtung Alpspitze, dann rechts hinauf in die nahe Rinderscharte. Dahinter auf ordentlichem Bergweg mit packenden Blicken zur Zugspitze bergab ins Höllental. Von der Höllentalangerhütte (1379 m) talauswärts und durch die wilde Höllentalklamm nach Hammersbach. Hier entweder zu Fuß oder mit der Zugspitzbahn zurück zur Talstation der Alpspitz-Seilschwebebahn.

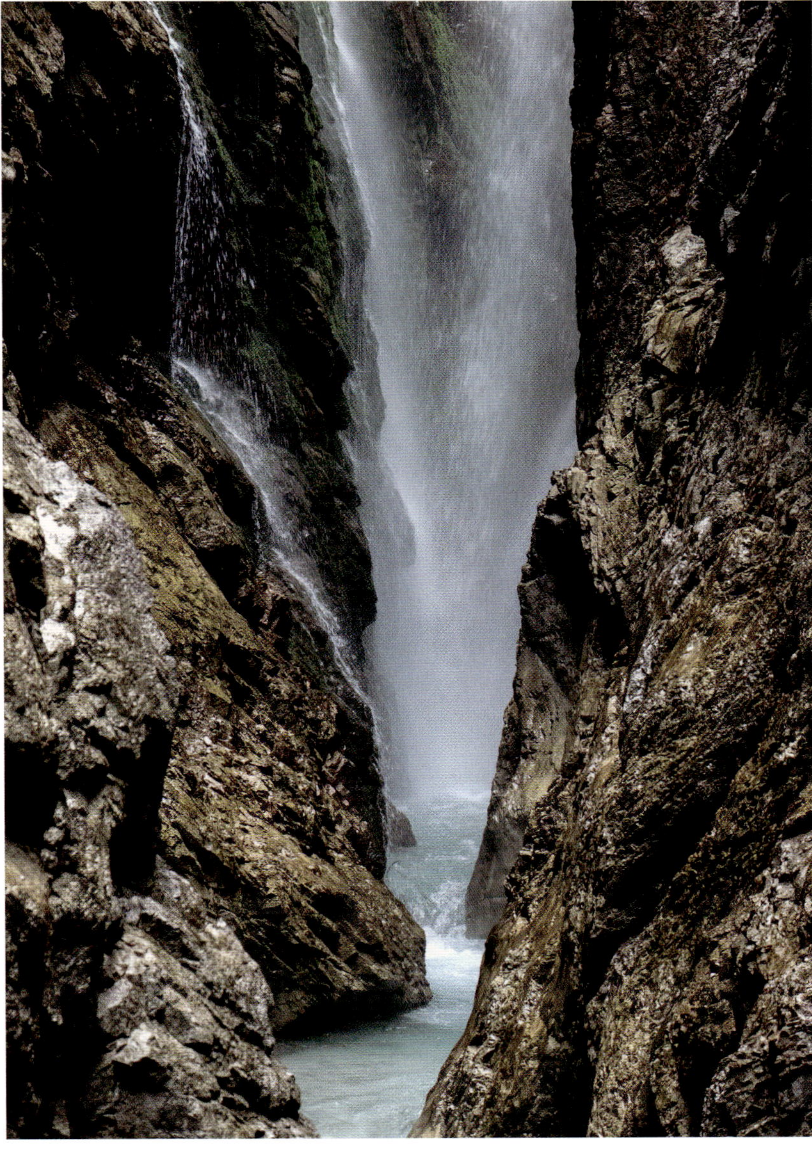

Stiebende Wasser zwischen senkrechten Felsen: in der Höllentalklamm

Tourenziel/Charakteristik	Ausgangspunkt	Wegverlauf & Gehzeit	Markierung	Einkehr am Weg
1 Hohe Kisten, 1922 m Recht lange Gipfeltour, tolles Panorama. Der Weg durch das Archtal ist aufgelassen!	Eschenlohe (639 m,), kleiner Ferienort an der Loisach	Eschenlohe – Brandeck – Pustertal (2 1/4 Std.) – Hohe Kisten (4 Std.); Abstieg auf dem gleichen Weg (gesamt 6 1/2 Std.)	Ordentlich markierte Wege	
2 Laberberg, 1686 m Gemütliche Höhen- und Bergabwanderung; Erfahrene unternehmen den Abstecher aufs Ettaler Manndl (Mini-Klettersteig)	Bergstation der Laberbahn (1683 m), Talstation Oberammergau (837 m,)	Laberjoch – Ettaler Manndl (Abzw. zum Gipfel) – Soilesee (1398 m) – Oberammergau (2 1/2 Std.)	Rot-weiße Mark., AV-Nr. 246	Laberbahn
3 Kofel, 1342 m Kleine Gipfeltour mit felsigem Finale (Drahtseile) und anschließender Höhen- bzw. Bergabwanderung	Oberammergau (837 m,) bekannter oberbayerischer Passionsspielort	Oberammergau – Kofel (1 1/2 Std.) – »Königssteig« – Kolbensattel (1276 m) – Oberammergau (3 3/4–4 Std.)	Rot und rot-weiß	Kolbensattelhütte (1270 m), Gh. Kolbenalm (890 m)
4 Pürschling, 1566 m Abwechslungsreiche Höhenwanderung, am Zackengrat zum Sonnenberg schmaler Steig. Trittsicherheit!	Bergstation der Kolbensesselbahn (1276 m), Talstation Oberammergau (837 m,)	Kolbensattel – Pürschling (1 1/4 Std.) – Sonnenberggrat (1556 m) – Oberammergau (3 3/4 Std.)	AV-Mark. 233, am Sonnenberggrat rote Bez.	Pürschlinghaus (1562 m), Gh. Kolbenalm (890 m)
5 Hennenkopf, 1768 m Aussichtsreiche Höhenwanderung am Klammspitzkamm. Schön angelegter Steig, vom Hennenkopf alternativ auch Weiterweg über das Laubeneck (1758 m) möglich (Trittsicherheit)	Großer, gebührenpflichtiger Parkplatz bei Schloss Linderhof (943 m,); Zufahrt ab Oberammergau 14 km.	Linderhof – Brunnenkopfhäuser (2 Std.) – Hennenkopf (3 1/4 Std.) – Abzweig unter Laubeneck (ca. 1450 m; 4 1/2 Std.) – Linderhof (5 1/2 Std.)	Ordentlich bez. Wege, AV-Nr. 231, 201, 232	Brunnenkopfhäuser (1602 m)
6 Krähe, 2012 m, und Hochplatte, 2082 m Große, sehr abwechslungsreiche Runde. Im Aufstieg zur Krähe kurze, leichte Kletterstelle (I); leichtes Felsgelände (und einige Sicherungen) auch am Aufstieg zur Hochplatte, 2082 m	Hotel Ammerwald (1079 m) an der Strecke Linderhof – Plansee	Hotel Ammerwald – »Schützensteig« – Niederstraußbergsattel (2 Std.) – Krähe (3 1/2 Std.) – Fensterl (1916 m) – Hochplatte (4 1/4 Std.) – Weitalpjoch – Hotel Ammerwald (6 1/2 Std.)	Mark. Wege, AV-Nrn. 216, 201, 222	Hotel Ammerwald (1079 m), Ammerwaldalm
7 Kreuzspitze, 2185 m Ein Hauptgipfel der Ammergauer Alpen. Aufstieg durch das Hochgrieskar mark., am Gipfelaufbau sicherer Tritt notwendig	An der Straße Linderhof – Plansee, Parkplatz gleich hinter der Landesgrenze (Brücke). Von Ettal 17,5 km	Parkplatz (1082 m) – Hochgrieskar – Kreuzspitze (3 1/2 Std.); Abstieg auf dem gleichen Weg (gesamt 5 3/4 Std.)	Mark. Weg, AV-Nr. 241	
8 Notkarspitze, 1889 m Hübscher Aussichtsberg über dem Klosterdorf Ettal. Anstieg im unteren Teil schattig	Ettaler Sattel (880 m,) Parkplatz	Ettaler Sattel – Ziegelspitz (1719 m) – Notkarspitze (3 Std.) – Ettaler Mühle (854 m, 4 3/4 Std.) – Ettaler Sattel (5 1/4 Std.)	Mark. Steige, AV-Nrn. 264, 262	Ettaler Mühle
9 Hoher Fricken, 1940 m Viel Aussicht, aber auch packende Einblicke in den wilden Graben der Kuhflucht-Wasserfälle bietet die Überschreitung des Hohen Fricken. Sehr steiler Aufstieg, bei Nässe nicht ratsam; Trittsicherheit	Farchant (671 m,), Nachbargemeinde von Garmisch-Partenkirchen im Loisachtal. Parkplatz im Ortsteil Mühldörfl	Mühldörfl – Hoher Fricken (3 1/2 Std.) – Predigtstuhl (1279 m) – Farchant (6 Std.)	Ordentlich Mark. Wege	Esterbergalm (1264 m, 15 Min. östlich des Predigtstuhls)
10 Wank, 1780 m Gemütliche Bergabwanderung auf ordentlichen Wegen. Tiefblicke auf Garmisch-Partenkirchen, schönes Panorama	Bergstation der Wank-Gipfelseilbahn, Talstation im Norden von Garmisch-Partenkirchen (707 m,)	Wank – Eckenhütte (1060 m) – Garmisch-Partenkirchen (2 1/2 Std.)	Gut bez. Wege	Wankhaus am Gipfel
11 Kramerspitz, 1985 m Die Kramer-Überschreitung gehört zu den »Wanderklassikern« von Garmisch-Partenkirchen. Im Gipfelbereich reichlich Geröll, einige Passagen sind etwas ausgesetzt. Packender Blick zur Zugspitze	Garmisch-Partenkirchen (707 m,) Parkplatz bei der Bayernhalle	Garmisch – Wh. St. Martin – Felsenkanzel (1238 m) – Kramerspitz (3 3/4 Std.) – Stepbergalm (4 3/4 Std.) – Garmisch (6 1/2 Std.)	Ordentlich mark., AV-Nummer 255, 259	Wh. St. Martin (1030 m), Stepbergalm (1583 m)
12 Schellschlicht, 2053 m Sehr schöne Überschreitung auf teilweise schmalen und steilen Wegen. Am Aufstieg eine gesicherte Passage, im Abstieg einige etwas heikle Schrofen. Großer Zugspitzblick	Griesen (816 m,) ehemaliges Zollamt an der Straße von Garmisch-Partenkirchen nach Ehrwald	Griesen – Schellalm (1479 m) – Schellschlicht (3 3/4 Std.) – Sunkensattel (1672 m) – Griesen (6 1/2 Std.)	Aufstiegsweg gut, Abstieg im Wald teilweise sehr sparsam mark.	Griesen (816 m)
13 Daniel, 2340 m Höchster Gipfel der Ammergauer Alpen, wegen der großartigen Aussicht, auf das Ehrwalder Becken und die Zugspitze viel besucht	Bahnhof Ehrwald (964 m,) der Linie Garmisch – Reutte	Bahnhof – Tuftlalm – Daniel (4 Std.), Abstieg auf dem gleichen Weg (alternativ teilweise Fahrweg; gesamt 6 1/2 Std.)	AV-Mark. 693, ab Tuftlalm örtliche Mark. 4	Tuftlalm (1496 m)

Tourenziel/Charakteristik	Ausgangspunkt	Wegverlauf & Gehzeit	Markierung	Einkehr am Weg
14 Coburger Hütte, 1917 m Im Süden von Ehrwald lockt den Kraxler die elegante Felspyramide der Sonnenspitze (2417 m), doch ist auch die Hütte am malerischen Drachensee (1874 m) ein dankbares Tourenziel. Abstieg über den »Hohen Gang« mit Sicherungen	Bergstation der Ehrwalder-Alm-Gondelbahn (1502 m), Talstation Ehrwald (994 m)	Ehrwalder Alm – Seebensee (1657 m) – Coburger Hütte (2 1/2 Std.) – Seebensee – »Hoher Gang« – Ehrwald (4 1/2 Std.)	Gut mark. Wege	Coburger Hütte (1917 m)
15 Zugspitze, 2962 m – Gatterl Große Bergabwanderung über das Zugspitzplatt zur Ehrwalder Alm bzw. nach Ehrwald. Raue Pfade, nur bei sicherem Wetter (kein Nebel am Platt!) gehen. Kurze gesicherte Passagen am Zugspitzgrat und am Gatterl	Bergstation der Ehrwalder Zugspitzbahn (2950 m), Talstation (1228 m) bei Ehrwald	Zugspitze (2962 m) – Platt – Knorrhütte (1 1/2 Std.) – Gatterl (2 Std.) – Ehrwalder Alm (1502 m; 3 1/2 Std.) – Ehrwald (4 3/4 Std.)	Ordentlich mark. Wege, AV-Nrn. 801, 815	Zugspitze; Knorrhütte (2051 m); Ehrwalder Alm (1502 m)
16 Eibsee, 973 m Sehr beliebte Rundwanderung für jedermann/-frau	Eibsee (980 m) Station der Zugspitzbahn und Straßenendpunkt, 10 km ab Garmisch-Partenkirchen	Eibsee – Uferweg – Eibsee (1 3/4 Std.) – Hammersbach (3 1/4 Std.) – Rießersee (785 m) – Garmisch (4 1/2 Std.)	Wegweiser	Diverse Ausflugslokale am Weg
17 Osterfelderkopf, 2050 m – Höllental Abwechslungsreiche Bergabwanderung; beim Abstieg über den »Rinderweg« Blick zur Zugspitze. Naturwunder Höllentalklamm	Bergstation der Garmischer Alpspitzbahn (2050 m) am Osterfelderkopf, Talstation bei Garmisch (707 m)	Osterfelder – »Rinderweg« – Höllentalangerhütte (1387 m, 1 1/2 Std.) – Höllentalklamm – Hammersbach (3 Std.) – Talstation Alpspitzbahn (3 1/2 Std.)	Gut mark. Wege	Höllentalangerhütte (1387 m)
18 Kreuzeck – Partnachklamm Zunächst bequem auf den Berg, dann mit viel Aussicht bergab und schließlich in die zweite große Klamm des Wettersteins	Bergstation der Kreuzeckbahn (1650 m), Talstation bei Garmisch (707 m)	Kreuzeck – Hochalm (1/2 Std.) – Stuibenwand (1 1/4 Std.) – Gh. Partnachalm (990 m; 2 3/4 Std.) – Partnachklamm – Partenkirchen (4 Std.)	Partnachklamm im Frühling gelegentlich gesperrt (Schneeschmelze)	Hochalm, Gh. Partnachalm (990 m)
19 Partnachklamm – Eckbauer, 1237 m Packende Einblicke (Partnachklamm) und hübsche Aussicht (Eckbauer) bietet diese Runde, die sich mit der Eckbauer-Seilbahn auch halbieren lässt	Olympia-Skistadion in Partenkirchen (707 m)	Partenkirchen – Partnachklamm – Graseck (1 Std.) – Eckbauer (2 Std.) – Wamberg (996 m; 2 3/4 Std.) – Partenkirchen (3 1/2 Std.)	Mark., viel begangene Wege	Mehrere Gasthäuser am Weg
20 Schachen, 1866 m Sehr lange, recht anspruchsvolle Runde ins Herz des Wettersteingebirges. Das Jagdhaus auf dem Schachen wurde unter dem Bayernkönig Ludwig II. erbaut.	Olympia-Skistadion in Partenkirchen (707 m)	Partenkirchen – Gh. Partnachalm (1 Std.) – Bockhütte (3 Std.) – Schachen (5 1/2 Std.) – »Königsweg« – »Kälberweg« – Partnachklamm – Partenkirchen (8 Std.)	Gut bez. Wege, örtliche Mark., AV-Nr. 801, 842	Gh. Partnachalm (990 m), Bockhütte (1052 m); Schachenhaus (1866 m)
21 Kranzberg – Grünkopf, 1588 m Abwechslungsreiche Seen- und Gipfelrunde vor großer Kulisse. Für den Rückweg gibt es verschiedene Varianten; Abstieg vom Grünkopf recht steil	Bergstation der Kranzbergbahn (1200 m), Talstation Mittenwald (912 m)	Kranzbergbahn – Kranzberg (1391 m) – Ferchensee (1 1/4 Std.) – Grünkopf (2 1/4 Std.) – Ederkanzel (1184 m; 3 1/2 Std.) – Lautersee (4 Std.) – Mittenwald (4 1/2 Std.)	Ordentlich mark. Wege	Mehrere Gasthäuser an der Runde
22 Große Arnspitze, 2196 m Höchster Punkt des »Inselberges« zwischen Karwendel und Wetterstein mit entsprechend reizvoller Aussicht. Im Gipfelbereich Geröll und Schrofen	Leutasch, Ortsteil Burggraben (1028 m) 5 km von Mittenwald	Burggraben – Riedbergscharte (1454 m; 1 1/4 Std.) – Große Arnspitze (3 3/4 Std.); Abstieg auf dem gleichen Weg (gesamt 6 1/4 Std.)	Bez. Steig, örtliche Mark. 20	
23 Meilerhütte, 2366 m Die Wanderung durch das Bergleintal hinauf zum Leutascher Platt vermittelt ein gutes Bild vom Wettersteinmassiv.	Leutasch, Ortsteil Reindlau (1070 m) etwa auf halber Strecke zwischen Mittenwald und Seefeld	Reindlau – Schönegg (1824 m; 2 1/4 Std.) – Meilerhütte (4 Std.); Abstieg auf dem gleichen Weg (gesamt 6 1/2 Std.)	AV-Weg 801	Meilerhütte (2366 m)
24 Gehrenspitze, 2367 m Lohnender Aussichtsgipfel, Besteigung lässt sich gut mit der Überschreitung des Scharnitzjochs verbinden.	Leutasch, Ortsteil Gasse (1115 m) 8 km von Seefeld	Gasse – Lehner – Scharnitzjoch (2048 m; 3 Std.) – Gehrenspitze (4 Std.) – Scharnitzjoch (4 3/4 Std.) – Wangalm (1751 m) – Leutasch (6 Std.)	Mark. Wege, AV-Nr. 817	Wangalm (1751 m)
25 Wildmoosalm, 1314 m Gemütliche Seenrunde auf dem bewaldeten Mittelgebirgsplateau westlich von Seefeld	Mösern (1206 m) Ferienort an der Strecke Telfs – Seefeld	Mösern – Möserer See – »Pirschsteig« – Lottensee – Wildmoossee – Wildmoosalm (2 Std.) – »Blattsteig« – Mösern (3 1/4 Std.)	Mark. 2, 2a, 3, 63, 60	Mehrere Gasthöfe an der Runde
26 Hohe Munde, 2592 m (Ostgipfel) Nicht erst seit dem Theaterspektakel von Felix Mitterer ein beliebtes Gipfelziel.	Leutasch, Ortsteil Obern (1172 m)	Obern – Rauthhütte (1 ¼ Std.) – Hohe Munde (4 Std.); Abstieg auf dem gleichen Weg (gesamt 6 ½ Std.)	Mark. Bergwege	Rauthhütte (1605 m)

Werdenfelser Land

Leutasch-Mieminger

Stubai und Wipptal

Von der Tiroler Landeshauptstadt bis zum Zuckerhütl

Heute ist schwer vorstellbar, dass das Stubai vor noch gar nicht so langer Zeit ein armes Alpental war, weitab der großen Verkehrswege. Die Reichen dieser Welt dinierten in St. Moritz, Lieschen Müller verbrachte ihren Sommerurlaub an der Adria – im Stubai weidete das Vieh.

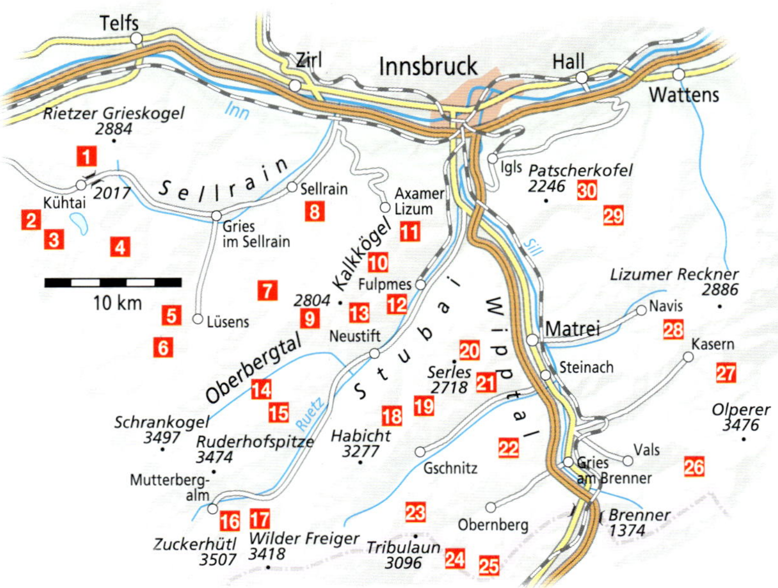

Erst spät kam touristisches Leben ins Tal, und in der Goldgräberstimmung der Sechziger- und Siebzigerjahre fand man hier endgültig Anschluss an die großen Urlaubsregionen: Staus und Lärm entlang der Brennerautobahn, viel Alpenbarock im Tal und ganz hinten ein großes (Ganzjahres-)Skigebiet.

Geblieben ist die Landschaft – vielschichtig, buchstäblich vom Inntal bis zu den Gletschern des Alpenhauptkamms reichend: heller, zu bizarren Zacken verwitternder Kalk neben dunklen Gneisen, Almengrün vor gleißendem Firn. Wer zwischen Kühtai und dem Wipptal mit offenen Augen wandert, wird so manch »unberührten« Winkel entdecken und sich vielleicht wundern, dass man mitten im Sommer auf einem schönen Stubaier Gipfel ganz allein sein kann.

Das gilt fast noch mehr für die Täler und Gipfel des Sellrain, die bei den Skitourengehern beliebter sind als beim Wandervolk. Zu Unrecht, meinen Insider, bieten die Sellrainberge doch zahlreiche lohnende Ziele.

Der Stubaier Höhenweg – von Hütte zu Hütte

Wer Hüttenromantik und Sonnenuntergänge von höchster Warte aus liebt, problemlos ein paar Tage auf TV-Berieselung verzichten kann und nicht so leicht Blasen an den Füßen bekommt, der wird als hochgebirgserfahrener Bergwanderer bestimmt seine Freude am »Stubaier Höhenweg« haben: 120 km und 8000 Höhenmeter. Das reicht locker für eine ganze Wanderwoche weit weg vom Alltagsstress, zwischen Zuckerhütl und Kalkkögel; Gipfelabstecher (z. B. Rinnenspitze, Wilder Freiger, Habicht) möglich. Weglose, aber markierte Abschnitte, einige gesicherte Passagen.

1. Etappe: Neustift – Starkenburger Hütte (2237 m), 3 1/2 Std. **2. Etappe:** Starkenburger Hütte – Franz-Senn-Hütte (2149 m), 5 3/4 Std. **3. Etappe:** Franz-Senn-Hütte – Neue Regensburger Hütte (2287 m), 3 Std. **4. Etappe:** Regensburger Hütte – Dresdner Hütte (2308 m), 6 Std. **5. Etappe:** Dresdner Hütte – Großer Trögler – Sulzenauhütte (2191 m) – Nürnberger Hütte (2278 m), 5 1/4 Std. **6. Etappe:** Nürnberger Hütte – Bremer Hütte (2411 m), 3 1/2 Std. **7. Etappe:** Bremer Hütte – Innsbrucker Hütte (2369 m), 5 1/2 Std. **8. Etappe:** Innsbrucker Hütte – Neustift, 4 Std.

Steckbrief

Fläche: ca. 1600 qkm
Höchster Punkt: Zuckerhütl (3507 m)
Gebirgsgruppen: Sellrainberge, Stubaier Alpen, Tuxer Alpen (West)
Wichtigste Ortschaften: Innsbruck, Fulpmes, Neustift im Stubai, Matrei am Brenner
Wandervorschläge: 30

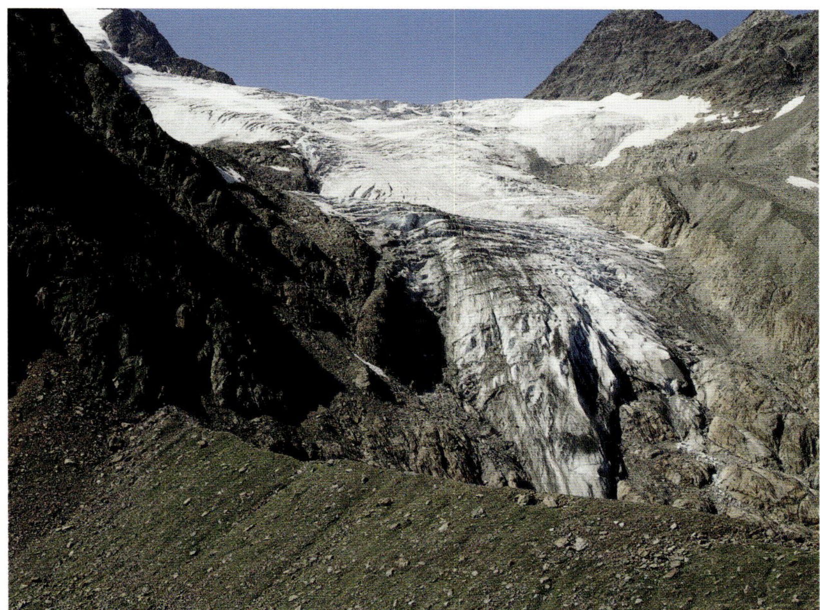

Die Landschaft der Stubaier Hochalpen ist stark geprägt von ihren Gletschern. Gletscherzunge und Moräne des Wilder-Freiger-Ferners

Weg in die Stille

3 Längental: Niederreichscharte, 2729 m

Sie haben ihren ganz eigenen, unverwechselbaren Charakter, die Berge rund um Kühtai. Da gleißt kein Gletscherweiß wie weiter südlich, ragen keine Kalkmauern in den Himmel. Hohe, zersplitterte Grate, vom Eis ausgehobelte Täler und mächtige, bunte Geröllströme prägen das Bild; an den Steilhängen grünt es bis fast zu den Gipfeln hinauf. Im Winter ist das schneesichere Revier bei Skitourengehern sehr beliebt; im Sommer dagegen ist man auf dem Weg über die hohen Scharten oft allein – allein mit einer Berglandschaft, deren Zauber sich nicht so ohne Weiteres erschließt. Einen starken Kontrast zu der unberührten Alpennatur bieten gleich zum Auftakt der Wanderung die Hotelsiedlung Kühtai und die Speicherseen der Region: Natur contra Technik.

Die Tal- und Passwanderung startet an der großen Straßenkehre unterhalb der Dortmunder Hütte (1949 m). Man passiert bald einmal das Kraftwerk Kühtai und folgt dann dem breiten Güterweg in die große Stille des Längentals. Die breite Spur wandelt sich zum schmalen Pfad, ganz hinten im Talschluss taucht der Hochreichkopf (3010 m) auf, ein massiger Bergstock mit zerschrundenen Flanken. Ganz allmählich nur rückt er näher (das Tal macht seinem Namen alle Ehre!); nach mehreren Biegungen kommt schließlich die Niederreichscharte ins Blickfeld. Rechts einer mächtigen Stirnmoräne geht's im Zickzack bergan; über Geröll und Schneeflecken gewinnt man das Joch. Hier winkt zur Belohnung ein fantastischer Blick aufs mittlere Ötztal und seine Kulisse.

Weniger oder mehr: Lohnend ist auch bereits die Wanderung bis zum sogenannten »Talschluss« (2220 m), etwa 2 Stunden.; ein ganz ausgefüllter Tag ergibt sich, wenn man von der Niederreichscharte aus den Hochreichkopf anpeilt, knapp 2 Stunden. über den »Wilhelm-Oltrogge-Weg« (anspruchsvoll, einige Sicherungen).

Aussichtsbalkon vor dem Alpenhauptkamm

17 Mairspitze, 2780 m

Obwohl nur ein »Kleiner« vor dem Stubaier Hauptkamm, bietet die Mairspitze ein überraschend weites, kontrastreiches Panorama mit viel gleißendem Weiß und dunklem Fels. Dazu kontrastiert das Grün des Stubaitals aufs Schönste. Nichts zu sehen ist dafür von all dem Eisen und Beton am Stubaier Gletscherskigebiet – aber das wird dem Naturfreund gerade recht sein.

Alternativ kann man den Kammrücken auch etwas weiter südlich, am Niederl (2629 m), überschreiten, doch ist die Scharte nur wenig niedriger und der Weg an dieser Stelle noch etwas schwieriger zu passieren (Drahtseile). Also auf zum Gipfel!

Vom Parkplatz an der Talstraße zunächst über die Ruetz, dann in Kehren an dem bewaldeten Steilhang aufwärts, um das Sulzegg herum und in den flachen Boden der Sulzenaualm. Hier zeigt sich erstmals kurz der Firnspitz des Wilden

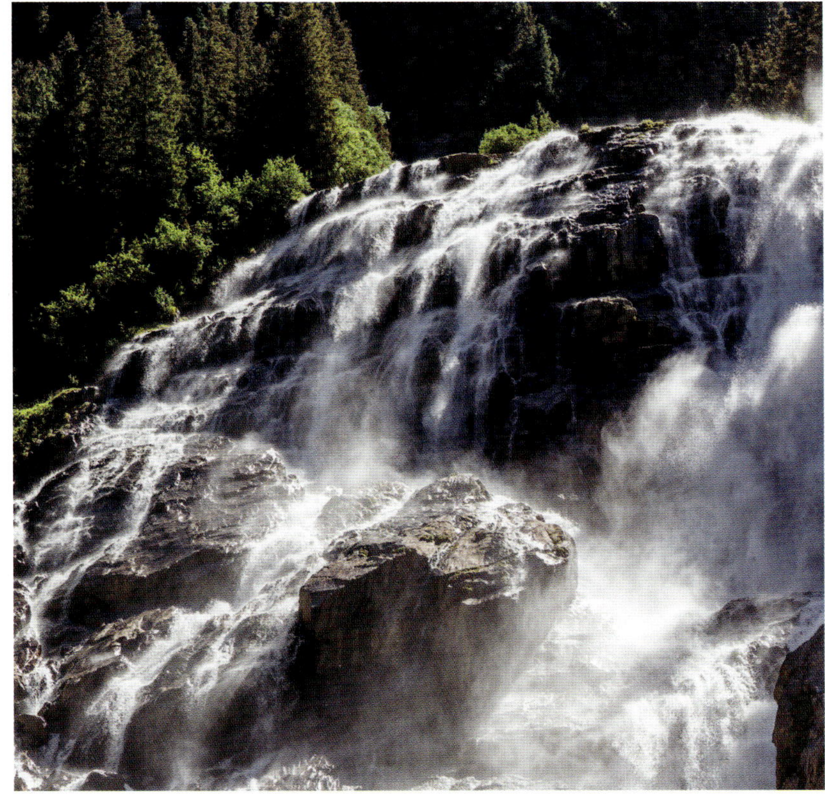

Gletscherwasser im hintersten Stubaital: der Grawa-Wasserfall

Freigers (3418 m). Im Zickzack rechts der felsigen Talstufe, über die das Gletscherwasser herabstiebt, bergan zu der durch einen mächtigen Lawinenbrecher geschützten Sulzenauhütte (2191 m). Nun östlich mit leichtem Höhenverlust in das Vorfeld des Wilder-Freiger-Ferners. An einer Randmoräne aufwärts zum Grünausee (2328 m) und dann über die karg-steinigen Almböden der Grünau weiter bergan. Rechts zweigt der Weg zum Niederl ab; den Markierungen folgend an dem Geröllhang hinauf zum Grat (2743 m), wo der Steig von der Nürnberger Hütte mündet, und nach links zum Gipfel.

Östlich über einen felsigen Rücken hinab zum Niederl-Weg und zur Nürnberger Hütte (2278 m). Den Ausklang der Tour bildet dann die Wanderung durchs Langental, zuletzt auf einer Schotterpiste, hinaus nach Ranalt (Spitz, 1369 m).

Über die Wand – hinauf!

19 Kirchdachspitze, 2840 m

Ein markierter Weg aus dem Pinnistal auf die Kirchdachspitze? Unmöglich! Nun, der erste Blick auf die gewaltige, im Morgenschatten liegende Mauer lässt einen erst einmal leicht frösteln. Doch hinter der Pinnisalm weist ein Schild unmissverständlich nach links: »Kirchdachspitze, nur für Geübte«. Über einen mächtigen Murkegel steigt man ein, linksrechts, und mit zunehmender Höhe wächst die Begeisterung. Spätestens oben am Kamm sind die letzten Zweifel ausgeräumt, und am Gipfel, hoch über den Tälern und vor einem Zackenmeer, ist man dem Bergsteigerhimmel ganz nahe. Nomen est omen!

Von der Pinnisalm (1560 m) kurz talein, dann links über einen Murkegel zur Wand. Der »Jubiläumssteig« schlängelt sich, Wandstufen und Steilabbrüche elegant umgehend, durch die felsige Flanke; einige kurze Passagen sind mit Drahtseilen versehen. Die bereiten aber weit weniger Probleme als die unerbittlich anhaltende kräftige Steigung des Weges: Pausen einlegen. Von der Kammhöhe (2760 m) ist es dann nicht mehr weit zum Gipfelglück: nur noch einige Schrofen und leichte Felsen (Sicherungen) gilt es zu überwinden.

Der Abstieg, zunächst mehr Höhenwanderung, führt an der Ostseite des Grates abwärts zu der Scharte (2428 m) unter der Hammerspitze, nach kurzer, aber ruppiger Gegensteigung durch deren Westflanke. Knapp unterhalb der Hammerscharte stößt man auf den »Rohrauerweg«: gut 1000 Tiefenmeter bis zum Pinnisbach, zahllose Serpentinen, zwei etwas heikle Geröllrinnen (Drahtseile) – und möglicherweise ein veritabler Knieschnackler.

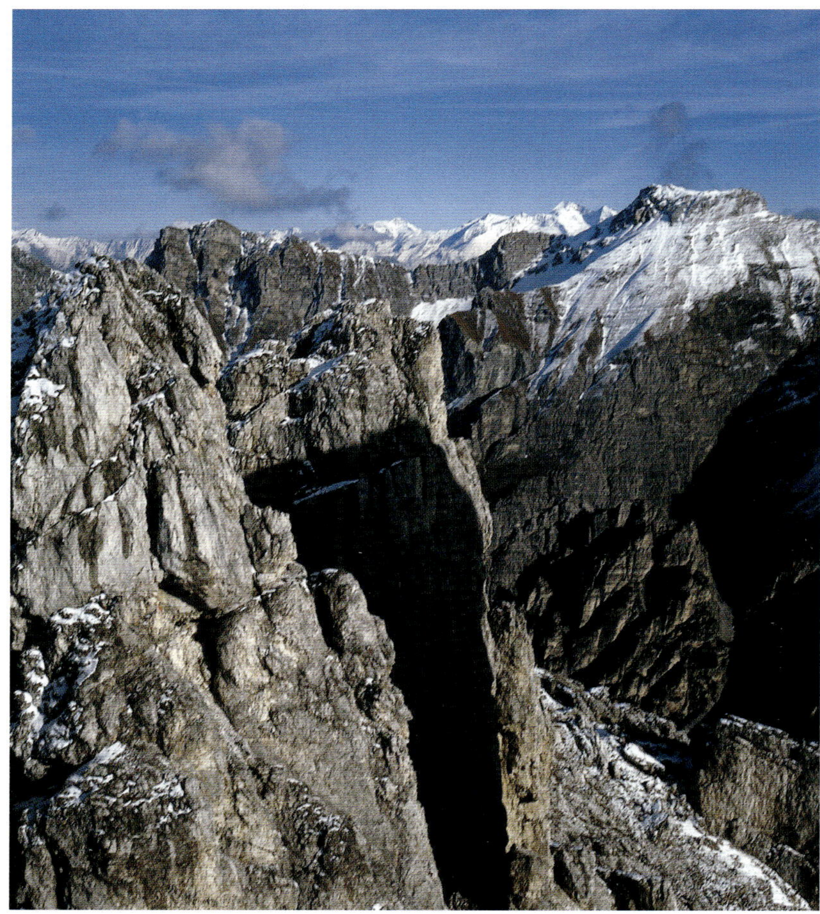

Dolomitzinnen im Stubai? Elfer und Kirchdachspitze über dem Pinnistal

Große Runde am Alpenhauptkamm

24 Obernberger Tribulaun, 2780 m

Sie gehören nicht unbedingt zu den Renommiergipfeln im Stubai, sind eher als alpine Mauerblümchen einzustufen: die Berge rund um den Pflerscher Tribulaun (3096 m). Weder der Obernberger Tribulaun noch der Roßlauf Nord bildet da eine Ausnahme, doch das macht ihre Besteigung ja kaum weniger interessant. Und dass man die große Aussicht in aller Regel höchstens mit ein paar (hungrigen) Dohlen zu teilen hat, stört ebenfalls nicht.

Die große Runde startet eher gemütlich mit dem knapp halbstündigen Anstieg zum Obernberger See (1590 m). Hier verabschiedet man sich von den Ausflüglern, die den See von nah, das Gipfelkreuz am Tribulaun aus sicherer Entfernung bestaunen.

Der 1200-Meter-Anstieg beginnt schattig, wird in den von der Morgensonne aufgeheizten Latschen ziemlich schweißtreibend und führt dann über einen Grashang zu einer ersten Felsstufe (Drahtseile). Wenig unterhalb des Kleinen Tribulaun (2491 m) gewinnt der Weg den breiten Rücken des Bergstocks; nun links und über Geröll und Schrofen zum Gipfelkreuz.

Dahinter leicht abwärts in einen weiten Sattel, nach kurzem Anstieg über einen felsigen Einschnitt hinweg und bergan auf einen unbenannten Buckel (2840 m). Wenig weiter zweigt links das Steiglein zum Roßlauf Nord ab: Schrofen, Blockwerk und ganz oben ein weiter Horizont, bis tief in die Dolomiten, in die Presanella und bis ins Karwendel reichend.

Der Abstieg folgt weitgehend dem Grat, weicht nur gelegentlich in die felsdurchsetzten Flanken aus. Zwei kurze Felsstufen sind abzuklettern (I-II), über eine etwas heikle Passage helfen Drahtseile hinweg. Am Portjoch (2110 m) endet die genussvolle Kammwanderung; links geht's über die Seealm hinunter zum Obernberger See, wo sich die große Runde schließt.

Tourenziel/Charakteristik	Ausgangspunkt	Wegverlauf & Gehzeit	Markierung	Einkehr am Weg	
1 Pirchkogel, 2828 m Lohnender Aussichtsgipfel über dem Kühtai	Hotelsiedlung Kühtai (2017 m,) am Straßenübergang von Oetz ins Sellrain	Kühtai – Pirchkogel (2 1/2 Std.), Abstieg auf dem gleichen Weg (gesamt 4 Std.)	Ordentlich mark. Weg, AV-Nr. 151		Sellrain
2 Mittertaler Scharte, 2631 m Große Runde unter dem Acherkogel (3007 m) mit packenden Tiefblicken ins Ötztal und ins obere Inntal. Ausdauer erforderlich	Dortmunder Hütte (1949 m,) bzw. Speicher Längental westlich unterhalb von Kühtai an der Straße nach Oetz	Speicher Längental – Mittertaler Scharte (2 1/2 Std.) – Wetterkreuz (2591 m; 3 1/4 Std.) – Obere Issalm – Speicher Längental (5 1/4 Std.)	AV-Wege 148 und 149, rot-weiß bez.	Dortmunder Hütte (1949 m)	
3 Längental: Niederreichscharte, 2729 m Talwanderung in alpiner Kulisse, lässt sich nach Belieben ausdehnen. An der Scharte stößt man auf den »Wilhelm-Oltrogge-Weg«.	Dortmunder Hütte (1949 m,) westlich unterhalb der Hotelsiedlung Kühtai	Dortmunder Hütte – Längental – Niederreichscharte (3 1/2 Std.); Abstieg auf dem gleichen Weg (gesamt 6 Std.)	Mark. Weg	Dortmunder Hütte (1949 m)	
4 Kraspessee, 2549 m Wanderung zu dem in einen urtümlich-wilden Talschluss eingebetteten Bergsee. Oberhalb vom Muggenbichl felsige Passage	Haggen (1646 m,) Weiler an der Straße aus dem Sellrain nach Kühtai	Haggen – Kraspessee (2 1/2 Std.), Abstieg auf dem gleichen Weg (gesamt 4 1/4 Std.)	Ordentlich bez. Weg		
5 Zischgeles, 3004 m Bekannter Aussichts- und Skiberg mit zwei markierten Anstiegen von Praxmar aus. Trittsicherheit, am Gipfel leichte Felsen	Praxmar (1689 m,) im Lüsenstal, Zufahrt von Gries im Sellrain, 7 km	Praxmar – Dreizeiger – Zischgeles (4 Std.) – Sattelloch – Praxmar (6 1/2 Std.)	Örtliche Mark. 31, 32		
6 Westfalenhaus, 2276 m Hüttenwanderung vor hochalpiner Kulisse	Lüsens (1634 m,) im gleichnamigen Tal, Zufahrt von Gries im Sellrain, 8 km	Lüsens – Westfalenhaus (2 1/4 Std.) – Längentaler Alm (1989 m) – Fernauboden – Lüsens (4 Std.)	Aufstieg AV-Nr. 141, Abstieg Nr. 34	Westfalenhaus (2276 m)	
7 Potsdamer Hütte, 2009 m Gemütliche Runde im Fotschertal	Gh. Bergheim (1464 m) in der Fotsch, schmale Zufahrt von Sellrain (5 km,)	Gh. Bergheim – Furggesalm (1938 m; 1 1/4 Std.) – Potsdamer Hütte (2 1/2 Std.) – Kaseralm – Gh. Bergheim (4 Std.)	Mark. Wege, Abstieg AV-Nr. 118	Gh. Bergheim (1464 m); Potsdamer Hütte (2009 m)	
8 Salfains, 2000 m Tal- und Höhenwanderung zu einem hübschen Aussichtspunkt über dem Senderstal. Bis Kaserl Straßenhatscher	Obergrinzens (948 m,) 12 km westlich von Innsbruck	Obergrinzens – Senderstal – Kaserl (1427 m; 1 1/2 Std.) – Salfains (3 1/4 Std.) – Obergrinzens (5 1/2 Std.)	Ordentlich mark. Wege		
9 Seejöchl, 2518 m – Sendersjöchl Aussichtsreiche Runde über dem innersten Senderstal, faszinierend die »Dolomitzacken« der Kalkkögel. Im Süden markant der Habicht	Kemater Alm (1673 m), 6 km von Grinzens auf schmaler Straße (Maut)	Kemater Alm – Adolf-Pichler-Hütte (3/4 Std.) – Seejöchl (2 1/2 Std.) – Sendersjöchl (2477 m; 3 1/2 Std.) – Kemater Alm (5 1/2 Std.)	AV-Mark. 116, 102A, 117	Kemater Alm (1673 m); Adolf-Pichler-Hütte (1977 m)	
10 Widdersbergscharte, 2262 m Höhenspaziergang vor den zerklüfteten Felsen der Kalkkögel	Bergstation der Birgitzköpfl-Sesselbahn (2035 m), Talstation Axamer Lizum (1564 m,) 15 km von Innsbruck	Liftstation – Halsl (1992 m; ½ Std.) – Widdersbergscharte (2 Std.) – Lizumer Grube – Axamer Lizum (3 ½ Std.)	AV-Mark. 111	Liftstation	
11 Saile, 2403 m Leichte Gipfelüberschreitung vor den Kalkkögeln mit weiter Sicht übers Inntal hinaus	Bergstation der Birgitzköpfl-Sesselbahn (2035 m), Talstation Axamer Lizum (1564 m,)	Liftstation – Pfriemeswand (2103 m) – Saile (Nockspitze, 1 1/2 Std.) – Halsl (1992 m; 2 1/4 Std.) – Axamer Lizum (2 3/4 Std.)	AV-Mark. 111, 112, örtliche Bez. 21, 20, 19	Liftstation	
12 Knappenhütte, 1840 m Das Stubai einst und jetzt: alte Bauernhöfe, Jausenstationen, Aussicht auf die »ewigen« Berge und Tiefblicke in den urbanisierten Talboden	Bergstation des Froneben-Sessellifts (1362 m), Talstation Fulpmes (937 m,)	Froneben – Galtalm (1634 m) – Knappenhütte (2 Std.) – Purtschell (1297 m) – Fulpmes (4 Std.)	AV-Mark. 116, örtliche Bez. 4, 8, 9	Knappenhütte	Stubai
13 Hoher Burgstall, 2611 m Aussichtreiche Gipfel- und Hüttenwanderung mit langem Abstieg	Bergstation der Sessellifte »Schlick 2000« (Kreuzjoch, 2110 m), Talstation Fulpmes (937 m,)	Kreuzjoch – Sennjoch (2220 m) – Hoher Burgstall (1 3/4 Std.) – Starkenburger Hütte (2 1/2 Std.) – Knappenhütte (1840 m) – Froneben (5 Std.)	AV-Mark. 115, 116, örtliche Bez. 4	Liftstation, Starkenburger Hütte, Knappenhütte	
14 Franz-Senn-Hütte – Alpeiner Ferner, ca. 2600 m Tal- und Hüttenwanderung bis ins innerste, vergletscherte Oberbergtal. Am Weg zur Hütte Naturlehrpfad	Oberisshütte (1742 m), Endpunkt der von Milders (1026 m,) ausgehenden Zufahrt, 9 km	Oberisshütte – Franz-Senn-Hütte (1 Std.) – Alpeiner Ferner (2 3/4 Std.); Abstieg auf dem gleichen Weg (gesamt 4 3/4 Std.)	AV-Mark. 131	Franz-Senn-Hütte	

	Tourenziel/Charakteristik	Ausgangspunkt	Wegverlauf & Gehzeit	Markierung	Einkehr am Weg
Stubai	**15 Falbesoner See, 2575 m** Herrlich im stark vergletscherten, von hohen Felsgipfeln umrahmten Falbesoner Tal gelegener Bergsee. Aufstieg über die Neue Regensburger Hütte	Falbeson (1212 m), alte Almsiedlung im hinteren Stubaital, 9 km von Neustift	Falbeson – Neue Regensburger Hütte (3 Std.) – Falbesonsee (4 Std.), Abstieg auf dem gleichen Weg (gesamt 6 1/2 Std.)	AV-Mark. 133, 138	Falbesoner Ochsenalm, Neue Regensburger Hütte
Stubai	**16 Großer Trögler, 2902 m** Gipfelüberschreitung vor dem Stubaier Hauptkamm mit faszinierenden Ausblicken. Bergerfahrung und Trittsicherheit unerlässlich. Als Alternative bietet sich der (leichtere) Weg übers Beiljoch (2672 m) an	Dresdner Hütte (2308 m) an der Zwischenstation der Stubaier Gletscherbahnen, Talstation Mutterbergalm (1721 m)	Dresdner Hütte – Großer Trögler (2 1/4 Std.) – Sulzenauhütte (3 1/2 Std.) – Grabaalm (4 3/4 Std.)	Mark. Bergwege	Dresdner Hütte, Sulzenauhütte
Stubai	**17 Mairspitze, 2780 m** Zwei Hütten, stiebende Wasserfälle und Bergseen, ein Gipfel und viel Aussicht auf Grate und Gletscher rund um den Wilden Freiger: eine tolle Wanderrunde!	Bushaltestelle Grawaalm (ca. 1600 m) an der Straße zur Mutterbergalm, 16 km von Neustift	Grawaalm – Sulzenauhütte (2 Std.) – Mairspitze (4 1/4 Std.) – Nürnberger Hütte (5 1/4 Std.) – Spitz (1369 m, 7 Std.)	AV-Mark. 102, 134	Sulzenaualm, Sulzenauhütte, Nürnberger Hütte
Stubai	**18 Pinnistal, 1747 m** Gemütliche Hütten- und Bergabwanderung mit Aussicht zum wuchtigen Habicht (3277 m) und auf die Dolomitwände von Ilmspitze und Kirchdachspitze	Bergstation des Elfer-Sessellifts (1794 m), Talstation Neustift (993 m)	Liftstation – Elferhütte (3/4 Std.) – Karalm (2 Std.) – Pinnisalm (1560 m) – Neustift (4 Std.)	Gut mark. Wege	Elferhütte (2004 m), Pinnisalm (1560 m), Issenangeralm (1372 m), Herzebenalm
Stubai	**19 Kirchdachspitze, 2840 m** Eine große Tour für Bergerfahrene ! Kurze gesicherte Passagen am »Jubiläumssteig« und am Gipfelaufbau. Ausdauer und ein sicherer Tritt sind unerlässlich.	Pinnisalm (1560 m), etwa 6 km von Neustift (993 m) im Sommer Taxifahrten	Pinnisalm – »Jubiläumssteig« – Kirchdachspitze (3 1/2 Std.) – »Rohrauersteig« – Issenangeralm (6 3/4 Std.) – Neustift (7 1/2 Std.)	Gut bez. Wege	Issenangeralm (1372 m), Herzebenalm
Wipptal	**20 Serles, 2718 m** Wahrzeichen in der Gebirgskulisse Innsbrucks und eine prächtige Aussichtswarte. Am Gipfel Geröll und leichte Felsen	Maria Waldrast (1636 m), 7 km von Matrei (Mautstraße), bzw. Bergstation (1625 m) der Serleslifte, Talstation Mieders (952 m)	Maria Waldrast – Serlesjöchl (2384 m; 2 1/4 Std.) – Serles (3 1/4 Std.); Abstieg auf dem gleichen Weg (gesamt 5 1/4 Std.)	AV-Mark. 121 bis ins Serlesjöchl	Maria Waldrast
Wipptal	**21 Blaser, 2241 m** Blumen- und Aussichtsberg im Winkel zwischen Wipp- und unterstem Gschnitztal	Maria Waldrast (1636 m), 7 km von Matrei (Mautstraße), bzw. »Siebenbrunnenquelle« an der Mautstraße	Maria Waldrast – Blaserhütte – Blaser (2 1/4 Std.); Abstieg auf dem gleichen Weg (gesamt 3 3/4 Std.)	Gut bez. Wege, örtliche Mark. 11	Blaserhütte (2176 m)
Wipptal	**22 Nößlachjoch – Trunajoch, 2153 m** Aussichtsreiche, wenig beschwerliche Kammwanderung	Bergstation (2022 m) der Berger-Alm-Lifte, Talstation Steinach (1048 m)	Liftstation – Nößlachjoch (2231 m) – Egerjoch (2133 m) – Lichtsee – Trunajoch (2 3/4 Std.) – Trunahütte – Trins (1214 m; 4 3/4 Std.)	Örtliche Mark. 42, AV-Nr. 125	Berger Alm (2022 m), Trunahütte (1722 m)
Wipptal	**23 Gargglerin, 2470 m** Ein »Guck-ins-Land« über dem inneren Gschnitztal, wenig besucht. Im Gipfelbereich Trittsicherheit notwendig	Gschnitz-Obertal (1281 m) 14 km von Steinach	Obertal – Gargglerin (3 1/2 Std.) – Tribulaunhütte (4 1/2 Std.) – Obertal (6 Std.)	Mark. Wege, örtliche Bez. 63, AV-Nr. 127	Tribulaunhütte (2064 m)
Wipptal	**24 Obernberger Tribulaun, 2780 m** Anspruchsvolle Gipfelrunde mit ganz kurzen, leichten Kletterstellen (I–II) und ein paar gesicherten Passagen. Kondition und Bergerfahrung sind gefordert	Parkplatz beim Gh. Waldesruh (1440 m) im inneren Obernberger Tal, 8 km von Gries	Gh. Waldesruh – Obernberger See (1590 m; 1/2 Std.) – Obernberger Tribulaun (3 1/2 Std.) – Roßlauf Nord (2880 m; 4 1/4 Std.) – Portjoch (2110 m; 6 Std.) – Gh. Waldesruh (8 1/4 Std.)	Gut bez. Wege, AV-Mark. 129, örtliche Bez. 32, 93	Gh. Waldesruh (1140 m)
Wipptal	**25 Grubenkopf, 2337 m** Aussichtsreiche Wiesenwanderung am Grenzkamm zwischen Nord- und Südtirol	Parkplatz beim Gh. Waldesruh (1440 m) im inneren Obernberger Tal, 8 km von Gries	Gh. Waldesruh – Obernberger See – Sandjöchl (2166 m; 2 1/4 Std.) – Geierskragen (2309 m) – Grubenkopf (3 1/2 Std.) – Portjoch (4 Std.) – Gh. Waldesruh (6 1/4 Std.)	Mark. Wege, örtliche Bez. 97, 93A, 93	Gh. Waldesruh (1440 m)
Wipptal	**26 Geraer Hütte, 2326 m** Hüttenwanderung im Banne des Olperer (3476 m)	Gh. Touristenrast (1345 m) im inneren Valser Tal, 8 km von der Brenner-Bundesstraße	Gh. Touristenrast – Geraer Hütte (3 Std.), Abstieg auf dem gleichen Weg (gesamt 5 Std.)	AV-Mark. 502	Gh. Touristenrast (1345 m); Geraer Hütte (2326 m)
Wipptal	**27 Tuxer Joch, 2338 m** Kontrastreiche Passwanderung: aus dem stillen Schmirntal in die Fun-Region unterm Hintertuxer Gletscher	Kasern (1620 m) in Innerschmirn, 12 km von der Brenner-Bundesstraße	Kasern – Tuxer Joch (2 1/4 Std.); Abstieg auf dem gleichen Weg (gesamt 3 3/4 Std.)	AV-Mark. 324	Tuxer-Joch-Haus (2316 m)

Tourenziel/Charakteristik	Ausgangspunkt	Wegverlauf & Gehzeit	Markierung	Einkehr am Weg
28 Kreuzjöchl, 2536 m Aussichtsreiche Kammwanderung in den »grünen« Tuxer Voralpen	Navis (1340 m, [Bus]), Streusiedlung im gleichnamigen Tal, 9 km ab Matrei	Navis – Naviser Hütte (1 Std.) – Kreuzjöchl (3 1/4 Std.) – Griffjoch (4 Std.) – Bettlerstiegl (5 Std.) – Naviser Hütte (5 3/4 Std.) – Navis (6 1/2 Std.)	Mark. Wege, Abstieg AV-Nr. 325	Naviser Hütte (1767 m)
29 Glungezer, 2677 m Bekannter Ski- und Aussichtsberg über dem Inntal. Besonders schön der Blick auf die hohen Grate des Karwendel; im Südwesten die Dreitausender der Stubaier Alpen. Alternativ auch Besteigung von der Bergstation der Patscherkofelbahn aus möglich	[Seilbahn] Bergstation der Glungezerbahn (2059 m), Talstation Tulfes (923 m, [Bus])	Liftstation – Tulfeinalm (2035 m) – Glungezer (2 Std.) – »Zirbenweg« – Tulfeinalm – Liftstation (5 Std.)	Mark. Wege, AV-Nr. 333, 350, örtliche Bez. 46	Glungezerhütte (2610 m)
30 Zirbenweg Beliebte, sehr aussichtsreiche Höhenpromenade über dem Inntal. Herrliche Zirbelkieferbestände	[Seilbahn] Bergstation der Patscherkofelbahn (1964 m), Talstation Igls (893 m, [Bus]), Rückfahrt mit den Glungezerliften und Bus von Tulfes nach Igls	Patscherkofelbahn – »Zirbenweg« – Tulfeinalm (2035 m) 2 1/2 Std.	AV-Mark. 350	Patscherkofelbahn, Gh. Boscheben (2030 m)

Wipptal

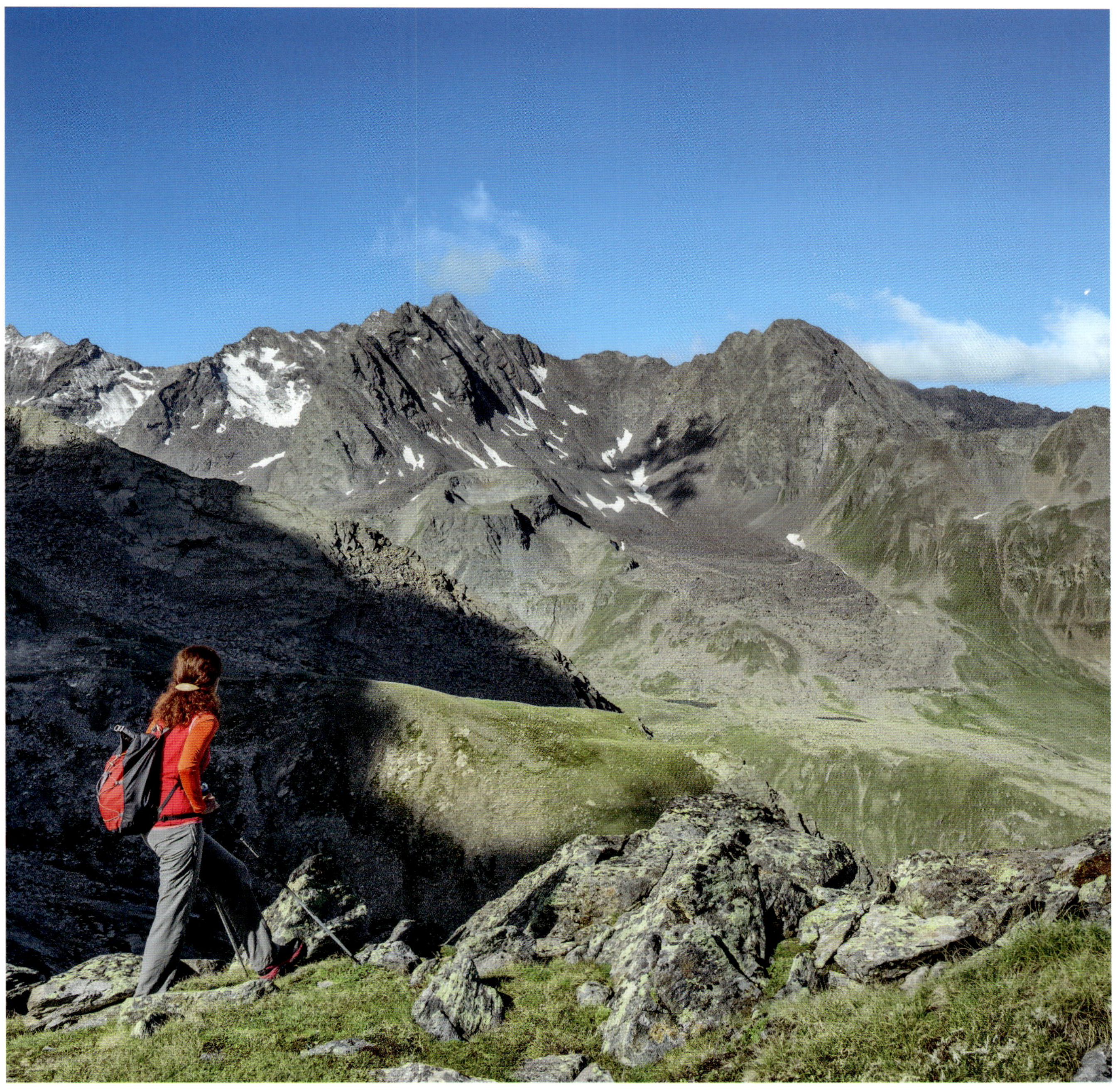

Sellrainer Berge: die Vordere Sonnwand (3156 m) und der Zwieselbacher Grieskogel vom Satteljoch

Isarwinkel und Mangfallgebirge

Balkone am Alpenrand

Wandern zwischen Herzogstand (1731 m) und Wendelstein (1838 m) heißt in aller Regel: nahe dem Alpenrand, dem flachen Land, aber auch nicht weit von den »echten«, den großen Alpengipfeln. Darin liegt der besondere Reiz dieses Tourengebietes, und das wissen natürlich auch die Münchner, die vor allem an den Wochenenden für viel Betrieb sorgen, rund um die freundlichen Voralpenseen, aber auch auf den Wegen und in den Almgaststätten.

Erleichtert wird so manche Tour durch Seilbahnanlagen, u. a. am Herzogstand, am Brauneck, am Spitzingsee und am Wendelstein.

Touristische Zentren der Region sind Bad Tölz/Lenggries, der Tegernsee mit seinen Uferorten, Schliersee und Bayrischzell. Das Wegnetz ist dicht und viel verzweigt, seit ein paar Jahren auch einheitlich (gelbe Wegweiser) und bestens markiert. Vorbei die Zeiten, als jede Gemeinde ihr eigenes, oft nur schwer interpretierbares Markierungssystem besaß.

Besonders reizvoll ist der Kontrast zwischen den eher sanft profilierten, bewaldeten Vorbergen und den schroff-wilden Kalkzacken, die dahinter aufragen, teilweise sogar mit beachtlichen Felsabstürzen aufwarten wie etwa die Benediktenwand, der Roßstein oder die Ruchenköpfe. So warten einige der Höhen- und Gipfelwege mit kürzeren Felspassagen auf, was für etwas Spannung sorgt und so manchen Touren einen etwas alpineren Touch verleiht.

Steckbrief

Fläche: ca. 1500 qkm
Höchster Punkt: Krottenkopf (2086 m)
Gebirgsgruppen: Estergebirge, Bayerische Voralpen, Mangfallgebirge
Wichtigste Ortschaften: Kochel, Bad Tölz, Lenggries, Tegernsee, Schliersee, Bayrischzell
Wandervorschläge: 37

Vom Kesselberg zum Inn – eine Wanderwoche in den Bayerischen Voralpen

Die bayerischen Voralpengipfel – vergleichsweise leicht erreichbar – werden meistens im Rahmen von Tagesausflügen bestiegen. Sie lassen sich aber auch zu einer (Perlen-)Kette aneinanderreihen, was eine mehrtägige Tour ergibt, die einige Anforderungen an die Kondition stellt und vor allem spät im Frühling, wenn auf den »richtigen« Bergen noch Schnee liegt, und im Herbst viel Spaß macht. Ausgangspunkt ist Kochel, Endpunkt Oberaudorf, beide Orte mit Bahnanschluss. Natürlich sind auch Teilbegehungen möglich, man kann überall in die Tour einsteigen bzw. sie abbrechen.

1. Etappe: Kochel (605 m) – Kesselberg (850 m) – Jochberg (1565 m) – Jachenau (790 m), 6 Std. **2. Etappe:** Jachenau – Benediktenwand (1800 m) – Brauneckhaus (1550 m), 6 1/2 Std. **3. Etappe:** Brauneckhaus – Lenggries-Hohenburg – Lenggrieser Hütte (1338 m), 4 1/2 Std. **4. Etappe:** Lenggrieser Hütte – Seekarkreuz (1601 m) – Kampen (1607 m) – Hirschtalsattel (1224 m) – Bad Wiessee (750 m), 5 1/4 Std. **5. Etappe:** Tegernsee (747 m) – Gindelalmschneid (1335 m) – Bodenschneidhaus (1365 m), 4 Std. **6. Etappe:** Bodenschneidhaus – Bodenschneid (1669 m) – Spitzingsattel (1127 m) – Rotwand (1884 m) – Rotwandhaus (1737 m), 5 1/2 Std. **7. Etappe:** Rotwandhaus – Ursprungtal – Brünnstein (1619 m) – Brünnsteinhaus (1342 m), 7 Std. **8. Etappe:** Brünnsteinhaus – Buchau – Oberaudorf (482 m), 3 Std.

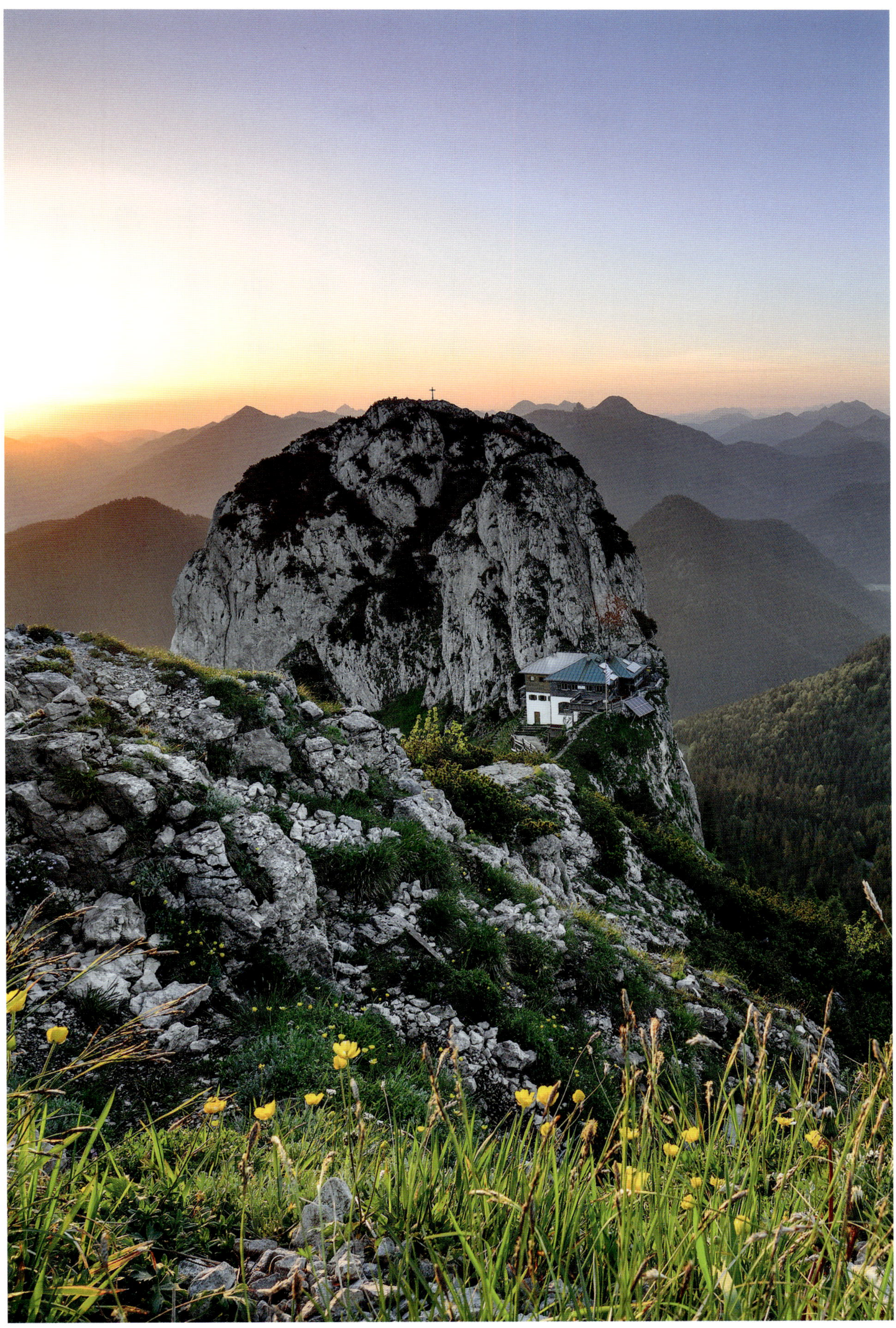

Ein richtiges Felsennest: die Tegernseer Hütte in der Scharte zwischen Roß- und Buchstein

Oben drüber und hinab

3 Heimgarten, 1791 m

Unbestrittene Nummer eins unter den Ausflugszielen rund um den Walchensee ist der Herzogstand (1731 m) – und das nicht erst, seit es eine Bergbahn gibt. Bereits Bayerns Ludwig II. sorgte mit dem Bau des »Reitweges« dafür, dass die erlauchten Herrschaften bequem sitzend zur schönen Aussicht kamen; heute nimmt man die Seilbahn und entschwebt rasch in luftige Höhen. Hinüber zum Pavillon am »Stand« ist es so nur ein Katzensprung. Da warnt dann allerdings ein AV-Schild vor dem Weiterweg: »Nur für Geübte!« – mit Blick auf so manches Schuhwerk nicht grundlos. Der Gratweg – an einigen Stellen gesichert – erweist sich aber als nur wenig schwierig, und drüben am Heimgarten dürfen auch jene, die an den ausgesetzteren Passagen leicht zittrige Knie bekommen haben, aufatmen. Spätestens nach dem zweiten Obstler ist auch das angeschlagene Selbstbewusstsein wieder hergestellt.

Von der Seilbahnstation auf breitem Weg zunächst hinüber zum Herzogstandhaus, dann über ein paar flache Kehren auf den Herzogstand (1731 m). Hier genießt man nicht nur den packenden Blick hinab auf den Kochelsee und hinaus ins Flache, gut einzusehen ist auch der Weg hinüber zum Heimgarten: erst über leichte Schrofen kurz abwärts, dann direkt am schmalen Grat entlang, um eine kreuzgeschmückte Kuppe (1666 m) herum und zuletzt entlang felsiger Abbrüche steil zum Gipfel.

Der Abstieg führt zunächst über die licht bewaldete Südflanke des Heimgarten in einen namenlosen Sattel, dann links um den Rotwandkopf (1519 m) herum und in vielen Kehren an einem allmählich schmaler werdenden Grat bergab. Zuletzt auf einer Waldstraße zurück zum Walchensee.

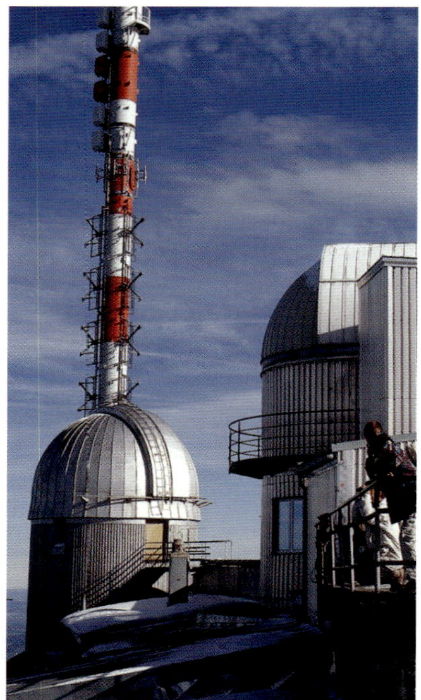

Viel Technik am Wendelsteingipfel

Auf den Isarwinkler »Rigi«

9/10 Benediktenwand, 1800 m

Mit dem Namen des berühmten Innerschweizer Aussichtsbergs machen ja vor allem die Peißenberger Werbung, für einen echten Vergleich bietet sich aber doch eher die höhere Benediktenwand an. Bergbahnen gibt's auf den Isarwinkler Gipfel zwar keine, dafür gleich mehrere schöne Wege. Beliebt ist die Höhenwanderung vom Seilbahn-Brauneck herüber, weil man da schon oben startet; schöner finde ich die Überschreitung: Aufstieg über die Südflanke, Abstieg zur Glaswandscharte und ins Tal der Großen Laine.

Der Weg aus der Jachenau beginnt mit dem gut einstündigen Anstieg zum Langenecksattel (1167 m). Dahinter geht's weiter auf der breiten Fahrspur, erst flach, dann in ein paar Kehren hinauf zur Bichler Alm (1438 m). Hier endet das Sträßchen; eine dünne Wegspur steigt halb links gegen die felsigen Südabstürze der »Benewand« an. Sie erweisen sich als verhältnismäßig harmlos (aber ziemlich glatt poliert), und bald schon entsteigt man dem Steilgelände ins Latschendickicht. Ein paar Minuten später ist dann der Gipfel gewonnen; wenig unterhalb steht die (stets offene) Biwakhütte.

Latschen dominieren zunächst auch am Abstieg; bei der Abzweigung zur Tutzinger Hütte taucht man ein in den Wald. An der Glaswandscharte links und neben dem Glasbach, der hier über ein paar Treppenstufen hinabstürzt, talauswärts. Letztes Highlight der Tour ist der große Wasserfall; dann wandert man durch das Tal der Laine hinaus nach Jachenau (790 m).

Zur großen Voralpenschau

19 Risserkogel, 1826 m

Noch so ein Gipfel, zu dem man »oben« starten kann. Wer vom Wallberg herüberkommt, genießt viel Aussicht und wird am Alpenlehrpfad über Naturkundliches informiert; am Weg aus dem Tal herauf stehen lediglich ein paar Wegweiser. Dafür lernt man ganz beiläufig, dass auch vergleichsweise »kleine« Gipfel recht hoch sein können.

Eher gemütlich ist der Auftakt zur Wanderrunde: von Kreuth-Riedlern am Weißbach entlang, dann links in die Lange Au. Eine Viertelstunde hinter der Schwaigeralm, bei der Wildfütterung, zweigt der Weg zum Risserkogel ab: im Zickzack über den bewaldeten Hang bergan. Hinter der Ableitenalm (1454 m) peilt die markierte Spur den Kamm an; nun rechts am Grat entlang, im Vorblick das Gipfelziel, flankiert von dem schroffen Felskamm des Blankensteins (1758 m). Zuletzt über Schrofen zum Gipfelkreuz.

Beim Rückweg folgt man dem Wallberg-Weg bis hinter das Grubereck (1664 m); hier beginnt der Abstieg nach Kreuth, erst etwas rau, dann wiederholt eine Waldstraße kreuzend.

Berühmtes Panorama

29 Wendelstein, 1838 m

»Wendelstein sonnig, 15 Grad.« Da zieht's die Münchner in Scharen hinaus und hinauf, aus dem Nebelgrau zur großen Aussicht. Entsprechend ist das Gedränge auf der Sonnenterrasse und am Gipfelweg. Wer's ruhiger mag, verzichtet auf die Bahnfahrt (luftig in der Kabine oder mit der Zahnradbahn) und startet in Fischbachau zur Wendelsteintour: viel Aussicht, Almwege und Felsensteige – dazu so manch stiller Winkel unterwegs.

Vom Wallfahrtsort Birkenstein auf einem Fahrweg zur Wiesensenke unter dem Rehbichl, dann halb links im Wald bergan. Oberhalb der Spitzingalm kommt das Gipfelziel ins Bild, aus dieser Perspektive ein wuchtiges Felsprofil. Der Weg steuert den zum Bockstein (1585 m) ziehenden Rücken an und schraubt sich dann in steilen Kehren hinauf zur Bergstation der Luftseilbahn. Hinter dem Wendelsteinhaus (1720 m) beginnt der gut ausgebaute Serpentinenweg zum 360°-Panorama.

Vom Gipfelrundweg bergab in das nordseitige Kar unterhalb der Zeller Scharte, dann hinaus zur Reindleralm. Hier links und unter der Nordwand des Wendelsteins ohne größere Höhenunterschiede hinüber zur Elbachalm. Links um den Schweinsberg (1514 m) herum und schräg abwärts zur Kesselalm (1280 m). Nun auf breitem Fahrweg im Wald hinunter nach Birkenstein.

Tourenziel/Charakteristik	Ausgangspunkt	Wegverlauf & Gehzeit	Markierung	Einkehr am Weg
1 Krottenkopf, 2086 m Sehr lange Gipfelwanderung, gute Kondition unerlässlich, evtl. Nächtigung auf der Weilheimer Hütte	Wallgau (866 m, 🚌) im oberen Isartal, 22 km von Kochel	Wallgau – Wildsee (2 Std.) – Kühalm (1603 m) – Weilheimer Hütte (4 1/2 Std.) – Krottenkopf (4 3/4 Std.) – Krüner Alm (6 1/2 Std.) – Wallgau (8 3/4 Std.)	Durchwegs ordentlich markierte Wege	Weilheimer Hütte (1946 m)
2 Simetsberg, 1840 m Eckpfeiler des waldreichen Estergebirges mit bemerkenswerter Aussicht. Etwas Ausdauer erforderlich	Einsiedl (805 m, 🚌) am Südwesteck des Walchensees. Parkplatz links der Obernach	Einsiedl – Simetsberghütte (2 1/4 Std.) – Simetsberg (3 Std.); Abstieg auf dem gleichen Weg (gesamt 5 Std.)	Mark. Wege	
3 Heimgarten, 1791 m Beliebte Kammwanderung vom Herzogstand herüber, mit Abstieg zum Walchensee abwechslungsreiche Runde. Trittsicherheit erforderlich (Drahtseile)	Bergstation der Herzogstand-Seilbahn am Fahrenbergkopf (1600 m), Talstation Walchensee (805 m, 🚌)	Seilbahnstation – Herzogstand (1731 m; 1/2 Std.) – Heimgarten (1 1/2 Std.) – Walchensee (3 1/2 Std.)	AV-Mark. 441 und 445, örtliche Bez. H1, H5	Herzogstandhaus (1573 m), Heimgartenhütte am Gipfel
4 Jochberg, 1565 m Beliebter Halbtagsausflug, vor allem im Frühling und spät im Jahr sehr lohnend	Scheitelhöhe am Kesselberg (865 m, 🚌) 7 km von Kochel	Kesselberg – Jochberg (2 Std.); Abstieg auf dem gleichen Weg (gesamt 3 1/4 Std.)	AV-Mark. 451, örtliche Bez. JO	Jocher Alm (1381 m)
5 Rund um den Kochelsee Leichte Seenrunde ohne größere Steigungen. Interessant: das Kraftwerk Walchensee und das Franz-Marc-Museum	Kochel (605 m, 🚌)	Kochel – Kraftwerkmuseum – Nase – Schlehdorf (609 m; 2 Std.) – Kochel (3 1/4 Std.)	Markierte Wege	Kochel, Schlehdorf
6 Jochberg, 1565 m Der schönste Weg zum Gipfel! Besonders dankbar im Spätherbst. Kurze Querung unter dem Pfengberg etwas ausgesetzt	Jachenau (790 m, 🚌) 18 km von Lenggries. Parkplatz unterhalb der Pfarrkirche	Jachenau – Berg – Jocher Alm (2 1/4 Std.) – Jochberg (2 3/4 Std.), Abstieg auf dem gleichen Weg oder durch das Tal der Kleinen Laine (Straßen; gesamt 4 3/4 Std.)	Mark. Wege	Jocher Alm (1381 m)
7 Hirschhörnlkopf, 1514 m Beliebter »Gupf« über der Jachenau, meist auch im Winter gute Spur. Kammüberschreitung zur Kotalm nicht markiert	Jachenau (790 m, 🚌) 18 km von Lenggries	Jachenau – Hirschhörnlkopf (2 1/4 Std.) – Kotalm (1133 m; 3 Std.) – Jachenau (4 1/4 Std.)	Bis auf Kammsteig bez.	
8 Rabenkopf, 1555 m Abwechslungsreiche Gipfelrunde. In der Rappinklamm und am Übergang vom »Kopf« zum Schwarzeck braucht's einen sicheren Tritt. Vorsicht bei Nässe!	Jachenau (790 m, 🚌) 18 km von Lenggries	Jachenau – Rappinklamm – Staffelalm (1321 m; 2 1/2 Std.) – Rabenkopf (3 1/4 Std.) – Schwarzeck (1527 m) – Achalaalm (1271 m; 4 1/2 Std.) – Jachenau (6 Std.)	Bez. Wege	Staffelalm
9 Lainltal-Wasserfall – Benediktenwand, 1800 m Sehr schöner, aber etwas weiter Weg zum Belvedere des Isarwinkels. Lässt sich auch gut mit dem Anstieg über den Langenecksattel und die Bichler Alm kombinieren	Jachenau (790 m, 🚌) 18 km von Lenggries. Parkplatz unterhalb der Kirche	Jachenau – Wasserfall (1 1/2 Std.) – Glaswandscharte (2 3/4 Std.) – Benediktenwand (4 Std.); Abstieg auf dem gleichen Weg (gesamt 7 Std.)	Bez. Weg, ab Glaswandscharte AV-Mark. 451	Lainlalm
10 Langenecksattel – Benediktenwand, 1800 m Direkter Südanstieg auf den berühmten Aussichtsgipfel, in den Felsen oberhalb der »Höllgrube« ist Trittsicherheit erforderlich.	🚌 Bushaltestelle »Petern« in der Jachenau, 13 km von Lenggries, 5 km vom Dorf Jachenau	Jachenau – Langenecksattel (1167 m; 1 1/2 Std.) – Bichler Alm (1438 m; 2 3/4 Std.) – Benediktenwand (3 3/4 Std.); Abstieg auf dem gleichen Weg (gesamt 6 1/4 Std.)	Ordentlich bez. Wege	
11 Brauneck – Benediktenwand, 1800 m Der Isarwinkler Wanderklassiker schlechthin, wenig Steigung, dafür umso mehr Aussicht. An den Achselköpfen (1709 m) und oberhalb des Rotöhrsattels ein paar leichte Felspassagen (Sicherungen)	🚡 Bergstation der Brauneckbahn (1530 m), Talstation Lenggries (679 m, 🚌)	Brauneck – Latschenkopf (1712 m) – Feichtecksattel (1626 m; 1 1/4 Std.) – Achselköpfe – Benediktenwand (3 1/2 Std.) – Feichtecksattel – Quengeralm – Brauneck (6 1/2 Std.)	Mark. Wege, am Kamm AV-Nr. 451	Idealhang-Hütte (1470 m), mehrere Gasthäuser am Brauneck
12 Zwiesel, 1348 m Beliebtes Tölzer Wanderziel, bequem mit der Blombergbahn (3/4 Std.), lohnender als Runde von der Waldherralm aus	Waldherralm (750 m), 2,5 km südwestlich von Wackersberg (748 m, 🚌) 7 km ab Tölz	Waldherralm – Schnaiteralm – Zwiesel (2 Std.) – Blomberg – Heigelkopf (1205 m) – Waldherralm (3 3/4 Std.)	Örtliche Mark., Wegweiser	Blomberghaus (1203 m)
13 Lenggrieser Hütte, 1338 m Gemütliche Hüttenrunde über dem Isartal, oft auch im Winter möglich	Schloss Hohenburg südlich von Lenggries (679 m, 🚌), Wanderparkplatz	Hohenburg – »Grasleitensteig« – Lenggrieser Hütte (2 Std.) – Hirschbachtal – Hohenburg (3 1/2 Std.)	Örtliche Mark.	Lenggrieser Hütte (1338 m)
14 Fockenstein, 1564 m – Kampen, 1607 m Große, recht anspruchsvolle Höhenwanderung rund um das Hirschbachtal mit sechsfachem Gipfelglück. Gute Kondition unerlässlich	Schloss Hohenburg südlich von Lenggries (679 m, 🚌); Wanderparkplatz	Hohenburg – Geierstein (1491 m; 2 Std.) – Fockenstein (3 1/2 Std.) – Hirschtalsattel (4 1/4 Std.) – Kampengrat – Seekarkreuz (6 1/2 Std.) – Lenggrieser Hütte – Hohenburg (8 1/4 Std.)	AV-Mark. 611, 614, 622, 621, örtliche Bez.	Lenggrieser Hütte (1338 m)

Mangfallgebirge

Tourenziel/Charakteristik	Ausgangspunkt	Wegverlauf & Gehzeit	Markierung	Einkehr am Weg
15 Fockenstein, 1564 m Alm-, Höhen- und Gipfelwanderung, teilweise auf breiten Fahrwegen	Bad Wiessee (749 m,) am Tegernsee. Parkplatz am Eingang ins Söllbachtal	Bad Wiessee – Zwergelberg (1113 m) – Aueralm (21/2 Std.) – Fockenstein (3 1/2 Std.) – Südgratweg – Aueralm (4 1/4 Std.) – Zeiselbachtal – Bad Wiessee (5 1/2 Std.)	Aufstieg AV-Nr. 611, örtliche Bez.	Aueralm (1270 m)
16 Hirschberg, 1668 m Einer der beliebtesten Wanderberge in der Tegernseer Region, Hütte und schönes Panorama inklusive	Scharling (765 m,) Weiler an der Strecke Rottach-Egern – Kreuth	Scharling – Point – Rauheckalm – Hirschberg (2 3/4 Std.) – Hirschberghaus – Scharling (4 3/4 Std.)	Örtliche Mark.	Hirschberghaus (1511 m)
17 Roß- und Buchstein, 1701 m Viel besuchtes Gipfelduo mit der schönstgelegenen Hütte der bayerischen Voralpen. Am Roßstein gesicherte Passage, Aufstieg zum Gipfel des Buchsteins durch eine steile Rinne (I–II, abgeschmierte Felsen)	Gh. Bayerwald (852 m,) an der Strecke Rottach-Egern – Achenpass. Parkplatz 300 m westlich an der Bundesstraße	Bayerwald – Sonnbergalm-Hochleger (1498 m; 1 1/2 Std.) – Roßstein (2 1/2 Std.); Abstieg auf dem nordseitig verlaufenden Gipfelweg (gesamt 4 Std.)	Gut bez. Wege	Tegernseer Hütte (1650 m)
18 Blauberge; Halserspitz, 1862 m Große Runde am Blaubergkamm; in der Wolfsschlucht und am Grat einige etwas heikle Passagen, die einen sicheren Tritt verlangen (Sicherungen); im Frühsommer evtl. gefährliche Altschneefelder!	Wildbad Kreuth (805 m), etwas abseits der Straße Kreuth – Achenpass gelegen. Parkplatz und vor der Brücke über den Weißbach	Wildbad Kreuth – Wolfsschlucht – Blaubergalm (2 1/2 Std.) – Halserspitz (4 1/2 Std.) – Weißenbachkopf (1352 m) – Wildbad Kreuth (7 Std.)	Mark. Wege	Wh. Siebenhütten (836 m), Blaubergalm
19 Risserkogel, 1826 m Dankbares Gipfelziel, in schneearmen Wintern ist der Aufstieg aus der »Langen Au« herauf meistens gespurt. Große Schau zum Alpenhauptkamm	Kreuth (783 m,) an der Strecke Rottach-Egern – Achenpass. Parkmöglichkeit im Ortsteil Riedlern links des Weißbachs	Kreuth – Schwaigeralm – »Lange Au« – Ableitenalm (1454 m; 2 3/4 Std.) – Risserkogel (4 1/4 Std.) – Grubereck (1664 m; 4 3/4 Std.) – Kreuth (6 1/4 Std.)	Örtliche Mark.	Schwaigeralm
20 Wallberg, 1722 m Seilbahn- und Aussichtsberg über dem Tegernsee, ziemlich verbaut, also nicht gerade das Idealziel für Naturpuristen …	Bergstation der Wallbergbahn (1624 m), Talstation Rottach-Egern (731 m,)	Bergstation – Wallberg (1/4 Std.) – Wallberghaus (1507 m) – Mooshütte – Talstation (2 1/4 Std.)	Örtliche Mark. WB	Wallberghaus, Mooshütte (1102 m)
21 Baumgartenschneid, 1448 m Überwiegend schattige Runde über dem Tegernsee	Tegernsee (747 m,) am Ostufer des gleichnamigen Voralpensees; Parkplatz beim Bahnhof	Tegernsee – Neureuth (1 1/2 Std.) – Gindelalmschneid (1335 m; 2 1/4 Std.) – Baumgartenschneid (3 3/4 Std.) – Wh. Galaun – Pfliegeleck (1106 m) – Tegernsee (5 Std.)	Örtliche Mark.	Neureuth (1261 m), Kreuzbergalm (1223 m), Wh. Galaun
22 Bodenschneid, 1667 m Kammwanderung mit viel Aussicht, »Aufstieg« bequem per Sessellift. Alternativ auch vom Spitzingsee aus möglich	Bergstation der Suttenbahn. Talstation bei der Monialm (989 m,) an der Strecke Rottach-Egern – Valepp	Stümpflinghaus – Stümpfling (1506 m) – Bodenschneid (1 1/4 Std.) – Bodenalm – Talstation Suttenbahn (3 Std.)	Mark. Wege	Jagahütt'n
23 Schinder, 1808 m Markanter Doppelgipfel an der Grenze zwischen Bayern und Tirol. Abstieg zum »Tor« kurz gesichert, Schinderkar nicht ganz einfach (unangenehm steile Geröllreiße)	Forsthaus Valepp (880 m,), 15 km von Rottach-Egern. Zufahrt von Spitzing nur für Radler gestattet! Parkplatz am Zusammenfluss von Weißer und Roter Valepp	Valepp – Trausnitzalm – Schinder (2 3/4 Std.) – Tor – Schinderkar – Valepp (4 3/4 Std.)	Mark. Wege	
24 Erzherzog-Johann-Klause, 814 m Schattige Tal- und Klammwanderung. Auf der Grund- bzw. Brandenburger Ache wurde bis 1966 Holz getriftet. Teilweise Forstpisten, aber auch schmale, an einigen Stellen gesicherte Wege; Trittsicherheit	Forsthaus Valepp (880 m,) 15 km von Rottach-Egern	Valepp – Reichsteinalm (1050 m) – Erzherzog-Johann-Klause (2 1/2 Std.) – Klammweg – Valepp (4 1/4 Std.)	Mark. Wege	Forsthaus Valepp und Erzherzog-Johann-Klause z. Zt. geschlossen
25 Brecherspitz, 1683 m Markanter Gipfel westlich über dem Spitzingsattel, stimmungsvolle Rundschau mit Tiefblicken auf Schliersee und Spitzingsee. Trittsicherheit am Gipfelgrat (Drahtseile)	Neuhaus (801 m,) südlich des Schliersees, an der Strecke nach Bayrischzell	Neuhaus – Ankelalm (1311 m; 1 3/4 Std.) – Nordgrat – Brecherspitz (2 3/4 Std.) – Freudenreichkapelle – Ankelalm – Neuhaus (4 3/4 Std.)	Mark. Wege, Bez. SB1	Ankelalm
26 Aiplspitz, 1759 m Beliebte Gipfelrunde über zwei stattliche Voralpengipfel. Am Aiplspitz leichte Felspassagen (Drahtseile)	Spitzingsattel (1127 m,) Übergang zum Spitzingsee, 9 km ab Schliersee. Großer Parkplatz	Spitzingsattel – Untere Schönfeldalm (1 Std.) – Aiplspitz (2 1/2 Std.) – Jägerkamp (3 1/4 Std.) – Jägerbauernalm – Spitzingsattel (4 3/4 Std.)	Mark. Wege	Schönfeldalm (1420 m), Jägerbauernalm (1544 m)

Tourenziel/Charakteristik	Ausgangspunkt	Wegverlauf & Gehzeit	Markierung	Einkehr am Weg
27 Rotwand, 1884 m Beliebtes Gipfelziel mit bequemem »Zustieg« (Lift) und bezaubernder Rundschau	Bergstation der Taubensteinbahn (1613 m), Talstation am Spitzingsee (1084 m, Bus) 11 km ab Schliersee	Taubenstein – Rotwand (1 Std.) – Rotwandhaus – Wildfeldalm (1507 m) – Spitzingsee (3 1/4 Std.)	Mark. Wege	Rotwandhaus (1737 m)
28 Breitenstein, 1575 m Kenner wissen es: Obwohl ganz im Schatten des Wendelsteins stehend, ist auch der »breite« Stein ein lohnendes Wanderziel.	Fischbachau (772 m, Bus) im Leitzachtal. Wanderparkplatz beim Wallfahrtsort Birkenstein (853 m), 1 km	Birkenstein – Kesselalm (1 1/4 Std.) – Hubertushütte – Breitenstein (2 1/4 Std.) – Bucheralm – Birkenstein (4 Std.)	Mark. Wege, Bez. B4, B4a	Kesselalm (1280 m), Hubertushütte (1542 m), Bucheralm (1235 m)
29 Wendelstein, 1838 m Einer der großen Aussichtsgipfel der Bayerischen Alpen, mit Zahnrad- und Luftseilbahn. Geo-Park (Infos an den Wegen)	Fischbachau (772 m, Bus) im Leitzachtal. Wanderparkplatz beim Wallfahrtsort Birkenstein (853 m), 1 km	Birkenstein – Rieder Alm – Wendelsteinhaus – Wendelstein (3 1/4 Std.) – Reindlerscharte (1418 m) – Elbachalm – Kesselalm – Birkenstein (6 Std.)	Mark. Wege	Wendelsteinhaus (1725 m), Kesselalm (1280 m)
30 Großer Riesenkopf, 1337 m So riesig, wie uns der Name weismachen will, ist der »Kopf« nicht, ein lohnendes Wanderziel aber auf jeden Fall. Sehenswert: Petersberg und Ruine Falkenstein	Flintsbach am Inn (478 m, Bus)	Flintsbach – Petersberg (1 Std.) – Großer Riesenkopf (2 1/2 Std.) – Asten (3 Std.) – Petersberg – Flintsbach (4 1/2 Std.)	Mark. Wege, Bez. 10	Wh. Asten (1103 m), Gh. Petersberg (848 m)
31 Soinsee – Auerspitz, 1811 m Abwechslungsreiche Runde zum stillen Soinsee und zum Kletterrevier der Ruchenköpfe. Der Auerspitz bietet eine hübsche Rundschau.	Wanderparkplatz »Beim schweren Gatter« (Bus an der Strecke Bayrischzell – Ursprungpass	Ursprungtal – Wh. Sillberg – Soinsee (2 1/4 Std.) – Kümpflscharte (1695 m; 3 1/4 Std.) – Auerspitz (3 3/4 Std.) – Niederhoferalm (1435 m) – Ursprungtal (6 Std.)	Mark. Wege	Rotwandhaus (1737 m, 10 Min. ab Kümpflscharte), Wh. Sillberg
32 Hinteres Sonnwendjoch, 1985 m Natürlich ist der höchste Gipfel des Mangfallgebirges ein beliebtes Tourenziel. Wer die berühmte »Bergesruh'« sucht, wird anderswo eher fündig.	Ackernalm (1383 m), Endpunkt der Mautstraße von Landl (685 m, Bus) 8 km	Ackernalm – Bärenbadalm – Hinteres Sonnwendjoch (2 Std.) – Wildenkaralm – Ackernalm (3 1/2 Std.)	Gut bez. Wege	Ackernalm (1383 m)
33 Großer Traithen, 1853 m Beliebte Gipfelüberschreitung in der Sudelfeldregion, bei Nässe teilweise unangenehm rutschige Wege	Gh. Rosengasse (1090 m) östlich unterhalb des Sudelfeldes; Zufahrt 3,5 km von der Sudelfeldstraße	Rosengasse – Großer Traithen (2 1/2 Std.) – Himmelmoosalm (3 1/2 Std.) – Seeonalm (1384 m) – Rosengasse (4 1/2 Std.)	AV-Nr. 658, 652, 651	Gh. Rosengasse (1090 m)
34 Trainsjoch, 1708 m Kleineres Gegenüber des Sonnwendjochs: weniger hoch, weniger überlaufen – und trotzdem sehr lohnend	Parkplatz südlich des Ursprungpasses (839 m, Bus) am Eingang ins Trockenbachtälchen	Ursprung – Mariandlalm (1 Std.) – Westgrat – Trainsjoch (2 1/2 Std.) – Mariandlalm (3 1/4 Std.) – Ursprung (4 Std.)	Rot und blau mark. Wege	Mariandlalm (Obere Trockenbachalm, 1220 m)
35 Jochkopf, 1509 m – Pendling, 1563 m Reizvolle Kammwanderung hoch über dem Inntal, mit fünf (kleinen) Gipfeln und jeder Menge Aussicht; Trittsicherheit erforderlich	Gh. Schneeberg (952 m) in Thiersee (678 m, Bus) Zufahrt von der Ortsmitte 3 km	Schneeberg – Höhlensteinhaus (1 1/2 Std.) – Jochkopf – Heimbergköpfe (1475 m) – Pendling (3 1/2 Std.) – Schneeberg (4 3/4 Std.)	Teilweise Sträßchen, Kammweg nicht bez.	Höhlensteinhaus (1259 m), Kufsteiner Haus (1537 m) am Pendling
36 Hundalm-Eishöhle und Glemmbachklamm Abwechslungsreiche Runde auf dem Thierseer Mittelgebirge. Führungen in der Eishöhle (Infos in Thiersee). Nasse Füße in der malerischen Klamm garantiert. Gipfel statt Höhle: Überschreitung des Hundalmer Jochs (1637 m, mark. Weg)	Hinterthiersee (862 m, Bus) Zufahrt von Landl bzw. Thiersee	Hinterthiersee – Köglalm (1359 m) – Eishöhle (1520 m; 2 1/2 Std.) – Buchackeralm – Riedenberg (4 Std.) – Glemmbachklamm – Hinterthiersee (6 1/2 Std.)	Mark. Wege	Buchackeralm (1298 m), Riedenberg
37 Brünnstein, 1619 m Beliebtes Gipfelziel: abwechslungsreiche Runde mit felsigem Finale und weitem Panorama. Gipfelsteig nur für Trittsichere (Drahtseile)!	Tatzelwurm (764 m) an der Ostrampe der Sudelfeldstraße. Wanderparkplatz (Zufahrt)	Tatzelwurm – Schoißeralm – Brünnsteinhaus (2 Std.) – Brünnstein (2 1/2 Std.) – Seeonalm – Schoißeralm – Tatzelwurm (4 1/2 Std.)	AV-Nr. 657, 651, 655	Brünnsteinhaus (1342 m)

Karwendel, Rofan

Lange Täler und hohe Wände

Jedem Bergsteiger sind die Laliderer Wände ein Begriff, und im Talschluss der Eng trifft sich an sonnigen Sommerwochenenden scheinbar ganz München – motorisiert notabene! Das Karwendelhaus ist längst von der Bergsteigerherberge zum Biketreff mutiert, die Lamsenspitze gehört zu den alpinen Standardzielen zwischen Zugspitze und Kaiser.

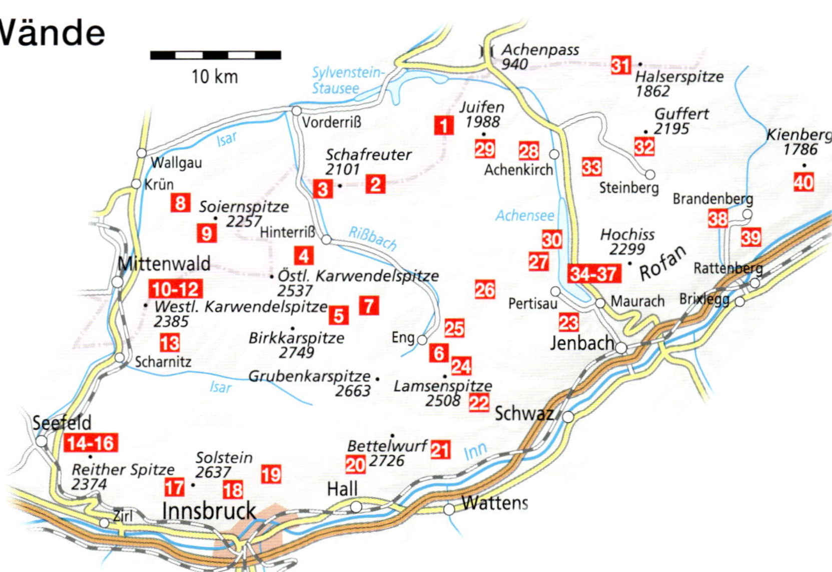

Doch wer hat schon die Karwinkel über dem Vomper Loch erkundet, wer kennt die hohen Grate über dem Hinterautal?

So teilt das Karwendel halt die Eigenart so vieler Gebirgsgruppen: hier überlaufen, dort einsam, menschenleer. Das hängt natürlich auch mit dem Umstand zusammen, dass Hinterriß die einzige (kleine) Siedlung innerhalb des fast 1000 Quadratkilometer großen Gebirges ist. Südlich fällt das Karwendel mit der Nordkette steil zum Inntal ab. Die bedeutendsten Touristenzentren neben der Tiroler Landeshauptstadt Innsbruck sind Seefeld und Mittenwald im Westen, die Orte am Achensee im Osten.

Letztere bilden auch günstige Ausgangspunkte für Touren im Rofan, das östlich ans Karwendel anschließt. »Klein, aber fein!«, heißt hier die Devise: gut ein Dutzend Zweitausender, alle am (markierten) Weg.

Im Karwendel stehen zahlreiche Alpenvereinshütten, die durch markierte Wege miteinander verbunden sind. Daraus resultieren vielfältige Möglichkeiten für mehrtägige Unternehmungen auf Schusters Rappen – die schönste Art, das Gebirge mit seinen ewig langen Tälern richtig kennenzulernen. Gipfeltouren führen fast immer über Geröll und in die Felsen. Lediglich im Vorkarwendel gibt es ein paar richtige Wanderberge.

Östlich des Achensees schließt sich das Rofan an, ein kleines Kalkmassiv mit gut einem Dutzend Zweitausendern. Einer der klassischen Münchner »Hausberge« ist der isoliert aufragende, formschöne Guffert.

Große Karwendelrunde

Auf Höhenwegen und Klettersteigen die vielfältige Gebirgslandschaft des Karwendels in ein paar Wandertagen kennenlernen: ein unvergessliches Erlebnis, natürlich mit Übernachtungen auf AV-Hütten. Trittsicherheit, alpine Erfahrung und eine gute Kondition sind auf dieser Bergwanderwoche unerlässlich, von allen Hütten und den meisten Übergängen Zwischenabstiege möglich.

1. Etappe: Mittenwald – Brunnsteinhütte (1523 m), 2 1/4 Std. **2. Etappe:** Brunnsteinhütte – »Mittenwalder Klettersteig« – Predigtstuhl – Hochlandhütte (1623 m) 8 Std. **3. Etappe:** Hochlandhütte – »Gjaidsteig« – Karwendelhaus (1771 m) 5 1/2 Std. **4. Etappe:** Karwendelhaus – Falkenhütte (1848 m) – Lamsenjochhütte (1953 m) 7 1/2 Std. **5. Etappe:** Lamsenjochhütte – Hallerangerhaus (1768 m) 10 Std. **6. Etappe:** Hallerangerhaus – Pfeishütte – Solsteinhaus (1806 m) 8 1/2 Std. **7. Etappe:** Solsteinhaus – »Freiungen-Höhenweg« – Nördlinger Hütte (2239 m) – Härmelekopf (2034 m; [Seilbahn] nach Seefeld) 5 1/2 Std.

Steckbrief

Fläche: 1300 qkm
Höchster Punkt: Birkkarspitze (2749 m)
Gebirgsgruppen: Karwendel, Rofan
Wichtigste Ortschaften: Mittenwald, Seefeld, Innsbruck, Schwaz, Pertisau
Wandervorschläge: 40

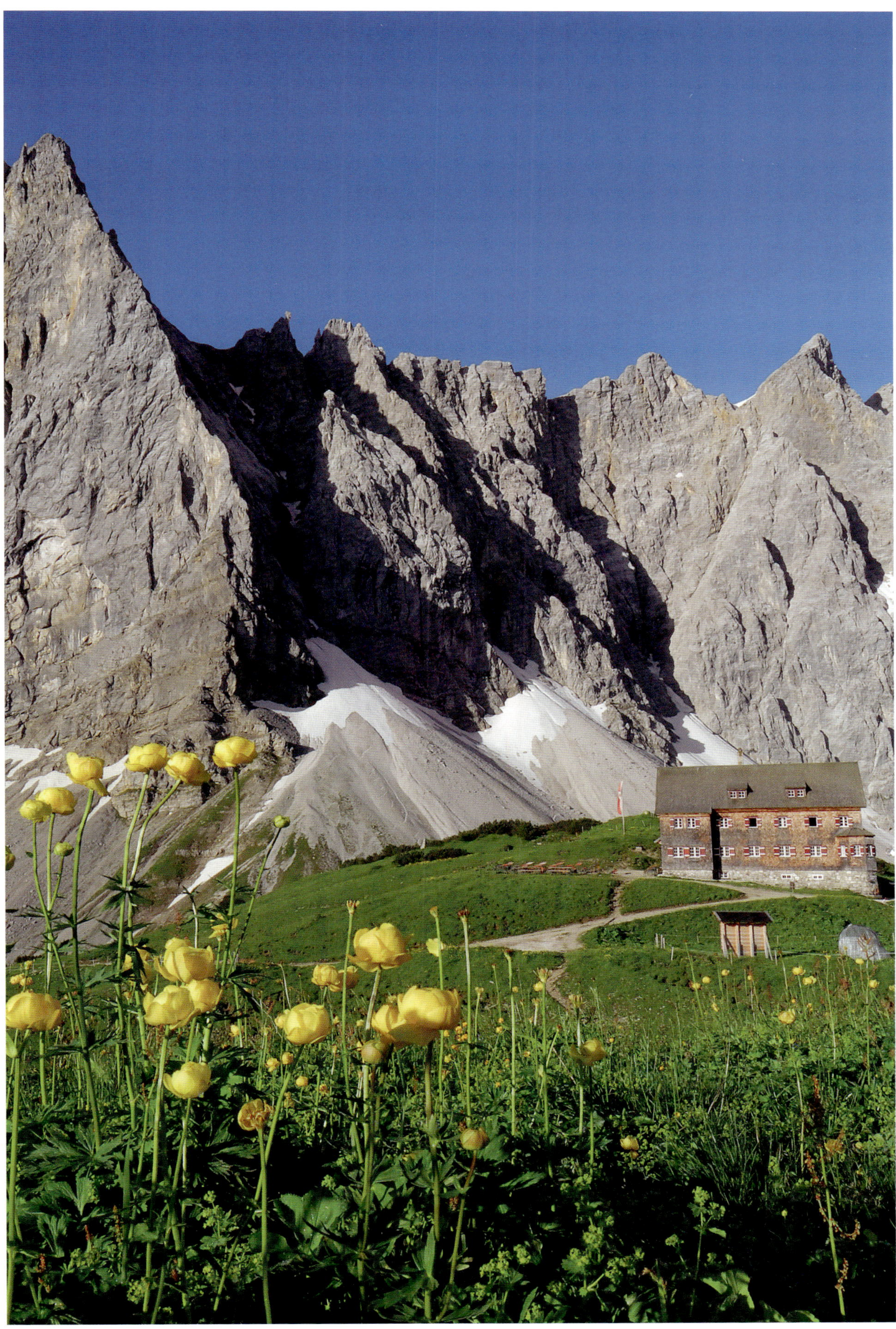
Heile Bergwelt: Falkenhütte vor den Lalidererwänden

Berühmte Wände, stiller Gipfel

7 Falkenhütte, 1848 m, und Steinfalk, 2347 m

Nicht ganz zufällig gilt die Eng ja als einer der schönsten Winkel des Karwendels, und früh am Morgen – Tau glitzert auf den Wiesen, die ersten Sonnenstrahlen tasten über Felsgrate – kann man auch hier »heile Bergwelt« erleben. Eine Illusion, wir wissen es, aber halt eine besonders schöne.

Wer nur bis zur Falkenhütte wandert, muss mit viel Gesellschaft unterwegs rechnen; am Weg zum Steinfalk dagegen ist man auch mitten im Sommer meistens allein: Der Weg zieht sich ganz schön, zuletzt wird's recht felsig, und oben gibt's nur Aussicht und die mitgebrachte Brotzeit.

In zwei Stunden steigt man vom »Almdörfchen« in der Eng hinauf zum Hohljoch (1794 m), wo sich ein erster Blick auf die berühmten Laliderer Wände bietet. Die Wandflucht begleitet den Wanderer dann bis hinüber zur Falkenhütte, die auf einer kleinen Anhöhe vor dem felsigen Szenario steht.

Der Weiterweg zum Steinfalk – sparsam markiert – führt nach Norden, erst links um das Ladizköpfl herum, dann leicht abwärts ins Ladizjöchl (1825 m). Richtig aufwärts geht es erst hinter dem Mahnkopf (2094 m), über Wiesen zum Südgrat des Steinfalk. Kurz absteigend links um ein paar Zacken herum, in kurzer, leichter Kletterei zurück zum Grat und auf der Ostseite unter Felsen mühsam zum Gipfel.

Steiler Zahn, schmale Pfade

8 Schöttelkarspitze, 2050 m

Obwohl Seinskopf und Schöttelkarspitze eigentlich bloß Trabanten der (viel besuchten) Soiernspitze sind, gefällt mir die Tour von Krün über die beiden Gipfel in den Soiernkessel besonders gut: abwechslungsreich und mitunter sogar recht spannend im Wegverlauf, mit viel Aussicht und – nicht zu verachten – zwei Einkehrmöglichkeiten unterwegs. Packend die Tiefblicke vom Seinskopf auf Krün und den Barmsee, idyllisch der Soiernsee, anregend dann die Hangwanderung am »Lakaiensteig« hinaus zur Fischbachalm. Hinweis: Der unmarkierte »Herzogensteig«, Alternative zum Straßenhatscher hinab nach Krün, ist verfallen. Vor einem Begehen wird gewarnt! Der Aufstieg zum Seinskopf (1961 m) beginnt gleich jenseits der Krüner Isarbrücke: hinauf, im Wald bergan, vorbei am Hüttlegraben, dann steiler zum Nordgrat. Hier bietet sich ein erster Blick auf die zerfurchte Westflanke der Schöttelkarspitze. Weiter rechts des Kamms zur Westschulter des Seinskopfs. Dahinter zunächst bergab, dann hinüber und bergan zum Feldernkreuz, wo an einem engen Durchschlupf der Weg zur Schöttelkarspitze abzweigt. Vom Gipfel im Zickzack abwärts in den Soiernkessel mit seinem (zweigeteilten) See. Vom Soiernhaus (1611 m) auf dem teilweise ausgesetzten »Lakaienweg« (Drahtseile) hinaus zur Fischbachalm und dann zurück nach Krün.

Karwendel-Höhenwandern

16 Freiungen-Höhenweg

Höhenwege – wer wüsste es nicht? – haben ihren besonderen Reiz: oben sein, in Gipfelnähe, hoch über den Talniederungen, jede Menge Aussicht genießen. Das alles trifft natürlich auch auf den »Freiungen-Höhenweg« zu, einen Wanderklassiker im Karwendel. Und den Aufstieg übernimmt hier die Seilbahn; unter dem Härmelekopf entsteigt man ausgeruht der Gondel: Auf geht's!

Von der Seilbahnstation auf gutem Weg unter Härmelekopf (2224 m) und Reither Spitze (2374 m) hindurch zur Nördlinger Hütte. Dahinter in einem Bogen hinab zum Ursprungsattel (2096 m) und anschließend unter den bizarren, senkrecht stehenden Kalkschichten der Freiungentürme in die Kuhlochscharte (2171 m). Dahinter über mehrere Gräben (Drahtseile) bergab ins Höllkar und hinüber zu dem bereits lange sichtbaren Solsteinhaus. Abstieg zur Bahnstation Hochzirl (922 m) auf viel begangenem Weg durch das Brunntal.

Klein-Matterhorn überm Achental

32 Guffert, 2195 m

Am Guffert kommt man nur schwer vorbei – der (von Westen gesehen) eleganten, frei stehenden Felspyramide kann eine Bergsteigerseele auf Dauer einfach nicht widerstehen. Und dass er vergleichsweise leicht zu besteigen ist, tut der Popularität des Gipfels natürlich auch keinen Abbruch. Der kürzeste Weg verläuft von Steinberg über die Südflanke; ungleich schöner (und nur wenig weiter) ist die Rundtour: von Norden hinauf, über die sonnige Südflanke hinab.

Der Aufstieg führt zunächst in einem weiten Bogen um den bewaldeten Sockel des Guffert herum auf die Nordseite. Hier quert er mehrere abschüssige Gräben, in denen sich der Schnee oft bis in den Sommer hinein hält. Oberhalb der Issalm rechts aufwärts zu den Felsen, über einen kurzen Steilaufschwung (Drahtseil, Haken) auf die mächtige Schrofenschräge und im Zickzack zum Kamm. Rechts um einen ersten Aufschwung herum, dann mehr oder weniger entlang der felsigen Gratschneide (einige verlotterte Sicherungen) zum Gipfelkreuz.

Am Grat zurück, dann über den breiten Rücken hinab in die Mulde unter dem Guffertstein. Nun erst durch Latschen, dann im Wald abwärts, zuletzt auf einer Forstpiste rechts zum Ausgangspunkt der Runde.

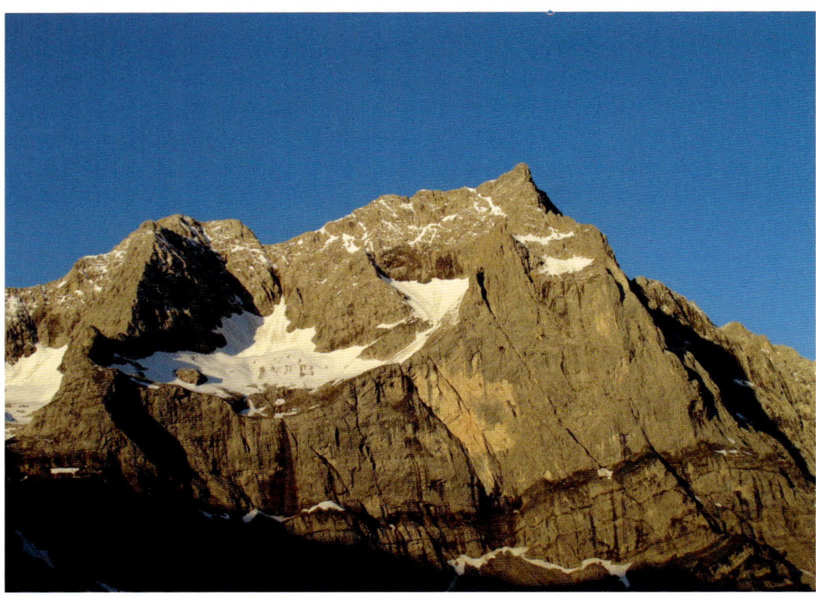

Die Spritzkarspitze über der Eng im Karwendel

Tourenziel/Charakteristik	Ausgangspunkt	Wegverlauf & Gehzeit	Markierung	Einkehr am Weg
1 Demeljoch, 1923 m Im Gegensatz zum benachbarten Juifen (1988 m; 3 1/2 Std. von Achental, mark.) weitgehend forststraßenfreier Bergstock über dem Sylvensteinsee	Fall (772 m,) Weiler am Sylvensteinsee, 16 km von Lenggries	Fall – Schürpfeneck (1466 m; 2 3/4 Std.) – Demeljoch (4 1/4 Std.) – Dürrnberg-Jagdhütte (5 1/4 Std.) – Fall (6 3/4 Std.)	Aufstieg Schürpfeneck unmark., sonst rote Bez.	
2 Stierjoch, 1908 m Große Wanderrunde mit Steilabstieg ins Krottenbachtal und langem Auslauf. Trittsicherheit, bei Nässe nicht ratsam!	Fall (772 m,) Weiler am Sylvensteinsee, 16 km von Lenggries	Fall – Dürrachtal – Lerchkogel-Hochleger (3 1/4 Std.) – Stierjoch – Delpsee (1590 m; 5 Std.) – Krottenbachtal – Fall (8 Std.)	Mark. Wege	
3 Schafreuter, 2101 m Wanderklassiker im Vorkarwendel, großes Gipfelpanorama. Auch Direktaufstieg zur Tölzer Hütte (2 1/2 Std., mark.) möglich	Im Rißtal, 5 km von Vorderriß, unweit der Oswaldhütte (844 m,)	Rißtal – Moosenalm (2 1/4 Std.) – Schafreuter (3 3/4 Std.) – Tölzer Hütte – Moosenalm (5 Std.) – Rißtal (6 1/4 Std.)	Mark. Wege	Tölzer Hütte (1835 m)
4 Torscharte, 1815 m Beliebte, landschaftlich sehr reizvolle Wanderrunde im Vorgelände der Östlichen Karwendelspitze. Abstieg ins Rohntal bei Nässe rutschig!	Hinterriß (928 m), Zufahrt von Lenggries via Fall und Vorderriß. Parkplatz am Ortsende	Hinterriß – Tortal – Torscharte (2 3/4 Std.) – Rohntalalm (1262 m) – Hinterriß (4 1/2 Std.)	Mark. Wege, kaum Orientierungsprobleme	
5 Johannestal; Kleiner Ahornboden, 1400 m Gemütliche Talwanderung ins romantische Herz des Karwendels	Parkplatz und an der Rißtalstraße, 3,5 km hinter Hinterriß	Talstraße – Johannestal – Kleiner Ahornboden (2 3/4 Std.); Abstieg auf dem gleichen Weg (gesamt 4 1/2 Std.)	AV-Mark. 232	
6 Lamsenjochhütte – Hahnkampl, 2080 m Beliebte Hüttenwanderung mit kleinem Gipfelabstecher. Für die Überschreitung des Hahnkampl Trittsicherheit erforderlich!	Engalm (1203 m,) im hintersten Rißtal. Endpunkt der (mautpflichtigen) Talstraße, Riesenparkplatz	Engalm – Lamsenjochhütte (2 1/2 Std.) – Hahnkampl (3 1/4 Std.) – Binssattel – Eng (5 Std.)	AV-Mark. 201, am Hahnkampl rote Bez.	Engalm (1203 m), Binsalm; Lamsenjochhütte
7 Falkenhütte – Steinfalk, 2347 m Berühmte Kletterwände (Laliderer), ein gemütliches Haus (Falkenhütte) und ein lohnender Gipfel. Am Steinfalk Trittsicherheit notwendig	Engalm (1203 m,) im hintersten Rißtal. Endpunkt der (mautpflichtigen) Talstraße, Riesenparkplatz	Engalm – Hohljoch (1794 m; 1 3/4 Std.) – Falkenhütte (2 1/2 Std.) – Steinfalk (4 3/4 Std.). Abstieg auf gleichem Weg (gesamt 8 Std.)	AV-Mark. 201, Steinfalk rot bez.	Falkenhütte (1848 m), wg. Umbau bis voraussichtlich 2019 geschlossen
8 Schöttelkarspitze, 2050 m Spannende Gipfelüberschreitung zum Soiernkessel mit romantischem Ausklang am »Lakaiensteig«. Trittsicherheit notwendig	Krün (875 m,) Ferienort im Isartal, an der Strecke Kochel – Mittenwald	Krün – Seinskopf (1961 m; 3 Std.) – Schöttelkarspitze (4 1/4 Std.) – Soiernseen (5 Std.) – »Lakaiensteig« – Fischbachalm (6 Std.) – Krün (7 1/4 Std.)	Rote Mark.	Soiernhaus (1611 m); Fischbachalm
9 Soiernspitze, 2257 m Große Gipfelrunde, die Trittsicherheit und eine ordentliche Kondition verlangt. Im Sommer früher Aufbruch ratsam	Bei der Isarschleife (Am Horn,) an der Strecke Krün (4 km) – Mittenwald. Wanderparkplatz	Parkplatz – Ochsenalm (1 Std.) – Grat (3 Std.) – Soiernspitze (5 Std.) – Fereinalm (6 1/2 Std.) – Parkplatz (7 3/4 Std.)	Bez. Wege	Krinner-Kofler-Hütte (1395 m) auf der Fereinalm
10 Hochlandhütte, 1623 m Abwechslungsreiche Hüttenwanderung, lässt sich als Runde durchführen	Mittenwald (912 m,) traditionsreicher Ferienort an der Isar	Mittenwald – »Ochsenbodensteig« – Hochlandhütte (3 Std.) – Gassellahnbach – Rain-Spazierweg – Mittenwald (5 Std.)	Mark. Wege	Hochlandhütte (1623 m)
11 Lindlähnekopf, 1795 m Hüttentour mit Gipfelabstecher hoch über Mittenwald. Trittsicherheit!	Mittenwald (912 m,) traditionsreicher Ferienort an der Isar	Mittenwald – Mittenwalder Hütte (1 3/4 Std.) – Lindlähnekopf (2 3/4 Std.); Abstieg auf dem gleichen Weg (4 1/2 Std.)	Mark. Wege	Mittenwalder Hütte (1515 m)
12 Heinrich-Noé-Steig Interessante Höhen- und Bergabwanderung, leicht mit einer Besteigung der Westlichen Karwendelspitze (2384 m) zu verbinden (1/2 Std. hin und zurück, mark.). Längere gesicherte Passagen	Bergstation der Karwendel-Seilbahn (2224 m) in der Karwendelgrube, Talstation Mittenwald (912 m,)	Karwendelgrube – »Heinrich-Noé-Steig« – Brunnsteinhütte (2 1/4 Std.) – »Leitersteig« – Mittenwald (4 Std.)	Bez. Wege	Brunnsteinhütte (1523 m)
13 Pleisenspitze, 2569 m Westlicher Eckpfeiler des Karwendel-Hauptkamms, für Ausdauernde lohnende Tagestour	Scharnitz (964 m,) Tiroler Grenzort an der Strecke Mittenwald – Seefeld	Scharnitz – Pleisenhütte (3 Std.) – Pleisenspitze (5 1/4 Std.); Abstieg auf dem gleichen Weg (gesamt 8 1/2 Std.)	Mark. Wege	Pleisenhütte (1757 m)
14 Eppzirler Scharte, 2091 m Tal- und Passwanderung mit Bahnrückfahrt zum Ausgangspunkt	Gießenbach (1011 m,) Häusergruppe knapp 3 km südwestlich von Scharnitz an der Straße nach Seefeld	Gießenbach – Eppzirler Alm (2 1/2 Std.) – Eppzirler Scharte (4 1/2 Std.) – Solsteinhaus (5 Std.) – Hochzirl (922 m; 6 3/4 Std.,)	AV-Mark. 212, 213	Eppzirler Alm (1459 m), Solsteinhaus (1806 m)

	Tourenziel/Charakteristik	Ausgangspunkt	Wegverlauf & Gehzeit	Markierung	Einkehr am Weg
Karwendel	**15 Reither Spitze, 2374 m** »Seilbahnwandern« hoch über Seefeld, Ausgangspunkt wahlweise bei der Roßhütte oder am Seefelder Joch	Bergstation der Standseilbahn zur Roßhütte (1751 m), Talstation Seefeld (1160 m)	Roßhütte – Seefelder Joch (2060 m; 1 Std.) – Seefelder Spitze (2221 m) Reither Spitze (3 Std.) – Nördlinger Hütte – Härmelekopf (Seilbahn, 3 1/2 Std.)	Gut bez. Wege	Nördlinger Hütte (2239 m)
	16 Freiungen-Höhenweg Klassiker am Westrand des Karwendels für Wanderer mit Ausdauer und sicherem Tritt. Bei Überschreitung der Reither Spitze ist man 1/2 Std länger unterwegs.	Seilbahnstation (2034 m) am Härmelekopf, Talstation Seefeld (1160 m)	Seilbahnstation – Nördlinger Hütte (3/4 Std.) – »Freiungen-Höhenweg« – Solsteinhaus (5 1/4 Std.) – Hochzirl (922 m; 7 Std., Bahnrückfahrt)	AV-Mark. 211, 213	Nördlinger Hütte (2239 m), Solsteinhaus (1806 m)
	17 Großer Solstein, 2541 m Als Tagestour eher für Schnellläufer geeignet! Mit Nächtigung im Solsteinhaus kann man am Nachmittag noch die Erlspitze (2406 m; 1 1/2 Std. ab Hütte) besteigen.	Bahnstation Hochzirl (922 m) Zufahrt ab Zirl (2,5 km)	Hochzirl – Solsteinhaus (2 1/2 Std.) – Großer Solstein (4 3/4 Std.) – Neue Magdeburger Hütte (6 1/4 Std.) – Hochzirl (8 Std.)	AV-Mark., örtliche Bez. 55, 54	Solsteinhaus (1806 m); Neue Magdeburger Hütte (1637 m)
	18 Höttinger Alm, 1487 m Leichte Bergabwanderung, mehrere Einkehrmöglichkeiten unterwegs. Etwas für Genießer; Alpenzoo!	Seegrube (1905 m), Zwischenstation der Hafelekar-Seilbahn, Talstation Hungerburg (868 m)	Seegrube – Bodensteinalm – Höttinger Alm (1 1/2 Std.) – Hungerburg (868 m; 3 Std.)	Bez. Wege	Bodensteinalm (1661 m), Höttinger Alm (1467 m), evtl. Arzler Alm (1067 m)
	19 Goetheweg Aussichtsreicher Höhenweg an der Nordkette; Rückweg/Abstieg über das Kreuzjöchl zur Hungerburg. Einige Fixseile	Bergstation der Hafelekar-Seilbahn (2269 m), Talstation Hungerburg (868 m) bzw. Innsbruck (575 m)	Hafelekar – »Goetheweg« – Pfeishütte (2 1/2 Std.) – Kreuzjöchl (2141 m; 3 1/4 Std.) – Rumer Alm (1243 m) – Hungerburg (868 m; 6 Std.)	AV-Mark. 219, 218	Pfeishütte (1922 m), Vintlalm (1567 m), Rumer Alm (1243 m)
	20 Bettelwurfhütte, 2079 m Große Wanderrunde im Halltal, das auf sieben Jahrhunderte Salzbergbau zurückblickt (Museum)	Parkplatz »Bettelwurfeck« (ca. 1060 m) im Halltal, 6 km von Hall (574 m). Ab Parkplatz bei der Bettelwurfsiedlung (ca. 750 m) Fahrverbot (Shuttlebus bzw. Taxi)	Parkplatz – Herrenhäuser (1482 m) – Issjöchl (1668 m; 2 1/4 Std.) – Lafatscher Joch (2081 m; 4 Std.) – Bettelwurfhütte (5 1/2 Std.) – Parkplatz (7 1/4 Std.)	AV-Mark. 221, 223, 222	Herrrenhaus (1482 m); Bettelwurfhütte (2079 m)
	21 Hundskopf, 2243 m Beliebtes Tourenziel mit toller Inntalschau; am Gipfelaufbau leichte Felsen (I)	Hinterhornalm (1522 m), 12 km von Hall (574 m) auf guter Straße (Maut)	Hinterhornalm – Hundskopf (2 Std.); Abstieg auf dem gleichen Weg (gesamt 3 1/4 Std.).	Rote Mark.	Hinterhornalm (1522 m)
	22 Hochnissl, 2547 m Etwas für Dauerläufer, denen erst Touren mit weit über 1500 Steigungsmetern so richtig Spaß machen. Am Grat leichte Felspassagen, mehrere gesicherte Stellen	Vomperberg (830 m), Streusiedlung oberhalb von Vomp (563 m) Parkmöglichkeit beim Gh. Karwendelrast	Karwendelrast – Zwerchloch (1030 m; 1 1/2 Std.) – Lamsscharte (2217 m; 5 Std.) – Hochnissl (7 Std.) – Karwendelrast (10 Std.)	AV-Nrn. 224, 226; rote Mark.	Gh. Karwendelrast
	23 Stanser Joch, 2102 m Von Maurach auf den Aussichtsbalkon über dem Inntal – und ab Jenbach zurück mit der Ruckel-Zuckel-Dampfbahn!	Maurach (975 m) Ferienort am Achensee	Maurach – Weißenbachhütte – Stanser Joch (3 1/2 Std.) – Weihnachtsegg (1740 m) – Jenbach (6 Std.)	Mark. Wege	Weißenbachhütte (1607 m)
	24 Lamsenjochhütte und Lamsenspitze, 2508 m Beliebte Ziele im Osten des Karwendels: Hüttenwanderung für jedermann/frau, Gipfel setzt Schwindelfreiheit und einen sicheren Tritt voraus (Drahtseile).	Gramaialm (1263 m) im Falzthurntal, 9 km ab Pertisau (952 m); Mautstraße)	Gramaialm – Lamsenjochhütte (2 Std.) – Lamsscharte – Lamsenspitze (4 Std.); Abstieg auf dem gleichen Weg (gesamt 6 3/4 Std.)	AV-Mark. 201, rote Bez.	Lamsenjochhütte (1953 m)
	25 Sonnjoch, 2457 m Markanter Karwendelgipfel; lohnende Überschreitung für erfahrene Bergwanderer, großes Panorama. Leichte Kletterstellen (I–II) im Aufstieg	Gramaialm (1263 m) im Falzthurntal, 9 km ab Pertisau (952 m); Mautstraße)	Gramaialm – Bärenlahnersattel (1994 m; 2 1/2 Std.) – Sonnjoch (4 Std.) – Gramai-Hochleger (1756 m) – Gramaialm (6 1/2 Std.)	Mark. Steige	Gramaialm (1263 m)
	26 Montscheinspitze, 2106 m Anspruchsvolle Gipfelüberschreitung mit leichten Kletterstellen, im Auf- und Abstieg (I–II). Bergerfahrung unerlässlich!	Gernalm (1166 m), mautpflichtige Anfahrt von Pertisau	Gernalm – Schleimssattel (1556 m; 1 3/4 Std.) – Montscheinspitze (3 1/2 Std.) – Plumsjoch (1921 m) – Plumssattel (5 Std.) – Gernalm (6 Std.)	Örtliche Mark., AV-Nrn. 236, 233	Plumsjochhütte (1630 m)
Achensee-Rofan	**27 Seebergspitze, 2085 m** Großzügige Kammüberschreitung für Ausdauernde und Trittsichere; packend die Tiefblicke auf den Achensee	Achensee (934 m) Fraktion der Gemeinde Achenkirch, am Nordende des Sees	Achensee – Seekaralm – Seekarspitze (2053 m; 3 Std.) – Seebergspitze (4 Std.) – Pertisau (6 1/2 Std.).	Mark. Wege	Seekaralm (1500 m)
	28 Hochplatte, 1815 m Sie steht zwar im Schatten des benachbarten Juifen, doch hat die Hochplatte ebenfalls eine hübsche Aussicht zu bieten.	Achenkirch (916 m) Talstation der Christlum-Lifte	Achenkirch – Seewaldhütte (1 3/4 Std.) – Hochplatte (2 1/2 Std.) – Seewaldhütte – Feichteralm – »Karwendelweg« – Achenkirch (4 3/4 Std.)	Bez. Wege	

Tourenziel/Charakteristik	Ausgangspunkt	Wegverlauf & Gehzeit	Markierung	Einkehr am Weg
29 Juifen, 1988 m Sein markantes Profil ist bis weit ins Alpenvorland zu sehen, der Gipfel bietet ein prächtiges Panorama mit Blickfang Karwendel. Einziger Schönheitsfehler der beliebten Tour: zu viele Straßen. Das wiederum lädt zu einer Unternehmung Hike&Bike ein.	Achental (896 m,) an der Straße Achenpass – Achensee	Achental – Falkenmossalm (1328 m) – Großzemmalm – Juifen (3 1/2 Std.); Abstieg auf dem gleichen Weg (gesamt 5 3/4 Std.)	Rot mark. Weg	Falkenmoosalm (1328 m)
30 Achensee-Westuferweg Beliebte Wanderung am Westufer des Achensees, der mit seinen Steilufern ein wenig an einen nordischen Fjord erinnert. Für den ersten Abschnitt bis zur Gaisalm ist Trittsicherheit erforderlich (Drahtseile, Stiege). Schaubergwerk (Steinölgewinnung) beim Breitgries. Rückfahrt per Schiff über den See	Schiffanlegestelle beim Hotel Scholastika am Nordende des Achensees (930 m,)	Scholastika – Achensee (931 m) – Westuferweg – Gaisalm (938 m) – Breitgries – Pertisau (952 m; 2 1/2 Std.)	Gut markierter Weg, nicht zu verfehlen	Gaisalm, Pertisau
31 Blauberge; Halserspitz, 1862 m Aussichtsreiche Gratwanderung mit recht langem »Anlauf«. Am Grat Trittsicherheit erforderlich	Köglboden (963 m,) an der Strecke Achental – Steinberg	Köglboden – Schönleitenalm – Blaubergalm (3 Std.) – Blauberggrat – Halserspitz (5 Std.) – Gufferthütte (5 3/4 Std.) – Köglboden (7 1/4 Std.)	Teilweise Straßen, Grat- und Höhenweg bez.	Blaubergalm, Gufferthütte (1465 m)
32 Guffert, 2195 m Sein Profil ist unverwechselbar: eine elegante, frei stehende Felspyramide. Die Besteigung verlangt einen sicheren Tritt; in der Nordflanke und am Grat ein paar Sicherungen.	Obere Bergalm (1029 m,) an der Strecke Achental – Steinberg	Obere Bergalm – Stubaalm (1371 m; 1 1/4 Std.) – Nordwandsteig – Guffert (4 1/4 Std.) – Südweg – Obere Bergalm (6 1/4 Std.)	Bez. Wege	
33 Hochunnutz, 2075 m Aussichtsreiche Überschreitung des Unnutzmassivs. Ausdauer und ein sicherer Tritt sind unerlässlich.	Achenkirch (916 m,) Ferienort nördlich des Achensees	Achenkirch – Zöhreralm (1 Std.) – Hochunnutz (3 Std.) – Vorderunnutz (2078 m; 4 Std.) – Köglalm (5 Std.) – Achenkirch (6 Std.)	Mark. Wege	Zöhreralm (1334 m), Köglalm (1420 m)
34 Hochiss, 2299 m Der höchste Rofangipfel ist ein sehr populäres Gipfelziel, auch des kurzen Anstiegs wegen. Lohnend die Überschreitung mit Abstieg zum Achensee-Ostufer	Bergstation der Rofan-Seilbahn bei der Erfurter Hütte (1831 m), Talstation Maurach (975 m,)	Erfurter Hütte – Hochiss (1 1/2 Std.) – Streichkopfgatterl (2196 m) – Steinernes Tor (1976 m) – Dalfazalm (1693 m; 3 Std.) – Durraalm – Maurach (4 1/2 Std.)	AV-Mark. 413, örtliche Mark. 13	Erfurter Hütte (1831 m), Dalfazalm (1693 m)
35 Rofanspitze, 2259 m Etwas für Gipfelsammler: fünf auf einen Streich! Dazu viel Aussicht, packende Tiefblicke und am Sagzahn ein kleines Felsabenteuer (kann umgangen werden)	Bergstation der Rofan-Seilbahn bei der Erfurter Hütte (1831 m), Talstation Maurach (975 m,)	Erfurter Hütte – Spieljoch (2236 m) – Rofanspitze (2 Std.) – Sagzahn (2228 m) – Vorderes Sonnwendjoch (2224 m; 3 Std.) – Schermsteinalm – Haidachstellwand (2192 m) – Erfurter Hütte (5 3/4 Std.)	Gut mark. Wege	Erfurter Hütte (1831 m)
36 Ebner Joch, 1957 m Aussichtskanzel über dem Inntal, der Kernregion des Rofan südlich vorgelagert. Faszinierende Tiefblicke zum Inn und auf den Achensee; am südlichen Horizont die Dreitausender des Alpenhauptkamms (Zillertaler Alpen)	Maurach (975 m,) Ferienort am Südende des Achensees	Maurach – Astenau (1 1/2 Std.) – Ebner Joch (3 Std.) – »Hubersteig« – Maurach (5 3/4 Std.)	Mark. Wege	Gh. Astenau (1482 m)
37 Bayreuther Hütte – Zireiner See, 1799 m Landschaftsjuwel im Osten des Rofan. Nach der Stilllegung der Sonnwendjochbahn ist der Zustieg viel länger.	Münster (534 m,)	Höllenstein – Bayreuther Hütte (3 Std.) – Zireiner See (3 3/4 Std.) – Sonnwendjoch (1785 m; 4 1/4 Std.) – Bayreuther Hütte (5 1/2 Std.) – Kniepasskapelle (1096 m) – Münster (7 1/4 Std.)	Bez. Wege	Bayreuther Hütte (1576 m)
38 Tiefenbachklamm Interessante Schluchtwanderung auf den Spuren der Flößer (Holztrift). Rückweg über Brandenberg	Kramsach (520 m,), Parkplatz der Sonnwendjochbahn in Mariatal	Mariatal – Tiefenbachklamm – Brandenberg (Markstein, 883 m) – Mariatal (4 1/2 Std.)	Gut mark. Wege	Tiefenbachklamm (680 m)
39 Voldöppberg, 1510 m Gipfelrunde über dem Inntal, überwiegend schattig, im Sommer aber trotzdem recht warm. Und hinterher ein kühlendes Bad im Reintaler See?	Kramsach (513 m,) im Inntal	Kramsach – Frauensee – Voldöppberg (3 Std.) – Berglsteiner See (713 m) – Reintaler See – Kramsach (5 1/2 Std.).	Mark. Wege	Am Reintaler See
40 Heuberg, 1746 m, und Kienberg, 1786 m Zwei Gipfel und viel Aussicht bietet diese Tour im Hinterland von Brandenberg.	Brandenberg (919 m,) Zufahrt von Kramsach bis zum geschlossenen Gh. Kink (20 Min. vom Ort)	Gh. Kink – Heuberg (1746 m) – Kienberg (2 3/4 Std.) – Einkehrboden – Oberberg (4 1/4 Std.) – Gh. Kink (5 Std.)	Bez. Wege, ab Oberberg Straße	

Das Zillertal

Kontraste zwischen Inn und Alpenhauptkamm

Das Zillertal und seine Berge: ein Landstrich voller Gegensätze, verkitscht da, urtümlich dort, in Teilen dem Wintertourismus preisgegeben, mit seinen der Energiegewinnung geopferten »Gründen« (Tälern), über denen ungerührt die Dreitausender stehen. Ihnen wurde mehr Ruhe verordnet, der 372 Quadratkilometer große »Naturpark Zillertaler Alpen« ins Leben gerufen, was ein weiteres Ausufern der touristischen Erschließung verhindern soll.

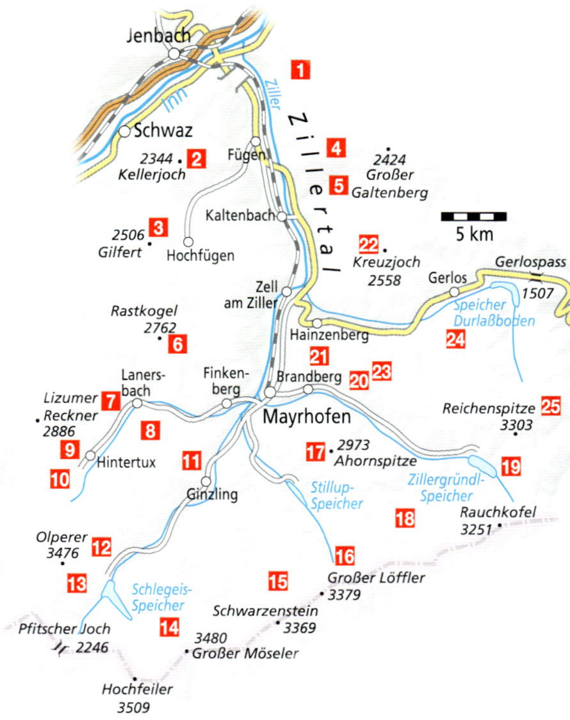

Ob man drunten im Zillertal, wo mit Events auf der grünen Wiese (»Zillertaler Schürzenjäger« etc.) Massen angelockt werden, wohl gemerkt hat, dass hier Landschaft, hochalpin und einigermaßen unversehrt, Grundlage jeden Geschäfts ist? Und mit diesen »steinigen« Pfunden kann man durchaus wuchern, das wird jeder bestätigen, der sich in den Gründen umgesehen hat, dem Hohen Riffler aufs hohe Haupt gestiegen ist, den Stilluppgrund umwandert oder frühmorgens von der Terrasse der Kasseler Hütte beobachtet hat, wie die ersten Sonnenstrahlen kleine »Feuerchen« an den hohen, zersplitterten Graten des Floitenkamms entzündeten.

Lohnende Wanderziele finden sich auch in der Region der »grünen« Vorberge des unteren Tals, westlich in den Tuxer Alpen, östlich in den Zillertaler Alpen – fast immer mit Aussicht auf die großen, firnbedeckten Dreitausender über den Zillertaler Gründen. Wichtigste Fremdenorte der Region sind Zell am Ziller, Mayrhofen und Hintertux.

Steckbrief

Fläche: 1400 qkm
Höchster Punkt: Hochfeiler (3510 m)
Gebirgsgruppen: Tuxer Alpen (Ost), Zillertaler Alpen (Nord), Kitzbüheler Alpen (West)
Wichtigste Ortschaften: Zell am Ziller, Mayrhofen, Hintertux, Gerlos
Wandervorschläge: 25

Berliner Höhenweg

Ein absoluter Hit unter den Höhenwegen der Ostalpen; Siebentagetour durch die Zillertaler Alpen, Nächtigung jeweils in AV-Hütten. Durchgehend bezeichnete, hochalpine Steige; einige recht anspruchsvolle, auf kürzeren Strecken teilweise gesicherte Passagen, z. B. auf dem Teilstück von der Gamshütte zum Friesenberghaus, an der Mörchnerscharte und am »Siebenschneidenweg«. Von allen Hütten Zwischenabstiege möglich.

1. Tag: Finkenberg – Gamshütte (1921 m), 3 Std. **2. Tag:** Gamshütte – Friesenberghaus (2477 m) 8 1/2 Std. **3. Tag:** Friesenberghaus – Furtschaglhaus 5 1/4 Std. **4. Tag:** Furtschaglhaus – Schönbichler Horn (3134 m) – Berliner Hütte (2042 m) 5 Std. **5. Tag:** Berliner Hütte – Greizer Hütte 6 Std. **6. Tag:** Greizer Hütte – Kasseler Hütte (2178 m) 5 1/2 Std. **7. Tag:** Kasseler Hütte – »Siebenschneidenweg« – Edelhütte (2238 m) 8 Std.

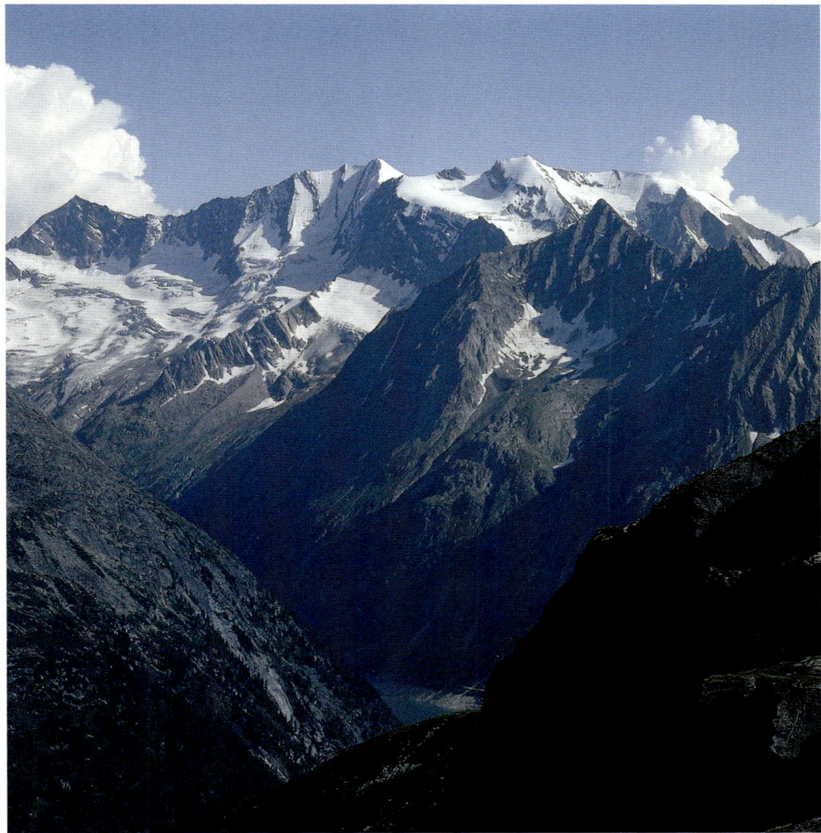

Hohe Gipfel über tiefen Gründen: Hochfeiler und Schlegeis-Speicher

Auf den »Berliner Höhenweg«

11 Gamshütte, 1921 m – Wildschrofen

Charakteristisch für die Zillertaler Alpen sind ihre tiefen, vom Gletschereis ausgehobelten Trogtäler – die »Gründe«. Die längsten – Zemm-, Stillupp- und Zillergrund – stoßen, im Mündungsbereich schluchtartig verengt, bei Mayrhofen (633 m) zusammen. Einen Kilometer über dem untersten Zemmgrund thront die Gamshütte, Ausgangspunkt des »Berliner Höhenweges«. Der wiederum vermittelt lehrbuchmäßige Talbilder; besonders schön der Blick auf das Profil des Floitengrundes, der vom Großen Löffler (3379 m) markant abgeschlossen wird.

Von Dornauberg-Ginzling wandert man zunächst links des Zemmbachs talauswärts. Beim Gasthaus Gamsgrube (978 m) beginnt der Aufstieg zur Gamshütte, überwiegend schattig, allerdings auch mit wenig Aussicht. Umso mehr zu sehen gibt's dann auf dem »Berliner Höhenweg«, der beim Schutzhaus mit ein paar Kehren startet, dann ohne größere Höhenunterschiede die Karmulden unter den Grinbergspitzen quert, ehe er kurz zu einer winzigen Scharte am Wildschrofengrat (2142 m) ansteigt.

Gleich dahinter beginnt der Abstieg, ordentlich bezeichnet, aber zunächst teilweise weglos. Die Wildalpe bleibt rechts; an der Jausenstation Oberböden (1533 m) links in den Wald und auf guten Wegen weiter abwärts in den Zemmgrund.

Dreitausend und drüber

12 Hoher Riffler, 3231 m

Natürlich ist der Olperer (3476 m) das Gipfelziel schlechthin im Westen der Zillertaler Alpen – aber halt nicht für Wanderer. Die nehmen sich dafür gerne den Hohen Riffler vor, auch er ein ordentlicher Dreitausender mit großer Rundschau, markiertem Aufstieg und einer Hütte auf halbem Weg.

Als leicht kann man einen Dreitausender – das sei hier in Erinnerung gerufen – nur bei gutem Wetter bezeichnen; bei einem Wettersturz, schlechter Sicht oder gar Schneefall verwandelt sich übersichtliches Gelände schnell in einen Irrgarten, kommt man leicht vom richtigen Weg ab.

Von der Staumauer Schlegeis zunächst kurz bergan zur Dominikushütte, dann rechts über einen Bach und horizontal zu ein paar Kehren, die aus dem Wald hinaufleiten in offenes Almgelände. Am Alblegg kommt das Friesenberghaus ins Blickfeld. Hinter der Hütte führt die markierte Spur in Ostrichtung bergan gegen die Peterscharte; rechts das mit vielen Steinmännern »verzierte« Petersköpfl (2679 m). An der Senke beginnt der lang gestreckte Südgrat des Hohen Riffler. Den ersten Steilaufschwung umgeht man links, dann bleibt die Route bis zum Gipfel mehr oder weniger am Grat; Geröll, Schneeflecken und Blockwerk wechseln ab. Oben am Kreuz gibt's die große Rundschau – und drunten im Friesenberghaus die verdiente Brotzeit. Prost!

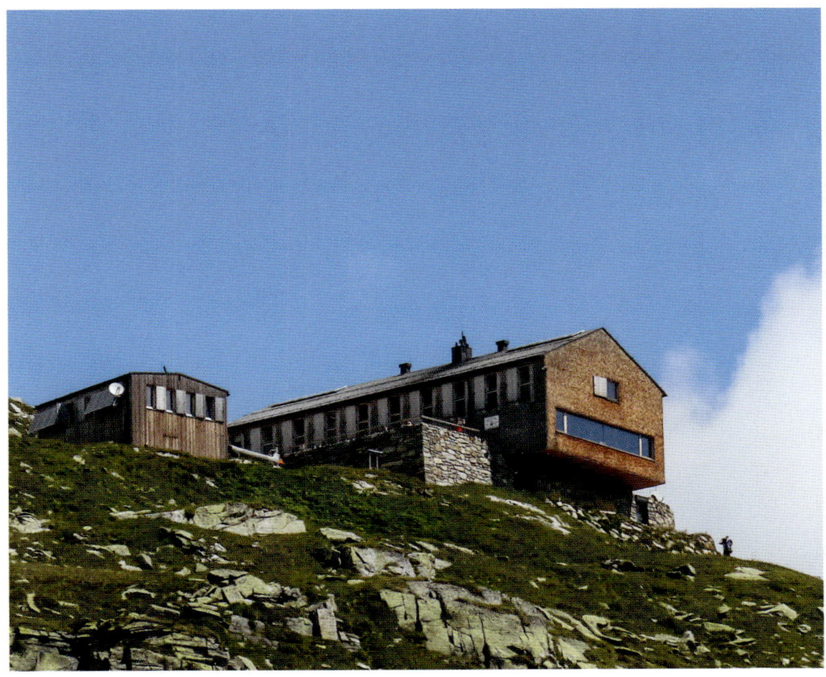

Etwas eigenwillige Architektur: die neue Olpererhütte

	Tourenziel/Charakteristik	Ausgangspunkt	Wegverlauf & Gehzeit	Markierung	Einkehr am Weg
Zillertal	**1 Reither Kogel, 1336 m** Hübscher »Guck-ins-Land« über der Mündung des Zillertals. Wer's ganz bequem mag, benützt entweder den Sessellift oder die Straße zum Kerschbaumer Sattel (1111 m).	Reith bei Brixlegg (637 m) 2 km südlich von Brixlegg (534 m) gelegenes Dörfchen	Reith – Hubkapelle – Reither Kogel (2 1/4 Std.) – Reith (3 3/4 Std.)	Bez. Wege	Gh. Nisslhof unweit der Liftstation
Zillertal	**2 Kellerjoch, 2344 m** Viel besuchter, isoliert über dem Inntal stehender Wander- und Skiberg. Am »Alpinsteig« Trittsicherheit unerlässlich	Bergstation (1865 m) der von Fügen (545 m) ausgehenden Spieljochbahn	Spieljoch – »Alpinsteig« – Kellerjochhütte – Kellerjoch (2 1/2 Std.) – Kellerjochhütte – Gartalm-Hochleger (1849 m) – Geolsalm (1733 m) – Spieljoch (4 1/2 Std.)	»Alpinsteig« rot-weiß bez.	Kellerjochhütte (2237 m)
Zillertal	**3 Gilfert, 2506 m** Markante Erhebung im Norden der Tuxer Alpen mit schöner Aussicht und markiertem Anstieg. Auch ein beliebtes Skitourenziel. Kürzester Anstieg vom Gamssteinhaus (1675 m); Zufahrt von Schwaz im Inntal bis zur Hütte	Schellenbergalm (1291 m) an der Straße von Fügen zur Skistation Hochfügen	Schellenbergalm – Gamssteinhaus – Kleiner Gamsstein (1942 m) – Großer Gamsstein (2142 m) – Gilfert (3 3/4 Std.); Abstieg auf dem gleichen Weg (gesamt 6 Std.)	Mark. Wege	Gamssteinhaus (1675 m)
Zillertal	**4 Sagtaler Spitze, 2241 m** Spannende Runde über dem innersten Alpbachtal; am »Gamssteig« einige gesicherte Passagen. Ausdauer, ein sicherer Tritt und Schwindelfreiheit unerlässlich. Man kann alternativ auch mit der Gondelbahn zum Hornboden (1815 m) hinauffahren und gemütlich von Norden zur Sagtaler Spitze wandern (1 3/4 Std.).	Parkplatz im Greiter Graben (ca. 1090 m); Anfahrt von Brixlegg via Alpbach und Inneralpbach	Greiter Graben – Greitalm (1317 m) – Farmkehr-Niederalm – Krinnjoch (1998 m; 3 Std.) – »Gamssteig« – Sagtaler Spitze (4 1/4 Std.) – Hochstand (2057 m) – Moser-Baumgartenalm – Greiter Graben (6 1/2 Std.)	Mark. Wege	Farmkehr-Niederalm (1521 m)
Zillertal	**5 Hamberg, 2095 m** Rundwanderung über dem Märzengrund, besonders schön im Herbst	Gattererberg, Streusiedlung über der Mündung des Märzengrundes. Zufahrt von Stumm (556 m) Parkmöglichkeit beim Gh. Bergrast (1060 m; 6 km)	Bergrast – Hamberg (3 Std.) – Obweinalm (1548 m) – Inneröfen – Bergrast (6 1/2 Std.)	Bez. Wege	Gh. Bergrast (1060 m).
Zillertal	**6 Rastkogel, 2762 m** Beliebte Kammwanderung mit großer Zillertaler Gipfelschau; die Umgebung des Penken »schmücken« zahlreiche Liftanlagen und Güterwege.	Bergstation der Penkenbahn (1794 m), Talstation Mayrhofen (633 m)	Seilbahnstation – Gschößberg – Penken (2095 m) – Wanglalm – Rastkogel (4 Std.); Abstieg auf dem gleichen Weg (gesamt 6 1/2–7 Std.)	Bez. Wege	Mehrere Gasthäuser. zwischen Seilbahn und Penken
Tuxer Alpen-Zillertaler Alpen	**7 Grüblspitze, 2395 m – Ramsjoch, 2508 m** Abwechslungsreiche Runde, dank der »Aufstiegshilfe« nur mäßig anstrengend. Panorama mit Gletscherblick, dazu der stimmungsvolle Torsee; alte Höfe in Gemais	Bergstation der Eggalm-Gondelbahn (1948 m), Talstation Lanersbach (1281 m)	Eggalm – Grüblspitze (1 1/2 Std.) – Ramsjoch (2 1/2 Std.) – Nasse Tuxalm – Gemais – Lanersbach (5 1/2 Std.)	Örtliche Mark.	Eggalm (1984 m)
Tuxer Alpen-Zillertaler Alpen	**8 Tettensjoch, 2276 m** Almrunde mit Gipfelabstecher, Aufstieg recht steil	Lanersbach (1281 m) im Tuxer Tal	Lanersbach – Tettensjoch (3 Std.) – Kreuzjoch (2178 m) – Höllensteinhütte – Lanersbach (5 1/2 Std.)	Mark. Wege	Höllensteinhütte (1710 m)
Tuxer Alpen-Zillertaler Alpen	**9 Wandspitze, 2614 m** Abwechslungsreiche Runde über dem inneren Tuxer Tal; im Gschützkar viele Gämsen, üppige Flora	Hintertux (1493 m), Ferienort am Ende der Tuxer Talstraße, knapp 20 km ab Mayrhofen	Hintertux – Bichlalm – Kellenspitze (2179 m; 2 Std.) – Wandspitze (3 1/2 Std.) – Weitental – Hintertux (5 1/2 Std.)	Örtliche Bez. 31, AV-Nr. 323	Bichlalm (1695 m)
Tuxer Alpen-Zillertaler Alpen	**10 Spannagelhaus, 2531 m – Tuxer-Joch-Haus** Große Runde unter dem Olperer mit faszinierenden Hochgebirgsbildern. Weniger schön all die Lifte und Pisten: Fun, Fun, Fun … Unbedingt besuchenswert: die Spannagelhöhle (Führungen)	Hintertux (1493 m) Ferienort am Ende der Tuxer Talstraße, knapp 20 km ab Mayrhofen	Hintertux – Schraubenfall – Spannagelhaus (3 1/2 Std.) – Tuxer-Joch-Haus (5 Std.) – Weitental – Hintertux (6 3/4 Std.)	AV-Mark. 526, 325, 326	Spannagelhaus (2531 m); Tuxer-Joch-Haus (2316 m)
Tuxer Alpen-Zillertaler Alpen	**11 Gamshütte, 1921 m – Wildschrofen** Hütten- und Höhenwanderung; faszinierend die Aus- und Tiefblicke vom »Berliner Höhenweg« in mehrere Zillertaler »Gründe«	Dornauberg (985 m) im Zemmgrund, 10 km von Mayrhofen	Dornauberg – Gamsgrube (1/2 Std.) – Gamshütte (3 1/4 Std.) – »Berliner Höhenweg« – Wildschrofen (2145 m; 5 Std.) – Dornauberg (7 Std.).	Rote Mark.	Gamshütte (1921 m)
Tuxer Alpen-Zillertaler Alpen	**12 Hoher Riffler, 3231 m** Leichter Dreitausender, Bergerfahrung, Ausdauer und sicheres Wetter sind aber dennoch Bedingung für die Tour.	Speicher Schlegeis (1782 m) Endpunkt der Straße (Maut) durch den Zemmgrund, 23 km ab Mayrhofen	Speicher Schlegeis – Friesenberghaus (2 Std.) – Hoher Riffler (4 1/2 Std.); Abstieg auf dem gleichen Weg (gesamt 7 1/2 Std.)	AV-Mark. 532, rote Bez.	Dominikushütte (1805 m); Friesenberghaus (2477 m)

Tourenziel/Charakteristik	Ausgangspunkt	Wegverlauf & Gehzeit	Markierung	Einkehr am Weg
13 Olpererhütte, 2388 m Höhen- und Hüttenrunde zwischen Schlegeisstausee und Olperer (3476 m), Abschnitt des »Berliner Höhenwegs«	Speicher Schlegeis (1782 m, Bus) Endpunkt der Straße (Maut) durch den Zemmgrund, 23 km von Mayrhofen	Speicher Schlegeis – Friesenberghaus (2 Std.) – »Berliner Höhenweg« – Olpererhütte (3 1/2 Std.) – Speicher Schlegeis (5 Std.)	AV-Mark. 532, 526, 502	Dominikushütte (1805 m), Friesenberghaus (2477 m), Olpererhütte (2388 m)
14 Schönbichler Horn, 3134 m Dreitausender am Übergang vom Speicher Schlegeis in den oberen Zemmgrund. Ausdauer und Bergerfahrung notwendig (kurze gesicherte Passagen)	Speicher Schlegeis (1782 m, Mautstraße, Bus), dorthin vorteilhaft per Bus, das Auto bleibt dann beim Gh. Breitlahner, Endpunkt der Tour	Speicher Schlegeis – Furtschaglhaus (2 3/4 Std.) – Schönbichler Horn (5 Std.) – Gh. Alpenrose (7 Std.) – Gh. Breitlahner (1257 m; 8 3/4 Std., Bus)	AV-Mark.	Furtschaglhaus (2293 m), Gh. Alpenrose (1873 m), Grawandhütte (1636 m)
15 Greizer Hütte, 2227 m Gemütliche Talwanderung in den Floitengrund	Ginzling (985 m, Bus), kleiner Flecken im Zemmgrund, 10 km von Mayrhofen	Ginzling – Greizer Hütte (4 Std.); Abstieg auf dem gleichen Weg (gesamt 6 3/4 Std.)	AV-Mark. 521	Greizer Hütte (2227 m), Steinbockhaus (1382 m), Tristenbachalm (1177 m)
16 Kasseler Hütte, 2177 m Interessante Runde über dem innersten Stilluppgrund vor großer Gipfelkulisse. Eine gesicherte Passage, Trittsicherheit unerlässlich	Grüne-Wand-Hütte (1438 m) im Stilluppgrund, Wanderbus ab Mayrhofen oder ab Speicher Stillupp (1116 m)	Grüne-Wand-Hütte – Kasseler Hütte (2 Std.) – Eiskar – Lapenkar (5 Std.) – Grüne-Wand-Hütte (7 Std.)	AV-Mark. 502, 518	Kasseler Hütte (2177 m)
17 Ahornspitze, 2973 m Fast-Dreitausender und großer Aussichtspunkt, bei Benützung der Ahornbahn Tagespensum. Trittsicherheit. Vom Gipfel einmalige Schau über die Zillertaler Alpen und in ihre Gründe	Seilbahn Bergstation der Ahornbahn auf der Filzenrast (1960 m), Talstation Mayrhofen (633 m, Bus)	Filzenrast – Edelhütte (1 Std.) – Ahornspitze (3 1/4 Std.); Abstieg auf dem gleichen Weg (5 1/2 Std.)	AV-Mark. 514, rote Bez.	Edelhütte (2238 m)
18 Sundergrund Wenig anstrengende Wanderung in das einsame Hochtal	Gh. In der Au (1265 m, Bus) im Zillergrund, 10 km ab Mayrhofen (Mautstraße)	In der Au – Kainzenalm – Karboden (1840 m; 2 1/2 Std.); Abstieg auf dem gleichen Weg (gesamt 4 Std.)	Bez. Weg	Gh. In der Au (1265 m), Kainzenalm
19 Plauener Hütte, 2373 m – »Hannemannweg« Abwechslungsreiche Runde unter den bizarren Felsbauten der Reichenspitzgruppe (Reichenspitze, 3303 m). Sehr schön der Talschluss mit Rauhkofel (3252 m) und Kleinspitze (3169 m)	Gh. Bärenbad (1450 m) im inneren Zillergrund, 12 km ab Mayrhofen (Mautstraße); Wanderbus bis zum Speicher Zillergründl (1850 m)	Gh. Bärenbad – Speicher Zillergründl (1 1/4 Std.) – Plauener Hütte (2 3/4 Std.) – »Hannemannweg« (4 Std.) – Schönangerl – Speicher Zillergründl – Gh. Bärenbad (6 3/4 Std.)	AV-Mark. 502, 517	Gh. Bärenbad (1450 m); Plauener Hütte (2364 m)
20 Brandberger Kolm, 2700 m Recht anstrengende Tagestour, vom Gipfel packende Rundschau	Brandberg (1082 m, Bus) Streusiedlung über dem untersten Zillergrund, 5 km ab Mayrhofen	Brandberg – Kolmhaus (2 1/4 Std.) – Brandberger Kolm (4 3/4 Std.); Abstieg auf dem gleichen Weg (gesamt 7 1/2 Std.)	AV-Mark. 513, rote Bez.	Kolmhaus (1845 m)
21 Hochfeld, 2350 m Aussichtsreiche Kammwanderung über den Tälern der Ziller und des Gerlosbachs. Mehrere Varianten möglich, auch Übergang zum Brandberger Kolm	Seilbahn Bergstation der Gerlossteinbahn (1645 m), Talstation Zell am Ziller (Hainzenberg, Bus)	Seilbahn – Gerlossteinwand (2166 m; 1 1/2 Std.) – Hochfeld (2 1/4 Std.) – Heimjöchl – Seilbahn (3 3/4 Std.)	Bez. Wege	Gh. Gerlosstein (1620 m)
22 Kreuzjoch, 2558 m Lange Überschreitung ins Gerlostal; großes Panorama vom Gipfel. An den vielen Liften darf man sich nicht stören.	Seilbahn Bergstation der Kreuzkogelbahnen auf der Rosenalm (1730 m), Talstation Zell am Ziller (575 m, Bus)	Rosenalm – Törljoch (2189 m) – Kreuzjoch (2 1/2 Std.) – Richbergkogel (2278 m) – Gerlostalalm (1756 m) – Gerlos (1245 m; 5 1/2 Std., Bus)	Örtliche Mark. 10, 9	Rosenalm (1730 m)
23 Seespitz, 2360 m Abwechslungsreiche Runde unter dem Brandberger Kolm. Vom Gipfel hübscher Blick nach Westen, auf die Berge rund um Mayrhofen und das Tuxer Tal	Gh. Kühle Rast (1191 m, Bus) an der Strecke Zell am Ziller – Gerlos	Kühle Rast – Weißbachlalmen – Seespitz (3 1/2 Std.) – Brandbergjoch (2307 m) – Schwarzachgrund – Kühle Rast (6 Std.)	Mark. Wege	Gh. Kühle Rast (1191 m)
24 Arbiskogel, 2048 m Kleine Gipfeltour südlich über Gerlos	Gerlos (1245 m, Bus) Ferienort an der Strecke Zell am Ziller – Gerlospass	Gerlos – Arbiskogel (2 1/2 Std.) – Lackengrubenalm (1696 m) – Gerlos (4 1/4 Std.)	Örtliche Mark. 7	
25 Zittauer Hütte, 2329 m, und Roßkopf, 2845 m Ein großes Alpenpanorama bietet der Ausflug zur Zittauer Hütte am Unteren Wildgerlossee; noch umfassender ist die Schau vom Roßkopf. Am Gipfel Trittsicherheit; weiter sehenswert: Leitenkammerklamm	Gh. Finkau (1420 m) im Wildgerlostal, Mautstraße, 6 km ab Gerlospass (1507 m, Bus)	Finkau – Zittauer Hütte (3 1/4 Std.) – Roßkopf (4 3/4 Std.); Abstieg auf dem gleichen Weg (7 3/4 Std.)	AV-Mark. 540	Gh. Finkau (1420 m); Zittauer Hütte (2329 m)

Berchtesgadener und Chiemgauer Alpen

Bayerische Bilderbuchlandschaften

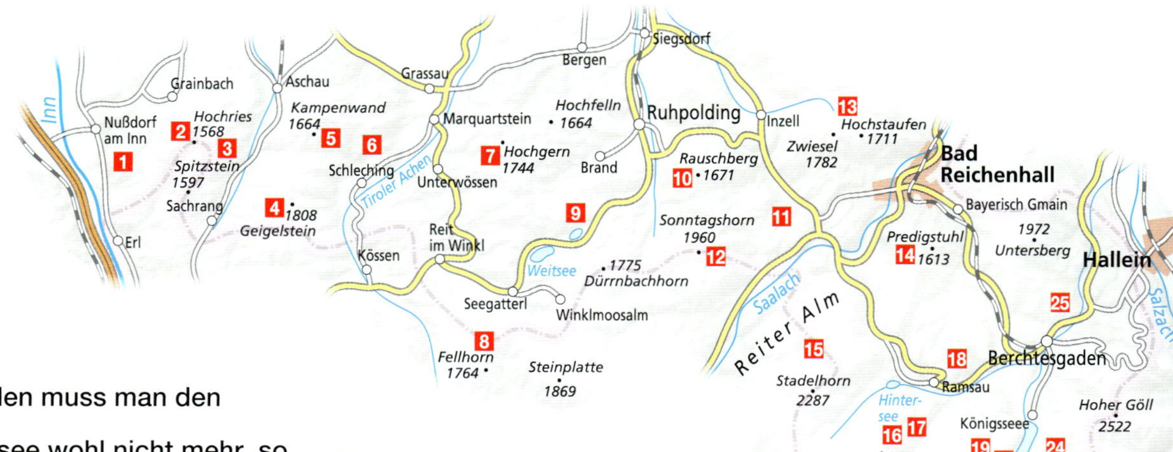

Vorstellen muss man den Königssee wohl nicht mehr, so wenig wie die »Märchenschlösser« des unglücklichen Ludwig. See und alte Gemäuer gehören zum Inventar der Bayerischen Alpen, sie locken Touristen in Scharen und aus aller Welt an. So wird eine Fahrt über den »schönsten Alpensee« – Watzmann und Trompetenecho inklusive – gelegentlich zur wenig erbaulichen Veranstaltung.

Doch einmal den Massen entkommen, erlebt man die Landschaft in ihrer ganzen Schönheit, wird aus Sightseeing Naturerlebnis, ist man als Wanderer unter seinesgleichen. Und der entdeckt nicht bloß im Berchtesgadener Land lohnende Ziele; weiter westlich, in den Chiemgauer Bergen, lockt vor allem mancher Voralpengipfel mit einer kontrastreichen, stimmungsvollen Aussicht: hinaus ins flache Land, hinein ins Hochgebirge. Zu so einer Wanderung »auf Bayerisch« gehört neben dem weiß-blauen Himmel natürlich eine ordentliche Brotzeit mitsamt dem schaumgekrönten Nationalgetränk. Wohl bekomm's!

Wichtige touristische Zentren im Osten der Bayerischen Alpen sind neben Berchtesgaden die Kurstadt Bad Reichenhall, Inzell, Ruhpolding und Reit im Winkl. Berühmtester Gipfel der Region ist der Watzmann (2713 m); in den Chiemgauer Alpen hält das Sonntagshorn (1960 m) den (bescheidenen) Rekord.

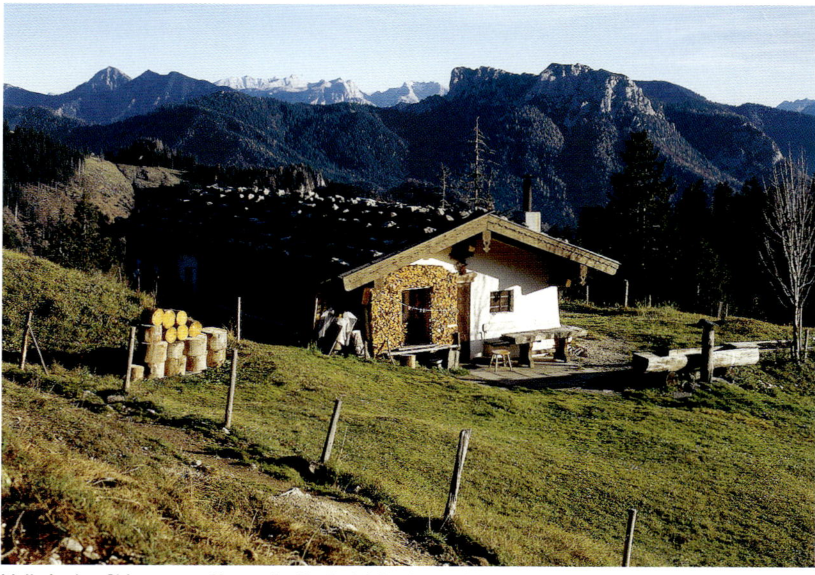
Idylle in den Chiemgauer Alpen: die Bischofsfellnalm am Hochgern

Steckbrief

Fläche: ca. 1800 qkm
Höchster Punkt: Watzmann (2713 m)
Gebirgsgruppen: Chiemgauer Alpen, Berchtesgadener Alpen
Wichtigste Ortschaften: Reit im Winkl, Ruhpolding, Inzell, Bad Reichenhall, Berchtesgaden
Wandervorschläge: 25

Dreimal Aussicht

3 Hochries, 1568 m

Der Chiemgau kann mit einer ganzen Anzahl von schönen Aussichtsbalkonen in bevorzugter Alpenrandlage aufwarten; dass da gleich mehrere auch vom Namen her bereits »hoch« sind, überrascht deshalb wenig. Das markanteste Profil zeigt die Kampenwand, die vielleicht schönste Sicht auf den Chiemsee bietet der Hochgern. Weit im Westen steht die Hochries, wie der Hochfelln mit Gipfelbahn – und schönen Wanderwegen. Besonders dankbar ist eine Überschreitung vom Feichteck (1514 m) über den Karkopf zur Hochries; der Trubel beschränkt sich dabei weitgehend auf die Umgebung des Seilbahngipfels.

Die Runde startet am Waldparkplatz, führt zunächst schattig zur Sommerwirtschaft auf der Wagneralm, dann in steilem Zickzack rechts der schroffen Auerwand bergan. Nach einer längeren Querung ist die sonnige Gipfelschräge unter dem Feichteck (1514 m) gewonnen; oben am Gipfelkreuz gibt's dann die erste Rundschau. Gut einzusehen ist auch der Weiterweg zur Hochries: teilweise im Wald hinunter in die Gratsenke (1380 m) vor dem Karkopf (1496 m), den man an seinem felsigen Südwestgrat (I) ersteigt. Dahinter nochmals leicht bergab, dann auf viel begangenem Weg am licht bewaldeten Kamm hinauf zum Gipfelhaus an der Hochries.

Der Abstieg führt zunächst in die idyllische Mulde vor dem Riesenberg, anschließend quer durch die Nordwestflanke der Hochries zur Ebersberger Alm (1151 m) und weiter durch einen Graben hinunter in die Spatenau, wo die Doaglalm zur Einkehr lädt. Mit der AV-Markierung abwärts zur Straße und ansteigend zurück zum Waldparkplatz.

Oben drüber

13 Hochstaufen, 1771 m, und Zwiesel, 1791 m

Hausberg von Bad Reichenhall ist der Hochstaufen, und die Standardtour beginnt denn auch drunten an der Saalach. Oben auf der Terrasse der Gipfelhütte herrscht bei Schönwetter mitunter ein ordentliches Gedränge, dafür ist man auf der Kammroute zum Zwiesel meistens allein: zu weit, zu anspruchsvoll. Das betrifft weniger die gesicherten Passagen, eher schon die Länge der Tour, die zu bewältigenden Höhenunterschiede. Dafür bietet die Runde faszinierende Ausblicke ins flache Land, hinaus bis in die Donauniederung und hinein in die Alpen.

Der Auftakt zur großen Runde ist eher lau, aber wenigstens schattig. Auf Forstpisten und Ziehwegen durchwandert man die ausgedehnte Waldregion am Nordfuß des Bergmassivs. Erst hinter der Abzweigung zur Steiner Alm (1027 m) geht die Straße in einen schmalen Weg über, wird das Gelände steiler. Im Zickzack steigt man rasch höher, zunächst noch durch Latschen und lichten Wald, dann zwischen Felsen (einige Sicherungen). Zuletzt rechts über den abgeflachten Gipfelrücken zum höchsten Punkt; knapp darunter steht das Reichenhaller Haus.

Der Weiterweg zum Zwiesel führt am Westgrat abwärts bis in die Scharte unter dem Hendelbergskopf (1657 m). Hier rechts über plattige Felsen (Drahtseil) auf die Höhe, am Kamm hinüber zum Mittelstaufen (1618 m) und anschließend bergab in die Roßkarscharte (1440 m, einige Seilsicherungen, leichte Kletterstellen). Dahinter schweißtreibend steil auf den Zennokopf (1758 m) und über den mit Latschen bewachsenen Rücken zum Zwiesel (1791 m). Weiter am Kamm in die Neunerluck, wo der Talabstieg beginnt: zwischen Krummholz, später im Wald hinunter und hinaus zum Ausgangspunkt der großen Runde beim Gasthaus Adlgaß.

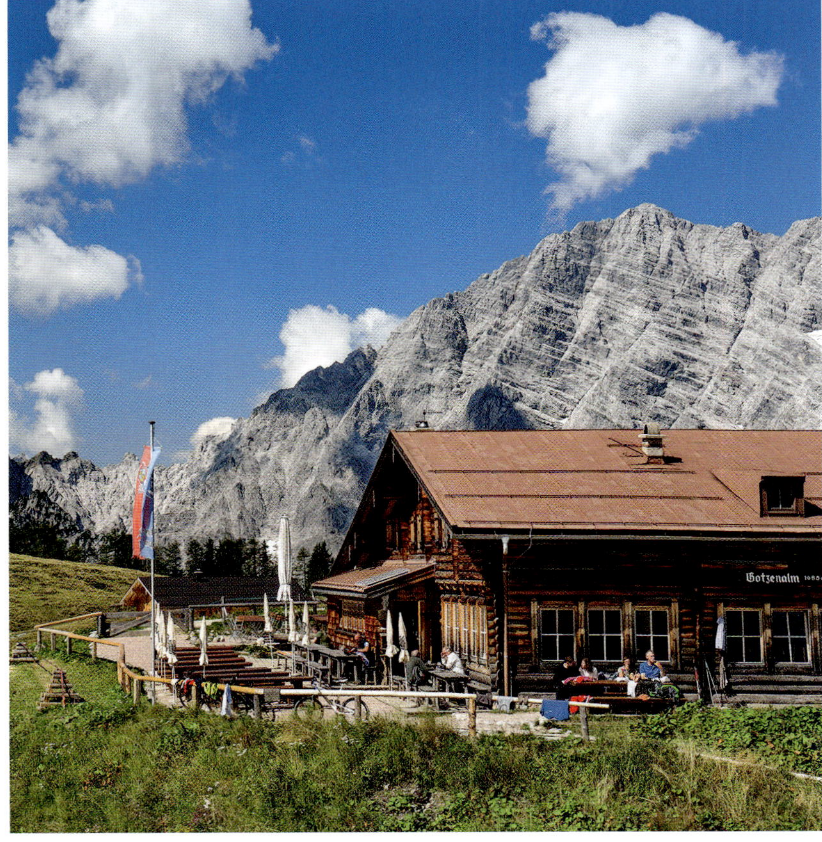

Beliebte Einkehr hoch über dem Königssee: die Gotzenalm Blick zum Watzmann

Eine Königssee-Wanderung

23 Gotzenalm, 1685 m

Über den See zur Bergtour, eine kühle Brise vor dem Anstieg – so können Wandertage am Königssee beginnen. Auf der Runde über die Gotzenalm bleibt der See malerische Kulisse, zusammen mit dem Watzmann (2713 m), dessen berühmt-berüchtigte Ostwand direkt zu seinem Ufer abstürzt. Beim Abstieg zur Regenalm schaut man dann zu den Randerhebungen des Steinernen Meers. Und drunten auf der Saletalm geht's dann wieder aufs Schiff: Leinen los!

Von der Anlegestelle »Kessel« auf dem ehemaligen königlichen Reitweg in flachen Schleifen im Wald bergan zur Gotzentalalm (1110 m), wo man auf eine Alpstraße trifft. Sie schraubt sich in ein paar Kehren hinauf zu dem weitläufigen Gotzen-Almgebiet unter dem Warteck (1741 m; Abstecher zur Aussicht Feuerpalfen). Nun abwärts zur Regenalm (1540 m), hier rechts unter den Felsen des Gotzenbergs hindurch und schließlich auf dem »Kaunersteig« im Wald über viele Kehren hinab zum See. Links am Ufer entlang zur Saletalm.

Chiemgauer Alpen

Tourenziel/Charakteristik	Ausgangspunkt	Wegverlauf & Gehzeit	Markierung	Einkehr am Weg
1 Heuberg, 1338 m Hübscher mehrgipfliger »Guck-ins-Land« hoch über dem Inntal. Schwindelfreie unternehmen am Drahtseil einen Abstecher auf die felsige Wasserwand (1367 m). Kürzerer Zugang vom Gh. Duft (1 1/2 Std., markiert)	Nußdorf am Inn (486 m,), Autobahnausfahrt Brannenburg	Nußdorf – Bichler Alm (1024 m) – Heuberg (2 1/2 Std.) – Wh. Duft (3 3/4 Std.) – Kirchwald – Nußdorf (5 Std.)	Örtliche Mark. 2, 1	Daffnerwaldalm (1050 m), Wh. Duft (785 m)
2 Hochries, 1568 m Das ganze Jahr über viel besuchtes Gipfelziel am Alpenrand mit Seilbahn und zahlreichen Anstiegsvarianten. Am Karkopf leichte Kletterei (I), kann westseitig umgangen werden	Parkplatz Spatenau (740 m) 3 km südlich von Grainbach (684 m, Gemeinde Samerberg)	Parkplatz – Wagneralm (1151 m) – Feichteck (1514 m) – Karkopf (1496 m) – Hochries (3 1/2 Std.) – Riesenalm (1377 m) – Wimmeralm – Doaglalm – Parkplatz (5 1/2 Std.)	Bez. Wege	Hochrieshaus (1568 m), Doaglalm (Spatenau)
3 Klausenberg, 1554 m Runde in der Mittelgebirgslandschaft zwischen Aschau und der Hochries. Am Grat Klausenberg – Abereck Trittsicherheit notwendig	Aschau im Chiemgau (615 m,). Großer Parplatz beim Schloss Hohenaschau (696 m)	Hohenaschau – Ellandalm – Klausenberg (3 ½ Std.) – Abereck (1461 m) – Hofalm – Hohenaschau (6 Std.)	Örtliche Mark.	Hofalm (970 m)
4 Geigelstein, 1808 m Markantes Felsprofil, vor Jahren durch (Ski-)Erschließungspläne in die Schlagzeilen geraten. Von Westen eine lange Tour	Sachrang (731 m,), Ferienort im Tal des Prien, an der Strecke Aschau – Niederaudorf	Sachrang – Priener Hütte (3 Std.) – Geigelstein (4 1/4 Std.) – Wandberghütte – Wildbichler Alm (1050 m) – Sachrang (7 1/2 Std.)	Örtliche Mark.	Priener Hütte (1411 m); Wandberghütte (1318 m)
5 Kampenwand, 1664 m Blickfang bei der Fahrt über die Salzburger Autobahn, viel besuchtes Gipfelziel am Alpenrand mit Seilbahn ab Aschau. Kurze Felspassagen (nur für Geübte)	Rottau (538 m,), Ferienort im Süden des Chiemsees	Rottau – Schmiedalm (1011 m) – Steinlingalm (3 1/2 Std) – Kampenwand (4 Std.) – Steinlingalm – Rottauer Hinteralm – Rottau (7 Std.)	Örtliche Mark.	Steinlingalm (1448 m)
6 Hochplatte, 1587 m Obwohl etwas im Schatten der (höheren) Kampenwand stehend, lohnt sich die Tour auf die Hochplatte allemal – auch der Gipfelschau wegen	Bergstation (1050 m) des Hochplatten-Sesselliftes; Talstation bei Niedernfels (Ortsteil von Marquartstein, 546 m,)	Sessellift – Hochplatte (1 3/4 Std.) – Staffen-Rundweg – Sessellift – Niedernfels (4 1/2 Std.)	Örtliche Mark.	Gh. Staffnalm (1045 m) bei der Liftstation, Piesenhauser-Hochalm (1370 m)
7 Hochgern, 1744 m Markanter Alpenrandgipfel über dem Chiemsee, eine der schönsten Aussichtswarten des Chiemgaus	Marquartstein (546 m,) stattlicher Ort an der Straße nach Reit im Winkl	Marquartstein – Agerschwendalm – Hochgernhaus (2 3/4 Std.) – Hochgern (3 1/2 Std.) – Staudacher Alm (1142 m; 4 3/4 Std.) – Marquartstein (6 3/4 Std.)	Örtliche Mark.	Agergschwend (1040 m), Hochgernhaus (1461 m)
8 Fellhorn, 1764 m Hausberg von Reit im Winkl mit recht langen Anstiegen; Kleinbusse ab Blindau zur Hindenburghütte	Blindau (721 m), Ortsteil im Süden von Reit im Winkl (695 m,)	Blindau – Hindenburghütte (1206 m; 1 1/2 Std.) – Straubinger Haus (2 3/4 Std.) – Fellhorn (3 1/2 Std.) – Klausenbergalm (5 1/2 Std.) – Blindau (6 Std.)	Örtliche Mark. 15, 152, 27	Hindenburghütte, Straubinger Haus
9 Hörndlwand, 1684 m Gurnwandkopf (1691 m) und Hörndlwand bilden die beiden Gipfel des felsigen Bergstocks nordöstlich des seichten Weitsees	Seehaus (750 m,) an der Strecke Ruhpolding – Reit im Winkl	Seehaus – Branderalm (1 Std.) – Hörndlalm (1425 m) – Hörndlwand (3 Std.) – Ostertal – Seehaus (5 1/4 Std.)	Mark. 46	Seehaus (750 m)
10 Hinterer Rauschberg, 1671 m, und Streicher, 1594 m Mit seinem markanten Profil beherrscht der Rauschberg den Talkessel von Ruhpolding.	Bergstation der Rauschbergbahn (1625 m), Talstation 3 km südöstlich von Ruhpolding (655 m,)	Seilbahn – Rauschberg (3/4 Std.) – Rauschbergalm – Streicher (2 1/4 Std.) – Keitlalm – Sackgrabenalm – Talstation Seilbahn (5 Std.)	Mark. 2, 24, 23, 22, 21	Rauschberghaus (1645 m), Keitlalm (970 m)
11 Ristfeuchthorn, 1569 m Felsdurchsetzter Bergstock über dem Zusammenfluss von Saalach und Weißenbach. Steiler Anstieg, gemütlicher Abstieg und zuletzt wildromantische Klammstrecke	Schneizlreuth (516 m,) an der Strecke Bad Reichenhall – Lofer	Schneizlreuth – Ristfeuchthorn (3 1/4 Std.) – Weißbach (5 Std.) – Weißbachschlucht – Schneizlreuth (6 1/2 Std.)	Mark. Wege	In Weißbach (603 m)
12 Sonntagshorn, 1960 m Höchster Gipfel der Chiemgauer Alpen und dazu ein Berg mit zwei Gesichtern: einladend die Südflanke, schroff die Nordseite	Heutal (968 m), Streusiedlung 9 km westlich von Unken (563 m,) mautpflichtige Zufahrt	Heutal – Hochalm – Sonntagshorn (2 3/4 Std.); Abstieg auf dem gleichen Weg (gesamt 5 Std.)	Mark. 19	Hochalm (1460 m)
13 Hochstaufen, 1771 m, und Zwiesel, 1782 m Natürlich wird der Bad Reichenhaller Hausberg meistens von der bekannten Kurstadt aus bestiegen (4 Std.) Interessanter ist die Überschreitung zum Zwiesel, eine große Runde für Bergerfahrene mit einigen leichten Kletterstellen (I–II). Gute Kondition wichtig	Gh. Adlgaß (806 m), 5 km östlich vom Ferienort Inzell (692 m,). Wanderparkplatz unterhalb des Wirtshauses	Adlgaß – Hochstaufen (Reichenhaller Haus, 3 1/4 Std.) – Zwiesel (6 Std.) – Adlgaß (7 3/4 Std.)	Mark. Wege	Gh. Adlgaß (806 m); Reichenhaller Haus (1750 m)

Tourenziel/Charakteristik	Ausgangspunkt	Wegverlauf & Gehzeit	Markierung	Einkehr am Weg
14 Predigtstuhl, 1613 m Über das Lattengebirge, mit oder ohne Seilbahn, von Bad Reichenhall nach Hallthurm. Bei der »Steinernen Agnes« handelt es sich um eine bizarre Felsgestalt.	Bad Reichenhall (473 m, 🚌) Kurstadt an der Saalach	Bad Reichenhall – »Waxriessteig« – Predigtstuhl (3 1/2 Std.) – Hochschlegel (1688 m) – Steinerne Agnes – Rotofensattel – Hallthurm (694 m; 6 1/2 Std., 🚌)	AV-Mark.	Predigtstuhl-Hotel (1613 m), Gh. Schlegelmulde (1560 m)
15 Traunsteiner Hütte, 1557 m Der »Wachtlersteig« vermittelt leichten, landschaftlich sehr reizvollen Zugang zum Karstplateau der Reiter Alm. Abstieg auf dem gleichen Weg (2 1/2 Std.) oder nördlich nach Schneizlreuth	Schwarzbachwacht (889 m, 🚌) an der Strecke Schneizlreuth – Ramsau	Schwarzbachwacht – Traunsteiner Hütte (3 1/2 Std.) – Schrecksattel (1620 m; 4 Std.) – Oberjettenberg (6 Std.) – Schneizlreuth (516 m; 6 3/4 Std., 🚌)	AV-Mark. 470, 474	Traunsteiner Hütte (1557 m)
16 Blaueishütte, 1651 m In die Felskulisse des Hochkaltermassivs führt diese Hüttentour.	Ramsau (670 m, 🚌), Ferienort knapp 10 km westlich von Berchtesgaden	Ramsau – Schärtenalm – Blaueishütte (2 3/4 Std.); Abstieg auf dem gleichen Weg (gesamt 4 1/2 Std.)	AV-Mark. 485	Schärtenalm (1362 m), Blaueishütte (1651 m)
17 Hochalmscharte, 1599 m Tal- und Almwanderung mit packendem Watzmannblick. Für den Aufstieg zur Scharte ist Trittsicherheit wichtig (Drahtseile).	Parkplatz Wimbachbrücke (634 m, 🚌), 7 km westlich von Berchtesgaden	Wimbachbrücke – Wimbachschloss (1 1/2 Std.) – Hochalmscharte (3 1/2 Std.) – Eckaualm – Wimbachbrücke (5 3/4 Std.)	AV-Mark. 421, 485	Wimbachschloss (937 m)
18 Toter Mann, 1331 m Viel besuchter Berchtesgadener Aussichtsgipfel mit Sessellift und mehreren markierten Anstiegen	Ramsau (670 m, 🚌), knapp 10 km westlich von Berchtesgaden	Ramsau – Schluchtweg – Zipfhäusl – Hirscheck (1242 m) – Toter Mann (2 1/2 Std.) – Söldenköpfl (3 1/4 Std.) – Soleleitungsweg – Ramsau (4 3/4 Std.)	Mark. Wege	Mehrere Gasthäuser am Weg
19 Falzalm, 1625 m, und Archenkanzel, 1346 m Große Runde am Watzmannstock; von der Archenkanzel grandioser Blick auf den Königssee und seine Kulisse. Abstecher zum Watzmannhaus (1928 m; 1 1/2 Std. hin und zurück) möglich	Parkplatz Wimbachbrücke (634 m, 🚌) 7 km westlich von Berchtesgaden	Wimbachbrücke – Stubenalm – Falzalm (3 Std.) – Kühroint (4 Std.) – Archenkanzel – Kühroint (4 3/4 Std.) – Schapbachalm – Wimbachbrücke (7 Std.)	AV-Mark. 441, 442, 443	Kührointhütte (1420 m)
20 Grünstein, 1303 m, und Archenkanzel, 1346 m Abwechslungsreiche Tour über zwei prächtige Aussichtspunkte, Abstieg nach St. Bartholomä steil mit exponierten Passagen	Königssee (602 m, 🚌) am Nordende des gleichnamigen Sees	Königssee – Grünstein (2 Std.) – Weiße Wand – Kühroint (3 1/2 Std.) – Archenkanzel – »Rinnkendlsteig« – St. Bartholomä (604 m; 6 1/4 Std., 🚌)	AV-Mark. 445, 443	Grünsteinhütte (1200 m), Kührointhütte (1420 m), St. Bartholomä
21 Kärlinger Haus, 1630 m Große Wanderrunde am Nordrand des Steinernen Meers; wer eine Übernachtung einplant, kann anderntags den Funtenseetauern (2578 m) besteigen (3 Std., mark.).	St. Bartholomä (604 m, am Westufer des Königssees), Anlegestelle für die Schiffe vom Ort Königssee 🚌	St. Bartholomä – Saugasse – Kärlinger Haus (4 Std.) – Grünsee (1474 m) – »Sagerecksteig« – Saletalm (7 1/2 Std.)	AV-Mark. 412, 416, 422	Kärlinger Haus (1630 m); St. Bartholomä, Saletalm (605 m)
22 Obersee und Röthbach-Wasserfall Beliebte, wenig anstrengende Wanderung	Saletalm (605 m) am Südufer des Königssees. Schiffsanlegestelle	Saletalm – Obersee (613 m) – Röthbach-Wasserfall (1 1/2 Std.); Rückweg auf der gleichen Route (gesamt knapp 3 Std.)	AV-Mark. 424	Saletalm (605 m)
23 Gotzenalm, 1685 m Abwechslungsreiche Runde über dem Ostufer des Königssees; faszinierende Blicke auf die Watzmann-Ostwand. Alternativer Ausgangspunkt: Mittelstation der Jennerbahn	Schiffanlegestelle »Kessel« (604 m) am Ostufer des Königssees	Kessel – Gotzentalalm (1110 m; 1 1/2 Std.) – Gotzenalm (3 1/4 Std.) – Regenalm (1540 m; 3 3/4 Std.) – »Kaunersteig« – Saletalm (6 Std.)	AV-Mark. 494, 493, 492	Gotzenalm (1685 m), Saletalm (605 m)
24 Jenner, 1874 m Vom Aussichtsgipfel zum großen See: eine gemütliche Bergabwanderung	🚡 Bergstation der Jenner-Seilbahn (1802 m), Talstation Königssee (602 m, 🚌) am Nordufer des Sees	Seilbahn – Jennergipfel – Königsbachalm (1200 m; 1 3/4 Std.) – »Hochbahnweg« – Königssee (3 Std.)	Mark. Wege	Königsbachalm (1200 m)
25 Kneifelspitze, 1189 m Hübscher »Guck-ins-Land« bei Berchtesgaden, fast das ganze Jahr über erreichbar	Wallfahrtskirche Maria Gern in Vordergern (730 m, 🚌), 4 km von Berchtesgaden	Maria Gern – Marxen – Kneifelspitze (1 1/4 Std.) – Maria Gern (2 Std.)	Bez. Wege	Paulshütte (1189 m)

Kaiser, Loferer Steinberge und Kitzbüheler Alpen

Grauer Fels oder grüne Wiesen: der Tiroler Osten

Was für Kontraste: Hier die bizarren Zinnen des Wilden Kaisers, dort die sanft geschwungenen Linien der Kitzbüheler Alpen; zwischen Kufstein und St. Johann heller Kalk, weiter südlich grünt es bis hinauf zu den Gipfeln. Das macht die Kitzbüheler Berge zu einem idealen Wanderrevier mit leicht erreichbaren Höhen und herrlicher Aussicht dazu. Einziger Schönheitsfehler: zu viele Straßen und fast noch mehr Lifte und Seilbahnen, Pisten und Beschneiungsanlagen. Wer's aushält im Sommer…

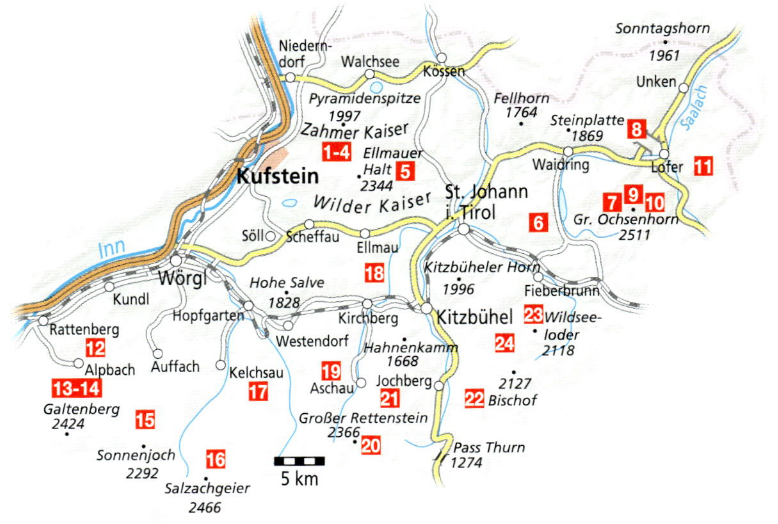

Anderswo ist die Bergwelt noch (fast) heil, etwa in den Loferer Steinbergen, wo alle Wege weit und alle Gipfel hoch sind. Etwas für Bergsteiger alten Schlags, die gerne mit der Natur allein sind. Garantiert mehr Gesellschaft findet man auf den meisten Wegen des Kaisergebirges; da herrscht auf der Wochenbrunner Alm oft (Park-)Platznot, bewegt sich ein bunter Tatzelwurm von der Griesener Alm hinauf zum Stripsenjoch. An so einem Tag war ich allerdings drüben an der Maukspitze auch schon ganz allein.

Insgesamt zeichnet sich diese Wanderregion durch große Gegensätze aus, und das betrifft nicht bloß den Wilden Kaiser. Eine morphologische Besonderheit: Die mächtigen Kalkmassive stehen weitgehend isoliert, werden durch flache, kaum auffallende Wasserscheiden bzw. tiefe Täler getrennt. Wer beispielsweise von Kufstein über St. Johann nach Zell am See fährt, bemerkt kaum, dass er dabei drei »Passhöhen« überquert.

Kitzbühel ist der touristische »Nabel« der Region; günstige Standorte für eine Wanderwoche sind die zahlreichen kleineren Ferienorte zwischen Alpbach im Westen und Lofer im (salzburgischen) Nordosten.

Steckbrief

Fläche: ca. 2800 qkm
Höchster Punkt: Großes Ochsenhorn (2511 m)
Gebirgsgruppen: Kaisergebirge, Loferer Steinberge, Kitzbüheler Alpen
Wichtigste Ortschaften: Kufstein, Wörgl, Alpbach, St. Johann in Tirol, Kitzbühel
Wandervorschläge: 24

Wilder-Kaiser-Steig

Durchgehend markierter Höhenweg an der Südseite des Wilden Kaisers, von Kufstein bis St. Johann (3 Tage), mit gesicherten Passagen am »Jubiläumssteig« (wenig schwierig). Trittsicherheit und Ausdauer erforderlich. Das Pensum lässt sich beliebig variieren, zahlreiche Zwischenabstiege sind möglich. **Routenverlauf:** Kufstein – Walleralm (1171 m) – Kaiser-Hochalm – »Gruttenweg« – Gruttenhütte (1620 m) – Baumgartenköpfl – Gamskögerl – Gscheuerkopf – St. Johann. Nächtigung auf der Walleralm und in der Gruttenhütte.

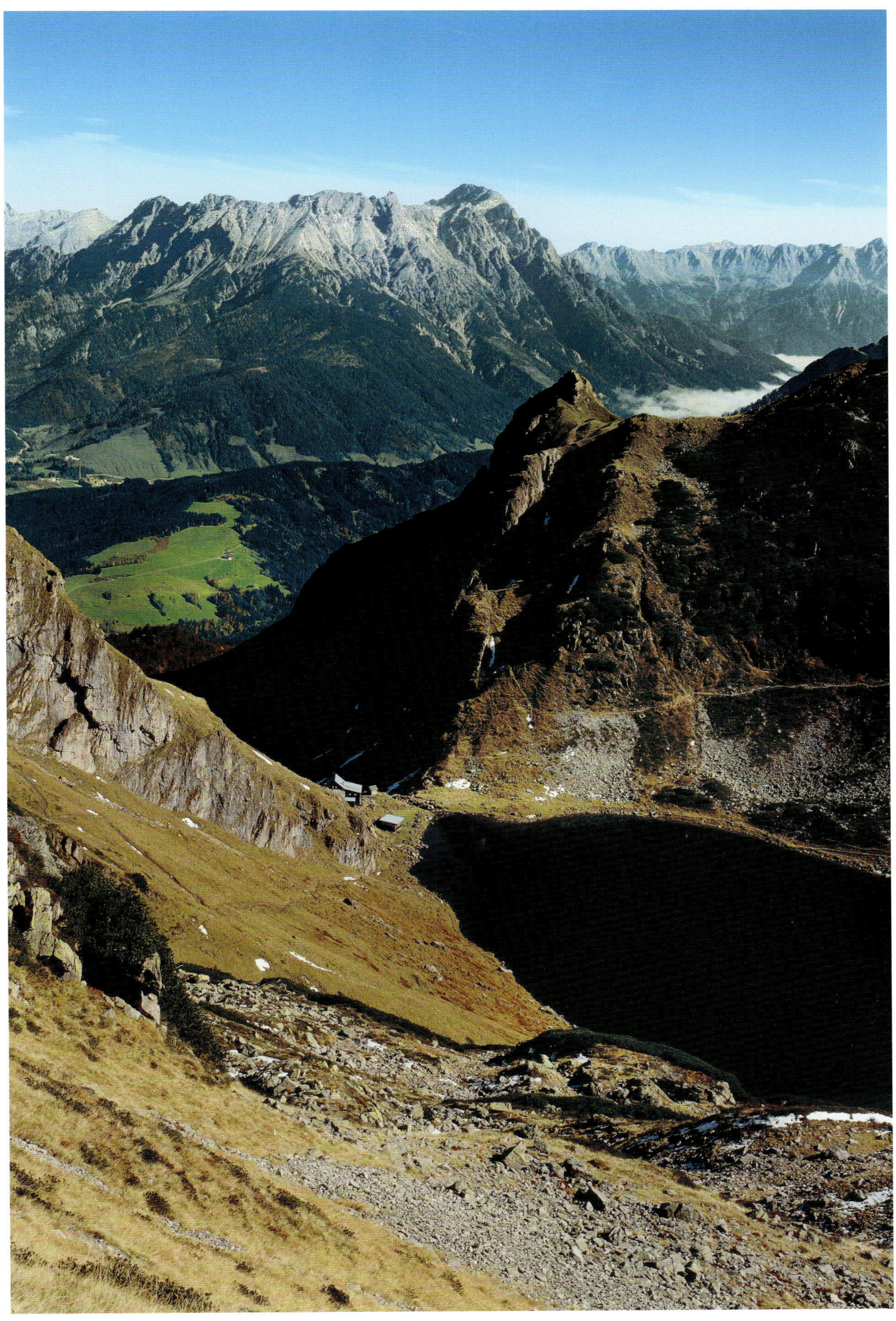

Grüne Höhen und grauer Kalk: der Wildsee, das Wildseeloderhaus und die Leoganger Steinberge

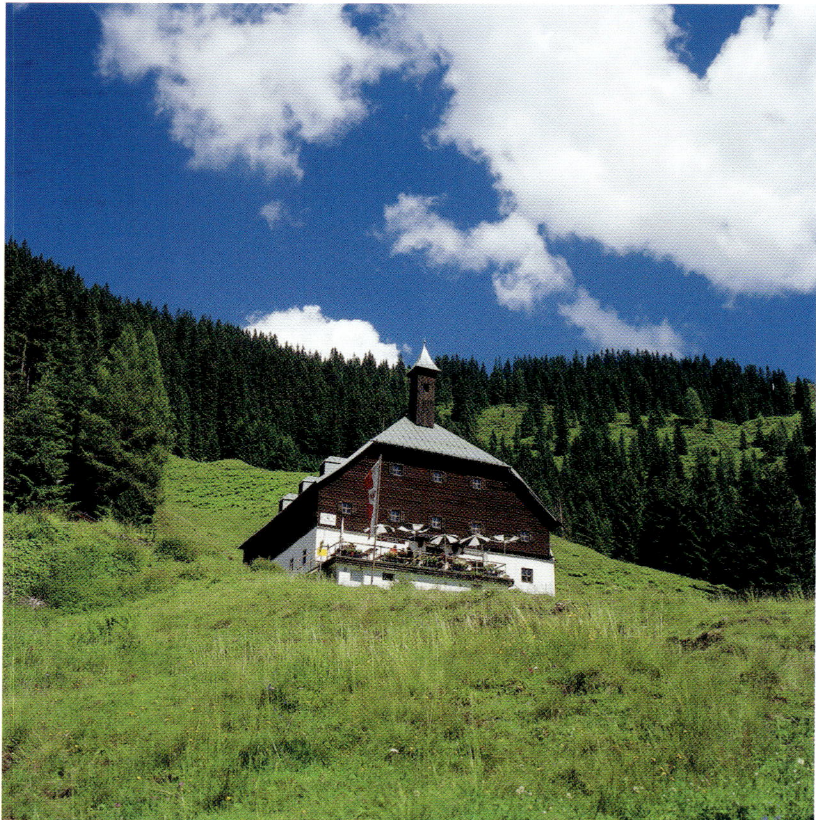

Stützpunkt in den Kitzbüheler Alpen: die Bochumer Hütte

Vorderen und der Hinteren Halt und links zum Gipfel.

Beim Abstieg nimmt man dann den direkten Weg durchs Kübelkar zur Gaudeamushütte, vorsichtig am Weg oder mit Siebenmeilenstiefeln im Geröll.

Einmal zum Mond und zurück

7/9 Überschreitung der Loferer Steinberge

Man muss sie erlebt, erwandert haben, die Loferer, die sich so unvermittelt steil aus den grünen Tälern rundum erheben, eine steinerne Wüste unter Gipfelzacken, von Wind und Wetter zernagt, kein Schatten, nur die gleißende Sonne. Genügend Wasser muss man also mitnehmen, wie bei einer Reise zum Mond, und gut trainiert sollten Loferer-Anwärter auch sein. Die Wege sind lang, bereits der Anstieg zum einzigen Refugium in dem Massiv zieht sich ordentlich, und anderntags warten das Mitterhorn (Großes Hinterhorn, 2506 m), der »Nuaracher Höhenweg« und ein Abstieg, der in die Knie geht: genug für einen ausgefüllten Tag. Der Aufstieg aus dem Loferer Hochtal ist eine gute

Ein richtiger Kaisergipfel

5 Hintere Goinger Halt, 2192 m

Mitten ins steinerne Herz des Wilden Kaisers führt diese Tour, was dem Wanderer eine Vielzahl packender Landschaftsbilder beschert – sofern er schwindelfrei und trittsicher ist. Beides braucht's am »Jubiläumssteig«, der einen zwar etwas längeren, aber ungleich interessanteren Zustieg ins (geröllige) Kübelkar vermittelt, und auch der Weg zum Gipfel, oberhalb des Ellmauer Törls, geht über leichte Felsen. Der Gipfel bietet dann ein weites Panorama, interessanter als der ferne Horizont aber ist die felsige Nachbarschaft, das Kletterdorado Kaiser.

Von der Wochenbrunner Alm auf viel begangenem Weg, zunächst in Schatten spendendem Wald, aufwärts zur Gruttenhütte. Ellmauer Halt und Kopftörlgrat bleiben links, der »Jubiläumssteig« steuert eine tiefe, felsige Schlucht an, die, erst ab-, dann wieder ansteigend, mit Hilfe solider Sicherungen gequert wird. Anschließend auf Felsbändern, gelegentlich etwas luftig ins Kübelkar und auf dem Schotterweg aufwärts ins Ellmauer Tor. Hier rechts auf ausgetretener Spur über Schrofen in die Gratsenke zwischen der

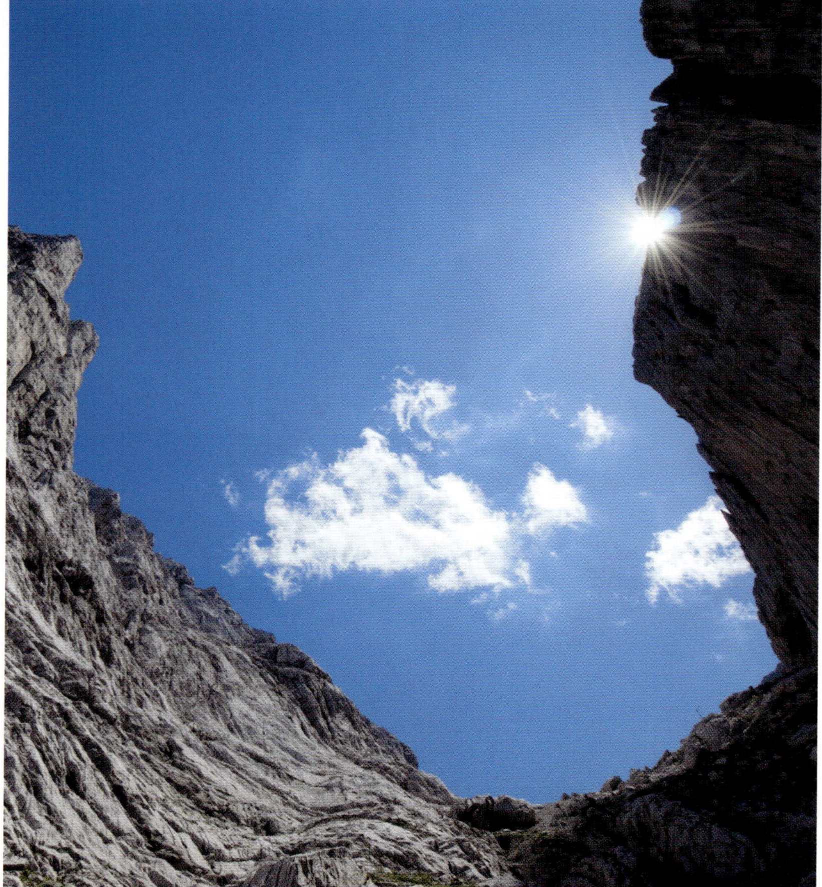

Was für eine Kulisse! Die Steinerne Rinne im Wilden Kaiser

Einstimmung für die Überschreitung des Massivs und macht bald einmal klar, warum hier vor den »Bergen« die Steine kommen. Am nächsten Morgen, die Täler liegen noch im Schatten, geht's auf schmaler Spur über Bänder und Schrofen zum Mitterhorn und zum großen Panorama. Von der hohen Warte aus überschaut man auch den Verlauf des »Nurracher Höhenweges« am Grat und quer durch die auffallend gebänderten Felsflanken hoch über dem Lastal: über die beiden Rothörner, dann unter dem Rothörnl (2395 m) hindurch zum Schafeckl (2176 m) und weiter übers Seehorn (2155 m) bis auf das kreuzgeschmückte Ulrichshorn (2030 m). Hier beginnt der Talabstieg im Links-rechts-Takt bis hinaus ins Flache, nach St. Ulrich. Wer sich dabei heiß- oder wundgelaufen hat, sollte zumindest seinen Hax'n im Pillersee etwas Abkühlung gönnen.

Felsiger Zahn in den Kitzbüheler Alpen

20 Großer Rettenstein, 2366 m

Sein schroffes Felsprofil passt nicht so recht ins grüne Bild der Kitzbüheler Alpen, doch macht es ihn als Gipfelziel besonders anziehend. Und gar so abweisend, wie sich der Rettenstein während der Anfahrt durch das Spertental gibt, ist er dann doch nicht: über die Ostflanke steigt ein Zickzackweg hinauf bis unter die Gipfelfelsen. Oben gibt's viel Aussicht und hinterher die Möglichkeit zu einer sehr reizvollen Kammwanderung, vom Schöntaljoch bis zu den Spießnägeln (1881 m).

Von der Hintenbachalm zunächst steil über einen bewaldeten Hang bergan, dann flacher in den südlich ansteigenden Schöntalgraben. Oberhalb des Schöntalscherm diagonal am Hang aufwärts, vorbei an der Abzweigung zum Schöntaljoch und im Zickzack bis in eine markante Scharte unter den Gipfelfelsen. Hier rechts und in leichter Kraxelei zum großen Kreuz.

Zurück zur erwähnten Verzweigung, dann rechts unter den Felsen hinüber ins Schöntaljoch (2030 m). Hier beginnt die Kammwanderung, die, vorbei an mehreren winzigen Moortümpeln, in leichtem Auf und Ab bis zu den Spießnägeln führt. Zwischen den Felsen hindurch und in bequemen Kehren rechts hinunter zur Hirzeggalm. Nun auf der Straße hinab in den Unteren Grund.

Weitwandern in den Kitzbühelern

23 / 24 Wildseeloder, 2118 m, und »Fieberbrunner Höhenweg«

Höhenwege gibt es mehrere in den Kitzbüheler Alpen – das weiche Schiefergestein hat hier überwiegend sanfte Rücken entstehen lassen –, und zu den meisten Gipfeln kommt man ebenfalls ohne Kletterei. Das gilt auch für den Wildseeloder, trotz eines – überflüssigerweise – am Aufstiegsweg angebrachten Drahtseils. Oben beginnt dann die ebenso lange wie aussichtsreiche Höhenwanderung: von der Jufenhöhe (1890 m) in weitem Bogen hinüber zur Gebrakapelle, die an den (längst aufgegebenen) Bergbau erinnert, und um den schroffen Gebra-Ranken (2057 m) herum in den Gaisbergsattel.

Die große Runde beginnt im Pletzergraben mit dem Anstieg zur Zielstattalm und weiter zum kleinen Sattel unter dem Lärchfilzkogel. Am Weiterweg, der leicht fallend zur Steinalm (1569 m) leitet, hat man die dunklen Felsen des Wildseeloder und seine Hütte im Blick: über einen Schrofenhang schräg bergan, dann im Zickzack zum Schutzhaus, hinter dem in einer Karmulde der 14 Meter tiefe, fast kreisrunde Wildsee liegt. Nun rechts unter den Felsen aufwärts gegen den Ostgrat und an ihm leicht zum Gipfel.

Eine unmarkierte, aber deutliche Spur leitet südlich hinunter zum Seenieder (1993 m). Weiter leicht bergab in die Jufenhöhe, dann westlich um den Großen Mahdstein (2063 m) herum und über den Kleinen Mahdstein (1899 m) hinab in die Senke vor dem felsigen Bischof (2127 m). Hier über sumpfige Wiesen rechts abwärts und hinaus gegen den bewaldeten Farmkopf (1658 m). Eine längere Hangquerung führt schließlich zu der schon lange sichtbaren Gebrakapelle (1663 m; Abstieg in den Pletzergraben möglich, 1 ½ Std., Mark. 4). Nun hinauf in einen kleinen Wiesensattel nördlich des Gebra-Ranken (2057 m) und hinüber ins Gebrajoch (1779 m). Am Gaisbergsattel (1683 m) endet die Höhenwanderung; rechts leiten Wegspur und rotweiße Markierungen hinunter zu den Almen im Tal des Lengfilzenbachs. Auf der Straße hinaus in den Pletzergraben.

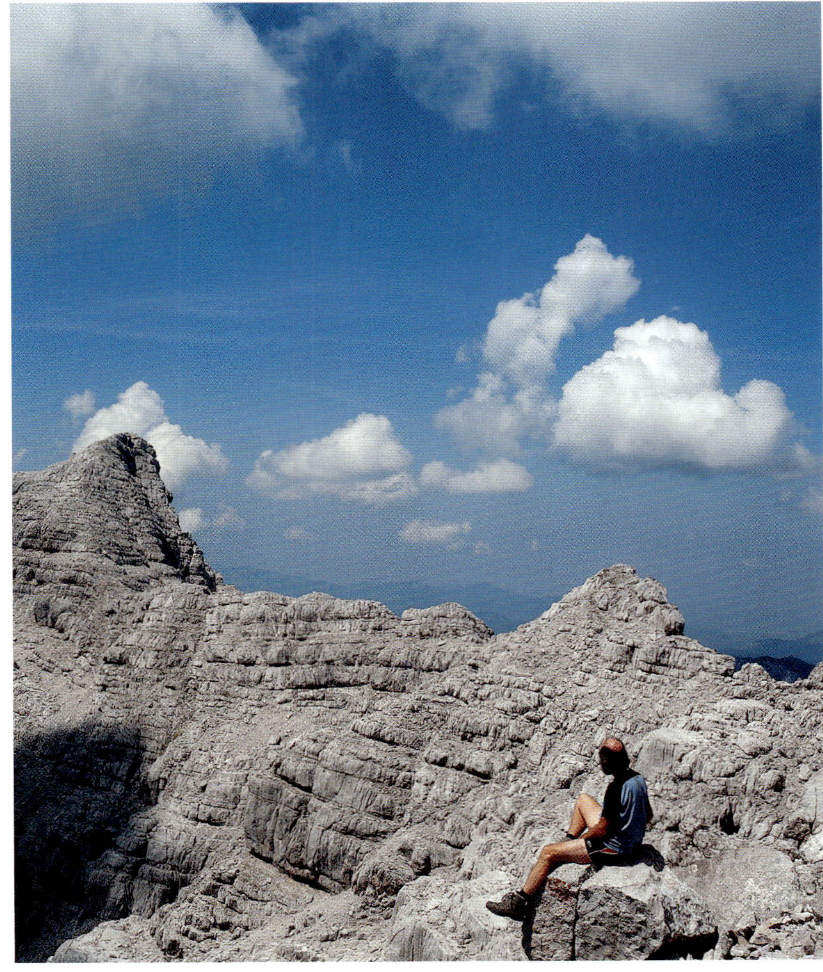

In den Loferer Steinbergen, am Mitterhorn

	Tourenziel/Charakteristik	Ausgangspunkt	Wegverlauf & Gehzeit	Markierung	Einkehr am Weg
Kaisergebirge	**1 Vorderkaiserfelden, 1388 m** Beliebte Hüttenwanderung mit schöner Aussicht auf den Wilden Kaiser, meist auch im Winter gespurt	Kufstein (499 m, [Bus]) historisches Städtchen am Inn	Kufstein-Sparchen – Vorderkaiserfeldenhütte (2 3/4 Std.) – Bödenalm – Pfandlhof (783 m) – Kufstein (4 1/2 Std.)	Mark. Wege, teilweise Sträßchen	Rietzaualm (1160 m), Vorderkaiserfeldenhütte (1388 m), Pfandlhof (783 m)
	2 Pyramidenspitze, 1997 m Zweithöchster Gipfel des Zahmen Kaisers mit packender Schau auf die Kletterzacken des Wilden Kaisers. Aufstieg aus dem Winkelkar gesichert	Durchholzen (690 m, [Bus]) an der Strecke Oberaudorf – Walchsee	Durchholzen – Winkelalm (1193 m; 1 1/2 Std.) – Pyramidenspitze (4 Std.); Abstieg auf dem gleichen Weg (gesamt 6 1/2 Std.), alternativ auch Rückweg via Kaiserquelle – Hochalm – Durchholzen (gesamt 8 Std.)	Mark. Wege	
	3 Gamskogel, 1449 m Bei Benützung des Wilder-Kaiser-Liftes gemütliche Halbtagsrunde zwischen Kaisertal und -gipfeln	[Seilbahn] Bergstation des Kaiserlifts am Brentenjoch (1273 m), Talstation Kufstein-Sparchen (501 m, [Bus])	Brentenjoch – Gamskogel (3/4 Std.) – Kaindlhütte (1 3/4 Std.) – Brentenjoch (3 Std.)	Örtliche Mark. 4, 97, AV-Nr. 814	Steinberghütte, Kaindlhütte (1293 m)
	4 Feldberg, 1813 m Den schönsten Blick auf die Felsbauten des Wilden Kaisers bietet der lang gestreckte Feldbergrücken! Abwechslungsreiche Runde mit einigen kurzen gesicherten Passagen	Griesener Alm (988 m), erreichbar über (mautpflichtige) Zufahrt von Griesenau, 5 km. Wanderparkplatz	Griesener Alm – Stripsenjoch (1 1/2 Std.) – Stripsenkopf (1809 m) – Feldberg (3 1/4 Std.) – Griesener Alm (5 3/4 Std.)	Örtliche Mark. 20, 21	Griesener Alm (988 m), Stripsenjochhaus (1577 m)
	5 Hintere Goinger Halt, 2192 m Einer der wenigen auch dem Wanderer zugänglichen Gipfel im Wilden Kaiser. Viel Geröll am Aufstieg von der Gaudeamushütte, deshalb evtl. über Gruttenhütte und »Jubiläumssteig« gehen (mark. und gesichert).	Wochenbrunner Alm (1080 m), Zufahrt (Maut) von Ellmau (804 m, [Bus]), knapp 5 km. Großer Parkplatz	Wochenbrunner Alm – Gaudeamushütte – Ellmauer Tor (3 Std.) – Hintere Goinger Halt (3 3/4 Std.); Abstieg auf dem gleichen Weg (gesamt 6 Std.)	AV-Mark. 812	Wochenbrunner Alm (1080 m), Gaudeamushütte (1263 m)
Loferer und Leoganger Steinberge	**6 Kirchberg, 1678 m** Hübsche Alm- und Gipfelrunde, ideal im Herbst	St. Ulrich am Pillersee (847 m, [Bus]) Ferienort am Fuß der Loferer Steinberge	St. Ulrich – Winterstelleralm – Kirchberg (4 Std.) – Schafelberg (1593 m) – St. Ulrich (6 Std.)	Kreismark., Abstieg AV-Nr. 611	Winterstelleralm (1423 m)
	7 Nuaracher Höhenweg Große Überschreitung in den Loferer Steinbergen, vom Mitterhorn bis zum Ulrichshorn. Fast 2000 Höhenmeter, daher nur etwas für Ausdauernde. Kurze gesicherte Passagen	St. Ulrich am Pillersee (847 m, [Bus]), Ferienort am Pillersee, je 8 km ab Fieberbrunn bzw. Waidring. Zufahrt nach Weißleiten (928 m)	Weißleiten – Lastal – Mitterhorn (2506 m; 4 3/4 Std.) – »Nuaracher Höhenweg« – Ulrichshorn (2080 m; 8 Std.) – St. Ulrich (10 1/2 Std.)	Bestens mark. Wege, AV-Nr. 613, 612	
	8 Loferer Alpe; Grubhörndl, 1747 m Ausgedehnte Rundtour auf der Loferer Alpe; verschiedene (auch kürzere) Varianten möglich	[Seilbahn] Mittelstation der Loferer-Alm-Bahn (1002 m) am Loderbichl, Talstation Lofer (626 m, [Bus]). Alternativ Mautstraße Lofer – Loderbichl – Loferer Alpe	Loderbichl – Grünhörndl (2 1/4 Std.) – Loferer Alpe (3 1/4 Std.) – Thälernalm – Lofer (6 Std.)	Bez. Wege	Loferer Alpe
	9 Schmidt-Zabierow-Hütte, 1963 m Lange Hüttenwanderung in die »Mondlandschaft« der Loferer Steinberge. Lässt sich mit dem »Nuaracher Höhenweg« zur großartigen Zwei-Tage-Tour erweitern.	Lofer (626 m, [Bus]), Ferienort an der Saalach. Von der Straße nach Waidring Zufahrt ins Loferer Hochtal (2 km, Truppenübungsplatz)	Loferer Hochtal – Schmidt-Zabierow-Hütte (3 1/2 Std.); Abstieg auf dem gleichen Weg (gesamt 6 Std.)	AV-Mark. 601	Schmidt-Zabierow-Hütte (1963 m)
	10 Prax-Eishöhle Spannender Abstecher ins Bergesinnere; Auskunft und Anmeldung zur Höhlentour beim Tourismusverband Lofer	St. Martin bei Lofer (634 m, [Bus]) evtl. der Weiler Kirchenthal (880 m, 2 km)	St. Martin – Kirchenthal (3/4 Std.) – Prax-Eishöhle (2 3/4 Std.), Führung etwa 2 Std.; Abstieg auf dem gleichen Weg (gesamt 6 1/2–7 Std.)	Mark. Weg	Kirchenthal
	11 Großes Hundshorn, 1703 m Abwechslungsreiche Runde: Schluchten, Wald und ein überraschend weites Gipfelpanorama. Trittsicherheit unerlässlich!	St. Martin bei Lofer (634 m, [Bus]) kleines Dorf im Saalachtal, 2 km von Lofer	St. Martin – Hundssattel – Großes Hundshorn (3 1/2 Std.) – Hundssattel – Wildenthal (806 m) – St. Martin (6 1/4 Std.)	Bez. Wege	
	12 Gratlspitz, 1898 m Abwechslungsreiche Runde mit steilem Anstieg, hübschem Panorama und Spuren des ehemaligen Silberbergbaus	Alpbach (975 m, [Bus]) Ferienort im gleichnamigen Tal, 9 km von Brixlegg	Alpbach – Gratlspitz (2 1/2 Std.) – Höslјoch (1390 m) – Bischofer Alm – Alpbach (5 1/4 Std.)	Mark. Wege	
	13 Alpbacher Höhenweg Gemütliche Hangwanderung mit hübschen Ausblicken. Talmuseum in Inneralpbach	Alpbach (975 m, [Bus]), Ferienort im gleichnamigen Tal, 9 km ab Brixlegg	Alpbach – Egg (1216 m) – Inneralpbach (1 3/4 Std.) – Alpbach (2 3/4 Std.)	Örtliche Bez. A8, A7	Mehrere Gasthäuser am Weg

Tourenziel/Charakteristik	Ausgangspunkt	Wegverlauf & Gehzeit	Markierung	Einkehr am Weg
14 Galtenberg, 2424 m Der höchste Gipfel der Alpbacher Berge bietet ein berühmtes Panorama, seine Besteigung ist allerdings recht anstrengend und führt zuletzt in felsiges Gelände.	Inneralpbach (1031 m,), Zufahrt ab Brixlegg via Alpbach 11 km	Inneralpbach – Greiter Graben – Farmkehr-Niederalm (1 ¾ Std.) – Kleiner Galtenberg (2318 m) – Galtenberg (4 ½ Std.) – Nordgrat – Inneralpbach (7 Std.)	Ordentlich markierte Wege	Farmkehr-Niederalm (1521 m)
15 Großes Beil, 2309 m Felsig-markantes Gipfelziel zwischen Alpbachtal und Wildschönau. Mark. Anstieg für Bergerfahrene	Schwarzenau (938 m,) Zufahrt von Wörgl via Auffach	Schwarzenau – Gressensteinalm (1807 m) – Großes Beil (4 1/2 Std.); Abstieg auf dem gleichen Weg (gesamt 7 1/2 1/2 Std.)	Mark. Wege	Schönangeralm (1173 m), Schaukäserei
16 Schafsiedel, 2447 m An vier kleinen Bergseen vorbei zur großen Aussicht – eine dankbare Gipfeltour. Stützpunkt ist die Bamberger Hütte, weitere lohnende Ziele sind das Kröndlhorn (2444 m; 2 Std. von der Hütte, mark.) und der Östliche Salzachgeier (2466 m; 2 1/2 Std., AV-Mark.)	Gh. Wegscheid (1148 m), Zufahrt ab Hopfgarten via Kelchsau (790 m,) 16 km	Gh. Wegscheid – Bamberger Hütte (1 3/4 Std.) – Wildalmseen – Schafsiedel (3 3/4 Std.); Abstieg auf dem gleichen Weg (gesamt 6 Std.)	AV-Mark. 718	Gh. Wegscheid; Bamberger Hütte (1761 m)
17 Lodron, 1925 m Der Lodron ist vor allem als Skitourenziel bekannt; im Sommer lässt er sich leicht in eine hübsche Gipfelrunde einbeziehen.	Kelchsau (790 m,) Anfahrt von Hopfgarten, 8 km	Kelchsau – Hartkaserjoch (1639 m; 2 1/2 Std.) – Lodron (3 1/2 Std.) – Lodronhütte – Kelchsau (6 Std.)	Bez. Wege	Jausenstation Sonnblick (1090 m)
18 Bergwelt-Panoramaweg Kaiserblick statt Kaiserwanderung. Gemütliche Panoramatour vom Hartkaser zum Astberg. Zwischenabstiege möglich, Talfahrt mit dem Hausberg-Sessellift	Bergstation der Gondelbahn auf den Hartkaser (1524 m), Talstation Ellmau (804 m,)	Hartkaser (1555 m) – Zinsberg (1680 m) – Botenalm (1388 m) – Hausberg-Lift (3 1/2 Std.)	Höhenweg-Mark.	Mehrere Gasthäuser
19 Brechhorn, 2031 m Gipfelziel über dem Spertental. Die Runde lässt sich leicht um den lohnenden Abstecher auf den Gampenkogel (1957 m) erweitern (1 1/2 Std., mark.)	Aschau (1013 m,) im Spertental, 8 km ab Kirchberg	Aschau – Wirtsalmen – Brechhorn (3 1/4 Std.) – Brechhornhaus (4 Std.) – Spertental – Aschau (5 3/4 Std.)	Mark. Wege	Brechhornhaus (1660 m)
20 Großer Rettenstein, 2366 m Markantes Felshorn inmitten der »grünen« Kitzbüheler Alpen. Am Gipfel kurze, leichte Kraxelei (I), großes Panorama	Hintenbachalm (1141 m), Zufahrt von Kirchberg über Aschau (1013 m,), knapp 12 km (mautpflichtig)	Hintenbachalm – Schöntalalm (1601 m) – Großer Rettenstein (3 Std.) – Spießnägel (5 Std.) – Hintenbachalm (6 1/4 Std.)	Rot-weiß bez.	Hirzeggalm (1553 m)
21 Schwarzkogel, 2030 m Großzügige, lange Kammwanderung; alternativ kann man auch »oben einsteigen«: per Gondelbahn von Klausen zur Ehrenbachhöhe (1802 m).	Jochberg (923 m,) Ferienort an der Straße Kitzbühel – Pass Thurn	Jochberg – Vogelalm (1296 m) – Pengelstein (1938 m; 3 1/2 Std.) – Schwarzkogel – Blaue Lacke (1866 m; 6 Std.) – Talsenhöhe (1928 m) – Bruggeralm – Jochberg (8 1/4 Std.)	Bez. Wege	Bruggeralm
22 Gamshag, 2178 m Gamshag und Tristkogel (2095 m) bilden den alpinen Background von Kitzbühel. Besteigt man sie beide, erhöht sich die Gesamtgehzeit um knapp 1 Std.	Parkplatz (ca. 1160 m) im Auracher Graben, Zufahrt von Aurach an der Strecke Kitzbühel – Pass Thurn	Parkplatz – Schützkogel (2069 m) – Gamshag (3 1/2 Std.) – Tor (1933 m) – Bochumer Hütte (5 Std.) – Parkplatz (5 3/4 Std.)	Mark. Wege	Bochumer Hütte (1430 m)
23 Wildseeloder, 2118 m Viel besuchter Gipfel im Nordosten der Kitzbüheler Alpen: Gondelbahn, Bergsee, Hütte, große Aussicht	Mittelstation Streuböden (1204 m) oder Bergstation Lärchfilzkogel (1654 m) der Fieberbrunner Gondelbahn	Streuböden – Wildalm (1579 m) – Wildseeloderhaus (2 3/4 Std.) – Wildseeloder (3 1/2 Std.); Abstieg auf dem gleichen Weg (gesamt 5 1/2 Std.)	AV-Mark. 711, am Gipfel Mark. 5	Gh. Streuböden (1204 m), Wildalmgatterl, Wildseeloderhaus (1854 m)
24 Fieberbrunner Höhenweg Lange, mit mehreren Gegensteigungen »gewürzte« Höhenwanderung. Von der Gebrakapelle Zwischenabstieg möglich	Pletzergraben südlich von Fieberbrunn, Zufahrt, nach 2,5 km bei Brücke Abzw. des Weges	Pletzergraben – Wildseeloderhaus (2 3/4 Std.) – Wildseeloder (3 1/2 Std.) – »Fieberbrunner Höhenweg« – Gaisbergsattel (1681 m) – Pletzergraben (9 1/4 Std.)	AV-Mark. 711, örtliche Bez. 5, 2	Wildalmgatterl; Wildseeloderhaus (1854 m); Gh. Pletzer (994 m)

Der Pinzgau und Saalfelden

Grasberge, Felsgipfel und Tauerneis

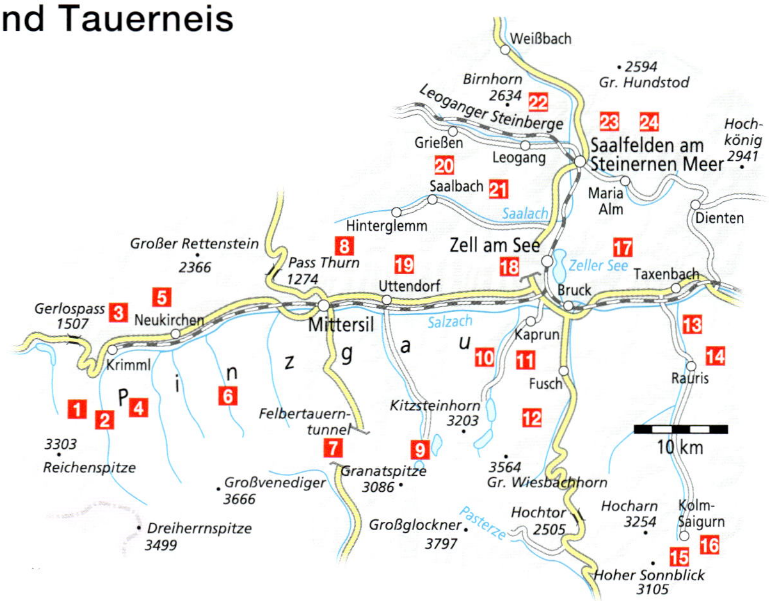

Fast könnte man glauben, die großen Linien dieser Landschaft wären am Reißbrett entstanden, zumindest suggeriert das die Landkarte: Von links nach rechts, wie mit dem Lineal gezogen, erstreckt sich das Pinzgauer Haupttal, vom Gerlospass bis hinaus in die Gegend des Zeller Sees. Rechtwinklig dazu gehen die Tauerntäler ab, tief und lang, zu den Gletschern des Alpenhauptkamms ansteigend, und gegenüber stehen die grünen Kuppen der Kitzbüheler Alpen Parade, alle hübsch aufgereiht.

Nördlich von Zell am See leitet eine flache Wasserscheide ganz diskret von der Salzach über ins verzweigte Tälersystem der Saalach, deren Quellbäche im Glemmtal und an den Steilabstürzen des Steinernen Meers entspringen – ein abwechslungsreiches Wanderrevier.

Überwiegend motorisiert bewegen sich dagegen die Besucher der »Großglockner-Hochalpenstraße«, die als größte Touristenattraktion in den Hohen Tauern gilt. Symptomatisch: Die 1935 angelegte und als Meisterwerk der Ingenieurskunst gepriesene Strecke zerteilt den (nach endlosen Querelen endlich realisierten) Nationalpark Hohe Tauern: Tourismus vor Naturschutz. Mittlerweile ist der fast 1800 Quadratkilometer große Nationalpark im Umland fest verankert; Gemeinden und Tourismusorganisationen werben erfolgreich mit geschützter Natur – gut so!

Touristischer Mittelpunkt der Region ist Zell am See, eine traditionsreiche Sommerfrische. Günstige Stützpunkte für Wanderungen und leichte Gipfeltouren sind die Dörfer des Pinzgaus. Mit einer besonderen Sehenswürdigkeit, die Touristen aus aller Herren Länder anlockt, wartet Krimml auf: seinen fast 400 Meter hohen Wasserfällen.

Dem Alpenhauptkamm bereits etwas entrückt ist Saalfelden am Steinernen Meer. Seine Umgebung – geprägt von starken Landschaftskontrasten – bietet ebenfalls sehr schöne Wandermöglichkeiten. An erster Stelle ist natürlich jenes »Meer« zu nennen, dessen Wellenschlag rund 2000 Meter über dem (echten) Meeresspiegel zu Stein erstarrt ist.

Steckbrief

Fläche: ca. 2400 qkm
Höchster Punkt: Großvenediger (3666 m)
Gebirgsgruppen: Hohe Tauern (Nord), Kitzbüheler Alpen (Süd), Leoganger Steinberge, Berchtesgadener Alpen (Südwest)
Wichtigste Ortschaften: Krimml, Mittersill, Kaprun, Zell am See, Saalbach, Saalfelden am Steinernen Meer
Wandervorschläge: 24

Pinzgauer Spaziergang

Klassische Höhenwanderung vor den Tauernketten mit verhältnismäßig wenig Steigung. Durchgehend markiert, von der Pinzgauer Hütte bis zur Bürglhütte ist mit einer Gehzeit von etwa 10 Std. zu rechnen. Keine Unterkunft unterwegs, aber zahlreiche Abstiegsmöglichkeiten in den Pinzgau und nördlich ins Glemmtal. Wegverlauf: Schmittenhöhe (1965 m, [Seilbahn]) von Zell am See) – Pinzgauer Hütte (1695 m) – Rohrertörl (1919 m) – Klammscharte (1993 m) – Sommertor (1939 m) – Bürglhütte (1699 m; Abstieg nach Mittersill).

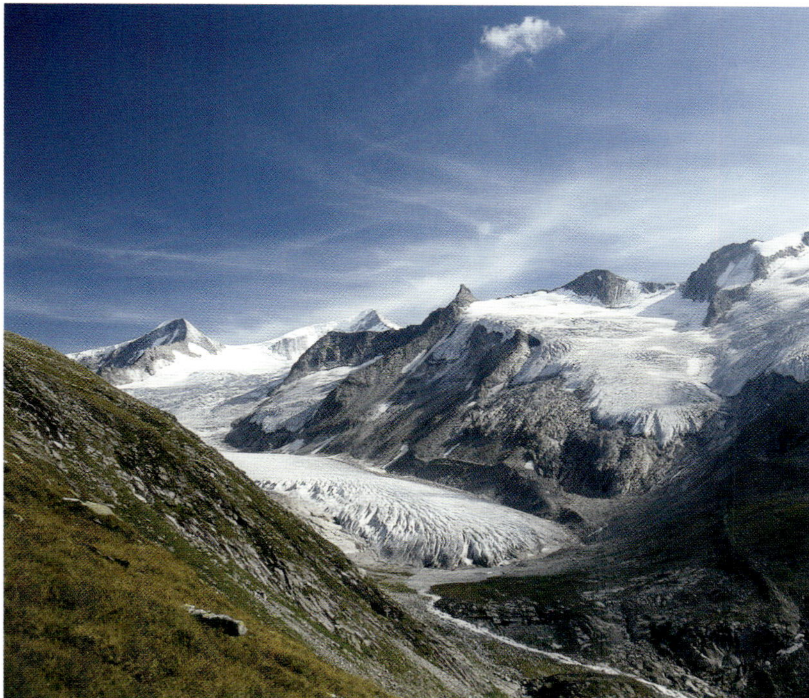

Tauernlandschaft: das Untersulzbachkees vor dem Großvenediger

Feuchter Spaß

2 Krimmler Wasserfälle und Tauernhaus, 1622 m

Man muss es einfach gesehen, nein: erlebt haben, dieses Salzburger Weltwunder, das im hintersten Pinzgau in drei Kaskaden 380 Meter weit herunterstiebt, einem dabei buchstäblich die Sprache verschlägt. Da tosen und donnern die Wassermassen zwischen den Felsen zu Tal, in den Dunstschleiern bricht sich das Sonnenlicht zum bunten Bogen, zwischendurch wuchert üppig das durchnässte Grün. Ein unvergleichliches Naturschauspiel, das man allerdings mit Besuchern aus aller Welt teilen muss. Am eindrucksvollsten an frühsommerlichen Nachmittagen, wenn das Schmelzwasser von den Gletschern abfließt, besuchenswert natürlich immer.

Der Wasserfallweg ist nicht zu verfehlen; er überwindet in zahlreichen Kehren die Steilstufe an der Mündung des Krimmler Achentals, führt dabei wiederholt ganz nahe an die Fälle heran (Aussichtskanzeln). Beim Gasthaus Schönangerl (1306 m) verflacht das Tal; auf dem nur leicht ansteigenden Fahrweg wandert man gemütlich zum Krimmler Tauernhaus (1622 m). Beim Abstieg bietet sich alternativ der uralte Tauernweg an.

Der Besuch der Fälle lässt sich auch zu einer Wanderrunde erweitern. Sie führt über die Seekarscharte (2519 m) zur Gerlosplatte (markiert, ca. 7 Std.).

Vom Tauerngold

15 Naturfreundehaus, 2175 m, und Tauerngold-Rundwanderweg

Goldrausch. Da fallen einem spontan die Inka- und Aztekenschätze ein, das Alaska Jack Londons, nicht unbedingt die Alpen. Dabei wurde auch hierzulande geschürft und gegraben – das Tauerngold kannte man bereits vor 4000 Jahren. Seine Blütezeit erlebte der Rauriser Goldbergbau im Spätmittelalter; heute begegnet man im Tal höchstens noch einigen Hobby-Goldsuchern, die unverdrossen hoffen, dass irgendwann ein Nugget in der Pfanne zurückbleibt.

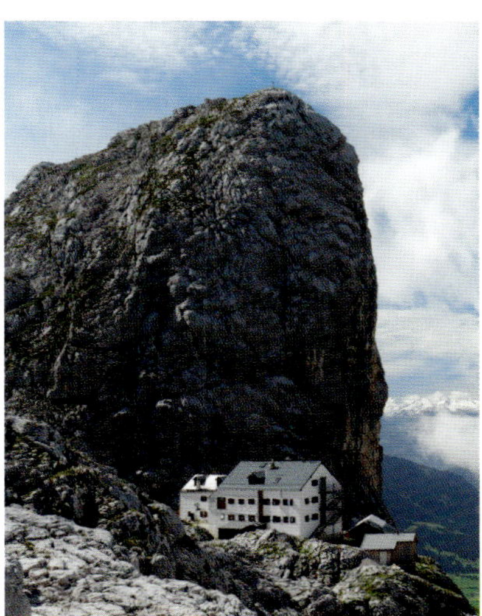

Das Riemannhaus im Steinernen Meer

Die Runde zum Naturfreundehaus ist – wie fast überall im Rauriser Tal – mehr als nur Landschaftserlebnis: ein Gang durch Geschichte und Kultur.

Von Kolm-Saigurn östlich aufwärts gegen den Durchgangwald (Lehrpfad), dann südlich in den Talschluss und – einige Gräben querend – über die Melcherböden hinauf zum Naturfreundehaus. Der »Tauerngold-Rundweg« führt zunächst hinab zum Radhaus, dann über den Bach und südlich ansteigend bis fast zur Zunge des Gletschers, wo ein kleiner See zur Rast einlädt. Nun hinüber zur Ruine des Knappenhauses und weiter zum Bremserhäusl. Hier entlang der Trasse des Schrägaufzuges abwärts und rechts zum Naturfreundehaus. Von der Hütte auf markiertem Weg – vorbei am Barbara-Wasserfall – hinab nach Kolm-Saigurn.

Versteinerter Wellenschlag der Erdgeschichte

24 Riemannhaus, 2177 m, und Breithorn, 2504 m

Es hat seinen Namen zu Recht, das Steinerne Meer, auch wenn natürlich eines fehlt: Wasser. Das Nass verschwindet in den zahllosen Klüften und Spalten, in Dolinen und Löchern des Karrenplateaus, tritt erst am Fuß des Kalkmassivs wieder zu Tage. Oben blinzeln die Bergsteiger ins Felsweiß, wünschen sich etwas Grün fürs Auge und Erfrischendes für den ausgetrockneten Gaumen. Der Schweiß rinnt, schon beim Aufstieg in diese Totenlandschaft, aber wenigstens steht am Plateaurand ein gastliches Haus, und nach einem Tankstopp schafft man auch noch den einstündigen Aufstieg zum Breithorn, wo man für die Anstrengung mit einer packenden Aussicht belohnt wird. Was für ein Kontrast zwischen den grünen Talniederungen um Saalfelden und den öden Kalkklippen des Steinernen Meers!

Der Aufstieg zu dieser Mondlandschaft startet am Parkplatz oberhalb von Maria Alm, führt zunächst zur Bilgerirast, dann in den steinigen, felsumstandenen Karwinkel unterhalb der Ramseider Scharte (2177 m). Rechts ragt der Kletterzacken des Sommersteins (2308 m) in den blauen Himmel, direkt in der Scharte steht das Riemannhaus. Genau westlich der stattlichen Hütte baut sich – nomen est omen! – der massige Stock des Breithorns auf, etwa eine Stunde über Geröll und leichte Felsstufen, als Abschnitt des »Saalfeldener Höhenwegs« gut markiert.

Region	Tourenziel/Charakteristik	Ausgangspunkt	Wegverlauf & Gehzeit	Markierung	Einkehr am Weg
Oberpinzgau	**1 Seekarscharte, 2519 m** Großzügige Runde zwischen Krimmler Tal und Wildgerlostal, Trittsicherheit. Bei Nebel Orientierungsprobleme	Krimml (1072 m,) im obersten Pinzgau, evtl. auch Gh. Schönmoosalm (1434 m,) an der Gerlosstraße	Krimml – Breitscharte (1925 m; 2 1/2 Std.) – Leitenkammersteig – Seekarscharte (4 1/2 Std.) – Seekarsee (2230 m) – Krimml (7 1/2 Std.)	Örtliche Mark.	
Oberpinzgau	**2 Krimmler Wasserfälle und Tauernhaus, 1622 m** Spritzige Besichtigungsrunde und/oder recht lange Talwanderung. Die 380 m hohen Krimmler Wasserfälle gelten als eine der großen Sehenswürdigkeiten der Ostalpen.	Krimml (1072 m,) im obersten Pinzgau	Krimml – Krimmler Wasserfälle (Rundweg 3 Std.) – Krimmler Tauernhaus (3 1/2 Std.); Rückweg auf der gleichen Route (gesamt 6 1/2 Std.)	Bez. Rundweg, AV-Mark. 519	Gh. Schönangerl (1306 m), Krimmler Tauernhaus (1622 m)
Oberpinzgau	**3 Gernkogel, 2267 m** Hübsche Runde, natürlich (wie bei allen Gipfeln links der Salzach) mit großer Schau zu den Dreitausendern der Hohen Tauern. Etwas Ausdauer erforderlich	Wald (885 m,) im Oberpinzgau, an der Abzweigung der alten Gerlosstraße; evtl. auch die Höfe von Vorderwaldberg (1000–1100 m)	Wald – Wurfgrundalm (2 Std.) – Gernkogel (4 Std.) – Berger Hochalm – Reitlasten – Wald (7 Std.)	AV-Mark. 731 (führt zur Gerlosstraße), örtliche Bez.	
Oberpinzgau	**4 Seebachsee, 2083 m** Abwechslungsreiche Runde über dem vorderen Obersulzbachtal: Almen, Wasserfälle und ein verträumter Bergsee	Rosental (852 m,) Weiler im Pinzgau. Straßenzufahrt bis Hopffeldboden (ca. 1050 m), Wanderparkplatz	Hopffeldboden – Seebachsee (3 Std.) – Berndlalm (4 1/2 Std.) – Hopffeldboden (5 1/2 Std.); ab Rosental gut 7 Std.	Mark. Wege	Berndlalm (1514 m)
Oberpinzgau	**5 Steinkogel, 2299 m** Es muss nicht immer der Wildkogel (2224 m) sein! Länger, schöner, spannender auch ist die Kammrunde über dem Tal des Dürrnbachs. Am Steinkogel leichte gesicherte Passagen (Drahtseile, Leiter)	Bergstation der Wildkogelbahn (2090 m), Talstation Neukirchen am Großvenediger (858 m,)	Liftstation – Frühmesser (2233 m; 1 Std.) – Geigenscharte (2028 m) – Steinkogel (3 Std.) – Steineralm (4 1/4 Std.) – Neukirchen (6 Std.)	Mark. Wege	Gh. Wolkenstein (2022 m), Steineralm (1595 m)
Oberpinzgau	**6 Habachtal; Gh. Alpenrose, 1384 m** Berühmt geworden ist das Tal durch seinen Mineralienreichtum, vor allem das einmalige Vorkommen von Smaragden. Geologiepfad	Habachklause (867 m) am Taleingang, 15 Min. von der Bahnstation Habachtal	Habachklause – Gh. Alpenrose (2 1/2 Std.); Rückweg auf der gleichen Route (gesamt 4 Std.)	Fahrweg	Habachklause (867 m), Gh. Enzian, Gh. Alpenrose
Oberpinzgau	**7 Felbertauern, 2481 m** Man kann auch oben drüber: auf dem alten Weg über den Pass. Aufstieg über den Seekessel nur für Geübte (Leiter, Drahtseile)	Hintersee (1313 m), Zufahrt von Mittersill über die Felber-Tauern-Straße, ca. 12 km	Hintersee – Seekessel – Felbertauern (4 Std.) – Naßfeld – Trudental – Hintersee (6 1/2 Std.)	Mark. Wege	Gh. Gamsblick (1326 m), St. Pöltner Hütte (2481 m)
Unterpinzgau	**8 Geißstein, 2363 m** Der felsige Zacken lockt natürlich Gipfelstürmer; immerhin ist der Geißstein die höchste Erhebung der östlichen Kitzbüheler Alpen.	Bürglhütte (1699 m) im Mühltal, Zufahrt 11 km ab Stuhlfelden (800 m,)	Bürglhütte – Geißstein (2 Std.); Abstieg auf dem gleichen Weg (gesamt 3 1/4 Std.)	AV-Mark. 713	Bürglhütte (1699 m)
Unterpinzgau	**9 Weißsee und Ödenwinkel** Ein echtes Kontrasterlebnis: faszinierende Hochgebirgsnatur, aber auch jede Menge Technik: Betonmauern, Seilbahnen. Einige gesicherte Wegpassagen	Bergstation der Weißsee-Gletscherbahnen beim Berghotel Rudolfshütte (2311 m), Talstation Enzingerboden (1474 m,) Zufahrt ab Uttendorf im Pinzgau, 17 km	Rudolfshütte – Gletscher-Panoramaweg (Sonnblickkees, 1 1/2 Std.) – Gletscherlehrpfad Ödenwinkelkees – Tauernmoossee (2023 m; 4 1/2 Std.) – Enzinger Boden (6 Std.)	Gut bez. Wege	Enzingerboden (1474 m), Rudolfshütte (2311 m)
Unterpinzgau	**10 Alexander-Enzinger-Weg** Alpine Runde über dem Kapruner Tal, herrlich die Ausblicke auf die vergletscherten Dreitausender der Glocknergruppe. Trittsicherheit erforderlich	Bergstation der Maiskogelbahn (1540 m), Talstation am südlichen Ortsende von Kaprun (786 m,). Talfahrt vom Alpincenter mit der	Maiskogelalm – Drei-Wallner-Höhe (1861 m; 1 1/4 Std.) – Krefelder Hütte (4 Std.) – Alpincenter (, 2446 m; 4 1/2 Std.)	Bestens bez. Wege	Gh. Glocknerblick (1659 m), Krefelder Hütte (2295 m), Alpincenter
Unterpinzgau	**11 Imbachhorn, 2470 m** Große Gipfeltour, nur für Dauerläufer als Tagestour zu machen, besser mit Nächtigung in der Gleiwitzer Hütte	Fusch an der Glocknerstraße (811 m,)	Fusch – Gleiwitzer Hütte (3 1/2 Std.) – Imbachhorn (5 Std.) – Bäckenanderlalm (1671 m) – Bruck (755 m; 8 1/2 Std.,)	AV-Mark. 725, 723, 735	Gleiwitzer Hütte (2174 m)
Unterpinzgau	**12 Schwarzenberghütte, 2269 m** Abwechslungsreiche Hüttentour, etwas Ausdauer erforderlich	Ferleiten (1151 m,) an der »Großglockner-Hochalpenstraße«	Ferleiten – Vögerlalm (1270 m) – Schwarzenberghütte (3 1/2 Std.); Abstieg auf dem gleichen Weg (gesamt 6 Std.)	AV-Mark. 727	Schwarzenberghütte (2269 m)
Unterpinzgau	**13 Kitzlochklamm und Maria Elend** Etwas für Romantiker; gut abgesicherter Steig durch die Klamm	Taxenbach (776 m,) an der Salzach. Parkplatz am Eingang zur Klamm	Kitzlochklamm – Agersäge – Maria Elend (1125 m) – Embach – Kitzlochklamm (3 1/2 Std.)	Mark. A1, 4	Mehrere Gasthäuser am Weg

Tourenziel/Charakteristik	Ausgangspunkt	Wegverlauf & Gehzeit	Markierung	Einkehr am Weg	
14 Bernkogel, 2325 m Steiler Grasberg östlich über Rauris mit großer Aussicht. Nur für Bergerfahrene, nicht bei Nässe gehen!	Rauris (948 m,) Ferienort im gleichnamigen Tauerntal	Rauris – Bernkogel (4 Std.) – Karalm (1420 m) – Rauris (7 Std.).	Örtliche Mark.	Gh. Karalm	Unterpinzgau
15 Naturfreundehaus, 2175 m, und Tauerngold-Rundwanderweg Den Spuren der Geschichte folgt diese Runde im großartigen Rauriser Talschluss.	Kolm-Saigurn (1598 m,) Endpunkt der Rauriser Talstraße, ab Taxenbach 32 km. Parkplatz 1 km vor Kolm-Saigurn	Kolm-Saigurn – Naturfreundehaus (2 Std.) – Tauerngoldweg – Naturfreundehaus (4 1/2 Std.) – Barbarafall – Kolm-Saigurn (5 3/4 Std.)	Gut mark. Wege	Kolm-Saigurn (1598 m), Naturfreundehaus (2175 m)	
16 Niedersachsenhaus, 2471 m Abwechslungsreiche Runde über drei Scharten; Trittsicherheit und Ausdauer erforderlich. Am Aufstieg »Rauriser Urwald« (Lehrpfad)	Kolm-Saigurn (1598 m,) Endpunkt der Rauriser Talstraße, ab Taxenbach 32 km. Parkplatz 1 km vor Kolm-Saigurn	Kolm-Saigurn – Bockhartscharte (2226 m; 2 1/2 Std.) – Kolmkarscharte (2296 m) – Niedersachsenhaus (4 3/4 Std.) – Kolm-Saigurn (6 1/2 Std.)	AV-Mark. 121, 111	Niedersachsenhaus (2471 m)	
17 Hundstein, 2117 m Langer Anstieg, großes Panorama vom Gipfel. Besonders lohnend mit einer Übernachtung im Statzer Haus	Bruck an der Großglocknerstraße (755 m,)	Bruck – Erlhofplatte (1368 m) – Eisbrunnen (Quelle) – Hundstein (5 Std.); Abstieg auf dem gleichen Weg (gesamt 8 ½ Std.), alternativ nach Taxenbach oder Maria Alm	Mark. Weg	Statzer Haus (2117 m)	Zell am See – Saalfelden
18 Schmittenhöhe, 1965 m Haus- und Seilbahnberg von Zell am See. Berühmte Tauernaussicht, verschiedene Bergabwanderungen möglich	Bergstation der Schmittenhöhe-Bahn (1965 m), Talstation im Schmittental, 2 km ab Zell am See (757 m,)	Südlich: Schmittenhöhe – Glocknerhaus (1583 m) – Zell am See (2 1/2 Std.). Nördlich: Schmittenhöhe – Sonnkogel (1856 m) – Zell am See (3 1/4 Std.)	Gute Mark.	Mehrere Gasthäuser an den Wegen	
19 Panoramaweg Schattberg – Zwölferkogel Große Runde auf der Südseite des Glemmtals, von Seilbahn zu Seilbahn. Vor allem am »Pinzgauer Spaziergang« fasznierende Schau auf die Tauerntäler, -gletscher und -gipfel. Ausdauer erforderlich, mehrere markierte Zwischenabstiege	Bergstation der Schattberg-Seilbahn (2018 m), Talstation Saalbach (1002 m,). Rückfahrt nach Hinterglemm mit der Zwölferkogelbahn	Schattberg – Seetörl (1963 m) – Medalscharte (2057 m; 3 Std.) – Sommertor (1939 m) – Stoffenscharte (2015 m; 5 1/2 Std.) – Zwölferkogel (1983 m; 7 1/2 Std.,)	Gut bez. Wege	Schattberg, Zwölferkopf	
20 Spielberghorn, 2044 m Höchster Punkt und einziger Zweitausender am »Saalachtaler Höhenweg« mit schönem Panorama	Bergstation der Kohlmais-Gipfelbahn (1794 m), Talstation Saalbach (993 m,)	Kohlmaiskopf – Spielbergtörl (1670 m; 1 1/4 Std.) – Spielberghorn (2 1/2 Std.) – Spielbergtörl – Spielberghaus (4 Std.) – Saalbach (4 3/4 Std.)	AV-Mark. 771, 770	Spielberghaus (1319 m)	
21 Saalachtaler Höhenweg Aussichtsreiche, zwar recht lange, aber nur mäßig anstrengende Kammwanderung	Bergstation der Asitzbahnen (1752 m); Talstation Hütten (840 m,), 3 km westlich von Leogang (788 m)	Liftstation – Asitzkogel (1914 m; 1/2 Std.) – »Saalachtaler Höhenweg« – Haiderbergkopf (1875 m) – Gh. Biberg – Leogang (5 1/2 Std.)	AV-Mark. 773, örtliche Bez.	Berghaus Asitz (1752 m), Gh. Biberg (1426 m)	
22 Passauer Hütte, 2051m Obwohl vor allem Stützpunkt bei der Besteigung des Birnhorns (2634 m, knapp 2 Std., leichte Kletterstellen, mark.), ist die Passauer Hütte auch ein lohnendes Wanderziel für Geübte. Im Schlussanstieg gesicherte Felspassagen	Leogang (788 m,) bzw. Wanderparkplatz im Ullachtal (ca. 850 m), gut 2 km	Ullachtal – Passauer Hütte (3 1/4 Std.); Abstieg auf dem gleichen Weg (gesamt 5 1/2 Std.) oder über »Mittersteig« und Sinninger Berg nach Leogang (gesamt 6 1/2 Std.)	AV-Mark. 623, Abstiegsvariante Bez. 12	Passauer Hütte (2051 m)r	
23 Peter-Wiechenthaler-Hütte, 1707 m Aussichtsreich gelegene Hütte nordöstlich über Saalfelden. Schön angelegter, bequemer Anstieg. Abstieg quert einige wilde Gräben (Sicherungen) – nur für Bergerfahrene! Besuchenswert: die Einsiedelei am Palfen	Saalfelden am Steinernen Meer (744 m,). Am nördlichen Ortsende Abzweigung zum Weiler Bachwinkl (2 km); Parkplatz	Bachwinkl – Peter-Wiechenthaler-Hütte (2 1/2 Std.) – Steinalm – Kaltenbachgraben (5 Std.) – Bachwinkl (5 1/2 Std.)	AV-Mark. 412, 412C	Peter-Wiechenthaler-Hütte (1707 m); Steinalm (1268 m)	
24 Riemannhaus, 2177 m, und Breithorn, 2504 m Beliebte Hüttentour zum Südrand des Steinernen Meers. Vom Breithorn großes Panorama; Gratroute zum Persailhorn kein Wanderweg (mark., kurze Kletterstellen im II. Grad)!	Maria Alm (802 m,) Ferienort am Südfuß des Steinernen Meers. Vom Dorf in den Grießbachwinkl und aufwärts zu einem Wanderparkplatz (ca. 1160 m), 4,5 km	Parkplatz – Riemannhaus (3 Std.) – Breithorn (4 Std.); Abstieg auf dem gleichen Weg (gesamt 6 3/4 Std.)	AV-Mark. 410, 426	Riemannhaus (2177 m)	

Der Pongau

Zwischen Tauernkamm und Hochkönig

Nach der Tour entspannt ins (Gasteiner) Thermalbad? Eine Nacht auf dem höchsten Gipfel der Berchtesgadener Alpen genießen, Sonnenuntergang inklusive? Almwandern im kinderreichsten Tal Österreichs, dem Großarl, oder kraxeln an den Steilflanken des Tennengebirges?

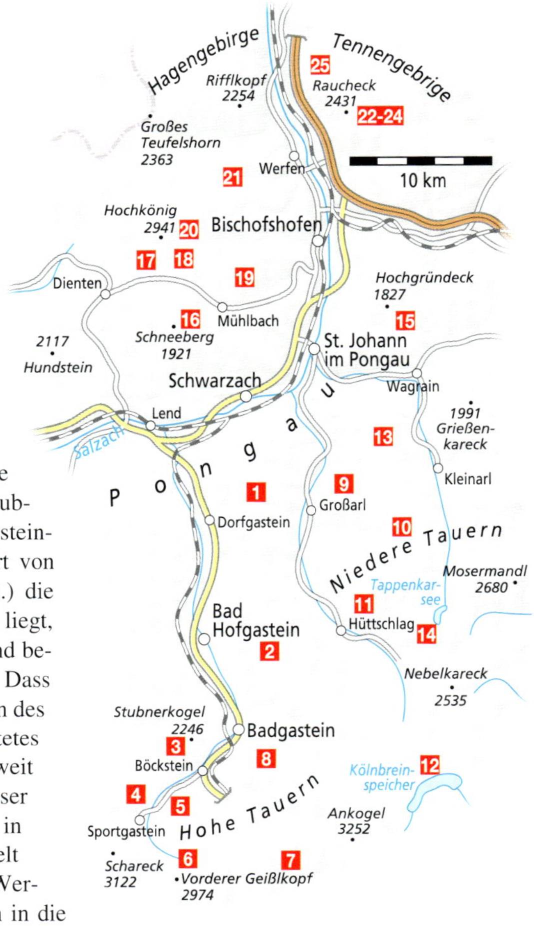

Der Pongau, grünes Land zwischen Tauernkamm und Kalkalpen, zwischen Firngipfeln und Kletterfels, ist eine Region der Kontraste, mal sind die Berge bloß Kulisse, zauberhafte zwar, dann rücken die Felsen ganz nah, ragen sie fast himmelhoch. Wer würde glauben, dass hinter dem unglaublichen Schlund der Liechtensteinklamm (Schluchtsteig, Anfahrt von St. Johann im Pongau; 1 Std.) die grüne Idylle des Großarltals liegt, wo man noch über drei Dutzend bewirtschaftete Almen zählt? Dass sich hinter den Festungsmauern des Tennengebirges ein verkarstetes »Flachdach« versteckt, so weit wie öde, von Wind und Wasser zernagt, durchlöchert? Wer in diese geheimnisvolle Unterwelt vordringen will, kann das von Werfen aus tun: hinauf und hinein in die Eisriesenwelt, ins gefrorene Herz des Gebirges.

Stollen gibt's auch drüben im Gasteiner Tal, wo früher die Knappen nach Gold schürften, einer führt sogar durch den Berg nach Kolm-Saigurn (Imhofstollen); im Radonstollen unter dem Kreuzkogel suchen vor allem Rheumakranke Heilung.

Bad Gastein, das mit seinen Hotelpalästen leicht nostalgischen Charme verströmt, ist touristischer Mittelpunkt der Region; in der Nachbarschaft, etwa im Großarltal oder am Fuß des Hochkönigs, sind die Gasthöfe kleiner, die Preise moderater – und die Bergkulisse mindestens so schön. Typisch Pongau.

Steckbrief

Fläche: ca. 1700 qkm
Höchster Punkt: Ankogel (3252 m)
Gebirgsgruppen: Hohe Tauern (Nord), Niedere Tauern (West), Berchtesgadener Alpen (Südost), Tennengebirge (Südwest)
Wichtigste Ortschaften: Badgastein, St. Johann im Pongau, Bischofshofen
Wandervorschläge: 25

Das Tal der Almen

Almtrekking für die ganze Familie. Im Großarltal, das noch drei Dutzend bewirtschaftete Almen aufweist, ist es möglich: von Hütte zu Hütte wandern, Bekanntschaft schließen mit dem lieben Vieh – alles auf gut markierten Wegen vor der eindrucksvollen Kulisse der Tauernberge. Übernachten – im Lager oder im Heu – kann man auf den meisten Almen, und was auf den Tisch kommt, stammt oft aus eigener Produktion. Abends sitzt man in der gemütlichen Stube, und vielleicht erzählt der Bauer den Kindern vor dem Lichterlöschen noch eine uralte Sage aus dem Tal. Infos durch den Tourismusverband, A-5611 Großarl; Tel. 06414/281, www.grossarl.at

Oben drüber und unten durch

7 Hoher Tauern, 2459 m

Der Hohe Tauern ist ein Pass mit Geschichte, einer besonders langen dazu: Vor 5000 Jahren, in der Jungsteinzeit also, soll bereits ein Handelsweg diesen Alpenübergang benützt haben. Sein alter Name – Korntauern – weist ebenfalls auf einen historischen Pfad hin; der heute nur noch in Teilen erhaltene Plattenweg dürfte aus der Zeit der Fugger stammen, die beiderseits des Alpenkamms, in Gastein und bei Mallnitz, Goldgruben besaßen.

Eine Straße über den Pass ist nie gebaut worden, dafür bohrten Ingenieure der K. u. k.-Monarchie ein Loch durch den Berg: den Tauerneisenbahntunnel. Am 7. Juli 1909 fuhr Kaiser Franz Josef im modernen Salonwagen von Gastein nach Spittal.

Gut ein Jahrhundert später geht man freiwillig wieder über den Pass, um Natur zu erleben, vor allem natürlich auch das malerische Anlauftal, über dem ganz hinten der Ankogel (3252 m) aufragt. Die Fahrt durchs finstere Loch bleibt für den Rückweg reserviert.

Vom Bahnhof Böckstein (1190 m) auf dem Fahrweg am Anlaufbach entlang talein, bis rechts der »Mindener Weg« abzweigt. In Kehren über den bewaldeten Hang steil aufwärts; links tosen die Wasser des Tauernbachs über eine Felsstufe herab. Weiter talein, durch Latschen und feuchte Böden, zuletzt aus einer Karmulde im Zickzack auf die Passhöhe. Hier öffnet sich ein stimmungsvoller Blick nach Süden, auf die Kreuzeckgruppe mit dem mächtigen Polinik und hinab ins Seebachtal.

Jenseits kurz abwärts zum Kleinen Tauernsee; bei der folgenden Weggabelung (2289 m) rechts und durch Blockgelände und karge Wiesen weiter bergab zur Mittelstation der Ankogelbahn (1940 m). Schließlich auf gutem Zickzackweg hinunter zur Talstation.

Ganz hoch hinaus!

20 Hochkönig, 2941 m

Der Berg, fast dreitausend Meter hoch, ist eine Wucht, sein Südabsturz einfach riesig, sehr abweisend auch. Nichts für Wanderer? Hoch mag er sein, der »König«, majestätisch gar wirken, doch hat auch er eine schwache (Rück-)Seite. Und so kommt man im weiten Bogen auf seinen Rücken, zur Übergossenen Alm, und über den (harmlosen) Firn zur felsigen

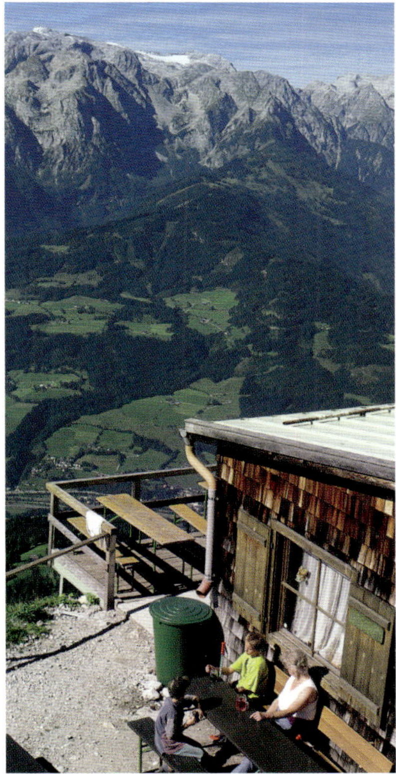

Eine herrliche Aussichtsloge: die Werfener Hütte mit Blick zum Hochkönigmassiv

»Krone«, auf der freundlicherweise sogar eine Hütte steht: das Matrashaus. Eigentlich Grund genug, bei sicherem Wetter gleich eine Nacht an dieser exponierten Stelle einzuplanen, um nach wohlverdienter Brotzeit das Spektakel eines Sonnenuntergangs zu genießen. Unvergesslich, garantiert!

Die große Tour beginnt gemütlich mit der Wanderung zur Mitterfeldalm; dabei hat man ausreichend Gelegenheit, die wilden Zacken der Mandlwand zu bestaunen. Der Weiterweg führt in weitem Linksbogen in den Rücken dieser Kletterfelsen; an ihrem Fuß steigt man ab ins Ochsenkar. Nun lang anhaltend bergan, über den Ochsenriedel hinweg (rechts die schlanke Torsäule) zum »Kniebeißer« und auf die Übergossene Alm. Den Stangenmarkierungen folgend über den Firn zur felsigen Gipfelkuppe (Sicherungen) und zum Matrashaus – Abstieg auf dem gleichen Weg.

Gipfeltour mit Pfiff

24 Raucheck, 2431 m

Die mittelalterliche Ritterburg – Hohenwerfen – steht drunten im Tal, auf einem felsigen Kegel über der Salzach; was die Natur darüber aufgetürmt hat, lässt unwillkürlich auch an eine Festung denken. Und wie es sich gehört, ist auch diese »Burg« – das Tennengebirge – nicht so ohne Weiteres zu erobern. Wer also hinauf will zum Raucheck, muss auf jeden Fall »über die Mauer«. Das geht hinter der (einmalig schön gelegenen) Werfener Hütte mittels einer langen Leiter und einiger Drahtseile; »beschossen« von oben wird man dabei höchstens von ahnungslosen Zeitgenossen, die beim Gehen nicht die notwendige Sorgfalt walten lassen. Am Weiterweg droht dann keine vergleichbare Gefahr mehr; bei schönem Wetter kann man sich höchstens einen Sonnenbrand holen.

Erstes Zwischenziel am Weg zum Gipfel ist die Werfener Hütte: Von Mahdegg zunächst auf einem Ziehweg steil bergan, dann gemütlicher weiter zum Tanzboden und über Serpentinen hinauf zu dem bereits sichtbaren Haus.

Nun in längerer Querung, zuletzt kurz absteigend, in den Karwinkel unter dem Kleinen Fieberhorn (2152 m). Hier rechts über gestufte Felsen (Drahtseile) zu der langen, fast senkrechten Leiter. Steinschlaggefahr! Anschließend flacher durch das obere Kar in den Sattel hinter dem Großen Fieberhorn (ca. 2210 m), dann über Geröll und leichte Felsstufen zur (unbewirtschafteten) Edelweißhütte. Kurz zuvor links die Abzweigung zum Raucheck: in leichtem Auf und Ab über die Karrenböden nördlich des Kamms, um den Hiefler (2378 m) herum und zuletzt über den mäßig steilen Rücken zum großen Gipfelkreuz.

Faszinierend der Blick rundum, über die endlosen »versteinerten« Wellen des Tennengebirges bis hinaus ins Flache, dann jäh hinab ins Tal der Salzach und hinüber zum Hochkönig. Im Südwesten die Firnhäupter der Hohen Tauern.

Zurück bis zur Senke im Rücken des Großen Fieberhorns, dann rechts über Felsstufen und Geröll durch das Grieskar hinab, mit faszinierenden Blicken auf die beiden himmelwärts ragenden Fieberhörner. Weiter schräg über eine Geröllreiße in den Wald und hinunter nach Mahdegg.

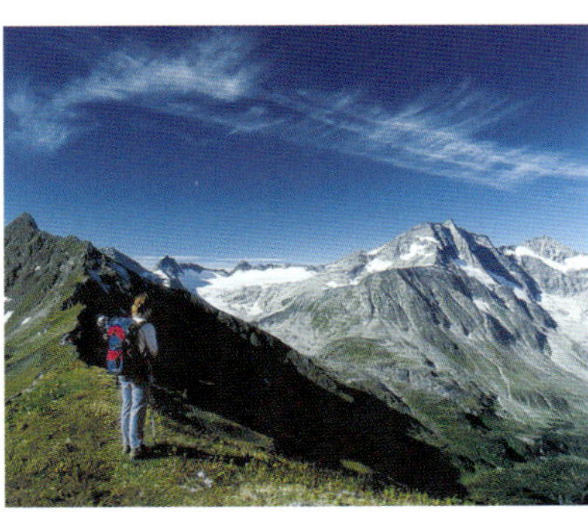

Hoher Sonnblick vom Niedersachsenhaus

Hohe Tauern – Niedere Tauern

Tourenziel/Charakteristik	Ausgangspunkt	Wegverlauf & Gehzeit	Markierung	Einkehr am Weg
1 Schuhflicker, 2214 m Hausberg von Dorfgastein, dank der Bergbahn zum Fulseck (2033 m) mehr Höhenwanderung	Bergstation der Brandstein-Fulseck-Bahn (2033 m), Talstation Dorfgastein (858 m)	Fulseck – Arltörl (1797 m) – Schuhflicker (Arlspitze, 2 Std.) – Gasteiner Höhe (1994 m; 3 3/4 Std.) – Dorfgastein (6 Std.)	Mark. Wege	Paulbauernhütte
2 Gamskarkogel, 2467 m Klassisches Gipfelziel über dem Gasteiner Tal; auch für jene, denen es drüben unter der Türchlwand (2577 m, 1 3/4 Std. ab Schlossalmbahn, 2050 m) zu viele Bahnen und Pisten hat. Der Tipp: Übernachten in der Gipfelhütte!	Bad Gastein (1002 m), berühmter Kur- und Ferienort im inneren Gasteiner Tal. Wanderparkplatz und Bushalt bei der Hotelsiedlung »Grüner Baum« (1060 m)	Bad Gastein – Posernhöhe (1 1/2 Std.) – Gamskarkogel (4 3/4 Std.) – Rastötzenalm (6 1/4 Std.) – Bad Hofgastein (868 m; 7 3/4 Std.) – »Gasteiner Höhenweg« – Bad Gastein (10 Std.)	AV-Mark. 514, 513	Poserhöhe (1502 m), Badgasteiner Hütte (2465 m), Rastötzenalm
3 Zitterauer Tisch, 2463 m Wenig Steigung, drei Gipfel und jede Menge Aussicht. Abstieg alternativ auch zum Unteren Bockhartsee und nach Sportgastein (1588 m) möglich (3 Std.; ausgesetzte, gesicherte Passagen)	Bergstation der Stubnerkogelbahn (2230 m), Talstation Bad Gastein (1002 m)	Seilbahn – Stubnerkogel (2264 m) – Tischkogel (2409 m) – Zitterauer Tisch (1 1/2 Std.) – Tischkogel – Hirschkarkogel (1990 m) – Böckstein (1131 m; 4 1/4 Std.)	AV-Mark. 111, 130, 129	Stubnerkogel (2230 m)
4 Unterer Bockhartsee, 1872 m, und Großer Silberpfennig, 2600 m Lohnendes Gipfelziel, lässt sich mit dem Übergang zum Niedersachsenhaus zur Eineinhalb-Tage-Tour erweitern	Sportgastein (1588 m), 10 km von Bad Gastein (Mautstraße)	Sportgastein – Unterer Bockhartsee (1 Std.) – Bockhartscharte (2226 m; 2 1/4 Std.) – Silberpfennig (3 3/4 Std.); Abstieg auf dem gleichen Weg (gesamt 6 1/4 Std.)	AV-Mark. 121, rote Bez.	Bockhartseehütte (1933 m)
5 Peter-Sika-Weg Auf den Spuren des Gasteiner Bergbaus, mit Aussicht auf die Bergumrahmung des Naßfeldes (Schareck, 3122 m)	Sportgastein (1588 m), 10 km von Bad Gastein (Mautstraße)	Sportgastein – Naßfeld – Knappenbäudlsee (2239 m) – Blumfeldköpfl (1963 m) – Böckstein (1131 m; 6 Std.)	Mark. Weg	
6 Niederer Tauern, 2446 m Historischer Alpenübergang, durch die Eröffnung der Tauerneisenbahn schlagartig seiner Bedeutung beraubt. Am Pass neben der Hagener Hütte die Ruine des alten Tauernhauses	Sportgastein (1588 m), 10 km von Bad Gastein (Mautstraße)	Sportgastein – Niederer Tauern (3 Std.); Abstieg auf dem gleichen Weg (gesamt 5 1/4 Std.)	AV-Mark. 110	Hagener Hütte (2446 m)
7 Hoher Tauern, 2459 m Auf den Spuren der Römer und der Fugger über den Tauernkamm nach Mallnitz. Das Anlauftal gilt als schönstes der Gasteiner Hochtäler.	Bahnhof Böckstein (1190 m), am Nordportal des Tauern-Eisenbahntunnels (durch den man zurückfährt)	Böckstein – Anlauftal – Hoher Tauern (4 Std.) – Talstation Ankogelbahn (6 1/2 Std.) – Mallnitz (7 1/2 Std.)	AV-Mark. 518, 517	Gh. Hochalmblick (1926 m) bei der Ankogelbahn
8 Graukogel, 2492 m Recht alpine Gipfelüberschreitung mit abwechslungsreichem Abstieg zum malerischen Reedsee und ins Kötschachtal. Am Südgrat leichte Kletterei (I), bei Nässe gefährlich rutschig!	Bergstation der Graukogel-Sesselbahn (1954 m), Talstation Bad Gastein (1002 m)	Liftstation – Graukogel (1 1/2 Std.) – Palfner Scharte (2321 m; 2 Std.) – Reedsee (1832 m; 3 1/2 Std.) – Kötschachtal – Bad Gastein (6 1/4 Std.)	AV-Mark. 525, 526	Liftstation
9 Saukarkopf, 2048 m Der Hausberg von Großarl bietet einen schönen Blick auf das »Almenparadies« zwischen Gabel (2037 m) und Gamskarkogel (2467 m).	Großarl (924 m) Hauptort des gleichnamigen Tals; evtl. Vorderstadluck (1253 m), 3,5 km	Großarl – Saukarkopf (3 1/4 Std.); Abstieg auf dem gleichen Weg (gesamt 5 1/4 Std.)	Mark. 1	Vorderstadluck (1253 m), Saukaralm (1840 m)
10 Gründegg, 2168 m Ausgedehnte Kamm- und Almwanderung, Zwischenabstiege möglich. Geübte nehmen sich zusätzlich den Draugstein (2359 m, 1 3/4 Std. hin und zurück, mark.) vor.	Grund (1320 m), 5,5 km von Großarl im inneren Ellmautal. Parkplatz	Grund – Filzmoossattel (2062 m; 2 1/4 Std.) – Gründegg (5 Std.) – Grund (6 1/2 Std.)	AV-Mark. 720, örtliche Bez. 12	Filzmoosalm (1710 m), Ellmaualm (1794 m)
11 Hundegg, 2079 m Ausguck über Hüttschlag, Tour kann leicht zum Filzmoossattel verlängert werden, mit Abstieg zu den Draugsteinalmen (gesamt etwa 7 Std.)	Hüttschlag (1030 m) im Großarltal	Hüttschlag – Hundegg (3 Std.) – Mühlegg (1284 m; 4 1/2 Std.) – Karteis (5 Std.) – Hüttschlag (5 1/2 Std.)	Mark. 8, 9 A	
12 Arlhöhe, 2326 m Abwechslungsreiche Tal- und Passwanderung, von der Arlhöhe schöner Tiefblick auf den großen Kölnbreinspeicher	Stockham (1045 m) Endpunkt der Großarler Talstraße	Stockham – Schödersee (1440 m; 1 3/4 Std.) – Arlscharte (2252 m) – Arlhöhe (4 1/4 Std.); Abstieg auf dem gleichen Weg (gesamt 7 1/4 Std.)	AV-Mark. 512 bis Arlscharte	Talwirt in Stockham

Tourenziel/Charakteristik	Ausgangspunkt	Wegverlauf & Gehzeit	Markierung	Einkehr am Weg	
13 Gabel, 2037 m Kammwanderung über dem untersten Kleinarltal: wenig Anstrengung, viel Aussicht	Bergstation der Grafenberg-bahn (1707 m), Talstation Wagrain (838 m)	Liftstation – Gabel (2 Std.) – Kleinarler Hütte (3 Std.) – Kleinarl (1007 m; 4 1/2 Std.)	AV-Mark. 712	Grafenbergalm (1640 m), Kleinarler Hütte (1756 m)	Hohe Tauern – Niedere Tauern
14 Tappenkarsee und Glingspitze, 2433 m Der Ausflug zum sagenumwobenen Tappenkarsee (1762 m) ist eine Wanderung für jedermann/-frau, für die Glingspitze braucht's etwas Ausdauer.	Jägersee (1099 m) bzw. Parkplatz Schwabalm (ca. 1191 m, 50 Min. zu Fuß)	Parkplatz – Tappenkarseehütte (2 Std.) – Glingspitze (4 1/4 Std.); Abstieg auf dem gleichen Weg (gesamt 7 Std.)	Örtliche Mark. 17, 14	Gh. Jägersee, Tappenkarseehütte (1820 m)	
15 Hochgründeck, 1827 m Wald- und Wiesenberg mit großem Panorama! Markierte Anstiege auch von Wagrain (838 m; Zufahrt bis Oberegg, 2 3/4 Std., Mark. 453) und Bischofshofen (549 m; Zufahrt bis zum Ronachbauer, 2 3/4 Std., Mark. 450)	Bergstation des Hahnbaum-Sesselliftes (1125 m), Talstation St. Johann im Pongau (615 m). Auch Straßenzufahrt, 5 km ab St. Johann	Hahnbaum – Hochgründeck (3 Std.); Abstieg auf dem gleichen Weg (gesamt 5 1/4 Std.)	AV-Mark. 451	Hot. Hahnbaum (1125 m), Heinrich-Kiener-Haus (1791 m)	
16 Schneeberg, 1921 m Aussichtswanderung vor der gewaltigen Südfront des Hochkönigs (2941 m)	Mühlbach am Hochkönig (854 m) evtl. Bergstation des Karbachalmliftes (1562 m)	Mühlbach – Karbachalm (2 Std.) – Schneeberg (3 1/2 Std.) – Kollmannsegg (1848 m) – Bürglalm – Dienten (1078 m; 7 Std.)	Örtliche Mark. 13, 12, 17	Karbachalm (1562 m), Bürglalm (1593 m)	Berchtesgadener Alpen
17 Erichhütte, 1545 m Rundwanderung am Fuß des Hochkönigmassivs; lässt sich leicht zu einer Gipfeltour erweitern: Taghaube (2159 m, 1 3/4 Std. ab Erichhütte, mark.)	Dienten am Hochkönig (1078 m) kleiner Ferienort	Dienten – Filzensattel (1291 m; 3/4 Std.) – Erichhütte (2 3/4 Std.) – Dienten (4 1/4 Std.)	Mark. Wege	Erichhütte (1545 m)	
18 Höhenweg Arthurhaus – Dientner Sattel Gemütliche Almwanderung unter den Felsabstürzen des Hochkönigmassivs	Arthurhaus (1502 m) 8 km von Mühlbach am Hochkönig	Arthurhaus – Widdersbergalm (1542 m) – Dientner Sattel (1379 m; 3 1/2 Std.)	AV-Mark. 401 A, örtliche Bez. 4	Arthurhaus (1502 m), Birgkarhaus (1379 m)	
19 Hochkeil, 1782 m Kleiner Berg mit großer Rundschau. Besuchenswert: das Bergbaumuseum in Mühlbach mit Schaustollen	Arthurhaus (1502 m) 8 km von Mühlbach am Hochkönig	Arthurhaus – Hochkeil (1 Std.) – Vorderkeil (1573 m) – Arthurhaus (3 3/4 Std.)	Örtliche Mark.	Arthurhaus (1502 m)	
20 Hochkönig, 2941 m Große Gipfeltour für Ausdauernde; nur bei sicherem Wetter! Ein Tipp: im Matrashaus übernachten	Arthurhaus (1502 m) 8 km von Mühlbach am Hochkönig	Arthurhaus – Mitterfeldalm (1/2 Std.) – Hochkönig (5 1/2 Std.); Abstieg auf dem gleichen Weg (gesamt 9 Std.)	AV-Mark. 430	Mitterfeldalm (1690 m), Matrashaus (2941 m)	
21 Ostpreußenhütte, 1625 m Aussichtsbalkon über dem Salzachtal; wenn man bis zur Dielalm hinauffährt, verkürzt sich die Tour um 2 1/2 Std.	Werfen (548 m), alter Flecken an der Salzach, überragt von der Feste Hochwerfen (Museum)	Werfen – Dielalm (1 1/2 Std.) – Ostpreußenhütte (3 1/2 Std.); Abstieg auf dem gleichen Weg (gesamt 6 Std.)	AV-Mark. 401	Dielalm (1016 m), Bienteckalm, Ostpreußenhütte (1625 m)	
22 Eiskogel, 2321 m, und Tauernkogel, 2249 m Zwei felsige Erhebungen am Südrand des Tennengebirges mit interessantem Aufstieg und großem Panorama. Trittsicherheit erforderlich	Wengerwinkel (970 m), Zufahrt von Pfarrwerfen via Werfenweng (901 m) 9 km	Wengerwinkel – Hackelhütte (1 3/4 Std.) – Tauernscharte (2114 m; 3 1/4 Std.) – Tauernkogel – Tauernscharte (4 Std.) – Eiskogel (4 3/4 Std.); Abstieg auf dem gleichen Weg (gesamt 7 3/4 Std.)	AV-Mark. 201, 211, zu den Gipfeln rote Bez.	Dr.-H.-Hackel-Hütte (1531 m)	Tennengebirge
23 Elmaualm, 1513 m Almwanderung, prächtige Aussicht auf die Südabstürze des Tennengebirges und auf die Bergketten des Pongau	Werfenweng (901 m) hübsch gelegener Flecken, 7 km von Pfarrwerfen	Werfenweng – Wengerwinkel – Elmaualm (2 1/4 Std.) – Lampersbach – Werfenweng (3 3/4 Std.)	Örtliche Mark. 30, 3b	Gh. Wengerau, Elmaualm (1513 m)	
24 Raucheck, 2431 m Beliebte Hütten- und Gipfeltour; Aufstieg von der Werfener Hütte über die »Leiter« (Steinschlaggefahr) nur für Geübte! Bergerfahrung und absolute Schwindelfreiheit unerlässlich!	Gh. Mahdegg (1202 m), von Pfarrwerfen via Lampersbach, zuletzt 4 km lange Schotterstraße (mautpflichtig). Kleiner Parkplatz	Mahdegg – Werfener Hütte (2 1/4 Std.) – Edelweißhütte (3 3/4 Std.) – Raucheck (4 1/2 Std.) – Mahdegg (7 1/2 Std.)	Gut bez. Wege, Abstieg AV-Nr. 227	Gh. Mahdegg (1202 m); Werfener Hütte (1969 m)	
25 Eisriesenwelt, 1646 m Spannender (und kühler) Ausflug ins Bergesinnere, der Aufstieg kann bei Benützung der Seilbahn zum Oedlhaus erheblich verkürzt werden.	Parkplatz »Eisriesenwelt« (ca. 1000 m), gut 5 km von Werfen (548 m). Kleinbus ab Werfen	Parkplatz – Oedlhaus (1 3/4 Std.) – Eisriesenwelt (Führung etwa 1 Std.); Abstieg auf dem gleichen Weg (gesamt etwa 4 Std.)	AV-Mark. 212	Dr.-Friedrich-Oedl-Haus (1582 m)	

Das Salzkammergut

Postkartenidylle zwischen Mondsee und Dachstein

Im Salzkammergut, da kann man gut lustig sein. Wer wüsste es nicht, Ralph Benatzkys Melodien klingen uns im Ohr; ob der Komponist sich das Land des Salzes, der Seen und Berge auch von oben angesehen hat, weiß ich nicht. Von Sissi immerhin ist verbürgt, dass sie hier öfter ausgedehnte Wanderungen unternahm, während ihr Gatte, Kaiser Franz Josef, es vor allem aufs Schießen, pardon: die Jagd abgesehen hatte.

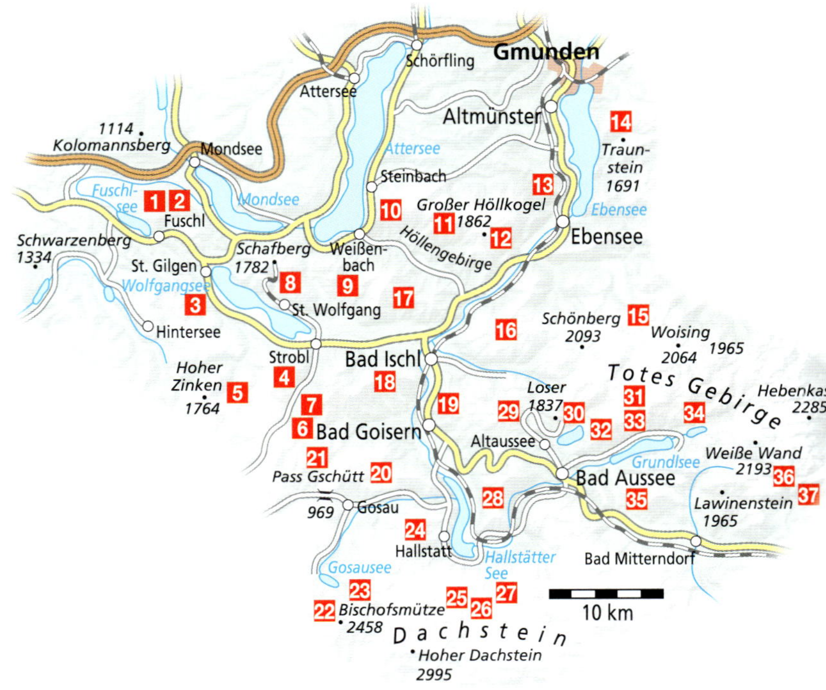

Ein paar der eigens für die blaublütigen Jagdgesellschaften angelegten Steige sind heute ganz profan als AV-Wege fürs gewöhnliche Volk markiert. Wandern lässt es sich nämlich ganz besonders gut zwischen Mond- und Hallstätter See, zwischen Traun- und Dachstein. Das liegt vor allem an einer Topografie, die schon fast wie ein Wanderarrangement wirkt: frei stehende Bergstöcke, oft überraschend felsig, dazwischen die Seen, größere und kleinere, an ihren Ufern aufgereiht schmucke Dörfer. Daraus resultiert ein heiterer Landschaftscharakter, aller Enge – etwa um Hallstatt oder am Grundlsee – zum Trotz. Richtig alpin ist das Salzkammergut nur im Nordosten, wo sich die endlosen versteinerten Wogen des Toten Gebirges erstrecken, und natürlich im Süden: Da glitzert das »ewige Eis«, ragt der Hohe Dachstein (2995 m) an die magische Dreitausendermarke heran.

Touristisches Zentrum des Salzkammerguts ist Bad Ischl, das zwar an keinem See, aber recht (verkehrs-)günstig zwischen den Seen liegt: Wolfgangsee, Atter- und Mondsee, Traunsee, Hallstätter See und Grundlsee – alle weniger als eine halbe Fahrstunde entfernt.

Steckbrief

Fläche: ca. 3500 qkm
Höchster Punkt: Hoher Dachstein (2995 m)
Gebirgsgruppen: Salzkammergutberge, Totes Gebirge (West), Dachsteinmassiv (Nord)
Wichtigste Ortschaften: St. Wolfgang, Bad Ischl, Gmunden, Bad Aussee
Wandervorschläge: 37

Hallstatt – ein geschichtsträchtiger Ort

Keinesfalls versäumen sollte man einen Besuch des uralten Ortes, der mitsamt seiner Umgebung 1998 zum UNESCO-Weltkulturerbe erklärt wurde (Museen, täglich Führungen im Salzbergwerk). Der Bummel durch die schmalen Gassen lässt sich gut mit der Wanderung entlang der 1607 eröffneten Soleleitung verbinden. Vorschlag: von Steeg am unteren Ende des Hallstätter Sees über den Soleleitungsweg nach Hallstatt (511 m), 2 Std., Besichtigung von Ort und Salzbergwerk, anschließend Rückfahrt per Schiff über den See.

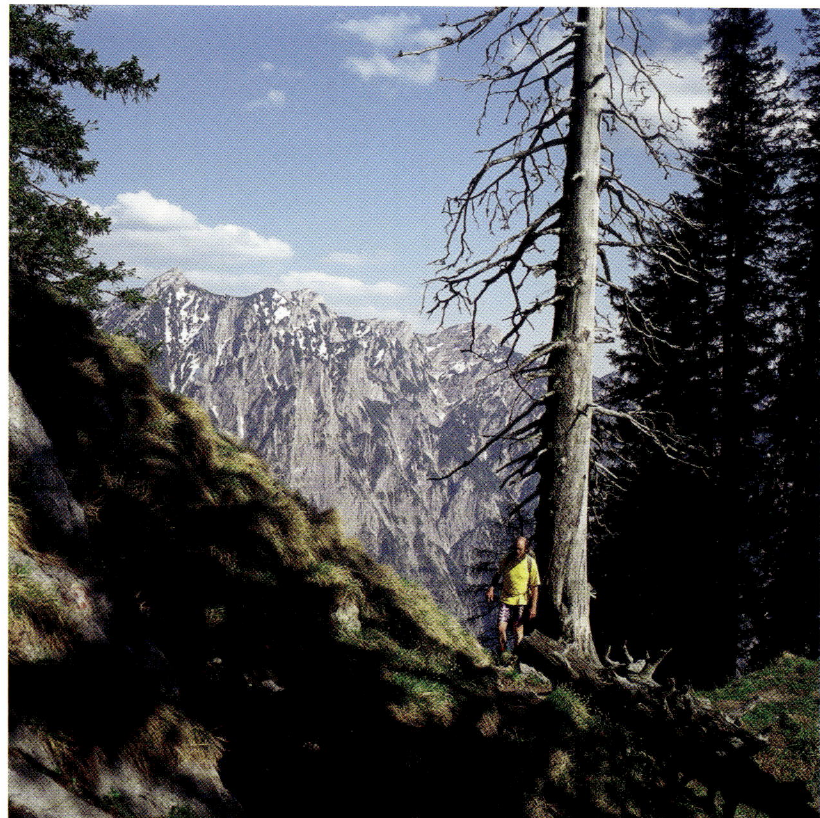

Am Aufstieg zum Sparber

Kantiges Profil

3 Sparber, 1502 m

Sein felsig-spitzer Doppelgipfel sticht herausfordernd in den Himmel, und wer am Wolfgangsee unterwegs ist, kann ihn schlicht nicht übersehen. Da stiehlt er dem behäbigen »Eisenbahnberg« über St. Wolfgang glatt die Schau, auch wenn die Aussicht vom Schafberg noch schöner sein mag. Dafür hat der Anstieg zum Sparber entschieden mehr Pfiff, steil ist er und zuletzt helfen Drahtseile und ein paar Leitern über die Felsen zum Gipfel. Oben ist es dann auf jeden Fall ruhiger als drüben am »Rigi des Salzkammerguts«, und im Panorama stehen fast so viele Sehnsuchtsberge: Ziele für den ganzen Sommer!

Gleich hinter dem Gasthaus Kleefeld (690 m) über den Zaun des großen Wildgeheges (Stiege), in der folgenden Rechtskurve dann von der Forststraße ab und in einen Graben, durch den der Weg bis zur Dürntalalm (977 m) ansteigt. Oberhalb der Hütte (Pfeil) links in den Wald und aufwärts gegen den Ostrücken des Sparber. Weiter im Zickzack bergan und nach einer Hangquerung steil (Leitern) in die Scharte zwischen den beiden Gipfelzacken. Dahinter mit Drahtseilhilfe kurz abwärts, anschließend über eine senkrechte Leiter in latschenbewachsenes Schrofengelände und leicht zum großen Kreuz.

Der Blick in die Tiefe

10 Brennerin, 1602 m

Natürlich ist es der See, der vor allem zur Tour auf die Brennerin verleitet, und das nicht etwa nur wegen des erfrischenden Bades hinterher. Die Tiefblicke auf den Attersee sind ganz klar das Highlight dieser Runde, fast schon leicht atemberaubend etwa von der Felskanzel des Schobersteins (1037 m). Nicht zu verachten ist allerdings auch die Aussicht zum Dachsteinmassiv, und im Frühsommer blüht es an der Mahdlschneid besonders üppig: Blumen! Wichtig: Wenn im Frühling in der Brennerriese noch Schnee liegt, keinesfalls durch die Steilrinne absteigen!

In Weißenbach links neben dem Garten des Hotels Post in den Wald und zu einer Weggabelung. Hier rechts in vielen bequemen Serpentinen schattig bergan; mehrfach bieten sich Tiefblicke auf den Attersee. Unter dem felsigen Gipfelaufbau des Schobersteins wendet sich der Weg in die schrofige Südostflanke; im Rücken der prächtigen Aussichtskanzel (Abstecher, 5 Min.) führt er wieder an den Grat heran, um den Mahdlgupf (1261 m) herum und dann knapp unterhalb der Mahdlschneid aufwärts, zuletzt direkt am Kamm zum Kreuz am »Dachsteinblick« (1559 m). Eine Viertelstunde weiter nordöstlich erhebt sich der abgeflachte, kaum auffallende Gipfelrücken

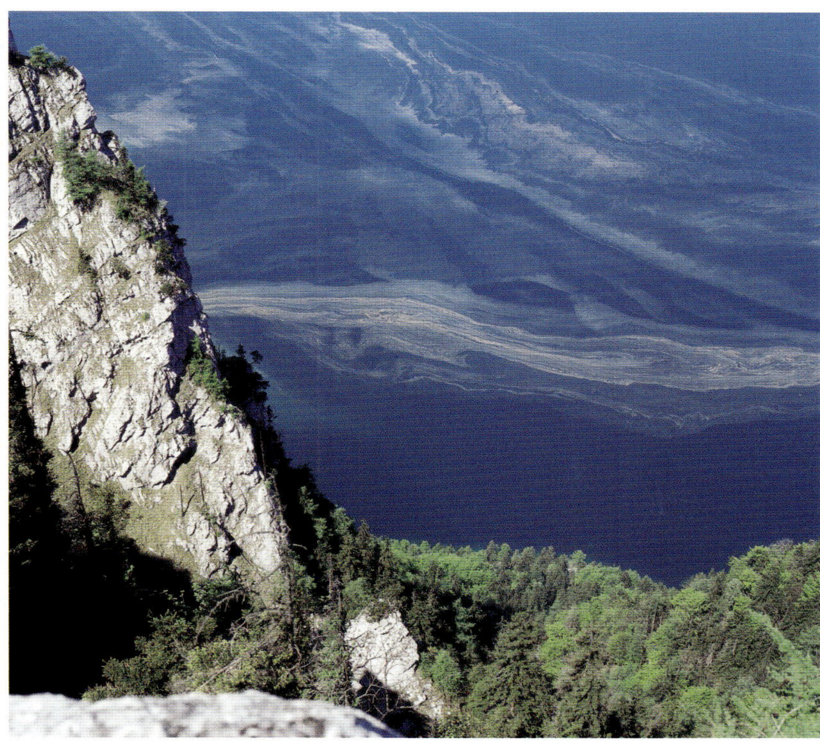

Tiefblick vom Weg zur Brennerin auf den Attersee. Im Frühling zeichnet Blütenstaub feine Muster aufs Wasser.

der Brennerin mit bemerkenswerter, weiter Rundschau.

Vom »Dachsteinblick« zunächst durch Latschengassen zu einem schönen Aussichtspunkt am Rand des welligen Gipfelplateaus, dann in vielen Kehren hinunter in die Brennerriese. Zwischen Felsen bergab, über einen letzten, felsigen Steilhang mit Hilfe einer langen Leiter. Etwas tiefer quert man die Geröllreiße nach rechts; dann geht's im Wald weiter abwärts zu einer Forstpiste. Man folgt ihr links bis (fast) zu ihrem Ende und steigt dann auf einer schmalen (unmarkierten) Spur ab zu dem hübschen Waldweg, der Steinbach und Weißenbach verbindet. Auf der Promenade in leichtem Auf und Ab zurück zum Ausgangspunkt, angenehm schattig, teilweise unmittelbar oberhalb der Uferstraße.

Dolomiten im Salzburgischen?

22 Rund um den Gosaukamm

Vorbilder regen zu Vergleichen an, weltberühmte allemal, und so sind die Tourismuspromotoren auf die Idee gekommen, für die Strecke von Golling über Abtenau nach St. Martin als »Salzburger Dolomitenstraße« zu werben. Der Vergleich hinkt nicht einmal so sehr, denn der Zackengrat des Gosaukamms, rechts flankiert von der Bischofsmütze (2458 m), erinnert durchaus an berühmte Silhouetten jenseits des Alpenkamms.

Die große Runde beginnt ebenso aussichtsreich wie gemütlich an der Gablonzer Hütte. Fast eben wandert man unter den Kalkzacken des nördlichen Gosaukamms hinüber zur Stuhlalm. Hinter der Theodor-Körner-Hütte bieten sich Ausblicke auf die Bischofsmütze; der »Austriaweg« steigt nun über den Durchgang (Stufen, Seile) an zum Jöchl und führt dann in einem weiten Bogen um den berühmten doppelgipfligen Kletterzacken herum zur Hofpürglhütte (1705 m). Weiter ein Stück auf dem »Linzer Weg«, dann steil, teilweise mit Drahtseilhilfe, hinauf in den Steiglpass (2016 m). Jenseits der Gratscharte über gestufte Felsen und Geröll hinunter in das latschenbewachsene Ahornkar. Auf dem »Steiglweg« über die Scharwandhütte (1348 m) abwärts zum Vorderen Gosausee.

Karstlandschaft »auf dem Stein«

27 Heilbronner Kreuz, 1959 m

Wer im Salzkammergut wandert, muss natürlich einmal hinauf zum »Stein«. Das geht per Seilbahn ganz bequem, und auf der Runde zum Heilbronner Kreuz kommt man nicht unbedingt außer Atem. Daran, dass sich das bucklige, teilweise latschenverstrauchte Hochplateau nicht immer so harmlos präsentiert wie an einem sommerlichen Schönwettertag, erinnert das Heilbronner Kreuz: An Ostern 1954 starben zehn Schüler und drei Lehrer in einem Schneesturm.

Über die Entstehung des zerklüfteten Plateaus und seiner unzähligen kunstvoll ziselierten Felsen informiert heute der »Karstlehrpfad«, über den man zum Schönberghaus absteigt. Und hinterher kann man ja noch einen Abstecher in den Berg unternehmen: bei einer Führung durch die Höhlen des Dachsteinmassivs.

Von der Seilbahnstation am Krippeneck (1788 m) in östlicher Richtung über das zerklüftete, unübersichtliche Karstgelände, allmählich ansteigend bis zum Heilbronner Kreuz (1959 m), wo der vom Hohen Krippenstein über den Margschierf (2080 m) verlaufende Steig mündet. Schöner Blick zum Hohen Dachstein (2995 m). Weiter auf dem »Karstlehrpfad« nordwestlich zum Däumelkogel (2001 m) und dann steil hinab zur Zwischenstation der Dachstein-Seilbahn (Schönberghaus).

Ausguck am Rand des Toten Gebirges

32 Trisselwand, 1754 m

Um ziemlich genau einen Kilometer überragt die Trisselwand den Altausseer See, und das bei der gleichen Horizontalentfernung. Da lohnt es sich natürlich, hinaufzupilgern zu dem Schwindel erregenden Ausguck, um dann hinabzuschauen auf den glatten Spiegel des Sees, auf die Häuser von Altaussee, hinüber zum Loser und seine Serpentinenstraße. Über der grünen Senke des Pötschenpasses (982 m) ist der Watzmann auszumachen, im Süden stehen die Gipfelketten der Niederen Tauern, dazwischen prunkt der Dachstein mit seinem Firnmantel.

Hinter dem Gasthaus Trisselwand auf einem (unmarkierten) Weg ansteigend über die Wiese, dann in den Wald und steil aufwärts zu einer Bergsturzzone. Zwischen den vermoosten Felstrümmern zum abgeflachten Kamm, wo man auf den markierten Weg stößt, der von Altaussee bzw. vom Tressensattel heraufkommt. Weiter an dem Waldrücken bergan, dann durch eine Latschenzone und unterhalb des Ahornkogels (1686 m) über eine Felsrampe. Das wellige, latschenverwachsene Plateau ist nun erreicht; bei der Abzweigung zum Appelhaus hält man sich links und steuert in weitem Bogen das Kreuz über der Trisselwand an.

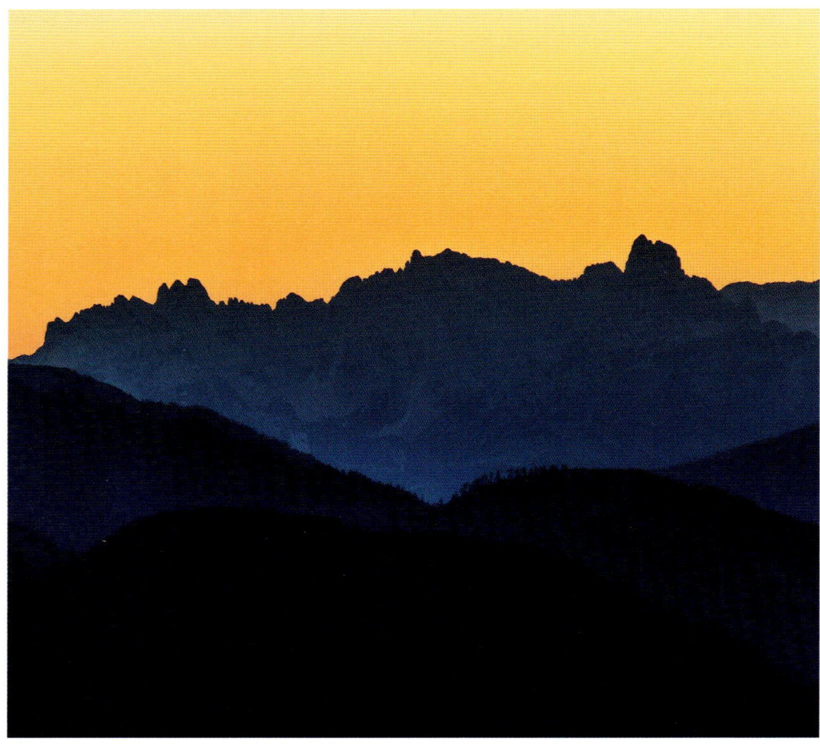

Gosaukamm im Sonnenaufgang; rechts die Bischofsmützen

Tourenziel/Charakteristik	Ausgangspunkt	Wegverlauf & Gehzeit	Markierung	Einkehr am Weg
1 Schober, 1328 m Gipfeltour mit felsigem Finale und stimmungsvoller Rundschau. Nur für Geübte (einige Sicherungen). Sehenswert die Ruine Wartenfels	Fuschl (670 m, Bus) am Ostufer des gleichnamigen Sees; alternativ Jausenstation Wartenfels (924 m, Zufahrt ab Fuschl etwa 5 km)	Fuschl – Wartenfels (1 Std.) – Schober (2 Std.) – Frauenkopf – Wartenfels – Fuschl (3 1/2 Std.)	Bez. Wege	Jausenstation Wartenfels
2 Drachenwand, 1060 m Mächtiger Felsabsturz direkt über dem Mondsee. Vom Gipfelgrat faszinierende Aus- und Tiefblicke. Schmale, teilweise ausgesetzte Wege, gesicherte Passage. Nicht bei Nässe!	Gries (489 m, Bus) am Südwestufer des Mondsees, 5 km von Mondsee	Gries – Klausbachschlucht – Drachenwand (2 1/4 Std.); Abstieg auf dem gleichen Weg (gesamt 3 3/4 Std.)	Mark. Wege	
3 Zwölferhorn, 1521 m Gemütliche Aussichts- und Bergabwanderung; Panorama-Rundweg am Pillstein	Seilbahn Bergstation der Zwölferhornbahn (1470 m); Talstation am Ortsrand von St. Gilgen (545 m, Bus)	Zwölferhorn – Pillstein (1478 m) – Sausteigalm – St. Gilgen (3 1/4 Std.)	Örtliche Mark. 1, AV-Nr. 855	Mehrere Gasthäuser
4 Sparber, 1502 m Markanter Felszahn über Strobl; schöner Tiefblick auf den Wolfgangsee. Am Gipfelaufbau einige Sicherungen (Leitern, Drahtseile)	Gh. Kleefeld (690 m), 3 km von Strobl (542 m, Bus). Besuchenswerter Wildpark	Kleefeld – Sparber (2 1/2 Std.); Abstieg auf dem gleichen Weg (gesamt 4 Std.)	Mark. Weg	Gh. Kleefeld (690 m)
5 Wieslerhorn, 1603 m Leicht erreichbarer Aussichtsgipfel am Nordrand der ausgedehnten Postalm	Postalm (1325 m, Bus), Parkplatz am Ende der mautpflichtigen Straße, die Strobl mit Golling verbindet	Postalm – Wieslerhorn (1 1/2 Std.); Abstieg auf dem gleichen Weg (gesamt 2 1/2 Std.)	Mark. Weg	Auf der Postalm
6 Braunedlkogel, 1894 m Erheblich felsigeres Gegenstück zum Wieslerhorn; die Überschreitung auf markierten Steigen verlangt einen sicheren Tritt.	Parkplatz Skizentrum Postalm (1180 m, Bus), 16 km ab Strobl	Postalm – Retteneggḧütte – Braunedlkogel (2 1/2 Std.) – Postalm (4 Std.)	Mark. Wege	Auf der Postalm, Retteneggḧütte (1211 m)
7 Rinnkogel, 1823 m Recht abweisend wirkender Gipfel über dem Tal des Weißenbachs. Steiler Aufstieg, einige kurze gesicherte Passagen	Gh. Bergheimat (655 m, Bus) oder erste Kehre (720 m, Bus) der mautpflichtigen Postalmstraße, 5 bzw. 7 km ab Strobl	Bergheimat – Simonhütte (715 m; 3/4 Std.) – Rinnkogel (4 Std.); Abstieg auf dem gleichen Weg (gesamt 6 1/2 Std.)	AV-Mark. 889	Gh. Bergheimat (655 m)
8 Schafberg, 1782 m Eine »Schnauferlfahrt« wie anno dazumal, ein großes Panorama und eine abwechslungsreiche Bergabwanderung, vorbei an drei malerischen Bergseen. Variante ab Mönichsee über den gesicherten »Purtschellersteig« zur Schafbergalm (bis St. Wolfgang 4 Std., Mark. 17, 23)	Seilbahn Bergstation der Schafberg-Zahnradbahn (1730 m), Talstation St. Wolfgang (549 m, Bus)	Schafberg – »Himmelspforte« – Suissensee – Mittersee – Mönichsee – Vormaueralm – St. Wolfgang (3 3/4 Std.)	Mark. 804, 18, 17, C	Hotel Schafbergspitze (1782 m), Himmelspforthütte
9 Burggraben und Schwarzensee, 716 m Auf romantischen Wegen vom Attersee zum Wolfgangsee; für den Burggraben braucht's einen sicheren Tritt.	Burgbachau (479 m, Bus) am Südufer des Attersees, an der Strecke Unterach – Weißenbach	Burgbachau – Burggraben – Moosalm (772 m) – Schwarzensee (2 Std.) – St. Wolfgang (3 1/2 Std., Bus)	Örtliche Mark. 28	Am Schwarzensee
10 Brennerin, 1602 m Faszinierende Tiefblicke auf den Attersee! Am Schoberstein und beim Abstieg über die Brennerriese (Drahtseile, Leiter) leichte Felsen. Abstecher vom »Dachsteinblick« (1559 m) zum Gipfel 1/2 Std. hin und zurück	Weißenbach (472 m, Bus) am Südufer des Attersees	Weißenbach – Schoberstein (1037 m; 1 1/2 Std.) – Dachsteinblick (3 Std.) – Brennerriese – Weißenbach (5 1/2 Std.)	Aufstieg AV-Mark. 804	
11 Brunnkogel, 1708 m Von den waldumsäumten Langbathseen über den originellen »Schafluckensteig« auf den Brunnkogel. Gesicherte, recht exponierte Route: Schwindelfreiheit unerlässlich!	Vorderer Langbathsee (664 m), Zufahrt von Ebensee (443 m, Bus). Alternativ Taferlklause (760 m, Bus) an der Strecke Steinbach am Attersee – Altmünster	Vorderer Langbathsee – Hinterer Langbathsee (732 m; 1 Std.) – »Schafluckensteig« – Brunnkogel (3 3/4 Std.) – Hochleckenhaus (4 1/2 Std.) – Taferlklause (6 Std.) – Lueg (830 m) – Vorderer Langbathsee (7 3/4 Std.)	AV-Mark. 828, 829, 827, 826; örtliche Bez. 14	Vorderer Langbathsee; Hochleckenhaus (1574 m); Klausstube
12 Großer Höllkogel, 1862 m »Höllische« Höhenwanderung mit himmlischen Ausblicken. Nicht bei Nebel oder Neuschnee gehen!	Seilbahn Bergstation der Feuerkogelbahn (1592 m), Talstation Ebensee (443 m, Bus)	Feuerkogel – Alberfeldkogel (1707 m; 3/4 Std.) – Rieder Hütte (2 1/2 Std.) – Großer Höllkogel (3 Std.) – Haselwaldgasse – »Kaiserweg« – Feuerkogel (6 1/2 Std.)	AV-Mark. 835, 820, 833, 830, 837	Feuerkogel, Rieder Hütte (1752 m)

Westliches Salzkammergut

	Tourenziel/Charakteristik	Ausgangspunkt	Wegverlauf & Gehzeit	Markierung	Einkehr am Weg
Westliches Salzkammergut	**13 Großer Sonnstein, 1037 m** Überschreitung zweier »kleiner« Gipfel mit atemberaubenden Tiefblicken auf den Traunsee. Trittsicherheit wichtig	Traunkirchen (433 m, 🚌) kleiner Ort am Westufer des Traunsees	Traunkirchen – Kleiner Sonnstein (923 m; 1 1/2 Std.) – Großer Sonnstein (2 1/2 Std.) – Ebensee (3 1/2 Std., 🚌)	Mark. 1, 13	Sonnsteinhütte (920 m) am Kleinen Sonnstein
	14 Rund um den Traunstein Abwechslungsreiche Runde; alternativer Ausgangspunkt Bergstation der Grünbergbahn (984 m). Wer den Traunstein (1691 m) besteigen will, nimmt als Wanderer den Mairalmsteig (4 Std.).	Schiffanlegestelle »Hois'n« (424 m), 3 km südlich von Gmunden (440 m, 🚌), Zufahrt	Hois'n – Laudachsee – Hohe Scharte (1113 m; 2 1/4 Std.) – Mairalm (3 Std.) – »Miesweg« – Hois'n (4 Std.)	AV-Mark. 410	Ramsauer Alm (895 m), Mairalm (789 m)
	15 Rinnerkogel, 2012 m Große Tour am Nordrand des Toten Gebirges; wer in der Rinnerhütte bzw. im Hochkogelhaus nächtigt, kann die Überschreitung des Schönbergs (2093 m) einplanen.	Offensee (649 m), Straße von Ebensee (443 m, 🚌), 12 km	Offensee – Rinnerhütte (2 1/4 Std.) – Rinnerkogel (4 1/4 Std.) – Hochkogelhaus (5 3/4 Std.) – Offenseetal (485 m; 8 Std.)	AV-Mark. 212, 230, 231, 211	Rinnerkogelhütte (1474 m); Hochkogelhaus (1558 m)
	16 Hohe Schrott, 1839 m Richtig für Liebhaber einsamer Überschreitungen; eine gute Kondition und Bergerfahrung sind hier unerlässlich, dazu etwas Klettergewandtheit am felsigen Grat (I-II).	Plankau (436 m, 🚌) Ortsteil von Ebensee; Bahnhalt Steinkogl	Plankau – Brombergalm (1430 m; 3 Std.) – Petergupf (1646 m) – Bergwerkkogel (1689 m) – Hohe Schrott (5 1/2 Std.) – Bad Ischl (469 m; 8 Std., 🚌)	AV-Mark. 210	
	17 Leonsberg, 1745 m Behäbig-breiter Bergrücken nördlich über Bad Ischl; lange, aber unschwierige Überschreitung	Pfandl (488 m, 🚌) Ortsteil von Bad Ischl (469 m, 🚌)	Pfandl – Enge Zimnitz – Leonsberg (4 Std.) – Gartenzinken (1557 m) – Pfandl (7 Std.)	AV-Mark. 816, 814	
	18 Roßkopf, 1657 m Aussichtsreiche, wenig anstrengende Wanderung am Katergebirge. Kurze, gesicherte Passage (ausgesetzt). Rückweg über den Nussensee und die alte Römerstraße	🚡 Bergstation der Katrin-Seilbahn (1415 m), Talstation Bad Ischl (469 m, 🚌)	Seilbahn – Katrin (1542 m) – Hainzen (1638 m) – Roßkopf (1 3/4 Std.) – Nussensee – Bad Ischl (4 1/2 Std.)	AV-Mark. 896, 894	Seilbahnstation
	19 Predigtstuhl, 1278 m Abwechslungsreiche Runde mit überraschend felsigen Szenerien, einem aussichtsreichen Gipfel und einer idyllisch gelegenen Hütte	Bad Goisern (502 m, 🚌), Ferienort an der Strecke Bad Ischl – Bad Aussee. Alternativ auch Hotel Predigtstuhl (973 m; 6 km ab Goisern)	Bad Goisern – Ewige Wand – Predigtstuhl (2 1/2 Std.) – Hütteneckalm (4 Std.) – Bad Goisern (5 1/2 Std.)	AV-Mark. 245, 247, 201	Hütteneckalm (1240 m)
	20 Hochkalmberg, 1833 m Große Runde über die beiden Kalmberge. Schmaler Grat, teilweise felsig mit einigen gesicherten Passagen. Leichter: Auf- und Abstieg via Goiserer Hütte	Bad Goisern (502 m, 🚌), Parkplatz im Ortsteil Steinach (580 m; 2 km vom Ortszentrum)	Steinach – Tiefe Scharte (1477 m; 2 1/2 Std.) – Hochkalmberg (4 3/4 Std.) – Goiserer Hütte (5 1/4 Std.) – Steinach (7 3/4 Std.)	AV-Mark. 888, 851, 801	Goiserer Hütte (1592 m)
	21 Gamsfeld, 2027 m Bekannter Aussichtsgipfel im Vorfeld des Dachsteinmassivs; Besteigung verlangt Ausdauer und Trittsicherheit.	Rußbach (813 m, 🚌), kleiner Ferienort westlich vom Pass Gschütt	Rußbach – Angerkaralm – Gamsfeld (4 Std.) – Traunwandalm (1338 m) – Rußbach (6 1/2 Std.)	AV-Mark. 203, 202, 201	Angerkaralm (1423 m)
Dachsteingebirge	**22 Rund um den Gosaukamm** Wanderklassiker im Dachsteinmassiv, als Tagestour nur für Schnellläufer geeignet. Wer in der Hofpürglhütte übernachtet, kann eine Überschreitung des Großen Donnerkogels (2054 m) mit einplanen (mark., zusätzlich 2 Std.).	🚡 Bergstation der Gosaukamm-Seilbahn (1485 m), Talstation am Vorderen Gosausee (933 m, 🚌), Zufahrt von Bad Goisern über Gosau (780 m), 20 km	Seilbahn – »Austriaweg« – Hofpürglhütte (4 Std.) – Steiglpass (2016 m) – Vorderer Gosausee (8 Std.)	AV-Mark. 611, 612	Mehrere Gh. und Hütten; Hofpürglhütte (1705 m)
	23 Hinterer Gosausee, 1154 m Ausgedehnter Talspaziergang auf bequemen Wegen	Vorderer Gosausee (933 m, 🚌), Zufahrt von Bad Goisern über Gosau (780 m), 20 km	Vorderer Gosausee – Hinterer Gosausee (2 Std.); Rückweg auf der gleichen Route (gesamt 3 3/4 Std.)	Fahrweg	Hintere Seealm (1164 m)
	24 Plassen, 1953 m Felsiger Hausberg von Hallstatt, teilweise steile und etwas ausgesetzte Wege (eine gesicherte Passage)	🚡 Bergstation der Hallstätter Salzberg-Standseilbahn (855 m), Talstation Hallstatt-Lahn (527 m, 🚌)	Seilbahn – Salzberg – Plassen (4 Std.) – Karstube (1370 m) – Seilbahn (6 1/2 Std.)	AV-Mark. 640, 643, 645	Rest. Rudolfsturm, Salzberg
	25 Simonyhütte, 2205 m Wanderklassiker an der Nordflanke des Dachsteinmassivs; auch bei Seilbahnbenützung etwas Ausdauer erforderlich. Nur bei sicherem Wetter gehen!	🚡 Endstation der großen Dachstein-Seilbahn am Krippeneck (1788 m), Talstation (600 m, 🚌) bei Obertraun (511 m, 🚌)	Krippeneck – Simonyhütte (3 1/4 Std.); Rückweg auf der gleichen Route (gesamt 5 3/4 Std.)	AV-Mark. 650	Simonyhütte (2205 m)

Tourenziel/Charakteristik	Ausgangspunkt	Wegverlauf & Gehzeit	Markierung	Einkehr am Weg
26 Hoher Gjadstein, 2794 m Lohnendes Gipfelziel für erfahrene Bergwanderer; Steige abschnittweise rau und steil. Nur bei ganz sicherem Wetter gehen!	Endstation der großen Dachstein-Seilbahn am Krippeneck (1788 m), Talstation bei Obertraun (511 m,)	Krippeneck – Hoher Gjadstein (4 Std.); Abstieg auf dem gleichen Weg (gesamt 7 Std.)	AV-Mark. 615	
27 Heilbronner Kreuz, 1959 m Beliebte Wanderrunde auf dem »Heilbronner Weg«; Abstieg auf dem »Karstlehrpfad«. Sehenswert: Rieseneishöhle und Mammuthöhle beim Schönberghaus	Endstation der großen Dachstein-Seilbahn am Krippeneck (1788 m), Talstation (600 m,) bei Obertraun (511 m,)	Krippeneck – »Heilbronner Weg« – Heilbronner Kreuz (1 3/4 Std.) – »Karstlehrpfad« – Schönberghaus (Seilbahn-Station, 1322 m; 3 1/2 Std.)	AV-Mark. 664, 662, 661	Hotel Krippenstein, Schönberghaus (1345 m)
28 Hoher Sarstein, 1975 m Recht anspruchsvolle Überschreitung, gute Kondition ist Voraussetzung. Packende Tiefblicke auf den Hallstätter See	Simonyaussicht (695 m) an der Pötschen-Passstraße, 5 km von Bad Goisern (502 m,)	Simonyaussicht – Goiserer Sarsteinalm (3 Std.) – Hoher Sarstein (4 Std.) – Sarsteinhütte (5 1/4 Std.) – Obertraun (511 m; 7 1/2 Std.,)	AV-Mark. 690, 692	Goiserer Sarsteinalm (1695 m), Sarsteinhütte (1620 m)
29 Rund um den Sandling Wenig anstrengende Wanderrunde um den felsigen Sandling (1711 m)	Gh. Sarsteinblick (925 m), Zufahrt von der Pötschen-Passstraße, 2,4 km von Luppitsch. Parkplatz	Sarsteinblick – Vordere Sandlingalm (1 1/4 Std.) – Ausseer Sandlingalm (1221 m; 2 Std.) – Sarsteinblick (3 1/2 Std.)	AV-Mark. 250, 252	Gh. Sarsteinblick (925 m)
30 Loser, 1837 m Halbtagestour auf den bekannten Aussichtsgipfel; Trittsicherheit (gesicherte Passagen)	Parkplatz am Endpunkt der Loserstraße (1600 m,) ab Altaussee 12 km	Loserstraße – Loserhütte (1498 m) – Loser (1 3/4 Std.) – Hochanger (1838 m) – Loserfenster – Loserstraße (3 Std.)	AV-Mark. 255, 256	Rest. Loser (1600 m), Loserhütte (1498 m)
31 Albert-Appel-Haus, 1638 m Abwechslungsreiche Wanderung ins Tote Gebirge mit Abstieg zum Altausseer See. Sehr schön die weite Mulde des Henarwalds, umrahmt von grauen Karsthöhen	Parkplatz am Endpunkt der Loserstraße (1600 m,) ab Altaussee 12 km	Loserstraße – Hochklapfsattel (1498 m; 13/4 Std.) – Wildenseealm (1525 m) – Appelhaus (4 Std.) – Hochklapfsattel (5 1/2 Std.) – Altausseer See (7 Std.) – Altaussee (7 1/2 Std.)	AV-Mark. 201, 212	Albert-Appel-Haus (1638 m)
32 Trisselwand, 1754 m Toller Aussichtspunkt östlich über dem Altausseer See. Alternativer Ausgangspunkt Bad Aussee (719 m, Gesamtgehzeit dann 5 3/4 Std.)	Gh. Trisselwand (963 m), Zufahrt von Bad Aussee (659 m,) zum Grundlsee, dann links bergan, 7,5 km	Gh. Trisselwand – Trisselwand (2 1/2 Std.); Abstieg auf dem gleichen Weg (gesamt 4 Std.)	AV-Mark. 233	Gh. Trisselwand (963 m)
33 Backenstein, 1772 m Aussichtspunkt hoch über dem Grundlsee; vom (etwas tiefer stehenden) Gipfelkreuz einmaliger Tiefblick. Ausdauer erforderlich	Grundlsee (732 m,) Straßendorf am Nordufer des gleichnamigen Sees, Anfahrt von Bad Aussee 5 km	Grundlsee – Backenstein (3 Std.); Abstieg auf dem gleichen Weg (gesamt 5 Std.)	AV-Mark. 235	
34 Aiblsattel, 1785 m – Lahngangseen Große Wanderrunde für Ausdauernde am Rand des Toten Gebirges; zusätzlich evtl. Besteigung des Wildgößl (2062 m; 1/2 Std.)	Gößl (720 m,) Dorf am Ostende des Grundlsees, Anfahrt von Bad Aussee 11 km	Gößl – Aiblsattel (3 Std.) – Abblasbühel (5 Std.) – Lahngangseen – Gößl (7 1/2 Std.)	AV-Mark. 213, 201, 214	
35 Rötelstein, 1614 m, und Kampl, 1685 m Abwechslungsreiche Mittelgebirgswanderung auf zwei hübsche kleine Gipfel	Äußere Kainisch (770 m,) Dörfchen auf halber Strecke zwischen Bad Aussee und Bad Mitterndorf	Kainisch – Rötelstein (2 1/2 Std.) – Kampl (4 Std.) – Kainisch (6 Std.)	Mark. Wege	
36 Großes Tragl, 2179 m Ein gutes Bild von dem schier endlos weiten Karstplateau des Toten Gebirges vermittelt die Tour aufs Große Tragl. Auf keinen Fall bei Schneelage (tückische Dolinen und bodenlose Schächte) oder Nebel gehen!	Tauplitzalm (1621 m), Endpunkt der von Bad Mitterndorf (809 m,) ausgehenden Mautstraße und Tauplitzalm-Sessellift. Talstation Tauplitz (896 m,)	Tauplitzalm – Steiererseealm – Großes Tragl (3 Std.); Abstieg auf dem gleichen Weg (gesamt 5 Std.)	AV-Mark. 218, 276	Auf der Tauplitzalm
37 Roßkogel, 1890 m Mäßig anstrengende, abwechslungsreiche Seen- und Gipfelwanderung	Tauplitzalm (1621 m), Endpunkt der Mautstraße und des Tauplitzalm-Sessellifts	Tauplitzalm – Schwarzensee (1549 m) – Leisthütte (1647 m; 1 3/4 Std.) – Roßkogel (2 1/2 Std.); Abstieg auf dem gleichen Weg (4 1/4 Std.)	AV-Mark. 218, Gipfelsteig rot bez.	Auf der Tauplitzalm

Dachsteingebirge

Steirisches Salzkammergut

Oberes Ennstal

Dachstein und Niedere Tauern

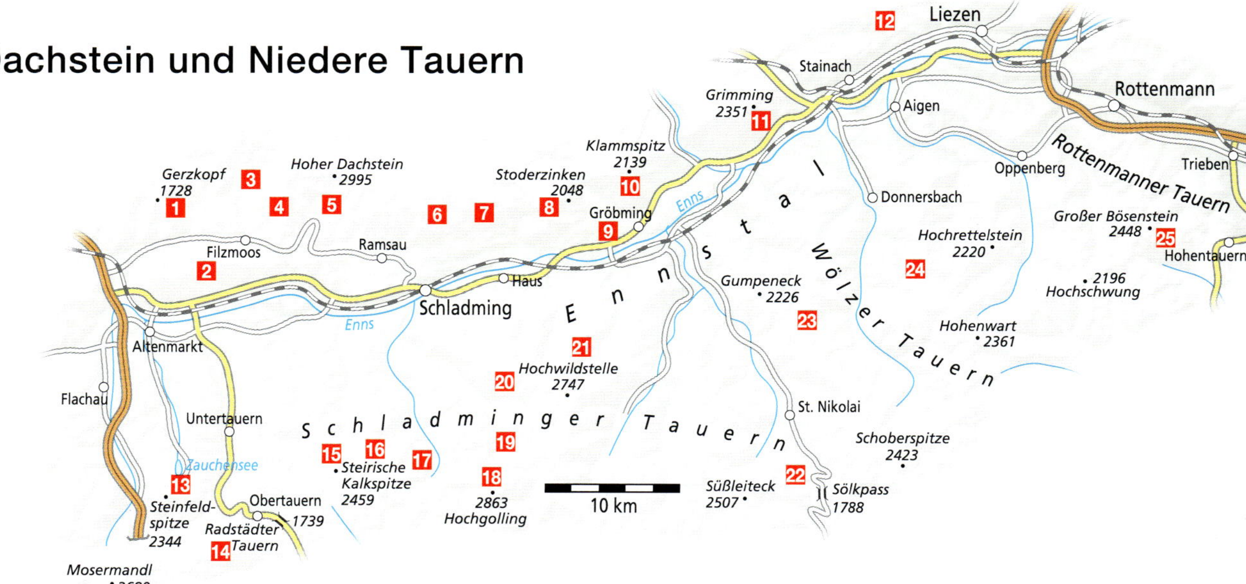

Alpines Schaustück des oberen Ennstals ist der Dachstein mit seinem monumentalen Südabsturz – heller Kalk über satten Wiesen. Da werden Kletterträume wach, tritt der Gipfelstürmer in uns auf den Plan. Immerhin ragt die Spitze des großen Eisenkreuzes um ein paar Zentimeter über die magische Dreitausendergrenze hinaus und direkt in den Bergsteigerhimmel hinein.

Trotzdem ist der Dachstein nur 2995 Meter hoch, auch wenn das ein paar Werbemanager etwas lockerer sehen.

Gipfel, nicht ganz so hohe, dafür viel mehr, gibt's auch auf der anderen Seite der jungen Enns, in den Niederen Tauern; da reiht sich Bergkette an Bergkette, getrennt durch alte Gletschertäler und steinige Kartröge, denen nur die kleinen Seeaugen etwas Leben einhauchen. Keine Landschaft, die mit Spektakel prunkt, Superlative anzubieten hat, eher etwas für Liebhaber stiller Wege, für Hüttenwanderer auch, die hier am Alpenhauptkamm von »Haus zu Haus« leicht eine Woche unterwegs sind, ohne in Talniederungen absteigen zu müssen. Höchster in den »Niederen« ist der Hochgolling (2863 m), ein besuchtes Wanderziel der Klafferkessel mit seinen vielen kleinen und kleinsten Seen zwischen dunklen, flechtenbewachsenen Felsbuckeln.

Ganz im Westen führt eine viel befahrene Straße am Radstädter Tauern (1739 m) über den Hauptkamm der Niederen Tauern; im Bereich der Scheitelhöhe hat sich hier ein ausgedehntes Skigebiet etabliert. Der Pass hatte bereits zur Römerzeit einige Bedeutung; Reste der historischen Trasse und mehrere Meilensteine belegen dies. Dem Verkehrsweg über die Alpen (Salzburg – Friaul) verdankte auch Radstadt seine Bedeutung. Es erhielt bereits 1289 das Stadtrecht.

Heller Kalk oder dunkle Gneise, Dolomitzinnen oder verträumte Karwinkel? Wer im oberen Ennstal wandert, kann es sich aussuchen. Und da ist es natürlich vorteilhaft, sein Quartier »zwischen den Bergen« zu haben, in Schladming, dem touristischen Zentrum der Region, oder in einem der kleineren Dörfer an der Enns.

Von Hütte zu Hütte

Die Topografie der Niederen Tauern mit ihren langen, zusammenhängenden Bergketten erweist sich als ideal für Hüttenwanderungen: ein paar Tage oben bleiben, Fernsicht und Tiefblicke genießen, dazu den einen oder anderen Gipfel besteigen. Auf diese Weise lässt sich das gesamte Gebirge in der Längsrichtung durchqueren, vom Großarltal bis in die Seckauer Alpen. Nachstehend ein Vorschlag für sechs bis acht genussreiche Wandertage in den Radtstädter und Schladminger Tauern:

Hüttschlag (1030 m; Großarltal) – Tappenkarseehütte (1820 m) – Franz-Fischer-Hütte (2020 m) – Taferlscharte (2236 m) – Südwiener Hütte (1802 m) – Radstädter Tauern (1739 m) – Ahkarscharte (2315 m) – Ignaz-Mattis-Hütte (1986 m) – Keinprechthütte (1872 m) – Gollingscharte (2326 m) – Gollinghütte (1641 m) – Greifenberg (2618 m) – Klafferkessel – Preintaler Hütte (1657 m) – Rettingscharte (2326 m) – Breitlahnhütte (1070 m; Kleinsölktal)

Steckbrief

Fläche: ca. 3100 qkm
Höchster Punkt: Hoher Dachstein (2995 m)
Gebirgsgruppen: Dachsteinmassiv (Süd), Niedere Tauern (Nord)
Wichtigste Ortschaften: Flachau, Radstadt, Schladming, Liezen, Rottenmann
Wandervorschläge: 25

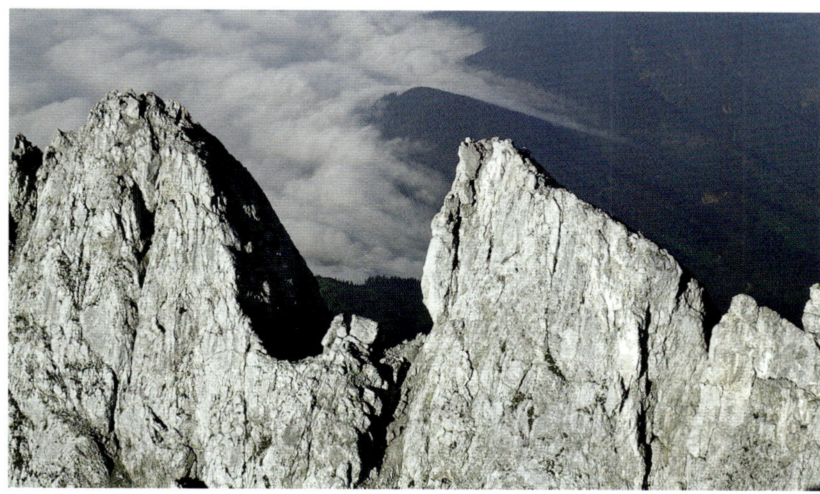

Schroffe Felsen über Morgennebeln: Blick von der Bischofsmütze ins Alpenvorland

Im Banne der Bischofsmütze

3 / 4 Hofpürglhütte und Rötelstein, 2247 m

Das markanteste Profil im Dachsteinmassiv gehört der Bischofsmütze (2458 m). Sie ist allerdings ein Kletterziel, auch noch auf der einfachsten Route. Deshalb gilt für den Wanderer: angucken, fotografieren. Das kann man gut vom Weg zur Hofpürglhütte und noch schöner vom Rötelstein, der nicht zu Unrecht im Ruf steht, das beste Belvedere weitum zu sein. Dabei hat man nicht nur einen besonders schönen Blick auf das Dachsteinmassiv; im Süden, jenseits des obersten Ennstals, zeigen sich die langen Grate der Niederen Tauern, und im Südwesten stehen die Firngipfel der Hohen Tauern am fernen Horizont.

Die Runde beginnt mit dem Anstieg zur Hofpürglhütte (1705 m). Am Weg hinüber zum Sulzenhals hat man dann die »Mütze« im Rücken; Blickfang ist jetzt der massige Torstein (2946 m), der sich über dem Eiskar aufbaut. Im Süden steht der breite Rücken des Rötelsteins, von bescheidenerer Statur, aber durchaus felsig. Nur ist sein Gestein recht brüchig, was oberhalb des Sulzenhals (1827 m) unangenehm auffällt. Nach Gipfelschau und (vorsichtigem) Abstieg in den »Hals« beschließt eine gemütliche Alm- und Bergabwanderung – wieder mit Aussicht zur Bischofsmütze – die abwechslungsreiche Runde.

Der Größte in der Steiermark?

11 Grimming, 2351 m

Was für ein Berg! Egal, von welcher Seite man sich ihm nähert, riesig ist er immer, mal als Bergmassiv mit zerfurchten Flanken, dann als felsiger Monolith, hoch über den flachen Auen des Ennstals in den blauen Himmel stechend. »Mons altyssimus Styriae« nannte ihn ein Geograf vor drei Jahrhunderten, was zwar etwas übertrieben ist, den überwältigenden Eindruck aber trefflich wiedergibt. Wer da hinaufwill, weiß also gleich, worauf er sich einlässt: auf ein großes Bergabenteuer, auf einen weiten Weg von ganz unten bis zum Gipfel, gewürzt mit ein paar Felspassagen und dem großen Panorama als Höhepunkt. Wow!

Erstes Etappenziel ist die Grimminghütte (996 m), eine Stunde vom Tal. Hinter dem Schutzhaus im Wald aufwärts zum ersten Felsriegel (kurze Leiter), dann durch Latschen zur Mündung der Schneegrube und über eine zweite Rampe in das Geröllfeld unter dem Kastenkar. Mit Hilfe einiger Sicherungen in den »Kasten« und mühsam weiter aufwärts zum Multereck (2176 m), wo sich ein packender Tiefblick auf Prügg bietet. Nun an dem allmählich breiter werdenden Nordostrücken zum Gipfel.

Gipfeltour »ganz hinten« in den Niederen Tauern

25 Großer Bösenstein, 2448 m

Böse ist der »Stein« keineswegs, ursprünglich hieß er ja auch Pölsenstein, nach dem Tal auf seiner Südseite. Und geradezu ins Schwärmen geraten kann man über den Blumenreichtum in seinen Flanken, über ein Panorama, das an klaren Tagen bis zum fernen slowenischen Triglav (2864 m) reicht. Interessant der Blick in die nördliche Bergnachbarschaft, auf die Erhebungen des Toten Gebirges und der Gesäusegipfel.

Von der Edelrautehütte (1706 m) auf viel begangenem Weg zum Abfluss des Großen Scheibelsees, dann über einen Wiesenhang schräg bergan gegen den Ansatzpunkt des Bösenstein-Ostgrates. Er bleibt rechts; der gut markierte Weg quert unter den Felsen zu einer breiten Geröllrinne, durch die man im Zickzack aufsteigt. Weiter zum Kamm und an ihm zwischen Blockwerk und über Schutt zum Gipfel.

Der Abstiegsweg führt zunächst südwestlich hinüber zum Kleinen Bösenstein (2395 m), ½ Stunde. Nun auf dem gut bezeichneten »Langmannweg«, allmählich an Höhe verlierend, mit schöner Aussicht hinüber zum Großen Hengst (2159 m). Hier links über Wiesen hinunter zur Edelrautehütte.

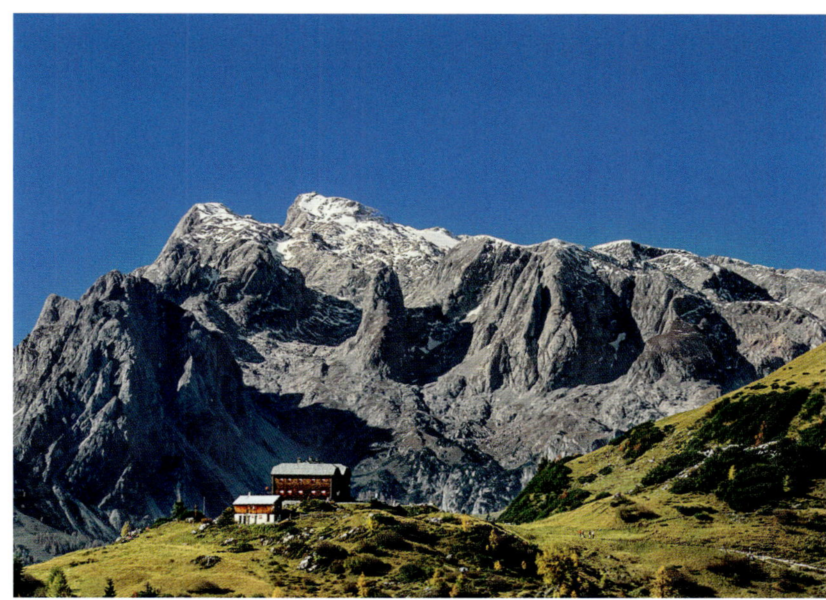

Die Hofpürglhütte vor der Kulisse des Hochkönigs, markant in der Mitte die Torsäule

Dachsteingebirge

Tourenziel/Charakteristik	Ausgangspunkt	Wegverlauf & Gehzeit	Markierung	Einkehr am Weg
1 Gerzkopf, 1728 m Unscheinbarer, aber sehr schöner Aussichtsberg vor dem Gosaukamm. Unter dem Gipfel Hochmoor (Naturschutzgebiet)	Bushalt »Schattau« (890 m) an der Strecke Eben – Filzmoos	Schattau – Gerzkopf (2 1/2 Std.); Abstieg auf dem gleichen Weg (gesamt 4 Std.)	Örtliche Mark. 10	Schäferhütte (1608 m)
2 Roßbrand, 1770 m Hausberg von Radstadt (Mautstraße) und ein prächtiger Aussichtspunkt zwischen Dachstein und Niederen Tauern	Filzmoos (1055 m, Bus) Ferienort am Südfuß des Dachsteinmassivs	Filzmoos – »Dr.-März-Weg« – Roßbrand (2 3/4 Std.) – Karalm – Filzmoos (4 3/4 Std.)	AV-Mark. 462, 463	Radstädter Hütte (1770 m)
3 Hofpürglhütte, 1705 m Beliebte Wanderrunde vor faszinierender Kulisse: Bischofsmütze, Gosaustein, Torstein. Lässt sich leicht um die Besteigung des Rötelsteins (2247 m) erweitern	Hofalm (1268 m), gebührenpflichtige Zufahrt von Filzmoos (1055 m, Bus) 6 km	Hofalm – Hofpürglhütte (1 1/2 Std.) – »Linzer Weg« – Sulzenhals (1827 m; 4 Std.) – Sulzenalm – Hofalm (5 1/2 Std.)	AV-Mark. 612, 601, 617, 638	Hofalm, Hofpürglhütte (1705 m), Sulzenalm
4 Rötelstein, 2247 m Schönste Aussichtsloge vor dem Dachsteinmassiv. Die Überschreitung verlangt Trittsicherheit und Bergerfahrung.	Filzmoos (1055 m, Bus) Ferienort am Südfuß des Dachsteinmassivs. Zufahrt zum Oberberg möglich	Filzmoos – Ahorneggalm (2 Std.) – Rötelstein (4 Std.) – Sulzenhals (1827 m; 4 3/4 Std.) – Sulzenalm – Filzmoos (6 3/4 Std.)	AV-Mark. 670, 639, 638	Auf der Sulzenalm
5 Tor, 2033 m – Dachstein-Südwandhütte Klassische Runde unter der Dachstein-Südwand; als Ausgangspunkt bietet sich alternativ die Dachsteinstraße an.	Schaidlalm (ca. 1430 m), Zufahrt von der Strecke Filzmoos – Ramsau. Wanderparkplatz	Schaidlalm – Tor (2033 m) – Dachstein-Südwandhütte (4 Std.) – Maralm – Schaidlalm (5 3/4 Std.)	AV-Mark. 614, 617, 671	Bachlalm (1495 m), Dachstein-Südwandhütte (1871 m)
6 Rund um den Sinabell Großzügige Runde südlich des Dachsteinplateaus (»Am Stein»). Nur bei guten Sichtverhältnissen! Von der Feisterscharte aus 1/2 Std. zum Sinabell (mark.)	Gh. Feisterer (1155 m), 3 km von Ramsau am Dachstein (1135 m, Bus)	Feisterer – Guttenberghaus (3 Std.) – Feisterscharte – Silberkarsee (1805 m; 4 1/4 Std.) – Silberkarhütte (5 3/4 Std.) – Silberkarklamm – Feisterer (7 1/2 Std.)	AV-Mark. 616, 619, örtliche Mark. 66, 7.	Gh. Feisterer (1155 m); Guttenberghaus (2147 m); Silberkarhütte
7 Kufstein, 2046 m Etwas für Weitläufer! Die Runde über den Kufstein zu den beiden Seen unterhalb der Grafenbergalm bietet viel Abwechslung. Nur bei sicherem Wetter (kein Nebel!)	Weißenbach (719 m, Bus) kleines Dorf im Ennstal, 9 km von Schladming	Weißenbach – Stornalm (1767 m; 3 Std.) – Kufstein (3 3/4 Std.) – Grafenbergalm (1783 m) – Ahornsee (1485 m; 5 Std.) – Weißenbach (7 Std.)	AV-Mark. 666, 667, 668	
8 Stoderzinken, 2048 m Beliebtes Ausflugs- und Wanderziel, vom Endpunkt der mautpflichtigen Stoderzinken-Alpenstraße höchstens eine Halbtagstour	Endpunkt der Alpenstraße beim Steinerhaus (1845 m), 13 km ab Gröbming (770 m, Bus)	Steinerhaus – Friedenskirchlein (1898 m) – Stoderzinken – Brünner Hütte – Steinerhaus (2 Std.)	AV-Mark. 676, 675	Steinerhaus (1845 m), Brünner Hütte (1736 m)
9 Freienstein, 1279 m Ein wenig auffallender, felsdurchsetzter Rücken im Vorfeld des Stoderzinken. Überschreitung für Geübte (gesicherte Passagen, leichte Kletterstelle)	Assach (755 m, Bus) Dorf im Ennstal, zwischen Haus und Gröbming	Assach – Assacher Scharte – Freienstein (2 Std.) – Kunagrünberg – Kunagrün – Assau (4 Std.)	Mark. Wege	
10 Kammspitze, 2139 m Große Gipfeltour für Bergerfahrene, an der Kammspitze einige Drahtseilsicherungen, leichte Felsen	Gröbming (770 m, Bus) stattlicher Flecken im Ennstal	Gröbming – Zirmel – Kammspitze (4 1/4 Std.) – Gröbming (6 3/4 Std.)	AV-Mark. 678, 677	
11 Grimming, 2351 m Der isoliert zwischen dem Ennstal und dem Steirischen Salzkammergut aufragende Grimming ist ein richtig großer »Brocken«. Wer ihn besteigen will, muss gut zu Fuß sein; einige gesicherte Passagen.	Niedersuttern (649 m, Bus) Weiler im Ennstal	Niedersuttern – Grimminghütte (1 Std.) – Multereck (2176 m) – Grimming (4 3/4 Std.); Abstieg auf dem gleichen Weg (gesamt 8 1/2 Std.). Alternativ Überschreitung nach Tauplitz (8 Std.)	AV-Mark. 681	Grimminghütte (966 m)
12 Hochtausing, 1823 m Markanter Felsgipfel zwischen Ennstal und Totem Gebirge. Aufstieg markiert, aber recht anspruchsvoll. Einige kurze Kletterstellen (I-II), bei Nässe gefährlich!	Wörschachberg, Parkplatz knapp vor dem Schönmoos (ca. 1130 m), 6 km ab Wörschach (650 m, Bus)	Schönmoos – Hochtausing (2 1/4 Std.); Abstieg auf dem gleichen Weg (gesamt 3 3/4 Std.)	AV-Nr. 281, Gipfel rot-weiß	In Wörschachberg

Tourenziel/Charakteristik	Ausgangspunkt	Wegverlauf & Gehzeit	Markierung	Einkehr am Weg
13 Steinfeldspitze, 2344 m Recht anspruchsvolle Gipfeltour über dem Skirevier Zauchensee. Trittsicherheit unerlässlich, nicht bei Nässe gehen!	Bergstation des Gamskogelliftes (1878 m), Talstation am Zauchensee (1361 m, Bus) 11 km ab Altenmarkt	Liftstation – Tagweidegg (2135 m) – Schwarzkopf (2268 m) – Steinfeldspitze (2 1/4 Std.) – Stubhöhe (1739 m, 3 1/2 Std.) – Zauchensee (4 3/4 Std.)	Mark. Wege	Am Zauchensee, Gamskogelhütte (1878 m)
14 Zehnerkarspitze, 2381 m – Großer Pleißlingkeil, 2501 m Großzügige Kammüberschreitung südwestlich von Obertauern; von der Glöcknerin (2432 m) Zwischenabstieg zum Wildsee	Bergstation der Zehnerkarbahn (2184 m), Talstation Obertauern (1739 m, Bus)	Seilbahn – Zehnerkarspitze (3/4 Std) – Glöcknerin – Hintere Großwandspitze – Großer Pleißlingkeil (3 1/4 Std.) – Hengst (2074 m; 4 1/4 Std.) – Wildsee – Obertauern (6 1/2 Std.)	Mark. 22, 702	Obertauern
15 Rund um die Steirische Kalkspitze Landschaftlich sehr abwechslungsreiche, aber auch ziemlich anstrengende Runde	Ursprungalm (1604 m) im innersten Preuneggtal, 15 km vom Ennstal	Ursprungalm – Znachsattel (2059 m; 1 1/4 Std.) – Akarscharte (2 Std.) – Oberhütte (3 Std.) – Brotrinnl (2088 m; 3 3/4 Std.) – Ursprungalm (4 3/4 Std.)	AV-Mark. 771, 702, Brotrinnl rot bez.	Ursprungalm (1604 m), Giglachseehütte (1955 m), Oberhütte (1869 m)
16 Ignaz-Matthis-Hütte, 1986 m Gemütliche See- und Hüttenwanderung; Ausdauernde und Geübte können sie bei sicherem Wetter um die Höhen- und Kammwanderung zum Hochfeld erweitern.	Ursprungalm (1604 m) im hintersten Preuneggtal, 15 km von Pichl im Ennstal	Ursprungalm – Ignaz-Matthis-Hütte (1 1/2 Std.; mit Seerundgang und Abstieg 3 Std.) – Brettersee – Hochfeld (2189 m; 5 Std.) – Obere Neudeckalm (1772 m; 5 3/4 Std.) – Ursprungalm (7 Std.)	AV-Mark. 771, 773	Ignaz-Matthis-Hütte (1986 m)
17 Duisitzkarsee, 1648 m Abwechslungsreiche Runde im inneren Obertal	Eschbachalm (1213 m), 15 km ab Schladming (749 m, Bus)	Eschbachalm – Duisitzkarsee (1 1/4 Std.) – Neualm (1618 m; 2 3/4 Std.) – Eschbachalm (3 3/4 Std.)	Mark. Wege, AV-Nr. 775, 774	Duisitzkarhütte
18 Hochgolling, 2863 m Höchster Gipfel der Niederen Tauern, Anstieg auch über den Normalweg nur für Bergerfahrene! Kurze gesicherte Passagen, brüchiges Gestein, Geröllbänder. Nächtigung in der Gollinghütte ratsam	Gh. Riesbachfälle (1079 m, Bus) im Untertal; Zufahrt von Schladming (749 m), 14 km	Gh. Riesbachfälle – Gollinghütte (2 1/4 Std.) – Gollingscharte (2326 m; 4 1/4 Std.) – Hochgolling (6 Std.); Abstieg auf dem gleichen Weg (gesamt 10 1/4 Std.)	AV-Mark. 702, 778	Gollinghütte (1641 m)
19 Klafferkessel; Greifenberg, 2618 m Große Runde über einen prächtigen Aussichtsgipfel in das Landschaftswunder der Niederen Tauern (Bergseen). Als Tagespensum nur für Konditionsbolzen geeignet; besser Übernachtung einplanen.	Gh. Riesbachfälle (1079 m, Bus) im Untertal; Zufahrt von Schladming (749 m), 14 km	Gh. Riesbachfälle – Gollinghütte (2 1/4 Std.) – Greifenberg (5 Std.) – Klafferkessel – Preintaler Hütte (7 1/2 Std.) – Gh. Riesbachfälle (9 Std.)	AV-Mark. 778, 702, 777	Gollinghütte (1641 m) und Preintaler Hütte (1657 m)
20 Höchstein, 2543 m Markanter Gipfel im Nordosten der Schladminger Tauern. Im Gipfelbereich leichte Felsen, z. T. mit Sicherungen	Bergstation der Seilbahn zum Hauser Kaibling (1840 m), Talstation Haus im Ennstal (774 m, Bus)	Hauser Kaibling – Roßfeldsattel – Zwieslingscharte – Höchstein (3 Std.) – Filzscharte (2213 m) – Moaralmsee – Roßfeldsattel – Hauser Kaibling (5 1/2 Std.)	AV-Mark. 780, 781, örtliche Bez. 45	Krummholzhütte (1840 m), Kaiblinghütte (1784 m)
21 Obersee, 1672 m Gemütliche Tal- und Seenwanderung mit Einkehrmöglichkeit unterwegs	Seewigtal-Stüberl (1143 m) nördlich des Bodensees, Zufahrt (mautpflichtig) von Aich (694 m, Bus) im Ennstal	Bodensee (1157 m) – Hans-Wödl-Hütte – Obersee (2 Std.); Abstieg auf dem gleichen Weg (gesamt 3 1/2 Std.)	AV-Mark. 782	Seewigtal-Stüberl; Hans-Wödl-Hütte (1528 m)
22 Deneck, 2433 m Gipfelziel über dem Sölkpass; der Aufstieg führt an den drei Kaltenbachseen vorbei.	Kaltenbachalm (ca. 1580 m) an der Nordrampe der Sölkpass-Straße	Kaltenbachalm – Deneck (2 1/2 Std.); Abstieg auf dem gleichen Weg (gesamt 4 Std.)	Mark. Weg	Kaltenbachalm
23 Großes Bärneck, 2071 m Aussichtsreiche Runde in den Wölzer Tauern. Die Überschreitung kann bis zur Mössnascharte (1970 m) verlängert werden; mit Abstieg nach Donnersbachwald (5 1/2 Std.).	Liftstation Riesner Alm (1576 m), Talstation des Sessellifts bei Donnersbachwald (976 m, Bus)	Riesner Alm – Finsterkarsee – Großes Bärneck (2 Std.) – Mörsbachhütte – Donnersbachwald (4 Std.)	AV-Mark. 919, 902	Riesner Alm (1576 m); Mörsbachhütte (1303 m)
24 Planner Seekarspitze – Schoberspitze, 2126 m »Gipfelsammeln« über dem Planner Kessel; verschiedene Varianten möglich	Planner Alm (1588 m, Bus) Zufahrt von Irdning via Donnersbach (713 m), 19 km	Planner Alm – Planner Seekarspitze (2072 m; 1 1/4 Std.) Karlspitze (2097 m) – Schoberspitze (4 1/2 Std.) – Planner Alm (6 Std.)	Mark. Wege	Planner Alm
25 Großer Bösenstein, 2448 m Höchster Gipfel der Rottenmanner Tauern, markantes Felsprofil und große Aussicht. Beliebtes Tourenziel; Trittsicherheit. Sehenswert: die Scheibelseen	Endpunkt der (gebührenpflichtigen) »Scheibelseen-Alpenstraße« auf der Scheibelalm (ca. 1670 m), 6 km von Hohentauern	Scheibelalm – Großer Bösenstein (3 Std.) – Kleiner Bösenstein (2395 m) – Großer Hengst (2159 m) – Scheibelalm (5 Std.)	AV-Mark. 946, 902	Edelrautehütte (1706 m) auf der Scheibelalm

Niedere Tauern

Pyhrn, Eisenwurzen, Ybbstaler Alpen

Ganz vorn oder weit hinten?

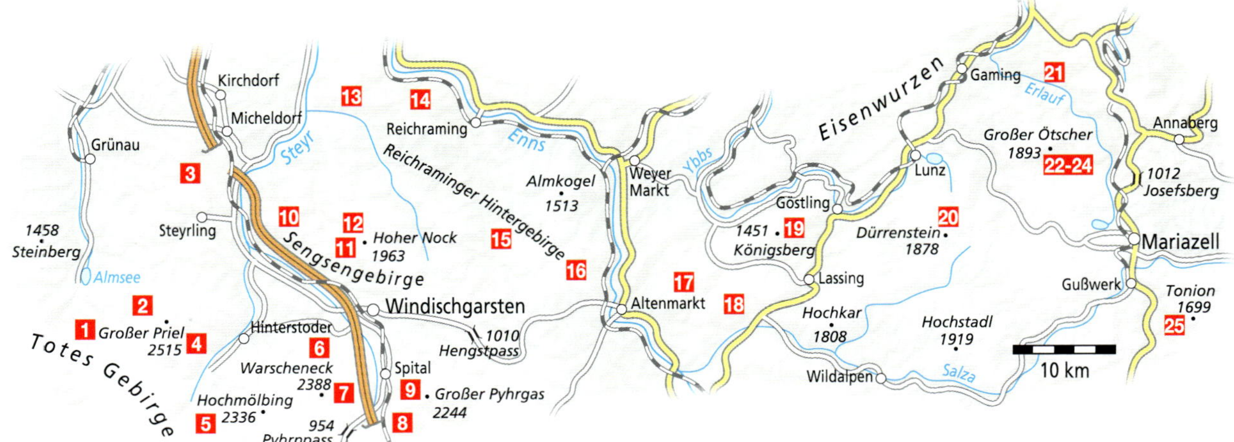

Eigenartige Namen: Totes Gebirge, Eisenwurzen, Reichraminger Hintergebirge, Sengsengebirge. Aber keine Zufallsbezeichnungen. Wer einmal über die endlosen Karsthügel des Toten Gebirges gewandert ist, weiß ganz genau, woher dieses »versteinerte Meer« seinen Namen hat.

Und der Begriff Eisenwurzen bezieht sich auf den (einst weit verbreiteten) Bergbau der Gegend, wie am Fuß des Sengsengebirges (heute noch) Eisen verarbeitet wird, zu Sensen und Sicheln notabene.

Dass die Reichraminger Berge, die Kernzelle des Nationalparks Kalkalpen, als Hintergebirge bezeichnet werden, macht ihre Lage deutlich, vor allem unserem Bewusstsein: hinter den sieben Bergen. Holz wurde hier früher geschlagen, übers Wasser talabwärts befördert (wovon man sich u. a. an dem gesicherten »Triftsteig« überzeugen kann), später dann ein flächendeckendes Straßennetz zum gleichen Zweck angelegt. Heute darf sich der Nutzwald wieder in einen Ur-Wald zurückverwandeln. Einen echten Urwald gibt's in der Region übrigens auch (Betreten verboten!), und zwar am Dürrenstein. Da haust der Ötscherbär, korrekt *Ursus arctos*, nicht drüben am bekannteren Gipfel, von dem er seinen populären Namen hat. Der kleine Bestand ist allerdings stark gefährdet.

Natürlich haben auch die Berge im Nordosten der Alpen – mögen sie auch in Zürich oder Bayern wenig bekannt sein – seit Langem ihr Publikum; Linz und St. Pölten sind nicht weit, Mariazell ist nicht nur ein besuchter Wallfahrtsort. Und da ist ja noch die alpingeografische Frage, wo das Reichraminger Hintergebirge denn nun wirklich liegt: ganz vorn oder doch hinten?

Steckbrief

Fläche: ca. 3400 qkm
Höchster Punkt: Großer Priel (2515 m)
Gebirgsgruppen: Totes Gebirge (Ost), Gesäuse (Nordwest), Sengsengebirge, Reichraminger Hintergebirge, Ybbstaler Alpen
Wichtigste Ortschaften: Hinterstoder, Windischgarsten, Göstling an der Ybbs, Mariazell
Wandervorschläge: 25

Nationalpark Kalkalpen

Seit 1997 steht ein Teil der Oberösterreichischen Kalkalpen unter Naturschutz; geplant ist eine Ausweitung des heute 215 Quadratkilometer großen Parkareals. Im Nationalpark Kalkalpen, der das Reichraminger Hintergebirge und das Sengsengebirge umfasst, finden sich 30 verschiedene Waldgesellschaften, leben 120 Brutvogelarten und 50 verschiedene Säugetiere, darunter der Rothirsch, das Reh und die Gämse. Innerhalb der Schutzzone wurden mehrere interessante Themenwege angelegt, z. B. »Auf den Spuren der Waldbahn« (50 km mit dem Radl), »Im Tal des Holzes« (3 Std.) und »Der Weg zur Waldwildnis« (1 Std.). Nationalpark-Zentrum in Molln, Tel. 07584/3651; Nationalpark Besucherzentrum Ennstal in Reichraming, Tel. 07254/8414-0. www.kalkalpen.at

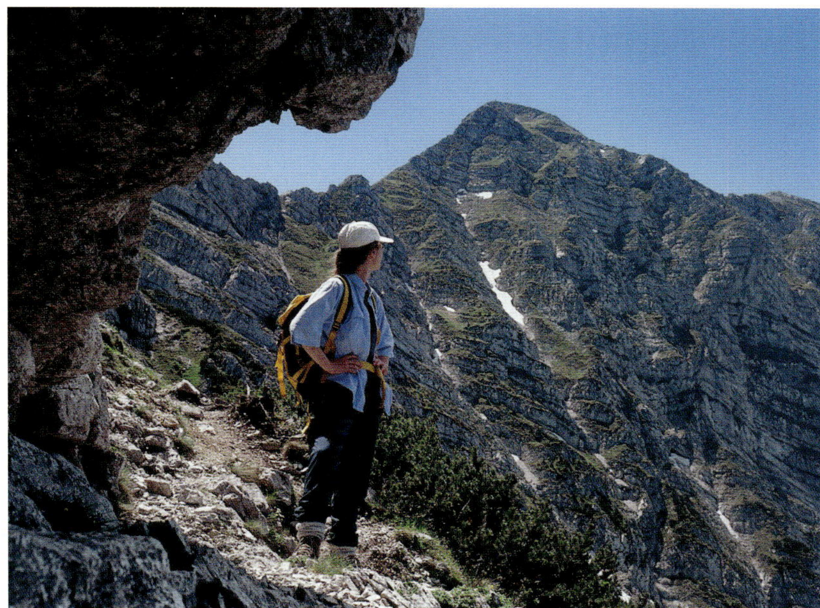

Ein lohnendes Gipfelziel: der Ötscher

Gipfeltour im Osten des Toten Gebirges

7 Warscheneck, 2388 m

Mit seinen ausladenden Graten und der gleichmäßig horizontalen Felsschichtung wirkt das Warscheneck eher massig denn abweisend. Zu seinem Gipfel kommt man auch vergleichsweise leicht, zumal die Wurzeralm-Standseilbahn einem ein gutes Stück des Aufstiegs abnimmt. Der Gipfel – östlicher Eckpfeiler des Toten Gebirges – vermittelt ein zu Recht gerühmtes Panorama der Täler und Berge zwischen Enns und Steyr.

Von der Wurzeralm auf einer Schotterstraße leicht abwärts und am Rand der Filzen hinüber zur Talstation des Frauenkar-Sessellifts. Hier kurz zum Brunnensteiner See (1422 m), dann aufwärts gegen die Rote Wand (1872 m). Der schroffe Felszahn bleibt rechts; das Weglein leitet links steil hinauf zum lang gestreckten Ostrücken des Warschenecks. Mit viel Aussicht über den »Toten Mann« zum Gipfel.

Der (lange) Rückweg führt zunächst über den Grat zum Westgipfel (2367 m) des Bergstocks, dann zunehmend steiler am Südwestgrat abwärts. Aus einer winzigen Senke rechts hinunter in die steinige Senke mit dem treffenden Namen Zwischenwänden (2004 m). Nun links, um den dicken Roßarsch (2205 m) herum, zum Wegkreuz am weiten Angerer Sattel (ca. 1870 m). Hier östlich, vorbei am Eisernen Bergl (1955 m), über das ausgedehnte, licht bewaldete Karrenplateau und hinab zum Frauenkarlift.

Wer den Ötscher wirklich kennenlernen will

23 Ötscher-Überschreitung

Der Sessellift hinauf zum Ötscherhaus hat den mächtigen Berg zum Ziel einer bequemen Halbtagswanderung gemacht – eigentlich schade. Denn der Ötscher verdient es, gründlicher erkundet zu werden, man sollte ihn vom Tal aus angehen, am Rauhen Kamm in den Fels greifen, den eisigkalt aus dem Geldloch wehenden Luftzug auf der Haut spüren, sich an der Sonnseite zur Riffelscharte hinaufschwitzen – um am Abend beim kühlen Bier von Lackenhof zurückschauen zu können: ein toller Berg! Weit weniger Freude werden sensible Naturliebhaber allerdings am Auftakt zur großen Runde haben, darf man sich doch über grässliche, brutal ins Gelände trassierte Forst- oder Pistenautobahnen ärgern.

Von Lackenhof – vorbei an der Jugendherberge auf einem Sträßchen in den Riffelboden (1046 m). Hier rechts (Hinweis) des Grabens in den Wald und im Zickzack hinauf zur Riffelscharte (1283 m). Weiter über die breite Piste zum Kasernenbau des Ötscherhauses. Dahinter bergan gegen den Hüttenkogel, dann links am Westgrat des Ötscher zum Gipfel (1893 m).

Der Abstieg über den Rauhen Kamm beginnt recht zahm, erst hinter dem Ostgipfel (1888 m) folgen einige kürzere Kletterstellen, dazwischen immer wieder Gehgelände. Die letzten Felszacken werden links umgangen. Am Ansatzpunkt des Rauhen Kamms gabelt sich der Weg: geradeaus alternativer Abstieg/Rückweg nach Lackenhof (markiert, knapp 3 Std.); wer hinunter in den Ötschergraben will, nimmt den rechts spitzwinklig abgehenden, blau bezeichneten Weg. Er quert zunächst fast ohne Höhenverlust unter den Felsen. Erst hinter dem zugigen Geldloch beginnt der Zickzack-Abstieg, zunächst über Wiesenhänge, dann im Buchenwald. Schließlich wird aus dem Weglein eine breite Forstpiste, die drunten beim »Jägerherz« (918 m) in eine quer führende Straße mündet. Sie läuft flach taleinwärts; hinter dem Jagdhaus Spielbichler (927 m) geht's dann nochmals bergan, zunächst auf einem Fahrweg, dann auf schattig-steilem Waldweg, ehe sich an der Riffelscharte die Runde schließt.

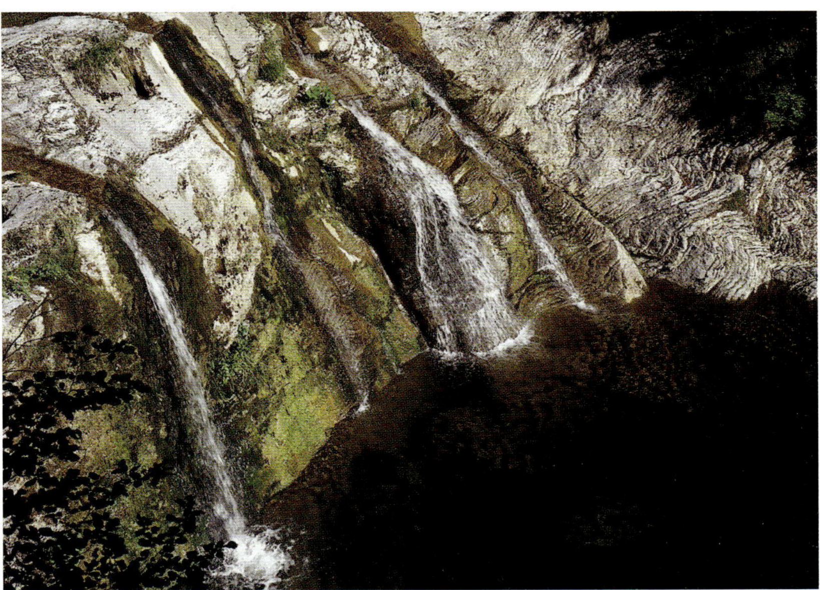

Wasserspiele im wildromantischen Ötschergraben

	Tourenziel/Charakteristik	Ausgangspunkt	Wegverlauf & Gehzeit	Markierung	Einkehr am Weg
Totes Gebirge	**1 Almtaler Felsenwege** Zwei-Tage-Tour ins Tote Gebirge mit Übernachtung in der Pühringer Hütte. Sowohl am »Sepp-Huber-Steig« als auch am »Grießkarsteig« kürzere gesicherte Passagen; mit einer Besteigung des Rotgschirr (2251 m; 2 1/2 Std., mark.) besonders lohnend	Almsee (589 m, Bus) im Norden des Toten Gebirges, 15 km von Grünau im Almtal	Almsee – »Sepp-Huber-Steig« – Röllsattel – Pühringer Hütte (4 1/4 Std.) – Elmgrube (1622 m) – Grießkarscharte (1927 m; 6 Std.) – »Grießkarsteig« – Almsee (8 1/2 Std.)	AV-Mark. 213, 201, 214	Almsee; Pühringer Hütte (1637 m)
	2 Welser Hütte, 1726 m Hüttenwanderung mit Pfiff; grandios die Kulisse der Hinteren Hetzau mit Großem Priel (2516 m) und Schermberg (2396 m), dessen Nordwand eine der größten in den Ostalpen ist (2 Std. ab Welser Hütte, mark.)	Almtaler Haus (714 m) in der Hinteren Hetzau, Zufahrt 6 km von der Almtalstraße	Almtaler Haus – Welser Hütte (3 Std.); Abstieg auf dem gleichen Weg (gesamt 5 Std.)	AV-Mark. 215	Almtaler Haus (714 m); Welser Hütte (1726 m)
	3 Kremsmauer, 1604 m Felsiger Alpenrandgipfel, Prachtblick auf die Nordabstürze des Toten Gebirges. Im Bereich des Gipfelgrates einige Sicherungen. Alternativ auch Besteigung von Norden über das Törl möglich (AV-Mark. 446, 3 1/2 Std.)	Steyrling (520 m, Bus) kleines Dorf westlich des Klauser Stausees	Steyrling – Kaltauer Graben – Kremsmauer (3 1/4 Std.); Abstieg auf dem gleichen Weg (gesamt 5 1/2 Std.)	AV-Mark. 442	
	4 Priel-Schutzhaus, 1420 m Lohnende Hüttenwanderung – auch ohne eine Besteigung des Großen Priel (2515 m; 3 Std., mark., nur für Geübte!)	Hinterstoder (591 m, Bus) 10 km von Steyrbrücke, 17 km von Windischgarsten. Parkplatz Johannishof	Hinterstoder – Prielschutzhaus (2 3/4 Std.); Abstieg auf dem gleichen Weg (gesamt 4 1/2 Std.)	AV-Mark. 201	Priel-Schutzhaus (1420 m)
	5 Salzsteigjoch und Türkenscharte, 1741 m Großzügige, landschaftlich sehr abwechslungsreiche Runde. Ausdauer braucht's; keine Einkehrmöglichkeit unterwegs. Am »Salzsteig« einige Drahtseilsicherungen	Seilbahn Talstation Bärenalmbahn (656 m, Bus) 5,5 km von Hinterstoder. Großer Parkplatz	Parkplatz – Salzsteigjoch (1733 m; 3 1/2 Std.) – Leisthütte (1647 m) – Grimmingboden – Türkenscharte (6 1/2 Std.) – Parkplatz (8 1/2 Std.)	AV-Mark. 216, 218, 280	Dietlgut (650 m)
	6 Dümlerhütte – Seespitz, 1574 m Abwechslungsreiche Runde an den Ausläufern des Warscheneck-Massivs. Vom Seespitz Tiefblick auf den Gleinkersee. Pießling-Ursprung: mächtige Karstquelle	Roßleithen (680 m, Bus) an der Strecke Windischgarsten – Vorderstoder	Roßleithen – Dümlerhütte (2'1/2 Std.) – Seespitz (4 1/4 Std.) – Gleinkersee (5 3/4 Std.) – Roßleithen (6 1/4 Std.)	AV-Mark. 293, 299, 292	Dümlerhütte (1495 m); am Gleinkersee (806 m)
	7 Warscheneck, 2388 m Überschreitung des Warscheneck von der Roten Wand (1872 m) nach Zwischenwänden (2004 m); Ausdauer und Trittsicherheit. Großes Panorama vom Gipfel	Seilbahn Bergstation der Wurzeralm-Standseilbahn (1427 m); Talstation an der Nordrampe der Pyhrn-Passstraße	Wurzeralm – Rote-Wand-Scharte (1 1/2 Std.) – Warscheneck (3 1/4 Std.) – Zwischenwänden (4 Std.) – Angerersattel – Wurzeralm (6 3/4 Std.)	AV-Mark. 201, 219, 217, 218	Wurzeralm (1427 m), Linzer Hütte (1371 m)
Ennstaler Alpen	**8 Dr.-Vogelsang-Klamm – Pyhrgasgatterl, 1308 m** Abwechslungsreiche Runde; wildromantisch die Schlucht, vom Pyhrgasgatterl schöner Blick auf die Gesäuseberge	Spittal am Pyhrn (640 m, Bus) Dorf an der Pyhrnpassstraße	Spittal – Dr.-Vogelsang-Klamm – Pyhrgasgatterl (2 1/2 Std.) – Hofalmhütte – Spittal (4 1/4 Std.)	AV-Mark. 601, 618, 614	Bosruckhütte (1043 m), Rohrauerhaus (1308 m), Hofalmhütte (1305 m)
	9 Großer Pyhrgas, 2244 m Anspruchsvolle Überschreitung des höchsten Gipfels der Haller Mauern. Gesicherte Passagen am Nordgrat	Gh. Pyhrgasblick (1017 m, geschlossen); Zufahrt von Spittal am Pyhrn (640 m, Bus) 6 km	Pyhrgasblick – Holzeralm – Gowilalmhütte (1 1/4 Std.) – Großer Pyhrgas (4 1/4 Std.) – Hofalmhütte (5 3/4 Std.) – Pyhrgasblick (6 3/4 Std.)	AV-Mark. 618, 614	Gowilalmhütte (1375 m), Hofalmhütte (1305 m)
Oberösterreichische Voralpen	**10 Spering, 1605 m** Der westliche Eckpfeiler des Sengsengebirges bietet Aussicht auf die Berge Oberösterreichs, dazu einen bezaubernden Tiefblick auf den Klauser Stausee.	Klaus (466 m, Bus) an der Pyhrnstraße. Parkplatz bei der Freizeitanlage am Klauser Stausee	Klaus – Spering (3 1/2 Std.); Abstieg auf dem gleichen Weg (gesamt 5 3/4 Std.)	AV-Mark. 465	
	11 Höhenweg Sengsengebirge; Hoher Nock, 1963 m Über fünf Gipfel des Sengsengebirges – etwas für Fußgänger ohne Konditionsprobleme. Nächtigung im Uwe-Anderle-Biwak (1583 m). Nationalpark Kalkalpen	Dirnbach (505 m, Bus), Häusergruppe über dem Zusammenfluss von Steyr und Teichl	Dirnbach – Schillereck (1748 m; 4 Std.) – Hochsengs (1838 m) – Rohrauer Größtenberg (1810 m) – Hoher Nock (1963 m; 9 1/2 Std.) – »Budergrabensteig« – Rading (600 m; 12 Std., Bus)	AV-Mark. 460, 469, 463	
	12 Feichtauhütte, 1360 m Hüttenwanderung im Norden des Sengsengebirges, in Verbindung mit einem Abstecher zu den kleinen Feichtauseen und in den Feichtauer Urwald besonders lohnend	Hopfing (605 m; Bundesheer-Übungsplatz – Sperrzeiten!), Zufahrt von Molln (442, Bus) 11 km. Parkplatz	Hopfing – Feichtauhütte (2 1/2 Std.); Abstieg auf dem gleichen Weg (gesamt 4 Std.)	AV-Mark. 466	Feichtauhütte (1360 m)

Tourenziel/Charakteristik	Ausgangspunkt	Wegverlauf & Gehzeit	Markierung	Einkehr am Weg	
13 Schoberstein, 1285 m Hausberg von Molln mit hübscher Aussicht	Molln (442 m,), Dorf an der Strecke Steyr – Windischgarsten	Molln-Gstadt – Gaisberg (1267 m; 2 1/4 Std.) – Schoberstein (3 3/4 Std.) – Roßberg (5 Std.) – Molln-Gstadt (6 Std.)	AV-Mark. 484, 482	Schobersteinhaus (1260 m)	Oberösterreichische Voralpen
14 Hohe Dirn, 1134 m Abwechslungsreiche Runde über dem unteren Ennstal. Trittsicherheit erforderlich	Losenstein (348 m,) Dorf an der Enns	Losenstein – Klausgraben – Hohe Dirn (2 3/4 Std.) – Anton-Schosser-Hütte – Losenstein (4 1/2 Std.)	Mark. Wege	Anton-Schosser-Hütte (1158 m)	
15 Anlaufalm, 982 m Ausgedehnte Runde im Reichraminger Hintergebirge (Nationalpark Kalkalpen); verschiedene Varianten möglich (Biker!)	Brunnbach (522 m), etwa 10 km südlich von Großraming (446 m,) Parkplatz	Brunnbach – Ortbaueralm (817 m) – Anlaufalm (3 Std.) – Schleierfall – Annersteg – Ortbaueralm – Brunnbach (7 Std.)	Mark. Wege	Anlaufalm (982 m)	
16 Bodenwies, 1540 m Alm- und Gipfelwanderung über dem Ennstal; von Bodenwies Aussicht auf die bewaldeten Kämme des Reichraminger Hintergebirges	Altenmarkt (467 m,) im Ennstal	Altenmarkt – Unterlaussa – Schüttbaueralm (2 1/2 Std.) – Bodenwies (4 Std.) – Jägeralm – Schönau (6 Std.,)	AV-Mark. 499, 496, 498	Schüttbaueralm (1025 m)	
17 Tanzboden, 1727 m – Stumpfmauer, 1770 m Interessante Überschreitung der Voralpe, vom Enns- zum Ybbstal. Ausdauer und Trittsicherheit erforderlich	Altenmarkt (767 m,) im Ennstal	Altenmarkt – Tanzboden (4 3/4 Std.) – Stumpfmauer (5 1/2 Std.) – Hollenstein (497 m; 8 Std.,)	AV-Mark. 208		Ybbstaler Alpen
18 Hochkogel, 1774 m Der Gamsstein ist ein markant-felsiger Bergrücken über der Salza mit dem Hochkogel als höchstem Punkt.	Palfau (574 m,) Dorf an der Salza	Palfau – Moaralmhütte (975 m) – Oströcken – Hochkogel (4 1/2 Std.) – Hühnerriegel – Palfau (6 3/4 Std.)	Örtliche Mark.		
19 Königsberg, 1452 m Überschreitung des Massivs von Hollenstein nach Göstling, Rückfahrt mit der ÖBB	Hollenstein (497 m,) Ortschaft an der Ybbs	Hollenstein – Kitzhütte (2 3/4 Std.) – Königsberg (3 3/4 Std.) – Siebenhütten – Göstling an der Ybbs (532 m; 6 3/4 Std.,)	Örtliche Mark. 62	Kitzhütte (1284 m), Siebenhütten	
20 Dürrenstein, 1878 m Großzügige Runde, Nächtigung in der Ybbstaler Hütte ratsam. An seiner von wilden Gräben zerfurchten, unzugänglichen Südseite hausen die Ötscher-Bären.	Lunz am See (601 m), stattliches Dorf an der Strecke Göstling – Mariazell. Zufahrt bis zum oberen Ende des Lunzer Sees, 4 km	Lunzer See – Seetal – Obersee (1114 m; 2 Std.) – Dürrenstein (4 1/2 Std.) – Ybbstaler Hütte (5 3/4 Std.) – Grünloch (1320 m; 6 1/2 Std.) – Lehner Graben – Kasten (581 m; 8 Std.,)	AV-Mark.	Ybbstaler Hütte (1344 m)	
21 Vordere Tormäuer Tal- und Klammwanderung entlang der Erlauf, Ausgangs- und Endpunkt per Bahn erreichbar. Zwischen Teufelskirche und Treffling-Wasserfall wildromantische Szenerien	Gösing (890 m,) Station an der Mariazeller Bahn	Gösing – Trübenbach (521 m; 1 1/4 Std.) – Trefflingfall – Schindlhütte (473 m; 3 1/2 Std.) – Gaming (431 m; 6 Std.,)	Bestens bez. Wege	Schindlhütte	
22 Ötscher, 1893 m Aufgrund seiner isolierten Lage ist der mächtige Bergstock mit seinen felsdurchsetzten Flanken eine der schönsten Aussichtswarten im Nordosten der Alpen.	Bergstation des Ötscherliftes (1418 m), Talstation Lackenhof (809 m)	Ötscherhaus – Ötscher (1 1/2 Std.); Abstieg auf dem gleichen Weg (gesamt 2 1/2 Std.)	Rot-weiß mark.	Ötscherhaus (1418 m)	
23 Ötscher-Überschreitung Die große Runde über den Ötscher; Ostgrat markiert, aber mit leichten Kletterstellen (I). Am Rückweg zur Riffelscharte empfindliche Gegensteigung. Nur für ausdauernde Bergsteiger!	Lackenhof (809 m,), Feriendörfchen am Fuß des Ötscher, 12 km von Lunz. Alternativ Bergstation des Ötscherliftes (1418 m)	Lackenhof – Riffelscharte (1283 m) – Ötscherhaus (1 3/4 Std.) – Ötscher (3 1/4 Std.) – Rauher Kamm (1533 m; 4 3/4 Std.) – Ötschergraben (6 Std.) – Riffelscharte (7 3/4 Std.) – Lackenhof (8 3/4 Std.)	Mark. Wege	Ötscherhaus (1418 m)	
24 Ötschergraben Versteckter »Canyon« am Fuß des Ötscher, teilweise grandiose Kulisse. Trittsicherheit unerlässlich. Günstigster Zustieg vom Erlauf-Stausee, »Ausstiege« nach Wienerbruck oder Gösing (Mariazeller Bahn)	Bahnstation Erlaufklause (814 m), Zufahrt von Mariazell über Mitterdorf bis zum Erlauf-Stausee möglich, knapp 12 km. Wanderparkplatz	Erlaufklause – Ötscherhias (3/4 Std.) – Schleierfall (2 Std.) – Ötscherhias (3 Std.) – Kraftwerk Wienerbruck (3 3/4 Std.; Variante nach Wienerbruck 4 1/2 Std.) – Erlaufboden (5 Std.) – Gösing (6 Std.)	Gut mark. Wege	Ötscherhias (690 m), Gh. Buder (540 m)	
25 Tonion, 1699 m Wuchtiger Kalkstock im Südosten von Mariazell, bekannt für seine zahlreichen Höhlen. Reiche Flora	Fallenstein (775 m,), Häusergruppe an der Straße von Mariazell zum Aflenzer Seeberg, 3 km ab Gußwerk	Fallenstein – Tonionalm (1429 m; 2 1/4 Std.) – Tonion (3 Std.) – Herrenboden (4 1/4 Std.) – Weißalm – Lieglergraben – Fallenstein (7 Std.)	Mark. Wege	Fallenstein	

Gesäuse und Hochschwab

Berge zwischen Pyhrnpass und Steierischem Seeberg

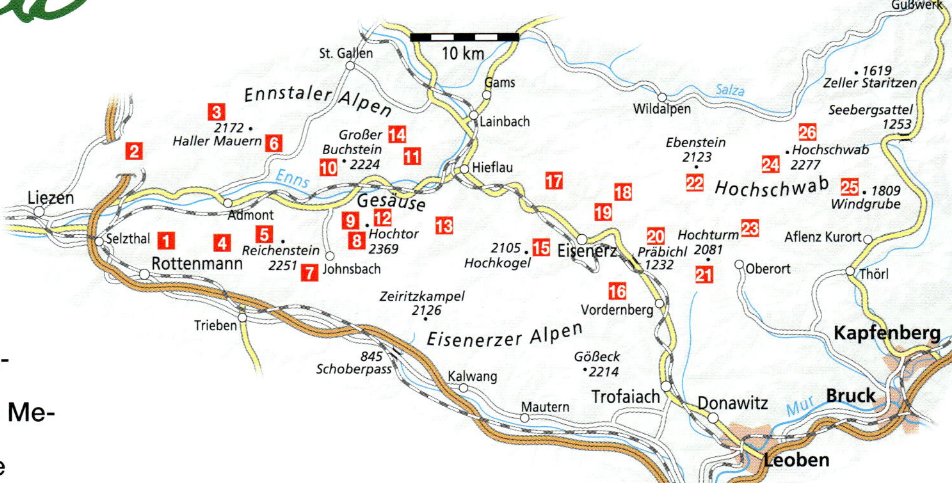

Das Gesäuse, fast 20 Kilometer lang und über 1500 Meter tief, ist wohl die größte Schlucht im Osten des Alpenbogens. Entsprechend hoch und nahe beieinander stehen beiderseits der Enns die Gipfel, was den Eindruck erweckt, als hätte sich die Gebirgsmasse hier noch einmal wuchtig aufgetürmt, zusammengeschoben, ehe Eis und Wasser ihr zerstörerisches Werk beginnen konnten. Entstanden ist eine grandiose Felskulisse, »sausend« durchtost vom Fluss – ein Fest für Augen und Ohren.

Und natürlich lockten die hohen Zinnen, die senkrechten Wandfluchten schon bald einmal Kletterer an, vorab der Wiener Zunft, die das Gesäuse alsbald zum »Hausgebirge« machten. Mit welcher Verbissenheit in den Wänden nach neuen, noch schwierigeren Routen gesucht wurde, macht die lange Liste von Abgestürzten im Bergsteigerkirchlein von Johnsbach deutlich.

Wanderer leben in der Regel weniger riskant, doch führt so mancher Weg zwischen Buchstein und Hochtor, zwischen Pyhrgas und Lugauer in felsige Regionen, kaum ein Gipfel lässt sich wirklich »erwandern«. Zumindest ein sicherer Tritt ist bei fast allen Touren notwendig, und eine gute Kondition sowieso. Die Gesäuseberge: Idealrevier für erfahrene Berggänger, die Herausforderungen suchen!

Schroff gibt sich – zumindest an den Rändern – auch das Hochschwabmassiv, ein typisches Karstgebirge, dessen löchriger Fels der Stadt Wien seit mehr als einem Jahrhundert als riesiges Sammelbecken zur Wasserversorgung dient (zweite Wiener Hochquellenleitung). Der Wanderer tut hier gut daran, ausreichend Trinkbares mitzunehmen. Auch sind die Wege oft recht weit, die Höhenunterschiede zwischen Tal und Gipfel beträchtlich. Touristisches Zentrum ist das hübsch gelegene Aflenz.

Zwischen dem Hochschwab und den Eisenerzer Alpen (Gesäuse), denen er eigentlich angehört, erhebt sich ein alpines Unikum, der »Steirische Brotlaib«, gerade knapp 1500 Meter hoch, aber fast täglich ein wenig schrumpfend: der Erzberg. Man muss sie einfach gesehen haben, diese in 24-Meter-Schichten abgetreppte, rötlich-nackte Pyramide, die dem Menschen seit Jahrhunderten das wertvolle Eisenerz liefert.

Die Xeis-Hüttenrunde

Mit rund 450 Kilometern markierter Wege ist das Gesäuse ein herrliches Wanderland; dazu gibt es hier ein Dutzend bewirtschaftete Hütten, viel unberührte Natur und einen rauschenden Bach. Von ihm haben das Tal und die Berge darüber ihren Namen – Xeis (bei den Einheimischen für: Gesäuse).
Die große Hüttenrunde startet in Ardning westlich von Admont, berührt insgesamt acht Berghütten und weist einige gesicherte Passagen auf. Varianten und Teilbegehungen sind möglich.
1. Tag: Admont – Ardning – Rohrauerhaus (1308 m), 8 Std. **2. Tag:** Rohrauerhaus – Hall – Grabneralm (1391 m) – Admonter Haus (1723 m) 7 Std. **3. Tag:** Admonter Haus – Großes Maiereck – St. Gallen, 7 1/2 Std. **4. Tag:** St. Gallen – Buchsteinhaus (1546 m), 7 Std. **5. Tag:** Buchsteinhaus – Gstatterboden – Haindlkarhütte (1121 m), 4 Std. **6. Tag:** Haindlkarhütte – Gsengscharte – Gstatterboden – Ennstaler Hütte (1544 m), 6 1/2 Std. **7. Tag:** Ennstaler Hütte – Tamischbachturm – Gstatterboden – Heßhütte (1699 m), 9 1/2 Std. **8. Tag:** Heßhütte – Johnsbach – Mödlinger Hütte (1523 m), 5 1/2 Std. **9. Tag:** Mödlinger Hütte – Oberst-Klinke-Hütte – Admont, 5 Std.

Steckbrief

Fläche: ca. 2400 qkm
Höchster Punkt: Hochtor (2369 m)
Gebirgsgruppen: Ennstaler Alpen, Eisenerzer Alpen, Hochschwab
Wichtigste Ortschaften: Liezen, Admont Eisenerz, Trofaiach, Aflenz
Wandervorschläge: 26

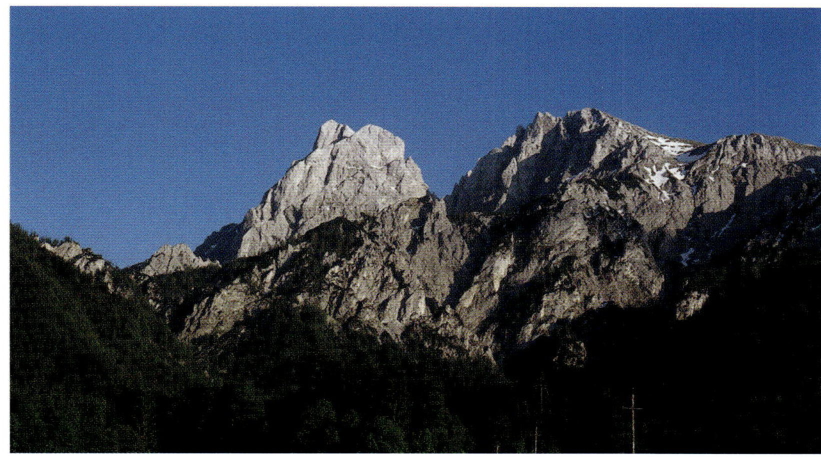

Das Gesäuse: Wander- und Kletterparadies

Steil – noch steiler!

12 Wasserfallweg und Planspitze, 2117 m

Der Blick von der Kummerbrücke (572 m) hinauf zu der mächtigen Felsfront, die Zinödl und Planspitze so abweisend-wild erscheinen lässt, ist durchaus geeignet, etwas ängstlichen Gemütern leichten Kummer oder zumindest ein flaues Gefühl in der Magengegend zu bescheren. Halb so wild! Der »Wasserfallweg« ist zwar steil, wartet auch mit einigen Leitern und leichten Felspassagen auf, doch ist erst einmal der Ebersanger erreicht, wird aus dem gesicherten Steig alsbald ein banaler Wanderweg. Und vom Gipfel der Planspitze guckt man dann direkt hinüber zum Hochtor (2369 m), dem höchsten Gipfel der Gesäuseberge. Ein Tourenziel für morgen (2 ½ Std. von der Heßhütte, markiert und abschnittweise gesichert)? In diesem Fall empfiehlt es sich, in der Heßhütte zu übernachten. Am Abend kann man ja noch zum Hochzinödl (2191 m) aufsteigen, um den Sonnenuntergang zu genießen (1 ½ Std.). Taschenlampe nicht vergessen!

Von der Kummerbrücke zunächst im Wald bergan, unter dem Wasserfall zu den ersten Sicherungen und steil zur »Emesruhe« (Bank, ca. 1250 m) mit schwindelndem Tiefblick ins Gesäuse. Zwei hohe, fast senkrechte Leitern vermitteln den Ausstieg zur bewaldeten Talmulde des Ebersanger. Hier rechts Abzweigung zur Planspitze: zunächst noch im Wald, dann durch eine Latschenzone und schließlich über den schrofigen Nordostgrat zum Gipfel.

Von der Planspitze abwärts gegen die Peternscharte und weiter leicht fallend um die Ostgrate von Roßkuppe (2152 m) und Hochtor herum zur Heßhütte am Ennseck (1699 m), wo auch der »Wasserfallweg« mündet.

Die große Runde über den höchsten Berg

24 Hochschwab, 2277 m

Natürlich ist der Hochschwab als höchster Gipfel des Gebirges ein begehrtes Tourenziel. Dass alle Wege recht weit, einige auch nicht ganz unschwierig sind, der Berg also »ziemlich weit hinten« steht, ist da kein Nachteil, hält sich so der Andrang selbst an sommerlichen Schönwettertagen in Grenzen. Wer vom Bodenbauer ausgeht, kommt in der Regel über das G'hackte zum Hochschwabgipfel; der gesicherte Steig durch die felsige Südflanke ist allerdings nur wenig schwierig, aber durch Voraussteigende steinschlaggefährdet. Also Vorsicht!

Für einen genussreichen Rückweg/Abstieg über das Hochschwabplateau braucht's dann zweierlei: eine gute Kondition und sicheres Wetter. Bei Nebel gefährlich!

Der Anstieg führt vom Gasthaus Bodenbauer (884 m) zunächst in das wildromantische Trawiestal. Von der aufgelassenen Trawiesalm packender Blick auf die Gschirrmauer und den Festbeilstein (1847 m). Über einen mit Latschen bewachsenen Hang zieht der Weg in vielen ausgewaschenen Kehren bergan zum G'hackbrunn (1785 m). Hier links steil aufwärts gegen das G'hackte. Eisenketten helfen über die gestuften, ziemlich glatt polierten Felsen hinweg; unweit der Fleischer-Biwakhütte gewinnt man das Plateau. Nun rechts über den breiten Rücken zum Hochschwab. Eine Viertelstunde nordöstlich unterhalb des Gipfels steht das neue Schiestlhaus (2153 m).

Zurück zum Ausstieg aus dem G'hackten, dann westlich über den mächtigen Rücken zum Rauchtalsattel. Dahinter herrlicher Blick auf den Großen Beilstein (2015 m) und den überhängenden Westabsturz der Stangenwand (2157 m). Weiter über die Hirschgrube hinunter zur hübsch gelegenen Häuselalm und im Wald bergab zum Gasthaus Bodenbauer.

Der Gesäuse-Nationalpark

Der jüngste österreichische Nationalpark, 110 Quadratkilometer groß und bis zu 2369 Meter hoch (Hochtor), umfasst den als Gesäuse bekannten Talabschnitt der Enns mitsamt ihren Bergen; an dem Areal, das zu 86 % reine Naturzone ist, haben die sechs Gemeinden Johnsbach, Weng, Admont, Landl, Hieflau und St. Gallen Anteil. Auffallend ist die Vielfalt des Waldbestandes, eine Folge des extrem steilen Reliefs im Talbereich (das eine Bewirtschaftung stark erschwerte): typische Auenwälder an der Enns, Lärchen und Zirben am Zinödl, große Föhrenbestände im Johnsbachtal. Dazwischen und darüber liegen zahlreiche Almen mit einer vielfältigen Flora.

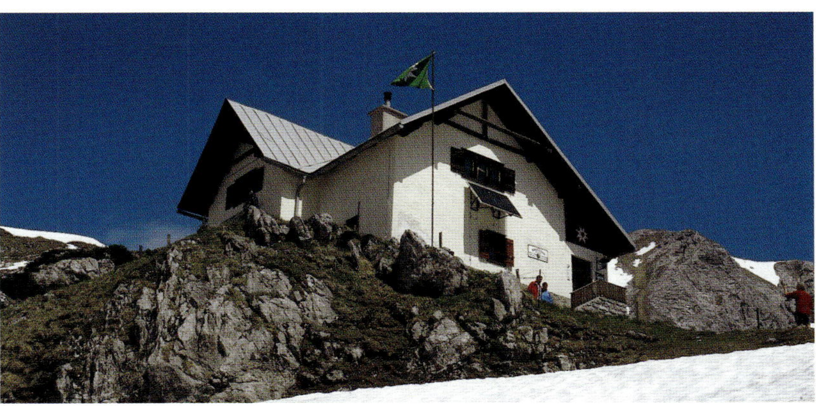

Eine der zahlreichen Schutzhütten im Gesäuse: das Admonter Haus

Ennstaler Alpen

Tourenziel/Charakteristik	Ausgangspunkt	Wegverlauf & Gehzeit	Markierung	Einkehr am Weg
1 Dürrenschöberl, 1737 m Aufgrund seiner isolierten Lage bietet der weit hinauf bewaldete Bergstock eine besonders schöne Tal- und Gipfelschau.	Rottenmann (681 m,) Städtchen im Paltental, 11 km von Liezen	Rottenmann – Dürrenschöberl (3 Std.) – Seltztal (636 m; 5 1/2 Std.,)	AV-Mark. 652, 651	
2 Bosruck, 1992 m Felsiger Rücken über dem Pyhrnpass, im Bereich des Kitzsteins (1925 m) einige Drahtseilsicherungen	Pyhrnpass (954 m), Straßenübergang von Windischgarsten nach Liezen im Ennstal	Pyhrnpass – Bosruck (3 3/4 Std.); Abstieg auf dem gleichen Weg (gesamt 6 Std.)	AV-Mark. 610	
3 Großer Scheiblingstein, 2197 m Markante Erhebung in den Haller Mauern mit markiertem Anstiegsweg. Trittsicherheit im Gipfelbereich, herrliche Rundschau	Hall (682 m,) Nachbarort von Admont am Eingang ins Gesäuse. Zufahrt bis Mühlau (749 m), 3 km. Parkplatz	Mühlau – Pyhrgas-Jagdhütte (1352 m; 2 Std.) – Lange Gasse – Großer Scheiblingstein (4 1/4 Std.); Abstieg auf dem gleichen Weg (gesamt 7 Std.)	AV-Mark. 601, 629	
4 Kaiserau, 1127 m Ausgedehnter Spaziergang am Fuß der Gesäuseberge. Highlight: das Schlösschen Kaiserau vor dem Admonter Kaibling	Admont (640 m,) schmuckes Städtchen am Eingang ins Gesäuse mit Kloster (Bibliothek!)	Admont – Gh. Nagelschmiede – Schloss Kaiserau (2 Std.) – Sieglalm – Admont (3 3/4 Std.)	Mark. Wege	Gh. Nagelschmiede (1094 m)
5 Admonter Kaibling, 2196 m, und Sparafeld, 2247 m Der Kaibling ist nicht nur ein bekannter Kletterberg; für den Wanderer gibt's einen vergleichsweise leichten Anstieg.	Oberst-Klinke-Hütte (1486 m,) Zufahrt von Admont über mautpflichtige Bergstraße, 14 km	Klinkehütte – Admonter Kaibling (2 Std.) – Sparafeld – Klinkehütte (3 3/4 Std.)	AV-Mark. 655, 656	Oberst-Klinke-Hütte (1486 m)
6 Admonter Haus, 1723 m, und Grabnerstein, 1847 m Beliebte Hüttenwanderung mit der Möglichkeit zu einer interessanten Kammüberschreitung. Am »Jungfernsteig« einige Sicherungen	Buchauer Sattel (861 m,) Straßenübergang von Admont nach St. Gallen	Buchauer Sattel – Admonter Haus (2 3/4 Std.) – Grabnerstein (3 3/4 Std.) – Grabneralmhaus – Buchauer Sattel (5 3/4 Std.)	Mark. Wege	Grabneralmhaus (1391 m); Admonter Haus (1723 m)
7 Johnsbacher Höhenweg Aussichtsreiche Kammwanderung vor der großen Kulisse der Gesäuseberge	Johnsbach (753 m,) Bergsteigerdörfchen; Zufahrt von der Gesäusestrecke	Johnsbach – Mödlinger Hütte (2 1/4 Std.) – Anhartskogel (1764 m) – Niederberg (1688 m; 4 Std.) – Johnsbach (6 Std.)	Bis Niederberg AV-Mark. 608, 673	Mödlinger Hütte (1523 m)
8 Hochtor, 2369 m Natürlich ist der höchste Gipfel im Gesäuse ein begehrtes Tourenziel. Überschreitung mit Aufstieg über den teilweise gesicherten Ostgrat und Abstieg ins Schneeloch nur für erfahrene Berggänger!	Kölblwirt (870 m), Zufahrt von der Gesäusestrecke via Johnsbach	Kölblwirt – Heßhütte (2 3/4 Std.) – »Josefinensteig« – Hochtor (5 1/4 Std.) – Schneeloch – Kölblwirt (8 1/2 Std.)	AV-Mark. 601, 664	Kölblwirt (870 m), Stadlalm (1610 m); Heßhütte (1699 m)
9 Haindlkarhütte, 1121 m Beliebte Hüttenwanderung; einmalig die Lage unter den Nordabstürzen von Hochtor, Festkogel und Ödstein	Gesäuse-Bundesstraße (602 m), Parkplatz zwischen Abzweigung Johnsbach und Gstatterboden	Gesäusestraße – Haindlkarhütte (1 1/4 Std.); Abstieg auf dem gleichen Weg (gesamt 2 1/4 Std.)	AV-Mark. 658	Haindlkarhütte (1121 m)
10 Großer Buchstein, 2224 m Ein Gipfel für Konditionsbolzen; der »Wenger Weg« vermittelt fast schon Ferrata-Feeling (Sicherungen; nur für erfahrene Berggänger!). Nur wenig leichter ist der Normalweg, lohnend auch die Hüttentour	Gstatterboden (577 m,) Häusergruppe mitten im Gesäuse, etwa auf halber Strecke zwischen Admont und Hieflau	Gstatterboden – Buchsteinhaus (2 3/4 Std.) – »Wenger Weg« – Großer Buchstein (5 Std.); Abstieg auf dem Normalweg (gesamt 8 1/4 Std.)	AV-Mark. 641	Buchsteinhaus (1546 m)
11 Tamischbachturm, 2035 m Abwechslungsreiche Gipfelüberschreitung mit großer Schau auf die Gesäusegipfel südlich der Enns (Hochtor, 2369 m)	Gstatterboden (577 m,) Häusergruppe mitten im Gesäuse	Gstatterboden – Ennstaler Hütte (2 3/4 Std.) – Tamischbachturm (4 1/4 Std.) – Hochscheibenalm (1189 m; 5 3/4 Std.) – Gstatterboden (7 1/4 Std.)	AV-Mark. 646, 648	Gstatterboden; Ennstaler Hütte (1544 m)
12 Wasserfallweg und Planspitze, 2117 m Spannender Hüttenaufstieg in großer Kulisse (Leitern, Drahtseile), von der Planspitze eine faszinierende Schau übers Gesäuse	Gesäuse-Bundesstraße (521 m,) Parkplatz Kummerbrücke	Kummerbrücke – »Wasserfallweg« – Planspitze (4 1/2 Std.) – Heßhütte (6 Std.) – »Wasserfallweg« – Kummerbrücke (8 1/4 Std.)	AV-Mark. 660, 663	Heßhütte (1699 m)
13 Lugauer, 2206 m Nicht ganz so hoch wie das Walliser Horn und auch leichter zu besteigen ist das »Steirische Matterhorn«. Trotzdem: ein Ziel für bergerfahrene Wanderer	Radmer an der Hasel (898 m,) 8,5 km von Hieflau	Radmer an der Hasel – G'spitzer Stein (1556 m; 1 3/4 Std.) – Lugauer (4 1/4 Std.) – Radmer an der Stube (729 m; 7 1/2 Std.,)	AV-Mark. 668, 601	

Tourenziel/Charakteristik	Ausgangspunkt	Wegverlauf & Gehzeit	Markierung	Einkehr am Weg	
14 Ennstaler Hütte, 1544 m Große Runde um die Tieflimauer (1820 m; Gipfelsteig gesichert – kein Wanderweg!)	Erb (608 m), Weiler 4 km westlich von Großreifling (449 m, 🚌)	Erb – Mühlbach – Ennstaler Hütte (3 Std.) – Grat Tieflimauer-Kleiner Buchstein (ca. 1570 m; 4 1/2 Std.) – Mühlbach – Erb (7 1/2 Std.)	AV-Mark. 608, 645, 644	Ennstaler Hütte (1544 m)	Ennstaler Alpen
15 Kaiserschild, 2084 m, und Hochkogel, 2105 m Spannende Gipfelüberschreitung; einige leichte Felspassagen. Bergerfahrung erforderlich	Eisenerzer Ramsau, 7 km von Eisenerz. Parkplatz bei der Gemeindealm (1018 m)	Gemeindealm – Kaiserschild (3 Std.) – Hochkogel (4 Std.) – Radmerhals (1305 m) – Gemeindealm (6 1/2 Std.)	Mark. Wege, AV-Nr. 683, Bez. 83	Alpengasthaus Ramsau (1019 m)	
16 Eisenerzer Reichenstein, 2165 m Unmittelbar über dem »Steirischen Brotlaib« (Erzberg, 1465 m) steht der Reichenstein; entsprechend interessant ist die Rundschau vom Gipfel. Trittsicherheit unerlässlich!	Präbichl (1232 m, 🚌) Straßenpass zwischen Eisenerz und Leoben	Präbichl – Grübl – Rösselhals (1770 m; 1 1/2 Std.) – Eisenerzer Reichenstein (2 3/4 Std.) – Rösselhals – Plattenalm (1437 m) – Präbichl (4 1/2 Std.)	AV-Mark. 605, 686	Präbichl; Reichensteinhütte (2136 m)	
17 Hochblaser, 1771 m Abwechslungsreiche Überschreitung für Trittsichere. Faszinierend der Tiefblick auf den Leopoldsteiner See, gegenüber der Erzberg	Leopoldsteiner See (628 m), Zufahrt von Eisenerz (736 m, 🚌) Parkplatz	Leopoldsteiner See – Senkkögel – Hochblaser (3 1/2 Std.) – Seeau (659 m) – Leopoldsteiner See (6 1/2 Std.)	AV-Mark. 822, 820	Am Leopoldsteiner See	Hochschwab
18 Rund um den Pfaffenstein Große Almrunde im Westen des Hochschwabmassivs. Ausdauer, am Bärenlochsattel kurze Felspassage (Sicherungen)	Eisenerz (736 m, 🚌) altes Städtchen am Fuß seines Erzberges	Eisenerz – Seeau (659 m; 1 1/2 Std.) – Fobisalm (1394 m; 3 1/2 Std.) – Pfaffingalm (4 1/2 Std.) – Bärenlochsattel – Gsollalm (1201 m; 6 1/4 Std.) – Präbichlstraße (7 Std., 🚌) – Eisenerz (8 Std.)	AV-Mark. 801, 830, 832, 833	Pfaffingalm (1569 m), Gsollalm (1201 m)	
19 Pfaffenstein, 1865 m Hausberg von Eisenerz mit Paradeblick auf den Steirischen Erzberg. Aufstieg über den »Schrabachersteig« mit längeren gesicherten Passagen (Steinschlaggefahr)	Eisenerz (736 m, 🚌) Siedlung Trofeng	Eisenerz – »Schrabachersteig« – Pfaffenstein (3 Std.) – »Markussteig« – Eisenerz (5 Std.)	AV-Mark. 826, 825		
20 Frauenmauerhöhle Interessantes Naturdenkmal, am bequemsten vom Polster aus erreichbar. Höhlendurchquerung nur mit Führer; Infos beim Tourismusbüro Eisenerz	🚡 Bergstation des Polster-Sessellifts (1793 m), Talstation Präbichl (1232 m, 🚌), Lift z. Zt. außer Betrieb; Wiedereröffnung Winter 2017/18 geplant	🚡 Liftstation – Polster (1910 m) – Hirscheggsattel (1699 m; 3/4 Std.) – Neuwaldeggsattel (1575 m) – Osteingang (2 Std.) – Frauenmauerhöhle – Gsallalm – Präbichlstraße (4 Std.)	AV-Mark. 805, 833	Gsollalm (1201 m)	
21 Trenchtling-Überschreitung Die längste (und schönste) Tour am Trenchtling, vom Hochturm (2081 m) stimmungsvolle Rundschau. Blumenberg!	Grüner See (776 m), Landschaftswunder im Hochschwab; Zufahrt von Tragöß-Oberort (793 m, 🚌) 2 km	Grüner See – Hieslegg (1 1/2 Std.) – Hochturm (4 1/2 Std.) – Lamingsattel (1677 m; 5 1/2 Std.) – Lamingalm (1263 m) – Grüner See (8 Std.)	Mark. Wege, AV-Nr. 873, 872	Am Grünen See, Gh. Hieslegg (1154 m)	
22 Sonnschienhütte, 1523 m Hüttenrunde mit romantischem Anstieg und Rückweg auf einem breiten Fahrweg. Wer in der Hütte übernachtet, kann sich anderntags den Ebenstein (2123 m) vornehmen (2 Std.).	Tragöß-Oberort (793 m, 🚌) besuchter Ferienort im Süden des Hochschwab. Zufahrt von Bruck an der Mur, 26 km	Oberort – Klamm – Sonnschienhütte (3 Std.) – »Russenstraße« – Jassing (884 m; 4 1/2 Std.) – Grüner See – Oberort (6 Std.)	AV-Mark. 837, 836	Sonnschienhütte (1523 m) in der Jassing; am Grünen See	
23 Meßnerin, 1835 m Steiler Weg auf den Hausberg von Tragöß	Tragöß-Oberort (793 m, 🚌) beliebter Ferienort	Oberort – Meßnerin (3 Std.); Abstieg auf dem gleichen Weg (gesamt 5 Std.)	AV-Mark. 844		
24 Hochschwab, 2277 m Die Hochschwab-Tour schlechthin! Der Weg ins Trawiestal ist Ouverture, der Steig durchs »G'hackte« bietet viel Spannung, die Höhenwanderung zur Häuselalm jede Menge Aussicht.	Gh. Bodenbauer (884 m), Zufahrt von Aflenz (763 m, 🚌) 15 km	Bodenbauer – Trawiesalm (1234 m, 1 Std.) – G'hacktbrunn (1785 m; 2 1/2 Std.) – Hochschwab (4 1/4 Std.) – Rauchtalsattel – Häuselalm (7 Std.) – Bodenbauer (8 1/4 Std.)	AV-Mark. 839, 801, 840	Gh. Bodenbauer; Schiestlhaus (2153 m); Häuselalm (1526 m)	
25 Mitteralm – Fölzsattel, 1626 m Aussichts-, Alm- und Talwanderung; den Aufstieg zur Bürgeralpe übernimmt die Seilbahn.	🚡 Bergstation der Bürgeralm-Seilbahn (1555 m), Talstation Aflenz-Kurort (763 m, 🚌)	Bürgeralm – Mitteralm (ca. 1960 m) – Fölzsattel (3 Std.) – Fölzalm – Fölzklamm – Aflenz-Kurort (6 Std.)	AV-Mark. 862, 860	Bürgeralm (1555 m), Fölzalm (1484 m), Gh. Schwabenbartl	
26 Hochschwab, 2277 m Vom Salzatal zum Seeberg: eine große Hochschwabtour. Nordseitiger Anstieg, aussichtsreiche Kammwanderung am Aflenzer Staritzen. Nächtigung im neuen Schiestlhaus	Weichselboden (677 m, 🚌) Häusergruppe an der Strecke Mariazell – Hieflau	Weichselboden – Edelbodenalm (1344 m; 2 Std.) – Schiestlhaus – Hochschwab (4 3/4 Std.) – Aflenzer Staritzen – Seebergsattel (1246 m; ca. 9 Std., 🚌)	AV-Mark. 852, 853, 855	Weichselboden (677 m); Schiestlhaus (2153 m)	

Rax, Schneeberg & Co.

Wiener Hausberge

Die schönste Wiener Aussicht bietet natürlich das Riesenrad. Und im Frühling, wenn im Prater die Bäume blühen, setzt man sich besonders gern in eine der Gondeln, um etwas Höhenluft und Abstand zum Alltag zu genießen: 67 Meter über Boden und ziemlich hoch über den meisten Wiener Häusern: Sightseeing von oben.

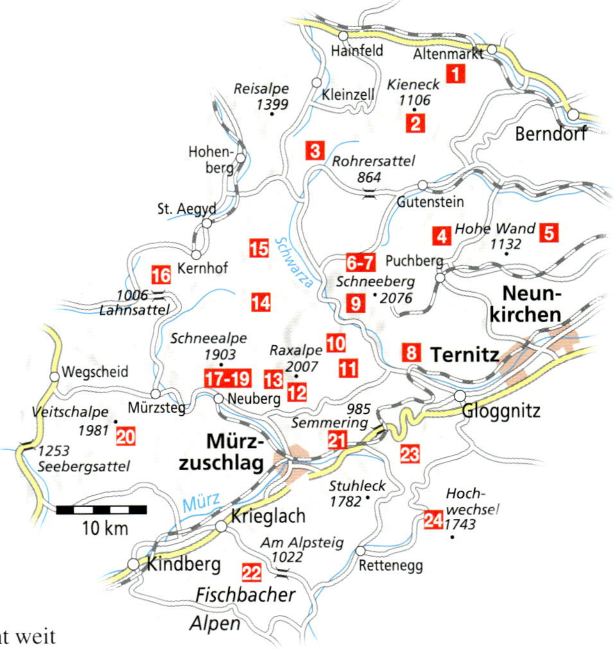

Da schweift der Blick übers Dächermeer, hinab zur Donau, geht weit hinaus ins Flache, übers Heurigenparadies in den Wiener Wald. Fern im Südwesten ist ein weißer Fleck auszumachen: der Schneeberg. Er gehört zu den »Wiener Hausbergen« wie das Karwendel zu jenen Münchens, zusammen mit der Rax, der Hohen Wand (die so hoch nicht ist) und all den grünen Voralpenmugeln bis hin zum Hochwechsel und zur Buckligen Welt.

Was für ein Wanderrevier! Und dazu eines, das sich ganzjährig nutzen lässt, ist der eine oder andere Pfad doch fast immer gespurt, sind die Kletterfelsen der Hohen Wand fast immer aper. Nur am Schneeberg – nomen est omen! – hält sich das Weiß halt noch bis spät in den Frühling. Schneeberg und Rax, aus Kalk aufgebaute Plateauberge mit steilen Randabstürzen, geben sich bereits überraschend alpin. Während die mit Dampf betriebene Zahnradbahn am Schneeberg Eisenbahnfans aus der ganzen Welt anlockt, ist die Südflanke der Rax mit ihren Sonnenfelsen ein frequentiertes Klettergebiet. Daneben gibt es hier auch zahlreiche Klettersteige aller Schwierigkeitsgrade, teilweise von recht alpinem Zuschnitt.

Im Bereich von Rax und Schneeberg laden bewirtschaftete Hütten zu mehrtägigen Unternehmungen ein. Schöne Höhenwanderungen sind auch am Hauptkamm der Fischbacher Alpen, also südlich des Semmerings, möglich.

Höchster Punkt der Region ist der Klosterwappen (2076 m) am Schneeberg, gefolgt von der Heukuppe (2007 m) in der Rax. Eine berühmte Aussicht an der Grenze zur Steiermark vermittelt der Hochwechsel (1743 m).

Da geht der Blick dann nicht nur in die Alpen, sondern auch darüber hinaus bis zum seichten Neusiedler See weit in die Pannonische Tiefebene.

Steckbrief

Fläche: ca. 2800 qkm
Höchster Punkt: Klosterwappen (2076 m)
Gebirgsgruppen: Gutensteiner Alpen, Schneeberg, Rax, Mürzsteger Alpen, Fischbacher Alpen (Nord)
Wichtigste Ortschaften: Berndorf, Hainfeld, Neunkirchen, Gloggnitz, Mürzzuschlag
Wandervorschläge: 24

Semmering-Bahnwanderweg

Nicht nur für Eisenbahnfreaks interessant: der 23 km lange Weg entlang der historischen Ghega-Semmering-Bahn, vom Scheiteltunnel am Semmering (895 m) bis nach Gloggnitz (442 m). Den schönsten Blick auf die kühne Trasse mit dem Viadukt »Kalte Rinne« der Gebirgsbahn bietet die Aussichtswarte Doppelreiterkogel; vom Bahnhof Eichberg schöner Blick in die Alditzgräben, den Sonnwendstein, zum Semmering und auf Burg Wartenstein. – Ein Tipp: nach der Wanderung ins »Naturbad Gloggnitz« und dann mit der Bahn wieder hinauf zum Semmering.

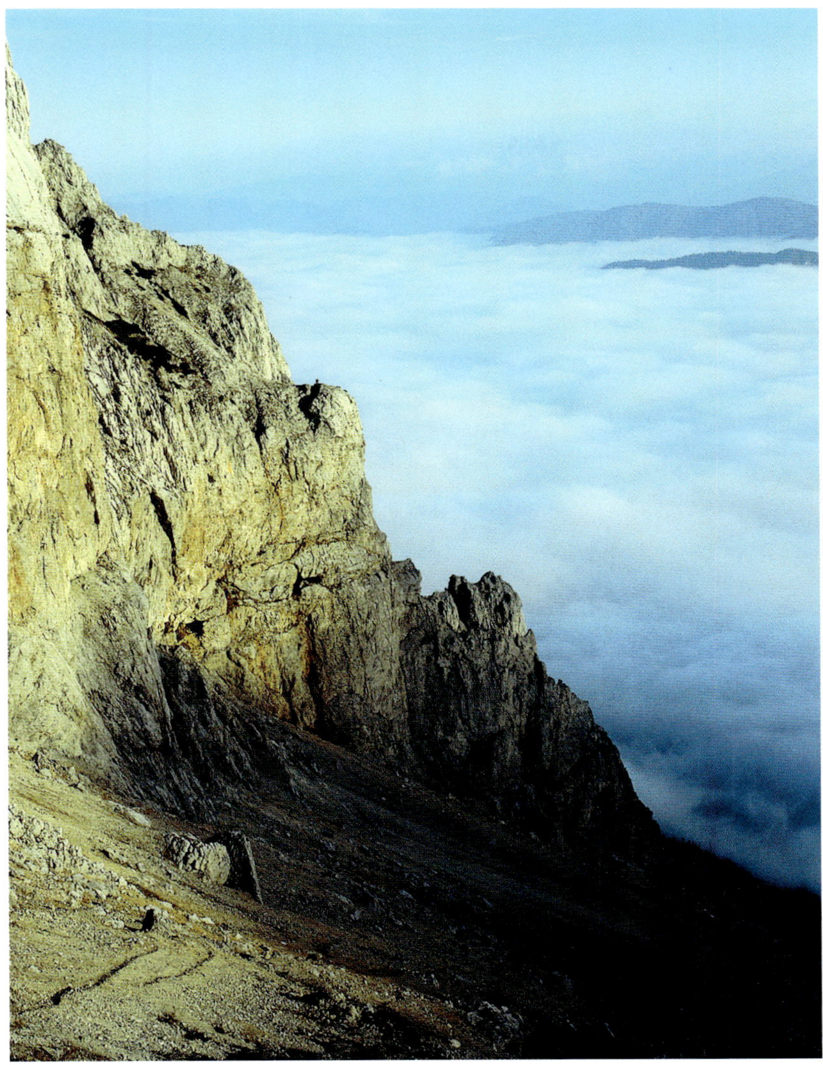

Über den Wolken: der Südabsturz der Rax, alpine Felsfront vor dem flachen Land

Einfach »höllisch« schön!

10 Großes Höllental; Otto-Schutzhaus, 1644 m

Ist die Südflanke der Rax eher etwas für Sonnenanbeter, so fühlen sich romantische Gemüter vom Großen Höllental fast unwiderstehlich angezogen. Wen wundert's bei der Kulisse? Links wie rechts zerklüftete Felsmauern, hohe Grate – und viele Wege. Die sind allerdings durchwegs ziemlich anspruchsvoll, also nichts für Alpenspaziergänger. Sie beschränken sich mit Vorteil auf die (lohnende) Talwanderung. Geradezu als Klassiker gilt der »Alpenvereinssteig«, mit einigem (Alt-)Eisen ausgestattet, der nicht nur Schwindelfreiheit und einen sicheren Tritt, sondern auch eine gute Kondition voraussetzt. Der Abstieg über den Wachthüttlkamm ist dann vor allem ein aussichtsreicher Bergabweg, erst zuletzt nochmals mit einigen kurzen Leitern und Seilsicherungen. Auf jeden Fall: eine höllisch schöne Runde!

Der Einstieg ins Große Höllental erweist sich als etwas kompliziert: Ein paar Felsstufen führen zu einer Querung oberhalb der Straßengalerie, dann folgt eine 140-Stufen-Treppe, ehe es taleinwärts geht, zuerst noch leicht bergab, schließlich auf breitem Pfad bergan. Bei einem ausgetrockneten Bachbett links ab und über einen verwachsenen Geröllkegel zum Einstieg. Den ersten, senkrechten Felsaufschwung überwindet man mit Hilfe einer langen Leiter, die schräg auf ein solides Podest leitet. Nach weiterem »Eisen« folgt leichteres Gelände; die Wegspur führt im Zickzack bergan, dann rechts auf einen winzigen Sattel und schließlich in einen wilden Felswinkel. Mit Hilfe künstlicher Tritte unter Felsüberhängen zur Abzweigung des »Jahnsteigs«. Am »AV-Steig« folgt eine senkrechte 12-m-Leiter, über die man in Fels-Latschen-Gelände gelangt. Über einige Absätze (Drahtseile) und Wiesenflecken leicht, aber etwas mühsam zum Ausstieg auf die »Höllentalaussicht« (1620 m).

Nun auf gutem Weg fast eben hinüber zum Ottohaus (1644 m). Kurz vor der Hütte, beim »Praterstern« (Wegzeiger), zweigt der Wachthüttl-Kammweg ab. Er führt über den breiten, latschenbewachsenen, tiefer dann licht bewaldeten Rücken erst sanft, dann steiler bergab, zuletzt mit Hilfe solider Sicherungen (Vorsicht Steinschlaggefahr!). Drunten an der Höllentalstraße schließt sich die Runde.

Auf den kalten Berg

17 Schneealpe; Windberg, 1903 m

Auch wenn der Windberg kein Zweitausender ist und es hier weit weniger Hütten hat, die Parallelen sind dennoch un-übersehbar: tiefe Gräben und felsige Flanken mit steilen Wegen, darüber ein verkarstetes »Dach«, abgeflachte Gipfelkuppen. Nur steht die Schneealpe halt hinter der Rax – von Wien aus gesehen –, und deshalb ist zwischen Altenberg und dem Naßköhr weit weniger Betrieb. Das macht aber gar nichts.

Ihren Namen hat die Schneealpe übrigens zu Recht, wovon man sich im Frühsommer, wenn all die Berge rundum bereits aper sind, leicht überzeugen kann: Im Naßköhr, im Schneetal und auf der Hochalm selbst gibt's überall noch weiße Flecken.

Die Runde beginnt im Lohmgraben: zunächst auf dem Sandsträßchen, dann auf einem ordentlichen Weg talein, vorbei an der Abzweigung zum Schneealpenhaus und hinauf zur Plateauhöhe. Hier stößt man auf einen Güterweg; an ihm liegt ein paar Minuten weiter nordöstlich die Lurgbauerhütte (lohnender kleiner Abstecher zum Ameisbühel, 1828 m; 15 Min.).

Der geschotterte Fahrweg läuft in einem Bogen über die gesamte Hochalm; man folgt ihm bis in die flache Senke vor dem Mooskogel (1788 m); hier rechts ab und hinüber zur Rinnhoferhütte (1733 m). Bis zum höchsten Punkt der Schneealpe hat man dann noch einen halbstündigen Anstieg. Vom Windberg schöner Blick über das gesamte Massiv, nicht zu übersehen ist auch das nächste Etappenziel, das Schneealpenhaus, das eine kleine Kuppe am Rand des Plateaus krönt.

Von der Hütte auf rauem Weg in Kehren über einen Steilhang hinab und

	Tourenziel/Charakteristik	Ausgangspunkt	Wegverlauf & Gehzeit	Markierung	Einkehr am Weg
Gutensteiner Alpen	**1 Hocheck, 1037 m** Beliebtes Ausflugsziel südlich des Wiener Waldes mit Gipfelhütte und Aussichtsturm	Altenmarkt (420 m,) Dorf im Triestingtal	Altenmarkt – Hocheck (2 1/4 Std.); Abstieg auf dem gleichen Weg (gesamt 3 3/4 Std.)	Mark. Wege	Hocheck-Schutzhaus (1030 m)
	2 Kieneck, 1106 m – Unterberg, 1342 m Bekannte Aussichtspunkte in den Gutensteiner Alpen; ihre Besteigung lässt sich zu einer großen Runde verbinden.	Thal (595 m,), 6 km von Pernitz (430 m) im Piestingtal	Thal – »Enziansteig« – Kieneck (2 1/4 Std.) – Unterberghütte – Unterberg (4 1/2 Std.) – Unterberghütte – Miratal – Thal (6 1/2 Std.)	Mark. Wege	Enzianhütte am Kieneck, Unterberg-Schutzhaus (1170 m)
	3 Jochart, 1266 m Lohnende Gipfeltour; vom Jochart bemerkenswerte Rundschau	Rohr im Gebirge (683 m,) Dörfchen am Oberlauf der Schwarza	Rohr – Jochart (1 3/4 Std.) – Hammerleck (987 m) – Rohr (3 Std.)	Rote und blaue Mark.	
	4 Dürre-Wand-Überschreitung Ausgedehnte Kammwanderung zwischen Hoher Wand und Piestingtal	Puchberg (598 m,) Urlaubsort in hübscher Tallage östlich des Schneebergs	Puchberg – Öhler-Schutzhaus (2 Std.) – Dürre Wand (1222 m) – Gauermannhütte (4 Std.) – Weidmannsfeld (495 m) – Reichental (401 m; 6 1/2 Std.,)	AV-Mark. 201	Öhler-Schutzhaus (1027 m), Gauermannhütte (1154 m)
	5 Über die Hohe Wand Abwechslungsreiche Höhenwanderung am Alpenrand; besonders lohnend im Frühling und spät im Herbst. Packende Tiefblicke, Aussicht weit hinaus ins Wiener Becken	Grünbach (557 m,) Dorf am Südfuß der Hohen Wand	Grünbach – Große Kanzel (1052 m; 1 1/2 Std.) – Hochkogelhaus (932 m) – Gh. Postl (3 Std.) – Herrgottschnitzerhaus (826 m) – Einhornhöhle – Markt Piesting (6 Std.,)	Gut mark. Wege	Diverse Hütten und Ausflugslokale
Schneeberg – Rax	**6 Schneeberg-Überschreitung** Aufstieg über den »Fadensteig«, Abstieg zur Dampfzahnradbahn: ein Wanderklassiker. Trittsicherheit erforderlich, Vorsicht bei Nebel! Überschreitung lässt sich gut mit dem »Nördlichen Grafensteig« verbinden, gesamt dann etwa 8 Std. Mark. Wege, Ausdauer!	Bergstation des Schneeberg-Sesselliftes (1220 m), Talstation (871 m,) oberhalb des Weilers Losenheim, 7 km von Puchberg	Liftstation – »Fadensteig« – Kaiserstein (2061 m; 2 1/2 Std.) – Klosterwappen (2076 m) – Station Hochschneeberg (1792 m; 3 1/4 Std.)	Aufstieg AV-Mark. 801, Abstieg farbige Mark.	Liftstation und Umgebung, Fischerhütte (2061 m)
	7 Südlicher Grafensteig – Klosterwappen, 2076 m Der »Südliche Grafensteig« verbindet als Pendant des nördlichen Steigs Baumgartner und Kienthaler Hütte; in Verbindung mit der Besteigung des Klosterwappen spannende Rundtour. Einige gesicherte Passagen	Haltestelle Baumgartner (1394 m) der Schneeberg-Zahnradbahn, Talstation Puchberg (598 m,)	Baumgartner – »Südlicher Grafensteig« – Stadelwandleiten (1505 m; 2 1/4 Std.) – Klosterwappen (3 3/4 Std.) – Damböckhütte (4 1/2 Std.) – Baumgartner (5 1/2 Std.)	Mark. Wege	Haltestelle Baumgartner, Damböckhütte (1810 m)
	8 Gahns; Naturfreundehaus Knofeleben, 1250 m Abwechslungsreiche Wanderrunde auf das Waldplateau des Gahns; Auf- und Abstiege recht steil	Payerbach (493 m,) an der Semmeringbahn, Nachbarort von Reichenau	Payerbach – Waldburgangerhütte (2 Std.) – Bodenwiese – Naturfreundehaus Knofeleben (4 1/4 Std.) – Eng – Payerbach (6 Std.)	Gut mark. Wege, teilweise Straßen	Waldburgangerhütte (1182 m), Naturfreundehaus Knofeleben (1250 m)
	9 Weichtalklamm – Kienthaler Hütte, 1380 m Romantische Hüttentour. Der Schluchtweg ist abschnittweise gesichert, Trittsicherheit unerlässlich.	Weichtalhaus (547 m,) im Höllental, 10 km von Reichenau an der Rax (484 m)	Weichtalhaus – Weichtalklamm – Kienthaler Hütte (2 1/2 Std.) – »Ferdinand-Mayr-Weg« – Weichtalhaus (4 Std.)	Mark. Wege	Weichtalhaus (547 m); Kienthaler Hütte (1380 m)
	10 Großes Höllental, Otto-Schutzhaus, 1644 m Anspruchsvolle Runde auf gesicherten Steigen: Anstieg über den »Alpenvereinssteig« zur Höllentalaussicht, Abstieg am Wachthüttlkamm ebenfalls mit Sicherungen. Nur für Bergerfahrene, nicht bei Nässe!	beim Weichtalhaus (547 m) im Höllental, 10 km von Reichenau an der Rax (484 m). Parkplätze an der Straße	Weichtalhaus – Großes Höllental (1 Std.) – »AV-Steig« – Höllentalaussicht (4 Std.) – Ottohaus (4 1/4 Std.) – Wachthüttlkamm – Weichtalhaus (6 1/2 Std.)	Gut mark. Steige	Ottohaus (1644 m)
	11 Törlweg; Otto-Schutzhaus, 1644 m Hüttenspaziergang und Bergabwanderung am Ostrand der Rax	Bergstation der Rax-Seilbahn (1547 m), Talstation am Eingang ins Höllental bei Hirschwang an der Rax	Seilbahn – Otto-Schutzhaus (1/2 Std.) – »Törlweg« – Knappenberg – Hirschwang (3 Std.)	Mark. Wege	Otto-Schutzhaus (1644 m), Knappenberg (771 m)
	12 Heukuppe, 2007 m Die kürzesten (und entsprechend frequentierten) Wege auf den höchsten Gipfel der Rax beginnen am Preiner Gscheid; sie lassen sich zu interessanten Rundtouren verbinden (z. T. gesicherte Steige). Vom Gipfel großes Panorama bis tief in die Alpen	Preiner Gscheid (1070 m,) Straßenpass zwischen Reichenau und Kapellen	Preiner Gscheid – Gamseck (1847 m) – Heukuppe (3 Std.) – Karl-Ludwig-Haus (1804 m) – Predigtstuhl (1902 m; 3 1/2 Std.) – Waxriegelhaus (4 3/4 Std.) – Preiner Gscheid (5 1/2 Std.)	Gut mark. Wege	Karl-Ludwig-Haus (1804 m), Waxriegelhaus (1361 m)

Tourenziel/Charakteristik	Ausgangspunkt	Wegverlauf & Gehzeit	Markierung	Einkehr am Weg
13 Gamsecksteig; Heukuppe, 2007 m Abenteuerpfade im Nordwesten des Raxplateaus. Gute Kondition und Ausdauer erforderlich. Am »Gamsecksteig« und am »Kaisersteig« einige Sicherungen; nur für Geübte!	Hinternaßwald (712 m,) Weiler im Norden der Rax, Zufahrt von Reichenau durch das Höllental. Parkplatz am Eingang ins Reißtal	Hinternaßwald – Naßkamm (1210 m; 1 3/4 Std.) – »Gamsecksteig« – Heukuppe (4 1/4 Std.) – Karl-Ludwig-Haus (1804 m) – Habsburghaus (5 1/2 Std.) – »Kaisersteig« – Hinternaßwald (7 1/2 Std.)	Mark. Wege	Karl-Ludwig-Haus (1804 m); Habsburghaus (1786 m), bew. Mai bis September
14 Großer Sonnleitstein, 1639 m Markantes, isoliert aufragendes Felshorn nördlich der Rax; etwas für Liebhaber einsamer Bergwinkel	Hinternaßwald (712 m,) Zufahrt von Reichenau durchs Höllental	Hinternaßwald – »Kaisersteig« – Großer Sonnleitstein (2 3/4 Std.) – »Franz-Jonas-Steig« – Hinternaßwald (4 1/4 Std.)	AV-Mark. 440, rote Bez.	
15 Obersberg, 1467 m Noch so ein »Unbekannter» mit schönem Panorama. Schattiger Aufstieg	Schwarzau im Gebirge (617 m,) Zufahrt von Reichenau durch das Höllental	Schwarzau – Obersberg (2 1/2 Std.); Abstieg auf dem gleichen Weg (gesamt 4 Std.)	Mark. Weg	Waldfreundehütte (1464 m)
16 Göller, 1766 m Aussichtsberg im »Niemandsland« zwischen Hochschwab und Wiener Hausbergen, lohnende Überschreitung	Kernhof (690 m,) Weiler an der Strecke St. Aegyd am Neuwalde – Mariazell	Kernhof – Waldhüttsattel (1266 m) – Göllerhaus (2 1/4 Std.) – Göller (3 1/4 Std.) – Gscheid (963 m; 5 Std.,)	AV-Mark. 622	Göllerhaus (1440 m)
17 Schneealpe; Windberg, 1903 m Plateaumassiv mit steil abbrechenden Flanken; auch ohne Besteigung des Hauptgipfels lohnende Runde aus dem Altenberger Tal	Altenberg an der Rax (782 m,) 2,5 km nördlich von Kapellen. Zufahrt durch den Lohmgraben bis zu einem Wanderparkplatz (924 m)	Lohmgraben – Lurgbauerhütte (2 1/4 Std.) – Michlbauerhütte (1731 m) – Windberg (3 1/2 Std.) – Schneealpenhaus (3 3/4 Std.) – Lohmgraben (5 1/2 Std.)	AV-Mark. 446, 401	Lurgbauerhütte (1764 m), Michlbauerhütte (1731 m), Schneealpenhaus (1784 m)
18 Schneealpe; Windberg, 1903 m Landschaftlich hervorragender Anstieg von Norden; Abstieg ins Baumtal weitgehend unmarkiert. Trittsicherheit unerlässlich, dazu Orientierungssinn. Etwas für Abenteuerlustige!	Neuwald (926 m), Weiler an der Kalten Mürz, Zufahrt von der Bundesstraße 23 (Mürzsteg – Lahnsattel,)	Neuwald – Steinalpl (3/4 Std.) – Kleinbodengraben – Windberg (3 1/2 Std.) – Lurgbauerhütte (4 1/2 Std.) – Baumtal – Neuwald (7 1/4 Std.)	AV-Mark. 443, 401	Rinnhoferhütte (1733 m), Lurgbauerhütte (1764 m)
19 Naßkköhr; Hinteralmhaus, 1446 m Das Naßköhr bildet ein aus Wettersteinkalk aufgebautes Karstplateau (1400–1600 m) im Westen der Schneealpe	Frein an der Mürz (864 m,) Weiler an der Strecke Mürzsteg – Lahnsattel	Frein – Hinteralmhaus (2 1/2 Std.) – Alplgraben – Scheiterboden (816 m; 4 Std.,)	AV-Mark. 435, 436	Mehrere bew. Hütten
20 Hochveitsch, 1981 m Beliebtes Wander- und Skitourenziel; besonders lohnend der Aufstieg über die Grundbauernhütte. Ausdauer erforderlich!	Radwirt (795 m), 6 km nördlich von Veitsch (669 m,)	Radwirt – Grundbauernhütte (2 1/2 Std.) – Hochveitsch (5 1/4 Std.) – Graf-Meran-Haus – Radwirt (7 1/2 Std.)	AV-Mark. 476, 401, 465	Radwirt, Grundbauernhütte (1451 m), Graf-Meran-Haus (1836 m), Alpengasthof Scheikl
21 Kampalpe, 1534 m Kammwanderung über dem Semmering; von der Kampalpe bemerkenswerte Rundschau	Semmering (984 m,) leicht verstaubter, verkehrsgeplagter Kurort an der Passhöhe zwischen Gloggnitz und Mürzzuschlag	Semmering – Pinkenkogel (1292 m; 1 1/4 Std.) – Kampalpe (3 1/4 Std.) – Spital am Semmering (777 m; 4 1/2 Std.,)	Gut mark. Wege	Pinkenkogelhütte
22 Rosegger-Wanderung An Peter Rosegger kommt man im Mürztal nicht vorbei. Große Wanderrunde, lässt sich auch in Teilen durchführen. Sehenswert: Geburtshaus, Museum in der Waldschule, Roseggermuseum in Krieglach	Krieglach (608 m,) stattliches Dorf im Mürztal	Krieglach – Gasthof Stanglalm (1470 m; 3 Std.) – Alpl (Waldschule, 5 Std.) – Geburtshaus (1144 m) – Alpl – Hochgölk (1176 m) – Krieglach (8 Std.)	AV-Mark. 729, 702, 740, 706B	Gasthof Stanglalm, Alpl
23 Sonnwendstein, 1523 m Gemütliche Höhen- und Bergabwanderung; vom Sonnwendstein Aussicht auf Rax und Schneeberg	Bergstation der Hirschenkogel-Gondelbahn (1340 m), Talstation Semmering (985 m). Am Gipfel steht die 30 Meter hohe Milleniumswarte.	Hirschenkogel – Erzkogel (1504 m) – Sonnwendstein – Almsteig – Semmering	Markierte Wege	Pollereshütte am Gipfel des Sonnwendsteins
24 Hochwechsel, 1743 m Wenig anstrengende Kammwanderung zum Wetterberg am Ostrand der Alpen; großes Panorama	Feistritzsattel (1298 m), Straßenübergang von Trattenbach nach Rettenberg	Feistritzsattel – Kranichberger Schwaig – Hochwechsel (2 1/4 Std.); Abstieg auf dem gleichen Weg (gesamt 4 Std.)	AV-Mark. 902	Kranichberger Schwaig (1520 m), Wetterkogler Haus am Gipfel

Höhen zwischen dem Grazer Bergland und den Gurktaler Alpen

Im Südosten der Alpen

Kor- und Saualpe, Fischbacher Alpen, Seckauer Tauern, Gleinalpe. Namen, die man außerhalb Kärntens und der Steiermark kaum kennt. Wer hat schon vom Großen Speikkogel in die slowenische Nachbarschaft geschaut, ist über die schier endlosen Buckel der Saualpe gewandert oder hat die Südflanken der Seckauer Tauern erkundet?

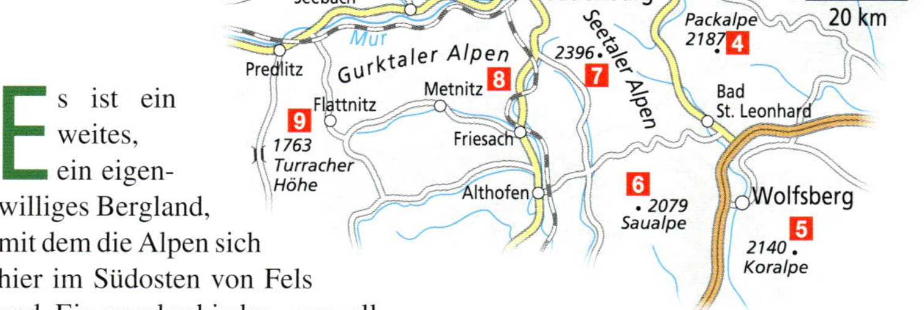

Es ist ein weites, ein eigenwilliges Bergland, mit dem die Alpen sich hier im Südosten von Fels und Eis verabschieden, um allmählich, in immer sanfteren Wellen zum Klagenfurter Becken, zur Untersteiermark hin zu verebben. Die beiden Landeshauptstädte Klagenfurt und Graz sind denn auch die touristischen »Motoren« der Region, deren Gipfelketten zwar durchaus noch beachtliche Höhen erreichen, aber kaum mehr mit wirklich alpiner Attitüde aufwarten. Eine Ausnahme machen da nur die Niederen Tauern mit ihren hohen, langen Graten.

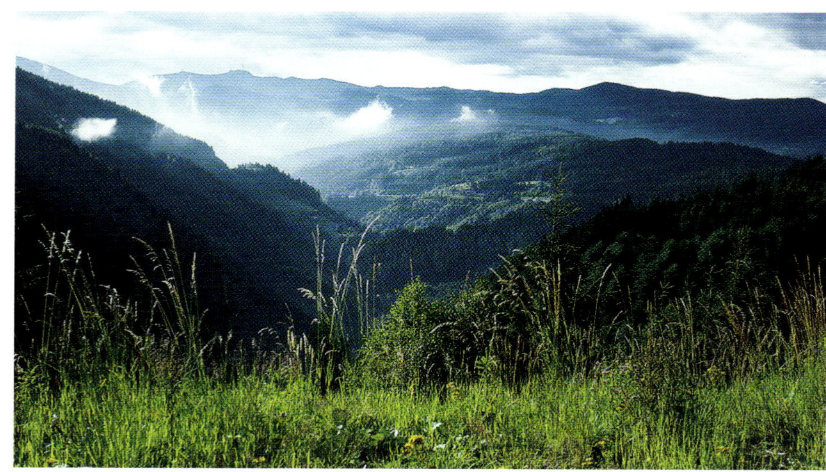

In der Gegend um Rothwein in der Soboth

Wer beim Wandern gerne mehr als nur einen flüchtigen Blick auf Land und Leute, auf Kultur und Geschichte wirft, entdeckt hier am Südostrand der Alpen ein interessantes Erlebnisrevier, das zwar nicht mit »alpinem Spektakel« aufwartet, aber viele kleine Sehenswürdigkeiten anzubieten hat. Und nach der Tour empfiehlt es sich, einen spritzigen Weißen zu probieren, etwa aus der Deutschlandsberger Gegend.

Steckbrief

Fläche: ca. 7000 qkm
Höchster Punkt: Preber (2740 m)
Gebirgsgruppen: Grazer Bergland (Nordwest), Glein-, Pack- und Koralpe, Saualpe, Seetaler Alpen, Gurktaler Alpen, Niedere Tauern (Südost)
Wichtigste Ortschaften: Bruck an der Mur, Leoben, Knittelfeld, Judenburg, Wolfsberg, Murau
Wandervorschläge: 13

Lavanttaler Höhenweg

Durchgehend gut markierte Runde um das – gelegentlich als »Paradies Kärntens« apostrophierte – Lavanttal. Streckenlänge 135 km, Gesamtgehzeit ca. 45 Stunden. Der Weg verläuft im Wesentlichen über die aussichtsreichen Grasrücken der Kor- und der Saualpe; er quert zweimal das Tal. Mehr als ein Dutzend Hütten und Gasthöfe an der Strecke erlauben eine individuelle Aufteilung des Pensums.

Tourenziel/Charakteristik	Ausgangspunkt	Wegverlauf & Gehzeit	Markierung	Einkehr am Weg	
1 Rennfeld, 1629 m Beliebtes Wanderziel östlich über Bruck an der Mur mit Gipfelhütte. Wandern mit der ÖBB: Aufstieg von Bruck, Abstieg in den Gabraungraben	Bruck an der Mur (491 m) Stadt am Zusammenfluss von Mürz und Mur	Bruck – Pischkalm – Rennfeld (4 Std.) – Gabraun – Pernegg (475 m; 6 3/4 Std.)	AV-Mark, 711, 712, 713	Pischkalm, Ottokar-Kernstock-Haus (1619 m)	Südsteirisches Bergland
2 Bärenschützklamm Faszinierende, durch eine kühne Steiganlage zugänglich gemachte Schlucht unter dem Hochlantsch (Mai bis Oktober)	Parkplatz Bärenschütz (492 m), 1,5 km von Mixnitz im Murtal	Parkplatz – Bärenschützklamm – Gh. Zum Guten Hirten (1209 m; 2 1/2 Std.) – »Prügelweg« – Parkplatz (4 1/2 Std.)	Mark. Wege	Gh. Zum Guten Hirten (1209 m)	
3 Hochlantsch, 1720 m Viel besuchter Wander- und Aussichtsberg südöstlich von Bruck an der Mur; mehrere Anstiegsmöglichkeiten	Teichwirt (1172 m), Gh. an der Strecke Breitenauer Tal – Fladnitz	Teichwirt – Hochlantsch (1 3/4 Std.) – Steirischer Jokl (2 1/2 Std.) – Teichwirt (3 3/4 Std.)	AV-Mark. 740, 745	Teichwirt (1172 m), Steirischer Jokl (1398 m), Zum Guten Hirten	
4 Ameringkogel, 2187 m Wenig anstrengende, aber recht weite Kammwanderung zum höchsten Gipfel der Packalpe. Großes Panorama, das von den Steiner Alpen bis zum Dachstein reicht	Hirschegger Sattel (1543 m), Straßenübergang von der Packstraße nach Zeltweg	Hirschegger Sattel – Speikkogel (1993 m) – Ameringkogel (2 1/2 Std.) – Weißensteinhütte (3 1/2 Std.) – Peterer Sattel (1745 m; 5 1/4 Std.) – Hirschegger Sattel (6 1/4 Std.)	AV-Mark. 520, 521, örtliche Bez.	Salzstiegelhaus am Hirschegger Sattel, Weißensteinhütte (1702 m)	
5 Großer Speikkogel, 2140 m Höchste Erhebung der mächtigen Koralpe ist der Große Speikkogel. Wenig anstrengende Tour zur großen Aussicht. Alternativer Ausgangspunkt Hipfelhütte (1627 m), Straße von Wolfsberg, dann zum Gipfel 2 Std.)	Weinebene (1668 m) Straßenübergang von Wolfsberg nach Deutschlandsberg	Weinebene – Großer Speikkogel (3 Std.) – Grillitschhütte – Weinebene (5 1/4 Std.)	AV-Mark. 505, 593	Weinebene, Grillitschhütte (1710 m)	
6 Über die Saualpe Großzügige, aussichtsreiche Kammwanderung über den »Elefantenrücken« der Saualpe; evtl. mit Übernachtung in der Wolfsberger Hütte	Klippitztörl (1644 m), Straßenübergang zwischen dem Görtschitztal und dem Lavanttal	Klippitztörl – Forstalpe (2034 m) – Gertrusk (2044 m) – Ladinger Spitz (2079 m) – Wolfsberger Hütte (4 Std.) – Speikkogel (1901 m) – Diex (1135 m; 7 Std.)	AV-Mark. 308	Wolfsberger Hütte (1827 m); Diex (1135 m)	
7 Zirbitzkogel, 2396 m Auf dem »Oberlavanttaler Höhenweg« zum höchsten Gipfel der Seetaler Alpen; Abstieg östlich nach Obdach. Übernachtung am Gipfel – Sonnenuntergang inklusive! Truppenübungsplatz an der Ostflanke des Zirbitzkogels (Sperrzeiten!)	Klippitztörl (1644 m), Straßenübergang zwischen dem Görtschitz- und dem Lavanttal	Klippitztörl – St. Martiner Hütte (3 Std.) – Zirbitzkogel (6 Std.) – Waldheimhütte – Obdach (877 m; 8 3/4 Std.)	AV-Mark. 308, 320	St. Martiner Hütte (1710 m); Stoanahütte, Zirbitzkogel-Schutzhaus (2376 m); Waldheimhütte (1614 m)	
8 Grebenzen, 1892 m Höchste Erhebung im Osten der Metnitzer Alpen mit bemerkenswerter Rundschau. Bis zum Grebenzen-Schutzhaus Mautstraße	Grebenzen-Schutzhaus (1648 m), Mautstraße ab St. Lambrecht (1028 m), 9,5 km	Grebenzen-Schutzhaus – Grebenzen (1 1/2 Std.) – Grebenzen-Schutzhaus (2 1/2 Std.)	Mark. Wege	Grebenzen-Schutzhaus (1648 m), Dreiwiesenhütte	Gurktaler Alpen
9 Wintertaler Nock, 2404 m Große Wanderrunde im Nordosten der Nockberge. Ausdauer und Trittsicherheit auf teilweise ausgesetzten Gratsteigen wichtig	Bergstation des Hirnkopf-Sessellifts (1840 m), Talstation Flattnitz (1400 m)	Liftstation – Kalteben (2140 m) – Lattersteighöhe (2264 m; 2 1/2 Std.) – Wintertaler Nock (4 Std.) – Steringer Alm – Flattnitz (6 3/4 Std.)	AV-Mark. 157, 156, 129	Hirnkopf	
10 Maria Schnee, 1822 m Höchstgelegene Wallfahrtskirche der Steiermark, beliebtes Ausflugsziel mit Aussicht	Kühberger (1080 m), Anfahrt von Seckau im Murtal 4,5 km. Parkplatz	Kühberger – Kühberger Alm – Maria Schnee (2 1/2 Std.); Abstieg auf dem gleichen Weg (gesamt 4 1/4 Std.)	Gut mark. Wege		Niedere Tauern
11 Hohenwart, 2363 m Markanter Gipfel in den Wölzer Tauern; lohnende Überschreitung, Trittsicherheit erforderlich	Schöttl-Jagdhaus (1456 m), Zufahrt von Oberwölz (830 m) 14 km	Schöttl-Jagdhaus – Pölseckjoch (2011 m; 1 3/4 Std.) – Hohenwart (3 Std.) – Glattjoch (1988 m) – Schöttl-Jagdhaus (5 1/4 Std.)	Mark. Wege		
12 Schoberspitze, 2423 m Das Tourengebiet der Neunkirchner Hütte umfasst mehrere lohnende Gipfel, z. B. Talkenschrein (2325 m), Melleck (2365 m) und Hochstubofen (2385 m).	Neunkirchner Hütte (1525 m), schmale Zufahrt von Oberwölz bzw. St. Peter am Kammersberg durch den Eselsberggraben	Neunkirchner Hütte – Schoberspitze (2 1/2 Std.); Abstieg auf dem gleichen Weg (gesamt 4 Std.)	AV-Mark. 926	Neunkirchner Hütte (1525 m)	
13 Eisenhut, 2456 m Nicht zu verwechseln mit dem gleichnamigen Gipfel in den Nockbergen! Einsame Tour, nur für ausdauernde Berggänger. Trittsicherheit erforderlich, nicht bei Nässe gehen!	Südrampe der Sölker Passstraße, gut 500 m südlich der Kreutzerhütte (1378 m)	Sölker Passstraße – Unterer Zwieflersee (1809 m; 1 1/2 Std.) – Eisenhut (3 1/2 Std.); Abstieg auf dem gleichen Weg (gesamt 6 Std.)	Mark. Weg	Kreutzerhütte (1378 m)	

Lungau, Nockberge und Maltatal

Schroffe Tauerngipfel und runde »Nocken«

Dass auf dem Großen Königstuhl (2336 m) die Landesgrenzen von Salzburg, der Steiermark und Kärnten zusammenlaufen, hat historische Wurzeln. Dass in der Umgebung des Katschbergs auch drei sehr unterschiedliche alpine Landschaften aneinanderstoßen, macht das Wandern und Bergsteigen hier besonders reizvoll. Am besten, man steigt gleich auf den Königstuhl, da bietet sich nämlich ein Panoramablick über das ganze weite Tourenrevier.

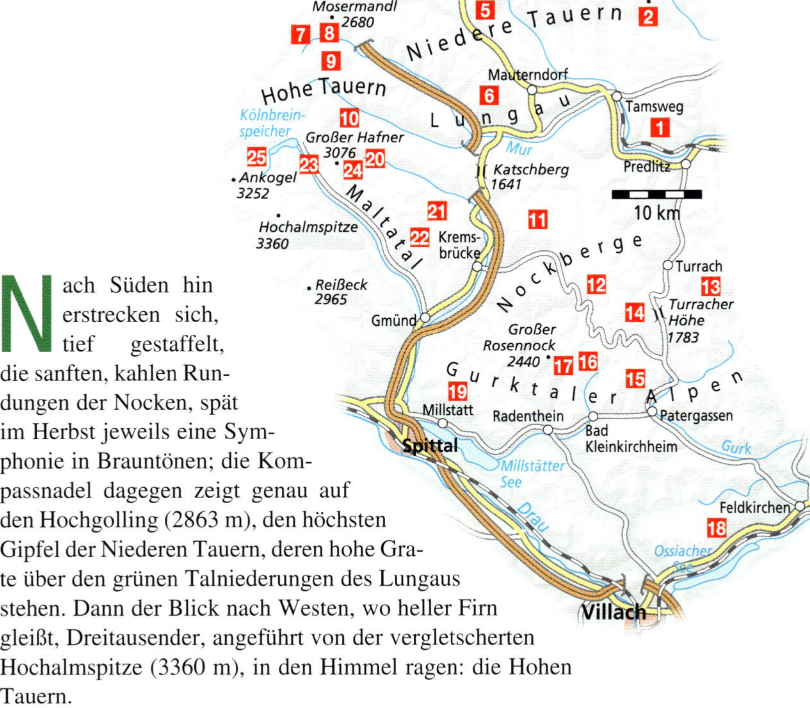

Nach Süden hin erstrecken sich, tief gestaffelt, die sanften, kahlen Rundungen der Nocken, spät im Herbst jeweils eine Symphonie in Brauntönen; die Kompassnadel dagegen zeigt genau auf den Hochgolling (2863 m), den höchsten Gipfel der Niederen Tauern, deren hohe Grate über den grünen Talniederungen des Lungaus stehen. Dann der Blick nach Westen, wo heller Firn gleißt, Dreitausender, angeführt von der vergletscherten Hochalmspitze (3360 m), in den Himmel ragen: die Hohen Tauern.

Heile Bergwelt rundum? Nicht ganz, das Nockalmgebiet ist heute zwar Nationalpark, aber mit einer Touristenstraße quer durch, drunten im Liesertal rauscht (oder stockt) der Verkehr über die Tauernautobahn, und dem unbestritten schönsten Flecken weitum, dem Maltatal, haben Kraftwerksbauer einen riesigen See (samt maroder Staumauer) verpasst. So sind aus den »stürzenden Wassern« klägliche Rinnsale geworden, der romantische Zauber hat ziemlich gelitten.

Nach Süden hin bekommt diese an Kontrasten so reiche Landschaft zunehmend liebliche Züge, und dazu tragen zwei der großen Unterkärntner Seen bei: der Millstätter See (588 m) und der Ossiacher See (501 m), im Sommer beliebte Badeseen. Da mag man kaum glauben, dass beide Gewässer in normalen Wintern jeweils zufrieren, der Ossiacher See im Mittel an mehr als einem Monat eine geschlossene Eisdecke aufweist.

Steckbrief

Fläche: ca. 3000 qkm
Höchster Punkt: Hochalmspitze (3360 m)
Gebirgsgruppen: Niedere Tauern (Südwest), Hohe Tauern (Ost), Gurktaler Alpen (West)
Wichtigste Ortschaften: Mauterndorf, Gmünd, Spittal an der Drau, Bad Kleinkirchheim, Villach
Wandervorschläge: 25

Biosphärenpark Nockberge

Seit 1987 stehen 185 Quadratkilometer der Nockberglandschaft als »Nationalpark« unter Schutz. Geplant war ursprünglich allerdings ganz anderes: Dem Bau der Nockalmstraße sollte die Erschließung dieser Berge für den Skisport folgen. Erst nach massiven Protesten von Naturschützern wurde das Projekt ad acta gelegt – und die seit Jahrhunderten bis in Gipfelregionen landwirtschaftlich genutzte Berglandschaft kurzerhand zum »Nationalpark« erklärt. Das Schutzgebiet erhielt das IUCN-Label allerdings nicht und wurde deshalb 2012 zum Biospährenpark umbenannt. Entlang der Nockalmstraße sind mehrere Infostellen eingerichtet worden, an denen man Interessantes über Natur, Geschichte und Kultur erfährt. Und wer sich auf den Bergen einen veritablen Muskelkater zugezogen hat, kann ihn im uralten Karlbad kurieren: ein Bad in der Holzwanne, wobei das Wasser durch heiße Steine erwärmt und mit gesunden Mineralien versetzt wird.

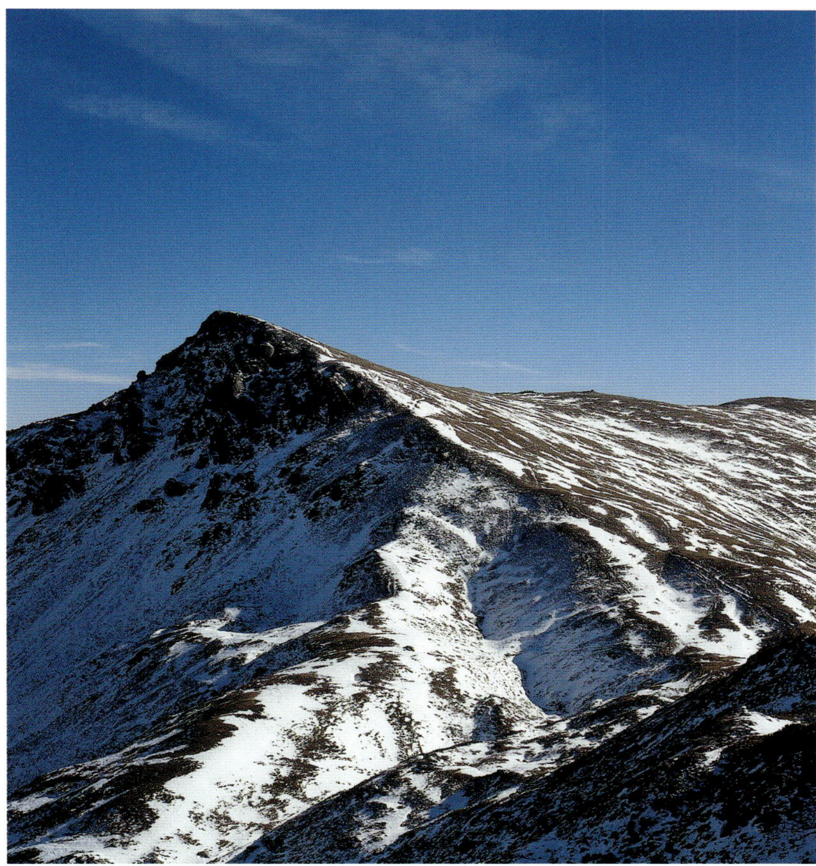

Ein beliebter Wanderberg: der Große Königstuhl in den Nockbergen

Vom Turracher See östlich über einen licht bewaldeten Hang aufwärts, dann am breiten Rücken entlang südlich zum ersten »Nocken«, dem Schoberriegel (2208 m). Nun in aussichtsreicher Kammwanderung mit nur wenig Steigungen über die Gruft, wo der Weg nach Osten umbiegt, und die Kaserhöhe (2218 m) zur Hoazhöhe (2319 m). Dahinter »verliert« man gut 100 Höhenmeter, die anschließend zurückgewonnen werden müssen. Von der Bretthöhe (2320 m) ist dann der Weiterweg gut einzusehen: hinüber zur Lattersteighöhe (2264 m), dann auf gutem Weg um den Spielriegel (2176 m) herum und leicht abwärts in den Rapitzsattel. Unmittelbar nördlich über der Senke baut sich der Wintertaler Nock auf: eine Stunde bis zum Gipfel und nochmals so weit hinüber zum Eisenhut, dem höchsten Punkt der »Nockenwelt«.

Der Rückweg führt nicht am Kamm, sondern eine Etage tiefer vom Rapitzsattel zurück zum Turracher See, teilweise schattig, dabei mehrere Gräben querend und mit einer recht anhänglichen Gegensteigung am Engeleriegel.

Lungauer Paradegipfel

2 Preber, 2740 m

Der Hochgolling (2863 m) übertrifft ihn zwar an Höhe, dafür wirkt der Preber durch schiere Masse. Seine Flanken sind nur mäßig steil, was ihn zum beliebten Skitourenziel gemacht hat, mit fast endlosen Abfahrten. Sein Gipfel – etwas südlich vom Hauptkamm der Schladminger Tauern stehend – vermittelt ein großes, an Kontrasten reiches Panorama mit umfassender Talschau. Und beim Abstieg wird man natürlich in der Grazer Hütte einkehren, die an einem besonders schönen Platz am lang gestreckten Südostgrat des Preber steht. Mit der tief stehenden Sonne im Rücken und der Aussicht aufs Murtal vor sich lässt es sich gemütlich sitzen.

Der Aufstieg beginnt schattig, führt vom Prebersee im Wald bergan, erst auf einer Forstpiste, dann auf schmalem Pfad. Bei der alten Preberhalterhütte (1862 m) nimmt man den linken Weg, der über den Roßboden in den Preberkessel führt, einen recht weltabgeschiedenen Winkel, über dem sich das felsige Roteck (2742 m) aufbaut. Droben am Mühlbachtörl (2478 m) muss man sich dann entscheiden: links über den felsigen Grat, mehrfach in die abschüssigen Flanken ausweichend, zum Roteck, rechts vergleichsweise gemütlich über den breiten Rücken zum großen Kreuz am Preber.

Der Abstieg verläuft über den Südostkamm (der die Grenze zwischen Salzburg und der Steiermark bildet) mit viel Aussicht hinunter zur Grazer Hütte. Hier rechts und auf dem alten Weg hinunter zur Talstraße und auf ihr zurück zum Prebersee. Und da ist an heißen Sommertagen dann die Versuchung recht groß, gleich in seinem Wasser etwas Abkühlung zu suchen.

Nocken: nicht nur zum Essen

13 Wintertaler Nock, 2404 m

Gipfel gleich im halben Dutzend! Das ist auf den abgerundeten »Nocken« leicht möglich, etwa östlich der Turracher Höhe, an dem langen Rücken, der sich von der Gruft (2232 m) über die Bretthöhe (2320 m) hinaus erstreckt. Und wer am Rapitzsattel nach sechs Gipfel(chen) noch nicht genug hat, nimmt sich den Wintertaler Nock vor, dazu vielleicht den Eisenhut, mit seinen 2441 Metern immerhin der höchste Gipfel im gesamten Nockgebiet.

Von einem Elend ins andere

25 Zwischenelendscharte, 2675 m

Über das Maltatal einst und jetzt ist schon genug geschrieben worden, da möge sich jeder auf der Fahrt hinauf zum Kölnbrein-Stausee sein Bild machen: Touristenattraktion, zerstörte Landschaft, Preis für eine mobile Wohlstandsgesellschaft? Dass die Kraftwerksbauer ihrer (zunächst ziemlich löchrigen) Betonmauer auch gleich noch einen an die Agnelli-Hochhäuser in Sestriere erinnernden Rundturm (heute Hotel-Restaurant) zur Seite stellten, ist bestenfalls eine ziemliche Geschmacksverirrung.

In zwei Stunden wandert man auf der Schotterpiste am Stausee entlang hinein ins Großelendtal. Hinter der Osnabrücker Hütte rechts am Fallbach entlang aufwärts und über eine Felsstufe (Wasserfall) zu einer Verzweigung. Hier erneut rechts und schräg über den Hang zu den beiden Schwarzhornseen. Über dem Großelend zeigt sich die Hochalmspitze (3360 m), an der Zwischenelendscharte (2675 m) öffnet sich dann der Blick auf den Ankogel (3252 m) und das zerschrundene Kleinelendkees. Nun nördlich im Vorgelände des Gletschers abwärts ins Steinkar und durch das Kleinelendtal hinaus zum Kölnbreinspeicher.

	Tourenziel/Charakteristik	Ausgangspunkt	Wegverlauf & Gehzeit	Markierung	Einkehr am Weg
Lungau	**1 Lasaberg, 1935 m** Aufgrund seiner isolierten Lage bietet der abgeflachte, weit hinauf bewaldelte Rücken eine umfassende Schau über den Lungau.	Tamsweg (1021 m,) stattlicher Flecken im Lungau	Tamsweg – Langer (1359 m; Zufahrt) – Lasaberg (3 1/4 Std.) – Predlitz (971 m; 5 1/2 Std.,)	Aufstieg AV-Mark. 795, Abstieg rot bez.	
	2 Preber, 2740 m Einer der meistbesuchten Gipfel der Niederen Tauern mit großem Panorama, vom Dachstein bis zu den Julischen Alpen	Prebersee (1514 m), Anfahrt von Tamsweg (1021 m,) 8 km bzw. Krakau, Lungauer Tälerbus	Prebersee – Preberhalterhütte (1862 m; 1 Std.) – Mühlbachtörl (2478 m; 2 3/4 Std.) – Preber (3 1/2 Std.) – Grazer Hütte (5 1/4 Std.) – Prebersee (6 1/2 Std.)	AV-Mark. 788, 787	Wh. Ludl am Prebersee, Grazer Hütte (1896 m)
	3 Landschitzseen, 2065 m Hübsch in einem von hohen Graten umschlossenen Karwinkel gelegene Bergseen	Lenzenalm (1253 m) im Lessachtal, Zufahrt von Tamsweg (1021 m,), 13 km. Lungauer Tälerbus	Lenzenalm (1253 m) – Unterer Landschitzsee (1778 m; 1 1/2 Std.) – Oberer Landschitzsee (2 1/2 Std.); Abstieg auf dem gleichen Weg (gesamt 4 Std.)	AV-Mark. 784	Lenzenalm (1253 m)
	4 Hochgolling, 2862 m Höchster Gipfel der Niederen Tauern, entsprechend oft bestiegen. Normalweg von der Gollingscharte mit zwei Varianten (markiert): viel Geröll, leichte Felsen (I bzw. I-II), einige Sicherungen	Vordere Göriachalm (1422 m) im Göriachtal, Zufahrt von Tamsweg via Göriach (1149 m), 15 km. Lungauer Tälerbus	Vordere Göriachalm – Gollingscharte (2326 m; 3 Std.) – Hochgolling (4 3/4 Std.); Abstieg auf dem gleichen Weg (gesamt 8 Std.)	AV-Mark. 775, 702	Landawirseehütte (1985 m), 1 Std. von der Gollingscharte
	5 Gurpitscheck, 2526 m Großzügige Überschreitung für Dauerläufer weitab ausgetretener Pfade. Alternativer Abstieg über die Karnerhütte (1764 m) nach Hinterweißpriach (2 3/4 Std.) möglich	Ulnhütte (1323 m) im Weißpriachtal, Zufahrt von Mariapfarr (1119 m,) über Weißpriach, 16 km. Lungauer Tälerbus	Untere Ulnhütte (1323 m) – Wirpitschsee (1699 m) – Lacken (1893 m) – Schönalmsee – Gurpitschek (3 ½ Std.) – Kleiner Gurpitscheck (2378 m) – Fanningberg (2004 m; 6 ½ Std., Lift nur Do in Betrieb) – Weißpriach (1099 m; 8 ¼ Std.)	Aufstieg bez., Abstieg AV-Nr. 760	
	6 Speiereck, 2411 m Hausberg von Mauterndorf mit Liften und schöner Aussicht auf den Lungau	Bergstation des Großeck-Sessellifts (1960 m), Talstation Mauterndorf,	Großeck – Speiereck (1 1/4 Std.) – Trogalm (1808 m) – Mauterndorf (4 Std.)	AV-Mark. 745, örtliche Bez.	Speiereckhütte am Großeck, Peterbauer
	7 Franz-Fischer-Hütte, 2020 m Hüttenrunde im innersten Zederhaustal, lässt sich gut mit einer Besteigung des Mosermandl verbinden	Schlierer Alm (1495 m,), Anfahrt von St. Michael (1075 m) über Zederhaus, 25 km	Schlierer Alm – Jakober Alm (1846 m; 1 1/4 Std.) – Franz-Fischer-Hütte (2 3/4 Std.) – Untere Eßlalm (3 3/4 Std.) – Schlierer Alm (4 3/4 Std.)	AV-Mark. 743, 702, 711, 742	Schlierer Alm (1495 m); Jakober Alm, Franz-Fischer-Hütte (2020 m)
	8 Mosermandl, 2680 m Zentralgipfel der Radstädter Tauern mit großem Panorama. Markierte, auf kürzeren Abschnitten gesicherte Anstiege über den Südgrat und von der Windischscharte	Untere Eßlalm (1540 m), Zufahrt von Zederhaus über die Schlierer Alm (1495 m,)	Untere Eßlalm – Franz-Fischer-Hütte (1 1/2 Std.) – Windischscharte (2306 m; 2 1/4 Std.) – Mosermandl (4 Std.) – Südgrat – Franz-Fischer-Hütte (6 Std.) – Untere Eßlalm (7 Std.)	AV-Mark. 711, 733, 702	Franz-Fischer-Hütte (2020 m)
	9 Weißeck, 2711 m Höchste Erhebung der Radstädter Tauern, beherrscht den lang gestreckten Bergkamm zwischen Zederhaus und oberstem Murtal	Königalm (1667 m) im hintersten Riedingtal, Zufahrt von Zederhaus (1205 m) über die Schlierer Alm (1495 m,)	Königalm – Riedingscharte (2275 m; 1 1/2 Std.) – Weißeck (3 1/4 Std.); Abstieg auf dem gleichen Weg (gesamt 5 1/2 Std.)	AV-Mark. 711, 740	Königalm (1667 m)
	10 Rotgüldenseen, 1710 m und 1996 m Abwechslungsreiche, nur mäßig anstrengende Runde über dem obersten Murtal. Für den Übergang zur Muritzenalm Trittsicherheit erforderlich (gesicherte Passagen)	Rotgülden (1368 m,) Zufahrt von Muhr (1124 m), 7,5 km	Rotgülden – Rotgüldenseen (2 Std.) – Rotgüldenseehütte (2 3/4 Std.) – Schrovinschartl (2039 m) – Muritzenalm (1591 m) – Rotgülden (6 Std.)	AV-Mark. 541, 540, 740	Rotgüldenseehütte (1739 m)
Nockberge	**11 Gaipahöhe, 2192 m – Anderlseen** Großzügige Höhen- und Kammwanderung; Rückweg bzw. Abstieg nach Innerkrems oder Kremsbrücke möglich	Dr.-Josef-Mehrl-Hütte (1730 m,) an der Strecke von Innerkrems in den Lungau	Mehrlhütte – Zechner Höhe (2188 m) – Gaipahöhe (2 1/2 Std.) – Anderlseen (2075 m; 3 Std.) – Innerkrems (1480 m; 5 Std.)/Kremsbrücke (952 m; 6 1/2 Std.)	Mark. Wege; Abstieg Innerkrems AV-Nr. 113	Dr.-Josef-Mehrl-Hütte (1730 m)
	12 Großer Königstuhl, 2336 m Leicht erreichbarer Aussichtsgipfel, auf dem die Grenzen Salzburgs, Kärntens und der Steiermark zusammenlaufen	Eisentalalm (2042 m), nördlicher Kulminationspunkt der 34 km langen Nockalm-Höhenstraße	Eisentalalm – Friesenhals – Königstuhl (1 1/2 Std.); Abstieg auf dem gleichen Weg (gesamt 2 1/2 Std.)	Mark. Wege	
	13 Wintertaler Nock, 2404 m Große Nockwanderung mit hoch gelegenem Ausgangspunkt. Etwas für Gipfelsammler! Und Konditionsbolzen hängen auch gleich noch den Eisenhut (2441 m) an (1 Std., Mark. 129).	Turracher Höhe (1795 m,), Straßenübergang vom Murtal nach Kärnten. Hotelsiedlung, Wintersportplatz	Turracher Höhe – Gruft (2232 m; 1 1/4 Std.) – Kaserhöhe (2318 m) – Bretthöhe (2320 m) – Rapitzsattel (2088 m; 4 Std.) – Wintertaler Nock (5 Std.) – Grillendorfer Alm (1976 m) – Turracher Höhe (8 Std.)	AV-Mark. 153, 156, 151	Turracher Höhe

Tourenziel/Charakteristik	Ausgangspunkt	Wegverlauf & Gehzeit	Markierung	Einkehr am Weg	
14 Rinsennock, 2334 m Abwechslungsreiche Überschreitung, bei Benützung des Kornocklifts (2193 m) als leichte Halbtagstour möglich	Turracher Höhe (1795 m), Straßenübergang vom Murtal nach Kärnten. Hotelsiedlung, Wintersportplatz	Turracher Höhe – Rinsennock (1 3/4 Std.) – Sattel (1969 m; 2 1/2 Std.) – Schafalm (1842 m) – Steinturrach – Turracher Höhe (4 1/4 Std.)	AV-Mark. 149, 126		
15 Moschelitzen, 2310 m Wanderrunde über dem Falkertsee; verschiedene, auch kürzere Varianten möglich	Falkertsee (1870 m), Zufahrt von Patergassen an der Strecke Falkertsee – Bad Kleinkirchheim – Turrach, 8 km	Falkertsee – Moschelitzen (Rödresnock, 1 1/4 Std.) – Falkert (2308 m; (2 Std.) – Falkertsee (3 Std.)	Mark. Wege	Mehrere Gh. am Falkertsee	
16 Klomnock, 2331 m Ausgedehnte Kamm- und Gipfelrunde über dem Talkessel von St. Oswald. Mehrere Zwischenabstiege möglich	Bergstation der Brunnachalmbahn (1902 m), Talstation St. Oswald (1356 m,) 6 km ab Bad Kleinkirchheim	Liftstation – Mallnock (2226 m; 1 1/4 Std.) – Klomnock (2 Std.) – Falkert (2308 m; 3 3/4 Std.) – Totelitzen (1990 m; 5 Std.) – St. Oswald (6 1/2 Std.,)	Mark. Wege	Rest. Nock In	
17 Großer Rosennock, 2440 m Wuchtiger Bergstock mit felsig-zerfurchten Nord- und Ostabstürzen. Nach dem Eisenhut (2441 m) zweithöchster »Nock«	Erlacher Haus (1636 m), Zufahrt von Radenthein (746 m,) über Kaning, 12 km	Erlacher Haus – Großer Rosennock (2 1/4 Std.) – Naßbodensee (2029 m; 3 Std.) – Predigtstuhl (2180 m) – Erlacher Haus (5 Std.)	AV-Mark. 170, örtliche Bez. 13	Erlacher Haus (1636 m)	Nockberge
18 Gerlitzen, 1910 m Beliebtes Ausflugsziel mit schöner Seen- und Gipfelschau, durch Straßen und Lifte für den Naturfreund allerdings ziemlich entwertet	Bergstation der Kanzelbahn (1466 m), Talstation Annenheim (520 m,) am Ossiacher See	Kanzelhöhe – Gerlitzen (1910 m; 1 1/2 Std., evtl. Sessellift) – Ossiachberg – Manessen (1011 m; 4 1/2 Std.) – Steindorf (517 m; 5 1/2 Std.,)	Mark. Wege	Mehrere Gh. an der Gerlitzen, Manessen	
19 Über die Millstätter Alpe, 2108 m Zwei-Tage-Wanderung über den lang gestreckten Höhenrücken, Übernachtung in der Millstätter Hütte. Viele Varianten und Teilbegehungen möglich	Radenthein (746 m,) stattlicher Ort östlich des Millstätter Sees	Radenthein – Rosenkofel (1878 m; 3 1/2 Std.) – Millstätter Alpe (2091 m; 5 Std.) – Millstätter Hütte (6 Std.) – Tschiernock (2088 m; 7 1/2 Std.) – Gmünd (741 m; 10 1/2 Std.,)	AV-Mark. 153, 191, 197	Millstätter Hütte (1876 m)	
20 Lanischseen, 2260 m Beliebte Tal- und Seewanderung in den von Hafner (3076 m) und Großem Sonnblick (3030 m) überragten Karwinkel	Hintere Pölla (1370 m), Zufahrt von Rennweg (1141 m,) 7 km. Im Sommer gesperrt; es verkehrt die originelle »Tschu-Tschu-Bahn«.	Hintere Pölla – Ochsenhütte (1 3/4 Std.) – Lanischseen (3 1/4 Std.); Abstieg auf dem gleichen Weg (gesamt 5 1/2 Std.)	Örtliche Mark. 16	Kochhütte (1370 m), Ochsenhütte (1948 m)	
21 Stubeck, 2370 m Wandergipfel über dem oberen Liesertal, schöne Flora	Rennweg-St.Peter (1221 m) am Südfuß des Katschbergs (1641 m); Anschluss Tauernautobahn	St.-Peter – Wolfsbachtal – Torscharte (2106 m; 3 Std.) – Stubeck (3 1/2 Std.) – Karscharte (2104 m; 3 3/4 Std.) – Wolfsbachtal (6 Std.) – St. Peter	Örtliche Mark.		
22 Reitereck, 2790 m Toller Aussichtspunkt zwischen Malta- und Liesertal; beim Abstieg Schleife über Wandspitze (2623 m) und Poisnig möglich (zusätzlich 1 Std.)	Kramerhütte (1604 m), Zufahrt von Malta (843 m) über Maltaberg	Kramerhütte – Faschaun – Maltinger Alpl – Ochsenhütte (2195 m; 1 3/4 Std.) – Ostgrat – Reitereck (3 3/4 Std.); Abstieg auf dem gleichen Weg (gesamt 6 Std.)	Mark. Wege	Kramerhütte, Leonhardhütte	
23 Maltatal-Runde; Kattowitzer Hütte, 2321 m Wanderung der Kontraste: Kraftwerksanlagen, Straßen, malerische Talwinkel und eine große Alpenkulisse. Die meisten der berühmten Wasserfälle sind trockengelegt …	Gmünder Hütte (1186 m) an der Malta-Hochalm-Straße, 15 km ab Malta (741 m,)	Gmünder Hütte – Maltatalweg – Kölnbreinspeicher (3 1/2 Std.) – »Salzgittersteig« – Kattowitzer Hütte (6 Std.) – Gmündner Hütte (8 1/2 Std.)	AV-Mark. 537, 545, 547	Gmündner Hütte (1186 m), Bergrestaurant-Hotel Malta (1931 m), Kattowitzer Hütte (2321 m)	Maltatal
24 Hafner, 3076 m Hauptgipfel der gleichnamigen Tauerngruppe, markante Berggestalt, für erfahrene Bergsteiger ein lohnendes Ziel. Markierter Normalweg mit leichten Kletterpassagen, viel Geröll	Endpunkt der mautpflichtigen Malta-Hochalm-Straße an der Kölnbreinsperre (1903 m), von Malta (741 m,) 25 km	Kölnbreinsperre – »Salzgittersteig« – Kattowitzer Hütte (2 1/2 Std.) – Hafner (5 1/4 Std.); Abstieg auf dem gleichen Weg (gesamt 8 1/2 Std.)	AV-Mark. 545, 548	Restaurant-Hotel Malta (1931 m), Kattowitzer Hütte (2321 m)	
25 Zwischenelendscharte, 2676 m Große Tour in hochalpiner Kulisse; am Aufstieg zur Zwischenelendscharte (vom Groß- ins Kleinelend) die beiden Schwarzhornseen, beim Abstieg herrlicher Blick auf das Kleinelendkees	Endpunkt der mautpflichtigen Malta-Hochalm-Straße an der Kölnbreinsperre (1903 m), von Malta (741 m,) 25 km	Kölnbreinsperre – Osnabrücker Hütte (2 Std.) – Zwischenelendscharte (4 Std.) – Kleinelend – Kölnbreinsperre (7 Std.)	AV-Mark. 502, 538	Bergrestaurant-Hotel Malta (1931 m); Osnabrücker Hütte (2026 m)	

Kreuzeckgruppe und Gailtaler Alpen

Zwischen Möll-, Drau- und Gailtal

Auf der Landkarte bildet die von Drau, Möll und Gail begrenzte Bergregion ein ziemlich gleichmäßiges Dreieck: Seine Spitze wird durch Obervellach markiert, im Osten liegt die Stadt Villach mit ihrem Thermalbad, im Westen endet es hinter dem Doppelort Kötschach-Mauthen an den bizarren Kalkfelsen der Lienzer Dolomiten.

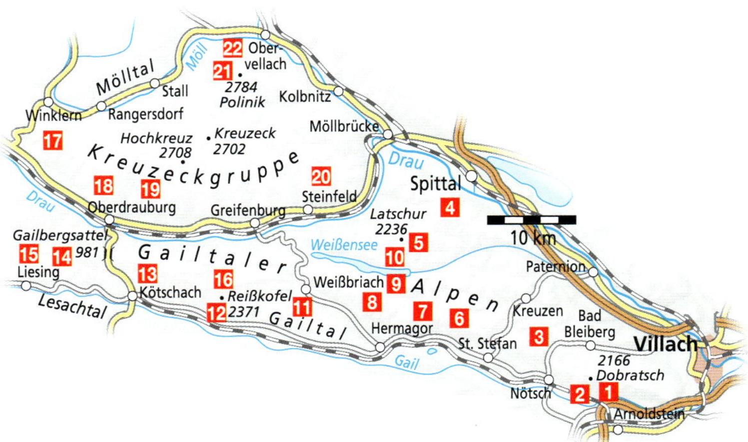

Höchste Erhebung ist der (Mölltaler) Polinik (2784 m) in der isoliert über Möll und Drau aufragenden Kreuzeckgruppe; weiter südlich, in den Gailtaler Alpen, lädt der lang gestreckte, von Wald umschlossene Weißensee (930 m) zum sommerlichen Bad (August 18,6 °C). In seiner weiteren Umgebung, zwischen Spittal an der Drau und Hermagor, findet der Wanderer auch das dichteste Wegnetz; beliebte Ziele sind die Höhen um Goldeck, Latschur (2236 m) und Spitzegel. Die berühmte Bergesruh' gibt es dafür in den Gräben und auf den Höhen der Kreuzeckgruppe. Hier sind auch großzügige, mehrtägige Überschreitungen weitab der ausgetretenen Pfade möglich. Hausberg von Villach ist die durch eine Straße erschlossene Villacher Alpe (Dobratsch, 2166 m), an deren Südflanke beim Erdbeben von 1348 ein gewaltiger Felssturz abging; als schönster Gipfel der Region gilt der Reißkofel (2371 m), von Kötschach-Mauthen aus gesehen eine elegante Felspyramide. Seine Besteigung verlangt allerdings auf allen Wegen mindestens einen sicheren Tritt; vom Gipfel genießt man eine prächtige Schau weit über die Gailtaler Alpen hinaus auf große Teile Kärntens. Besonders schön der Blick ins Gailtal und zum Hauptkamm der Karnischen Alpen.

Typisch für die westlichen Gailtaler Alpen ist ihr Blumenreichtum; vor allem auf den Höhen beiderseits des Gailbergsattels blüht es im Sommer so üppig wie artenreich. Im Bereich des Hauptkamms lassen sich interessante Höhenwanderungen durchführen; als Unterkünfte stehen zwischen dem Gailbergsattel und dem Weißensee allerdings bloß das Reißkofelbiwak und die Compton-Hütte zur Verfügung. Der Name des Schutzhauses erinnert an den berühmten Alpenmaler Edward Theodore Compton (1849–1921); er war u. a. Seilgefährte von Karl Blodig, Ludwig Purtscheller und Emil Zsigmondy.

Steckbrief

Fläche: 2200 qkm
Höchster Punkt: Polinik (2784 m)
Gebirgsgruppen: Gailtaler Alpen, Lienzer Dolomiten (Ost), Kreuzeckgruppe
Wichtigste Ortschaften: Villach, Spittal, Hermagor, Kötschach-Mauthen, Oberdrauburg, Obervellach
Wandervorschläge: 22

Das Kreuzeck-Trekking

Auf hohen Routen quer durch die einsame, seenreiche Gebirgsgruppe – etwas für Naturfreunde mit guter Kondition.
Tourenvorschlag: Ausgangspunkt Kolbnitz (614 m, Bus) im Drautal, Auffahrt mit dem Kreuzeck-Schrägaufzug zum Speicher Roßwiese (1196 m, zu Fuß 1 ½ Std.).
1. Tag: Roßwiese – Salzkofelhütte (1987 m; 3 ½ Std.)
2. Tag: Salzkofelhütte – »Heinrich-Hecht-Weg« – Feldner Hütte (2182 m; 7 Std.)
3. Tag: Feldner Hütte – Hochkreuz (2708 m) – Hugo-Gerbers-Hütte (2355 m; 6 Std.)
4. Tag: Hugo-Gerbers-Hütte – Dannkopf (2439 m) – Anna-Schutzhaus (1991 m; 5 ¾ Std.) **5. Tag:** Abstieg nach Dölsach (720 m; 2 ½ Std., Bus)

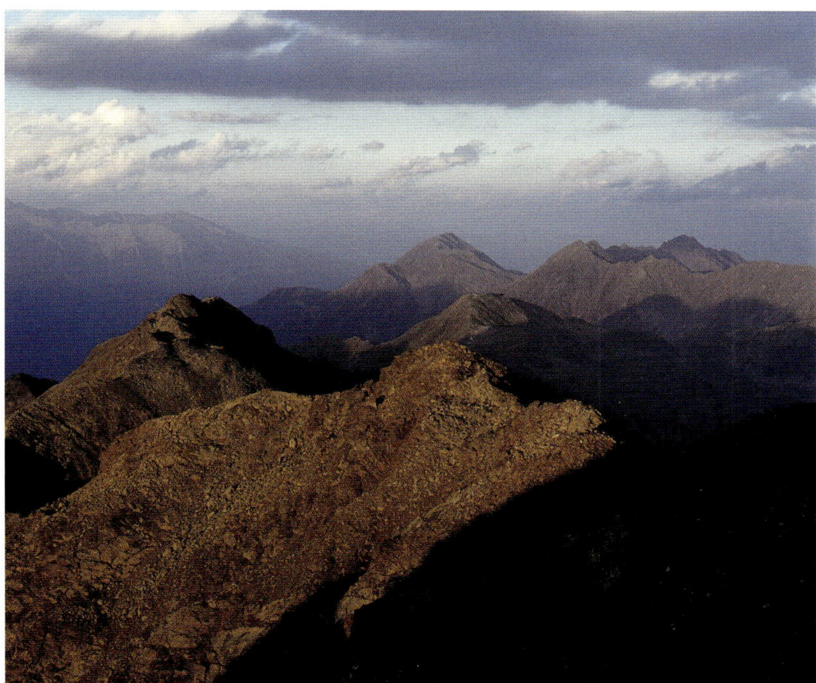

Hohe, einsame Grate: in der Kreuzeckgruppe

Der schönste Gailtaler

12 Reißkofel, 2371 m

Manche Gipfel ziehen Bergsteiger an wie Licht die Motten, und wer mit seinem Rucksack und etwas Abenteuerlust im Gailtal unterwegs ist, wird den Sirenengesängen des Reißkofels nur schwer widerstehen können: Als elegantes Felsdreieck ragt er hoch in den Kärntner Himmel, die alpine Kulisse locker dominierend. Dass man nicht so leicht zum Gipfelkreuz kommt, macht der Kofel allerdings auch gleich deutlich; steil ist er, Fels rundum, nur da und dort ein grüner Fleck. Diesen jähen Flanken verdankt er auch seinen Namen (Schutt-Reiße), nicht jener Stadt Raisa, von der die Sage zu berichten weiß.

Die Gipfeltour beginnt steil, aber zunächst wenigstens schattig: auf schmaler Spur vom Wurzen (1492 m) hinauf zum Alplspitz (1959 m). Hinter der Kuppe zweigt links der markierte und an einigen kurzen Passagen gesicherte Direktanstieg zum Reißkofel ab: Schrofen- und Felsgelände, reichlich Geröll, leichte Kletterstellen (nur für sichere Bergsteiger!). Wanderer halten sich rechts und folgen dem Pfad, der diagonal durch die Südflanke ansteigt, mehrere Gräben kreuzt; beim Törl mündet er in den nordseitigen Reißkofelweg. Nun links durch eine plattige Rinne auf den langen Ostgrat und in einigem Auf und Ab luftig (eine heikle Stelle) zum Gipfelkreuz.

Zwei Tage Bergeinsamkeit

21 Polinik, 2784 m

Es gibt Berge, die sind einfach riesig. Zu groß, zu entlegen fürs Massenpublikum. Der Mölltaler Polinik ist so ein Berg, ein ganzes Gebirge mit wilden Gräben, langen, hohen Graten, versteckten Karmulden. Um zwei Kilometer überragt der Gipfel das Tal der Möll, das sind schon sieben Wanderstunden, zuletzt garniert mit ein paar ausgesetzten Passagen und leichten Felsen. Der Abstieg führt ins Raggatal und zieht sich dann noch ganz schön. Gut, dass wir in der kleinen, gemütlichen Polinikhütte übernachtet haben!

In Obervellach (685 m) über die Möll und rechts auf dem breiten Alleeweg in den Wald. Der Schotterpiste folgend bergan bis zu zwei Serpentinen, dann rechts ab und wenig oberhalb des Rauchkopf-Wasserfalls über den Bach. Nun in vielen kurzen Kehren im Wald aufwärts, vorbei an einer Jagdhütte und weiter im steilen Zickzack zur Polinikhütte (1873 m). Dahinter hoch über dem Wunzengraben taleinwärts zur Steinbühelhütte (2126 m), unter den Mörningköpfen hindurch (Sicherungen) zu einer felsumstandenen Karmulde. Rechts zum Grat und über ihn in leichter Kraxelei zum höchsten Punkt.

Der Abstieg in die Ragga führt zunächst über Geröll südlich zur Teuchlscharte (2468 m). Nun rechts abwärts zur Raggaalm. Das Berghaus erinnert hier an den einst blühenden Bergbau in der Region. Weiter talauswärts und auf der Forststraße durch die Mündungsklamm hinab nach Flattach.

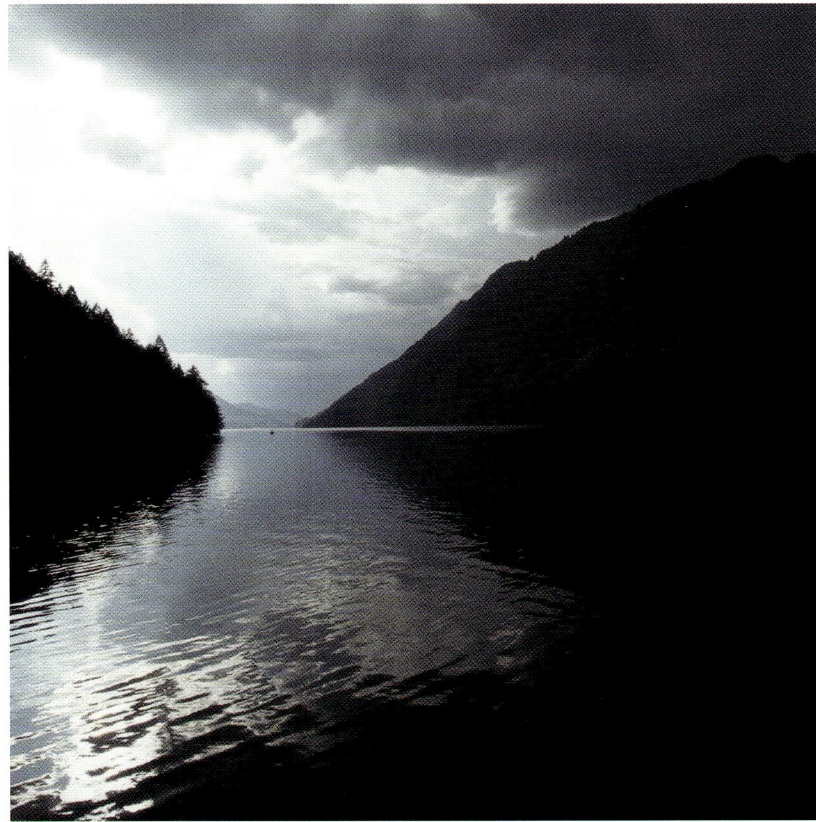

Beliebtes Ausflugsziel und im Sommer warm genug für ein Bad: der Weißensee

Gailtaler Alpen

Tourenziel/Charakteristik	Ausgangspunkt	Wegverlauf & Gehzeit	Markierung	Einkehr am Weg
1 Dobratsch, 2166 m Standardtour auf den großen Aussichtsgipfel, Bergabwanderung nach Villach empfehlenswert (auch Teilabstiege möglich)	Endpunkt der mautpflichtigen »Villacher Alpenstraße« (Roßtratten; 1732 m) 18 km von Villach	Roßtratten – Dobratsch (1 1/2 Std.) – Güterweg – Roßtratten (2 1/2 Std.) – Hundsmarhof – Villach (ca. 6 Std.)	Mark. Wege	Roßtratten, Dobratsch-Gipfelhaus, Hundsmarhof (983 m)
2 Dobratsch, 2166 m Die große Dobratsch-Tour für Bergerfahrene: süd- und sonnseitiger (!) Steilaufstieg mit exponierten Passagen über den »Touristensteig«, Abstieg westlich in den Lärchgraben	Arnoldstein (579 m) an der Strecke Villach – Tarvisio	Arnoldstein – Schütt – »Touristensteig« – Dobratsch (5 1/2 Std.) – Lärchgraben – Nötsch (558 m; 9 Std.)	AV-Mark. 294B, 296	Dobratsch-Gipfelhaus
3 Kobesnock, 1820 m Ausgedehnte Höhenwanderung im Schatten der Villacher Alpe. Bergbaurevier; Schaubergwerk in Bad Bleiberg	Bad Bleiberg (902 m) alter Ort am Nordfuß des Dobratsch	Bad Bleiberg – Mittagsnock (1558 m) – Sattlernock (1583 m) – Kobesnock (4 Std.) – Bleiberg-Kreuth (828 m; 6 Std.)	AV-Mark. 288, 298	
4 Goldeck, 2142 m Berühmter Aussichtsberg, trotz Straßen und Liftanlagen immer noch dankbares Wanderrevier, vor allem im Bereich der Gusenalm	Bergstation der Goldeck-Seilbahn (2059 m), Talstation Spittal an der Drau (560 m)	Seilbahn – Goldeck (1/4 Std.) – Gusenalm (1740 m; 1 1/4 Std.) – Goldeckhütte (2 Std.) – Spittal (4 Std.)	AV-Mark. 210, örtliche Bez.	Mehrere Gh. und Hütten
5 Latschur, 2236 m Durchquerung der Latschurgruppe vom Goldeck nach Lind im Drautal. Lange Wanderung, nur bei sicherem Wetter ratsam. Alternativ Abstieg zum Weißensee-Ostufer möglich (Ortsee) 6 Std., mark. 265)	Bergstation der Goldeck-Seilbahn (2059 m), Talstation Spittal an der Drau (560 m)	Seilbahn – Gusenalm (1740 m; 1 Std.) – Eckwandsattel (2 1/2 Std.) – Latschur (3 1/2 Std.) – Lindner Alm – Lind (589 m; 7 Std.)	AV-Mark. 210, 268, 270; örtliche Bez.	Goldeck, Gusenalm (1740 m)
6 Graslitzen, 2044 m Ausgedehnte Runde an dem grasigen Rücken mit bemerkenswerten Ausblicken auf den Karnischen Hauptkamm. Und hinterher ein Bad im Pressegger See (560 m)!	Förolach (619 m) im Gailtal, an der Strecke Villach – Hermagor	Förolach – St. Steben (1003 m; 1 Std.) – Geißrücken (1527 m; 2 1/2 Std.) – Graslitzen (4 1/4 Std.) – Vellacher Sattel (1858 m; 4 3/4 Std.) – Pressegger See (7 1/2 Std.)	AV-Mark. 250, 249; örtliche Bez.	Pressegger See
7 Spitzegel, 2119 m Große, sehr sonnige Runde; am Gipfelgrat einige leichte Kletterstellen (teilweise gesichert). Nur für erfahrene Berggänger, gute Kondition unerlässlich! Vom Spitzegel großes Panorama, faszinierend die Tiefblicke auf den Pressegger See	Pressegger See (560 m) beliebtes Ausflugsziel östlich von Hermagor	Pressegger See – Vellacher Sattel (1858 m; 3 3/4 Std.) – Vellacher Egel (2108 m) – Spitzegel (5 1/2 Std.) – Ladinzenhütte (6 1/2 Std.) – Pressegger See (9 Std.)	AV-Mark. 249, 250, 248	Pressegger See, Ladinzenhütte (1692 m)
8 Golz, 2004 m Neben dem mächtigen Spitzegel wirkt der Golz eher bescheiden; sein Gipfel bietet aber ebenfalls eine prächtige Rundschau, er ist zudem viel leichter erreichbar. Lohnend auch die (beliebte) Wanderung zur Kohlröslhütte	Bergstation der Weißensee-Sesselbahn (Naggler Alm, 1320 m), Talstation Weißensee (956 m)	Naggler Alm – Kohlröslhütte (1 1/2 Std.) – Golz (3 1/4 Std.) – Radniger Sattel (1558 m; 4 Std.) – Weißensee (6 1/4 Std.)	AV-Mark. 262, 245, 246; örtliche Bez.	Naggler Alm (1324 m), Kohlröslhütte (1523 m), Bodenalm (1231 m)
9 Laka, 1852 m Lang gestreckter Waldrücken südlich über dem Weißensee. Lohnende, größtenteils schattige Überschreitung; An- und Rückfahrt auch mit dem Schiff möglich	Paterzipf (930 m) Schiffanlegestelle, Zufahrt bis zum Weißenseer Ortsteil Naggl	Paterzipf – Laka (2 1/2 Std.) – Bodenalm (4 Std.) – Paterzipf (5 Std.)	AV-Mark. 263; örtliche Bez. 18, 16	Bodenalm (1231 m)
10 Weißensee – Peloschen, 1794 m Doppelte Seeperspektive: erst am Uferweg, dann aus der Vogelschau. Man kann sich natürlich auch auf die Norduferwanderung beschränken und von Ortsee mit dem Schiff zurückkehren.	Weißensee-Neusach (934 m) am Nordufer des Weißensees (930 m)	Neusach – Ortsee (932 m; 2 3/4 Std.) – Stosia (1811 m; 5 1/4 Std.) – Peloschen – Neusach (8 Std.)	AV-Mark. 265, 210; örtliche Bez.	Gh. Ronacherfels am See, Ortsee
11 Hochwarter Höhe, 1655 m Ruhige Höhenwanderung an dem lang gestreckten Rücken zwischen Gitsch- und Gailtal. Etwas Ausdauer erforderlich. Alternativ auch Abstiege nach Kirchbach möglich	Weißbriach (801 m) im Gitschtal, 12 km von Hermagor	Weißbriach – Durchspring (1310 m; 1 1/2 Std.) – Hochwarter Höhe (2 3/4 Std.) – Durchspring (3 3/4 Std.) – Guggenberg (1114 m) – Hermagor (603 m; 7 1/2 Std.)	Mark. Wege	Hochwarthütte (1591 m), Guggenberg

Gailtaler Alpen

Tourenziel/Charakteristik	Ausgangspunkt	Wegverlauf & Gehzeit	Markierung	Einkehr am Weg
12 Reißkofel, 2371 m Alpines Wahrzeichen des Gailtals, eine formschöne Pyramide mit mehreren markierten Anstiegen, von denen keiner als leicht einzustufen ist. Schwindelfreiheit und ein sicherer Tritt sind unerlässlich, am Grat kurze Kletterstellen. Direktvariante ab Alplspitz zum Grat (links, mark.) schwieriger (Stellen II)	Wurzen (1492 m), Einsattelung am Südfuß des Reißkofels; Zufahrt von Reisach (689 m,) über den Gh. Reißkofelbad (988 m), 8 km	Wurzen – Alplspitz (1959 m; 1 1/4 Std.) – Törl (2 Std.) – Reißkofel (2 1/2 Std.); Abstieg auf dem gleichen Weg (gesamt 4 Std.)	AV-Mark. 235, 229	
13 Jukbichl, 1889 m Überschreitung östlich des Gailbergsattels, teilweise auf Fahrwegen	Gailbergsattel (981 m,) frequentierter Straßenübergang von Oberdrauburg nach Kötschach-Mauthen	Gailbergsattel – Jukbichl (3 Std.) – Dellacher Alm (1667 m; 3 1/2 Std.) – Buchach (955 m; 5 1/2 Std.) – Kötschach (6 1/4 Std.)	AV-Mark. 229, 230	Gailbergsattel
14 Schatzbichl, 2090 m Schöner Aussichtspunkt am Kärntner Ostrand der Lienzer Dolomiten. Auf der Mussen im Frühsommer üppige Flora mit zahlreichen Raritäten	St. Jakob im Lesachtal (947 m,) Dörfchen im unteren Lesachtal, 9 km ab Kötschach-Mauthen	St. Jakob – Auf der Mussen (ca. 2 Std.) – Schatzbichl (3 1/2 Std.); Abstieg auf dem gleichen Weg (gesamt 6 Std.)	AV-Mark. 225	
15 Lumkofel, 2287 m Dem Hauptkamm der Lienzer Dolomiten vorgelagert, bietet der Lumkofel ein schönes Gipfelpanorama; besonders reizvoll der Blick auf den Karnischen Hauptkamm.	Mattling (1020 m,) Weiler im Lesachtal	Mattling – Grifitzbichl (1961 m; 2 1/2 Std.) – Mahdalpe (1814 m; 3 1/4 Std.) – Lumkofel (4 1/2 Std.) – Mahdalpe (5 1/4 Std.) – Liesing (1044 m; 6 3/4 Std.,)	AV-Mark. 223, 221, örtliche Bez.	
16 Comptonhütte, 1585 m Auf den Spuren des Alpenmalers E. T. Compton am Fuß des Reißkofels. Wer hoch hinauswill, kann von der Hütte aus den Felsgipfel ansteuern (»Padiaursteig«, AV-Mark. 235, 229, 2 3/4 Std.).	Ebenberg (851 m), Weiler südlich über dem Drautal, Zufahrt von Berg (692 m,) 5 km	Ebenberg – Pließalm (1724 m) – Comptonhütte (3 1/4 Std.) – Ebenberg (5 Std.)	Örtliche Bez. B1, AV-Nr. 234	Comptonhütte (1585 m)

Kreuzeckgruppe

Tourenziel/Charakteristik	Ausgangspunkt	Wegverlauf & Gehzeit	Markierung	Einkehr am Weg
17 Ederplan, 2062 m Beliebtes Wanderziel in schöner Aussichtslage hoch über den Tälern der Möll und der Drau mit Panorama von den Dolomiten bis zu den Julischen Alpen. Knapp unter dem Gipfel steht das Anna-Schutzhaus.	Zwischenberger Sattel (1474 m), Anfahrt von Dölsach (731 m;)	Zwischenberger Sattel – Anna-Schutzhaus (1992 m) – Ederplan (2 Std.); Abstieg auf dem gleichen Weg (gesamt 3 1/4 Std.)	Gut markierte Wege	Anna-Schutzhaus (1992 m)
18 Damerkopf, 2441 m Anstrengende Gipfeltour mit prächtiger Aussicht über das Drautal bis zu den Karnischen und Julischen Alpen. Am Weg der idyllische Wildsee	Zwickenberg (1001 m), winziges Dörfchen nördlich über Oberdrauburg (632 m,), Straße 5 km. Weiterfahrt zu den höhergelegenen Höfen möglich	Zwickenberg – Brunnerkammer (1670 m; 2 Std.) – Wildseetörl (2267 m; 3 3/4 Std.) – Damerkopf (4 1/4 Std.); Abstieg auf dem gleichen Weg (gesamt 7 Std.)	AV-Mark. 316, 308	
19 Scharnik, 2657 m Der schönste Aussichtsgipfel über dem Oberdrautal! Trittsicherheit und etwas Ausdauer erforderlich	Gh. Bergheimat (1608 m) auf der Leppner Alm, Zufahrt von Irschen (804 m,) 10 km	Bergheimat – Scharnik (3 1/4 Std.) – Gursgentörl (2442 m; 3 3/4 Std.) – Weneberger Alm (1806 m) – Bergheimat (6 Std.)	AV-Mark. 315, örtliche Bez.	Alpengh. Bergheimat (1608 m)
20 Stagor, 2289 m So richtig für Senkrechtstarter: sausteil hinauf, steil hinab. Oben gibt's einen tollen Vogelschaublick aufs Drautal und dazu die Parade der Karnischen und Julischen Gipfel im Süden. Wichtig: ausreichend Getränke mitnehmen!	Steinfeld (617 m,) im Drautal	Steinfeld – Hiereben – Stagor (4 1/2 Std.) – Stotterbichl – Steinfeld (7 Std.)	AV-Mark. 346, Abstieg örtliche Bez. S6	
21 Polinik, 2784 m Zwei-Tage-Tour auf den höchsten Gipfel der Kreuzeckgruppe; gute Kondition und Bergerfahrung sind unerlässlich. Im Gipfelbereich kurze gesicherte Passagen; großes Panorama	Obervellach (685 m,) im Mölltal, an der Abzweigung nach Mallnitz	Obervellach – Polinikhütte (3 1/2 Std.) – Polinik (6 1/2 Std.) – Teuchlscharte (2468 m) – Raggaalm (1621 m; 8 1/4 Std.) – Flattach (694 m; 11 Std.,)	AV-Mark. 326, 325	Polinikhütte (1873 m)
22 Raggaschlucht Dankbares Ausflugsziel – auch wenn mal die Sonne nicht scheint. Auf dem (oft nassen) Schluchtsteig ist Trittsicherheit wichtig, Abstieg auf einem Fahrweg	Flattach (694 m,) im Mölltal, Nachbarort von Obervellach	Flattach – Raggaschlucht – Abstieg über Forststraße – Flattach (2 1/2 Std.)	Wege nicht zu verfehlen	Flattach

Vom Ankogel zum Großglockner

Berge und Täler südlich des Alpenhauptkamms

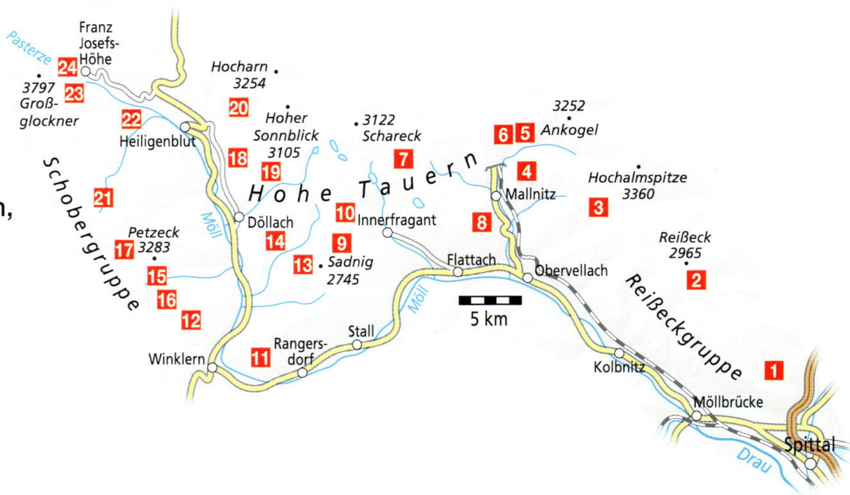

Dass Kärnten trotz seiner Seen, trotz des südlichen Flairs rund um das Klagenfurter Becken, trotz Veldener Casino und »Pörtschacher Riviera« vor allem Gebirgsland ist, Bauernland auch, das beweisen eindrucksvoll die Täler von Mallnitz, Fragant und Heiligenblut. Da stehen die Dreitausender Parade, darunter einige der höchsten Gipfel Österreichs: Ankogel (3252 m), Sonnblick (3105 m), Hocharn (3254 m), Großglockner (3798 m) und Petzeck (3283 m).

Eine Etage tiefer findet der Wanderer sein Revier, ein besonders attraktives dazu. Das liegt natürlich auch am »Nationalpark Hohe Tauern«, der die Hochregionen beiderseits des Alpenhauptkamms umfasst – und vor weiterer Erschließung bewahren soll. Schutz war hier dringend geboten angesichts so mancher Pläne in den Schubladen von Tourismusmanagern und Energiebaronen.

Fast unerschöpflich sind die Wander- und Tourenmöglichkeiten in der Reißeckgruppe und am Ankogelmassiv, in der Goldberggruppe und unter dem Großglockner; fast noch ein Geheimtip sind die Täler, Übergänge und Gipfel der Schobergruppe. Wer kennt schon den herrlichen Talschluss um den Wangenitzsee, stand schon am Gipfel des Glödis (3206 m), dessen stolze Felsgestalt ein wenig ans Matterhorn erinnert, oder ist auf dem »Lienzer Höhenweg« ins innerste Debanttal gewandert?

Touristische Schwerpunkte der Region sind Mallnitz, das schon früh von seiner Lage am Tauern-Eisenbahntunnel profitierte, und natürlich Heiligenblut. Der Flecken am Fuß des höchsten Gipfels Österreichs (Großglockner, 3798 m) ist südlicher Ausgangspunkt der berühmtesten Alpenstraße des Landes. Die knapp 50 Kilometer lange »Großglockner-Hochalpenstraße«, die am Hochtor (2504 m) den Alpenhauptkamm passiert, wurde 1935 eröffnet. Von der Edelweißspitze (2571 m), zu der eine kurze Stichstraße führt, überblickt man nicht weniger als 37 Dreitausender und 19 Gletscher. Die meisten liegen heute innerhalb des 1992 (nach langen Querelen) eröffneten, rund 1800 Quadratkilometer großen Nationalparks Hohe Tauern, an dem die drei Bundesländer Salzburg, Tirol und Kärnten Anteil haben.

Steckbrief

Fläche: ca. 1200 qkm
Höchster Punkt: Großglockner (3798 m)
Gebirgsgruppen: Reißeckgruppe, Hohe Tauern (Südost)
Wichtigste Ortschaften: Spittal an der Drau, Mallnitz, Winklern, Heiligenblut
Wandervorschläge: 24

Tauern-Höhenweg

Legendäre, in den Siebzigerjahren vollendete Hochalpenroute, die in Ost-West-Richtung durch die gesamten Tauern läuft, von den Schladmingern bis zur Venedigergruppe, durchwegs nahe am Alpenhauptkamm. Es handelt sich allerdings nicht – wie man vielleicht annehmen könnte – um einen Weitwanderweg, sondern in vielen Abschnitten um eine Route in Fels und Eis, markiert zwar, an besonders heiklen Stellen da und dort auch gesichert, aber von ausgeprägt hochalpinem Zuschnitt. Nur für erfahrene Alpinisten mit entsprechender Ausrüstung (Seil, Steigeisen, Pickel); für die gesamte Wegstrecke benötigt man drei bis vier Wochen.

Wandern am Alpenhauptkamm

6 Hindenburghöhe, 2316 m

Wenn's auf dieser Tour überwiegend bergab geht, sollte das nicht täuschen: Bis zur (unbewirtschafteten) Mindener Hütte wandert man auf dem »Tauern-Höhenweg«, und da sind unangenehm-gefährliche Altschneefelder bis weit in den Hochsommer hinein nicht selten, und wer die Variante über die Hindenburghöhe wählt, darf von der (mit einem Denkmal an den Feldmarschall »geschmückten«) Höhe den schönsten Blick auf Mallnitz und seine Bergumrahmung genießen, hat anschließend aber einen gut zweistündigen Steilabstieg, der ganz schön in die Knie geht. Bequemer ist da der »Mindener Jubiläumsweg«.

Von der Seilbahn (2630 m) zunächst am Gratrücken kurz abwärts zum Elschesattel (2548 m), dann auf dem »Göttinger Weg« westlich weiter leicht bergab zur stets zugänglichen Mindener Hütte (2431 m). Hier entweder über den »Jubiläumsweg« hinunter ins Tauerntal oder am Grat über den Liesgelespitz (2406 m) zur Hindenburghöhe (2316 m). Vogelschaublick auf Mallnitz (1191 m), dann steiler Abstieg über die Südwestflanke, zuletzt im Tauerntal zurück abseits der Straße in den Ort.

Große Runde im Süden der Schobergruppe

16 Alpinsteig; Wangenitzsee-Hütte, 2508 m

Gerade etwas mehr als 500 Meter beträgt der Höhenunterschied zwischen dem Ausgangspunkt und der Hütte – bei einer Gehzeit von etwa sechs Stunden. Das sagt einiges über den »Alpinsteig«, der seinen Namen wirklich zu Recht trägt. Alpin ist in den nordseitigen Karwinkeln über dem Wangenitztal nicht nur die Kulisse, sondern auch der Weg, der sich in fast ständigem Auf und Ab durchs Wiesen-, Block- und Felsgelände schlängelt, auf kürzeren Abschnitten gesichert. Da ist der »Wiener Höhenweg«, auf dem man anderntags hoch über dem Debanttal talauswärts wandert, im Vergleich eher als gemütlich zu bezeichnen. Wer zeitig aus den Federn kommt, kann sich ja als reizvolle Vormittags-Herausforderung das Petzeck (3283 m), den höchsten Gipfel der Schobergruppe, vornehmen. Hinweis: In den Karwinkeln des Wangenitztals liegt bis zum Hochsommer Schnee!

Von der Pichler Alm (1920 m) zunächst durch lichten Wald auf dem »Familienwanderweg« etwa eine Viertelstunde aufwärts, dann rechts, dem Hinweis »Alpinsteig« folgend, in einem offenen Tälchen bergan und über einen felsdurchsetzten Hang zum Grat, wo der Blick nach Norden frei wird. Nun hoch über dem Wangenitztal erst kurz aufwärts in eine kleine Senke, dann hinüber zu einer Minischarte. Dahinter leicht abwärts und in einem Bogen durch das riesige Kar unter dem Seichenkopf (2916 m) zu einem gegen das Tal vorragenden felsigen Kopf. Dahinter an soliden Sicherungen etwa 50 Meter hinab und anschließend in leichtem Auf und Ab durch das zweite Kar, mit einigen gesicherten Passagen. Unter der Himmelwand (2788 m) biegt man in den nächsten Karwinkel ein: abwärts, dann über Geröll zu einer auffallenden Rinne und durch sie auf einen schrofigen Rücken. Nun über leichte Felsen und Geröll abwärts zum Wangenitzsee (2465 m) und zur Hütte.

Vom Südufer des Sees etwas heikel (im Frühsommer meist Schnee) hinauf in die Obere Seescharte (2604 m), dann auf dem »Wiener Höhenweg« – erst steil abwärts, dann nurmehr leicht fallend – hoch über dem Debanttal hinaus zur Winklerner Alm (1905 m). Auf dem »Familienwanderweg« zurück zur Pichler Alm.

Im Schatten des Großglockners

23 Salmhütte, 2638 m

Wer in der alpinen Chronik des Großglockners blättert, wird feststellen, dass sich bereits im Jahr 1779 ein Botaniker namens Balthasar Hacquet für den Berg interessierte, dass die Salmhütte (bzw. ihr winziger Vorläufer) Basislager für die erste Besteigung des stolzen Gipfels im Sommer 1800 war. Die Route der Erstbesteiger ist längst aus der Mode gekommen, das Schutzhaus über dem Leitertal dafür ein beliebtes Wanderziel. Das liegt vor allem an der so kontrastreichen Kulisse, die, aus verschiedenen Gesteinen aufgebaut, mit einer seltenen Vielfalt an Farben und Formen prunkt.

Vom Glocknerhaus (2136 m) zunächst hinab zur Staumauer des Margeritzensees (2000 m), dann schräg über den felsigen Hang (Sicherungen) hinauf in die Stockerscharte (2442 m). Nun auf dem »Wiener Höhenweg« aussichtsreich und nurmehr sanft steigend durch steile Hänge zur Salmhütte. Vom Schutzhaus zunächst steil hinunter zur Leiter, dann am Bach entlang talauswärts zur Leiteralm (2022 m) und weiter zur Trogalm. Hier rechts zum Fahrweg ins Gößnitztal.

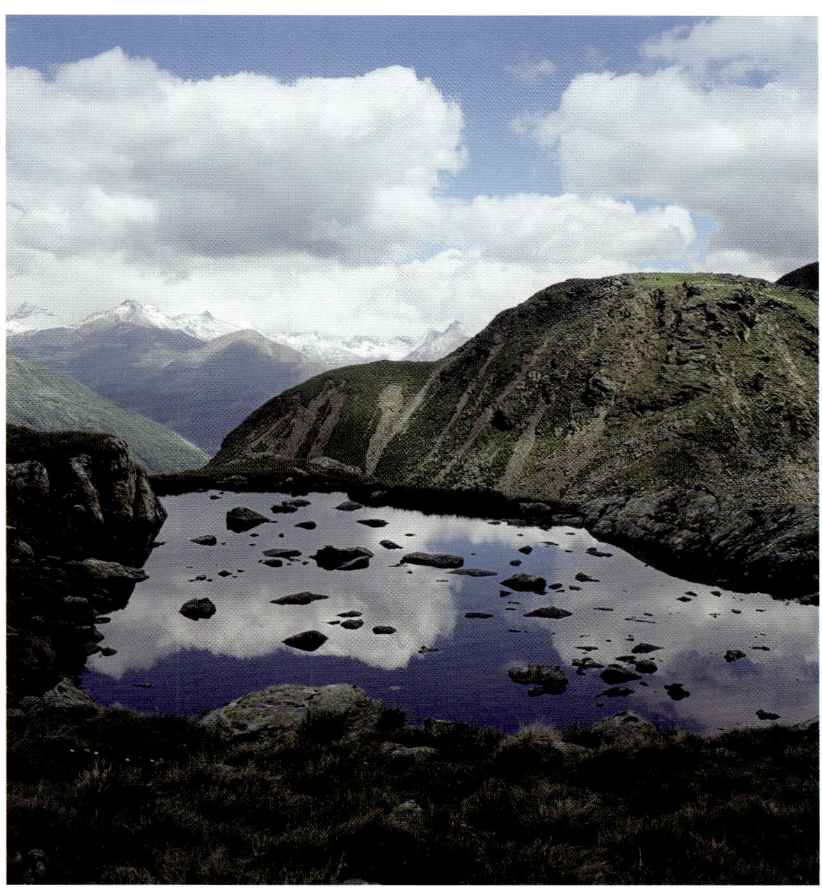

Viel heile Bergwelt bietet die Schobergruppe. Am »Alpinsteig« im Wangenitztal

	Tourenziel/Charakteristik	Ausgangspunkt	Wegverlauf & Gehzeit	Markierung	Einkehr am Weg
Kreuzeck – Ankogel	**1 Gmeineck, 2592 m** Östlicher Eckpfeiler der Reißeckgruppe mit großem Panorama. Besonders schön der Blick auf den Millstätter See und ins Drautal	Kohlmaierhütte (1510 m), Zufahrt über das Hühnersberger Kreuz (1127 m), ab Lieserhofen (705 m,)	Kohlmaierhütte – Gmeineck (3 1/4 Std.); Abstieg auf dem gleichen Weg (gesamt 5 1/4 Std.)	AV-Mark. 585	Kohlmaierhütte (1510 m)
	2 Großes Reißeck, 2965 m Nachdem die Reißeckbahn ihren Betrieb eingestellt hat, ist es wieder ruhiger rund um den höchsten Gipfel der Reißeckgruppe. Langer Anstieg zu Fast-Dreitausender. Ausdauer und Trittsicherheit unerlässlich	Zandlacher Hütte (1527 m), Anfahrt von Kolbnitz im Mölltal über eine schmale Straße	Zandlacher Hütte – Untere Mooshütte (2010 m; 1 ½ Std.) – Obere Mooshütte – Schwarzsee – Kalte-Herberg-Scharte (2712 m; 3 ½ Std.) – Reißeck (4 ¼ Std.); Abstieg auf dem gleichen Weg (gesamt 7 Std.)	Gut mark. Wege	Zandlacher Hütte
	3 Arthur-von-Schmid-Haus, 2275 m Beliebte Seen- und Hüttenwanderung, die sich mit der Besteigung eines Dreitausenders verbinden lässt: Säuleck (3086 m), 2 1/2 Std., AV-Mark. 534. Hüttenübernachtung ratsam	Wanderparkplatz Dösener Tal (ca. 1400 m); Zufahrt von Mallnitz, 7 km. Wanderbus	Parkplatz – Konradhütte – Arthur-von-Schmid-Haus (3 Std.); Abstieg auf dem gleichen Weg (gesamt 5 Std.)	AV-Mark. 510	Arthur-von-Schmid-Haus (2275 m)
	4 Auernig, 2130 m Hausberg von Mallnitz mit Prachtblick auf den gesamten Talkessel. Im Nordosten markant der Ankogel (3252 m)	Mallnitz (1191 m,) Ferienort am Südportal des Tauern-Eisenbahntunnels.	Mallnitz – Wolliger Hütte (1 3/4 Std.) – Auernig (3 1/2 Std.) – Mallnitz (5 Std.)	AV-Mark. 523, 522	Wolliger Hütte (1576 m)
	5 Pleschischg – Seebachtal Interessante, nur mäßig anstrengende Bergabwanderung zum Naturschutzgebiet (Vögel!) am Stappitzer See. Naturlehrpfad im Seebachtal. Vorsicht bei Altschnee!	Bergstation der Ankogel-Seilbahn (2630 m), Talstation (1280 m,) im vorderen Seebachtal, 3,5 km von Mallnitz	Seilbahn-Bergstation – Kleinhapscharte (2528 m) – Pleschischg (2387 m; 1 3/4 Std.) – Schwußner Hütte (3 3/4 Std.) – Stappitzer See – Seilbahn-Talstation (5 Std.)	AV-Mark. 502, 519, 528	Hannoverhaus (2720 m), 10 Min. oberhalb der Seilbahn; Schwußner Hütte (1335 m)
	6 Hindenburghöhe, 2316 m Am »Tauernhöhenweg« vom Hannoverhaus bis zur Mindener Hütte, anschließend Abstieg direkt oder über die Hindenburghöhe ins Tauerntal und nach Mallnitz. Nur bei guten Weg- und Sichtverhältnissen im Hochsommer	Bergstation der Ankogel-Seilbahn (2630 m), Talstation (1280 m,) im vorderen Seebachtal, 3,5 km von Mallnitz	Seilbahn – »Tauernhöhenweg« – Mindener Hütte (2431 m; 3 Std.) – »Mindener Jubiläumsweg« – Tauerntal (5 1/2 Std.) – Mallnitz (6 1/4 Std.)	AV-Mark. 502, 137 oder 138	Hannoverhaus (2720 m), 10 Min. oberhalb der Seilbahn; Stockeralm (1282 m), Gh. Gutenbrunn (1219 m)
Mölltal	**7 Feldseekopf, 2864 m** Lohnender Wander-Hochgipfel über dem Mallnitzer Talkessel. Etwas Ausdauer erforderlich	Parkplatz (1670 m,) am Endpunkt der Straße ins Tauerntal, 8 km von Mallnitz (1191 m,)	Parkplatz – Feldseescharte (2714 m; 3 Std.) – Feldseekopf (3 1/2 Std.); Abstieg auf dem gleichen Weg (gesamt 5 3/4 Std.)	AV-Mark. 136, 143	Jamnighütte (1748 m)
	8 Lonzaköpfl, 2317 m Lohnendes Gipfelziel hoch über Mallnitz mit schöner Aussicht und packendem Talblick. Lift ist abgebaut.	Mallnitz (1191 m,) Ferienort am Südportal des Tauern-Eisenbahntunnels	Mallnitz – Häusleralm (1868 m; 2 Std.) – Lonzaköpfl (3 ½ Std.) – Lassacherhöhe (2166 m) – Weggabelung (1926 m) – Häusleralm (5 Std.) – Mallnitz (6 ½ Std.)	Markierte Wege	
	9 Fraganter Hütte, 1817 m Erstaunlich: Auch im Fraganttal gibt's noch weitgehend unberührte Winkel. Man braucht bloß in die Großfragant aufzusteigen. Von der Fraganter Hütte markierter Weg zum Hohen Sadnig (2 3/4 Std., AV-Nr. 146)	Innerfragant (1074 m,) Dörfchen im Fraganttal, 6 km von Flattach im Mölltal	Innerfragant – Fraganter Hütte (2 1/4 Std.); Abstieg auf dem gleichen Weg (gesamt 3 3/4 Std.)	AV-Mark. 146	Fraganter Hütte (1817 m)
	10 Ochsentrieb, 2651 m Große Höhenwanderung, die vom verwüsteten Talschluss von Fragant (Sommerskigebiet, Stauseen) in den malerischen Bergwinkel von Großfragant führt.	Bergstation Gletscherexpress (2234 m), Talstation Innerfragant (1255 m,)	Bahnstation – Saustellscharte (2560 m; 1 1/2 Std.) – Bogenitzen – Ochsentrieb (3 Std.) – Schobertörl (2355 m) – Fraganter Hütte (5 Std.) – Innerfragant (6 1/2 Std.)	AV-Mark. 146, 147	Fraganter Hütte (1817 m)
	11 Leitenkopf, 2449 m Wie das etwas niedrigere Ebeneck (2283 m; 2 Std. hin und zurück) ein schöner Aussichtspunkt hoch über dem Möllknie	Gh. Marterle (1836 m), Zufahrt von Witschdorf (850 m,) an der Mölltalstraße, 12 km	Gh. Marterle – Ebeneck (1 1/4 Std.) – Leitenkopf (1 3/4 Std.); Abstieg auf dem gleichen Weg (gesamt 3 Std.)	Mark. 9	Gh. Marterle (1836 m)
	12 Familienwanderweg Winklerner Alm – Pichler Alm Aussichtsreiche Höhenwanderung über dem Mölltal, längerer Zustieg vom Iselsberg.	Iselsberg (1204 m,), Straßenpass zwischen Winklern und dem Lienzer Talkessel. Alternativ Anfahrt zur Winklerer oder Pichler Alm	Iselsberg – Winklerner Alm (1907 m; 2 1/2 Std.) – »Familienwanderweg« – Pichler Alm (1920 m; 4 1/2 Std.) – Rettenbach – Lederer (Mölltalstraße; 7 Std.,)	AV-Mark. 931, 929, 930	Winklerner Alm (1907 m), Pichler Alm (1920 m)

Tourenziel/Charakteristik	Ausgangspunkt	Wegverlauf & Gehzeit	Markierung	Einkehr am Weg
13 Hoher Sadnig, 2745 m Bekannter Aussichtsgipfel, höchster Punkt der gleichnamigen Gebirgsgruppe	Sadnighaus (1876 m), Zufahrt von Mörtschach (934 m, 🚌) 10 km	Sadnighaus – Sadnigscharte (2484 m; 2 1/4 Std.) – Sadnig (3 Std.); Abstieg auf dem gleichen Weg (gesamt 5 Std.)	AV-Mark. 150, 146	Sadnighaus (1876 m)
14 Mohar, 2604 m Wandergipfel mit prächtigem Glocknerblick, reiche Flora. Alternativer Aufstieg vom Gh. Glocknerblick (2046 m, Zufahrt)	Sadnighaus (1876 m), Zufahrt von Mörtschach (934 m, 🚌) 10 km	Sadnighaus – Göritzer Törl (2463 m; 1 3/4 Std.) – Mohar (2 1/4 Std.) – Gh. Glocknerblick (3 1/2 Std.) – Sadnighaus (4 1/4 Std.)	AV-Mark. 153, 152	Sadnighaus (1876 m), Gh. Glocknerblick (2046 m)
15 Wangenitzsee-Hütte, 2508 m Prächtig am Wangenitzsee gelegenes Schutzhaus, spannend angelegter Seerundweg (Klettersteig)	Wangenitzalm (1441 m) im gleichnamigen Tal, Zufahrt von Mörtschach (934 m, 🚌)	Wangenitzalm – Wangenitzsee-Hütte (3 1/4 Std.); Abstieg auf dem gleichen Weg (gesamt 5 1/2 Std.)	AV-Mark. 928	Wangenitzsee-Hütte (2508 m)
16 Alpinsteig; Wangenitzsee-Hütte, 2508 m Anspruchsvolle Zwei-Tage-Runde; große Kulisse, am »Alpinsteig« mehrere gesicherte Passagen. Nur für erfahrene Berggänger mit guter Kondition. Alternativer Ausgangspunkt Winklerner Alm (1905 m)	Pichler Alm (1920 m), Zufahrt von Mörtschach (934 m, 🚌) 10 km. Knapp unterhalb der Alm Nationalpark-Parkplatz	Pichler Alm – »Alpinsteig« – Wangenitzsee-Hütte (6 Std.) – Obere Seescharte (2604 m) – »Wiener Höhenweg« – Winklerner Alm (9 Std.) – Pichler Alm (11 Std.)	»Alpinsteig« rot-weiß, »Wiener Höhenweg« AV-Mark. 918, ab Winkler Alm Nr. 929	Pichler Alm (1920 m); Wangenitzsee-Hütte (2508 m); Roaneralm (1903 m), Winklerner Alm (1905 m)
17 Adolf-Noßberger-Hütte, 2488 m Lange, recht anstrengende Hüttentour. Das Schutzhaus liegt am Gradensee in einem von über einem Dutzend Dreitausendern umrahmten Talkessel. Leichtestes Ziel ist der Keeskopf (3081 m; 1 1/4 Std., Pfadspur)	Putschall (1053 m, 🚌) Weiler im oberen Mölltal, 2 km von Döllach. Zufahrt ins Gradental möglich, bis Parkplatz unterhalb der Gradenalm (ca. 1650 m), 4,5 km	Parkplatz Gradental – Adolf-Noßberger-Hütte (2 ¼ Std.); Abstieg über den Natur-Lehrweg (gesamt 4 Std.)	AV-Mark. 916	Adolf-Noßberger-Hütte (2488 m)
18 Apriacher Berg – Heiligenblut Bergbauernidylle am Apriacher Berg vor traumhafter Hochgebirgskulisse. 10 Min. oberhalb von Apriach alte Stockmühlen, Museum	Döllach (1013 m, 🚌) im Mölltal	Döllach – Zirknitzgrotte – Mitten (1294 m) – Apriach (1378 m; 2 1/2 Std.) – Heiligenblut (1288 m; 4 1/2 Std., 🚌)	Mark. Wege	Mehrere Gasthäuser am Weg
19 Staniwurten, 2707 m Aussichtsgipfel mit großer Tauernschau. Steiler Anstieg, im Sommer ordentlich schweißtreibend	Mitten (1413 m), Häusergruppe nördlich oberhalb von Döllach (1013 m, 🚌), Zufahrt 4 km. Wanderparkplatz	Mitten – Mittener Kaser (1794 m; 1 Std.) – Staniwurten (4 Std.); Abstieg auf dem gleichen Weg (6 3/4 Std.)	Mark. Weg	
20 Zirmsee, 2529 m Auf den Spuren der Goldsucher: hinauf zum Zirmsee, wo heute das »Weiße Gold« (Wasserkraft) gespeichert und abgeleitet wird	Wanderparkplatz auf der Kleinen Fleißalm (ca. 1680 m), 2 km von der großen Kehre (1525 m, 🚌) der »Großglockner-Hochalpenstraße«	Kleine Fleißalm – Alter Pocher (1/2 Std.) – Zirmsee (2 3/4 Std.); Abstieg auf dem gleichen Weg (gesamt 4 1/2 Std.)	AV-Mark. 159	Gh. Alter Pocher (1809 m)
21 Elberfelder Hütte, 2346 m Ausgedehnte, aber sehr dankbare Tal- und Seenwanderung, Übernachtung im Schutzhaus ratsam. Anderntags evtl. Besteigung des Bösen Weibl (3121 m): 3 Std., Mark., nur für Geübte! Lohnend und erheblich kürzer ist die Wanderung zur Wirtsbaueralm mit anschließender Überschreitung der Retschitzscharte (2310 m); gesamt 5 1/2 Std., mark.	Heiligenblut (1288 m, 🚌) berühmter Ferienort am Fuß des Großglockners	Heiligenblut – Wirtsbaueralm (2 Std.) – Langtalseenweg – Elberfelder Hütte (6 Std.) – Wirtsbauer Alm (8 1/2 Std.) – Heiligenblut (9 3/4 Std.)	AV-Mark. 915, 920	Wirtsbaueralm (1745 m), Elberfelder Hütte (2348 m)
22 Leiterfall und Trogalm, 1870 m Abwechslungsreiche Halbtagsrunde; bei der Sattelalm »Alpenblumensteig«, Leiter- und Gößnitzfall, Naturlehrpfad	Heiligenblut (1288 m, 🚌) berühmter Ferienort am Fuß des Großglockners	Heiligenblut – »Haritzersteig« – Sattelalm – Bricciuskapelle (1629 m; 2 Std.) – Leiterfall – Trogalm (2 3/4 Std.) – Gößnitzfall – Heiligenblut (4 1/2 Std.)	Bestens bez. Wege	Heiligenblut
23 Salmhütte, 2638 m Große Wanderrunde im Banne des Großglockners; faszinierend die Vielfalt der Bergformen und -farben, bedingt durch den Gesteinswechsel	Glocknerhaus (2136 m, 🚌) an der »Gletscherstraße«, 15 km von Heiligenblut	Glocknerhaus – Margaritzenstausee (2000 m) – »Wiener Höhenweg« – Salmhütte (3 1/2 Std.) – Leitertal – Heiligenblut (1288 m; 7 1/2 Std.)	AV-Mark. 741, 702B	Glocknerhaus (2136 m); Salmhütte (2638 m)
24 Gletscherweg Pasterze und Gamsgrubenweg Naturlehrpfad im Vorfeld der Pasterze, des größten ostalpinen Gletschers. Am wieder eröffneten »Gamsgrubenweg« Kunst und Infos	Glocknerhaus (2136 m, 🚌) an der »Gletscherstraße«, 15 km von Heiligenblut	Glocknerhaus – »Gletscherweg« – Franz-Josefs-Höhe (2 1/2 Std.) – »Gamsgrubenweg« – Wasserfallwinkel (ca. 2540 m; 3 1/2 Std.) – Franz-Josefs-Höhe (2362 m; 4 1/2 Std., 🚌)	Bestens bez. Wege	Glocknerhaus (2136 m), Franz-Josefs-Höhe (2362 m), Hofmannshütte (2442 m)

Osttirol

Dolomitzacken und Tauerneis

Sonderfall Osttirol. Politisch gehört es zum Bundesland Tirol, von dem es aber geografisch getrennt ist. Seine Wasser fließen nach Süden, über die Isel zur Drau, sein Klima aber ist viel mehr inneralpin als mediterran, obwohl Lienz die längste Sonnenscheindauer in ganz Österreich verzeichnet.

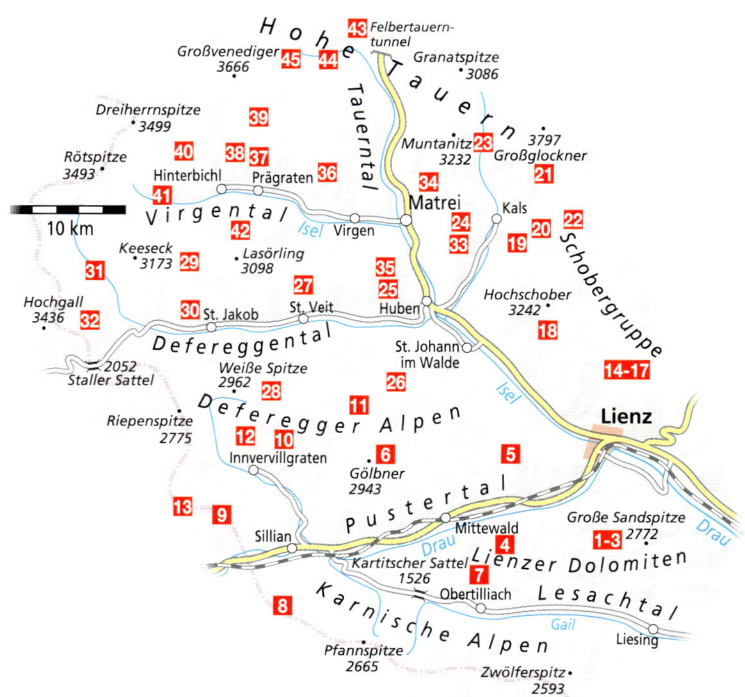

Markant-zackige Kulisse der Bezirkshauptstadt sind die Lienzer Dolomiten (Sandspitze, 2772 m), die höchsten Gipfel Osttirols (und Österreichs) stehen im Norden, im Alpenhauptkamm: Großglockner (3798 m) und Großvenediger (3666 m). Letzterer war noch vor zwei Jahrzehnten durch ein gigantisches Wintersportprojekt akut gefährdet, und im Dorfertal hinter Kals sollte ein riesiger Stausee entstehen. Das hätte auch für die berühmten Umbalfälle das Ende bedeutet.

Doch die Zeiten wandeln sich, auch in den Bergen. Der Großvenediger »gehört« immer noch den Bergsteigern, und die Umbalfälle rauschen wie vor hundert Jahren. Dafür gibt es den »Nationalpark Hohe Tauern« (der zwar mit manchen Kompromissen leben muss), in den Tälern wird mit Naturerlebnis statt Hochgebirgsskilauf geworben, und im fernen Wien sind die Lichter auch nicht ausgegangen.

Osttirol gehört zu den stillen Urlaubsregionen in den österreichischen Alpen; hier sind Wanderer und Bergsteiger besser aufgehoben als »Funsportler«. Und was Freude bedeutet, das wissen die altmodischen Naturfreunde ja auch ohne Anglizismen.

Hauptort Osttirols ist die Stadt Lienz mit rund 12 000 Einwohnern; wichtigste Touristenorte in den Tälern sind Matrei und Kals.

Steckbrief

Fläche: 2000 qkm
Höchster Punkt: Großglockner (3798 m)
Gebirgsgruppen: Lienzer Dolomiten, Karnische Alpen (Nordwest), Defereggеr Alpen, Schobergruppe, Hohe Tauern (Süd)
Wichtigste Ortschaften: Lienz, Sillian, St. Jakob in Defereggen, Matrei, Prägraten
Wandervorschläge: 45

Der Venediger-Höhenweg

Ein echtes Highlight unter den zentralalpinen Höhenwegen, das sich sehr gut mit Gipfeltouren kombinieren lässt! Zudem sind verschiedene Varianten, auch Teilbegehungen möglich. Wer über keine Gletschererfahrung und -ausrüstung verfügt, lässt die erste Etappe einfach weg und startet mit dem Anstieg zur Essener-Rostocker Hütte. Durchgehend ordentlich markierte Wege, hochalpin-grandioses Ambiente. – Wegverlauf: Hinterbichl (1331 m 🚌) – Clarahütte (2038 m) – Reggentörl (3058 m; Gletscher!) – Essener-Rostocker Hütte (2208 m) – Johannishütte (2121 m) – Zopetscharte (2958 m) – Eisseehütte (2521 m) – Bonn-Matreier Hütte (2750 m) – Badener Hütte (2608 m) Löbbentörl (2770 m) – Matreier Tauernhaus (1512 m 🚌)

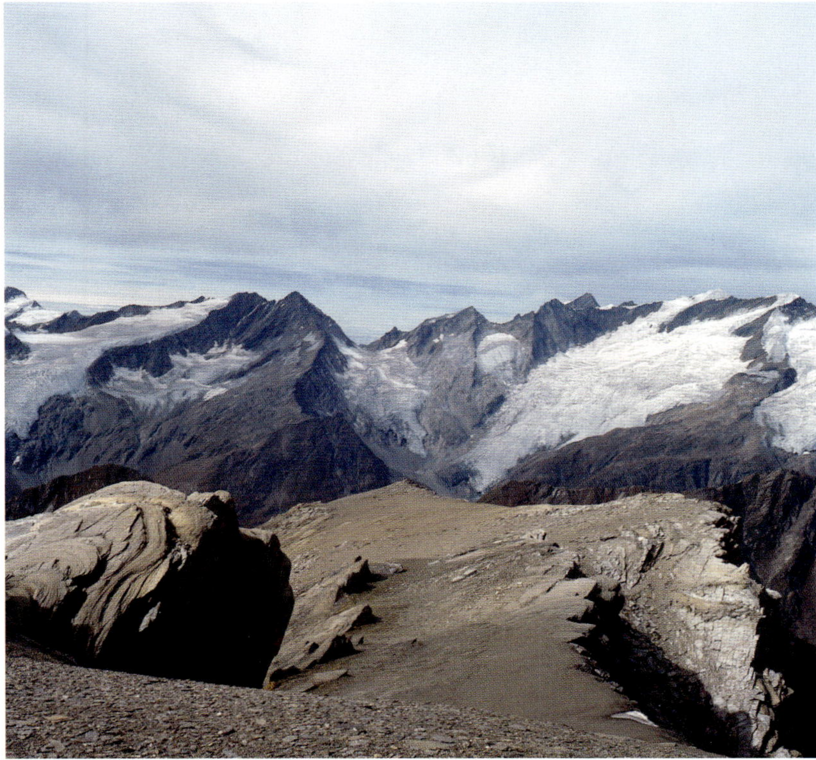

Von der Kreuzspitze bietet sich ein Prachtblick auf den Hauptkamm der Hohen Tauern (Venedigergruppe) mit ihren Gipfel und Gletschern.

Ein schöner Umweg

1 Rudl-Eller-Weg und Karlsbader Hütte, 2260 m

Dass der kürzeste Weg nicht immer der schönste ist, weiß ja jeder Bergsteiger. Im Fall der Karlsbader Hütte bietet der auf kürzeren Abschnitten gesicherte »Rudl-Eller-Weg« einen Zugang mit Pfiff, natürlich weiter als der (ziemlich monotone Straßenhatscher) von der Lienzer Dolomitenhütte herauf. Unterwegs faszinieren neben einer üppigen, artenreichen Flora vor allem die himmelwärts schießende Laserzwand (2614 m); von der Terrasse der Karlsbader Hütte genießt man dann den Blick rundum, auf all die Kletterzacken des Laserzkessels.

Vom Parkplatz wenig unterhalb der Lienzer Dolomitenhütte in den Wald (Wegzeiger), dann aufwärts zu einem Wandl, das mit Drahtseilhilfe leicht gemeistert wird. Nun vom Weißstein (1751 m) über den breiten Wiesenrücken (Blumen!) bergan gegen die Laserzwand. Vorbei an der »Hexenlacke« (2030 m), einem idyllischen Rastplatz, anschließend über einen felsigen Vorbau zu einer gutmütigen Verschneidung (Drahtseil). Weiter im Zickzack über einen Geröllhang etwas mühsam hinauf ins Hohe Törl (2233 m) unmittelbar am Fuß der Laserzwand. Dahinter kurz abwärts (Seile), dann in längerer, aussichtsreicher Querung hinüber zur Straße und auf ihr zur Karlsbader Hütte. Abstieg auf dem Fahrweg.

Belvedere vor den Sextener Dolomiten

8 Helm, 2433 m

»An keiner anderen Stelle der Alpen stehen die Gipfel einer bestimmten Berggruppe so unmittelbar und vollständig da wie hier die Gipfel der Sextener Dolomiten, dabei so klar und übersichtlich, dass man sie, ehe man sie wirklich betritt, gewissermaßen schon mit den Augen durchwandern kann.«

Das schrieb Karl Springenschmid, und natürlich hat es auch heute noch, ein paar Jahrzehnte später, seine Gültigkeit. Nur der Weg hinauf zu dem prächtigen Aussichtsbalkon am Westrand des Karnischen Hauptkamms ist erheblich kürzer geworden, dank der Sextener Helmbahn (Bergstation 2041 m) und der Straße, die sich an der Osttiroler Nordflanke bis zur Leckfeldalm hinaufzieht. In beiden Fällen ist die Bergwanderung nur mehr eine Halbtagsunternehmung. So hat man auf jeden Fall ausreichend Zeit, das herrliche Panorama zu genießen, samt Glocknerblick, und spätestens beim Rückweg ist dann eine Stärkung in der Sillianer Hütte fällig. Die war früher (ich hab's selbst gesehen) in einen »kleinen Grenzverkehr« der besonderen Art eingebun-

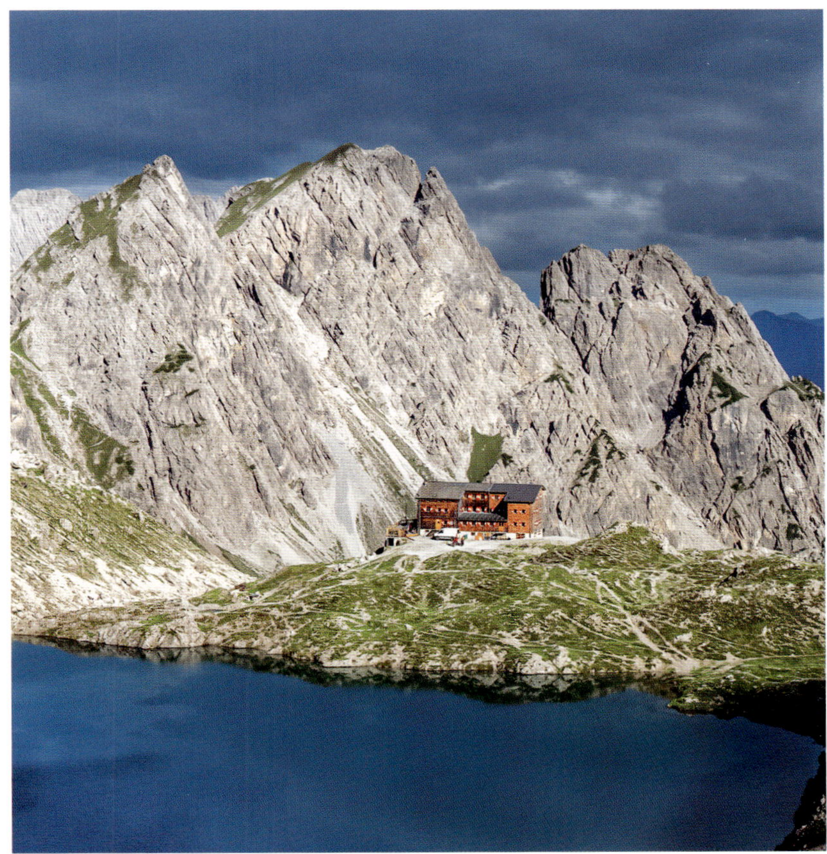

Stützpunkt im Herzen der Lienzer Dolomiten: die Karlsbader Hütte

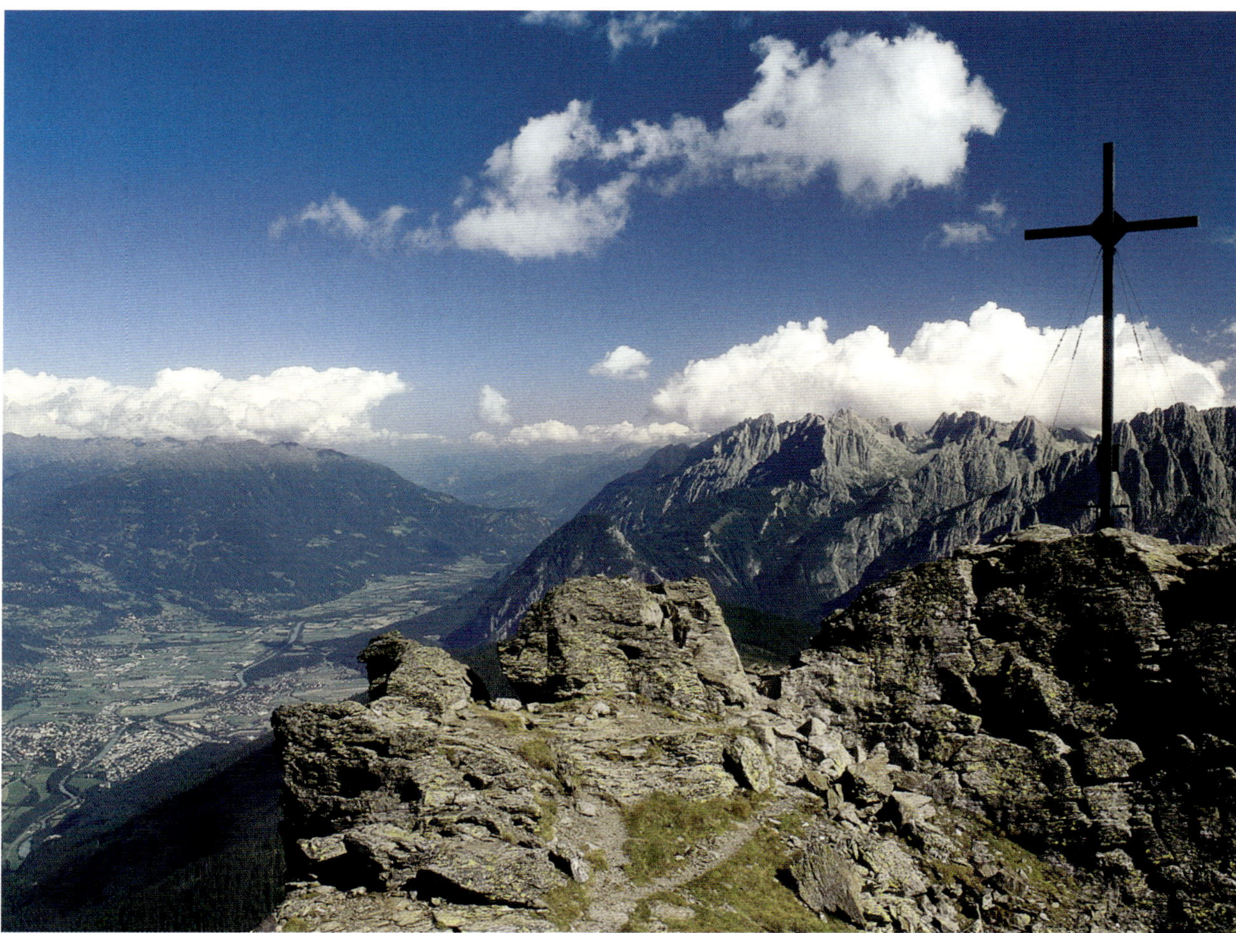

Lienz und die Lienzer Dolomiten vom Bösen Weibele

den: Italienische Grenzer kamen regelmäßig herüber, um sich hier günstig mit Zigaretten einzudecken, zollfrei natürlich …

Vom Wanderparkplatz bei der Leckfeldalm führt ein schotteriger Güterweg über die Leckfelder in vielen Kehren hinauf zum kleinen Füllhornsee (2341 m) und zuletzt in einem weiten Linksbogen zum Leckfeldsattel (2381 m). Etwas oberhalb der Scharte steht auf Tiroler Boden die Sillianer Hütte (2447 m).

Der Kammweg umgeht das Füllhorn (2445 m) südseitig. Man passiert eine weitere flache Gratsenke und steigt dann auf einer alten Straßentrasse hinauf zum Helmgipfel mit der Ruine der ehemaligen Helmhütte (und späteren Zollwachthütte der Italiener). Sie wurde 1890 von der Sektion Sillian des DuÖAV errichtet und hatte wenige Jahre später einen berühmten Wirt: den Sextener Bergführer Sepp Innerkofler, der im Ersten Weltkrieg am Paternkofel (2744 m) in den Sextener Dolomiten bei einer abenteuerlichen Aktion den Tod fand.

Ein weiterer Gipfel, der sich leicht in die Tour einbeziehen lässt, ist das Hornischegg (2550 m; 1/2 Std.).

Hoch über den Dächern von Lienz

17 Schleinitz, 2905 m

Höchster Gipfel über dem Lienzer Talkessel ist die Schleinitz, deren hoher Rücken ziemlich genau nördlich über der Bezirkshauptstadt aufragt. Ihr Gipfel bietet bei schönem Wetter ein großes Panorama; dank der Zettersfeld-Seilbahn reduziert sich der gewaltige Höhenunterschied von über zwei Kilometern auf ein erträgliches Maß.

Vom Zettersfeld auf markiertem Weg, das Steinermandl (2213 m) mit seiner Liftstation links umgehend, über blumenreiche Almwiesen hinauf zum Grat, dann mit einigem Auf und Ab über die Neualplschneid und unter den Lottköpfen (2520 m) hindurch zu den idyllischen Neualplseen. Bei der Weggabelung links aufwärts, um einen Felsvorbau herum und im Blockwerk zum Grat. Über ihn etwas mühsam zum großen Kreuz und zum höchsten Punkt.

Beim Abstieg nimmt man den Weg, der über den steilen, schrofigen Südwestgrat hinableitet zur Schleinitzschulter. In der Senke vor dem Rotgebele (2696 m) links abwärts und auf dem »Oberwaldersteig« zurück zum Zettersfeld.

Wanderrunde am Fuß des Großglockners

21 Glorer Hütte – Stüdlhütte, 2802 m

Er ist der höchste und berühmteste Gipfel Österreichs, der Großglockner (3798 m), Zigtausende bestaunen sein markantes Profil jedes Jahr von der Gletscherstraße aus, und an Schönwettertagen herrscht am Gipfel ein ordentliches Gedränge. Leicht zu besteigen ist er allerdings auf keinem Weg, weder auf der Normalroute noch von der Stüdlhütte aus. Gerade der Stüdlgrat wird immer wieder sträflich unterschätzt, handelt es sich doch – trotz einiger Sicherungen – um eine anspruchsvolle Kletterei, in großer Höhe zudem, und was da beispielsweise ein Schlechtwettereinbruch bedeutet, kann man sich leicht vorstellen …

Mit solchen Gefahren ist auf der Hüttenwanderung am Fuß des Großglockners nicht zu rechnen; ordentliches Wetter braucht's trotzdem, denn ohne Aussicht

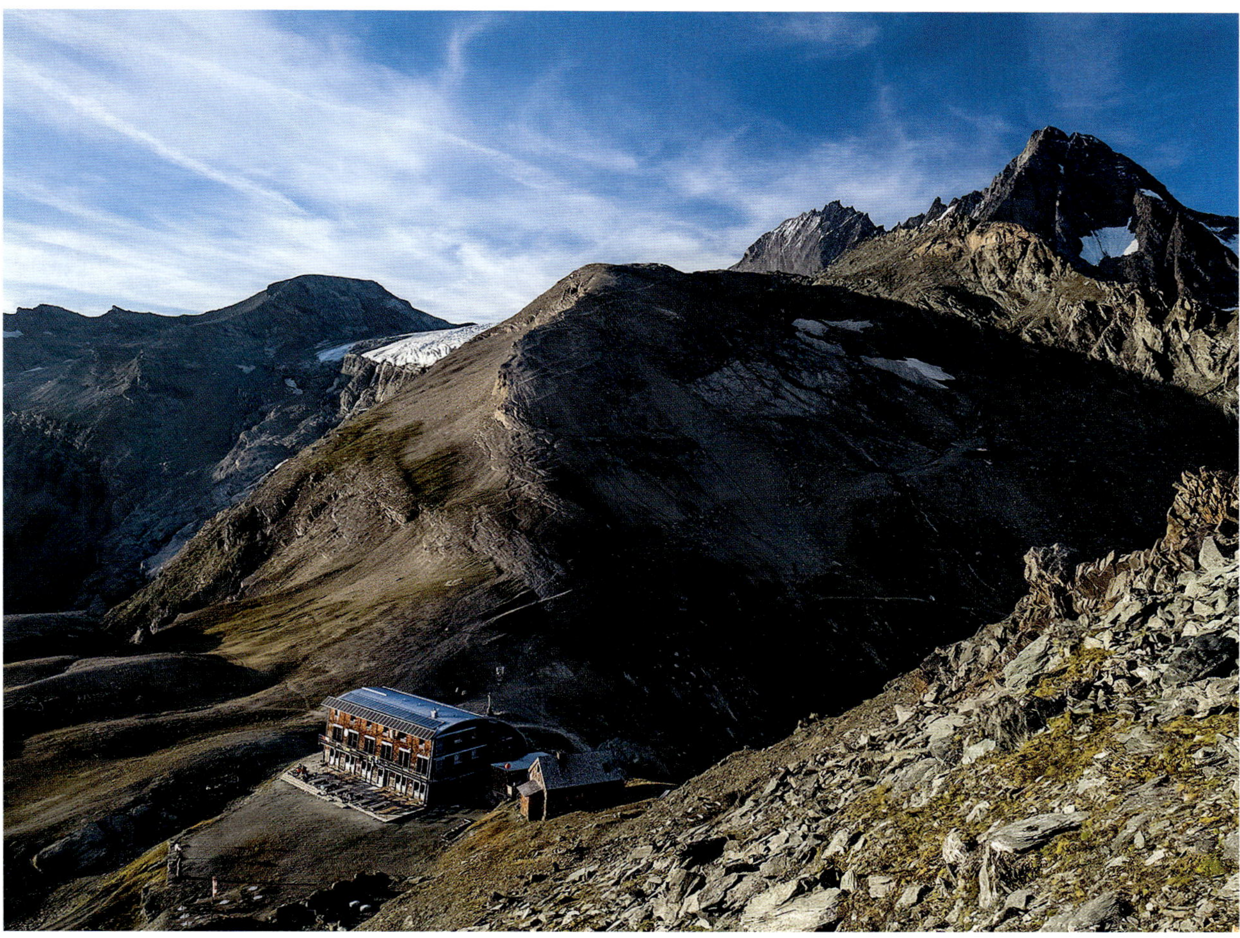

Die Stüdlhütte ist Ausgangspunkt für eine Glockner-Besteigung über den Südgrat.

auf ihn ist die Tour halt nur halb so schön. Übrigens: Erstmals bestiegen wurde der Großglockner am 28. Juli 1800 von den Brüdern Klotz mit Pfarrer Horasch und zwei weiteren Begleitern; initiiert hatte das Ganze der Franz von Salm, Fürstbischof von Gurk. »Sponsoring« gab es offenbar schon vor zweihundert Jahren.

Vom Lucknerhaus zur nahen Schliederlealm und in Kehren über den Wiesenhang aufwärts, dann am Bergerbach entlang und in sanfter Steigung zur Glorer Hütte (2642 m). Am »Johann-Stüdl-Weg« um den Weißen Knoten (2864 m) herum und mit herrlicher Sicht auf den Großglockner zur Stüdlhütte. Abstieg auf dem Hüttenweg durch das Ködnitztal zum Lucknerhaus.

Ein Virgener Schau- und Lehrpfad: Ausblicke und Einsichten

37 Prägratener Höhenweg

Das Osttiroler Virgental: ein Stück Hochgebirge, berühmt geworden durch den Kampf um die Erhaltung seiner herrlichen Wasserfälle (Umbalfälle), Bauernland vor allem, dem sanften Tourismus verschrieben. Umrahmt wird es von hohen Bergen; südseitig die Lasörlingkette, im Norden die hohen Grate der Venedigergruppe. Freie Sicht auf das riesige Gletscherrevier des zweithöchsten Tauerngipfels bietet die Kreuzspitze (3155 m), die Trittsichere von der Sajathütte in etwa zwei Stunden besteigen. Wer sich mit einer Begehung des »Prägratener Höhenweges« begnügt, genießt den Blick nach Süden, übers Tal auf die Gipfel und Grate um den Lasörling (3098 m); beim Abstieg nach Prägraten kommen dann die Firnzacken um das Timmeltal ins Bild. Der Aufstieg von Bichl (1495 m) zur Sajathütte erweist sich – trotz rund 1000 Höhenmetern – als überraschend wenig anstrengend. Das schön angelegte Weglein zieht in weiten Schleifen über die satten Mähder bergwärts, die Aussicht begeistert, und freundlicherweise wird die Natur auch gleich noch erläutert (Lehrpfade). Dabei bietet sich zunehmend freiere Aussicht ins Virgental und auf den langen, vielgipfligen Kamm der Lasörlinggruppe (Lasörling, 3098 m). Von der Sajathütte folgt man dann dem Höhenweg nach Osten; über dem Eingang zum Timmeltal bietet sich ein besonders schöner Blick auf die Virgener Bergwelt. Nun gut markiert abwärts und über den Bach zur einladenden Bodenalm (1948 m). Zuletzt schräg hinunter nach Bichl.

Durch die Lasörlinggruppe

Höhenwandern von Hütte zu Hütte kann man nicht nur drüben am Venediger, auch die Lasörlinggruppe eignet sich bestens für ein paar Wandertage hoch über dem Tal, fern vom Alltag. Mehrere gut bewirtschaftete Hütten, auch Taxidienst zu einigen Unterkünften. Routenvorschlag: **1. Tag:** Matrei – Arnitzalm (1848 m). **2. Tag:** Arnitzalm – Zupalseehütte (2346 m) – Lasörlinghütte (2296 m). **3. Tag:** Lasörlinghütte – Lasörling (3098 m) – Bergerseehütte (2182 m). **4. Tag:** Bergerseehütte – Bergeralm – Virgen.

Lienzer Dolomiten – Drautal

Tourenziel/Charakteristik	Ausgangspunkt	Wegverlauf & Gehzeit	Markierung	Einkehr am Weg
1 Rudl-Eller-Weg und Karlsbader Hütte, 2261 m Gemütliche Hüttenwanderung oder Höhenroute mit Pfiff. Wer sich für den »Rudl-Eller-Steig« entscheidet, muss schwindelfrei sein und über etwas Erfahrung in felsigem Gelände verfügen. Mehrere gesicherte Passagen	Parkplatz (ca. 1590 m) knapp unterhalb der Lienzer Dolomitenhütte, mautpflichtige Zufahrt von Lienz (673 m) über Tristach	Lienzer Dolomitenhütte – »Rudl-Eller-Weg« – Hohes Törl (2233 m) – Karlsbader Hütte (3 Std.) – Lienzer Dolomitenhütte (4 1/2 Std.)	Mark. Wege, Nrn. 14 und 12	Lienzer Dolomitenhütte (1616 m); Karlsbader Hütte (2261 m)
2 Laserzwand, 2614 m Markanter Eckpfeiler des Sandspitzkamms mit zahlreichen Kletterrouten. Faszinierende Schau auf den Laserzkessel und seine Felskulisse. Markierter Zustieg, für Geübte leicht	Parkplatz (ca. 1590 m) knapp unterhalb der Lienzer Dolomitenhütte, mautpflichtige Zufahrt von Lienz (673 m) über Tristach	Lienzer Dolomitenhütte – Karlsbader Hütte (2 1/2 Std.) – Laserzwand (3 3/4 Std.); Abstieg auf dem gleichen Weg (gesamt 6 1/4 Std.)	Mark. Wege	Lienzer Dolomitenhütte (1616 m), Karlsbader Hütte (2261 m)
3 Kerschbaumer Törl, 2285 m Große Wanderrunde zwischen dem Kerschbaumer Tal und dem Laserzkessel. Vom Törl kann man alternativ direkt zum Karlsbader Hüttenweg absteigen.	Klammbrückl (1104 m), schmale Zufahrt aus dem Pustertal, Abzweigung ca. 5 km südwestlich von Lienz	Klammbrückl – Kerschbaumer Hütte (3 Std.) – Kerschbaumer Törl (4 1/4 Std.) – Karlsbader Hütte (5 Std.) – Lienzer Dolomitenhütte (6 1/2 Std.) – Klammbrückl (7 3/4 Std.)	Örtliche Bez. 10, 12, 12B	Kerschbaumer Hütte (1902 m); Karlsbader Hütte (2261 m)
4 Feuer am Bichl, 2008 m Letzte Kuppe in dem langen, von der Tamerlanhöhe (2377 m) nördlich gegen das Pustertal abstreichenden Grates	Thal (814 m) Ortschaft im Pustertal, 11 km von Lienz	Thal – Kleiner Feuer am Bichl (1713 m; 2 1/2) – Feuer am Bichl (3 1/2 Std.); Abstieg auf dem gleichen Weg (gesamt 6 Std.)	Mark. Weg	
5 Hochstein, 2057 m Schlossberg und Hochstein bilden ein beliebtes Wanderrevier im Westen von Lienz, mit Sessellift und Straße. Vom Hochstein berühmte Aussicht, am Schlossberg Streichelzoo. Alternativ: Höhenwanderung zum Bösen Weibele (2521 m, 3 1/4 Std. vom Hochsteinlift 2 Std. von der Hochsteinstraße)	Bergstation des Hochstein-Sesselliftes (1511 m), Talstation Lienz (673 m)	Liftstation – Hochstein (1 3/4 Std.) – Schlossberg – Venedigerwarte (1017 m) – Lienz (5 Std.)	Mark. Wege	Hochsteinlift (1511 m), Hochsteinhütte (2023 m), Schlossberg
6 Gölbner, 2943 m Einsamer »Fast-Dreitausender« in den Deferegger Alpen. Markierte Anstiege aus dem Winkeltal und dem Kristeiner Tal ermöglichen auch eine Überschreitung (ca. 6 Std. ab Gölbnerblickhütte).	Kristeiner Tal (1598 m), Zufahrt von Mittewald an der Drau (885 m), 8,5 km	Kristeiner Tal – Gölbnerblickhütte (1/2 Std.) – Gölbner (3 1/2 Std.); Abstieg auf dem gleichen Weg (5 3/4 Std.)	Mark. 6A	Gölbnerblickhütte (1824 m)
7 Golzentipp, 2317 m, und Spitzenstein, 2265 m Zwei recht unterschiedliche Gipfelziele im Westen der Lienzer Dolomiten: ein Aussichtsmugel für jedemann/-frau (Golzentipp) und ein steiler Felszahn mit gesichertem Anstieg	Bergstation der Golzentipp-Sesselbahn (2050 m), Talstation Obertilliach (1450 m) im Tiroler Gailtal	Liftstation – Golzentipp (1 Std.) – Spitzenstein (2 1/2 Std.) – Leitner Wiesen – Rodarm – Obertilliach (4 1/2 Std.)	Mark. 44, 48	Connyalm (2070 m) oberhalb der Liftstation
8 Helm, 2433 m Altberühmter Aussichtsgipfel mit grandiosem Blick auf die Sextener Dolomiten. Zusätzliches Gipfelziel im Karnischen Hauptkamm: Hollbrucker Spitze (2581 m)	Leckfeldalm (1917 m), Zufahrt von Sillian (1103 m) 7 km	Leckfeldalm – Sillianer Hütte (1 3/4 Std.) – Helm (2 1/2 Std.); Abstieg auf dem gleichen Weg (4 1/2 Std.)	Bez. Wege	Leckfeldalm (1917 m); Sillianer Hütte (2447 m)
9 Thurntaler, 2407 m Obwohl von Liftanlagen ziemlich »angeknabbert«, lohnt sich die Besteigung des Thurntalers, vor allem in Verbindung mit der Wanderung zu den Thurntaler Seen.	Thurntaler Rast (1976 m), Anfahrt von Außervillgraten (1286 m) 6 km. Alternativ Gondelbahn Sillian – Rest. Gadein (ca. 2180 m)	Thurntaler Rast – Thurntaler (1 1/4 Std.) – Thurntaler Seen (2 Std.) – Thurntaler Rast (3 1/2 Std.)	Mark. Wege	Thurntaler Rast (1976 m), Rest. Gadein
10 Hochgrabe, 2951 m Großer Aussichtsgipfel in den Defereggerr Alpen mit wenig schwierigem Anstieg. Ausdauer erforderlich	Volkzeiner Hütte (1884 m) im innersten Winkeltal, Zufahrt ab Außervillgraten (1286 m) 13 km	Volkzeiner Hütte – Hochgrabe (3 1/2 Std.); Abstieg auf dem gleichen Weg (gesamt 6 Std.)	AV-Mark. 327	Volkzeiner Hütte (1884 m)
11 Regenstein, 2891 m Markanter Zacken im Gipfelkranz des innersten Winkeltals. Etwas Ausdauer notwendig	Straße zur Volkzeiner Hütte, Parkmöglichkeit (1623 m) unterhalb der Unterarnalm, 7,5 km von Außervillgraten	Talstraße – Oberarnalm (1946 m) – Regenstein (4 Std.); Abstieg auf dem gleichen Weg (gesamt 6 1/2 Std.)	Mark. Wege	

Tourenziel/Charakteristik	Ausgangspunkt	Wegverlauf & Gehzeit	Markierung	Einkehr am Weg	Gebiet
12 Rotes Ginggele, 2763 m Interessante Überschreitung, am Abstiegsweg liegen die winzigen Remasseen. Im Gipfelbereich Trittsicherheit!	Innervillgraten (1381 m,) hübsches Bergdorf, Zufahrt von Sillian via Außervillgraten, 10 km	Innervillgraten – Kamelisenalm (1973 m; 1 3/4 Std.) – Rotes Ginggele (4 1/4 Std.) – Bergletalm – Innervillgraten (7 Std.)	Mark. 1, 1C, 20		Lienzer Dolomiten – Drautal
13 Toblacher Pfannhorn, 2663 m; Grenzkamm-Wanderung Ausgedehnte Höhenwanderung im Talschluss von Kalkstein, vom Pfannhorn großes Panorama. Vom Pfanntörl (2508 m) Zwischenabstieg möglich (dann gesamt 6 Std.)	Kalkstein (1630 m,) bescheidener Weiler, 5 km von Innervillgraten	Kalkstein – Lipperalm (1904 m), Kalksteiner Jöchl (2326 m; 2 1/4 Std.) – »Bonner Höhenweg« – Pfannhorn (5 1/4 Std.) – Marchginggele (2545 m; 6 3/4 Std.) – Kalkstein (8 1/2 Std.)	Mark. Wege		Lienzer Dolomiten – Drautal
14 Lienzer Hütte, 1974 m Wenig anstrengende Wanderrunde im innersten Debanttal, das von der eleganten Felspyramide des Glödis (3206 m) dominiert wird (für gute Bergsteiger 4 Std., mark.)	Seichenbrunn (1673 m) im Debanttal, Zufahrt von der Iselsberg-Straße	Seichenbrunn – Gaimberger Feld (2247 m) – Lienzer Hütte (3 Std.) – Gaimbergalm (1749 m) – Seichenbrunn (4 Std.)	Mark. Wege	Lienzer Hütte (1974 m)	Schobergruppe
15 Lienzer Höhenweg Der schönste Weg ins Debanttal und zur Dreitausenderparade um die Lienzer Hütte führt über den »Lienzer Höhenweg«. Zwischenzustieg alternativ von Seichenbrunn	Bergstation der Zettersfeld-Seilbahn (1812 m), Talstation bei Lienz (673 m,) Alternativ Zufahrt über die mautpflichtige Zettersfeld-Straße, gut 10 km von Lienz via Thurn (854 m)	Zettersfeld – »Lienzer Höhenweg« – Lienzer Hütte (1974 m; 4 Std.); Rückweg auf der gleichen Route (gesamt 7 1/2 Std.)	Mark. 8B	Zettersfeld, Lienzer Hütte (1974 m)	Schobergruppe
16 Neualplseen, 2438 m Unter dem mächtigen Schleinitz gelegene Bergseen, vom Zettersfeld aus leicht erreichbar	Bergstation der Zettersfeld-Seilbahn (1812 m), Talstation bei Lienz (673 m,)	Zettersfeld – Neualplschneid – Neualplseen (2 1/2 Std.) – »Goiselemandlweg« – Steinermandl (2189 m) – Zettersfeld (4 1/4 Std.)	Mark. Wege	Zettersfeld	Schobergruppe
17 Schleinitz, 2904 m Die mächtige Berggestalt der Schleinitz beherrscht den weiten Lienzer Talkessel, großes Panorama vom Gipfel. Trittsicherheit unerlässlich, am Gipfel Blockwerk und ganz leichte Kletterstellen	Bergstation der Zettersfeld-Seilbahn (1812 m), Talstation bei Lienz (673 m,). Alternativ Zufahrt über die mautpflichtige Zettersfeld-Straße, gut 10 km von Lienz via Thurn (854 m)	Zettersfeld – Neualplseen (2438 m; 2 1/4 Std.) – Schleinitz (3 3/4 Std.) – Südwestgrat – »Oberwaldersteig« – Zettersfeld (6 1/4 Std.)	Mark. Wege, Wegzeiger	Zettersfeld	Schobergruppe
18 Hochschoberhütte, 2322 m Schön gelegenes Bergsteigerrefugium, Stützpunkt für eine Besteigung des Hochschobers (3242 m; 3 1/2 Std., mark., Trittsicherheit unerlässlich)	Oberleibnig (1244 m), Weiler hoch an der Ostflanke des Iseltals, Seilbahn ab Unterleibnig (749 m,) und Sträßchen von der Felbertauern-Route herauf. Weiterfahrt bis zur Leibnitzbrücke (1656 m) gestattet	Oberleibnig – Leibnitzalm (1908 m) – Hochschoberhütte (3 1/2 Std.); Abstieg auf dem gleichen Weg (gesamt 5 3/4 Std.)	AV-Mark. 914	Hochschoberhütte (2322 m)	Schobergruppe
19 Lesacher-Riegel-Hütte, 2134 m Beliebte Hüttenwanderung, vom Lesacher Riegel herrlicher Glocknerblick	Unterlesach (1319 m,) Weiler an der Straße von Huben nach Kals. Interessante »Knappenlöcher«	Unterlesach – Lesachalm-Hütte (1818 m; 2 Std.) – Lesacher-Riegel-Hütte – Unterlesach (5 Std.)	AV-Mark. 911, örtliche Bez. 62	Lesachalm-Hütte, Lesacher-Riegel-Hütte	Hohe Tauern – Defregger Alpen
20 Lucknerhaus – Lesacher-Riegel-Hütte, 2134 m Höhenwanderung vom Lucknerhaus herüber, mit Abstieg nach Kals	Lucknerhaus (1918 m,) Zufahrt von Kals über die mautpflichtige »Kalser Glocknerstraße«	Lucknerhaus – Tschadinalm – Lesacher Riegel (3 Std.) – Unterlesach – Kals (5 Std.)	Mark. 67	Lucknerhaus (1984 m), Lesacher-Riegel-Hütte (2134 m)	Hohe Tauern – Defregger Alpen
21 Glorer Hütte – Stüdlhütte, 2802 m Fast zum Greifen nah zeigt sich das »Dach Österreichs«, der Großglockner (3797 m), vom »Johann-Stüdl-Weg«. Einige gesicherte Passagen	Lucknerhaus (1918 m,) Zufahrt von Kals über die mautpflichtige »Kalser Glocknerstraße«	Lucknerhaus – Glorer Hütte (2 Std.) – »Johann-Stüdl-Weg« – Stüdlhütte (4 1/2 Std.) – Lucknerhütte – Lucknerhaus (6 1/4 Std.)	AV-Mark. 714, 713, 702B	Lucknerhaus (1918 m), Glorer Hütte (2651 m), Stüdlhütte, Lucknerhütte (2241 m)	Hohe Tauern – Defregger Alpen
22 Böses Weibl, 3119 m Überschreitung des »Damendreitausenders« auf Bergwegen, vom Gipfel großes Panorama. Trittsicherheit und Ausdauer erforderlich	Lucknerhaus (1918 m,) Zufahrt von Kals über die mautpflichtige »Kalser Glocknerstraße«	Lucknerhaus – Peischlachtörl (2484 m; 1 1/2 Std.) – Tschadinsattel (2993 m; 2 3/4 Std.) – Böses Weibl (3 1/4 Std.) – Lesachhütte (5 3/4 Std.) – Kals (7 1/2 Std.)	AV-Mark. 911	Lucknerhaus (1984 m), Lesachalm-Hütte (1818 m)	Hohe Tauern – Defregger Alpen

Hohe Tauern – Deferegger Alpen

Tourenziel/Charakteristik	Ausgangspunkt	Wegverlauf & Gehzeit	Markierung	Einkehr am Weg
23 Kalser Tauernhaus, 1755 m Beliebte Talwanderung durch die wildromantische Debantklamm in das (vor Kraftwerksplänen gerettete) Dorfertal. Weiterweg bis zum Dorfer See (1935 m) 1 Std. vom Tauernhaus	Kals-Großdorf (1364 m) Ferienort am Südfuß des Großglockner, Zufahrt von Huben 15 km	Großdorf – Taurerwirt (1521 m; 3/4 Std.) – Debantklamm – Tauernhaus (3 Std.); Abstieg auf dem gleichen Weg (gesamt 5 1/4 Std.)	AV-Mark. 711	Taurerwirt (1521 m), Bergeralm (1636 m); Kalser Tauernhaus (1755 m)
24 Kals-Matreier-Törl – Hohes Tor, 2477 m Herrliche Kammwanderung zwischen Iseltal und Kalser Tal, natürlich mit Aussicht auf Großglockner & Co.	Bergstation der Kalser Gondelbahn bei der Adlerlounge (Cimaross, 2405 m), Talstation Kals-Großdorf (1364 m)	Cimaross – Kals-Matreier-Törl (2207 m) – Kalser Höhe (2434 m) – Hohes Tor (1 1/2 Std.) – Kehreralm (1843 m) – Kals (3 3/4 Std.)	Mark. Wege	Kals-Matreier-Törlhaus
25 Glanzalm, 1975 m Wanderrunde an den steilen, sonnigen Hängen über dem Eingang ins Defereggental. Trittsicherheit notwendig, nicht bei Nässe gehen! Schaubergwerk Hofergraben	Hopfgarten in Defereggen (1107 m) 6 km von Huben	Hopfgarten – Rajach (1368 m; 3/4 Std.) – Ratzeller Bergwiesen (2093 m; 3 Std.) – Glanzalm (1975 m; 3 1/2 Std.) – Ratzell (1490 m) – Hopfgarten (5 1/2 Std.)	Mark. Wege	Glanzalm
26 Geigensee, 2409 m Wildromantischer Winkel im innersten Zwenewaldtal, teilweise steiler Aufstieg mit gesicherter Passage. Trittsicherheit	Hopfgarten in Defereggen (1107 m) 6 km von Huben.	Hopfgarten – Bloshütte (2 1/2 Std.) – Geigensee (4 1/2 Std.); Abstieg auf dem gleichen Weg (gesamt 7 1/2 Std.)	AV-Mark. 324, rotweiße Bez.	Bloshütte (1795 m)
27 Gritzer Hörndle, 2631 m Abwechslungsreiche Runde mit Gipfelabstecher; als Ausgangspunkt bietet sich alternativ die anfahrbare Speikbodenhütte (2079 m) an.	St. Veit (1495 m) Bergdorf, hübsch am Sonnenhang über dem Defereggental gelegen	St. Veit – Speikbodenhütte (1 1/2 Std.) – Gritzer Hörndle (3 1/2 Std.) – Gritzer Seen (2504 m; 4 Std.) – St. Veit (6 Std.)	Gut mark. Wege	Speikbodenhütte (2079 m)
28 Großes Degenhorn, 2946 m Markante Erhebung im Hauptkamm der Deferegger Alpen, schönes Panorama	Bergstation der Mooserberg-Sesselbahn (2368 m), Talstation bei St. Jakob in Defereggen (1389 m)	Mooserberg – Ochsenlenke (2744 m; 2 Std.) – Degenhornsee – Kl. Degenhorn (2849 m) – Gr. Degenhorn (3 1/2 Std.); Abstieg auf dem gleichen Weg (5 3/4 Std.)	Mark. Wege	Mooseralm (2345 m)
29 Reichenberger Hütte, 2586 m Recht lange, aber sehr abwechslungsreiche Hüttentour durch das Trojer Almtal. Ehemalige Knappenhäuser	St. Jakob in Defereggen (1389 m)	St. Jakob – Trojer Alm (1818 m; 1 3/4 Std.) – Reichenberger Hütte (3 1/2 Std.) – »Rudolf-Kauschka-Höhenweg« – St. Jakob (6 1/4 Std.)	AV-Mark. 313, 313A	Trojer Alm (1818 m), Reichenberger Hütte (2586 m)
30 Panorama-Blumenweg Oberseite Aussichtsreiche Höhenwanderung durch die Blumenwiesen der Deferegger Sonnseite. Von der Seespitzhütte aus lässt sich die Seespitze (3021 m) besteigen (für Geübte, eine gesicherte Passage, 2 Std., mark.).	St. Jakob in Defereggen (1389 m)	St. Jakob – Oberseitalm (2298 m; 2 3/4 Std.) – Seespitzhütte (4 Std.) – Erlisbacher Alm (2183 m; 5 1/4 Std.) – Erlisbach (1555 m; 6 1/2 Std.)	Mark. 11	Seespitzhütte (2327 m)
31 Jagdhausalm, 2009 m Wenig anstrengende Talwanderung durch den Oberhauser Zirbenwald zu der alten Almsiedlung. Fahrwege	Wahlweise Erlsbach (1555 m) Patscher Hütte (1685 m) oder Gh. Oberhaus (1768 m), Zufahrt von Erlsbach bis Gh. Oberhaus, 5 km	Erlsbach – Oberhausalm (2 Std.) – Jagdhausalm (4 Std.); Rückweg auf der gleichen Route (gesamt 7 Std.)	Mark. Weg	Erlsbach (1555 m), Patscher Hütte (1685 m), Gh. Oberhaus (1768 m)
32 Barmer Hütte, 2591 m Recht nah an den aus dunklem Tonalit aufgebauten Hochgall (3436 m) heran führt diese Hüttentour. Wer höher hinauswill, nimmt sich noch das Almerhorn (2985 m) zum Ziel (mark. Anstieg über das Almerkees und die Jägerscharte, 1 1/2 Std.).	Patscher Hütte (1685 m), Zufahrt von Erlsbach (1555 m) 3 km	Patscher Hütte – Barmer Hütte (3 Std.); Abstieg auf dem gleichen Weg (gesamt 5 Std.)	AV-Mark. 112	Patscher Hütte (1685 m), Barmer Hütte (2591 m)
33 Kals-Matreier Törl und Rotenkogel, 2762 m Gemütliche Höhenwanderung mit/ohne Gipfelabstecher	Bergstation des Goldried-Sesselliftes (2146 m), Talstation Matrei (977 m)	Liftstation – »Europa-Panoramaweg« – Cimaross (2405 m) – Rotenkogel (2 1/4 Std.) – Kals-Matreier Törl (3 1/2 Std.) – »Bärensteig« – Matrei (6 Std.)	Gut mark. Wege	Goldried (2146 m); Kals-Matreier Törlhaus (2207 m)
34 Äußere Steineralm, 1914 m Abwechslungsreiche Wanderrunde über dem weiten Talkessel von Matrei; Tiefblicke, Fernsicht zur Venedigergruppe. Steiner Wasserfall	Matrei in Osttirol (977 m) an der Felbertauern-Strecke gelegen	Matrei – Burgergraben – Glanz (1445 m; 1 1/2 Std.) – Edelweißwiese – Äußere Steineralm (3 1/2 Std.) – Innere Steineralm (1770 m; 4 1/4 Std.) – Stein (1396 m; 5 Std.) – Felbertauernstüberl (5 1/4 Std.) – Matrei (6 Std.)	Mark. Wege	Mehrere Einkehrmöglichkeiten unterwegs

Tourenziel/Charakteristik	Ausgangspunkt	Wegverlauf & Gehzeit	Markierung	Einkehr am Weg
35 Großer Zunig, 2776 m Hochragender Felsgipfel ziemlich genau südlich über Matrei mit großem Panorama. Nur für ausdauernde und trittsichere Berggänger (rund 1800 Steigungsmeter!)	Ganz (1035 m, Bus) Häusergruppe 2 km südwestlich von Matrei	Ganz – Zunigalm (2 1/2 Std.) – Zunigtor (2355 m; 4 Std.) – Großer Zunig (5 1/4 Std.); Abstieg auf dem gleichen Weg (gesamt 8 1/4 Std.)	AV-Mark. 317	Zunigalm (1855 m)
36 Bonn-Matreier Hütte und Rauhkopf, 3070 m Anstrengende Hüttenrunde, mit Besteigung des Rauhkopfs als Tagestour nur für Konditionsbolzen. Gipfelbesteigung verlangt Trittsicherheit und Schwindelfreiheit	Obermauern (1301 m, Bus) im Virgental, 9 km von Matrei	Obermauern – Nilljochhütte (2 Std.) – Bonn-Matreier Hütte (4 1/2 Std.) – Rauhkopf (5 3/4 Std.) – Bonn-Matreier Hütte (6 3/4 Std.) – Kleine Nillalm – Obermauern (10 Std.)	AV-Mark. 922, 923; örtliche Mark.	Nilljochhütte (1975 m); Bonn-Matreier Hütte (2745 m)
37 Prägratener Höhenweg Aussichtsreiche Hüttenwanderung (Naturlehrpfade); bei einer Übernachtung in der Sajathütte lässt sich die Wanderung leicht um eine Schleife zur Eisseehütte (2521 m) erweitern (Umweg etwa 2 1/2 Std., mark.).	Bichl (1493 m), Häusergruppe oberhalb von Prägraten (1310 m, Bus) 2 km. Wanderparkplatz, Nationalparkzentrum	Bichl – Sajathütte (3 1/4 Std.) – »Prägratener Höhenweg« – Bodenalm (5 Std.) – Bichl (6 Std.)	Bestens mark. Wege	Sajathütte (2575 m); Bodenalm (1948 m)
38 Sajat-Höhenweg Pendant zum »Prägratener Höhenweg«, mit dem es sich sehr gut zur 2-Tages-Runde verbinden lässt. Naturlehrpfade.	Bichl (1493 m), Häusergruppe oberhalb von Prägraten (1310 m, Bus), 2 km. Wanderparkplatz, Nationalparkzentrum	Bichl – Sajathütte (3 1/4 Std.) – »Sajat-Höhenweg« – Johannishütte (5 1/4 Std.) – Hinterbichl (1329 m; 7 Std., Bus)	Gut bez. Wege	Sajathütte (2575 m); Johannishütte (2121 m)
39 Mullwitzaderl, 3241 m Gratkuppe mit grandiosem Panorama, mitten in der Gletscherregion Großvenediger. Gipfelweg nicht markiert, bei gutem Wetter aber nicht zu verfehlen (Spur). Nicht aufs Eis gehen (Spalten)!	Johannishütte (2116 m), 2 Std. ab Hinterbichl (1329 m, Bus) »Venediger-Taxi« ab Prägraten	Johannishütte – Defregger Haus (2 1/2 Std.) – Mullwitzaderl (3 1/2 Std.); Abstieg auf dem gleichen Weg (gesamt bis Johannishütte 5 3/4 Std., bis Hinterbichl 7 1/2 Std.)	AV-Mark. 915.	Johannishütte (2121 m); Defregger Haus (2963 m)
40 Rostocker Eck, 2749 m Aussichtsloge über dem Maurer Tal, großes Tagespensum. Für die Runde übers Rostocker Eck braucht's einen sicheren Tritt.	Ströden (1403 m, Bus) Endpunkt der Virgener Talstraße, 19 km von Matrei	Ströden – Essener-Rostocker Hütte (2 1/2 Std.) – Rostocker Eck (4 Std.) – Ströden (6 3/4 Std.)	AV-Mark. 912, 919	Stoanalm (1469 m), Essener-Rostocker Hütte (2208 m)
41 Umbalfälle und Clarahütte, 2038 m Das Naturwunder Umbalfälle lässt sich auf einem »Wasserlehrpfad« gefahrlos besichtigen (2 1/2–3 Std.); guter Talweg weiter zur Clarahütte.	Ströden (1403 m, Bus) Endpunkt der Virgener Talstraße, 19 km von Matrei	Ströden – Pebellalm (3/4 Std.) – Umbalfälle – Clarahütte (3 Std.); Abstieg auf dem gleichen Weg (gesamt 5 1/4 Std.)	AV-Mark. 911	Islitzer Alm und Pebellalm (1509 m); Clarahütte (2038 m)
42 Muhs-Panoramaweg Höhenwanderung mit großer Venedigerschau und zwei einladenden Hütten unterwegs. Wer eine Übernachtung einplant, kann sich anderntags den Lasörling (3098 m) vornehmen: 3 Std. von der Lasnitzenhütte, mark.	Prägraten (1310 m, Bus) im Virgental, 15 km ab Matrei	Prägraten – Bergerseehütte (2 1/4 Std.) – »Muhs-Panoramaweg« – Lasnitzenhütte (4 1/2 Std.) – Prägraten (6 Std.)	AV-Mark. 312, 314	Bergerseehütte (2181 m); Lasnitzenhütte (1895 m)
43 Drei-Seen-Weg; St. Pöltner Hütte, 2481 m Abwechslungsreiche Wanderrunde am Alpenhauptkamm; vom Messeling schöne Rundschau	Matreier Tauernhaus (1512 m, Bus) Zufahrt von der Felbertauern-Straße, 2,5 km	Matreier Tauernhaus – »Drei-Seen-Weg« – Messeling (2694 m) – St. Pöltner Hütte (4 Std.) – Zirmkreuz (1984 m) – Matreier Tauernhaus (6 1/4 Std.)	AV-Mark. 512, 513, 511	Matreier Tauernhaus (1512 m); St. Pöltner Hütte (2481 m)
44 Gletscherweg Innergschlöß Interessanter Lehrpfad (Rundwanderung), der unmittelbar an die Zunge des Schlatenkees heranführt	Innergschlöß (1689 m), Zufahrt von der Südrampe der Felbertauern-Route bis zum Matreier Tauernhaus (1512 m), dann Taxi	Innergschlöß – »Gletscherweg« – Innergschlöß (4 Std.)	Bestens mark. Weg	Venedigerhaus (1689 m) in Innergschlöß
45 Neue Prager Hütte, 2782 m An die Gletscherwelt des Großvenediger heran führt diese Hüttentour. Vom Schutzhaus empfehlenswerter Abstecher zum Inneren Kesselkopf (2897 m, 1/2 Std.)	Innergschlöß (1689 m), Zufahrt von der Südrampe der Felbertauern-Route bis zum Matreier Tauernhaus (1512 m), dannTaxi	Innergschlöß – Neue Prager Hütte (3 1/2 Std.); Abstieg auf dem gleichen Weg (gesamt 5 3/4 Std.)	AV-Mark. 902B, 902	Venedigerhaus (1689 m) in Innergschlöß; Neue Prager Hütte (2796 m)

Karawanken und Steiner Alpen

Berge zwischen Klagenfurter Becken und Savetal

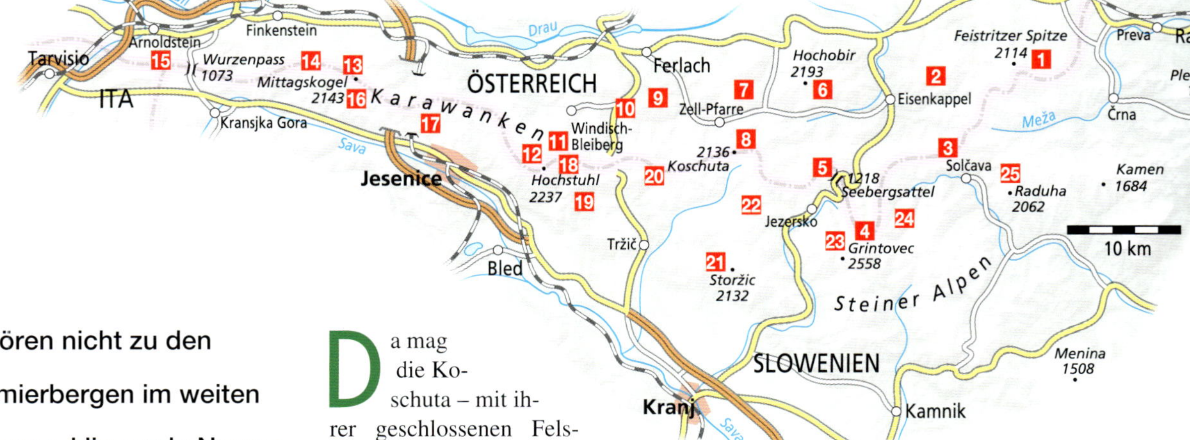

Sie gehören nicht zu den Renommierbergen im weiten Alpenbogen, klingende Namen und berühmte Gipfel sucht man vergebens. Immerhin, Geologen interessieren sich für die Karawanken, verläuft doch hier eine bedeutende tektonische Grenze, liegen zudem uralte Gesteine des Paläozoikums und Kalke der Trias unmittelbar nebeneinander. Bergsteiger beklagen eher die schlechte Qualität des Gesteins.

Da mag die Koschuta – mit ihrer geschlossenen Felsmauer ein Schaustück des Massivs – aus der Ferne, etwa von der Hollerburg, noch so verheißungsvoll im frühen Morgenlicht erstrahlen; ein paar Stunden später flucht man dann über loses Geröll, zerbröseln die Griffe unter der Hand, poltern Steine in die Tiefe.

Wanderer stört das weniger, vor allem jene, die gerne weite Wege gehen, von Hütte zu Hütte. Das kann man hier sehr gut, auf dem tollen Zwei-Wochen-Trip des »Karawanken-Wanderwegs« oder auf dem Abschnitt der »Slowenischen Bergtransversale«, die südlich des Karawankenkamms verläuft.

Bis vor Kurzem waren die Karawanken nicht einfach Grenzberge zwischen Österreich und Slowenien; sie wurden in Unterkärnten – wo der sogenannte Abwehrkampf (1920) noch in so manchen Köpfen herumspukt – auch als »Bollwerk« empfunden. Heute ist hüben wie drüben EU-Land, mit einer slowenischen Minderheit am Nordfuß der Karawanken.

Im Hauptkamm der Karawanken steht gut ein Dutzend Zweitausender; höchster Gipfel ist der Hochstuhl (Stol, 2237 m). Er bietet ein großes Panorama, weit hinein nach Kärnten und Slowenien. Nicht zu übersehen sind auch auffallend schroffe, helle Felsriffe im Osten: die Steiner Alpen (Kamniške Alpe). Sie stehen eigentlich da, wo so mancher Bergsteiger aus Zürich oder München sich schon fast an den (Urlaubs-) Gestaden der Adria wähnt. Was für eine Überraschung: ein Hochgebirge (Grintovec, 2558 m) weit draußen am Rand des Alpenbogens, vor den Toren der Landeshauptstadt Ljubljana!

Steckbrief

Fläche: ca. 3000 qkm
Höchster Punkt: Grintovec (2558 m)
Gebirgsgruppen: Karawanken, Steiner Alpen
Wichtigste Ortschaften: Eisenkappel, Ferlach, Jesenice, Kranj, Trčiš, Kamnik
Wandervorschläge: 25

Karawanken-Wanderweg

Klassischer Weitwanderweg auf der Kärntner Nordseite des Gebirgszuges, knapp zwei Wochen von Lavamünd bis Thörl-Maglern. Übernachtungen durchwegs in Gasthöfen oder Berghütten, Zwischenabstiege und verschiedene Gipfelabstecher möglich. Einheitliche Markierung, Teil des Südalpinen Fernwanderweges. Die gesamte Strecke misst etwa 210 km.

Die Tagesetappen. **1. Tag:** Lavamünd – Kömmelgupf (1065 m) – Bleiburg **2. Tag:** Bleiburg – Feistritzer Spitze (2114 m) – Gasthaus Riepl (1249 m) **3. Tag:** Gasthaus Riepl – Eisenkappel – Eisenkappler Hütte **4. Tag:** Eisenkappler Hütte – Schaidasattel – Koschutahaus **5. Tag:** Koschutahaus – Jauernik (1657 m) – Waidisch **6. Tag:** Waidisch – Bodental **7. Tag:** Bodental – Klagenfurter Hütte **8. Tag:** Klagenfurter Hütte – Maria Elend **9. Tag:** Maria Elend – Bertahütte **10. Tag:** Bertahütte – Wurzenpass **11. Tag:** Wurzenpass – Ofen (1509 m) – Thörl-Maglern

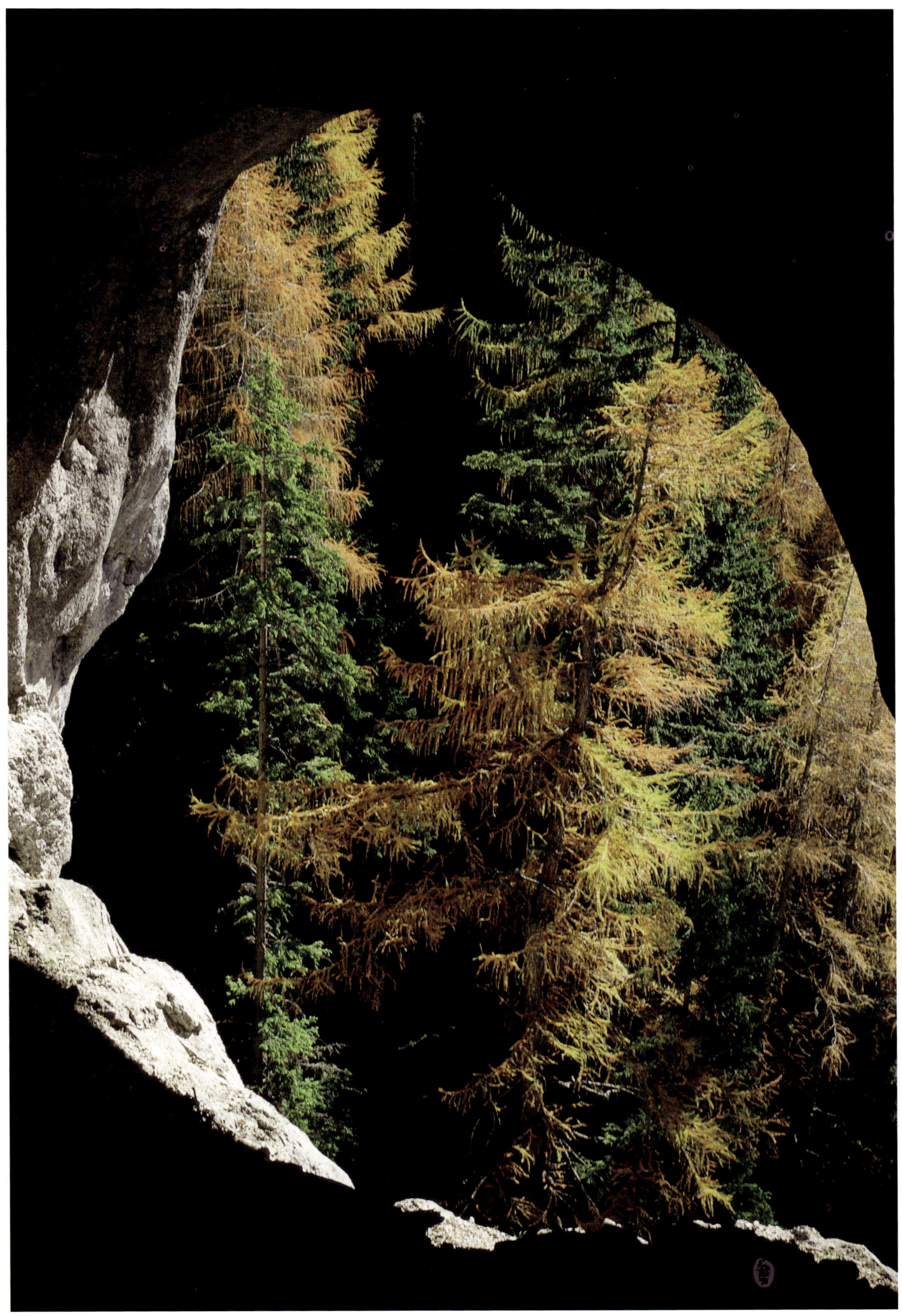

Ein echtes Naturwunder: die Felsentore an der Uschowa

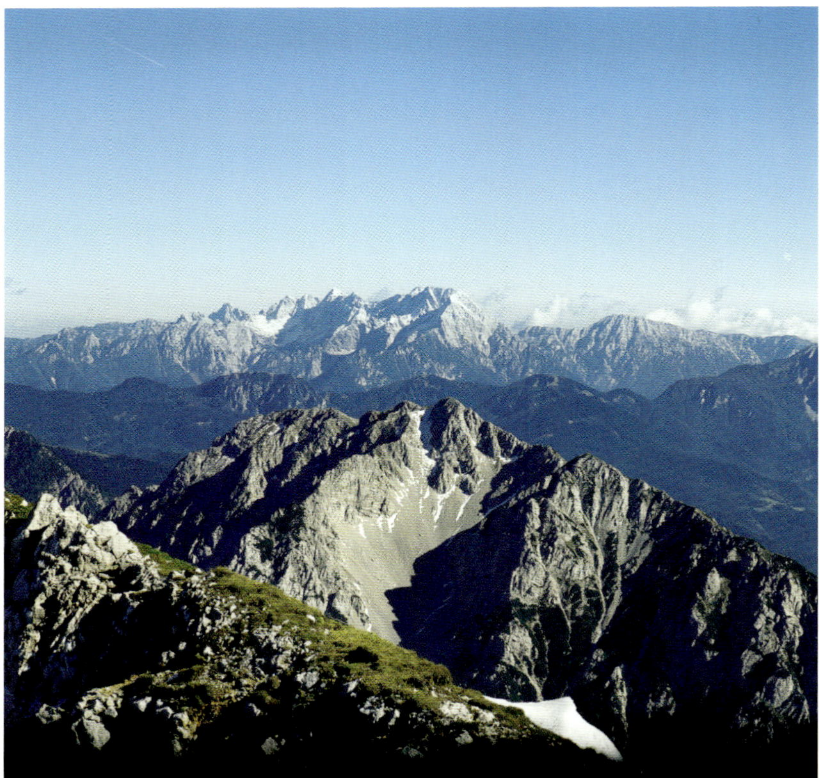

Am südöstlichen Alpenrand: die Steiner Alpen vom Hochstuhl aus

Versteckte Sehenswürdigkeiten

3 Uschowa-Felsentore, 1508 m

Ganz hinten im Remscheniggraben, an der Steilflanke der Uschowa, versteckt sich dieses Karawanken-Naturwunder. Der Zugang ist steil, recht mühsam auch, doch angesichts der fantastischen Felsformationen verschlägt es dem geschlauchten Wanderer ganz einfach die Sprache. Dass in und um die Felsenfenster auch noch verschiedene botanische Raritäten, etwa die Krainer Lilie, zu entdecken sind, ist bloß noch das berühmte Tüpfchen aufs »I«. Vom Heiliggeistgatterl kann man dann noch ein bisschen in die Steiner Alpen hinüberschnuppern, optisch zumindest, auf die herrlichen Felsgipfel über dem Logartal (Logarska dolina).

Vom Abzweig der Forstpiste zum Schelesnigsattel zunächst noch ein Stück im Remscheniggraben weiter aufwärts zu einer weiteren Waldstraße, dann rechts und auf dem alten Wallfahrtsweg durch die Nordwestflanke der Uschowa. Schließlich auf steiler (und wenn's nass ist, sehr rutschiger) Spur hinauf zu den drei Felsentoren. Mit Hilfe von Drahtseilsicherungen zurück zum Weg und ohne größere Höhenunterschiede hinüber zum Heiliggeistgatterl (1432 m). Nun leicht bergab, eine Forststraße kreuzend, zum Kirchlein St. Leonhard (1334 m) und am bewaldeten Kamm hinunter zum Schelesnigsattel (1130 m). Hier rechts auf der Straße zurück zum Ausgangspunkt.

Auf den höchsten Karawankenberg

12 Hochstuhl, 2237 m

Ein lustiger Name, so als wären Berge wie Stühle. Und irgendwie stimmt es ja auch, hinaufklettern kann man in beiden Fällen, nur die Aussicht dürfte bei Gipfeln etwas weiter sein. Im Fall des Hochstuhls (Stol) trifft das garantiert zu, denn von der höchsten Erhebung in den Karawanken ist das Panorama schier grenzenlos, und das darf man hier durchaus wörtlich nehmen. Denn die Grenze zwischen Österreich und Slowenien ist mittlerweile recht durchlässig, für Bergsteiger sowieso. So fragt am Bielschitzasattel oder in der (slowenischen) Prešernova koča niemand nach Nationalität oder Pass. Der Hochstuhl: ein Europagipfel.

Beim Anstieg zur Klagenfurter Hütte hat man den Berg direkt vor sich; durch seine felsigen Nordabstürze verläuft ein beliebter Klettersteig. Wanderer bleiben brav auf dem breiten Fahrweg, steuern hinter dem hübsch gelegenen Haus den markanten Einschnitt des Bielschitzasattels an. Jenseits, nun auf slowenischem Boden, führt die markierte Spur zu einer Minischarte, hinter der man das Belščica-Kar betritt. Nun recht mühsam über Geröll in die Senke zwischen Klein- und Hochstuhl und rechts hinauf zum Gipfel.

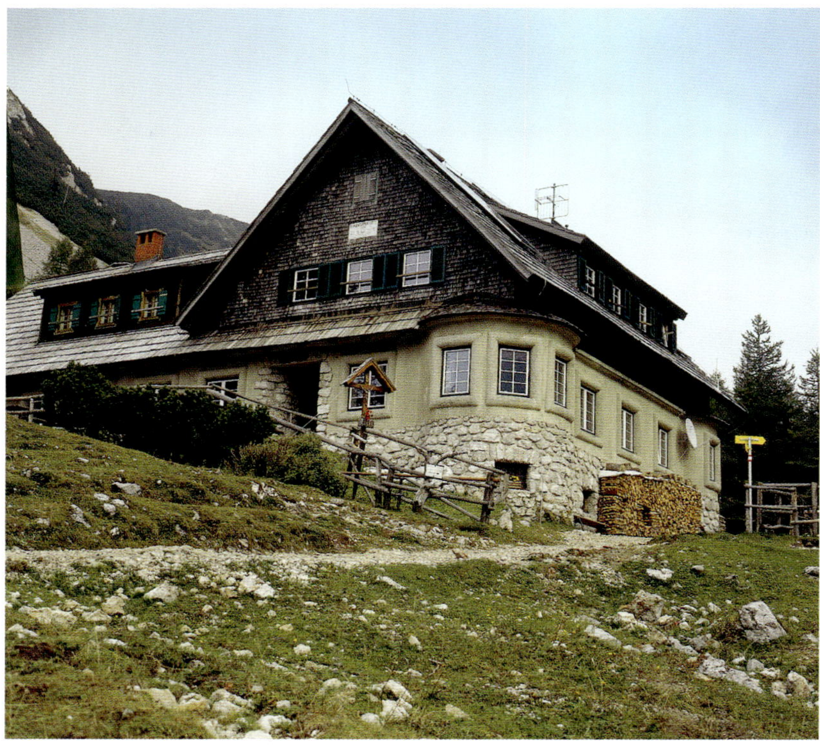

Stützpunkt am Hauptkamm der Karawanken: die Klagenfurter Hütte

Tourenziel/Charakteristik	Ausgangspunkt	Wegverlauf & Gehzeit	Markierung	Einkehr am Weg
1 Petzen; Feistritzer Spitze, 2113 m Mächtiges Massiv, östlicher Eckpfeiler der Karawanken mit großer Schau über den Alpenrand hinaus	Bergstation Siebenhütten (1711 m) der Gondelbahn, Talstation 7,5 km südlich von Bleiberg (479 m)	Siebenhütten – Kniepssattel (2012 m; 1 1/4 Std.) – Feistritzer Spitze (2 1/4 Std.) – Siebenhütten (3 1/2 Std.)	AV-Mark. 603, 603A	Gh. Siebenhütten (1692 m)
2 Oistra, 1577 m Kein ganz großer, aber trotzdem ein lohnender Aussichtsgipfel. Schöne Sicht ins Klagenfurter Becken	Lobniggraben, Zufahrt von Eisenkappel (555 m) 3 km bis zur Straßengabelung unterhalb des ehemaligen Gh. Schlöschitz	Lobninggraben – Preverniksattel (1171 m; 1 1/4 Std.) – Oistra (2 1/2 Std.) – Wögl (3 1/4 Std.) – Schlöschitz – Lobniggraben (4 1/2 Std.)	AV-Mark. 673, 601	
3 Uschowa-Felsentore, 1508 m Verstecktes Naturwunder über dem innersten Remscheniggraben, Zugang über steilen, im Bereich der Tore gesicherten Steig	Remscheniggraben (ca. 850 m), Zufahrt von Eisenkappel (555 m) 6 km	Remscheniggraben – Felsentore (2 1/2 Std.) – St. Leonhard (1334 m) – Schelesnigsattel (1130 m) – Remscheniggraben (5 Std.)	AV-Mark. 652, 611	
4 Vellacher Kotschna; Sanntaler Sattel, 1999 m Wanderung in den südlichsten Winkel Österreichs; vom Grenzsattel prächtiger Blick auf den Hauptkamm der Steiner Alpen. Naturschutzgebiet, Flora!	Vellacher Kotschna, Zufahrt von der Seeberg-Passstraße, Abzweigung oberhalb von Bad Vellach (840 m) 3 km bis zu einem Holzladeplatz (ca. 960 m)	Vellacher Kotschna – Sanntaler Sattel (3 Std.); Abstieg auf dem gleichen Weg (gesamt 5 Std.)	AV-Mark. 613	
5 Kärntner Storschitz, 1759 m Halbtagstour vom Kärntner Seeberg aus; Prachtblick auf die Steiner Alpen, einige Sicherungen	Kärntner Seeberg (1218 m) Grenzübergang von Völkermarkt nach Kranj	Seeberg – »Krainer Steig« – Kärntner Storschitz (1 3/4 Std.) – Pasterksattel (1401 m) – Seeberg (3 1/2 Std.)	AV-Mark. 626, 628, 627	
6 Hochobir, 2139 m Berühmter Aussichtsgipfel, von der Eisenkappler Hütte (1553 m, Mautstraße) aus bequem erreichbar (1 1/2 Std., Mark. 623). Lohnender vom Schaidasattel aus. Sehr Sehenswert: Obir-Tropfsteinhöhlen bei Eisenkappel	Schaidasattel (1068 m), Straßenübergang von Eisenkappel nach Zell-Pfarre	Schaidasattel – Hochobir (3 1/2 Std.) – Eisenkappler Hütte (4 1/2 Std.) – Obiralm (1272 m) – Schaidasattel (6 Std.)	AV-Mark. 623, 603	Eisenkappler Hütte (1553 m)
7 Freiberg, 1923 m Stiller Nachbar des (oft überlaufenen) Hochobir mit zwar nicht ganz so weitreichender, aber ebenfalls sehr stimmungsvoller Aussicht	Zell-Pfarre (948 m) kleines Dorf in den Karawanken, 12 km von Ferlach	Zell-Pfarre – Uznikkreuz (1304 m; 1 Std.) – Freiberg (3 Std.); Abstieg auf dem gleichen Weg (gesamt 5 Std.)	AV-Mark. 603, 631	
8 Koschuta-Karweg Höhenwanderung vor der lang gestreckten, mächtigen Felsphalanx der Koschuta. Wer zurück zum eigenen Fahrzeug muss, kann alternativ beim Koschutahaus starten.	Zell-Pfarre (948 m) kleines Dorf in den Karawanken, 12 km von Ferlach. Mautpflichtiges Sträßchen zum Koschutahaus (1280 m)	Zell-Pfarre – Koschutahaus (1 1/4 Std.) – Koschuta-Karweg – Potoksattel (1411 m; 3 3/4 Std.) – Freibach (849 m; 5 1/2 Std.)	AV-Mark. 642, 603	Koschutahaus (1280 m)
9 Ferlacher Horn, 1840 m Überschreitung von der Loiblstraße nach Ferlach. Kürzerer Anstieg von Zell-Oberwinkel (2 1/4 Std., mark.)	Deutscher Peter (702 m) historisches Gasthaus an der Loibl-Passstraße, 8 km von Ferlach	Deutscher Peter – Ferlacher Horn (3 3/4 Std.) – Sechtersattel – Ferlach (466 m; 6 1/4 Std.)	AV-Mark. 603, 659	Gh. Deutscher Peter (702 m)
10 Tscheppaschlucht und Tschaukofall Romantische Klamm, auf gut abgesichertem Steig zugänglich. Das gilt auch für den Tschaukofall. Weiterweg ins Bodental oder Abstieg entlang der (stark befahrenen) Loibl-Passstraße zum Parkplatz »Tscheppaschlucht«	Unterloibl (518 m) am Eingang zur Tscheppaschlucht. Parkplatz etwas oberhalb an der Loiblstraße	Unterloibl – Tscheppaschlucht (1 1/2 Std.) – Tschaukofall – Gh. Sereinig (2 3/4 Std.)	Mark. Wege	Gh. Sereinig (1010 m) im Bodental
11 Märchenwiese und Klagenfurter Hütte, 1664 m Höhenwanderung aus dem schönsten Talschluss der Karawanken zum Schutzhaus unter dem Hochstuhl (2237 m); am »Stinzesteig« leichte gesicherte Passagen	Gh. Sereinig (1010 m) Zufahrt von der Loibl-Passstraße via Windisch-Bleiberg, 5 km	Gh. Sereinig – Ogrisalm (1 3/4 Std.) – Matschacher Sattel (1714 m) – Klagenfurter Hütte (3 Std.) – Matschacher Sattel – Märchenwiese – Gh. Sereinig (5 Std.)	AV-Mark. 603, 662	Gh. Sereinig (1010 m), Klagenfurter Hütte (1664 m), Gh. Bodenbauer (1056 m)
12 Hochstuhl (Stol), 2237 m Höchster Karawankengipfel mit großem Panorama; Normalweg verläuft teilweise über slowenisches Territorium	Bärental, Zufahrt von Feistritz im Rosental (490 m) über die Stouhütte (970 m) bis zum Parkplatz unterhalb der Johannsenruhe, 10 km	Bärental – Klagenfurter Hütte (1 1/2 Std.) – Bielschitzasattel (1840 m; 2 Std.) – Hochstuhl (3 1/2 Std.); Abstieg auf dem gleichen Weg (gesamt 5 3/4 Std.)	AV-Mark. 603, 655, in Slowenien rot-weiße Kreismark.	Klagenfurter Hütte (1664 m), Prešernova koča (2174 m), 10 Min. südlich unter dem Gipfel

	Tourenziel/Charakteristik	Ausgangspunkt	Wegverlauf & Gehzeit	Markierung	Einkehr am Weg
Karawanken	**13 Mittagskogel, 2143 m** Berühmter Aussichtsgipfel, Kulissenberg der Faaker-See-Region. Am Normalweg Trittsicherheit erforderlich, viel Geröll	Kopein (846 m), Häusergruppe südlich der Rosental-Bundesstraße, Zufahrt 3 km	Kopein – Roßalm (1079 m; 1/2 Std.) – Bertahütte (2 1/2 Std.) – Mittagskogel (4 1/2 Std.) – Bertahütte (5 3/4 Std.) – Kärntner Grenzweg – Kopein (7 1/4 Std.)	AV-Mark. 679, 680, 603	Gh. Türkenkopf in Kopein; Bertahütte (1527 m)
	14 Mallestiger Mittagskogel, 1823 m Abwechslungsreiche Wanderrunde auf wenig begangenen Pfaden; vom Mallestiger Mittagskogel packender Blick über das Savetal zu den Julischen Alpen	Gh. Baumgartner (920 m), Zufahrt von Latschach (639 m,) 3 km	Gh. Baumgartner – Mitzl-Moitzl-Hütte (1639 m) – Mittagskogel (2 3/4 Std.) – Gallobhütte – Gh. Baumgartner (5 Std.)	AV-Mark. 683, 684	Gh. Baumgartner (920 m)
	15 Ofen; Dreiländereck, 1509 m Kleiner Gipfelspaziergang (mit großer Schau auf die Julier) und anschließend gemütliche Bergabwanderung	Bergstation der Dreiländereck-Sesselbahn (1458 m), Talstation Seltschach (704 m,) 3 km von Arnoldstein	Liftstation – Dreiländereck (1/2 Std.) – Seltschach (2 Std.)	Mark. Weg	Rest. Dreiländereck bei der Liftstation
	16 Kepa (Mittagskogel), 2143 m Langer, aber sehr aussichtsreicher Anstieg; am Kamm gesicherte Passagen. Im Sommer ziemlich schweißtreibend, Abstieg westlich auf gutem Weg zur Jepca	Dovje (704 m,) Dorf im oberen Savetal, gegenüber von Mojstrana	Dovje – Planina Mlinca (1140 m) – Weggabelung (ca. 1610 m; 3 Std.) – Kepa (5 Std.) – Jepca (6 1/2 Std.) – Belcagraben – Belca (691 m; 8 1/2 Std.,)	Rot-weiße Kreismark.	
	17 Golica (Kahlkogel), 1835 m Unscheinbarer »Mugel« im Karawanken-Hauptkamm, berühmt für die Narzissenblüte an seiner Südflanke (Mitte/Ende Mai)	Planina pod Golico (933 m,) Zufahrt von Jesenice im Savetal, 5 km	Planina pod Golico – Koča na Golici (1582 m; 2 Std.) – Golica (2 3/4 Std.) – Rožca (1587 m; 4 Std.) – Planina pod Golico (5 1/4 Std.)	Rot-weiße Kreismark.	Planina pod Golico (933 m); Koča na Golici (1582 m)
	18 Vrtača (Vertatscha), 2116 m Markant-felsiger Kulissenberg im Talschluss der Märchenwiese, von Süden für trittsichere Berggänger ein lohnendes Ziel	Südeingang des Loibltunnels (1058 m,) 11 km von Tržič. Großer Parkplatz	Loibltunnel – Dom na Zelenici (1 1/2 Std.) – Vrtača (4 Std.); Abstieg auf dem gleichen Weg (gesamt 6 1/2 Std.)	Rot-weiße Kreismark.	Loibltunnel, Dom na Zelenici (1536 m)
	19 Begunjščica, 2060 m Mächtiger Bergstock, nach Norden, zum Loibltunnel mit riesigen Schuttflanken	Dom v Dragi (689 m), Zufahrt von Begunje (585 m,) 3 km	Dom v Dragi – Roblekov dom (3 Std.) – Begunjščica (4 1/4 Std.) – Preval (1311 m; 5 1/2 Std.) – Dom v Dragi (7 Std.)	Rot-weiße Kreismark.	Dom v Dragi (689 m), Roblekov dom (1657 m)
	20 Veliki vrh (Hochturm), 2088 m Westlicher Eckpfeiler der Koschuta, von Süden über ausgedehnte Almregionen leicht zu besteigen. Bemerkenswertes Panorama	Jelendol (762 m), Häusergruppe im Graben der Tržiča Bistrica; schmale Zufahrt von Tržič (515 m,) 7 km	Jelendol – Dom na Kofcah (2 1/4 Std.) – Veliki vrh (4 Std.); Abstieg auf dem gleichen Weg (gesamt 6 1/2 Std.)	Rot-weiße Kreismark.	Dom na Kofcah (1488 m)
Steiner Alpen	**21 Storžič, 2132 m** Nicht zu Unrecht als »Krainer Rigi« bezeichnet: großes Panorama. Aufstieg durch den »Schlund« (= zrelo) sehr steil und abschnittweise gesichert. Nur für Geübte!	Dom pod Storžičem (1123 m), Zufahrt von Tržič (515 m,) über Lom, knapp 9 km	Dom pod Storžičem – Storžič (3 1/4 Std.) – Nordgrat – Dom pod Storžičem (5 1/2 Std.)	Rot-weiße Kreismark.	Dom pod Storžičem (1123 m)
	22 Stegovnik, 1692 m Steiles, isoliert stehendes Felsriff. Überschreitung mit einigen gesicherten Passagen; der Abstieg verläuft durch ein interessantes Felslabyrinth.	Häusergruppe Dol (765 m), Zufahrt von Podlog , 2 km, von Jezersko (680 m,) 6 km	Dol – Močnikovo sedlo (1315 m; 1 3/4 Std.) – Stegovnik (2 3/4 Std.) – Südgipfel (1684 m) – Höhlen – Sattel (1485 m) – Höhenweg – Močnikovo sedlo (5 Std.) – Dol (6 1/4 Std.)	Rot-weiße Kreismark.	
	23 Češka koča, 1542 m Beliebtes Wanderziel vor den Nordabstürzen von Grintovec und Dolgi hrbet. Alle Gipfel nur über Klettersteige erreichbar	Zgornje Jezersko (880 m,) kleiner Ferienort am Südfuß des Seebergs, 25 km ab Eisenkappel. Parkplatz 1 km südlich bei einem Skilift)	Jezersko – Češka koča (2 Std.) – Raveska kočna – Jezersko (4 Std.)	Rot-weiße Kreismark.	Češka koča (1542 m)
	24 Frischaufov dom, 1396 m Klassischer Ausflug im innersten Logartal, vorbei am sehenswerten Rinka-Wasserfall in den Talschluss. Johann Frischauf gilt als Erschließer der Steiner Alpen.	Endpunkt der Straße ins Logarska dolina (1000 m,) etwa 20 km von Luãe. Parkplatz	Parkplatz – Frischaufov dom (1 Std.); Abstieg auf dem gleichen Weg (gesamt 1 3/4 Std.)	Rot-weiße Kreismark.	Am Straßenende, Frischaufov dom (1396 m)
	25 Raduha, 2062 m Felsgipfel über Solãava mit interessanten, teilweise gesicherten Anstiegen. Die Raduha bietet eine sehr stimmungsvolle, kontrastreiche Rundschau.	Spranje Sleme (1254 m), Straßenübergang im Osten der Steiner Alpen, von Solãava nach Crna	Spranje Sleme – Koča na Grohatu (1 Std.) – Raduha (3 Std.) – Durce (1910 m) – Koča na Grohatu – Spranje Sleme (5 1/4 Std.)	Rot-weiße Kreismark.	Koča na Grohatu (1460 m)

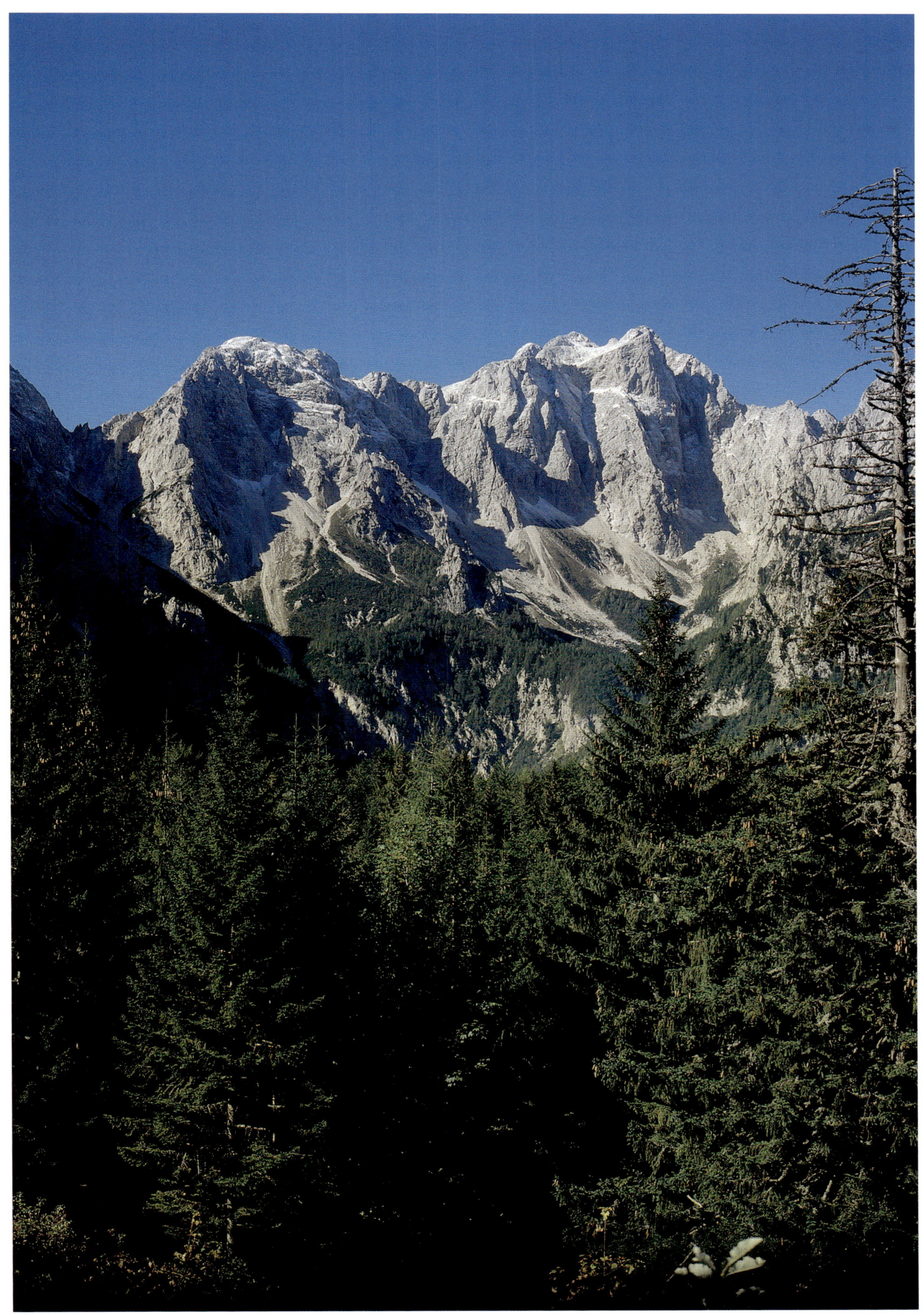

Großartig: der Talschluss von Logarska dolina mit den drei Rinke-Gipfeln

Die Julischen Alpen

Hinter den »sieben Bergen«

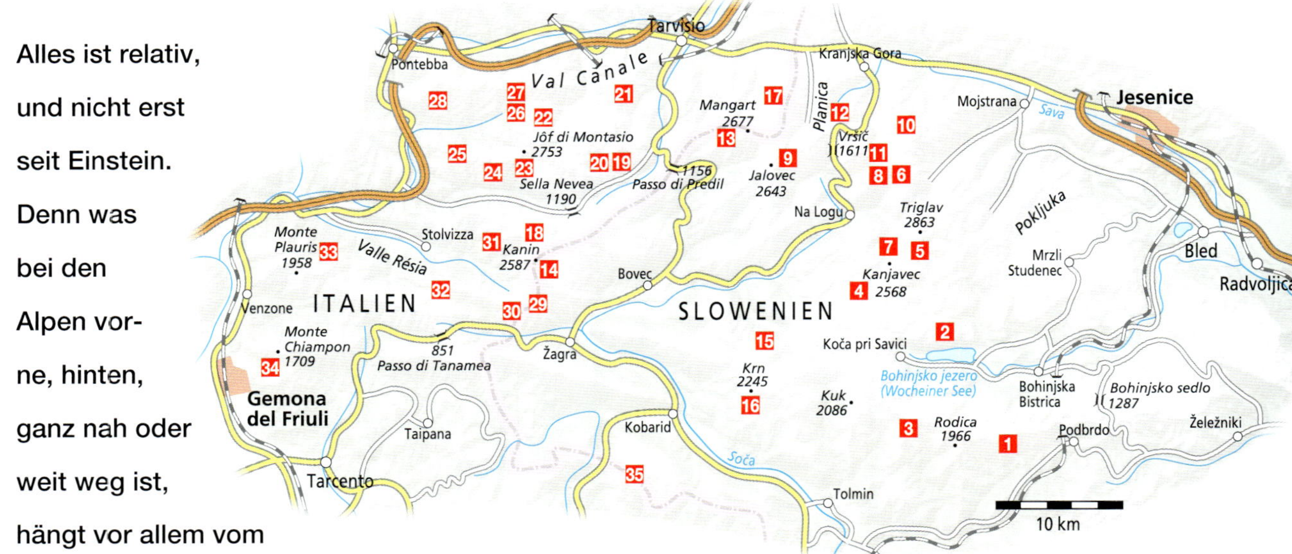

Alles ist relativ, und nicht erst seit Einstein. Denn was bei den Alpen vorne, hinten, ganz nah oder weit weg ist, hängt vor allem vom Blickwinkel ab. Für die Unterkärntner liegen die Julischen Alpen fast vor der Haustür, im Bewusstsein der Bayern etwa stehen diese Kalkberge, die in manchem ans Karwendel erinnern, buchstäblich »hinten«. Früher, als der Osten noch rot war und Jugoslawien bis zum Karawankenkamm reichte, boten sie den letzten Alpengruß an die nach Sonne und Strand lechzenden deutschen Urlauber.

Und manch einer, dem der überladene Käfer auf der Steilrampe des Wurzenpasses hängen blieb, hatte Gelegenheit zu einem unfreiwillig längeren Blick auf markante Felsen, die über dunklen Wäldern in den blauen Himmel stechen, und in tiefe Talwinkel. Dieser Blick, egal ob vom Wurzen oder von der Tauernautobahn, macht eines klar: Die Julischen Alpen sind ein großartiges Tourenrevier, aber nichts für Gelegenheitswanderer, die steinige Wege scheuen, bald nach der nächsten Brotzeitstation schielen und bergauf lieber lifteln als schwitzen.

Dem ambitionierten und ausdauernden Bergwanderer dagegen bieten die Julier eine Vielzahl schönster Ziele, tolle Gipfel, aussichtsreiche Höhenwege. Doch spätestens drunten im Tal spürt man's in den Knochen: Hier sind die Berge hoch, die Täler tief und die Wege rau. Dafür ist der Süden nicht mehr weit, im Isonzotal blühen Oleander, gedeiht die Kastanie, und von so manchem Gipfel geht der Blick hinaus bis zur Adria.

Die Julischen Alpen liegen zu zwei Dritteln in Slowenien, zu einem Drittel in Italien – und seit 2003 zur Gänze in der EU. So ist der Grenzübertritt weitgehend problemlos, im Gebirge sowieso: Berge und Bergsteiger hier wie dort, im Friaul wie in Oberkrain.

Steckbrief

Fläche: ca. 3500 qkm
Höchster Punkt: Triglav (2864 m)
Gebirgsgruppen: Julische Alpen
Wichtigste Ortschaften: Bled, Jesenice, Kranjska Gora, Kobarid, Bovec, Tarvisio, Pontebba, Gemona
Wandervorschläge: 35

Von Hütte zu Hütte

Ein Trekking (so heißt das heute) im Triglav-Nationalpark, von Koča zu Dom? Ein kurzer Blick auf die Landkarte verrät einiges über die vielfältigen Möglichkeiten zu einer Tourenwoche in den Juliern. Bei genauerem Hinsehen zeigt sich allerdings auch, dass zwischen Save und Soča (Isonzo) anstrengende Etappen mit viel Auf und Ab auf den Wanderer warten, und öfters wird aus dem gebahnten Weg eine Geröllspur oder ein gesicherter Steig, muss man die Hände zu Hilfe nehmen. Also etwas für bergerfahrene Wanderer, die sich auch mit Klettersteigen ein wenig auskennen.

Die sechs Etappen. **1. Tag:** Wocheiner See – Sieben-Seen-Tal – Zasavska koča (2071 m), 6 Std. **2. Tag:** Zasavska koča – Tržaška koča (2151 m) – Triglav (2863 m) – Dom Staniča (2332 m), 6 ½ Std. **3. Tag:** Dom Staniča – »Pragweg« – Luknja – Bovški Gamsovec (2392 m) – Pogačnikov dom (2052 m), 7 Std. **4. Tag:** Pogačnikov dom – »Jubiläumsweg« – Prisojnik (2547 m) – Vršič (1611 m), 6 Std. **5. Tag:** Vršič – Zavetišče pod Špičkom (2050 m), 3 ½ Std. **6. Tag:** Zavetišče pod Špičkom – Jalovec (2643 m) – Dom Tamar (1108 m), 7 Std.

Das Tal der Wunder

4 Sieben-Seen-Tal; Zasavska koča, 2071 m

Wer die Julischen Alpen wirklich kennenlernen will, muss das Tal der Sieben Seen (Dolina Triglavskih jezer) durchwandern, aus der Wochein herauf bis an den Fuß des Kanjavec! Nicht zufällig handelt es sich dabei um das Kerngebiet des 1924 gegründeten »Triglav-Nationalparks«, der heute fast die gesamten slowenischen Julier umfasst. Seine Flora – von Balthasar Hacquet (1740–1815) erstmals beschrieben – verdient das Prädikat »einmalig«, die Landschaft hat ihren unverwechselbaren herb-melancholischen Zauber. Geformt wurde sie von eiszeitlichen Gletschern, später übernahm dann das Wasser die »Feinarbeit«, schuf fantastische Reliefs im Kalk; Bergstürze ließen riesige Geröllhalden zurück, dazwischen sorgen die Seeaugen für belebende Akzente, sieben insgesamt und ein paar Tümpel.

Das Sieben-Seen-Tal, fast zehn Kilometer lang, steigt nördlich an gegen den mächtigen Kanjavec (2569 m); richtig anstrengend ist auf dem weiten Weg zur Zasavska koča (2071 m) allerdings nur der Einstieg: rund 700 Höhenmeter im Zickzack über die Felsstufe der Komarca zum siebten See (man zählt hier von oben), dem Črno jezero (1320 m). Der weitere Anstieg verläuft gemütlicher, immer wieder von längeren Flachstrecken unterbrochen. Am Doppelsee (Dvojno jezero) steht die Sieben-Seen-Hütte (1685 m); hinter dem Großen See (Veliko jezero, 1830 m) kommt der massige Rücken des Kanjavec ins Blickfeld.

Den Wendepunkt der Tour markiert die Zasavska koča in bezaubernder Lage wenig oberhalb des zweiten Sees am Kamm mit freier Sicht auf die Berge der Trenta, vom Bavški Grintavec (2344 m) bis zum Razor (2602 m). Das dunkle Auge des ersten Sees (Jezero pod Vrsacem, 1991 m) entwässert übrigens nicht ins Sieben-Seen-Tal, sondern unterirdisch in die Zadnjica. Dahin kann auch absteigen, wer in der Zasavska koča übernachtet – nach der langen Wanderung durchaus empfehlenswert.

Der Abstieg von der Zasavska koča (2071 m) ins Sočatal verläuft über die Scharte Čez dol (1632 m) nach Trenta (620 m). Eine spannende Alternativroute für geübte Berggänger führt quer durch die Nordwestwand des Kanjavec. Auf den teilweise gesicherten Felsbändern fühlt man sich fast ein wenig wie auf der berühmten »Via delle Bocchette« – Brenta-Feeling in den Julischen Alpen!

Eine weitere Möglichkeit für den Rückweg bietet der Gratsteig, der beim dritten See (Zeleno jezero, 1988 m) abzweigt und über die Mala Zelnarica (2320 m) zurück zur Sieben-Seen-Hütte führt, notabene mit herrlichen Blicken in das lang gestreckte Hochtal.

Was für eine Kulisse!

6 Bovški Gamsovec, 2392 m

Der Triglav (2863 m), höchster Gipfel der Julischen Alpen, ist mit seiner riesigen Nordwand Blickfang auf dieser interessanten Gipfelüberschreitung; fast magisch zieht die monumentale, durch mächtige Pfeiler gegliederte Mauer den Blick auf sich. Was für ein Kontrast zu der von Wind und Wasser zernagten Steinwüste der Kriški podi!

Vom Aljažev dom wandert man zunächst flach talein zum originellen Partisanendenkmal, dann – teilweise noch angenehm schattig – bergan gegen den tiefen Einschnitt der Luknja. Nach gut einer Stunde zweigt rechts der Weg in die Sovatna (Steinbockrevier!) ab. Im Zickzack steigt er durch das Tälchen an zum Dovška vrata (2178 m). Jenseits der Scharte breiten sich die Kriški podi mit ihren kreisrunden Karstseen aus. Nun links am Kamm über Bänder und leichte Felsen (Sicherungen) zum Gipfel des Bovški Gamsovec.

Der Abstieg folgt dem gestuften Südgrat, schwenkt oberhalb der Luknja (1758 m) in ein winziges Tälchen ein. Aus dem Pass steigt man dann auf viel begangenem Weg wieder ab ins Tortal (= Vrata).

Auf den zweithöchsten Gipfel der Julier

23 Jôf di Montasio, 2753 m

Natürlich zieht es auch Bergwanderer hinauf zu den Gipfeln, und wenn die von solch mächtiger Statur sind wie der Montasch (Jôf di Montasio), dann erst recht. Ein Glück, dass der Riese, der sich aus der Saisera und vom Val Dogna aus so unnahbar gibt, eine weniger steile Flanke aufweist: die Südseite, auffallend gebändert und mit einem grünen Fleck knapp

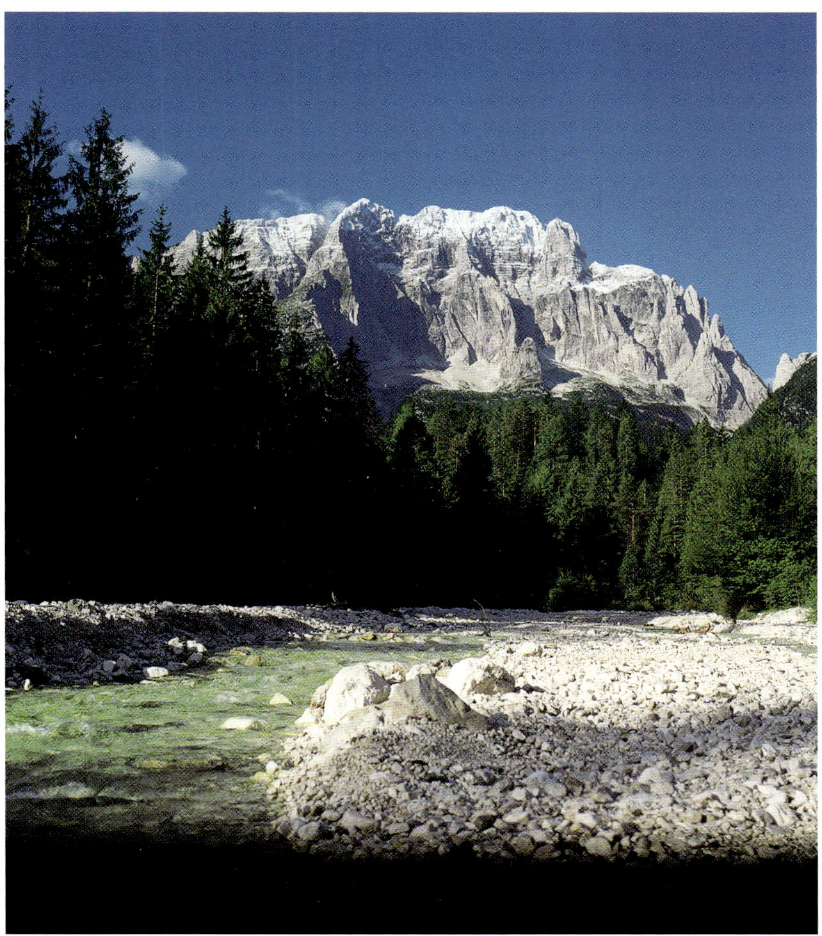

Höchster Gipfel der westlichen Julier ist der Jôf di Montasio (2753 m).

unter dem hohen Kamm. Da führt der markierte Normalweg vorbei, zum Ostgrat und über ihn zum Gipfel. Eine tolle Tour!

Über das Altipiano del Montasio zunächst auf breitem Schotterweg zum Rifugio Brazzà (1660 m), benannt nach dem Erstbesteiger des Berges. Hinter der Hütte links und schräg über die steinigen Blumenwiesen bergan gegen die Forca dei Disteis (2201 m), dann rechts im Geröll mühsam zum Fuß der stark gegliederten Südwand: Bänder, kleine Felsstufen, Schutthänge und zuletzt im Zickzack über den grünen Fleck zum Grat (Forca Verde, 2587 m). Nun am Kamm mit ganz leichten Kraxelstellen, vorbei an einem verfallenen Betonunterstand aus dem Ersten Weltkrieg, zur Gipfelglocke und zur ganz großen Aussicht.

Blumenwelt Julische Alpen

24 Via Alta

Relikten der Vergangenheit begegnet man in den westlichen Juliern allenthalben, die meisten hat der Erste Weltkrieg zurückgelassen: Gräben, Kavernen und zahllose Wege beiderseits der einstigen Frontlinie, die von Pontebba/Pontafel über den Jôf di Miezegnot zum Jôf Fuart/Wischberg und über den Rombon ins Isonzotal (Soča) ging, manche noch begehbar oder rekonstruiert. Solch ein Pfad ist auch die »Via Alta«, 1915 für den italienischen Nachschub erbaut, später vergessen, fast schon überwuchert, schließlich wieder entdeckt und markiert. Ein Hit ist er glücklicherweise nicht geworden. Ruhe unterwegs garantiert – niemand stört die prächtigen Bilder, große wie kleine. Die großen, wilden baut das Gebirge auf, kleine Sehenswürdigkeiten finden sich en masse links und rechts der Wegspur: die Flora der Julier, üppig und reich an Arten, denen man anderswo in den Alpen kaum begegnet.

Wer in Sella Nevea (1150 m) übernachtet hat, muss zunächst hinauf zum Altipiano del Montasio, dem weiten Almgelände unter der horizontal geschichteten Mauer des Montasch-Massivs (Jôf di Montasio, 2753 m): knapp anderthalb Stunden auf dem Teerband (oder zehn Minuten im Auto eines freundlichen Zeitgenossen …).

Unweit der Alphütten von Pecol (1519 m) beginnt die »Via Alta«, erst als hässliche (neue) Schotterspur, die aber bald zur Mulattiera wird. Fast eben geht's unter den Grashängen des Monte Zabus dahin und um die Felsen des Pizzo Viene (2037 m) herum. Dann verliert der teilweise von der üppigen Vegetation fast überwucherte Weg in Schleifen etwa 200 Meter an Höhe, ehe er einfädelt ins Grabensystem über dem mittleren Raccolana-Tal. Ein paar Serpentinen leiten schließlich hinab zu den Häusern von Patòc (772 m). Hier wird aus der Höheneine Talwanderung: am Rio Patòc entlang hinab und hinaus in den Canal del Ferro und links nach Raccolana, zuletzt mit dem Rauschen des Fernverkehrs auf der Autostrada im Ohr.

Slowenische Bergtransversale

Rund 800 Kilometer langer Fernwanderweg in Slowenien, der von Maribor durch die Steiner Alpen entlang den Karawanken und quer durch die Julischen Alpen bis an die Adria führt. Durchgehend mit rot-weißer Kreismarkierung und einer Eins bezeichnet. Nächtigung in Berghütten oder in Ortschaften.

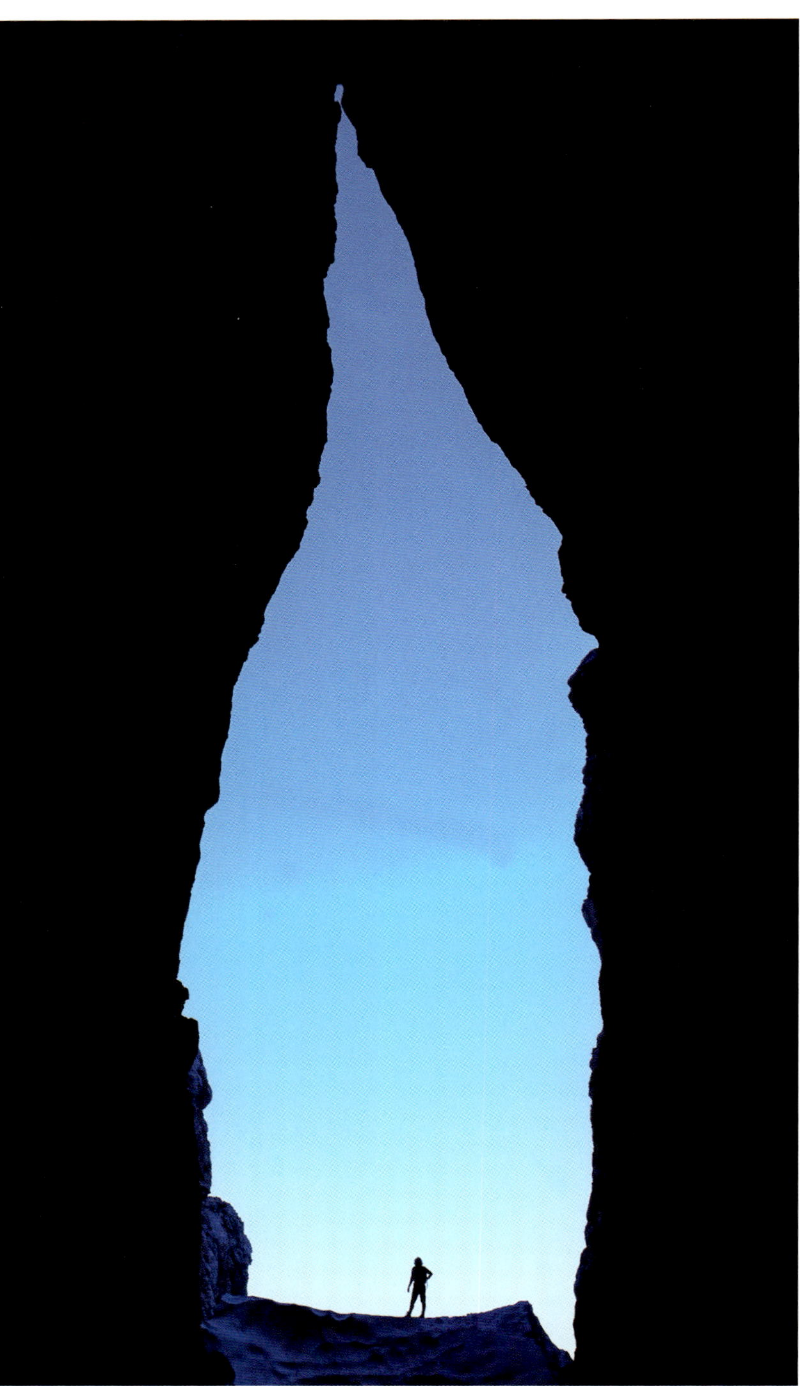

Kunst am Fels: das grandiose hintere Felsenfenster am Prisojnik

Tourenziel/Charakteristik	Ausgangspunkt	Wegverlauf & Gehzeit	Markierung	Einkehr am Weg
1 Črna prst, 1844 m Bekannter Blumenberg am Südrand der Julier mit schöner Rundschau. Im Norden die Hauptgipfel um den Triglav	Dom Mencingerja (804 m) oberhalb von Bohinjska Bistrica (512 m, Bus), Zufahrt 4 km (zu Fuß 3/4 Std.)	Dom Mencingerja – Čkrilje – Črna prst (2 3/4 Std.) – Jata – Dom Mencingerja (4 1/2 Std.)	Rot-weiße, kreisförmige Mark.	Dom Mencingerja (804 m), Dom Zorka Jelinšiča (1835 m)
2 Koča na Planina pri Jezeru, 1453 m Alm- und Höhenwanderung nördlich über dem Wocheiner See (Bohinjsko jezero), teilweise noch Almbetrieb. Tiefblicke auf den größten slowenischen See	Stara Fužina (546 m, Bus) erreicht man von Bled via Bohinjska Bistrica auf guter Straße, 28 km. Sehenswert: Almmuseum	Stara Fužina – Kosijev dom – Koča na Planina pri Jezeru (3 Std.) – Planina Viševnik (1615 m) – Pršivec (1761 m) – Kosijev dom – Stara Fušina (6 1/2 Std.)	Rot-weiße Kreismark.	Kosijev dom (1054 m), Koča Planina pri Jezeru (1453 m)
3 Vogel, 1922 m Abwechslungsreiche Runde über das Karstplateau der Komna hinab zum Wocheiner See (Bohinjsko jezero, 523 m)	Seilbahn Bergstation der Vogel-Seilbahn (1540 m), Talstation am Wocheiner See (Ukanc, 560 m, Bus)	Seilbahn – Škrbina (1668 m) – Vogel (2 1/2 Std.) – Konjsko sedlo (1782 m) – Dom na Komni (4 3/4 Std.) – Koča pri Savici (6 1/2 Std.) – Ukanc (7 1/4 Std.)	Rot-weiße Kreismark.	Skihotel Vogel (1540 m), Dom na Komni (1520 m), Koča pri Savici
4 Sieben-Seen-Tal; Zasavska koča, 2071 m Wanderklassiker in den Juliern, besonders schön mit einer Übernachtung in der Zasavska koča und einer Besteigung des Kanjavec (2569 m; 2 Std. von der Hütte, mark.). Zauberhafte Berge-Seen-Landschaft, berühmte Flora!	Wocheiner See (Bohinjsko jezero, 523 m), Zufahrt von Bled über Bohinjska Bistrica, 35 km. Parkplatz bei der Koča pri Savici (653 m)	Koča pri Savici – Sieben-Seen-Hütte (3 1/2 Std.) – Zasavska koča (6 Std.); Abstieg auf dem gleichen Weg (gesamt 10 1/2 Std.)	Rot-weiße Kreismark.	Koča pri Triglavskih jezerih (Sieben-Seen-Hütte, 1685 m); Zasavska koča (2071 m)
5 Rund um den Triglav; Triglavski dom, 2515 m Zweitägige Runde um den höchsten Gipfel der Julischen Alpen. Ausdauer und ein sicherer Tritt sind unerlässlich. Normalweg auf den Triglav (2863 m) gesichert (1 1/2 Std. vom Triglavhaus, mark.)	Aljažev dom (1015 m, Bus) Zufahrt von Mojstrana (641 m, Bus) durch das Vratatal, 11 km. Parkplatz 5 Min. vor der Hütte	Aljažev dom – »Pragweg« – Triglavski dom (5 Std.) – Dom Planika (6 Std.) – Dolič (2164 m; 7 1/2 Std.) – Luknja (1758 m; 9 3/4 Std.) – Aljažev dom (11 1/4 Std.)	Rot-weiße Kreismark., dazu 1 (Bergtransversale)	Aljažev dom (1015 m); Triglavski dom (2515 m); Dom Planika (2401 m), Tršačka koča (2151 m)
6 Bovški Gamsovec, 2392 m Den schönsten Blick auf die riesige Triglav-Nordwand hat man aus der Sovatna. Steinböcke! Überschreitung des Bovški Gamsovec mit gesicherten Passagen.	In das Vratatal führt von Mojstrana (641 m, Bus) eine ordentliche Straße, 11 km bis Parkplatz 5 Min. vor dem Aljažev dom (1015 m, Bus)	Aljažev dom – Sovatna – Dovška vrata (2178 m; 3 3/4 Std.) – Bovški Gamsovec (4 1/2 Std.) – Luknja (1758 m; 6 Std.) – Aljažev dom (7 1/2 Std.)	Rot-weiße Kreismark.	Aljažev dom (1015 m), Pogačnikov dom (2050 m), 20 Min. westlich der Dovška vrata
7 Kanjavec-Nordwestwandsteig; Zasavska koča, 2071 m Große Runde an den riesigen Nordwestabstürzen des Kanjavec (2568 m). Kürzere Passagen am Bänderweg gesichert. Bis in den Hochsommer heikle Altschneereste!	In die Zadnjica führt von Na Logu (620 m, Bus) an der Vršič-Passroute ein Schotterssträßchen, 1,5 km bis zu einem Parkplatz	Zadnjica – Korita – Abzweigung Bänderweg (ca. 2010 m; 3 1/2 Std.) – Zasavska koča (5 3/4 Std.) – Čez Dol (1632 m; 6 1/2 Std.) – Zadnjica (8 1/4 Std.)	Rot-weiße Kreismark.	Zasavska koča (2071 m)
8 Pogačnikov dom, 2052 m Lohnende Hüttenwanderung. Das Schutzhaus liegt am Rand des Karrenplateaus Kriški podi (mehrere winzige Seen). Besuchenswert: Alpinetum Julijana (Alpenblumengarten)	In die Zadnjica führt von Na Logu (620 m, Bus) an der Vršič-Passroute ein Schottersträßchen, 1,5 km bis zu einem Parkplatz	Zadnjica – Pogačnikov dom (3 3/4 Std.); Abstieg auf dem gleichen Weg (gesamt 6 Std.)	Rot-weiß Kreismark.	Pogačnikov dom (2052 m)
9 Jalovec, 2643 m Von der Planica aus das schönste Gipfelprofil der Julier. Leichtester Anstieg aus der Trenta, im Gipfelbereich Sicherungen. Gute Kondition unerlässlich, gesicherte Passagen	Zadnja Trenta, Zufahrt von der Vršič-Passstraße Bus bis etwa 2 km hinter der Koča pri Izviru Soče (874 m)	Zadnja Trenta – Zavetišče pod Špičkom (3 Std.) – Jalovec (5 1/4 Std.); Abstieg auf dem gleichen Weg (gesamt 8 1/4 Std.)	Rot-weiße Kreismark.	Koča pri Izviru Soče (874 m), Zavetišče pod Špičkom (2050 m)
10 Špik, 2472 m Vom Savetal aus gesehen eine elegante Felspyramide; markierter Anstieg aus der Krnica. Ausdauer unerlässlich, im Gipfelbereich Sicherungen	Mihov dom (1085 m, Bus) an der Nordrampe der Vršič-Passstraße, 6 km von Kranjska Gora (809 m, Bus) Parkplatz	Mihov dom – Koča v Krnici (3/4 Std.) – Gamsova ·pica (1931 m; 3 3/4 Std.) – Lipnica (2418 m) – ·pik (5 1/2 Std.); Abstieg auf dem gleichen Weg (gesamt 8 1/2 Std.)	Rot-weiße Kreismark.	Mihov dom (1085 m); Koča v Krnici (1113 m)
11 Prisojnik, 2547 m Wuchtiges Bergmassiv über der Vršič-Passstraße mit mehreren, teils schwierigen Anstiegen. Normalweg recht »geröllhaltig«, Gratweg vom großen Felsenfenster (Prednje okno) zum Gipfel abschnittweise gesichert. Schwindelfreiheit!	Vršič (1611 m, Bus), Straßenpass zwischen Kranjska Gora und Bovec im Isonzotal	Vršič – Gladki rob (1870 m; 1 Std.) – Normalweg oder Felsenfenster – Prisojnik (3 Std.); Abstieg auf dem Normalweg (gesamt 4 3/4 Std.)	Rot-weiße Kreismark.	Am Vršič (1611 m)

	Tourenziel/Charakteristik	Ausgangspunkt	Wegverlauf & Gehzeit	Markierung	Einkehr am Weg
Julijske Alpe (Slowenien)	**12 Slatnica, 1815 m** Rundwanderung vor großer Kulisse, teilweise sehr steile Wege. Im Frühsommer in der Grlo (= Gurgel) gefährliche Firnfelder!	In die Planica (Skiflugschanzen) führt von Rateãe (870 m) nahe der italienischen Grenze eine Straße, 2 km bis zum Großparkplatz (940 m).	Parkplatz – Dom Tamar – Slatnica (3 Std.) – Grlo (1437 m) – Dom Tamar (4 1/4 Std.) – Parkplatz (5 Std.)	Rot-weiße Kreismark.	Dom Tamar (1108 m) in der Planica
	13 Mangart, 2677 m Haupt- und Grenzgipfel der Julischen Alpen mit kurzem, vergleichsweise leichtem Anstieg. Und die Fahrt auf der Mangartstraße ist auch schon ein (Berg-)Erlebnis.	Straßenschleife unterhalb der Lahnscharte (Mangartsko sedlo, 2055 m). Anfahrt vom Predilpass (1156 m), 12 km	Lahnscharte – Mangart (2 Std.); Abstieg auf dem gleichen Weg (gesamt 3 1/4 Std.)	Rot-weiße Kreismark.	Mangartska koča (1906 m)
	14 Kanin, 2587 m Höchster Gipfel über dem riesigen Karstplateau der Kaninski podi. Höhen- und Kammwanderung, Panorama mit Meerblick	Bergstation der Kanin-Gondelbahn (2202 m), Talstation Bovec (483 m)	Kaninbahn – Kanin (2 Std.); Abstieg auf dem gleichen Weg (gesamt 3 1/2 Std.)	Rot-weiße Kreismark.	Kaninbahn; Dom Petra Skalarja (2260 m, 1/2 Std. vom Gipfelweg)
	15 Krnsko jezero, 1395 m Gemütliche Talwanderung im Rücken des mächtigen Krn (2245 m)	Dom dr. Klementa Juga (680 m), Zufahrt aus dem Isonzotal durch die Lepena, 6 km	Dom Klementa Juga – Krnsko jezero (2 Std.); Abstieg auf dem gleichen Weg (gesamt 3 1/4 Std.)	Rot-weiße Kreismark.	Dom dr. Klementa Juga (680 m), Dom pri Krnskih jezerih (1385 m)
	16 Krn, 2245 m Mächtiges, im Ersten Weltkrieg hart umkämpftes Bergmassiv über dem Isonzotal (Soča). Vom Gipfel großes Panorama; Blumen!	Schottergrube (ca. 990 m) unterhalb der Planina Kuhinja (1020 m), Zufahrt von Kobarid (234 m) über das Bergnest Krn, 12 km	Planina Kuhinja – Krn (3 1/2 Std.) – Batognica – Sattel (ca. 1950 m; 5 1/2 Std.) – Planina Kuhinja (7 1/4 Std.)	Rot-weiße Kreismark.	Gomiščkovo zavetišče (2182 m) unter dem Gipfel
Alpi Giulie (Italien)	**17 Rifugio Zacchi, 1380 m** Bilderbuchwanderung vor den Felsmauern des Mangart-Ponze-Massivs. Im Sommer an Wochenenden rund um die (idyllischen) Weißenfelser Seen (Laghi di Fusine) viel Betrieb	Zu den Weißenfelser Seen kommt man von Tarvisio via Fusine in Valromana (764 m) 11 km. Parkplatz am oberen See; im Sommer Zufahrt mitunter gesperrt, dann 25 Min. Fußweg	Unterer Weißenfelser See (924 m) – Alpe Vecchia – Rif. Zacchi (2 1/2 Std.) – Weißenfelser Seen (3 1/2 Std.)	CAI-Mark. 513, 512, Uferwege und Waldstraßen	An den Weißenfelser Seen, Rif. Zacchi (1380 m)
	18 Troi dai Sachs Interessante Wanderrunde am Fuß des Kanin (2587 m), die vom Karst in einen (fast) tropisch dichten Urwald führt. Trittsicherheit und Bergerfahrung, Vorsicht bei Nebel!	Bergstation der »Funivia del Canìn« (1831 m), Talstation Sella Nevea (1150 m)	Seilbahn – Rif. Gilberti – Weggabelung vor Sella di Grubia (1 1/4 Std.) – Casera Goriuda (1404 m; 3 1/4 Std.) – »Troi dai Sachs« – Sella Nevea (5 1/4 Std.)	CAI-Mark. 632, 645; gelb-rote Punkte am Karrenplateau, alte rot-weiße Bez. am »Troi dai Sachs«	Rif. Gilberti (1850 m)
	19 Sentiero del Re di Sassonia Romantischer Höhenweg mit ein paar gesicherten Passagen. Bergerfahrung unerlässlich!	An der Strecke zur Sella Nevea, knapp 4 km von der Abzweigung zum Predilpass. Parken unterhalb der Straße	Val Rio del Lago – Biv. Brunner (1432 m; 1 1/4 Std.) – »Sentiero del Re di Sassonia« – Val Rio del Lago (4 1/2 Std.)	CAI-Mark. 625, 629, 650	
	20 Rifugio Corsi, 1874 m Schönste Hüttenwanderung in den westlichen Juliern. Große Kulisse mit dem Jôf Fuart (Wischberg, 2666 m) und seinen Trabanten. Gipfeltour anspruchsvoll (Fels, gesicherte Passagen, 2 3/4 Std. von der Corsihütte)	An der Straße vom Raibler See (Lago del Predil, 959 m) zur Sella Nevea, gut 4 km von der Abzweigung zum Predilpass	Val Rio del Lago – Rif. Corsi (2 3/4 Std.) – Malga Grantagar (1530 m) – Val Rio del Lago (4 1/2 Std.)	CAI-Mark. 650, 628	Rif. Corsi (1874 m), Malga Grantagar
	21 Cima del Cacciatore, 2071 m Der Steinerne Jäger, obwohl fast ein Seilbahnberg, darf nicht unterschätzt werden. Ein paar felsige Passagen (eine Leiter), Bergerfahrung notwendig. Luschariberg ist ein alter Kärntner Wallfahrtsort.	Luschariberg (Monte Santo di Lussari, 1766 m), Bergstation der Gondelbahn; Talstation bei Valbruna (807 m)	Luschariberg – Cima del Cacciatore (1 1/4 Std.) – Sella Prasnig (1491 m) – Valbruna (4 Std.)	Gipfelweg CAI-Mark. 613, Abstieg zur Sella Prasnig rote Bez., dann Nr. 615	Luschariberg
	22 Jôf di Somdogna, 1889 m Vergleichsweise kleiner »Gupf« vor großen Bergen: ein Aussichtspunkt über der Saisera mit Prachtblick in die Nordwand des Jôf di Montasio (2753 m)	Malga Saisera (1004 m), etwa 7 km von der Autobahn A23 bzw. von Valbruna (807 m)	Malga Saisera – Rif. Grego (1389 m) – Jôf di Somdogna (2 1/2 Std.) – Biv. Stuparich (1578 m) – Spragna – Malga Saisera (4 3/4 Std.)	CAI-Mark. 611, 610, 652, 616	Rif. Fratelli Grego (1389 m)
	23 Jôf di Montasio, 2753 m Mehr Bergtour als Wanderung, doch der gewaltige »Brocken« ist halt eine Herausforderung. Normalweg mit ein paar leichten Felspassagen oberhalb der Forca dei Disteis (Steinschlag!) und am Grat; nur bei guten Verhältnissen. Variante über die Leiter (»Scala Pipan«) hat Klettersteigcharakter.	Altipiano del Montasio (1502 m), von Sella Nevea (1150 m) auf schmaler Asphaltstraße erreichbar, 4 km. Parkplatz	Altipiano – Rif. Brazzà (1/2 Std.) – Forca dei Disteis (2201 m) – Forca Verde (2 3/4 Std.) – Jôf di Montasio (3 1/2 Std.); Abstieg auf dem gleichen Weg (gesamt 5 1/2 Std.)	Rote Farbmark.	Rif. Brazzà (1660 m)

Tourenziel/Charakteristik	Ausgangspunkt	Wegverlauf & Gehzeit	Markierung	Einkehr am Weg
24 Via Alta Landschaftlich einmaliger Höhenweg in den westlichen Juliern. Blumenzauber, dazu Bergeinsamkeit pur. Übernachtung in Sella Nevea ratsam	Sella Nevea (1150 m), Hotelsiedlung am gleichnamigen Straßenpass, 18 km von Chiusaforte, 21 km von Tarvisio	Sella Nevea – Altipiano del Montasio (1519 m; 1 1/2 Std.) – »Via Alta« – Patòc (772 m; 6 Std.) – Raccolana (7 1/2 Std., 🚌)	CAI-Mark. 621, 620	Rif. Divisione Julia (1162 m) an der Sella Nevea
25 Cuel de la Bareta, 1522 m Höhenwanderung in wilder Felskulisse mit kleinem Gipfel. Der Cuel trug im Ersten Weltkrieg eine Artilleriestellung.	Patòc (772 m), von Raccolana auf zuletzt schmaler und sehr steiler Straße erreichbar, 6,5 km. Parkplatz	Patòc – Forca Galandin (1222 m) – Cuel de la Bareta (3 Std.); Rückweg auf der gleichen Route (gesamt 5 1/4 Std.)	CAI-Mark. 620, zum Gipfel rote Bez.	
26 Sentiero Umberto Pacifico Abenteuerpfad durch das Val Dogna, viel Auf und Ab in einer wildromantischen Kulisse. Etwas für Dauerläufer, Nächtigung im Rif. Grego und Abstieg in die Saisera empfehlenswert	Chiout di Puppe (487 m), gut 1 km östlich von Dogna im gleichnamigen Tal. Hinweis: kein Bus (Rückweg)!	Chiout di Puppe – Rio Sfonderàt – Rio Saline – Rio Montasio – Sella di Somdogna (8–10 Std.)	CAI-Mark. 651	Rif. Fratelli Grego (1389 m)
27 Jôf di Miezegnot, 2087 m Leicht erreichbarer Aussichtsgipfel vor der Hauptkette der Julischen Alpen. Viele Kriegsspuren; aus der Saisera etwas weiter (Aufstieg via Rif. Grego 3 1/2 Std., Mark. 611, 609)	Sella di Sompdogna (1392 m), Zufahrt von Dogna durch das Val Dogna, 20 km	Sella di Sompdogna – Jôf di Miezegnot (2 Std.); Abstieg auf dem gleichen Weg (gesamt 3 1/4 Std.)	CAI-Mark. 609	Rif. Fratelli Grego (1389 m), 1/4 Std. südöstlich der Sella Sompdogna
28 Clap Forât, 1562 m Eckpfeiler der lang gestreckten Bergkette zwischen Val Canale und Val Dogna. Überschreitung auf alten Kriegswegen	Dogna (425 m, 🚌) am Eingang ins Val Dogna. Parkmöglichkeit jenseits der Fella	Dogna – Pupin (706 m; 3/4 Std.) – Clap Forât (3 Std.) – Forcella Mincigos (1488 m) – Mincigos (862 m) – Dogna (5 1/4 Std.)	CAI-Mark. 602, 602A	
29 Baba Grande, 2160 m Elegante Felspyramide über dem Talschluss des Val Rèsia. Großes Panorama, Meerblick inklusive. Nur für geübte Berggänger!	Straßenverzweigung ca. 2 km hinter dem Weiler Coritis (641 m); Zufahrt von Resiutta via Stolvizza (573 m, 🚌)	Val Rèsia – Berdo di sopra (1281 m; 1 Std.) – Biv. CAI Manzano (1679 m; 2 1/4 Std.) – Infrababa Grande (2038 m) – Baba Grande (3 1/2 Std.); Abstieg auf dem gleichen Weg (gesamt 6 Std.)	CAI-Mark. 642, 731; ab Biv. Manzano rote Dreiecke, am Gipfel Steinmännchen	
30 Monte Guarda, 1720 m Aussichtsreiche Runde (nomen est omen!) über dem innersten Val Rèsia	Straßenverzweigung ca. 2 km hinter dem Weiler Coritis (641 m); Zufahrt von Resiutta via Stolvizza (573 m, 🚌)	Val Rèsia – Berdo di sopra (1281 m; 1 Std.) – Monte Guarda (2 3/4 Std.) – Casera Còot – Val Rèsia (4 1/2 Std.)	CAI-Mark. 731, 741	
31 Sella di Grubia, 2040 m Etwas für alpine Weitläufer. Wer an der großen Runde nicht genug hat, kann noch die Überschreitung des Monte Sart (2324 m) einbeziehen (zusätzlich 1 1/2 Std., mark.).	Stolvizza (573 m, 🚌) im Val Rèsia, Zufahrt von Resiutta 12,5 km	Stolvizza – Tanaròmi (1078 m) – Sella di Grubia (5 Std.) – Sella Buia (1655 m; 6 3/4 Std.) – Stolvizza (9 Std.)	CAI-Mark. 634, 632, 643	
32 Monte Cuzzer, 1462 m Zentraler Aussichtspunkt über dem Val Rèsia, Überschreitung auf steilen Wegen. Trittsicherheit, bei Nässe nicht ratsam!	Borgo Lischiazze (525 m) an der Strecke vom Val Rèsia zur Sella Carnizza, 10 km ab Resiutta	Borgo Lischiazze – Forca Tasacuzzer (1235 m) – Monte Cuzzer (3 Std.) – Case Gost – Borgo Lischiazze (5 Std.)	CAI-Mark. 703, 707	
33 Valle del Resartico Kleine Talwanderung vor großer Kulisse! Der Abstecher vermittelt einen Eindruck von der ungezähmten Wildheit der Julischen Randberge. Trittsicherheit am Rückweg, der einer alten, gemauerten Wasserleitung folgt.	Borgo Povici di sotto (349 m), 2 km von Resiutta (315 m, 🚌) am Eingang ins Val Rèsia. Parkplatz	Borgo Povici – Valle Resartico (ca. 600 m) – Aquädukt – Borgo Povici (2 Std.)	CAI-Mark. 702, Rückweg gelbe Bez.	
34 Monte Chiampon, 1709 m Der gleich einem Schiffsbug über dem Tal des Tagliamento aufragende Gipfel bietet ein tolles Panorama. Trittsicherheit erforderlich (zwei gesicherte Passagen)	Gemona del Friuli (305 m, 🚌) Auf asphaltierter Zickzackstraße über den mächtigen Murkegel zur Mündung des Vegliato-Tälchens	Vegliato – Sella Foredôr (1067 m; 1 1/2 Std.) – Monte Chiampon (3 1/2 Std.); Abstieg auf dem gleichen Weg (gesamt 5 1/2 Std.)	CAI-Mark. 713	
35 Monte Mataiur/Matajur, 1641 m Markanter Grenzgipfel in den Julischen Voralpen, bietet aufgrund seiner isolierten Lage ein großes Panorama mit Fernsicht bis zur Adria. Im Ersten Weltkrieg hart umkämpft; am Gipfel Kapelle. Der schönste Weg zum Matajur folgt einem Naturlehrpfad.	Rif. Pelizzo (1325 m), Anfahrt von Cividale del Friuli (135 m; 🚌) via Montemaggiore, 25 km	Rif. Pelizzo – »Sentiero naturalistico Monte Mataiur« – Marsinska Planina (1401 m) – Matajur (2 Std.) – Glava (1519 m) – »Sentiero naturalistico Monte Mataiur« – Rif. Pelizzo (3 Std.)	Gut mark. Wege	Rif. Pelizzo (1325 m)

Die Karnischen Alpen

Karnischer Hauptkamm und die Berge der Càrnia

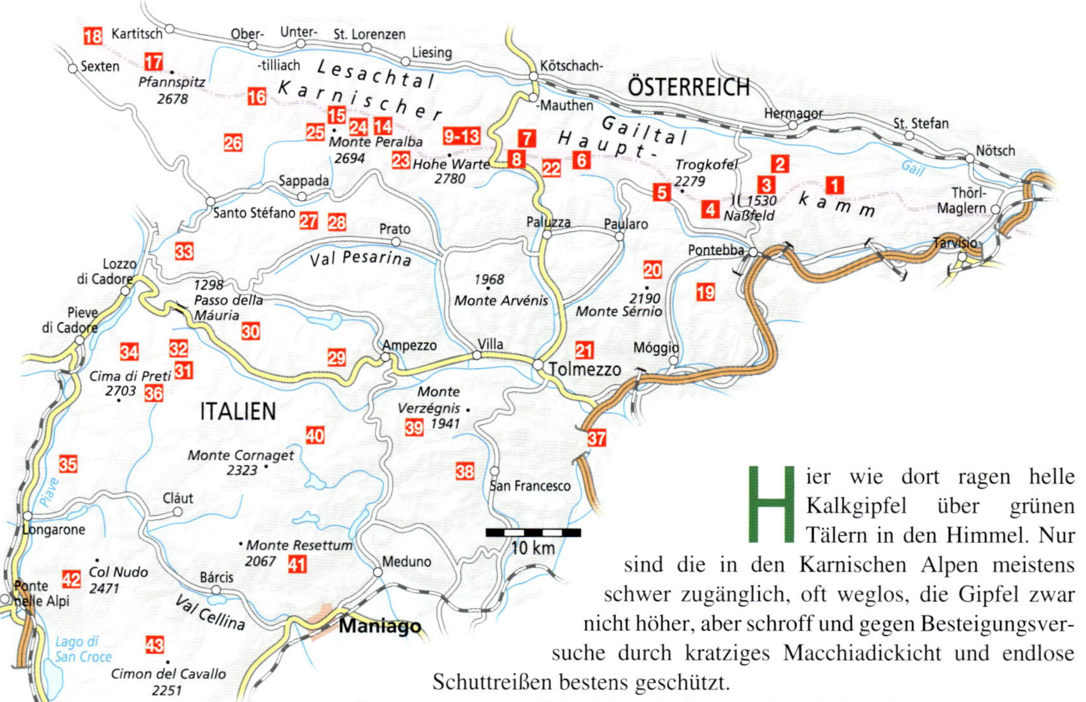

Hier wie dort ragen helle Kalkgipfel über grünen Tälern in den Himmel. Nur sind die in den Karnischen Alpen meistens schwer zugänglich, oft weglos, die Gipfel zwar nicht höher, aber schroff und gegen Besteigungsversuche durch kratziges Macchiadickicht und endlose Schuttreißen bestens geschützt.

So etwas trägt natürlich nicht unbedingt zur Popularität einer Bergregion bei, die zudem kaum mit berühmten Namen aufwarten kann. Immerhin, einige Gipfel im Karnischen Haupt- und Grenzkamm – Gartnerkofel (2195 m), Hohe Warte (2780 m), Hochweißstein (2694 m) – dürften dem interessierten Publikum hierzulande nicht ganz unbekannt sein, dazu der »Karnische Höhenweg«.

Und dahinter? Buchstäblich »terra incognita«, ein weißer Fleck auf der Alpenkarte. Wer kennt denn einen Zuc dal Bôr, war je in den »Pesariner Dolomiten«, hat die Schluchten der Cellina bestaunt oder den Monte Pramaggiore bestiegen? Rund 3500 Quadratkilometer groß ist die Bergwelt der Càrnia (heute teilweise Naturpark) zwischen den Julischen Alpen im Osten und den Dolomiten, von denen sie der Piavegraben trennt, im Westen – ein echtes Dorado für Liebhaber weiter Wege und Anstiege mit leicht abenteuerlichem Touch. Das liegt doch – pardon! – ganz im Trend unserer Zeit – Outdoor adventure.

Vom letzten (oder ersten?) Zweitausender ist es dann gar nicht mehr so weit bis zur Lagunenstadt Venedig – da kommt auch ein echter Bergfex leicht in Versuchung, den Schweiß von ein paar Bergtagen in der »wilden Càrnia« an einem Adriastrand wegzuspülen, die Batterien unter der südlichen Sonne wieder aufzuladen.

Sie liegen eindeutig »hinter den sieben Bergen«, die Karnischen Alpen, zumindest aus Sicht der Nordländer. Den Venezianern sind sie eine beliebte Ausflugsregion, ideal fürs Wochenende – ganz wie das Karwendel den Münchnern.

Steckbrief

Fläche: ca. 3600 qkm
Höchster Punkt: Hohe Warte (2780 m)
Gebirgsgruppen: Karnische Alpen
Wichtigste Ortschaften: Hermagor, Kötschach-Mauthen, Tolmezzo, Sappada, Ampezzo, Longarone, Maniago
Wandervorschläge: 43

Der Karnische Höhenweg

Zehn Tage auf markierten, teilweise recht anspruchsvollen Wegen am Karnischen Hauptkamm, vorwiegend in Kammnähe oder knapp nördlich vom Grat verlaufend. Nächtigungen durchwegs in bewirtschafteten Hütten. Rot-weiß mit der Nummer 403 bezeichnet.

Routenverlauf. **1. Tag:** Sillian/Weitenbrunn – Sillianer Hütte (2447 m) – Obstanser-See-Hütte (2304 m) **2. Tag:** Obstanser-See-Hütte – Porzehütte (1942 m) **3. Tag:** Porzehütte – Hochweißsteinhaus (1867 m) **4. Tag:** Hochweißsteinhaus – Wolayer-See-Hütte (1967 m) **5. Tag:** Wolayer-See-Hütte – Valentintörl (2138 m) – Valentinalm (1205 m) **6. Tag:** Valentinalm – Dr.-Steinwender-Hütte (1738 m) **7. Tag:** Dr.-Steinwender-Hütte – Naßfeldhaus (1513 m) **8. Tag:** Naßfeldhaus – Dellacher Alm (1365 m) **9. Tag:** Dellacher Alm – Hotel Oisternig (1718 m) **10. Tag:** Berghaus Oisternig – Thörl-Maglern

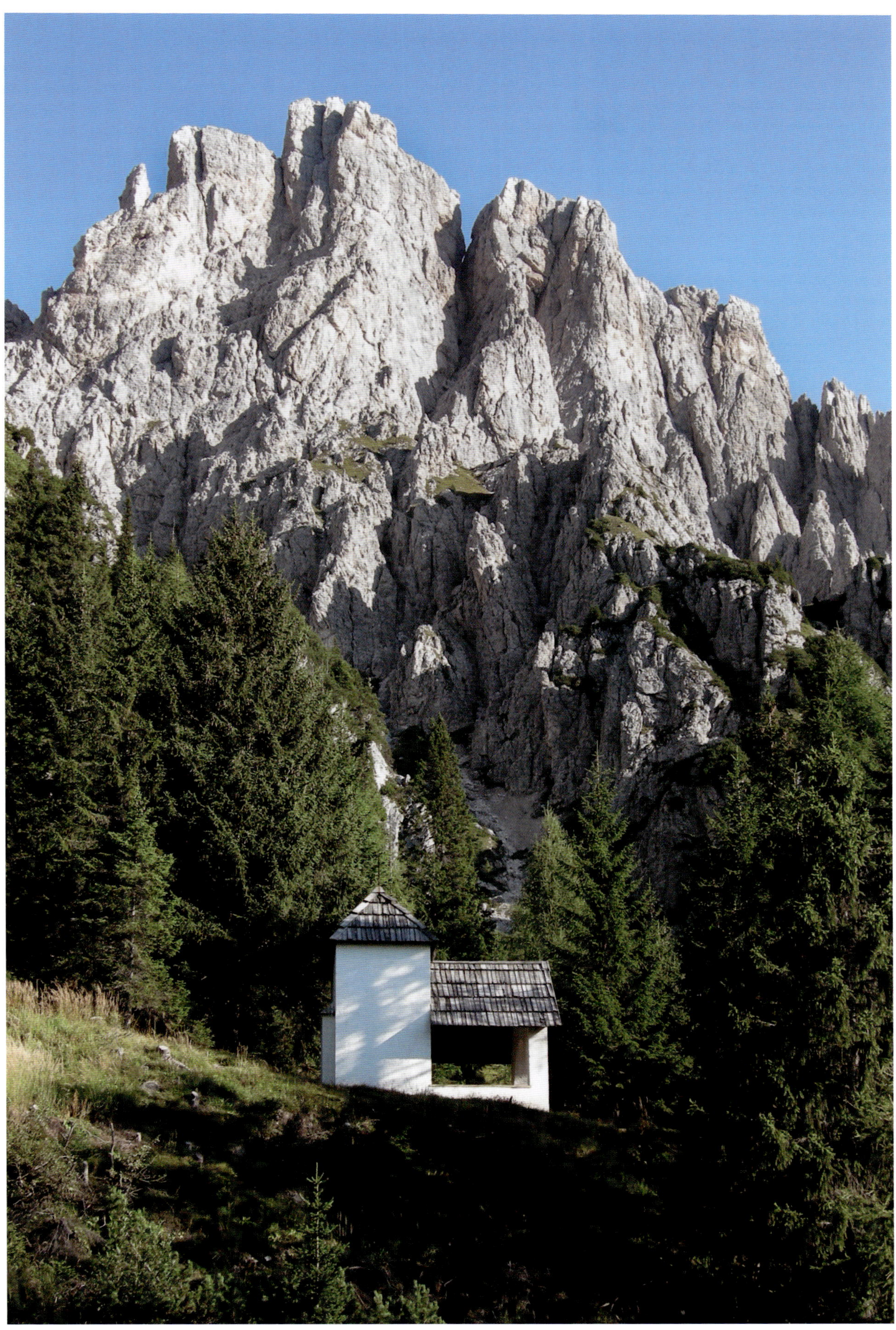

Wilde Càrnia: der Hauptkamm der Pesariner Dolomiten vom Rifugio De Gasperi aus

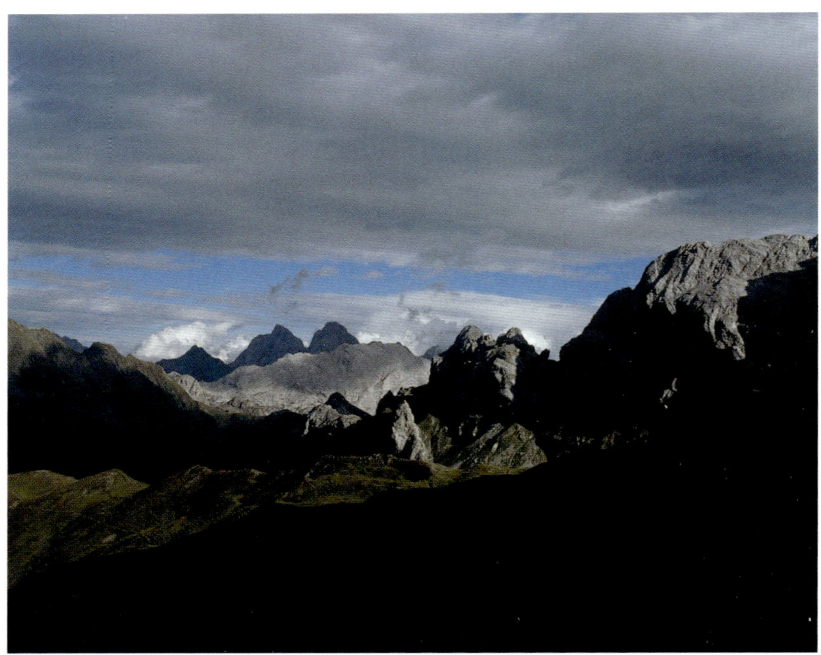

Am Karnischen Hauptkamm: Hohe Warte (links) und Monte Avanza

Nichts für Pferde!

4 Roßkofel (Monte Cavallo), 2239 m

Drei markante, aber sehr unterschiedliche Gipfel beherrschen die Naßfeldregion: der Gartnerkofel, der sich vom Gailtal aus als hoher Zackengrat zeigt, der Trogkofel (2279 m) mit seiner markanten Gipfelschräge und der Roßkofel, ein lang gestreckter, massiger Felsrücken mit beeindruckenden Nordabstürzen. Letzterer bietet neben schönen Kletterrouten und einer Via ferrata eine große und großartige Überschreitung: die »Alta via CAI Pontebba« vom Monte Malvueric bis zum Rudnigsattel, gut markiert, aber ungesichert, dafür mit ein paar leichten Kletterstellen (I–II). Eine Tour der Spitzenklasse, allerdings nur für konditionsstarke, erfahrene Berggänger geeignet!

Die Tour beginnt mit dem Straßenhatscher hinunter ins Winkeltal, eine Dreiviertelstunde zu Fuß (oder fünf Minuten per Anhalter). Nun rechts (Hinweistafel, ca. 1300 m) zum Winkelbach und jenseits, den rot-blauen Markierungen folgend, im Wald bergan und durch eine Rinne auf den Rücken des Monte Malvueric (1899 m). Erst durch ein Tälchen, dann am allmählich schmaler werdenden Grat zum Gipfel und jenseits hinab in die Sella Prevala (1644 m), wo rechts ein kürzerer Zustieg vom Naßfeldjoch mündet (1 ¼ Std., Markierung 443). Weiter am Kamm entlang, unter der Anticima Est (1971 m) links in einen steil ansteigenden Graben und in ihm aufwärts zum Ansatzpunkt. Anschließend über felsdurchsetztes Steilgras (Stellen I–II) zurück auf den Grat. An ihm über die Creta di Pricot (2203 m) auf das ausgedehnte Gipfelplateau des Roßkofels.

Abstieg nordwestlich über Karren hinunter in den Rudnigsattel (1942 m; Vorsicht bei Nebel!). Hier stößt man auf den »Karnischen Höhenweg«, der über die Tressdorfer Höhe zurückleitet zum Naßfeldjoch.

Gratwanderung am Karnischen Hauptkamm

6 Hoher Trieb, 2199 m

Von der Zollnerseehütte zeigt er sich als recht felsiger Gipfel, und über seinen Nordgrat verläuft auch ein Klettersteig. Fast schöner noch ist die Überschreitung von Ost nach West, mit ein paar felsigen Passagen beim Aufstieg und jeder Menge Aussicht am Kammweg hinüber und hinunter zum Kronhofer Törl.

Von der Zollnerseehütte leicht aufwärts in die breite Senke des Zollner Törls, dann auf ordentlichem Weg hinab zum Rifugio Pietro Fabiani (1539 m). Hier kurz taleinwärts, dann über einen mit Büschen bewachsenen Hang schräg ansteigend zum Grat. Nun erst am Kamm, dann den Felsen links ausweichend weiter auf einem ehemaligen Kriegsweg bergan. Im Zickzack gewinnt man rasch an Höhe; Vorsicht bei Nässe, unter den steilen Grashängen lauern senkrechte Abbrüche!

Vom Gipfel ganz kurz abwärts, dann auf breiter Spur knapp südlich unter dem Kamm mit leichtem Gegenanstieg hinüber zum Scarniz (2118 m) und im Zickzack bergab ins Kronhofer Törl (1785 m). Hier über die Grenze zum »Karnischen Höhenweg«. Er quert in leichtem Auf und Ab hinüber zur Oberen Bischofalm (1573 m). Nun rechts und durch ein Wiesentälchen hinauf und zurück zur Zollnerseehütte.

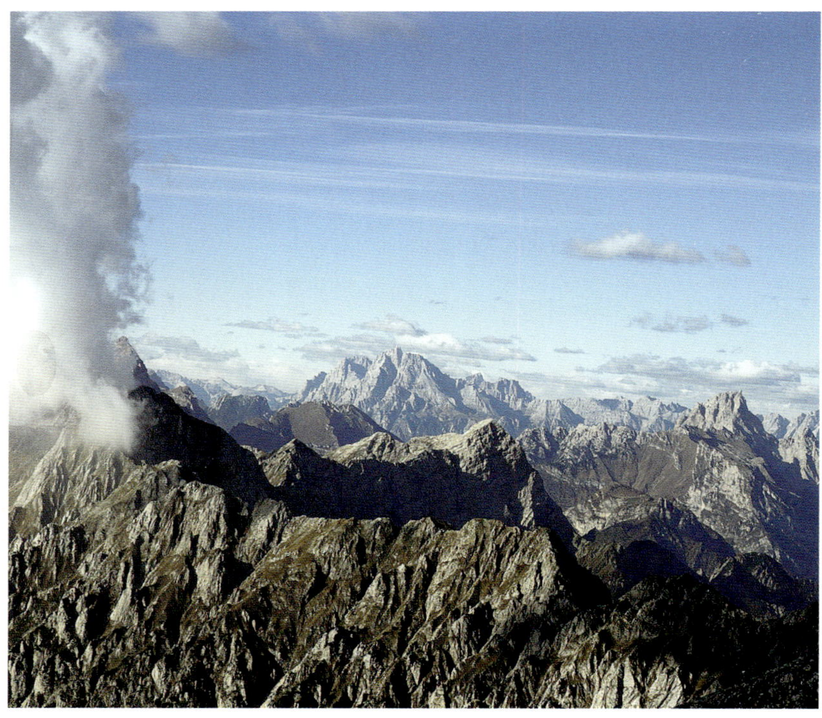

Unbekannte Bergwelt: Blick vom Cimon del Cavallo auf die Gipfelketten der Karnischen Alpen

Karnische Alpen pur

19 Rund um den Monte Chiavals

Wer schon einmal den Gartnerkofel (2195 m) bestiegen hat oder am »Karnischen Höhenweg« gewandert ist, der weiß, dass die Càrnia erst hinter der Grenze zum Friaul beginnt, sich schier endlos weit noch nach Süden erstreckt, zerklüftete Felsgrate, steile Zacken ohne Namen. Da müsste man auf Entdeckungsreise gehen! Einen nachhaltigen Eindruck von der Wildheit dieser Berge vermittelt die Tour um den Monte Chiavals (2098 m), auch ohne Gipfel (¾ Std. von der Forcella Chiavals, markiert), dafür mit faszinierenden Bergbildern und Blumen, Blumen …

Die Runde startet mit dem Aufstieg zur Forcella alta di Ponte di Muro (1613 m): aus dem Talschluss genau südlich, den Circo delle Quattre Cime rechts lassend, zu der mächtigen Geröllreiße, die von der Scharte herabzieht, und auf dem von der Erosion ziemlich mitgenommenen Steig hinauf zum Grat. Hier betritt man den wilden Felskessel östlich des Monte Chiavals, beginnt die romantisch-verwegene Traverse hinüber zur Forcella Chiavals: aus der Scharte erst kurz aufwärts, dann zwischen Latschen abwärts und etwas heikel ein paar Gräben querend unter die Ostabstürze des Monte Chiavals, zuletzt wieder ansteigend zur Forcella Chiavals (1869 m). Die bestens markierte Route – ein Relikt aus dem »Grande Guerra« – schlängelt und schwindelt sich durch vermeintlich ungangbares Felsgelände, findet immer wieder einen Durchschlupf, eine Fortsetzung. Droben am Sattel genießt man freie Sicht hinüber zum Zackengrat der Creta Grauzaria und zum wuchtigen Monte Sernio (2187 m); recht nah schon, aber abweisend felsig mit seinem Gipfelzapfen der Zuc dal Bôr (2195 m), Kulminationspunkt dieses wilden Bergwinkels.

Aus der Forcella Chiavals führt eine Mulattiera quer durch die Westflanke des Monte Chiavals. An der Forcella della Pecora (1827 m) wird aus dem aussichtsreichen Höhenspaziergang unvermittelt ein heikler Eiertanz in lockerem Schutt. Durch eine steile, von senkrechten Felsen flankierte Rinne hinunter steigt, rutscht man, begleitet von allerlei losem Gestein, abwärts. Schließlich mausert sich die Spur wieder zu einem ordentlichen Pfad, der zuletzt in die asphaltierte Talstraße mündet. Und im Rückblick zeigt sich der Circo delle quattro Cime nochmals von seiner schönsten Seite.

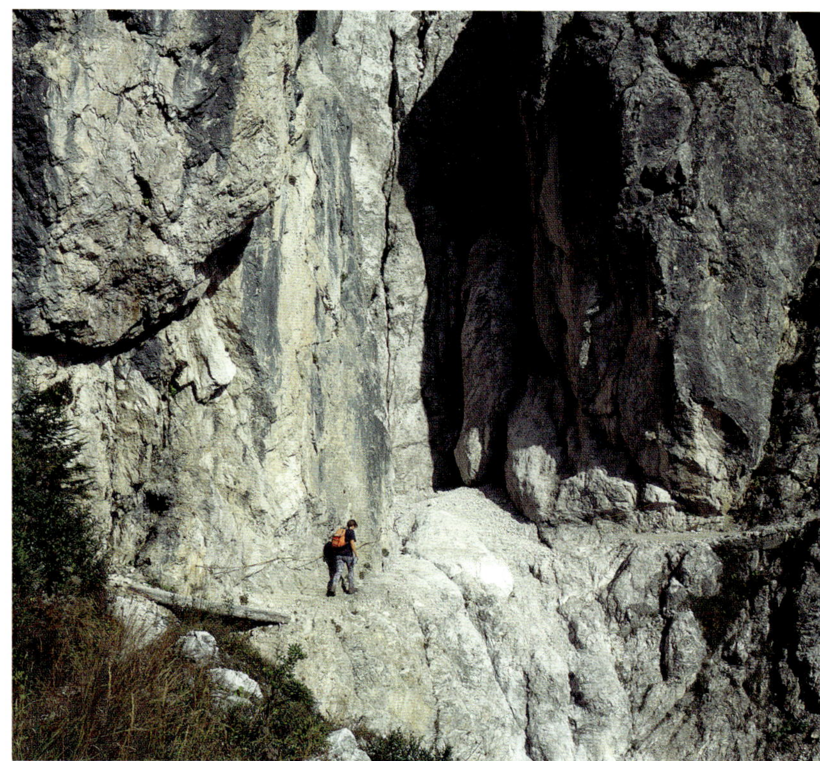

Ein Höhenweg mit Pfiff: der »Sentiero Corbellini« in den Pesariner Dolomiten

In den »Pesariner Dolomiten«

28 Sentiero Corbellini

Ein Weg für Genießer, im Frühsommer von der üppigen Karnischen Flora gesäumt, mit viel Aus- und Einblicken: übers Val Pesarina auf die sanftwelligen Bergrücken im Süden, zum zerfurchten Klotz des Monte Siera (2443 m), in die wilden Karwinkel unter dem Creton dei Culzei (2458 m) und der Cima di Riobianco (2400 m), in Gräben und Schluchten – die wilde Welt der »Pesariner Dolomiten«, hautnah erlebt. Ursprünglich war der »Sentiero Corbellini« wohl eine komfortable Promenade, doch hat ihm der Zahn der Zeit mittlerweile ziemlich zugesetzt. Der Weg verlangt einen sicheren Tritt, vor allem im Bereich der Steilrinnen, die er quert (Geröll, einige Drahtseile), ist abschnittweise auch etwas exponiert, was aber den Reiz der Route nur noch erhöht. Und drunten im Tal hilft dann – in Ermangelung einer Busverbindung – der ausgestreckte Daumen zurück zum Ausgangspunkt.

Von der Bar Pian di Casa über eine Forstpiste und im Wald zunehmend steiler bergan. An einer Verzweigung hält man sich rechts: »Rif. De Gasperi«. Der schmale Pfad gewinnt die Wiesenkuppe des Clap Piccolo (1669 m), läuft flach hinüber in den Graben des Rio Pradibosco und steigt nochmals steil an zum Clap Grande, einem bewaldeten Buckel, auf dem das Rifugio De Gasperi steht. Schöner Blick über das waldreiche Val Pesarina. Von der Hütte (1767 m) lohnt sich ein Abstecher hinauf in das wilde Kar unterhalb der Forcella dell'Alpino (2308 m). Faszinierend die Kulisse; da versteht man sofort, weshalb diese Zacken »Pesariner Dolomiten« heißen: Torre Sappada (2482 m), Creton di Clap Grande (2487 m), Creton di Culzei (2458 m).

Ein paar Hundert Meter hinter dem Rifugio De Gasperi quert der »Sentiero Corbellini« einen ersten, harmlosen Graben; dann geht's fast eben weiter zu einem Gratrücken, der in kurzem Anstieg gewonnen ist. Dahinter mit Hilfe einiger Sicherungen steil hinab in den Bachgrund, über den (meist ausgetrockneten) Rio Bianco und anschließend hinaus in einen Grashang. Weiter mit hübschen Ausblicken ins Pesarina-Tal um die Ausläufer der Cima di Riobianco herum; dann führt der Höhenweg in die nächste wilde Schlucht. Erneut über Wiesen, durch lichten Wald, über eine letzte felsige Passage und in leichtem Anstieg schließlich in die weite Senke des Passo Siera (1592 m). Nun rechts auf einem Fahrweg hinunter ins Val Pesarina, wo man bei den Häusern von Culzei (970 m) auf die Talstraße stößt. Und da hilft dann nur: Daumen raus …

Karnischer Hauptkamm

Tourenziel/Charakteristik	Ausgangspunkt	Wegverlauf & Gehzeit	Markierung	Einkehr am Weg
1 Osternig, 2052 m Aussichtsgipfel ganz im Osten des Karnischen Hauptkamms, erster Zweitausender. Leichte Überschreitung auf markierten Wegen	Werbutzalm (1440 m) oder Dolinzaalm (1460 m), beide auf schmalen Straßen von Vorderberg (565 m, Bus) im Untergailtal erreichbar	Werbutzalm – Feistritzer Alm (1718 m; 1 Std.) – Osternig (2 Std.) – Feistritzer Alm (2 1/2 Std.) – Dolinzaalm (3 1/4 Std.) – Werbutzalm (4 1/4 Std.)	AV-Mark.	Werbutzalm (1440 m), Berghaus Oisternig (1718 m), Wh. Starhand (1459 m)
2 Garnitzenklamm Spannende Klammtour, im oberen Bereich einige etwas ausgesetzte, gesicherte Passagen. Schautafeln des »Geo-Trails« informieren über das Werden und Vergehen in den Bergen.	Parkplatz am Klammeingang (612 m); Zufahrt von Hermagor (603 m, Bus) über Möderndorf, 3,5 km	Garnitzenklamm – Notunterstand (910 m; 1 1/4 Std.) – Klause (1120 m; 2 1/2 Std.) – Notunterstand – St. Urban (879 m) – Klammeingang (5 Std.)	AV-Mark. 409, 116, 410	Klammwirt am Schluchteingang
3 Gartnerkofel, 2195 m Leichtester und meistbesuchter Gipfel (»Geo-Trail«) über der Sonnenalpe Naßfeld. Auf der Watschiger Alm hat die Wulfenia ihren einzigen Standort in den Alpen!	Naßfeldjoch (Passo Pramollo, 1530 m, Bus) Übergang von Tröpolach (600 m) im Gailtal nach Pontebba (561 m) im Val Canale	Naßfeldjoch – Garnitzenberg (1951 m; 1 1/4 Std.) – Gartnerkofel – (2 3/4 Std.) – Naßfeldjoch (4 1/4 Std.)	AV-Mark. 411, 412	Naßfeld, Watschiger Alm (1625 m)
4 Roßkofel (Monte Cavallo), 2239 m Sehr anspruchsvolle Runde für erfahrene Berggänger, an der »Alta via CAI Pontebba« leichte Kletterstellen (I–II). Gute Kondition unerlässlich	Naßfeldjoch (Passo Pramollo, 1530 m, Bus) Übergang von Tröpolach (600 m) im Gailtal nach Pontebba (561 m) im Val Canale	Naßfeldjoch – Südrampe der Passstraße (1295 m; 3/4 Std.) – »Alta via CAI Pontebba« – Monte Malvueric (1899 m; 3 Std.) – Sella della Pridola (1644 m) – Roßkofel (5 1/2 Std.) – Rudnigsattel (1945 m; 6 Std.) – Naßfeldjoch (7 1/2 Std.)	»Alta via« rot-blau bez., ab Rudnigsattel AV-Mark. 403	Naßfeldjoch (1530 m)
5 Rund um den Trogkofel Aussichtsreiche Höhenrunde am Karnischen Hauptkamm, (noch) außerhalb des Skizirkus von Naßfeld	Rudnigalm (1622 m) oder Rattendorfer Alm (1531 m), beide auf ordentlichen Straßen erreichbar von Tröpolach bzw. Rattendorf	Rudnigalm – Rudnigsattel (1945 m; 1 Std.) – »Karnischer Höhenweg« – Rattendorfer Alm (2 3/4 Std.) – Tröpolacher Alm – Rudnigalm (4 1/2 Std.)	AV-Mark. 414, 403, 416	Rudnigalm (1622 m), Rattendorfer Alm (1531 m), Tröpolacher Alm (1568 m)
6 Hoher Trieb, 2199 m Gipfelüberschreitung für Geübte, am Ostgrat einige exponierte Passagen, vom Gipfel große Schau in die »terra incognita« der Càrnia. An den Südhängen des Hohen Triebs blüht es im Frühsommer üppig.	Zollnerseehütte (1741 m), Zufahrt von Weidenburg (683 m) bei Dellach (672 m, Bus) 14 km. Parkplatz etwas unterhalb der Hütte	Zollnerseehütte – Zollnertörl (1797 m) Rif. Fabiani (3/4 Std.) – Ostgrat – Hoher Trieb (2 1/2 Std.) – Kronhofer Törl (1785 m; 3 3/4 Std.) – Obere Bischofalm (1573 m; 4 3/4 Std.) – Zollnerseehütte (5 1/2 Std.)	CAI-Mark. 454, 448; AV-Mark. 403	Zollnerseehütte (1741 m); Rif. Fabiani (1539 m)
7 Polinik, 2332 m Markanter Felsgipfel südlich von Kötschach-Mauthen, über die Südflanke leichter Wanderberg	Plöckenhaus (1215 m, Bus) an der Straße zum Plöckenpass (1357 m), 2 km nördlich der Scheitelhöhe	Plöckenhaus – Spielbodentörl (2 3/4 Std.) – Polinik (3 1/2 Std.); Abstieg auf dem gleichen Weg (gesamt 5 1/2 Std.)	AV-Mark. 430	Plöckenhaus (1215 m)
8 Kleiner Pal, 1867 m Auf den (rund um den Plöckenpass allgegenwärtigen) Spuren des Ersten Weltkriegs. Freilichtmuseum 1915–17, ständige Ausstellung im Rathaus von Kötschach-Mauthen	Plöckenpass (1357 m, Bus) Straßenübergang zwischen dem Gailtal und dem Tal des But, von Kötschach-Mauthen nach Paluzza 30 km	Plöckenpass – MG-Nase – Kleiner Pal (1 1/2 Std.) – »Alpinisteig« – Plöckenpass (2 3/4 Std.)	Aufstieg rot-weiß bez., Abstieg CAI-Nr. 401	
9 Wolayer See, 1951 m Wanderklassiker am Karnischen Hauptkamm; faszinierend die Nordabstürze von Kellerwand und Hoher Warte (2780 m), idyllisch der Wolayer See	Untere Valentinalm (1205 m), Zufahrt von der Plöckenstraße (Bus, 1,5 km)	Untere Valentinalm – Valentintörl (2138 m; 3 Std.) – Wolayer See (3 1/2 Std.); Rückweg auf der gleichen Route (gesamt 6 Std.)	AV-Mark. 403	Untere Valentinalm (1205 m), Wolayer-See-Hütte (1967 m)
10 Cellon (Frischenkofel), 2241 m Im Ersten Weltkrieg massiv befestigter Eckpfeiler des Hohe-Warte-Massivs, vom Plöckenpass bequemer Anstieg	Plöckenpass (1357 m, Bus) Straßenübergang zwischen dem Gailtal und dem Tal des But, von Kötschach-Mauthen nach Paluzza 30 km	Plöckenpass – Grüne Schneid – Cellon (2 3/4 Std.); Abstieg auf dem gleichen Weg (gesamt 4 1/2 Std.)	CAI-Nr. 147	
11 Kollinkofel, 2689 m Selten besuchter, dankbarer Aussichtsberg. Felsrampe oberhalb der »Scaletta« mit einigen Sicherungen; reiche Flora. Vor einem Abstieg zur Grünen Schneid muss gewarnt werden (spärliche Bez., Klettergelände)!	Plöckenpass (1357 m, Bus) Straßenübergang zwischen dem Gailtal und dem Tal des But, von Kötschach-Mauthen bis Paluzza 30 km	Plöckenpass – Casera Collinetta di sopra (1641 m; 3/4 Std.) – Kollinkofel (4 Std.); Abstieg auf dem gleichen Weg (gesamt 6 1/2 Std.)	CAI-Nrn. 146, 171	

Tourenziel/Charakteristik	Ausgangspunkt	Wegverlauf & Gehzeit	Markierung	Einkehr am Weg	
12 Hohe Warte, 2780 m Höchster Gipfel der Karnischen Alpen mit großem Panorama. Aufstieg über die Südflanke nur mäßig schwierig; reichlich Geröll. Alternativer Ausgangspunkt: Rif. Tolazzi (1350 m), Zufahrt von Forni Avoltri via Collina (2 1/4 Std. bis zum Rif. Marinelli)	Plöckenpass (1357 m, 🚌) Straßenübergang zwischen dem Gailtal und dem Tal des But, von Kötschach-Mauthen bis Paluzza 30 km	Plöckenpass – Casera Monumenz – Rif. Marinelli (2 3/4 Std.) – Hohe Warte (4 3/4 Std.); Abstieg auf dem gleichen Weg (gesamt 8 Std.)	CAI-Nrn. 146, 143	Rif. Marinelli (2122 m)	Karnischer Hauptkamm
13 Rauchkofel, 2460 m Den schönsten Blick in die gewaltige Felsphalanx von Hoher Warte (2780 m) und Kellerwand bietet der Rauchkofel.	Hubertuskapelle (1114 m) im Wolayer Tal, evtl. Untere Wolayer Alm (1218 m), 9 km ab Birnbaum (950 m, 🚌)	Hubertuskapelle – Wolayer-See-Hütte (2 1/2 Std.) – Rauchkofel (4 Std.) – Valentintörl (2138 m; 4 1/2 Std.) – Wolayer-See-Hütte – Hubertuskapelle (6 1/2 Std.)	AV-Mark. 437, 438, 403	Wolayer-See-Hütte (1967 m)	Karnischer Hauptkamm
14 Steinwand, 2520 m Recht selten besuchter Gipfel zwischen Hoher Warte und Hochweißstein; für Geübte leicht. Ausdauer erforderlich, am Gipfel leichte Felsen	Obergailtal, Zufahrt von der Lesachtalstraße über Obergail (1094 m) bis zu einer Weggabelung (ca. 1170 m), 5 km. Parkmöglichkeit	Obergailtal – Obergailalm (1426 m; 3/4 Std.) – Knolihütte (1812 m; 2 Std.) – Obergailjoch (2216 m; 3 Std.) – Steinwand (4 Std.); Abstieg auf dem gleichen Weg (gesamt 6 1/2 Std.)	Rot-weiß bis ins Obergailjoch, dann rot-gelbe Bez.		Karnischer Hauptkamm
15 Monte Peralba (Hochweißstein), 2694 m Bekannter, viel besuchter Gipfel im Karnischen Hauptkamm, Aussicht von den Sextener Dolomiten bis zum Triglav. Am Gipfel leichte Felsen (Drahtseil); Trittsicherheit unerlässlich!	Frohntal, Zufahrt von St. Lorenzen (1127 m, 🚌) im Lesachtal bis zu einem Parkplatz unterhalb der Ingridhütte (1646 m), 7,5 km. Letztes Straßenstück sehr schlecht	Frohntal – Ingridhütte (1/2 Std.) – Hochweißsteinhaus (1 1/4 Std.) – Hochalpljoch (2278 m; 2 1/2 Std.) – Monte Peralba (3 3/4 Std.); Abstieg auf dem gleichen Weg (gesamt 6 1/4 Std.)	AV-Mark. 448, CAI-Nr. 131	Ingridhütte (1646 m), Hochweißsteinhaus (1867 m)	Karnischer Hauptkamm
16 Porze (Cima Palombino), 2600 m Sein felsig-zerfurchter Gipfel schließt das Obertilliacher Tal wuchtig ab. Der einzige leichte Gipfelweg verläuft über den Westgrat.	Parkplatz beim Klapfweiher (ca. 1700 m), Zufahrt von Obertilliach (1450 m, 🚌) 7 km. An Wochenenden Weiterfahrt zur Porzehütte erlaubt	Klapfweiher – Porzescharte (2363 m; 2 1/4 Std.) – Porze (3 1/4 Std.) – Porzescharte – Porzehütte (4 3/4 Std.) – Klapfweiher (5 1/4 Std.)	AV-Mark. 461, 403; CAI-Nr. 160	Porzehütte (1942 m)	Karnischer Hauptkamm
17 Obstanser-See-Hütte, 2304 m Hübsch am Obstanser See gelegenes Schutzhaus, Stützpunkt für Weitwanderer am »Karnischen Höhenweg«. Schönster Hüttengipfel: Pfannspitze (2678 m, 1 1/4 Std., mark.)	Kartitsch (1353 m, 🚌) Feriendorf an der Strecke Sillian – Kartitscher Sattel – Lesachtal	Kartitsch – Obstanser-See-Hütte (3 1/2 Std.); Abstieg auf dem gleichen Weg (gesamt 6 Std.)	AV-Mark. 466	Obstanser-See-Hütte (2304 m)	Karnischer Hauptkamm
18 Helm, 2433 m Berühmter Aussichtsgipfel mit grandiosem Blick auf die Sextener Dolomiten	Leckfeldalm (1917 m), Zufahrt von Sillian (1103 m, 🚌) 7 km	Leckfeldalm – Sillianer Hütte (1 3/4 Std.) – Helm (2 1/2 Std.); Abstieg auf dem gleichen Weg (gesamt 4 1/2 Std.)	Bez. Wege	Leckfeldalm (1917 m), Sillianer Hütte (2447 m)	Karnischer Hauptkamm
19 Rund um den Monte Chiavals Abenteuerrunde für Bergerfahrene: reichlich Mühen, aber auch große Eindrücke	Gravon di Glerîs (ca. 1050 m), Zufahrt von Frattis bei Aupa (908 m, 🚌) an der Strecke Pontebba – Forcella Cereschiatis, ca. 3 km. Parkmöglichkeit	Gravon di Glerîs – Forcella alta di Ponte di Muro (1613 m; 1 3/4 Std.) – Forcella Chiavals (1869 m; 3 3/4 Std.) – Forcella della Pecora (4 1/2 Std.) – Gravon di Glerîs (6 Std.)	CAI-Mark. 429, 425, 430		Karnische Alpen
20 Monte Flop, 1795 m Lohnende Wanderrunde vor der Dolomitenkulisse von Creta Grauzaria (2065 m) und Monte Sérnio (2167 m). Im Frühsommer üppig-südalpine Flora. Kammweg zum Gipfel ohne Mark.	Val d'Aupa, 9 km nördlich von Moggio (322 m, 🚌) an der Abzweigung eines Sträßchens (619 m, Hinweis »Rif. Grauzaria«)	Val d'Aupa – Rif. Grauzaria (2 Std.) – Foran da la Gjaline (2 3/4 Std.) – Monte Flop (3 3/4 Std.) – Forca Zouf di Fau (1392 m; 4 1/2 Std.) – Val d'Aupa (5 3/4 Std.)	CAI-Mark. 437, 435, 436	Rif. Grauzaria (1250 m)	Karnische Alpen
21 Monte Amariana, 1905 m Elegante Felspyramide östlich über Tolmezzo. Auffallend der gewaltige Murabriss an der Westflanke (Rivoli Bianchi), vom Gipfel packender Tiefblick auf das Geröllbett des Tagliamento. Ausdauer, im Sommer sehr heiß!	Illegio (576 m, 🚌) Bergdörfchen , Zufahrt von Tolmezzo (343 m), 6 km	Illegio – Biv. Cimenti (1080 m; 1 3/4 Std.) – Monte Amariana (4 1/4 Std.); Abstieg auf dem gleichen Weg (gesamt 7 Std.)	CAI-Mark. 443	Illegio (576 m)	Karnische Alpen
22 Gamsspitz, 1847 m Fantastischer Kletterzacken direkt über Timau mit senkrechter Südwand. Extrem steiler Weg »hinten herum« zum großen Vogelschaublick. Leichte Felsen am Gipfel, Kondition!	Timau (820 m, 🚌) Dorf am Plöckenpass, 10 km südlich von der Scheitelhöhe	Timau – Gamsspitz (3 Std.); Abstieg auf dem gleichen Weg (gesamt 4 3/4 Std.)	CAI-Mark. 402, 452		Karnische Alpen

Tourenziel/Charakteristik	Ausgangspunkt	Wegverlauf & Gehzeit	Markierung	Einkehr am Weg
23 Monte Volaia (Wolayer Kopf), 2470 m Gipfel im felsigen Biegengebirge, das – zusammen mit der Hohen Warte – die eindrucksvolle Kulisse der Oberen Wolayer Alm bildet.	Collina (1230 m), Zufahrt von Forni Avoltri (888 m,) 7 km	Collina – Forcella Ombladêt (2061 m; 2 1/4 Std.) – Tacca del Sasso Nero (2350 m; 3 Std.) – Monte Volaia (3 1/2 Std.); Abstieg auf dem gleichen Weg (gesamt 6 Std.)	CAI-Mark. 141, 176A, 176	
24 Monte Avanza, 2489 m Stark gegliedertes Felsmassiv über dem Val Fleons; Normalanstieg teilweise auf alten Kriegssteigen, viel Geröll, Bergerfahrung notwendig	Parkplatz (1815 m) an der Abzweigung des Karrenweges zum Rif. Calvi, von Cima Sappada (1299 m,) 8 km	Parkplatz – Passo Avanza (1683 m; 1/2 Std.) – Passo dei Cacciatori (2213 m; 2 Std.) – Monte Avanza (3 1/4 Std.) – Passo dei Cacciatori (4 Std.) – Passo di Sesis (4 1/2 Std.) – Rif. Calvi (5 Std.) – Parkplatz (5 3/4 Std.)	CAI-Mark. 173, 132; rote Tupfer	Rif. Calvi (2164 m)
25 Rund um den Monte Peralba Abwechslungsreiche Wanderrunde auf guten Wegen; mit der Besteigung des Monte Peralba (Hochweißstein, 2694 m) ein volles Tagespensum	Rif. Sorgenti del Piave (1830 m), Zufahrt von Cima Sappada (1299 m,), 9 km)	Rif. Sorgenti del Piave – Rif. Calvi (1 Std.) – Hochalpljoch (Passo dell'Oregone, 2278 m; 2 Std.) – Val dell'Oregone (1572 m) – Rif. Sorgenti del Piave (4 Std.)	CAI-Mark. 132, 134, 137	Rif. Sorgenti del Piave (1830 m), Rif. Calvi (2164 m)
26 Monte Schiaron, 2246 m Leicht erreichbarer Aussichtsgipfel über dem Val Visdende. Alte Kriegswege und -stellungen	Val Visdende, Parkplatz »La Fitta« (1310 m), 6 km von der Strada Statale No. 355 Santo Stefano di Cadore – Sappada	La Fitta – Forcella Zovo (1606 m; 1 3/4 Std.) – Forcella Longerin (2044 m; 3 1/4 Std.) – Monte Schiaron (4 Std.) – Forcella Longerin – Casera Londo (1643 m; 4 3/4 Std.) – La Fitta (5 3/4 Std.)	CAI-Mark. 169, 196, 167	Mehrere Hütten im Val Visdende
27 Forcella dei Cadini, 2098 m Mitten in die »Pesariner Dolomiten« führt diese Runde auf markierten, teilweise allerdings recht rauen Wegen. Am Passo dell'Arco schönes Felsentor	Sappada (1218 m,) alte deutsche Sprachinsel (Bladen) am Oberlauf des Piave. Parkmöglichkeiten am Fluss	Sappada – Biv. Del Gobbo (1985 m; 2 3/4 Std.) – Forcella dei Cadini (3 Std.) – Passo dell'Arco (1907 m; 3 3/4 Std.) – Sappada (5 1/4 Std.)	CAI-Mark. 317, 322, 232, 316	
28 Sentiero Corbellini Interessanter Höhenweg, an einigen Stellen gesichert. Der Weg war in den vergangenen Jahren öfters durch Muren verlegt; Infos im Rif. De Gasperi	Bar Pian di Casa (1236 m) im oberen Val Pesarina, 18 km von Comeglians (546 m,). Parkplatz	Pian di Casa – Rif. De Gasperi (1 3/4 Std.) – »Sentiero Corbellini« – Passo Siera (1592 m; 3 3/4 Std.) – Culzei (970 m; 5 Std.)	CAI-Mark. 201, 316, 231	Bar Pian di Casa (1236 m); Rif. De Gasperi (1767 m)
29 Punta dell'Uccel, 1983 m Abwechslungsreiche Runde westlich des Monte Tinisa. Die Tour folgt dem »Sentiero Naturalistico Tiziana Weiss« (Blumen!).	Rif. Tita Piaz (1417 m), knapp nördlich unterhalb des Passo della Pura (1428 m), der Ampezzo (559 m,) mit Sauris (der deutschen Enklave Zahre) verbindet, 23 km	Rif. Piaz – Casera Tintina (1495 m) – »Sentiero Weiss« – Forca di Montôf (1822 m; 2 Std.) – Punta dell'Uccel – Malpasso (1960 m; 3 1/4 Std.) – Casera Tintina (4 Std.) – Rif. Piaz (4 3/4 Std.)	CAI-Mark. 215, 233	Rif. Tita Piaz (1417 m)
30 Monte Bivera, 2474 m Wo die Karnischen besonders einsam sind (und das will etwas heißen!). Höchster Gipfel zwischen den Tälern von Sauris und des Tagliamento, Trittsicherheit	Casera Razzo (1739 m), nahe der Straßenverzweigung auf der Sella Razzo (1724 m). Anfahrt von Vigo di Cadore, Forcella Lavardêt und Ampezzo – Sauris	Casera Razzo – Casera Chiansaveit (1698 m; 1 Std.) – Monte Bivera (3 1/2 Std.); Abstieg auf dem gleichen Weg (gesamt 6 Std.)	Bis Chiansaveit CAI-Mark. 210, dann gelegentlich Steinmännchen, Wegspur	
31 Monte Pramaggiore, 2478 m Die richtige Tour für konditionsstarke Einsamkeitsfans. An der Forcella Sidón gesicherte Passagen (»Sentiero Barini«)	Forni di Sopra (894 m,) Ferienort im obersten Tagliamentotal, 20 km von Ampezzo. Vom Weiler Andrazza (885 m) hinab zum Fluss. Parkplatz	Andrazza – Rif. Flaiban-Pacherini (2 Std.) – Forcella Sidón (4 Std.) – Forcella Pramaggiore (2295 m) – Monte Pramaggiore (4 3/4 Std.); Abstieg an dem gleichen Weg (gesamt 7 3/4 Std.)	CAI-Mark. 362, 363, 366	Rif. Flaiban-Pacherini (1587 m)
32 Forcella della Méscola, 1967 m – Rifugio Giaf Wanderrunde südlich des Mauriapasses mit Aussicht auf die bizarren Dolomitgipfel rund um die Crìdola (2581 m)	Passo della Mauria (1298 m,) Straßenübergang vom Piavetal ins Tal des Tagliamento	Passo della Mauria – Forcella Fossiana (2 1/2 Std.) – Monte Boschet (1707 m) – Rif. Giaf (3 1/2 Std.) – Colle Parsupagn – Passo della Mauria (6 Std.)	CAI-Mark. 348, 341	Passo della Mauria (1298 m); Rif. Giaf (1405 m)
33 Monte Tudaio, 2140 m Westlicher Eckpfeiler des Brentoni-Massivs mit Aussicht auf die Dolomiten. Aufstieg über gesicherten Steig, Festung am Gipfel, hinab auf alter Kriegsstraße	Piniè (807 m,) Weiler im Piavetal, 2 km nördlich von Laggio	Piniè – Sentiero del Mede – Monte Tudaio (4 Std.) – Kriegsstraße – Piniè (6 1/4 Std.)	Rote Mark.	

Tourenziel/Charakteristik	Ausgangspunkt	Wegverlauf & Gehzeit	Markierung	Einkehr am Weg
34 Rifugio Padova, 1287 m Herrlich vor den Zinnen und Türmen der Crìdola und der Spalti di Toro gelegene Hütte	Vallasella (711 m, 🚌) Dorf am Lago di Centro Cadore, 4 km von Pieve di Cadore. Parkplatz jenseits des Stausees beim Campingplatz	Camping – Rif. Padova (2 1/2 Std.); Abstieg auf dem gleichen Weg (gesamt 4 Std.)	CAI-Mark. 287	Rif. Casera Cercenà (1051 m); Rif. Padova (1278 m)
35 Monte Borgà, 2228 m Überschreitung der »karnischen Art«: sehr anstrengend, einsam, großartig! Nur für gute, ausdauernde Bergsteiger, Abstieg östlich nach Erto. Der jämmerliche Rest des Vajont-Stausees erinnert an die Katastrophe von 1963, als Longarone dem Erdboden gleichgemacht wurde.	Davestra (482 m), Weiler am Piave, 7 km nördlich von Longarone (473 m, 🚌)	Davestra – Cà Copada (868 m; 1 1/4 Std.) – Forcella del Borgà (1793 m; 4 3/4 Std.) – Weggabelung (1610 m; 5 1/4 Std.) – Monte Borgà (7 1/4 Std.) – Weggabelung – Erto (10 Std.)	CAI-Mark. 392, 381, 393; rote Punkte von der Weggabelung zum Gipfel	Erto (778 m)
36 Bivacco Perugini, 2060 m Berühmtester Felszacken in den Karnischen Alpen ist der eigenwillig geformte Campanile del Val Montanaia (2173 m).	Rif. Pordenone (1249 m) im Val Cimolina, schlechte Zufahrt ab Cimolais (651 m, 🚌), 13 km)	Rif. Pordenone – Val Montanaia – Biv. Perugini (2 1/2 Std.); Abstieg auf dem gleichen Weg (gesamt 4 Std.)	CAI-Mark. 353	Rif. Pordenone (1249 m)
37 Monte San Simeone, 1505 m »Inselberg» zwischen den Julischen und den Karnischen Alpen, mit den alten Kriegsstraßen auch ein tolles Bike&Hike-Ziel. Schöne Aussicht, packende Tiefblicke	Bordano (236 m, 🚌) Dorf am Tagliamento, südwestlich von Venzone	Bordano – Sella di Bordano (315 m) – ex-strada militare – Pianero del San Simeone (1215 m; 1 1/2–2 Std./Rad) – Monte San Simeone (1 Std./zu Fuß)	CAI-Mark. 639	Baita Monte San Simeone (1203 m)
38 Val Comugna Abenteuerpfad durch die Schluchten des unteren Val Comugna; einige exponierte Passagen, alte Sicherungen. Abstecher zum verlassenen Weiler San Vincenzo (580 m): zusätzlich 2 Std., Mark. 810	San Francesco (390 m), Weiler im Val d'Arzino, an der Strecke Sella Chianzutàn – Pinzano al Tagliamento	San Francesco – Valentins (356 m; 1/2 Std.) – Val Comugna – Case Piedigiâf (487 m; 3 1/2 Std.) – Sella Giâf (960 m; 5 Std.) – San Francesco (6 1/4 Std.)	CAI-Mark. 810, 810a	
39 Monte Valcalda, 1908 m Höchster Gipfel zwischen den Tälern von Arzino und Tramonti mit schöner Aussicht auf die Bergketten der Càrnia. Große Alternative: Überschreitung auf dem »Sentiero Ursula Nagel« zum Passo di Monte Rest (1053 m; etwa 8 Std., Mark. 826)	Sella Chiampon (789 m), Straßenpass zwischen dem Tagliamento- und dem Arzinotal. Parkmöglichkeit etwas südlich der Scheitelhöhe bei den Stavoli Piè della Valle (764 m)	Stavoli Piè della Valle – Malga Teglara (1573 m; 2 1/2 Std.) – Monte Valcalda (3 3/4 Std.); Abstieg auf dem gleichen Weg (gesamt 6 1/4 Std.)	CAI-Mark. 826	
40 Monte Frascola, 1961 m Garantiert mehr Schlangen als Menschen trifft man auf dem Weg zum Monte Frascola: Karnische Alpen pur, ferner als jedes Treckerziel. Nur für erfahrene Berggänger; Biwakausrüstung schadet nicht!	Maleón (456 m), Häusergruppe an der Südrampe der Straße über den Passo di Monte Rest (1053 m), 2 km von Tramonti di Sopra (415 m, 🚌)	Maleón – Casera Chiampis (3 1/2 Std.) – ex-Casera Tamarùz (1520 m) – Monte Frascola (6 Std.) – Forca del Frascola (1520 m; 7 Std.) – Casera Chiampis (8 Std.) – Maleón (10 1/2 Std.)	CAI-Mark. 377, 392, 386	Notunterkunft Casera Chiampis (1236 m)
41 Monte Raut, 2025 m Prächtiger Aussichtspunkt am Südalpenrand. Unter dem Gipfel gesicherte Passage (Drahtseil)	Forcella di Pala Barzana (840 m), Straßenübergang von Barcis nach Maniago	Forcella di Pala Barzana – Forcella Capra (1824 m; 3 Std.) – Monte Raut (4 Std.); Abstieg auf dem gleichen Weg (gesamt 6 1/2 Std.)	CAI-Mark. 967, rote Punkte	
42 Monte Dolada, 1938 m Aussichtsgipfel über dem Piavetal, bietet herrliche Tiefblicke auf den Lago di Santa Croce und Belluno sowie Aussicht auf den Alpago mit seinen Dörfern und Bergen. Einige exponierte Passagen, nicht bei Nässe gehen!	Rif. Dolada (1494 m), Zufahrt von Pieve d'Alpago (691 m, 🚌) 7,5 km	Rif. Dolada – Monte Dolada (1 1/2 Std.); Abstieg auf dem gleichen Weg (gesamt 2 1/2 Std.)	CAI-Mark. 961	Rif. Dolada (1494 m)
43 Cimon del Cavallo, 2251 m Felsige Gipfelbastion am Südalpenrand: Aussicht ins Gebirge und weit hinaus ins Flache, bis zur Adria. Üppige Flora, am Aufstieg kurze gesicherte Passage	Malga Pian Lastre (1260 m), Zufahrt von Tambre (922 m, 🚌) 5 km. Parkplatz	Malga Pian Lastre – Rif. Semenza (2 Std.) – Monte Cavallo (3 Std.) – Forcella del Cavallo – Casera Palantina (1521 m; 4 1/2 Std.) – Malga Pian Laste (5 1/4 Std.)	CAI-Mark. 926, 924, 923	Rif. Semenza (2020 m)

Karnische Alpen

Stubaier und Zillertaler Alpen, Rieserfernergruppe

An der Südseite des Alpenhauptkamms

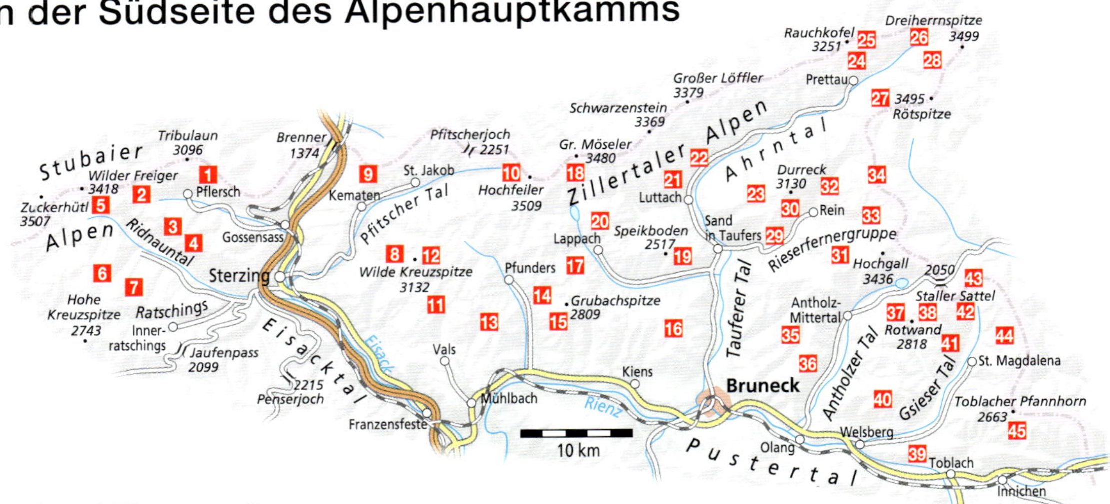

Eisack und Rienz entwässern zwar nach Süden, über Etsch und Po ins Mare Mediterraneo, doch ist in Sterzing oder im Ahrntal noch recht wenig von der Nähe des Südens zu spüren, und das Pustertal gilt fast schon als »Kältekammer« Südtirols (was natürlich Wintersportler freut).

Wer hinauffährt nach Rein, Gipfel und Gletscher der Rieserfernergruppe vor sich, könnte leicht glauben, irgendwo in den Ötztaler Alpen anzukommen. Aber da helfen dann die zweisprachigen Ortsschilder, und der Espresso schmeckt halt auch anders als der Kaffee des Nordens, ganz abgesehen davon, dass im Süden die fantastische Zackenreihe der Dolomiten die letzten Zweifel zerstreut: Wir sind auf der Südseite der Alpen.

Geologen sehen das zwar etwas anders, aber ihre periadriatische Naht, die durchs Pustertal läuft und als Bruchlinie zwischen Zentral- und Südalpen gilt, trennt für den Laien bloß unterschiedliche Gesteine: Gneise und Tonalit bauen die Hauptgipfel der Zillertaler Alpen und der Rieserfernergruppe auf, weichere Schiefergesteine sind verantwortlich für die sanften Höhen links wie rechts der Rienz, und weiter im Süden schroffen Kalk- und Dolomitgesteine in den Himmel. Aus solchen marinen Sedimentgesteinen sind auch einige Gipfel der Stubaier Alpen aufgebaut, mit dem Pflerscher Tribulaun (3096 m) als Blickfang über dem Pflerschtal.

Hauptort des Südtiroler Wipptals ist das alte Fuggerstädtchen Sterzing. Im Pustertal, das im 8. Jahrhundert unter Herzog Tassilo von den Bajuwaren kolonisiert wurde, ist Bruneck wirtschaftliches und politisches Zentrum. Hier mündet von Norden das größte und touristisch bedeutendste Seitental der Rienz, zum Zillertaler Hauptkamm ansteigende Tauferer-Ahrntal mit Sand in Taufers als Mittelpunkt. Schöne Wandermöglichkeiten bieten auch die weiteren Nebenäste des Pustertals: das Valser Tal und das Pfunderer Tal in den Pfunderer Bergen (Wilde Kreuzspitze, 3132 m), das Antholzer Tal an der Südseite der Rieserfernergruppe und das liebliche Gsieser Tal.

Steckbrief

Fläche: ca. 2500 qkm
Höchster Punkt: Hochfeiler (3510 m)
Gebirgsgruppen: Stubaier Alpen (Südost), Pfunderer Berge, Zillertaler Alpen (Süd), Rieserfernergruppe, Defregger Alpen (West)
Wichtigste Ortschaften: Sterzing, Bruneck, Sand in Taufers, Welsberg, Toblach, Innichen
Wandervorschläge: 45

Pfunderer Höhenweg

Anspruchsvolle Unternehmung in den Pfunderer Bergen, von Wiesen bei Sterzing bis nach St. Georgen bei Bruneck durchgehend markiert, aber teilweise weglos. Leichte Kletterstellen (I–II). Nächtigung in Hütten bzw. Biwak. **1. Tag:** Wiesen – Trenser Joch (2205 m) – Simile-Mahdalm (2011 m) **2. Tag:** Mahdalm – Rauhtaljoch (2808 m) – Brixner Hütte (2290 m) **3. Tag:** Brixner Hütte – Steinkarlscharte (2610 m) – Kellerscharte (2439 m) – Brenningerbiwak (2150 m) **4. Tag:** Brenningerbiwak – Gaisscharte (2720 m) – Edelrautehütte (2545 m) **5. Tag:** Edelrautehütte – Hochsägescharte (2642 m) – Tiefrastenhütte (2312 m) **6. Tag:** Tiefrastenhütte – Sambock (2396 m) – St. Georgen

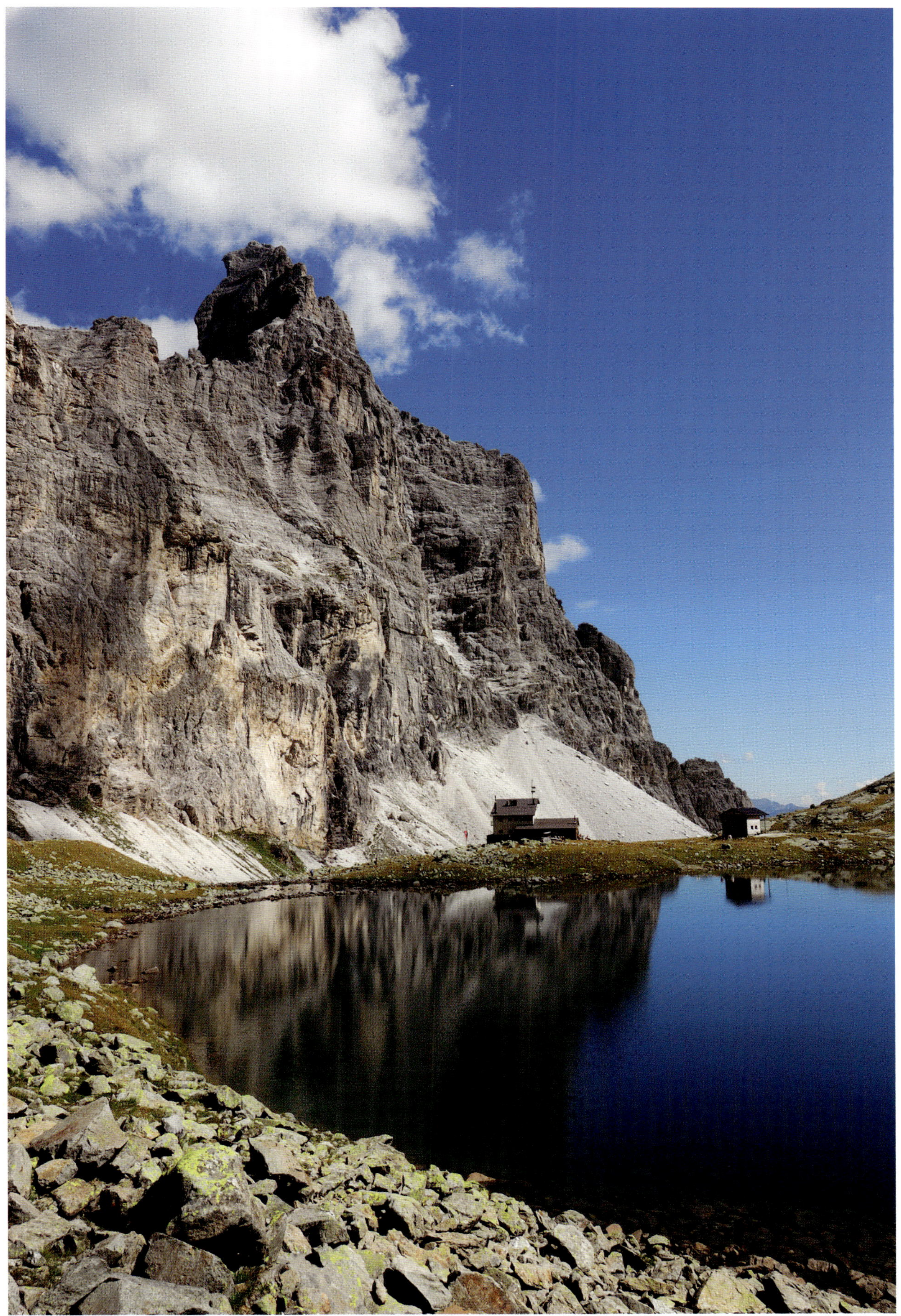

Sandessee mit Tribulaunhütte und Pflerscher Tribulaun

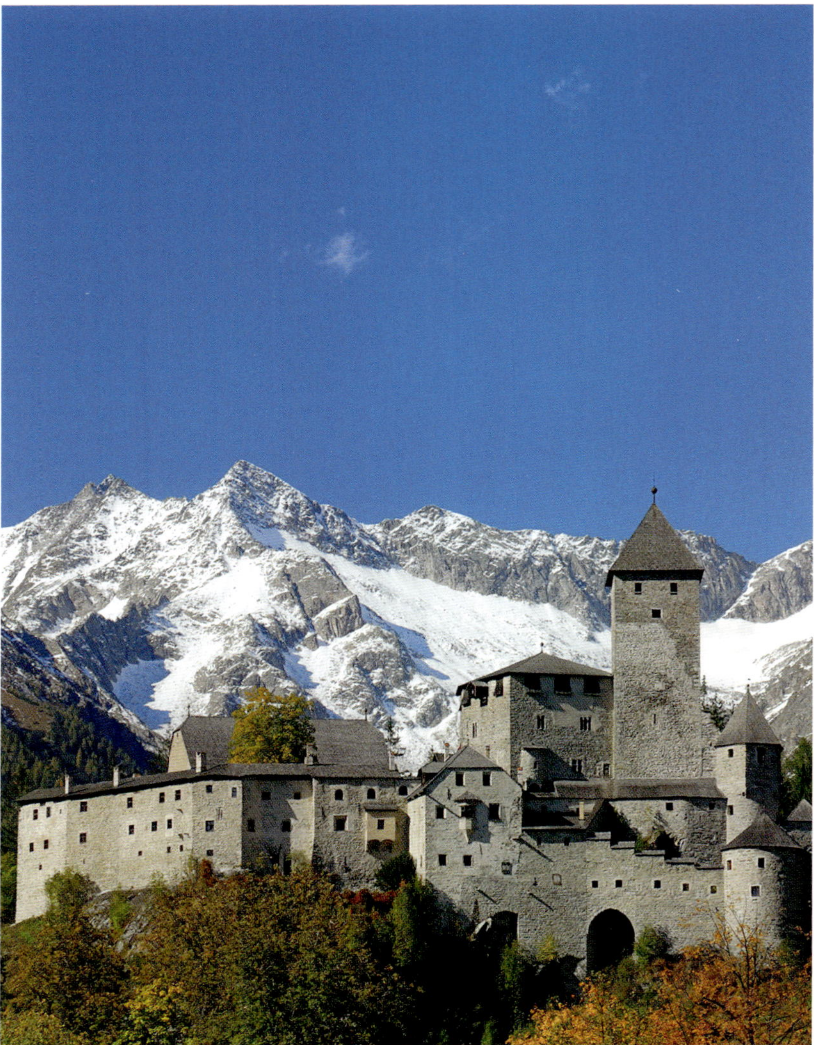

Wahrzeichen von Sand: das mächtige Schloss Taufers. Noch größer: der Schwarzenstein (3369 m) im Zillertaler Hauptkamm

Im Banne des Pflerscher Tribulaun

1 Pflerscher Höhenweg

Höhenwege gehören stets – wen wundert es? – zu den Highlights im Tourenangebot: oben sein, hoch über den Tälern, Aussicht und Tiefblicke genießen. Das kann man auch am »Pflerscher«, der die Nordflanke des Tals vom Portjoch bis zur Tribulaunhütte quert, auf Bändern quer durch Steilabbrüche führt (zahlreiche gesicherte Passagen), felsumschlossene Karwinkel traversiert, ehe er schließlich am Sandessee ausläuft. Und wer gleich in der Tribulaunhütte (2368 m) übernachtet, wird bei schönem Wetter der Versuchung kaum widerstehen können, anderntags die Pfitscher »Haute Route« über die Weißwandspitze zur Magdeburger Hütte (2423 m) fortzusetzen …

Zunächst muss man natürlich hinauf, was in diesem Fall heißt: zweieinhalb Stunden Anstieg bis ins Portjoch, viel links-rechts und aussichtsmäßig ein leiser Vorgeschmack auf den Höhenweg. Der führt erst einmal um den Roßlauf Süd (2378 m) – was für ein Gipfelname!? – herum ins Wildgrubenkar, dann auf Bändern hinaus zu einem besonders schönen »Guck-ins-Land«. Nur wenig später kommt die Riesengestalt des Pflerscher Tribulaun (3096 m) ins Bild, mit Schutt beladen und grimmig, rechts flankiert vom Gschnitzer Tribulaun (2945 m). Hoch über dem Koggraben kreuzt man den Weg zur Schneetalscharte; hier liegt – der Name sagt's – im Frühsommer noch reichlich Schnee. Über dem Meßnergraben steigt die Spur kräftig an, um hinter dem Bugfelsen des Gogelberges (2276 m) das Schutzhaus am Sandessee anzusteuern. Faszinierend der Rückblick auf den Pflerscher Tribulaun.

Abstieg auf dem Hüttenweg nach St. Anton im Pflerschtal.

Höhenweg zwischen Pustertal und Zillertaler Hauptkamm

20 Kellerbauerweg

Der Speikboden (2517 m), Hausberg von Sand in Taufers, gilt zu Recht als ein schöner Aussichtsgipfel. An seinen Flanken wird im Winter fleißig gewedelt, im Sommer verkürzt die Speikbodenbahn den Weg zum Gipfel ganz wesentlich. Das schätzt auch, wer sich den »Kellerbauerweg« vorgenommen hat; bis zum Neveser Joch sind es mit Liftbenützung immerhin noch sechs Stunden mit einigem Auf und Ab, zur Straße am Stausee fast acht Stunden. Der bereits anfangs unseres Jahrhunderts angelegte Steig folgt dem Mühlwalder Kamm vom Speikboden bis zur Chemnitzer Hütte, stets in Höhenlagen zwischen 2200 und 2500 Metern verlaufend – eine herrliche Aussichtspromenade!

Von der Michlreiser Alm (1958 m) zunächst zwischen den Liftanlagen bergan, dann links in eine Karmulde, vorbei an einem winzigen Seeauge und hinauf zum Ostgrat des Speikbodens (2387 m). Hier nicht rechts zum Gipfel, sondern am »Kellerbauerweg«, vorbei an den überwachsenen Grundmauern der Sonklarhütte, die Grashänge querend ins Mühlwalder Joch (2342 m). Nun am Rücken entlang, südlich um den Stoßkofel (2474 m) herum und auf den Fadner (2457 m). Von der kreuzgeschmückten Kuppe ist der weitere Wegverlauf gut zu überblicken: erst hinab ins Gornerjoch (2309 m) und flach zum Wurmtaler Jöchl (2288 m), dann stets auf der Ostseite des felsdurchsetzten Kamms, Karmulden ausgehend und über Gratrippen laufend, bis ins Neveser Joch. Einige etwas ausgesetzte Passagen. Aus dem Lappacher Jöchl (2371 m), das vom »Kellerbauerweg« nur tangiert wird, kann man in einer Dreiviertelstunde die Tristenspitze (2716 m, Spur) besteigen. In einer Karmulde nordöstlich unter dem Gipfel liegt der sagenumwobene Tristensee (2344 m). Der Höhenweg läuft rechts an dem stillen Gewässer vorbei, dann hinaus zur Kranner Schneide und führt schließlich fast eben durch die Nordhänge des Schaflahnernock (im Frühsommer Altschnee) zur Chemnitzer Hütte (2420 m).

Abstieg zum Neves-Stausee über den Nevesboden, dann auf der Straße nach Lappach. Etwas weiter ist der Abstieg nach Osten, vom Nevesjoch via Gögealm nach Weißenbach (1334 m). Wer gleich auf der Chemnitzer Hütte übernachtet, kann anderntags den »Neveser Höhenweg« begehen (siehe Tour 18).

Bergbau am Schneeberg und im Ahrntal

Im ausgehenden Mittelalter war Sterzing ein Zentrum des Tiroler Bergbaus. So sollen zeitweise mehr als 1000 Knappen, überwiegend aus Schwaben und Württemberg stammend, in den umliegenden Tälern ihrer Arbeit unter Tage nachgegangen sein. Eine erste urkundliche Erwähnung des »argentum bonum de Sneberch« – des guten Silbers vom Schneeberg – geht auf das Jahr 1237 zurück; das endgültige Aus für Europas höchstgelegenes Bergwerk kam erst 1967, nachdem man zuletzt vor allem Zinkblende am Schneeberg abgebaut und in Ridnaun aufbereitet hatte. Über den Bergbau kann man sich im Landesbergbaumuseum Jöchlsthurn in Sterzing und an den (teils erhaltenen) Anlagen in Ridnaun und am Schneeberg informieren. Es werden regelmäßig Führungen und Exkursionen durchgeführt, Infos beim Tourismusverband Sterzing-Wipptal. Ein Schaubergwerk gibt es auch bei Prettau im Ahrntal, wo früher ebenfalls nach Erzen geschürft wurde.

Seenwanderung oder zünftige Gipfeltour?

24/25 Waldner See, 2338 m, und Rauhkofel, 3252 m

Ziemlich genau auf halber Höhe zwischen Tal und Gipfel liegt der größte See der Region, frequentiertes Wanderziel, besonders dankbar in Verbindung mit einer Überschreitung der Archscharte (2369 m). Starten kann man die Runde in Prettau oder in Kasern.

Wer sich gleich den Rauhkofel zum (hohen) Ziel nimmt, muss natürlich erst einmal hinauf zu dem stimmungsvollen See unter dem Alpenhauptkamm, von Prettau etwa 2 ½ Stunden über die Waldner Alm. Eine weitere Dreiviertelstunde höher quert der »Lausitzer Weg« die Südflanke des Zillertaler Hauptkamms. Der markierte Anstieg zum Rauhkofel kreuzt ihn unweit von jenem Platz, an dem einst die Rauhkofelhütte stand. Im Geröll weiter bergan gegen den Südgrat und über Blockwerk, den Steilaufschwüngen in die Flanken ausweichend, zum Vorgipfel und zum höchsten Punkt.

Aussichtspromenade über dem Reintal

30 Vegetationsweg

Die Durreckgruppe (Durreck, 3130 m), deren lang gestreckter Hauptkamm zwischen Ahrn- und Reintal aufragt, lässt sich fast ganz auf Höhenwegen umwandern: vom inneren Reintal bis zum Klaussee (und noch ein Stückchen weiter bis ins Bärental): »Reiner Höhenweg«, »Vegetationsweg« und »Durreck-Höhenweg«. Als Ausgangspunkt für eine Begehung des »Vegetationsweges«, der nahe der Baumwuchsgrenze (prächtige Zirbelbestände) von den Schlafhäusern bis zur Mayerhofer Alm führt, bieten sich Ahornach (1334 m) und Rein (1596 m) an. Die Tour bietet herrliche Ausblicke auf die Bergkulisse des Reintals; Blickfang ist der Hochgall (3436 m), dessen wuchtige Berggestalt über dem Bachertal thront. Der Weg führt wiederholt an schönen Rastplätzen vorbei, etwa bei den Schlafhäusern oder auf der Waldlichtung des Märzenplatzes. Am Moosplatz steht das Wollgras in den nassen Wiesen, beim Sauwipfel (2218 m) schlängelt sich der Weg zwischen mächtigen Bergsturztrümmern hindurch.

Vom Parkplatz am Eingang zum »Naturpark Rieserferner-Ahrn« kurz auf einer Waldstraße bergan, dann auf einem Weg erst noch schattig, später über Wiesen hinauf zu den Schlafhäusern, die früher den Hirten als Unterkunft dienten. An der obersten Hütte (2019 m, Weggabelung) rechts und im Wald hinauf zum Märzenplatz, dann flacher mit zunehmend freier Sicht über den Moosplatz (2128 m) weiter talein und am Hang entlang zum Sauwipfel. Dahinter liegt die Mayerhofer Alm (2022 m). Über Wiesen hinab zu den Lobiser Schupfen (1959 m), einem sehenswerten (jüngst restaurierten) Ensemble von Heuhütten, und auf bequemer Piste talaus und hinab zum Ausgangspunkt.

Dabei lohnt es sich, den kleinen Umweg zum Kofler zwischen den Wänden (1528 m) zu unternehmen (beschilderte Abzweigung am Toten Moos). Der Hof (Jausenstation) hat seinen Namen nicht zu Unrecht; er liegt auf einem Wiesenhang hoch über dem Reinbach, vom Tal aus nur über einen steilen, teilweise ausgesetzten Weg erreichbar.

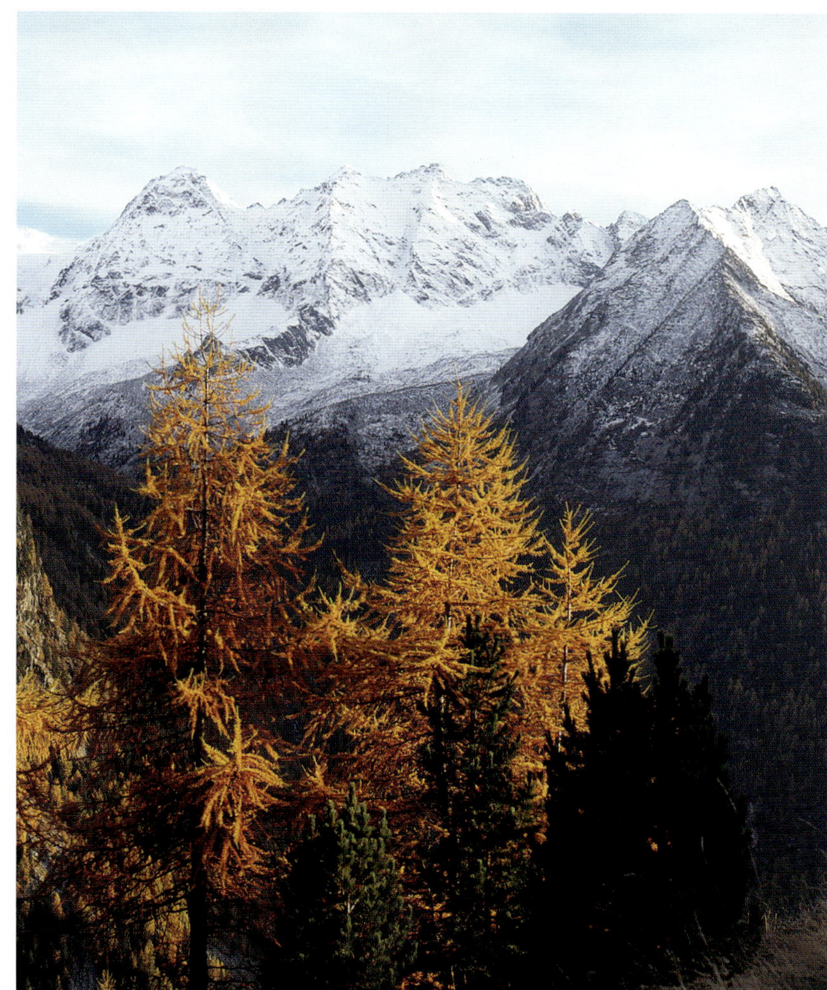

Herbst im Reintal; Blick vom Vegetationsweg ins Gelttal

Sterzing und Umgebung

Tourenziel/Charakteristik	Ausgangspunkt	Wegverlauf & Gehzeit	Markierung	Einkehr am Weg
1 Pflerscher Höhenweg Schönster, aber auch längster Weg zur Tribulaunhütte am Fuß des Pflerscher Tribulaun (3096 m). Trittsicherheit erforderlich, mehrere gesicherte Passagen	Ast-Außerpflersch (1109 m) Weiler im Pflerschtal, 4 km von Gossensaß	Ast – Portjoch (2110 m; 2 1/2 Std.) – »Pflerscher Höhenweg« – Tribulaunhütte (6 1/2 Std.) – Innerpflersch (1246 m; 8 1/2 Std.)	Mark. 32, 32A, 7	Tribulaunhütte (2368 m)
2 Magdeburger Hütte, 2423 m Beliebte Hüttentour, Übergang zur Tribulaunhütte möglich (Weißwand, 3016 m – Hoher Zahn, 3 1/2 Std., Mark. 7)	Innerpflersch (St. Anton, 1246 m) knapp 10 km von Gossensaß	Innerpflersch – Magdeburger Hütte (3 1/2 Std.); Abstieg auf dem gleichen Weg (gesamt 6 Std.)	Mark. 6	Magdeburger Hütte (2423 m)
3 Wetterspitze, 2709 m Recht anspruchsvolle Gipfeltour, als Ausgangspunkt kommt alternativ auch die Bergstation des Ladurns-Sessellifts infrage (1731 m).	Innerpflersch (St. Anton, 1246 m) knapp 10 km von Gossensaß	Innerpflersch – Allrißalm (1536 m; 3/4 Std.) – Wetterspitze (4 Std.) – Edelweißhütte (6 Std.) – St. Anton (7 1/2 Std.)	Mark. 27, 34, 35	Alrißalm (1534 m), Edelweißhütte (2111 m)
4 Ridnauner Höhenweg Lange, aussichtsreiche Hangwanderung über dem Ridnauntal. Trittsicherheit und gute Kondition wichtig	Sterzing (948 m) historisches Städtchen an der Brennerroute. Rosskopf-Gondelbahn; Bergstation (1950 m)	Bergstation (1950 m) – »Ridnauner Höhenweg« – Prischer Alm (3 3/4 Std.) – Ridnaun (Maiern, 1372 m; 5 1/2 Std.)	Mark. 23, 7, 27	
5 Teplitzer Hütte, 2586 m Beliebte Hüttentour, herrlicher Blick zum Übeltalferner. Trittsicherheit erforderlich. Lohnender Abstecher zum Hocheck (2576 m; 1/2 Std., mark.)	Innerridnaun (Bergbauwelt, 1426 m) 17 km von Sterzing	Bergbauwelt – Teplitzer Hütte (3 1/2 Std.) – Pfurnsee (2456 m; 4 1/2 Std.) – Untere Aglsalm (2004 m) – Bergbauwelt (6 3/4 Std.)	Mark. 9, 9A	Teplitzer Hütte (2586 m), Aglsalm
6 Egetjoch, 2695 m Rundwanderung zwischen Tal und Gletschern; Ausdauer erforderlich. Variante über die Egetenseen möglich, Mark. 33A, Gesamtgehzeit dann 8 Std.	Innerridnaun (Bergbauwelt, 1426 m) 17 km ab Sterzing	Bergbauwelt – Trüber See (2344 m; 3 1/2 Std.) – Egetjoch (4 3/4 Std.) – Moarerbergalm (6 1/4 Std.) – Bergbauwelt (7 1/2 Std.)	Mark. 9, 33, 19	Grohmannhütte (2254 m), 10 Min. oberhalb des Wegs, Moarerbergalm (2114 m)
7 Einachtspitze, 2305 m Leichte, aber sehr dankbare Gipfeltour, gute Aussicht auf die Stubaier Dreitausender. Reiche Flora	Ridnaun (1342 m) 14 km von Sterzing	Ridnaun – Einachtspitze (3 1/2 Std.) – Joggilealm (1987 m) – Entholz (1450 m) – Ridnaun (5 3/4 Std.)	Örtliche Mark.	Joggiealm (1987 m)
8 Wilde Kreuzspitze, 3132 m Höchste Erhebung der Pfunderer Berge mit großem Panorama. Trittsicherheit erforderlich	Burgum (1373 m) Häusergruppe im Pfitschtal, 12 km von Sterzing	Burgum – Sterzinger Hütte (2 1/2 Std.) – Karjöchl (2917 m) – Wilde Kreuzspitze (4 3/4 Std.); Abstieg auf dem gleichen Weg (gesamt 7 1/2 Std.)	Mark. 2	Sterzinger Hütte (2344 m)
9 Wolfendorn, 2776 m Abwechslungsreiche Hütten- und Höhenwanderung über dem Pfitscher Tal. Übernachtung in der Landshuter Hütte, die direkt auf der Landesgrenze Österreich-Italien steht, empfehlenswert. Trittsicherheit erforderlich	Pfitsch-Kematen (1440 m) 15 km von Sterzing	Kematen – Flatschjöchl (2395 m; 3 Std.) – Wolfendorn (4 Std.) – Landshuter Hütte (6 3/4 Std.) – Pfitsch-Platz (1430 m; 9 1/4 Std.)	Mark. 5, 3, 3A	Landshuter Hütte (Europahütte, 2693 m)
10 Hochfeilerhütte, 2710 m Auf einer Anhöhe über dem Gliederferner gelegene Alpenvereinshütte, Stützpunkt für die beliebte Besteigung des höchsten Gipfels der Zillertaler Alpen	Stein (1530 m) im innersten Pfitschtal bzw. dritte Kehre der Straße (1718 m) zum Pfitscher Joch (2251 m)	Straßenkehre – Hochfeilerhütte (3 Std.); Abstieg auf dem gleichen Weg (gesamt 5 Std., ab Stein 6 Std.)	Mark. 1	Hochfeilerhütte (2710 m)
11 Fanealm, 1739 m Höhenwanderung zu der malerischen Almsiedlung im inneren Valser Tal, einige leicht felsige Passagen	Bergstation des Jochtal-Sessellifts (2009 m), Talstation Vals (1377 m)	Sessellift – Valser Joch (1920 m) – Peachenjöchl (2201 m; 1 1/2 Std.) – Fanealm (1739 m; 2 1/2 Std.) – Vals (3 1/2 Std.)	Mark. 9	Liftstation (2009 m), Fanealm (1739 m)

Tourenziel/Charakteristik	Ausgangspunkt	Wegverlauf & Gehzeit	Markierung	Einkehr am Weg
12 Rauhtaljoch, 2808 m Große Wanderrunde in den Pfunderer Bergen, Trittsicherheit und Ausdauer erforderlich. Nördlich unter dem Rauhtaljoch winziges Eisfeld (Teleskopstöcke). Vom Rauhtaljoch 1 Std. zur Wilden Kreuzspitze, mark.	Parkplatz (1752 m) knapp vor der Fanealm; im Juli/August ist die Zufahrt gesperrt, dann Nächtigung in der Brixner Hütte ratsam. Parkmöglichkeit hinter Vals (1377 m, Bus)	Vals – Fanealm (1739 m; 1 1/4 Std.) – Brixner Hütte (3 1/4 Std.) – Rauhtaljoch (5 Std.) – Wilder See (2532 m; 5 1/2 Std.) – Fanealm (7 1/2 Std.) – Vals (8 1/2 Std.)	Mark. 17, 18	Fanealm (1739 m); Brixner Hütte (2290 m); Labesebenhütte (2138 m)
13 Schellebergsteig – Seefeldsee, 2271 m Lohnende Höhen- und Seewanderung für Geübte, am »Schellebergsteig« einige Drahtseilsicherungen. Mit Überschreitung des Gitschbergs (2510 m, mark.) Gesamtgehzeit 6 1/2 Std.	Bergbahn Bergstation Gaisraste (2058 m) der Gitschberg-Gondelbahn, Talstation Meransen (1414 m, Bus) Ferienort in schöner Höhenlage über Mühlbach, 9 km	Gaisraste – Ochsenboden – »Schellebergsteig« – Seefeldsee (2 3/4 Std.) – Altfaßtal – Meransen (5 Std.)	Mark. 12, 12A, 6, 14	Gaisraste (2058 m), Zasslerhütte (2064 m), Wieserhütte (1850 m), Pranterstadl (1833 m)
14 Kammerschien, 1459 m Die Höfe-Wanderung an der Ostseite des Pfunderer Tals vermittelt – trotz neuerer Straßenbauten – immer noch einen Eindruck vom (einst) entbehrungsreichen Bergbauernleben.	Weitental (882 m, Bus) im Pfunderer Tal, 3,5 km von Niedervintl	Weitental – Kofler (1435 m; 1 1/2 Std.) – Kammerschien (3 Std.) – Schaldern (1030 m; 4 Std., Bus)	Mark. 21, 16	
15 Eidechsspitze, 2738 m Markanter Gipfel im Winkel zwischen Pustertal und Pfunderer Tal. Großes Panorama, herrliche Tiefblicke. Ausdauer, Trittsicherheit unerlässlich	Terenten (1210 m, Bus) hübsch gelegenes Dorf an der Strecke Vintl – Pfalzen. Zufahrt bis zu den Höfen am Sonnenberg möglich (ca. 1440 m, 3 km). Sehenswert: Erdpyramiden, alte Mühlen (Rundweg 1 1/2 Std.)	Sonnenberg – Engelalm (1826 m; 1 1/4 Std.) – Eidechsspitze (4 Std.); Abstieg auf dem gleichen Weg (gesamt 6 1/2 Std.) Alternativ auch Abstieg zur Tiefrastenhütte (2312 m) möglich; Rückweg vom Winnebach über den Golsrücken; gesamt 7 3/4 Std.	Mark. 22	Tiefrastenhütte (2312 m), bew. Anfang Juni bis Mitte Oktober
16 Windeck, 2418 m Herrlicher Aussichtspunkt über dem Tauferer Tal, unter dem Gipfel die kleinen Plattner Seen. Am Sambock gesicherte Passage	Jausenstation Lechner (1586 m), Zufahrt von Pfalzen (1022 m, Bus) 8 km. Parkplatz	Lechner – Sambock (2396 m; 2 1/2 Std.) – Windeck (3 1/4 Std.) – Plattner Seen – Lechner (5 Std.)	Mark. 66A, 66, 67	Lechner (1586 m)
17 Eggespitzl, 2187 m Halbtagsrunde über dem Lappacher Tal, schöner Blick zum Großen Möseler	Lappach (1439 m, Bus) im gleichnamigen Tal, 18 km von Mühlen. Zufahrt ins Zösental (1665 m), 4 km	Zösental – Flemmsee – Eggespitzl (1 1/2 Std.) – Zösenbichl (2061 m) – Zösental (3 Std.)	Mark. 20, 31B	Mair-am-Trinkhof-Alm (1728 m)
18 Neveser Höhenweg Großzügige Rundwanderung vor dem Großen Möseler (3480 m) über zwei Scharten und zwei Hütten	Neves-Stausee (1856 m), Zufahrt von Lappach (1439 m, Bus) knapp 6 km. Parkplatz am See	Neves-Stausee – Neveser Joch (2405 m; 2 1/2 Std.) – »Neveser Höhenweg« – Eisbruggjoch (2545 m; 6 1/2 Std.) – Neves-Stausee (8 Std.)	Mark. 24, 1, 26	Chemnitzer Hütte (2420 m), Edelrauthütte (2455 m)
19 Speikboden, 2517 m Abwechslungsreicher, seit dem Bau der Bergbahn nur mehr wenig begangener Anstieg auf den Hausberg von Sand in Taufers	Pieterstein (1623 m), Häusergruppe über dem Eingang ins Mühlwalder Tal; Zufahrt von Mühlwald 7,5 km	Pieterstein – Pietersteinalm (2040 m; 1 1/4 Std.) – Speikboden (3 Std.) – Mühlwalder Joch (2342 m; 3 3/4 Std.) – Pieterstein (5 1/2 Std.)	Mark. 25A, 27A, 28A. Aufstieg dürftig bez.	Weizgruber Alm (2032 m), Sonnklarhütte
20 Kellerbauerweg Große Überschreitung am Mühlwalder Kamm; Bergerfahrung und gute Kondition erforderlich. Als Tagestour nur für Schnellläufer geeignet; Übernachtung in der Chemnitzer Hütte ratsam	Bergbahn Bergstation Michlreiser Alm (1958 m) der Speikbodenbahn; Talstation bei Sand in Taufers (873 m, Bus)	Michlreiser Alm – Mühlwalder Joch (2342 m; 1 3/4 Std.) – Fadner (2457 m) – Gornerjoch (2277 m) – Lappacher Jöchl (2371 m; 4 1/2 Std.) – Neveser Joch (2405 m; 6 Std.) – Neves-Stausee (7 1/4 Std.) – Lappach (8 1/2 Std.)	Mark. 27, 24, 26	Michlreiser Alm (1958 m), Chemnitzer Hütte (2419 m)
21 Schönberg, 2278 m Hübscher »Guck-ins-Land« über dem Zusammenfluss von Ahr und Weißenbach	Weißenbach (1334 m, Bus) Dorf im gleichnamigen Tal, 5 km von Luttach	Weißenbach – Schönbergalm (1 3/4 Std.) – Schönberg (3 Std.); Abstieg auf dem gleichen Weg (gesamt 5 Std.)	Mark. 5,5A	Schönbergalm (1827 m)
22 Schwarzensteinhütte, 3020 m Hochalpine Wanderung, am Aufstieg zur Hütte einige Sicherungen (Steinschlaggefahr). Anstieg durch den »Kamin« nur für Geübte. Moderner Neubau, höher gelegen als die alte Hütte	Gh. Stallila (1472 m), Zufahrt von St. Johann (1019 m) 5 km. Im Sommer Parkprobleme!	Stallila – Daimeralm (1 1/4 Std.) –Ofenleite – »Kamin« – Schwarzensteinhütte (4 1/2 Std.) – »Gletscherweg« – Großes Tor – Kegelgasslalm (2109 m; 6 1/2 Std.) – »Putzweg« – Stallila (8 Std.)	Mark. 23, 19; »Putzweg« rotweiß ohne Nr.	Gh. Stallila (1472 m), Schöllbergalm (1740 m), Daimeralm (1872 m), Kegelgasslalm (2109 m), Schwarzensteinhütte (3020 m)

Pfunderer Berge – Tauferer Ahrntal

Tourenziel/Charakteristik	Ausgangspunkt	Wegverlauf & Gehzeit	Markierung	Einkehr am Weg
23 Durreck-Höhenweg Großzügige Höhenwanderung mit Aussicht auf fast alle Bergketten des Tauferer-Ahrntals und des Reintals. Lohnend auch bereits die Wanderung zum Klaussee (2162 m; 1 3/4 Std. von der Liftstation, Mark. 33)	Bergstation der Klausbergbahn (1602 m), Talstation Steinhaus (1052 m, Bus) im Ahrntal	Klausberg – Klaussee – Klausjoch (2579 m; 3 Std.) – Pojenkamm – Pojenalm – Ahornacher Jöchl (5 1/2 Std.) – Ahornach (1334 m; 7 1/2 Std., Bus)	Mark. 33, 10C, 10B	Am Klausberg
24 Waldner See, 2338 m Beliebte Wanderrunde unter dem Zillertaler Hauptkamm. Der Waldner See ist das größte natürliche Gewässer der Region (370 x 200 m).	Prettau (1476 m, Bus) Hauptort des inneren Ahrntals, 24 km von Sand in Taufers	Prettau – Waldner Alm (1 3/4 Std.) – Waldner See (2 1/2 Std.) – Archscharte (2369 m; 3 1/4 Std.) – Kaserer Alm – Prettau (5 1/4 Std.)	Mark. 16B, 15A, 15B	Waldner Alm (2086 m)
25 Rauhkofel, 3252 m Östlichster Dreitausender des Zillertaler Hauptkamms mit großem Panorama. Für Bergerfahrene (leichte Kletterei, I) mit guter Kondition lohnendes Ziel	Prettau (1476 m, Bus) Hauptort des inneren Ahrntals, 24 km von Sand in Taufers	Prettau – Waldner Alm (1 3/4 Std.) – Waldner See (2338 m; 2 1/2 Std.) – »Lausitzer Weg« (2623 m; 3 1/2 Std.) – Rauhkofel (5 1/2 Std.); Abstieg auf dem gleichen Weg (gesamt 8 1/2 Std.)	Mark. Route	Waldner Alm (2086 m)
26 Lausitzer Weg Klassische Höhenwanderung am Zillertaler Hauptkamm, Übernachtung in der Birnlückenhütte. Kürzere Teilstücke abgerutscht, aber durchgehend gut markiert. Einige Drahtseilsicherungen, Zwischenabstiege möglich	Prettau (1476 m, Bus) Hauptort des inneren Ahrntals, 24 km von Sand in Taufers	Prettau – Waldner Alm (1 3/4 Std.) – Hundskehljoch (2557 m; 3 1/2 Std.) – »Lausitzer Weg« – Birnlückenhütte (9 Std.) – Kasern (1595 m; 11 1/2 Std., Bus)	Mark. 16B, 13	Birnlückenhütte (2441 m)
27 Knappenberg – Kaserer Höhenweg Auf den Spuren des Ahrntaler Bergbaus: Lehrpfad über den Knappenberg zur Bruggeralm. Bergbaumuseum Prettau mit Stollenbahn	Kasern (1595 m, Bus) im innersten Ahrntal, 26 km von Sand in Taufers	Kasern – Knappenberg – Rötalm (2 Std.) – Bruggeralm – Innerbichl-Alm (1944 m; 3 3/4 Std.) – Kasern (5 Std.)	Mark. 11, 11B, 3, 10A	Rötalm (2116 m)
28 Lenkjöchlhütte, 2590 m Große Hüttenrunde mit Aussicht auf die stark vergletscherte Rötspitze (3495 m) und zum Zillertaler Hauptkamm	Kasern (1595 m, Bus) im innersten Ahrntal, 26 km von Sand in Taufers	Kasern – Röttal – Lenkjöchlhütte (3 Std.) – Windtal – Kasern (5 1/2 Std.)	Mark. 11, 12	Rötalm (2116 m), Lenkjöchlhütte (2603 m), Labesaualm
29 Reinbach-Wasserfälle und Kofler, 1528 m Abwechslungsreiche Wanderrunde zu einem Bauernhof in ungewöhnlicher Lage und zu den schönsten Wasserfällen der Region. Zum Kofler teilweise ausgesetzte Steige; ab Ahornach bzw. Winkel zwei Halbtagstouren	Winkel (862 m, Bus) Ortsteil von Sand in Taufers an der Mündung des Reintals	Winkel – »Besinnungsweg« – Reinbach-Wasserfälle – Kofler zwischen den Wänden (2 1/2 Std.) – Toblhof – Winkel (4 3/4 Std.)	Mark. T, 6C, 6B, 2	Kofler zwischen den Wänden (1528 m), Ahornach, Toblhof
30 Vegetationsweg Nur mäßig anstrengende, sehr aussichtsreiche Höhenwanderung über dem unteren Reintal. Faszinierende Blicke über den tiefen Talgraben auf die Dreitausender der Rieserfernergruppe. Lässt sich gut mit einer Besteigung des Großen Moosstocks (3061 m) verbinden. Tolles Panorama, im Gipfelbereich Blockkletterei (I–II), 3 Std. von den Schlafhäusern	Ahornach (1334 m, Bus) Terrassendorf über dem Talkessel von Sand. Zufahrt bis zu einem Parkplatz (1550 m) am Eingang zum Naturpark Rieserferner-Ahrn, 2,5 km	Parkplatz – Schlafhäuser (2010 m; 1 1/4 Std.) – Sauwipfel – Mayerhofer Alm (2202 m; 2 3/4 Std.) – Oberseeber (3 1/4 Std.) – Parkplatz (4 1/4 Std.)	Mark. 10B, 10, »Vegetationsweg« 33A	In den Moosen
31 Rieserfernerhütte, 2791 m Höchstgelegener Stützpunkt in der Rieserfernergruppe, langer, aber sehr schöner Anstieg aus dem Reintal. Empfehlenswert: Besteigung des Fernerköpfls (3241 m, 1 1/2 Std., mark.) und Übernachtung in der Hütte	An der Straße nach Rein, gut 8 km von Sand in Taufers. Parkmöglichkeit an der Straße (1520 m)	Reintal – Innere Gelttalalm (2070 m; 1 3/4 Std.) – Rieserfernerhütte (4 Std.); Abstieg auf dem gleichen Weg (gesamt 6 1/2 Std.)	Mark. 3	Rieserfernerhütte (2791 m)
32 Reiner Höhenweg Gemütliche Aussichtspromenade an den Wiesenhängen der Durreckgruppe, mit herrlichem Blick ins Bachertal und auf die Dreitausender der Rieserfernergruppe (Hochgall, 3435 m)	Rein (1596 m), Bergdörfchen in schöner Lage vor der Mündung des Bachertals, 11 km von Sand in Taufers	Rein – Lobiser Schupfen (1959 m; 1 Std.) – »Reiner Höhenweg« – Durraalm (3 1/4 Std.) – Rein (4 1/2 Std.)	Mark. 10, 1A, 1	Durraalm (2096 m)

Tourenziel/Charakteristik	Ausgangspunkt	Wegverlauf & Gehzeit	Markierung	Einkehr am Weg	
33 Arthur-Hartdegen-Höhenweg Spannende Runde um das Bachertal, Trittsicherheit und Ausdauer notwendig. Eine drahtseilgesicherte Passage	Rein (1596 m), Bergdörfchen in schöner Lage vor der Mündung des Bachertals, 11 km von Sand in Taufers	Rein – Hochgallhütte (2 ½ Std.) – »Arthur-Hartdegen-Weg« – Ursprungalm (2396 m) – Kofleralmen – Rein (7 ½ Std.)	Mark. 1, 8, 8A	Hochgallhütte (2276 m)	Pfunderer Berge – Tauferer Ahrntal
34 Dreieckspitze, 3031 m Dreitausender-Logenplatz zwischen Venediger- und Hochgallgruppe. Trittsicherheit erforderlich; Runde auch ohne Gipfel lohnend (Gesamtgehzeit 6 ¾ Std.)	Rein (1598 m), 11 km von Sand in Taufers. Parkplatz (1675 m) gut 1 km hinter dem Ort am Eingang ins Knuttental	Rein – Obere Kofleralm (2190 m; 2 Std.) – Koflerseen – Bärenluegscharte (2848 m; 4 Std.) – Dreieckspitze (4 ¾ Std.) – Bärenluegscharte – Knuttental – Knuttenalm (7 ¼ Std.) – Rein (8 Std.)	Mark. 8A, 9A, 9	Knuttenalm (1911 m)	
35 Schönbichl, 2452 m Aussichtsreiche Runde über dem Tauferer Tal	Tesselberg (1473 m), Weiler in schöner Terrassenlage, 8 km von Percha (973 m, 🚌)	Tesselberg – Hühnerspiel – Schönbichl (3 Std.) – Tesselberger Alm – Auf der Geige (2175 m) – Tesselberg (5 Std.)	Mark. 3, 7, 8, 7A		
36 Rammelstein, 2483 m Prächtiger Aussichtsberg zwischen Pustertal, Tauferer und Antholzer Tal. Markierte Anstiege auch aus dem unteren Antholzer Tal	Oberwielenbach (1365 m), Dörfchen über dem unteren Wielental, 5 km von Percha (973 m, 🚌) Parkmöglichkeit hinter dem Ort	Oberwielenbach – Wielental – Fohrer (1801 m; 1 ¼ Std.) – Salzleck (2189 m; 2 ¼ Std.) – Rammelstein (3 ¼ Std.) – »Grentersteig« – Gönneralm (1978 m) – Oberwielenbach (5 Std.)	Mark. 1, 6, 6A	Lercheralm, Gönneralm	
37 Höllensteinspitze, 2755 m – Rote Wand, 2818 m Großzügige Überschreitung mit packenden Ausblicken, vor allem auf die Rieserfernergruppe; im Süden die Dolomiten. Am Grat zwischen Höllensteinspitze und Roter Wand leichte Kletterstellen (I)	Antholz-Obertal (1325 m, 🚌) oberster Ort im Antholzer Tal, 12,5 km von der Pustertaler Straße	Antholz-Obertal – Grüblscharte (2394 m; 3 Std.) – Ochsenfelder Seen – Höllensteinspitze (4 ¾ Std.) – Rote Wand (6 Std.) – Antholzer See (1638 m; 8 ¼ Std., 🚌)	Mark. 8, 9, 7A	Am Antholzer See	Antholzer Tal – Gsieser Tal
38 Rote Wand, 2818 m Beliebtes Tourenziel vom Staller Sattel aus; großes Panorama. Am Gipfel leichte Felsen	Staller Sattel (2052 m), Straßenübergang vom (Südtiroler) Antholzer ins (Osttiroler) Defereggental	Staller Sattel – Ackstallsee (2461 m) – Rote Wand (2 ¾ Std.); Abstieg auf dem gleichen Weg (gesamt 4 ½ Std.)	Mark. 7	Am Staller Sattel	
39 Römerweg Welsberg – Toblach Gemütliche, aber recht lange Höhenwanderung vor der großen Kulisse der Pragser und Sextener Dolomiten. Auch Zwischenabstiege ins Pustertal und Gsieser Tal möglich	Welsberg (1087 m, 🚌) stattlicher Flecken im Pustertal, Geburtsort des Barockmalers Paul Troger	Welsberg – »Römerweg« – Eggerberg (1715 m) – Ratsberg (1620 m) – Toblach (1241 m; 5 ½ Std., 🚌)	Mark. 41	Ratsberg (1620 m)	
40 Lutterkopf, 2145 m – Durakopf, 2275 m Aussichtsreiche, nur mäßig anstrengende Kammwanderung mit Aussicht zur Rieserfernergruppe und in die Dolomiten	Mudlerhof (1590 m), Zufahrt von Taisten (1219 m, 🚌) 5 km	Mudlerhof – Lutterkopf (1 ¾ Std.) – Durakopf (2 ¾ Std.) – Taistner Sennhütte (2012 m) – Mudlerhof (4 ¼ Std.)	Mark. 31, 33, 38A	Mudlerhof (1590 m), Taistner Sennhütte (2012 m)	
41 Fellhorn, 2518 m Aussichtsreiche Runde über den wenig ausgeprägten Gipfel. Trittsicherheit erforderlich	St. Magdalena-Obertal (1405 m, 🚌) 16 km von Welsberg	Obertal – Pfinnscharte (2395 m; 2 ¾ Std.) – Fellhorn (3 ¼ Std.) – Hörneggele (2127 m; 4 Std.) – »Panoramaweg« – Obertal (6 Std.)	Mark. 10, 52A, 52, 52B		
42 Grenzweg; Gsieser Törl, 2205 m Pass- und Höhenwanderung im innersten Gsieser Tal. Vom Törl Prachtblick nach Norden zum Lasörling	St. Magdalena-Obertal (1405 m, 🚌) 16 km von Welsberg. Parkplatz am Ortsende	Obertal – Gsieser Törl (2 ½ Std.) – Weg 2000 – Weißbachalm (2112 m; 3 ½ Std.) – Obertal (5 Std.)	Mark. 49, 53	Kradorfer Alm (1694 m), Obergalm (1975 m)	
43 Deferegger Pfannhorn, 2819 m Markanter Felsgipfel westlich über dem Gsieser Törl mit großer Rundschau. Trittsicherheit erforderlich, ganz leichte Felsen	St. Magdalena-Obertal (1405 m, 🚌) 16 km von Welsberg. Parkplatz am Ortsende	Obertal – Gsieser Törl (2205 m; 2 ½ Std.) – Pfannhorn (4 ½ Std.); Abstieg auf dem gleichen Weg (gesamt 7 ¼ Std.)	Bis Gsieser Törl Mark. 49, dann rote Bez.	Kradorfer Alm (1694 m), Obergalm (1975 m)	
44 Almweg 2000 Nördlicher Abschnitt der als »Weg 2000« bezeichneten Alm- bzw. Höhenroute an der Ostflanke des inneren Gsieser Tals	St. Magdalena-Obertal (1405 m, 🚌) 16 km von Welsberg. Parkplatz am Ortsende	Obertal – Pfoital – Kaseralm (1 ¾ Std.) – »Weg 2000« – Kipfleralm (2104 m) – Tscharniedalm (1976 m) – Obertal (4 ½ Std.)	Mark. Wege	Kaseralm (2076 m)	
45 Toblacher Pfannhorn, 2663 m Altbekannter Aussichtsberg über dem Hochpustertal, dankbare Runde für Ausdauernde	Frondeigen (1650 m), Weiler über dem Silvestertal, Zufahrt von Toblach (1241 m, 🚌, 5 km)	Frondeigen – »Toblacher Höhenweg« – Pfannhorn (3 ¾ Std.) – Bonner Hütte – Kandellen (1604 m; 6 Std.) – Frondeigen (6 ¾ Std.)	Aufstieg Mark. 24/H, Abstieg Nr. 25	Bonner Hütte (2306 m)	

Die Dolomiten

Traumberge zwischen Eisack und Piave

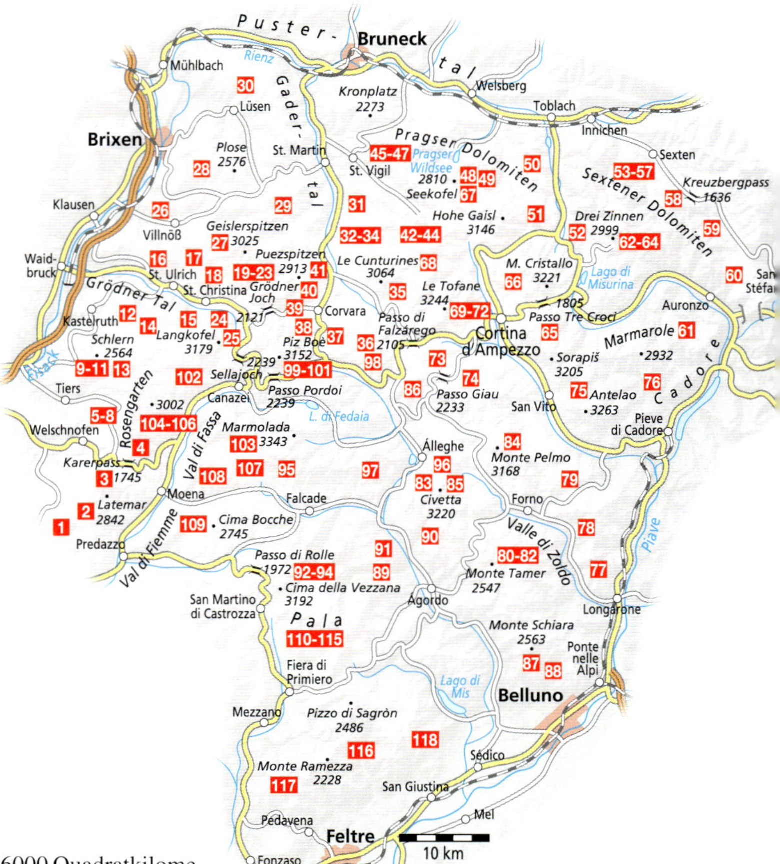

Was für Paris und den Eiffelturm oder Bayern und Neuschwanstein gilt, trifft auch auf die Dolomiten in den Alpen zu: Eigentlich kennt sie jeder. Drei Zinnen, Vajolettürme, Civetta und Pelmo, Rosengarten und Langkofel, der Schlern und die Geislerspitzen – wie viele Kalenderblätter zieren sie jedes Jahr, und zusammen mit Luis Trenker und Reinhold Messner fehlen sie in keinem Alpenbuch.

Rund 6000 Quadratkilometer groß sind die Dolomiten, maximal 3343 Meter hoch (Marmolada), in den Tälern spricht man ladinisch, deutsch und/oder italienisch. Die beliebtesten Wanderreviere liegen in Südtirol: Gröden, die Seiser Alm, Rosengarten, Villnöß und Hochabtei, Prags mit seinem See und – ganz im Osten – die Sextener Dolomiten. Starken Zulauf verzeichnen das Fassatal und natürlich der alte Olympiaort Cortina d'Ampezzo. Doch jenseits des (unsichtbaren) Sprachlimes nimmt die Zahl der deutschen Touristen rapide ab. Das mag auch an der Topografie liegen, sind die Trentiner und vor allem die Belluneser Dolomiten doch noch wesentlich rauer. Als »beschaulich« wird man hier nur wenige Wanderungen bezeichnen, dafür gibt's noch Natur en masse, Täler ohne Straßen und Lifte, kein bewirtschaftetes Rifugio weit und breit, höchstens eine verfallene Almhütte.

Wandern in den Dolomiten heißt unterwegs sein zwischen Extremen, zwischen Massenauftrieb und Einsamkeit, zwischen freundlichem Wiesengrün und abweisendem Felsgrau. Es heißt aber auch stets: die Wunder der Alpen, der Natur erleben.

Dolomiten-Höhenwege

In den Sechzigerjahren wurde die Idee der Dolomiten-Höhenwege lanciert, eine erste Route beschrieben und einheitlich markiert. Mittlerweile zählt man zehn dieser Trekkingrouten kreuz und quer durch die Dolomiten. Nennenswerte Begeherzahlen sind allerdings höchstens bei den ersten drei, mittlerweile fast schon klassischen Routen zu verzeichnen; die Höhenwege in den östlichen Dolomiten gelten als zu schwierig, sind teilweise auch ungenügend markiert. Nachfolgend kurz der Verlauf des »Dolomiten-Höhenweges 1«.
1. Tag: Pragser Wildsee – Senneshütte, 5 Std. **2. Tag:** Senneshütte – Faneshütte, 3 ½ Std. **3. Tag:** Faneshütte – Rifugio Lagazuoi, 6 Std. **4. Tag:** Rifugio Lagazuoi – Rifugio Cinque Torri, 4 Std. **5. Tag:** Rifugio Cinque Torri – Rifugio Città di Fiume, 5 Std. **6. Tag:** Rifugio Città di Fiume – Rifugio Coldai, 3 Std. **7. Tag:** Rifugio Coldai – Rifugio Vazzoler, 3 ½ Std. **8. Tag:** Rifugio Vazzoler – Passo Duràn, 5 Std. **9. Tag:** Passo Duràn – Rifugio Pramperet, 4 Std. **10. Tag:** Rifugio Pramperet – Bivacco Del Mas, 3 Std. **11. Tag:** Bivacco Del Mas – Rifugio 7° Alpini, 7 Std. **12. Tag:** Rifugio 7° Alpini – Belluno, 4 Std.

Steckbrief

Fläche: ca. 6000 qkm
Höchster Punkt: Marmolada (3343 m)
Gebirgsgruppen: Dolomiten
Wichtigste Ortschaften: St. Ulrich, Wolkenstein, Corvara, Innichen, Sexten, Cortina d'Ampezzo, Belluno, San Martino di Castrozza, Canazei
Wandervorschläge: 118

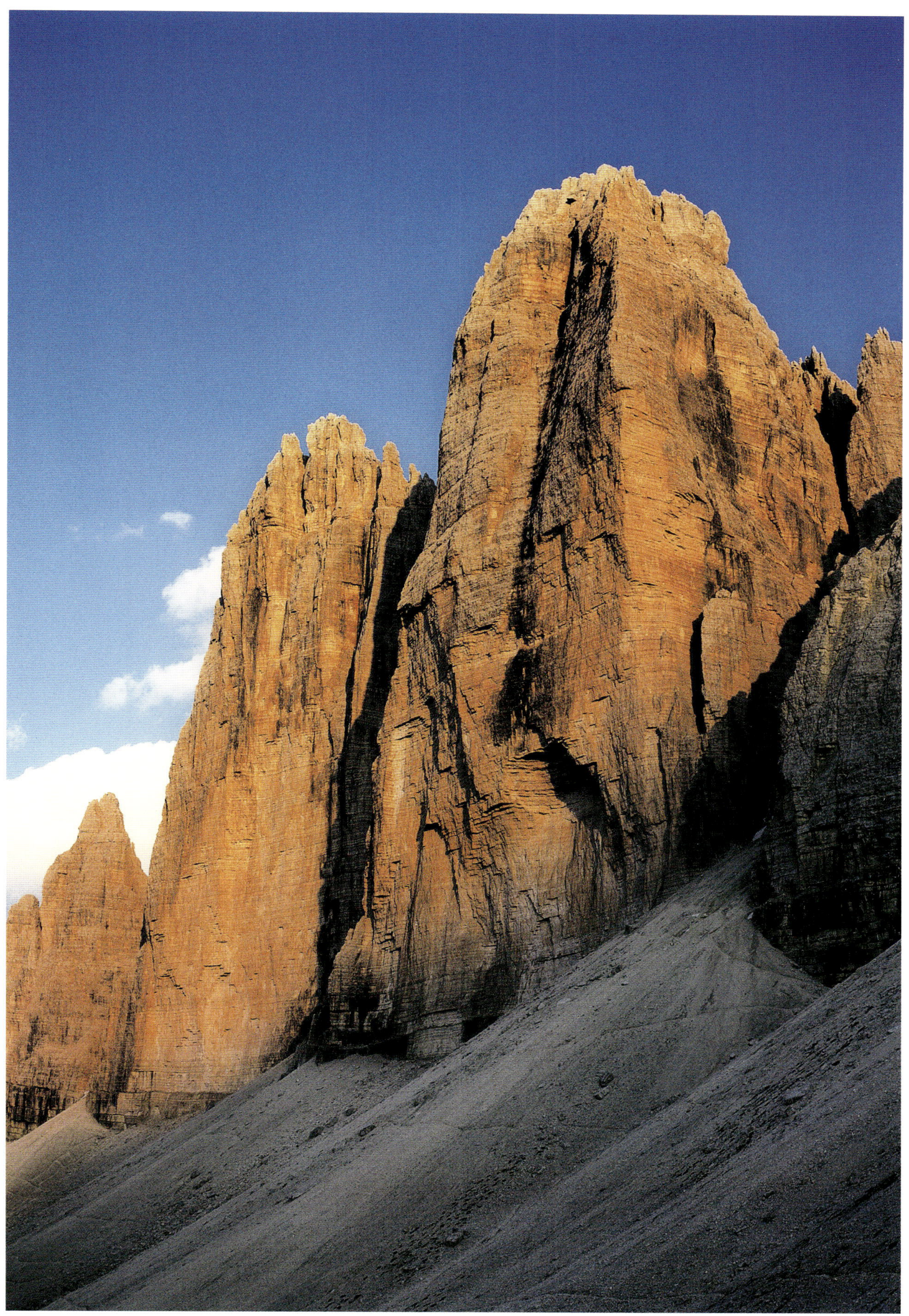

Weltberühmt, doch eigentlich ohne richtige Namen: die Drei Zinnen. Erstmals bestiegen wurde die Große Zinne 1869 von Paul Grohmann, Franz Innerkofler und Peter Salcher.

In die Kulissenberge des Karersees

2 Rifugio Torre di Pisa, 2671 m

Den berühmten Turm in der Toskana kennt man einfach, Zigtausende pilgern alljährlich hin, um das aus der Senkrechten geratene Menschenwerk zu bewundern. So viele sind es natürlich nicht, die jeweils im Sommer hinaufwandern zum Rifugio im Latemar, und manche bekommen den »torre oblique« gar nicht zu Gesicht, versteckt er sich doch in einem Karwinkel der Cima Valbona. Macht nichts, bei dieser Latemar-Tour stehen Türme und Zacken en masse Parade. Und von der hoch gelegenen Hütte genießt man zudem eine große Schau auf die südwestlichen Dolomiten, zur Lagoraikette und über die Etschtalfurche bis zu den Eisbergen um den Ortler (3905 m), zu Adamello-Presanella und zu den Brentazinnen.

Die Runde beginnt recht gemütlich auf dem Höhenweg, der die gesamte Westflanke des Latemar quert. Hinter der Eggentaler Alm, genau an der Provinzgrenze zwischen Südtirol und dem Trentino, stößt man auf den Weg zum Rifugio Torre di Pisa. Die Hütte ist erstes Etappenziel und fast schon höchster Punkt der Tour. Ihre Fortsetzung führt am oberen Rand des riesigen Valsordakessels, eine Scharte am Ostgrat der Cima di Valsorda querend, in die Gamsstall-

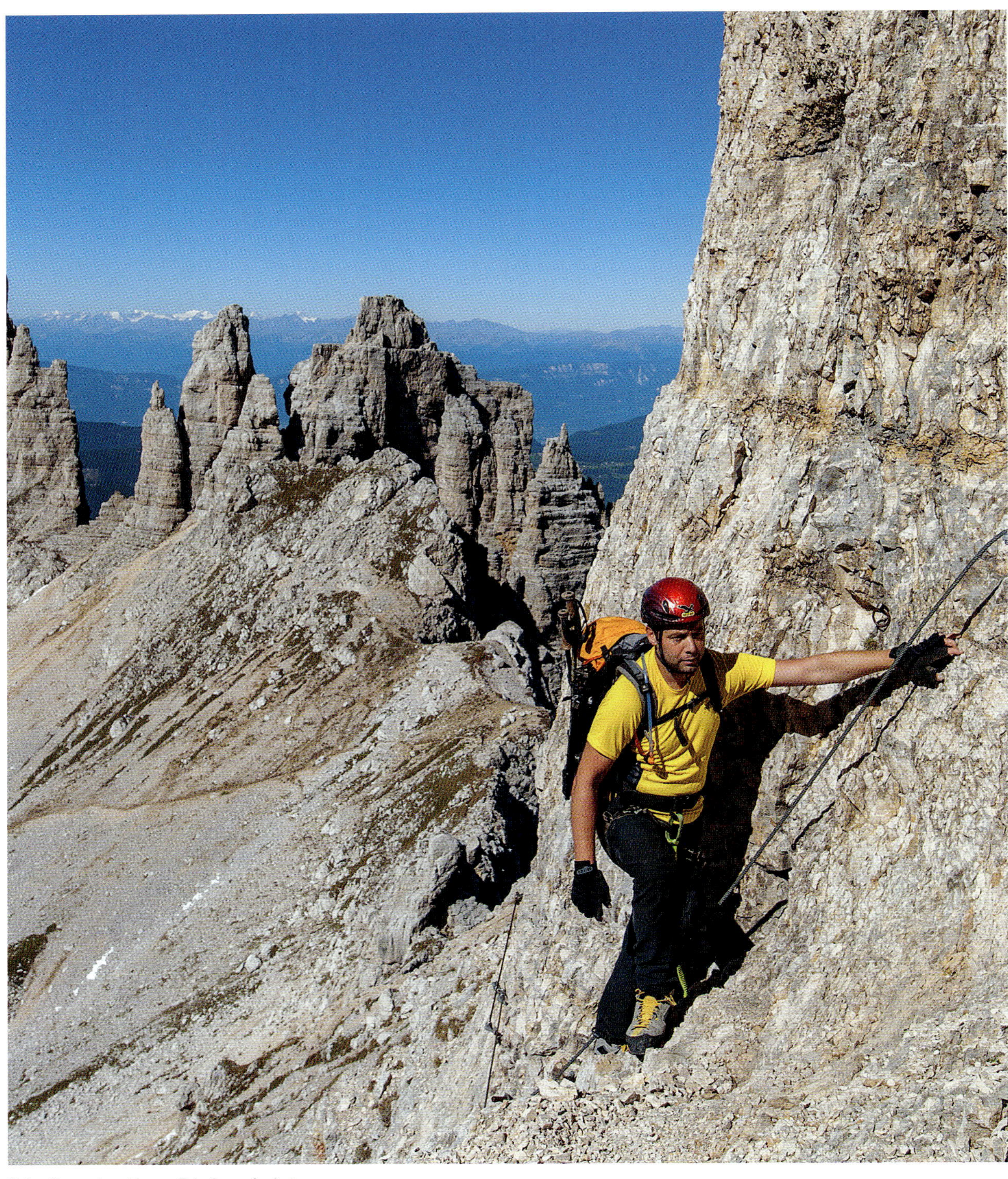

Dolomitenzauber: bizarre Felszinnen im Latemar

scharte (2560 m). Dabei hat man die Kehrseite der berühmten Zackenkulisse des Karersees direkt vor sich: vorne hui, hinten pfui!

Aus der Scharte leitet die Wegspur in den »Gamsstall«, ein verwinkeltes Felslabyrinth, dann wandert man über weite Kehren an der schrofigen Westflanke des Eggentaler Horns (2799 m) hinab zur Liftstation Oberholz.

Viel begangene Wege zwischen Karerpass und Vajolet-Tal

6 Rosengartenrunde

Ein Wanderklassiker am Hauptkamm des Rosengartens, ohne Zweifel. Bei Schönwetter wird man deshalb auch kaum allein unterwegs sein auf den Wegen um Tschager Joch und Rotwandhütte. Doch das mindert den Reiz der Tour nur unwesentlich, zu vieles gibt es zu sehen, zu bestaunen. Immer wieder öffnen sich neue, überraschende Ausblicke, packende Bilder, etwa vom Tschager Joch auf den Zackenwald der Dirupi di Larsec oder vom Cigoladepass auf den Rotwand-Masarè-Kamm.

Die Runde startet als aussichtsreiche Höhenwanderung, die unter den Westwänden des Rosengartens zur Rosengartenhütte (2339 m) führt. Gleich hinter dem Schutzhaus geht's über eine Felsrampe (Drahtseil) hinauf zu der mächtigen Geröllterrasse am Westfuß des Rosengartens. Bei der Weggabelung rechts, dann durch eine Schuttrinne steil und mühsam bergan ins Tschager Joch (2630 m). Jenseits links abwärts ins Vajolet-Tal bis zu dem quer führenden Weg. Nun rechts erst flach um eine Felsschulter herum und steil im Zickzack hinauf zum Passo delle Cigolade (2579 m). An der Scharte kommt die Rotwandhütte ins Blickfeld: unter den Felsen der Mugoni (2734 m) hindurch und dann flach quer über die steinigen Wiesenböden des unteren Vajolonkessels.

Der Rückweg führt fast ohne Höhenunterschiede, dafür mit viel Aussicht, erst zum Christomannos-Denkmal, das an Theodor Christomannos, einen großen Pionier des Südtiroler Tourismus, erinnert, dann über Wiesen hinunter zur Liftstation beim Rifugio Paolina.

(Fast) alle Schönheit im Panorama

19 Col de la Pieres, 2751 m

Ganz im Schatten der Geislerspitzen steht der ungefüge, schuttbeladene Bergklotz des Col de la Pieres: kein auffallendes Profil, keine schlanken Zinnen, bloß schiere Masse – und eine faszinierende Rundschau. So steigt man halt auf diesen Berg, um all die alpinen Schönheiten ringsum zu bestaunen: Schlern, Rosengarten, Langkofel, Sella, Geisler.

Von der Liftstation am Col Raiser führt ein breiter Weg leicht bergab zur Geislerhütte (2037 m), wo der Anstieg beginnt: erst im innersten Cislestal, dann steiler durch die Fources de Sièlles hinauf in die gleichnamige Scharte (2505 m). Hier rechts über geröllbedeckte Bänder hinauf zum Grat und rechts ziemlich flach zum höchsten Punkt.

Schlüsselstelle beim Abstieg ist ein Felsband (Drahtseil), das von der Gipfelabdachung überleitet in den Karwinkel unter der Montischela (2650 m). Dabei kommt bereits die Nadelscharte (2489 m) ins Blickfeld, schmaler, von einem Felsturm flankierter Durchlass auf die Westseite des Bergmassivs. Dahinter geht's erst steil und rutschig (im Frühsommer Altschnee, Vorsicht!), dann in bequemen Kehren hinunter ins Cislestal und zur Geislerhütte, wo sich die Runde schließt.

Dolomitenkontraste

33 Heiligkreuzkofel, 2907 m

Ein Profil, das selbst in den Dolomiten seinesgleichen sucht: der Heiligkreuzkofel, senkrechter Absturz auf der einen, Schrofenschräge auf der anderen Seite. Während die dem Hochabtei zugewandte Westflanke mit einigen extremen Kletterführen aufwartet, kann man den Berg von der Fanesalpe aus fast »auf einem Bein« besteigen. Garantiert beide Beine und gelegentlich auch noch seine Hände benötigt man auf dem Weg vom Wallfahrtskirchlein hinauf in die Kreuzkofelscharte, der abschnittweise gesichert, aber dennoch keine richtige Via ferrata ist, dem felsigen Gelände listig abgetrotzt und grandiose Bilder vermittelnd.

Von Heiligkreuz (2045 m), wo sich das Gros der Ausflügler zwischen Kirchlein, Wirtschaft und Picknick-Wiesen verteilt, führt eine markierte Wegspur schräg rechts zum Wandfuß. In der Folge wechseln leichte Felsaufschwünge und Gehgelände ab; eine gut 50 Meter hohe Steilstufe meistert man

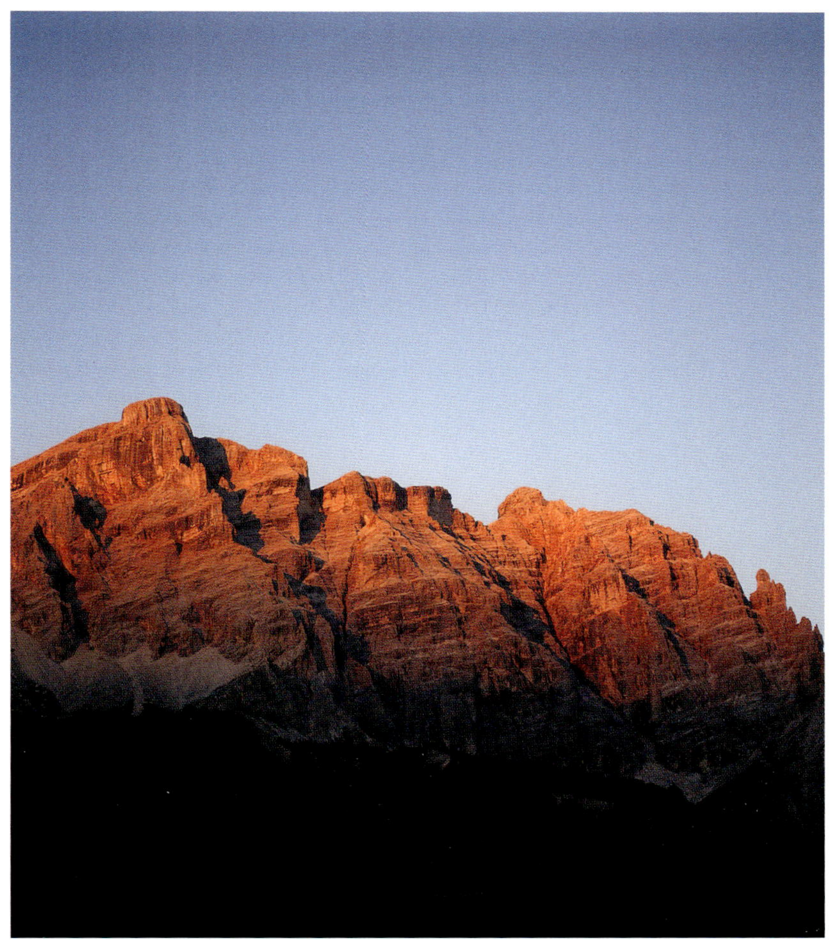

Enrosadüra – so nennen die Ladiner das abendliche Schauspiel. Alpenglühen an Lavarela und Cunturines

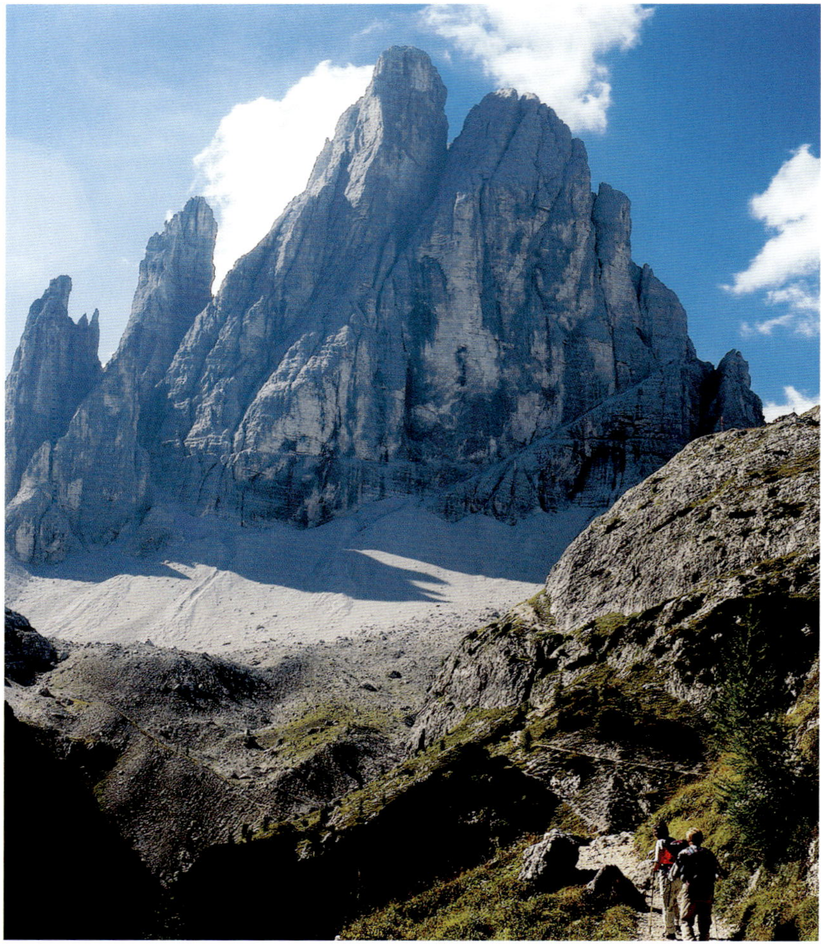

Blickfang am Weg zur Zsigmondy-Hütte: der Elferkofel (3094 m)

am Fixseil. Zuletzt am linken Rand eines Geröllhangs hinauf in die Kreuzkofelscharte (2612 m). Nun links, gelegentlich den bodenlosen Wandabbrüchen ganz nahe, am Kamm entlang, zuletzt im Geröll zum Gipfelkreuz.

Für den Abstieg empfiehlt sich der kleine Umweg über die Forcela de Medesc (2533 m): auf rot markierter Spur von der Kreuzkofelscharte links um den Piz de Medesc herum in die Scharte, dann im Geröll abwärts ins Val Medesc und anschließend fast eben zurück zum Hospiz Heiligkreuz.

Pferdehimmel über dem Grünwaldtal

47 Hochalpenkopf, 2542 m

Auch in den Pragser Dolomiten ist es – wie so oft in den Dolomiten – gar nicht weit vom Trubel bis zu fast paradiesischer Ruhe. Wenn rund um den Pragser Wildsee atemlos-hektisches Treiben herrscht, ist man oben auf den Bergen meistens allein, von Ausflüglern keine Spur. Das gilt auch für Maurerkopf (2569 m) und Hochalpenkopf, zwei besonders gut »versteckte« Gipfel der Pragser Dolomiten. Ob man von Olang hinaufschaut zu dem lang gestreckten Grat, der am Piz da Peres (2507 m) ansetzt und sich östlich bis zum Hochalpenkopf hinzieht, oder das malerische Grünwaldtal durchwandert – nichts deutet auf das Landschaftswunder hin, das sich dazwischen verbirgt: eine riesige schiefe Ebene, wenig steil nur, der Sonne zugewandt, im Sommer ein einziger riesiger Blumenteppich, so etwas wie ein »siebter Himmel« für die Pferde und Rinder, die hier sömmern, und für die »Marmottes« (Murmeltiere) natürlich auch.

Am oberen Ende des Pragser Wildsees (1494 m) mündet von Westen das lang gestreckte Grünwaldtal. Man durchwandert es auf gutem Weg, der erst hinter dem Alten Kaser (1751 m) stärker ansteigt, bis zu den Hochalpenhütten (2114 m). Nun rechts aufwärts gegen das Joch Lapadures (2210 m) und hinüber in die Flatschkofelscharte (2223 m). Hier beginnt die Kammwanderung, sozusagen am »oberen Rand« der Hochalpe entlang, zum Maurerkopf und weiter zum Hochalpenkopf, die beide ein sehr stimmungsvolles, weites Panorama bieten, und schließlich hinunter zur Pragser Furkel (2225 m), alles gut markiert. Dann steil bergab zur Kaserhütte (1937 m) und im Wald, zuletzt auf einer Forstpiste, zurück zum Pragser Wildsee.

Die große Sextener Wanderrunde

57 Drei-Zinnen-Hütte, 2405 m – Zsigmondyhütte

Diese Traumpromenade über dem Fischleintal ist der Wanderklassiker schlechthin in den Sextener Dolomiten. Eine recht lange Tour, allerdings mit drei »Tankstellen« unterwegs: der Drei-Zinnen-, der Büllelejoch- und der Zsigmondyhütte. Man tangiert bzw. überschreitet auch drei Scharten: den Toblinger Riedl (2405 m) mit dem berühmten Drei-Zinnen-Blick, das Büllelejoch (2522 m) und das Oberbachernjoch (2519 m). Zu den Highlights der Runde zählt neben der Querung über die Bödenalpe auch der Abstieg zur Zsigmondyhütte, bei dem man das Riesenmassiv des Elfers (3092 m) direkt vor sich hat, während zur Rechten der Zwölfer (3094 m) immer höher und steiler in den Himmel wächst – Traumbild über dem innersten Bacherntal.

Vom großen Parkplatz beim Dolomitenhof (1454 m) zunächst fast eben im Fischleintal zur Talschlusshütte, wo die meisten Ausflügler ein- und umkehren, dann westlich ins Altensteiner Tal – zur Linken die zerklüftete Nordwand des Einsers (2698 m), über der Bödenalpe die bizarren Zackenprofile von Paternkofel und Toblinger Knoten. Zwischen beiden Gipfeln, am Sattel des Toblinger Riedl, steht die Drei-Zinnen-Hütte. Nun südöstlich über die Bödenalpe mit ihren Seeaugen und kurz bergan ins Büllelejoch (2522 m), dann fast eben hinüber ins Oberbachernjoch. Hier kommen weitere »Zeiger« der berühmten Sextener Sonnenuhr ins Blickfeld: rechts der Zwölfer, unverkennbar mit seiner wuchtigen Felsstirn, jenseits des Bacherntals breitmassig der Elfer, etwas zurück die Sextener Rotwand (Zehner, 2965 m). Abstieg aus der Scharte zunächst östlich zur Zsigmondyhütte, dann auf viel begangenem, teilweise etwas steinigem Weg hoch über dem Grund des Bacherntals hinaus und zuletzt in Kehren hinunter ins Fischleintal zur Talschluss-hütte, wo sich die große und grandiose Runde schließt.

Quer durch den Felsenwald

62 Sentiero Bonacossa

Bei all der Dolomitenprominenz rundum könnte man sie fast übersehen, die Cadinispitzen (2739 m). Alles guckt nach den Drei Zinnen, staunt über die ausladende Masse des Sorapìs (3205 m), der sich als Kulissenberg des Misurinasees über dem oberen Ansieital aufbaut – wer interessiert sich da für die vergleichsweise bescheidenen Türme und Zacken über namenlosen Karwinkeln (Cadini)? Schade, denn quer durch diese bizarre Felskulisse verläuft einer der schönsten Höhenwege der Dolomiten, Aussicht auf die berühmten Gipfel inklusive.

Die Tour startet am dicken Drahtseil; in ein paar Minuten schaukelt man hinauf zum Col de Varda (2125 m), dem südlichen Ausgangspunkt des »Sentiero Bonacossa«. Unter den Felsen der Cima Cadin di Misurina geht's leicht aufwärts, dann über Geröll steiler in die Forcella di Misurina. Dahinter kurz abwärts ins Schneekar (Cadin delle Neve) und gleich wieder kräftig bergan (Sicherungen) in die enge, von himmelwärts ragenden Türmen flankierte Forcella del Diavolo, wo sich ein packender Blick auf die Drei Zinnen auftut. Jenseits der Scharte abwärts ins Cadin dei Tocci und hinüber zum schön gelegenen Rifugio Fonda Savio (2367 m). Aus dem Passo dei Tocci über eine Felsstufe hinab ins innerste Val Cianpedele, an der Forcella di Rinbianco (2176 m) vorbei und nach längerer Querung im Sockelbereich der Felsen gut gesichert durch eine überdachte Verschneidung steil aufwärts zu einem Band. Es leitet in einen Gratdurchschlupf, wo man auf die Nordseite des Kamms wechselt. Nun in leichtem Auf und Ab, die abgeflachte Kuppe der Cianpedele (2346 m) lediglich tangierend, hinüber zum Rifugio Auronzo.

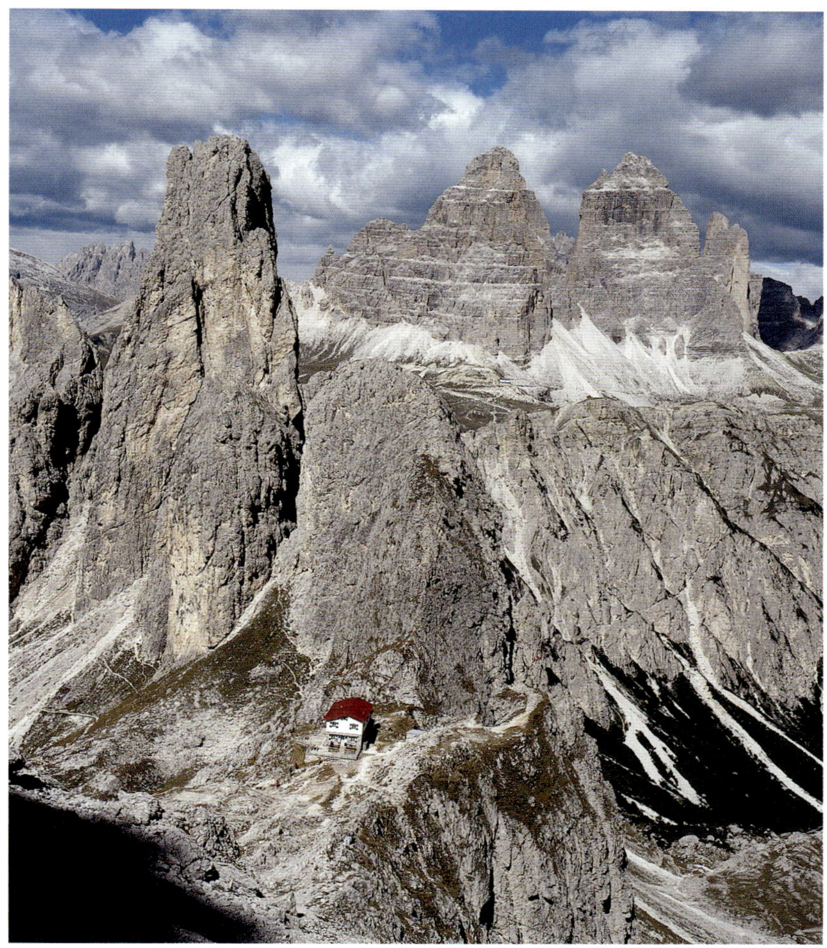

Stützpunkt am »Sentiero Bonacossa« ist das Rifugio Fonda Savio. Im Hintergrund die berühmten »Drei« (Große Zinne, 2999 m)

Muss man einfach gesehen haben!

64 Rund um die Drei Zinnen

Ein Tipp vorab: Ganz früh aufstehen oder erst spät am Tag losgehen. Wer im tiefen Morgenschatten hinüberwandert zum Zinnenblick am Paternsattel oder am Abend in aller Ruhe zuschaut, wie die letzten Sonnenstrahlen an den Nordwänden der Drei Zinnen verglühen, kann den unvergleichlichen Zauber dieser Berge wirklich genießen – allein.

Die Wanderung um die Drei Zinnen lässt sich zu einer großen Runde erweitern: vom Paternsattel in leichtem Auf und Ab alten Kriegssteigen folgend durch die große Karmulde unter dem Zackengrat der Bödenknoten zu den seichten Laghi di Cengia (2324 m) und hinauf ins Büllelejoch (2522 m). Dahinter kurz abwärts und über die Bödenalpe mit ihren Seeaugen unter dem Paternkofel hindurch zur Drei-Zinnen-Hütte.

Die Runde startet beim Großparkplatz am Ende der Drei-Zinnen-Straße. Vorbei am Rifugio-Hotel Auronzo und auf dem alten Militärfahrweg unter den Südabstürzen der Drei Zinnen fast eben hinüber zu den Piani di Lavaredo und auf breiter Geröllspur hinauf in den Paternsattel (2454 m) mit dem berühmten Drei-Zinnen-Blick. Nun geht es nördlich ohne größere Höhenunterschiede zur Drei-Zinnen-Hütte am Toblinger Riedl (2405 m). Hier wandern wir links abwärts und vor der grandiosen Kulisse der Zinnen-Nordwände quer über die Lange Alpe – kurz ansteigend – in die Forcela de l'Col de Mèzo (2315 m). Zuletzt flach zurück zur Drei-Zinnen-Straße.

In den Ampezzaner Dolomiten

71 Rund um die Tofana di Rozes

Die Südwand der Tofana di Rozes gehört zu den Schaustücken der Ampezzaner Dolomiten, die große Runde um den Felsriesen zu den schönsten Wanderungen in der weiteren Umgebung von Cortina d'Ampezzo. Blickfang unterwegs ist natürlich der markant gebänderte Koloss; in der ständig wechselnden Kulisse tauchen aber immer wieder neue Gipfel und Zacken auf: die Fanisspitzen, steil über dem Travenanzestal in den Himmel ragend, der gleißende Firnschild der Marmolada im Südwesten, die Klettertürme der Cinque Torri, der wuchtige Pelmo, jenseits des Ampezzotals Sorapìs und Antelao. Was für eine Schau-Wanderung!

Vom Parkplatz wenig unterhalb der Dibonahütte wandert man über die Serpentinen der alten Mulattiera durch den Valon de Tofana hinauf zur wüsten Bergsturzlandschaft der Forcella Fontananegra (2580 m). Jenseits der Scharte durch das Kar Majarié abwärts zu einer Wegteilung. Unerschrockene steigen links über die (aus dem Ersten Weltkrieg stammende) »Scala del Menighel« an einer senkrechten Felsstufe ab ins innerste Val Travenanzes, Wanderer ziehen den gefahrlosen Pfad vor, der weiter rechts ebenfalls ins Tal hinableitet. Nun über steinige Wiesen mäßig steil bergan in die Forcella Col dei Bos (2331 m). Prachtblick über Averau, Nuvolau und Croda da Lago zum Pelmo. Am Fuß der riesigen Rozes-Südwand hinüber zur Tofana-Grotte (Zugang über einen gesicherten Steig) und hinab zum Rifugio Dibona.

Grüne Matten und grauer Fels

84 Rund um den Monte Pelmo

Noch so ein Koloss, den man auf markierten Wegen umwandern kann. Wer ihm gleich aufs steinerne Haupt steigen will, muss sich allerdings sicher im Steilfels bewegen können, ohne Furcht vor gähnenden Abgründen. Die gibt's an der Wanderrunde nicht, bloß ein paar abschüssige Rinnen und viel Geröll beiderseits der Arcia-Scharte – dazu natürlich jede Menge Aussicht, von der Marmolada bis zu den »Dolomiti d'oltre Piave«.

Von der Forcella Staulanza (1766 m) zunächst in lichtem Wald bergan, dann ohne größere Höhenunterschiede südlich um den Pelmetto (2999 m) herum (Dinosaurierspuren, markierter Zugang) zu den Campi di Rutorto, wo das Rifugio Venezia (1946 m) steht.

Hinter der Hütte führt der »Sentiero Flaibani« im Geröll schräg bergan, dann leitet er zwischen Felsen in eine winzige Scharte. Weiter teilweise gesichert auf Bändern unter die Forcella di Val d'Arcia (2476 m) und mühsam hinauf in die Scharte. Jenseits unter den Felsen der Cima Val d'Arcia abwärts. Bei der Weggabelung am Fuß der Cima Forada links und auf deutlicher Geröllspur unter der gewaltigen Nordwand des Pelmo weiter talwärts. Zuletzt hinüber in die grüne Senke der Forcella Staulanza.

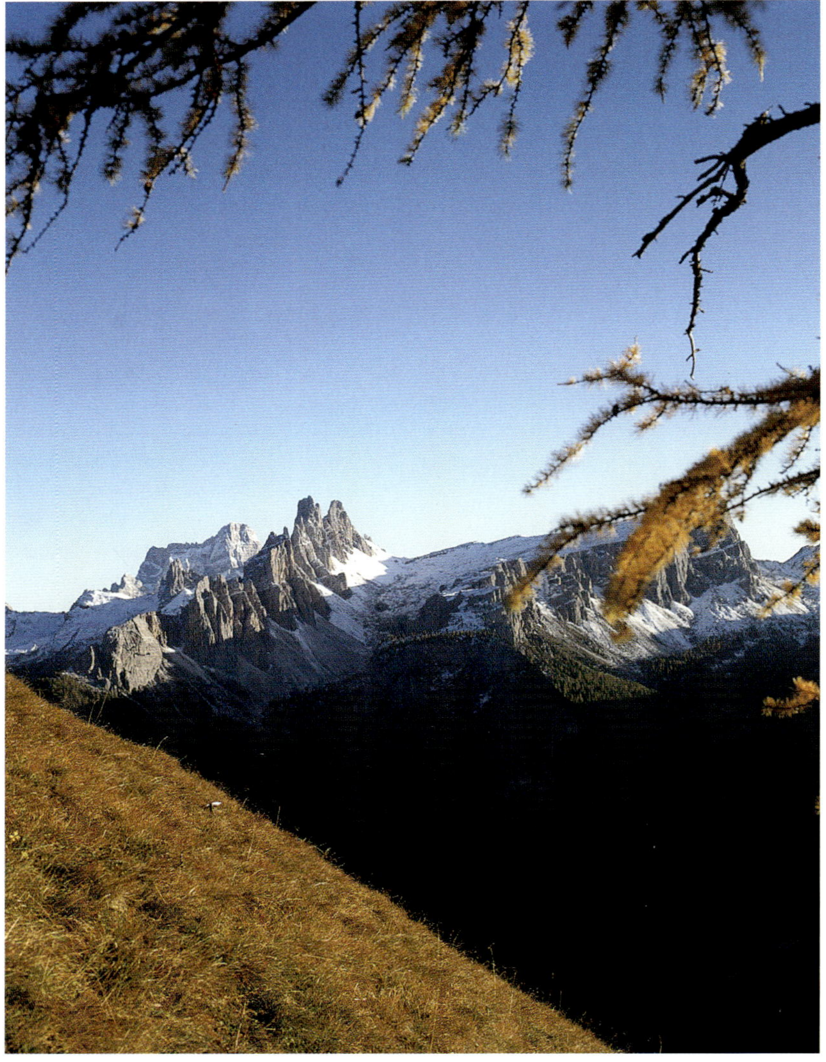

Herbst in den Dolomiten: Monte Pelmo (3168 m) und Croda da Lago

Sellagipfeltour

99 Piz Boè, 3152 m

Den höchsten Punkt des Sellamassivs kann man ganz unterschiedlich erleben: im Gänsemarsch zum arg verunstalteten Gipfel, auf der steilen »Ferrata Piazzetta« – oder auf stillen Wegen »außen herum«. Da zeigt sich die Sella in ihrer ganzen Vielfalt: als unnahbare Felsenburg, als Trümmer- und Geröllhaufen und als riesiger Tafelberg, zerfurcht von tiefen Schluchten. Man wandert über das mächtige Ringband, das den Schlerndolomitsockel vom aufliegenden Hauptdolomit trennt und genießt, wenn das Wetter mitspielt, vom Piz Boè ein immenses Panorama.

Vom Pordoijoch aus ist der schmale Einschnitt der Forcella Pordoi (2829 m) bereits gut auszumachen, auch die dünne Wegspur, die über den steilen Hang hinaufzieht zu der Scharte. Man folgt ihr etwa eine Stunde, verlässt sie dann nach rechts (Hinweis) und folgt dem Ringbandweg, der ohne nennenswerte Höhenunterschiede, aber mit herrlichen Ausblicken die gesamte Südostflanke des Sellastocks quert. Unter den Bugfelsen der Ponte (2779 m) verlässt man die Panoramaroute nach links (Tafel) und steigt durch eine unangenehm geröllige Rinne, von Markierungen geleitet, an zum Eissee (Lech Dlacé, 2833 m). Links an dem seichten Gewässer vorbei und über die Schrofenflanke zum Piz Boè mit Hütte und Riesenreflektor.

Vom Gipfel hinab und hinüber in die Forcella Pordoi und südseitig hinunter zum Pordoijoch.

Horizontal – vertikal: Palawandern

112 Passo Pradidali, 2658 m – Passo di Ball

Dass die Pala zu den schönsten Dolomitengruppen zählt, wissen Eingeweihte schon lange; wer die bizarren Zacken auf einer Fahrt über den Rollepass (1972 m) zum ersten Mal zu Gesicht bekommt, ist zumindest beeindruckt, vor allem vom Cimone della Pala (3184 m), der nicht zufällig als »Matterhorn der Dolomiten« bezeichnet wird. Überraschendes halten die Pale di San Martino in ihrem Inneren versteckt: ein Hochplateau, mehrere Quadratkilometer groß, eine richtige Mondlandschaft und krasser Gegensatz zu den prächtigen, aus Schlerndolomit aufgebauten Zinnen und Türmen rundum.

Bei schönem Wetter, wohlgemerkt. Wer schon einmal im Nebel oder gar Schneetreiben auf dem Altipiano unterwegs war, weiß um die Gefährlichkeit eines Wettersturzes im Hochgebirge, wie rasch man die Orientierung verlieren kann, wenn sich auf dem Karstgelände die Markierungen im Neuschnee verlieren, nur noch der Kompass die Himmelsrichtungen anzeigt. Mit der Wanderung auf dem Plateau beginnt die Tour, von der Seilbahnstation kurz abwärts zum Rifugio Rosetta (2581 m), an dem mehrere Wege zusammenlaufen, dann östlich über die geröllbedeckten Wellen des »Steinernen Meers«.

Am Passo Pradidali verlässt man die Hochfläche, beginnt der Abstieg in den Pradidalikessel. Als »Wegzeiger« dient das markante Felshorn des Sass Maor (2804 m), rechts ragen die gelb-rötlichen Mauern der Cima Immink und der Cima Pradidali in den Himmel. Vorbei am seichten Lago Pradidali wandert man hinüber zur gleichnamigen Hütte (Rifugio Pradidali, 2278 m), die sich einer herrlichen Lage vor der wuchtigen Bastion der Cima Canali (2900 m) erfreut.

Vom Schutzhaus kurz bergan zum Passo di Ball (2443 m), benannt nach Sir James Ball, dem ersten Präsidenten des Alpine Club. Dahinter abwärts und auf einem schmalen Band (Drahtseile) quer durch die Sockelfelsen der Pala di San Martino (2982 m). Bei der folgenden Weggabelung hält man sich links und steigt über den kunstvoll angelegten, vom Zahn der Zeit schon ziemlich angenagten »Baron-von-Lesser-Weg« ab ins Val di Roda. Auf einer Forststraße zurück zum Hoteldorf San Martino di Castrozza.

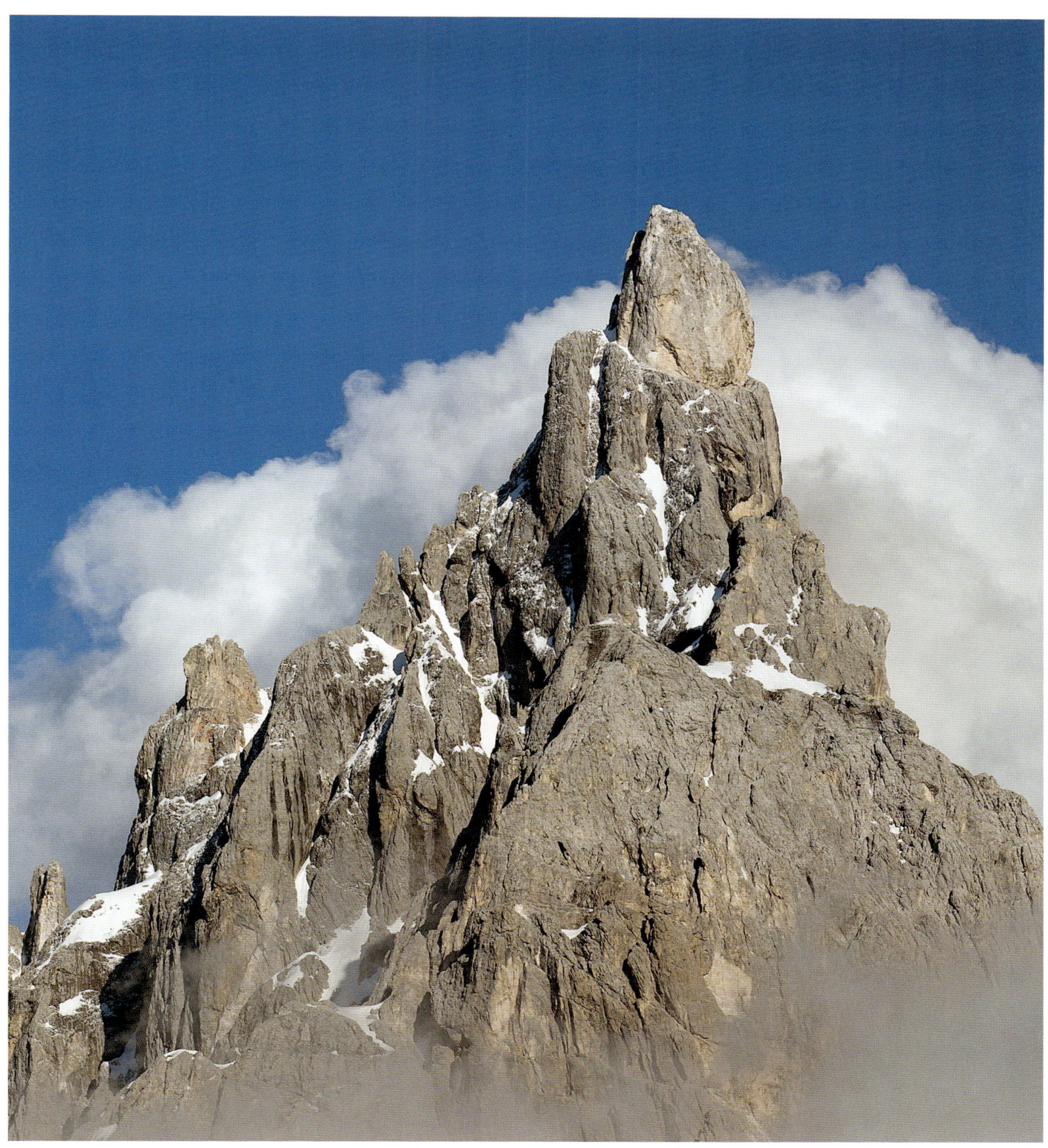

Was für ein Profil! Nicht zufällig wird der Cimòn della Pala oft als »Matterhorn der Dolomiten« bezeichnet.

Latemar – Rosengarten – Schlern

Tourenziel/Charakteristik	Ausgangspunkt	Wegverlauf & Gehzeit	Markierung	Einkehr am Weg
1 Weißhorn, 2317 m Als ein »verirrtes Stück Dolomiten« wurde es einmal bezeichnet, das über dem Regglberg aufragende Weißhorn. Am Gipfelgrat einige Felsen. Wird oft zusammen mit dem höheren Schwarzhorn (2439 m) bestiegen (1 1/2 Std., mark.)	Joch Grimm (1989 m), Zufahrt vom Lavazè-Joch (1807 m, 3,5 km)	Joch Grimm – Weißhorn (1 Std.) – Nordgrat – Querweg – Gurndinalm (2 1/2 Std.) – Joch Grimm (3 Std.)	Mark. 5, H, 2	Joch Grimm (1989 m), Gurndinalm (1952 m)
2 Rifugio Torre di Pisa, 2671 m Mitten in die unwirtlich-fantastische Felsregion des Latemar führt diese Runde.	Bergstation des Oberholzlifts (2080 m), Talstation Obereggen (1552 m)	Oberholz – Eggentaler Alm – Rif. Torre di Pisa (2 1/4 Std.) – Gamsstallscharte (2590 m; 3 Std.) – Oberholz (4 1/4 Std.)	Mark. 22, 516, 18	Rif. Torre di Pisa (2671 m)
3 Labyrinthsteig Karersee und Latemar ohne allzu viel Rummel kann man auf dieser Runde erleben, die quer durch das Bergsturzgelände »Im Geplänk« verläuft.	Karerpass (1745 m) Straßenverbindung zwischen Bozen-Eggental und dem Fassatal	Karerpass – »Labyrinthweg« – Karersee (1519 m; 2 3/4 Std.) – Karerpass (4 Std.)	Mark. 21, 11, 13	Karerpass, Karersee
4 Rotwandhütte, 2280 m Beliebte Hüttenwanderung über dem Karerpass	Bergstation des Rosengarten-Sessellifts beim Rif. Paolina (2125 m), Talstation westlich unterhalb vom Karerpass	Rif. Paolina – Christomannos-Denkmal – Rotwandhütte (1 Std.) – Karerpass (1745 m) – Liftstation (2 3/4 Std.)	CAI-Mark. 539, 549, 548	Rif. Paolina (2125 m), Rotwandhütte (2280 m), am Karerpass
5 Hirzelweg Beliebte Höhenpromenade unter den Felswänden des Rosengartens, in beide Richtungen lohnend	Bergstation des Rosengarten-Sessellifts beim Rif. Paolina (2125 m), Talstation westlich unterhalb vom Karerpass	Rif. Paolina – »Hirzelweg« – Rosengartenhütte (1 1/2 Std.) – Frommeralm (2 3/4 Std.)	Mark. 539, 549, 1	Rif. Paolina (2125 m), Rosengartenhütte (2339 m)
6 Rosengartenrunde Landschaftlich herausragende Tour um den Südteil des Rosengartenkamms. Einige leichte Felspassagen am Tschager Joch und am Passo delle Cigolade	Bergstation des Rosengarten-Sessellifts beim Rif. Paolina (2125 m), Talstation westlich unterhalb des Karerpasses	Rif. Paolina – Rosengartenhütte (1 1/4 Std.) – Tschager Joch (2630 m; 2 1/4 Std.) – Pas da le Zigolade (2550 m) – Rotwandhütte (4 1/4 Std.) – Christomannos-Denkmal – Rif. Paolina (4 3/4 Std.)	CAI-Mark. 550, 541, 549	Rosengartenhütte (2339 m), Rotwandhütte (2280 m)
7 Haniger Schwaige, 1873 m Ausgedehnter Spaziergang zu einem besonders schönen Winkel unter dem Rosengarten. Fantastisch aus dieser Perspektive die Vajolettürme!	Nigerpass (1688 m) an der Rosengartenstraße (Karerpass – Tiers, 17 km)	Nigerpass – Baumannschwaige – Haniger Schwaige (1 3/4 Std.); Rückweg auf der gleichen Route (gesamt 3 Std.)	Mark. 1, 7	Nigerpass (1688 m), Baumannschwaige (1826 m), Haniger Schwaige (1874 m)
8 Grasleitenhütte, 2134 m Lange, aber keineswegs langweilige Hüttentour abseits ausgetretener Pfade	Weißlahnbad (1173 m) am Eingang ins Tschamintal, 3 km von Tiers (1019 m)	Weißlahnbad – Grasleitenhütte (3 3/4 Std.); Abstieg auf dem gleichen Weg (gesamt 6 1/4 Std.)	Mark. 3, 3A	Gh. Weißlahnbad (1173 m), Grasleitenhütte (2134 m)
9 Nigglbergkopf, 2164 m – Mittagskofel, 2187 m Großzügige, einsame Höhenrunde über dem Tierser Tal, am Kamm einige etwas heikle Passagen, Abstieg durch die Bärenfalle aufwendig gesichert	Weißlahnbad (1173 m) am Eingang ins Tschamintal, 3 km von Tiers (1019 m)	Weißlahnbad – Tschafonhütte (1 3/4 Std.) – Nigglbergkopf – Mittagskofel – Tschafatschsattel (2050 m; 5 1/4 Std.) – Bärenfalle – Weißlahnbad (6 3/4 Std.)	Mark. 4A, 4, 9, 2	Gh. Weißlahnbad (1173 m), Tschafonhütte (1733 m)
10 Schlern, 2564 m Der weiteste Weg auf das Südtiroler Wahrzeichen; Nächtigung in den Schlernhäusern (Sonnenuntergang inklusive!) empfehlenswert	Ums (932 m), Weiler 3 km südöstlich von Völs (880 m)	Ums – Hofer Alpl (1 1/4 Std.) – Sesselschwaige (3 Std.) – Schlernhäuser (4 1/2 Std.) – Petz (5 Std.) – »Schäufelesteig« – Hofer Alpl – Ums (8 1/4 Std.)	Mark. 3, 1	Hofer Alpl (1340 m), Sesselschwaige (1940 m), Schlernhäuser (2457 m)
11 Schlernbödelehütte, 1726 m Kleine Wanderrunde unter dem mächtigen Schlernmassiv. Weiterweg über den »Gemssteig« (Mark. 1) zum Schlernhaus bzw. zum Gipfel möglich (2 3/4 Std.)	Bad Ratzes (1212 m) am Eingang in den Frötschbachgraben, 3,5 km von Seis (994 m)	Bad Ratzes – »Touristensteig« – Schlernbödelehütte (1 1/2 Std.) – Prossliner Schwaige (2 1/2 Std.) – Bad Ratzes (3 1/2 Std.)	Mark. 1, 1A	Bad Ratzes (1212 m), Schlernbödelehütte (1726 m), Prossliner Schwaige

Tourenziel/Charakteristik	Ausgangspunkt	Wegverlauf & Gehzeit	Markierung	Einkehr am Weg
12 Puflatsch, 2174 m Gemütlicher Spaziergang von der Seiser Alm aus (bei Benützung des Sessellifts 1/2 Std.), ab Pufels lohnende Wanderrunde. Trittsicherheit, bei Nässe nicht ratsam!	Pufels (1484 m), Zufahrt von St. Ulrich 7 km	Pufels – »Schnürlsteig« – Puflatsch (2 Std.) – Gollerkreuz (2104 m) – Seiser Alm (Kompatsch, 1844 m; 3 1/4 Std.) – Pufels (4 1/4 Std.)	Mark. 24, 14, 3A	Arnikahütte (2061 m), Puflatschhütte (1950 m), Kompatsch
13 Schlern, 2563 m Weniger anstrengend als die Wege von Völs und Tiers herauf ist die Besteigung des Südtioler Wahrzeichens von der Seiser Alm. Alternativer Ausgangspunkt Liftstation Spitzbühel (1935 m)	Seiser Alm (Kompatsch, 1844 m, Bus) Endpunkt der Gondelbahn Seis–Seiser Alm (Kompatsch, 1860 m)	Seiser Alm – Saltnerhütte (1 1/2 Std.) – Schlernhäuser – Schlern (3 1/2 Std.); Abstieg auf dem gleichen Weg (gesamt 6 Std.)	Mark. 10, 5, 1	Kompatsch, Saltnerhütte, Schlernhäuser (2457 m)
14 Seiser-Alm-Wanderung; Mahlknechthütte, 2054 m Große Runde über die Seiser Alm; auch kürzere Varianten möglich. Alternativer Ausgangspunkt Kompatsch (1844 m)	Seilbahn: Bergstation der Seilbahn am Mont Sëuc (2005 m), Talstation St. Ulrich (1236 m; Bus)	Mont Sëuc – Ritsch Schwaige (1875 m; ¾ Std.) – Hotel Panorama (2009 m) – Mahlknechthütte (2054 m; 2 ½ Std.) – Saltria (3 ½ Std.) – Mont Sëuc (5 Std.)	Mark. 6A, 6, 7, 8, 9	Mehrere Einkehrmöglichkeiten am Weg
15 Langkofelhütte, 2253 m Herrlich gelegene Hütte, umrahmt von den Felsfluchten des Langkofelmassivs	Monte Pana (1636 m), Zufahrt und Sessellift ab St. Christina (1428 m, Bus)	Monte Pana – Confinboden – Langkofelhütte (2 1/2 Std.); Abstieg auf dem gleichen Weg (gesamt 4 Std.)	CAI-Mark. 525	Monte Pana (1636 m), Langkofelhütte (2253 m)
16 Poststeig Ins Grödner Tal kann man auch wandern, auf dem alten Talweg: Schritt um Schritt, Landschaft erlebend, statt PS-geschwind.	Lajen (1102 m, Bus) Dorf hoch über dem Eingang ins Grödner Tal, Zufahrt von Waidbruck 7 km. In der Nähe wurde möglicherweise der Minnesänger Walther von der Vogelweide geboren.	Lajen – »Poststeig« – St. Peter (1211 m; 1 1/4 Std.) – St. Ulrich (3 Std.)	Gut mark. Wege	St. Peter, Pedrutscher (1262 m)
17 Broglessattel, 2119 m Gemütliche Höhen- und Bergabwanderung vor der Grödner Dolomitenkulisse. Lohnend auch der Abstecher zum Raschötzer Kreuz (2282 m; 3/4 Std., Mark. 35)	Seilbahn: Bergstation des Raschötz-Standseilbahn (2123 m), Talstation St. Ulrich (1236 m, Bus)	Seilbahnstation – Broglessattel – Brogleshütte (1 1/4 Std.) – St. Ulrich (3 1/4 Std.)	Mark. 35, 3	Seilbahnstation, Brogleshütte (2045 m)
18 Pic, 2363 m Im Gegensatz zur Sëceda (2518 m) ist der Pic (Pitschberg) ein ruhiger Wanderberg ohne Lifte und Hütten.	Seilbahn: Bergstation der Sëceda-Seilbahn (2480 m), Talstation St. Ulrich (1236 m, Bus)	Sëceda – Cucasattel – Pic (1 Std.) – St. Jakob (1565 m) – »Troi Sacun« – St. Ulrich (3 1/2 Std.)	Mark. 6	Sëceda
19 Col del la Pieres, 2751 m Lohnendes Gipfelziel für erfahrene Bergwanderer, teilweise steile Wege, drahtseilgesicherte Passagen. Großes Gipfelpanorama	Seilbahn: Bergstation des Col-Raiser-Lifts (2102 m), Talstation bei St. Christina (1428 m, Bus)	Col Raiser – Regensburger Hütte (1/4 Std.) – Forcella Fources de Siëles (2505 m; 1 1/2 Std.) – Col de la Pieres (2 1/4 Std.) – Steviahütte (2312 m; 3 Std.) – Juac-Hütte (1903 m) – Talstation Col-Raiser-Lift (4 ½ Std.)	Mark. 4, 2, 17, 3, 1	Col Raiser (2102 m); Regensburger Hütte (2037 m), Steviahütte (2312 m), Juac-Hütte (1903 m)
20 Stevia; Furcela dla Piza, 2489 m Auch ohne Abstecher zum Gipfel des Col de la Pieres (2751 m; von der Furcela dla Piza 3/4 Std.) sehr dankbare Wanderrunde. Trittsicherheit unerlässlich!	Daunëi (1677 m), Weiler oberhalb von Wolkenstein (1563 m, Bus)	Daunëi – Juac-Hütte (3/4 Std.) – Steviahütte (2 Std.) – Furcela dla Piza (2 1/2 Std.) – Regensburger Hütte (3 1/4 Std.) – Juac-Hütte – Daunëi (4 1/2 Std.)	Mark. 4, 3	Steviahütte (2312 m), Regensburger Hütte (Geislerhütte, 2037 m), Juac-Hütte (1903 m)
21 Langental und Puezhütte, 2475 m Eine Wanderung der Kontraste: aus dem »ummauerten« Langental hinauf zur Mondlandschaft der Gherdenacia-Hochfläche	Parkplatz am Eingang ins Langental (1620 m), 2 km von Wolkenstein (1563 m, Bus)	Parkplatz – Langental – Puezalm – Puezhütte (3 1/4 Std.) – Plan de la Ciasëies (1850 m) – Parkplatz (5 3/4 Std.)	Mark. 4, 14	Puezhütte (2475 m)
22 Gran Cir, 2592 m Die große Tschierspitze ist der höchste Gipfel des felsigen Drachenrückens nördlich über dem Grödner Joch. Aufstieg über leichte Felsen (I), kurze gesicherte Passagen	Grödner Joch (2121 m, Bus) Straßenübergang vom Grödner Tal ins Hochabtei	Grödner Joch – Gran Cir (1 1/4 Std.); Abstieg auf dem gleichen Weg (gesamt 2 Std.)	Rote Mark.	Grödner Joch

Grödner Berge – Villnöß

Region	Tourenziel/Charakteristik	Ausgangspunkt	Wegverlauf & Gehzeit	Markierung	Einkehr am Weg
Grödner Berge – Villnöß	**23 Lech de Crespëina, 2374 m** Romantische Höhenwanderung zur Puezhütte mit Abstieg ins Langental. Bizarre Felskulisse am Passo Cir	Grödner Joch (2121 m) Straßenübergang vom Grödner Tal ins Hochabtei. Alternativer Ausgangspunkt: Bergstation des Dantercëpies-Gondellifts (2298 m)	Grödner Joch/Dantercëpies – Passo Cir (2466 m) – Crespeinasee – Puezhütte (3 Std.) – Langental – Wolkenstein (5 1/2 Std.)	Mark. 2, 14	Grödner Joch (2121 m), Jimmy (2222 m), Puezhütte (2475 m)
	24 Rund um das Langkofelmassiv Große und großartige Tour, eine der schönsten Wanderungen im Grödnertal. Etwas Ausdauer erforderlich	Parkplatz beim Sellajochhaus (2176 m) knapp unterhalb des Sellajochs (2244 m)	Sellajochhaus – Rif. Comici (1 Std.) – Langkofelhütte (3 Std.) – Plattkofelhütte (4 3/4 Std.) – »Friedrich-August-Weg« – Sellajochhaus (6 1/2 Std.)	Mark. 526, 527, 4	Mehrere Hütten am Weg
	25 Rund um den Plattkofel Quer durch das Langkofelmassiv führt diese beliebte Wanderung. Abstieg von der Langkofelscharte durch ein raues Geröllkar, im Frühsommer oft noch Schnee	Bergstation Langkofelscharte der Gondelbahn (2681 m), Talstation beim Sellajochhaus (2176 m)	Langkofelscharte – Langkofelhütte (3/4 Std.) – Plattkofelhütte (2 1/2 Std.) – »Friedrich-August-Weg« – Sellajochhaus (4 1/4 Std.)	Mark. 525, 527, 4	Sellajochhaus, Toni-Demetz-Hütte in der Langkofelscharte, Langkofelhütte (2253 m), Plattkofelhütte (2300 m)
	26 Ottohöhe, 1460 m Gemütliche Höhenrunde vor der Dolomitenkulisse des Villnößtals (Geislerspitzen). Sehenswert: gotische Flügelaltäre in den kleinen Kirchen von St. Valentin und St. Jakob	St. Peter (1154 m) Hauptort im Villnößtal, 8,5 km von der Brennerroute	St. Peter – St. Valentin (1156 m) – St. Jakob (1265 m) – Moarhof – Ottohöhe (1 3/4 Std.) – Wolfsgrube – St. Peter (3 1/4 Std.)	Mark. 11, 30	Moarhof (1320 m)
	27 Adolf-Munkel-Weg Klassische Höhenpromenade vor den Nordabstürzen der Geislerspitzen, am schönsten von St. Magdalena aus unter Einbeziehung des »Unteren Herrnsteigs«. Kürzere Variante ab Zanser Alm 4 3/4 Std.	St. Magdalena (1236 m) im inneren Villnöß, 11 km von der Brennerroute	St. Magdalena – Brogleshütte (2 1/2 Std.) – »Adolf-Munkel-Weg« – Zanser Alm (4 3/4 Std.) – »Unterer Herrnsteig« – Villtatscher Berg (1908 m; 6 Std.) – St. Magdalena (7 3/4 Std.)	Mark. 28, 35, 33, 32B, 32	Brogleshütte (2045 m), Glatschalm (1902 m), Zanser Alm (1695 m)
	28 Brixner Höhenweg – Plose, 2487 m Hausberg der Bischofsstadt am Zusammenfluss von Eisack und Rienz, durch Seilbahnen und Straßen leider ziemlich lädierte Natur. Herrliches Dolomitenpanorama!	Kreuztal (2023 m) Bergstation der Plose-Seilbahn, Talstation St. Andrä (958 m) 7 km von Brixen	Kreuztal – Brixner Höhenweg – Ochsenalm (1 1/2 Std.) – Plose (Telegraph, 3 Std.) – Kreuztal (3 3/4 Std.)	Mark. 30, 6, 3	Kreuztal, Ochsenalm (2085 m), Plosehütte (2447 m)
Gadertal – Hochabtei – Pragser Dolomiten	**29 Rund um den Peitlerkofel** Aussichtsreiche Tour um den mächtigen Bergstock. Wer dem Peitlerkofel (2875 m) aufs Haupt steigen will, muss mit leichtem Felsgelände vertraut sein (Sicherungen; 1 1/2 Std. von der Peitlerscharte, mark.)	Würzjoch (1987 m), Straßenübergang (»Brixner Dolomitenstraße«) von Brixen ins Gadertal	Würzjoch – Peitlerscharte (2357 m; 1 3/4 Std.) – Gömmajoch (2111 m; 3 Std.) – Würzjoch (4 1/2 Std.)	Mark. 8A, 4, 35, 8B	Würzjoch, Munt de Fornella (2080 m), Ütia de Göma (2030 m)
	30 Lüsner Alpe; Astjoch, 2194 m Aussichtsreiche Runde über mehrere bewirtschaftete Almen. Prachtblick zu den Dolomiten; besonders schön im Herbst	Lüsen (981 m) im gleichnamigen Tal, Zufahrt von Brixen 14 km. Bei Anfahrt bis ins Almgelände kürzere Wanderungen möglich	Lüsen – Ronerhütte (1832 m; 3 Std.) – Starkenfeldhütte (1920 m) – Astjoch (4 3/4 Std.) – Kreuzwiesenhütte (1925 m) – Lüsen (7 Std.)	Mark. 14, 2, 67, 12	Mehrere Gasthäuser am Weg
	31 Sas de Crosta, 2396 m Rundwanderung an der Sonnseite des Wengentals mit Gipfelabstecher. Schöne Blumenwiesen, kleiner Abstecher zur Kreuzspitze (2021 m)	Wengen (1348 m) Bauerndorf über dem Gadertal, 3 km von Pederoa. Weiterfahrt bis zu den Höfen von Côz (1592 m) möglich, kurz vorher Parkplatz	Parkplatz – Sas de Crosta (2 1/2 Std.) – Ridjoch (Ju de Rit, 1863 m; 4 1/2 Std.) – Parkplatz (5 1/4 Std.)	Mark. 15, 15B, 13,	
	32 Heiligkreuz, 2045 m Nicht unbedingt ein stilles, aber ein sehr schönes Plätzchen unter den riesigen Felsfluchten des Heiligkreuzkofels: Kirchlein und Hospiz Heiligkreuz. Abstiege entweder über die Armentara-Wiesen oder über Costalta	Bergstation des Heiligkreuzlifts (2040 m), Talstation Pedraces (1330 m)	Heiligkreuz – Armentara – Fornacia (1586 m; 1 1/4 Std.) – Cialaruns (1575 m; 2 Std.) – St. Leonhard (1365 m) – Pedraces (2 3/4 Std.) Heiligkreuz – Costalta (1705 m; 3/4 Std.) – St. Leonhard – Pedraces (1 1/2 Std.)	Nur teilweise mark. Wege, Sträßchen	Heiligkreuz (2045 m)
	33 Heiligkreuzkofel, 2907 m Was für ein Profil! Senkrechter Fels, himmelhoch ragend über grünen Almböden – und ein markierter Durchstieg, der, obwohl abschnittweise gesichert, fast noch als Weg zu bezeichnen ist. Ein sicherer Tritt und Schwindelfreiheit sind aber unerlässlich.	Bergstation des Heiligkreuzlifts (2040 m), Talstation Pedraces (1330 m)	Liftstation Heiligkreuz – Kreuzkofelscharte (2612 m; 2 Std.) – Heiligkreuzkofel (3 Std.) – Kreuzkofelscharte – Forcela de Medesc (2533 m; 4 1/4 Std.) – Heiligkreuz (6 1/4 Std.)	Mark. 712, 15, Gipfel und Übergang zur Medesc-Scharte rote Bez.	Heiligkreuz (2045 m)

Tourenziel/Charakteristik	Ausgangspunkt	Wegverlauf & Gehzeit	Markierung	Einkehr am Weg
34 Piz d'Lavarela, 3055 m Riesentour für trittsichere Dauerläufer. Vorsicht: Bänder nördlich unter der Lavarela mitunter vereist. Vom Gipfel großes Dolomitenpanorama	St. Kassian (1536 m, Bus) knapp 4 km von Stern. Im Ort Museum mit den Bärenfunden aus der Cunturines-Höhle (im Sommer Führungen vor Ort)	St. Kassian – Forcela de Medesc (2533 m; 3 Std.) – Piz d'Lavarela (5 Std.) – Ju dal Ega (Tadegajoch, 2143 m; 7 1/4 Std.) – Capanna Alpina (8 1/2 Std.) – St. Kassian (9 1/2 Std.)	Mark. 15, 12, 11, Gipfelüberschreitung rote Bez.	Capanna Alpina (1726 m)
35 Lech de Lagacio, 2182 m Rundwanderung zwischen dem riesigen Piz dles Cunturines (3064 m) und dem Zackengrat der Fanisspitzen. Stimmungsvoll der Lagazuoisee, steiler Geröllaufstieg in die Seescharte (Forcela dl Lech, 2486 m)	Capanna Alpina (1726 m), knapp 5 km von St. Kassian (1536 m, Bus)	Capanna Alpina – Rif. Scotoni – Lech de Lagacio (1 1/4 Std.) – Forcela dl Lech (2 1/4 Std.) – Gran Plan (2117 m; 3 Std.) – Capanna Alpina (4 Std.)	Mark. 20, 20B, 11	Capanna Alpina (1726 m); Rif. Scotoni (1985 m)
36 Col di Lana, 2452 m Großes Panorama, traurige Vergangenheit: Im Ersten Weltkrieg wurde der Gipfel des heiß umkämpften »Col di Sangue« (= Blutberg) in die Luft gesprengt. Am Übergang vom Monte Sièf einige Sicherungen	Valparolajoch (2168 m, Bus) Straßenpass zwischen St. Kassian und dem Passo Falzárego. Parkplatz	Valparolajoch – Col di Lana (2 1/2 Std.); Abstieg auf dem gleichen Weg (gesamt 4 1/2 Std.)	Mark. 23, 21	Rif. Valparola (2168 m)
37 Prelungè, 2138 m Die Prelungè (Parlongià) ist nach der Seiser Alm zweitgrößte Hochalm der Dolomiten mit reicher Flora und herrlicher Aussicht – leider aber auch mit zahlreichen Liften samt Schneekanonen.	Seilbahn: Bergstation der Seilbahn auf den Piz la Ila (Piz la Villa, 2078 m), Talstation Stern (1468 m, Bus)	Piz la Ila – Prelungè (1 1/2 Std.) – St. Kassian (2 3/4 Std., Bus)	Mark. 23, 22	Mehrere Hütten auf der Prelungè
38 Piz Boè, 3152 m Kulminationspunkt des Sellamassivs; abschnittweise gesicherter, ziemlich anspruchsvoller Anstieg über den »Lichtenfelser Steig«. Nur bei sicherem Wetter!	Seilbahn: Bergstation der Seilbahn zum Crep de Mont (2198 m) bzw. Sessellift Vallon (2537 m), Talstation Corvara (1555 m, Bus)	Crep de Mont – Lech de Boè (2250 m) – Vallon (1 Std.) – Franz-Kostner-Hütte – »Lichtenfelser Steig« – Eisseespitze (3009 m) – Piz Boè (3 1/2 Std.) – Eissee (2833 m) – Franz-Kostner-Hütte – Vallon (5 1/4 Std.) – Crep de Mont (6 Std.)	CAI-Mark. 672, 638	Crep de Mont (2198 m); Franz-Kostner-Hütte (2538 m)
39 Rifugio Pisciadù, 2585 m Landschaftlich hervorragende, mit einigen leichten Felspassagen »gewürzte« Runde an der Nordflanke des Sellamassivs	Grödner Joch (2121 m, Bus) Straßenübergang vom Hochabtei ins Grödner Tal	Grödner Joch – Val Setus – Rif. Pisciadù (2 Std.) – Val de Mesdì – Grödner Joch (4 3/4 Std.)	CAI-Mark. 666, 651, 676, 29	Grödner Joch (2121 m), Rif. Pisciadù (2585 m)
40 Crespeina-Hochfläche Ausgedehnte Rundtour über das Crespeina-Plateau mit vielen faszinierenden Landschaftseindrücken	Kolfuschg (1645 m, Bus) an der Grödner-Joch-Straße	Kolfuschg – Forcela de Ciampei (2366 m; 2 Std.) – Lech de Crespëina – Crespeinajoch (2526 m) – Passo Cir (2466 m) – Ütia Forceles – Kolfuschg (5 3/4 Std.)	Mark. 4, 2, rote Mark.	Ütia Forceles (2101 m)
41 Sassongher, 2665 m Das kühne Felshorn ist alpines Wahrzeichen von Corvara. Markierter Anstieg mit einer (leichten und gesicherten) Felspassage	Kolfuschg (1645 m, Bus) an der Grödner-Joch-Straße	Kolfuschg – Forcela Sassongher (2435 m) – Sassongher (3 Std.) – Forcela Sassongher – Kolfuschg (5 1/4 Std.)	Mark. 4, 7	
42 Heiligkreuzkofel, 2907 m Wanderung über das riesige Alm- und Karrenplateau der Kleinen Fanesalpe; vom Gipfel einmalige Tiefblicke. Vorsicht bei Nebel!	Pederü (1540 m, Bus) im inneren Rautal, Zufahrt von St. Vigil (1193 m) 11 km. Jeep-Zubringerdienst zur Lavarella-Hütte nur bei Übernachtung!	Pederü – Lavarella (2042 m; 2 Std.) – Kreuzkofelscharte (2612 m; 4 1/2 Std.) – Heiligkreuzkofel (5 1/2 Std.); Abstieg auf dem gleichen Weg (gesamt 9 1/2 Std.)	Mark. 7, zum Gipfel rote Tupfer	Lavarella-Hütte (2042 m); Faneshütte (2060 m)
43 Col Becchei di sopra, 2794 m Prächtiger Aussichtsgipfel über den Fanesalmen. Alternativ kann man auch bei der Capanna Alpina (1726 m) starten und über die Große Fanesalpe zum Limojoch wandern (Gesamtgehzeit etwa 7 1/2 Std.).	Pederü (1540 m, Bus) im inneren Rautal, Zufahrt von St. Vigil (1193 m) 11 km. Jeep-Zubringerdienst zur Lavarela-Hütte nur bei Übernachtung!	Pederü – Faneshütte (2 Std.) – Limojoch (2172 m) – Col Becchei di sopra (4 1/4 Std.); Abstieg auf dem gleichen Weg (gesamt 7 Std.)	Rote Bez.	Faneshütte (2060 m)
44 Senneshütte, 2126 m Schöne Almwanderung unter dem Seekofel mit steilem Start; lässt sich auch bis zur Seekofelhütte (2327 m) erweitern (2 Std. zusätzlich)	Pederü (1540 m, Bus) im inneren Rautal, Zufahrt von St. Vigil (1193 m) 11 km. Großer Parkplatz	Pederü – Senneshütte (2126 m; 2 ½ Std.) – Fodara Vedla (1966 m; 3 ½ Std.) – Pederü (4 ½ Std.)	Mark. 7, 7A, 9	Pederü (1540 m), Senneshütte (2126 m), Fodara Vedla (1966 m)

Gadertal – Hochabtei – Prager Dolomiten

Region	Tourenziel/Charakteristik	Ausgangspunkt	Wegverlauf & Gehzeit	Markierung	Einkehr am Weg
Gadertal – Hochabtei – Pragser Dolomiten	**45 Monte Sella di Sennes, 2787 m** Ausgedehnte Wanderung über die Sennesalm zum höchsten Gipfel der Region	Pederü (1540 m, 🚌) im inneren Rautal, Zufahrt von St. Vigil (1193 m) 11 km. Großer Parkplatz	Pederü – Senneshütte (2 1/2 Std.) – Südflanke – Monte Sella di Sennes (4 1/2 Std.) – Südostgrat – Senneshütte – Pederü (7 1/4 Std.)	Mark. Weg	Pederü (1540 m), Senneshütte (2126 m), Ütia Munt de Senes
	46 Piz da Peres, 2507 m Gipfelziel über der Furkel; am Westgrat felsige Passagen. Von der Dreifingerscharte lohnt sich ein Abstecher zum Hochalmsee (2252 m; 1/2 Std., Mark. 3)	Furkel (1759 m), Straßenübergang von St. Vigil (1193 m, 🚌) nach Olang	Furkel – Westgrat – Piz da Peres (2 1/2 Std.) – Dreifingerscharte (2330 m) – Furkel (4 Std.)	Mark. 3, 12	
	47 Hochalpenkopf, 2542 m Großzügige Überschreitung vom innersten Grünwaldtal zum Pragser Wildsee. Faszinierend die riesige Schräge der Hochalpe, vom Hochalpenkopf kontrastreiches Panorama	Pragser Wildsee (1494 m, 🚌) Zufahrt von der Pustertaler Straße 8,5 km. Große Parkplätze vor dem See	Pragser Wildsee – Grünwaldtal – Hochalmhütte (2 3/4 Std.) – Hochalpenkopf (5 Std.) – Pragser Furkel (2225 m) – Pragser Wildsee (7 Std.)	Mark. 19, 32, 6, 61, 20	Pragser Wildsee (1494 m), Grünwaldalm (1590 m), Hochalmhütten
	48 Seekofel, 2810 m Mit seinem gewaltigen Nordabsturz dominiert er die Bergumrahmung des Pragser Wildsees. Am markant geschichteten Südostgrat reichlich Geröll, dazu einige leichte Felsaufschwünge (Drahtseile)	Pragser Wildsee (1494 m, 🚌) Zufahrt von der Pustertaler Straße, 8,5 km. Großer Parkplatz vor dem See	Pragser Wildsee – Porta Sora al Forn (2388 m; 3 1/4 Std.) – Seekofel (4 3/4 Std.); Abstieg auf dem gleichen Weg (gesamt 7 1/2 Std.)	Mark. 1, am Gipfel rote Bez.	Pragser Wildsee, Seekofelhütte (2327 m)
	49 Herrstein, 2447 m Den schönsten Vogelschaublick auf den Pragser Wildsee hat man vom Weg zum Herrstein. Felsiger Gipfelaufschwung (Ketten). Abwechslungsreich dann der Rückweg über den Gamssattel und die Roßböden	Pragser Wildsee (1494 m, 🚌) Zufahrt von der Pustertaler Straße, 8,5 km. Großer Parkplatz vor dem See	Pragser Wildsee – Weißlahnscharte (2 1/4 Std.) – Herrstein (3 Std.) – Weißlahnscharte (2194 m) – Gamsscharte (2443 m; 4 1/4 Std.) – Roßböden – Pragser Wildsee (7 Std.)	Mark. 58, 28, 4, 1	Pragser Wildsee
	50 Sarlkofel, 2378 m Aussichtskanzel über dem Pustertal mit weiter Schau zum Alpenhauptkamm und in die Dolomiten. Tiefblick auf den Toblacher See	Bad Altprags (1379 m), Zufahrt von der Pustertaler Straße, 5 km. Parkplatz	Bad Altprags – Buchsenriedl (1801 m; 1 1/4 Std.) – Sarlsattel (2189 m) – Sarlkofel (3 Std.) – Sarlsattel – Sarlriedl (2099 m) – Bad Altprags (5 1/4 Std.)	Mark. 15, 16, 33, 14	
	51 Dürrenstein, 2839 m Beliebter Wandergipfel mit vergleichsweise kurzem Anstieg von der Plätzwiese. Im Sommer recht heiß; am Vorgipfel kurze gesicherte Passage	Plätzwiese (1992 m), Zufahrt von der Pustertaler Straße via Brückele. Parkplatz, Strecke ab Brückele jeweils zwischen 10 und 16 Uhr gesperrt!	Plätzwiese – Dürrenstein (2 1/2 Std.); Abstieg auf dem gleichen Weg (gesamt 4 Std.)	Mark. 40	Auf der Plätzwiese
Sextener Dolomiten	**52 Monte Piana, 2324 m** Plateauberg mit einmaligem Panorama und blutiger Vergangenheit: Freilichtmuseum mit rekonstruierten Stellungen und Wegen aus dem Ersten Weltkrieg. Gesicherte Passagen	Dürrensee (1403 m, 🚌) an der Strecke Toblach – Schluderbach	Dürrensee – »Pionierweg« – Toblacher Kreuz (2305 m; 2 3/4 Std.) – Südkuppe (2324 m; 3 1/4 Std.) – »Touristensteig« – Dürrensee (5 1/4 Std.)	Mark. 6A, 6	Alpenflora (am Dürrensee)
	53 Dreischusterhütte, 1626 m Wenig anstrengende Höhenwanderung ins Innerfeldtal; lässt sich gut mit einem Abstecher zum Haunoldköpfl (2158 m) verbinden (zusätzlich knapp 2 Std., Mark. 7)	🚡 Bergstation des Haunoldlifts (1493 m), Talstation Innichen (1173 m, 🚌)	Liftstation – Dreischusterhütte (2 3/4 Std.) – Sextental – Innichen (5 Std.)	Mark. 7, 7A, 105	Haunoldhütte (1499 m), Dreischusterhütte (1626 m)
	54 Hochebenkofel, 2905 m Einsame Aussichtswarte zwischen Höhlenstein- und Innerfeldtal. Oberhalb vom Lückele leichte Felspassage (Drahtseil)	Innerfeldtal, Wanderparkplatz (ca. 1480 m), knapp 4 km von der Strecke Innichen – Sexten	Parkplatz – Dreischusterhütte (1/2 Std.) – Lückele (2545 m; 3 1/4 Std.) – Hochebenkofel (4 1/2 Std.); Abstieg auf dem gleichen Weg (gesamt 7 Std.)	Mark. 105, 9, zum Gipfel rote Bez.	Dreischusterhütte (1626 m)
	55 Innerfelder Talschlussrunde Recht ausgedehnte Wanderrunde; einmalig der Blick vom Zinnenplateau auf die Drei Zinnen	Innerfeldtal, Wanderparkplatz (ca. 1480 m), knapp 4 km von der Strecke Innichen – Sexten	Parkplatz – Dreischusterhütte (1/2 Std.) – Großes Wildgrabenjoch (2289 m; 2 3/4 Std.) – Schulter (2519 m; 3 3/4 Std.) – Parkplatz (6 Std.)	Mark. 105, 11	Dreischusterhütte (1626 m)

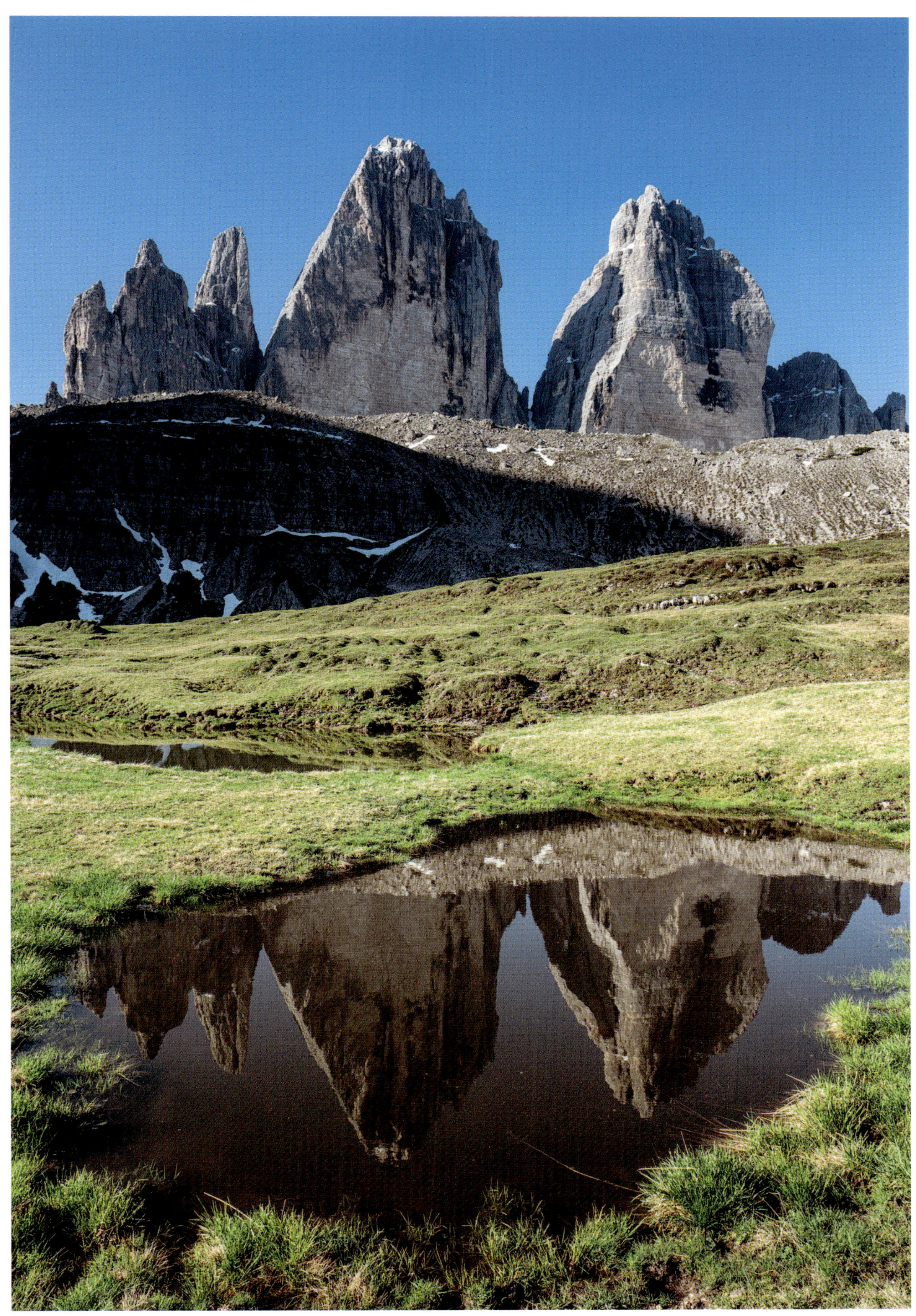

Das berühmteste Felsprofil der Dolomiten: die Drei Zinnen

	Tourenziel/Charakteristik	Ausgangspunkt	Wegverlauf & Gehzeit	Markierung	Einkehr am Weg
Sextener Dolomiten	**56 Innergsell, 2065 m** Aussichtspunkt in den nördlichen Ausläufern des Dreischustermassivs, beim Abstieg herrliche Blicke ins Fischleintal	Sexten (1316 m, bekannter Ferienort an der Strecke Innichen – Kreuzbergpass	Sexten – Innergsell (2 1/4 Std.) – Fischleintal – Waldweg – Sexten (4 1/2 Std.)	Mark. 12C, 12, 1A	
	57 Drei-Zinnen-Hütte, 2405 m – Zsigmondyhütte Wanderklassiker über dem Fischleintal; grandiose Dolomitenkulisse. Etwas Ausdauer erforderlich	Fischleintal, Wanderparkplatz (1454 m) beim Hotel Dolomitenhof, 3 km von Sexten-Moos (1337 m)	Fischleintal – Talschlusshütte (1/2 Std.) – Drei-Zinnen-Hütte (3 Std.) – Büllelejoch (2522 m) – Zsigmondyhütte (4 1/2 Std.) – Talschlusshütte (5 3/4 Std.) – Fischleintal (6 1/4 Std.)	Mark. 102, 101, 103	Talschlusshütte (1528 m), Drei-Zinnen-Hütte (2405 m), Büllelejochhütte, Zsigmondyhütte (2224 m)
	58 Kreuzbergpass, 1636 m Gemütliche Höhenwanderung unter den Felsabstürzen der Sextener Rotwand (2965 m) und ihrer Trabanten	Bergstation des Rotwandwiesenlifts (1910 m), Talstation bei Sexten-Moos (1337 m)	Rotwandwiesen – Kreuzbergsattel (2 1/4 Std.)	Mark. 15A	Rotwandwiesen, Kreuzbergpass
	59 Forcella dei Camosci, 2101 m Wanderrunde im (unbekannten) Nordosten der Sextener Dolomiten. Große Landschaftseindrücke, teilweise raue Wege. 2016 Murabgang am Zustieg zur Forcella dei Camosci	Rif. Lunelli (1568 m), Zufahrt von Pàdola (1218 m) via Bagni di Valgrande (1274 m), 7 km	Rif. Lunelli – Rif. Berti (1 1/4 Std.) – Forcella dei Camosci (1 3/4 Std.) – Cadin dei Bagni – Rif. Lunelli (3 1/2 Std.)	CAI-Mark. 101, 152, 123, 164	Rif. Lunelli (1568 m), Rif. Berti (1950 m)
	60 Monte Aiárnola, 2456 m Der östlichste Felsgipfel der Sextener Dolomiten; Überschreitung mark., mit leichten Felspassagen. Nur für Geübte	Passo del Zovo (1476 m), Straßenübergang von Pàdola (1218 m) nach Auronzo	Passo del Zovo – Monte Aiárnola (3 1/2 Std.); Abstieg auf dem gleichen Weg (gesamt 5 3/4 Std.)	CAI-Mark. 153, 127	Passo del Zovo (1476 m)
	61 Pian dei Buoi, 1827 m Höhenwanderung im Vorgelände des Marmarole-Massivs	Bergstation der Monte-Agudo-Lifte (1573 m), Talstation Auronzo (866 m)	Monte Agudo – Crode della Mandria – Pian dei Buoi (2 1/2 Std.) – Crode della Mandria (3 1/2 Std.) – Auronzo (5 Std.)	CAI-Mark. 271, 262	Rif. Monte Agudo (1573 m), Rif. Ciareido (1969 m), 20 Min. oberhalb der Pian dei Buoi
	62 Sentiero Bonacossa Abschnittweise gesicherter Höhenweg quer durch die bizarre Felslandschaft der Cadini. Auch Teilbegehungen möglich	Bergstation des Col-de-Varda-Sessellifts (2125 m), Talstation am Misurinasee	Col de Varda – Forcella del Diavolo – Rif. Fonda Savio (2 1/4 Std.) – Forcella de Rinbianco (2176 m) – Rif. Auronzo (5 Std.)	CAI-Mark. 117	Rif. Col de Varda (2115 m), Rif. Fonda Savio (2367 m), Rif. Auronzo (2320 m)
	63 Giro degli Cadini Tolle Runde durch den Zackenwald der Cadini, Trittsicherheit und Bergerfahrung unerlässlich. Mehrere gesicherte Passagen	Bergstation des Col-de-Varda-Lifts (2125 m), Talstation am Misurinasee	Col de Varda – »Sentiero Bonacossa« – Rif. Fonda Savio (2 1/4 Std.) – »Sentiero Durissini« – Rif. Città di Carpi (5 Std.) – Misurinasee (6 1/2 Std.)	CAI-Mark. 117, 112B, 118, 120	Rif. Col de Varda (2125 m), Rif. Fonda Savio (2367 m), Rif. Città di Carpi (2110 m)
	64 Rund um die Drei Zinnen Absoluter Wanderklassiker mit dem Drei-Zinnen-Blick schlechthin, dank des hochgelegenen Ausgangspunktes nicht besonders anstrengend. Ein Tipp: spät aufbrechen und die Abendstimmung genießen!	Rif. Auronzo (2320 m) am Endpunkt der Drei-Zinnen-Straße (mautpflichtig), 8 km von Misurina	Rif. Auronzo – Patérnsattel (2474 m; 3/4 Std.) – Drei-Zinnen-Hütte (1 1/2 Std.) – Lange Alpe – Forcella del Col de Mezo (2315 m) – Rif. Auronzo (3 1/4 Std.)	CAI-Mark. 101, 105	Rif. Auronzo, Rif. Lavaredo (2344 m); Drei-Zinnen-Hütte (2405 m), Langealmhütte (2283 m)
Ampezzaner Dolomiten	**65 Lago del Sorapìs, 1923 m** Aussichtsreiche Höhenwanderung vom Passo Tre Croci aus; lässt sich mit Überschreitung der Forcella Malquoira (2307 m) zur Runde erweitern (Gesamtgehzeit 5 1/4 Std., Mark. 216). Trittsicherheit erforderlich	Passo Tre Croci (1805 m) Straßenübergang von Cortina d'Ampezzo zum Misurinasee bzw. nach Auronzo	Passo Tre Croci – Lago del Sorapìs (2 1/4 Std.); Rückweg auf der gleichen Route (gesamt 4 Std.)	CAI-Mark. 215	Passo Tre Croci, Rif. Vandelli (1928 m) am Sorapìs-See
	66 Passo Són Fórcia, 2110 m Aussichtsreiche Runde vor dem Cristallomassiv; wer's ganz gemütlich mag, wandert vom Lift über den »Sentiero Tamarin« ins Tal (2 Std., Mark. 211).	Bergstation der Mietres-Sessellifte (1710 m), Talstation Cortina d'Ampezzo (1211 m)	Mietres – Forcella Zumeles (2072 m; 1 1/4 Std.) – Passo Són Fórcia (1 3/4 Std.) – Malga de Larieto (1664 m) – Mietres (3 Std.)	CAI-Mark. 211, 204, 205, 206	Rif. Mietres (1710 m), Agriturismo Malga de Larieto

Tourenziel/Charakteristik	Ausgangspunkt	Wegverlauf & Gehzeit	Markierung	Einkehr am Weg	
67 Seekofel, 2810 m Über die ausgedehnten Hochalmen im Quellgebiet des Boite auf den Kulissengipfel des Pragser Wildsees. Am Südostgrat Trittsicherheit (einige gesicherte Felspassagen)	Rif. Ra Stua (1668 m), im untersten Val Scuro, Zufahrt von Cortina d'Ampezzo (1211 m, 🚌) über die »Strada d'Alemagna«, 11 km; Parkplatz. Mitte Juli bis Anfang September nur mit Jeep-Taxi ab Naturparkhaus Fiames!	Rif. Ra Stua – Senneshütte (2 Std.) – Seekofelhütte (3 Std.) – Seekofel (4 1/2 Std.) – Seekofelhütte – Lago de Fosses (2142 m) – Rif. Ra Stua (7 1/2 Std.)	Mark. 6, 26	Rif. Ra Stua (1668 m), Senneshütte (2126 m), Seekofelhütte (2320 m)	Ampezzaner Dolomiten
68 Limojoch, 2172 m Das Valle di Fanes zählt zu den schönsten Landstrichen in der Umgebung von Cortina d'Ampezzo. Alte Kriegsstraße (auch für Biker). Die Wasserfälle des Fanesbachs kann man auf gesicherten Steigen besuchen (nur für Geübte!).	Parkplatz (1320 m) beim Naturpark-Besucherzentrum unterhalb von Peutelstein; Zufahrt von Cortina d'Ampezzo (1211 m; 🚌) über die »Strada d'Alemagna«, 7 km	Parkplatz – Ponte Alto – Limojoch (3 1/2 Std.); Abstieg auf dem gleichen Weg (gesamt 5 3/4 Std.)	Sträßchen	Faneshütte (2060 m), 1/4 Std. jenseits des Limojochs	
69 Passo Posporcora, 1720 m Höhenwanderung und Talspaziergang vor der Conca d'Ampezzo: viel zum Schauen, wenig Mühen	🚡 Zwischenstation Col Druscie (1779 m) der Tofana-Seilbahn, Talstation Cortina d'Ampezzo (1211 m, 🚌)	Col Druscie – Passo Posporcora (2 Std.) – Camping Olimpia (3 Std.) – Cortina d'Ampezzo (4 Std.)	CAI-Mark. 410, 409, 408, 208	Rif. Col Druscie (1779 m)	
70 Val Travenanzes Landschaftlich grandiose Talwanderung hinauf zur Forcella Travenanzes. Ausdauer erforderlich	Parkplatz (1320 m) beim Naturpark-Besucherzentrum unterhalb von Peutelstein; von Cortina (1211 m; 🚌) über die »Strada d'Alemagna«, 7 km	Parkplatz – Ponte Alto – Val Travenanzes – Forcella Travenanzes (2507 m; 5 1/4 Std.) – Passo Falzárego (2105 m; 6 Std., 🚌)	CAI-Mark. 401, 402	Passo Falzárego (2105 m)	
71 Rund um die Tofana di Rozes Einer der Wanderklassiker Cortinas, vermittelt einzigartige Dolomitenbilder. Abkürzer über die »Scala del Menighel« hinab ins Travenanzestal nur für ganz Schwindelfreie (senkrechte Felsstufe, Hakenreihe)!	Rif. Dibona (2030 m), Zufahrt von der »Großen Dolomitenstraße« auf schmaler Bergstrecke, 4,5 km. Großer Parkplatz	Rif. Dibona – Rif. Giussani (1 1/2 Std.) – Val Travenanzes – Forcella Col de Bos (2331 m; 3 3/4 Std.) – Rif. Dibona (5 Std.)	CAI-Mark. 403, 404, 412	Rif. Dibona (2030 m); Rif. Giussani (2580 m)	
72 Tofana di Rozes, 3225 m Nur bei besten Verhältnissen (sicheres Wetter, kein Eis in der Nordflanke) ein Ziel für erfahrene Bergwanderer. Ausdauer und ein sicherer Tritt unerlässlich	Rif. Dibona (2030 m), Zufahrt von der »Großen Dolomitenstraße« auf schmaler Bergstrecke, 4,5 km. Großer Parkplatz	Rif. Dibona – Rif. Giussani (1 1/2 Std.) – Tofana di Rozes (4 Std.); Abstieg auf dem gleichen Weg (gesamt 6 1/2 Std.)	CAI-Mark. 403 bis Rif. Giussani, blaue Bez. zum Gipfel.	Rif. Dibona (2030 m), Rif. Giussani (2580 m) an der Forcella Fontananegra	
73 Nuvolau, 2574 m Einer der schönsten Aussichtspunkte in den Ampezzaner Dolomiten, kurze Zugänge, Gipfelhütte	Passo Falzárego (2105 m, 🚌) Straßenpass an der »Großen Dolomitenstraße«, 17 km von Cortina d'Ampezzo. Alternative Ausgangspunkte: Bergstation des Cinque-Torri-Sessellifts (2225 m), Passo Giau (2233 m)	Passo Falzárego – Forcella Averau (2435 m) – Nuvolau (2 Std.) – Rif. Scoiattoli (2 3/4 Std.) – Pian de Menis – Passo Falzárego (4 Std.)	CAI-Mark. 44l, 439, 424	Passo Falzárego, Rif. Averau (2413 m). Rif. Nuvolau (2574 m), Rif. Scoiattoli (2225 m)	
74 Rund um die Croda da Lago Attraktive, zu Recht beliebte Wanderrunde unter dem Drachenrücken der Croda da Lago (Cima Ambrizola, 2715 m). Am idyllischen Lago Federa steht das Rif. Croda da Lago.	Giau-Passstraße (Ponte de Rucurto, 1708 m), 4 km von Pocòl (1530 m, 🚌) an der »Großen Dolomitenstraße«	Giaustraße – Lago Federa (2038 m; 1 1/2 Std.) – Forcella Ambrizola (2227 m; 2 1/2 Std.) – Forcella Rossa del Formin (2462 m; 3 1/4 Std.) – Val Formin – Giaustraße (5 Std.)	CAI-Mark. 434, 435	Rif. Croda da Lago (2046 m)	
75 Forcella Piccola, 2120 m »Piccola« ist am Antelao (3264 m) nichts, alles hat hier einen Zug ins Gigantische: Felswände, Geröllflanken, Gipfel.	Rif. Scotter (1580 m), Bergstation des Antelao-Sessellift; Talstation bei San Vito di Cadore (1010 m; 🚌)	Rif. Scotter – Forcella Piccola (1 3/4 Std.) – Rif. San Marco (2 3/4 Std.) – Rif. Scotter (3 1/4 Std.)	CAI-Mark. 229, 227, 228	Rif. Scotter (1580 m); Rif. San Marco (1823 m)	
76 Rifugio Chiggiato, 1911 m Aussichtsreich über dem Val d'Oten gelegene Hütte, Prachtblick auf Marmarole, Antelao und die Zacken der »Dolomiti d'oltre Piave«	Val d'Oten, Praciadelan (1044 m), Zufahrt von Calalzo di Cadore (809 m, 🚌) 5 km	Praciadelan – Rif. Chiggiato (2 1/2 Std.); Abstieg auf dem gleichen Weg (gesamt 4 Std.)	CAI-Mark. 260	Bar alla Pineta (1044 m) in Praciadelan, Rif. Chiggiato (1911 m)	Belluneser Dolomiten
77 Cima de l'Albero, 2018 m Südlicher Eckpfeiler der Bosconero-Gruppe, lässt sich im Zuge einer Rundtour besteigen. Prächtige Aussicht, packende Tiefblicke, vorab ins Piavetal	Podenzoi (809 m), Weiler über dem Piave, Zufahrt von Castellavazzo (519 m, 🚌, 4 km)	Podenzoi – Forcella Busnich (1617 m; 3 Std.) – Forcella Sesarola (3 3/4 Std.) – Cima de l'Albero (4 1/4 Std.) – Forcella Sesarola – Biv. Tovanella (1688 m; 5 Std.) – Podenzoi (7 Std.)	CAI-Mark. 484, 482		

Belluneser Dolomiten

Tourenziel/Charakteristik	Ausgangspunkt	Wegverlauf & Gehzeit	Markierung	Einkehr am Weg
78 Rifugio Bosconero, 1457 m Hütte in prächtiger Lage unter den Felsgipfeln der Bosconero-Gruppe	Lago di Pontesèi (807 m,) im unteren Val di Zoldo, an der Strecke Longarone – Forno di Zoldo	Lago di Pontèsei – Rifugio Bosconero (2 Std.); Abstieg auf dem gleichen Weg (gesamt 3 1/4 Std.)	CAI-Mark. 490	Rif. Bosconero (1457 m)
79 Monte Rite, 2183 m Gipfelspaziergang auf einer alten Kriegsstraße zu einer der schönsten Aussichtskanzeln des Cadore. Am Gipfel Reinhold Messners »Museo nelle Nuvole« (Museum in den Wolken)	Forcella Cibiana (1530 m), Straßenübergang von Forno di Zoldo (840 m, nach Venas di Cadore)	Forcella Cibiana – Monte Rite (2 Std.), Abstieg auf dem gleichen Weg (gesamt 3 1/2 Std.) oder über den »Sentiero Col d'Orlando«	Straße – aber nur für Biker!	Forcella Cibiana (1530 m), Rifugio Dolomites
80 Belvedere di Mezzodì, 1964 m Ausgedehnte Tour im Norden des Mezzodì-Kamms. Einige exponierte Passagen (Drahtseil), Trittsicherheit und Bergerfahrung unerlässlich	Forno di Zoldo (840 m,) Hauptort des Val di Zoldo	Forno – Rif. Sora l'Sass (2 1/4 Std.) – Belvedere (3 1/2 Std.) – Casera Col Marsanch (1290 m; 6 3/4 Std.) – Forno (8 Std.)	CAI-Mark. 534, 532, 531	Rif. Sora l'Sass (1588 m)
81 Rifugio Sommariva, 1857 m Eher gemütliche Hüttentour vor den fantastischen Zinnen der Mezzodì-Gruppe. Für geübte Bergsteiger ist die Cima di Pramper (2409 m; 3 Std.) ein lohnendes Ziel.	Val Pramper, Zufahrt von Forno di Zoldo (840 m,) 4 km weit bis zum Pian de la Fopa (1180 m) möglich	Pian del la Fopa – Rif. Sommariva (2 1/2 Std.); Abstieg auf dem gleichen Weg (gesamt 4 Std.)	Mark. 523	Rif. Sommariva (1857 m)
82 Rund um die Cime di San Sebastiano Spannende Runde abseits ausgetretener Pfade; Ausdauer und Trittsicherheit notwendig. Hinweis: Beim »Viaz dei Cengioni« an der Cima Nord di San Sebastiano handelt es sich um eine zwar markierte, aber weglose Bänderroute – kein Wanderweg!	Passo Duràn (1601 m), Übergang vom Val di Zoldo nach Ágordo	Passo Duràn – La Porta (2326 m; 2 1/4 Std.) – Baita Angelini (1680 m; 3 Std.) – Forcella de la Barance (1688 m) – Passo Duràn (5 1/2 Std.)	CAI-Mark. 524, 536	Rif. San Sebastiano am Passo Duràn
83 Col Rean, 2281 m Ein absoluter Wanderklassiker; faszinierend die Riesenwand der Civetta (3220 m). Vom Col Rean Rundschau auf das gesamte obere Cordèvole und seine Berge	Bergstationen der von Pala Favera (Staulanza-Passstraße) und Alleghe ausgehenden Lifte am Col di Dof (1889 m) bzw. am Col dei Baldi (1922 m)	Liftstation – Rif. Coldai (1 Std.) – Val Civetta – Col Rean (3 Std.); Rückweg auf der gleichen Route (gesamt 5 Std.)	CAI-Mark. 556, 560	Rif. Coldai (2132 m), Rif. Tissi (2250 m) am Col Rean
84 Rund um den Monte Pelmo Herrliche Wanderrunde um den »Koloss von Zoldo«; im Anstieg zur Forcella Val d'Arcia Trittsicherheit notwendig (ein paar Drahtseile)	Forcella Staulanza (1766 m,) Straßenübergang vom Val Zoldo nach Selva di Cadore	Forcella Staulanza – Rif. Venezia (2 1/2 Std.) – Forcella Val d'Arcia (4 1/4 Std.) – Forcella Staulanza (5 3/4 Std.)	CAI-Mark. 472, 480	Rif. Passo Staulanza, Rif. Venezia (1946 m)
85 Sentiero Tivan Höhenweg am Ostfuß des Civettamassivs mit schöner Aussicht über das Zoldano. Vom Rif. Coldai aus besteigt man in knapp 1 Std. den Monte Coldai (2396 m, Spur).	Bergstation der Gondelbahn Crep di Pécol (1811 m), Talstation Pécol (1388 m,) im Val di Zoldo	Crep di Pécol – Forcella della Grava (1784 m; 3/4 Std.) – »Sentiero Tivan« – Rif. Coldai (4 Std.) – Forcella d'Àlleghe (4 3/4 Std.) – Pécol (6 Std.)	CAI-Mark. 585, 557, 556	Rif. Pian del Crep (1765 m); Rif. Coldai (2132 m)
86 Monte Porè, 2405 m Harmloser Grasberg mit ähnlich schönem Panorama wie der Col di Lana. Blumenwiesen, am Berg Spuren des historischen Bergbaus	Villagrande (1443 m), hübsch gelegenes Bergdorf an der Strecke Caprile – Selva di Cadore	Villagrande – Forzela (1797 m) – Monte Porè (3 Std.); Abstieg auf dem gleichen Weg (gesamt 5 Std.)	CAI-Mark. 463	
87 Rifugio 7° Alpini, 1502 m Ganz im Süden der Dolomiten, gerade 10 km von Belluno entfernt, stehen die fantastischen Zinnen der Schiara – Dorado für Kletterer und Ferratisten.	Case Bortòt (694 m), Häusergruppe am Eingang ins Val d'Ardo, Zufahrt von Belluno via Bolzano Bellunese (541 m,) 7 km. Parkplatz	Case Bortòt – Rif. 7° Alpini (2 3/4 Std.); Abstieg auf dem gleichen Weg (gesamt 4 3/4 Std.)	CAI-Mark. 501	Rif. 7° Alpini (1502 m)
88 Monte Serva, 2133 m Großer Aussichtsgipfel am Südrand der Alpen. Im Sommer heiß!	Anfahrt von der Provinzhauptstadt Belluno (383 m,) über Sopracroda (532 m) bis zum Col Fagher (990 m) möglich, 7,5 km	Col Fagher – Monte Serva (3 1/2 Std.); Abstieg auf dem gleichen Weg (gesamt 5 3/4 Std.)	CAI-Mark. 517	

Tourenziel/Charakteristik	Ausgangspunkt	Wegverlauf & Gehzeit	Markierung	Einkehr am Weg
89 Valle d'Angheraz Talspaziergang für Genießer. Großartig die Bergumrahmung des Valle d'Angheraz	Col di Prà (843 m), Weiler im Valle di San Lucano, Zufahrt von Taibon Agordino (625 m, Bus, 7 km)	Col di Prà – Valle d'Angheraz (ca. 1400 m; 2 Std.); Rückweg auf der gleichen Route (gesamt 3 1/2 Std.)	Fahrweg, CAI-Mark. 767	
90 Rifugio Vazzoler, 1714 m Herrlich gelegene Hütte im Süden des Civettamassivs; sehr empfehlenswert die Höhenwanderung zum Rif. Tissi am Col Rean und weiter zum Rif. Coldai (4 Std., Mark. 560)	Capanna Trieste (1135 m), Zufahrt von Listolade (701 m, Bus) durch das Val Corpassa, 4 km	Capanna Trieste – Rifugio Vazzoler (2 Std.); Abstieg auf dem gleichen Weg (gesamt 3 1/4 Std.)	Fahrweg, CAI-Mark. 555	Capanna Trieste (1135 m); Rif. Vazzoler (1714 m)
91 Bivacco Bedin, 2220 m Weiter Weg zum schönsten (und am schönsten gelegenen) Biwak der Dolomiten. Faszinierendes Ambiente, sehr einsam	Pradimezzo (873 m), Weiler oberhalb von Cencenighe (774 m, Bus, Zufahrt 2 km)	Pradimezzo – Malga d'Ambrusogn (1700 m; 2 1/2 Std.) – Forcella Besausega (2131 m; 3 3/4 Std.) – Bivacco Bedin (4 1/4 Std.); Abstieg auf dem gleichen Weg (gesamt 7 Std.)	CAI-Mark. 764, 765	
92 Viaz del Bus Spannende Runde über dem Talschluss von Gares. Am »Viaz del Bus« kurze gesicherte Passage. Sehenswert: der Wasserfall von Gares, die Blumenpracht	Gares (1381 m), Weiler im gleichnamigen Tal, Zufahrt von Canale d'Àgordo (976 m, Bus, 7 km)	Gares – Cascata di Gares – Pian delle Comelle (1798 m; 1 3/4 Std.) – »Viaz del Bus« – Malga Valbona (1783 m) – Gares (4 Std.)	CAI-Mark. 704, 756A, 756	Capanna Cima Comelle (1333 m) bei Gares
93 Pala-Plateau; Rifugio Rosetta, 2581 m Große Runde über die Mondlandschaft des Altipiano delle Pale di San Martino. Fantastische Kulisse, Ausdauer unerlässlich. Auf keinen Fall bei unsicherem Wetter gehen (Nebel, Neuschnee)!	Gares (1381 m), Weiler im gleichnamigen Tal, Zufahrt von Canale d'Àgordo (976 m, Bus, 7 km)	Gares – Pian delle Comelle (1798 m; 1 3/4 Std.) – Valle delle Comelle – Rif. Rosetta (4 3/4 Std.) – Pala-Plateau – Passo Antermarùcol (2334 m; 6 1/2 Std.) – Gares (8 1/2 Std.)	CAI-Mark. 704, 756	Capanna Cima Comelle (1333 m); Rif. Rosetta (2581 m)
94 Focchetti del Focobon, 2291 m Lohnende Runde vor der großen Kulisse der Pala-Nordkette (Cima del Focobon, 3054 m). Abstieg zum Rif. Bottari und Rückweg genussvoller »Beerenweg«	Passo di Valles (2031 m), Straßenübergang von Falcade (1155 m, Bus nach Predazzo)	Passo di Valles – Forcella Venegia (2217 m; 3/4 Std.) – Forcella Venegiota (2303 m; 1 1/2 Std.) – Focchetti del Focobon – Rif. Bottari (3 1/4 Std.) – Passo di Valles (5 Std.)	CAI-Mark. 751, 753 und 774, ab Rif. Bottari rote Punkte	Passo di Valles (2031 m), Rif. Bottari (1573 m)
95 Sasso Vernale, 3058 m Selten bestiegener Dreitausender im »Niemandsland« südlich der Marmolada. Großes Panorama, Trittsicherheit und Ausdauer erforderlich	Wanderparkplatz (1849 m) unterhalb des Rif. Fuciade. Zufahrt von der Ostrampe der San Pellegrino-Passstraße, Abzweigung 1,5 km unterhalb der Scheitelhöhe	Parkplatz – Rif. Fuciade – Passo delle Cirelle (2683 m; 2 1/2 Std.) – Passo d'Ombrettola (2864 m; 3 1/2 Std.) – Sasso Vernale (4 1/4 Std.); Abstieg auf dem gleichen Weg (gesamt 6 3/4 Std.)	CAI-Mark. 607, 612B, am Gipfel Steinmännchen	Rif. Fuciade (1972 m)
96 Col Rean, 2281 m «Götterthron« vor der Civetta-Nordwestwand, abschnittweise raue Wege; Trittsicherheit. Alternativ kann man für den »Aufstieg« auch die Àlleghe-Bergbahnen benützen.	Àlleghe (983 m, Bus) Ferienort im oberen Cordèvoletal, hübsch am Ostufer des gleichnamigen Sees gelegen	Àlleghe – Val d'Antersass – Col Rean (3 3/4 Std.) – Masarè (5 1/2 Std.) – Àlleghe (6 Std.)	CAI-Mark. 565, 563	Rif. Tissi (2250 m)
97 Sasso Bianco, 2407 m Einsamer Gipfel über dem Val Pettorina mit großer Rundschau. Besonders eindrucksvoll der Blick auf die Civetta (3220 m). Zeit für gelegentliche Wegsuche einplanen!	Caracoi Cimai (1364 m), Häusergruppe hoch über dem Zusammenfluss von Cordèvole und Pettorina. Zufahrt von der Wallfahrtskirche Le Grazie (980 m, Bus, 3,5 km)	Caracoi Cimai – Sasso Bianco (3 1/4 Std.); Abstieg auf dem gleichen Weg (gesamt 5 1/2 Std.)	Schlecht markierte Wege, Karte im Maßstab 1:25 000 wichtig!	
98 Col di Lana, 2452 m Im Ersten Weltkrieg blutig umkämpfter Gipfel (»Col di Sangue«), großes Panorama. Gedenkkapelle	Palla (1676 m), Weiler oberhalb von Pieve di Livinallongo (1470 m, Bus; Zufahrt 2 km)	Palla – Col di Lana (3 Std.); Abstieg auf dem gleichen Weg (gesamt 5 Std.)	Mark. 21	
99 Piz Boè, 3152 m Großartige Überschreitung für jene, die nicht in der Kolonne vom Sass Pordoi (2950 m) zum Piz Boè pilgern wollen.	Pordoijoch (2239 m, Bus) Passübergang an der »Großen Dolomitenstraße«, von Canazei nach Arabba. Seilbahn zum Sass Pordoi	Pordoijoch – Ringbandweg – Gran Valacia (2 Std.) – Eissee (2833 m) – Piz Boè (3 1/2 Std.) – Forcella Pordoi (2829 m; 4 1/4 Std.) – Pordoijoch (5 1/4 Std.)	CAI-Mark. 627, 626, 638	Capanna Piz Fassa (3152 m), Rif. Forcella Pordoi (2849 m)

Belluneser Dolomiten

Fassatal

Fassatal

Tourenziel/Charakteristik	Ausgangspunkt	Wegverlauf & Gehzeit	Markierung	Einkehr am Weg
100 Bindelweg Auf zum Marmolada-Blick! Einer der beliebtesten Wanderwege der Dolomiten: wenig Steigung, viel Aussicht und zahlreiche Einkehrmöglichkeiten unterwegs	Pordoijoch (2239 m,) Passübergang an der »Großen Dolomitenstraße«, von Canazei nach Arabba	Pordoijoch – »Bindelweg« – Lago Fedaia (3 Std.) – Rif. Villetta Maria (1717 m; 3 3/4 Std.,)	CAI-Mark. 601, 605	Mehrere Hütten am Weg
101 Sella-Wanderung; Boèhütte, 2781 m Quer über das Plateaugebirge und hinab durch das Val Lasties: Sella-Erlebnis pur. Wer am Weg zur Boèhütte gleich den Piz Boè (3152 m, Vorsicht beim Abstieg!) überschreitet, muss mit einer Gehzeit von gesamt 4 1/2 Std. rechnen (Mark. 638)	Bergstation der Sass-Pordoi-Seilbahn (2950 m), Talstation Pordoijoch (2239 m,)	Sass Pordoi – Forcella Pordoi (2829 m) – Boèhütte (1 Std.) – Forcella Antersass (2839 m) – Val Lasties – Pian Schiavaneis (1850 m; 3 1/2 Std.)	SAT-Mark. 627, 647	Rif. Forcella Pordoi (2849 m), Boèhütte (2871 m), Rif. Pian Schiavaneis (1850 m)
102 Friedrich-August-Weg Höhenpromenade unter den Felsfluchten des Langkofelmassivs mit Blick auf die gesamte Bergumrahmung des Fassatals. Nicht versäumen: Abstecher zum Col Rodela (2484 m)	Bergstation der Rodela-Seilbahn (2387 m), Talstation Campitello (1414 m,)	Col-Rodela-Bahn – Forcella di Rodela (2318 m) – »Friedrich-August-Weg« – Plattkofelhütte (1 3/4 Std.) – Rif. Micheluzzi (2 3/4 Std.) – Campitello (3 3/4 Std.)	Mark. 4, 532, Straße	Mehrere Hütten am Weg
103 Passo di San Nicolò, 2340 m Landschaftlich sehr reizvolle Runde im Val Contrin; lohnend auch die Talwanderung zur Contrinhütte. In 3 Std. besteigt man den Sasso Vernale (3058 m, Mark. 607, 612).	Parkplatz an der Talstation der Ciampac-Seilbahn (1490 m) bei Alba (1493 m,)	Alba – Rif. Contrin (2 Std.) – Passo di San Nicolò (3 1/2 Std.) – Val Contrin – Alba (5 1/2 Std.)	SAT-Mark. 602, 608, 648	Locia di Contrin (1736 m), Rif. Contrin (2016 m), Rif. Passo di San Nicolò (2340 m)
104 Vajolethütte – Santnerpass, 2734 m Absolutes »Muss« im Fassatal ist die Wanderung zum Rif. Vajolet; eines der klassischen Dolomitenmotive der Blick vom Gartl auf die Vajolettürme (2813 m). Gesicherte Passagen am Weg ins Gartl	Bergstation der Ciampediè-Seilbahn (1987 m), Talstation Vigo di Fassa (1393 m,) Alternativ kann man auch die Vajolet-Sessellifte benützen; Talstation Pera di Fassa (1328 m,)	Ciampediè – Gardècia (1950 m; 1 Std.) – Vajolethütte (2243 m; 1 3/4 Std.) – Gartl – Santnerpass (3 1/4 Std.); Abstieg auf dem gleichen Weg (5 3/4 Std.)	SAT-Mark. 540, 546, 542	Mehrere Hütten am Weg
105 Larsec-Durchquerung; Passo di Lausa, 2720 m Große, anspruchsvolle Runde abseits der Trampelpfade, unterhalb des Passo delle Scalette leichte Felsen (Drahtseile)	Bergstation der Ciampediè-Seilbahn (1987 m), Talstation Vigo di Fassa (1393 m,) Alternativ kann man auch die Vajolet-Sessellifte benützen; Talstation Pera di Fassa (1328 m,)	Ciampediè – Gardècia (1950 m; 1 Std.) – Passo delle Scalette (2378 m; 2 1/4 Std.) – Passo di Lausa (4 Std.) – Passo d'Antermoia (2770 m) – Grasleitenpass (2599 m; 5 1/2 Std.) – Vajolethütte (6 1/4 Std.) – Ciampedie (7 1/4 Std.)	SAT-Mark. 540, 583, 584, 546	Mehrere Hütten im Vajolet-Tal
106 Pas da le Zigolade, 2550 m Großartige Rosengarten-Wanderung über dem Vajolet-Tal. Beiderseits des Cigoladepasses steile Geröllhänge; Trittsicherheit	Bergstation der Ciampediè-Seilbahn (1987 m), Talstation Vigo di Fassa (1393 m,)	Ciampediè – »Fassaner Höhenweg« – Rotwandhütte (2280 m; 1 3/4 Std.) – Pas da le Zigolade (2 3/4 Std.) – Vajolethütte (4 Std.) – Ciampediè (5 Std.)	SAT-Mark. 545, 541, 546, 540	Mehrere Hütten am Weg
107 Pas de le Sèle, 2528 m Interessante Runde in das Mineralienrevier der Monzoni. Unter dem gerade mannsbreiten Felsspalt der Forcella dell'Ort einige Sicherungen	Malga Crocifisso (1526 m) im Val di San Nicolò, 6 km von Pozza di Fassa (1313 m,), Weiterfahrt bis zur Pont de Ciamp zeitweise möglich	Malga Crocifisso – Pont de Ciamp (1737 m; 3/4 Std.) – Forcella dal Pieif (2186 m; 2 Std.) – Forcella dell'Ort (2507 m) – Pas de le Sèle (4 Std.) – Rif. Taramelli – Malga Crocifisso (6 Std.)	SAT-Mark. 603, 641, 604, Forcella dell'Ort rote Bez.	Malga Crocifisso (1526 m), Rif. Passo delle Selle (2540 m), Rif. Taramelli (2040 m)
108 Valacia, 2637 m Selten bestiegener Hauptgipfel der kleinen Dolomitengruppe zwischen den Tälern von San Nicolò und San Pellegrino. Herrliche Flora, im Cadin Bel große Murmeltierkolonie, Gämsen	I Ronc (1447 m), Häusergruppe an der Westrampe der San-Pellegrino-Straße, 4 km von Moena (1184 m,)	I Ronc – Baita Laste (2 Std.) – Valacia (3 1/2 Std.) – Forcella Pesmeda – I Ronc (5 3/4 Std.)	SAT-Mark. 624, 616, 620	
109 Cima Bocche, 2745 m Mächtiger Porphyrgipfel mit großer Rundschau, mehrere Anstiegswege, alternativ z. B. vom Passo di San Pellegrino (1919 m), Mark. 628, 2 3/4 Std.	Malga Vallazza (1935 m) an der Westrampe der Valles-Pass-straße	Malga Vallazza – Lago di Iuribrutto (2206 m; 1 Std.) – Sforcèla Grana (2394 m; 1 1/2 Std.) – Cima Bocche (2 3/4 Std.); Abstieg auf dem gleichen Weg (gesamt 4 1/2 Std.)	SAT-Mark. 631, 629, 626	

Tourenziel/Charakteristik	Ausgangspunkt	Wegverlauf & Gehzeit	Markierung	Einkehr am Weg
110 Monte Mulaz, 2906 m Mächtiger Felsklotz mit zerfurchten Felsflanken vor der großartigen Pala-Nordkette. Am Gipfelweg viel Geröll, Trittsicherheit	Val Venegia, Parkplatz (ca. 1730 m) am Taleingang, 1 km von der Westrampe der Valles-Passstraße. Alternativer Ausgangspunkt Baita Segantini (2170 m), 3,5 km vom Passo Rolle (1972 m,)	Val Venegia – Ciampigol della Vezzana (1918 m; 1 Std.) – Passo del Mulaz (2619 m; 2 3/4 Std.) – Monte Mulaz (3 3/4 Std.); Abstieg auf dem gleichen Weg (gesamt 6 1/4 Std.)	SAT-Mark. 710, am Gipfel rote Punkte	Rif. Mulaz (2571 m), 10 Min. östlich des Passo Mulaz
111 Cima della Vezzana, 3192 m Trotz hochgelegenen Startpunktes sehr anspruchsvolle Tour – nichts für Gelegenheitsbergsteiger! Nur bei sicherem Wetter gehen; im Valle dei Cantoni leichte Kraxelstellen, viel Geröll zum Gipfel. Vom höchsten Punkt der Pala immenses Panorama	Bergstation der Rosetta-Seilbahn (2609 m), Talstation San Martino di Castrozza (1466 m,)	Seilbahn – Rif. Rosetta (2581 m) – Passo Bettega (2667 m; 3/4 Std.) – Passo del Travignolo (2925 m; 2 1/4 Std.) – Cima della Vezzana (3 1/4 Std.); Abstieg auf dem gleichen Weg (gesamt 5 1/4 Std.)	SAT-Mark. 716	Rif. Rosetta (2581 m)
112 Passo Pradidali, 2658 m – Passo di Ball Klassische Pala-Rundwanderung mit packenden Kontrasten: von Karren zerfurchtes Karstplateau, bizarre Felstürme. Am Passo di Ball leichte gesicherte Passage; vom Passo Pradidali besteigen Geübte in 1 Std. die Fradusta (2939 m, mark.).	Bergstation der Rosetta-Seilbahn (2609 m), Talstation San Martino di Castrozza (1466 m,). Abstecher zum Rosetta-Gipfel (2741 m; lohnend) 20 Min.	Seilbahn – Rif. Rosetta (2581 m) – Passo Pradidali (1 1/4 Std.) – Rif. Pradidali (2 Std.) – Passo di Ball (2443 m; 2 1/2 Std.) – Val di Roda – San Martino di Castrozza (4 1/2 Std.)	SAT-Mark. 709, 715, 702	Rif. Rosetta (2581 m); Rif. Pradidali (2278 m)
113 Forcella Sedole, 2298 m Leicht abenteuerliche Runde über den Tälern von Pardidali und Canali; harmlose Kletterstellen unterhalb der Forcella Sedole (Drahltseile). Blumen!	Val Canali, Zufahrt von Fiera di Primiero (713 m,) 7 km bis Cant del Gal (1160 m). Parkplatz	Cant del Gal – Pedemonte (Verzweigung, ca. 1950 m; 2 1/4 Std.) – Forcella Sedole (3 3/4 Std.) – Vallon delle Lede – Val Canali – Cant del Gal (6 Std.)	SAT-Mark. 709, 711, am Übergang rote Bez.	Cant del Gal (1160 m), La Ritonda (1186 m), Malga Canali (1302 m)
114 Rifugio Treviso, 1631 m Alpiner Spaziergang in das wildromantische Val Canali	Malga Canali (1302 m), Zufahrt von Fiera di Primiero (713 m,) 9 km. Parkplatz	Malga Canali – Rif. Treviso (1 1/4 Std.); Abstieg auf dem gleichen Weg (gesamt 2 Std.)	SAT-Mark. 707	Malga Canali (1302 m); Rif. Treviso (1631 m)
115 Giro delle Rocchette; Forcella d'Oltro, 2229 m Spannende Runde in den südlichen Ausläufern der Palagruppe. Faszinierende Dolomitenbilder, üppige Flora. Alternativ auch vom Rif. Treviso (1631 m) aus möglich	Passo Cereda (1369 m,) an der Strecke Fiera di Primiero – Àgordo	Passo Cereda – Forcella d'Oltro (3 1/2 Std.) – Passo Regade (2210 m; 6 Std.) – Passo Cereda (7 1/2 Std.)	Bis Abzw. »Sentiero Regade« SAT-Mark. 718, dann rote Punkte	Passo Cereda (1369 m)
116 Bivacco Feltre, 1930 m Lohnende Wanderung ins wilde Herz der Feltriner Dolomiten. Viel Einsamkeit, im Frühsommer üppige Flora. Lässt sich mit Übergang zum Passo de Mura (1867 m) und Abstieg durchs Val d'Alvis zur großen Runde erweitern (Mark. 801, 811; etwa 9 Std., nur für Geübte!).	Wanderparkplatz (ca. 630 m) unterhalb der Staumauer des Lago della Stua (710 m). Anfahrt von Feltre via Soranzén ins Valle dei Canzoi	Parkplatz – Casera Cimonega (1637 m; 2 1/2 Std.) – Biv. Feltre (3 1/2 Std.); Abstieg auf dem gleichen Weg (gesamt 6 Std.)	CAI-Mark. 806	Bar Ai 4 Pass (660 m)
117 Monte Pavione, 2335 m Flache Graspyramide, »Wetterzeiger« des Cismòntals. Von Süden schöne Rundtour, südalpine, reiche Flora	Passo Croce d'Aune (1015 m,) Passübergang 11 km nordwestlich von Feltre (274 m,)	Passo Croce d'Aune – Rif. Dal Piaz (1993 m; 2 3/4 Std.) – Monte Pavione (4 Std.) – Malga Monsampiano (1902 m; 4 3/4 Std.) – Rif. Dal Piaz (6 Std.) – Passo Croce d'Aune (7 1/2 Std.)	CAI-Mark. 801, 817, 810	Passo Croce d'Aune (1015 m); Rif. Dal Piaz (1993 m)
118 Monte Pizzocco, 2186 m Großartiger Aussichtsgipfel am Südrand der Alpen mit gewaltigen Felsabstürzen. Am Südostgrat Schrofen und Geröll, Trittsicherheit erforderlich. Im Hochsommer sehr heiß!	Roncoi (686 m), Weiler oberhalb von San Gregorio nelle Alpi (528 m,) Zufahrt bis zu einem Wanderparkplatz möglich (ca. 860 m)	Parkplatz – Rif. Casera Ere (1297 m; 1 1/2 Std.) – Biv. Palia (1577 m; 2 1/2 Std.) – Monte Pizzoco (4 1/2 Std.); Abstieg auf dem gleichen Weg (gesamt 7 Std.)	Mark. Wege	Rif. Casera Ere (1297 m)

Palagruppe

Feltriner Dolomiten

Fleimstaler und Vicentiner Alpen

Zwischen Dolomiten und Poebene

Weiße Flecken gibt es auf jeder individuellen Alpenkarte ein paar, manche Regionen führen aber ein ganz ausgeprägtes Mauerblümchendasein. Das mag im Fall der Fleimstaler und Vicentiner Alpen mehrere Gründe haben: touristische Highlights wie die Dolomiten und der Gardasee in unmittelbarer Nachbarschaft, komplizierte Anreise (z. B. bei den Monti Lessini) oder das Fehlen bekannter Namen.

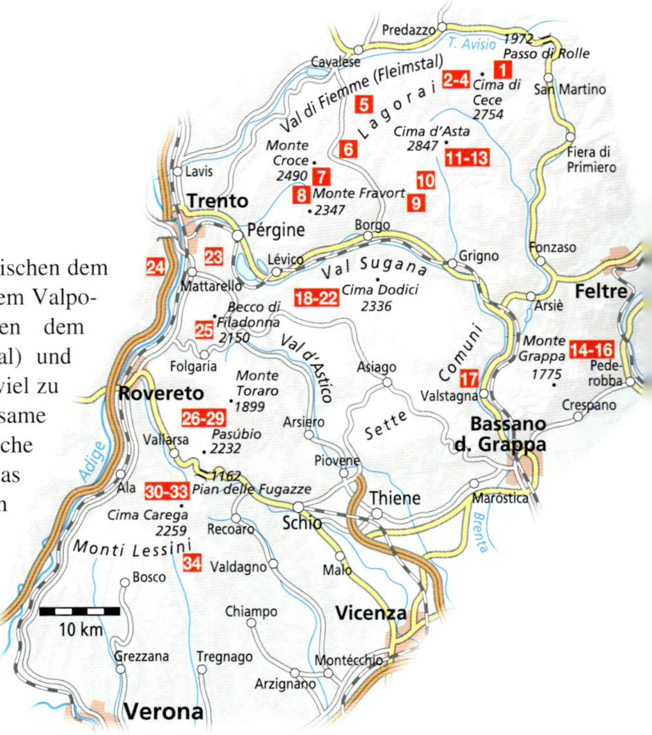

Dabei gäbe es zwischen dem Fleimstal und dem Valpolicella, zwischen dem Valle d'Ádige (Etschtal) und dem Monte Grappa so viel zu entdecken: hohe, einsame Grate am Lagorai, liebliche Seen im Val Sugana, das riesige Karstplateau von Asiago, Dolomitzinnen in den Monti Lessini, Spuren der im Mittelalter eingewanderten deutschsprachigen Zimbern, Weinberge im Hinterland von Verona. Dazu überall Relikte des Ersten Weltkriegs, vor allem am Monte Pasubio, aber auch im Lagorai, einige riesige Festungswerke (Lüsern, Cima di Vézzena).

Lohnende Tourenziele gibt es in diesen Bergen am Südrand der Alpen massenhaft, dazu auch eine recht gute touristische Infrastruktur, was natürlich mit der Nähe großer Städte wie Trento, Verona und Vicenza zu tun hat. Vor allem an Wochenenden herrscht mancherorts recht viel Betrieb. Hauptverkehrsader der Region ist die oft hoffnungslos überlastete »Strada Statale No. 47 della Val Sugana«, die Trento mit Bassano del Grappa verbindet. Aber ohne seinen Fiat oder Alfa unternimmt der Italiener halt nichts, schon gar nicht in der Freizeit. Und wenn's nur ein Picknickausflug ist …

Eine andere Passstraße, jene über den Passo Pian delle Fugazze (1161 m), erfreut sich bei Motorradfahrern aus deutschen Landen ganz besonderer Beliebtheit. Für Biker, die lieber in die Pedale treten, sind die vielen ehemaligen Kriegsstraßen der Region ein tolles, aber auch anspruchsvolles Revier.

Höchster Gipfel der gesamten Region ist die Cima d'Asta (2847 m), doch verzeichnen auch zahlreiche Gipfel südlich des Val Sugana noch Höhen deutlich jenseits der 2000-Meter-Marke. In den Tälern ist der Süden bereits ganz nahe, und von mancher Höhe aus geht der Blick bei klarem Wetter bis hinaus zur Adria: i monti del sud.

Steckbrief

Fläche: ca. 6500 qkm
Höchster Punkt: Cima d'Asta (2847 m)
Gebirgsgruppen: Lagorai, Monte Grappa, Vicentiner Alpen, Monti Lessini
Wichtigste Ortschaften: Cavalese, Predazzo, Levico Terme, Bassano del Grappa, Trento, Rovereto, Schio, Recoaro Terme
Wandervorschläge: 34

Translagorai

Anspruchsvoller Höhenweg entlang der Lagoraikette, vom Rollepass bis zur Alpe Cermis oberhalb von Cavalese. Nur teilweise gebahnte Wege, einige Sicherungen, leichte Kletterstellen (I), Übernachtung in Biwakhütten und Rifugio.
Der Verlauf. **1. Tag:** Passo Rolle (1972 m) – Rifugio Colbricon – Bivacco Aldo Moro (2565 m), 5 Std. **2. Tag:** Bivacco Aldo Moro – Bivacco Paolo e Nicola (2180 m), 6 Std. **3. Tag:** Bivacco Paolo e Nicola – Rifugio Cauriol (1587 m), 5 Std. **4. Tag:** Rifugio Cauriol – Cermis, 7 ½ Std.

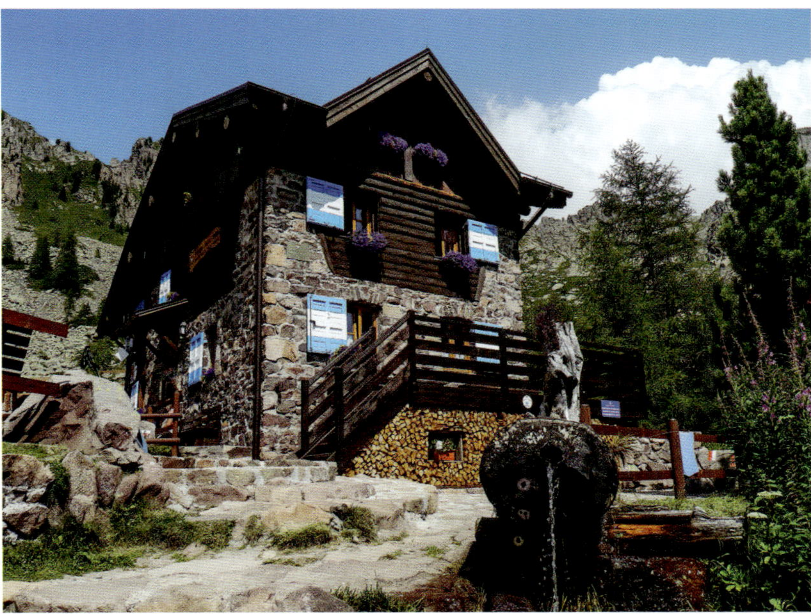

Stützpunkt im innersten Fersental: das Rifugio Sette Selle

Roter Porphyr über grünen Matten

7 Sasso Rotto, 2396 m

Dass man in den Lagoraibergen auf eine deutschsprachige Enklave stößt, mag manchen überraschen; historisch Bewanderte wissen, dass es im Alpenraum noch mehrere dieser Relikte mittelalterlicher Wanderungsbewegungen gibt, etwa im Tessin (Bosco/Gurin), im Friaul (Sauris/Zahre) oder im Hinterland von Verona (Giazza/Ljetzan). Im innersten Fersental (Valle dei Mocheni), in Palai (Palu della Fersina), hört man heute noch allenthalben den verwelschten mittelhochdeutschen Dialekt; das 1994 gegründete Kulturinstitut kümmert sich um die Belange der ethnischen Minderheit.

Die Wanderrunde beginnt mit dem gemütlichen Aufstieg zum Lago Erdemolo; dabei kommt man an aufgelassenen Gruben vorbei (Hinweis), die an den einst blühenden Bergbau im Tal erinnern. Etwas oberhalb des Sees steht das (geschlossene) Rifugio Erdemolo, von der Anhöhe links genießt man einen bezaubernden Blick über das Etschtal auf die Brentazinnen. Nun mit leichtem Auf und Ab in die weite Karmulde unterhalb der Forcella delle Conelle (2198 m) und rechts haltend hinauf in die Scharte. Hier stößt man auf einen alten Kriegsweg, der die gesamte Westflanke des Sasso Rosso (2310 m), des sehr abweisend wirkenden Sasso Rotto und der Cima Sette Selle (2396 m) quert. Wer zum Schrumspitz – der alte Name des Sasso Rotto – will, nimmt den rechts abgehenden Geröllsteig (Hinweis). Von der felsigen Westschulter der Cima Sette Selle dann im Bogen durch ein schattiges Kar hinunter zum Rifugio Sette Selle und auf gutem Weg talauswärts nach Palai.

Wie Berge wachsen und vergehen

22 Val Scura; Monteróvere, 1255 m

Auf der Fahrt durch das Val Sugana kann man den schmalen Graben südlich von Levico Terme leicht übersehen; der Lago di Caldonazzo und das hohe Bugriff der Cima della Vezzena (1908 m) setzen auffallendere Akzente in ein eher liebliches Landschaftsbild. Wer das Val Scura trotzdem ansteuert, erlebt eine tolle Überraschung: Tief aus den Gesteinsschichten erodiert, gleicht die Klamm einem geologischen Aufschluss, bietet sie sozusagen einen Blick zurück in die Erdgeschichte. Grotesk verformte Schichtpakete machen deutlich, was für gewaltige Schubkräfte beim Entstehen der Alpen wirksam wurden; bizarre Sägezahnprofile, Felsausbrüche und mächtige Schuttreißen belegen die Erosionskraft des Wassers. Der »Sentiero Chiesa« führt durch diese danteske Kulisse hinauf zu den grünen Wiesen und dunklen Wäldern am Hochplateau von Lavarone – ein echter Erlebnispfad.

An der ersten Kehre der ehemaligen »Kaiserjägerstraße« links ab und auf breitem Weg ins Val Scura. Mehrfach quert man den Bach, dann geht's über eine Felsstufe (Drahtseile) und im Gehölz hinauf zu einer hübschen Aussichtskanzel. Dahinter kurz abwärts, über eine Holzbrücke und mit Hilfe einer Eisenleiter in die obere Kammer der Schlucht. Über Geröll in den Talschluss, dann links unter einem stiebenden Wasserfall hindurch und steil hinauf zum Rand des Abbruchs. Im Wald zur nahen Straße und zum Albergo Monteróvere.

Der Abenteuerpfad

24 Bondone; Cima Verde, 2101 m

Wer aus dem Etschtal hinaufschaut in diese wilden, miteinander verzahnten Felsfluchten des Bondone, kann es kaum glauben: Da führt ein Weg durch, keine Via ferrata, ein richtiger Steig, listig angelegt, dem Steilfels immer wieder ausweichend, einen Durchschlupf findend. Fast 1500 Höhenmeter hoch ist der Aufstieg, das kostet Schweiß, setzt eine tadellose Kondition voraus, damit das Ganze nicht zu einem veritablen Schinder ausartet. Denn man muss ihn genießen, den »Sentiero Coraza«, der weitum seinesgleichen sucht, und die fantastische Kulisse hoch über den Dächern von Trento. Was für eine Freude, da hinaufzusteigen, über diese (scheinbar) unüberwindliche Barriere aus Stein, tief drunten, allmählich im Taldunst versinkend, die Etsch, die Autobahn, der Alltag!

Von Pietra zunächst auf schmalen Straßen in einem weiten Bogen zur Wasserfassung am Eingang ins Val Spagnolli. Kurz in dem Graben aufwärts, dann im Wald links steil bergan zum (verwahrlo-

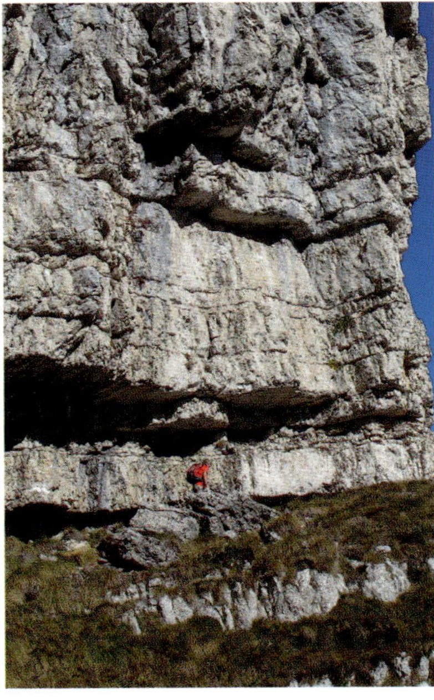

Felsig: die Ostabbrüche des Bondone-Massivs. Unterwegs am »Sentiero Coraza«

sten) Biwak Fratto (1135 m). Hinter der Hütte weiter ziemlich direkt über einen bewaldeten Hang hinauf, dann in einen felsigen Graben. Nach links auf einen mit Latschen bewachsenen Rücken, dann zurück in die Geröllschlucht (Drahtseil). Bei einem Wegzeiger rechts auf ein bequemes Band unter senkrechten Felsen. Das Steiglein umgeht den Riegel in schrofigem Gelände, führt etwas höher links in eine weitere Rinne, aus der man mit Hilfe eines Fixseils auf das große Terrassenband »Stel de Coraza« entsteigt (ca. 1920 m). Nun auf dem Band links unter den Felsen der Pala Granda hindurch in einen Graben, der etwas heikel gequert werden muss, und weiter unter Felsbalmen leicht abwärts bis zu einer nächsten Rinne. Hier über gestuften Fels hinauf zu den Wiesenhängen unter den Tre Cime und rechts zum Kreuz der Pala Granda (2017 m). Weiter der gut markierten Spur folgend zum Grat und mit kleinem Zwischenabstieg hinüber zur Cima Verde.

Vom Gipfel nördlich über Wiesen, durch Latschen und lichten Wald hinab ins Val Mana (Naturschutzgebiet), dann im flachen Gelände rechts zu einem Sträßchen. Man folgt ihm, vorbei an mehreren Picknickplätzen, bis zu einer Linkskehre. Hier geradeaus und auf einem Ziehweg hinunter zur Malga Albi. Weiter auf der Straße über zwei Kehren abwärts, dann rechts an ein paar Häusern vorbei und auf einer breiten Mulattiera (keine Markierung) bergab. Oberhalb von Pietra stößt man auf den Anstiegsweg.

Aussichtskanzel über dem Etschtal

25 Becco di Filadonna, 2150m

Zu den Hausbergen von Trento gehört der Vigolana-Stock (Becco di Filadonna), ein Plateaumassiv mit schroffen Flanken (wo auch eifrig geklettert wird), viel Aussicht, einem frühsommerlichen Blumenmeer – und interessanten Wanderanstiegen. Gleich zwei haben ihren Ausgangspunkt in der düsteren Freccia-Schlucht, was die Möglichkeit zu einer interessanten Runde eröffnet. Wer nicht zum Ausgangspunkt zurückmuss, kann alternativ den gesamten Bergstock der Vigolana überqueren und nordwestlich ins Etschtal absteigen, ein großes Tagespensum auf markierten Wegen (etwa 8 Std. bis Mattarello).

Die Vigolana weist interessante Karstphänomene auf, so auch zahlreiche Klüfte und Höhlen von teilweise beachtlicher Tiefe wie die Grotta Gabriella (bisher 220 m vermessen).

Der Aufstieg beginnt schattig, in Serpentinen steigt der Weg rechts des wilden Centagrabens hinauf zum hübsch gelegenen Rifugio Casarota. Von der Hütterterrasse freie Sicht auf die Plateaus von Lavarone und Sette Comuni. Nun rechts flach zu einer Verzweigung, dann im Zickzack steil aufwärts, unter Felsen nach links und beim bodenlos tiefen (eingezäunten) Karstloch des Bus de le Zaole zum Grat. Hier wechselt der Weg auf die Westseite des Kamms, in einem Bogen führt er zum Gipfelkreuz, zuletzt mit Blick auf die unglaublich schlanke Felssäule der Madonnina.

Der Abstieg ist zunächst einmal eine Kammwanderung mit viel Aussicht, vom Bus de le Zaole über die Terza Cima (2027 m) und die Seconda Cima (1996 m) in die Senke vor dem Cornetto. Schwindel erregend der Tiefblick in den riesigen Steinschlagtrichter des Vallon Centa. Aus dem Latschensattel links abwärts auf einen kahlen Rücken, dann im Wald hinunter zur Straße am Passo della Freccia. Auf ihr in ein paar Minuten zum Albergo Sindech.

Die »unmögliche« Straße

29 Strada delle Gallerie

Der Erste Weltkrieg hat in den Südalpen seine Spuren hinterlassen, besonders im Trentino, ging die Front doch damals quer durch diese Berge, vom Gardasee über den Pasubio zu den Hochplateaus von Lavarone und der »Sieben Gemeinden«, weiter durch das Lagorai bis in die Dolomiten. Der Pasubio gehörte zu den am hartnäckigsten umkämpften Bergen; hier wurden gegnerische Stellungen sogar mit mächtigen Sprengladungen von Stollen aus attakiert – Irrsinn des Kriegs. Natürlich kam bei diesem Stellungskrieg auch dem Wegnetz eine große Bedeutung zu, und so wurde beiderseits der Front unablässig gebaut, trassiert. Eine echte Meisterleistung vollbrachten die Pioniereinheiten der Alpini mit dem Bau der »Strada delle Gallerie«, die am Forni-Alti-Grat entlang zu den ehemaligen Frontstellungen führt. Zweiundfünfzigmal verschwindet der Weg im Berg, zwei Tunnels verlaufen spiralförmig, abschnittweise verläuft er durch senkrechte Felsabbrüche.

Ausgangspunkt der 6,5 Kilometer langen »Strada delle Gallerie« ist die Bocchetta Campiglia (1216 m), in wenigen Minuten erreicht man den ersten Tunnel. Nach etwa zwei Drittel der Wegstrecke tangiert die »Strada« den weiten Grassattel des Passo di Fontana d'Oro (1875 m), beim Rifugio Papa läuft sie aus. Für den Abstieg zur Bocchetta Campiglia bietet sich die »Strada degli Scarubbi« an, eine alte Militärstraße wie die »Strada degli Eroi«, die hinabzieht zum Passo Pian delle Fugazze.

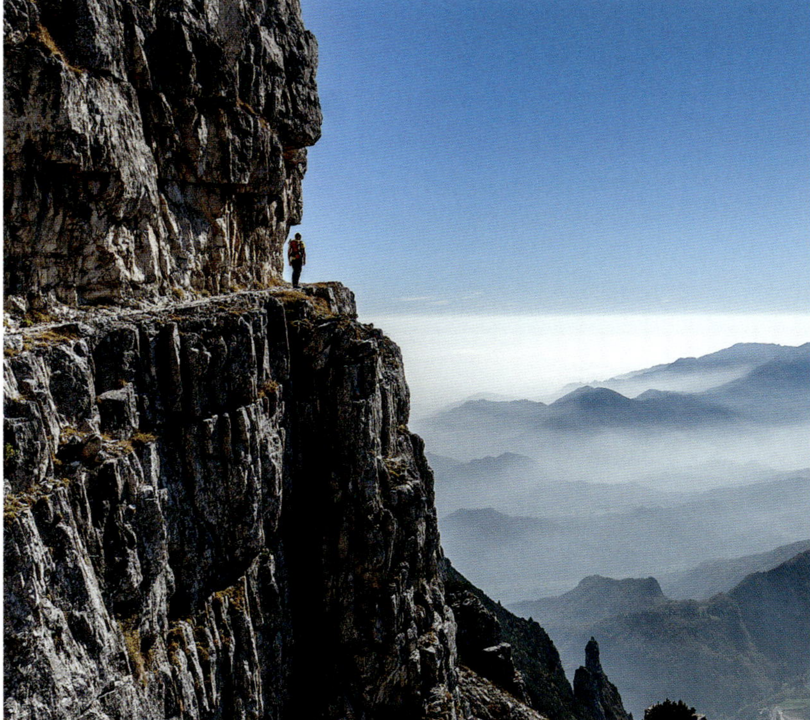

Eine ganz besondere Straße: die »Strada delle Gallerie« am Pasubio

Tourenziel/Charakteristik	Ausgangspunkt	Wegverlauf & Gehzeit	Markierung	Einkehr am Weg
1 Colbricon, 2602 m Östlicher Eckpfeiler der Lagoraikette mit schöner Aussicht, vor allem auf die Pala-Dolomiten. Am Südwestgrat brüchige Felsen, ganz leichte Kletterstellen (I)	Passo Rolle (1972 m, [Bus]) Übergang vom Val Travignolo ins Val Cismon (Predazzo – San Martino di Castrozza)	Passo Rolle – Passo del Colbricon (1902 m; 3/4 Std.) – Forcella del Colbricon (2420 m) – Colbricon (3 Std.); Abstieg auf dem gleichen Weg (5 1/4 Std.)	SAT-Mark. 348, 349, zum Gipfel rote Bez.	Passo Rolle (1972 m); Rif. Colbricon (1927 m)
2 Cima di Cece, 2754 m Höchster Gipfel des Lagoraikamms mit entsprechend weiter Aussicht. Ausdauer und Trittsicherheit erforderlich!	Malga di Valmaggiore (1608 m), Zufahrt von Predazzo (1018 m, [Bus], 7 km). Im Hochsommer sonntags tagsüber gesperrt	Malga di Valmaggiore – Forcella di Valmaggiore (1 1/2 Std.) – Lagorai-Höhenweg – Nordwestgrat – Cima di Cece (3 3/4 Std.) – Forcella di Cece (2393 m; 4 3/4 Std.) – Lago di Cece (5 1/2 Std.) – Valmaggiore (1570 m; 6 1/4 Std.) – Malga di Valmaggiore (6 3/4 Std.)	SAT-Mark. 335, 349, 336; am Gipfel rote Bez.	Malga di Valmaggiore (1620 m)
3 Forcella di Valmaggiore, 2180 m Lohnende Seen- und Passwanderung am Lagoraikamm	Malga di Valmaggiore (1608 m), Zufahrt von Predazzo (1018 m, [Bus], 7 km. Im Hochsommer sonntags tagsüber gesperrt	Malga di Valmaggiore – Forcella di Valmaggiore (1 1/2 Std.) – »Sentiero Guadagnini« – Lago di Moregna (2058 m; 3 1/2 Std.) – Malga di Valmaggiore (4 1/2 Std.)	SAT-Mark. 335, 349, 349B, 339	Malga di Valmaggiore (1620 m)
4 Cauriol, 2494 m Hauptgipfel der aus Porphyr aufgebauten Lagoraikette, formschöne Felspyramide mit zwei markierten Anstiegen. Trittsicherheit unerlässlich	Rif. Cauriol (1587 m), Zufahrt von Ziano di Fiemme (954 m, [Bus]) im Fleimstal, 7,5 km	Rif. Cauriol – »Via italiana« – Cauriol (3 Std.) – »Via austriaca« – Rif. Cauriol (4 3/4 Std.)	SAT-Mark. 320, Gipfelwege bez.	Rif. Cauriol (1587 m)
5 Laghi di Bombasel, 2268 m Hübsche Höhen- und Bergabwanderung nördlich des Lagoraikamms. Vom Cimon del To della Trappola freie Sicht auf die Dolomiten. Nicht bei Nässe gehen!	Rif. Paion (2229 m) am Paion del Cermis, neben der Bergstation des Sessellifts. Talstation Cavalese (993 m, [Bus])	Rif. Paion – Cimon del To della Trappola (3/4 Std.) – Laghi di Bombasel (1 1/2 Std.) – Lago Lagorai (1970 m; 2 Std.) – Tèsero (992 m) 4 1/2 Std., [Bus])	Mark. 4, 6, CAI-Nr. 353, 316	Rif. Paion (2229 m),
6 Monte Ziolera, 2459 m Beliebtes Gipfelziel: kurzer Zugang, schöne, weitreichende Aussicht	Passo Manghen (2047 m), einzige Straßenverbindung über den Lagoraikamm	Passo Manghen – Monte Ziolera (1 1/4 Std.) – Forcella Ziolera (2281 m) – Passo Manghen (2 3/4 Std.)	Gratroute wenig mark.	Rif. Manghen (2013 m) am gleichnamigen Pass
7 Sasso Rotto, 2396 m Abwechslungsreiche Rundtour über dem Talschluss des Vai dei Mocheni, auch ohne Gipfelabstecher lohnend. Überschreitung des Sasso Rotto von der Forcella di Sasso Rotto mäßig schwierige Kletterei (»Sentiero Giuliani«, II+). Auch Seewanderung lohnend	Palai/Palu di Fersina (1360 m, [Bus]) im innersten Fersental, deutschsprachige Enklave. Zufahrt von Pérgine Valsugana 15 km. Zimbrisches Kulturinstitut; Wanderparkplatz 2 km taleinwärts	Parkplatz – Lago Erdemolo (2006 m) 1 1/2 Std.) – Forcella di Sasso Rotto (2285 m; 3 1/2 Std.) – Sasso Rotto (Abstecher, Normalweg) – Rif. Sette Selle (4 3/4 Std.) – Parkplatz (5 3/4 Std.)	SAT-Mark. 325, 324, 343	Rif. Sette Selle (2014 m)
8 Monte Gronlait, 2383 m Großzügige Kammwanderung über dem Fersental, Übernachtung in Vetriolo Terme ratsam. Herrliche Aussicht auf die Berge beiderseits des Val Sugana	Palai/Palu di Fersina (1360 m, [Bus]) im innersten Fersental	Palai – Lago Erdemolo (2006 m; 2 Std.) – Monte Gronlait (4 Std.) – Monte Fravort (2347 m; 5 Std.) – La Bassa (1834 m; 6 Std.) – Vetriolo Terme (1481 m; 7 1/2 Std.) – Lévico Terme (495 m) 9 1/4 Std., [Bus])	SAT-Mark. 325, 305	
9 Monte Castelletto, 2337 m Etwas für konditionsstarke Einsamkeitsfanatiker. Vom Gipfel herrliche Schau über das Val Sugana. Trittsicherheit, nicht bei Nässe gehen!	Bieno (815 m, [Bus]), Bergdorf an der Strecke Strigno – Pieve Tesino. Parkmöglichkeit oberhalb des Ortes (ca. 950 m)	Bieno – Malga Rava di sopra (2030 m; 3 1/2 Std.) – Forcella Fierollo (2246 m; 4 1/4 Std.) – Monte Castelletto (4 3/4 Std.) – Forcella Fierollo – Malghe Fierollo – Bieno (8 Std.)	SAT-Mark. 332, 366, 365	
10 Lago di Costa Brunella, 2021 m Lohnende Seenwanderung, großartig die Gipfelumrahmung. Lässt sich zu einer anspruchsvollen Runde über die Forcella Segura (2436 m) und die Forcella delle Buse Todesche (2308 m) erweitern (SAT-Mark. 328, 373, 360, 6 1/2 Std., nur für Geübte!).	Malga Sorgazza (1450 m), 9 km nördlich von Pieve Tesino (871 m, [Bus]) im Val Malene	Malga Sorgazza – Lago di Costa Brunella (2 Std.); Abstieg auf dem gleichen Weg (gesamt 3 1/4 Std.)	SAT-Mark. 328	Malga Sorgazza (1450 m)
11 Cima d'Asta, 2847 m Anspruchsvolle Tour auf den höchsten Gipfel zwischen Pala und Brenta, mit Übernachtung weniger fordernd	Malga Sorgazza (1450 m), 9 km nördlich von Pieve Tesino (871 m, [Bus]) im Val Malene	Malga Sorgazza – Rif. Brentari (3 Std.) – Forzeleta (2680 m) – Cima d'Asta (4 1/2 Std.); Abstieg auf dem gleichen Weg (gesamt 7 3/4 Std.)	SAT-Mark. 327, 364; zum Gipfel Spur	Malga Sorgazza (1450 m); Rif. Brentari (2473 m)

	Tourenziel/Charakteristik	Ausgangspunkt	Wegverlauf & Gehzeit	Markierung	Einkehr am Weg
Fleimstaler Alpen	**12 Campagnassa, 2406 m** Aussichtsreiche Kammwanderung über den Tälern von Malene und Tolvà. Vorsicht beim Abstieg über die riesige Felsplatte der Laste di Cima d'Asta!	Malga Sorgazza (1450 m), 9 km nördlich von Pieve Tesino (871 m, 🚌) im Val Malene	Malga Sorgazza – Monte Coston (2017 m; 1 3/4 Std.) – Campagnassa (3 Std.) – Rif. Brentari (4 Std.) – Malga Sorgazza (6 Std.)	SAT-Mark. 386, 327	Malga Sorgazza (1450 m), Rif. Brentari (2473 m)
Fleimstaler Alpen	**13 Cima d'Asta, 2847 m** Hervorragend schöner, aber anspruchsvoller Anstieg von Norden. Am »Sentiero Col del Vento« gesicherte Passage, Bergerfahrung und Trittsicherheit unerlässlich. Nur bei gutem Wetter gehen!	Ponte Serrai (1041 m) an der Straße von Canal San Bovo (745 m, 🚌) ins Valle dei Vanoi	Ponte Serrai – »Sentiero Col del Vento« – Cima d'Asta (6 Std.) – Val Regana – Ponte Serrai (9 1/2 Std.)	SAT-Mark. 338, 363, 364	Rif. Refavie (1116 m) im Valle dei Vanoi
Vicentiner Alpen	**14 Sentiero CAI Montebelluna** Abenteuerliche Querung durch die felsigen Südflanken des Monte Santo (1538 m) und der Cima Sassuna (1510 m). Ausgesetzte Passagen (Felsbänder) und leichte Felsen – nur für erfahrene Berggänger!	Schievenin (378 m), Weiler im Val Tegorzo; Zufahrt von Quero (288 m, 🚌) an der Piave, 5 km	Schievenin – Val dell'Inferno – Forcella Bassa (1044 m; 3 1/2 Std.) – »Sentiero CAI Montebelluna« (5 1/2 Std.) – Val di Prada – Schievenin (7 Std.)	CAI-Mark. 848, 842, 850, 841	
Vicentiner Alpen	**15 Monte Grappa, 1775 m** Steile Wege auf den geschichtsträchtigen Berg. Im Frühsommer herrliche Blumen, großes Südalpenpanorama vom Gipfel. Sehenswert: die Festungsanlagen	San Liberale (589 m) im gleichnamigen Tal; Zufahrt von Bassano del Grappa (135 m, 🚌) via Crespano del Grappa (301 m, 🚌), 19 km	San Liberale – Sella delle Mure (1500 m; 2 1/2 Std.) – Pian della Bala (1381 m; 3 1/4 Std.) – Monte Grappa (4 1/2 Std.) – Valle Muneghe – San Liberale (7 Std.)	CAI-Mark. 153, 152, 151, 109, 125	San Liberale (589 m), Rif. Bassano (1745 m)
Vicentiner Alpen	**16 Anello naturalistico del Grappa** Naturlehrpfad am Monte Grappa (1775 m). Der Gipfel, von einem bombastischen Ossario gekrönt, war im Ersten Weltkrieg Schauplatz einer Entscheidungsschlacht.	Rif. Bassano (1745 m) am Monte Grappa; Zufahrt von Bassano del Grappa (135 m, 🚌), 31 km	Rif. Bassano – Val delle Mure – Monte Boccaòr (1532 m; 1 Std.) – Val delle Mure – Rif. Bocchette di Mezzo (1322 m; 4 Std.) – Monte Grappa (5 1/2 Std.)	Rundweg bez.	Rif. Bassano (1745 m), Rif. Bocchette di Mezzo (1322 m)
Vicentiner Alpen	**17 Stònar, 1060 m** Aus dem Val Brenta führen zahlreiche steile Pfade auf das Altipiano delle Sette Comuni, u. a. auch durch das wildromantische Val Gadena.	Val Brenta, bei der Häusergruppe Giara Modon (164 m), 4 km nördlich von Valstagna an der Straße rechts der Brenta	Giara Modon – Val Gadena – Stònar (2 1/2 Std.) – Monte Spitz (1093 m) – Giara Modon (4 1/4 Std.)	CAI-Mark. 784, 785	
Vicentiner Alpen	**18 Cima Dodici, 2336 m** Höchste Erhebung über dem Altipiano, im Ersten Weltkrieg schwer umkämpft. Packend der Tiefblick ins Val Sugana. Vorsicht bei Nebel!	Bivio di Galmarara (1614 m) im Valle di Galmarara, 7,5 km von der Straße Asiago – Passo di Vezzena	Bivio di Galmarara – Bivio Italia (1987 m; 1 1/2 Std.) – Cima Dodici (2 3/4 Std.); Abstieg auf dem gleichen Weg (gesamt 4 1/2 Std.)	CAI-Mark. 830, 835	
Vicentiner Alpen	**19 Monte Ortigara, 2105 m** Im Ersten Weltkrieg verlustreich umkämpfte, wenig markante Kuppe am Altipiano delle Sette Comuni. Allenthalben noch Spuren des »Grande Guerra«	Piazzale Lozze (1771 m), Zufahrt von Gallo (1070 m, 🚌), 19 km	Piazzale Lozze – Chiesetta del Lozze (1/2 Std.) – Monte Ortigara (2 Std.); Abstieg auf dem gleichen Weg (gesamt 3 1/4 Std.)	Mark. 840	
Vicentiner Alpen	**20 Cima Undici, 2228 m** Die Randgipfel des Altipiano kann man auch aus dem Val Sugana besteigen: lang, mühsam, großartig! Einige gesicherte Passagen; nur für Bergerfahrene mit Superkondition!	Olle (442 m, 🚌), Dörfchen im Valsugana	Olle – »Sentiero della Caldiera« – Passo della Caldiera (2024 m; 4 1/2 Std.) – Cima Undici – Baita Buse del Dódese (2060 m; 5 1/2 Std.) – Val Sella – Olle (8 1/2 Std.)	SAT-Mark. 206, 211	
Vicentiner Alpen	**21 Cima di Vezzena, 1908 m** Einst schwer befestigter Gipfel über dem Val Sugana; fantastischer Tiefblick	Passo di Vezzena (1402 m, 🚌), Übergang von Asiago nach Lavarone	Passo di Vezzena – Cima di Vezzena (1 1/2 Std.); Abstieg auf dem gleichen Weg (gesamt 2 1/2 Std.)	SAT-Mark. 205	Passo di Vezzena (1402 m)
Vicentiner Alpen	**22 Val Scura; Monteróvere, 1255 m** Abenteuerpfad durch den bizarren Felsschlund des Val Scura, abschnittweise gesichert. Steinschlag! Interessant: Festungen Lüsern und Gschwendt	An der ersten Kehre (542 m) der Straße Levico Terme – Lavarone, wenig südlich des Albergo Vedova	Val Scura – Monteróvere (2 1/2 Std.); Abstieg entlang der Straße (Abkürzer; gesamt 4 Std.)	SAT-Mark. 233, 202	Albergo Monteróvere (1255 m)

Tourenziel/Charakteristik	Ausgangspunkt	Wegverlauf & Gehzeit	Markierung	Einkehr am Weg
23 La Marzola, 1735 m Inselberg zwischen dem Etschtal und dem Val Sugana, entsprechend schöne Aussicht	Passo Cimerlo (733 m); Zufahrt von Trento via Salè und Povo, 8 km	Passo Cimerlo – Spiazzo Grande (1332 m; 2 Std.) – La Marzola (Südgipfel, 1735 m; 3 1/2 Std.) – Rif. Maranza (4 3/4 Std.) – Passo Cimerlo (6 Std.)	SAT-Mark. 411, 412	Rif. Maranza (1072 m)
24 Bondone; Cima Verde, 2101 m Großartiger Anstieg aus dem Etschtal auf die östliche der Tre Cime del Bondone. Einmalig die Kulisse, kurze gesicherte Passagen. Ausdauer und ein sicherer Tritt sind unerlässlich; im Hochsommer zu heiß.	Fraktion Pietra (700 m,) der Berggemeinde Cimone; Zufahrt von Aldeno 6 km. Parkplatz im Ort	Pietra – Biv. Fratto (1135 m; 1 1/4 Std.) – »Sentiero Coraza« – Pala Granda (4 1/2 Std.) – Cima Verde (5 Std.) – Plateau (ca. 1600 m; 6 Std.) – Pietra (7 3/4 Std.)	SAT-Mark. 638, 636; Rückweg ab Bondone-Plateau nur spärlich bez.	
25 Becco di Filadonna, 2150 m Tafelberg über dem Etschtal mit reizvollen Zustiegen und herrlicher Rundschau. Im Frühsommer üppige Flora	Albergo Sindech (1100 m) an der Strecke Vigolo Vattaro – Lavarone. Wanderparkplatz	Sindech – Rif. Casarota (1 1/4 Std.) – Bus de le Zaole (2 1/2 Std.) – Becco di Filadonna (3 Std.) – Bus de le Zaole – Kammweg (4 1/4 Std.) – Seconda Cima (1996 m) – Sindech (5 3/4 Std.)	SAT-Mark. 442, 425, 439	Albergo Sindech (1100 m), Rif. Casarota (1572 m)
26 Monte Magno, 1853 m Prächtiger Aussichtspunkt im Süden des Hochplateaus von Folgarìa. Von da auch kurzer, bequemer Zugang, ab Passo Coe (1603 m) 1 1/4 Std., Mark. 124	Passo Borcola (1207 m), Übergang von Rovereto nach Arsiero, 23 km ab Rovereto	Passo Borcola – Monte Magno (2 Std.); Abstieg auf dem gleichen Weg (gesamt 3 1/4 Std.)	SAT-Mark. 124	Rif. Borcola (1182 m)
27 Corno Battisti, 1761 m Felsiger Eckpfeiler des Pasubio-Massivs. Aufstieg abschnittweise gesichert; Taschenlampe nützlich	Valmorbia (649 m,), Dorf in der Vallarsa, an der Strecke Rovereto – Passo Pian delle Fugazze	Valmorbia – ex-Malga Trappola (1316 m; 1 3/4 Std.) – »Sentiero Galli« – Monte Corno Battisti (3 1/2 Std.) – Bocchetta dei Foxi (1720 m; 4 Std.) – Valle dei Foxi – Anghèbeni (5 1/2 Std.,)	SAT-Mark. 122, 102	
28 Cima Palon, 2232 m Der Pasubio war im Ersten Weltkrieg ein Angelpunkt der Alpenfront. »Zona Sacra«, überall Spuren der Kämpfe. Vom Gipfel großes Südalpenpanorama	Passo Pian delle Fugazze (1162 m,), Übergang von Rovereto nach Schio	Passo Pian delle Fugazze – »Strada degli Eroi« – Rif. Papa (2 3/4 Std.) – Historischer Rundweg – Cima Palon – Rif. Papa (5 1/4 Std.) – Passo Pian delle Fugazze (7 Std.)	CAI-Mark. 179, 399, 105, hist. Rundweg bez.	Passo Pian delle Fugazze (1162 m), Rif. Papa (1928 m)
29 Strada delle Gallerie Einzigartige Wanderung auf dem im Ersten Weltkrieg angelegten Nachschubweg: 52 Tunnels, Steigung bis 22%, ursprünglich 2,2 m breit. Taschenlampe ratsam!	Bocchetta di Campiglia (1216 m), Zufahrt von der Ostrampe der Pian-delle-Fugazze-Passstraße (Abzw. Ponte Verde, 901 m, , 7 km)	Bocchetta di Campiglio – »Strade delle Gallerie« – Rif. Papa (3 Std.) – »Strada degli Scarubbi« – Bocchetta di Campiglio (5 Std.)	CAI-Mark. 366, 370	Rif. Papa (1928 m)
30 Monte Cornetto, 1899 m Kühnes Felshorn über dem Passo Pian delle Fugazze, Anstieg auf altem Kriegsweg (Tunnels). Kurze gesicherte Passagen, Trittsicherheit wichtig	Passo Pian delle Fugazze (1162 m,) Übergang von Rovereto nach Schio. Großer Parkplatz	Passo Pian delle Fugazze – Selletta NO (1611 m) – »Sentiero d'arroccamento« – Passo degli Onari (1772 m) – Forcella del Cornetto (1825 m) – Cornetto (2 3/4 Std.) – Forcella del Cornetto – Passo Pian delle Fugazze (4 Std.)	Mark. 170, 176, 175	Passo Pian delle Fugazze (1162 m)
31 Sentiero del Sengio Alto Kühn trassierter Kriegssteig am bizarren Sengio-Alto-Kamm. Gesicherte Passagen, zahlreiche Tunnels; Schwindelfreiheit und ein sicherer Tritt sind unerlässlich.	Rif. Campogrosso (1448 m) am Passo Campogrosso; Zufahrt vom Passo Pian delle Fugazze 6 km (nur bis 8 Uhr morgens gestattet, Ticketautomat), von Recoaro Terme 12 km	Rif. Campogrosso – »Sentiero del Sengio Alto« – Passo degli Onari (1772 m; 2 1/2 Std.) – »Sentiero d'arroccamento« – Malga Boffetàl (1435 m; 3 1/4 Std.) – Rif. Campogrosso (4 1/4 Std.)	Mark. 149, 176, 170	Rif. Campogrosso (1448 m)
32 Cima Carega, 2259 m Höchster Gipfel der »Piccole Dolomiti« mit großem Südalpenpanorama. Landschaftlich sehr beeindruckende Nordanstiege, bis in den Sommer hinein Altschneereste. Einige Sicherungen; nur für Geübte!	Rif. Campogrosso (1456 m); Zufahrt vom Passo Pian delle Fugazze 6 km (nur bis 8 Uhr morgens gestattet, Ticketautomat), von Recoaro Terme 12 km.	Rif. Campogrosso – »Sentiero del Fumante« – Monte Obante (2072 m; 2 1/4 Std.) – Bocchetta dei Fondi – Cima Carega (3 1/2 Std.) – Bocchetta dei Fondi (2015 m) – Rif. Camporosso (6 Std.)	Mark. 157, 195	Rif. Campogrosso (1448 m); Rif. Fraccaroli (2238 m) an der Cima Carega
33 Cima Carega, 2259 m Lange, landschaftlich sehr reizvolle Überschreitung des höchsten Gipfels der Monti Lessini (»Piccole Dolomiti«); Nächtigung im Rif. Fraccaroli empfehlenswert. Im Val di Ronchi im Frühsommer herrliche Blumenwiesen!	Ronchi (687 m), Weiler im Val di Ronchi, Zufahrt von Ala (163 m, 6,5 km)	Ronchi – Forcella Val di Gatto (1661 m) – Cima Levante (2020 m; 4 Std.) – Bocchetta Grolle (2153 m) – Cima Carega (5 1/4 Std.) – Passo Pértica (1522 m; 7 Std.) – Ronchi (9 Std.)	CAI-Mark. 114, 108, 285	Rif. Fraccaroli (2238 m); Rif. Passo Pértica (1522 m)
34 Passo della Zevola, 1820 m Abwechslungsreiche Runde zwischen schroffen Felsmauern und sanften Waldund Wiesenhängen. Im Frühsommer üppige Flora – typisch für die Monti Lessini	Rif. Battisti (1265 m), Zufahrt von Recoaro Terme (446 m, 12 km)	Rif. Battisti – Passo della Lora (1716 m; 1 ½ Std.) – Passo della Zevola – Passo Ristele (2 ½ Std.) – Rif. Battisti (3 ¾ Std.)	CAI-Mark. 110, 202, 121, 120	Rif. Battisti (1265 m)

Täler und Berge um Bozen und Meran

Von den Gletschergipfeln des Nordens zu den Weinbergen im Unterland

Südtirol in (fast) all seinen Facetten: vergletscherte Dreitausender und hundert Burgen, Hochalmen und Weinberge, urbanisierte Täler, städtisches Ambiente rund um Meran und Bozen. Historische Reminiszenzen auch, Andreas Hofer, Schloss Tirol und Margarethe Maultasch, deutsch und italienisch in Bozen.

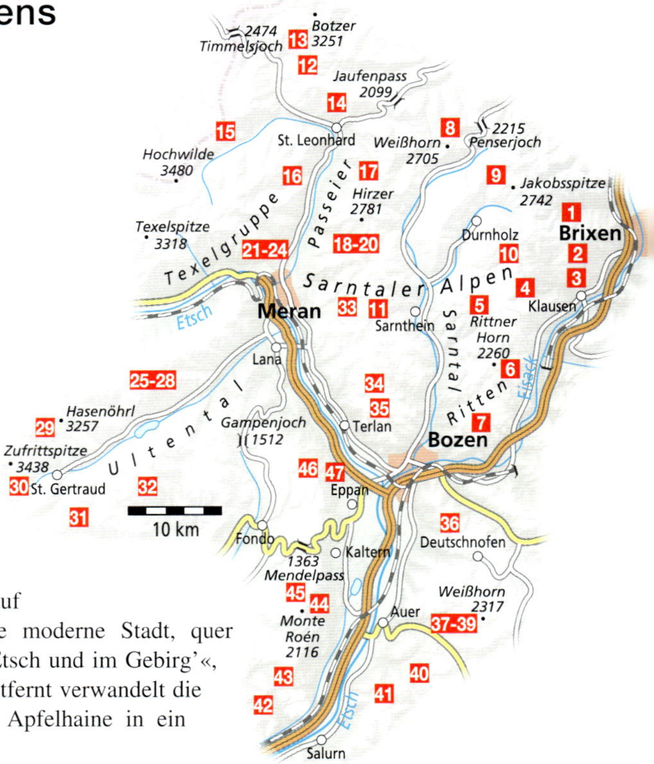

Da rauscht der EU-Verkehr auf Stelzen über die moderne Stadt, quer durchs »Land an der Etsch und im Gebirg'«, nur einen Steinwurf entfernt verwandelt die Frühlingsblüte riesige Apfelhaine in ein weißes Meer, duftend.

Zur gleichen Zeit schneit es droben am Timmelsjoch (2474 m), und so kann es einem schon passieren, dass die Reise nach Südtirol ganz frostig beginnt, man aber zwei Stunden später in einem Eppaner Wirtsgarten das schöne Gefühl genießt, im Süden angekommen zu sein …

Fast so vielfältig wie die Landschaft zwischen den Stubaier Hochtourenzielen und dem weinseligen Unterland, zwischen den Sarntaler Alpen und Mendel sind hier auch die Wandermöglichkeiten. Eis und Firn dominieren am Alpenhauptkamm, auch auf der Südabdachung, rund ums Sarntal kann man leicht ein paar Tage von Hütte zu Hütte trekken, der Süden Südtirols überrascht mit schroffen Felsen und dem tiefsten, wildesten Graben des Landes: der Bletterbachschlucht. Ganz anders der Naturpark Trudner Horn: sanft profilierte Höhen, endlose Wälder, Hochmoore. Vor allem im Frühling und im Herbst sind viele Wanderer im Überetsch unterwegs, dem ehemaligen Adelsparadies mit seinen Schlössern und Ansitzen – und den Weinbergen (Kaltern, Eppan, Tramin). Südtirol – weit mehr als nur eine Landschaft.

Steckbrief

Fläche: ca. 2600 qkm
Höchster Punkt: Hochwilde (3480 m)
Gebirgsgruppen: Sarntaler Alpen, Stubaier Alpen (Südost), Ötztaler Alpen (Südost), Ortlergruppe (Ost), Regglberg, Mendelkamm
Wichtigste Ortschaften: Bozen, Brixen, Meran, Kaltern, Auer
Wandervorschläge: 47

Die Sarntaler »Hufeisentour«

Sieben-Tage-Tour von Hütte zu Hütte rund um das Sarntal, von Sarnthein nach Sarnthein. Man durchwandert dabei die gesamten Sarntaler Alpen, deren Hauptkämme das Tal der Talfer umschließen – fast in Hufeisenform. Durchwegs markierte Bergwege, Tagesetappen 4 ½ bis 6 Std. **1. Tag:** Sarnthein – Rittner-Horn-Haus (2259 m) **2. Tag:** Rittner-Horn-Haus – Klausner-Hütte (1923 m) oder Latzfonser-Kreuz-Hütte (2311 m) **3. Tag:** Klausner Hütte – Flaggerschartenhütte (2481 m) **4. Tag:** Flaggerschartenhütte – Penser Joch (2215 m) **5. Tag:** Penser Joch – Weißenbach (1335 m) **6. Tag:** Weißenbach – Kesselberghütte (2280 m); Variante über den Hirzer (2781 m) **7. Tag:** Kesselberghütte – Sarnthein

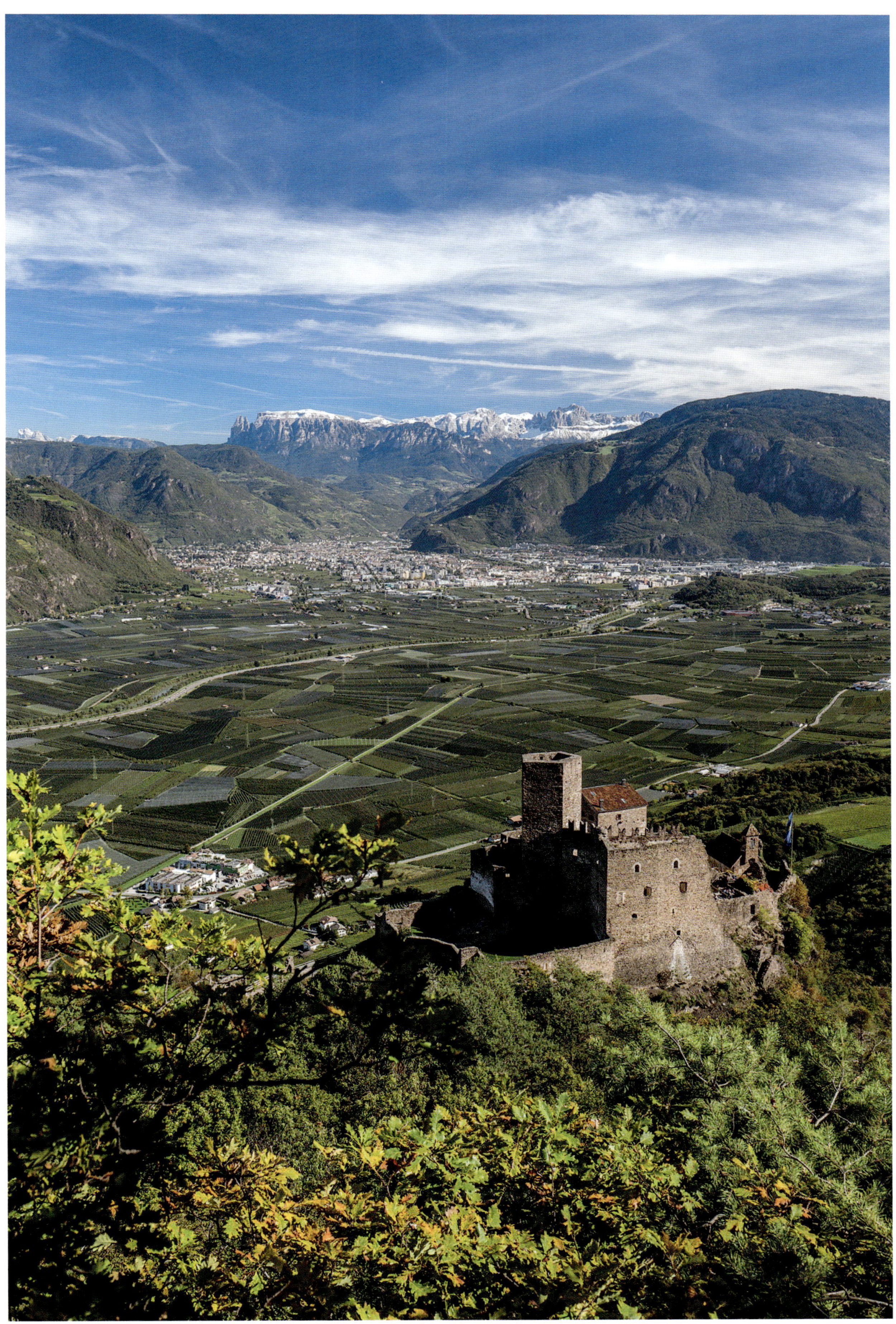

Vergangenheit und Gegenwart, Natur und Zivilisation: Hocheppan, Bozen und der Schlern

Wallfahrt zur großen Aussicht

4 / 10 Kassianspitze, 2581 m

Bergsteiger fühlen sich dem Himmel oft recht nahe, auf ihren Gipfeln natürlich, aber auch, wenn's gerade mal wieder gut ausging, ein Sturz vermieden wurde. Letzteres ist beim Aufstieg zur Kassianspitze nicht zu befürchten, der viel begangene Weg zum Panoramapunkt birgt keinerlei Gefahren. Und himmlischer Beistand ist auch gewährleistet, kommt man doch an einem der höchstgelegenen Wallfahrtsorte der Alpen vorbei, am Latzfonser Kreuz (2308 m). Das weithin sichtbare Kirchlein wurde zwar erst im ausgehenden 19. Jahrhundert erbaut, die Wallfahrt selbst ist viel älter: Der Platz diente möglicherweise bereits in prähistorischer Zeit als Kultstätte.

Wer nicht gleich von Latzfons bis zum Wanderparkplatz beim Kühhof fährt, hat einen recht langen »Anlauf«, doch kann man der Fahrstraße auf weiten Strecken ausweichen. Erst hinter Saueben stößt der Fußweg auf die Sandpiste, die durch den lichten Wald zur Klausner Hütte führt. Nun auf dem breiten Kreuzweg hinauf zum Kirchlein am Latzfonser Kreuz (2308 m). Hier weist ein Schild zur Kassianspitze. Erst ziemlich flach über den weiten Karboden, dann rechts auf einen steinigen Rücken, hinter dem sich ein stilles Seeauge versteckt, und schließlich schräg bergan zum Westgrat der Kassianspitze. Auf der Höhe mündet der Anstieg von Reinswald; nun rechts am abgerundeten Kamm zum großen Kreuz.

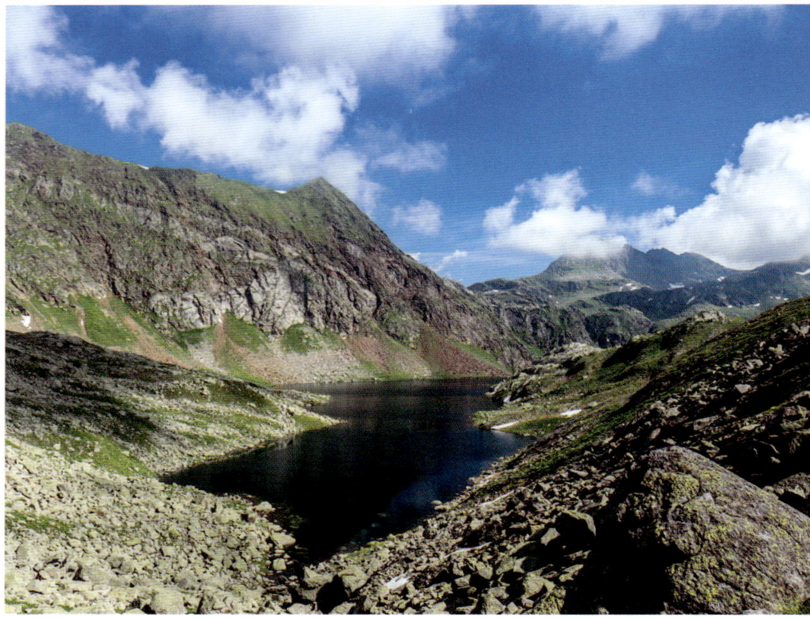

Landschaftsjuwel in der Texelgruppe: die Spronser Seenplatte

Alpines Meraner Hinterland

23 Spronser Seenplatte; Hochgang, 2441 m

Das beliebteste Wanderziel in der Texelgruppe versteckt sich im obersten Spronser Tal hinter der hohen, felsigen Mauer, die von der Mutspitze (2295 m) zum Tschigat (2998 m) zieht: zehn Bergseen und ein paar winzige Lacken. Wer da hinaufwill, muss auf jeden Fall gut zu Fuß sein, auch wenn die Seilbahn zum Hochmuter (1361 m) einem freundlicherweise tausend Höhenmeter von Meran herauf abnimmt. Es bleibt aber immer noch ein ordentlich weiter Weg, vor allem für jene, die den reizvollen Einstieg über den »hohen Gang« wählen. Die Pointe der Tour: An der Hochgangscharte steht man unerwartet plötzlich vor dem Langen See, dem größten Gewässer der

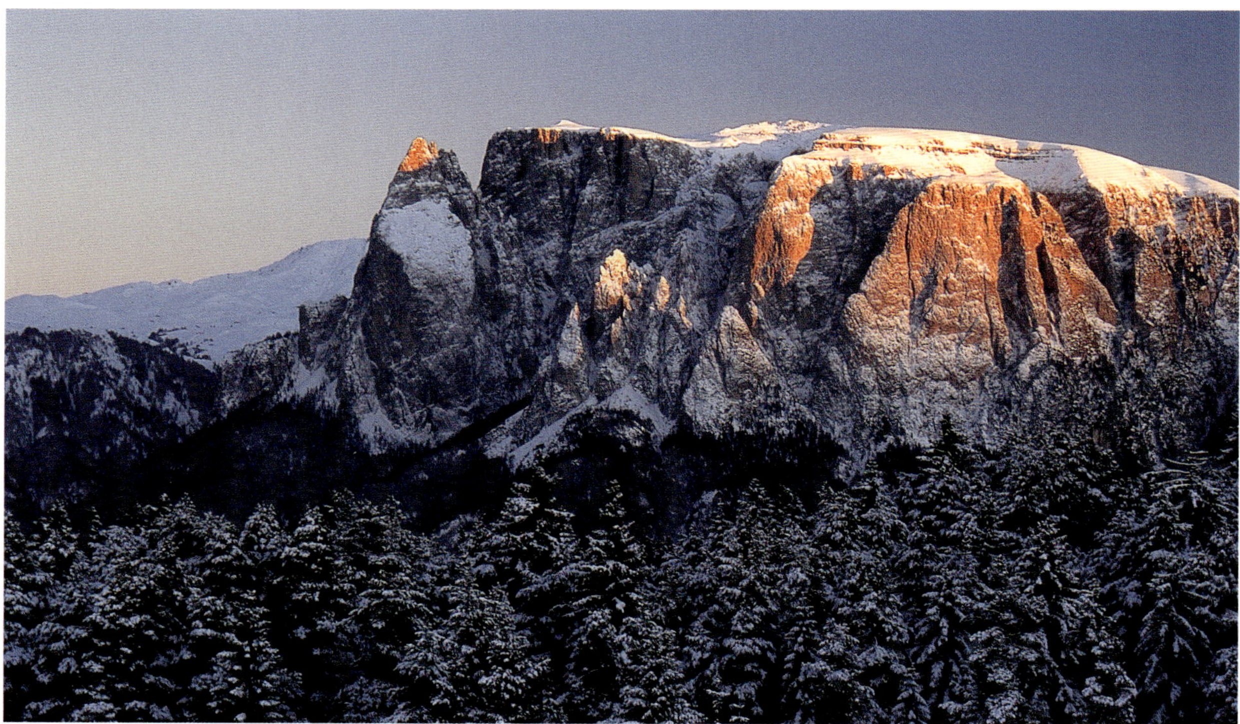

Sagenumwobener Berg: der Schlern, ein Wahrzeichen Südtirols

Seenplatte. Grün- und Kasersee sowie die Pfitscher Lacke liegen am Weiterweg; der Abstieg über den »Jägersteig« ist dann eine einzige Genuss- und Schauwanderung, zuletzt mit herrlichen Tiefblicken auf die Kurstadt Meran.

Die große Runde beginnt recht spannend: Auf dem »Hans-Frieden-Felsenweg« wandert man hoch über Algund und der Töll zur Leiteralm (1522 m), dann weiter zum Hochganghaus. Hier wird's steil, die Sonne brennt auf den Buckel, der Steig zickzackt in die Höhe. Über die Felsen unterhalb des Hochgangs (2441 m) helfen dann einige Drahtseile.

Jenseits der Scharte beschreibt der Weg einen Bogen um den Langen See (2377 m); links führen Steigspuren zu den beiden Milchseen (2540 m). Am Grünsee (2338 m) vorbei geht's hinab zum Kasersee (2117 m); gleich hinter der Pfitscher Lacke überschreitet man die gleichnamige kleine Senke unter dem Fischbichl (2191 m).

Der »Jägersteig« senkt sich durch die Nordhänge der Mutspitze zum Mutkopfhaus (1654 m); hier rechts und hinab zur Hochmuter-Seilbahn.

Meraner Höhenweg

Wanderrunde um die hochalpine Texelgruppe; 5 bis 6 Tagesetappen. Einheitlich rotweiß mit der Nummer 24 markierte Route, Übernachtung auf Berghütten und in Bauernhöfen. **1. Tag:** Leiteralm – Hochganghaus (1839 m) – Gigglberghof (1563 m), 4 ½ Std. **2. Tag:** Giggelberg – Katharinaberg (1245 m), 5 ½ Std. **3. Tag:** Katharinaberg – Pfossental – Stettiner Hütte (2875 m), 7 Std. **4. Tag:** Stettiner Hütte – Matatz (1098 m), 6 ½ Std. **5. Tag:** Matatz – Leiteralm (1522 m), 8 Std.

Wer hoch hinaufwill

29 Hasenöhrl, 3257 m

Als östlichster Dreitausender der Ortlergruppe bietet das Hasenöhrl eine immense Rundschau, vor allem nach Osten, wo man an klaren Tagen zahlreiche Dolomitenzacken ausmachen kann. Mehrere markierte Wege führen zum Gipfel, am leichtesten ist der Südanstieg, abwechslungsreicher der Aufstieg über den Nordgrat.

Die große Tour beginnt als »Straßenhatscher«; erst am Arzker See (2249 m) wird aus der breiten Piste ein schmaler Wanderpfad. Unter den schroffen Arzker Wänden steigt man bergan zur Blauen Schneid (2915 m), auf die auch der kürzere Anstieg vom Vinschgau herauf mündet. Nun links, mit packenden Tiefblicken auf die beiden Gletscherreste an der Nordseite des Hasenöhrls, über den blockigen, an einigen Stellen etwas ausgesetzten Grat zum Gipfel.

Kantiges Profil mit schwachem Rücken

46 Gantkofel, 1865 m

Er ist ein Berg mit Profil, und wer zwischen Bozen, Meran und Auer im Etschtal unterwegs ist, kann ihn nicht übersehen. Der Gantkofel ist zwar nicht der höchste, dafür aber ganz bestimmt der auffallendste Gipfel des lang gestreckten Mendelkamms. Seine kantige, senkrecht ins Überetsch abfallende Felsstirn verspricht packende Tiefblicke. Doch erst einmal muss man hinauf, und das geht nicht ohne einige Anstrengung; sowohl der Weg zur Großen Scharte als auch der Abstieg durch den Schlund des »Kamins« sind nicht unbedingt etwas für Gelegenheitswanderer. Da braucht es neben einer guten Kondition auch den viel beschworenen »sicheren Tritt«. Oben erweist sich der Berg allerdings als »Potemkinsches Dorf«, mit einer bewaldeten Rückseite, die nur sanft gegen das obere Nonstal absinkt.

Vom Gasthaus Buchwald (930 m) steigt man zunächst hinauf zu der quer führenden Forstpiste. Auf ihr knapp eine halbe Stunde in nördlicher Richtung, bis eine Wegtafel den Beginn des Steilanstiegs zur Großen Scharte (1790 m) signalisiert. Im Zickzack durch den Wald aufwärts, dann mit Drahtseilhilfe über einen felsigen Aufschwung in die Wiesenmulde (Brunnen) unterhalb des Kamms. Hier rechts zum Gipfel mit hässlicher Sendeanlage und großem Panorama. Vom Gantkreuz (5 Min. nördlich) faszinierender Tiefblick auf Meran.

Zurück in die Große Scharte, dann südlich, der Markierung 512 folgend, bis zur Abzweigung von Weg 546. Er vermittelt den Abstieg durch den »Kamin«: steil zwischen senkrechten Felsen hinunter in den sich allmählich verengenden Graben, dann die Schlüsselstelle, ein mächtiger Klemmblock, an dem man wahlweise links (Leiter) oder rechts (Durchschlupf) vorbeikommt. Schließlich taucht der Weg wieder in den Wald ein, und drunten bei Buchwald schließt sich die Runde.

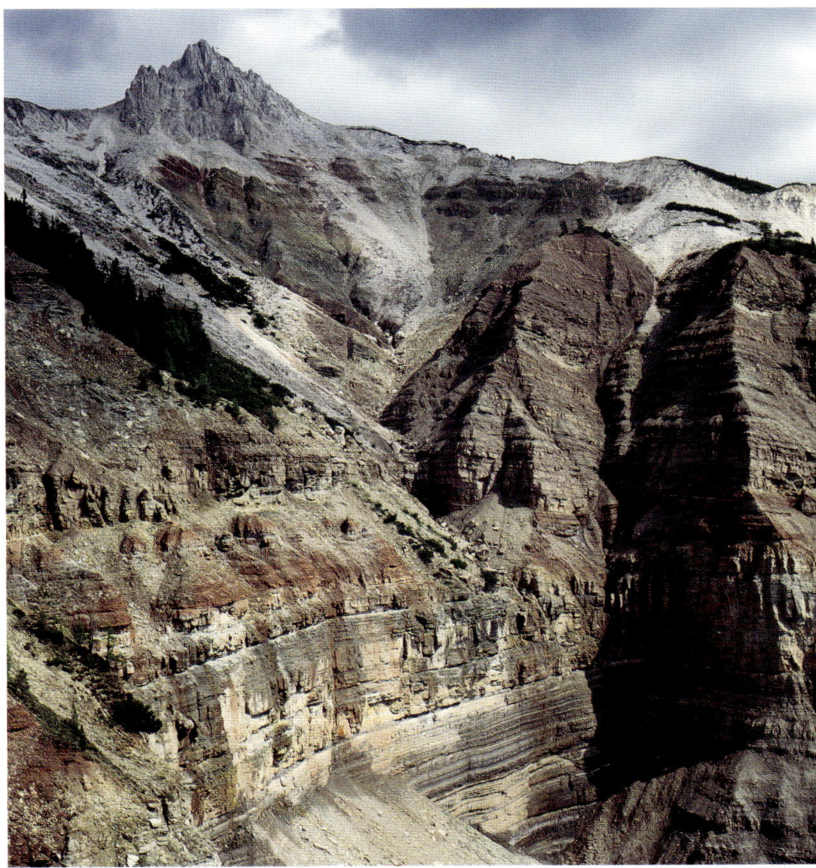

Verstecktes Naturwunder: die Bletterbachschlucht im Süden Südtirols

Sarntaler Alpen – Stubaier und Ötztaler Alpen

Tourenziel/Charakteristik	Ausgangspunkt	Wegverlauf & Gehzeit	Markierung	Einkehr am Weg
1 Schrüttenseen, 1957 m Nur mäßig anstregende Wanderrunde zu den beiden klaren Bergseen	Schalders (1167 m), kleines Dorf im gleichnamigen Tal, Zufahrt von Vahrn (675 m, 🚌), 5 km	Schalders – Steinwendthof (1542 m; 2 Std.) – Schrüttenseen (3 1/2 Std.) – Nocktal – Schalders (5 1/4 Std.)	Mark. 4A, 19, 5, 7A, 7	
2 Radlseehütte, 2284 m, und Hundskopf, 2350 m Beliebtes Wanderziel mit herrlichem Blick in die Dolomiten	Parkplatz Perlunger (1377 m) hoch über dem Brixner Talkessel; Anfahrt von Brixen (565 m; 🚌), etwa 10 km via Tils und Gereuth	Perlunger – Roßboden – Radlseehütte (2 1/2 Std.) – Hundskopf – Arzfenntal – Perlunger (5 Std.)	Mark. 8, 18, 13	Radlseehütte (2284 m)
3 Feldthurns, 851 m – Kloster Säben Eine Kultur- und Aussichtswanderung für die ganze Familie. Sehenswert: Schloss Velthurns, Kastanienhain, das uralte Kloster Säben, das Städtchen Klausen	Schrambach (650 m), kleiner Weiler oberhalb der Brennerstraße (🚌), auf halber Strecke zwischen Brixen und Klausen	Schrambach – Feldthurns (1 Std.) – Verdings (965 m; 2 Std.) – Pardell – Säben – Klausen (521 m; 3 Std.)	Mark. 21, 19, 1	Mehrere Gasthöfe unterwegs
4 Kassianspitze, 2581 m Das Latzfonser Kreuz (2311 m) ist ein uralter Südtiroler Wallfahrtsort, die Kassianer Spitze einer der schönsten Aussichtspunkte in den Sarntaler Alpen	Latzfons (1172 m, 🚌); Zufahrt bis zum Wanderparkplatz beim Kühhof (1550 m) erlaubt, knapp 5 km (1 Std. zur Klausner Hütte)	Latzfons – Klausner Hütte (2 1/2 Std.) – Latzfonser Kreuz (3 1/2 Std.) – Kassianspitze (4 1/4 Std.); Abstieg auf dem gleichen Weg (gesamt 7 Std.)	Mark. 1, 9	Klausner Hütte (1923 m), Latzfonser Kreuz (2311 m)
5 Villanderer Berg, 2509 m Gipfelwanderung über die ausgedehnte Villanderer Alm mit ihren Weiden, Hochmooren und Alphütten. Ausdauer erforderlich	Samberger Hof (1350 m), 7 km oberhalb von Villanders (880 m, 🚌). Ortsbus ab Villanders	Samberger Hof – Gasserhütte (1 1/4 Std.) – Totenkirchl (2186 m; 2 3/4 Std.) – Villanderer Berg (4 Std.) – Sarner Scharte (2460 m) – Gasteiger Sattel (2056 m; 5 1/2 Std.) – Gasserhütte (6 1/4 Std.) – Samberger Hof (7 Std.)	Mark. 20, 6, 2, 3, 7	Samberger Hof (1350 m), Gasserhütte (1744 m), Moar in Plun (1860 m)
6 Rittner Horn, 2260 m Altberühmter Aussichtsberg, vom Ritten her bei Benützung des Sessellifts zur Schwarzseespitze (2072 m) nicht viel mehr als ein Höhenspaziergang. Lohnender ist eine Überschreitung von Barbian aus	Barbian (830 m, 🚌), Zufahrt von Waidbruck, 4 km	Barbian – Bad Dreikirchen (1123 m; 1 Std.) – Rittner Horn (4 3/4 Std.) – Unterhornhaus – Barbian (7 1/4 Std.)	Mark. 8, 4, 1, 3A	Messnerwirt (1123 m), Rittner-Horn-Haus (2059 m), Unterhornhaus (2042 m)
7 Rittner Wanderung Ausgedehnte Höhen- und Bergabwanderung am Ritten. Verschiedene Varianten möglich. Sehenswert: Wolfsgrubner See, Erdpyramiden im Katzenbachgraben, St. Magdalena	🚡 Oberbozen (1221 m), Bergstation der Rittner Seilbahn, Talstation Bozen (266 m, 🚌)	Oberbozen – Wolfsgrubner See (1176 m; 1 Std.) – Eschenbach (911 m) – »Keschtnweg« – Signat (848 m; 2 1/4 Std.) – Katzenbachgraben – St. Magdalena (382 m) – Bozen 3 3/4 Std.)	Mark. 26, 12, 12B, 23, 6	Mehrere Gasthöfe am Weg
8 Weißhorn, 2705 m Nicht der höchste, aber einer der formschönsten Gipfel der Sarntaler Alpen. Schwindelfreiheit und ein sicherer Tritt unerlässlich!	Penser Joch (2215 m, 🚌) Straßenübergang vom Sarntal nach Sterzing	Penser Joch – Grölljoch (2557 m; 2 Std.) – Weißhorn (2 1/2 Std.); Abstieg auf dem gleichen Weg (gesamt 4 1/4 Std.)	Mark. 12A	Penser Joch (2215 m)
9 Tagewaldhorn, 2708 m Recht unnahbar wirkender Gipfel über vier Tälern, markierter Anstieg von der Flaggerschartenhütte. Bergerfahrung notwendig!	Durnholz (1558 m, 🚌), Weiler am gleichnamigen Bergsee, Zufahrt von Sarnthein 14 km	Durnholz – Flaggerschartenhütte (3 Std.) – Tagewaldhorn (4 1/4 Std.); Abstieg auf dem gleichen Weg (gesamt 7 Std.)	Mark. 16, 13, 15A	Flaggerschartenhütte (2481 m)
10 Kassianspitze, 2581 m Einer der großen Aussichtsgipfel der Sarntaler Alpen; das Latzfonser Kreuz ist ein uralter Wallfahrtsort	🚡 Bergstation des Reinswalder Sessellifts (2127 m), Talstation Reinswald (1492 m, 🚌), Zufahrt von Sarnthein 11 km	Liftstation – Gertrumalm (2094 m; 1 Std.) – Kassianspitze (2 1/4 Std.) – Latzfonser Kreuz (2 3/4 Std.) – Jocher Alm – Reinswald (5 1/2 Std.)	Mark. 7, 8B, 9, 1, 1A, 7A	Liftstation, Latzfonser Kreuz (2311 m)
11 Stoarnerne Mandln, 2003 m Abwechslungsreiche Runde, am Gipfel die sagenumwobenen »Stoanerne Mandln«. Kürzerer Aufstieg von der Sarner Skihütte (1614 m), 7 km von Sarnthein	Sarnthein (967 m, 🚌), Hauptort des Sarntals, liegt an der Straße von Bozen zum Penser Joch	Sarnthein – Sarner Skihütte (2 Std.) – Auenjoch – Stoarnerne Mandln (3 1/2 Std.) – Putzenkreuz (4 1/2 Std.) – Sarnthein (6 Std.)	Mark. 2, P, 5	Sarner Skihütte (1614 m), Auener Alm (1798 m), Putzenkreuz (1630 m)
12 Schneeberghütte, 2355 m Der Schneeberg war einst die größte Blei- und Zinklagerstätte in Tirol, seit dem 13. Jh. Abbau. In der Schneeberghütte Schauraum; im Sommer täglich Führungen	Gh. Schönau (1716 m) an der Timmelsjochstraße, 11 km von Moos in Passeier (1012 m, 🚌)	Schönau – »Knappenweg« – Obergostalm (1990 m) – Schneeberghütte (2 1/2 Std.) – Obergostalm – Schönau (4 Std.)	Mark. 29	Gh. Schönau (1716 m), Schneeberghütte (2355 m)

Tourenziel/Charakteristik	Ausgangspunkt	Wegverlauf & Gehzeit	Markierung	Einkehr am Weg
13 Großer Schwarzsee – Karlscharte, 2666 m Große Wanderrunde zwischen dem innersten Passeier, dem Timmelstal und dem Schneeberg. An der Gürtelscharte Trittsicherheit erforderlich	Timmelsbrücke (1759 m) an der Timmelsjochstraße. Parkplatz	Timmelsbrücke – Timmelsalm – Großer Schwarzsee (2514 m; 2 Std.) – Karlscharte (3 1/4 Std.) – Schneeberghütte (4 Std.) – Obergostalm (1990 m) – Timmelsbrücke (5 1/2 Std.)	Mark. 30, 29	Timmelsalm (1979 m); Schneeberghütte (2355 m)
14 Passeirer Höhenweg Aussichtsreiche Kamm- und Höhenwanderung hoch über dem Passeiertal. Für Geübte ist zusätzlich zwischen Schlotterjoch und Hochalm eine Überschreitung der Kreuzspitze (2743 m) möglich (Gesamtgehzeit dann etwa 8 1/2 Std.)	Jaufenpassstraße; Römerkehre (1966 m, Bus) 2 km vor der Scheitelhöhe (2099 m)	Römerkehre – Flecknerhütte – Glaitner Hochjoch (2393 m; 2 1/4 Std.) – Übelseen – Hochalm (4 1/2 Std.) – Stuls (6 Std.)	Mark. 12, 15, 15A	Flecknerhütte (2090 m), Hochalmhütte (2174 m), Egger Grubalm (1929 m)
15 Pfelderer Höhenweg Hochalpiner Steig über dem innersten Pfelderer Tal, mitunter bis in den Hochsommer hinein gefährliche Altschneefelder	Pfelders (1628 m), Dörfchen im gleichnamigen Tal, 11 km von Moos in Passeier (1012 m, Bus)	Pfelders – Lazinser Kaser (1860 m) – Im Putz (3 1/2 Std.) – »Pfelderer Höhenweg« – Schneidalm (2159 m; 5 1/4 Std.) – Pfelders (6 1/4 Std.)	Mark. 8, 44, 6A	Lazinser Kaser (1860 m); Stettiner Hütte (2875 m), 3/4 Std. vom Putzkar, Mark. 24.
16 Matatzspitze, 2179 m Recht selten besuchter, aber sehr schöner Aussichtspunkt über dem Passerknie. Gute Kondition erforderlich	St. Martin in Passeier (597 m, Bus), kleiner Ferienort	St. Martin – Weiherhof (1 3/4 Std.) – Matatzspitze (4 1/2 Std.) – Hahnl – Hitzenbichl (1838 m; 5 1/2 Std.) – Christl (1029 m; 7 Std.) – St. Martin (8 Std.)	Mark. 7, 3	Mehrere Gh. in und oberhalb von St. Martin
17 Riffelspitze, 2060 m Wenig anstrengende Höhenwanderung mit schöner Aussicht auf die Bergketten über dem oberen Passeiertal. Auf der Pfandler Alm wurde Andreas Hofer gefangen genommen.	Seilbahn: Bergstation der Hirzer-Seilbahn (Klammeben, 1976 m), Talstation Saltaus (490 m) an der Strecke Meran – St. Leonhard in Passeier	Klammeben – Hirzerhütte – Riffelspitze (1 1/2 Std.) – Pfandler Alm (3 Std.) – St. Martin in Passeier (597 m; 4 1/2 Std.)	Mark. 1	Mehrere Hütten am Höhenweg, Pfandler Alm (1345 m)
18 Hirzer, 2781 m Höchster Gipfel der Sarntaler Alpen, dank der Hirzerbahn vergleichsweise kurzer Anstieg. Trittsicherheit notwendig	Seilbahn: Bergstation der Hirzer-Seilbahn (Klammeben, 1976 m), Talstation Saltaus (490 m) an der Strecke Meran – St. Leonhard in Passeier	Klammeben – Obere Scharte (2678 m) – Hirzer (2 1/2 Std.); Abstieg auf dem gleichen Weg (gesamt 4 1/4 Std.)	Mark. 4	Klammeben, Hirzerhütte (1983 m)
19 Verdinser Waal – Videgg, 1536 m Abwechslungsreiche Runde um die wilde Masulschlucht. Oberhalb der Waalhütte steiler Anstieg. Sehenswert: Verdinser Waal	Verdins (842 m, Bus), Zufahrt von Meran über Schenna. Parkplatz bei der Talstation der Oberkirn-Seilbahn (852 m)	Verdins – Verdinser Waal – Videgg (3 1/2 Std.) – Masulschlucht – Verdins (5 Std.)	Mark. Wege	Videgg (1536 m), Pixnerhof (1113 m)
20 Großer Ifinger, 2581 m Der Doppelgipfel ist alpines Wahrzeichen von Meran; kurzer Anstieg ab Skirevier Meran 2000. Naturfreunde nehmen den schöneren Weg von der Ifinger Hütte herauf. Kleiner Ifinger leicht, Großer Ifinger nur für Bergerfahrene (gesicherte Felspassage, exponiert)	Seilbahn: Bergstation der Taser-Seilbahn (1450 m), Talstation oberhalb von Schenna (578 m, Bus)	Taser – Ifingerhütte (1 1/4 Std.) – Großer Ifinger (3 1/2 Std.) – Ifingerhütte (5 Std.) – Schenna (7 Std.)	Mark. 18A, 18	Gh. Obertaser (1450 m), Ifingerhütte (1815 m)
21 Leiteralm, 1522 m Halbtagsrunde mit Anstieg über felsige, auf kürzeren Abschnitten gesicherte Wege. Abstieg (oder Anstieg) alternativ auch mit der Leiteralmbahn	Vellau (906 m, Bus), Straße und Seilbahn: Sessellift ab Algund (354 m, Bus)	Vellau – »Vellauer Felsenweg« – Hochmut (1361 m; 1 1/4 Std.) – »Hans-Frieden-Felsenweg« – Leiteralm (2 1/4 Std.) – Vellau (3 1/4 Std.)	Mark. 22, 24, 25	Hochmut (1361 m), Leiteralm (1522 m)
22 Mutspitze, 2295 m Einer der schönsten Aussichtsgipfel über dem Meraner Talkessel. Lohnende Überschreitung für Trittsichere	Seilbahn: Bergstation der Hochmuter Seilbahn (1361 m), Talstation Dorf Tirol (596 m, Bus)	Hochmut – Mutkopfhaus – Mutspitze (2 1/2 Std.) – Tschaufenjoch (2230 m) – Leiteralm (4 1/4 Std.) – »Hans-Frieden-Felsenweg« – Hochmut (5 Std.)	Mark. 22, 23, 25, 24.	Hochmut, Mutkopfhaus (1654 m), Leiteralm (1522 m)
23 Spronser Seenplatte; Hochgang, 2441 m Die große Runde im Südosten der Texelgruppe, am schönsten von Hochmut aus; etwas kürzer bei einem Start an der Seilbahn: Leiteralm (Gesamtgehzeit 6 Std.). Am Hochgang gesicherte Passagen	Seilbahn: Bergstation der Hochmuter Seilbahn (1361 m), Talstation Dorf Tirol (596 m, Bus)	Hochmut – Leiteralm (1 Std.) – Hochganghaus (2 1/2 Std.) – Hochgang (2441 m; 4 1/4 Std.) – Spronser Seenplatte – »Jägersteig« – Mutkopfhaus (6 3/4 Std.) – Hochmut (7 1/2 Std.)	Mark. 24, 7, 22	Hochmut, Leiteralm (1522 m), Hochganghaus (1839 m), Mutkopfhaus (1654 m)
24 Spronser Seen; Pfitscher See, 2125 m Dankbare Höhenwanderung ins Spronser Tal. Wer bis zum Langsee wandert, muss mit einer Gesamtgehzeit von 7 Std. rechnen.	Seilbahn: Bergstation der Hochmuter Seilbahn (1361 m), Talstation Dorf Tirol (596 m, Bus)	Hochmut – Mutkopfhaus – »Jägersteig« – Pfitscher See (2 1/2 Std.) – Bockerhütte (3 1/4 Std.) – Dorf Tirol (5 1/2 Std.)	Mark. 22, 6	Hochmut, Mutkopfhaus (1654 m), Bockerhütte (1717 m), Longfallhof (1075 m)

Ultental – Salten

Tourenziel/Charakteristik	Ausgangspunkt	Wegverlauf & Gehzeit	Markierung	Einkehr am Weg
25 Hochwart, 2608 m Höhen- und Gipfelwanderung zwischen dem Unteren Vinschgau und dem Ultental; Pensum lässt sich beliebig variieren, vom alpinen Spaziergang zur ausgedehnten Gipfeltour.	Bergstation der Vigiljochbahnen (1814 m) am Larchbühel, Talstation Lana (301 m,)	Larchbühel – Rauhe Bühel – Nörderscharte (2372 m; 3 Std.) – Hochwart (3 3/4 Std.) – Nörderscharte (4 1/4 Std.) – Naturnser Alm (5 1/2 Std.) – Larchbühel (6 1/2 Std.)	Mark. 9, 5B, 30	Am Vigiljoch (1793 m), Naturnser Alm (1910 m)
26 St. Helena, 1532 m An der Sonnseite des Ultentals von St. Pankraz nach St. Walburg, von Hof zu Hof. Das hübsch gelegene Kirchlein St. Helena stammt aus gotischer Zeit.	St. Pankraz (730 m,) im unteren Ultental, 11 km von Lana	St. Pankraz – St. Helena (2 1/2 Std.) – St. Walburg (1120 m; 5 Std.,)	Mark. 5	Gh. Helener Pichl
27 Peilstein, 2542 m Einer der schönsten Aussichtsgipfel des Ultentals. Gute Kondition erforderlich.	St. Walburg (1120 m,) im Ultental.	St. Walburg – Hochjoch (2376 m) – Peilstein (4 Std.) – Marschnellalm (2213 m) – St. Walburg (7 Std.)	Mark. 1, P, 7, 10	Marschnellalm (2213 m)
28 Koflraster Seen und Hoher Dieb, 2730 m Die Bergseen am Kamm zwischen Ultental und Untervinschgau sind ein beliebtes Wanderziel, der Hohe Dieb ist ein Gipfel mit großer Rundschau.	Steinrastalm (1723 m), Zufahrt von der Ultener Talstraße (), ab Zoggler Stausee 7 km	Steinrastalm – Koflraster Seen (2 1/2 Std.) – Hoher Dieb (3 1/2 Std.); Abstieg auf dem gleichen Weg (gesamt 6 Std.)	Mark. 4B, 4, 15	
29 Hasenöhrl, 3257 m Das Gipfelziel schlechthin für trittsichere und ausdauernde Berggänger, von der Blauen Schneid zum Hasenöhrl Blockgrat. Alternativ Abstieg nach St. Nikolaus möglich (4 Std., Mark. 14).	Steinrastalm (1723 m), Zufahrt von der Ultener Talstraße (), ab Zoggler Stausee 7 km	Steinrastalm – Arzker Stausee (2249 m; 1 1/2 Std.) – Blaue Schneid (2915 m; 3 1/2 Std.) – Hasenöhrl (4 1/2 Std.); Abstieg auf dem gleichen Weg (gesamt 7 Std.)	Mark. 11, 2	Kuppelwieser Alm
30 Höchsterhütte, 2561 m Wanderrunde im innersten Ultental mit seinen beiden Stauseen; lässt sich bei guter Kondition um die Besteigung des Gleck (2957 m) erweitern (zusätzlich 3 Std., CAI-Mark. 107, 145)	Weißbrunner See (1872 m), Zufahrt von St. Gertraud (1519 m,) 6 km	Weißbrunner See – Langsee (2340 m; 1 1/2 Std.) – Höchster Hütte (2 1/2 Std.) – Weißbrunner See (4 Std.)	Mark. 107, 12, 140	Am Weißbrunner See; Höchsterhütte (2561 m) am Grünsee
31 Karspitze, 2752 m Ausgedehnte Tal- und Gipfelrunde; von der Karspitze herrlicher Blick auf Presanella und Brenta. Ausdauer und Trittsicherheit!	St. Gertraud (1519 m,) im inneren Ultental, 32 km von Lana	St. Gertraud – Kirchbergtal – Alplahner See (2387 m; 3 Std.) – Karspitze (4 3/4 Std.) – Haselgruber Hütte (5 1/2 Std.) – St. Gertraud (7 1/2 Std.)	Rot-weiß, Mark. 108, 14, 12	Haselgruber Hütte (2425 m) am Rabbijoch
32 Ilmenspitze, 2656 m Lohnende Gipfelrunde an der Ultener Schattseite; vom Gipfel herrliche Schau nach Süden, über den Nonsberg hinweg bis zu den Dreitausendern von Adamello-Presanella	St. Nikolaus (1271 m,) im Ultental	St. Nikolaus – Seefeldalm (2110 m; 2 1/2 Std.) – Ilmenspitze (3 3/4 Std.) – Maritschbergalm (1932 m; 5 Std.) – St. Nikolaus (6 1/2 Std.)	Mark. 18, 19	
33 Haflinger Höhenweg; Kreuzjoch, 2086 m Aussichtsreiche Kammwanderung südlich von Meran 2000, dessen »Liftlandschaft« (glücklicherweise) nicht tangiert wird	Hafling (1290 m,), Zufahrt von Meran 11 km	Hafling – Wurzalm (1 1/4 Std.) – Vöraner Alm – Auener Jöchl (1924 m; 2 1/2 Std.) – Kreuzjoch (3 Std.) – Kreuzjöchl (1984 m; 4 Std.) – Hafling (5 1/2 Std.)	Mark. 2, 4, 15	Wurzalm (1707 m), Vöraner Alm, Maiser Alm (1783 m), Moschwalder Alm (1760 m)
34 Salten; Langfenn, 1527 m Wenig anstrengende Rundwanderung am Salten, mehrere Varianten möglich	Mölten (1142 m,), Terrassendorf am Tschögglberg hoch über dem Etschtal; Zufahrt von Terlan 13 km	Mölten – Fahrer Weiher (1490 m; 1 1/2 Std.) – Langfenn (2 1/2 Std.) – Mölten (3 1/2 Std.)	Mark. 4, 1, 6	Langfenn (1527 m)
35 Salten; Langfenn, 1527 m Beschauliche Höhenrunde am Salten, ausgehend von Jenesien; verschiedene Varianten möglich. Zufahrt bis zum Gh. Edelweiß (1351 m). Sehenswert: Kirchlein St. Jakob	Jenesien (1089 m,), Bergdorf am Salten, Straßenzufahrt und Seilbahn von Bozen	Jenesien – Gh. Edelweiß (1/2 Std.) – Langfenn (2 1/2 Std.) – Tschaufenhaus (4 1/4 Std.) – Jenesien (5 3/4 Std.)	Mark. 1, 7A, 7, 2	Mehrere Gasthäuser am Weg
36 Leiferer Höhenweg Recht spannende Tour über dem Brantental, am Höhenweg ein halbes Dutzend (leichte) gesicherte Passagen	Leifers (255 m,) am Eingang ins Brantental	Leifers – Schwabmühle (1 1/4 Std.) – »Leiferer Höhenweg« – Hochegger (875 m; 2 3/4 Std.) – Leifers (4 Std.)	Mark. 5, 12, 11	Schwabmühle

Tourenziel/Charakteristik	Ausgangspunkt	Wegverlauf & Gehzeit	Markierung	Einkehr am Weg
37 Bletterbachschlucht Eines der großen (und gut versteckten) Landschaftswunder Südtirols; kürzere Zugänge von Heimwald (1560 m, Zufahrt von Aldein) und Radein (1556 m). Mit Kindern reichlich Zeit einplanen! Themenpfad	Aldein (1223 m,), Terrassendorf am Regglberg, an der Strecke Auer – Deutschnofen	Aldein – Blettermühle (1203 m) – Radein (2 Std.) – Taubenleck – Schluchtweg – Butterloch (3 1/4 Std.) – Heimwald – Aldein (5 Std.)	Mark. 9, 3; Rückweg Straße	In Radein und am Rückweg nach Aldein
38 Weißhorn, 2317 m Viel besuchter Randgipfel der Dolomiten, vom Joch Grimm (1989 m) gerade ein besserer Katzensprung (1 Std., mark.). Lohnender ist die Runde von Radein aus mit großer Schau in die Bletterbachschlucht.	Radein (1556 m), Weiler am Südrand des Regglbergs, Zufahrt von Kaltenbrunn (991 m,), 8 km	Radein – »Zirmersteig« – Weißhorn (2 1/2 Std.) – Nordgrat – Lahneralm (4 Std.) – Bletterbachschlucht – Radein (4 3/4 Std.)	Mark. 12, 5, 3	Lahneralm (1583 m)
39 Leitenspitze, 2027 m Überschreitung auf wenig begangenen Steigen; vom Gipfel bemerkenswerte Aussicht, vor allem nach Westen	Bachnerhof-Säge (1250 m), Zufahrt von Kaltenbrunn (991 m,) via Unterradein 3,5 km	Bachnerhof – Leitenspitze (3 1/4 Std.) – Kugeljoch (1923 m; 4 Std.) – Radein (1556 m; 5 Std.) – Bachnerhof (6 Std.)	Mark. 13, 14, 7	In Radein (1556 m)
40 Gampen, 1635 m Wanderrunde zwischen Truden und Altrei; interessant die artenreiche Vegetation am Gampen mit seinen Hochmooren. »Naturpark Trudner Horn«	Truden (1127 m,), Zufahrt von Kaltenbrunn (991 m) an der Strecke Auer – Cavalese, 2,5 km	Truden – Peraschupfe (1432 m) – Baita del Felice (1452 m) – Altrei (2 1/2 Std.) – Krabesalm – Gampen – Truden (5 Std.)	Mark. 5, 5A, 6	Altrei, Krabesalm (1540 m)
41 Königswiese, 1622 m Toller »Guck-ins-Land« hoch über dem Etschtal; im Direktanstieg (Kurzvariante) von Gfrill 1 1/4 Std.	Gfrill (1328 m), hoch gelegener Weiler am »Naturpark Trudner Horn«; Zufahrt von Salurn (226 m,) 13 km	Gfrill – Drei-Fichten-Hof (1386 m) – Königswiese (1 1/4 Std.) – Großwies – Gfriller Sattel (1288 m) – Gfrill (4 Std.)	Mark. 4, 4A, 6, 3B	Gfrill
42 Rocca Piana, 1873 m Große Wanderrunde; lange Kammüberschreitung ab Fenner Joch mit gesicherter Passage (nur für Geübte!) am Übergang vom Monte Cuc zum Rocca Piana. Gute Kondition unerlässlich	Unterfennberg (1047 m), Weiler auf dem Fennberg; Zufahrt ab Kurtatsch (333 m,) 14 km	Unterfennberg – Oberfennberg (1163 m) – Fenner Joch (1563 m; 1 1/2 Std.) – Sella d'Arza (1503 m; 2 3/4 Std.) – Monte Cuc (1803 m) – Rocca Piana (5 Std.) – Malga Craun (6 Std.) – Unterfennberg (8 3/4 Std.)	Mark. 3, 500, 504, 518, 519	Unterfennberg; Rif. Malga Craun (1222 m)
43 Corno di Tres, 1812 m Aussichtsreiche Gipfelüberschreitung; steiler Abstieg zur Fennbergstraße, zuletzt Straßenhatscher	Oberfennberg (1163 m), Häusergruppe auf dem Fennberg; Zufahrt von Kurtatsch (333 m,) 11 km	Oberfennberg – Fenner Joch (1563 m; 1 1/4 Std.) – Corno di Tres (2 Std.) – Sattel (1699 m; 2 1/2 Std.) – Fennhals (1031 m; 3 1/2 Std.) – Oberfennberg (4 1/4 Std.)	Mark. 3, 500, 7	Gh. Boarenwald (1054 m) an der Fennbergstraße
44 Monte Roèn, 2116 m Der längste Weg auf den höchsten Gipfel des Mendelkamms! Gute Kondition ganz wichtig, am »Gamssteig« und am (leichten) Roèn-Klettersteig braucht's einen sicheren Tritt und Schwindelfreiheit.	Graun (823 m), Terrassendörfchen, Zufahrt von Kurtatsch (333 m,) 6 km, Wanderparkplatz (993 m) 2 km nördlich vom Dörfchen	Graun – Grauner Joch (1800 m; 2 3/4 Std.) – Wetterkreuz (3 1/2 Std.) – »Gamssteig« – Überetscher Hütte (4 1/2 Std.) – Monte Roèn (5 1/2 Std.) – Schwarzer Kopf (2030 m) – Wetterkreuz (6 1/4 Std.) – Kanzel – Graun (8 1/4 Std.)	Mark. 1, 1A, 560, 523, 500, 6	Überetscher Hütte (1773 m)
45 Monte Roèn, 2116 m Gemütliche Wald- und Wiesenwanderung zum höchsten Punkt des Mendelkamms. Bei Benützung des Halbweg-Sessellifts reduziert sich die Gesamtgehzeit auf gut 3 Std.	Talstation des Halbweg-Sessellifts auf den Golfwiesen (1380 m), Zufahrt vom Mendelpass (1363 m) 2 km. Großer Parkplatz	Golfwiesen – Halbweghütte (1 1/4 Std.) – Rif. Malga Romeno (2 Std.) – Monte Roèn (3 Std.); Abstieg auf dem gleichen Weg (gesamt 5 Std.)	Mark. 500	Halbweghütte (1594 m), Rif. Malga Romeno (1768 m)
46 Gantkofel, 1865 m Alpines Wahrzeichen des Etschtals ist der Gantkofel mit seiner hohen Felsstirn. Spannende Wanderrunde mit ein paar gesicherten Passagen. Im Sommer heiß!	Gh. Buchwald (930 m), Zufahrt von St. Michael (420 m,), dem Hauptort der Großgemeinde Eppan, 6,5 km	Buchwald – Gantkofel (2 3/4 Std.) – Kematscharte (1700 m; 3 1/2 Std.) – Buchwald (5 Std.)	Mark. 536, 500, 546	Gh. Buchwald (930 m)
47 Burg Hocheppan, 628 m Abwechslungsreiche Burgenrunde, steiler Aufstieg zur Burg Festenstein; wer die Runde über die Ruine Boymont (580 m) erweitert, hat eine Gehzeit von 5 Std.	Andrian (274 m,), Bauerndorf im Etschtal, gegenüber von Terlan. Parkplatz an der Mündung der Gaider Schlucht	Andrian – Festenstein (1 1/4 Std.) – Perdonig (812 m; 2 1/4 Std.) – Hocheppan (2 3/4 Std.) – Andrian (4 Std.)	Mark. 15, 8, 9, 2	Gh. Lipp (802 m), Gh. Wieser in Perdonig, Hocheppan

Vinschgau

Uraltes Kulturland zwischen Ortler und Ötztaler Alpen

Vergleiche drängen sich manchmal einfach auf: der Südtiroler Vinschgau als ostalpines Pendant zum schweizerischen Wallis; nicht ganz so groß, aber ebenfalls umrahmt von hohen, vergletscherten Bergketten, woraus ein extrem trockenes Klima resultiert, uraltes Kulturland hier wie dort. Allenthalben stößt man auf historische Gemäuer, Burgen und Schlösser, aber auch Kirchen, von denen einige in ihrem Grundbestand bis in karolingische Zeit zurückreichen. Berühmt sind die Fresken von St. Prokulus bei Naturns, geradezu ein Dorado für Kunstliebhaber ist die Gegend um Mals.

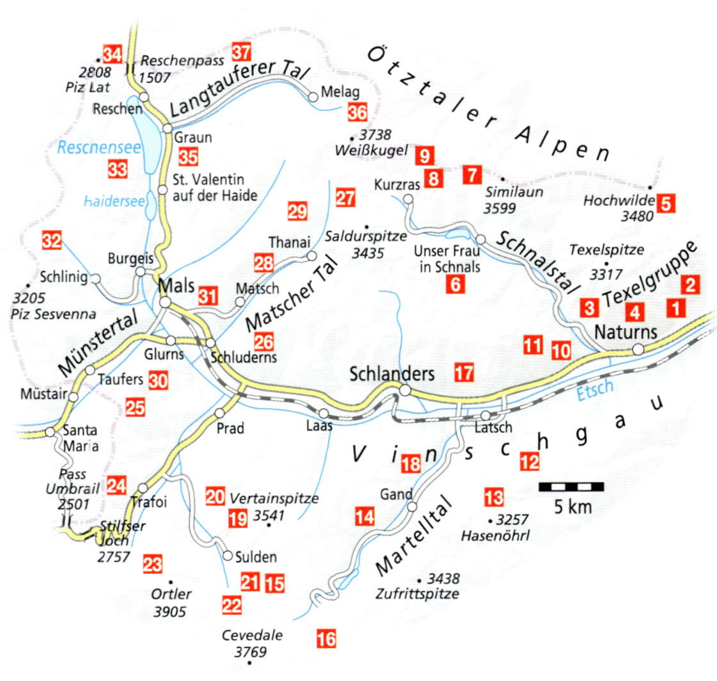

Bergwanderer zieht's natürlich hinauf, und da bietet der Vinschgau mit seinen großen Seitentälern – Schnals, Martell, Trafoi-Sulden, Matsch – ein fast unerschöpfliches Tourenangebot, bis über das Dreitausenderlimit hinaus. Sehr beliebt sind Ausflüge am Sonnenberg mit seinen oft an steilste Hänge gebauten Bauernhöfen und der großen Aussicht übers Etschtal auf die Ortlerberge. Zur (trockenen) Sonnenberglandschaft gehören natürlich die Waale, alte Bewässerungskanäle, die das im niederschlagsarmen Sommer so kostbare Wasser – vor allem Gletscherschmelzwasser – auf die Felder bringen (wie im Wallis die Bisses, Suonen oder Heiligen Wasser). Nicht überall läuft allerdings das Wasser noch, klappern die Waalschellen, seit jüngstem werden aber auch wieder Wasserwege restauriert, wie etwa am Mitterwaal im Münstertal. In Betrieb sind beispielsweise der Gschneirer Waal ob Schluderns, der Ilswaal im Schlandrauner Tal, der Latschanderwaal bei Latsch und der Schnalser Waal.

Große touristische Zentren gibt es im Vinschgau keine (glücklicherweise). Günstige Standorte für einen längeren Aufenthalt sind die Dörfer an der Etsch, von Naturns bis hinauf nach Mals.

Stilfser-Joch-Nationalpark

Der 1935 begründete, heute 1350 Quadratkilometer große Naturpark liegt zu einem Drittel auf Südtiroler Boden. Das Parkareal umfasst die gesamte Südflanke des Vinschgaus von Latsch hinauf bis Taufers im Münstertal mit mehreren größeren Siedlungen wie Martell, Prad und Sulden. Aus diesem Grund sind innerhalb des Parks größere Zonen ausgewiesen, die landwirtschaftlich und touristisch genutzt werden dürfen. Das führt gelegentlich zu Konflikten zwischen dem Schutzgedanken und ökonomischen Interessen, wie man etwa in der Umgebung des Stilfser Jochs (2757 m) beobachten kann. Die gut ausgebaute touristische Infrastruktur erleichtert andererseits den Zugang in die hochalpine Kernregion des Parks; markierte Wege verbinden die Täler, führen über hohe Pässe im Vorfeld der ganz großen Gipfel. Die Parkgemeinden bieten während der Ferienzeit geführte Wanderungen an (Infos bei den Tourismusbüros).

Steckbrief

Fläche: ca. 1900 qkm
Höchster Punkt: Ortler (3905 m)
Gebirgsgruppen: Ötztaler Alpen (Süd), Sesvennagruppe (Ost), Ortlergruppe (Nord)
Wichtigste Ortschaften: Naturns, Schlanders, Sulden, Mals
Wandervorschläge: 37

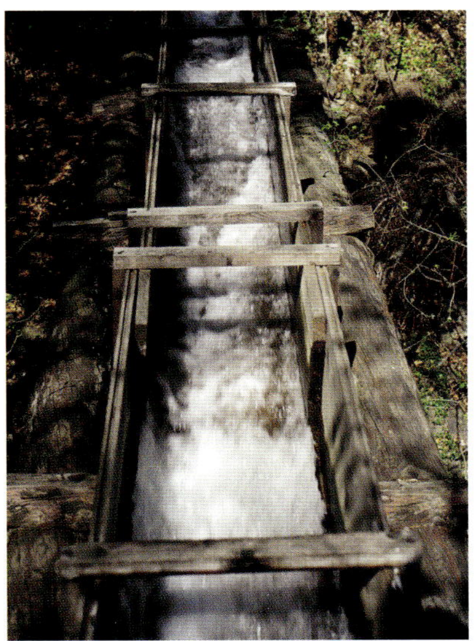

Kunstvoll angelegter Waal im Vinschgau

Aussichtsparcour über dem untersten Vinschgau

2 Meraner Höhenweg; Hochganghaus, 1839 m

Ganz gemütlich für einmal, wenig bergauf, viel Aussicht und ein paar schöne Plätze am Weg, die zur Brotzeit einladen. Die gut 1000 Steigungsmeter zur Leiteralm legt man bequem per Lift zurück, und am Weg zum Hochganghaus gerät auch niemand außer Atem. Im Vorblick hat man die markante Felspyramide des Tschigat (2998 m), und das wiederum verführt leicht zu Gipfelträumen …

Hinter der Leiteralm-Seilbahnstation fädelt man sich in den »Meraner Höhenweg« ein, der schattig und bei angenehmer Steigung hoch über der Töll zum Hochganghaus führt. Weiter fast eben um den Gratausläufer der Hohen Wiege (1809 m) herum zur Tablander Alm, dann durch die schrofige Südflanke der Sattelspitze (2428 m) abwärts zur Nassereithhütte (1523 m) und im Tal des Zielbachs (Wasserfall) hinunter nach Partschins.

Dreitausend und mehr!

15 Hintere Schöntaufspitze, 3325 m

Das richtige Ziel für Wanderer, die hoch hinauswollen: markiert der Anstieg, eine ordentliche Wegspur ins Madritschjoch, dann Geröll und etwas Blockwerk zum grandiosen Panorama. Blickfang ist das Gipfelduo Ortler (3905 m) – Königsspitze (3851 m): er massig mit der dicken Schneemütze, sie eisig-elegant. Erstbesteiger des »höchsten Spiz im Land Tyrol« war übrigens Josef Pichler, vulgo Pseyrer Josele, im Jahr 1804.

Von der Enzianhütte (2061 m) wandert man auf dem Karrenweg zunächst hinauf zur Zufallhütte (2265 m), deren Name sich natürlich nicht auf die Unwägbarkeiten des Schicksals, sondern – ganz banal – auf die Lage unweit eines Wasserfalls (= zu Fall) bezieht. Nun westlich über eine Rampe in das weite Madritschtal und auf gutem Weglein taleinwärts, zuletzt steiler ins Madritschjoch (3123 m). Aus der Scharte rechts über den harmlosen Südgrat zum Gipfel.

Schauen, staunen

17 St. Martin im Kofel, 1776 m

Wandern verhilft ja nicht nur zu schönen Ausblicken, sondern oft auch zu tieferer Einsicht. Beispielsweise am weiten Weg zu den Abgrundhöfen am Vinschgauer Sonnenberg. Da staunt man über das handwerkliche Geschick der Altvorderen beim Bau ihrer Wasserwege, ist etwas irritiert beim Gedanken an ein Leben hoch überm Tal, vor großem Panorama und inmitten steil-steiniger Wiesen; da sinniert man in Schlandersberg über die (geglückte?) Symbiose von historischen Mauern

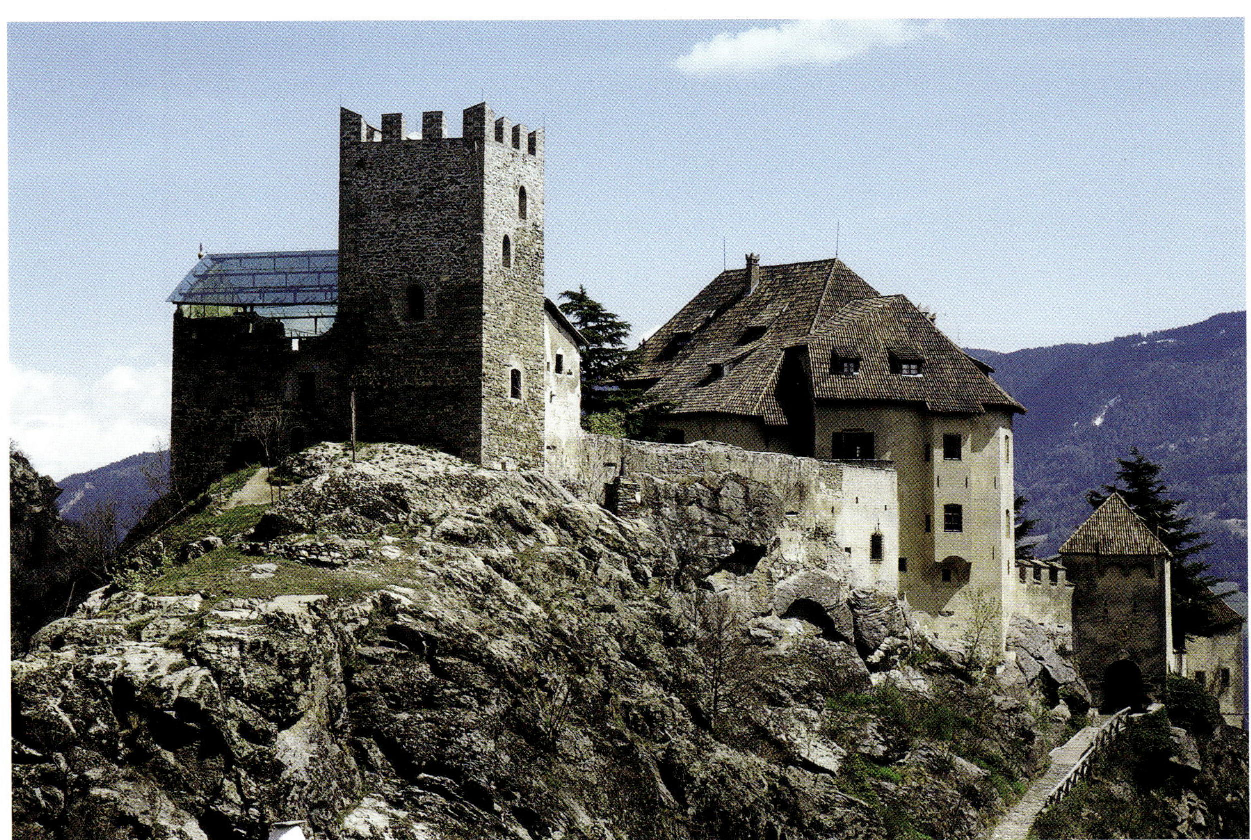

Wo einst die Ritter hausten. Schloss Juval, heute im Besitz von Reinhold Messner und ein Museum

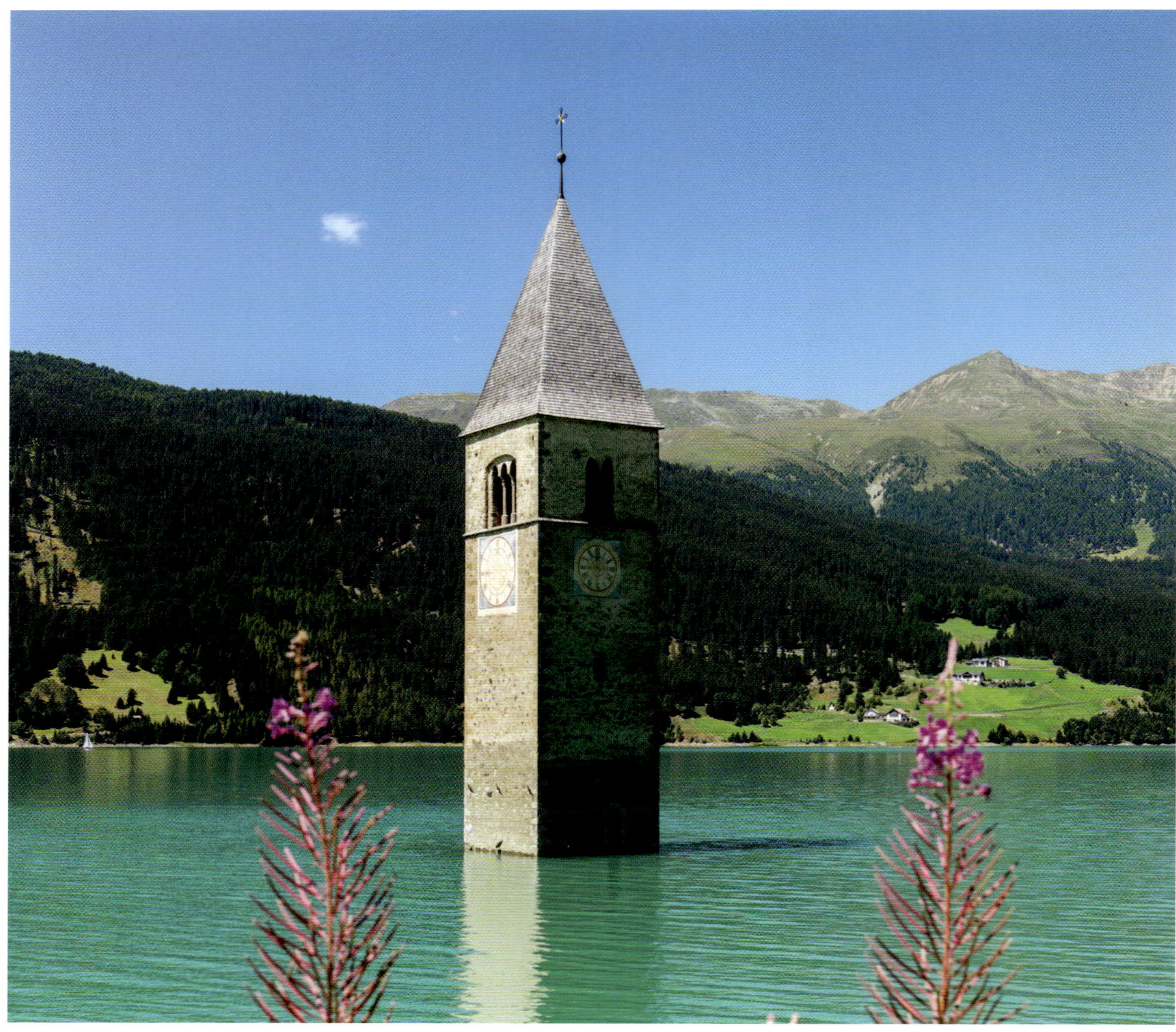

Das Wahrzeichen des Obervinschgaus: der Kirchturm des (versunkenen) Dörfchens Alt-Graun

und modernem Wohnkomfort, drängen sich Vergleiche zwischen alten Fußwegen und neuen, brutal ins Gelände geschlagenen Straßen auf, provoziert der utopisch-archaisch wirkende Rundbau bei St. Martin. Der Vinschgauer Sonnenberg: eine Region im Umbruch.

In Schlanders zunächst durch den Ort zum Realgymnasium nahe der großen Straßenkehre, dann bergan zum Ilswaal. Man folgt ihm in den wilden Mündungsgraben des Schlandrauner Tals und steigt dann am Hang gegenüber hinauf zum Schloss Schlandersberg (1060 m). Weiter, die Straßenkehren abkürzend, mit zunehmender Fernsicht am Sonnenberg aufwärts. Knapp unter dem Gehöft Tappein (1397 m) rechts auf eine Sandstraße und zum verfallenen Hof Patsch. Weiter um den tiefen Graben des Fallerbachs herum, vorbei an zwei weiteren Höfen, von denen bloß die Grundmauern und die prächtige Lage geblieben sind. Im Tissbachgraben stößt man schließlich auf eine monströse Erschließungstrasse, die von St. Martin im Kofel herüberkommt.

Von der Häusergruppe über Wiesen, dann im Wald hinab nach Ratschill (gut auf Mark. achten!); etwas tiefer zeigt sich die originelle Anlage von Schloss Annenberg. Nun hinab in den Tissgraben (verfallene Mühlen), rechts auf den »Lotterweg«, der quer durch den Steilhang läuft, und abwärts zu den Häusern von Vezzan. Hier fädelt man in den Höhenweg ein, der in leichtem Auf und Ab über den felsdurchsetzten Hang zurückleitet nach Schlanders. Zuletzt über den Schlandrauner Bach und hinein in den stattlichen Ort.

Aussichtskanzel über dem Reschensee

34 Piz Lat, 2808 m

Den Piz Lat, nördlichster Punkt des hohen Kamms, der zwischen Rojen- und Inntal aufragt, besucht man vor allem der Aussicht wegen. Und die kann sich wirklich sehen lassen: eine gelungene Mischung aus Tief-, Nah- und Fernblicken, in die Innschlucht, zum Reschensee, auf das Ortlermassiv und in die Samnauner Berge, die Gipfel und Grate der Ötztaler Alpen, innabwärts bis zu den Mieminger Bergen und zur Zugspitze.

Von der Reschner Alm zunächst durch lichten Wald, dann im Zickzack über freie Hänge zum Wegkreuz von Seßlat und weiter in die Mulde unter dem Gipfel. Nun in Kehren über den Geröllhang zum höchsten Punkt.

Wer sich in weglosem Gelände sicher fühlt, kann den Piz Lat als Ausgangspunkt einer großartigen, aber anspruchsvollen Kammüberschreitung nehmen: Piz Nair (2743 m) – Äußere Scharte (2636 m) – Mittlere Scharte (2586 m) – Hintere Scharte (2698 m) – Grionkopf (2896 m) usw.

Tourenziel/Charakteristik	Ausgangspunkt	Wegverlauf & Gehzeit	Markierung	Einkehr am Weg
1 Nasereithütte, 1523 m Höhenwanderung rund um das untere Zieltal; alternativ Seilbahn nach Giggelberg. Von der Nasereithütte 2 Std. Aufstieg zur Lodnerhütte (2262 m; Mark. 8)	Partschins (618 m, Bus), Feriendorf oberhalb der Töll, 8 km von Meran	Partschins – »Sonnenberger Höhenweg« – Gruberhof – Giggelberg (2 1/2 Std.) – Nasereithütte (3 1/4 Std.) – Partschins (5 Std.)	Mark. 26, 24, 8	Mehrere Gh. am Weg, Nasereithütte (1523 m)
2 Meraner Höhenweg; Hochganghaus, 1839 m Bezaubernde Höhenwanderung über dem untersten Vinschgau mit Tiefblicken auf Meran	Seilbahn Bergstation der Leiteralm-Gondelbahn (1485 m), Talstation Vellau (906 m, Bus) oberhalb von Algund (Straße und Seilbahn Sessellift)	Leiteralm – »Meraner Höhenweg« – Hochganghaus (1 1/4 Std.) – Nasereithütte (3 3/4 Std.) – Partschins (618 m; 5 1/2 Std., Bus)	Mark. 24, 8	Leiteralm (1522 m), Hochganghaus (1839 m), Nasereithütte (1523 m)
3 Dickeralm, 2060 m Höfe- und Höhenwanderung über dem untersten Schnalstal	Katharinaberg (1245 m), Dörfchen im unteren Schnalstal, Zufahrt von der Talstraße 2 km	Katharinaberg – Linthof (1 1/2 Std.) – Dickeralm (3 1/2 Std.) – Katharinaberg (5 Std.)	Mark. 10A, 24, 10, 9	Linthof (1464 m), Dickhof (1709 m), Dickeralm (2060 m)
4 Kirchdachspitze, 3053 m Etwas für Leute mit großer Lunge und viel Auftrieb: 1800 Höhenmeter ab Katharinaberg zur großen Aussicht vom »Dach«	Katharinaberg (1245 m), Dörfchen im unteren Schnalstal, Zufahrt von der Talstraße 2 km	Katharinaberg – Obere Mairalm (2023 m; 2 1/4 Std.) – Kirchdachspitze (5 1/4 Std.); Abstieg auf dem gleichen Weg (gesamt 8 1/4 Std.)	Mark. 10, 10A	
5 Stettiner Hütte, 2875 m Lange Tal- und Passwanderung; lohnend auch schon die gemütliche Talwanderung zum Eishof (2071 m)	Vorderkaser (1693 m) im Pfossental, Zufahrt von der Schnalser Talstraße, 5,5 km. Großer Parkplatz	Vorderkaser – Eishof (1 3/4 Std.) – Eisjöchl (2895 m) – Stettiner Hütte (4 1/2 Std.); Abstieg auf dem gleichen Weg (gesamt 7 1/2 Std.)	Mark. 24	Mehrere Gh. im Pfossental; Stettiner Hütte (2875 m)
6 Nockspitze, 2719 m Aussichtspunkt über dem Vernagt-Stausee (1690 m)	Unser Frau in Schnals (1508 m, Bus), 15 km von Naturns	Unser Frau – Mastaunalm (1 Std.) – Nockspitze (3 1/2 Std.) – Waldringer Alm – Unser Frau (5 3/4 Std.)	Mark. 17, 17A	Mastaunalm (1810 m)
7 Similaunhütte, 3018 m Seit der Entdeckung des »Ötzi« sehr beliebte Hüttentour; am Tisenjoch nahe dem Hauslabjoch westlich der Hütte wurde die tiefgefrorene Mumie entdeckt (Gletscher, Führungen).	Vernagt (1711 m, Bus), Häusergruppe am Vernagt-Stausee	Vernagt – Similaunhütte (3 1/2 Std.); Abstieg auf dem gleichen Weg (gesamt 6 Std.)	Mark. 2	Similaunhütte (3017 m)
8 Grawand, 3251 m – Finailjoch Aussichtsreiche Höhen- und Bergabwanderung, einige gesicherte Passagen, Blockgrat. Die Finailhöfe (1952 m) gelten als höchstgelegene Kornhöfe der Alpen.	Seilbahn Bergstation der Schnalstaler Gletscherbahn (3212 m), Talstation Kurzras (2011 m, Bus) am Endpunkt der 24 km langen Schnalstaler Straße	Seilbahn – Grawand – Finailjoch (3125 m; 3/4 Std.) – Finailsee (2709 m) – Finailhof – Kurzras (4 1/4 Std.)	Mark. 8, 7	Seilbahn, Finailhof (1952 m)
9 Schöne Aussicht und Im Hinteren Eis, 3270 m Trotz des (schönen) Namens eisfreier Dreitausender. Trittsicherheit notwendig	Kurzras (2011 m, Bus), Hotelsiedlung am Endpunkt der 24 km langen Schnalstaler Straße	Kurzras – Gh. Schöne Aussicht (2 1/2 Std.) – Im Hinteren Eis (4 Std.); Abstieg auf dem gleichen Weg (gesamt 6 1/2 Std.)	Mark. 3, 3A	Gh. Schöne Aussicht (2842 m) knapp unter dem Hochjoch (2861 m)
10 Oberjuval, 1316 m, und Schnalser Waalweg Aussichtsreiche Rundwanderung, Rückweg über den alten Waalweg. Besuchenswert: Reinhold Messners Schloss Juval (Museum)	Tschars (598 m), Bus), Dorf im unteren Vinschgau, zwischen Naturns und Kastelbell	Tschars – Oberschönegg – Oberjuval (2 1/4 Std.) – Schloss Juval (3 Std.) – Schnalser Waalweg – Tschars (4 Std.)	Mark. 1A, 1, 3	Beim Schloss Juval
11 Tscharser Wetterkreuz, 2448 m Prächtiger Aussichtspunkt im Winkel zwischen Schnals- und Etschtal. Langer Aufstieg (Kondition!), im Sommer sehr heiß! Kürzerer Anstieg von Trumsberg (3 1/2 Std., Mark. 1).	Tschars (598 m, Bus), Dorf im unteren Vinschgau, zwischen Naturns und Kastelbell	Tschars – Oberjuval (1316 m; 2 1/4 Std.) – Schermetz (2106 m) – Tscharser Wetterkreuz (5 1/2 Std.) – Stierbergalm (6 1/4 Std.) – Trumsberg (1358 m; 7 3/4 Std.) – Tschars (9 1/4 Std.)	Mark. 1A, 1, 4, 2	Stierbergalm (2106 m), Trumsberg (1358 m)
12 Tarscher See, 1828 m Gemütliche Bergabwanderung auf guten Wegen	Seilbahn Bergstation des Tarscher-Alm-Lifts (1929 m), Talstation knapp 4 km von Tarsch (816 m, Bus)	Tarscher Alm – Tarscher See (1 Std.) – Talstation (2 1/2 Std.)	Mark. 9	Tarscher Alm (1940 m)
13 Hasenöhrl, 3257 m Östlichster Dreitausender des Ortlergebirges mit grandiosem Panorama. Nur für Geübte, am Grat von der Blauen Schneid zum Gipfel blockige Felsen. Wichtig: sicheres Wetter!	Seilbahn Bergstation des Tarscher-Alm-Lifts (1929 m), Talstation knapp 4 km von Tarsch (816 m, Bus)	Tarscher Alm – Zirmruanhütte – Latscher Joch (2507 m; 2 Std.) – Blaue Schneid (2915 m) – Hasenöhrl (4 1/4 Std.); Abstieg auf dem gleichen Weg (gesamt 7 Std.)	Mark. 1, 2A, 2	Tarscher Alm (1940 m), Zirmruanhütte (2251 m)

	Tourenziel/Charakteristik	Ausgangspunkt	Wegverlauf & Gehzeit	Markierung	Einkehr am Weg
Untervinschgau	**14 Marteller Höhenweg** Wenig anstrengende Wanderung an der linken Talseite, von Thal bis zu den Hütten am Ende der Marteller Straße	Martell-Thal (1308 m,), 11 km von Goldrain	Thal – Stallwies (2 1/2 Std.) – Lyfialm (2165 m) – Enzianhütte (5 1/2 Std.,)	Mark. 8	Stallwies (1931 m), Enzianhütte (2061 m)
	15 Hintere Schöntaufspitze, 3325 m Stattlicher Dreitausender mit Paradeblick auf Ortler-Königsspitze. Bei sicherem Wetter im Hochsommer für geübte Bergwanderer problemlos	Enzianhütte (2061 m,) am Endpunkt der Marteller Talstraße, 28 km von Goldrain	Enzianhütte – Zufallhütte (3/4 Std.) – Madritschjoch (3123 m; 3 1/2 Std.) – Hintere Schöntaufspitze (4 Std.); Abstieg auf dem gleichen Weg (gesamt 6 1/2 Std.)	CAI-Mark. 151	Enzianhütte (2061 m); Zufallhütte (2265 m)
	16 Marteller Hütte, 2610 m Lohnende Hüttenwanderung; Geübte können sie um die Runde über die Vordere Rotspitze (3033 m) erweitern (Gesamtgehzeit dann 5 3/4 Std., Mark. 37A, 31).	Enzianhütte (2061 m,) am Endpunkt der Marteller Talstraße, 28 km von Goldrain	Enzianhütte – Paradies – Marteller Hütte (1 3/4 Std.) – Zufallhütte (2 3/4 Std.) – Enzianhütte (3 1/4 Std.)	Mark. 37, 103, 150	Enzianhütte (2061 m), Marteller Hütte (2610 m), Zufallhütte (2265 m)
	17 St. Martin im Kofel, 1776 m Klassische Höfewanderung am steilen Sonnenberg über dem mittleren Vinschgau. Ab St. Martin (von Latsch) auch als bequeme Bergabwanderung möglich	Schlanders (738 m,), Hauptort des mittleren Vinschgau	Schlanders – Ilswaal – Schlandersberg (1060 m; 1 Std.) – Tappein (2 Std.) – St. Martin (4 1/4 Std.) – Ratschill (5 1/4 Std.) – »Lotterweg« – Vezzan (6 1/4 Std.) – Schlanders (7 1/4 Std.)	Mark. 5, 7, 14, 6, »Lotterweg« rot-weiß, dann 13	Schlandersberg, Egg (1677 m), St. Martin, Ratschill (1285 m)
	18 Göflaner Scharte, 2396 m Interessante Runde am Nörderberg; vom Göflaner Schartl prächtige Aussicht auf Ötztaler Alpen und Ortlerberge. Oberhalb der Göflaner Alm Marmorbrüche; Anstieg zum Göflaner See (2519 m) auf gesichertem Steig möglich (zusätzlich 2 1/2 Std. hin und zurück, Mark. 3)	Haslhof (1489 m), Zufahrt von Göflan (737 m,), 8 km	Haslhof – Göflaner Alm (1826 m; 2 3/4 Std.) – Göflaner Schartl (3 3/4 Std.) – Kreuzjöchl (2053 m; 4 1/2 Std.) – Haslhof (5 1/2 Std.)	Mark. 2, 3, 3A, 23, 1	Haslhof (1489 m)
Obervinschgau	**19 Düsseldorfer Hütte, 2721 m** Beliebte Höhen- und Hüttenwanderung, bei Benützung des Kanzellifts wenig anstrengend. Lohnend auch die Wanderung zum Rosimboden, mit Abstieg nach Sulden 2 1/2 Std. (Mark.11B, 11)	Bergstation des Kanzellifts (2350 m), Talstation Sulden (1866 m,)	Kanzel – Düsseldorfer Hütte (1 3/4 Std.) – Zaytal – Sulden (3 1/2 Std.)	Mark. 12, 5, 16	Kanzel (2350 m), Düsseldorfer Hütte (2721 m)
	20 Hinteres Schöneck, 3143 m Einer der schönsten Aussichtspunkte über dem Suldental, Prachtblick zum Ortler (3905 m). Im Gipfelbereich leichte Felsen (Drahtseile)	Bergstation des Kanzellifts (2350 m), Talstation Sulden (1866 m,)	Kanzel – Düsseldorfer Hütte (1 1/2 Std.) – Hinteres Schöneck (3 Std.) – Stieralm (2248 m) – Sulden (5 1/2 Std.)	Mark. 12, 5, 25A, 25	Kanzel (2350 m), Düsseldorfer Hütte (2721 m)
	21 Hintere Schöntaufspitze, 3325 m Stattlicher Dreitausender mit herrlicher Aussicht auf Ortler und Königsspitze	Bergstation der Seilschwebebahn bei der Schaubachhütte (2581 m), Talstation Sulden (1866 m,)	Schaubachhütte – Madritschjoch (3123 m; 2 Std.) – Hintere Schöntaufspitze (2 1/2 Std.); Abstieg auf dem gleichen Weg (gesamt 4 1/4 Std.)	CAI-Mark. 151	Schaubachhütte (2581 m)
	22 Hintergrathütte, 2661 m Höhenwanderung an der Ostflanke des Ortler (3905 m)	Bergstation des Langenstein-Lifts (2330 m), Talstation Sulden (1866 m,)	Langenstein – »Morosiniweg« – Hintergrathütte (1 1/2 Std.) – Sulden (3 Std.)	Mark. 3, 2	Liftstation, Hintergrathütte (2661 m)
	23 Tabarettakugel, 2539 m Aussichtsreiche Runde an der zerklüfteten Westflanke des Ortlerstocks. Von der Berglhütte Fortsetzung der Tour über den »Dreifernerweg« möglich (Gesamtzeit dann 7 1/4 Std., Mark. 14, 13)	Trafoi (1543 m,) am Stilfser Joch	Trafoi – ex-Edelweißhütte (2481 m; 2 3/4 Std.) – Tabarettakugel – Berglhütte (3 3/4 Std.) – Heilige Drei Brunnen (1605 m) – Trafoi (5 1/2 Std.)	Mark. 19, 18A, 18	Berglhütte (2188 m)
	24 Goldseeweg Höhenpromenade vor dem Ortlermassiv, lohnend der kurze Abstecher zum Rötspitz (3026 m; 1/2 Std.)	Bergstation des Furkellifts (2153 m), Talstation Trafoi (1543 m,)	Furkelhütte – Goldsee (2728 m) – Stilfser Joch (2757 m) 4 1/2 Std.,	Mark. 20	Furkelhütte (2153 m), Stilfser Joch
	25 Piz Chavalatsch, 2764 m Aussichts- und Grenzgipfel zwischen dem Trafoiertal und dem Münstertal	Bergstation des Furkellifts (2153 m), Talstation Trafoi (1543 m,)	Furkelhütte – Obere Stilfser Alpe (2077 m) – Piz Chavalatsch (3 1/2 Std.) – Gomagoi (1256 m; 7 Std.)	Mark. 4, 5, 3, 8	Furkelhütte (2153 m)

Tourenziel/Charakteristik	Ausgangspunkt	Wegverlauf & Gehzeit	Markierung	Einkehr am Weg
26 Köpflplatte, 2410 m Alte Wege – neue Straßen und dazu eine herrliche Aussicht von der »Platte« auf den Vinschgau und seine Berge. Nicht vergessen: Besuch in der Churburg samt Rüstkammer!	Gschneir (1344 m), Zufahrt von Schluderns (919 m, 🚌) 6 km	Gschneir – Obertels (1563 m) – Mahder (1959 m) – Köpfelplatte (3 1/4 Std.) – Grein (1368 m; 5 1/4 Std.) – Gschneirer Waalweg – Gschneir (6 Std.)	Mark. 23, 21, 21A, 19	Gschneir
27 Oberetteshütte, 2677 m Dankbare Hüttenwanderung im innersten, von Dreitausendern umrahmten Matscher Tal	Glieshof (1824 m) im Matscher Tal, Zufahrt von Tartsch (1029 m) im Vinschgau via Matsch (1576 m), 15 km	Glieshof – Oberetteshütte (2 3/4 Std.); Abstieg auf dem gleichen Weg (gesamt 5 Std.)	Mark. 1	Gh. Glieshof (1824 m), Oberetteshütte (2677 m)
28 Matscher Almweg Höhenwanderung an der nordwestlichen Flanke des Matscher Tals. Prächtige Aussicht auf die Dreitausender um die Saldurspitze (3433 m). Zwischenabstieg nach Thanai bzw. zum Glieshof möglich, Rückweg am Waal	Matsch (1576 m), Dörfchen am Taleingang, 7 km von Tartsch (1029 m) im Vinschgau	Matsch – Gonda (1997 m; 1 1/2 Std.) – Matscher Alm (2045 m; 4 Std.) – Glieshof (4 3/4 Std.) – Waalweg – Matsch (6 1/2 Std.)	Mark. 15, 7, 1	Matscher Alm, Gh. Glieshof (1824 m)
29 Portlesspitze, 3074 m Lohnendes Gipfelziel, Aufstieg eher mühsam als schwierig. Gute Kondition unerlässlich	Thanai (1824 m), Weiler im inneren Matscher Tal, Zufahrt von Tartsch (1029 m) im Vinschgau via Matsch (1576 m), 14 km	Thanai – Eiswiesen (2079 m; 3/4 Std.) – Portlesspitze (4 Std.); Abstieg auf dem gleichen Weg (gesamt 6 1/2 Std.)	Mark. 8	Glieshof (1824 m), knapp 1 km taleinwärts (Straße)
30 Glurnser Köpfl, 2395 m Wasser- und Gipfelwege, Kultur und Aussicht prägen diese Runde. Glurns ist ein bestens erhaltenes mittelalterliches Mini-Städtchen. Zufahrt bis St. Martin (1077 m) möglich	Glurns (907 m, 🚌), Nachbarort von Mals/Schluderns vor dem Eingang ins Münstertal	Glurns – Glurnser Alm (1978 m) – Glurnser Köpfl (4 1/4 Std.) – Lichtenberger Höfe – Bergwaal – Glurns (7 3/4 Std.)	Mark. 24, 14A, 14, 20	
31 Spitzige Lun, 2324 m Bekannter Aussichtspunkt am langen Portlesgrat, herrlicher Blick auf die Ortlerberge. Kürzerer Zustieg von Matsch (2 1/2 Std.)	Mals (1051 m, 🚌), Hauptort des Obervinschgau. Sehenswert: alte Kirchen, karolingische Fresken (um 800)	Mals – »Matscher Weg« – Gamassen (1607 m) – Spitzige Lun (3 3/4 Std.) – Mals (6 1/4 Std.)	Mark. 14, 18B, 13, 12	
32 Sesvennahütte, 2256 m Wenig anstrengende Hüttenwanderung; Ambitionierte steigen gleich noch auf die Rasaßspitze (2941 m; 2 Std., mark.), einen bekannten Aussichtsgipfel.	Schlinig (1726 m), Zufahrt von Burgeis (1237 m, 🚌) 8 km	Schlinig – Sesvennahütte (2 Std.); Abstieg auf dem gleichen Weg (gesamt 3 1/4 Std.)	Mark. 1	Sesvennahütte (2256 m)
33 Elferspitze, 2926 m Großer Aussichtsgipfel in der Sesvennagruppe mit vergleichsweise kurzem Zustieg. Faszinierend die Tiefblicke auf den Reschensee	🚡 Bergstation der Haider-Alm-Gondelbahn (2120 m), Talstation St. Valentin auf der Haide (1474 m, 🚌)	Haider Alm – Elferspitze (2 1/2 Std.) – Zehnerkopf (2675 m; 3 3/4 Std.) – Schöneben (2118 m; 5 Std.) – »Höhenweg Zapfl« – Haider Alm (6 1/2 Std.)	Mark. 9, 9B, 9A, 14	Haider Alm (2120 m)
34 Piz Lat, 2808 m Herrlicher Aussichtspunkt über dem Dreiländereck, packend der Tiefblick ins Inntal	Reschen (1513 m, 🚌), Grenzort am Reschenpass; evtl. Zufahrt bis zur Reschner Alm (2020 m)	Reschen – Reschner Alm (1 1/2 Std.) – Piz Lat (4 Std.); Abstieg auf dem gleichen Weg (gesamt 6 1/2 Std.)	Mark. 5	Reschner Alm (2020 m)
35 Endkopf, 2652 m Gegenüber der Elferspitze erhebt sich östlich des Reschensees der schroffe Endkopf, bei den Einheimischen Jaggl. Lohnende Überschreitung von Graun nach St. Valentin. Blumen!	Graun (1501 m, 🚌) am Reschensee mit berühmten Fotosujet (Kirchturm des alten Dorfs draußen im Wasser)	Graun – Meisltal – Schartl (2536 m) – Endkopf (3 1/2 Std.) – Grauner Alm (2202 m; 4 1/2 Std.) – St. Valentin auf der Haide (1474 m, 🚌) 6 Std.	Mark. 10, 10B, 13	
36 Weißkugelhütte, 2542 m Beliebte Hüttentour mit prächtiger Aussicht auf Gipfel und Gletscher des Weißkugelkamms (Weißkugel, 3738 m), Gletscherlehrpfad	Melag (1912 m, 🚌), Weiler im innersten Langtauferer Tal, 11 km ab Graun	Melag – Inner Schafberghütte (2340 m) – Weißkugelhütte (2 1/2 Std.) – Melager Alm – Melag (4 Std.)	Mark. 3, 2	Weißkugelhütte (2542 m); Melager Alm (1970 m)
37 Langtauferer Höhenweg Eine Tour für Langläufer, ohne Stützpunkt am Weg. Zwischenabstiege ins Langtauferer Tal möglich. Herrliche Ausblicke, zahlreiche Seeaugen am Weg	Melag (1912 m, 🚌), Weiler im innersten Langtauferer Tal, 11 km ab Graun	Melag – Samerboden (Verzweigung, 2540 m; 2 Std.) – Höhenweg – Kaserne (2643 m) – Valzerschartl (2672 m) – Pedross-See (2602 m) – Roßbödenalm (2364 m; 7 Std.) – Graun (1501 m; 8 1/2 Std.)	Mark. 1, 4, 5	

Ortler, Adamello-Presanella und Brenta

Gletscherberge und Dolomitzinnen

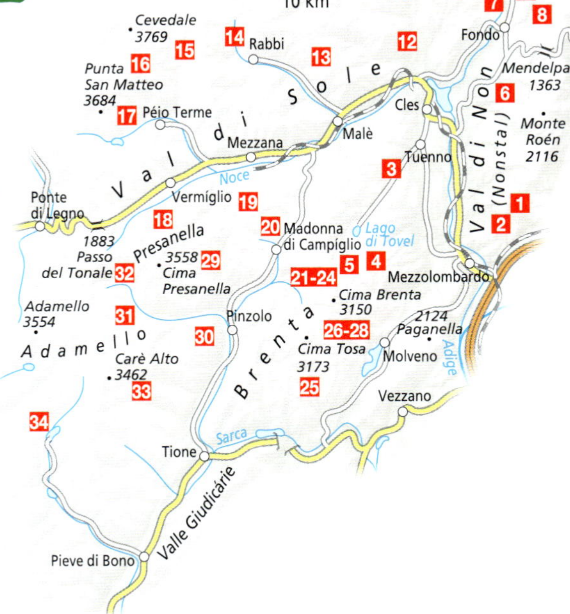

Tief eingeschnittene inneralpine Täler, das weiß man, profitieren davon, dass die umgebenden Berge als Bollwerke gegen schlechtes Wetter wirken, es auf ihren Außenseiten regnen lassen und damit dafür sorgen, dass im Tal öfter als anderswo die Sonne scheint. Das muss beim Val di Sole auch so sein – bei dem Namen. Da drängen sich natürlich Vergleiche mit dem benachbarten Vinschgau auf, bei allen Unterschieden.

Wein wird allerdings kaum angebaut im Tal des Noce, dafür der vorzügliche Teroldego drunten bei Mezzocorona, und das Geschäft mit dem Obst hat man dem Nonstal überlassen, wo an allen Hügeln (Wasser) gesprengt und (Chemie) gespritzt wird, auf dass der beliebte »Alpenapfel« makellos (und geschmacksarm?) auf den Tisch komme.

Im Val di Sole – vor noch gar nicht so langer Zeit ein »valle povere« – hält man es mit dem Wasser: Das ganze Jahr über sprudelt es mineralhaltig aus den Quellen von Pejo, und im Winter fällt es in Form von Schnee vom (halt doch nicht immer blauen) Himmel. Und wo's dann noch nicht für die weiße Unterlage reicht, hilft die Technik nach, lässt man es schneien. So sind zwischen Madonna di Campiglio, das sich auf eine lange Tradition als Sommerfrische berufen kann, und dem Tonalepass gleich mehrere (Retorten-)Stationen entstanden, in denen ein paar Monate im Jahr stadtmüde Städter in städtischer Architektur wohnen, aber mit guter Luft und viel Natur rundum. Wer's lieber anders mag, sucht sich sein Quartier in einem der alten Dörfer des Tals, in Malè oder Rabbi, oder wandert gleich von Hütte zu Hütte. Das geht hier sehr gut, und natürlich werden inzwischen auch schon geführte Trekkings angeboten, als würden der Monte Vioz (3645 m) oder die Cima Presanella (3558 m) im Himalaya stehen.

Nicht zu vergessen die Brenta, aus Hauptdolomit aufgebaut, horizontal geschichtet und mit einer Vielzahl unglaublicher Zinnen und Türme gesegnet. So etwas lockt Kletterer und Naturliebhaber gleichermaßen an, und für jene besondere Spezies von Bergfreunden, die gerne auf Leitern und an seilgesicherten Bändern unterwegs sind, gibt es hier seit vielen Jahren den (vielleicht) schönsten Höhenweg der Alpen: die »Via delle Bocchette«. Doch die ist (leider) kein richtiger Wanderpfad.

Steckbrief

Fläche: ca. 3300 qkm
Höchster Punkt: Monte Cevedale (3769 m)
Gebirgsgruppen: Mendelkamm (Süd), Ortlergruppe (Süd), Adamello-Presanella, Brenta-Dolomiten
Wichtigste Ortschaften: Mezzolombardo, Cles, Fondo, Malè, Pejo Terme, Molveno, Madonna di Campiglio, Tione
Wandervorschläge: 34

Sentiero Aldo Bonacossa

Höhenweg in den Ausläufern des Ortlermassivs, benannt nach Aldo Bonacossa, u. a. Verfasser eines Führers über die »Regione dell'Ortles«. Der »Sentiero Bonacossa«, durchgehend rot-weiß mit der Nummer 133 markiert, führt vom Gampenjoch nach Rabbi; Gesamtgehzeit etwa 18 Stunden (3 bis 4 Tage). Übernachtung im Zelt oder auf Almen. Routenverlauf: Gampenjoch (1518 m) – Hofmahdjoch (1805 m) – Sarner Joch (2195 m) – Passo Binasia (2296 m) – Passo Palù (2412 m) – Rabbi

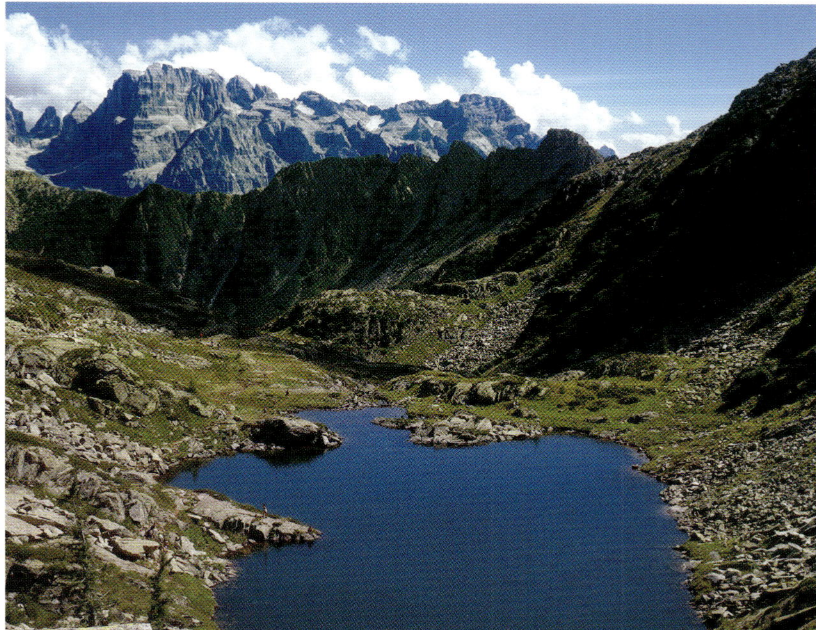

Granit und Kalk: der Lago Nero (Presanella) vor dem Brentamassiv

Steile Wege im Süden des Mendelkamms

2 Baita Rododendro, 1560 m

Den Wilden Westen kennt jeder (zumindest aus Hollywoods Traumfabrik), doch wer hat schon vom »wilden Süden« des Mendelkamms gehört? Von jenem Teil der lang gestreckten Bergkette, der bereits im Trentino liegt, mit geradezu unglaublichen Felsfluchten zum Etschtal abstürzt? Entsprechend sind hier die Wege steil und ziemlich rau, leicht abenteuerlich, wie beispielsweise die Runde zur »Alpenrosenhütte«. Und wer nicht gleich zu Fuß nach Monte aufsteigt, darf bei der luftigen Fahrt mit dem Seilbähnchen das erste »Adventure feeling« genießen …

Vom Weiler Monte (891 m), der sich einer besonders schönen Terrassenlage »zwischen den Wänden« erfreut, führt ein Sandsträßchen nördlich zur Malga Craun. Man folgt ihm bis hinter den Graben des Valle di Piaget; etwas weiter weist ein Schildchen in den Wald: »Roccapiana«. Auf gut bezeichneter Spur erst angenehm schattig, dann immer steiler bergan, um eine Felsbarriere herum und links in eine waldige Senke. Gleich dahinter steht die Baita Aiseli (1416 m); hier rechts im Zickzack über einen Steilhang aufwärts, anschließend horizontal durch die gebänderte, steile Südflanke der Cima di Vigo (1798 m) in einen Waldsattel. Nun geht es leicht abwärts zur Baita Rododendro in herrlich freier Aussichtslage hoch über dem Nonstal und direkt vor der Zackensilhouette der Brenta.

Beim Rückweg hält man sich an der Baita Aiseli rechts und steigt durch das Val de Maerla ab zur Terrasse von Monte. In Sichtweite der Baita dei Manzi (860 m) stößt man auf das Sträßchen, das ohne größere Höhenunterschiede zurückleitet zum Dörfchen und zur Funivia. Natürlich kann man auch zu Fuß bis nach Mezzocorona absteigen, auf der alten, sehr schön angelegten Mulattiera, die den Steilabbruch östlich umgeht und herrliche Aussicht ins Etschtal, auf Paganella und Bondone bietet.

Waalwege – Kulturwege

3 Waalwege im Val Tovel

Waale kennt man aus dem Vinschgau, der Meraner Gegend, die gibt's (unter anderem Namen) im Wallis und im Aostatal – aber im Nonstal? Zugegeben, da verstecken sie sich recht gut, was vor allem damit zu tun hat, dass der Tourismus im »Apfeltal« ein eher marginales Dasein fristet. Der Wanderer merkt's an oft fehlenden Markierungen. Drüben in Südtirol würde man mit den Waalwegen des unteren Val Tovel Werbung (und ein gutes Geschäft) machen, hier fehlt jeder Hinweis, und am Beginn ist sinnigerweise sogar ein Gitter montiert (das man locker umgehen kann – aber auf eigene Verantwortung!). Für das Erlebnis würden die meisten sogar noch einen Obolus abliefern: spazieren quer durch eine riesige Felsflucht, auf der einen Seite das Wasser, auf der andern (hinter einem Seilgeländer) der Abgrund, und ganz hinten im Tal leuchten die Brentazinnen. Auf der gegenüberliegenden Talseite geht's zurück, ebenfalls an einem Waal entlang, der zwar außer Betrieb ist, mit Drahtseilen vor ein paar Jahren aber aufwendig gesichert wurde.

Von Tuenno auf steilen, betonierten Wirtschaftswegen durch die Apfelhaine hinauf zu einem querführenden Sträßchen (ca. 770 m). Auf ihm links zum Beginn des Waalweges (Gitter, Verbotsschild). Er führt erst durch lichten Kiefernbestand, dann in die mächtige, steile Felsflanke. Nur allmählich kommt der

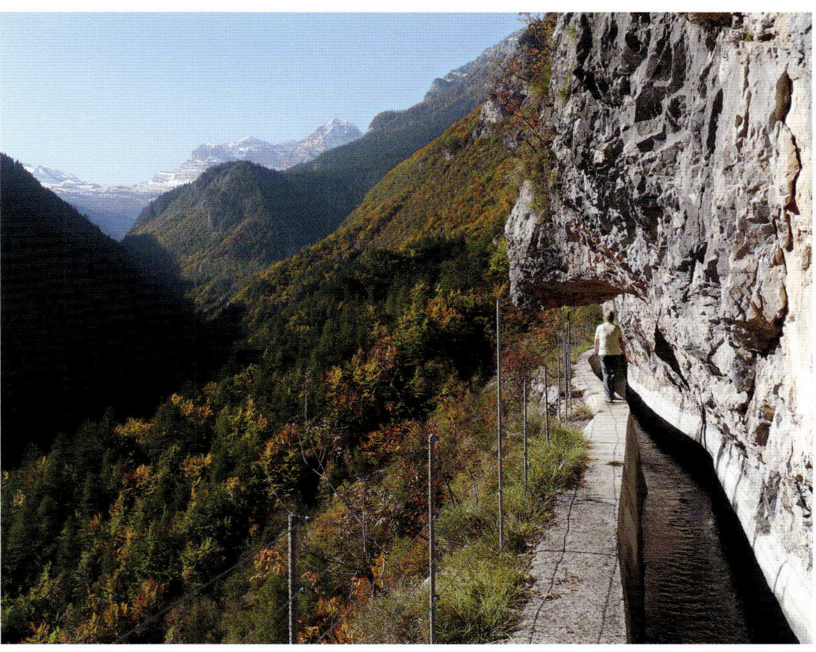

Spaziergang im Steilfels: der Tuenno-Waal. Im Hintergrund Brentagipfel

Talboden näher; man passiert einen kurzen Tunnel, danach Moränenschutt des eiszeitlichen Tovelgletschers und gelangt schließlich in flacheres Gelände. Hinter dem zweiten (weggerissenen) Gitter leitet ein breiter Weg hinunter zur Talstraße.

Mit der Straße ein paar Hundert Meter talauswärts. Auf einer Brücke überquert man den Tresenga-Bach und folgt dann kurz dem breiten Radweg zum Eingang des 2,4 Kilometer langen, neuen Bewässerungstunnels (beleuchtet), der oberhalb von Terres mündet (Variante, Radroute). Gleich links vom Portal beginnt der alte Terres-Waal. Er verläuft etwas tiefer als der von Tuenno und wird nicht mehr genutzt. Dafür wurde jede geringfügig ausgesetzte Passage mit Fixseilen gesichert. Unter der felsigen Nase des Corno biegt der Waal um nach Süden und peilt die Obstanger oberhalb von Terres an. Links abwärts auf ein Sträßchen und hinein ins Dorf.

Der unbekannte Osten der Brenta

4 Sella del Montòz, 2327 m

Beim Stichwort »Brenta« geraten Bergsteiger ins Schwärmen, denkt man an so berühmte Kletterzacken wie den Campanile Basso (»Guglia«) oder den Crozzon di Brenta, an die legendäre »Via delle Bocchette« – Dolomitenträume. Doch wer kennt ein Croce del Re, die Crosara del Fibion oder oder eine Cima di Borcola?

Auch die Brenta hat ihre unbekannte Seite, und es lohnt sich auf jeden Fall, sie aufzusuchen. Einsamkeit statt Kolonnenwandern; da entdeckt man ein Gämsrudel im Val Scura, ertönt der schrille Warnpfiff der Murmeltiere, man schaut hinüber zur berühmten Brenta-Nachbarschaft und hinaus ins Nonstal, hinab zur Etsch. Terra incognita – mitten in den Alpen.

Vom idyllisch gelegenen Tovelsee auf einem Alpsträßchen ins Val di Santa Maria della Flavona, vorbei am Bergsturzgelände von Lucanica. Die betonierte Spur quert den Geröllstrom des Lavinone; wenig später zweigt links der »Sentiero di Val Scura« ab. Über den Tresengabach und im Wald mit gelegentlichen Tiefblicken auf den Lago di Tovel bergan. Unter den Ausläufern des Castellaz kreuzt man den Höhenweg, der von der Flavona- zur Termoncello-Alm führt. Nun steiler in das felsumstandene Val Scura und – teilweise über Geröll – hinauf in die Bocchetta di Val Scura (2378 m). Hier wird der Blick auf die weiträumige Alpe Campo frei, nach kurzem Abstieg auch die breite Senke der Sella del Montòz (2330 m). Sie braucht noch nicht Wendepunkt der Tour zu sein; halb links zeigt sich über dem Val dei Cavai das kecke Felshorn des Croce del Re (2494 m): eine Stunde hin und zurück mit leichter, teilweise ausgesetzter Kletterei (I) und faszinierend schöner Gipfelumschau.

Der Rückweg zieht sich ganz ordentlich, führt erst über die grün-grauen Wellen der Alpe Campo zur Malga Campodenno (1978 m), dann in steilem Gegenanstieg hinauf zu einem licht bewaldeten Rücken. Eine erste Abzweigung (Hinweis »Val Scura«) bleibt unberücksichtigt, zehn Minuten später nimmt man die stumpfwinklig links abgehende, unmarkierte Spur. Sie führt, erst flach, dann kurz ansteigend, hinüber zu den Almböden von Termoncello (1856 m). Links unter dem Kreuz hindurch bis zur Abzweigung Richtung Tovelsee: steil im Wald hinab, zuletzt auf einer Forstpiste zur Talstraße.

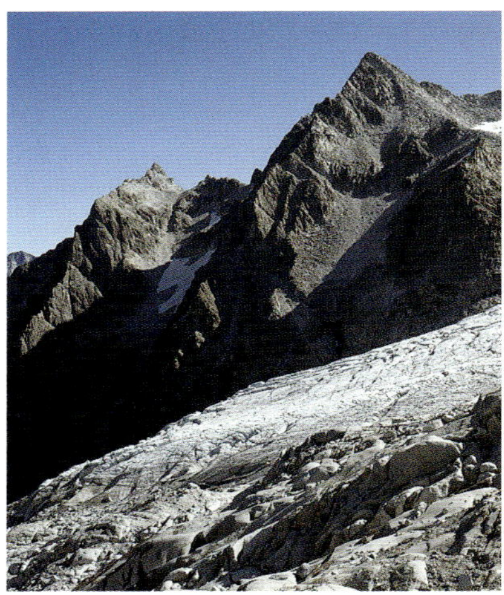

Fels und Eis im Adamello

Aussichtskanzel vor der Presanella

18 Passo dei Pozzi, 2604 m

Sie fehlt in keinem Reiseführer, der die Strecke über den Tonalepass beschreibt: die riesige, vergletscherte Nordflanke der Cima Presanella (3558 m) – ein tolles Ziel für erfahrene Alpinisten. Leichter besteigen lässt sich der schönste Logenplatz vor dem Dreitausender, der Passo dei Pozzi.

An den (verfallenden) Masi di Stavèl vorbei in den Wald, dann über einen zunehmend steileren, schattigen Hang hinauf zu dem Rücken über dem Val Presanella. Hier kommen Gipfel und Gletscher ins Bild; die hochalpine Kulisse begleitet den Wanderer auf dem weiteren Weg talein und hinauf zum Rifugio Denza, zuletzt über einen felsdurchsetzten Hang. Hinter der Hütte vorbei an einem Seeauge und im Bogen ansteigend zur Mündung des kleinen Tälchens unter dem Passo dei Pozzi. Über Blockwerk, dann an einem Schrofenhang steil hinauf in die enge Scharte.

Jenseits Abstieg über Schrofen, Bergsturztrümmer und steinige Wiesen. Bei den Pozzi Alti an einer Hütte vorbei und auf einem alten Kriegsweg hinunter zur Ruine des Sperrforts Pozzi Alti (1884 m), das an/in einen Felskopf gebaut wurde. Nun auf dem Fahrsträßchen weiter bergab, zuletzt auf Asphalt hinunter nach Stavèl.

Dunkle Grate, idyllische Gewässer

20 Giro dei Cinque Laghi

Die berühmten Zinnen stehen im Osten von Madonna di Campiglio, in der Brenta, doch das sollte niemand davon abhalten, auch eine Tour in den Ausläufern der Presanella zu unternehmen. Sie bietet freie Sicht auf die berühmte Dolomitgruppe; besonders reizvoll sind aber auch die zahlreichen kleinen und kleinsten Bergseen, eingebettet in stille Karwinkel, über denen sich die dunklen Tonalitkämme aufbauen. Mehrere Seilbahnen und ein dichtes Wegnetz lassen zudem viel Spielraum bei der Tourenplanung – Höhenspaziergänge sind hier ebenso möglich wie ausgewachsene Tagestouren.

Erstes Etappenziel an der Runde ist – natürlich – ein See, der Lago di Nambino (1768 m), gut eine halbe Stunde von der gleichnamigen Alm entfernt. Etwas länger dauert dann der Aufstieg zum Lago Seròdoli; der abschnittweise raue und steile Weg führt am winzigen Lago Nero vorbei, wobei die Brentazinnen immer schöner ins Bild kommen. Vom Lago Seròdoli spaziert man zwischen Felsbuckeln, die das Eis einst rund geschliffen hat, zum nahen Lago Gelato (2393 m).

Vom Abfluss des Lago Seròdoli leiten die rot-weißen Markierungen kurz aufwärts, dann fast eben durch einen felsigen Hang zu einer Weggabelung: links geht's aufwärts zum Monte Zelédria (2426 m; leichter Klettersteig). Nun erst flach weiter, dann hinab zu einer weiteren Verzweigung, an der man sich rechts hält. In einem weiten Bogen über die (verfallene) Malga Buca dei Cavalli abwärts und hinaus zum (längst sichtbaren) Nambinosee.

Tourenziel/Charakteristik	Ausgangspunkt	Wegverlauf & Gehzeit	Markierung	Einkehr am Weg
1 Rocca Piana, 1873 m Höhenwanderung und Gipfeltour über dem Etschtal. Wer zu Fuß nach Monte hinaufwandert (lohnend!), muss mit einer Gesamtgehzeit von 8 1/4 Std. rechnen.	Bergstation der Seilbahn nach Monte (875 m), Talstation Mezzocorona (219 m, Bus)	Monte – Malga Craun (2 Std.) – Rocca Piana (3 3/4 Std.); Abstieg auf dem gleichen Weg (gesamt 6 1/4 Std.)	SAT-Mark. 507, 518	Monte (891 m), Rif. Malga Craun (1222 m)
2 Baita Rododendro, 1560 m Abenteuerliche Runde in den südlichen Ausläufern des Mendelkamms. Teilweise schmale, steile Steige, einige gesicherte Passagen. Ab Mezzocorona (und zurück) 8 1/2 Std.	Bergstation der Seilbahn nach Monte (875 m), Talstation Mezzocorona (219 m, Bus)	Monte – Baita Aiseli (1416 m; 1 1/2 Std.) – Baita Rododendro (2 3/4 Std.) – Baita Aiseli – Baita dei Manzi (860 m; 4 3/4 Std.) – Monte (5 1/4 Std.)	SAT-Mark. 504, 506, 505	Monte (891 m), Baita Rododendro (1560 m)
3 Waalwege im Val Tovel Auf kühn trassierten Bewässerungskanälen ins Val Tovel. Tuenno-Waal (in Funktion) mit soliden Seilgeländern, am Terres-Waal neue Drahtseilsicherungen	Tuenno (645 m, Bus), stattlicher Flecken im Nonstal, an der Mündung des Val Tovel	Tuenno – Tuenno-Waal – Val Tovel (2 1/4 Std.) – Terres-Waal – Terres (4 1/4 Std., Bus)	Unmark.	Rif. Capriolo (810 m), vom Wendepunkt der Runde 5 Min. taleinwärts auf der Talstraße
4 Sella del Montòz, 2327 m Große Runde im unbekannten Osten der Brenta: große Landschaftsbilder. Ausdauer wichtig	Lago di Tovel (1177 m), Zufahrt von Tuenno (645 m, Bus), 10 km. Zufahrt nur bis zum großen Parkplatz beim Rif. Capriolo (810 m) gestattet; weiter zum See mit dem Shuttlebus.	Lago di Tovel – Ponte Rio Tresenga (1572 m; 1 1/4 Std.) – Bocchetta di Val Scura (2378 m; 3 1/2 Std.) – Sella del Montòz (4 1/2 Std.) – Malga Termoncello (1856 m; 6 3/4 Std.) – Lago di Tovel (8 Std.)	SAT-Mark. 314, 369, 338, 370, 339	Am Lago di Tovel
5 Campo della Flavona, 2224 m Rundwanderung im Val di Santa Maria della Flavona. Faszinierend die Felskulisse des Campo della Flavona, am Rückweg schöne Aussicht auf die Brenta-Nordkette (Pietra Grande, 2936 m).	Lago di Tovel (1177 m), Zufahrt von Tuenno (645 m, Bus), 10 km. Zufahrt nur bis zum großen Parkplatz beim Rif. Capriolo (810 m) gestattet; weiter zum See mit dem Shuttlebus.	Lago di Tovel – Malga Pozzòl di Flavona (1632 m; 1 1/2 Std.) – Malga Flavona (1860 m; 1 3/4 Std.) – Campo della Flavona (2224 m; 3 Std.) – Malga Flavona (3 3/4 Std.) – Malga Termoncello (1856 m; 5 3/4 Std.) – Lago di Tovel (7 Std.)	SAT-Mark. 314, 301, 371, 330, 339	Am Lago di Tovel
6 Bait del Vescovo, 1438 m – San Romedio, 732 m Abwechslungsreiche Runde durch die Wälder und die Gräben an der Westflanke des Mendelkamms. San Romedio ist ein uralter Wallfahrtsort. Bärenzwinger	Don (976 m, Bus), Dorf im oberen Nonstal, etwa 7 km von Fondo	Don – Bait del Vescovo (1 1/2 Std.) – San Romedio (3 Std.) – Don (4 1/4 Std.)	SAT-Mark. 539, 537	San Romedio (732 m)
7 Novellaschlucht; Sentiero Mondino Markierte Runde durch die Schluchten im Nahbereich von Fondo. Einige gesicherte Passagen (leicht), spektakuläres Finale in dem wilden Orrido unterhalb des aufgestauten Lago Smeraldo	Fondo (988 m, Bus), Hauptort des oberen Nonstals im Kreuzungspunkt wichtiger Straßen (Mendelpass, Gampenpass, Val di Sole). Großer Parkplatz etwas außerhalb am Lago Smeraldo (1001 m)	Lago Smeraldo – »Sentiero Mondino« – Novellaschlucht (1/2 Std.) – Dovena (1012 m; 1 1/2 Std.) – Ponte Alto (817 m) – Fondo (3 Std.) – Orrido – Lago Smeraldo (3 1/4 Std.)	SAT-Mark. 522, in Fondo Hinweistafeln »Orrido«	Fondo, Lago Smeraldo
8 Gantkofel, 1865 m Wenig anstrengende Kammwanderung, größtenteils angenehm schattig, von Gipfel zu Gipfel	Penegal (1737 m), berühmter Panoramaberg mit Aussichtsturm, Zufahrt vom Mendelpass (1363 m, Bus) 5 km	Penegal – Furglauer Scharte (1491 m) – Gantkofel (3 Std.); Rückweg auf der gleichen Route (gesamt 5 1/2 Std.)	SAT-Mark. 500	Am Penegal
9 Moschenkreuz, 1773 m Rundwanderung am abgeflachten, waldreichen Westrücken des Mendelkamms. Herrlicher Aus- und Tiefblick vom Moschenkreuz, idyllisch der Felixer Weiher mit seinen Schilfgürteln	St. Felix (1279 m, Bus), Deutschnonsberger Dorf an der Südrampe der Gampenjochstraße	St. Felix – Höllental – Moschenkreuz (2 Std.) – Felixer Weiher (1604 m; 3 Std.) – St. Felix (4 Std.)	Mark. 56, 50, 9. Höllentalgraben unmarkiert, aber Wegspur	Waldruhe (1526 m) am Felixer Weiher
10 Große Laugenspitze, 2434 m Schöner Aussichtsberg zwischen Nons- und Ultental	Gampenjoch (1518 m, Bus), Straßenübergang von Fondo nach Lana	Gampenjoch – Laugensee (2182 m; 2 Std.) – Laugenspitze (3 Std.) – Laugenalm (4 1/4 Std.) – Gampenjoch (5 Std.)	Mark. 133, 10	Gampenjoch (1518 m), Laugenalm (1853 m)
11 Hochwart, 2627 m Gipfelrunde im abgelegensten Südtiroler Winkel, dem Deutschnonsberg. Von der Hochwart bemerkenswertes Panorama. Lässt sich um die Kammwanderung über den Spitzner Kornigl (2418 m) zur Aleralm (1813 m) erweitern (Gesamtgehzeit 8 1/2 Std.)	Proveis (1422 m, Bus), Tiroler Bergdörfchen, Zufahrt aus dem Ultental, von Fondo via Brezer Joch (1398 m) und Laurein (1182 m) 22 km, von Ponte Mostizzolo 20 km	Proveis – Samerbergalm (2 Std.) – Hochwart (3 3/4 Std.) – Kesselalm (1917 m) – Proveis (6 1/2 Std.)	Mark. 19, 11	

	Tourenziel/Charakteristik	Ausgangspunkt	Wegverlauf & Gehzeit	Markierung	Einkehr am Weg
Ortlermassiv	**12 Monte Pin, 2420 m** Kleiner Berg mit großer Rundschau, dazu jede Menge »Bergesruh'«	Bresimo (1038 m,), Bergdörfchen im gleichnamigen Tal, 8 km von Ponte Mostizzolo	Bresimo – Malga Borca di sotto (1842 m; 2 1/4 Std.) – Monte Pin (4 Std.) – Malga Stablei (1764 m; 5 1/2 Std.) – Bresimo (7 1/2 Std.)	SAT-Mark. 131, 149	
	13 Castel Pagano, 2609 m Aussichtsreiche Höhen- und Gipfelwanderung über dem Val di Rabbi. Vom Castel Pagano großes Panorama	Rabbi-Piazzola (1315 m,), 11 km von Malè im Val di Sole	Rabbi-Piazzola – Haselgruber Hütte (2425 m; 3 Std.) – Passo Palù (2412 m; 4 1/2 Std.) – Castel Pagano (5 Std.) – Passo Palù (5 1/2 Std.) – Malga Palù (2088 m) – Rabbi-Piazzola (7 3/4 Std.)	SAT-Mark. 108, 135, 133	Haselgruber Hütte (2425 m)
	14 Rifugio Dorigoni, 2437 m Ausgedehnte Wanderrunde im innersten Rabbital	Rabbi-Piazzola (1315 m,), 11 km von Malè im Val di Sole	Rabbi-Piazzola – Rif. Al Fontanin (1 Std.) – Rif. Dorigoni (4 1/2 Std.) – Höhenweg – Rabbi-Piazzola (7 3/4 Std.)	SAT-Mark. 106, 130, 108	Rif. Al Fontanin (1381 m); Rif. Dorigoni (2437 m)
	15 Rifugio Larcher, 2608 m Hüttenrunde im Val Venezia vor hochalpiner Kulisse	Endpunkt der Werkstraße bei der Malga Mare (1983 m), 10 km von Cógolo (1173 m,)	Malga Mare – Lago del Carèser (2603 m; 1 3/4 Std.) – Rif. Larcher (3 Std.) – Malga Mare (4 1/4 Std.)	SAT-Mark. 123, 104, 102	Rif. Larcher (2608 m)
	16 Monte Vioz, 3645 m Verlockender Hochgipfel des Ortler-Cevedale-Massivs. Durch den Bau der großen Seilbahn Peio 3000 ist der Gipfel bergsteigerisch stark entwertet: nur gut 600 Meter zum Gipfel (2 Std., mark.)	Liftstation unterhalb des Rif. Doss dei Gembri (2315 m), Talstation Pejo Fonti (1392 m,).	Rif. Doss dei Gembri – Rif. Mantova (4 Std.) – Monte Vioz (4 1/2 Std.); Abstieg auf dem gleichen Weg (gesamt 7 1/4 Std.)	SAT-Mark. 105	Rif. Doss dei Gembri (2315 m); Rif. Mantova al Vioz (3535 m)
	17 Sentiero dei Tedeschi Höhenwanderung über dem Valle del Monte; beim »Sentiero dei Tedeschi« handelt es sich um einen Militärweg aus dem Ersten Weltkrieg	Liftstation unterhalb des Rif. Doss dei Gembri (2315 m), Talstation Pejo Fonti (1392 m,), Zufahrt von Fucine im Val di Sole	Liftstation – »Sentiero dei Tedeschi« – Valli degli Orsi (2 1/2 Std.) – Pejo Fonti (4 3/4 Std.)	SAT-Mark. 139, 122, 124	Rif. Doss dei Gembri (2315 m)
Presanella	**18 Passo dei Pozzi, 2604 m** Hüttenrunde vor der eindrucksvollen Nordfront der Cima Presanella (3558 m). Am Passo dei Pozzi Blockhüpfen und steiles Geröll. Kürzere Variante ab ex-Forte Pozzi Alti (1884 m), schlechte Zufahrt ab Stavèl	Stavèl (1234 m), Zufahrt von Vermiglio (1220 m,) an der Tonalestraße, 4 km	Stavèl – Rif. Denza (3 Std.) – Passo dei Pozzi (4 Std.) – ex-Forte Pozzi Alti (5 1/2 Std.) – Stavel (7 Std.)	SAT-Mark. 206, 234, Straße	Rif. Denza (2298 m)
	19 Passo del Mezdì, 2408 m Einsame Wanderrunde in den Ausläufern des Presanella-Massivs. Trittsicherheit am Passo del Mezdì wichtig (weitgehend weglos, rau)	Lago di Fazzón (1307 m), Zufahrt von Pellizzano (937 m,), 5 km	Lago di Fazzón – Malga Baselga (2006 m; 2 Std.) – Passo del Mezdì (3 1/4 Std.) – Val Gelada – Lago di Fazzón (5 3/4 Std.)	SAT-Mark. 243, 203	Rif. Fazzón (1310 m)
	20 Giro dei Cinque Laghi Beliebte Seenrunde in den Ausläufern der Presanella, teilweise raue Wege. Kürzere Varianten mit Seilbahnhilfe möglich, z. B. ab Rif. Pancugolo (2034 m), 1 3/4 Std. zum Lago Seròdoli. Prachtblicke auf die Brenta	Madonna di Campiglio (1522 m,), berühmter Fremdenort. Parkmöglichkeit im Bereich der Malga Nambino (1634 m), knapp 2 km vom Ortszentrum	Malga Nambino – Lago di Nambino (1/2 Std.) – Lago Seròdoli (2370 m) – Lago Gelato (2393 m; 2 3/4 Std.) – ex-Malga Buca dei Cavalli (2023 m) – Lago Nambino (5 Std.) – Malga Nambino (5 1/4 Std.)	SAT-Mark. 217, 226, 266	Rif. Nambino (1770 m)
Brenta	**21 Rund um die Pietra Grande** Höhenwanderung mit gesicherten Passagen. Kann westseitig mit Zwischenabstieg zum Rif. Grosté (2261 m) umgangen werden	Bergstation der »Funivia Grostè« (2437 m) beim gleichnamigen Pass, Talstation am Campo Carlo Magno oberhalb von Madonna di Campiglio (1522 m,)	Passo del Grostè (2446 m) – »Sentiero Vidi« – Bocchetta dei Tre Sassi (2613 m; 2 1/2 Std.) – Val delle Giare – »Sentiero delle Palete« – Passo del Grostè (4 1/2 Std.)	SAT-Mark. 390, 336, 334, 306	Seilbahnstation
	22 Rifugio Tuckett, 2272 m Wenig anstrengende, aber sehr dankbare Bergabwanderung vor großer Kulisse	Bergstation der »Funivia Grostè« (2437 m) beim gleichnamigen Pass, Talstation am Campo Carlo Magno	Passo del Grostè – Rif. Tuckett (1 1/4 Std.) – Rif. Casinei (2 1/4 Std.) – Rif. Vallesinella (3 Std.) – Rif. Cascata di mezzo – Madonna di Campiglio (4 1/4 Std.)	SAT-Mark. 316, 317, ab Vallesinella örtliche Bez.	Mehrere Hütten am Weg

Tourenziel/Charakteristik	Ausgangspunkt	Wegverlauf & Gehzeit	Markierung	Einkehr am Weg
23 Rifugio Brentei, 2182 m Der Wanderklassiker schlechthin; beliebter ist bloß noch die legendäre »Via delle Bocchette« (Klettersteig).	Madonna di Campiglio (1522 m, Bus), berühmter Ferienort am Westfuß der Brenta	Madonna di Campiglio – Rif. Vallesinella (1 Std.) – Rif. Casinei (2 Std.) – Rif. Brentei (3 1/2 Std.); Abstieg auf dem gleichen Weg (gesamt 6 Std.)	SAT-Mark. 317, 318	Rif. Vallesinella (1513 m), Rif. Casinei (1825 m); Rif. Brentei (2182 m)
24 Rifugio XII Apostoli, 2489 m Hüttentour im Südwesten der Brenta	Bergstation der Gondelbahn zum Doss Sabiòn (2101 m), Talstation Pinzolo (773 m, Bus)	Doss Sabiòn – Passo Bregn da l'Ors (1845 m; 1/2 Std.) – Rif. XII Apostoli (3 Std.); Abstieg auf dem gleichen Weg (gesamt 5 Std.)	SAT-Mark. 357, 307	Rif. XII Apostoli (2489 m)
25 Rifugio Agostini, 2410 m Schutzhaus im innersten Val d'Ambiez, am Südfuß der Cima Tosa (3173 m). Abstieg alternativ an der westlichen Talflanke möglich (Mark. 342, Gesamtgehzeit dann 8 Std.)	Parkplatz am Eingang zum Naturpark Adamello – Brenta bei Ristoro Dolomiti (860 m), 4 km von San Lorenzo in Banale. Im Sommer Jeep-Zubringer zu den Hütten im Talinnern	Parkplatz – Rif. al Cacciatore (2 3/4 Std.) – Rif. Agostini (4 1/2 Std.); Abstieg auf dem gleichen Weg (gesamt 7 1/2 Std.)	SAT-Mark. 325	Rif. al Cacciatore (1819 m), Rif. Agostini (2410 m)
26 Rifugio della Selvata, 1642 m Abwechslungsreiche Hüttenrunde über dem Val delle Seghe, überwältigend der senkrechte Absturz des Croz dell'Altissimo (2339 m). Zwei längere gesicherte Passagen (leicht)	Zwischenstation des Pradel-Lifts (1359 m), Talstation Molveno (864 m, Bus)	Pradel – Rif. Croz dell'Altissimo (1 Std.) – Rif. Selvata (1 3/4 Std.) – »Sentiero Donini« – Malga di Àndalo (2 3/4 Std.) – Molveno (4 Std.)	SAT-Mark. 340, 332	Mehrere Hütten am Weg
27 Sentiero Orsi Klassische Zwei-Tage-Tour; am »Sentiero Orsi« leichte gesicherte Passagen (Felsbänder). Einmalig der Blick auf den Campanile Basso (Guglia, 2877 m). Platzreservierung auf der Hütte dringend angeraten!	Zwischenstation des Pradel-Lifts (1359 m), Talstation Molveno (864 m, Bus). Startet man im Ort, erhöht sich die Gehzeit um etwa 3/4 Std.	Pradel – Rif. Croz dell'Altissimo (1 Std.) – »Sentiero Val Perse« (2460 m; 4 Std.) – »Sentiero Orsi« – Rif. Pedrotti (6 1/2 Std.) – Rif. della Selvata (8 1/4 Std.) – Molveno (10 Std.)	SAT-Mark. 340, 322, 303, 319	Rif. La Montanara, Rif. Croz dell'Altissimo (1430 m); Rif. Pedrotti (2486 m); Rif. della Selvata (1642 m)
28 Croz dell'Altissimo, 2339 m Berühmt ist seine Wand, grandios der Blick vom Gipfel auf die zentrale Brenta. Trittsicherheit unerlässlich, am Abstieg zur Gamsscharte sehr exponierte Passagen, leichte Felsen	Bergstation des Pradel-Lifts (1521 m), Talstation Molveno (864 m, Bus)	Pradel – Rif. Croz dell'Altissimo (1 Std.) – Passo del Clamer (2169 m; 3 Std.) – Passo dei Lasteri (2281 m) – Croz dell' Altissimo (4 1/4 Std.) – Passo dei Camosci (1953 m) – Pradel (6 1/4 Std.)	SAT-Mark. 340b, 340, 344, 344B, 352B	Rif. La Montanara, Rif. Croz dell'Altissimo (1430 m)
29 Rifugio Segantini, 2371 m Herrlich gelegene Hütte, Stützpunkt bei der Besteigung der Cima Presanella (3558 m)	Rif. Cornisello (2120 m) am Endpunkt der ehemaligen Werkstraße zu den Stauseen über dem Val Nambrone, 13 km von San Antonio di Mavignola (1123 m, Bus) an der Strecke Pinzolo – Madonna di Campiglio	Rif. Cornisello – Laghi di Cornisello (2108 m) – Bocchetta da l'Om (2350 m) – Rif. Segantini – Werkstraße (1911 m) – Rif. Cornisello	SAT-Mark. 216, 211	Rif. Cornisello (2120 m), Rif. Segantini (2373 m)
30 Bocchetta dell'Acqua Fredda, 2184 m Seenrunde im Südwesten von Pinzolo mit stimmungsvollen Ausblicken zur Brenta und auf die Presanella. Startet man in Pinzolo, erhöht sich die Gesamtgehzeit auf 7 3/4 Std.	Pozza delle Vacche (ca. 1480 m), Alpstraße ab Caderzone (716 m, Bus) im Val Rendena, 6 km	Pozza delle Vacche – Lago di Vacarsa – Bocchetta dell'Acqua Fredda (2 1/4 Std.) – Lago Garzone – Lago di San Giuliano (1838 m; 3 Std.) – Pozza delle Vacche (4 3/4 Std.)	SAT-Mark. 221, 230	Rif. San Giuliano (1955 m)
31 Rifugio Mandrón, 2449 m Halbtagestour, lässt sich durch den »Sentiero Migotti« zu einer größeren Runde erweitern; Gesamtgehzeit dann 7 1/4 Std. (Mark. 220, 227).	Rif. Bédole (1641 m), am Endpunkt der Straße ins Val Genova, 17 km von Carisolo. Sehenswert: die Wasserfälle von Nardis	Rif. Bédole – Rifugio Mandrón (2 1/2 Std.); Abstieg auf dem gleichen Weg (gesamt 4 Std.)	SAT-Mark. 212	Rif. Bédole (1641 m); Rif. Mandrón (2449 m)
32 Monte Cercen, 3280 m Gipfelziel im Presanella-Hauptkamm für Konditionsbolzen. Vom Passo Cercen über Geröll und Blockwerk zum Gipfel	Pian del Cuch (1550 m) an der Val-Genova-Straße, etwa 2 km vor dem Rif. Bédole	Pian del Cuch (1550 m) – Mandra Cercen Alta (2267 m; 2 1/4 Std.) – Passo Cercen (4 3/4 Std.) – Monte Cercen (5 1/2 Std.); Abstieg auf dem gleichen Weg (gesamt 9 Std.)	SAT-Mark. 227, 220, am Gipfelgrat Steinmännchen	
33 Rifugio Carè Alto, 2450 m – Passo Altar, 2385 m Ganz im Banne des Carè Alto (3462 m) steht diese Rundwanderung über dem innersten Val di Borzago.	Pian della Sega (ca. 1200 m), Zufahrt von Borzago (638 m, Bus), 5,5 km	Pian della Sega – Ponte Zucàl (1638 m; 1 1/4 Std.) – Rif. Carè Alto 3 1/2 Std.) – Passo Altar (5 Std.) – Ponte Zucàl (6 1/2 Std.) – Pian della Sega (7 1/4 Std.)	SAT-Mark. 213, 215, 215B	Rif. Carè Alto (2450 m)
34 Forcel Rosso, 2601 m Hochalpine Runde über dem Val di Fumo; von der Forcel Rosso herrlicher Blick auf den Carè Alto (3462 m). Trittsicherheit in blockigem Gelände	Lago di Bissina (1789 m), Zufahrt von Pieve di Bono (514 m, Bus) duch das Val Daone bis zum Stausee 23 km. Parkplatz	Lago di Bissina – Forcel Rosso (2 1/2 Std.) – Rif. Val di Fumo (1909 m; 5 Std.) – Lago di Bissina (6 1/4 Std.)	CAI-SAT-Mark.	Am Lago Bissina, Rif. Val di Fumo (1909 m)

Brenta-Dolomiten

Adamello

Gardasee

Berge rund um den Benacus

Wer kennt sie nicht, die Kalenderbilder des Gardasees: tiefblaues Wasser, vom Wind gekräuselt, felsige Ufer, Agaven, Zypressen, schneebedeckte Kulissenberge. Die unverwechselbare Silhouette der Scaligerburg von Malcèsine, Sirmione und die »Grotten des Catull«, den Hafen von Riva? Bilder, die man nicht so schnell vergisst, die süchtig machen. Die Maße des Benacus: 370 Quadratkilometer groß, bis zu 346 Meter tief. Damit liegt der tiefste Punkt des Gewässers 280 Meter unter dem Meeresspiegel, der Monte Baldo überragt seine Ufer um gut zwei Kilometer!

Beeindruckende Dimensionen, aber halt bloß Fakten, Zahlen, die nichts über das Einzigartige des Gardasees, seine Landschaft verraten: das Zusammentreffen zweier Welten, nördlich-alpin die eine, südlich-mediterran die andere. Was bei Riva noch felsumstellte Enge ist, zerfließt hinter dem Kap von San Vigilio zu uferloser Weite. Wenn der Nordwind die Wasser bei Torbole aufwühlt, liegt der See wie ein Spiegel im Mittagslicht vor der Bucht von Desenzano.

Der See. Er war schon immer das Ziel (fast) aller Besucher. Erst spät kamen die Berge rundum ins Blickfeld, wurden auch sie »entdeckt« – zu Fuß. Wie ließe sich diese Landschaft auch schöner erleben als Schritt für Schritt, hinauf und hinab. Auf den Wegen in die Täler, über den Monte Baldo, bei der Schau von den Felskanzeln hinab zum See. Natürlich gibt es in den Alpen größere, höhere Ziele, doch wo verbinden sich Bilder und Farben zu einem so facettenreichen Ganzen, lebt ein vergleichbarer Zauber, der einen immer wiederkehren lässt, gewoben aus streng alpinen Linien und fast schon bukolischer Heiterkeit?

Für Wanderungen über dem See und im Hinterland sind die Orte am Nordende des Lago di Garda ideal; Riva, Torbole und Arco verfügen zudem über eine gute touristische Infrastruktur. Wer's lieber etwas ruhiger mag, kann an den Ledrosee ausweichen – da ist es im Sommer auch spürbar kühler.

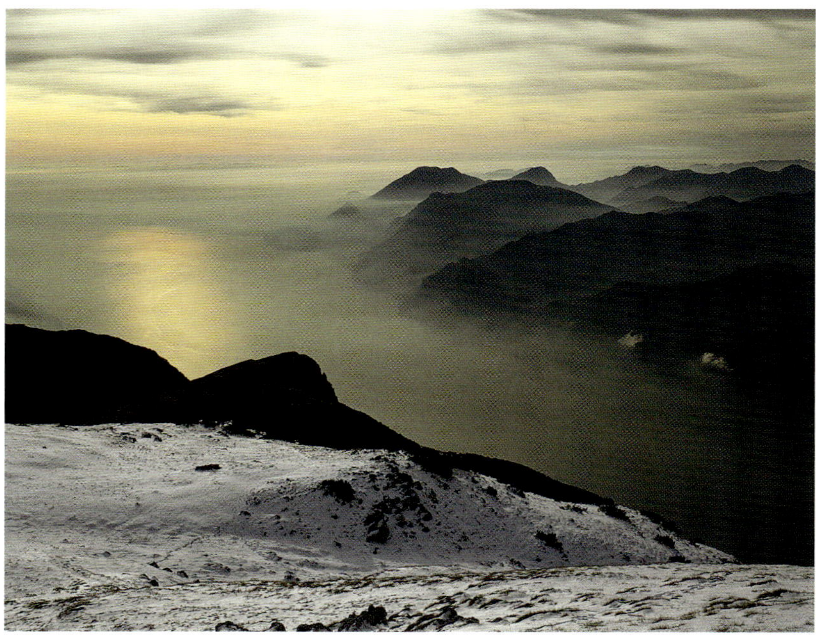

Erster Schnee am Monte Altissimo di Nago (2079 m); Blick über den Gardasee zum Alpenrand

Steckbrief

Fläche: ca. 2400 qkm
Höchster Punkt: Monte Cadria (2254 m)
Gebirgsgruppen: Gardaseeberge
Wichtigste Ortschaften: Mori, Arco, Riva, Malcèsine, Gargnano, Salò
Wandervorschläge: 27

Keiner ist höher!

9 Monte Cadria, 2254 m

Den Monte Cadria, diesen ungefügen Klotz mit seinen zerfurchten Flanken und den ausgreifenden Graten mag ich besonders gern, nicht nur seines Höhenrekords wegen. Nach zwei vergeblichen Anläufen wurde der dritte Versuch an der Cadria zu einer Wanderung aus dem Nebelgrau ins Himmelblau, eher trist der Auftakt, berauschend das Finale unter einem fast endlos weiten herbstlichen Firmament. Da vermochten auch die Spuren des »Grande Guerra«, denen man hier buchstäblich auf Schritt und Tritt begegnet, die euphorische Stimmung nicht zu trüben. Ungetrübt (im Wortsinn) war auch das Gipfelpanorama an diesem Tag, eine Schau über tausend Höhen und Zacken.

Die Runde beginnt mit dem Anstieg zur Malga Vies (1555 m): eine Fleißaufgabe, breit der Weg, spärlich die Aussicht. Im Frühling blühen an dem Hang, über den sich der in Steilstücken zementierte Güterweg hinaufwindet, die Kirschbäume. Oberhalb der Alm schneidet der Weg einen Felsriegel; dahinter öffnet sich ein malerischer Karboden, über dem – ganz hinten – der Monte Cadria steht. Die gleichnamige Alm (1914 m) bleibt links; man folgt dem ehemaligen Kriegsweg, der in Kehren zum lang gestreckten Südgrat des Bergstocks ansteigt. Anschließend am Kamm entlang, den Gratfelsen mal links, dann wieder rechts ausweichend, zuletzt über die steile Westflanke zum Gipfel. Nördlich auf gut erhaltenem Serpentinenpfad hinunter zur Bocca di Tortavel (1947 m). Aus der Scharte weglos über Wiesen (bei Nässe unangenehm rutschig) rechts hinab zur verfallenen Malga Vesi (1472 m), wo man wieder auf einen bezeichneten Weg stößt. Er führt flach in eine Rinne, die zu queren ist, und anschließend, allmählich an Höhe verlierend, um den bewaldeten Höhenrücken von Pastì herum und hinab ins Valle dei Molini.

Im steilen Fels hoch über Riva

10 Cima SAT, 1246 m

Der Vergleich mit einem Spinngewebe liegt nahe, so engmaschig, verzweigt ist das Wegnetz am Rocchetta-Massiv. Gefahr, einer (gefräßigen) Riesenspinne zu begegnen, droht allerdings keine, und dafür, dass man sich nicht verheddert, sorgen optimale Markierungen und Tafeln an allen Weggabelungen. Da muss bloß noch das Wetter mitspielen, und die Runde wird zu einem großen Erlebnis mit faszinierend-schwindelnden Tiefblicken auf den Benacus.

Die Tour beginnt an der Hauptstraße Richtung Berscia mit bequemen Serpentinen. Oberhalb der Bastione (214 m), die einst Riva bewachte, wird der Weg steiler, die Tiefe nimmt rasch zu, die Felsen kommen näher. Eine erste Pause ist bei der Capanna Barbara fällig; hinter der gleichnamigen Kapelle schraubt sich die markierte Spur steil hinauf bis knapp unter die Bochet dei Concoli, von einer Aussichtskanzel zur nächsten. Hier wendet sich der Weg nach rechts, man quert ein paar Gräben, kommt an den Fundamenten einer »Chiesa della guerra« (1915) vorbei. Die Abzweigung zur Rocchetta bleibt links; voraus zeigt sich die Fahnenstange auf dem Felszacken der Cima SAT: 5 Minuten über (gesicherte) Felsen.

Für den Abstieg bietet sich der »Sentèr dei Crazidei« an, der nordseitig durch eine schattige Rinne hinunter zickzackt. Von der Kapelle San Giovanni wandert man gemütlich zurück nach Riva.

Mehr als nur ein Aussichtsberg

23 Monte Altissimo di Nago, 2079 m

Der nördliche Eckpfeiler des Monte Baldo ist ein Berg für jedermann/-frau: Die ehemalige Kriegsstraße, die von der Bocca del Creer heraufzieht, teilen sich Biker und Ausflügler, und auch von den Prati di Nago führt eine breite, ziemlich schottrige Mulattiera zum Gipfel. Der schönste Weg auf den Altissimo allerdings bleibt für trittsichere Bergsteiger, die sich auch in weglosem Gelände zurechtfinden, reserviert. Er führt über die seeseitige Steilflanke zum Gipfel, ist abschnittweise steil und mühsam, aber halt auch viel interessanter als alle anderen Wege hier. Das »Filetstück« bildet die lange Querung auf teilweise schmalen Felsbändern – fast wie in der Brenta – mit freier Sicht auf den See und seine Berge. Schlicht fantastisch!

Die Runde beginnt auf den Prati di Nago (1300 m) ganz gemütlich. »Navene« und »Altissimo« signalisieren zwei Schilder an der Abzweigung eines breiten Fahrweges. Man folgt ihm, bis links ein Schild erneut zum Altissimo weist: hinauf! Aus dem »alto« wird aber bald wieder ein »piano«, aus dem (vermeintlichen) Gipfel- ein Höhenweg, zunächst noch im Wald verlaufend. Bald einmal gelangt man in felsiges Gelände, die Route läuft über Kanzeln, traversiert tiefe Mulden und führt quer durch senkrechte Felsabbrüche. Hinter der grünen Terrasse von Mandriole (1411 m) wendet sich die Spur ins Val Cantone. Absteigend zum Talgrund, dann steil und geröllig in der breiten Rinne bergan: 350 Höhenmeter! Dann führt ein vergleichsweise komfortabler Pfad rechts in die Latschen, schräg aufwärts zu einem harmlosen Felsriegel und durch eine Latschengasse auf den breiten Südrücken des Altissimo: Straße und Gipfelhütte kommen bald in Sicht.

Der Abstieg nach Norden, zurück zu den Prati di Nago, ist dann vor allem Schlumpern und Schauen auf der viel begangenen Mulattiera. Sie leitet vorbei an den originellen »Steintischen« oberhalb der Malga Campiglio, umgeht den Monte Varagna (1780 m) und mündet schließlich in das von Nago heraufziehende Asphaltband.

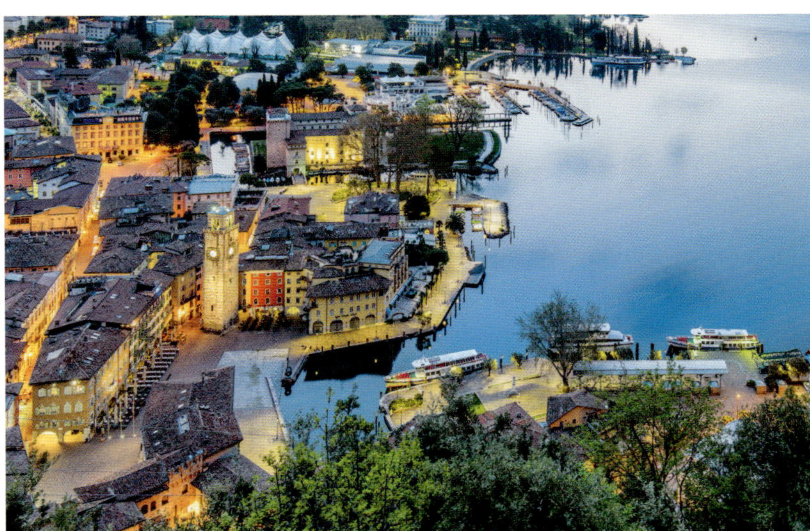

Einen Bummel wert: Hafen und Altstadt von Riva del Garda

Alto Garda

Tourenziel/Charakteristik	Ausgangspunkt	Wegverlauf & Gehzeit	Markierung	Einkehr am Weg
1 Monte Stivo, 2059 m Leichte Gipfeltour, als Überschreitung mit Abstieg zum Passo Bordala besonders lohnend	Passo Creino (1169 m) an der Strecke Bolognano – Chienis (945 m,)	Passo Creino – Baito Castil – Monte Stivo (2 1/4 Std.) – La Bassa (1684 m) – Passo Bordala (1253 m) – Passo Creino (4 3/4 Std.)	SAT-Mark. 608, 617, 623. Rückweg ab Passo Bordala mangelhaft bez.	Rif. Stivo (2012 m)
2 Monte Casale, 1632 m Überwiegend schattige Höhenwanderung zu der schönsten Aussichtskanzel über dem Sarcatal	San Giovanni (1061 m), 13 km von Arco	San Giovanni – Busòn – Monte Casale (3 Std.); Abstieg auf dem gleichen Weg (gesamt 5 1/4 Std.)	SAT-Mark. 408	Rif. Don Zio (1610 m)
3 Sentiero dell'Anglone, 510 m Halbtagstour, am Auf- und Abstieg jeweils einige gesicherte Passagen. Schwindelfreiheit unerlässlich! Packende Tiefblicke ins Sarcatal	Drò (123 m), Dorf 5 km nördlich von Arco an der Strecke nach Trento	Drò – Coste dell'Anglone – »Sentiero dell'Anglone« – »Sentiero degli Scaloni« – Maso Lizzone (122 m) – Drò (3 Std.)	SAT-Mark. 425, 428B, 428	
4 Lago di Tenno, 570 m Dörferwanderung nördlich des Gardasees. Sehenswert: Wasserfall von Varone, Olivenhaine, malerisches Ortsbild von Canale	Varone (124 m,), Dörfchen 4 km von Riva	Varone – Cologna (254 m) – Tenno (427 m) – Canale (598 m) – Lago di Tenno (2 1/4 Std.,)	Nur teilweise bez. Wege	In Tenno, Canale und am Lago di Tenno
5 Monte Misone, 1803 m Bekannter Aussichtsgipfel nördlich des Gardasees; packend der Tiefblick auf den großen See	Wanderparkplatz an der Sella del Calino (958 m), Anfahrt von Riva via Tenno und Calvola	Parkplatz – Sella di Castiol (1350 m; 1 1/4 Std.) – Malga Misone (1575 m) – Monte Misone (3 Std.); Abstieg auf dem gleichen Weg (gesamt 5 Std.)	SAT-Mark. 412	
6 Dosso della Torta, 2156 m Dankbares Gipfelziel über dem innersten Valle dei Concei, mehrere mark. Anstiege. Bemerkenswerte Flora	Passo Ballino (763 m,) an der Strecke Riva – Ponte Arche	Passo Ballino – Malga Nardis (1784 m) – Dosso della Torta (4 1/2 Std.); Abstieg auf dem gleichen Weg (gesamt 7 1/4 Std.)	SAT-Mark. 420	
7 Bocca di Savàl, 1740 m Abwechslungsreiche Runde über dem Tälchen der Gamella	Capanna Grassi (1044 m), Zufahrt von Riva via Pranzo (458 m) und Campi, 13 km	Capanna Grassi – Bocca di Trat (1581 m; 1 1/2 Std.) – Bocca di Savàl (2 1/2 Std.) – Capanna Grassi (3 1/2 Std.)	SAT-Mark. 402, 413, Abstieg auf breitem Güterweg	Capanna Grassi (1044 m), Rif. Pernici (1600 m)
8 Dosso della Torta, 2156 m Höchster Gipfel über dem Talschluss des Valle dei Concei mit großem Panorama. Trittsicherheit am Grat wichtig	Rif. Al Faggio (963 m) im Valle dei Concei, 7 km vom Lago di Ledro bzw. Bezzecca	Rif. Al Faggio – Malga Giù (1444 m) – Bocca dell'Ussol (1878 m; 2 1/2 Std.) – Dosso della Torta (3 1/2 Std.); Abstieg auf dem gleichen Weg (gesamt 5 3/4 Std.)	SAT-Mark. 414, 455	Rif. Al Faggio (963 m)
9 Monte Cadria, 2254 m Anspruchsvolle Überschreitung des höchsten Gipfels der Gardaseeberge. Ausdauer und Trittsicherheit unerlässlich. Abstieg zur Malga Vesi nur bei guter Sicht!	Valle dei Concini, Zufahrt von Bezzecca via Lenzumo (787 m,) bis zur Mündung des Valle dei Molini, dann schmales Sträßchen	Valle dei Molini – Malga Vies (1555 m; 2 Std.) – Monte Cadria (4 Std.) – Malga Vesi (1472 m; 5 1/4 Std.) – Valle dei Molini (6 1/2 Std.)	SAT-Mark. 423, 452. Abstieg zur Malga Vesi unbezeichnet	
10 Cima SAT, 1246 m Höhenrunde über dem obersten See, im Sommer früher Aufbruch ratsam (Hitze!). Trittsicherheit wichtig, an der Cima SAT kurze Kletterei (Drahtseile)	Riva del Garda (78 m,), Städtchen am oberen Ende des Gardasees. Sehenswert: Altstadt, Hafen	Riva – Capanna Santa Barbara – Bochet dei Concoli – Cima SAT (3 1/4 Std.) – »Sentèr dei Crazidei« – Riva (5 1/2 Std.)	SAT-Mark. 404, 413, 418, 402	Capanna Santa Barbara (560 m)
11 Rocchetta, 1519 m Etwas kürzer und nicht so stark der Morgensonne ausgesetzt sind die südseitigen Anstiege am Rocchettastock. Nachteil: weniger Seesicht	Biacesa (418 m,) liegt im Val di Ledro, an der Straße zum Ledrosee, 7,5 km ab Riva	Biacesa – Bochet dei Concoli – Rocchetta (3 1/2 Std.) – Bocca di Giumella (1410 m) – Biacesa (6 Std.)	SAT-Mark. 417, 413, 451	
12 Cima di Lé, 857 m Aussichtskanzel über der Mündung des Ledrotals, im Ersten Weltkrieg stark befestigt	Pregásina (532 m), Zufahrt von Riva über die neue Tunnelstrecke 11 km	Pregásina – Cima di Lé (1 Std.); Abstieg auf dem gleichen Weg (gesamt 1 1/2 Std.)	Gut mark.	
13 Monte Carone, 1621 m Höhenwanderung und Gipfeltour über dem oberen Gardasee mit faszinierenden Aus- und Tiefblicken. Am Monte Carone kurze gesicherte Passagen. Trittsicherheit	Pregásina (532 m), Zufahrt von Riva über die neue Tunnelstrecke 11 km	Pregásina – Passo Rocchetta (1159 m; 2 Std.) – Passo Guil (1209 m) – Baita Segala (1250 m) – Monte Carone (4 Std.) – Passo Guil – Passo Rocchetta – Pregásina (6 3/4 Std.)	Mark. 422, 421, 105	
14 Corno, 1731 m Gipfeltour, mit anschließender Kammüberschreitung nur für erfahrene Berggänger! Am »Sentiero Mora e Pellegrini« zwei gesicherte Passagen und einige leichte Kraxelstellen (I). Flora	Südwestufer des Lago di Ledro (655 m), Zufahrt von Riva durch das Ledrotal. In der Weekend-Häuschen-Siedlung aufwärts bis zu einer Sperrschranke am Waldrücken von Ai Sabioni	Ai Sabioni (ca. 820 m) – San Martino – Corno (3 Std.) – »Sentiero Mora e Pellegrini« – Bocca Caset (1608 m; 4 3/4 Std.) – Ai Sabioni (7 Std.)	SAT-Mark. 456, 456B	

Tourenziel/Charakteristik	Ausgangspunkt	Wegverlauf & Gehzeit	Markierung	Einkehr am Weg	
15 Valle del Singol; Bocca Vecchia, 1273 m Große Rundwanderung über dem Singoltal, im Sommer sehr heiß. Gute Wege, kürzere Varianten möglich	Limone (67 m,) am Westufer des Gardasees, 10 km von Riva. Parkplatz über dem Ort	Limone – Cima di Mughera (1163 m; 3 Std.) – Bocca dei Fortini (1243 m) – Bocca Vecchia (5 ¼ Std.) – Limone (7 ¼ Std.)	Rot-weiße Mark., Nrn. 101, 421, 102		
16 Monte Castello, 779 m Das Bergkloster gehört zu den beliebtesten Motiven am Gardasee; die Runde über den »Schlossberg« ist eine kurze Rundwanderung. Vorsicht am Nordgrat	Tignale (555 m,), Zufahrt von der »Gardesana occidentale« auf guter Straße, 7 km. Parkplatz (574 m,) im Rücken des Monte Castello	Parkplatz – Kloster – Monte Castello (¾ Std.) – Parkplatz (1 ¼ Std.)	Breiter Weg zum Gipfel, Abstieg rot-weiß bez.		
17 Piovere – Muslone Kleine Dörferwanderung mit prächtiger Aussicht auf den See	Piovere (417 m,) erreicht man von der Gardasee-Westuferstraße, 5 km	Piovere – Muslone (1 Std.) – Piazza (251 m) – Piovere (2 ¼ Std.)	Rot-weiße und gelbe Mark.	Piovere, Muslone	
18 Cima Comer, 1279 m Fantastischer Ausguck hoch über dem Westufer des mittleren Sees. Einmalig die Tiefblicke. Sehenswert: Einsiedelei San Valentino (15 Min. hin und zurück)	Sasso (546 m,), Zufahrt von Gargnano 9 km	Sasso – San Valentino (772 m) – Cima Comer (2 Std.) – Rif. Alpini – Sasso (3 ½ Std.)	Ordentliche Mark.	Rif. Alpini (990 m)	Alto Garda
19 Monte Caplone, 1976 m Große Überschreitung, die Ausdauer und einen sicheren Tritt voraussetzt. Abstieg über den lang gestreckten Südostgrat nur bei trockenem Wetter! Herrliche Flora	Das Wiesenplateau von Rest (1205 m) liegt im hintersten Valvestino. Zufahrt von Gargnano über Navazzo, 30 km	Rest – Monte Caplone (2 ¼ Std.) – Cime del Costone – Passo della Puria (1374 m; 4 ¾ Std.) – Rest (6 ¾ Std.)	Anstieg gut bez., Gratroute nur sparsam, Rückweg unbez.		
20 Monte Stino, 1467 m Kleine Runde über den einst stark befestigten Berg (Museum) an der Grenze zu Judikarien (Valli Giudicarie). Schöner Blick auf den Lago d'Iseo	Capovalle (905 m,) liegt an der Strecke Gargnano – Valvestino – Idro	Capovalle – Zumiè – Fienile Lombardi (1246 m) – Monte Stino (1 ¾ Std.) – Croce di Sassello (1105 m) – Zumiè – Capovalle (2 ½ Std.)	Bez. Wege		
21 Monte Pizzocolo, 1581 m Berühmter Aussichts- und Blumenberg am Alpensüdrand. Leichte Gipfelrunde, vor allem früh im Jahr und im Spätherbst lohnend	Zufahrt von Maderno über Maclino und Sanico (339 m) ins Valle Bornico, bis zu den Case Ortello (720 m) 7,5 km	Valle Bornico – Malga Valle (1331 m) – Monte Pizzocolo (2 ¾ Std.) – Sant'Urbano (872 m) – Valle Bornico (4 ½ Std.)	Spärlich bez., Nrn. 5, 11, 23		
22 Eremo dei Santi Benigno e Caro, 830 m Halbtagswanderung hinauf zu der uralten Einsiedelei. Sehenswert: Olivenhaine, Flora	Cassone (85 m,), Fraktion der Gemeinde Malcèsine, 18 km von Torbole auf der »Gardesana orientale«	Cassone – Malga Fiabio (721 m) – Porta del Vescovo – Eremo dei Santi Benigno e Caro (2 ½ Std.) – Cassone (3 ¾ Std.)	Gute Mark., Nrn. 9, 1		
23 Madonna della Carona, 773 m Steiler Plattenweg aus dem Etschtal hinauf zu dem an steile Felsen gebauten Wallfahrtsort. Alternativ kurzer Zustieg von Spiazzi	Der Weiler Brentino (187 m,) liegt im Val Lagarina, etwa 18 km südlich von Ala	Brentino – Madonna della Corona (2 Std.); Abstieg auf dem gleichen Weg (gesamt 3 ¼ Std.)	Keine Orientierungsprobleme	Restaurants und Bars in Spiazzi (864 m)	
24 Cima Valdritta, 2218 m Alpine Rundwanderung im »Rücken« des Monte Baldo; Aufstieg von der »Strada Generale Graziani«	An der Monte-Baldo-Höhenstraße, wenig nördlich des Sattels Cavallo di Novezza (1433 m), 35 km ab Mori	Höhenstraße (1552 m) – Cima Valdritta (2 Std.) – Rif. Telegrafo (2147 m) – Höhenstraße (4 ½ Std.)	CAI-Mark. 652, 651; örtliche Bez. 66	Rif. Telegrafo (2147 m)	
25 Cima Valdritta, 2218 m Klassische Monte-Baldo-Tour über dem langen, mehrgipfligen Grat. Kurze gesicherte Passage; einmalig die Tiefblicke auf den Gardasee, Südalpenpanorama	Bergstation der Monte-Baldo-Seilbahn (1752 m), Talstation Malcèsine (90 m,)	Seilbahn – Cima delle Pozzette (2132 m) – Cima Valdritta (2 ¾ Std.) – Col dei Piombi (1164 m; 5 Std.) – Seilbahn-Zwischenstation (536 m; 6 ¼ Std.)	CAI-Mark. 651, örtliche Bez. 5, 2.	Seilbahnstation	Monte Baldo
26 Corna Piana, 1736 m Rundwanderung über den Blumenberg (»Orto botanico«, schönste Blüte Mai/Juni). Aufstieg über gesichertes Band, hier Schwindelfreiheit und ein sicherer Tritt erforderlich	San Valentino (1314 m), Feriensiedlung, Zufahrt von Mori über Brentonico 18 km	San Valentino – Corna Piana (1 ¼ Std.) – Bocca del Creer (1617 m) – San Valentino (2 ¾ Std.)	CAI-Mark. 650, Abstieg auf der Straße	Rif. Graziani (1620 m)	
27 Monte Altissimo di Nago, 2079 m Interessante Überschreitung des nördlichen Monte-Baldo-Eckpfeilers. Nur für trittsichere und absolut schwindelfreie Berggänger! Alternativ von der Bocca del Creer (1617 m) oder von den Prati di Nago auf bequemen Wegen, 1 ¼ bzw. 2 Std.	Feriensiedlung Prati di Nago (1300 m), Zufahrt von Nago (229 m,) 11,6 km	Prati di Nago – Mandriole (1411 m) – Val Cantone – Altissimo (3 ½ Std.) – Malga Campiglio – Prati di Nago (5 ½ Std.)	Rot-weiße Mark. bis Mandriole, dann rote Punkte. Abstieg CAI-Mark. 601	Rif. Altissimo (2060 m) am Gipfelplateau	

Das Veltlin

Unbekanntes Tal zwischen den höchsten Gipfeln der Ostalpen

Um ein Missverständnis gleich vorweg auszuräumen: Mit dem »Grünen Veltliner«, der sich in Österreich und anderswo großer Beliebtheit erfreut, hat das Tal der Adda nichts zu tun. Weinbau wird hier allerdings auch betrieben, seit Urzeiten, nur ist der Vino nobile della Valtellina meistens rot, gekeltert aus der Nebbiolo-Traube. Dass er in der Schweiz als Veltliner bekannt wurde, hat historische Gründe. Bis zum Wiener Kongress war das Valtellina (Veltlin) zwei Jahrhunderte lang bündnerische Kolonie, von Chur verwaltet und ausgebeutet.

So ist es kein Zufall, dass viele der besten Weinlagen nach wie vor in Graubündner Besitz sind. Und im größten Schweizer Kanton geht auch die Mär, der Veltliner Rote schmecke erst richtig in alpinen Höhenlagen. Das kann ich zwar bestätigen, ob's zu einem Höhenrausch aber nur den passenden Gipfel oder auch noch ein paar Gläser von dem rubinroten, kräftigen Vino braucht, bleibe dahingestellt …

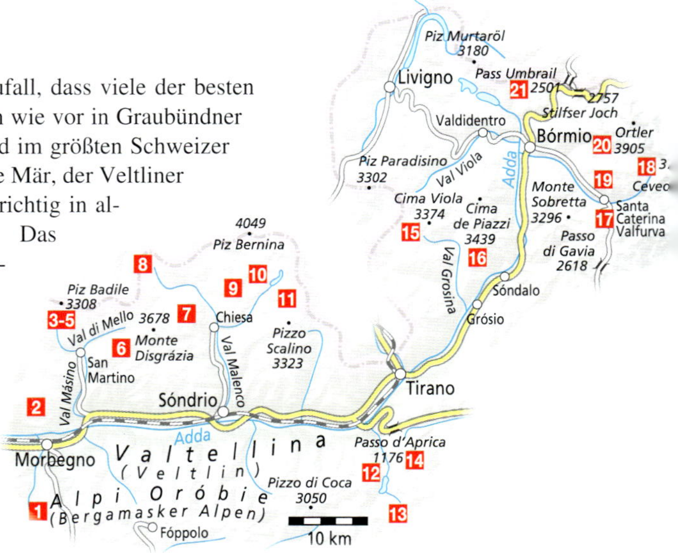

So beliebt die Lagen Grumello, Sassella, Sforzato in der Deutschschweiz auch sein mögen, so unbekannt ist das Veltlin diesseits der Alpen. Das mag an der Sogwirkung berühmter Nachbargebiete wie dem Engadin liegen, auch mit seiner Abgelegenheit aus Nordsicht. Denn immerhin umrahmen die höchsten Ostalpengipfel das Tal der Adda: Bernina, Ortler, dazu die Bergeller Berge und die Bergamasker Alpen. Aber halt immer nur ihre Rückseiten: Piz Bernina (4049 m) und Palü (3901 m) gelten als Engadiner Berge, die Bergeller Granitzacken sind Kulisse des gleichnamigen Bündner Tals, und der Ortler (3905 m) ist immer noch der »höchste Spiz in Tyrol«. So blieb dem Veltlin nur die Mauerblümchenrolle, und die ist es bis heute nicht losgeworden. In überregionalen TV-Nachrichten taucht das Tal höchstens bei Katastrophen wie den verheerenden Murabgängen und Überschwemmungen von 1986 oder beim Sport auf. Bormio und Santa Caterina in Valfurva, die beiden größten Touristenorte des oberen Veltlin, gelten längst nicht mehr als Geheimtipp für Wintersportler. Der Bergwanderer aber darf hier weiter auf Entdeckungsreisen gehen – und darüber staunen, was dieses große Alpental so alles zu bieten hat, neben dem Veltliner …

Alta via della Valmalenco

Etwa 110 Kilometer lange, einmalige Runde um das Val Malenco, normalerweise (ohne zusätzliche Gipfelbesteigungen) acht Tage. Mit Ausnahme der sechsten Etappe durchwegs markierte Wanderwege; zwischen dem Rifugio Marinelli-Bombardieri und dem Rifugio Bignami verläuft die »Alta via« übers Gletschereis. Wer nicht entsprechend ausgerüstet ist, weicht südlich auf einen eisfreien Übergang aus (Bocchetta di Fellaria, 2819 m). Übernachtung auf bewirtschafteten Hütten bzw. im Tal, Zwischenabstiege bzw. Teilbegehungen möglich.

1. Etappe: Torre Santa Maria (772 m) – Sasso Bianco (2490 m) – Rifugio Bosio (2086 m), 7 Std. **2. Etappe:** Rifugio Bosio – Passo Ventina (2675 m) – Rifugio Gerli-Porro/Rifugio Ventina (1960 m), 7 1/2 Std. **3. Etappe:** Rifugio Porro/Ventina – Rifugio Del Grande-Camerini (2580 m) – Chiareggio (1612 m), 6 1/2 Std. **4. Etappe:** Chiareggio – Rifugio Longoni (2450 m) – Rifugio Palù (1947 m), 7 Std. **5. Etappe:** Rifugio Palù – Rifugio Musella (2076 m) – Rifugio Carate Brianza (2636 m) – Rifugio Marinelli-Bombardieri (2813 m), 5 Std. **6. Etappe:** Rifugio Marinelli-Bombardieri – Rifugio Bignami (2401 m), 2 1/2 Std. (eisfreie Variante über Bocchetta di Fellaria) **7. Etappe:** Rifugio Bignami – Passo di Campagneda (2632 m) – Rifugio Cristina (2226 m), 6 Std. **8. Etappe:** Rifugio Cristina – Caspoggio (1098 m), 3 Std.

Steckbrief

Fläche: ca. 2600 qkm
Höchster Punkt: Monte Cevedale (3769 m)
Gebirgsgruppen: Bergeller Berge (Süd), Berninagruppe (Süd), Bergamasker Alpen (Nord), Livigno-Alpen, Ortlergruppe (West)
Wichtigste Ortschaften: Morbegno, Sondrio, Tirano, Bormio, Livigno
Wandervorschläge: 21

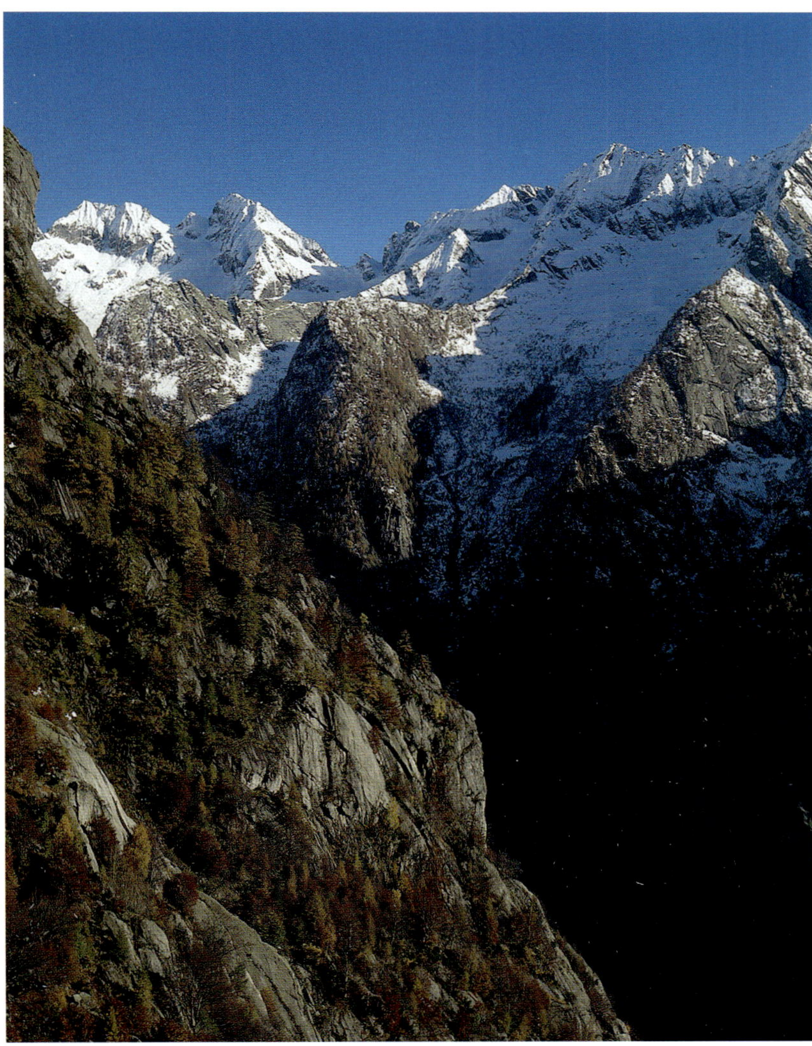

Nicht nur ein Dorado für Extremkletterer: das großartige Val di Mello

Felsskulpturen, Wasserspiele

4 Bivacco Molteni, 2510 m

Noch vor wenigen Jahrzehnten war das Val Mello buchstäblich ein »End' der Welt«; heute pilgern vor allem muskulöse junge Menschen mit einem leichten Hang zu riskantem Tun in das Tal: zum Klettern an den gigantischen Granitplatten. Auch der Wanderer und Naturfreund kommt hier voll auf seine Kosten; er genießt die monumentalen Züge der Landschaft, findet dazu zahlreiche markierte Wege. Die schönsten Eindrücke vermittelt neben einem längeren Talspaziergang der Weg durch das Valle del Ferro mit seinen »stürzenden und stiebenden Wassern« hinauf zu der Steinwüste unter dem Bergeller Hauptkamm.

Von San Martino (923 m) zunächst auf dem Sträßchen etwa eine Viertelstunde taleinwärts, dann links in den Wald. Der rot-weiß markierte Weg steigt in ein paar Kehren an und wendet sich ins Valle del Ferro. Schöner Rastplatz oberhalb der ersten Kaskade. Nun zum nächsten, noch höheren Wassersturz und anschließend am steilen Hang weiter bergan zu einem Schleierfall. Auf solider Brücke über den Bach und an einem steinigen Wiesenhang hinauf zur Casera del Ferro (1658 m). Sie kauert sich unter eine mächtige Felsbarriere, die der Weg rechts in Kehren umgeht. Weiter in dem von schroffen Granitzacken umstandenen Hochtal aufwärts. Mitten in der riesigen Karmulde steht das Bivacco Molteni, Stützpunkt am hochalpinen »Sentiero Roma«.

Eis und Firn

18 Rifugio Pizzini, 2706 m

Wie die Seiten eines Bilderbuchs öffnen sich auf dieser Runde Talwinkel, Gletscher und Gipfel des Ortlermassivs dem Wanderer. Beim Anstieg zur Pizzinihütte hat man die Südflanke der Königsspitze (3851 m) direkt vor sich; vom Schutzhaus geht der Blick über den Cedecgletscher hinauf zum Eisdom des Monte Cevedale (3769 m). Auf dem Weiterweg zur Brancahütte gibt zunächst die Punta San Matteo die Richtung an; oberhalb der Malga dei Forni kommt dann das größte Gletscherrevier des Massivs, der Fornokessel mit seinen Eisströmen, ins Bild.

Vom Parkplatz beim Rifugio Forni auf dem Sandsträßchen nördlich ins Valle di Cedec, etwa zwei Stunden bis zum Rifugio Pizzini. Nun links des Cedecbachs wieder talauswärts und um den massigen Südwestrücken des Monte Pasquale (3553 m) herum zur Brancahütte. Abstieg ins Tal auf einer Schotterpiste.

Sentiero Roma

Einer der schönsten Höhenwege in den Ostalpen! Der »Römerweg«, in den Zwanzigerjahren des 20. Jahrhunderts angelegt, verläuft auf der Südflanke des Bergeller Hauptkamms, führt hier von Scharte zu Scharte. Entsprechend grandios ist die Kulisse: braune, splittrige Granitgrate, riesige Blockkare. Den Auftakt macht der Anstieg durch das Paradies von Codera; der malerische Weiler im gleichnamigen Tal ist bis heute autofrei!

Drei der vier Etappen des »Sentiero Roma« sind ausgesprochen hochalpin, weisen auch gesicherte Passagen auf. Steigeisen können durchaus nützlich sein (Altschneefelder); übernachtet wird auf Hütten, von denen man auch ins Tal absteigen kann.

1. Etappe: Novate Mezzola (Mezzolpiano, 316 m) – Codera – Rifugio Luigi Brasca (1304 m) 4 1/2 Std. **2. Etappe:** Rifugio Brasca – Passo del Barbacan (2598 m) – Rifugio Luigi Gianetti (2534 m), 5 1/2 Std. *3. Etappe:* Rifugio Gianetti – Passo del Camerozzo (2765 m) – Rifugio Allievi-Bonacossa (2387 m), 4 1/2 Std. **4. Etappe:** Rifugio Allievi – Passo Cameraccio (2898 m) – Rifugio Cesare Ponti (2599 m), 6 Std. Abstieg: Rifugio Ponti – Preda Rossa (1955 m) – Cataeggio (787 m) 3 1/2 Std.

Unteres Veltlin

Tourenziel/Charakteristik	Ausgangspunkt	Wegverlauf & Gehzeit	Markierung	Einkehr am Weg
1 Lago Rotondo, 2256 m Seentour im Valle di Trona. Der Lago Rotondo liegt versteckt in einem wilden Karkessel unter dem Pizzo di Trona. Alternativer Ausgangspunkt Pescegallo (1454 m), 6 km ab Gerola Alta (3 Std., Mark. 8)	Gerola Alta (1053 m,), Bergdorf im Valle del Bitto di Gerola, 15 km von Morbegno (262 m)	Gerola Alta – Lago di Trona (1805 m; 2 1/4 Std.) – Lago Rotondo (3 1/2 Std.); Abstieg auf dem gleichen Weg (gesamt 5 1/2 Std.)	Rot-weiße Mark.	
2 Tre Cornini, 2021 m Kleine Felsen – große Aussicht! Wanderung zu einem prächtigen Aussichtsbalkon hoch über dem untersten Veltlin, lässt sich um die Besteigung des Croce Gam (2585 m) erweitern (zusätzlich 3 Std. hin und zurück, mark.)	Poira di dentro (1077 m,), Zufahrt von Morbegno (262 m) via Serone (719 m) – Roncaglia, 14 km	Poira di dentro – Prà Soccio (1647 m; 1 3/4 Std.) – Tre Cornini (3 Std.); Abstieg auf dem gleichen Weg (gesamt 5 Std.)	Rot-weiße Mark., Nr. 23	Poira di dentro (1077 m)
3 Rifugio Gianetti, 2536 m Beliebte Hüttenwanderung; das Rif. Gianetti dient als Stützpunkt bei einer Besteigung des Piz Badile (3308 m) von Süden.	Bagni del Màsino (1172 m), altes Thermalbad im Val dei Bagni, Zufahrt von der Strada Statale No. 38 (Valtellina) via San Martino (923 m) 17 km	Bagni del Màsino – Casera Porcellizzo (1899 m; 2 Std.) – Rifugio Gianetti (4 Std.); Abstieg auf dem gleichen Weg (gesamt 6 1/2 Std.)	Rot-weiße Mark.	Rif. Gianetti (2534 m)
4 Bivacco Molteni, 2510 m Herrliche, aber auch anstrengende Wanderung durch das Valle del Ferro. Einmalig die Wasserfälle, grandios die Granitkulisse. Auch Aufstieg bis zur Casera del Ferro (1658 m) bereits sehr lohnend	San Martino (923 m,), Bergdorf an der Mündung der beiden Täler von Mello und Bagni, 13 km von der Strada Statale No. 38 (Valtellina). Parkplätze am Dorfeingang	San Martino – Val di Mello – Casera del Ferro (2 1/4 Std.) – Biv. Molteni (4 1/4 Std.); Abstieg auf dem gleichen Weg (gesamt 7 Std.)	Rote Bez.	Osteria Gatto Rosso (1060 m), 10 Min. vom Weg
5 Bivacco Manzi, 2538 m Landschaftsjuwel und Kletterdorado Val di Mello: gigantische Granitplatten, extrem steile Wege – und darüber der Gletscherriese Monte Disgrazia (3678 m). Trittsicherheit und eine gute Kondition unerlässlich!	San Martino (923 m,), Bergdorf an der Mündung der beiden Täler von Mello und Bagni, 13 km von der Strada Statale No. 38 (Valtellina). Parkplätze am Dorfeingang; Sträßchen zur Osteria Gatto Rosso Mitte Juli bis Ende September gesperrt	San Martino – Rasica (1148 m; 1 1/2 Std.) – Valle Torrone – Casera Torrone (1996 m; 3 3/4 Std.) – Bivacco Manzi (5 1/2 Std.); Abstieg auf dem gleichen Weg (gesamt 8 1/2 Std. (ab Gatto Rosso 7 3/4 Std.)	Mark. Wege	Osteria Gatto Rosso (1060 m), mehrere »Chioski« im Val di Mello
6 Rifugio Ponti, 2559 m Ausgangs- bzw. Endpunkt des hochalpinen »Sentiero Roma« (Val Codera – Valle di Predarossa). Prächtige Lage am Fuß des mächtigen Monte Disgrazia (3678 m). Hüttengipfel Pizzo della Remoluzza (2814 m) 1 Std.).	Piano di Predarossa (1955 m), Zufahrt aus dem Val Màsino über die (nach einem riesigen Murabgang) wiederhergestellte ENEL-Straße, 13 km	Piano di Predarossa – Rif. Ponti (2 Std.); Abstieg auf dem gleichen Weg (gesamt 3 1/4 Std.)	Rot-weiße Mark.	Rif. Ponti (2559 m)
7 Passo Ventina, 2675 m Anspruchsvolle Überschreitung im Disgraziamassiv, Teilstück der »Alta via della Valmalenco«	Chiareggio (1612 m,), Weiler im hintersten Val Malenco, 12 km von Chiesa in Valmalenco	Chiareggio – Rif. Ventina (1 1/4 Std.) – Passo Ventina (3 1/4 Std.) – Alpe Pradaccio (1725 m; 4 3/4 Std.) – Chiesa in Valmalenco (960 m; 6 1/4 Std.,)	Mark. 305	Rif. Ventina (1965 m), Rif. Gerli-Porro (1965 m)
8 Rifugio Grande-Camerini, 2564 m Anspruchsvolle Wanderrunde im Talschluss des Val Malenco; Aufstieg durch das Val Sissone ziemlich rau, großartig der Blick auf Disgraziagletscher und -gipfel. Mineralien, artenreiche Flora	Chiareggio (1612 m,), Weiler im innersten Val Malenco, 12 km von Chiesa in Valmalenco	Chiareggio – Val Sissone – Rifugio Grande-Camerini (3 3/4 Std.) – Alpe Vazzeda (2033 m) – Chiareggio (6 Std.)	Mark. 305	Rif. Grande-Camerini (2580 m)
9 Bocchel de Torno, 2203 m Abwechslungsreiche Wanderung vor der Berninagruppe, etwas unterhalb der Seilbahnstation im Wald der idyllische Lago Palù. Lohnend: Abstecher (auch) auf den Monte Motta (2336 m) 1 Std.), einem der schönsten Aussichtspunkte südlich des Berninamassivs	Bergstation der »Funivia al Bernina« (2007 m), Talstation bei Chiesa in Valmalenco (960 m,)	Seilbahn – Lago Palù (1921 m) – Bocchel de Torno (1 1/2 Std.) – Alpe Campolungo (2110 m) – Ponte (1521 m; 3 1/4 Std.) – Chiesa in Valmalenco (4 1/2 Std.)	Mar. Wege	Rif. Lago Palù (1947 m), Rif. Ponte (1521 m)
10 Rifugio Marinelli-Bombardieri, 2813 m Ganz nahe an die Gletscherwelt der Bernina heran führt diese Hüttentour, zwischen Franscia und Alpe Musella Lehrpfad. Abstieg durch das Valle Scercen rau, teilweise weglos! Geübte besteigen von der Hütte in 1 1/2 Std. den Pizzo Marinello (3182 m).	Campo Franscia (1557 m,), erreichbar von Chiesa in Valmalenco (960 m) auf der kühn trassierten, ehemaligen Werksstraße, 11 km	Campo Franscia – Rif. Alpe Musella (1 3/4 Std.) – Rif. Carate-Brianza – Rif. Marinelli (4 1/4 Std.) – Valle Scercen – Rif. Alpe Musella (6 1/4 Std.) – Alpe Campascio (1844 m; 6 3/4 Std.) – Campo Franscia (7 3/4 Std.)	Gut mark.	Campo Franscia (1557 m), Rif. Alpe Musella (2021 m), Rif. Carate Brianza (2636 m); Rif. Marinelli-Bombardieri

Tourenziel/Charakteristik	Ausgangspunkt	Wegverlauf & Gehzeit	Markierung	Einkehr am Weg	
11 Rifugio Cristina, 2287 m Herrliche Höhenwanderung über dem Val Lanteria mit Aussicht zum Disgrazia und auf die stark vergletscherte Südseite des Berninamassivs	Bergstation des Piazzo-Cavalli-Lifts (1777 m), Talstation Caspoggio (1098 m,)	Piazzo Cavalli – Alpe Cavaglia (2056 m) – Alpe Acquanera (2116 m) – Rif. Cristina (3 3/4 Std.) – Rif. Zoia (4 1/2 Std.) – Alpe Foppa – Campo Franscia (1557 m; 5 1/2 Std.,)	Mark. 305	Piazzo Cavalli (1777 m), Rif. Cristina (2226 m), Rif. Zoia (2021 m), Campo Franscia	Unteres Veltlin
12 Malga Pila, 2010 m Höhenrunde im Val Belviso, von den Laghi di Torena zur Malga Pila. Unter dem Monte Torena sind zahlreiche Gräben zu queren (Sicherungen). An den Seen botanische Raritäten, u. a. die *Viola di Camollia*, im Talinnern Gämsen und Murmeltiere	Palazzina Falk (1373 m), Stausee-Werksgebäude, Zufahrt von der Strecke Tirano – Àprica 6,5 km	Palazzina Falk – Laghi di Torena (2073 m; 2 Std.) – Malga Pila (2010 m; 4 1/4 Std.) – Malga Demignone (1904 m; 5 3/4 Std.) – Lago di Belviso (6 1/2 Std.) – Palazzina Falk (7 1/2 Std.)	Mark. Wege		
13 Passo del Demignone, 2485 m Anspruchsvolle Vier-Pässe-Runde am Hauptkamm der Bergamasker Alpen, Teilstück des »Sentiero naturalistico Antonio Curo«. Am ehemaligen Militärweg im brüchigen Gestein Seilsicherungen. Üppige Flora	Palazzina Falk (1373 m), Stausee-Werksgebäude, Zufahrt von der Strecke Tirano – Àprica 6,5 km	Palazzina Falk – Passo del Venerocolo (2314 m; 3 1/2 Std.) – Passo del Demignone (4 1/4 Std.) – Passo del Vò (2368 m) – Passo di Venano (2328 m; 5 1/2 Std.) – Palazzina Falk (8 1/4 Std.)	Mark. 11, 416, 13, 12	Rif. Tagliaferri (2298 m) knapp unterhalb des Passo di Venano	
14 Dosso Pasò, 2575 m Markanter Gipfel südlich von Àprica mit sehr schöner Aussicht. Ein sicherer Tritt und Schwindelfreiheit sind unerlässlich	Bergstation des Sessellifts bei der Malga Palabione (1677 m), Talstation Àprica (1172 m,) am gleichnamigen Straßenpass (Veltlin – Valcamonica)	Malga Palabione – Lago Palabione (2109 m; 1 1/4 Std.) – Dosso Pasò (2 3/4 Std.) – Biv. Àprica (2207 m) – Malga Magnolta (1945 m) – Malga Palabione (4 3/4 Std.)	Mark. 17, 15		
15 Passo Dosdè, 2824 m Hochalpine Passwanderung; Überschreitung ins Val Viola Bormina möglich. Am Pass, den Scima da Saoseo (3264 m) und Cima Viola (3374 m) flankieren, die Capanna Dosdè	Eita (1703 m), hinterster Weiler im Val Grosina, Zufahrt von Grosio (652 m) 20 km	Eita – Laghi di Tres (2186 m; 1 3/4 Std.) – Passo Dosdè (3 3/4 Std.); Abstieg auf dem gleichen Weg (gesamt 6 Std.)	Mark. 208		Oberes Veltlin
16 Monte Storile, 2471 m Aussichtsgipfel über der Mündung des Val Grosina, schöne, wenig anstrengende Höhen- und Gipfeltour von Eita aus	Eita (1703 m), hinterster Weiler im Val Grosina, Zufahrt von Grosio (652 m), 20 km	Eita – Baita Redasco (1976 m; 1 Std.) – Forcola (2208 m) – Monte Storile (2 3/4 Std.); Abstieg auf dem gleichen Weg (gesamt 4 1/2 Std.)	Mark. 208, 264		
17 Dosso Tresero, 2354 m Abwechslungsreiche Halbtagsrunde über dem unteren Val dei Forni	Santa Caterina in Valfurva (1734 m,), 13 km von Bormio	Santa Caterina – Cernera (1905 m; 1 Std.) – Dosso Tresero (2 1/2 Std.) – Santa Caterina (3 3/4 Std.)	Mark. 557, 525, 561		
18 Rifugio Pizzini, 2706 m Aussichtsreiche Runde im Valle di Cedec, dank des hoch gelegenen Ausgangspunktes nur wenig anstrengend	Rif. Forni (2178 m) im Val dei Forni, 5 km von Santa Caterina in Valfurva (1734 m), 5 km. Parkplatz	Rif. Forni – Rif. Pizzini (2 Std.) – Rif. Branca (3 3/4 Std.) – Rif. Forni (4 1/4 Std.)	Mark. 555, 530, 524	Rif. Forni (2178 m); Rif. Pizzini (2706 m); Rif. Branca (2487 m)	
19 Selve del Confinale; Confinale di sopra, 2288 m Hang- bzw. Höhenwanderung über dem Valfurva. Schöne Flora und herrliche Aussicht auf das Massiv der Sombretta (3296 m)	Valfurva, Ortsteil San Gottardo (1392 m,), 5 km von Bormio	San Gottardo – Pradaccio (1726 m; 1 1/4 Std.) – Confinale di sopra (3 Std.) – Ablès (2213 m; 4 1/4 Std.) – Santa Caterina (1734 m; 5 1/4 Std.,)	Mark. 568 527, 571	Ablès	
20 Rifugio 5° Alpini, 2878 m Prächtige, aber recht lange Wanderung ins Val Zebrù. Die Hütte liegt am Fuß des Zebrùgletschers vor einer grandiosen Hochgebirgskulisse	Parkplatz Niblogo (1580 m), 7 km von Bormio. Jeep-Zubringer ins Val Zebrù	Niblogo – Baita dei Pastori (2168 m; 2 1/2 Std.) – Rif. 5° Alpini (4 1/4 Std.); Abstieg auf dem gleichen Weg (gesamt 7 1/2 Std.)	Mark. 529, 516	Im Val Zebrù, Rif. 5° Alpini (2878 m)	
21 Punta da Rims, 2947 m Spannende Runde mit starken Landschaftseindrücken, großes Panorama vom Piz Umbrail, toller Ortlerblick. Militärhistorischer Themenpfad, zahlreiche Überreste alter Stellungen	Pass Umbrail (2501 m,), Übergang von der Stilfser-Joch-Straße ins bündnerische Val Müstair	Pass Umbrail – Piz Umbrail (3033 m; 1 ½ Std.) – Punta da Rims (3 Std.) – Bocchetta di Forcola (2768 m) – Pass Umbrail (5 Std.)	Weiß-grün-rot		

Bergamasker Alpen

Berge und Täler zwischen Adamello und Grigne

Zugegeben, zufällig kommt man als Nordländer kaum in die Bergamasker Alpen: zu abgelegen. Gesehen, beiläufig und aus respektvoller Distanz, haben sie schon viele, etwa auf der Autobahnfahrt am Rand der Poebene entlang, Strand oder Città im Visier, oder im Panorama eines hohen Berges. Vom Piz Palü (3905 m) aus beispielsweise füllen die Ketten der Alpi Oróbie fast ein Viertel des Horizonts, schöner aufgefächert zeigen sie sich aber von Süden.

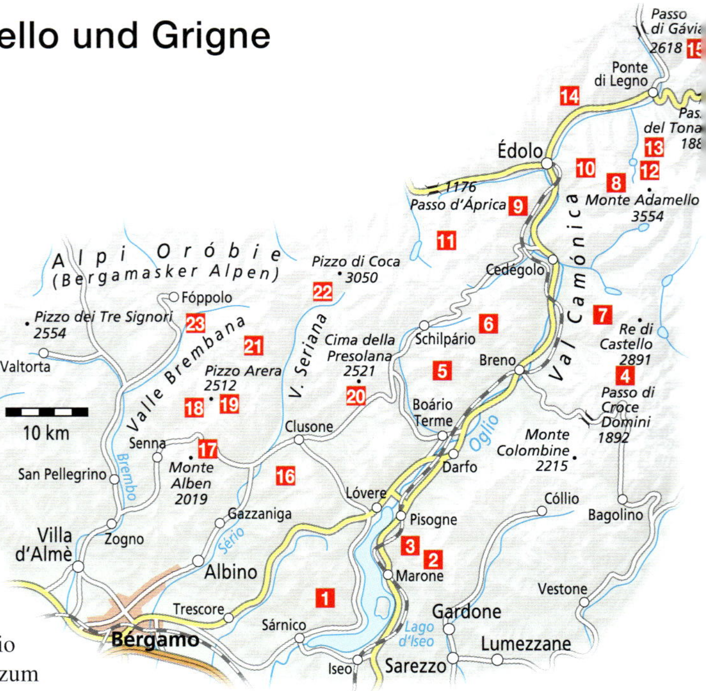

Drei Hauptflüsse entwässern dieses rund 3500 Quadratkilometer große Gebirge: Brembo (Val Brembana), Serio (Val Seriana) und Óglio (Val Camonica); zum Veltlin hin bildet der Hauptkamm des Massivs eine mächtige, steile Phalanx. Hier stehen auch die höchsten Gipfel der Bergamasker Alpen, knapp über 3000 Meter hoch (Pizzo di Coca, 3050 m), und hier verlief einst die historische Grenze zwischen Venedig und dem (bündnerischen) Veltlin. Daran erinnern noch heute Bezeichnungen wie Pizzo dei Tre Signori (2554 m), Passo di San Marco und ein paar alte Grenzsteine. Viel, viel älter sind die berühmten Felszeichnungen im Val Camonica, mit Schwerpunkt um Capo di Ponte (Besichtigung möglich), von denen die ersten in der Jungsteinzeit entstanden sein dürften.

Auch die Neuzeit hinterlässt ihre Spuren, zahlreiche Wasserkraftwerke und einige Wintersportplätze wie die Retortensiedlung Foppolo im hintersten Val Brembana. Weiter talabwärts lässt der Weltkonzern Nestlé in San Pellegrino das gesunde Acqua minerale abfüllen, und ganz in der Nähe wird auf den Almen der berühmte »Taleggio« (Hartkäse) hergestellt. Die Bergamasker Alpen bilden zusammen mit den Brescianer Voralpen und Teilen des Adamellomassivs das Hinterland der Großstädte Bergamo und Brescia; so werden sie vor allem als Naherholungsgebiet genutzt.

Sentiero Adamello

Großartiger Höhenweg an der (wenig bekannten) Brescianer Westflanke des Adamellomassivs (Monte Adamello, 3539 m), verläuft über zahlreiche Scharten und von Hütte zu Hütte. Grandiose Landschaftsbilder, viel Einsamkeit und hohe Gipfel begleiten den Wanderer vom Rifugio Garibaldi bis zum Rifugio Tita Secchi.
Zugang: Malga Caldea (1584 m) – Rifugio Garibaldi (2553 m), 2 3/4 Std. **1. Etappe:** Rifugio Garibaldi – Passo di Premassone (2923 m) – Rifugio Tonolini (2450 m), 4 Std. **2. Etappe:** Rifugio Tonolini – Rifugio Baitone (2281 m) – Rifugio Gnutti (2170 m) – Passo del Miller (2818 m) – Rifugio Prudenzini (2225 m), 5 Std. **3. Etappe:** Rifugio Prudenzini – Passo del Poia (2810 m) – Rifugio Lissone (2017 m), 4 1/2 Std. **4. Etappe:** Rifugio Lissone – Passo Ignaga (2528 m) – Passo d'Avolo (2556 m) – Passo di Campo (2296 m) – Rifugio Maria e Franco (2574 m), 5 1/2 Std. **5. Etappe:** Rifugio Maria e Franco – Passo Brescia (2717 m) – Passo del Termine (2334 m) – Rifugio Tita Secchi (2367 m), 5 Std. Abstieg: Rifugio Tita Secchi – Rifugio Nikolajewka (1505 m), 1 1/2 Std.
Durchgehend markierte Route mit weglosen Abschnitten, einigen gesicherten Passagen und leichter Blockkletterei. Verschiedene Variationen sowie Gipfelbesteigungen möglich, natürlich auch Teilbegehungen.

Steckbrief

Fläche: ca. 4200 qkm
Höchster Punkt: Monte Adamello (3539 m)
Gebirgsgruppen: Adamello (West), Brescianer Voralpen, Bergamasker Alpen
Wichtigste Ortschaften: Breno, Lóvere, Gardone, Clusone, Bergamo, San Pellegrino Terme, Foppolo
Wandervorschläge: 23

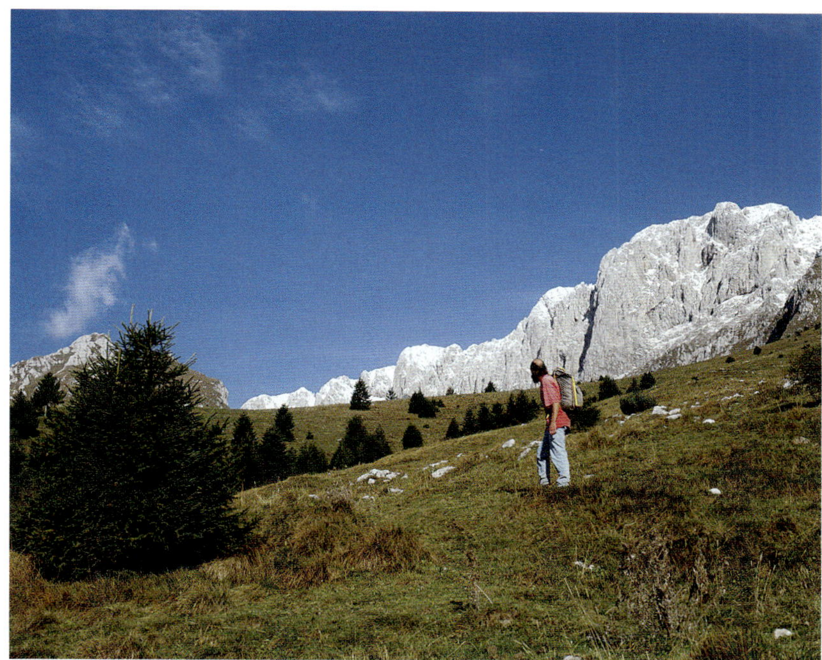

Die mächtigen Südabstürze des Presolanastocks

Eindeutig hochalpin

8 Passo del Cristallo, 2885 m

Der Monte Adamello (3554 m) ist ein Berg mit zwei Gesichtern, einem schneeweißen und einem felsdüsteren. Vom Pian di Neve, dem an arktische Landschaften erinnernden Firnplateau des Mandrongletschers, zeigt er sich als breiter Schneerücken, nach Westen und Norden bricht er über riesige Felsfluchten ins Val Miller und ins Val d'Avio ab. Auf dem Weg zum Passo del Cristallo hat man ihn fast ständig im Blick, alles überragend, ein Gipfel von westalpinem Zuschnitt.

Bei der Ponte del Guat (1528 m) ist die holperige Anfahrt zu Ende, das Sträßchen führt aber noch ein Stück talein bis zur Weggabelung auf der Malga Premassone (1585 m). Hier geradeaus und hinter der Malga Frino in kurzen Kehren über eine Steilstufe – die »scale del Miller« – zum Rifugio Gnutti (2170 m).

Der Aufstieg zum Passo del Cristallo (2885 m) verläuft über die felsdurchsetzte Südflanke des Corno del Cristallo, Abzweigung von der »Alta via dell'Adamello« knapp eine halbe Stunde weiter talaufwärts. Jenseits der Scharte steigt man zunächst über Blockwerk und Geröll ab und quert dann zur »Alta via«. Auf ihr links hinunter zum Rifugio Tonolini (2450 m), um den Lago Baitone herum und auf breiter Mulattiera hinab zur Malga Premassone, wo sich die Runde schließt.

Großer Aussichtsgipfel vor den großen Bergen

17 Monte Alben, 2019 m

Der Monte Alben ist dem Alpenrand so nahe wie den großen Gipfeln der Bergamasker Alpen, und er steht zudem ganz frei über felsigen Graten zwischen den fast namensgleichen Tälern von Serina und Seriana. Daraus resultiert ein weites, kontrastreiches Panorama.

Vom Colle di Zambla auf der Straße zum Passo della Crocetta (1267 m), der zusammen mit der Zamblascharte so etwas wie einen Doppelpass bildet. Hier auf einem unmarkierten Steiglein aufwärts oder (bequemer) noch ein Stück auf der breiten Sandstraße weiter und dann links in den Wald (Hinweis »Alben«). Bei einer prächtigen Buche treffen die beiden Wege zusammen. Zunächst weiter im Wald bergan, dann in ein kleines Tälchen und auf rauer Spur ziemlich steil in den Col dei Brassamonti (1755 m). Dahinter in weitem Bogen um einen Karwinkel herum, wobei das Bivacco Nembrini links abseits bleibt, und in Kehren aufwärts zum Passo la Forca (1848 m). Hier links auf den langen Nordgrat, über leichte Felsen und durch ein Loch, dann auf gutem Weg rechts der Gratschneide, mit kleinen Klettereinlagen (I), zuletzt im Zickzack zum Gipfelkreuz.

Unter den Presolana-Felsen

20 Grotta dei Pagani, 2224 m

Geologisch bilden die Bergamasker Alpen überhaupt keine Einheit, vielmehr trifft man zwischen dem Veltlin und den randalpinen Hügelketten eine Vielzahl sehr verschiedener, auch unterschiedlich alter Gesteine: Gneise, Tonschiefer, quarzhaltige Porphyre, Kalke und Dolomit. Letzteres baut nicht nur die Grigne am Comer See auf, sondern auch den mächtigen Felsriegel der Presolana, alpines Schaustück von Castione und ein sehr beliebtes Kletterrevier.

Wenig westlich vom Straßenpass (Giogo della Presolana, 1297 m) weist ein Schild zur »Presolana Vetta«: kurz über zwei Kehren bergan, dann links auf schön angelegtem Weg bei mäßiger Steigung angenehm schattig zur Baita Cassinelli, wo sich ein erster herrlicher Blick auf die Südfront der Presolana bietet. Nun schräg aufwärts, allmählich näher an die Felsen heran, über ein paar Schuttreißen, dann links zu einer modernen Kapelle (2085 m); etwas tiefer das Bivacco Clusone. Weiter im Geröll mühsam zur Grotte am Felsfuß.

Die Fortsetzung der Wanderrunde führt in weitem Bogen, nur kurz noch ansteigend, dann flach und schließlich wieder an Höhe verlierend, hinüber zum Passo di Pozzera (2126 m). Schöner Blick über das Val Seriana. Nun auf deutlicher Spur über einen schrofendurchsetzten Hang schräg abwärts, unter den Felsen des Pizzo di Corzene (2196 m) hindurch und dann hinunter in die Geröllmulde und hinüber zur Baita Cassinelli.

Sentiero delle Orobie

Höhenweg durch die zentralen Bergamasker Alpen, insgesamt sieben Tagesetappen von Hütte zu Hütte. Trittsicherheit erforderlich, das letzte Teilstück führt über den Klettersteig »della Porta«. Die Trekkerroute findet nach Westen ihre Fortsetzung im »Sentiero delle Oróbie Occidentali« (5–6 Tage). Wegverlauf des »Sentiero delle Oróbie«. **1. Tag:** Valcanale – Rifugio Laghi Gemelli (1968 m), 4 ½ Std. **2. Tag:** Rifugio Laghi Gemelli – Rifugio Calvi (2015 m), 4 Std. **3. Tag:** Rifugio Calvi – Rifugio Brunone (2295 m), 6 Std. **4. Tag:** Rifugio Brunone – Rifugio Coca (1892 m), 5 ½ Std. **5. Tag:** Rifugio Coca – Rifugio Curò (1915 m), 3 ½ Std. **6. Tag:** Rifugio Curò – Rifugio Albani (1903 m), 7 ½ Std. **7. Tag:** Rifugio Albani – »Sentiero della Porta« – Giogo della Presolana, 5 Std.

Region	Tourenziel/Charakteristik	Ausgangspunkt	Wegverlauf & Gehzeit	Markierung	Einkehr am Weg
Brescianer Voralpen	**1 Monte Bronzone, 1334 m** Aussichtsreiche Wanderrunde über dem unteren Iseosee mit Gipfelabstecher. Besonders schön ganz früh bzw. ganz spät im Jahr	Predore (187 m, Bus), stattlicher Ort am Westufer des Lago d'Iseo	Predore – Colle Cambline (772 m; 1 1/2 Std.) – Colle d'Oregia (892 m; 2 Std.) – Monte Bronzone (3 1/4 Std.) – Colle d'Oregia (4 Std.) – Punta Alta (953 m; 5 1/4 Std.) – Predore (6 1/2 Std.)	Mark. 709, TPC, 701, 707, 734	
Brescianer Voralpen	**2 Monte Guglielmo, 1948 m** Beliebtes Wanderziel der Brescianer, höchste Erhebung zwischen dem Lago d'Iseo und dem Val Trompia mit weiter Aussicht	Zone (647 m, Bus), Bergdörfchen oberhalb von Marone (189 m), Zufahrt 7 km	Zone – Prèsel (1308 m; 2 Std.) – Rif. Almici – Monte Guglielmo (4 Std.) – Monte Àgolo (1377 m) – Passo Croce di Zone (902 m) – Zone (6 1/2 Std.)	Mark. 227, 201	Rif. Almici (1861 m)
Brescianer Voralpen	**3 Corna Trentapassi, 1248 m** Steil und felsig gegen das Ostufer des Lago d'Iseo (185 m) abfallender Bergstock. Aufstieg mit leichten Kletterstellen (I–II) und einigen exponierten Passagen	Tolino (188 m, Bus), Weiler am Ostufer des Iseosees, 3 km von Pisogne	Tolino – Brigol (740 m) – Corna Trentapassi (3 Std.) – Sedergnò (550 m) – Tolino (5 Std.)	Mark. 212, 205, 206	
Val Camonica	**4 Rifugio Gabriele Rosa, 2355 m** Einsame Höhenwanderung im Süden des Adamellomassivs; vom Rif. Rosa aus besteigen Geübte den mächtigen Cornone di Blumone (2842 m) auf alten Kriegspfaden über den Passo di Blumone (2633 m; 2 Std.). Grandioses Panorama	Bazena (1802 m) an der Westrampe der Straße über den Passo di Croce Domini (1892 m), 19 km von Breno (334 m, Bus)	Bazena – Passo di Val Fredda (2338 m) – Rif. Rosa (2 1/4 Std.); Abstieg auf dem gleichen Weg (gesamt 4 Std.)	Mark. 18	Rif. Tassara (1802 m) in Bazena; Rif. Rosa (2355 m), Rif. Tita Secchi (2362 m), beide am Lago della Vacca
Val Camonica	**5 Pizzo Camino, 2491 m** Mächtiger frei stehender Felsgipfel im Winkel zwischen den Tälern von Camonica und Scalve. Auf keinem Weg leicht, Geröll, zuletzt steile Felsrinne (I–II)	Borno (888 m, Bus), hübsch gelegener Ort an der Strecke Breno – Schilpario	Borno – Lago di Lova (1299 m; 1 1/4 Std.) – Rif. Laeng (1760 m; 2 1/2 Std.) – Pizzo Camino (4 3/4 Std.); Abstieg auf dem gleichen Weg (7 1/2 Std.)	Mark. rot-weiß, Nr. 82 bis zum Rif. Laeng	
Val Camonica	**6 Cimone della Bagozza, 2407 m** Kühne Felsgestalt über dem innersten Val delle Scalve mit türmebesetzten Flanken. Normalanstieg mit leichten Kletterstellen (I), Geröll	Bar Baracca (1580 m) an der Straße von Schilpario (1124 m, Bus) zum Passo del Vivione	Bar Baracca – Madonnina – Lago di Campelli (1680 m; 1/2 Std.) – Cimone della Bagozza (2 3/4 Std.); Abstieg auf dem gleichen Weg (gesamt 4 3/4 Std.)	Farbmark.	Bar Baracca (1580 m)
Val Camonica	**7 Sentiero dei tre Fratelli – Porta di Zumella, 2419 m** Spannende Runde über dem Val Saviore, Anstieg zur Porta mühsam; Abstieg alternativ auch über das Rif. Colombè (1710 m) möglich (mark.)	Paspardo (978 m), Bergdorf über dem Val Camonica, 10 km von Capo di Ponte (364 m, Bus)	Paspardo – »Sentiero dei tre Fratelli« – Lago d'Arno (1817 m; 3 Std.) – Porta di Zumella (4 3/4 Std.) – Dosso (1553 m) – Paspardo (7 1/2 Std.)	Mark. 22 bis zum See, dann rote Mark.	
Val Camonica	**8 Passo del Cristallo, 2885 m** Hochalpine Runde in Sichtweite des Monte Adamello (3554 m). Trittsicherheit und Bergerfahrung unerlässlich, »untere« Variante zwischen den Hütten Gnutti und Tonolini möglich (Passo del Gatto, 2103 m; 5 1/2 Std.)	Ponte del Guat (1528 m), Zufahrt über die Werkstraße aus dem Val Camonica, 12 km von Malonno	Ponte del Guat – Rif. Gnutti (1 3/4 Std.) – Passo del Cristallo (4 Std.) – Rif. Tonolini (5 Std.) – Ponte del Guat (6 3/4 Std.)	Rot-weiß, Mark. 23, 31, 13	Rif. Gnutti (2170 m), Rif. Tonolini (2450 m)
Val Camonica	**9 Piz Tri, 2308 m** Dankbarer Aussichtsgipfel südwestlich über Édolo; Aussicht auf Bernina, Ortler und Adamello. Teilweise alte Militärwege	Faeto (1008 m), Zufahrt von Édolo (679 m, Bus), 5,5 km	Faeto – Cascine Bruno (1506 m; 1 1/2 Std.) – Laghetti del Piz Tri (1930 m; 3 1/4 Std.) – Piz Tri (4 3/4 Std.); Abstieg auf dem gleichen Weg (gesamt 7 1/4 Std.)	Mark. 95	
Val Camonica	**10 Rund um den Monte Aviolo** Hochalpine Runde, steile Wege, am Cresta di Plaza exponierte Passagen (Seilsicherungen). Mit Übernachtung im Rif. Aviolo weniger anstrengend; für Geübte ist der Monte Aviolo (2981 m) ein dankbares Ziel (4 Std., Mark. 34).	Cascine di Preda (1538 m), Zufahrt von Édolo (679 m, Bus), 10 km. Alternativer Ausgangspunkt Val Paghera (Zufahrt von Vezza d'Óglio, 1080 m) dann 1 Std. zum Rif. Aviolo, Mark. 21)	Preda – Passo Gallinera (2320 m; 3 Std.) – Rif. Aviolo (4 Std.) – Cresta di Plaza – Santa Anna (1877 m; 6 1/4 Std.) – Preda (8 Std.)	Mark. 71, 72B, 72	Rif. Aviolo (1930 m)
Val Camonica	**11 Sentiero 4 Luglio; Monte Sellero, 2744 m** Anspruchsvolle 2-Tage-Tour rund um die Täler von Sant'Antonio, teilweise am Grat verlaufend. Trittsicherheit und gute Kondition unerlässlich; anspruchsvolle Variante über den Monte Telenek (2754 m) gesichert	Sant'Antonio (1127 m), Weiler an der Mündung der Täler von Brandet und Campovecchio, 2 km von der Strecke Édolo – Àprica	Sant'Antonio – Val Rösa – Passo Telenek (2605 m) – Monte Sellero (2744 m) – Passo Torsoleto (2578 m; 9 Std.) – Passo Salina (2433 m) – Piz Tri (2308 m) – Santicol (900 m; 16 Std.)	Rot-weiße Mark. 7	Nächtigung im Bivacco Davide Salvadori am Passo Torsoleto, unbewirtschaftet!

Tourenziel/Charakteristik	Ausgangspunkt	Wegverlauf & Gehzeit	Markierung	Einkehr am Weg
12 Rifugio Garibaldi, 2553 m Nicht weniger als fünf Stauseen hat die ENEL im Val d'Avio (im Dialekt Val di diáuli = Teufelstal) errichtet. Trotzdem lohnende Hüttentour vor der monumentalen Nordwestwand des Adamello	Temù (1155 m, Bus) im oberen Val Camonica, an der Strecke Édolo – Ponte di Legno. Zufahrt im Val d'Avio bis zur Malga Caldea (1584 m) möglich	Malga Caldea – Val d'Avio – Lago d'Avio (1900 m; 1 Std.) – Rif. Garibaldi (3 Std.) – Lago Pantano (2378 m; 4 Std.) – Lago d'Avio (5 Std.) – Malga Caldea (5 3/4 Std.)	Mark. 11, 1, 12	Rif. Garibaldi (2553 m)
13 Bocchetta dei Buoi, 2671 m Hochalpine Runde, am Abstieg ins Val d'Avio steile Rinnen (im Frühsommer Altschnee). Cima di Salimmo (3115 m) nur für erfahrene Bergsteiger (2 Std., mark.)	Lift Bergstation der Corno d'Aola-Lifte (1920 m); Talstation Ponte di Legno (1274 m, Bus)	Liftstation – Bocchetta dei Buoi (2 1/4 Std.) – Biv. Spera (3 1/2 Std.) – Malga Caldea (1584 m; 4 1/4 Std.) – Val d'Avio – Temù (5 3/4 Std., Bus)	Mark. 40, 43	Rif. Petitpierre (1920 m) bei der Liftstation
14 Sentiero dei Larici Aussichtsreiche Höhenwanderung, besonders schön im Herbst, wenn sich die Lärchen verfärben, auf den Adamellohöhen bereits etwas Schnee liegt. Teilbegehungen möglich	Vezza d'Óglio (1040 m, Bus), Dorf im oberen Val Camonica	Vezza d'Óglió – Val Grande (1370 m; 1 Std.) – »Sentiero dei Larici« – Chigolo (1808 m) – Villa d'Allegno (1376 m; 5 1/2 Std.) – Ponte di Legno (1257 m; 6 Std., Bus)	Mark. Wege	
15 Laghetti di Ercavallo, 2643 m Abwechslungsreiche Wanderrunde über dem Valle di Viso; Geübte besteigen in knapp 2 Std. die Punta di Ercavallo	Case di Viso (1754 m), Alpsiedlung, Zufahrt von Ponte di Legno (1257 m, Bus) via Pezzo (1565 m), 9 km. Parkplatz	Case di Viso – Laghetti di Ercavallo (2 3/4 Std.) – Rif. Bozzi (3 3/4 Std.) – Case di Viso (5 Std.)	Mark. Wege	Case di Viso (1754 m); Rif. Bozzi (2478 m)
16 Monte Formico, 1636 m Mit seinen ausladenden Graten beherrscht der kreuzgekrönte Berg die Talmulde von Clusone. Panorama der Bergamasker Alpen	Rif. Lucio (1027 m), Zufahrt von Clusone (650 m, Bus), 7 km	Rif. Lucio – Forcella Larga (1470 m; 1 1/2 Std.) – Monte Formico (2 1/4 Std.); Abstieg auf dem gleichen Weg (gesamt 3 3/4 Std.)	CAI-Mark. 508, 545	Rif. Lucio (1027 m)
17 Monte Alben, 2019 m Kulminationspunkt des gleichnamigen Bergmassivs, das sich mit langen, felsigen Türmen zwischen dem Valle Seriana und dem Valserina erhebt	Colle di Zambla (1257 m, Bus), Straßenübergang von Ponte Nossa nach Serina	Colle di Zambla – Passo della Crocetta (1267 m; 1/4 Std.) – Passo la Forca (1848 m; 1 3/4 Std.) – Monte Alben (2 1/2 Std.); Abstieg auf dem gleichen Weg (gesamt 4 1/4 Std.)	Mark. 501, 502	Colle di Zambla (1257 m)
18 Sentiero dei Fiori; Passo Branchino, 1821 m Ein »who is who?« der Bergamasker Alpenflora mit zahlreichen Endemiten, als Rundweg zwischen dem Rif. Capanna 2000 und dem Passo Branchino angelegt	Plassa-Arera (1169 m), Zufahrt vom Dörfchen Zambla (1091 m, Bus) knapp 5 km. Parkplatz bei der Talstation der Lift Sessellifte	Plassa-Arera – Rif. Cà d'Arera – Rif. Capanna 2000 (2 1/4 Std.) – »Sentiero dei Fiori« – Bocchetta di Corna Piana – Passo Branchino (4 1/4 Std.) – Val Vedra – Rif. Capanna 2000 (6 1/4 Std.) – Plassa-Arera (7 3/4 Std.)	Mark. 244, 218, 222	Rif. Cà d'Arera (1613 m), Rif. Capanna 2000 an der Bergstation der Lifte (1980 m)
19 Pizzo Arera, 2512 m Isoliert stehender, mächtiger Kalkstock mit altberühmter Rundschau. Am Nordwestgrat Kettensicherungen in einer Rinne, am Südwestgrat Kamin (I)	Plassa-Arera (1169 m), Zufahrt vom Dörfchen Zambla (1091 m, Bus) knapp 5 km. Parkplatz bei der Talstation der Lift Sessellifte	Plassa-Arera – Rif. Cà d'Arera – Capanna 2000 (2 1/4 Std.) – Nordwestgrat – Pizzo Arera (4 1/2 Std.) – Südwestgrat – Rif. Capanna 2000 (5 1/2 Std.) – Plassa-Arera (7 Std.)	CAI-Mark. 244, am Gipfel rot-gelbe Bez.	Rif. Cà d'Arera (1613 m), Rif. Capanna 2000 an der Bergstation der Lifte (1980 m)
20 Grotta dei Pagani, 2224 m Klassische Wanderung vor der felsigkompakten Südfront des Presolana-Stocks (Cima della Presolana, 2521 m). Lässt sich mit einer Besteigung des Monte Visolo (2369 m) verbinden (2 1/4 Std. von der Baita Cassinelli)	Giogo della Presolana (1297 m, Bus), Straßenübergang vom Val di Scalve nach Castione. Parkplatz westlich unterhalb der Scheitelhöhe	Giogo della Presolana – Baita Cassinelli (1 Std.) – Grotta dei Pagani (2 Std.) – Passo di Pozzera (2126 m; 2 1/4 Std.) – Baita Cassinelli (3 Std.) – Giogo della Presolana (3 3/4 Std.)	Mark. 32, 315, 31	Giogo della Presolana (1297 m), Baita Cassinelli (1568 m)
21 Lago Nero, 2008 m – Rifugio Gianpace Große Wanderrunde am Monte Pradella (2619 m). An der Höhenroute einige felsige Passagen (Sicherungen)	Valgoglio (929 m), Bergdörfchen über dem Valle Seriana, Zufahrt von der Talstraße, 3 km. Parkplatz im Ort	Valgoglio – Selva d'Agnone (1137 m; 3/4 Std.) – Werksgebäude (1854 m) – Lago Nero (3 1/4 Std.) – Höhenroute – Rif. Gianpace (6 1/4 Std.) – Val Sanguigno – Valgoglio (8 Std.)	CAI-Mark. 228, 267, 232	Rif. Gianpace (1330 m)
22 Lago del Barbellino – Rifugio Coca, 1892 m Hüttenrunde im Valle Seriana. Gesicherte Passagen, Schwindelfreiheit!	Valbondione (934 m, Bus), hinterste Ortschaft im Valle Seriana, 24 km von Clusone	Valbondione – Rifugio Curò (1915 m; 3 Std.) – »Sentiero Oróbie« – Rifugio Coca (6 1/2 Std.) – Valbondione (8 1/4 Std.)	CAI-Mark. 305, 303, 301	Rif. Curò (1915 m); Rif. Coca (1892 m)
23 Rifugio Laghi Gemelli, 1968 m Beliebte Hüttenwanderung in den zentralen Bergamasker Alpen; lässt sich mit einer Besteigung des Pizzo del Becco (2507 m) verbinden: nur für Geübte, teilweise gesichert (2 1/4 Std., mark.)	Carona (1094 m, Bus), winziges Dorf am Oberlauf des Brembo, 28 km von San Pellegrino	Carona – Lago Marcio (1841 m; 2 1/4 Std.) – Rif. Laghi Gemelli (3 Std.); Abstieg auf dem gleichen Weg (gesamt 5 Std.)	CAI-Mark. 211, 213	Rif. Laghi Gemelli (1968 m)

Rund um den Comer See

Von der Brianza bis zum Splügenpass

Mit 146 Quadratkilometern Wasserfläche ist er nicht der größte unter den Oberitalienischen Seen, und zumindest den Gardasee kennt man diesseits der Alpen ohnehin viel besser. Das stört nur jene, die nach »man spricht deutsch« gucken und auch im Urlaub lieber Knödel als Gnocchi essen. Der Comer See ist italienischer als seine Nachbargewässer, aber auch alpiner, ein richtiger Alpenfjord. Seine lang gestreckten, schlanken Arme liegen zwischen steilen, oft felsigen Ufern, im Grundriss einem auf dem Kopf stehenden Ypsilon ähnlich.

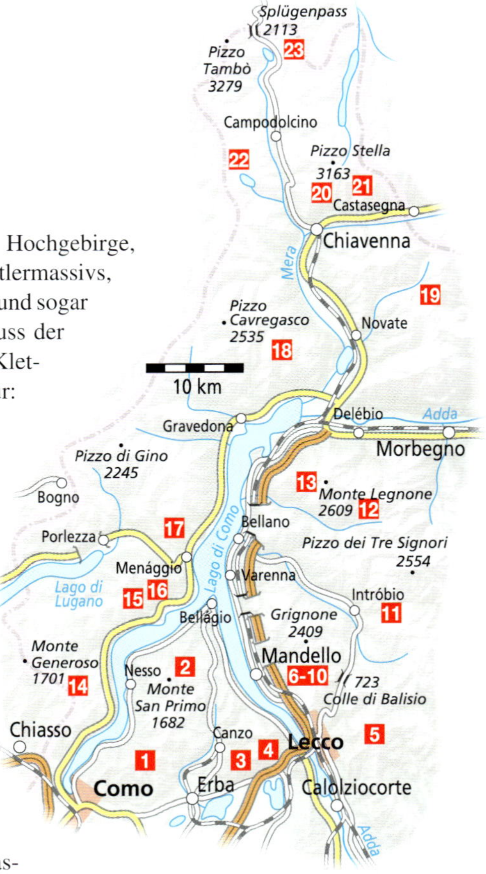

Die Zuflüsse kommen aus dem Hochgebirge, von den Gletscherbergen des Ortlermassivs, der Bernina, des Bergells herab, und sogar Lecco, die alte »Eisenstadt« am Abfluss der Adda, liegt noch in den Bergen, mit Klettergipfeln sozusagen vor der Haustür: Resegone (1875 m) und Grigne (2409 m). Schroffe Kalkgipfel, da und dort zu einem ganzen Wald von Zacken, Türmen und Zinnen verwittert, dominieren das Ostufer des Comer Sees – seine alpine »Schokoladenseite« –, während die Gebirgsketten im Westen und Norden aus kristallinen Gesteinen aufgebaut sind, was halt naturgemäß zu weniger spektakulären Gipfelformen führt. Immerhin hält der wüste Klotz des Legnone mit 2609 Metern den Höhenrekord am Lario; um fast zweieinhalb Kilometer überragt er den Wasserspiegel.

Noch höher sind die Gipfel im nördlichen Hinterland des Comer Sees, rund um Chiavenna, das am Zusammenfluss von Mera und Liro liegt; da ist aber auch der Alpenhauptkamm nicht mehr weit. Doch während man früh im Frühling an den sonnenwarmen Felsen über Lecco bereits klettern kann, ohne eine Gänsehaut zu bekommen, liegt oben am Splügenpass (2113 m) noch Schnee, pfeift es eisig herüber von der kalten Seite der Alpen. Spätestens jetzt ist es an der Zeit aufzubrechen, den Alltag und nebelverhangene Tage zurückzulassen und die zauberhafte, alpin-mediterrane Landschaft rund um den Comer See – endlich! – kennenzulernen.

Die schönsten Tourenmöglichkeiten bieten die Berge über dem Ostufer des Sees (Grigne), weshalb man mit Vorteil Quartier in einem der kleinen Orte zwischen Mandello und Bellano nimmt. Touristischer »Nabel« der Region ist Bellagio; den Wechsel von einem Seeufer zum andern erleichtert die Ferry (Autofähre) zwischen Menaggio/Cadenabbia, Bellagio und Varenna.

Steckbrief

Fläche: ca. 2200 qkm
Höchster Punkt: Piz Tambo (3279 m)
Gebirgsgruppen: Resegone, Grigne, Bergamasker Alpen (Nordwest), Bergeller Berge (West), Plattagruppe (Süd), Misoxer Alpen (Ost), Tessiner Voralpen (Ost)
Wichtigste Ortschaften: Lecco, Mandello del Lario, Barzio, Chiavenna, Madésimo, Menaggio, Bellagio, Erba, Como
Wandervorschläge: 23

Via dei Monti Lariani

Auf den Spuren der Alten wandert man auf dieser »Via«; sie folgt im Wesentlichen den einst kunstvoll angelegten Wegen der Bauern, die im Jahreszyklus zwischen dem Seeufer und den Hochalmen lebten und arbeiteten. Fünf (recht lange) Tagesetappen in Höhen zwischen 400 und 1300 m. Durchgehend rot-weiß-rot mit den Nummern 1–4 bezeichnet.

1. Tag: Cernobbio – Rifugio Binate (1125 m) – Bocca d'Orimento (1275 m) – San Fedele d'Intelvi (732 m), 9 Std. **2. Tag:** San Fedele – Rifugio Boffalora (1232 m) – Cerdano (396 m), 9 Std. **3. Tag:** Cerdano – Breglia – San Domenico (1115 m) – Garzeno (662 m), 9 Std. **4. Tag:** Garzeno – Dosso del Liro – Livo, 8 ½ Std. **5. Tag:** Livo – Rifugio Berlinghera – Sorico, 7 Std.

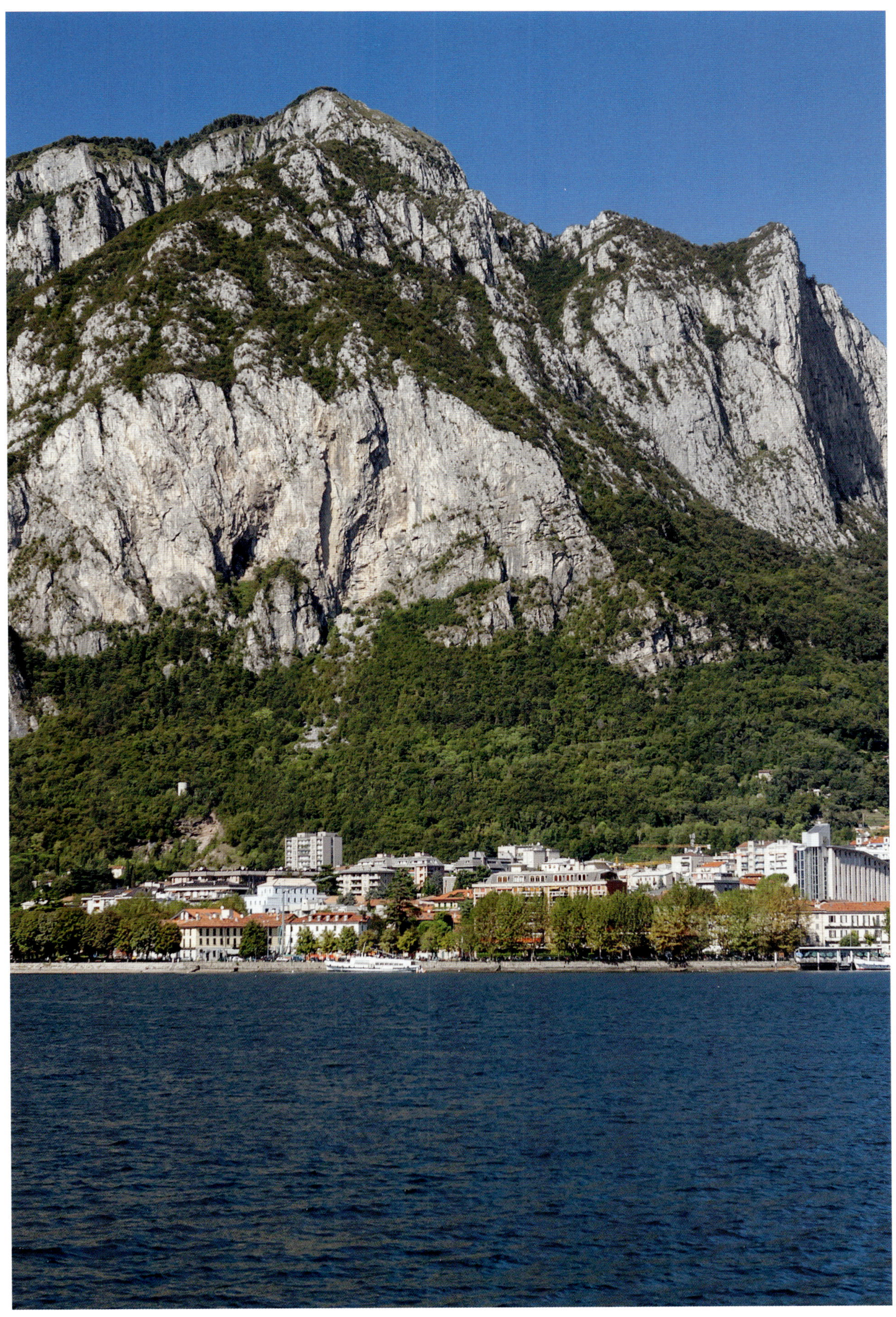

Schroffe Felsen über mediterranem Gewässer: am Südostarm des Comer Sees (Lago di Lecco)

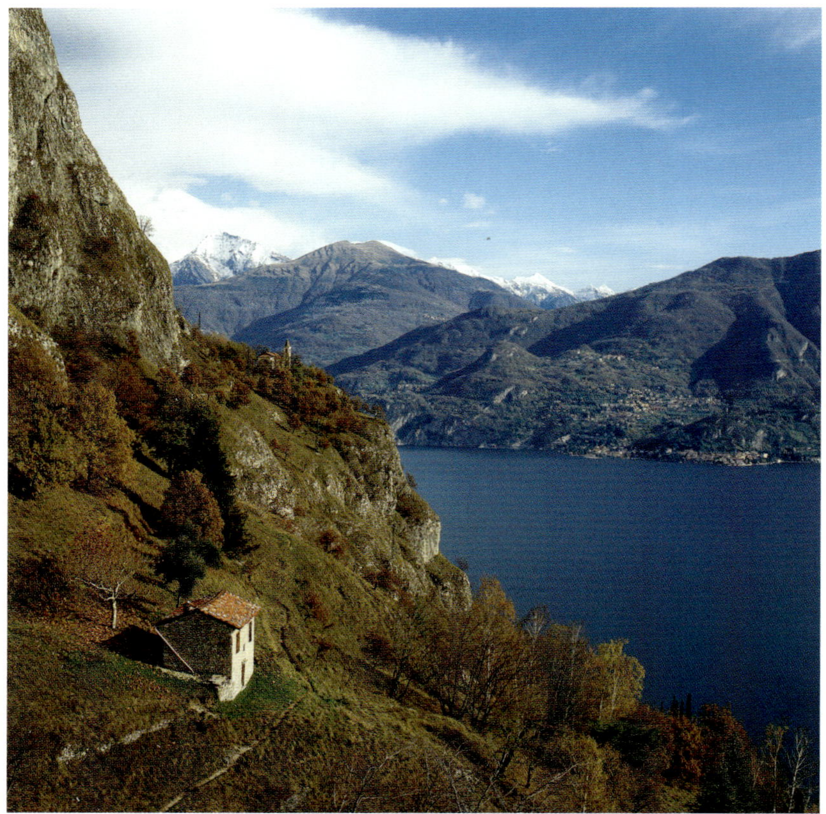

Idylle am Westufer des Comer Sees: das Kirchlein San Martino oberhalb von Griante

Dolomiten mit Seeblick?

7 Grignetta, 2177 m

Dolomitenzauber über dem Comer See? Ein Zackenwald, wilder noch als in den Cadini? Wer von den Piani Resinelli hinaufschaut zur Grignetta (Grigna Meridionale, 2177 m), mag es fast glauben; wer über die »Direttissima« und den »Sentiero Cecilia« hinaufsteigt zum Südgipfel des Grignemassiv, wird es bestätigen, garantiert!

Eigentlicher Ausgangspunkt der Runde ist das Rifugio Porta (1426 m) eine halbe Stunde oberhalb der Piani Resinelli. Hinter der Hütte im Wald aufwärts, dann links zur »Direttissima« und schräg über den »Wachtelhang« (Le Quaglie) in den Canalone del Caminetto. Über die Geröllrinne und mit Hilfe solider Sicherungen (Leitern, Ketten) in eine gerade einen halben Meter breite Scharte. Dahinter abwärts und im Bogen hinüber und hinauf zur nächsten Scharte zwischen bizarren Türmen. Nun quer über eine Felsflanke in einen wildromantischen Karwinkel; hier rechts durch eine Steilrinne (Sicherungen) aufwärts bis gegen den Colle Valsecchi. Unterhalb der Scharte rechts und quer durch die zerklüftete Südwestflanke der Grignetta – was für eine Kulisse! – zum Cermenati-Grat. Mühsam im Geröll zu den Gipfelfelsen und über sie zum höchsten Punkt mit einer reichlich futuristisch anmutenden Biwakschachtel und großem Panorama.

Der Abstieg über den Cresta Sinigaglia bietet dann nochmals »Dolomiten-Feeling« und einige gesicherte Passagen, aber auch reichlich Geröll. Am »Saltino del Gatto« bleiben die Felsen endgültig zurück, und man wandert hinab und hinaus zum Rifugio Porta – nicht ohne noch einige Male (staunend) zurückgeschaut zu haben auf den »bosco roccioso« – wow!

Ganz oben am Comer See

13 Monte Legnone, 2609 m

Einen Schönheitspreis bekommt der mächtige Klotz mit seinen ausladenden Graten und zerfurchten Flanken nicht, fürs Panorama aber glatt eine Eins. Das liegt nicht nur an seiner Größe, sondern auch an der Lage direkt über dem oberen Ende des Comer Sees. Und den überragt der Legnone um fast zweieinhalb Kilometer! Ein Vergleich: Zwischen Garmisch-Partenkirchen und der Zugspitze liegen 2200 Höhenmeter. Da wird schon klar, weshalb man diesen Berg besteigt:

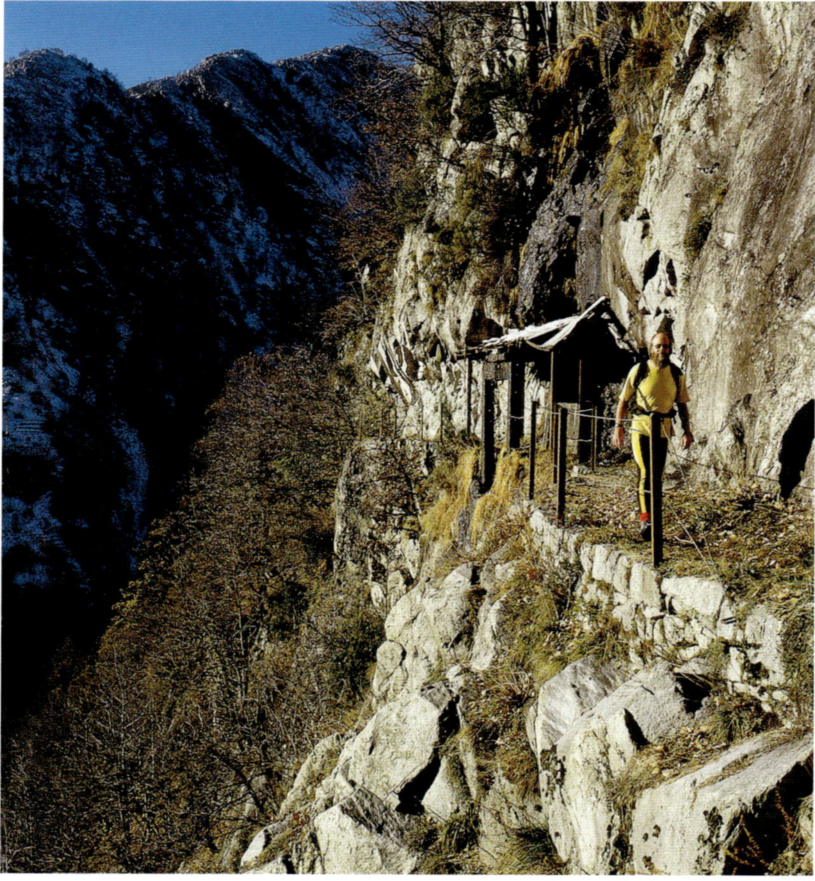

Ein spannender Waalweg im Val Codera: der »Tracciolino«

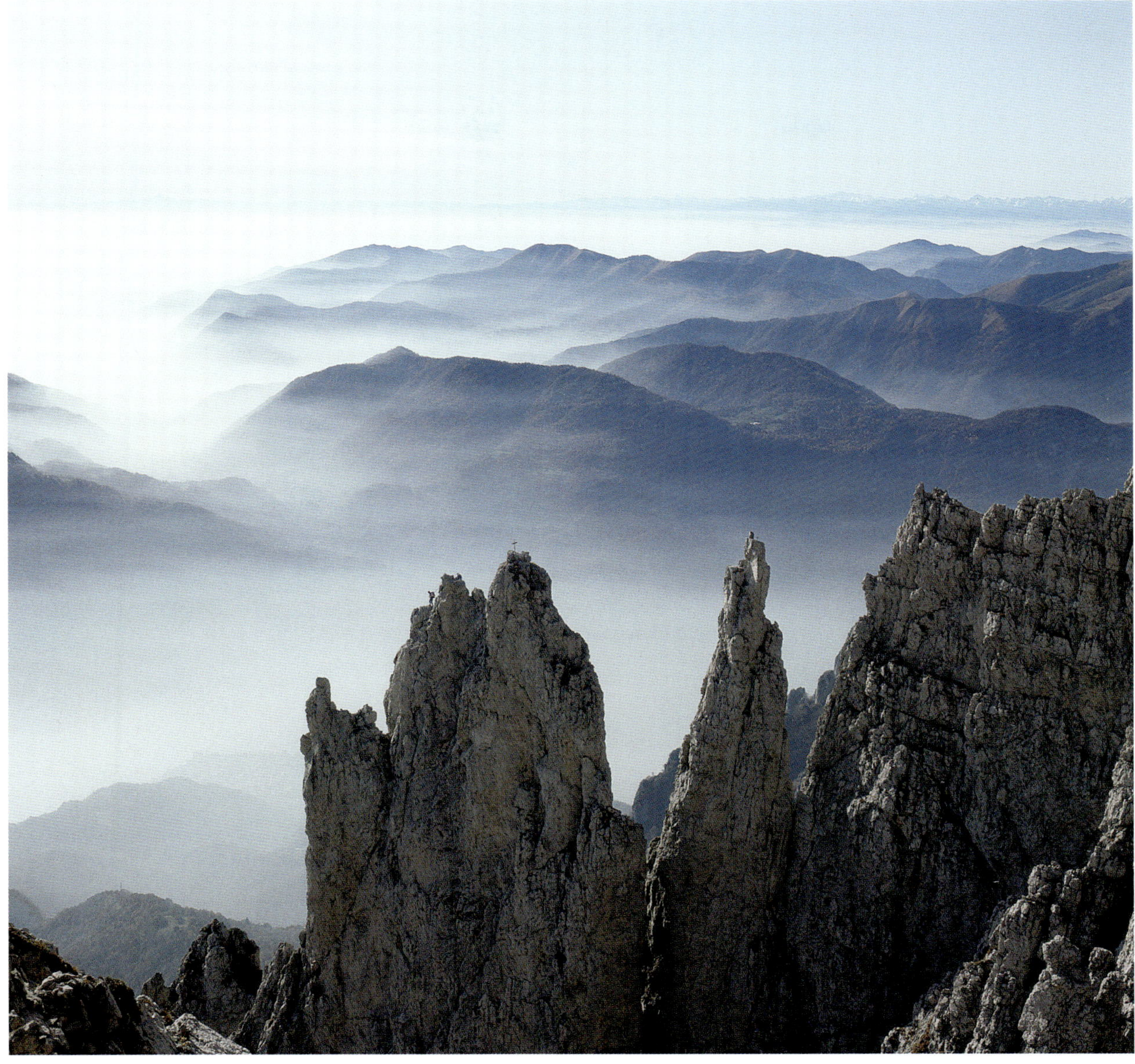

Dolomitzacken über dem Comer See: die Grigne. Blick über die Voralpenketten der Lombardei zu den Walliser Alpen

des Panoramas wegen. Und das kann sich wirklich sehen lassen, im Wortsinn, reicht es doch von den Ortlerbergen über den Alpeninnenbogen bis zur fernen Pyramide des Monte Viso (3841 m) im Hinterland von Turin.

Der Anstieg folgt im Wesentlichen dem lang gestreckten Westgrat des Legnone, vom Rifugio Roccoli Lorla zunächst in angenehm schattigem Auf und Ab. Erst hinter der Alm von Agrogno beginnt der Weg stärker anzusteigen, leiten Serpentinen über den schrofigen Riegel der Punta dei Merli (2139 m). Dahinter flach zum gemauerten Biwak der Cà da Legn (2148 m) und anschließend am gutmütigen, mit reichlich Geröll garnierten Grat in kurzen Kehren zur Anticima (2529 m), zuletzt über eine winzige Felsstufe. Nun rechts am Geröllrücken zum Gipfel mit großem Kreuz.

»Grenzgang« über dem Splügenpass

23 Piz Spadolazzo, 2722 m

Viel Einsamkeit ist bei Wanderungen im oberen Valle Spluga garantiert, und dass man etwa bei der Tour über den Piz Spadolazzo mehrfach und ganz formlos die Grenze zwischen Italien und der Schweiz überquert, interessiert niemanden, schon gar nicht die »marmottas«, die sich zwischen den Felsen tummeln. Die Kulisse hat ausgeprägten hochalpinen Zuschnitt, Dreitausender rundum, Firn und Eis, ab und zu ein stilles Seeauge.

Am Ostufer des Splügen-Stausees beginnt die große Runde mit dem gemütlichen Anstieg zum Almrücken von Andossi. Dann in weitem Bogen, die Höhe haltend, hinüber zum Rifugio Bertacchi (2172 m), das sich einer hübschen Lage am Lago di Emet erfreut. Am See vorbei und leicht aufwärts zum Passo di Emet. Noch vor der Wasserscheide, den rot-weiß-gelben Markierungen folgend, links in die Felsen und in unübersichtlichem Gelände bergan zu einem Karboden, dann in kurzen Kehren an einer Gratrippe über Schrofen zum Gipfel des Piz Spadolazzo.

Die markierte Spur leitet vom Nordgipfel (2720 m) hinunter und hinüber zum bereits sichtbaren Eissee (Lai Ghiacciato, 2508 m). Hier links kurz aufwärts in den Passo Suretta (2580 m), wo sich ein schöner Blick auf den mächtigen Piz Tambo auftut. Von der Scharte hinunter in den obersten Karboden, dann rechts, einen senkrechten Absturz umgehend (großer Steinmann), bergab ins Grüne und über Wiesenhänge hinaus zur Splügenstraße und zum Ausgangspunkt der Tour.

	Tourenziel/Charakteristik	Ausgangspunkt	Wegverlauf & Gehzeit	Markierung	Einkehr am Weg
Triangolo	**1 Monte Bollettone, 1317 m** Leichtes Halbtagspensum; vom Gipfel Prachtblick auf See, Alpen und in die Poebene	Alpe del Vicerè (903 m,), 6 km von Albavilla an der Strecke Como – Lecco	Alpe del Vicerè – Monte Bolettone (1 1/4 Std.) – Capanna Mara – Alpe del Vicerè (2 1/2 Std.)	Mark. Wege, Sträßchen	Capanna Mara (1125 m)
	2 Monte San Primo, 1682 m Schönster Aussichtspunkt des »Triangolo«, Halbtagestour. Abstieg bei Nässe nicht ratsam! Alternativ Anstieg vom Colma del Piano (1124 m; 3 1/2 Std., schwach mark.)	Parco Monte San Primo (1120 m), Zufahrt von Bellagio bzw. Madonna del Ghisallo (755 m,), 13 bzw. 6 km	Parco Monte San Primo – Alpe del Borgo (1181 m) – Ostgrat – Monte San Primo (1 1/2 Std.) – Rif. Martina – Parco Monte San Primo (2 1/2 Std.)	Spärlich bez. Wege	Rif. Martina (1233 m)
	3 Monte Rai, 1259 m Kultur und Aussicht: vom romanischen Sakralbau San Pietro al Monte über den Monte Rai	Civate (256 m,), Nachbarort von Lecco mit einiger Industrie. Parkmöglichkeit im höhergelegenen Ortsteil	Civate – San Pietro al Monte (662 m; 1 1/4 Std.) – Rif. SEC (2 3/4 Std.) – Monte Rai (3 1/2 Std.) – Civate (5 1/4 Std.)	Mark. Wege	Rif. SEC (1110 m)
	4 Monte Moregallo, 1276 m Abwechslungsreiche Überschreitung, herrliche See- und Bergblicke. Am Grat von der Bocchetta di Sambrosera hinüber zum Monte Moregallo gesicherte Passagen	Valmadrera (234 m,), Industrieort am unteren Ende des Comer Sees, 3 km von Lecco. Parkmöglichkeit im Ortsteil Belvedere (290 m)	Belvedere – Bocchetta di Sambrosera (1110 m; 2 1/4 Std.) – Monte Moregallo (3 Std.) – San Isidoro (4 1/4 Std.) – Belvedere (5 Std.)	Mark. 7, 6, 3	Rif. SEV (1228 m), 1/4 Std. nordwestlich der Bocchetta di Sambrosera.
Comer See Ost	**5 Monte Resegone, 1875 m** Mächtige, breite Felsfront aus Hauptdolomit östlich über Lecco. Mehrere Anstiegswege, Abstieg durch den Canalone Bobbio mit gesicherten Passagen	Talstation der »Funivia del Pizzo d'Erna« (603 m,), Zufahrt von Lecco (206 m) über den Vorort Malnago 6,5 km	Talstation – Rif. Stoppani (1 Std.) – Monte Resegone (4 Std.) – Canalone Bobbio – Bocca d'Erna (1291 m; 5 1/4 Std.) – Rif. Stoppani – Talstation (6 1/2 Std.)	Wegzeiger, Mark. 1, 10, 7	Rif. Stoppani (890 m); Rif. Azzoni (1860 m)
	6 Monte Coltignone, 1473 m Interessante Runde, abschnittweise gesichert, an der Südflanke des Monte Coltignone, mit packenden Tiefblicken auf Lecco und den Comer See	Piani Resinelli (1280 m,), Sport- und Erholungsgebiet in der Senke zwischen Monte Coltignone und Grignetta; Zufahrt von Ballabio (661 m)	Piani Resinelli – Monte Coltignone (3/4 Std.) – San Martino (772 m; 2 1/2 Std.) – »Sentiero Val Verde« – Forcellino (1287 m; 4 3/4 Std.) – Piani Resinelli (5 Std.)	Wegzeiger, Farbmark.	Piani Resinelli (1280 m), Rif. Piazza (772 m) beim Kirchlein San Martino
	7 Grignetta, 2177 m Schönste Tour in den Grigne, faszinierend die Dolomit-Kulisse in den Flanken der Grignetta, Tiefblicke auf den Comer See, große Alpenschau vom Gipfel. Flora! Mehrere gesicherte Passagen, raue Wege	Piani Resinelli (1280 m,), Sport- und Erholungsgebiet in der Senke zwischen Monte Coltignone und Grignetta; Zufahrt von Ballabio (661 m, , 8 km)	Piani Resinelli – Rif. Porta (1/2 Std.) – »Direttissima« (2 Std.) – »Sentiero Cecilia« – Grignetta (3 1/2 Std.) – Cresta Sinigaglia – Rif. Porta – Piani Resinelli (5 1/2 Std.)	Wegzeiger, Mark. 8, 10, 7, 1	Rif. Porta (1426 m)
	8 Rifugio Rosalba, 1720 m Anspruchsvolle Runde weitab ausgetretener Pfade; am Aufstieg leichte Kletterstellen (I–II), fantastische Kulisse	Rongio (397 m,), Weiler über dem Eingang ins Val Meria, 3 km von Mandello del Lario (214 m). Parkplatz	Rongio – Bocchetta di Portorella (1080 m; 2 Std.) – Zucco di Pertuso (1674 m) – Rif. Rosalba (4 3/4 Std.) – Colonghei (964 m) – Rongio (7 3/4 Std.)	Wegzeiger, Mark. 13, 13B, 12; Gratroute zum Rif. Rosalba gelbe Punkte	Rif. Rosalba (1720 m)
	9 Valle di Era – Zucco di Sileggio, 1365 m Leicht feuchtes Vergnügen am »Sentiero del Fiume« mit kürzeren gesicherten Passagen, freie Sicht vom Zucco auf den Comer See und seine Berge	Sonvico (386 m,), Ortsteil von Mandello del Lario über dem Eingang des Val Meria, 3 km	Sonvico – »Sentiero del Fiume« – Alpe di Era (832 m; 2 1/4 Std.) – Casera Calivazzo (1127 m) – Bocchetta di Verdascia (1267 m) – Zucco di Sileggio (4 1/2 Std.) – Zuc di Pez (886 m) – Sonvico (6 Std.)	Wegzeiger, Mark. 15, 15B, 15A, 17, 17A	
	10 Grignone, 2409 m Der kürzeste, auch leichteste Weg auf den höchsten Gipfel der Grigne. Großes Alpenpanorama. Interessanter, aber anspruchsvoller: der Piancaformia-Grat mit einigen leichten Kletterpassagen (I–II)	Rifugio Cainallo (1241 m), erreichbar auf guter Straße von Varenna (202 m) über Esino Lario (816 m,), 18 km. Parkplatz bei den Liften	Rif. Cainallo – Rif. Bogani (2 Std.) – Grignone (4 Std.); Abstieg auf dem gleichen Weg (gesamt 6 1/2 Std.)	Wegzeiger, Mark. 25	Rif. Cainallo (1241 m), Rif. Bogani (1816 m); Rif. Brioschi (2403 m)
	11 Rund um den Zuccone di Campelli Abwechslungsreiche Wanderrunde um das bei Kletterern und Ferratisten bekannte Dolomitmassiv; Flora. Von der Bocca di Campelli 3/4 Std. zum Campelli-Gipfel (2159 m). Die Gondelbahn zur Pian dei Bobbio verkehrt nur in der Hochsaison regelmäßig.	Barzio (769 m,), Ferienort im obersten Valsássina, 15 km von Lecco, 25 km von Bellano. Zufahrt bis zur Talstation der Gondelbahn (802 m), 2 km. Großer Parkplatz	Barzio – Pian di Bobbio (1662 m; 2 1/2 Std.) – Bocchetta di Pesciola (1780 m; 3 Std.) – »Sentiero degli Stradini« – Bocca di Campelli (1913 m; 4 1/4 Std.) – Bocchetta Corna Grande (2008 m) – Pian di Bobbio (6 1/2 Std.) – Barzio (8 Std.)	Mark. 18, 30, 16	Rif. Ratti (1662 m), Rif. Lecco (1779 m)
	12 Pizzo Alto, 2512 m Große, anspruchsvolle Runde über dem Valle Varrone. Teilstück der »Alta via della Valsássina«, einige mit Ketten gesicherte Passagen	Premana (951 m,), stattliches Dorf, bekannt für sein eisenverarbeitendes Gewerbe (Sensen, Steigeisen); Zufahrt aus dem Valsássina	Premana – Alpe di Deleguaccio (1670 m; 2 Std.) – Lago di Deleguaccio (2096 m; 3 1/4 Std.) – Pizzo Alto (5 Std.) – Bocchetta di Taeggio (2293 m; 6 1/4 Std.) – Valle di Fraina – Premana (9 1/4 Std.)	Rot-weiße Mark., Abstieg zur Alpe di Taeggio gelb-blaue Bez.	

Tourenziel/Charakteristik	Ausgangspunkt	Wegverlauf & Gehzeit	Markierung	Einkehr am Weg
13 Monte Legnone, 2609 m Höchster Gipfel am Comer See, großes Panorama vom Ortler bis zum Monte Viso hinter Turin! Beste Zeit: Herbst, vor dem ersten Schneefall	Rif. Roccoli Lorla (1463 m), Anfahrt von Dervio via Tremenico (739 m, 18 km). Parkplatz in dem Sattel wenig unterhalb der Hütte	Rif. Roccoli Lorla – Porta dei Merli (2129 m) – Monte Legnone (3 1/2 Std.); Abstieg auf dem gleichen Weg (gesamt 5 3/4 Std.)	Rot-weiße Mark.	Rif. Roccoli Lorla (1463 m)
14 Sasso Gordona, 1410 m Felsiger Gipfel zwischen dem Intelvi und dem (Tessiner) Valle di Muggio – einsam im Vergleich zum Monte Generoso	Pian delle Alpi (960 m), Zufahrt aus dem Intelvi-Hochtal, 3 km von Casasco (822 m)	Pian delle Alpi – Rif. Prabello (3/4 Std.) – Sasso Gordona (1 1/2 Std.) – Ostgrat – Pian delle Alpi (2 1/2 Std.)	Mark. Wege	Rif. Prabello (1201 m)
15 San Benedetto, 810 m Schattige Rundwanderung ins Valle Perlana; etwas für Kunstfreunde. Sehenswert: Campanile von Santa Maria Maddalena an der Uferstraße, Wallfahrtskirche Madonna del Soccorso, ehemaliges Cluniazenserkloster San Benedetto	Ossuccio (260 m), geschichtsträchtiger Ort am Westufer des Comer Sees, zwischen Argegno und Menaggio. Im See draußen die Isola Comacina, einzige Insel im Lario	Ossuccio – Madonna del Soccorso – San Benedetto (2 Std.) – Abbazia del Acquafredda (329 m) – Ossuccio (3 1/2 Std.)	Mark. Wege	
16 Monte Crocione, 1641 m Herrlicher Aussichtsgipfel südwestlich über Menaggio, im Frühling üppige Flora. Auch Runde über San Martino und Bocchetta di Nava sehr lohnend (3 1/4 Std.)	Griante (230 m), Uferdorf etwa 3 km südlich von Menaggio	Griante – San Martino (475 m; 3/4 Std.) – Bocchetta di Nava (848 m; 2 Std.) – Monte Crocione (4 3/4 Std.) – Nava – Calvonno – Griante (7 1/2 Std.)	Bis zum Vorgipfel mark., dann in der »Direttissima« zum großen Gipfelkreuz.	
17 Monte Grona, 1736 m Aussichtskanzel mit felsigen Flanken im Winkel zwischen Comer und Luganer See	Breglia (749 m), kleines Bergdorf 7 km von Menaggio. Weiterfahrt bis zu den Weekendhäuschen der Monti di Breglia (996 m) möglich, 3 km	Breglia – Monti di Breglia (3/4 Std.) – Rif. Menaggio (2 Std.) – »Sentiero Panoramico« – Monte Grona (3 3/4 Std.) – Forcoletta (1611 m) – Rif. Menaggio – Monti di Breglia (5 1/2 Std.) – Breglia (6 Std.)	Gut mark. Wege	Rif. Menaggio (1383 m)
18 Sasso Canale, 2411 m Noch so ein Aussichtsberg, ganz oben am Comer See, mit prächtiger Sicht vor allem auf die Bergeller Berge, zum Monte Disgrazia und in die Bergamasker Alpen	San Bartolomeo (1204 m), Zufahrt von Gera (201 m) via Bugiallo, 11,5 km	San Bartolomeo – Alpe di Mezzo (1536 m; 1 Std.) – Sasso Canale (3 1/2 Std.); Abstieg auf dem gleichen Weg (gesamt 5 1/2 Std.)	Rot-weiße, gelbe Mark.	
19 Val Codera, »Tracciolino« Einzigartige Abenteuerrunde am unteren Val Codera. Beim »Tracciolino« handelt es sich um eine etwa zehn Kilometer lange, in steiles Felsgelände trassierte Wasserleitung mit parallel verlaufendem Weg. Zahlreiche Tunnels, packende Kulisse (Taschenlampe)!	Novate Mezzola (212 m) am Lago di Mezzola	Novate Mezzola – Codera (825 m; 2 Std.) – »Tracciolino« – großer Tunnel (4 Std.) – San Giorgio – (748 m) – Novate Mezzola (5 1/2 Std.)	Mulattiera, Fahrweg; Nördlichster Abschnitt des »Tracciolino« (hinter Codera) durch Felssturz unpassierbar! Von der Abzweigung San Giorgio unbedingt bis zum langen Tunnel weitergehen	In Codera
20 Pizzo Guardiello, 2091 m Fast zwei Kilometer über Chiavenna: toller »Guck-ins-Land«. Aufstieg teilweise steil, setzt gute Kondition voraus; am Gipfel leichte Felsen (I–II). Besonders dankbar im Herbst (Kastanien)	Pianazzola (635 m), Bergdörfchen oberhalb von Chiavenna (333 m), Zufahrt 5 km.	Pianazzola – Dalo (1108 m; 1 1/4 Std.) – Agonico (1348 m; 2 Std.) – Pizzo Guardiello (4 Std.); Abstieg auf dem gleichen Weg (gesamt 6 1/2 Std.)	Nur bis Agonico bez., Spur zum Gipfel	
21 Dasile, 1032 m Abwechslungsreiche Halbtagsrunde im untersten Val Bregaglia. Sehenswert: die Cascata dell'Acqua Freggia, die Almsiedlungen Savogno und Dasile	Piuro, Ortsteil Borgonuovo (405 m), 3,5 km von Chiavenna	Borgonuovo – »Sentiero Panoramico« – Cascata dell'Acqua Freggia – Savogno (1 3/4 Std.) – Dasile (2 Std.) – San Abbondio (431 m) – Borgonuovo (3 1/4 Std.)	Mark. Wege	
22 Passo dell'Alpigia, 2370 m Natur und Technik, beides gibt's auf dieser Tour zu bewundern. Vom Passo dell'Alpigia kann man alternativ nördlich nach Campodolcino absteigen (3 Std.). Sehenswert: kunstvoll angelegte Mulattiera, Alphütten von Cornera	Kraftwerk San Bernardo (1030 m), Zufahrt von Chiavenna via Olmo, 8 km ab San Giacomo Filippo (522 m)	San Bernardo – Bacino del Truzzo (2080 m; 3 1/4 Std.) – Passo dell'Alpigia (4 1/4 Std.); Abstieg auf dem gleichen Weg (gesamt 6 3/4 Std.)	Mark. Wege	
23 Piz Spadolazzo, 2722 m Anspruchsvolle Runde, teilweise weglos mit viel Blockhüpfen und einigen etwas exponierten Passagen (I–II)	Lago di Monte Spluga (1901 m), Stausee südlich unter dem Splügenpass (2113 m), 12 km von Campodolcino (1071 m). Parkmöglichkeit etwa 600 m nördlich der Staumauer	Splügenstraße – Rif. Bertacchi (1 1/4 Std.) – Piz Spadolazzo (3 1/4 Std.) – Passo Suretta (2580 m; 4 3/4 Std.) – Splügenstraße (6 1/4 Std.)	Rot-weiße und rot-weiß-gelbe Mark.	Rif. Bertacchi (2172 m)

Berge zwischen Bodensee und Pizol

Appenzell, Obertoggenburg, Walensee, St. Galler Rheintal und Liechtenstein

Der Nordosten der Schweiz ist eine Region der Kontraste, stark landwirtschaftlich geprägt, aber auch Transitland im Rheintal, mit einem uralten Kulturzentrum von europäischer Bedeutung: St. Gallen, dessen Kloster zu den ganz großen kulturhistorischen Sehenswürdigkeiten des Landes zählt (Kirche, Bibliothek). Mittendrin – wie »das Gelbe vom Ei« – hockt das Appenzellerland, »Puppenstube« der Schweiz, gegen den Säntis (2502 m) ansteigend, berühmt für seinen Käse und mit fast noch mehr »Beizen« (Wirtschaften) als Bergen.

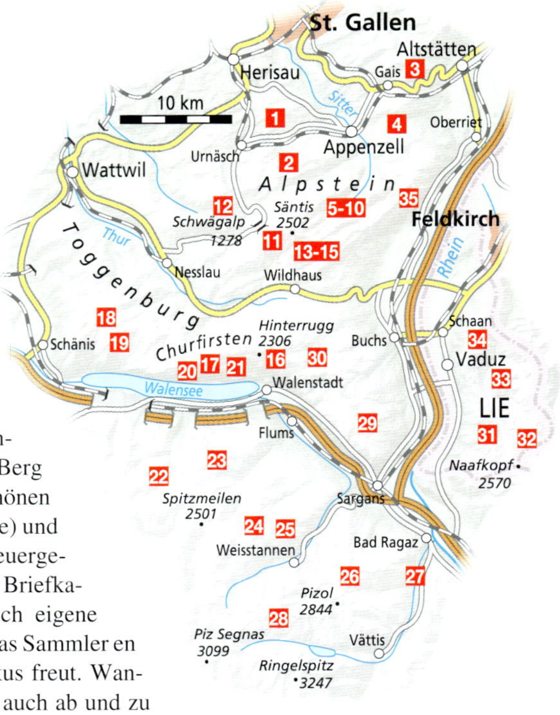

Jenseits des Rheintals liegt Liechtenstein, ebenfalls »mini« und mehr Berg als Tal, mit einem schönen Schloss (samt Fürstenfamilie) und einem sehr freundlichen Steuergesetz. Passend zu den vielen Briefkastenfirmen werden hier auch eigene Briefmarken ausgegeben, was Sammler en masse anzieht und den Fiskus freut. Wanderer verschicken natürlich auch ab und zu einen Kartengruß, vielleicht nach der Tour über die Drei Schwestern. Da kann man nicht nur auf den Fürsten (bzw. sein Château) hinuntergucken; bei schönem Wetter – etwa wenn der hier recht häufige Föhn durchs Rheintal pfeift – zeigen sich fast alle Bergketten der Nordostschweiz im Panorama. Über die Senke von Wildhaus (1090 m) schaut man hinein ins Toggenburg, das links von dem Zackengrat der Churfirsten flankiert wird. An ihrem Südfuß wiederum liegt der Walensee, vor vielen Jahren im Volksmund als Nadelöhr zwischen Groß-Zürich und den Ferienorten Graubündens zum »Qualensee« verballhornt. Inzwischen kommt man meistens staufrei ins »Heidiland«, das zwischen Rätikon und Pizol (2844 m) ungeniert mit dem berühmten Kinderbuch von Johanna Spyri wirbt. Bad Ragaz ist hier das touristische Zentrum, altbekannte Therme und günstiger Ausgangspunkt für Wanderungen in den östlichen Ausläufern der Glarner Alpen.

Insgesamt bildet die Nordostschweiz ein attraktives Wandergebiet, von voralpin über dem Bodensee bis hochalpin in den Glarner Alpen. Günstige Standorte für einen mehrtägigen Aufenthalt sind die zentral gelegenen Ortschaften des Toggenburgs, vor allem Wildhaus und natürlich Appenzell am Nordfuß des Säntis.

Steckbrief

Fläche: ca. 2200 qkm
Höchster Punkt: Ringelspitz (3247 m)
Gebirgsgruppen: Appenzeller Alpen, Rätikon (West), Glarner Alpen (Ost)
Wichtigste Ortschaften: St. Gallen, Appenzell, Wildhaus, Vaduz, Walenstadt, Bad Ragaz
Wandervorschläge: 35

Toggenburger Höhenweg

Fünf-Tage-Wanderung von Wildhaus durch das Tal der Thur bis hinaus nach Wil auf guten Wegen, markiert. Auch für Familien geeignet, einfache Übernachtungsmöglichkeiten unterwegs, zahlreiche Zwischenabstiege möglich. Die Etappen:

1. Tag: Wildhaus (1090 m) – Arfenbüel (1273 m), 6 ½ Std.
2. Tag: Arfenbüel – Tanzboden (1443 m), 6 ¼ Std.
3. Tag: Tanzboden – Atzmännig (1180 m), 5 ¼ Std.
4. Tag: Atzmännig – Mühlrüti (758 m), 6 Std.
5. Tag: Mühlrüti – Wil (571 m), 5 ¼ Std.

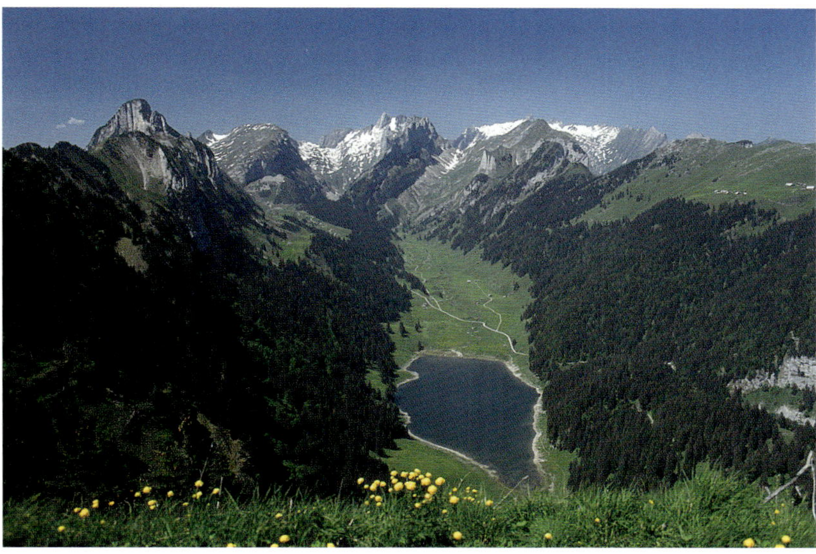

Bilderbuchschweiz: Fälensee und Alpsteinmassiv mit Kreuzbergen und Säntis

Höhenwandern

6 Hoher Kasten, 1794 m – Fälensee

Lehr- und Schaupfad in einem ist der Höhenweg vom Hohen Kasten zur Saxer Lücke, er bietet gleichermaßen Einblicke in das Werden des Alpsteinmassivs (Schautafeln am ältesten geologischen Wanderweg der Schweiz) und herrliche Ausblicke, hinab ins Rheintal, zum Sämtisersee, auf die höchsten Gipfel des Alpsteins mit dem stachelbewehrten Säntis (2502 m) und weit hinein in die Vorarlberger Nachbarschaft. Hinterher kann man dann auf der Terrasse des Gasthauses Bollenwees die Tour Revue passieren lassen, mit Blick über den Fälensee zum Altmann (2435 m) und einer ordentlichen Brotzeit – Wurst und »Appezöller«, gar keine Frage.

Nach der luftigen Seilbahnfahrt zunächst gegen den Uhrzeigersinn um den felsigen Kopf des Hohen Kastens herum, dann mehr oder weniger am Kamm entlang in anregendem Auf und Ab, fast ständig mit reizvollen Aus- und Tiefblicken, zur Stauberenhütte. Kurz ansteigend rechts an den Chanzeln (1860 m) vorbei, dann über leichte Felsen steil abwärts (Drahtseil) und flach durch die Ostabhänge des Furgglenfirsts. Über den Bollenweeser Schafberg im Zickzack hinunter in die Saxer Lücke (1649 m), dann rechts steil bergab zum Fälensee (1446 m) mit dem Gasthaus Bollenwees.

Zurück zum Sämtisersee entweder auf dem oberen Weg über Leck (1483 m) oder steil durch die felsige Rinne des Stifel hinunter in den weiten Sämtisboden. Links am See vorbei und mit leichtem Anstieg zum Gasthaus Plattenbödeli (1279 m). Dahinter durch den Brüeltobel abwärts und hinaus nach Brülisau.

Auf den höchsten Gipfel des Alpsteins

13 Säntis, 2502 m

Wege auf den höchsten Gipfel des Alpsteins gibt es mehrere, keiner ist ganz leicht, etwas Ausdauer und einen sicheren Tritt braucht's auf jeden Fall. Das gilt besonders für den Lisengrat, der felsig vom Rotsteinpass zum Gipfel ansteigt. Der bereits zu Beginn des 20. Jahrhunderts angelegte Steig ist an allen etwas kniffligen Stellen gesichert, wie auch der Abstieg nach Tierwies. Insgesamt eine sehr abwechslungsreiche Runde, die von den Almen am Südfuß des Alpsteins direkt nach Utopia führt. Oder schaut die riesige Kommunikationsanlage auf dem Gipfel etwa nicht aus wie eine Mondstation?

Oben gibt's bei schönem Wetter ein immenses Panorama, das von den Ötztaler Alpen bis zu den Viertausendern der Berner Alpen reicht. Und wenn der Föhn für besonders klare Sicht sorgt, sind fern im Westen sogar die Vogesen auszumachen. Was für ein Weitblick!

Einigen Weitblick bewiesen vor mehr als einem Jahrhundert auch ein paar Herren, allesamt Mitglieder der »Schweizerischen Naturforschenden Gesellschaft«, die sich für den Bau einer Wetterstation auf dem Säntisgipfel einsetzten. Im Jahr 1882 nahm der erste Wetterwart seinen Dienst auf, zunächst noch im Obergeschoss des bereits bestehenden Gipfelhauses, ab 1887 dann in einem eigenen Gebäude. Bis Ende 1969 versahen die

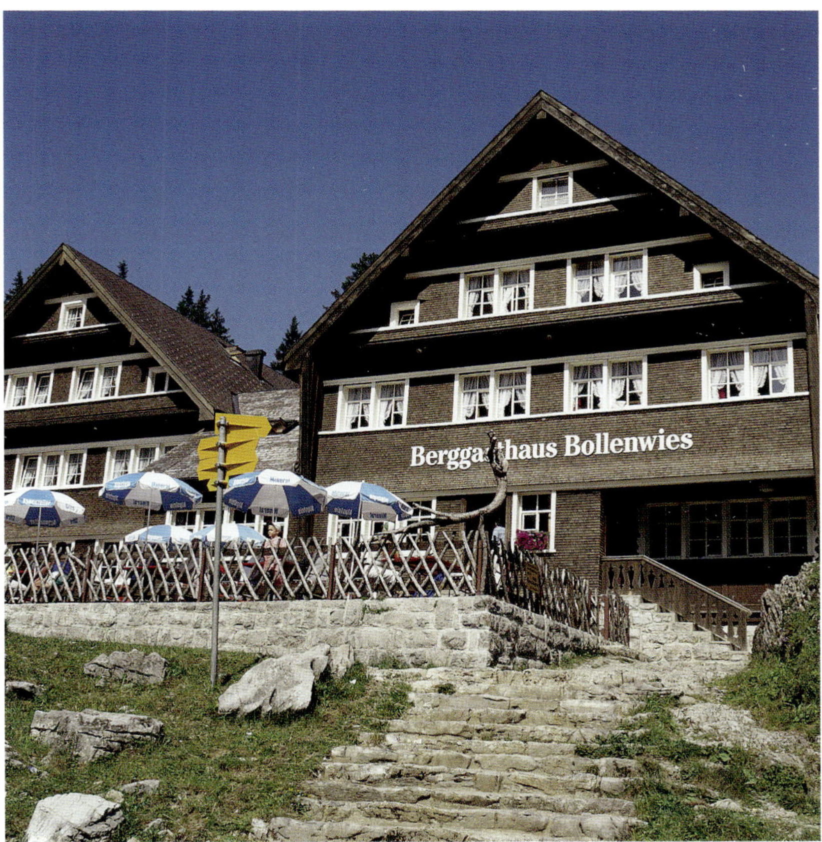

Ein einladendes Haus am Fälensee. En Guete!

Wetterwarte ihren Dienst auf dem Säntis; seither werden die meteorlogischen Daten vollautomatisch gesammelt.

Von Thurwies steigt man unter den Westabstürzen des Wildhuser Schafbergs (2372 m) auf zum Gasthaus Schafboden. Eine halbe Stunde höher zweigt links der direkte Säntisweg ab; geradeaus kommt man zum Rotsteinpass (2120 m). Hier setzt westlich der Lisengrat an; der originelle Steig folgt dem felsigen Kamm, zunächst kräftig ansteigend, dann um und über mehrere Gratzacken, durchwegs mit soliden Sicherungen. Am Chalbersäntis (2377 m) mündet links der Zustieg vom Schafboden. Weiter am Kamm entlang und hinauf zum total verbauten Gipfel und großem Panorama.

Der Abstieg beginnt im Berg (Stollen), führt dann durch eine sehr steile, mit künstlichen Tritten gangbar gemachte Verschneidung hinunter in die enge Blauschneelücke (2397 m; Vorsicht bei Schnee!). Aus der Scharte kurz aufwärts und flach zu einer Weggabelung unter dem Girenspitz (2448 m). Hier links im Zickzack bergab, über ein ausgedehntes Karrenfeld und unter dem Grauchopf zum Berggasthaus Tierwies (2085 m). Links über zerklüftetes Karstgelände abwärts, am Hundstein (1903 m) vorbei und hinunter zum Ausgangspunkt nach Thurwies.

Wanderklassiker am Pizol

26 Fünf-Seen-Wanderung; Wildseeluggen, 2493 m

Bad Ragaz bietet beides: Wanderungen in den Berg (in die wilde Taminaschlucht) und auf den Berg. Das ist hier vor allem der Pizol (2844 m), höchstes der zerklüfteten Grauen Hörner und ein Aussichtsgipfel ersten Ranges. Seine Besteigung ist allerdings nicht ganz einfach, die Route führt über ein (arg geschwundenes) Gletscherchen und brüchige Felsen. Ganz auf gebahnten Wegen bewegt man sich dagegen auf der beliebten Seenrunde.

Von der Seilbahnstation Laufböden (2226 m) führt der viel begangene Weg zunächst fast eben über einen breiten Wiesenrücken zum Wängser See und zur Pizolhütte (2227 m). Das erste Etappenziel, die Wildseeluggen, ist bereits sichtbar, in mäßig steilem Anstieg über dem Valplona auch bald gewonnen. Prachtblick auf den Pizol, gleich jenseits der Scharte liegt der Wildsee (2438 m). Rechts an ihm vorbei und im Geröll hinab zum Schottensee. Weiter mit schöner Sicht auf die Zackenreihe der Churfirsten über Wiesenböden, dann steil bergan gegen den Schwarzplangggrat (2505 m). Dahinter liegt in einer Karmulde der Schwarzsee (2368 m), den man absteigend erreicht. Anschließend über ein breites Band hinauf zum Basegglarücken, einem besonders schönen Aussichts- und Rastplatz. Knapp unter dem Gamidaurspitz (2309 m) spitzwinklig rechts hinunter zum fünften und kleinsten See der Tour, dem Baschalvasee. Nun südlich ins Täli und in leichtem Gegenanstieg zur Pizolhütte, wo sich die Runde schließt.

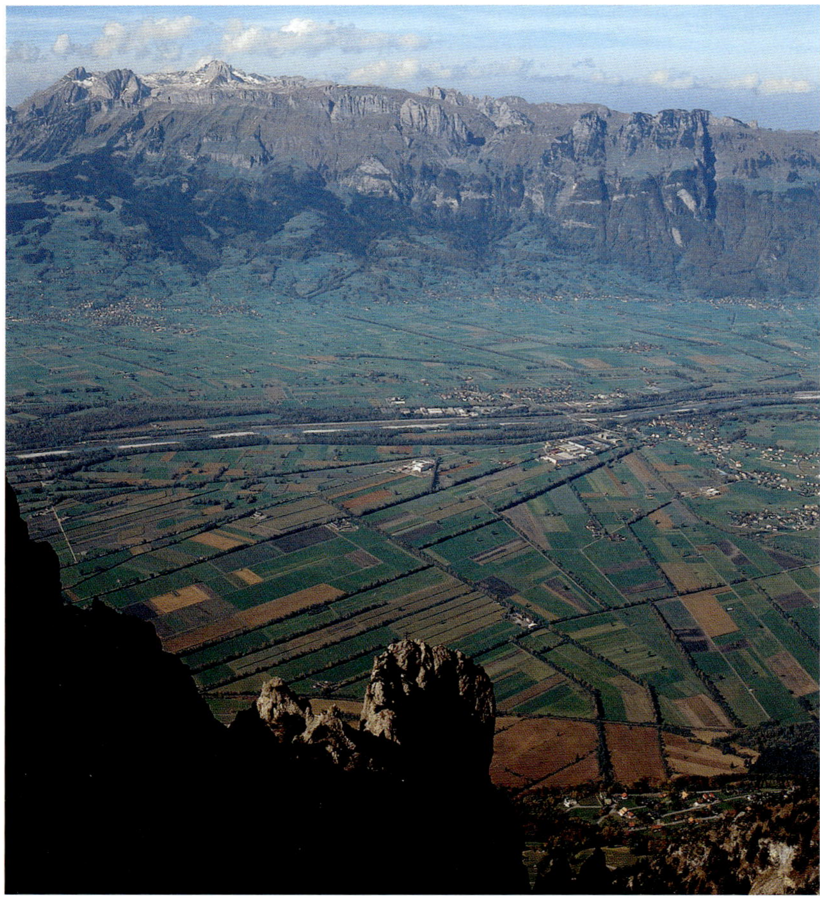

Aussicht en masse: Rheintal und Alpsteinmassiv vom »Fürstensteig«

Aussichtstour im »Ländle«

34 Fürstensteig – Drei Schwestern, 2052 m

Bereits ein kurzer Blick auf die Landkarte macht es klar: Die Überschreitung des Drei-Schwestern-Massivs ist der Wanderklassiker schlechthin im Fürstentum. Einmalig die Aus- und Tiefblicke auf dieser Tour, faszinierend die felsige Kulisse am Gipsberg und am Grat zu den Drei Schwestern. Hier wird aus dem Wanderpfad auch ein (teilweise gesicherter) Steig. Am »Fürstensteig«, der aufwendig in das felsige Gelände mit der wenig Vertrauen erweckenden Bezeichnung »Gipsberg« trassiert ist, droht Gefahr vor allem von oben (Steinschlag); der »Drei-Schwestern-Steig« dagegen wartet mit einigen Passagen auf, die trotz guter Sicherungen »Nur-Wanderer« leicht überfordert. Sie umgehen diesen Wegabschnitt östlich über die Garsellaalp.

Von Gaflei zunächst auf einem Fahrweg bergan, dann links zum »Fürstensteig«. Er quert ansteigend die zerklüftete Flanke des Gipsberges, überwiegend meterbreit und mit Seilgeländer versehen. Von der Grathöhe ganz kurz abwärts, dann hoch über dem Saminatal wieder ansteigend zum Gafleispitz (2000 m) und weiter zum Kuhgrat (2123 m), dem höchsten Punkt des Massivs. Felsiger wird's am Übergang zum Garsellikopf (2105 m), und der Abstieg von den Drei Schwestern zum Sarojasattel (1628 m) schlängelt sich dann durch ein wildromantisches Felslabyrinth. Weiter im Zickzack abwärts zum Sarojasattel (1628 m); eine Viertelstunde westlich unterhalb der grünen Senke steht die Gafadurahütte des Liechtensteinischen Alpenvereins. Auf dem Sträßchen hinab zum Weiler Planken.

Tourenziel/Charakteristik	Ausgangspunkt	Wegverlauf & Gehzeit	Markierung	Einkehr am Weg
1 Hundwiler Höhi, 1306 m Gemütliche Kammwanderung vor der großen Kulisse des Alpsteins. Zwischenabstiege möglich	Jakobsbad (869 m,), Weiler an der Strecke Appenzell – Urnäsch; Talstation der Kronberg-Seilbahn	Jakobsbad – Untergeren – Hundwiler Höhi (1 1/2 Std.) – Himmelberg – Appenzell (785 m, 4 Std.,)	Wegweiser, gelbe Mark.	Hundwiler Höhi (1306 m)
2 Kronberg, 1663 m Bergabwanderung vom Seilbahnberg nach Appenzell, verschiedene Varianten möglich	Bergstation der Kronberg-Seilbahn (1650 m), Talstation Jakobsbad (869 m,)	Kronberg – Scheidegg – Kaubad (1042 m; 1 3/4 Std.) – Appenzell (785 m; 2 1/2 Std.)	Wegzeiger, gelbe Mark.	Kronberg, Scheidegg (1353 m), Kaubad (1042 m)
3 Gäbris, 1251 m Der Gäbris gilt als echter Logenplatz des Appenzellerlandes: Aussicht vom Bodensee bis zu den Vorarlberger und Bündner Alpen	Gais (933 m,), typisches Appenzeller Dorf an der Strecke von Appenzell nach Altstätten	Gais – Sommersberg (1172 m; 1 Std.) – Gäbris (2 1/4 Std.) – Gais (3 Std.)	Wegzeiger, gelbe Mark.	Sommersberg (1172 m), Unter Gäbris (1198 m), Gäbris
4 Hirschberg, 1167 m Aussichtsreiche Runde zwischen Appenzell und dem St. Galler Rheintal. Sehenswert: Ortszentrum von Appenzell	Appenzell (785 m,), Hauptort des Halbkantons Appenzell-Innerrhoden	Appenzell – Bifig – Eggli (1 3/4 Std.) – Eggerstanden (2 1/2 Std.) – Hirschberg (3 1/2 Std.) – Guggerloch (897 m) – Appenzell (4 3/4 Std.)	Wegzeiger, gelbe Mark.	Eggli (1192 m), Eggerstanden (892 m), Höch Hirschberg
5 Hoher Kasten, 1794 m – Sämtisersee Überschreitung des bekannten Aussichtsgipfels; Auf- oder Abstieg auch bequem per Seilbahn möglich	Brülisau (922 m,), Zufahrt von Appenzell 6 km	Brülisau – Ruhsitz (1368 m; 1 1/4 Std.) – Hoher Kasten (2 1/2 Std.) – Sämtisersee (1209 m; 3 3/4 Std.) – Brüslisau (4 3/4 Std.)	Wegzeiger, rot-weiße Mark.	Ruhsitz (1368 m), Hoher Kasten (1794 m), Plattenbödeli (1279 m)
6 Hoher Kasten, 1794 m – Fälensee Klassische Höhenwanderung auf dem ältesten geologischen Lehrpfad der Schweiz (Infotafeln) mit einigen bei Nässe etwas heiklen Passagen. Lässt sich leicht um die Schleife über den Zwinglipass (2011 m) zur ganz großen Runde erweitern (gesamt 8 1/2 Std., mark.)	Bergstation der Seilbahn am Hohen Kasten (1794 m), Talstation Brülisau (922 m,)	Hoher Kasten – Stauberen (1 3/4 Std.) – Saxer Lücke (1649 m; 3 Std.) – Fälensee (1452 m; 3 1/2 Std.) – Sämtisersee (1209 m) – Brülisau (5 Std.)	Wegzeiger, rot-weiße Mark.	Hoher Kasten (1794 m), Gh. Staubern (1745 m), Bollenwees (1471 m), Plattenbödeli (1279 m)
7 Alp Sigel; Zahme Gocht, 1662 m Aussichtsbalkon vor den großen Alpsteingipfeln, auf der Alp Sigel reiche Flora	Schwende (838 m,), Weiler 4 km südöstlich von Appenzell. Zur Alp Sigel kommt man auch mit der Gondelbahn von Brülisau-Pfannenstiel.	Schwende – Zahme Gost (2 1/2 Std.) – Alp Sigel – Mans – Wasserauen (868 m; 4 3/4 Std.) – Schwende (5 1/4 Std.)	Wegzeiger, rot-weiße und gelbe Mark.	Wasserauen (868 m), Alp Sigel
8 Widderalpsattel, 1856 m Anstrengende Drei-Seen-Runde, vermittelt einzigartige Einblicke in den Bau der Alpsteinregion	Wasserauen (868 m,), Zufahrt von Appenzell 6 km	Wasserauen – Seealpsee (1141 m; 1 Std.) – Meglisalp (2 1/4 Std.) – Widderalpsattel (3 1/2 Std.) – Fälensee (4 3/4 Std.) – Sämtisersee (1209 m) – Brülisau (922 m; 6 1/4 Std.,)	Wegzeiger, rot-weiße Mark.	Seealpsee (1141 m), Meglisalp (1517 m), Bollenwees (1471 m), Plattenbödeli (1279 m)
9 Säntis, 2502 m Große Tour auf den berühmten, höchsten Gipfel des Alpsteins; am Lisengrat gesicherter Steig, für den »Gross Schnee« sind Teleskopstöcke vorteilhaft. Alternativ Auf- oder Abfahrt mit der Säntis-Seilbahn von/nach Schwägalp	Bergstation der Ebenalp-Seilbahn (1640 m), Talstation Wasserauen (868 m,)	Ebenalp – Mesmer (1 3/4 Std.) – Wagenlücke (2075 m; 3 Std.) – Säntis (4 1/4 Std.) – Lisengrat – Rotsteinpass (5 1/4 Std.) – Meglisalp (6 1/4 Std.) – »Schrennenweg« – Wasserauen (8 1/4 Std.)	Wegzeiger, rot-weiße Mark.	Ebenalp (1640 m), Mesmer (1613 m), Säntis, Rotsteinpass (2120 m), Meglisalp (1517 m)
10 Schäfler, 1924 m Abwechslungsreiche Runde für Geübte, am Schäfler und an der Ageteplatte einige gesicherte Passagen. Nicht bei Nässe gehen! Unterhalb der Ebenalp die berühmten Wildkirchlihöhlen (prähistorische Fundstätte, später Einsiedelei); von Wasserauen 1 3/4 Std., guter Weg, bis zur Ebenalp 2 1/4 Std.	Bergstation der Ebenalp-Seilbahn (1640 m), Talstation Wasserauen (868 m,)	Ebenalp – Schäfler (1 Std.) – Mesmer (2 1/4 Std.) – Ageteplatte (1896 m; 3 Std.) – Meglisalp (3 1/2 Std.) – Seealpsee (1141 m) – Wasserauen (5 1/4 Std.)	Wegzeiger, rot-weiße Mark.	Ebenalp (1640 m), Schäfler (1912 m), Mesmer (1613 m), Meglisalp (1517 m), Seealpsee (1141 m)
11 Tierwis, 2085 m Ganz im Banne des Säntis (ab Tierwis zusätzlich 1 1/2 Std., mark.) steht diese Wanderung. Am Anstieg zum Gh. Tierwis Drahtseilsicherungen. Schwindelfreiheit und ein sicherer Tritt sind unerlässlich! Steinbockrevier	Parkplatz bei der Talstation der Säntis-Seilbahn auf der Schwägalp (1352 m,), Anfahrt von Urnäsch (832 m) bzw. Nesslau (759 m), je gut 10 km	Schwägalp – Tierwis (2 Std.) – Lauchwis (1827 m; 3 1/2 Std.) – Ober Hohfeld (1421 m; 4 1/2 Std.) – Lutertannen (1030 m; 5 1/2 Std.,)	Wegzeiger, rot-weiße Mark.	Schwägalp, Gh. Tierwis (2085 m)
12 Hochalp, 1530 m – Spicher, 1520 m Auf interessanten Wegen von Urnäsch zum Fuß des Säntis. Sehenswert: Urnäsch mit Heimatmuseum	Urnäsch (832,), Appenzeller Dorf, 10 km zur Schwägalp	Urnäsch – Färenstetten (1172 m; 1 1/4 Std.) – Hochalp (2 1/2 Std.) – Spicher (3 3/4 Std.) – Schwägalp (5 1/4 Std.)	Wegzeiger, gelbe Mark.	Hochalp (1522 m)

Appenzell – Alpstein

Region	Tourenziel/Charakteristik	Ausgangspunkt	Wegverlauf & Gehzeit	Markierung	Einkehr am Weg
Alpstein	**13 Säntis, 2502 m** Spannende Runde über den Lisengrat auf den Säntis; gesicherter Steig, auch am Abstieg leichte Felsen	Thurwis (1207 m), etwa 4 km von Unterwasser (906 m,) im Obertoggenburg	Thurwis – Rotsteinpass (2120 m; 3 Std.) – Lisengrat – Säntis (4 1/2 Std.) – Tierwis (5 1/2 Std.) – Chlingen (1662 m) – Thurwis (7 Std.)	Wegzeiger, rot-weiße Mark.	Rotsteinpass (2120 m), Säntis, Gh. Tierwis (2085m), Gh. Schafboden (1729 m)
Alpstein	**14 Wildhuser Schafberg, 2373 m** Eine prächtige Tour für erfahrene Berggänger, die sich in Fels, Geröll und Steilgras sicher zu bewegen wissen. Mehrere seilgesicherte Passagen	Wildhaus (1090 m,), Ferienort am Übergang vom Toggenburg ins Rheintal (Strecke Wattwil – Buchs). Gondelbahn Wildhaus – Gamplüt (1354 m) mit Solarstrom betrieben!	Gamplüt – Mietplätz (1848 m) – Schafberg (3 Std.) – Alp Tesel – Flürentobel – Gamplüt (5 Std.)	Wegzeiger, Mark.	Gamplüt (1354 m)
Alpstein	**15 Chreialpfirst, 2126 m** Abwechslungsreiche Wanderrunde mit zwei kleinen Gipfeln. Geübte können vom Zwinglipass aus den Altmann (2435 m), zweithöchster Gipfel des Alpsteins, besteigen (1 1/2 Std. über den Altmannsattel; mark., leichte Kletterstellen, I).	Wildhaus (1090 m,), Ferienort am Übergang vom Toggenburg ins Rheintal (Strecke Wattwil – Buchs). Alternativer Ausgangspunkt Gamplüt (1354 m; Gondelbahn); Gehzeit knapp 6 Std.	Wildhaus – Tesel – Mutschen (2122 m; 3 3/4 Std.) – Chreialpfirst – Zwinglipass (2011 m; 4 3/4 Std.) – Tesel – Wildhaus (6 3/4 Std.)	Wegzeiger, rot-weiße Mark.	Zwinglipasshütte (1999 m)
Toggenburg – Churfirsten	**16 Churfirsten; Hinterrugg, 2306 m** Interessante Wanderrunde an der Nordabdachung der Churfirsten; am Gamserrugg geologischer Lehrpfad. Vom Hinterrugg packender Tiefblick auf den Walensee	Bergstation des Gamsalp-Sessellifts (1767 m), Talstation Wildhaus (1090 m,)	Gamsalp – Gamserrugg (2058 m; 1 Std.) – Sattel (1944 m) – Hinterrugg (2 Std.) – Vorder Selamatt (1429 m) – Iltios (, 1342 m) – Wildhaus (4 1/2 Std.)	Wegzeiger, rot-weiße und gelbe Mark.	Gamsalp (1767 m), Hinterrugg (2262 m), Iltios (1342 m)
Toggenburg – Churfirsten	**17 Selun, 2205 m** Alm- und Gipfelwanderung an der Nordflanke der Churfirsten; vom Selungipfel packender Tiefblick auf den Walensee. Sehenswert: Wildmannlisloch (mark.)	Bergstation des Selamatt-Sessellifts (1390 m), Talstation Alt St. Johann (890 m,)	Selamatt – Breitenalp (1626 m; 1 1/2 Std.) – Selun (3 3/4 Std.) – Breitenalp (5 1/4 Std.) – Alt St. Johann (6 3/4 Std.)	Wegzeiger, gelbe und rot-weiße Mark.	Selamatt (1390 m)
Toggenburg – Churfirsten	**18 Speer, 1959 m** Nagelfluhberg am Alpenrand mit großem Panorama; Trittsicherheit unerlässlich. Gesicherte Passagen, nicht bei Nässe gehen! Nordgrat (Kletterweg) nur für erfahrene Bergsteiger	Bergstation des Rietbach-Sessellifts (1115 m), Talstation Krummenau (713 m,) im Toggenburg	Rietbach – Wannenspitzli (1524 m) – Bütz (1 3/4 Std.) – Leiterli – Stelli (1725 m; 2 3/4 Std.) – Speer (3 1/2 Std.) – Stelli – Leiterli – Seilchöpf (1520 m) – Blässchopf (1457 m) – Nesslau (7 1/2 Std.,)	Wegzeiger, gelbe und rot-weiße Mark.	Rietbach (1121 m)
Toggenburg – Churfirsten	**19 Mattstock, 1936 m** Massiger Felsgipfel über Amden mit interessantem Anstieg und großer Umschau. Trittsicherheit notwendig	Bergstation des Niederschlag-Sessellifts (1290 m), Talstation Amden (908 m,)	Niederschlag – Mattstock (2 Std.) – Ober Furgglen – Durschlegi (1123 m) – Amden (4 3/4 Std.)	Wegzeiger, gelbe und rot-weiße Mark.	
Toggenburg – Churfirsten	**20 Leistchamm, 2101 m** Überschreitung des Churfirstenkamms von Amden nach Quinten am Walensee; Rückfahrt nach Weesen mit dem Schiff. Langer, unterhalb der Gocht (Grat) heikler Abstieg. Nur für Bergerfahrene!	Amden (908 m) Ferienort in sonniger Lage über dem Walensee, Zufahrt von Weesen (423 m) bis Amden-Arfenbüel (1273 m,)	Arfenbüel – Leistchamm (2 1/2 Std.) – Gocht (1951 m) – Säls (4 Std.) – Hag (1542 m) – Laubegg (1377 m) – Quinten (434 m; 6 1/2 Std.,)	Wegzeiger, blau-weiße und rot-weiße Mark.	Quinten (434 m)
Toggenburg – Churfirsten	**21 Churfirsten-Höhenweg** Mäßig anstrengende, aber sehr aussichtsreiche Höhenrunde über dem Walensee. Empfehlenswert: Norduferweg, etwa 6 Std. bis Weesen, Rückfahrt per Schiff!	Walenstadtberg (967 m,), Zufahrt von Walenstadt (425 m,) bis Hochrugg (1290 m) möglich, 9 km	Hochrugg – Schrina-Obersäss (1727 m; 1 3/4 Std.) – Tschingla (2 1/2 Std.) – Hochrugg (3 1/2 Std.)	Wegzeiger, gelbe und rot-weiße Mark.	Hochrugg (1290 m), Tschingla (1527 m)
Glarner Alpen	**22 Murgseen, 1820 m** Rundwanderung zwischen Mürtschenstock (2441 m) und Spitzmeilen (2501 m)	Merlen (1089 m) im Murgtal, gebührenpflichtige Zufahrt von Murg (427 m,) am Südufer des Walensees, 7,5 km.	Merlen – Mornen (1335 m; 3/4 Std.) – Murgseen (2 1/4 Std.) – Murgseefurggel (1985 m; 2 3/4 Std.) – Mürtschen – Merlen (4 3/4 Std.)	Wegzeiger, rot-weiße Mark.	Berggasthaus Murgsee (1817 m)
Glarner Alpen	**23 Leist – Gulmen, 2317 m** Aussichtsreiche Höhenwanderung über mehrere kleine Gipfel(chen) in den Flumser Bergen. Ab Chrüzen Rückweg zur Seilbahn (gesamt 4 3/4 Std.) oder Abstieg nach Tannenboden möglich	Bergstation der Maschgenkamm-Seilbahn (2019 m), Talstation Tannenboden (1364 m,). Anfahrt von Flums, 11 km, oder mit der Seilbahn ab Unterterzen am Walensee	Maschgenkamm – Zigerfurgglen (1997 m) – Leist (2222 m) – Rainissalts (2242 m) – Gulmen (2 1/4 Std.) – Hoch Camatsch (2229 m) – Mütschüel (2018 m) – Chrüzen (1907 m; 4 Std.) – Großsee (1618 m) – Tannenboden (6 Std.)	Wegzeiger, rot-weiße Mark.	Maschgenkamm (2019 m), Seebenalp (1622 m) am Großsee
Glarner Alpen	**24 Fansfurggla, 2275 m** Ausgedehnte Höhenwanderung von den Flumser Bergen ins Weisstannental	Bergstation der Maschgenkamm-Seilbahn (2019 m), Talstation Tannenboden (1364 m,). Anfahrt von Flums, 11 km	Maschgenkamm – Spitzmeilenhütte (2087 m; 2 Std.) – Fansfurggla (3 1/4 Std.) – Obersiezsäss (1661 m) – Vorsiez (1175 m) – Weisstannen (1004 m; 6 1/4 Std.,)	Wegzeiger, rot-weiße Mark.	Maschgenkamm (2019 m), Spitzmeilenhütte (2087 m)

Tourenziel/Charakteristik	Ausgangspunkt	Wegverlauf & Gehzeit	Markierung	Einkehr am Weg	
25 Madfurggl, 2149 m Almrunde über dem Weisstannental; von der Madfurggl kann man leicht den Madchopf (2236 m) besteigen (1/4 Std.).	Weisstannen (1004 m,), Zufahrt von Mels 14 km	Weisstannen – Ringgaberg – Obergalans – Madfurggl (3 1/2 Std.) – Matells – Steinegg (906 m; 5 1/2 Std.) – Weisstannen (6 Std.)	Wegzeiger, rot-weiße Mark.		Glarner Alpen
26 Fünf-Seen-Wanderung; Wildseeluggen, 2493 m Beliebte Runde unter dem Pizol (2844 m); diesen felsigen Gipfel besteigen Geübte von der Wildseeluggen in 1 1/2 Std. über die schwach vergletscherte Nordflanke (evtl. Steigeisen, Pickel)	Bergstation der Sportbahnen Bad Ragaz (2226 m), Talstation Bad Ragaz (514 m,), berühmter Kurort	Liftstation Laufböden – Wildseeluggen (1 1/2 Std.) – Schwarzsee (2372 m) – Baseggla (2456 m; 3 3/4 Std.) – Baschalvasee – Liftstation Laufböden (5 1/2 Std.)	Wegzeiger, rot-weiße Mark.	Pizolhütte (2227 m)	Glarner Alpen
27 Taminaschlucht Klamm- und Talwanderung; faszinierend der Gang durch die wildromantische Taminaschlucht. Sehenswert: das alte Bad Pfäfers mit Museum	Bad Ragaz (514 m,), berühmter Kurort im Rheintal, an der Strecke Sargans – Chur	Bad Ragaz – Bad Pfäfers (680 m; 1 1/4 Std.) – Valens (925 m) – Stausee Mapragg (865 m; 2 3/4 Std.) – Vättis (943 m; 4 1/4 Std.,)	Wegzeiger, gelbe Mark.	Bad Pfäfers (680 m), Valens, Vättis	Glarner Alpen
28 Heubützlipass, 2468 m Ausgedehnte Wanderrunde an der Nordflanke des Calfeisentals; großartig der Blick auf das mächtige Massiv der Ringelspitze (3247 m)	St. Martin (1350 m), Weiler am oberen Ende des Gigerwaldsees, 8 km ab Vättis (943 m,)	St. Martin – Sardona-Untersäss (1798 m; 1 3/4 Std.) – Heubützlipass (3 3/4 Std.) – Chüetal (4 3/4 Std.) – Malanseralp (1832 m) – St. Martin (6 1/2 Std.)	Wegzeiger, rot-weiße Mark.		Glarner Alpen
29 Alvier, 2343 m Berühmter Aussichtsberg im Winkel zwischen dem Rhein- und dem Seeztal. Kurze felsige Passage am Chemmi (Kamin). Längere Anstiege vom Seveler Berg bzw. vom Grabser Berg	Chamm (1711 m), Sattel im Rücken des Gonzen (1829 m; 3/4 Std., sehr lohnend!), auf schmaler Bergstrecke erreichbar, etwa 15 km ab Azmoos (495 m,)	Chamm – Palfris (1688 m) – Alvier (2 1/4 Std.); Abstieg auf dem gleichen Weg (gesamt 3 3/4 Std.)	Wegzeiger, rot-weiße Mark.	Berghaus Palfris (1668 m); Gipfelhütte Alvier (2343 m)	Sarganser Land – Liechtenstein
30 Gamserrugg, 2076 m Rundwanderung hoch über dem Rheintal; am Gamserrugg geologischer Lehrpfad. Variante über den Höchst (2024 m) nur für Geübte (steile Grashänge, bei Nässe gefährlich!)	Voralpsee (1124 m,), Zufahrt von Grabs auf ordentlicher Bergstraße, 10 km	Voralpsee – Sattel (1944 m; 2 1/2 Std.) – Gamserrugg (3 1/4 Std.) – Gamsalp (, 4 Std.) – Voralpsee (5 3/4 Std.)	Wegzeiger, gelbe und rot-weiße Mark.	Voralpsee (1218 m), Gamsalp (1767 m)	Sarganser Land – Liechtenstein
31 Goldlochspitz, 2110 m Höhenwanderung über dem inneren Saminatal, mit Abstieg durch das Lawenatal nach Triesen; kürzere Variante mit Abstieg ab Wanghöhe (1877 m), dann gesamt 5 Std.	Steg (1303 m,), Häusergruppe im Saminatal, Zufahrt von Triesen bzw. Vaduz über Triesenberg (884 m), 11 km	Steg – Kulm (1433 m) – Heubühl (1936 m; 2 Std.) – Wanghöhe – Goldlochspitz (3 1/4 Std.) – Rappensteinsattel (2071 m) – Lawena (4 3/4 Std.) – Triesen (512 m) 7 Std.,)	Wegzeiger, rot-weiße Mark.		Sarganser Land – Liechtenstein
32 Augstenberg, 2359 m Beliebte Malbuner Wanderrunde, lässt sich um die Besteigung des Naafkopfs (2570 m) erweitern (1 1/2 Std. von der Pfälzer Hütte, mark.)	Bergstation des Sareis-Sessellifts (2003 m), Talstation Malbun (1602 m,)	Liftstation – Augstenberg – Pfälzer Hütte (1 3/4 Std.) – Tälihöhe (2056 m) – Malbun (3 1/4 Std.)	Wegzeiger, rot-weiße Mark.	Sareis (2003 m); Pfälzer Hütte (2108 m)	Sarganser Land – Liechtenstein
33 Schönberg, 2104 m Hinauf und rundherum: Gipfeltour mit anschließender Talwanderung. Trittsicherheit	Malbun (1602 m,), Ferienort; Zufahrt von Vaduz 15 km	Malbun – Fürkle (1771 m; 3/4 Std.) – Schönberg (2 1/4 Std.) – Guschg (1713 m; 3 Std.) – Valorschtal – Steg (1303 m; 5 Std.,)	Wegzeiger, rot-weiße Mark.	Steg (1303 m)	Sarganser Land – Liechtenstein
34 Fürstensteig – Drei Schwestern, 2052 m Klassische Überschreitung des Drei-Schwestern-Massivs (Kuhgrat, 2123 m); »Fürstensteig« komfortabler Felsenweg (Sicherungen), am »Drei-Schwestern-Steig« etwas anspruchsvollere gesicherte Passagen	Gaflei (1483 m,), 12 km von Vaduz. Parkmöglichkeit vor dem Hotelkomplex	Gaflei – »Fürstensteig« – Kuhgrat (2 1/4 Std.) – Drei Schwestern – Sarojasattel (1628 m; 4 1/4 Std.) – Gafadurahütte – Planken (786 m; 6 Std.,)	Wegzeiger, rot-weiße Mark.	Gafadurahütte (1428 m)	Sarganser Land – Liechtenstein
35 Hoher Kasten, 1794 m Steiler Weg auf einen der schönsten Aussichtsgipfel der Region. Ausdauer und Trittsicherheit erforderlich	Sennwald (457 m,), Dorf im St. Galler Rheintal, an der Strecke Altstätten – Buchs	Sennwald – Rohr – Rohrsattel (1590 m) – Kastensattel (1678 m) – Hoher Kasten (4 Std.) – Kastensattel – Rüthi (428 m; 6 1/2 Std.,)	Wegzeiger, rot-weiße Mark.	Hoher Kasten	Sarganser Land – Liechtenstein

Nord- und Mittelbünden

Täler und Berge zwischen Prättigau und Hinterrhein

Schesaplana (2964 m), Piz Kesch (3418 m), Rheinwaldhorn (3402 m) und Tödi (3614 m) bilden sozusagen die markanten Eckpunkte einer Alpenregion, die in ihrer Vielfalt ihresgleichen sucht. Wer möchte etwa die Bergsturzlandschaft der Ruinaulta mit dem an nordische Landschaften erinnernden Ödland der Greina vergleichen, die weite, von hohen Gipfeln umrahmte Talmulde des Oberhalbsteins (Surses) mit dem grünen Prättigau, das burgenreiche Domleschg mit dem Walserland des Hinterrheins?

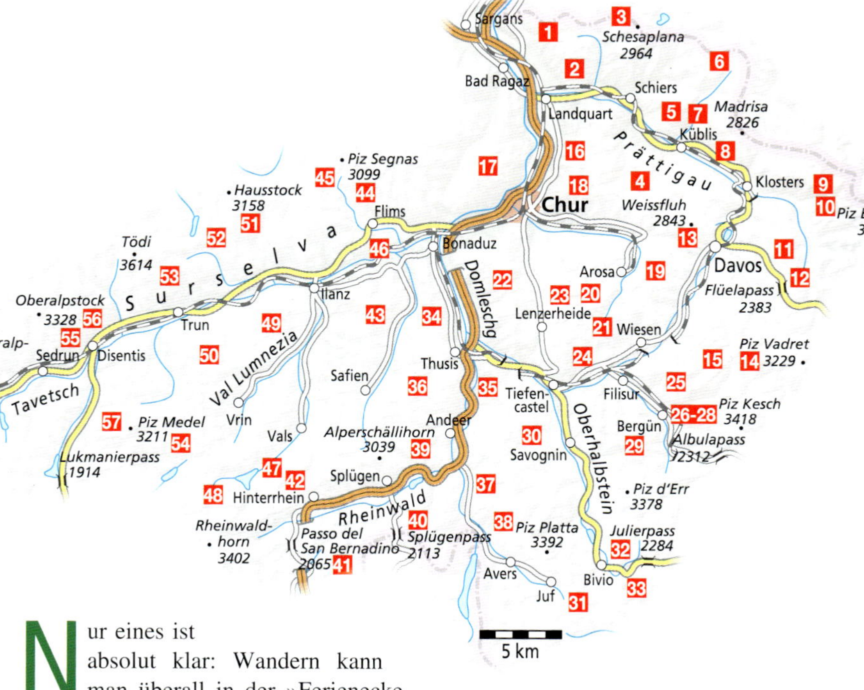

Nur eines ist absolut klar: Wandern kann man überall in der »Ferienecke der Schweiz« (Werbeslogan), die touristische Infrastruktur lässt keine Wünsche offen. Das Tü-tä-tä der Postbusse ertönt noch im hintersten Talwinkel, und in den großen Tälern verkehrt die Rhätische Bahn, von der ein Zyniker einmal (zu Unrecht) behauptet hat, sie hätte »mehr Tunnels und Viadukte als Passagiere«.

International bekannte Fremdenverkehrsorte in Nord- und Mittelbünden sind das verstädterte Davos, weiter Arosa und Flims. Kulturell Interessierte werden einen Besuch der Kantonshauptstadt nicht versäumen: 5000 Jahre Geschichte reklamiert Chur für sich, was in der Schweiz einmalig ist. Kulturhistorische Sehenswürdigkeiten entdeckt man aber auch weitab der großen Zentren. Es sei nur an das karolingische Kirchlein von Mistail (bei Tiefencastel) oder an die einzigartige bemalte Decke in der Kirche von Zillis – ein UNESCO-Weltkulturdenkmal – erinnert.

In Graubünden, das muss hier noch angemerkt werden, vertragen sich nicht nur Bergnatur und Kultur problemlos; auch die Küche hat viel Eigenständiges anzubieten. Und nach der Tour schmecken Maluns mit Salsiz oder Churer Capuns zusammen mit einem Calandabräu besonders gut, wetten?

Steckbrief

Fläche: ca. 4500 qkm
Höchster Punkt: Tödi (3614 m)
Gebirgsgruppen: Rätikon (Süd), Silvretta (West), Plessuralpen, Albulaalpen, Plattagruppe (Nord), Adulaalpen, Glarner Alpen (Süd), Gotthardmassiv (Ost)
Wichtigste Ortschaften: Klosters, Davos, Chur, Splügen, Flims, Disentis
Wandervorschläge: 58

Senda Sursilvana

Rund 100 km langer Höhenweg vom Oberalppass durch das Bündner Oberland (Surselva) bis Chur. Der bestens markierte Weg verläuft an der Sonnseite des Vorderrheintals, Teilbegehungen und Zwischenabstiege sind möglich. Übernachtungsmöglichkeiten in allen Dörfern. Gesamtgehzeit etwa 27 Std. Zum »Senda Sursilvana« gibt's eine spezielle Routenkarte im Maßstab 1:40 000. Verlauf: Oberalppass (2044 m) – Sedrun (4 Std.) – Disentis (6 Std.) – Trun (10 ½ Std.) – Brigels/Breil (13 ½ Std.) – Ruschein (18 ½ Std.) – Flims (22 Std.) – Chur (27 Std.)

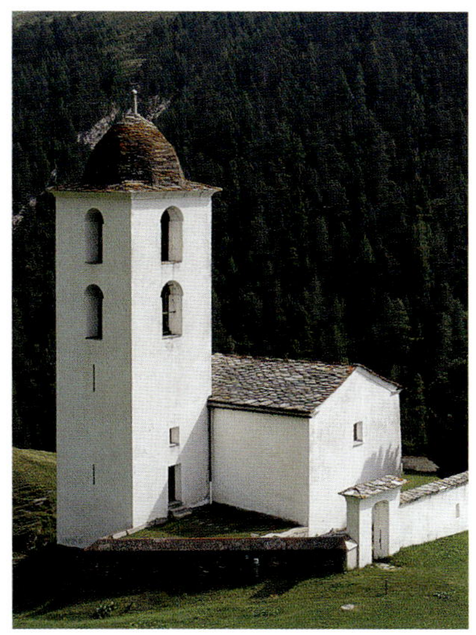

Kirchlein von Avers-Cresta

Ein großer Berg

1 Falknis, 2562 m

Höhen sind relativ und Gipfelhöhen sowieso. Das macht einem der Falknis drastisch klar, und wer seiner Kondition nicht so recht traut, nimmt sich besser eine etwas kürzere Tour vor. Denn hier sind die Wege lang, teilweise rau, zwischen Startpunkt und Gipfel liegen fast 1900 Höhenmeter. Eine bequemere Möglichkeit, den prächtigen Aussichtsgipfel zu erreichen, bietet die von Malans ausgehende »Älplibahn«. Nach der luftigen Fahrt benötigt man zum Falknis nur noch drei Stunden. Verlockend, nicht wahr?

Die Runde beginnt recht gemütlich, an manchen Tagen allerdings vom Geballere des Schießplatzes St. Luzisteig begleitet: eine Stunde hinauf zu der alten Walsersiedlung Guscha. Oberhalb des verlassenen Weilers leiten die Markierungen in den Guschatobel. Man verlässt ihn bald wieder nach links, steigt über den bewaldeten Hang (Pilze!) hinauf zu den Guschner Alpen und – weit rechts ausholend – zum Mittlerspitz (1987 m). Weiter mit wenig Höhengewinn am Guschagrat entlang in die Mazorahöhi, dann in anstrengendem Zickzack am Nordgrat des Mazorakopfs bergan. Unter dem felsigen Gipfel rechts in seine Südflanke und in etwas heikler Querung über eine abschüssige Schieferzone (Drahtseile). Nun im Zickzack auf einen felsdurchsetzten Rücken und über Schrofen zum großen Gipfelkreuz.

Der Abstieg führt zunächst ins Fläscher Fürggli (2247 m), dann im Zickzack über einen Wiesenhang in einen felsigen Trichter, den man nach rechts über teilweise schmale und exponierte Bänder verlässt. Das Weglein quert unter den bizarren Falknistürmen ein paar Gräben und zieht anschließend steil hinab zur Enderlinhütte (1501 m). Weiter im Zickzack – nun angenehm schattig – bergab ins »Loch« und zuletzt auf einer Forstpiste hinaus nach St. Luzisteig.

Einsame Wege in der Silvretta

9 Über den Fergenkamm

Wer Touren mit leicht abenteuerlichem Touch mag, den Massen lieber aus dem Weg geht und über eine gute Kondition verfügt, ist am Fergenkamm genau richtig: mehr Gämsen als Menschen und noch viel mehr Gipfel rundum, dazu ein paar Bilder, die sich tief ins Gedächtnis einprägen, weil sie so schön sind. Aber Vorsicht: Dieser Weg über zwei hohe Scharten und hinaus nach Klosters ist nichts für Gelegenheitsbergsteiger!

Die große Runde beginnt bei Baretschrüti (1332 m), einen Kilometer hinter Monbiel, mit dem Anstieg zur Fergenhütte: erst flache Kehren im Pardennwald, dann steiles Zickzack, ehe nach einer Rechtsquerung das Refugium ins Blickfeld kommt. Hinter der Hütte über Wiesen aufwärts gegen einen von den Fergenhörnern herabziehenden Felssporn, dann halb rechts in die Inner Fergen und im Zickzack über den Geröllhang zur Fergenfurgga (2652 m). Jenseits abwärts in unübersichtliches Blockgelände, vorbei an einer winzigen Lacke und im Gegenanstieg auf einen felsigen Rücken, der den Übergang ins Rüedistäli vermittelt. Nun links durch den Graben abwärts, wobei Wegpassagen mit leichten Kletterstellen (I) abwechseln; zuletzt balanciert man über Felsblöcke hinunter in den weiten Boden des innersten Schlappintals. Hier rechts über Schnee und Geröll, dann in Kehren bergan und zuletzt aus einer schneegefüllten Karmulde an Fixseilen zum »Überstieg« etwas oberhalb der Schijenfurgga (2571 m). Einmalig schöner Rastplatz mit Blick bis zum Silvrettagletscher.

Über gestufte Felsen erst steil und etwas heikel, dann auf ausgetretener Spur hinab ins Seetal, über den Bach und in leichter Steigung zum Talweg. Auf ihm zum See, an der kleinen Seetalhütte vorbei und bergab in die Sardasca (1648 m). Zuerst auf der Sandstraße, dann rechts des Vestanclabachs – das Rauschen des Wassers im Ohr – durch eine romantische Waldschlucht und über Garifun hinaus nach Monbiel.

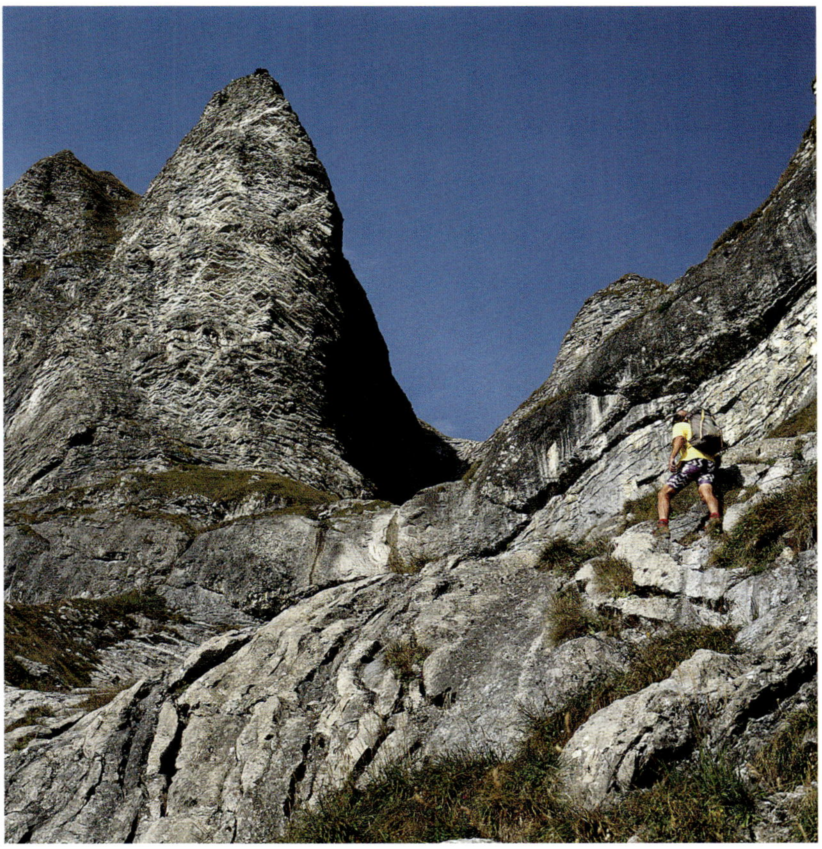

Große Bergtour: die Überschreitung des Falknis

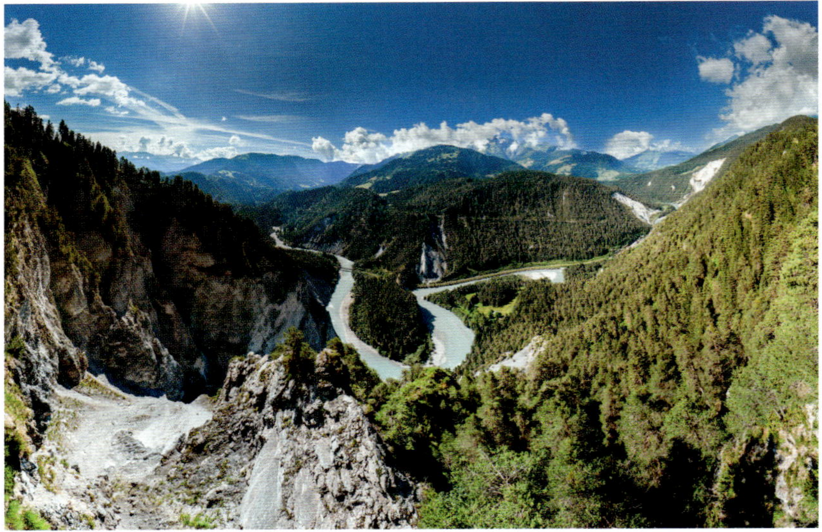
Schlicht grandios: die Schlucht des Vorderrheins unterhalb von Ilanz

Averser Runde

38 Tälifurgga, 2822 m

Was für Kontraste! Eng, felsig, kaum Sonne im Talboden des Val Ferrara, von lichtdurchfluteter Weite dagegen das Avers, hohe Grate rundum zwar, doch die krönen offene Hänge, die im Winter viele Tourengeher anziehen. Lifte fehlen hier im Quellgebiet des Averser Rheins, große Siedlungen auch, dafür ist das letzte Dorf an der Straße auch gleich das höchstgelegene, ganzjährig bewohnte im Alpenraum (Juf, 2140 m). Und auf der Wanderrunde um die Wissberge setzen sich die Gegensätze fort: helle Kalkfelsen stoßen an dunkle Gneise, saftige Almböden (Blumen!) gehen in riesige Geröllteppiche über, schroffe Felszacken wie der Piz Forbesch (3262 m) ragen neben verwitterten grauen Buckeln auf. Ein kleines Paradies und gut versteckt, das Avers!

Von Cresta auf einem alten Almweg bergan, dann über ein paar Kehren ins Täli. Am Fuß des Büel knickt das Tal nach links um, öffnet sich ganz unvermittelt eine Szenerie von archaischer Schönheit, bunt, wild. Den Markierungen folgend über Geröll hinauf in die Tälifurgga. Dahinter steil hinab in den obersten Boden des Val Gronda und gleich wieder links aufwärts in die weite Senke der Furcla Curtegns (2694 m).

Aus dem Sattel leitet die Wegspur hinunter ins Val Starlera; man folgt ihr bis zur Alp Starlera und nimmt dann die rund 400 Höhenmeter zum abgeflachten Rücken von Guggernüll in Angriff. Jenseits über Wiesenhänge talein und hinab nach Cresta.

Durch den Bündner Grand Canyon

46 Ruinaulta

Manchmal lohnt es sich wirklich, nicht nur nach den Gipfeln zu gucken. Etwa bei der Rheinschlucht zwischen Ilanz und Bonaduz, die zu den Landschaftswundern Graubündens zählt. Bahnreisende kennen sie von der Fahrt ins Oberland; der Autoverkehr dagegen verläuft über den Ferienort Flims und gewährt keinen einzigen Blick in die rund 15 Kilometer lange, einzigartige Klamm. Entstanden ist sie aus einem nacheiszeitlichen Bergsturz, bei dem nicht weniger als 12 000 Millionen Kubikmeter Gestein in Bewegung gerieten! Sie bedecken eine Fläche von etwa 40 Quadratkilometern, bis zu 800 Meter hoch. Der Vorderrhein wurde aufgestaut, bis er sich schließlich einen Weg durch das lockere Material bahnte: die Ruinaulta.

Von Castrisch zunächst entlang der Bahntrasse, dann hinab ins Bergsturzgelände der Isla Sut und am rechten Ufer des Vorderrheins zur Station Valendas. Nun neben und unterhalb der Bahn bis zur Mündung des Carreratobels. Hier unter der Bahn hindurch und leicht steigend im Wald zur großen Lichtung von Isla. In leichtem Auf und Ab, vorbei an bizarren Gesteinsformationen zur Station Versam. Weiter zur bewaldeten Halbinsel von Chrumwag, dann auf solider Brücke über den Fluss und steil bergan zum Waldplateau von Ransun. Auf Fahrwegen nach Digg (814 m), wo man dem rauschenden Straßenverkehr recht nahe kommt, dann rechts hinunter zur Bahnstation Trin (609 m). Zurück nach Castrisch mit der »Rhätischen«.

Große Runde am Panixer Pass

51 Panixer Talschlussrunde; Fluaz, 2427 m

Im Schweizer Schulunterricht, Fach Geschichte, taucht der Panixer Pass unweigerlich auf, und stets in Zusammenhang mit einem russischen General (der in der Schöllenenschlucht sogar ein Denkmal hat): Suworow. Vor zwei Jahrhunderten, als in Europa die Koalitionskriege tobten, war auch Graubünden Schauplatz von Kampfhandlungen. Das russische Heer sollte, von Italien anmarschierend, den Österreichern zu Hilfe kommen, doch das Unternehmen schlug fehl, und Suworow trat mit seinen 20 000 Mann einen entbehrungs- und verlustreichen Rückzug an, der ihn auch über den Panixer Pass (Pass dil Veptga, 2407 m) führte.

Heute gibt es im Glarnerland einen Suworow-Weg und ein Museum; der alte Passweg ist in weiten Teilen noch erhalten. Geblieben ist natürlich auch die Landschaft, faszinierend in ihrer Vielfalt an Formen und Farben: Erdgeschichte zum Anfassen. Da gurgelt das Wasser aus tiefen Gräben im weichen Untergrund, blüht es auf weiten Almböden, ziehen riesige Geröllteppiche von zerklüfteten Felsflanken herab, haben die Gletscher haushohe Moränen zurückgelassen.

Von Pigniu/Panix zunächst auf breitem Karrenweg bergan, über die Lichtung Stavel da Maner in das weite Almgelände von Ranasca Dado. Weiter im Linksbogen zur Hütte Ranasca Dadens und auf einem vom Vieh arg zertrampelten Pfad um den Bergrücken herum zum Kreuz von Muladera (2031 m). Der Passweg führt hoch am Hang talein, senkt sich dann zwischen bizarren Schiefertürmen in den Talboden. An der Brücke hinter Plaun da Cavals (2130 m) verlässt man ihn nach links, steigt über den schrofigen Hang an zur Alp da Bovs und wandert über die Hochalp zu der winzigen Scharte von Fluaz.

Der Weg läuft nun, mehrfach ab- und wieder ansteigend, durch das unübersichtliche Gelände im Vorfeld der beiden vom Hausstock herabziehenden Gletscher. Am Cuolm da Noursa (2236 m) beginnt der Abstieg zu den Alpen von Andiast. Bei der Alp Sura stößt man auf eine Straße, beginnt der (lange) Weg zurück: erst an einem Rücken entlang, dann in Kehren hinunter zum Siedlungsrand von Andiast. Bei den Häusern von Pattadiras (1291 m) links und – vorbei an Panix, das vom gegenüberliegenden Talhang grüßt – bis man schließlich über den Bach kommt.

Tourenziel/Charakteristik	Ausgangspunkt	Wegverlauf & Gehzeit	Markierung	Einkehr am Weg
1 Falknis, 2562 m Tolle Überschreitung, die Ausdauer und Bergerfahrung verlangt. Einige gesicherte Passagen	St. Luzisteig (713 m, 🚌), kleiner Straßenpass im Rücken des Fläscher Berges, an der Strecke Balzers – Maienfeld	St. Luzisteig – Guscha (1116 m; 1 Std.) – Mittlerspitz (1897 m; 3 1/4 Std.) – Falknis (5 1/2 Std.) – Enderlinhütte (7 1/4 Std.) – St. Luzisteig (8 1/2 Std.)	Wegzeiger, rotweiße und blauweiße Mark.	Enderlinhütte (1501 m)
2 Vilan, 2376 m Grasberg mit teilweise steilen Flanken und großer Aussicht. Platz in der »Älplibahn« vorab in Malans reservieren! Bei Nässe nicht steilen Aufstieg über Messhaldenspitz (2176 m), sondern längeren Weg über Jeninser Alp gehen!	🚡 Bergstation der Älplibahn (1801 m); Talstation bei Malans (568 m, 🚌)	Älpli – Vilan (1 3/4 Std.) – Frumaschan (2063 m) – Fadärastein (1163 m; 4 1/2 Std.) – Malans (5 1/2 Std.)	Wegzeiger, gelbe und rot-weiße Mark.	Seilbahn Älpli (1801 m), Gh. Fadära (1057 m), etwa 10 Min. vom Abstiegsweg
3 Schesaplana, 2964 m 2-Tage-Tour mit Nächtigung in der Schesaplanahütte. Der »Schweizerweg« verlangt einen sicheren Tritt, ebenso der Steig über die Gamsluggen; Vorsicht bei Nebel auf dem Karstgelände der Toten Alpe	Seewis (947 m, 🚌), Bergdorf über dem untersten Prättigau, 10 km von Landquart	Seewis – Schesaplanahütte (4 Std.) – »Schweizerweg« – Schesaplana (7 Std.) – Gamsluggen (2380 m; 8 1/4 Std.) – Schesaplanahütte (9 1/2 Std.) – Seewis (12 Std.)	Wege gelb, rotweiß und blauweiß mark.	Schesaplanahütte (1908 m); Totalphütte (2381 m)
4 Glattwang, 2376 m Ausgedehnte Kammwanderung hoch über dem Prättigau; alternativ erheblich kürzere Runde vom Fideriser Heuberg (1939 m, gebührenpflichtige Zufahrt ab Fideris 12 km) möglich (gesamt 4 Std.)	Fideris (897 m, 🚌), Dorf im Prättigau, an der Strecke Landquart – Klosters	Fideris – Schlegel – Larein (1950 m; 3 1/2 Std.) – Glattwang (4 3/4 Std.) – Arflinafurgga (2247 m; 5 3/4 Std.) – Fideriser Heuberg (6 1/2 Std.) – Fideris (8 1/2 Std.)	Wegzeiger, gelbe und rot-weiße Mark.	Fideriser Heuberg (1939 m)
5 Chrüz, 2195 m Gipfelrunde vor dem Rätikon, bei Nässe nicht ratsam! Alternativer Ausgangspunkt Stelser Berg (1664 m), Zufahrt von Schiers, 12 km	St. Antönien Platz (1420 m, 🚌), Walserdorf im gleichnamigen Tal, Zufahrt von Küblis 12 km	St. Antönien – Valpun (1882 m) – Chrüz (2 1/2 Std.) – Sattel (1820 m; 3 1/4 Std.) – St. Antönien (4 3/4 Std.)	Wegzeiger, rotweiße Mark.	
6 Sulzfluh, 2817 m Einer der Hauptgipfel des Rätikon, Aufstieg durch das Gemstobel mit kurzer Felspassage (I), für das Schneefeld unter dem Gipfel Teleskopstöcke angenehm	Partnun (1763 m), Häusergruppe am Ende der St. Antönier Talstraße, 17 km von Küblis via St. Antönien (1420 m, 🚌). Parkplätze 2 km vor Partnun	Partnun – Einstieg Gemstobel (1 1/2 Std.) – Sulzfluh (3 1/2 Std.) – Tilisunahütte (4 1/2 Std.) – Partnun (6 Std.)	Wegzeiger, rotweiß mark. Wege	Partnunstafel (1763 m), Tilisunahütte (2208 m)
7 Prättigauer Höhenweg Aussichtsreiche Höhenwanderung, lässt sich gut mit dem »Madrisa-Erlebnisweg« verbinden (zusätzlich 2 Std, rotweiß mark., Infoschrift bei der Seilbahn). Vom Fürggli kleiner Abstecher zum Jägglischhorn (2290 m)	🚡 Bergstation der Madrisa-Gondelbahn (1887 m), Talstation Klosters Dorf (1124 m, 🚌)	Madrisa – Zastia (1922 m; 1 1/4 Std.) – Fürggli (2255 m; 2 1/4 Std.) – St. Antönien Platz (1420 m; 4 1/4 Std., 🚌)	Wegzeiger, rotweiß mark. Wege	Madrisa (1887 m), St. Antönien
8 Rätschenhorn, 2703 m Abwechslungsreiche Kamm- und Gipfelwanderung an der geologischen »Nahtstelle« zwischen Kalk und Gneis	🚡 Bergstation der Madrisa-Gondelbahn (1887 m), Talstation Klosters Dorf (1124 m, 🚌)	Madrisa – Mässplatten – Saaser Calanda (2555 m) – Rätschenhorn (3 Std.) – Rätschenjoch (2602 m) – Chüecalanda – Madrisa (5 Std.)	Wegzeiger, rotweiß Mark.	Madrisa (1887 m)
9 Über den Fergenkamm Grandiose Runde für ausdauernde Berggänger, die gern mit der Natur allein sind. Raue Wege, am Abstieg zum innersten Schlappintal einige leichte Kletterstellen (I) und Blockwerk. Nächtigung in der (unbewirtschafteten) Fergenhütte ratsam	Monbiel (1291 m, 🚌), Weiler 3 km von Klosters Platz (1206 m, 🚌). Parkplatz	Monbiel – Fergenhütte (2145 m; 2 1/2 Std.) – Fergenfurgga (2652 m) – Schlappintal – Schijenfurgga (2571 m; 6 Std.) – Sardasca (1646 m; 8 Std.) – Monbiel (10 Std.)	Wegzeiger, gut mark. Wege, im Frühsommer (Schnee) in den nordseitigen Karwinkeln schwierige Wegsuche	Seetalhütte (2065 m)
10 Silvrettahaus, 2341 m Tal- und Hüttenwanderung, privater Kleinbus bis Sardasca. Keinesfalls versäumen sollte man den Abstecher zur Zunge des Silvrettagletschers (zusätzlich 1 1/2 Std. hin und zurück)!	Sardasca (1646 m), 11 km von Klosters Platz; Kleinbus nach Voranmeldung	Sardasca – Silvrettahaus (2 Std.) – Sardasca (3 1/4 Std.) – Monbiel – Klosters Platz (6 Std.)	Wegzeiger, rotweiß mark. Wege	Silvrettahaus (2341 m), Garfiun-Untersäss (1373 m)
11 Pischahorn, 2980 m Halbtagesrunde auf einen »Fast-Dreitausender« mit großem Panorama; bei einem Abstieg über das Hüreli (2444 m) nach Davos gesamt 6 1/4 Std.	🚡 Bergstation Mitteltälli der Pischabahn (2483 m), Talstation an der Flüela-Passstraße (1800 m, 🚌)	Mitteltälli – Pischahorn (2 Std.) – Pischa – Mitteltälli (3 1/2 Std.)	Wegzeiger, rotweiße Mark.	Mitteltälli (2483 m)
12 Jöriseen und Flüela Wisshorn, 3085 m Herrliche Seenrunde mit Gipfelabstecher. Am Nordwestgrat des Wisshorns Schrofen und leichte Kletterstellen (I)	Flüela-Passstraße, Wägerhus (2207 m, 🚌) an der Nordrampe, knapp 10 km von Davos	Wägerhus – Winterlücke (2787 m; 1 3/4 Std.) – Wisshorn (3 Std.) – Winterlücke (3 3/4 Std.) – Jöriseen (2519 m) – Jöriflüelafurgga (2725 m; 5 1/4 Std.) – Wägerhus (6 1/4 Std.)	Wegzeiger, rotweiße Mark., am Wisshorn Steinmännchen	

Region	Tourenziel/Charakteristik	Ausgangspunkt	Wegverlauf & Gehzeit	Markierung	Einkehr am Weg
Prättigau – Davos	**13 Weissfluh, 2843 m** Aussichtsreicher Wanderklassiker über dem Landwassertal, auch ohne Gipfel (🚡 Seilbahn) lohnend. Kürzere Variante mit Abstieg vom Strelapass nach Davos	🚡 Bergstation der Weissfluhjoch-Standseilbahn (2693 m), Talstation Davos Dorf (1560 m, 🚌)	Weissfluhjoch – Weissfluh (¾ Std.) – Strelapass (2350 m; 2 Std.) – Latschüelfurgga (2409 m; 2 ¾ Std.) – Chörbschhorn (2650 m; 3 ¾ Std.) – Stafelalp (1894 m; 5 ½ Std.) – Davos (6 ½ Std.)	Wegzeiger, rot-weiße Mark.	Mehrere Gasthäuser und Berghütten am Weg
	14 Scalettapass – Sertigpass, 2739 m Abwechslungsreiche Passwanderung zwischen den Tälern von Dischma und Sertig – mit einem kleinen Abstecher ins Engadin	Dürrboden (2007 m, 🚌) im Dischmatal, 13 km von Davos	Dürrboden – Scalettapass (2606 m; 1 ¾ Std.) – Val Funtauna – Lai da Ravaisch Sur (2562 m; 3 ¼ Std.) – Sertigpass (3 ¾ Std.) – Sertig-Dörfli (1861 m; 5 ¾ Std., 🚌)	Wegzeiger, rot-weiße Mark.	
	15 Fanezfurgga, 2580 m Vom Sertig- ins Landwassertal; während des Anstiegs packende Blicke auf die zerklüfteten Duncangipfel. Empfehlenswert ein Abstecher von der Fanezfurgga zur nahen Ducanfurgga (2666 m; ¼ Std.)	Sertig-Dörfli (1861 m, 🚌), im Sertigtal, 12 km von Davos	Sertig-Dörfli – Fanezfurgga (2 ½ Std.) – Monstein (1626 m; 4 ¼ Std.) – Frauenkirch (1505 m; 6 ¼ Std.)	Wegzeiger, rot-weiße Mark.	Monstein (1626 m)
Rund um Chur	**16 Stams, 1645 m** Weinberge, Schluchten und alte Walsersiedlungen: abwechslungsreiche Runde über dem Rheintal. Steiler Aufstieg zum Tritt (Sicherungen), bei Nässe unangenehm	Igis (563 m, 🚌), Dorf im Rheintal, an der Strecke Landquart – Chur	Igis – Tritt (1203 m; 2 Std.) – Stams (4 Std.) – Says (1095 m) – Trimmis (643 m; 6 Std., 🚌)	Wegzeiger, rot-weiße, blau-weiße und gelbe Mark.	Says (1095 m), Trimmis
	17 Haldensteiner Calanda, 2806 m Mächtiger, isoliert aufragender Bergstock zwischen Tamina- und Rheintal mit großem Panorama. Am Calandastock lebt das aktuell einzige Wolfsrudel der Schweiz.	Haldenstein (572 m, 🚌), Nachbarort von Chur. Mit Bewilligung Anfahrt zur Vazer Alp gestattet, dann 1 ½ Std. bis zur Calandahütte	Haldenstein – Funtanolja (1514 m; 2 ¼ Std.) – Calandahütte (3 ¾ Std.) – Calanda (5 ¾ Std.); Abstieg auf dem gleichen Weg (gesamt 9 ¾ Std.)	Wegzeiger, rot-weiße Mark.	Calandahütte (2073 m)
	18 Montalin, 2266 m Prächtiger »Guck-ins-Land« über der Mündung des Schanfigg. Vogelschaublick auf die Kantonshauptstadt Chur	Maladers (1000 m, 🚌), 5 km von Chur an der Aroser Strecke	Maladers – Ochsenberg (1615 m) – Montalin (3 ¼ Std.) – Platten (1803 m; 4 Std.) – Calfreisen (1249 m) 5 ¼ Std., 🚌)	Wegzeiger, rot-weiße und blau-weiße Mark.	
	19 Aroser Höhenweg Aussichtsreiche, nur mäßig anstrengende Höhenwanderung über den Quelltälern der Plessur, auch kürzere Varianten möglich. Alte Walsersiedlungen	Langwies (1377 m, 🚌), Ortschaft im Schanfigg, an der Strecke Chur – Arosa	Langwies – Sapün-Chüpfen (1763 m; 1 ½ Std.) – Medergen (1994 m; 2 ¾ Std.) – Arosa (4 ½ Std.)	Wegzeiger, rot-weiße Mark.	Sapün, Medergen (1994 m)
	20 Hörnlihütte, 2513 m Panoramawanderung von oben nach unten, Start auf dem Weisshorn 🚡. Verschiedene kürzere Abstiegsvarianten möglich	🚡 Bergstation der Weisshorn-Seilbahn (2653 m), Talstation Arosa (1775 m, 🚌)	Weisshorn – Carmänna (2367 m) – Hörnlihütte (1 ½ Std.) – Älplisee (2156 m) – Arosa (3 ¼ Std.)	Wegzeiger, rot-weiße Mark.	Weisshorn (2653 m), Hörnlihütte
	21 Aroser Rothorn, 2980 m Anspruchsvolle Wanderrunde, Ausdauer und ein sicherer Tritt unerlässlich. Viel Schutt, im Frühsommer unter dem Erzhornsattel Schneefelder (Stöcke). Reiche Flora	Arosa (1775 m, 🚌), berühmter Urlaubsort im innersten Plessurtal, 29 km von Chur	Arosa – Älplisee (2156 m; 1 ½ Std.) – Erzhornsattel (2744 m; 3 ½ Std.) – Aroser Rothorn (4 ¼ Std.) – Erzhornsattel (4 ¾ Std.) – Ramozhütte (5 ½ Std.) – Welschtobel – Arosa (7 ½ Std.)	Wegzeiger, rot-weiße und blau-weiße Mark.	
	22 Stätzer Horn, 2574 m – Dreibündenstein Ausgedehnte Kamm- und Gipfelwanderung. Vorsicht bei Restschneelage am Nordgrat des Stätzer Horns!	🚡 Bergstation der Gondelbahn Heidbüel (1740 m), Talstation Churwalden (1209 m, 🚌)	Heidbüel – Stätzer Horn (2 Std.) – Fulenberg (2572 m) – Dreibündenstein (2174 m; 3 ¾ Std.) – Malixer Alp (1759 m; 4 ½ Std.) – Malix (1116 m; 5 ¾ Std., 🚌)	Wegzeiger, rot-weiße Mark.	Malixer Alp
	23 Parpaner Rothorn, 2899 m Hinauf mit der Luftseilbahn, bergab zu Fuß. Alternativ auch südseitiger Abstieg nach Lenzerheide möglich (via Alp Sanaspans, 3 Std., mark.)	🚡 Bergstation der Rothornbahn (2863 m), Talstation Lenzerheide (1476 m, 🚌), am Ostufer des idyllischen Heidsees (1484 m)	Seilbahn – Rothorn (¼ Std.) – Gredigs Fürggli (2619 m; 1 Std.) – Urdenfürggli (2546 m; 1 ¾ Std.) – Alp Scharmoin – Lenzerheide (3 ¾ Std.)	Wegzeiger, rot-weiße Mark.	Rothornbahn, Scharmoin
	24 Höhenwanderung Lantsch – Wiesen Lange, ziemlich anstrengende Höhenwanderung mit einigem Auf und Ab; freie Sicht auf die Albulaberge. Zwischenabstiege nach Alvaneu (1181 m) und Schmitten (1263 m) möglich	Lantsch/Lenz (1314 m, 🚌), hübsch gelegenes Dorf an der Strecke Lenzerheide – Tiefencastel	Lantsch – Propissi (1768 m; 1 ½ Std.) – Plaun Crappa Naira (1627 m; 2 ¼ Std.) – Aclas Davains (1714 m; 3 Std.) – Wiesner Alp (1945 m; 5 ¾ Std.) – Wiesen (1437 m; 6 ¾ Std., 🚌)	Wegzeiger, rot-weiße Mark.	Wiesner Alp (1945 m)

Tourenziel/Charakteristik	Ausgangspunkt	Wegverlauf & Gehzeit	Markierung	Einkehr am Weg
25 Büelenhorn, 2808 m Große Wanderrunde von Stugl/Stuls über den Stulser Grat mit herrlichen Aus- und Tiefblicken. Trittsicherheit und Ausdauer wichtig	Stugl/Stuls (1551 m), 4 km von Bergün an der Albulastrecke	Stugl – Pnez (1753 m; 1 1/2 Std.) – Muchetta (2622 m; 4 1/4 Std.) – Stulser Grat – Büelenhorn (5 1/2 Std.) – Alp da Stugl (2048 m; 6 3/4 Std.) – Runsolas (1724 m; 7 1/2 Std.) – Stugl (8 Std.)	Wegzeiger, rot-weiße Mark.	
26 Keschhütte, 2632 m Abwechslungsreiche Runde über zwei Hochpässe. Der Piz Kesch (3418 m) ist ein Hochtourenziel für entsprechend ausgerüstete Alpinisten!	Chants (1822 m), Sommersiedlung im Val Tuors, gebührenpflichtige Zufahrt von Bergün, 7 km	Chants – Lai da Ravais-ch (2562 m; 2 Std.) – Keschhütte (2632 m; 3 1/2 Std.) – Chants (5 Std.)	Wegzeiger, rot-weiße Mark.	Keschhütte (Chamanna digl Kesch, 2625 m)
27 Tschimas da Tisch, 2872 m Kammroute mit Talabstieg; Trittsicherheit. Alternativ mit Ausgangspunkt Chants und Abstieg nach Bergün möglich (gesamt 5 1/2 Std., mark.)	Bergstation des Darlux-Sessellifts (1985 m), Talstation Bergün (1367 m)	Darlux – Piz Darlux (2642 m) – Tschimas da Tisch (2 1/2 Std.) – Alp da Tisch (1985 m; 4 1/2 Std.) – Bergün (5 3/4 Std.)	Wegzeiger, rot-weiße Mark.	Darlux (1985 m)
28 Fuorcla Zavretta, 2890 m Hochalpine Runde am Albulapass; reichlich Geröll an der Zavretta-Scharte. Von der Fuorcla Zavretta lässt sich der Igl Compass (3055 m; 20 Min.) besteigen.	Preda (1789 m) am Nordportal des Albulatunnels. Interessant: Bahnhistorischer Lehrpfad Preda – Bergün entlang der Bahnstrecke, 2 Std.	Preda – Alp Zavretta (2271 m; 1 1/2 Std.) – Fuorcla Zavretta (3 1/4 Std.) – Albulapass (2312 m; 4 1/4 Std.) – Lai da Palpuogna (1918 m; 5 1/2 Std.) – Preda (5 3/4 Std.)	Wegzeiger, rot-weiße Mark.	Albulapass (2312 m)
29 Fuorcla da Tschitta, 2831 m – Pass digls Orgels, 2699 m Hochalpine Tour für Weitläufer ohne Konditionsprobleme; von der Fuorcla da Tschitta kann man auch direkt nach Tinizong absteigen (gesamt dann 7 1/4 Std.).	Preda (1789 m) am Nordportal des Albulatunnels	Preda – Fuorcla da Tschitta (3 1/2 Std.) – Laiets (2564 m; 4 Std.) – Pass d'Ela (2724 m; 4 1/2 Std.) – Cotschen (2821 m) – Pass digls Orgels (5 Std.) – Lai Tigiel (2460 m) – Tinizong (1232 m; 8 1/4 Std.)	Wegzeiger, rot-weiße Mark.	
30 Ziteil, 2433 m Höhenwanderung im untersten Oberhalbstein (Surses); Ziteil gilt als einer der höchstgelegenen Wallfahrtsorte der Alpen	Bergstation der Somtgant-Bahn (2112 m), Talstation Savognin (1207 m). Sehenswert: Museum Regiunal mit Kräutergarten	Somtgant – Som igls Mellens (1951 m; 1 1/2 Std.) – Ziteil (3 Std.) – Munter (1944 m; 3 3/4 Std.) – Salouf (1258 m; 5 1/2 Std.)	Wegzeiger, rot-weiße Mark.	
31 Forcellina, 2672 m Dreipässewanderung, am Septimerpass (Pass da Sett) auf den Spuren der Römer	Bivio (1769 m) an der Nordrampe der Julierstrecke	Bivio – Fuorcla da la Valletta (2586 m; 3 Std.) – Forcellina (3 3/4 Std.) – Septimerpass (2310 m; 4 3/4 Std.) – Bivio (6 3/4 Std.)	Wegzeiger, rot-weiße Mark.	
32 Fuorcla digl Leget, 2711 m Hochalpiner Übergang vom Val d'Agnel nach Bivio	Julier-Hospiz (La Veduta, 2233 m) am Julierpass (2284 m)	La Veduta – Val d'Agnel – Fuorcla digl Leget (1 3/4 Std.) – Natons (1963 m; 3 1/2 Std.) – Bivio (1769 m; 4 1/4 Std.)	Wegzeiger, rot-weiße Mark.	Julier-Hospiz (2233 m)
33 Fuorcla Grevasalvas, 2688 m Passübergang ins Engadin; von der Scharte herrlicher Blick auf den Silser See	Julier-Hospiz (La Veduta, 2233 m) am Julierpass (2284 m)	La Veduta – Leg Grevasalvas (2390 m) – Fuorcla Grevasalvas (2 Std.) – Sils im Engadin (1799 m; 4 Std.)	Wegzeiger, rot-weiße Mark.	
34 Heinzenberg; Tguma, 2163 m Ausgedehnte Kammwanderung: viel Aussicht, wenig Anstrengung. Verschiedene Alternativen möglich	Obertschappina (1577 m), Weiler am Heinzenberg, Zufahrt von Thusis 12 km	Obertschappina – Bischolapass (1999 m) – Tguma (2 Std.) – Präzer Höhi (2119 m; 2 3/4 Std.) – Alp Sura (1771 m; 4 1/2 Std.) – Bonaduz (655 m; 7 Std.)	Wegzeiger, gelbe und rot-weiße Mark.	
35 Viamala Spannende Tour durch die berühmte Schlucht, Schwindelfreiheit und ein sicherer Tritt sind wichtig. Interessant: der 48 m lange Holzsteg über den Traversina-Tobel, Treppenweg in den Schluchtgrund, Burgruine Hohenrätien	Thusis (723 m), stattlicher Ort im Domleschg, an der Strecke zum San Bernardino	Thusis – Sils im Domleschg (683 m) – Hohenrätien (947 m) – Viamala (2 1/2 Std.) – Zillis (945 m; 3 3/4 Std.)	Wegzeiger, Kulturweg Viamala mark.	Viamala (Kiosk)
36 Piz Beverin, 2997 m Wahrzeichen des Domleschg, vom Schams (Schons) aus vergleichsweise leicht zu besteigen. Schlüsselstelle: eine 10-m-Eisenleiter. Wer's noch etwas knackiger mag, wählt Obertschappina (1577 m) oder den Glaspass (1846 m) als Ausgangspunkt (4 1/4 Std., blau-weiße Mark., bei Schneelage gefährlich!)	Mathon (1527 m), Bergdörfchen im Schams, Zufahrt von Zillis 10 km	Mathon – Val Mirer – Beverin Ping (2587 m; 3 Std.) – Piz Beverin (4 1/4 Std.); Abstieg auf dem gleichen Weg (gesamt 7 Std.)	Wegzeiger, rot-weiße Mark.	

Albula – Oberhalbstein

Thusis – Rheinwald

Region	Tourenziel/Charakteristik	Ausgangspunkt	Wegverlauf & Gehzeit	Markierung	Einkehr am Weg
Thusis – Rheinwald	**37 Von Andeer ins Avers** Abwechslungsreiche Hangwanderung hoch über dem klammartig eingerissenen Val Ferrera, Zwischenabstieg nach Ausserferrera möglich	Andeer (982 m,), Hauptort des Schams (Schons), an der Strecke Thusis – Splügen	Andeer – Bagnusch Sura (1723 m; 2 1/2 Std.) – Cresta (1660 m; 4 Std.) – Alp Samada Sut (1730 m; 5 1/2 Std.) – Innerferrera (1480 m; 6 1/4 Std.,)	Wegzeiger, rot-weiße Mark.	
	38 Tälifurgga, 2822 m Große Runde in teilweise wilder Hochgebirgslandschaft. Ausdauer wichtig; zur Fuorcla Curtegns rund 200 m Gegenanstieg, zum Guggernüllrücken 400 m!	Cresta (1959 m,), Hauptort im Avers; Zufahrt von Andeer 21 km	Cresta – Tällifurgga (2 3/4 Std.) – Fuorcla Curtegns (2658 m; 4 Std.) – Fuorcla Starlera (2516 m) – Alp Starlera (2078 m; 4 1/4 Std.) – Guggernüll (5 1/2 Std.) – Cresta (6 1/2 Std.)	Wegzeiger, rot-weiße Mark.	
	39 Lai da Vons, 1991 m Hübsche Alm- und Seenrunde, faszinierend die teilweise licht bewaldete Buckellandschaft von Caschlera. Vom Lai da Vons kann man alternativ den für seine Aussicht berühmten Piz Vizan (2471 m) besteigen (2 Std. via Cuferclahütte (2385 m, mark.).	Sufers (1426 m,) am gleichnamigen Stausee, 9 km von Andeer	Sufers – Lai da Vons (1 1/2 Std.) – Caschlera (2150 m) – Lai Lung (1833 m; 3 Std.) – Pastgaglias (1847 m; 3 3/4 Std.) – Molas – Gruobli (2103 m; 4 3/4 Std.) – Glattenberg (2000 m) – Sufers (6 Std.)	Wegzeiger, rot-weiße Mark.	
	40 Suvrettaseen, 2266 m Wenig anstrengende Höhen- und Bergabwanderung; auch kürzere Varianten möglich	Berghaus Splügen (2022 m,) nördlich unterhalb der Splügen-Passhöhe (2113 m)	Berghaus Splügen – Tanatzhöhi (2163 m; 1/2 Std.) – Bodmenstafel (1790 m; 1 1/4 Std.) – Suvrettaseen (3 Std.) – Splügen (1457 m; 4 1/2 Std.,)	Wegzeiger, rot-weiße Mark.	
	41 Strec de Vignun, 2373 m Von Nufenen nach San Bernardino, aber nicht über den Passo del San Bernardino. Ein lohnendes Ziel für Geübte: der Piz Uccello (2718 m), 1 1/2 Std, von Motta de Caslasc (blau-weiß mark.)	Nufenen (1569 m,), Dörfchen im Rheinwald an der San-Bernardino-Route	Nufenen – Alp de Rog (1812 m; 1 1/4 Std.) – Stre de Vignun (3 Std.) – Motta de Caslasc (2299 m; 3 1/2 Std.) – San Bernardino (1608 m; 5 Std.,)	Wegzeiger, rot-weiße Mark.	
	42 Chilchalphorn, 3040 m Dreitausender mit großem Panorama; besonders schön der Blick auf das Rheinwaldhorn (3402 m). Für den (harmlosen) Chilchalpgletscher sind Teleskopstöcke nützlich. Viel Geröll, weitgehend weglos: mühsam!	Hinterrhein (1620 m,), hinterstes Dorf im Rheinwald am Nordportal des San-Bernardino-Tunnels	Hinterrhein – Chilchalp (2082 m; 1 1/4 Std.) – Chilchalplücke (2813 m; 3 1/4 Std.) – Chilchalphorn (4 Std.); Abstieg auf dem gleichen Weg (gesamt 6 1/2 Std.)	Wegzeiger, Steinmännchen	
Flims – Bündner Oberland	**43 Piz Fess, 2880 m** Felsiger Aussichtsgipfel über dem unteren Safiental; Trittsicherheit erforderlich	Tenna (1642 m,), 11 km von Versam	Tenna – Tällihütte (2188 m; 1 3/4 Std.) – Piz Fess (4 Std.); Abstieg auf dem gleichen Weg (gesamt 6 1/2 Std.)	Wegzeiger, rot-weiße Mark.	
	44 Flimserstein, 2516 m Aussichtsreiche Wanderung über die riesige Schräge des Flimsersteins, wo in prähistorischer Zeit ein Bergsturz abging.	Bergstation der Sesselbahn Naraus (1838 m); Talstation Flims (1081 m,)	Naraus – Flimserstein (2516 m; 2 Std.) – Bargis (1552 m; 4 Std.) – Flims (5 ¼ Std.)	Wegzeiger, rot-weiße Mark.	Naraus, Bargis
	45 Segnespass/Pass dil Segnas, 2625 m Abwechslungsreiche, alpine Wanderung in der Tektonikarena Sardona. Besonders sehenswert: die Tschingelhörner mit dem Martinsloch (Felsenfenster), der obere und untere Segnesboden (Naturdenkmal) und der »Flimser Wasserweg«.	Bergstation der Sesselbahn Naraus (1838 m); Talstation Flims (1081 m,)	Naraus – Tschenghel dil Gori (2322 m; 1 ½ Std.) – Plaun Segnas Sura – Segnespass (2 ¾ Std.)– Plaun Segnas Sut – Segneshütte (2108 m; 4 Std.) – »Flimser Wasserweg« – Flims (6 ½ Std.)	Wegzeiger, rot-weiß mark. Wege	Mountain Lodge am Segnespass (2625 m), Segneshütte (2108 m)
	46 Ruinaulta Einzigartige Schluchtlandschaft, größtes Bergsturzgelände der Schweiz. Rückfahrt mit der Rhätischen Bahn durch die Ruinaulta!	Castrisch (705 m,), Nachbarort von Ilanz	Castrisch (705 m,) – Station Valendas (669 m; 1 Std.) – Station Versam (635 m; 2 1/2 Std.) – Digg (814 m; 4 1/2 Std.) – Station Trin (609 m; 5 Std.)	Wegzeiger, gelbe und rot-weiße Mark.	Station Versam (635 m), Digg (814 m)
	47 Valser Seenrundtour Drei-Seen-Wanderung mit Start am Zervreila-Stausee. Man kann auch bei der Bergstation der Gadastatt-Sesselbahn (1810 m) losgehen (2 Std. bis Zervreila, mark.).	Zervreila-Stausee (1868 m,), Zufahrt von Vals (1252 m,) 8 km	Zervreila-Stausee – Guraletschsee (2409 m; 1 3/4 Std.) – Ampervreilsee (2377 m) – Selvasee (2297 m; 3 Std.) – Marcheggen (1932 m) – Vals (5 Std.)	Wegzeiger, rot-weiße Mark.	Zervreila
	48 Läntahütte, 2090 m Talwanderung an den Fuß der Adula-Dreitausender	Zervreila-Stausee (1868 m,), Zufahrt von Vals (1252 m,) 8 km	Zervreila – Lampertschalp (1996 m; 2 Std.) – Läntahütte (3 Std.); Rückweg auf der gleichen Route (gesamt 5 3/4 Std.)	Wegzeiger, rot-weiße Mark.	Zervreila; Läntahütte (2090 m)

Tourenziel/Charakteristik	Ausgangspunkt	Wegverlauf & Gehzeit	Markierung	Einkehr am Weg
49 Piz Mundaun, 2064 m Alm- und Höhenwanderung über dem Lugnez (Val Lumnezia). Alternativ: Liftfahrt von Vella zum Hitzeggen, dann Höhen- und Bergabwanderung (2 ½ Std.)	Vella (Villa, 1244 m, Bus), schmuckes Bergdorf im Lugnez, Zufahrt von Ilanz 9 km	Vella – Morissen (1346 m; ½ Std.) – Gh. Bündner Rigi – Piz Mundaun (3 Std.) – Hitzeggen (2112 m; 3 ¾ Std.) – Triel – Vella (5 ½ Std.)	Wegzeiger, rot-weiße Mark.	Gh. Bündner Rigi (1618 m), Rest. Triel
50 Piz Val Gronda, 2820 m Nicht ganz leichte Runde über den höchsten Gipfel der Obersaxner Berge. Großes Panorama, gute Kondition wichtig	Obersaxen an der Strecke Ilanz – Meierhof (1281 m, Bus) – Tavanasa. Zufahrt bis zur Lumbreiner Brücke (1623 m) im Val Gronda, 5 km von Meierhof	Lumbreiner Brücke – Inneralp (2137 m; 1 ¾ Std.) – Blausee (2374 m; 2 ¾ Std.) – Piz Val Gronda (4 ¼ Std.) – Bi de Seeli (2563 m; 4 ¾ Std.) – Alp Gren (2154 m; 5 ¾ Std.) – Lumbreiner Brücke (7 Std.)	Wegzeiger, rot-weiße Mark.	
51 Panixer Talschlussrunde; Fluaz, 2427 m Sehr abwechslungsreiche, aber auch lange Rundtour im innersten Panixer Tal (Val da Pigniu). Ausdauer und ein sicherer Tritt sind hier unerlässlich. Faszinierende Gebirgsbilder	Pigniu (Panix, 1301 m, Bus) Zufahrt von Rueun (788 m) 7 km. Parkplatz oberhalb des Dorfes	Pigniu – Ranasca Dadens (1830 m; Plaun da Cavals (2130 m; 2 ¾ Std.) – Fluaz (3 ¾ Std.) – Cuolm da Nuorsas (2236 m) – Alp Sura (2059 m; 6 Std.) – Cuolm d'Andiast – Pigniu (8 ¾ Std.)	Wegzeiger, rot-weiße Mark.	
52 Kistenpass, 2730 m Wanderung in die Hochgebirgsregion um Bifertenstock (3421 m), Selbsanft (3029 m) und Hausstock (3158 m). Abstieg vom Kistenpass (2730 m) über die Muttseehütte ins Glarnerland möglich	Sessellift Bergstation Crest Falla (1665 m) des Sessellifts; Talstation Brigels (1255 m, Bus)	Crest Falla – Rubi Sura (2172 m; 1 ½ Std.) – Kistenpass (3 ½ Std.) – Rubi Sura (4 ¾ Std.) – Chischarolas (1506 m) – Brigels (6 ½ Std.)	Wegzeiger, rot-weiße Mark.	Burleun (1722 m); Bifertenhütte (2482 m)
53 Camona da Punteglias, 2311 m Hüttenwanderung, alternativ auch von der Alp Schlans Sut (1723 m; 3 Std.) aus möglich. Steinbockkolonie im Val Punteglias	Trun (980 m, Bus), alter Flecken im Bündner Oberland, an der Strecke Ilanz – Disentis	Trun – Alp Punteglias (1631 m; 2 Std.) – Punteglias-Hütte (4 ¼ Std.); Abstieg auf dem gleichen Weg (gesamt 7 Std.)	Wegzeiger, rot-weiße Mark.	Punteglias-Hütte (2311 m)
54 Greina-Hochplateau Grandios-eigenartige Hochgebirgslandschaft zwischen Nord (Surselva) und Süd (Blenio). Sollte in einem Stausee ertränkt werden – doch Volkes Stimme war (für einmal) stärker.	Tenigerbad (1305 m) im Val Sumvitg, Zufahrt von Sumvitg (1056 m, Bus) 8 km. Parkmöglichkeit etwas weiter talein bei einem kleinen Stausee (Runcahez, 1277 m)	Val Sumvitg – Terrihütte (3 ½ Std.) – Passo della Greina (2357 m; 5 Std.) – Plaun la Greina – Terrihütte (6 ½ Std.) – Val Sumvitg (8 ¾ Std.)	Wegzeiger, rot-weiße Mark.	Camona da Terri (2170 m)
55 Lag Serein – Lag Brit, 2361 m Höhen- und Seenwanderung hoch über dem Zusammenfluss von Medelser und Vorderrhein (Disentis)	Seilbahn Bergstation der Caischavedra-Seilbahn (1860 m), Talstation Disentis (1142 m, Bus). Sehenswert: Kloster und Museum	Caischavedra – Lag Serein (2072 m; 1 Std.) – Lag Crest Ault (2268 m) – Lag Brit (2 ¾ Std.) – Umens (2510 m) – Alp Lumpegna (1858 m; 4 ½ Std.) – Disentis (6 Std.)	Wegzeiger, rot-weiße Mark.	Caischavedra (1860 m)
56 Brunnigrätli, 2739 m Hochalpine Runde über den Westgrat des Brichlig (2964 m) und den Brunnifirn zur Cavardiras-Hütte. Unter dem Grat Felsen (Sicherungen), am Gletscher meistens Spur	Seilbahn Bergstation der Caischavedra-Seilbahn (1860 m), Talstation Disentis (1142 m, Bus)	Caischavedra – Lag Serein (2072 m; 1 Std.) – Brunnigrätli (3 Std.) – Cavardiras-Hütte (3 ½ Std.) – Alp Cavrein Sut (1540 m; 6 Std.) – Val Russein – Punt Gronda (1032 m; 7 ½ Std., Bus)	Wegzeiger, rot-weiße und blau-weiße Mark.	Caischavedra (1860 m), Camona da Cavardiras (2649 m)
57 Medelser Hütte, 2524 m Lohnende Hüttentour, Abstieg ins Val Sumvitg und nach Surrein (895 m, Bus) möglich (gesamt 8 Std., mark.)	Curaglia (1332 m, Bus) an der Lukmanier-Passstraße, 6 km von Disentis	Curaglia – Val Plattas – Alp Sura (1982 m; 2 Std.) – Medelser Hütte (3 ½ Std.); Abstieg auf dem gleichen Weg (gesamt 6 Std.)	Wegzeiger, rot-weiße Mark.	Camona da Medel (2524 m) an der Fuorcla da Lavaz
58 Pazolastock, 2740 m Vom Oberalppass über den Aussichtsberg zur Quelle des Vorderrheins. Vom Tomasee besteigt man in knapp 2 Std. den Piz Badus (2928 m), einen hervorragenden Aussichtsgipfel (Spur, Steinmännchen, leichte Felsen).	Oberalppass (2044 m, Bus), Übergang vom Bündner Oberland ins Urserental (Strecke Disentis – Andermatt)	Oberalppass – Pazolastock (2 Std.) – Lai da Tuma (Tomasee, 2345 m; 2 ¾ Std.) – Oberalppass (4 ½ Std.)	Wegzeiger, rot-weiße Mark.	Oberalppass (2044 m); Badushütte (2503 m)

Das Engadin

Traumlandschaft zwischen Silvretta und Bernina

Mit Superlativen soll man bekanntlich sparsam umgehen, doch wer bei schönem Wetter am Oberlauf des Inn (En) unterwegs ist, kommt da schwer in Versuchung – und das nicht erst seit heute oder gestern. Immerhin gilt das Engadin seit über einem Jahrhundert als eines der attraktivsten Reiseziele in den Alpen, und mit einiger Berechtigung bezeichnet sich St. Moritz – dessen Emblem übrigens weltweit geschütztes Markenzeichen ist – als »Top of the World«.

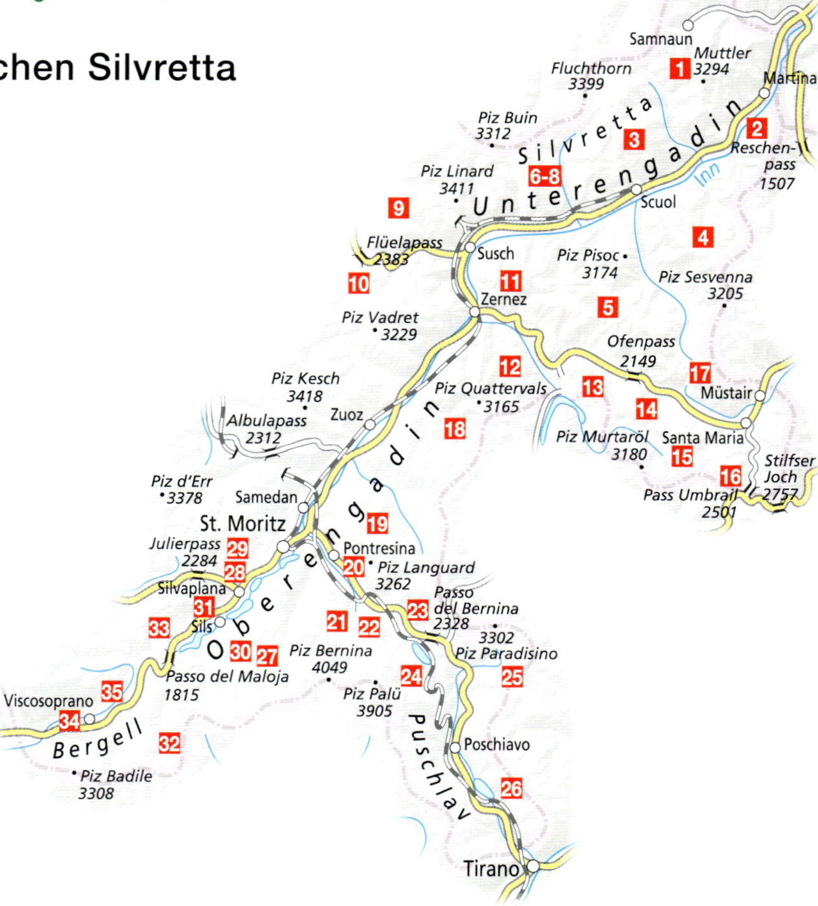

Eine ältere Werbung hat aus dem Oberengadin gleich das »Dach Europas« gemacht, was natürlich eine Übertreibung ist, aber dennoch das Unvergleichliche umschreibt: mitten im Hochgebirge gelegen, nahe der Baumwuchsgrenze, und dennoch keine bedrückende Enge, der Horizont ist weit und offen – Kulissenberge rundum, aber in respektvollem Abstand. Und dann sind da noch die Seen, aufgereiht wie Perlen an einer Schnur, entstanden aus Toteismulden des Inngletschers – sozusagen das Tüpfchen aufs »I« einer alpinen Bilderbuchlandschaft.

Ganz anders als das Oberengadin, aber kaum weniger reizvoll ist das Engiadina Bassa: tief eingeschnitten das Tal, die Dörfer sitzen auf sonnseitigen Terrassen über dem Inn und schauen hinüber zu den bizarren Dolomitzinnen.

Wer das Engadin richtig kennenlernen will, muss auch einen Blick über den berühmten »Tellerrand« hinaus tun, in die benachbarten Bündner Südtäler. Am bequemsten geht das oben am Maloja, der eigentlich kein Pass ist, sondern bloß das Ende der Seenplatte signalisiert. Dahinter öffnet sich eine Landschaft, die sich kaum mit dem rätoromanischen Engadin vergleichen lässt: der tiefe, von wilden Granitzinnen überragte Graben des Bergells (Val Bregaglia). Hier sprechen die Einheimischen Italienisch, sucht man vergebens nach Hotelpalästen, dafür gibt es jede Menge Natur pur – fast wie hinter der Bernina, im Puschlav, und im südöstlichsten Zipfel der Schweiz, dem Val Müstair.

Im Unterengadin, zwischen den Tälern von Trupchun und S-charl, liegt rechts des Inn der Schweizerische Nationalpark (Parc Naziunal), der einzige des Landes und der älteste Europas: 172 Quadratkilometer groß, erstreckt er sich über zwanzig Täler und Tälchen bis zur italienischen Grenze (Stilfser-Joch-Nationalpark) und zum Ofenpass (Pass dal Fuorn, 2149 m) hin, dessen Straße ihn durchschneidet. Im Park gelten strenge Vorschriften; ein Besuch ist nur auf wenigen markierten Wegen gestattet. Sie erlauben interessante Naturbeobachtungen (Steinböcke, Gämsen, Murmeltierte). Seit ein paar Jahren ist im Park auch der Bartgeier wieder heimisch.

Steckbrief

Fläche: 2600 qkm
Höchster Punkt: Piz Bernina (4049 m)
Gebirgsgruppen: Samnaungruppe (Süd), Silvretta (Süd), Sesvennagruppe (West), Livignoalpen (Nordwest), Berninagruppe, Albulaalpen (Süd), Bergeller Berge (Nord), Plattagruppe (Süd)
Wichtigste Ortschaften: Scuol, Zernez, Zuoz, St. Moritz, Pontresina, Poschiavo, Vicosoprano
Wandervorschläge: 35

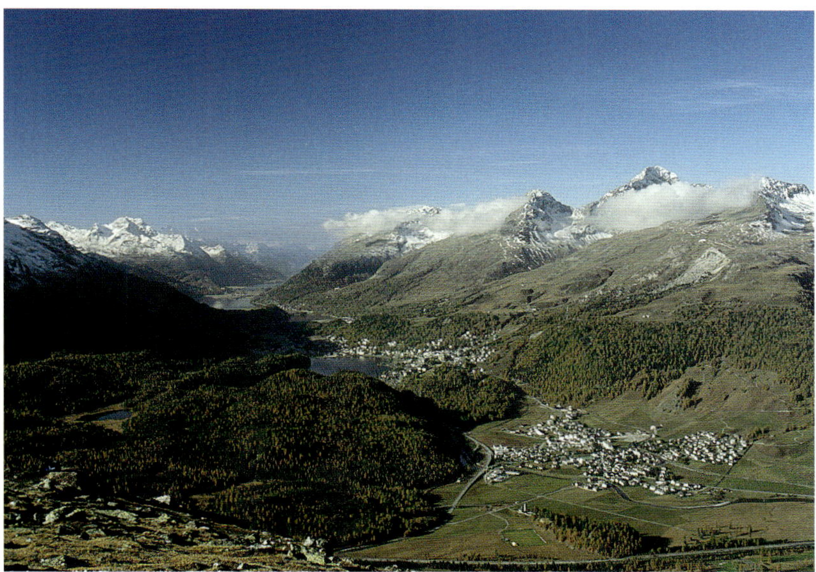

Die Oberengadiner Seenplatte; in der Bildmitte St. Moritz

Wanderrunde unter dem Piz Buin

8 Lai Blau, 2613 m

Natürlich ist der Blick vom blauen Lai Blau auf den Doppelgipfel der Buine ein Highlight auf dieser Runde, doch zu sehen gibt es unterwegs weit mehr. Da ist der Clozzabach, der am Fuß des berühmten Gipfels entspringt, sich an der Mündung des Val Tuoi tief ins weiche Gestein gegraben hat; oberhalb der Alp Suot wandert man über üppige Wiesen, aus denen es bunt leuchtet, und am Abstieg zur Alp Sura zeigen sich die grauen Felshörner der »Unterengadiner Dolomiten«. Schließlich Guarda selbst, eines der schönsten Engadiner Dörfer, das hinterher zu einem kleinen Bummel einlädt.

Vom Dorfeingang nur kurz abwärts, dann über den Bach und taleinwärts. Den felsigen Riegel der Foura Turnina umgeht der Weg in steilem Anstieg bergseitig; anschließend wandert man durch das malerische Val Tuoi mit Sicht auf den Piz Buin (3312 m) zur Alp Suot. Hier erneut über den Clozzabach, dann rechts auf den weiten Almwiesen von Tuoi bergan. Die dünne Spur passiert die Heuhütten von Stafels, weicht im weiteren Anstieg einer felsigen Flanke links aus und steuert dann – nur noch leicht Höhe gewinnend – den Lai Blau an.

Vom Südufer zunächst hinab in einen seichten Graben, dann in langer, aussichtsreicher Hangtraverse, allmählich an Höhe verlierend, zur Alphütte von Marangun und auf einer Piste flach hinaus zur Alp Sura. Die Straßenschleifen abkürzend, durch den Laretwald hinab nach Guarda.

Steile Parkwanderung

13 Murtèrgrat – Val Cluozza

Mitten ins steinige Herz des Nationalparks – das wilde Val Cluozza – führt diese Wanderung. Der Einstieg erfolgt von oben, über den Murtèrgrat: Gut 900 Höhenmeter stehen da an, steil und erst noch der Morgensonne ausgesetzt. Am Kamm gibt's zur Belohnung einen Prachtblick auf den über vier Tälern aufragenden Piz Quattervals (3165 m); in den steinigen Wiesen kann man dazu meistens Murmeltiere, mit etwas Glück auch Gämsen beobachten. Drunten in der Cluozzahütte ist dann eine längere Rast fällig, denn vor dem endgültigen Abstieg nach Zernez stehen nochmals gut 300 Steigungsmeter an: schön, aber halt etwas mühsam, diese Parkwanderung.

Von der Ofenpassstraße zunächst hinunter zur Spölbrücke, wo der Anstieg zum Murtèrgrat beginnt: links-rechts, über hundert Serpentinen. Der Hang ist wenigstens weit hinauf bewaldet, was zwar die Aussicht einschränkt, aber auch – hochwillkommen! – für Schatten sorgt. Vom Plan dals Poms (2338 m) bietet sich dann eine herrliche Sicht über das Parkareal; in der Tiefe milchig-grün schimmernd der Spölstausee.

Jenseits des Murtèrgrats leiten die Markierungen hinab ins Val Cluozza. Unterhalb der Hütte überquert man den Bach, dann geht's an der linken Flanke des sich mehr und mehr zur Schlucht verengenden Tals nochmals anhaltend bergauf. Der Rest ist dann gemütliches Bergabschlendern auf einem ordentlichen Waldweg, mit Aussicht auf die ebenmäßig gebaute Pyramide des Piz Linard (3411 m).

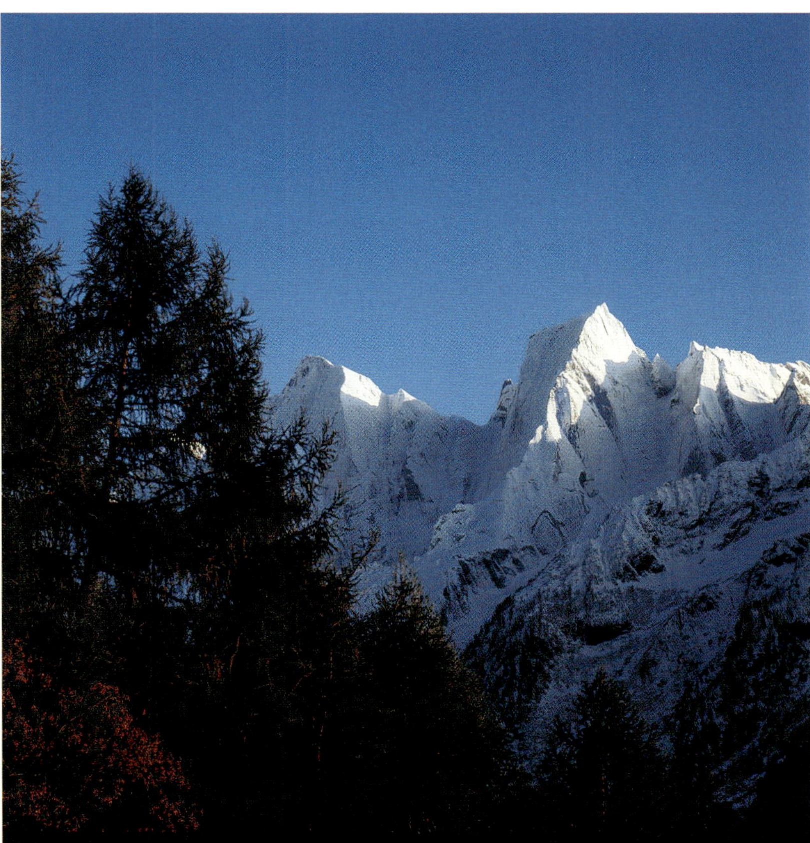

Berge im Licht: der Piz Badile im Bergell

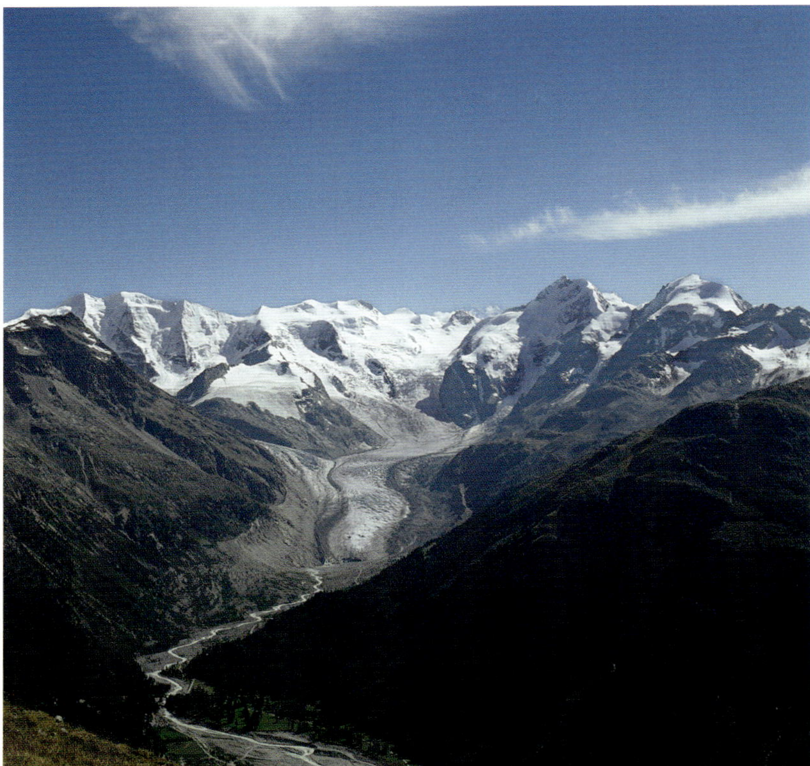

Bernina-Gipfelparade vom Languard-Massiv aus: Piz Palü, Bellavista, Piz Bernina und Piz Morteratsch

Im hintersten Winkel Bündens

15 Val Mora

Buchstäblich »hinter den sieben Bergen« liegt das Val Mora, und das will in der Schweiz, in Graubünden schon etwas heißen. Wer es entdecken will, muss sich per pedes (oder mit dem Bike) zu einer langen, aber nie langweiligen Höhen- und Talwanderung in den abgelegensten Winkel des Kantons aufmachen.

Vom Ofenpass zunächst unter den bizarren Felsen des Jalet aufwärts zu den Wiesen von Davo Plattas, dann in weitem Bogen um den geröllbedeckten Piz Daint herum zu der offenen Wasserscheide am Jufplaun (2289 m). Beim Abstieg zur Alp Mora hat man freie Sicht über das lang gestreckte Hochtal bis hinauf zum Piz Umbrail (3033 m). Nun auf einer Sandstraße flach taleinwärts, dann leicht steigend hinauf zur Passhöhe von Döss Radond (2234 m). Dahinter abwärts in das malerische Val Vau und (links abbiegen) hinaus nach Valchava.

Wo der Gletscher kalbt

27 Coazhütte, 2610 m

Bei Pontresina öffnet sich von Süden das längste, wohl auch schönste Tal der Bernina: das Val Roseg, umrahmt von einem Kranz stark vergletscherter Gipfel. Seit dem Bau der Corvatsch-Seilbahn ist der »Einstieg« nur noch ein Katzensprung, die Wanderung zur Coazhütte und durch das lange Tal hinaus nach Pontresina aber immer noch ein Tagespensum, das Ausdauer voraussetzt. Wer vorzeitig schlapp macht, kann sich ab Hotel Roseggletscher von echten Pferdestärken talauswärts kutschieren lassen …

Von der Seilbahnstation Murtèl im Ausflüglerpulk zunächst hinüber zur Fuorcla Surlej (2755 m), wo man ganz unvermittelt dem Piz Bernina (4049 m) und seinen Trabanten gegenübersteht. Faszinierend der Tschiervagletscher, dessen Zunge zum Rosegtal hinabhängt.

Nun mit freier Sicht auf die Gipfel- und Gletscherkulisse hoch an der linken Flanke des Val Roseg taleinwärts zur Coazhütte, die auf einer Kuppe über dem fantastisch zerklüfteten Abbruch des Roseggletschers thront. Was für ein Bild!

Auf dem Hinweg etwa 20 Minuten zurück, dann rechts über Wiesen und einen felsdurchsetzten Hang abwärts zum milchiggrünen Gletschersee. Wenn's hier kracht, droht kein Steinschlag: Der Gletscher »kalbt«, wobei mehr oder weniger große Eisbrocken ins Wasser stürzen.

Weiter flach talauswärts, vorbei an der mächtigen Randmoräne des Tschiervagletschers. Das Hotel Roseggletscher lädt zu einer Rast, ehe man die restlichen zwei Wanderstunden in Angriff nimmt: erst auf der Straße, dann auf einem schönen Waldweg rechts der Ova da Roseg.

Nordsee, Schwarzes Meer oder Adria?

33 Piz Lunghin, 2780 m

Er zählt weder zu den formschönsten noch zu den höchsten Bergen des Engadins, nur knapp 2800 Meter verzeichnet die Schweizer Landeskarte. Die verrät aber auch gleich, weshalb der Piz Lunghin zu den beliebtesten Gipfelzielen der Region zählt: des Panoramas wegen. Denn dank seiner Lage direkt über dem Malojapass bietet er freie Sicht nach zwei Seiten, ins Oberengadin, das mit seinen Seen prunkt, und in den tiefen Graben des Bergells, über dem bizarre Granitzacken in den Himmel stechen (Piz Badile, 3308 m). Und mit einer geografischen Besonderheit kann der Berg auch noch aufwarten. Der Pass dal Lunghin (2645 m) scheidet nämlich das vom Himmel fallende Wasser gleich mehrfach: über den Oberhalbstein zum Rhein, über den Inn zur Donau und über die Mera zum Po – ein Knotenpunkt der kontinentalen Hauptwasserscheiden also!

Der Weg zum großen Gipfel beginnt eine Viertelstunde nördlich von Maloja bei der Häusergruppe Pila: im Zickzack hinauf zur Weggabelung am Plan di Zoch. Hier links und über einen steilen, felsdurchsetzten Hang in eine kleine Talmulde, hinter der sich der Lägh dal Lunghin versteckt. Am See vorbei und dann – abkürzend – auf einer Geröllspur mühsam hinauf zum Westgrat des Piz Lunghin. Über ein paar leichte Felsen zum höchsten Punkt und zur grandiosen Rundschau. Ein Blickfang ist im Süden die graue Betonsperre des Lägh da l'Albigna (2163 m), umrahmt von den wilden Granitzacken der Bergeller Gipfel (Cima di Castello, 3392 m).

Hinunter zur doppelten Wasserscheide des Pass dal Lungin und links über offene, wenig steile Geröll- und Wiesenhänge abwärts in den Septimerpass (2310 m), einem uralten Alpenübergang, nachweislich bereits vor der Römerzeit benutzt. Die kunstvoll angelegte Trasse, über die der Wanderer heute ins Bergell absteigt, stammt allerdings aus dem Spätmittelalter. Bauherren waren gegen Ende des 14. Jahrhunderts die Churer Bischöfe, die natürlich auch Wegzoll kassierten. Drunten im Val Maroz wechselt man dann auf eine moderne Alpstraße; sie zieht in ein paar Schleifen hinunter nach Casaccia.

Tourenziel/Charakteristik	Ausgangspunkt	Wegverlauf & Gehzeit	Markierung	Einkehr am Weg
1 Muttler, 3294 m Großer Aussichtsberg mit etwas monotonem Anstieg, hässliche Sendeanlage am Gipfel. Viel Geröll, im Frühsommer Schnee. Teleskopstöcke nützlich	Samnaun (1840 m, Bus), bekannter Wintersportplatz und Zollausschlussgebiet; Zufahrt von Vinadi (1086 m) bzw. Pfunds (970 m), 16 km	Samnaun – Val Maisas – Nordgrat – Muttler (4 1/2 Std.); Abstieg über den Südwestgrat ins Val Maisas (gesamt 7 Std.)	Rot-weiße Mark., Steinmännchen	
2 Inntal; Scuol – Martina Gemütliche Talwanderung entlang dem grünen Inn, abseits der Straße	Scuol (1243 m, Bus), Kur- und Ferienort im Unterengadin	Scuol – Sur En (1124 m; 1 3/4 Std.) – San Niclà (1066 m; 3 1/2 Std.) – Martina (1035 m; 4 1/2 Std., Bus)	Wegzeiger, gelbe Mark.	Mehrere Gasthäuser unterwegs
3 Fuorcla Champatsch, 2730 m Abwechslungsreiche Pass- und Talabwanderung, an der Fuorcla Champatsch im Frühsommer meist noch Schnee	Bergbahn Bergstation der Motta-Naluns-Gondelbahn (2142 m), Talstation Scuol (1243 m, Bus)	Motta Naluns – Fuorcla Champatsch (2 Std.) – Zuort (4 1/4 Std.) – Val Sinestra – Sent (1430 m; 6 1/4 Std., Bus)	Wegzeiger, rot-weiße Mark.	Motta Naluns (2142 m), Hof Zuort (1711 m)
4 Lais da Rims – Val d'Uina Großartige Überschreitung vom Val S-charl ins Uinatal; Aufstieg durch die Forca da l'Aua mühsam, beim Abstieg exponierter Felssteig durch die wilde Klamm »Il Quar«. Bei Nebel Orientierungsprobleme auf dem Seenplateau	S-charl (1810 m, Bus) Weiler im gleichnamigen Tal; Zufahrt von Scuol 15 km	S-charl – Alp Sesvenna (2098 m; 1 Std.) – Forca da l'Aua – Fuorcla da Rims (2935 m; 4 Std.) – Lais da Rims (2687 m) – Alp Sursass (2157 m; 5 1/4 Std.) – Il Quar – Uina Dadaint (6 Std.) – Sur En (1124 m; 8 Std., Bus)	Wegzeiger, rot-weiße und blau-weiße Mark.	Uina Dadaint (1770 m)
5 Il Foss, 2317 m Beliebte Nationalparkwanderung, sehr eindrucksvoll das Val Plavna mit seinen riesigen Geröllströmen. Sehenswert: Schloss Tarasp	Bus Bushaltestelle »Val Mingèr« im Val S-charl (1664 m), 13 km von Scuol (1243 m, Bus)	Val S-charl – Il Foss (2 1/4 Std.) – Val Plavna – Fontana (1402 m; 4 3/4 Std., Bus) – Vulpera – Scuol (1243 m; 6 Std., Bus)	Wegzeiger, rot-weiße und gelbe Mark.	Mehrere Gasthäuser in Fontana und Vulpera
6 Höhenweg Lavin – Guarda – Scuol Beliebte Wanderung über die (pittoresken) Dörfer an der Sonnseite des Unterengadins. Besonders sehenswert: Guarda, Sgraffitimalereien in Ardez, Ruine Steinsberg	Lavin (1412 m, Bus) Dorf im Unterengadin, an der Strecke Scuol – Zernez	Lavin – Guarda (1653 m; 1 1/2 Std.) – Ardez (1464 m; 3 Std.) – Chanoua (1617 m; 3 1/2 Std.) – Ftan (1633 m; 4 1/4 Std.) – Scuol (1243 m; 5 1/4 Std.)	Wegzeiger, rot-weiße Mark.	Mehrere Gasthäuser am Weg
7 Piz Cotschen, 3030 m Prächtiger Aussichtsgipfel über dem Unterengadin. Trittsicherheit, Gipfelgrat kann im Frühsommer an einigen Stellen ostseitig überwächtet sein. Teleskopstöcke	Bos-cha (1664 m), Weiler auf einer Anhöhe zwischen Guarda (1653 m, Bus; knapp 2 km) und Ardez	Bos-cha – Chamonna Clèr (2476 m; 2 1/2 Std.) – Piz Cotschen (4 1/4 Std.) – Muot da l'Hom (2330 m) – Bos-cha (7 Std.)	Bis Chamonna Clèr rot-weiße Mark., dann Spur und einige Steinmännchen	
8 Lai Blau, 2613 m Recht anstrengende, aber unschwierige Wanderrunde. Herrlich die Aussicht auf den Piz Buin (3312 m). Üppige Blumenwiesen über dem Val Tuoi	Guarda (1653 m, Bus) schmuckes Engadiner Dorf in aussichtsreicher Lage über dem Inn; Zufahrt 3 km von der Talstraße	Guarda – Val Tuoi – Alp Suot (2018 m; 1 1/2 Std.) – Lai Blau (3 1/2 Std.) – Alp Sura (2122 m; 4 3/4 Std.) – Guarda (5 3/4 Std.)	Wegzeiger, rot-weiße Mark.	Alp Sura (2122 m)
9 Jöriseen; Jöriflesspass, 2561 m Abwechslungsreiche Seenrunde, im Aufstieg zum Flesspass eine felsige Passage	Flüela-Passstraße, Bushalt »Röven« (1848 m)	Röven – Jöriflesspass (2 1/4 Std.) – Jöriseen – Frömdvereina (3 3/4 Std.) – Flesspass (5 1/4 Std.) – Röven (6 1/2 Std.)	Wegzeiger, rot-weiße Mark.	Berghaus Vereina (1943 m), 1/4 Std. vom Weg
10 Schwarzhorn, 3147 m Stattlicher Dreitausender mit großem Panorama und markiertem Anstieg. Bei guten äußeren Bedingungen leicht	Flüelapass (2383 m), Straßenübergang von Davos ins Engadin. Ausgangspunkt 1,5 km südlich unterhalb der Scheitelhöhe Bus	Flüelastraße – Schwarzhornfurgga (2883 m; 1 1/2 Std.) – Schwarzhorn (2 1/2 Std.); Abstieg auf dem gleichen Weg (gesamt 4 Std.)	Wegzeiger, rot-weiße Mark.	
11 Macun; Fuorcletta da Barcli, 2850 m Die hochalpine Talmulde von Macun mit ihren Bergseen zählt zu den schönsten Landschaften des Engadins. Gute Kondition für die Überschreitung unerlässlich	Zernez (1473 m, Bus) stattlicher Flecken im Unterengadin, an der Abzweigung der Ofenpassstraße. Im Sommer Jeepfahrten bis Munt Baselgia	Zernez – Plan Sech (2286 m; 2 1/4 Std.) – Fuorcletta da Barcli (4 1/2 Std.) – Macun (2616 m; 5 Std.) – Alp Zeznina Dadaint (1958 m; 6 1/4 Std.) – Lavin (1412 m; 7 1/4 Std., Bus)	Wegzeiger, rot-weiße Mark.	
12 Murtèrgrat – Val Cluozza Große Nationalparkwanderung mit steilem Aufstieg. Verlassen der mark. Wege ist im Nationalpark strikt untersagt!	Parkplatz 3 an der Ofenpassstraße (1770 m, Bus) 10 km von Zernez	Ofenpassstraße – Murtèrgrat (2545 m; 3 1/4 Std.) – Cluozzahütte (4 3/4 Std.) – Zernez (1473 m; 7 Std.)	Wegzeiger, rot-weiße Mark.	Chamanna Cluozza (1882 m)

Unterengadin

Region	Tourenziel/Charakteristik	Ausgangspunkt	Wegverlauf & Gehzeit	Markierung	Einkehr am Weg
Val Müstair	**13 Munt la Schera, 2587 m** Mäßig anstrengende, sehr dankbare Parkwanderung. Wildbeobachtung, reiche Flora	Il Fuorn (1794 m,), Gasthof an der Ofenpassstraße, 14 km von Zernez	Il Fuorn – Munt la Schera (2 3/4 Std.) – Buffalora (1968 m; 4 3/4 Std.,)	Wegzeiger, rot-weiße Mark.	Il Fuorn (1794 m)
	14 Piz Daint, 2968 m Etwas für Liebhaber archaischer Landschaften, die sich auch von viel Geröll nicht abschrecken lassen	Ofenpass (Pass dal Fuorn, 2149 m,) Übergang vom Unterengadin (Zernez) ins Val Müstair	Ofenpass – Piz Daint (2 1/2 Std.) – Muliniersch – Tschierv (1693 m; 4 3/4 Std.,)	Wegzeiger, rot-weiße Mark.	Ofenpass (2149 m)
	15 Val Mora Ausgedehnte, aber nur wenig anstrengende Talwanderung	Ofenpass (Pass dal Fuorn, 2149 m,) Übergang vom Unterengadin (Zernez) ins Val Müstair	Ofenpass – Jufplaun (2332 m; 1 Std.) – Alp Mora (1 3/4 Std.) – Döss Radond (2234 m; 3 1/2 Std.) – Val Vau – Valchava (1440 m; 6 Std.,)	Wegzeiger, rot-weiße Mark.	Ofenpass (2149 m)
	16 Piz Umbrail, 3033 m Wenig Anstieg, dafür ein langer (nicht langweiliger!) Abstieg. Trittsicherheit am Piz Umbrail erforderlich	Pass Umbrail (2501 m,) Grenzpass zur italienischen Stilfser-Joch-Strecke	Pass Umbrail – Piz Umbrail (1 1/2 Std.) – Lai da Rims (2 3/4 Std.) – Val Vau – Santa Maria (1375 m; 5 1/4 Std.,)	Wegzeiger, rot-weiße Mark.	Pass Umbrail (2501 m)
	17 Senda Val Müstair Aussichtsreiche, leichte Höhenwanderung mit Aussicht auf das Münstertal und die Berge zu Italien. Unbedingt sehenswert: Kloster Müstair mit karolingischen Fresken	Ofenpass (Pass dal Fuorn, 2149 m,) Übergang vom Unterengadin (Zernez) ins Val Müstair	Ofenpass – Alp da Munt (2213 m; 3/4 Std.) – Lü (1920 m; 2 1/4 Std.) – Craistas (1876 m; 3 1/2 Std.) – Müstair (1247 m; 5 Std.,)	Wegzeiger, rot-weiße Mark.	Ofenpass (2149 m), in Lü (1920 m)
Oberengadin – Puschlav	**18 Val Trupchun** Familienwanderung in das Nationalparktal; sehenswerter Talschluss. Wege nicht verlassen!	S-chanf (1662 m,) im Oberengadin, an der Strecke Zernez – Samedan. Parkplatz am Inn	S-chanf – Alp Trupchun (2040 m; 2 3/4 Std.) – Varusch (1771 m) – S-chanf (5 1/4 Std.)	Wegzeiger, rot-weiße Mark.	Parkhütte Varusch (1771 m)
	19 Fuorcla Muragl, 2891 m Hoher Übergang von Muottas Muragl in das einsame Val Chamuera. Ausdauer erforderlich	Bergstation der Muottas-Muragl-Standseilbahn (2453 m), Talstation Punt Muragl (1738 m;)	Muottas Muragl – Fuorcla Muragl (2 Std.) – Alp Prüna (2270 m; 3 1/2 Std.) – Serlas (2017 m; 4 1/4 Std.) – La Punt-Chamues-ch (1697 m; 6 1/2 Std.)	Wegzeiger, rot-weiße Mark.	Muottas Muragl (2453 m)
	20 Steinbockweg – Val Languard Wanderklassiker im Engadin; große Schau vor der Berninagruppe. Trittsicherheit für den »Steinbockweg«, am Piz Albris Steinbockkolonie. Geübte besteigen vom inneren Val Languard aus den Piz Languard (3262 m): 1 1/2 Std., mark., am Gipfel leichte Felsen (I), grandioses Panorama.	Bergstation der Muottas-Muragl-Standseilbahn (2453 m), Talstation Punt Muragl (1738 m,) auf halber Strecke zwischen Samedan und Pontresina	Muottas Muragl – Segantinihütte (1 1/2 Std.) – »Steinbockweg« – Abzw. Languard (2730 m; 3 Std.) – Paradis (3 3/4 Std.) – Alp Languard – Pontresina (1805 m; 5 1/4 Std.,)	Wegzeiger, rot-weiße Mark.	Mehrere Hütten am Weg
	21 Chamanna Boval, 2495 m Frequentierter Stützpunkt für Hochtouren in der Bernina, einzigartige Lage vor dem Morteratschgletscher	Pontresina (1805 m,) berühmter Oberengadiner Ferienort. Alternativ Bahnstation Morteratsch (1898 m), 6 km von Pontresina (Gletscherlehrpfad »Morteratsch«, 2 Std.)	Pontresina – Chünetta (2050 m; 2 1/4 Std.) – Bovalhütte (3 3/4 Std.); Rückweg auf der gleichen Route (gesamt 6 1/2 Std.)	Wegzeiger, rot-weiße Mark.	Chamanna Boval (2495 m)
	22 Diavolezza – Morteratschgletscher Gletscherwanderung, vom Panoramapunkt Diavolezza hinab zur Bovalhütte und hinaus nach Morteratsch. Treffpunkt der Führungen an der Seilbahnbergstation während der Sommersaison 10 Uhr (nur bei gutem Wetter). Keinesfalls ohne Führer, Anmeldung am Vortag im Bergführerbüro!	Bergstation der Diavolezza-Seilbahn (2973 m), Talstation an der Berninabahn (2093 m,)	Diavolezza – Morteratschgletscher – Isla Persa (2720 m) – Bovalhütte (2 1/2 Std.) – Station Morteratsch (1898 m; 4 Std.,)	Ab Bovalhütte rot-weiße Mark.	Diavolezza (2973 m); Chamanna Boval (2495 m)
	23 Rund um den Piz Lagalb Wenig anstrengende Rundwanderung. Packende Ausblicke zum Berninamassiv und ins Puschlav. Im Val Minor wurde früher nach Silber geschürft.	Station Lagalb (2094 m) der Berninabahn. Lagalb-Seilbahn verkehrt nur im Winter!	Bahnstation – Val Minor – Fuorcla Minor (2435 m; 1 1/2 Std.) – Val dal Bügliet – Berninabahn (2 1/4 Std.)	Wegzeiger, rot-weiße Mark.	
	24 Sassal Mason, 2355 m – Alp Grüm – Poschiavo Höhen- und Bergabwanderung ins Puschlav. Herrliche Ausblicke auf die Bergkulisse des Bündner Südtals. Sehenswert: Trulli auf Sassal Mason, alter Ortskern von Poschiavo	Berninapass (2328 m) oder Bahnstation Ospizio Bernina (2243 m)	Berninapass – Sassal Mason (1 1/4 Std.) – Alp Grüm (1 3/4 Std.) – Cavaglia (1693 m; 2 3/4 Std.) – Poschiavo (1014 m; 4 1/2 Std.,)	Wegzeiger , rot-weiße Mark.	Mehrere Gasthäuser am Weg

Tourenziel/Charakteristik	Ausgangspunkt	Wegverlauf & Gehzeit	Markierung	Einkehr am Weg
25 Val Viola; Pass da Val Viola, 2528 m Hochromantische Runde zu den Seen des Val Viola und hinauf zum Grenzpass. Steinbockkolonie im benachbarten Val Mera (Fußweg zum Plan da Val Mera, 1 1/4 Std.)	Sfazù (1622 m,) an der Südrampe der Bernina-Passstraße, etwa auf halber Strecke zwischen Poschiavo und der Scheitelhöhe	Sfazù – Lagh da Saoseo (2028 m; 1 1/2 Std.) – Lagh da Val Viola (2159 m; 2 1/4 Std.) – Pass da Val Viola (3 1/2 Std.) – Plan da Genzana – Alp Camp (4 3/4 Std.) – Sfazù (6 Std.)	Wegzeiger, rot-weiße Mark.	Rif. Saoseo (1985 m); Alp Camp (2065 m)
26 San Romerio, 1795 m Uraltes Gotteshaus in herrlicher Aussichtslage über dem unteren Puschlav. Tiefblick zum Lago di Poschiavo und Fernsicht hinauf zur Bernina. Alternativ Abstieg nach Miralago (965 m;) am Puschlaver See möglich (2 Std.)	Poschiavo (1014 m,), Hauptort der Talschaft mit sehenswertem historischem Kern	Poschiavo – Barghi (1412 m; 1 3/4 Std.) – San Romerio (3 1/4 Std.) – Viano (1281 m; 5 1/2 Std.) – Brusio (780 m; 6 3/4 Std.,)	Wegzeiger, rot-weiße Mark.	San Romerio, Viano (1281 m)
27 Coazhütte, 2610 m Höhen- und Talwanderung vor der grandiosen Kulisse der Bernina. Ganz Ausdauernde gehen gleich in St. Moritz los und steigen zu Fuß zur Fuorcla Surlej hinauf (3 1/2 Std., mark.). Für Abstieg zum Gletschersee Trittsicherheit notwendig, Direktabstieg von der Fuorcla Surlej zum Hotel Roseggletscher möglich (gesamt 3 3/4 Std.)	Station Murtèl der Corvatsch-Seilbahn (2699 m), Talstation Surlej bei Silvaplana (1815 m,). Hotel Roseggletscher – Pontresina: Pferdekutschen	Murtèl – Fuorcla Surlej (2755 m, 1/2 Std.) – Coazhütte (2 3/4 Std.) – Gletschersee (2159 m) – Hotel Roseggletscher (5 Std.) – Pontresina (1815 m; 6 3/4 Std.,)	Wegzeiger, rot-weiße Mark. Abzweig hinunter zum Gletschersee nicht übersehen!	Fuorcla Surlej (2755 m); Chamanna Coaz (2610 m); Hotel Roseggletscher (1998 m)
28 Via Engiadina St. Moritz – Maloja Die Seenpromenade: wenig Anstrengung, viel Aussicht	Bergstation der Signal-Seilbahn (2130 m), Talstation St. Moritz-Bad (1774 m,)	Bergstation – Orchas (2220 m; 1 3/4 Std.) – Julierstraße – Sils-Baselgia (3 1/2 Std.) – Grevasalvas (1941 m; 4 3/4 Std.) – Maloja (1809 m; 6 Std.,)	Wegzeiger, rot-weiße Mark.	Sils-Baselgia
29 Piz Güglia, 3380 m Mächtiger Felsklotz mit gesichertem Anstieg. Trittsicherheit erforderlich; Vorsicht bei Altschnee!	Bergstation der Signal-Seilbahn (2130 m), Talstation St. Moritz-Bad (1774 m,)	Bergstation – Alp Suvretta (2211 m) – Fuorcla Albana (2870 m; 3 1/2 Std.) – Piz Güglia (5 Std.); Abstieg auf dem gleichen Weg (gesamt 7 3/4 Std.)	Wegzeiger, rot-weiße und blau-weiße Mark.	
30 Val Fex Gemütliche Bergabwanderung; wer's lieber etwas alpiner mag, kann den oberen Weg zum Lej Sgrischus (2618 m) nehmen (gesamt 4 1/2 Std., mark.). Sehenswert: Alpsiedlung Curtins, Crasta, Nietzsche-Museum	Bergstation der Furtschellas-Seilbahn (2317 m), Talstation außerhalb von Sils-Maria (1809 m,)	Furtschellas – Marmorè (2275 m) – Curtins (1973 m; 1 1/2 Std.) – Crasta (1951 m) – Sils-Maria (3 Std.)	Wegzeiger, rot-weiße Mark.	Hotel Fex (1960 m), Crasta (1973 m)
31 Lej da la Tscheppa, 2616 m Aussichtsreiche Seenwanderung; teilweise steile Pfade	Silvaplana (1815 m,) am Ausgangspunkt der Julierroute	Silvaplana – Muttaun (2474 m; 2 1/4 Std.) – Lej da la Tscheppa (3 Std.) – Fiuors (1865 m; 4 1/2 Std.) – »Via Engiadina« – Silvaplana (5 1/2 Std.)	Wegzeiger, rot-weiße Mark.	
32 Capanna del Forno, 2574 m Große und großartige Wanderrunde in der hochalpinen Kulisse der Bernina- und Bergeller Berge. Ausdauer unerlässlich, längere steinige Passagen. Lohnend auch die kleine Seenrunde Lägh da Chavloc – Lägh da Bitabergh (1 1/2 Std., mark.)	Maloja (1809 m,) am gleichnamigen Übergang vom Oberengadin ins Bergell (Val Bregaglia)	Maloja – Lägh da Chavloc (1907 m; 1 Std.) – Plan Canin (1968 m; 1 1/2 Std.) – Val Muretto (2 ½ Std.) – Panoramaweg – Laghetto dei Rossi (2382 m) – Punkt 2751 m (4 ¼ Std.) – Capanna del Forno (5 Std.) – Plan Canin (6 ¼ Std.) – Maloja (7 ¼ Std.)	Wegzeiger, rot-weiße Mark., Stangenmarkierungen auf dem Gletscher	Lägh da Chavloc; Capanna del Forno (2574 m)
33 Piz Lunghin, 2780 m Herrlicher Aussichtspunkt über dem Malojapass mit der doppelten Wasserscheide am Pass Lunghin (Rhein-Inn-Po). Trittsicherheit erforderlich	Maloja (1809 m,) am gleichnamigen Übergang vom Oberengadin ins Bergell	Maloja – Lägh dal Lunghin (2484 m; 2 Std.) – Piz Lunghin (3 1/4 Std.) – Pass dal Lunghin (2645 m) – Septimerpass (Pass da Sett, 2310 m; 4 1/4 Std.) – Casaccia (1458 m; 6 1/4 Std.)	Wegzeiger, rot-weiße Mark.	
34 La Panoramica Die Bergeller Aussichtspromenade; eine alpinere Variante führt durchs Val Maroz und über das Val da Cam (2463 m) auf die Nordflanke des Bergells und via Cadrin (2127 m) nach Soglio (7 1/2 Std., mark.)	Casaccia (1458 m,), oberstes Dorf im Bergell. Sehenswert: Soglio	Casaccia – »La Panoramica« – Durbegia (1410 m; 2 Std.) – Soglio (1097 m; 5 Std.,)	Wegzeiger, rot-weiße Mark.	Soglio
35 Sentiero storico Talweg von Maloja durch das Bergell zum Grenzort Castasegna. Sehenswert: Ortsbilder, Talmuseum in der Ciäsa Granda (Stampa), Palazzo Castelmur mit Museum, Kastanienhaine. Teilbegehungen möglich	Maloja (1809 m,) am gleichnamigen Übergang vom Oberengadin ins Bergell	Maloja – Casaccia (1458 m; 1 1/2 Std.) – Vicosoprano (1067 m; 3 1/4 Std.) – Stampa – Soglio (1097 m; 4 3/4 Std.) – Castasegna (686 m; 6 3/4 Std.) – Promontogno (821 m; 8 Std.,)	Wegzeiger, gelbe und rot-weiße Mark.	In den Dörfern

Oberengadin – Puschlav

Bergell

Das Glarnerland

Vom Walensee zum Tödi

Der Volksmund nennt den Ostschweizer Kanton liebevoll-spöttisch »Zigerschlitz« und spielt damit auf den bekannten Kräuterkäse (Schabziger) sowie auf die ungewöhnliche Topografie des Glarnerlands an. Kommt man von Zürich, so öffnet sich hinter Niederurnen ein breiter, flacher Talboden, links wie rechts von schwindelnd steilen und hohen Bergen flankiert.

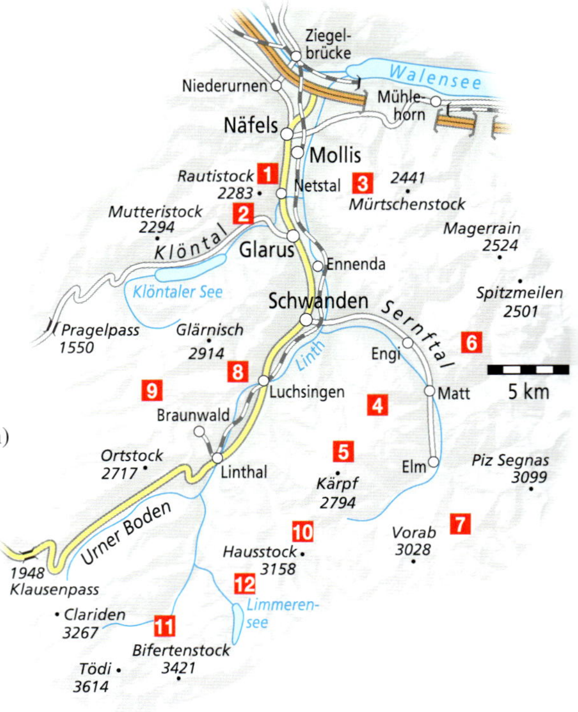

Der Glärnisch (2914 m) etwa überragt den Kantonshauptort Glarus um fast zweieinhalb Kilometer! So etwas verursacht bei Menschen, die an offene Landschaften und weite Horizonte gewöhnt sind, leicht ein gewisses Gefühl von Beklemmung.

Wer aus der geografischen Enge der Heimat allerdings den Schluss zieht, hier wären bloß Heidi und Peter nebst ein paar glücklichen Kühen zu Hause, liegt falsch. Der Kanton Glarus war einst ein industrielles Zentrum der Schweiz; die im 18. Jahrhundert gegründeten Webereien exportierten ihre bedruckten Stoffe bald in die ganze Welt. Das Wasser trieb die Spinnräder an, und an billigen Arbeitskräften herrschte ebenfalls kein Mangel.

Heute lebt die Region (auch) vom Tourismus; an schönen Wochenenden hat die Mehrzahl der Autos auf den Parkplätzen am Klöntaler See, im Sernftal und ganz hinten an der jungen Linth ein ZH (für: Zürich) im Nummernschild: Glarnerland – Wanderland. Die beliebtesten Ferienorte liegen ganz hinten im Glarnerland: Elm im Sernftal und Braunwald, das sich einer besonders schönen Terrassenlage erfreut und zudem noch autofrei ist. Über den Klausenpass (1948 m) führt eine landschaftlich sehr schöne Straße in die Urner Nachbarschaft.

Die höchsten Gipfel der Glarner Alpen – Tödi (3614 m), Bifertenstock (3421 m), Clariden (3267 m) – sind für Bergwanderer allerdings tabu; sie bleiben anspruchsvolle Ziele für erfahrene, entsprechend ausgerüstete Alpinisten.

Auf den Spuren eines Generals

Naturerlebnis und Geschichte lassen sich auf der Wanderung von Schwanden nach Elm sehr schön miteinander verbinden. Der gut markierte Talweg folgt (abseits der Straße) den Spuren des russischen Generals Suworow, der 1799 mit seinem 20 000-Mann-Heer durch das Glarnerland zog. Sein Vorstoß von Italien über den Gotthard ins Mittelland scheiterte am französischen Widerstand, zwang Suworow zu einer echten Odyssee durch die Schweizer Alpen, zuletzt in einem verlustreichen Marsch aus dem Sernftal über den Panixer Pass ins Bündner Oberland. In 4 1/2 Std. wandert man von Schwanden (527 m) nach Elm (977 m). Interessantes über den Alpenfeldzug zeigt das Suworow-Museum in Linthal, Bahnhofstraße 1 (geöffnet Mittwoch, Freitag bis Sonntag 10–17 Uhr). Infos unter Tel. 079/216 66 58 oder www.1799.ch

Steckbrief

Fläche: ca. 700 qkm
Höchster Punkt: Tödi (3614 m)
Gebirgsgruppen: Glarner Alpen, Zentralschweizer Voralpen (Ost)
Wichtigste Ortschaften: Näfels, Glarus, Elm, Braunwald
Wandervorschläge: 12

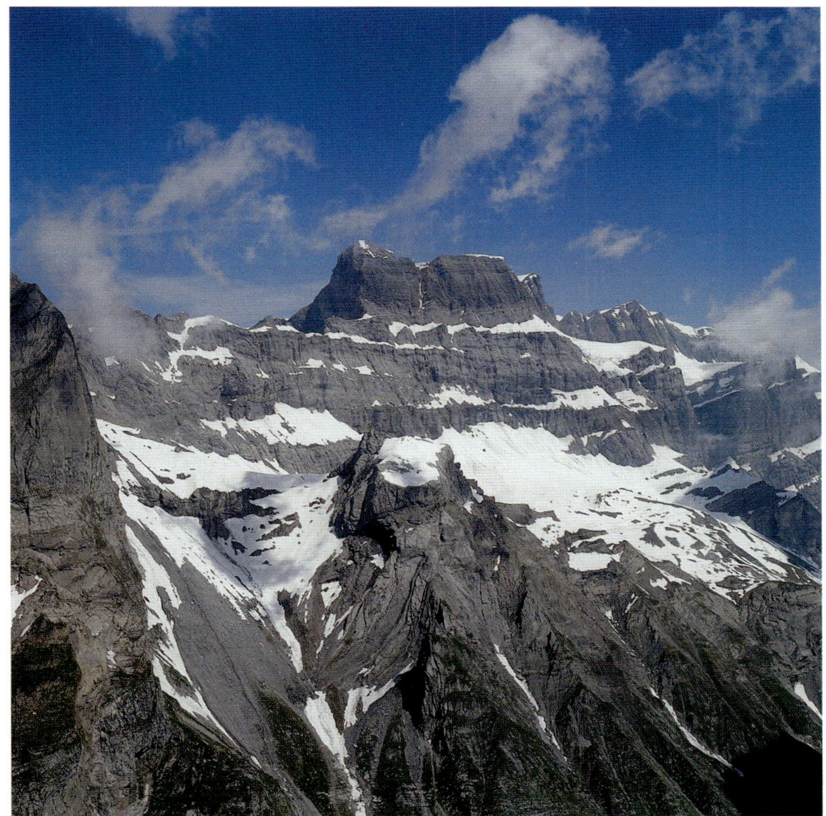

Einer der bekanntesten Gipfel der Glarner Alpen: der Glärnisch (2914 m)

Der Zentralgipfel des Glarnerlands

5 Kärpf, 2794 m

Es ist nicht die Höhe, die den Kärpf auszeichnet, sondern seine Lage. Und die macht ihn zu einem der schönsten Aussichtspunkte im ganzen Kanton. Von seinem felsigen Gipfel hat man sie alle im Blick, die »Großen« der Glarner Alpen, vom Piz Sardona (3056 m) über den Hausstock (3158 m) und den alles überstrahlenden Tödi (3614 m) bis zum Glärnisch (2914 m). Und wenn der Föhn – im Glarnerland ein recht häufiger Gast – den Dunst aus dem Tal bläst, zeigen sich fern im Norden sogar die sanften Waldrücken des Schwarzwalds.

Von der Seilbahnstation Mettmen am Stausee Garichte entlang und sanft ansteigend zum Oberstafel (1788 m). Nun steiler zu einer Verzweigung; hier rechts und über die Hübschböden hinauf gegen den Sunnenberg, einer feinen Aussichtsloge vor dem Kärpf-Nordabsturz.

Viel Aussicht, vor allem auf den Bergkranz des innersten Linthtals, bietet auch die Leglerhütte (2273 m). Hier startet der eigentliche Gipfelanstieg; er leitet unter den Felsabbrüchen des Under Chärpf (2435 m) in das nordwestseitige Kar des Kärpf. Mühsam (Spur) hinauf ins Chärpftor (2645 m) am Westgrat des Gipfels. Dahinter kurz abwärts, dann nach links und über Geröll und leichte Felsen von Süden zum höchsten Punkt.

Ein Loch im Berg und ein gastliches Haus

7 Martinsmadhütte, 2002 m

Wer als Schweizer ins hinterste Glarnerland, nach Elm, fährt, denkt möglicherweise an das Mineralwasser, das seit 1927 zum beliebten Elmer Citro abgefüllt wird. Oder an jenen russischen General, der vor mehr als zwei Jahrhunderten mit seiner Armee hier vorbeikam (Suworow).

Zweimal im Jahr lässt sich in Elm ein ganz besonderes Naturschauspiel beobachten. Im Frühling und im Herbst scheint die Sonne durch das Martinsloch, ein mächtiges Felsenfenster hoch an den Tschingelhörnern (2849 m), genau auf den Kirchturm des Dorfes.

Bergsteigen kann man hier natürlich auch. Als Stützpunkt dient die Martinsmadhütte, gut tausend Meter über dem Tal und tausend Meter unter dem Gipfel des Vorab (3026 m). Das gemütliche Refugium ist auch ein beliebtes Wanderziel.

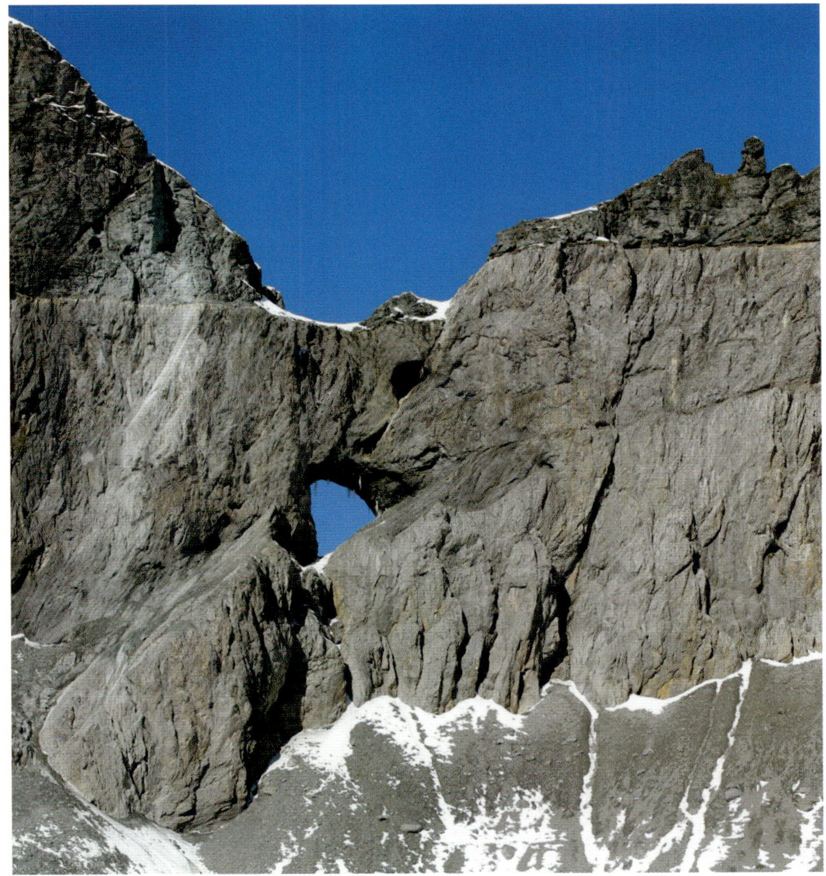

Eine Glarner Sehenswürdigkeit: das Martinsloch in den Tschingelhörnern ganz hinten im Sernftal

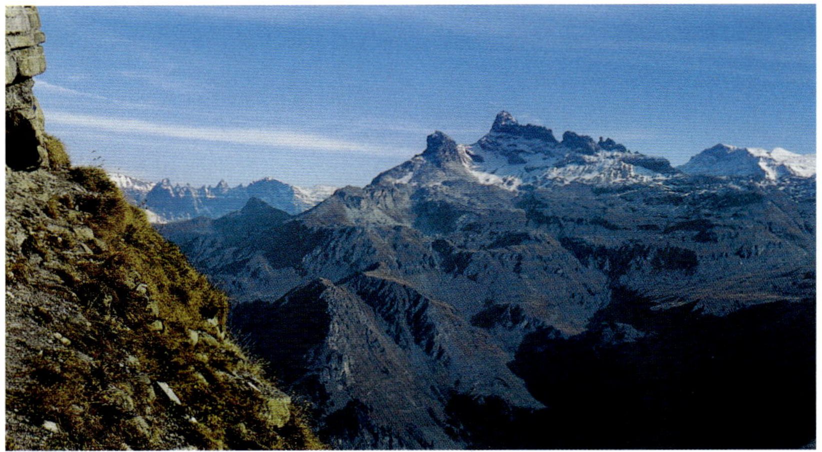

Zentralgipfel des Glarnerlandes ist der Kärpf (2794 m).

Für den Aufstieg empfiehlt sich der (Um-)Weg über den Firstboden (1744 m): von Elm südwärts zum Bergfuß, dann teilweise im Wald über Gschwänd in vielen Kehren zum Buecheggli und weiter zum herrlichen Guck-ins-Land des Firstbodens (kann übers Stäfeli umgangen werden, etwa 20 Min. kürzer). Dahinter mit Blick auf das Zackenprofil der Tschingelhörner bergab in den Talboden von Nideren (1480 m;). Nun mit dem Hüttenweg über markante Geländestufen (Drahtseile) hinauf zum Schutzhaus.

Der Abstieg führt zunächst auf dem Hinweg hinunter nach Nideren, dann durch die wildromantische Tschingelschlucht weiter bergab zum Lauiboden, dahinter über den Raminerbach und auf einem Sträßchen zurück nach Elm.

Glarner Hochalpentour

11 Fridolinshütte – Ochsenstock, 2260 m

Tödi (3614 m), Selbsanft (3029 m), Bifertenstock (3421 m) und Clariden (3267 m) machen mit ihren Gletschern die hochalpine Kulisse auf dieser ausgedehnten Tour aus, zu der die Talwanderung von Tierfed nach Hinter Sand den stimmungsvollen Auftakt bildet. Die Pantenbrugg erlaubt einen leicht gruseligen Blick hinab in die wilde Linthschlucht, dann wandert man unter den himmelhoch ragenden Wänden des Selbsanft talein, im Vorblick den mächtigenTödi. Das junge Bergsturzgelände bei Sand belegt eindrucksvoll, dass auch die Alpen nicht für alle Ewigkeit gebaut sind. Besonders eindrucksvoll ist der Vogelschaublick vom Ochsenstock auf das Trümmerfeld, doch da guckt man dann vor allem hinüber zum Clariden und seinem mächtigen Gletscher – wirklich ein alpines Traumbild!

Von Tierfed auf dem Natursträßchen taleinwärts bis Hinter Sand, zuletzt über den riesigen Bergsturzkegel hinweg. Weiter auf gutem Weg in Kehren bergan, über den wilden Schlund des Bifertenbachs, dann an einer alten Randmoräne des Bifertengletschers aufwärts und in Kehren über die Ölplanggen hinauf zu der schön gelegenen Fridolinshütte. Herrlicher Blick zum Selbsanft und auf die markant geschichteten Abstürze des Bifertenstocks.

Hinter dem Haus erst flach, dann schräg ansteigend hinauf und hinaus zur Aussichtskanzel des Ochsenstocks. Nun in leichtem Auf und Ab durch die felsige Nordflanke des Bifertengrätli, dann über Unter Röti hinab zum Alpboden Ober Sand (1937 m). Bei der betonierten Wasserfassung über den Bach und auf steilem Pfad in vielen Kehren abwärts zum Hinter Sand.

Chalberwürscht und Schabziger

Abwechslungsreiche Wanderrunde durchs Glarnerland, bei der man auch Spezialitäten der einheimischen Küche kennenlernen kann. Der Schabziger passt bestens zu einer Brotzeit, Chalberwürscht (Würste mit viel Sauce) sind etwas für richtig hungrige Bergsteiger. Die Tour führt von Näfels, das am Eingang ins Glarnerland liegt, bis zum Fuß des höchsten Glarners (Tödi, 3614 m) und dann am Kärpf vorbei (Wildreservat) nach Elm. Durchgehend gut markierte Wege, Teilbegehungen sind natürlich auch möglich. Einige Etappen lassen sich abkürzen, wenn man die Bergbahnen benützt.

1. Etappe: Näfels (445 m) – Obersee (989 m) – Lachengrat (1814 m) – Hinterklöntal (853 m), 7 Std. **2. Etappe:** Hinterklöntal – Brunalpelihöchi (2207 m) – Braunwald (1256 m), 8 1/2 Std. **3. Etappe:** Braunwald – Urnerboden (1346 m) – Fisetengrat (2036 m) – Claridenhütte (2453 m), 7 1/2 Std. **4. Etappe:** Claridenhütte – Fridolinshütte (2111 m) – Tierfed (805 m), 5 1/2 Std. **5. Etappe:** Tierfed – Linthal (663 m) – Diesbach (589 m) – Leglerhütte (2273 m), 7 1/2 Std. **6. Etappe:** Leglerhütte – Wildmadfurggeli (2294 m) – Ampächli (1485 m) – Elm (977 m), 5 Std.

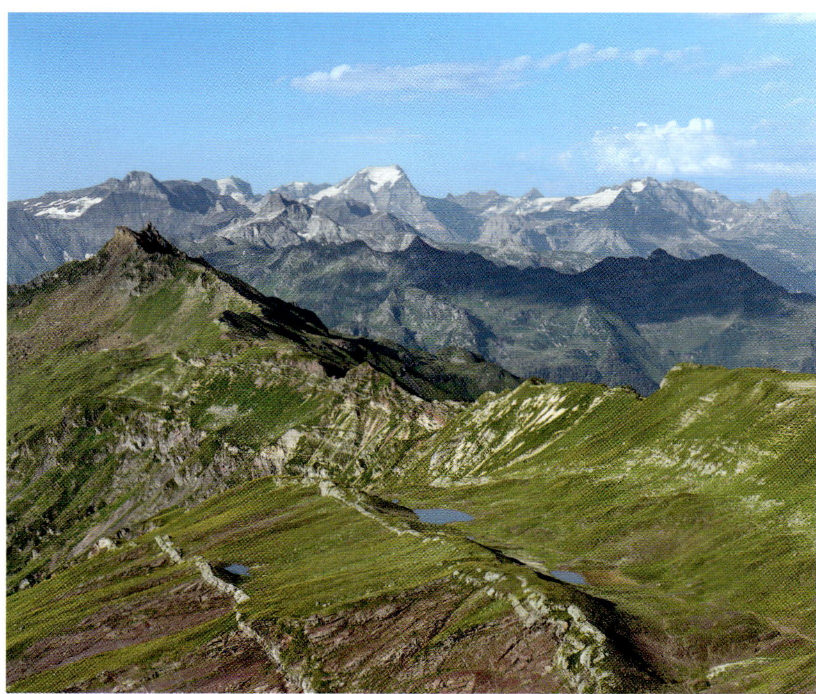

Tödi und Clariden, zwei große Glarner Gipfel, vom Spitzmeilen aus gesehen

Tourenziel/Charakteristik	Ausgangspunkt	Wegverlauf & Gehzeit	Markierung	Einkehr am Weg
1 Rautispitz, 2283 m Felsiger Gipfel direkt über Netstal bzw. Glarus; toller Tiefblick ins Linthtal. Trittsicherheit erforderlich	Obersee (989 m, Bus), verstecktes Landschaftsidyll (Naturschutzgebiet), Zufahrt von Näfels (437 m, Bus) 7 km	Obersee – Grapplіwald – Tann – Rautispitz (4 Std.) – Rautialp (1647 m; 5 1/2 Std.) – Grapplіwald – Obersee (6 3/4 Std.)	Wegzeiger, rot-weiße Mark.	Obersee
2 Uf den Schijen, 2052 m Schauwandern vor der gewaltigen Nordfront des Glärnischmassivs; faszinierende Tiefblicke auf den Alpenfjord des Klöntaler Sees (schöner Süduferweg, 1 3/4 Std., mark.)	Klöntaler See (848 m, Bus), Zufahrt von Netstal (458 m, Bus) bzw. Glarus, 7 km	Klöntaler See – Dejen (1740 m; 2 3/4 Std.) – Uf den Schijen (3 1/2 Std.) – Aueren-Unter Stafel (1507 m; 5 Std.) – Netstal (7 Std.)	Wegzeiger, rot-weiße Mark.	Klöntaler See (Rhodannenberg, 851 m)
3 Schilt, 2300 m Bekannter Aussichtsberg über dem vorderen Glarnerland. Ab Grossberg (1242 m, Zufahrt von Ennenda) mäßig anstrengende Tour, als Runde vom Tal aus großes Pensum. Reiche Flora, Gämsen, Murmeltiere	Ennenda (478 m, Bus), Nachbarort von Glarus. Sehenswert: Tröckniturm	Ennenda – Grossberg (2 1/4 Std.) – Ober Stafel (1816 m; 3 3/4 Std.) – Rotärd (2216 m; 4 3/4 Std.) – Schilt – Rotärd (51/4 Std.) – Brand-Äugsten (6 3/4 Std.) – Ennenda (8 1/4 Std.)	Wegzeiger, rot-weiße Mark.	Ennetberg (937 m), Äugsten (1499 m)
4 Glarner Kärpfwanderung; Wildmadfurggeli, 2294 m Höhenwanderung vom Stausee Garichte in das älteste Wildschutzgebiet Europas, malerische Bergkulisse	Seilbahn Bergstation der Luftseilbahn Mettmen (1610 m), Talstation Kies (1029 m, Bus). Zufahrt von Schwanden (528 m, Bus) 6 km	Mettmen – Stausee Garichte – Wildmadfurggeli (2 1/4 Std.) – Empächli (1485 m; 4 Std., Seilbahn) – Elm (977 m; 5 1/4 Std., Bus)	Wegzeiger, rot-weiße Mark.	Mettmenalp (1610 m), Empächli (1485 m)
5 Kärpf, 2794 m »Zentralberg« des Glarnerlands mit entsprechend umfassender Schau. Teleskopstöcke vorteilhaft; am Gipfel leichte Felsen (I)	Seilbahn Bergstation der Luftseilbahn Mettmen (1610 m), Talstation Kies (1029 m, Bus). Zufahrt von Schwanden (528 m, Bus) 6 km	Mettmen – Leglerhütte (2 1/2 Std.) – Kärpftor (2649 m; 3 3/4 Std.) – Kärpf (4 1/2 Std.); Abstieg auf dem gleichen Weg (gesamt 7 1/2 Std.)	Wegzeiger, rot weiße Mark. bis Leglerhütte, dann Spur, Steinmännchen	Mettmenalp (1610 m), Leglerhütte (2273 m)
6 Wissmilen, 2483 m Ausgedehnte Tal- und Almwanderung; von Wissmilen bemerkenswerte Rundschau. Alternativer Ausgangspunkt Seilbahn Weissenberge (1266 m)	Matt (831 m, Bus), Dorf im Sernftal, 10 km von Schwanden	Matt – Chrauchtal – Schönbüelfurggel (2206 m; 4 1/4 Std.) – Wissmilen (5 1/4 Std.) – Mülibach Oberstafel (1949 m; 6 1/4 Std.) – Gams – Engi (812 m) 8 1/2 Std., Bus)	Wegzeiger, rot-weiße Mark.	
7 Martinsmadhütte, 2002 m Am Nordfuß des Vorab (3028 m) gelegene Hütte; beide Zugänge lassen sich zu einer abwechslungsreichen Runde verbinden. Kleine Seilbahn zur Tschinglenalp. Hüttengipfel: Mitttaghorn (2415 m; 1 1/4 Std.)	Elm (977 m, Bus), hinterstes Dorf im Sernftal mit Mineralquelle. Sehenswert: das Martinsloch in den Tschingelhörnern	Elm – Stäfeli (2 Std.) – Martinsmadhütte (4 1/4 Std.) – Nideren (5 1/4 Std.) – Tschinglenschlucht – Elm (6 1/2 Std.)	Wegzeiger, rot-weiße Mark.	Martinsmadhütte (2002 m)
8 Oberblegisee, 1422 m Prächtige Höhenwanderung: von einer Aussichtskanzel zur nächsten. Auch Teilbegehungen und verschiedene Alternativen möglich	Seilbahn Bergstation der Grotzenbüel-Gondelbahn (1559 m), Talstation ist das (autofreie) Braunwald (1256 m)	Grotzenbüel – Unter Stafel (1469 m) – Oberblegisee (2 Std.) – Ijenstock (1674 m; 2 3/4 Std.) – Guppensee (1516 m) – Schwanden (528 m) 5 3/4 Std., Bus)	Wegzeiger, rot-weiße Mark.	Bösbäch (1383 m), Mittelstafel
9 Brunnalpelihöchi, 2252 m Interessante Wanderung über die schier endlosen Karrenfelder zwischen Bös Fulen (2802 m) und Silberen. Nur bei gutem Wetter (kein Nebel!) gehen. Im Frühsommer wegen der schneebedeckten Klüfte gefährlich	Seilbahn Bergstation des Seeblengrat-Sessellifts (1894 m), Talstation ist das (autofreie) Braunwald (1256 m), erreichbar mit der Standseilbahn von Linthal (648 m, Bus).	Seeblengrat – Bützi (2155 m; 1 3/4 Std.) – Brunnalpelihöchi (3 Std.) – Chäseren (5 3/4 Std.) – Vorauen (850 m; 7 3/4 Std., Bus)	Wegzeiger, rot-weiße Mark.	Gumen (1901 m), Chäseren (1272 m; Hüttentaxi nach Vorauen)
10 Richetlipass, 2261 m Große Passwanderung von Linthal ins innerste Sernftal	Linthal (648 m, Bus), Dorf am Ostfuß der Klausen-Passstraße	Linthal – Durnachtal – Unter Stafel (1386 m; 2 1/4 Std.) – Richetlipass (4 3/4 Std.) – Erbserstock (2160 m; 5 ½ Std.) – Obererbs (1698 m) – Hengstboden (1620 m) – Elm (977 m; 7 3/4 Std., Bus)	Wegzeiger, rot-weiße Mark.	Skihütte Obererbs
11 Fridolinshütte – Ochsenstock, 2260 m Mitten in die großartige Hochgebirgslandschaft der Glarner Alpen führt diese Rundwanderung.	Tierfehd (805 m), Häusergruppe 5 km hinter Linthal (648 m, Bus)	Tierfehd – Hinter Sand (1300 m; 2 Std.) – Fridolinshütte (4 1/2 Std.) – Ochsenstock (5 Std.) – Ober Sand (1937 m; 5 3/4 Std.) – Hinter Sand (7 Std.) – Tierfehd (8 1/2 Std.)	Wegzeiger, rot-weiße Mark.	Fridolinshütte (2111 m)
12 Muttseehütte, 2501 m Hochgebirgsnatur und Technik prägen diese Runde; großartig die Limmerenschlucht und die zerklüfteten Ostabstürze des Selbsanft (3029 m).	Seilbahn Bergstation Kalktrittli der Limmeren-Seilbahn (1860 m), Talstation Tierfehd (805 m), 5 km von Linthal (648 m, Bus)	Kalktrittli – Muttseehütte (2 Std.); Abstieg auf dem gleichen Weg (3 ½ Std. bis Kalktrittli, 5 ½ Std. bis Tierfehd)	Wegzeiger, rot-weiße Mark.	Muttseehütte (2501 m)

Zentralschweiz

Vom Vierwaldstätter See bis zum Gotthard

Die Innerschweiz. Der Ausdruck ist viel mehr als nur eine geografische Bezeichnung. Denn am Vierwaldstätter See, dem See der »vier Waldstätte« Uri, Schwyz, Ob- und Nidwalden, wurde die Schweiz »erfunden«, hier schlägt das patriotische Herz der Eidgenossenschaft auch heute noch besonders heftig. Die Rütliwiese, Tell und Schiller, der Gotthard, Schlachtenplätze wie Morgarten – historische Reminiszenzen überall. Und das in einer Kulisse, wie sie kein Disneyland-Manager perfekter hätte erfinden können: Berge und Seen, Almen und gleißender Firn.

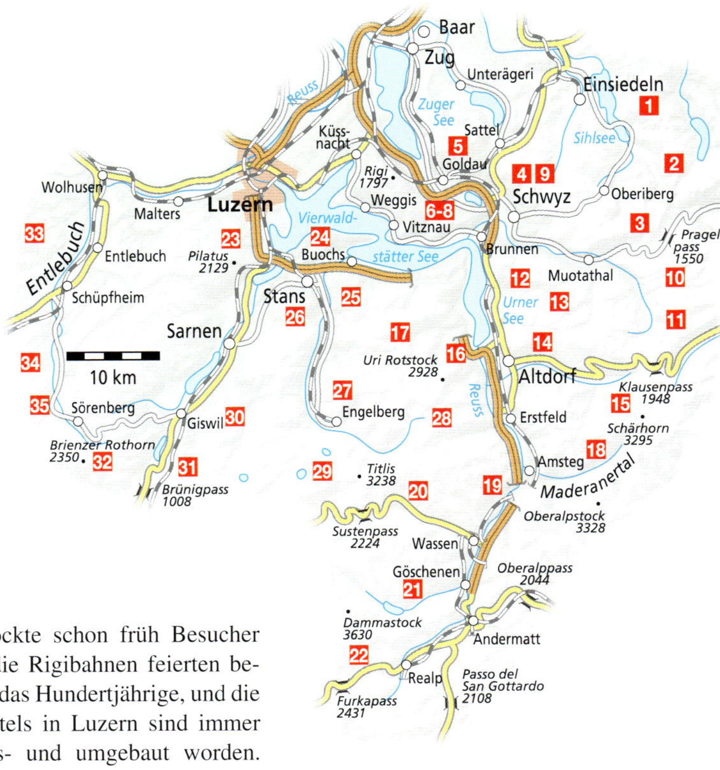

Das lockte schon früh Besucher an, die Rigibahnen feierten bereits das Hundertjährige, und die großen Hotels in Luzern sind immer wieder aus- und umgebaut worden. Natürlich profitiert der Wanderer von einer erstklassigen Infrastruktur, zu der hier – wie überall in der Schweiz – auch ein bestens funktionierendes Verbundsystem von Bahn, Bus und Schiff gehört. So ist es oft möglich, Streckenwanderungen zu unternehmen und trotzdem am Abend wieder zurück im Ferienort zu sein.

Die Zentralschweiz ist aber nicht nur Erholungsregion, sie ist auch Transitland, und wenn sich auf der Gotthardstrecke zur Hauptreisezeit kilometerlange Blechschlangen bilden, holt der Alltag die Alpenidylle rasch ein. Im Reusstal serbelt der Wald, werden immer aufwendigere Lawinenverbauungen notwendig, damit der gefahrlose Transport von Menschen und Gütern gewährleistet ist. Aus der Festung St. Gotthard ist die Armee – früher allgegenwärtig in den Schweizer Bergen – inzwischen ausgezogen. Und die Eisenbahn quert das Gebirge seit 2017 gleich an seiner Basis: im 54 Kilometer langen Gotthardtunnel.

Steckbrief

Fläche: ca. 2800 qkm
Höchster Punkt: Dammastock (3630 m)
Gebirgsgruppen: Zentralschweizer Voralpen, Glarner Alpen (West), Urner Alpen, Gotthardmassiv (Nord)
Wichtigste Ortschaften: Zug, Schwyz, Altdorf, Andermatt, Weggis, Luzern, Stans, Engelberg, Sarnen, Sörenberg
Wandervorschläge: 35

Der »Weg der Schweiz«

Auch so etwas gibt's: einen Weg als Geburtstagsgeschenk. Zum 700-jährigen Bestehen der Eidgenossenschaft (1991) bekam die Schweiz »ihren« Weg. Er führt rund um den Urner See, das oberste Becken des Vierwaldstätter Sees, ist 35 Kilometer lang und durchgehend markiert. Ausgangs- bzw. Endpunkt sind die Schiffsanlegestelle Rütli und der Fremdenort Brunnen. Die gut ausgebaute Route berührt einige fürs schweizerische Selbstverständnis wichtige Plätze wie die Tellskapelle (wo Schiller den Helden im Föhnsturm aus dem Boot fliehen lässt), und natürlich die Rütliwiese, auf der am 1. August 1291 der Bund der Eidgenossen beschworen worden sein soll (das Treffen fand vermutlich etwas früher bei Brunnen statt).Wegverlauf/Gehzeiten: Rütli – Seelisberg (1 ¼ Std.) – Bauen (4 ½ Std.) – Flüelen (7 ¼ Std.) – Sisikon (9 ¼ Std.) – Brunnen (12 Std.). Natürlich sind Teilbegehungen möglich, Rückfahrt jeweils per Bahn/Schiff/ Postauto.

Wahrzeichen von Schwyz

4 Großer Mythen, 1899 m

Was für ein Profil! Zwei felsige, steile Pyramiden, durch eine tiefe Senke mit dem bezeichnenden Namen »Zwüschet Mythen« getrennt, isoliert über grünen Hügeln aufragend: Da muss man einfach hinauf. Und das geht vergleichsweise leicht, besitzt der Große Mythen (im Gegensatz zum Kleinen Mythen, 1811 m) einen schön angelegten Gipfelsteig, der sich von der Holzegg durch die steile Ostflanke zum großen Panorama hinaufschlängelt, da und dort mit Fixseilen, Ketten und Geländern versehen. Unterwegs bieten sich packende Aus- und Tiefblicke und oben dann die Schau über tausend Gipfel, tief hinein ins Hochgebirge und hinaus, übers Schweizer Mittelland bis zu den Schwarzwaldhöhen.

Der Weg zum Gipfel ist nicht zu verfehlen; an Schönwettertagen gehen meistens größere Wandergruppen an der Seilbahnstation auf der Holzegg (1405 m) los. In ein paar Minuten ist der Felsfuß erreicht, wo eine Tafel vor allerhand alpinen Gefahren warnt. Der bereits 1864 angelegte, teilweise aus dem Fels geschlagene Mythensteig führt in 47 Spitzkehren zum Gipfel. Unter abschüssigen Grasflanken lauern senkrechte Abstürze – also auf keinen Fall den Weg verlassen!

Der stille Nachbar des berühmten Gipfels

8 Rigi Hochflue, 1699 m

Wenn an Schönwettertagen die Zahnradbahnen im Viertelstundentakt Rigi Kulm ansteuern, sich die Ausflügler vor dem großen Panorama drängen und man auf Staffel für seine Bratwurst ansteht, herrscht auf der Hochflue geradezu paradiesische Ruhe. Ein paar Bergsteiger, die ihre Brotzeit mit ewig hungrigen Dohlen teilen, die Aussicht genießen. Die muss man sich hier allerdings erst einmal verdienen, und das markante Felsprofil verrät schon, weshalb hier kein Massenandrang zu befürchten ist: zu steil, zu felsig – und die Bahn fehlt auch.

Der Weg zum Gipfel ist klar vorgezeichnet: vom Gätterli (1190 m) über den Nordrücken, zuerst am Kamm, auf halber Höhe kurz in die Westflanke ausweichend, dann in kurzen Kehren (bei Nässe unangenehm rutschig) bis unter die Gipfelfelsen. Hier hilft eine 10-Meter-Leiter über den letzten Aufschwung.

Der Abstieg führt über die schräge Gipfelwiese in die Felsen. Mit Drahtseilsicherung an einer harmlosen Verschneidung hinunter in die leicht bewaldete Südflanke, bei der Chälen (Verzweigung) rechts über den Südwestgrat der Hochflue und via Alp Scharteggli zurück zum Gätterli.

Die Gipfelbesteigung lässt sich auch mit der Rigi-Höhenwanderung verbinden; der markierte Abstieg zum Egg (1288 m) weist allerdings einige etwas heikle Passagen auf. Schlüsselstelle ist dabei eine fast senkrechte, aber gut gesicherte Stelle (Eisenbügel, Seil), die vom Grat nordseitig über einen Felsriegel hinunterleitet. Anschließend entweder nördlich des Kamms oder direkt am Grat auf markiertem Weglein (ein paar Drahtseile) bergab zum Egg, wo man auf den viel begangenen Rigi-Höhenweg stößt.

Innerschweizer Wanderklassiker

29 Vier-Seen-Wanderung; Jochpass, 2207 m

Natürlich ist der Titlis (3238 m) das hochalpine Schaustück von Engelberg, noch vor den versteckten Spannörtern, mit Drehkabinen-Seilbahn, Gletscherpfad und immensem Panorama. Der Wanderer interessiert sich eher für die Route, die am Nordfuß von Titlis und Wendenstöcken (3042 m) entlangzieht, vom Trüebsee über den Jochpass hinüber zur Seenplatte von Melchsee: eine einzige Abfolge schönster alpiner Sujets, und wer nicht so flott zu Fuß ist, kann den Aufstieg zum Jochpass (teilweise oder zur Gänze) bequem per Lift absolvieren.

Den ersten der vier Bergseen, den Trüebsee (1764 m), erreicht man von Engelberg in gut zweistündigem, teilweise ziemlich steilem Anstieg über die Gerschnialp (1262 m). Links am See vorbei und auf dem alten Saumpfad in Kehren hinauf zum Jochpass. Herrlicher Blick auf die zerklüfteten Nordabstürze der Wendenstöcke und auf den Engstlensee (1850 m), das nächste Etappenziel. Hinter der gleichnamigen Alm rechts aufwärts zur Tannalp (1974 m), dann vorbei am Tannensee und leicht abwärts nach Melchsee-Frutt.

Mit Dampf, am Drahtseil oder mit Muskelkraft

32 Brienzer Rothorn, 2350 m

Da kommt das »Kind im Manne« schwer in Versuchung, wenn es zischt und dampft, Pleuelstangen und Räder sich in Bewegung setzen. Gemeint ist die Brienzer Rothornbahn, die einzige mit Dampf betriebene Zahnradbahn der Schweiz. Sehr beliebt ist auch die Höhenwanderung von Schönbüel (2011 m), das man ab Lungern per Seilbahn erreicht.

Beim Gibel, eine Viertelstunde von der Seilbahnstation Schönbüel, fädelt man in den Gratweg ein. Der führt westwärts durch die Südflanke der Höch Gumme ins Zwischenegg und am Grat auf den Arnihaggen (2207 m). Hier kommt das Gipfelziel ins Bild, rechts unter dem Kamm liegt in einer schattigen Karmulde der winzige Eisee. Teilweise etwas ausgesetzt hinab in die Senke des Eiseesattels und über ein paar Kehren bergan zum Brienzer Rothorn.

Auf dem aussichtsreichen Höhenweg zurück bis zum Gibel (2040 m). Dann rechts am schmalen Kamm bergab in den Tüfengratsattel (1858 m) und durch die abschüssigen Hänge des Wilerhorns (2004 m) weiter hinunter ins Almgebiet von Wiler. Vorsicht bei der Querung der teilweise recht steilen Rinnen; das Gestein ist hier extrem brüchig. Zuletzt im Wald abwärts und auf Straßen zum weiten Sattel des Brünigpasses (1008 m).

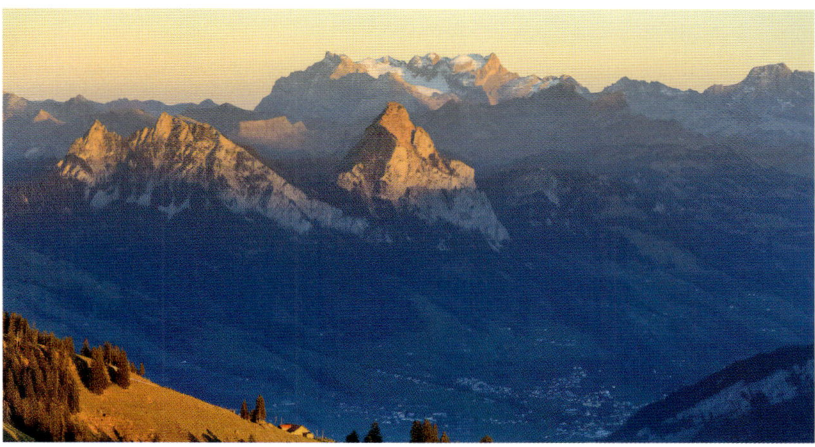

Ein markanter Innerschweizer Zacken: der Große Mythen, darüber der Glärnisch

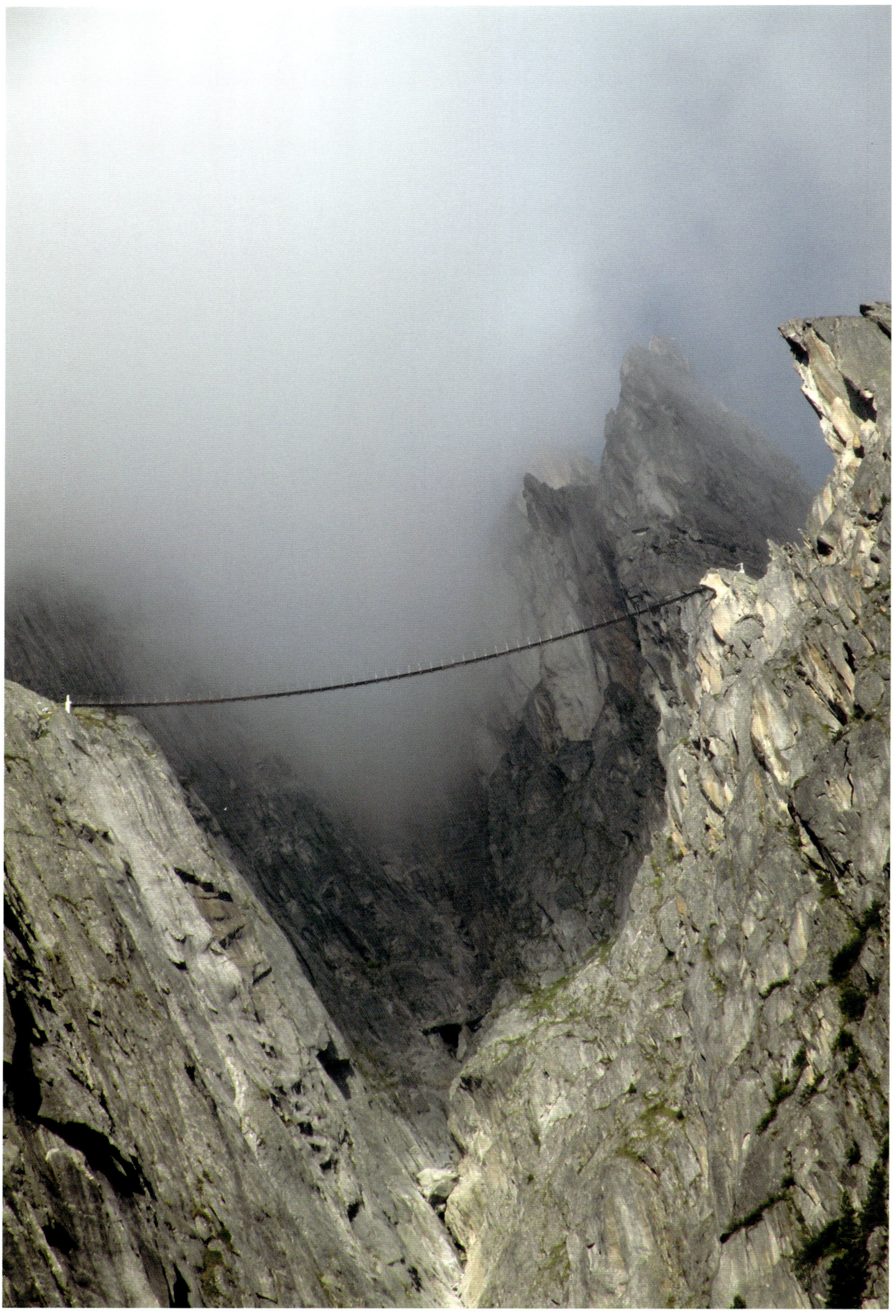

Nur für Schwindelfreie! Die Hängebrücke im Granit des Salbitschijen am »Salbit-Höhenweg«

Tourenziel/Charakteristik	Ausgangspunkt	Wegverlauf & Gehzeit	Markierung	Einkehr am Weg
1 Chli Aubrig, 1642 m Hübsche Kamm- und Gipfelrunde; alternativer Ausgangspunkt Sattelegg (1190 m), Straßenpass zwischen Sihlsee und Wägital (1 3/4 Std., mark.)	Euthal (892 m,), Dörfchen am oberen Sihlsee, 8 km von Einsiedeln	Euthal – Wildegg (1504 m) – Chli Aubrig (2 1/4 Std.) – Büel (1331 m; 3 1/4 Std.) – Sattel (1269 m) – Euthal (4 1/2 Std.)	Wegzeiger, rot-weiße Mark.	Wildegg (1504 m)
2 Fluebrig, 2093 m Beliebtes Gipfelziel mit Aussicht auf Wägitaler See, Sihlsee und Zürichsee. Trittsicherheit erforderlich	Studen (895 m,) im Sihltal, 12 km von Einsiedeln	Studen – Heimegg – Fläschlihöchi (1408 m; 1 3/4 Std.) – Fluebrig (4 Std.) – Waldhütte (1428 m) – Studen (6 Std.)	Wegzeiger, rot-weiße Mark.	
3 Druesberghütte, 1581 m Wenig anstrengende Höhen- und Bergabwanderung; lässt sich leicht mit einer Besteigung des Druesbergs (2281 m) verbinden (3 Std. hin und zurück, mark.). Herrliche Aussicht sowohl auf die Hochalpen als auch hinaus ins flache Land	Bergstation der Hochybrig-Seilbahn (1478 m), Talstation Weglosen (1035 m,), 17 km von Einsiedeln	Hochybrig – Druesberghütte (1 1/2 Std.) – Unteriberg (925 m; 4 Std.)	Wegzeiger, rot-weiße Mark.	Hochybrig (1478 m), Druesberghütte (1581 m)
4 Großer Mythen, 1899 m Zusammen mit dem Kleinen Mythen (1811 m) alpines Wahrzeichen von Schwyz und eines der schönsten Gipfelduos der Schweiz; von der Holzegg mit Drahtseilen gesicherter Felssteig. Nicht vom Weg abweichen, vor allem bei Nässe sehr gefährlich!	Bergstation der Holzegg-Seilbahn (1405 m), Talstation Brunni (1102 m, , 11 km von Einsiedeln	Holzegg – Mythen (1 3/4 Std.) – Holzegg (3 Std.) – Brunni (3 3/4 Std.)	Wegzeiger, rot-weiße Mark.	Holzegg (1405 m), Gipfelhütte (1899 m)
5 Wildspitz, 1580 m Berühmt geworden ist der Rossberg durch den verheerenden Bergsturz von 1860, der in Goldau fast 500 Menschenleben forderte. Abwechslungsreiche Höhentour	Bergstation der Zuger-Berg-Standseilbahn (925 m), Talstation Zug-Schönegg (558 m,). Sehenswert: Zuger Altstadt	Zuger Berg – Walchwiler Berg (1 Std.) – Buschenchappeli (1022 m) – Alpli (1135 m; 2 3/4 Std.) – Wildspitz (4 Std.) – Gnipen (1559 m; 4 1/2 Std.) – Spitzbühel – Goldau (510 m; 6 1/4 Std.,)	Wegzeiger, rot-weiße Mark.	Zuger Berg, Alpli (1135 m), Gh. Wildspitz (1580 m)
6 Rigi-Höhenwanderung Die große Aussichtstour vom Rigi Kulm (1797 m) bis zum Urmiberg und hinab nach Brunnen. Vom Urmiberg (Timpel, 1130 m) auch bequemerer »Abstieg« mit der Seilbahn möglich	Bergstation Rigi Kulm (1752 m) der Zahnradbahn, Talstation Goldau (510 m,)	Rigi Kulm – First (1453 m; 1 Std.) – Rigi Scheidegg (1656 m; 2 1/2 Std.) – Gätterli (1190 m; 3 1/2 Std.) – Urmiberg (4 3/4 Std.) – Brunnen (438 m; 6 1/2 Std.)	Wegzeiger, gelbe und rot-weiße Mark.	Mehrere Gasthöfe am Weg
7 Rigi Kulm, 1797 m Klassische Rigitour, lässt sich natürlich auch als Bergabwanderung machen. Gute, viel begangene Wege, herrliche Aussicht auf den Vierwaldstätter See und seine Berge	Weggis (435 m,) Ferienort am Nordufer des Vierwaldstätter Sees, zwischen Küssnacht und Brunnen	Weggis – Bodenberg (659 m; 3/4 Std.) – Romiti (1195 m; 2 1/4 Std.) – Rigi Kaltbad (1438 m; 3 Std.) – Rigi Staffel (1603 m; 3 3/4 Std.) – Rigi Kulm (4 1/4 Std.,)	Wegzeiger, rot-weiße Mark.	Mehrere Gasthäuser am Weg
8 Rigi Hochflue, 1699 m Keckes Felshorn im Osten des Rigimassivs, auf keinem Weg ganz leicht. Leiter zum Gipfel, am südseitigen Abstieg Drahtseilsicherungen. Nur für Geübte!	Gätterli (1190 m), Übergang von Gersau nach Lauerz. Zufahrt nur von Gersau (436 m,) 8 km	Gätterli – Hochflue (1 1/2 Std.) – Chälen – Gätterli (2 1/2 Std.)	Wegzeiger, rot-weiße und blau-weiße Mark.	Gätterli (1190 m)
9 Rund um die Mythen Eine Fülle schönster Bergbilder bietet diese Runde; etwas kürzere Variante über den Zwüschet Mythen (1438 m) möglich (gesamt 3 1/2 Std.)	Bergstation der Rotenflue-Seilbahn (1520 m), Talstation Rickenbach (586 m,) bei Schwyz	Rotenflue – Holzegg (1405 m; 1/2 Std.) – Haggenegg (1414 m; 2 Std.) – Günterigs (1124 m) – Schwyz (4 Std.)	Wegzeiger, rot-weiße Mark.	Rotenflue, Holzegg (1405 m), Haggenegg (1414 m)
10 Silberen, 2319 m Interessante Runde über die riesigen Karrenfelder des Silberen. Nur bei guter Sicht gehen, im Frühsommer sind die schneebedeckten Klüfte gefährlich! Besuchenswert: die Höllochgrotten, größtes Höhlensystem Europas (Führungen von Muotathal aus)	Pragelpass (1550 m), Straßenverbindung zwischen Muotatal und Klöntal, 23 km von Schwyz. An Wochenenden bleibt die Strecke Muotathal – Vorauen gesperrt!	Pragelpass – Butzen (1780 m) – Silberen (2 3/4 Std.) – Underist Twärenen – Charental – Pragelpass (5 1/4 Std.)	Wegzeiger, rot-weiße Mark.	Pragelpass (1550 m)
11 Glattalpsee, 1852 m Hütten- und Seewanderung, bei Benützung der Seilbahn ausgedehnter Spaziergang. Bei Übernachtung Besteigung des Ortstocks (2717 m) möglich (3 Std.)	Zufahrt bis zur Talstation (Sahli, 1146 m) der Glattalp-Seilbahn möglich	Sahli – Läcki – Glattalp (1856 m; 2 1/4 Std.) – rund um den Glattalpsee (3 1/2 Std.) – Lecki – Sahli (5 Std.)	Wegzeiger, rot-weiße Mark.	Glattalphütte (1896 m), Glattalp

	Tourenziel/Charakteristik	Ausgangspunkt	Wegverlauf & Gehzeit	Markierung	Einkehr am Weg
Zentralschweizerische Voralpen	**12 Chlingenstock, 1935 m** Aussichtsreiche Kammwanderung; Aufstieg zum Fronalpstock alternativ mit dem Sessellift. Am Grat kurze gesicherte Passagen; Trittsicherheit!	Stoos (1265 m), Hotel- und Chaletsiedlung über dem untersten Muotatal, Zufahrt von Schlattli (569 m) mit der Standseilbahn oder von Morschach (646 m) per Luftseilbahn	Stoos – Fronalpstock (1921 m; 2 Std.) – Huserstock (1904 m) – Chlingenstock (4 Std.) – Metzg (1540 m) – Stoos (5 1/2 Std.)	Wegzeiger, rot-weiße Mark.	Fronalpstock (1921 m), Obertritt (1505 m)
	13 Chaiserstock, 2515 m Kühnes Felshorn über dem Riemenstaldental; Kletterberg, Besteigung auch auf dem einfachsten Weg recht anspruchsvoll. Am Gipfelgrat leichte Felsen, gesicherte Passage	Riemenstalden (1030 m), Weiler im gleichnamigen Tal, schmale Straße von Sisikon (446 m), 6 km, Weiterfahrt bis Chäppeliberg (1182 m) möglich, Seilbahn Gitschen (10 Min. vor Lidernenhütte)	Chäppeliberg – Lidernenhütte (1 1/2 Std.) – Chaiserstock (4 Std.); Abstieg auf dem gleichen Weg (gesamt 6 3/4 Std.)	Wegzeiger, Mark.	Lidernenhütte (1727 m)
	14 Schächentaler Höhenweg Prächtige Höhenwanderung an der Sonnseite des Schächentals; kürzere Variante bis Biel (1637 m), dann Talfahrt mit der Seilbahn nach Bürglen	Klausenpass (1948 m), Straßenverbindung zwischen Altdorf und dem Glarnerland	Klausenpass – Chäseren (1832 m; 1 1/4 Std.) – Gisleralp (1847 m; 3 1/2 Std.) – Abzw. Biel (1720 m; 4 3/4 Std.) – Ruogig (1706 m) – Hüenderegg (1874 m; 6 Std.) – Eggberge (1443 m; 7 Std.,)	Wegzeiger, rot-weiße Mark.	Mehrere Gasthäuser am Weg
Reusstal	**15 Brunnital – Klausenpass, 1948 m** Abwechslungsreiche Tour, großartig die Kulisse des Brunnitals mit Gross Ruchen (3138 m) und Gross Windgällen (3187 m), aussichtsreich dann die Höhenwanderung über die Oberalp zum Klausenpass	Unterschächen (995 m), Dorf an der Klausenstraße, etwa auf halber Strecke zwischen Altdorf und der Passhöhe	Unterschächen – Trogen (1500 m; 2 1/4 Std.) – Wannelen (1624 m,) – Nidernalp (1652 m; 3 3/4 Std.) – Chammli (2049 m; 5 1/2 Std.) – Klausenpass (6 1/4 Std.,)	Wegzeiger, rot-weiße Mark.	Klausenpass (1948 m)
	16 Schartihöreli, 1693 m Abwechslungsreiche Runde; Tiefblicke auf den Urner See, im Süden mächtig der Uri Rotstock (2928 m)	Isenthal (771 m), winziges Dörfchen mit abenteuerlicher Zufahrt vom Urner-See-Westufer, 12 km von Altdorf	Isenthal – Schartihöreli (3 Std.) – Chleital – Isenthal (5 1/4 Std.)	Wegzeiger, rot-weiße Mark.	
	17 Brisen, 2404 m Beliebter Aussichtsgipfel mit großem Panorama, mit anschließender Kammwanderung zum Risetenstock besonders lohnend. Naturlehrpfad Gitschenen	Bergstation der Gitschenen-Seilbahn (1530 m), Talstation St. Jakob (990 m), 4 km von Isenthal	Gitschenen – Brisen (3 Std.) – Steinalper Jochli (2157 m) – Risetenstock (2290 m; 4 1/4 Std.) – Ober Bolgen (1823 m) – Gitschenen (6 1/4 Std.)	Wegzeiger, rot-weiße Mark.	Gh. Gitschenen (1530 m)
	18 Maderanertal; Windgällenhütte, 2032 m Beliebte Wanderrunde in dem wildromantischen Urner Alpental. Naturkundlicher Höhenweg zur Windgällenhütte	Bergstation der Golzeren-Seilbahn (1392 m), Talstation hinter Bristen (770 m), Zufahrt von Amsteg (526 m) 5 km	Golzeren – Windgällenhütte (2 Std.) – Tritt (3 1/4 Std.) – Sass (1465 m) – Bristen (5 3/4 Std.)	Wegzeiger, rot-weiße Mark.	Golzeren, Windgällenhütte (2032 m)
	19 Arnisee, 1368 m Gemütliche Höhen- und Bergabwanderung, größtenteils auf Fahrwegen	Bergstation der Arnisee-Seilbahn (1300 m); Talstation Amsteg (526 m)	Arnisee – Gurtnellen (928 m) – Wiler (745 m; 2 1/4 Std.)	Wegzeiger, gelbe und rot-weiße Mark.	Mehrere Gasthäuser am Weg
	20 Sustlihütte, 2257 m Gemütlicher Hüttenbummel mit steiler Wegvariante (Leitern)	Chli Sustli (1907 m) im Meiental, knapp unterhalb des Sustenpasses	Chli Sustli – Leitersteig – Sustlihütte (1 Std.) – Chli Sustli (1 3/4 Std.)	Wegzeiger, Mark.	Sustlihütte (2257 m)
	21 Bergseehütte – Voralphütte Hochalpine Route am Horefellistock (3175 m), nur für erfahrene Bergsteiger bei besten Verhältnissen. Teilweise weglos, eine Passage gesichert	Göschener-Alp-See (1797 m) Zufahrt von Göschenen (1106 m) 10 km	Göschener-Alp-See – Bergseehütte (2 Std.) – Bergseeschijen (2600 m) – Voralphütte (6 Std.) – Wiggen (1319 m; 8 1/4 Std.,)	Wegzeiger, Hüttenzugänge rot-weiß, alpine Route blau-weiß mark.	Bergseehütte (2370 m); Voralphütte (2126 m)
	22 Albert-Heim-Hütte, 2541 m Hüttenrunde über dem Urserental vor hochalpiner Kulisse; alternativ kann man auch über den Höhenweg via Rossmettlen (2060 m) nach Andermatt (1444 m) absteigen (gesamt dann 5 1/2 Std.).	Tiefenbach (2106 m) an der Furkastraße, etwa auf halber Strecke zwischen Realp und der Passhöhe	Tiefenbach – Heimhütte (1 3/4 Std.) – Lochberg – Tiefenbach (3 1/2 Std.)	Wegzeiger, rot-weiße Mark.	Hotel Tiefenbach (2106 m); Albert-Heim-Hütte (2543 m)
	23 Pilatus, 2128 m Trotz Bergbahnen auch für Wanderer ein lohnendes Ziel; verschiedene Varianten möglich mit/ohne Bahn. Am Grat gesicherte Passagen; Trittsicherheit	Zwischenstation Fräkmünt (1416 m) der Pilatus-Seilbahn; Talstation Kriens (480 m), Nachbarort von Luzern	Fräkmünt – Pilatus (2 1/4 Std.) – Tomlishorn (2128 m; 2 3/4 Std.) – Felli (1701 m; 4 1/4 Std.) – Lütoldsmatt (5 1/2 Std.) – Alpnach (452 m; 7 Std.,)	Wegzeiger, rot-weiße Mark.	Pilatus Kulm (2106 m), Lütoldsmatt (1149 m)

Tourenziel/Charakteristik	Ausgangspunkt	Wegverlauf & Gehzeit	Markierung	Einkehr am Weg
24 Bürgenstock, 1128 m Inselberg mit prächtiger Aussicht auf den Vierwaldstätter See und seine Bergkulisse. Luftiger Lift an frei stehender Konstruktion zur Hammetschwand	Ennetbürgen (435 m,), Dorf am Vierwaldstätter See	Ennetbürgen – Bürgenstock (874 m; 1 1/2 Std.) – Hammetschwand (2 Std., Lift) – Mattgrat (792 m) – Ennetbürgen (3 1/2 Std.)	Wegzeiger, gelbe und rot-weiße Mark.	Hotels, Gasthäuser in Bürgenstock (874 m)
25 Buochser Horn, 1807 m Aussichtskanzel über dem Vierwaldstätter See, besonders lohnend der Höhenweg von der Klewenalp herüber. Am Bleikigrat Trittsicherheit unerlässlich!	Bergstation der Klewenalp-Seilbahn (1593 m), Talstation Beckenried (436 m,) am Südufer des Vierwaldstätter Sees	Klewenalp – Stafel (1532 m) – Bärenfallen (1580 m; 1 Std.) – Musenalper Grat (1785 m) – Bleikigrat – Buochser Horn (3 1/4 Std.) – Unter Spis (1219 m; 4 Std.) – Beckenried (5 1/2 Std.)	Wegzeiger, gelbe, rot-weiße und blau-weiße Mark.	Klewenalp (1593 m), Musenalp (1755 m)
26 Stanser Horn, 1898 m Noch ein berühmter Zentralschweizer Aussichtsgipfel, natürlich mit Bergbahn. Überschreitung zur Seilbahn Dallenwil – Wirzweli	Station Kälti (714 m) der Stanserhornbahn, Talstation Stans (452 m,)	Kälti – Bluematt (1204 m; 1 1/2 Std.) – Stanser Horn (3 1/2 Std.) – Wirzweli (1206 m; 5 Std.,)	Wegzeiger, rot-weiße Mark.	Stanser Horn, Kurhaus Wirzweli (1206 m)
27 Benediktusweg Aussichtsreiche Höhenwanderung über dem Engelberger Tal; von Brunni Abfahrt mit der Seilbahn möglich. Naturlehrpfad Brunni	Bergstation der Seilbahn zum Bannalpsee (1587 m), Talstation bei Oberrickenbach (894 m,). Zufahrt von Wolfenschiessen (511 m)	Bannalpsee – Walegg (1943 m; 1 1/4 Std.) – Stock (1730 m) – Brunnihütte – Ristis (1606 m; 3 Std.,) – Engelberg (1000 m; 4 1/2 Std.,)	Wegzeiger, rot-weiße Mark.	Bannalpsee, Brunnihütte (1860 m), Ristis (1606 m)
28 Surenenpass, 2291 m Große Passwanderung von Engelberg ins Reusstal, ab Brüsti (1525 m) wahlweise mit der Seilbahn	Engelberg (1000 m,), bekannter Ferienort. Start auch in Herrenrüti (1165 m) bzw. auf der Fürenalp (1840 m,)	Engelberg – Herrenrüti (2 Std.) – Alpenrösli (3 Std.) – Blackenalp (4 3/4 Std.) – Surenenpass (6 1/4 Std.) – Brüsti (8 Std.,) – Attinghausen (469 m; 10 Std.,)	Wegzeiger, rot-weiße Mark.	Alpenrösli (1258 m), Blackenalp (1773 m)
29 Vier-Seen-Wanderung; Jochpass, 2207 m Innerschweizer Wanderklassiker, herrliche Tour vor Titlis (3238 m) und Wendenstöcken (3042 m). Bei Benützung der Bergbahnen lässt sich das Pensum erheblich abkürzen. Talfahrt von Melchsee-Frutt zur Stöckalp (1075 m) mit der Gondelbahn	Engelberg (1000 m,), bekannter Ferienort, 35 km von Luzern. Sehenswert: Kloster mit Bibliothek	Engelberg – Gerschnialp (1262 m; 3/4 Std.,) – Trüebsee (1764 m; 2 Std.,) – Jochpass (3 1/2 Std.,) – Engstlenalp (1834 m; 4 1/2 Std.,) – Melchsee-Frutt (1902 m; 6 1/2 Std.,)	Wegzeiger, rot-weiße Mark.	Mehrere Gasthäuser am Weg
30 Wandelen, 2105 m Interessante Grattour für Ausdauernde; bei Nässe oder Altschnee gefährlich. Kürzere Alternativen möglich	Melchtal (890 m,), Dorf im gleichnamigen Tal, 11 km von Sarnen	Melchtal – Arni (1533 m; 1 3/4 Std.) – Vorstegg (2045 m; 3 1/4 Std.) – Wandelen (4 1/4 Std.) – Arnigrat – Höch Dossen (1877 m; 5 3/4 Std.) – Unter Büelen – Flüeli-Ranft (743 m; 8 Std.,)	Wegzeiger, rot-weiße und blau-weiße Mark.	
31 Güpfi, 2043 m Aussichtsreiche Überschreitung an dem Kamm zwischen Lungerer See und Klein Melchtal. Trittsicherheit; üppige Flora	Lungern (752 m,) an der Brünigstrecke	Lungern – Brunnenmad (1230 m; 2 Std.) – Höhgrat (4 Std.) – Egg (1809 m) – Güpfi (5 Std.) – Hüttstett (1662 m; 5 3/4 Std.) – Lungern (7 Std.)	Wegzeiger, gelbe und rot-weiße Mark.	
32 Brienzer Rothorn, 2350 m Berühmter Aussichtsgipfel zwischen Innerschweiz und Berner Oberland. Einmalig: die dampfbetriebene Zahnradbahn Brienz – Brienzer Rothorn	Bergstation der Schönbüel-Seilbahn (2011 m), Talstation bei Lungern (752 m,)	Schönbüel – Arnihaaggen (2207 m; 1 1/4 Std.) – Eiseesattel (2025 m) – Brienzer Rothorn (2 1/2 Std.) – Eiseesattel (3 1/4 Std.) – Chäseren (1766 m; 4 1/2 Std.) – Wileralp (1434 m; 6 1/4 Std.) – Brünigpass (1008 m; 7 1/2 Std.,)	Wegzeiger, rot-weiße Mark.	Schönbüel (2011 m), Brienzer Rothorn (2266 m), Brünigpass (1008 m)
33 Napf, 1408 m Zwischen Entlebuch und Emmental gelegen, bietet der Napf vor allem eine große Aussicht, ins Mittelland, zum Jura und in die Alpen. Schattige Anstiegswege	Schüpfheim (719 m,) im Entlebuch, an der Strecke Wolhusen – Emmental	Schüpfheim – Gemeinwerch (1077 m; 2 Std.) – Champechnubel (1261 m; 2 3/4 Std.) – Napf (4 1/4 Std.) – Breitnäbit (1188 m) – Romoos (791 m; 6 3/4 Std.,)	Wegzeiger, Mark.	Hotel Napf (1406 m)
34 Beichlen, 1769 m Aussichtspunkt über dem Entlebuch, auch Abstieg nach Escholzmatt und nach Marbach	Schüpfheim (719 m,) im Entlebuch, an der Strecke Wolhusen – Emmental	Schüpfheim – Ober Lammberg (1101 m; 1 3/4 Std.) – Beichlen (4 Std.) – Flüeli (883 m; 6 1/4 Std.)	Wegzeiger, gelbe und rot-weiße Mark.	
35 Schrattenflue, 2071 m Lohnende Höhen- und Gratwanderung an dem mächtigen Karstmassiv der Schrattenflue. Abstieg auch alternativ nördlich durch das Hilferental nach Marbach möglich (mark., gesamt 6 Std.)	Bergstation der Marbachegg-Seilbahn (1483 m), Talstation Marbach (871 m,) im Entlebuch	Marbachegg – Imbrig (1460 m; 1 1/4 Std.) – Schrattenflue (3 Std.) – Schibengütsch (1992 m; 3 1/2 Std.) – Ober Wisstannen (1507 m; 4 1/2 Std.) – Kemmeribodenbad (976 m; 5 3/4 Std.,)	Wegzeiger, rot-weiße Mark.	Marbachegg (1483 m), Kemmeribodenbad

Das Tessin

Vom Luganer See bis hinauf zum Alpenhauptkamm

»Ohne diesen fatalen Pass würde das Tessin nicht existieren!« Gemeint ist natürlich der St. Gotthard, zentraler Alpenübergang und Herzstück des schweizerischen Réduitgefühls, untertunnelt und befestigt, sagenumwoben und verklärt. Meist bläst oben ein kühler Wind, und die rundgeschliffenen Felshöcker, zwischen denen da und dort dunkel Wasser schimmert, verraten noch nichts von der Nähe des Südens.

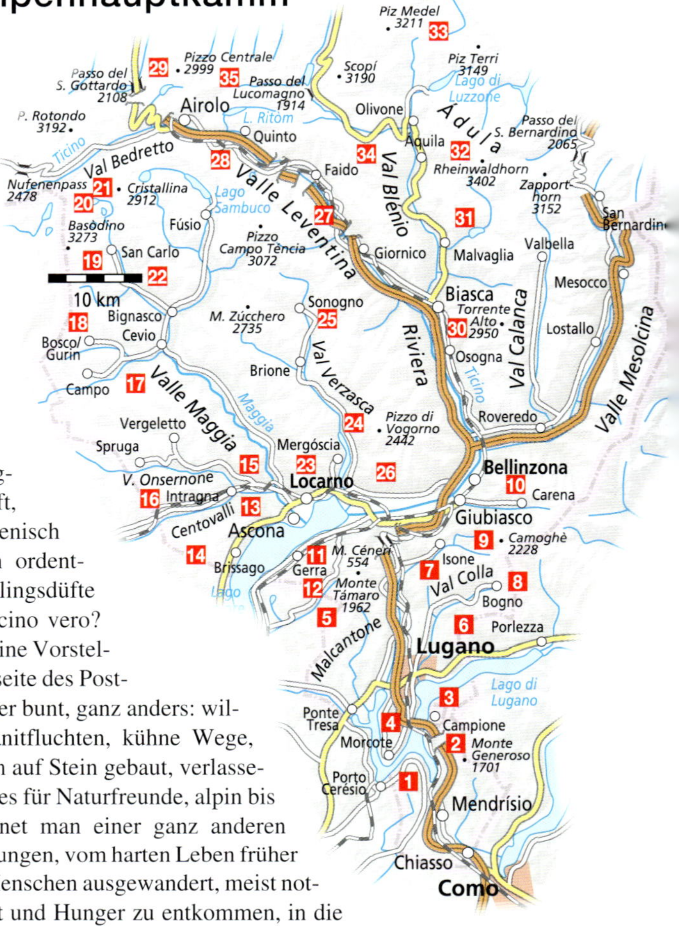

Das Tessin: eine malerische Berg-Seen-Landschaft, schon mediterran-italienisch anmutend, aber noch ordentlich helvetisch, Frühlingsdüfte statt Nebelgrau. Il Ticino vero? Nicht ganz, aber halt eine Vorstellung davon. Die Kehrseite des Postkartenbildes ist weniger bunt, ganz anders: wilde Täler, riesige Granitfluchten, kühne Wege, einst von Bauern Stein auf Stein gebaut, verlassene Dörfer – ein Paradies für Naturfreunde, alpin bis hochalpin. Da begegnet man einer ganz anderen Welt, die von Entbehrungen, vom harten Leben früher erzählt. Oft sind die Menschen ausgewandert, meist notgedrungen, um Armut und Hunger zu entkommen, in die Neue Welt, aber auch in die italienische Nachbarschaft, wie die Kaminfegerkinder noch zu Beginn des 20. Jahrhunderts. Manche Tessiner brachten es im Ausland sogar zu Wohlstand und großem Ruhm als Architekten, Baumeister, Stukkateure oder Maler. Sie schrieben ganz wesentlich mit an der Kulturgeschichte Europas, arbeiteten überall zwischen Palermo und Moskau, von Sevilla bis Konstantinopel. So war Marco von Carona erster Baumeister am Mailänder Dom, Carlo Maderna entwarf die Fassade des Petersdoms, und Domenico Trezzini schuf St. Petersburg aus dem Nichts. Was für eine Fülle von Talenten!

Die jüngste Geschichte machte aus dem Ticino dann ein Einwanderungsland; erst kamen die »Spinner« vom Monte Verità mit ihren skurril-avantgardistischen Ideen, dann besetzte der Geldadel aus Nachkriegsdeutschland die besten Hanglagen um Locarno und Ascona (»Monte Mercedes«). Im »goldenen Dreieck« Locarno–Bellinzona–Lugano wird viel Geld gemacht, auch »gewaschen«; dafür entvölkern sich die Täler des Sopra Ceneri, verganden die Alpen. Il Ticino vero, ein Land der Kontraste.

Steckbrief

Fläche: ca. 3000 qkm
Höchster Punkt: Rheinwaldhorn (3402 m)
Gebirgsgruppen: Adulaalpen (West), Tessiner Alpen, Tessiner Voralpen, Gotthardmassiv (Süd)
Wichtigste Ortschaften: Mendrisio, Lugano, Bellinzona, Locarno, Ascona, Cevio, Biasca, Airolo
Wandervorschläge: 35

Strada Alta

Der bekannteste Tessiner Höhenweg verläuft an der linken Flanke der Leventina von Airolo nach Biasca, vorwiegend in Höhen zwischen 1000 und 1400 Meter. Für die gesamte, etwa 45 Kilometer lange Wegstrecke (teilweise Sträßchen) rechnet man mit einer Gehzeit von 13 Stunden. Zahlreiche Übernachtungsmöglichkeiten unterwegs. Wegverlauf: Airolo (1175 m) – Altanca (1391 m) – Luregno (1324 m) – Osco (1156 m; 4 ¾ Std.) – Gianón (1388 m) – Anzonico (984 m; 8 ¼ Std.) – Sobrio (1128 m) – Biasca (301 m; 13 Std.)

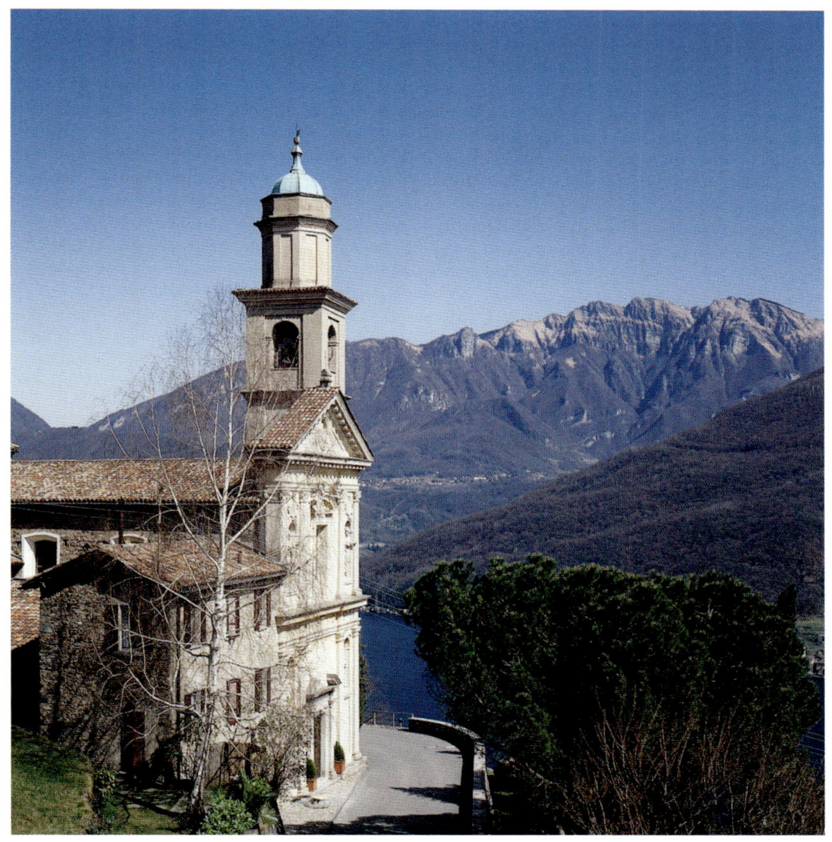

Berge- und Seenlandschaft Ticino: die Kirche von Vico Morcote, ein Zipfel des Luganer Sees und der mächtige Monte Generoso (1701 m)

Die schönste Wanderung am Luganer See?

4 Monte San Salvatore, 912 m – Morcote

Wenn's eine Hitliste der Tessiner Wanderwege gäbe, die Tour vom Monte San Salvatore nach Carona und hinunter nach Morcote müsste ganz oben stehen. Zigtausende sind alljährlich auf dem teilweise bewaldeten Höhenrücken unterwegs, lassen sich von der altehrwürdigen Standseilbahn zum San Salvatore befördern, genießen am Gipfelchen die große Schau auf den Luganer See, hinab zur Stadt, auf die Tessiner Alpen. Kunst aus mehreren Jahrhunderten gibt's dann in und rund um Carona zu bewundern, zum »Zvieri« lädt die Alpe Vicania ein, und schließlich steigt man über gezählte 404 Stufen von der Kirche Madonna del Sasso ab nach Morcote.

Die Höhenwanderung beginnt mit dem etwas rauen Abstieg vom Monte San Salvatore. Bei Ciona (612 m) stößt der Weg auf die Straße nach Carona. Am südlichen Ende des malerisch-verwinkelten Dorfes, in der Nähe des Sportzentrums, weist eine Tafel nach Madonna d'Ongero. Kurz vor dem prächtigen Barockbau zweigt links der Weg zur Alpe Vicania ab. Er quert die bewaldete Westflanke der Cima Pescia und trifft in der Senke unter dem Monte Arbòstora auf einen breiten Güterweg, der in ein paar Schleifen zur Alm hinabzieht. Weiter in Kehren mit schöner Aussicht auf die Hügelketten des Varesotto abwärts, durch Rebberge nach Madonna del Sasso (15./18. Jh.). Neben dem stattlichen Gotteshaus steht die Antoniuskapelle, ein interessanter Barockbau mit achteckigem Grundriss. Hinab ins alte Fischerstädtchen Morcote mit seinen malerischen Lauben über den alten Treppenweg.

Das »steinerne Herz« des Ticino

24 Val Verzasca

Als das »steinerne Herz« des Tessins hat ein Kenner das Verzascatal bezeichnet – so poetisch wie zutreffend. Doch von Steinen allein lebt es sich schlecht, und so entstand hier (wie auch anderswo in den Südalpen) eine Art bäuerliches Nomadentum. Viele Familien besaßen neben ihrem Anwesen im Tal (paese) ein Rebgut, Maiensäße (monti) und Alpen sowie einen Wintersitz in der Magadino-Ebene (piano). So pendelten die Verzas-

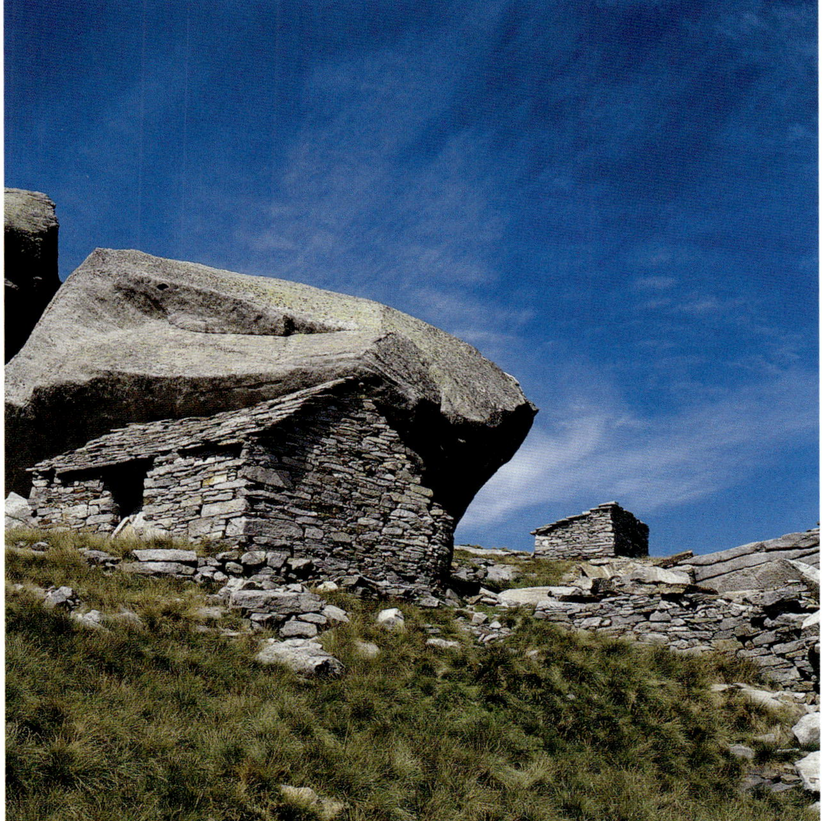

Stein über Stein: Nicht umsonst wird der Sopra Ceneri oft als »Ticino granito« bezeichnet. Alphütte im Val Verzasca

cesi übers Jahr zwischen diesen Wirtschaftsräumen, die bis zu 30 Kilometer und 2000 Höhenmeter auseinander liegen konnten.

Tempi passati. Längst sind die Almen verlassen, viele der so malerischen Rustici haben neue Besitzer, und auf den alten Pfaden ist ein anderes Publikum unterwegs: Wanderer, Touristen. Auch auf dem schönen Talweg.

Von Brione zunächst auf der Straße über das breite Bachbett der Osura, vorbei am Ristorante Ai Piée und links über die Verzasca. Mit kurzer Gegensteigung talabwärts zur nächsten Straßenbrücke. Auf Asphalt kurz bergan, in der Kurve geradeaus. Bis Lavertezzo säumen Kunstwerke von Tessiner Künstlern die Wanderroute. Hinter dem Weiler Ganne (666 m) quert der Pfad mehrere Steilrinnen; dann passiert man den berühmten Ponte dei Salti. Unter dem eleganten Doppelbogen des mittelalterlichen Bauwerks hat sich die Natur als Künstlerin betätigt und aus den Felsen fantastische Formen aus dem Granit geschliffen, zwischen denen tiefgrün die Wasser der Verzasca schimmern.

Der Weg setzt sich von Lavertezzo (536 m) auf der rechten Talseite über den Weiler Oviga di fuori nach Corippo (563 m) fort, zuletzt auf der steilen Ortszufahrt. Das pittoreske Dörfchen steht als Ensemble von nationaler Bedeutung unter Denkmalschutz. Nun hoch über dem Stausee von Vogorno (470 m) mit einigem Auf und Ab durch Kastanienhaine weiter talauswärts. Hinter den Rustici von Gresina (650 m) steigt der Pfad hinauf zu den wenigen Häusern von Bedeglia (840 m). Zuletzt via Benitti hinab und hinein nach Mergoscia (731 m).

Trekking del 700

Eine Trekkingroute quer durch den Kanton, vom Misox im Osten bis ins Pomat (Val Formazza) im Westen: 130 Kilometer bergauf und bergab. In der Zeitschrift »Berge« konnte man nachlesen: »Während der neun Tage, die das ganze Unternehmen dauert, steigt man sechsmal in besiedelte Täler ab und übernachtet auch dort: Ideal für alle, die Dusche und Vier-Gang-Menü dem schweren Rucksack vorziehen. Doch auch mit diesen zivilisatorischen Unterbrechungen ist das ›Trekking del 700‹ ein Erlebnis, das mit Wildheit und Ruppigkeit nicht geizt.«
Immerhin hat man rund 11 000 Höhenmeter im Auf- und Abstieg zu bewältigen, manche Abschnitte sind extrem steil, im Hochsommer entsprechend schweißtreibend. Die gesamte Route ist markiert und gut ausgeschildert, dreimal wird in Hütten übernachtet (Capanna Cava, Capanna d'Efra, Capanna Pian di Crest). **1. Tag:** Mesocco – Bocchetta de Trescolmen (2161 m) – Landarenca (Calancatal), 7 Std. **2. Tag:** Landarenca – Passo del Mauro (2428 m) – Capanna Cava, 6 1/2 Std. **3. Tag:** Capanna Cava – Forcarella del Lago (2258 m) – Biasca, 5 Std. **4. Tag:** Biasca – Passo di Gagnone (2217 m) – Capanna d'Efra (2039 m), 7 1/2 Std. **5. Tag:** Capanna d'Efra – Frasco – Sonogno (Val Verzasca), 3 Std. **6. Tag:** Sonogno – Forca di Redorta (2181 m) – Prato Sornico (Valle Maggia), 8 Std. **7. Tag:** Prato Sornico – Bocchetta di Fiorasca (2298 m) – Fontana (Val Bavona), 7 1/2 Std. **8. Tag:** Bignasca – San Carlo – Capanna Pian de Crest (2108 m), 7 Std. **9. Tag:** Capanna Pian de Crest – Tamierpass (2772 m) – Formazza (Pomat/Val Formazza), 5 1/2 Std.
Eine ausführliche Broschüre zu diesem fantastischen Tessin-Trekking gibt's kostenlos bei Ticino Tourism (Via Lugano 12, CH-6500 Bellinzona; (091/825 70 56 825 36 14, info@ticino-tourism.ch,awww.ticino-tourism.ch)

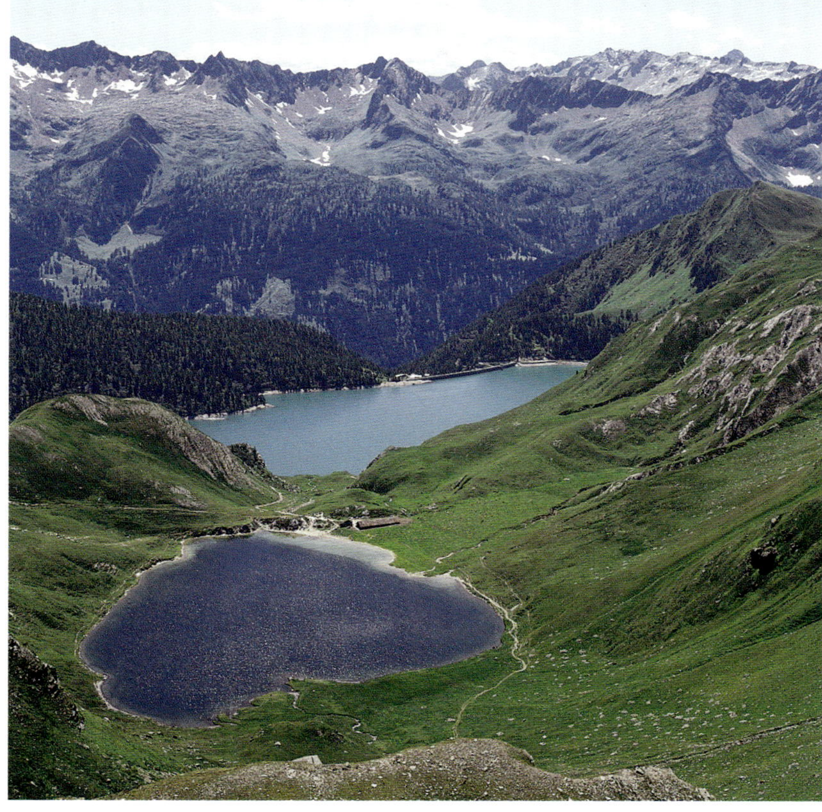

Seen im Sopra Ceneri, hoch über der Leventina: der Ritom-Stausee und der Lago di Tom

Seenrunde zwischen Lukmanier und Piora

35 Capanna Cadlimo, 2573 m – Val Piora

Berühmt ist das Val Piora vor allem für seinen Käse, doch hier ist es die Landschaft, die fasziniert: brauner Gotthardgranit und tiefblaue Seen, aufgereiht an der Wanderroute wie Perlen an einer Kette, dazu überraschende Szenenwechsel und Fernblicke bis zum Tödi (3614 m) und zu den Viertausendern der Berner Alpen. Und am Cadagnosee gibt's sogar den richtigen Käse dazu, den »Piora« …

Die große Runde beginnt am Lukmanier-Stausee (Lai da Sontga Maria, 1908 m), führt dann über eine Steilstufe in das lang gestreckte, nach Westen ansteigende Val Cadlimo. Der Lago dell'Isra (2322 m) bleibt links; die markierte Spur steigt über abgerundete Granitbuckel, zwischen denen es spärlich grünt, hinauf zur Capanna Cadlimo. Kurz abwärts in die gleichnamige Scharte (2539 m), dann querend zum Lago Scuro (2451 m) und in die Bassa di Lago Scuro. Faszinierender Tiefblick auf den Lago di Tom (2021 m) und den Stausee von Ritom (1850 m). Auf gutem Weg abwärts zur Alpe Tom, dann links hinauf in einen kleinen Wiesensattel (2077 m), hinter dem das Weglein zum Lago Cadagno (1923 m) hinabläuft. Hier beginnt der nur mäßig steile Anstieg durch das Val Piora hinauf zum Passo dell'Uomo (2218 m). Dahinter geht's auf einer hässlichen Schotterpiste hinunter zum Stausee am Lukmanierpass.

Tourenziel/Charakteristik	Ausgangspunkt	Wegverlauf & Gehzeit	Markierung	Einkehr am Weg	
1 Monte San Giorgio, 1097 m Bewaldeter Gipfel am Südrand der Alpen, berühmt für seine Versteinerungen. Reiche Flora und Fauna (Museum in Meride), UNESCO-Weltnaturerbe	Riva San Vitale (273 m,) am Südende des Luganer Sees. Sehenswert: Baptisterium (um 500) und Kirche Santa Croce	Riva San Vitale – Monte San Giorgio (2 1/2 Std.) – Meride (578 m; 3 1/2 Std.,) – Riva San Vitale (4 1/4 Std.)	Wegzeiger, rot-weiße Mark.	In Meride (578 m)	
2 Monte Generoso, 1701 m Überschreitung des »Rigi der Südschweiz«. Großes Panorama, im Frühsommer üppige Flora. »Abstieg« alternativ auch mit der Zahnradbahn nach Mendrisio möglich	Arogno (586 m,), Bergdorf im Valle Mara, 5 km von Maroggia	Arogno – Al Pian dal Alp (1360 m; 2 1/4 Std.) – Monte Generoso (4 Std.) – Bellavista (1221 m; 5 1/4 Std.) – Rovio (495 m; 7 Std.)	Wegzeiger, rot-weiße Mark.	Generoso-Vetta (1601 m), Bellavista (1221 m)	
3 Sighignola, 1321 m Aussichtsbalkon über dem Luganer See, gegenüber von Lugano. Hin- und Rückfahrt per Schiff! Straße von Lanzo d'Intelvi (907 m, 5 km) zum Gipfel	Cantine di Gandria (273 m,), Häusergruppe am Ufer des Luganer Sees, gegenüber von Gandria. Interessant: Schmugglermuseum	Cantine di Gandria – Sighignola (3 Std.) – Arogno (586 m; 4 1/2 Std.,) – Bissone (276 m; 5 1/2 Std.,)	Wegzeiger,mark. Wege	Arogno (586 m)	
4 Monte San Salvatore, 912 m – Morcote Wanderklassiker im Sotto Ceneri, wenig beschwerliche Höhenwege. Sehenswert: Carona, Morcote mit Parco Scherrer	Bergstation der San-Salvatore-Standseilbahn (912 m), Talstation Lugano-Paradiso (272 m,)	Monte San Salvatore – Carona (599 m; 1 Std.) – Alpe Vicania (659 m; 2 1/4 Std.) – Morcote (272 m; 3 Std.,)	Wegzeiger, rot-weiße Mark.	Mehrere Einkehrmöglichkeiten unterwegs	Sotto Ceneri
5 La Traversata; Monte Tamaro, 1961 m Berühmte Kammwanderung über dem Malcantone mit herrlichen Ausblicken. Bei Liftbenützung nur mäßig anstrengend	Bergstation des Monte-Lema-Sessellifts (1550 m), Talstation Miglieglia (706 m,), 17 km von Lugano	Liftstation – Monte Lema (1620 m) – »La Traversata« – Monte Tamaro (3 1/2 Std.) – Alpe Foppa (1530 m; 4 1/2 Std.,) – Rivera-Bironico (471 m; 6 1/2 Std.,)	Wegzeiger, rot-weiße Mark.	Ostello Monte Lema (1580 m), Capanna Tamaro (1867 m), Alpe Foppa (1530 m)	
6 Monte Boglia, 1516 m Auf den Hausberg von Lugano, mit Abstieg zum Fischerdörfchen Gandria. Sehenswert: Altstadt von Lugano mit Museen, Gandria	Bergstation der Monte-Brè-Standseilbahn (925 m), Talstation Lugano-Cassarate (273 m,)	Monte Brè – Brè (800 m) – Monte Boglia (2 1/2 Std.) – Alpe Bolla (3 1/4 Std.) – Brè (4 1/4 Std.) – Gandria (273 m; 5 1/2 Std.,) – Lugano (6 1/4 Std.)	Wegzeiger, gelbe und rot-weiße Mark.	Mehrere Gasthöfe am Weg	
7 Monte Bar, 1816 m Sehr sonnige Wanderrunde, öfter Schießlärm vom nahen Militärübungsplatz	Bidogno (804 m,), Dörfchen im unteren Val Colla, 14 km von Lugano	Bidogno – Caval Drossa (1632 m; 2 1/2 Std.) – Monte Bar (3 1/4 Std.) – Monte Bar – Bidogno (5 1/2 Std.)	Wegzeiger, rot-weiße Mark.	Capanna Monte Bar (1600 m)	
8 Monte Gazzirola, 2116 m Große Wanderrunde über dem Val Colla, verschiedene Teilbegehungen möglich, z. B. Abstieg von San Lucio nach Bogno (gesamt 6 3/4 Std.) oder Runde über die Cima di Fojorina (ab Bogno gesamt 4 1/4 Std.)	Bidogno (804 m,), Dörfchen im unteren Val Colla, 14 km von Lugano	Bidogno – Capanna Monte Bar (2 1/2 Std.) – Monte Gazzirola (4 3/4 Std.) – San Lucio (1542 m; 6 Std.) – Cima di Fojorina (1809 m; 7 1/4 Std.) – Capanna Pairolo (8 Std.) – Cimadera (1080 m; 8 3/4 Std.)	Wegzeiger, rot-weiße Mark.	Rif. Garzirola (1875 m); Capanna Pairolo (1347 m)	
9 Camoghè, 2227 m Felsiger Nachbar der Gazzirola, höchster Gipfel des südlichen Tessin mit großem Panorama. Alternativ Abstieg nach Colla möglich (gesamt dann 8 Std., mark.)	Carena (958 m,), Bergdörfchen im Valle Morobbia, 12 km von Giubiasco	Carena – Alpe Poltrinetto (1503 m; 2 1/4 Std.) – Alpe Levén (1667 m) – Bocchetta di Revolte (1970 m; 4 1/4 Std.) – Camoghè (5 1/4 Std.); Abstieg auf dem gleichen Weg (gesamt 8 1/2 Std.)	Wegzeiger, rot-weiße Mark.		
10 Motto d'Arbino, 1694 m Höhenwanderung über Bellinzona mit Aussicht bis zum Alpenhauptkamm und auf den Lago Maggiore. Sehenswert: die Burgen von Bellinzona	Carena (958 m,), Bergdörfchen im Valle Morobbia, 12 km von Giubiasco	Carena – Alpe Croveggia (1546 m) – Alpe di Gesero (1706 m; 2 1/4 Std.) – Alpe della Costa (1615 m) – Motto d'Arbino (3 1/4 Std.) – Motto della Croce (1254 m; 4 1/4 Std.) – Castello di Sasso Corbaro – Bellinzona (241 m; 6 1/2 Std.,)	Wegzeiger, rot-weiße und gelbe Mark.	Capanna Gesero (1774 m), 10 Min. von der Alpe Gesero	
11 Monti di Gambarogno »Strada alta« des Gambarogno, verbindet die Maiensäße an der Nordflanke des Monte Gambarogno	Piazzogna (356 m,), Dorf des Gambarogno über dem Lago-Maggiore-Südufer, knapp 20 km von Bellinzona	Piazzogna – Monti di Piazzogna (767 m; 1 1/4 Std.) – Monti di Gerra (2 1/2 Std.) – Monti di Caviano (695 m; 4 1/4 Std.) – Caviano (274 m; 5 Std.)	Wegzeiger, rot-weiße Mark.	Monti di Piazzogna (767 m), Monti di Gerra	Lago Maggiore
12 Monte Gambarogno, 1734 m Prächtiger Aussichtsgipfel über dem schweizerischen Südufer des Lago Maggiore, abwechslungsreiche Runde ab Indemini	Indemini (939 m,) im obersten Valle Veddasca, 17 km von Vira über den Pass Corte di Neggia (1395 m)	Indemini – Sant'Anna (1342 m) – Alpe Cedullo (1287 m; 1 1/2 Std.) – Monte Gambarogno (3 Std.) – Corte di Neggia (1395 m) – Indemini (4 3/4 Std.)	Wegzeiger, rot-weiße Mark.	Indemini (939 m), Alpe Cedullo	

	Tourenziel/Charakteristik	Ausgangspunkt	Wegverlauf & Gehzeit	Markierung	Einkehr am Weg
Lago Maggiore	**13 Pizzo Leone, 1659 m** Erst angenehm schattige, dann aussichtsreiche Höhenwanderung über die Corona dei Pinci; Ausdauer erforderlich. Kürzere Varianten möglich, z. B. Abstieg von der Corona di Pinz nach Ronco (gesamt dann 5 1/2 Std.)	Arcegno (387 m,), Dorf westlich über dem Maggiadelta, 5 km von Locarno	Arcegno – Corona di Pnz (1293 m; 3 Std.) – Pizzo Leone (4 1/2 Std.) – Ronco (353 m; 7 Std.) – Arcegno (8 Std.)	Wegzeiger, gelbe und rot-weiße Mark.	Ronco sopra Ascona (353 m)
	14 Gridone, 2188 m Mächtiger Bergstock über Brissago, bei den Italienern Monte Limidario, mit weitem Panorama und herrlichem Seeblick	Cortaccio (1087 m), altes Almdörfchen (heute Ferienhäuser); Zufahrt von Brissago (215 m,) via Piodina 8 km. Parkmöglichkeit bei den ersten Häusern	Cortaccio – Rif. Al Legn (1740 m; 2 1/4 Std.) – Bocchetta di Valle (1946 m) – Gridone (3 3/4 Std.); Abstieg auf dem gleichen Weg (gesamt 6 Std.)	Wegzeiger, rot-weiße Mark.	Rif. Al Legn (1740 m)
Valle Maggia – Val Verzasca	**15 Salmone, 1560 m** Steiler Weg zum Hochsitz über den Tälern von Maggia und Centovalli; faszinierend der Blick auf das Maggiadelta. Im Hochsommer zu heiß!	Verscio (274 m,) im Pedemonte, 7 km von Locarno	Verscio – Vii (1126 m; 2 3/4 Std.) – Salmone (4 1/2 Std.) – Passo della Garina (1076 m; 5 3/4 Std.) – Loco (691 m; 6 1/2 Std.)	Wegzeiger, rot-weiße Mark.	
	16 Pizzo Rudasca, 2004 m Steinige Überschreitung vom Valle Onsernone ins Centovalli, Einsamkeit garantiert; Trittsicherheit. Nur spärlich mark., etwas Orientierungssinn notwendig	Camologno (1085 m,), Bergnest im hintersten Onsernonetal	Camologno – Pizzo Rudasca (4 Std.) – Pianascio (1642 m) – Monte Comino (6 Std.) – Verdasio – Verdasio-Stazione (530 m; 7 Std.)	Rot-weiße Mark.	Riposo Romantico auf dem Monte Comino (1138 m), Verdasio (711 m)
	17 Bocchetta di Sascola, 2135 m Einsam-mühsame, aber sehr dankbare Runde; wer noch genügend Schnauf hat, kann den Pizzo Alzasca (2261 m) mitnehmen (weglos, leicht)	Ovi di Dentro (779 m,), Bushalt an der Straße von Cevio nach Campo Vallemaggia	Ovi di Dentro – Alpe Orsalii (1701 m; 3 Std.) – Bocchetta di Cansegéi (2036 m; 4 1/2 Std.) – Bocchetta di Sascola (4 3/4 Std.) – Lago di Sascola (1740 m; 5 Std.) – Cevio (418 m; 7 3/4 Std.)	Wegzeiger, rot-weiße Mark.	Capanna d'Alzasca (1734 m), 20 Min. unterhalb des Lago d'Alzasca
	18 Üsser See, 2393 m Abwechslungsreiche Wanderrunde oberhalb der Walsersiedlung Gurin. Im Sommer auf den Wiesen oberhalb des Dorfes zahllose Türkenbünde. Sehenswert: Walserhäuser, Museum	Bosco/Gurin (1503 m,), 16 km von Cevio	Bosco/Gurin – Üsser See (2 1/2 Std.) – Schwarzsee (2315 m) – Bann (2104 m; 4 1/2 Std.) – Bosco/Gurin (5 1/2 Std.)	Wegzeiger, rot-weiße Mark.	
	19 Bocchetta dei Laghi della Crosa, 2480 m Anstrengende Tour in einen der einsamsten Winkel des Sopra Ceneri. Trittsicherheit notwendig (einige Seilsicherungen). Nur für erfahrene Berggänger bei sicherem Wetter. Sehenswert: Gerra (1045 m), verlassene Almsiedlung, Wasserfall von Foroglio	San Carlo (938 m,), Häusergruppe im innersten Val Bavona, 11 km von Bignasco	San Carlo – Rifugio Pian delle Creste (3 1/2 Std.) – Bocchetta della Crosa (2480 m; 4 1/2 Std.) – Laghi della Crosa (2116 m) – Calnegia (1108 m) – Foroglio (684 m; 8 1/2 Std.,)	Wegzeiger, rot-weiße Mark.	Rifugio Pian delle Creste (2108 m)
	20 Seenrunde; Lago Sfundau, 2392 m Wanderung zu den (Stau-)Seen im obersten Val Bavona; auch kürzere Varianten möglich. Beeindruckende Granitlandschaft	Bergstation der Robiei-Seilbahn (1891 m), Talstation San Carlo (938 m,) am Ende der Talstraße	Robiei – Lago dei Cavagnöö (2310 m; 1 3/4 Std.) – Lago Sfundau – Lago Nero (2387 m; 3 Std.) – Robiei (4 Std.)	Wegzeiger, rot-weiße Mark.	Robiei
	21 Cristallina, 2912 m Höchster Gipfel zwischen der Vallemaggia und dem Bedrettotal mit großer Aussicht. Nur für geübte Bergwanderer, die sich auch in weglosem Terrain zurechtfinden	Bergstation der Robiei-Seilbahn (1891 m), Talstation San Carlo (938 m,) am Ende der Talstraße	Robiei – Lago Sfundau – Passo Cristallina (2568 m; 2 1/2 Std.) – Cristallina (4 Std.); Abstieg auf dem gleichen Weg (gesamt 6 1/2 Std.)	Wegzeiger, rot-weiße Mark., ab Pass Steinmännchen, Spur	Robiei, Capanna Cristallina (2567 m)
	22 Alpe Fiorasca, 2086 m Abenteuerpfad zu den (verlassenen) Almen über dem Valle di Larèchia. Einzigartig die kunstvoll in schwierigstes Gelände trassierten Wege, grandios-wild die Kulisse	Fontana (616 m,), Weiler im Val Bavona	Fontana – Larèchia (1596 m) – Alpe Fiorasca (4 – 5 Std.); Abstieg auf dem gleichen Weg	Wegzeiger, rot-weiße Mark.	
	23 Cima della Trosa, 1869 m Hausberg von Locarno, mit Seilbahnhilfe vergleichsweise bequeme Tour. Große Schau auf den Lago Maggiore und in die Tessiner Hochalpen	Bergstation des Cimetta-Lifts (1671 m), Talstation Locarno (198 m,), Zwischenstationen Madonna del Sasso und Cardada	Cimetta – Cima della Trosa (1 Std.) – Faedo (1351 m) – Mergoscia (731 m; 3 1/4 Std.)	Wegzeiger, rot-weiße Mark.	Cimetta (1671 m), Mergoscia (731 m)

Tourenziel/Charakteristik	Ausgangspunkt	Wegverlauf & Gehzeit	Markierung	Einkehr am Weg	
24 Val Verzasca Populäre Talwanderung entlang der Verzasca (Badeplätze): Natur und Kultur	Brione (756 m,) Dorf im inneren Verzascatal. Zufahrt von Górdola (205 m,), 18 km	Brione – Lavertezzo (536 m; 1 3/4 Std.) – Corippo (563 m) – Mergoscia (731 m; 4 Std.,)	Wegzeiger, gelbe Mark.	Mehrere Einkehrmöglichkeiten (Grotti) am Weg	Valle Maggia – Val Verzasca
25 Lago d'Efra, 1836 m Dankbare Talwanderung zu idyllisch gelegenem Bergsee. Gut eine 1/2 Std. höher steht die Capanna d'Efra (2039 m)	Frasco (885 m,), Dorf im inneren Val Verzasca	Frasco – Lago d'Efra (3 Std.); Abstieg auf dem gleichen Weg (gesamt 5 Std.)	Wegzeiger, rotweiße Mark.		
26 Sassariente, 1768 m Markanter Felszacken über der Mündung des Verzascatals mit packendem Tiefblick auf die Magadinoebene. Alternativ (und kürzer) Aufstieg von den Monti di Motti (1067 m, schmale Zufahrt)	Berzona (502 m,), Häusergruppe am Stausee von Vogorno, etwa 6 km von Górdola	Berzona – Lignasca (844 m) – Monti della Scesa – Sassariente (3 3/4 Std.) – Monti di Motti (1067 m; 5 Std.) – Górdola (6 1/2 Std.,)	Wegzeiger, rotweiße Mark.	Monti di Motti (1067 m)	
27 Doro, 1537 m Almrunde fernab vom rauschenden Verkehr auf der Gotthard-Transitachse	Chironico (782 m,), Dorf in der unteren Leventina. Zufahrt von Lavorgo an der Gotthardstrecke	Chironico – Cala (1467 m; 2 1/4 Std.) – Doro (2 3/4 Std.) – Ces (1446 m; 3 1/4 Std.) – Chironico (4 1/2 Std.)	Wegzeiger, rotweiße Mark.		Leventina
28 Lago Tremorgio, 1830 m Höhenweg auf der linken Talseite der Leventina zum kreisrunden Bergsee	Zwischenstation Pesciüm (1745 m) der Seilbahn zum Sasso della Boggia; Talstation Airolo (1175 m,)	Pesiüm – Zemblasca (1809 m; 11/2 Std.) – Pian Mott (1815 m) – Lago Tremorgio (4 1/2 Std.) – Rodi-Fiesso (940 m; 6 1/4 Std.,)	Wegzeiger, rotweiße Mark.	Rifugio Lago Tremorgio (1580 m)	
29 Pizzo Centrale, 2999 m Zentralgipfel des Gotthardmassivs mit großem Panorama. Trittsicherheit unerlässlich. Sehenswert: Museo Nazionale del San Gottardo	Gotthard-Hospiz (2091 m,) am Passo del San Gottardo (2108 m)	Gotthard – Lago della Sella (2256 m; 3/4 Std.) – Pizzo Centrale (3 Std.); Abstieg auf dem gleichen Weg (gesamt 5 Std.)	Wegzeiger, teilweise Farbmark., zum Gipfel Steinmännchen, Spur	Am Gotthardpass	
30 Forcarella di Lago, 2256 m Ticino vertikal! Die Runde eignet sich nur für Konditionsbolzen, bietet aber garantiert Ungewöhnliches. Tiefblicke en masse	Biasca (301 m,), Städtchen an der Mündung der Leventina und des Valle di Blenio	Biasca – Piansgera (1409 m) – Forcarella di Lago (5 1/2 Std.) – Forcella di Cava (2090 m; 6 Std.) – Svall (1407 m; 7 1/2 Std.) – Biasca (9 3/4 Std.)	Wegzeiger, rotweiße Mark.	Capanna Cava (2066 m)	Val Blenio
31 Val Malvaglia; Cusiè, 1666 m Rundwanderung in dem wilden Graben des Val Malvaglia, grandios der Talschluss mit dem Rheinwaldhorn (3402 m)	Bergstation der Dagro-Gondelbahn (1413 m), Talstation Malvaglia (380 m,)	Dagro – Cusiè (1 3/4 Std.) – Bacino di Val Malvaglia (990 m; 3 1/2 Std.) – Malvaglia (4 3/4 Std.)	Wegzeiger, rotweiße Mark.	Dagro (1413 m)	
32 Capanna Adula, 2012 m Tal- und Passwanderung im Banne des Rheinwaldhorns. Ausdauer und Trittsicherheit erforderlich, evtl. Nächtigung in der Adulahütte	Olivone (902 m,) am Fuß des Lukmanierpasses, 21 km von Biasca	Olivone – Compietto (1573 m; 2 Std.) – Val Carassino – Capanna Adula (4 3/4 Std.) – Dongio (7 Std.,)	Wegzeiger, rotweiße Mark.	Capanna Adula (2012 m)	
33 Passo della Greina, 2357 m Große Wanderrunde am Alpenhauptkamm; unvergleichlich das Greina-Hochplateau, umrahmt von hohen Gipfeln, mit Nächtigung im Rif. Motterascio besonders lohnend	Ghirone (1249 m,) bei Campo Blenio (1216 m), 7 km von Olivone	Ghirone – Lago di Luzzone (1590 m; 1 Std.) – Rif. Motterascio (3 3/4 Std.) – Crap la Crusch (2259 m; 4 1/2 Std.) – Passo della Greina (5 1/2 Std.) – Pian Gereitt (2012 m; 6 1/2 Std.) – Daigra (1408 m) – Ghirone (8 1/2 Std.)	Wegzeiger, rotweiße Mark.	Rif. Motterascio (2171 m), Capanna Scaletta (2205 m)	
34 Sentiero alto di Blenio Aussichtsreicher Höhenweg an der Westflanke des Bleniotals. Etwas für Langstreckenläufer, sonst Nächtigung in der Capanna Piandios	Acquacalda (1758 m,) an der Strecke Olivone – Lukmanierpass	Acquacalda – Passo Bareta (2274 m; 2 1/2 Std.) – Capanna Piandios (4 1/2 Std.) – Alpe del Gualdo (1774 m; 6 ½ Std.) – Monte Püscett (1509 m; 7 ½ Std.) – Ludiano (466 m; 9 Std.,)	Wegzeiger, rotweiße Mark.	Acquacalda (1758 m), Capanna Piandios	
35 Capanna Cadlimo, 2573 m – Val Piora Einzigartige Seen- und Passwanderung zwischen Lukmanierpass und Leventina. Gute Bergwege, Ausdauer erforderlich	Lukmanierpass (Passo del Lucomagno, 1914 m,), Übergang von Disentis nach Olivone und Biasca	Lukmanierpass – Capanna Cadlimo (3 1/2 Std.) – Bassa del Lago Scuro (2470 m; 4 Std.) – Lago di Tom (2022 m) – Capanna Cadagno (5 1/2 Std.) – Passo dell'Uomo (2218 m) – Lukmanierpass (8 Std.)	Wegzeiger, rotweiße Mark.	Lukmanierpass (1914 m), Capanna Cadlimo (2573 m), Lago Cadagno (1921 m), Capanna Cadagno (1987 m)	

Berner Oberland

Eiger, Mönch und Jungfrau

Die Berner behaupten ja gerne von sich, sie hätten den Alpentourismus erfunden, was angesichts der Oberländer Fels- und Eiskulisse so sehr nicht erstaunt. Immerhin waren es die Mutzenstädter, die im Jahr 1805 ein Mega-Event auf die Beine stellten, neben dem sich heute ein Konzert der Zillertaler Schürzenjäger wie eine bescheidene Kirmesveranstaltung ausnimmt: das erste Unspunnenfest.

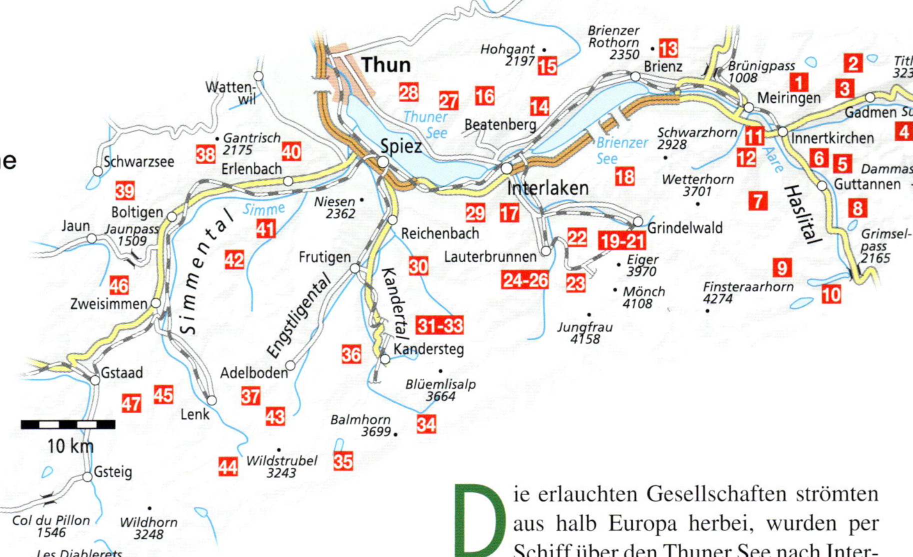

Die erlauchten Gesellschaften strömten aus halb Europa herbei, wurden per Schiff über den Thuner See nach Interlaken befördert, wo man sich für ein paar Tage an den Darbietungen eines gesund-kräftigen Alpenvolks delektierte. Jean-Jacques Rousseau und Albrecht Haller grüßten als geistige Väter der aufkommenden Alpenromantik – die modernen Grünen gab's damals noch nicht.

In den mehr als zwei Jahrhunderten, die seither ins (Schweizer) Land gegangen sind, hat das Berner Oberland nichts von seiner Anziehungskraft eingebüßt, sogar die Aussicht vom Grand Hôtel Beau Rivage auf die Jungfrau ist noch unverbaut – weil die Hoteliers von Interlaken die Wiese vor ihren Palästen vorsorglich gleich mit aufkauften. Überhaupt bewiesen die Oberländer Weitsicht: Bahnen wurden gebaut, seit 1832 bereits steht eine Herberge auf dem Faulhorn und später verhalf der »heroische« Kampf um die berühmteste Nordwand der Alpen – die des Eiger (3970 m) – der Region zu weiterer Publicity.

Schier unerschöpflich sind die Wandermöglichkeiten zwischen Haslital und Saanenland, mit den beiden großen Seen von Thun und Brienz im Vorfeld der Hochalpen, leicht erreichbaren Aussichtsgipfeln und Höhenpromenaden vor der einmaligen Kulisse der Viertausender: Eiger, Mönch und Jungfrau.

Zu Füßen dieser großen Gipfel liegen einige der wichtigsten Touristenzentren des Berner Oberlandes: Grindelwald, Wengen, Mürren, Kandersteg. Weiter östlich, an der Straße zum Grimselpass, ist Meiringen (das ein süßes Geheimnis bewahrt: Ursprung der Meringue) ein Brennpunkt des Fremdenverkehrs, ganz im Westen, wo die Berge nicht mehr so hoch sind, vergnügt sich der Jetset besonders gerne in Gstaad.

An Superlativen fehlt es dem Oberland bestimmt nicht. Dass die Alpenregion trotzdem von manchen Auswüchsen des Massentourismus verschont geblieben ist, hat wohl etwas mit der berühmten bedächtigen Art der Berner zu tun – gewiss kein Nachteil, weder für die Besucher noch für die Natur.

Steckbrief

Fläche: ca. 4000 qkm
Höchster Punkt: Finsteraarhorn (4274 m)
Gebirgsgruppen: Urner Alpen (West), Berner Voralpen, Berner Alpen
Wichtigste Ortschaften: Meiringen, Interlaken, Grindelwald, Spiez, Thun, Kandersteg, Gstaad
Wandervorschläge: 47

Hintere Gasse

Passroute vor der grandiosen Hochgebirgslandschaft des Berner Oberlands, von Meiringen bis Gsteig. Verschiedene Varianten möglich, Gesamtgehzeit (verteilt auf etwa acht Tage) rund 50 Stunden. Verlauf in Stichworten: Meiringen – Große Scheidegg – Grindelwald – Kleine Scheidegg – Stechelberg – Sefinenfurgge – Griesalp – Hohtürli – Kandersteg – Bunderchrinde – Adelboden – Hahnenmoospass – Lenk – Tube – Lauenen – Gsteig

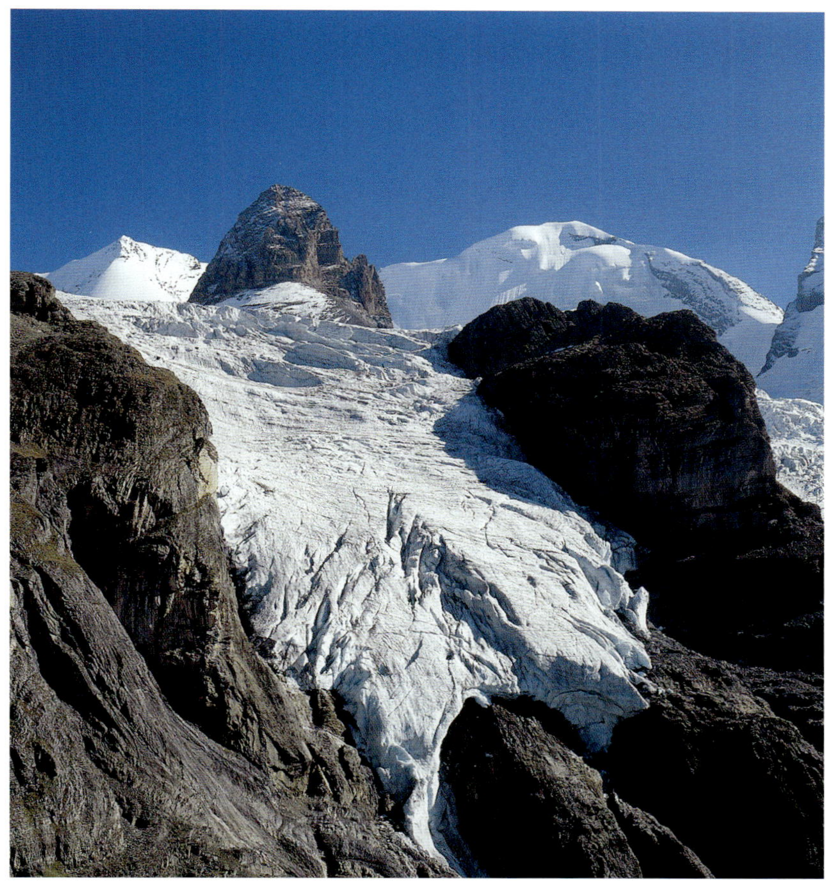

Die Blüemlisalp mit ihren Gletschern vom Weg zum Hohtürli

Natur und Technik an der Grimsel

9 Lauteraarhütte, 2393 m

Sie verführt leicht zu Superlativen, die Wanderung zur Lauteraarhütte, hinein in die Hochgebirgsszenerie der Berner Alpen. »Nordisch« hat man sie schon genannt, die Grimselregion, und der lang gestreckte Fjord des Stausees lädt auch ein zu diesem Vergleich, ebenso der kompakte, raue Granit. Die Gipfel über den Talgletschern sind allerdings entschieden höher, die Tage im Sommer dafür nicht so lang wie in Norwegens Bergen. Da kann es leicht passieren, dass die Zeit knapp wird, dass man erst im späten Abendlicht wieder beim Grimsel-Hospiz ankommt. Zu viel gibt es unterwegs zu sehen, zu bestaunen. Da ist einmal der See, der sich so gut in diese Landschaft einfügt, dass man an eine Versöhnung von Natur und Technik glauben möchte, dann die gigantischen, wie aus einem Stück gegossenen Granitmauern und die scheinbar himmelhoch ragenden Gipfel. Im Sommer blüht es zwischen dem braunen Stein, dunkelgrün stehen die wetterfesten Arven an dem Steilhang überm Wasser. Das begleitet einen bis fast zur Hütte, erst als stehendes Gewässer, dann als Gletscherbach und zuletzt – bedeckt von einer dicken Geröllschicht – in gefrorenem Zustand.

Technik prägt den Auftakt zur Tour: vom Grimsel Hospiz (1962 m) hinunter zu der fast hundert Meter hohen Bogenstaumauer, dann gut gesichert über viele aus dem Fels geschlagene Stufen an der Spittellamm aufwärts und links in einem Tunnel. Anschließend führt der Weg mit viel Auf und Ab hoch über dem sonnseitigen Ufer des Fjords taleinwärts. Auf solider Brücke überquert man den Juchlibach; eine halbe Gehstunde weiter überrascht der schöne Arvenbestand von Meder. Hinter dem Grimselsee führt eine Spur zur Zunge des Unteraargletschers, den man rechts seines großen »Mauls« betritt. Auf dem geröllbedeckten Eis sanft bergan, bis die Markierungen nach rechts weisen. Auf ordentlichem Weglein an der Grasflanke aufwärts, über den Triftbach und zuletzt auf der Hangterrasse flach zur Lauteraarhütte.

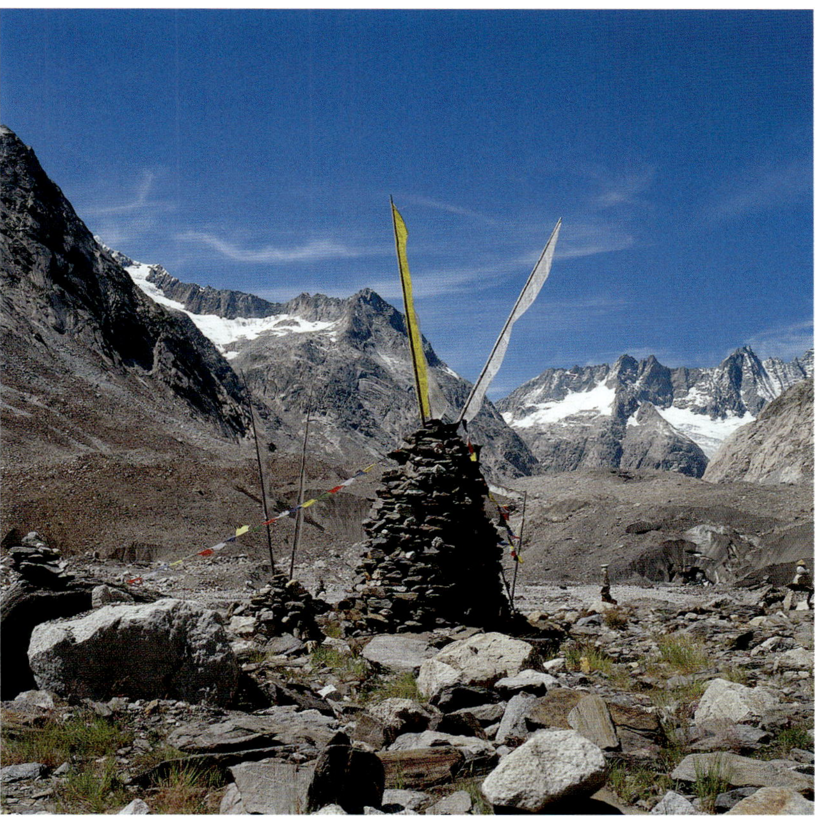

Hochgebirge, aber kein asiatisches: am Unteraargletscher in der Grimselregion

Vor der Viertausenderparade

18 Faulhorn, 2681 m

Die Tour übers Faulhorn gehört zu einer Wanderwoche im Oberland wie die goldbraune, butterig glänzende »Röschti« zu

Ferien im Bernerland, auch wenn bei Schönwetter viel Volk unterwegs ist und die besten Plätze auf der Terrasse des altehrwürdigen Gipfelhotels natürlich belegt sind. Doch das stört höchstens marginal angesichts der grandiosen Kulisse: Eiger, Mönch und Jungfrau! Ein Tipp: Um 5.40 Uhr den Frühzug in Wilderswil nehmen, verkehrt Juli und August jeweils mittwochs.

Von der Bahnstation Schynige Platte (1967 m) über die Almwiesen von Oberberg flach zum Louchera Grätli (1985 m), dann südlich um das Loucherhorn herum. Am Güwtürli (2019 m), einem Felsentor, betritt man das Hochkar von Güw, auf der Egg (2135 m) verlässt man es wieder. Sanft ansteigend führt der Weg hoch über dem stillen Sägistal zum Gratausläufer der Indri Sägissa, wo er abknickt zum Berghaus Mändlenen (2344 m). Nun durch die felsige Nordflanke des Wintereggs auf den Grat und weiter ansteigend gegen den Westgrat des Faulhorns. Unter dem Gipfel hinüber zu dem vom First kommenden breiten Pfad und in ein paar kurzen Kehren zum höchsten Punkt.

Vom Gipfelhotel kurz abwärts zum Gassenboden und links haltend zum Bachsee (2265 m). Weiter mit herrlich freier Viertausendersicht über Chamlisegg zur Seilbahnstation First (2166 m).

Eis und Fels unterm Wetterhorn

19 Glecksteinhütte, 2317 m

Mitten hinein in die vom ewigen Eis geprägte Hochgebirgslandschaft der zentralen Berner Alpen führt diese Wanderung. Dabei kommt man dem zerklüfteten Oberen Grindelwaldgletscher ganz nahe, mit etwas Glück auch der Steinbockkolonie, die sich oft in Hüttennähe herumtreibt. Für etwas Spannung sorgen luftige Passagen am gesicherten »Ischpfad«, eine Gratisdusche bietet der Wyssbach, der direkt über den Hüttenweg herabstiebt. Und wem die Hüttenwanderung nicht reicht, kann sich noch das Chrinnenhorn (2741 m), ein Belvedere der Extraklasse, vornehmen: 1 1/2 Stunden über leichte Felsstufen und Geröll.

Vom Hotel Wetterhorn (1230 m) kurz auf der Straße, dann auf dem markierten Hüttenweg zum grünen Ischboden (Eisboden) und über einen teilweise bewaldeten Rücken zum Beginn des »Ischpfads«. Er folgt, kräftig an Höhe gewinnend, den schmalen Bändern am Felssockel des Wetterhorns und biegt oberhalb der ehemaligen Seilbahnstation Engi (von 1908!) um in das Tal des Oberen Grindelwaldgletschers. Nach kurzem Abstieg zum Wyssbach quert der Weg ansteigend gewaltige Plattenschüsse zu einem schönen Rastplatz vor dem Gletscher. Nun links über harmlose Felsen zu den Schafwiesen von Schneebiel und hinüber zur Glecksteinhütte.

Unter den Gletschern der Blüemlisalp

32 Oeschinensee und Hohtürli, 2778 m

Das berühmteste Landschaftsjuwel Kanderstegs verbirgt sich in einem felsumstandenen Talkessel am Fuß der Blüemlisalp (3664 m): der Oeschinensee. Das mehrgipflige, stark vergletscherte Massiv ist dann Blickfang auf dem Weiterweg zum Hohtürli, der Pforte ins Kiental. Über der Scharte hockt die Blümlisalphütte (2834 m), bloß noch ein paar Schritte vom Blüemlisalpgletscher.

Die Tour startet am dicken Drahtseil der Oeschinen-Sesselbahn. Von der Bergstation (1682 m) flach zur Abzweigung des Hüttenwegs. Er steigt links, zunächst eine Geröllmulde passierend, an gegen die licht bewaldeten Hänge oberhalb senkrechter Felsabbrüche. Von ei-

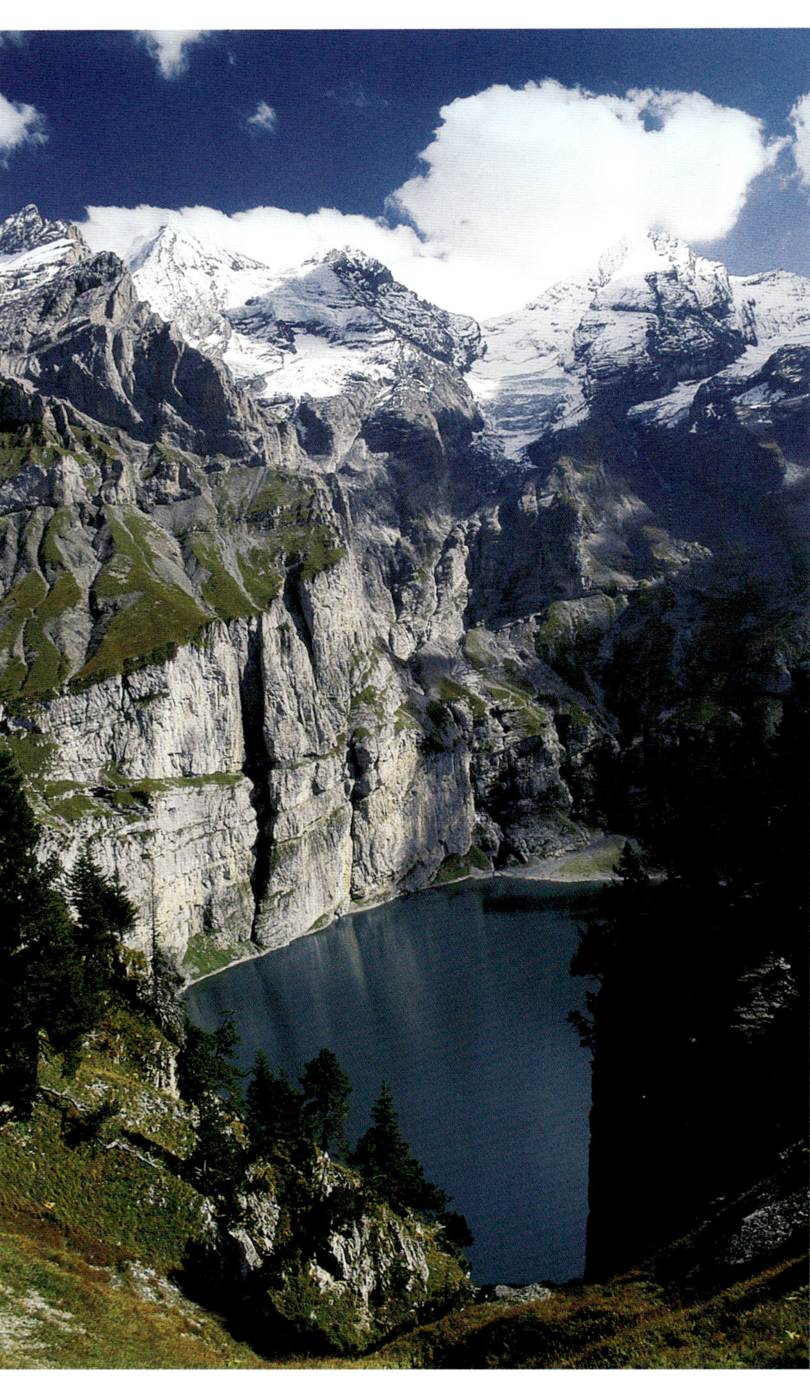

Ein Juwel des Berner Oberlands: der felsumrahmte Oeschinensee oberhalb von Kandersteg

nem Geländesporn am Heuberg (1940 m) bietet sich ein fantastischer Tiefblick auf den Oeschinensee (1578 m).

Kurz noch bergan, dann querend zum Oberbärgli (1978 m). Dahinter über eine alte Seitenmoräne des Blüemlisalpgletschers zu einer Felsbarriere und über steinige Wiesen auf ein komfortables Band, das in der Geröllmulde unter dem Schwarzhorn ausläuft. Zuletzt mühsam an dem steilen Hang hinauf ins Hohtürli.

Auf dem Hinweg zurück bis zum Oberbärgli, dann links haltend über eine Felsstufe weiter bergab ins Almgelände von Underbärgli (1726 m). Blickfang ist dabei der Oeschinensee, auch beim Weiterweg über seinem Nordufer. Vom unteren Seeende in leichtem Gegenanstieg zurück zur Liftstation.

Vogelschaublick auf Kandersteg

36 First, 2548 m

Stand und First sind Namen, die für sich sprechen; da weiß man gleich, dass die Wege steil, die Aus- und vor allem die Tiefblicke dafür umso schöner sind. Fast anderthalb Kilometer hoch über Kandersteg reckt das steinige »Dach« seinen First in den blauen Himmel; von hoher Warte schaut man hinunter auf die winzigen Züge der Lötschbergbahn, auf die Dächer des Ferienorts. Und gleich gegenüber – noch viel höher – ragt urgewaltig das Doldenhorn in den blauen Himmel. Ganz anders dagegen der Blick nach Westen: viel grün im Engstligental und darüber die Berner Voralpengipfel.

Vom Bahnhof Kandersteg zunächst in das bewaldete Hügelgelände »Uf der Höh«, dann auf dem alten Alpweg steil über einen felsigen Hang ins Golitschetälchen und zur prächtig gelegenen Alp. Eine knappe Stunde höher, am Golitschepass, beginnt die Kammroute zum First: erst am Grat, dann den Felsen rechts ausweichend auf die Gipfelwiese am Stand. Dahinter kurz abwärts, auf gutem Weg durch die schrofige Westflanke aufwärts und über harmlose Felsen (Drahtseile) zum First. Südseitig geht es dann in Serpentinen über den Grashang bergab zur Alphütte Steintal. Bald schon wird die Seilbahnstation Allmenalp sichtbar. Der Weg umgeht sie in weitem Bogen rechts, wird dann zum Sträßchen, auf dem man bequem ins Kandertal hinunterwandern kann. Kürzer, steiler und schöner ist der Weg, der in Kehren hinabtaucht in die Tiefe, den Felsabbrüchen elegant ausweichend. Der Kander entlang in den Ort.

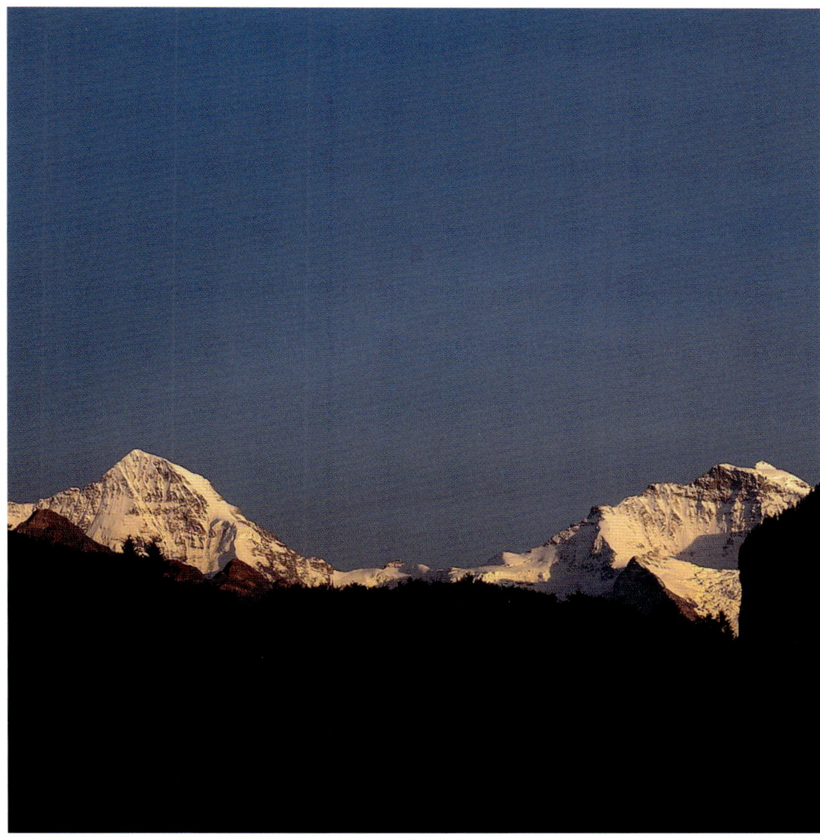

Wunderbergwelt: Abendlicht über Mönch und Jungfrau

Hinter den Sieben Bergen

44 Tierbergsattel, 2654 m

Dass so mancher Bergwinkel nur recht schwierig zu erreichen ist, liegt in der Natur der alpinen Geografie, die sich oft mehr hoch als quer darstellt. Ein gutes Beispiel dafür ist der Tierberg, eine vom Gletschereis geprägte Mulde unter dem Wildstrubel, so wild wie abgelegen, mit schroffen Felsen rundum. Die sind aus den unterschiedlichsten Gesteinen aufgebaut, was den Reiz der hochalpinen Szenerie zusätzlich erhöht und (buchstäblich!) Grundlage für eine besonders artenreiche Flora bildet. »Entdeckt« wurde dieser herrliche Flecken erstaunlich früh, vor 4000 Jahren von Jägern, wie Funde aus der Tierberghöhle beweisen. Ein uralter Weg ist auch jener über den Rawilpass (2429 m), der das Berner Oberland mit dem Wallis verbindet

Mit dem Aufstieg von der Iffigenalp (1584 m) in die weitläufige Passregion des Rawil beginnt auch die Wanderrunde. Am Stiereläger (2278 m) verlässt man den alten, teilweise noch gut erhaltenen Saumpfad, bei den winzigen Rawilseen (2489 m) auch den Weg zur Wildstrubelhütte. Oben am Sattel öffnet sich die lang gestreckte Mulde des Tierbergs. Die Wegspur führt absteigend ins Vorgelände des Rezligletschers, der vom mächtigen Glacier de la Plaine Morte gespeist wird, dann hinunter zum Flueseeli und weiter über den schroffen Flueschafberg in den weiten Boden des Rezlibergs (1403 m). Wer per Bus angereist ist, wandert über die Simmenfälle gemütlich hinaus ins Obersimmental; der Rückweg zur Iffigenalp verläuft mit einer happigen Gegensteigung über die Ritzmad.

Simmentaler Hausweg

Kulturweg durch das gesamte Simmental, von Wimmis über Erlenbach, Boltigen und Zweisimmen bis nach Lenk.
Neben den vielen prächtigen Bauernhäusern gibt's beiderseits der Simme noch viel mehr zu sehen. Gehzeit für den »Simmentaler Hausweg« (Wimmis – Boltigen) etwa 5 Std., für den »Obersimmentaler Hausweg« (Boltigen – Lenk) 8 Std. Einheitliche braune Wegweiser, Teilbegehungen beliebig möglich.

Haslital – Brienzer See

Tourenziel/Charakteristik	Ausgangspunkt	Wegverlauf & Gehzeit	Markierung	Einkehr am Weg
1 Hochstollen, 2481 m Gipfel- und Höhenrunde, je nach Liftbenützung kurz bis sehr weit. Besonders schön der Höhenweg vom Balmeregghorn nach Planplatten	Bergstation des Käserstatt-Lifts (1831 m), Talstation Hasliberg (Wasserwendi, 1160 m), 6 km vom Brünigpass	Käserstatt – Hochsträss (2119 m; 1 Std.,) – Hochstollen (2 Std.) – Melchsee-Frutt (1902 m; 3 1/2 Std.,) – Balmeregghorn (2255 m; 4 1/2 Std.,) – Planplatten (2245 m; 5 1/2 Std.,) – Reuti/Wasserwendi (7 1/2 Std.)	Wegzeiger, rot-weiße Mark.	Käserstatt (1831 m), Melchsee-Frutt (1902 m), Planplatten (2245 m)
2 Gental Sonnige Talwanderung mit Aussicht auf die Bergketten des Haslitals	Engstlenalp (1834 m,) im Gental, wenig unterhalb des idyllischen Engstlensees (1850 m)	Engstlenalp – Baumgarten (1702 m; 1 Std.) – Underbalm (1551 m) – Reuti (1045 m; 3 1/2 Std.) – Meiringen (595 m; 4 1/2 Std.,)	Wegzeiger, rot-weiße Mark.	Engstlenalp (1834 m), Reuti (1045 m)
3 Sätteli, 2116 m Auf hohen Wegen vom Gental ins Gadmertal. Großartig die Dolomitwände der Gadmerflue, üppige Flora. Trittsicherheit	Engstlenalp (1834 m,)im Gental, wenig unterhalb des idyllischen Engstlensees (1850 m)	Engstlenalp – Sätteli (2 3/4 Std.) – Tällihütte (3 3/4 Std.) – Gadmen (1205 m; 5 Std.,)	Wegzeiger, rot-weiße Mark.	Engstlenalp (1834 m); Tällihütte (1726 m)
4 Tierberglihütte, 2795 m Auf einem felsigen Rücken zwischen den Eisströmen des Steingletschers und des Steinlimmigletschers gelegene Hütte. Grandiose Kulisse! Gletscherpfad Steinalp (Infoschrift im Gh. Steingletscher), 3 Std., mark.	Gasthaus Steingletscher (1865 m,) an der Sustenpassstraße. Mautpflichtiges Sträßchen am Steinsee vorbei bis zur Zunge des Steinlimigletschers, ca. 3 km	Steingletscher – Tierberglihütte (3 1/2 Std.); Abstieg auf dem gleichen Weg (gesamt 6 Std.)	Wegzeiger, rot-weiße und blau-weiße Mark.	Gh. Steingletscher (1865 m); Tierberglihütte (2795 m)
5 Furtwangsattel, 2568 m Grandiose Passwanderung in einem wilden Winkel des Haslitals. Einmalig die Tiefblicke auf den mächtigen Triftgletscher, sensationell die über 170 m lange Trift-Hängebrücke	Bergstation der Triftbahn (1357 m), Talstation an der Sustenstraße,	Triftbahn – Windegghütte (1 1/2 Std.) – Furtwangsattel (3 3/4 Std.) – Holzhüs (1931 m; 5 Std.) – Guttannen (1057 m; 6 3/4 Std.,)	Wegzeiger, rot-weiße Mark.	Windegghütte (1887 m)
6 Wannisbordsee, 2103 m Große Tour über dem oberen Haslital mit packenden Aus- und Tiefblicken. Trittsicherheit und Ausdauer unerlässlich	Guttannen (1057 m,), Bergdörfchen an der Grimselstrecke	Guttannen – Wannisbordsee (3 1/4 Std.) – Bänzlauialp (4 1/2 Std.) – Innertkirchen (625 m; 7 1/2 Std.,)	Wegzeiger, rot-weiße Mark.	
7 Gaulihütte, 2205 m Hüttenwanderung in das von einem schönen Gipfelkranz umrahmte Urbachtal	Urbach (880 m), schmale Zufahrt von Innertkirchen (625 m,), 5 km	Urbach – Schrätteren (1439 m) – Gaulihütte (4 1/2 Std.); Abstieg auf dem gleichen Weg (gesamt 7 1/4 Std.)	Wegzeiger, rot-weiße Mark.	Gaulihütte (2205 m)
8 Gelmerhütte, 2412 m Vor dem Drachenrücken der Gelmerhörner hoch über dem Gelmersee gelegene Hütte	Chüenzentennlen (1596 m,) an der Grimsel-Passstraße, zwischen Handegg und Räterichsboden-Stausee	Chüenzentennlen – Gelmersee (1 1/4 Std.) – Gelmerhütte (3 Std.); Abstieg auf dem gleichen Weg (gesamt 5 Std.)	Wegzeiger, rot-weiße Mark.	Gelmerhütte (2412 m)
9 Lauteraarhütte, 2392 m Natur und Technik prägen die Grimsellandschaft. Auf dem Unteraargletscher nur markierte Spur; Vorsicht bei Nebel!	Grimsel-Hospiz (1980 m,) zwischen den beiden Staumauern des Grimselsees	Grimsel-Hospiz – Lauteraarhütte (4 Std.); Rückweg auf der gleichen Route (gesamt 7 1/4 Std.)	Wegzeiger, rot-weiße und blau-weiße Mark.	Grimsel Hospiz (1980 m), Lauteraarhütte (2393 m)
10 Sidelhorn, 2764 m Prächtiger Aussichtsgipfel auf der Grenze zwischen Haslital und Goms	Grimselpass (2165 m,), Übergang vom Haslital ins Obergoms	Grimselpass – Sidelhorn (1 3/4 Std.); Abstieg auf dem gleichen Weg (gesamt 3 Std.)	Wegzeiger, rot-weiße Mark.	Grimselpass
11 Reichenbachfall und Aareschlucht Zwei Naturwunder, die man einfach besuchen muss. Aareschlucht Juli/August jeweils Do/Fr/Sa abends beleuchtet! Reichenbachfall mit Standseilbahn	Meiringen (595 m,), Hauptort des Haslitals. Sehenswert: Sherlock-Holmes-Museum	Meiringen – Reichenbachfall – Geissholz (786 m) – Innertkirchen (625 m; 2 Std.) – Aareschlucht – Meiringen (3 1/2 Std.)	Wegzeiger, gelbe und rot-weiße Mark.	Mehrere Gasthäuser am Weg
12 Engelhornhütte, 1901 m Hüttentour unter den bizarren Kletterzacken der Engelhörner. Unbedingt besuchenswert: Gletscherschlucht Rosenlaui	Kaltenbrunnsäge (1223 m,) an der Strecke Meiringen – Schwarzwaldalp	Kaltenbrunnsäge – Groß Rychenbach (1575 m) – Engelhornhütte (2 1/2 Std.) – Rosenlaui (1328 m; 4 Std.,)	Wegzeiger, rot-weiße Mark.	Engelhornhütte (1901 m)

Tourenziel/Charakteristik	Ausgangspunkt	Wegverlauf & Gehzeit	Markierung	Einkehr am Weg
13 Brienzer Rothorn, 2350 m Klassische Höhenwanderung mit »rauchigem« Finale: Talfahrt per Dampfbahn vom Rothorn hinab nach Brienz. Großes Panorama, Tiefblicke! Trittsicherheit erforderlich	Brünigpass (1008 m,), Übergang von Obwalden ins Berner Oberland	Brünigpass – Wileralp (1 1/2 Std.) – Tüfengratsattel (1858 m) – Gibel (2040 m; 3 1/2 Std.) – Arnihaaggen (2207 m; 4 1/4 Std.) – Brienzer Rothorn (5 3/4 Std.)	Wegzeiger, rot-weiße Mark.	Brünigpass (1008 m), Rothorn Kulm (2266 m)
14 Augstmatthorn, 2137 m Herrliche Kammwanderung mit Fernsicht bis zu den Viertausendern der Berner Hochalpen. Steinwild, üppige Blumenwiesen	Bergstation der Harder-Standseilbahn (1306 m), Talstation Interlaken (563 m,)	Harder Kulm – Horet (1 3/4 Std.) – Augstmatthorn (3 1/2 Std.) – Habkern (1055 m; 6 Std.,)	Wegzeiger, rot-weiße Mark.	Harder Kulm (1306 m)
15 Hohgant, 2197 m Felsiger Bergstock zwischen Berner Oberland und Emmental. Trittsicherheit notwendig	Habkern (1055 m,), Bergdorf 9 km nördlich von Interlaken	Habkern – Widegg (1738 m; 2 Std.) – Hohgant (3 1/2 Std.) – Widegg (4 1/2 Std.) – Traubach – Habkern (6 1/2 Std.)	Wegzeiger, rot-weiße Mark.	
16 Gemmenalphorn, 2061 m Gratwanderung vor der grandiosen Kulisse der Berner Hochalpen. Trittsicherheit erforderlich; Steinbockrevier. »Abstieg« nach Beatenberg wahlweise mit der Gondelbahn	Habkern (1055 m,), Bergdorf 9 km nördlich von Interlaken	Habkern – Bäreney (1683 m) – Gemmenalphorn (3 1/4 Std.) – Burgfeldstand (2063 m) – Niederhorn (1963 m; 4 3/4 Std.,) – Beatenberg (1157 m; 6 1/2 Std.,)	Wegzeiger, rot-weiße Mark.	Niederhorn (1932 m)
17 Bällehöchst, 2095 m Aussichtspunkt weitab der Trampelpfade; wer gut drauf ist, kann noch die höhere Sulegg (2413 m) über die Ostflanke besteigen (zusätzlich 2 1/2 Std., unmark.).	Saxeten (1103 m,), kleines Bergdorf im gleichnamigen Tal, 10 km von Interlaken	Saxeten – Underberg (1457 m; 1 Std.) – Bällehöchst (3 1/4 Std.) – Saxetwald – Saxeten (5 1/2 Std.)	Wegzeiger, rot-weiße Mark.	
18 Faulhorn, 2681 m Die ganz große Höhentour vor der Viertausenderparade. Besondere Gags: Mondscheinwanderungen im Sommer, Faulhorn-Besteigung im Winter (Schlitten!) oder eine Übernachtung im Berghotel Faulhorn	Bergstation der Zahnradbahn auf die Schynige Platte (1967 m), Talstation Wilderswil (584 m,) bei Interlaken. Alpengarten »Schynige Platte«	Schynige Platte – Männdlenen (2 1/2 Std.) – Faulhorn (3 3/4 Std.) – Bachsee (2265 m; 4 1/2 Std.) – First (2167 m; 5 3/4 Std.,)	Wegzeiger, rot-weiße Mark.	Schynige Platte (2067 m), Männdlenen (2344 m), Faulhorn (2680 m), First (2167 m)
19 Glecksteinhütte, 2317 m Mitten ins eisige Herz der Berner Hochalpen. Trittsicherheit ist auf dem kühn angelegten Steig unerlässlich! Von der Hütte 1 1/2 Std. zum Chrinnenhorn (2741 m), alpin!	Grindelwald (1034 m,), 20 km von Interlaken. Hotel Wetterhorn (1230 m) an der Straße zur Großen Scheidegg,	Hotel Wetterhorn – Glecksteinhütte (3 1/2 Std.) – Hotel Wetterhorn (6 Std.)	Wegzeiger, rot-weiße Mark.	Glecksteinhütte (2317 m)
20 Unterer Grindelwaldgletscher und Bäregg, 1772 m Nicht umsonst hat Grindelwald den Beinamen »Gletscherdorf«: Gesteinslehrpfad, Gletscherschlucht. Trittsicherheit notwendig, auch Teilbegehungen möglich	Grindelwald (1034 m,), berühmter Ferienort im Oberland, 20 km von Interlaken	Grindelwald – Milchbach – Pfingstegg (1392 m; 1 1/2 Std.,) – Bäregg (2 1/2 Std.) – Unterer Gletscher (Gletscherschlucht; 3 1/2 Std.) – Grindelwald (4 1/2 Std.)	Wegzeiger, gelbe und rot-weiße Mark.	Mehrere Gasthäuser am Weg
21 Eiger-Trail Nordwandgefühle ganz gefahrlos: wandern auf dem neuen »Eiger-Trail« unter der berühmtesten Wand der Alpen	Kleine Scheidegg (2061 m,), Scheitelpunkt der Wengernalpbahn Grindelwald – Wengen	Kleine Scheidegg – Station Eigergletscher (2320 m; 3/4 Std.) – »Eiger Trail« – Alpiglen (1616 m; 3 Std.,) – Rinderalp – Unterer Grindelwaldgletscher – Grindelwald (1034 m; 4 1/2 Std.,)	Wegzeiger, rot-weiße Mark.	Kleine Scheidegg (2061 m), Alpiglen (1616 m)
22 Männlichen, 2342 m Kleiner Gipfel vor großem Panorama: Eiger, Mönch und Jungfrau. Eines der frequentiertesten Ausflugsziele des Oberlands. Abstieg alternativ nach Wengen (mark., 1 3/4 Std.)	Kleine Scheidegg (2061 m,), Scheitelpunkt der Wengernalpbahn Grindelwald – Wengen; alternativ! Bergstation der Männlichen Bahnen (2229 m)	Kleine Scheidegg – Honegg – Männlichen (1 1/2 Std.); Abstieg auf dem gleichen Weg (gesamt 2 1/2 Std.)	Wegzeiger, gelbe Mark.	Mehrere Gasthäuser am Weg
23 Eigergletscher, 2320 m Packende Bilder der Hochgebirgsregion über dem innersten Lauterbrunnental bietet diese eher gemütliche Tour.	Kleine Scheidegg (2061 m,), Scheitelpunkt der Wengernalpbahn Grindelwald – Wengen	Kleine Scheidegg – Station Eigergletscher (2320 m; 3/4 Std.,) – Stalden (1665 m; 2 1/4 Std.) – Wengen (1275 m; 3 1/2 Std.)	Wegzeiger, rot-weiße Mark.	Kleine Scheidegg (2061 m), Eigergletscher (2320 m)
24 Oberhornsee, 2065 m Viel Auf und Ab vor grandioser Kulisse; Naturschutzgebiet. Auf den teilweise rauen Wegen braucht's einen sicheren Tritt.	Gimmelwald (1363 m), Terrassendörfchen über dem Lauterbrunnental; Zwischenstation der großen Schilthorn-Seilbahn	Gimmelwald – Sefinental – Busen – Oberhornsee (4 Std.) – Schmadribach (4 3/4 Std.) – Schiirboden (1379 m) – Stechelberg (7 1/2 Std.)	Wegzeiger, rot-weiße Mark.	Obersteinberg (1778 m), Trachsellauenen (1201 m)

Region	Tourenziel/Charakteristik	Ausgangspunkt	Wegverlauf & Gehzeit	Markierung	Einkehr am Weg
Lütschinentäler	**25 Sefinenfurgge, 2612 m** Vom »Piz Gloria« auf rauen Wegen ins Kiental. Am Westgrat des Schilthorns Sicherungen (Drahtseile, Leitern). Fantastische Hochgebirgskulisse, Abstieg alternativ nach Mürren (1638 m, gesamt 3 1/2 Std., mark.)	Bergstation der Schilthorn-Seilbahn (2970 m, Drehrestaurant »Piz Gloria«), Talstation Stechelberg (862 m)	Schilthorn – Rote Härd (2683 m; 3/4 Std.) – Poganggen (2094 m; 1 3/4 Std.) – Sefinenfurgge (3 1/4 Std.) – Bürgli (1617 m; 5 Std.) – Griesalp (1408 m; 5 1/2 Std.)	Wegzeiger, rot-weiße Mark.	Schilthorn (2970 m); Rotstockhütte (2039 m), 10 Min. unterhalb Weggabelung Poganggen.
	26 Bietenhorn, 2756 m Einen unvergleichlichen Vogelschaublick auf das Lauterbrunnental bietet der felsige, selten besuchte Gipfel. Steile Wege; Vorsicht bei Altschnee nördlich der Bietenlücke (2639 m)!	Bergstation der Grütschalp-Seilbahn; Talstation Lauterbrunnen (796 m)	Grütschalp – Soustal – Oberberg (2000 m; 2 Std.) – Bietenhorn (4 1/2 Std.) – Schilthornhütte (5 1/2 Std.) – Mürren (1638 m; 7 Std.)	Wegzeiger, Mark., Gipfelgrat nur Spur.	Schilthornhütte (2432 m), Allmendhubel (1907 m)
Thuner See – Kander- und Engstligental	**27 Sigriswiler Rothorn, 2051 m** Markanter Felsgrat über dem Thuner See, vom Gipfel Sicht ins Mittelland und auf die Berner Hochalpen. Trittsicherheit wichtig	Grönhütte (1124 m) an der (gebührenpflichtigen) Straße Beatenberg – Sigriswil	Grönhütte – Justistal – Alp Püfel (1270 m; 1/2 Std.) – Sigriswiler Rothorn (3 1/2 Std.) – Mittagshorn (2014 m; 4 1/2 Std.) – Gross Mittelberg (1309 m; 6 Std.) – Grönhütte (7 Std.)	Wegzeiger, rot-weiße Mark.	
	28 Blueme, 1391 m Ein Berg für fast das ganze Jahr, mit Aussichtsturm und schönem Panorama. Schattige Wege	Schwanden (1024 m), Dörfchen über dem Nordufer des Thuner Sees, 7 km von Gunten (565 m)	Schwanden-Sagi (1077 m; 1/4 Std.) – Blueme (1 1/2 Std.) – Tschingelallmi – Schwanden (2 1/2 Std.)	Wegzeiger, gelbe Mark.	
	29 Morgenberghorn, 2249 m Felsiger Gipfel über dem Sulz- und dem Saxetental, herrlicher Tiefblick auf den Thuner See. Gesicherter Kamin, leichte Felsen (I), exponierte Passagen	Suld (1080 m) im Suldtal, 8 km von Aeschi (862 m). Weiterfahrt nur gegen Gebühr bis zu den Alphütten von Schlieri (1420 m) möglich	Suld – Brunni (1644 m; 1 3/4 Std.) – Morgenberghorn (3 3/4 Std.) – Renggli (1879 m; 4 1/2 Std.) – Schlieri – Suld (6 Std.)	Wegzeiger, Mark.	Gh. Suld-Pochtenfall (1080 m), Brunni (Getränke), Rengglipasshütte
	30 Kientaler Wildwasserweg Abwechslungsreiche Wanderung entlang rauschenden Wassern. Alte Bauernhäuser im Kiental. Von der Griesalp besteigt man in 1 1/2 Std. den Aabeberg (1964 m; Rundweg, mark.).	Kiental (958 m), typisches Oberländer Dorf, 14 km von Spiez	Kiental – Tschingelsee (1150 m; 2 Std.) – Griesalp (1408 m; 3 Std.)	Wegzeiger, Mark.	Mehrere Gasthäuser am Weg
	31 Gspaltenhornhütte, 2455 m Blüemlisalp (3664 m) und Gspaltenhorn (3436 m) bilden den grandiosen Abschluss des Kiental – eine Szenerie, die (fast) an Himalayalandschaften erinnert.	Griesalp (1408 m), Zufahrt von Kiental (958 m) auf der steilsten Bergstraße der Schweiz (28 %), 8 km	Griesalp – Bürgli (1617 m; 3/4 Std.) – Gspaltenhornhütte (3 1/4 Std.); Abstieg auf dem gleichen Weg (gesamt 5 1/2 Std.)	Wegzeiger, rot-weiße Mark.	Griesalp (1408 m); Gspaltenhornhütte (2455 m)
	32 Oeschinensee und Hohtürli, 2778 m Klassische Passwanderung in den Berner Hochalpen; grandios die Nordabstürze der Blüemlisalp, malerisch der wald- und felsumsäumte Oeschinensee. Ausdauer und Bergerfahrung	Griesalp (1408 m), Zufahrt von Kiental (958 m) auf der steilsten Bergstraße der Schweiz (28 %), 8 km	Griesalp – Oberi Bundalp (1840 m; 1 1/4 Std.) – Hohtürli (4 1/4 Std.) – Oeschinensee (1578 m; 6 1/2 Std.) – Kandersteg (1176 m; 7 1/2 Std.)	Wegzeiger, rot-weiße Mark.	Griesalp (1408 m), Oberi Bundalp (1840 m); Blüemlisalphütte (2834 m), Oeschinensee
	33 Oeschinensee, 1578 m Beliebtestes Ausflugsziel in der Umgebung von Kandersteg	Bergstation der Oeschinensee-Gondelbahn (1682 m), Talstation Kandersteg (1176 m)	Liftstation – Oeschinensee (1/2 Std.) – Kandersteg (1 1/2 Std.)	Wegzeiger, gelbe Mark.	Oeschinensee
	34 Hockenhorn, 3293 m Hochalpine Tour auf einen Dreitausender im Alpenhauptkamm. Kondition und Bergerfahrung müssen stimmen; Gletscher harmlos, am Gipfel ganz leichte Felsen. Alternativ über den Lötschenpass nach Ferden (gesamt 6 1/2 Std., mark.)	Selden (1537 m) im wildromantischen Graben des Gasterntals, Zufahrt von Kandersteg mautpflichtig und zeitlich geregelt	Selden – Gfelalp (1 1/4 Std.) – Schönbüel (1993 m; 2 Std.) – Lötschenpass (2690 m; 3 1/2 Std.) – Hockenhorn (5 1/2 Std.); Abstieg auf dem gleichen Weg (gesamt 9 1/4 Std.)	Wegzeiger, rot-weiße Mark., zum Gipfel Spur und Steinmännchen	Gfelalp (1847 m); Lötschenpasshütte (2690 m)
	35 Gemmipass, 2322 m Prächtige Hochgebirgsbilder; Abstieg nach Leukerbad setzt Schwindelfreiheit und einen sicheren Tritt voraus. Aufstieg von Kandersteg alternativ mit der Sunnbüel-Seilbahn	Kandersteg-Eggenschwand (1194 m) bei der Talstation der Sunnbüel-Seilbahn	Kandersteg – Sunnbüel (1928 m; 2 1/4 Std.) – Daubensee – Gemmipass (4 1/2 Std.) – Leukerbad (1402 m; 6 Std.)	Wegzeiger, gelbe und rot-weiße Mark.	Mehrere Hütten am Weg

Tourenziel/Charakteristik	Ausgangspunkt	Wegverlauf & Gehzeit	Markierung	Einkehr am Weg
36 First, 2548 m Steile Runde an einem felsigen »Dach« hoch über Kandersteg; einzigartig der Blick auf Blümlisalp und Balmhorn. An der First kurze gesicherte Passage, Abstieg ab Allmenalp alternativ per Seilbahn	Kandersteg (1176 m,), Ferienort am Nordeingang des Lötschbergtunnels. Interessant: Bahnlehrpfad an der BLS-Strecke Frutigen – Kandersteg (braun mark.)	Kandersteg – Alp Golitsche (1833 m; 2 Std.) – Golitschepass (2180 m; 3 Std.) – Stand (2320 m; 3 1/2 Std.) – First (4 1/2 Std.) – Allmenalp (1723 m; 5 3/4 Std.) – Kander (7 Std.) – Kandersteg (7 1/2 Std.)	Wegzeiger, rot-weiße Mark.	Alp Golitsche (1833 m), Allmenalp (1723 m)
37 Hahnenmoospass, 1950 m Uralter Passweg vom Engstligental ins Obersimmental, lässt sich bei Seilbahnbenützung auf einen Höhenspaziergang reduzieren	Adelboden (1348 m,), Ferienort im oberen Engstligental, 31 km von Spiez	Adelboden – Gilbach (3/4 Std.) – Geilsbüel (1707 m; 1 3/4 Std.,) – Hahnenmoospass (2 3/4 Std.,) – Büelberg (1659 m; 3 3/4 Std.,) – Lenk (1068 m; 4 3/4 Std.,)	Wegzeiger, rot-weiße und gelbe Mark.	Mehrere Gasthäuser unterwegs
38 Gantrisch, 2175 m Rundherum und hinauf: zum Gantrisch, einem Hauptgipfel der Berner Voralpen. Trittsicherheit erforderlich. Achtung: Außerhalb der Saison unter der Woche häufig Schießbetrieb der »Swiss Army«!	Scheitelpunkt der Gantrischstraße (Wasserscheide, 1590 m,), die Riggisberg mit Plaffeien verbindet	Wasserscheide – Leiteren (1905 m; 1 1/4 Std.) – Gantrisch (2 1/4 Std.) – Morgetepass (1959 m; 2 3/4 Std.) – Wasserscheide (3 3/4 Std.)	Wegzeiger, rot-weiße Mark.	Gantrischstraße
39 Kaiseregg, 2185 m Höhen- und Gipfelwanderung an der Grenze zwischen dem Freiburgischen und dem Berner Oberland. Der Anstieg lässt sich durch Benützung des Sessellifts Riggisalp (1493 m) verkürzen.	Schwarzsee (1047 m) am gleichnamigen See, 26 km von Fribourg	Schwarzsee – Salzmatt (1637 m; 1 3/4 Std.) – Kaiseregg (3 1/4 Std.) – Obere Euschels (1567 m; 4 3/4 Std.) – Schwarzsee (5 1/2 Std.)	Wegzeiger, gelbe, rot-weiße und blau-weiße Mark.	Schwarzsee (1047 m), Hürlisboden (1507 m), Obere und Untere Euschels
40 Stockhorn, 2190 m Seilbahnfahrt und Seenwanderung: am Stockhorn eine gute Mischung. Vom Gipfel herrliche Schau ins Hochgebirge und hinaus ins (fast) flache Land	Bergstation der Stockhorn-Seilbahn (2130 m), Talstation Erlenbach (707 m,) im Simmental	Stockhorn – Oberstockensee (1660 m) – Hinterstockensee (1592 m) – Chrindi (1637 m; 2 1/4 Std.,) – Erlenbach (4 1/4 Std.)	Wegzeiger, rot-weiße Mark.	Stockhorn, Oberstocken (1776 m), Seilbahnstation Chrindi (1637 m)
41 Abendberg, 1851 m Wanderung auf einen schönen Aussichtsbalkon über dem Diemtigtal. Prächtige Bauernhäuser im Tal, vor allem in und um Diemtigen	Zwischenfluh (1041 m,), Weiler im Diemtigtal, 15 km von Wimmis	Zwischenfluh – Rinderalp (1704 m; 2 1/4 Std.) – Abendberg – Rinderalp (3 Std.) – Diemtigen (4 3/4 Std.,)	Wegzeiger, rot-weiße Mark.	
42 Seebergsee, 1831 m Verträumte Idylle über dem Diemtigtal. Empfehlenswert: Abstecher zum Meniggrat (1949 m; 1/2 Std. hin und zurück)	Zwischenfluh (1041 m,), Weiler im Diemtigtal, 15 km von Wimmis	Zwischenfluh – Menigwald (1583 m; 2 Std.) – Stand (1939 m) – Seebergsee (3 3/4 Std.) – Meniggrund – Zwischenfluh (5 Std.)	Wegzeiger, rot-weiße und gelbe Mark.	
43 Ammertenspitz, 2613 m Abwechslungsreiche Runde: erst Wiesenwanderung, dann (fast) Klettersteig, dann Almweg und Finale mit dem Tosen der Simmenfälle im Ohr	Bergstation der Metsch-Seilbahn (1470 m), Talstation knapp 2 km südlich von Lenk (1064 m,)	Metsch – Metschhorn (1901 m; 1 1/2 Std.) – Bummerepass (2055 m; 2 1/4 Std.) – »Äugiweg« – Ammertenspitz (4 Std.) – Ammertenpass (2443 m; 4 1/4 Std.) – Simmenfälle – Metschbahn (7 1/4 Std.)	Wegzeiger, rot-weiße, blau-weiße und gelbe Mark.	Rest. Simmenfälle (1103 m)
44 Tierbergsattel, 2654 m Recht anspruchsvolle Tour unter dem mächtigen, stark vergletscherten Wildstrubel. Ausdauer und Bergerfahrung sind wichtig. Gesicherte Passagen im Abstieg	Iffigenalp (1584 m,), Zufahrt von Lenk 8 km (Verkehr zeitlich geregelt)	Iffigenalp – Rawilseeleni (2489 m) – Tierbergsattel (3 1/2 Std.) – Flueseeli (2045 m; 5 1/4 Std.) – Rezlibergli (6 1/2 Std.) – Simmenfälle (1103 m; 7 1/4 Std.,)	Wegzeiger, rot-weiße Mark.	Iffigenalp (1584 m), Gh. Rezlibergli (1405 m)
45 Höhenweg Rinderberg – Leiterli, 1943 m Aussichtsreiche Almwanderung. Am Heuberg herrliche Blumenwiesen, interessant die Gipslöcher von Gryden	Bergstation der Rinderberg-Gondelbahn (2004 m), Talstation Zweisimmen (941 m,). Talfahrt vom Betelberg mit dem Sessellift nach Lenk (1064 m,)	Rinderberg – Obere Zwitzeregg (1726 m; 1 1/4 Std.) – Heuberg – Trüttlisbergpass (2038 m; 4 Std.) – Betelberg (1943 m; 5 1/4 Std.)	Wegzeiger, rot-weiße Mark.	Rinderberg, Betelberg
46 Hundsrügg, 2047 m Höhenwanderung zwischen Simmental und Freiburger Voralpen	Jaunpass (1509 m,), Übergang vom Simmental ins (käseberühmte) Gruyère	Jaunpass – Hundsrügg (2 Std.) – Rellerligrat (1831 m; 4 1/4 Std.,) – Saanen (1011 m; 6 Std.,)	Wegzeiger, rot-weiße Mark.	Jaunpass (1509 m)
47 Giferspitz, 2542 m Ausgedehnte Gratwanderung, am Giferspitz felsig und abschnittsweise ausgesetzt. Nicht bei Nässe gehen!	Lauenen (1241 m,), Bergdorf 7 km südlich von Gstaad	Lauenen – Lauenehore (2477 m; 3 1/2 Std.) – Giferspitz (4 Std.) – Scheidbach (1271 m; 6 Std.) – Gstaad (1101 m; 6 3/4 Std.,)	Wegzeiger, Mark.	

Das Wallis

Vom Rhonegletscher zum Genfer See

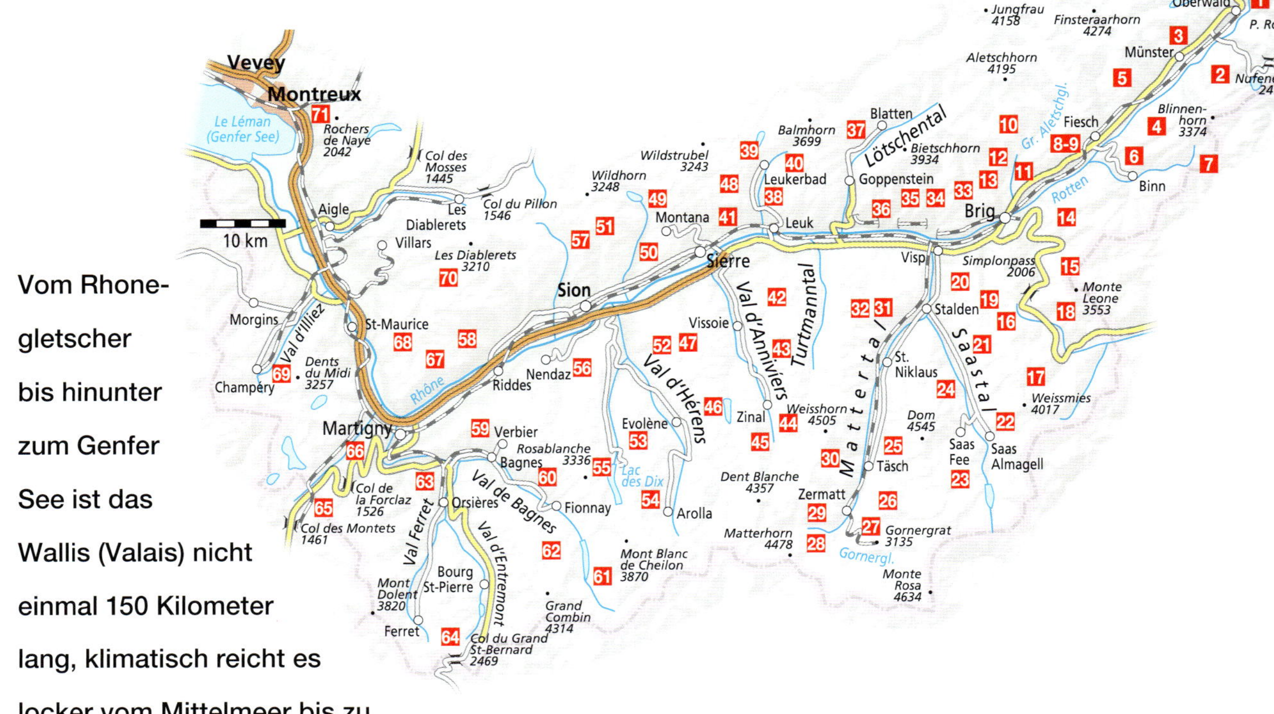

Vom Rhonegletscher bis hinunter zum Genfer See ist das Wallis (Valais) nicht einmal 150 Kilometer lang, klimatisch reicht es locker vom Mittelmeer bis zu den polaren Eiswüsten. Während unten im Rhonetal Aprikosen und Reben reifen, steigt die Temperatur auf den Viertausendern nur an wenigen Tagen im Jahr überhaupt nennenswert über den Gefrierpunkt.

Die hohen Gipfel bescheren dem Tal viel Sonne, aber wenig Niederschläge, was die Urlauber natürlich freut, nicht unbedingt aber die Bauern. Die haben schon vor Jahrhunderten damit begonnen, das kostbare Nass von den gerade im trockenen Sommer mit Schmelzwasser gefüllten Gletscherbächen mittels kilometerlanger Leitungen (die Bisse de Saxon misst 33,5 km!) auf ihre Felder zu leiten – wie im Südtiroler Vinschgau. Heute wird das Wasser der meisten Gletscherbäche in riesigen Speicherbecken aufgefangen und zur Energieerzeugung genutzt; die Turbinen unten im Rhonetal produzieren Strom fürs Schweizer Mittelland. Tradition und Moderne – im Wallis ist beides allgegenwärtig. Während die »Herrgottsgrenadiere« im Lötschental – wie seit Jahrhunderten – ihre Karfreitagsprozession abhalten, saust ein paar Kilometer weiter die Bahn pfeilschnell durch den 34 Kilometer langen Lötschbergtunnel, werden in Verbier und Montana noch mehr Chalets gebaut.

Doch über allem stehen die Berge, buchstäblich, und die sind nirgendwo so hoch, so grandios wie zwischen Zermatt und dem Lötschental, zwischen dem Aletschgletscher und dem Mont-Blanc-Massiv. Der Wanderer sieht's, er erlebt es auf vielen Wegen (von denen einige der schönsten erst in den letzten Jahren entstanden sind). Und ehrlich: Das Matterhorn, das »Horu« der Zermatter, ist halt doch nicht ein Berg wie tausend andere. Stimmt's?

Steckbrief

Fläche: ca. 5600 qkm
Höchster Punkt: Monte Rosa (Dufourspitze, 4634 m)
Gebirgsgruppen: Gotthardmassiv (West), Berner Alpen (Süd), Waadtländer Alpen, Walliser Alpen (Nord), Mont-Blanc-Massiv (Nord), Chablais (Ost)
Wichtigste Ortschaften: Brig, Saas Fee, Zermatt, Leukerbad, Sierre, Sion, Martigny, Les Diablerets, Montreux, Vevey
Wandervorschläge: 71

Stockalperweg

Auf dem alten Simplonweg von Brig nach Gondo. Kaspar Jodok Stockalper (1609–1691) war der ungekrönte »König des Simplon«, ein weltgewandter und höchst erfolgreicher Kaufmann. Sein Denkmal, der dreitürmige Stockalperpalast, steht etwas oberhalb von Brig am Weg zum Simplon. Der historische »Stockalperweg«, seit 1995 durchgehend begehbar, ist gelb-braun markiert und ausgeschildert. Gehzeiten: Brig – Grund (1071 m; 2 ½ Std.) – Taferna (1597 m; 4 Std.) – Simplonpass (2006 m; 5 ¼ Std.) – Simplon Dorf (1472 m; 7 ½ Std.) – Furggu (1872 m; 10 1/4 Std.) – Gondo (855 m; 12 ½ Std.). Übernachtungsmöglichkeiten am Simplonpass, in Simplondorf und in Gondo

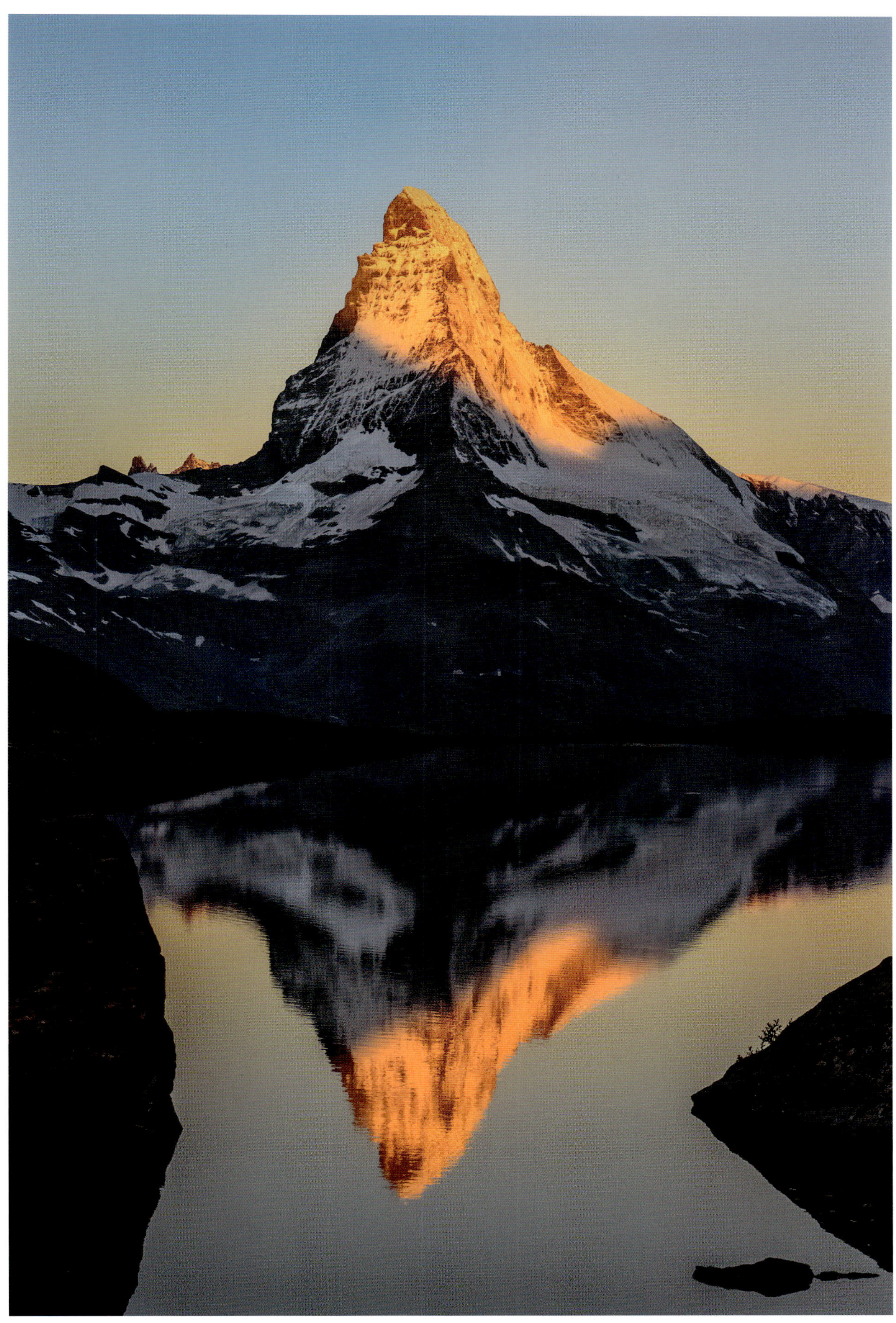

Was für ein Berg! Blick über den Stellisee aufs Matterhorn mit dem Hörnligrat, über den der Walliser Normalanstieg verläuft

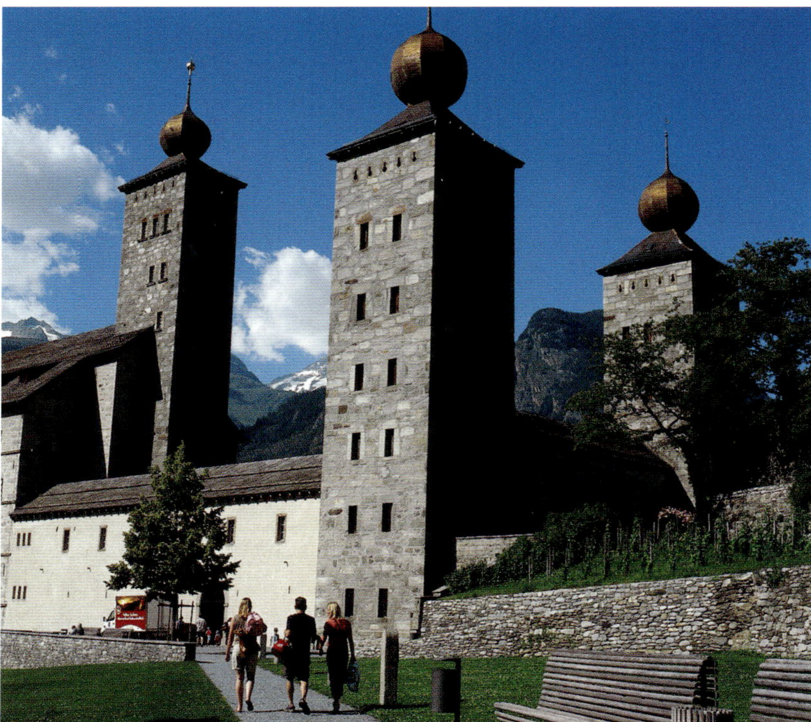

Wahrzeichen von Brig ist der mächtige Stockalperpalast.

Ein Strom aus Eis

9 Aletschwald – Märjelensee, 2300 m

Er ist der größte unter den Alpengletschern, ein wirklicher Eisstrom, rund 23 Kilometer lang und eines der Naturwunder des Wallis. Seine Fläche entspricht etwa jener des Zürichsees, das Gefälle vom Jungfraujoch bis hinunter zu seiner Zunge beträgt mehr als 1500 Meter. Dass aber auch dieser arktisch anmutende Riesengletscher von der Klimaerwärmung nicht verschont bleibt, belegt der ursprünglich vom Eis aufgestaute Märjelensee, heute nur noch ein kümmerlicher Tümpel.

Auf der großen Runde gibt's natürlich viel mehr zu sehen als nur Eis. Da ist einmal der herrliche Arvenwald, dann stehen Drei- und Viertausender en masse im Panorama, reicht der Blick weit hinauf ins Goms, bis fast zur Quelle der Rhone. Über die naturkundlichen Besonderheiten der Aletschregion informiert sehr anschaulich die Dauerausstellung in der Villa Cassel nahe der Riederfurka.

Von der Hotel- und Chaletsiedlung Riederalp geht's zunächst hinauf in die Furka (2065 m), wo sich ein Prachtblick auf den Gletschergraben von Oberaletsch auftut. Jenseits der Scharte kurz abwärts, dann rechts und in einem weiten Bogen sanft ansteigend mit zunehmend freier Sicht auf den Großen Aletschgletscher durch den lichten Aletschwald. Unter der Gratsenke von Biel hindurch und in die Westflanke des Bettmerhorns (2857 m), dann um den Nordgrat des Eggishorns herum zum fast verschwundenen Märjelensee (2300 m). Schöner Blick westlich auf den Mittelaletschgletscher und zum Aletschhorn. Leicht bergan zur Gletscherstube Märjelen (2360 m). In einem langen Tunnel unter dem Nordostgrat des Eggishorns hindurch und auf sandiger Unterlage gemütlich zurück zur Station Kühboden der Eggishorn-Seilbahn (2212 m).

Ein neuer Panoramaweg

10 Oberaletschhütte, 2640 m

Seitdem die Aletschregion zum UNESCO-Weltnaturerbe erklärt wurde, machen auch die Gemeinden auf der Walliser Seite der Berner Alpen (die vorab eher dagegen waren) fleißig Werbung mit dem Label. Und statt zusätzlicher Lifte baut man halt da und dort eine neue Wanderroute. Im Sommer 2005 wurde der »Panoramaweg Oberaletsch« eröffnet, ein Zugang zu der prächtig gelegenen Oberaletschhütte. Das freut den Hüttenwirt – und die Wandergemeinde –, erschließt der kühn angelegte Pfad doch einen der schönsten Winkel der Aletschregion. Die SAC-Hütte erfreut sich eines einmaligen Logenplatzes hoch über dem Zusammenfluss von Oberaletsch- und Beichgletscher.

Von der Bergstation der Belalp-Seilbahn spaziert man zunächst zum historischen Hotel Belalp (2130 m), wo sich ein erster Blick auf den Großen Aletschgletscher bietet. Mit rund 150 Metern »verlorener« Höhe geht's anschließend nordwärts hinüber ins Vorfeld des Oberaletschgletschers. Auf breitem, teilweise aus dem Fels gesprengtem Weg quert man die Schlucht des Gletscherbachs hinauf zu dem alten Moränenrücken über dem Tälli. An ihm bergan, dann im Zickzack über den Felssockel der Fusshörner, da und dort mit Seilsicherung. Man quert einige Steilrinnen (Steinschlaggefahr!) und wandert dann hoch über dem geröllbedeckten Oberaletschgletscher taleinwärts zur SAC-Hütte.

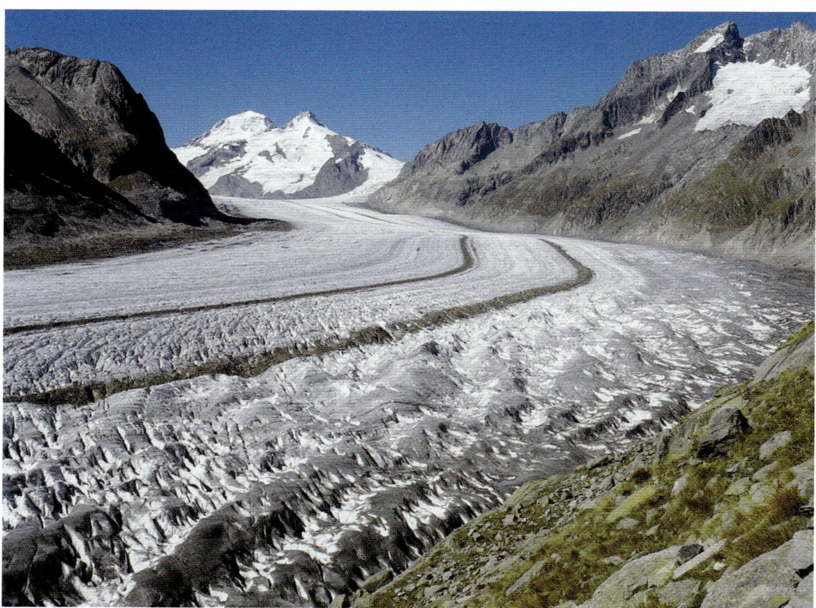

Größter Gletscher der Alpen: der 23 Kilometer lange Eisstrom des Aletschgletschers

Langsame Annäherung an eine alpine »Majestät«

25 Europaweg

Natürlich ist es ein Zufall, dass der schönste Berg der Alpen ganz hinten im Mattertal steht, sodass man ihn vom Rhonetal aus nicht zu Gesicht bekommt, nicht einmal von der Lötschberg-Bahnstrecke auf der Fahrt hinab nach Brig. Das hat auch seinen Vorteil, ermöglicht es doch eine langsame, ganz allmähliche Annäherung an die unglaubliche Pyramide, die seit über anderthalb Jahrhunderten die Menschen – und nicht bloß Bergsteiger – in ihren Bann zieht. So ähnliche Überlegungen muss man sich vor ein paar Jahren im Oberwallis gemacht haben. Das Ergebnis: ein 36 Kilometer langer Panoramaweg an der Ostflanke des Mattertals, der weit über die Waldgrenze hinaufsteigt, dabei von Grächen nach Zermatt führt, mit einer einladenden Hütte auf halber Strecke. Nur alpine Dauerläufer schaffen die Strecke in einem Tag, aber das ist überhaupt nicht der Sinn der Sache: Annäherung – langsam, genussvoll – ist gefragt, Schritt um Schritt, und dabei wird man sich das finale Zauberbild immer wieder vorstellen. Was für ein unglaublicher Berg!

Die Zwei-Tage-Wanderung startet als gemütlicher Spaziergang, führt vom Terrassendorf Grächen flach nach Gasenried (1659 m) und in den Graben des Riedbachs. Nun teilweise sehr steil im Dorfwald bergan zum Grathorn (2273 m), dann über freie Almböden zur Statue des heiligen Bernhard (2474 m), der als Schutzpatron der Wanderer gilt. Herrlicher Blick übers Rhonetal auf die Berner Alpen; ganz hinten im Mattertal zeigt sich das Matterhorn. Weiter ansteigend leitet der »Europaweg« in felsiges Gelände am Mittelberg, passiert dann die wilde Geröllregion des Großen Grabens (ca. 2650 m). Unter dem Breithorn wird das Gelände wieder etwas »aufgeräumter«. Die Route quert, allmählich an Höhe verlierend, in der Folge einige tiefe Gräben, aus denen am Nachmittag das Schmelzwasser herabstiebt. Auf leicht schwankender Brücke (wird jeweils im Winter abgebaut) passiert man eine weitere Steilrinne; wenig später ist die Europahütte (2265 m) erreicht.

Am zweiten Tag geht's zunächst einmal bergab zur neuen, 490 m langen Hängebrücke, auf der das Grabengufer in luftiger Höhe gequert wird. Der »Europaweg« passiert anschließend den mit Lärchen bestandenen Grüengarten und leitet dann gut gesichert durch Felsabbrüche in den wilden Kingraben mit seinen Wasserkaskaden (Tunnel) und Edelweißhängen. Im Bereich des Bergsturzgeländes von Brand (Verbauungen) verliert der Steig etwa zweihundert Höhenmeter, die er dann in der anhänglichen Steigung nach Ottavan (2184 m) fast wieder wettmacht. Längst schon hat man das »Horu« ausgemacht, und auf dem letzten Teilstück, das über die malerische Almsiedlung Tufteren (2215 m) schließlich hinunterleitet nach Zermatt (1616 m), bleibt das Matterhorn ganz klar die Nummer eins im grandiosen Panorama des innersten Mattertals.

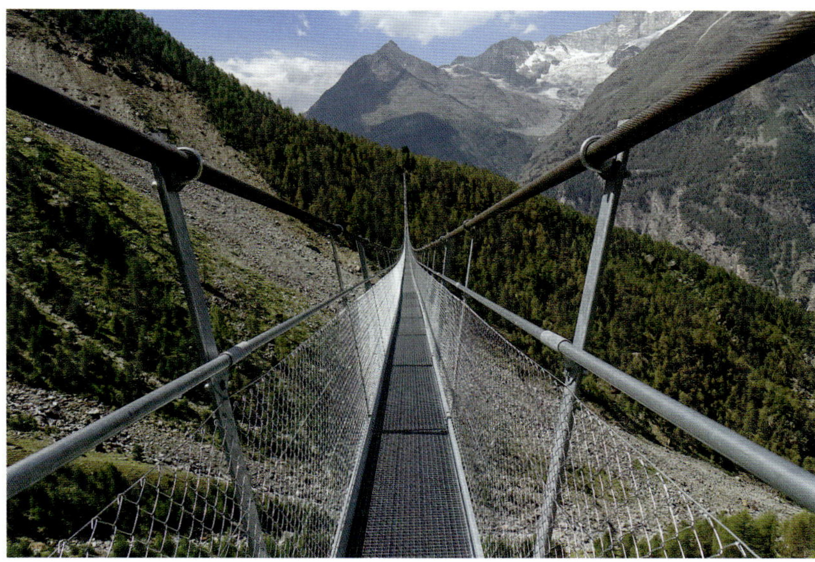

Noch ein Rekord: die fast 500 Meter lange Hängebrücke am Europaweg

Wo das Wallis besonders romantisch ist

34 Baltschiedertal

Im Baltschiedertal gibt es weder Hotels noch Seilbahnen, es führt auch keine Straße in diesen malerischen, unter Naturschutz stehenden Winkel am Südrand der Berner Alpen. Dafür kommt das Wasser auf den Feldern von Ausserberg und Eggerberg aus dem Baltschiedertal, seit Jahrhunderten schon. Bewundernswert die kühn trassierten Suonen, auf denen man ins Tal und auch wieder heraus wandert, vor einer Kulisse, wie man sie sich romantischer kaum vorstellen kann: hoch aufragend die Felsen links wie rechts und erst recht im Talhintergrund, frei nur der Blick übers Rhonetal zum Mischabelmassiv.

Von Ausserberg, den Wegzeigern »Baltschiedertal« folgend, auf einem Sträßchen bergan bis zu einer Linkskehre (1264 m), wo man auf das Niwärch stößt. Dem Waal folgend taleinwärts, teilweise ziemlich exponiert. Allmählich kommt der Baltschiederbach näher; bei den Hütten von Zu Steinu ist der Talboden erreicht. Kurz zuvor weist eine Tafel zur Groperi-Wasserfuhre; es lohnt sich aber, taleinwärts noch bis zur Alphütte von Eultini (1476 m) zu gehen. Auf der Groperi-Suone wandert man dann talauswärts; bei Eggen rechts vom Waal ab und hinunter nach Eggerberg.

Drei-Sterne-Hüttenwanderung

54 Cabane des Aiguilles Rouges, 2810 m

Die Gipfel rund um Arolla sind nicht die höchsten, auch nicht die berühmtesten der Walliser Alpen, die Hüttenrunde aber eine der lohnendsten, abwechslungsreichsten Wanderungen im Val d'Hérens. Dabei entfaltet sich mit zunehmender Höhe die prächtige Eis- und Felskulisse mehr und mehr; ein toller »Guck-ins-Land« ist der Tête du Tronc (2549 m) wenig abseits des Hüttenwegs. Das Refugium selbst erfreut sich einer schönen Lage vor dem Zackengrat der Aiguilles Rouges d'Arolla (3646 m).

Von Arolla, die Kehren einer Alpstraße abkürzend, durch lichten Zirbenwald bergan, über Wiesen zu den obersten Alphütten, dann hinter dem Tête du Tronc vorbei und flach in den Geröllkessel von Les Ignes. Über Gletscherbäche und an einem steilen Moränenhang hinauf zur Cabane des Aiguilles Rouges.

Von der Hütte noch kurz aufwärts, dann rechts über einen Schutthang hinunter zu den Almwiesen von Louché und weiter zum glasklaren Lac Bleu (2090 m). Hier rechts und über dem innersten Val d'Arolla wieder zurück zum Ausgangspunkt.

Goms – Aletsch – Simplon

Tourenziel/Charakteristik	Ausgangspunkt	Wegverlauf & Gehzeit	Markierung	Einkehr am Weg
1 Tälligrat, 2769 m Aussichtsreiche Höhen- und Bergabwanderung zwischen dem Furkapass und dem Obergoms. Für den langen Abstieg sind Teleskopstöcke angenehm. Der Hungerberg-Sessellift verkehrt nicht mehr.	Furkapass (2429 m,), Straßenverbindung zwischen Andermatt und dem Goms	Furkapass – Höhenweg – Tällilücke (2720 m; 1 Std.) – Tälligrat – Hungerberg (1772 m; 3 1/4 Std.) – Oberwald (4 Std.)	Rot-weiße Mark.	
2 Brudelhorn, 2791 m Aussichtsgipfel über dem Obergoms, mit Abstieg ins Tal besonders lohnend	Ladstafel (1925 m,) an der Nufenen-Passstraße, 8 km von Ulrichen (1346 m,)	Ladstafel – Vorderdistel (2322 m; 1 1/4 Std.) – Distelsee – Brudelhorn (2 3/4 Std.) – Follebode (2161 m; 4 Std.) – Münster (1370 m; 5 3/4 Std.,)	Wegzeiger, rot-weiße Mark.	
3 Gommer Höhenweg Sonniger Hangweg an der rechten Flanke des obersten Rhonetals, überall Abstiege zu den Dörfern möglich. Talfahrt von Bellwald mit der Seilbahn nach Fürgangen (1202 m,)	Oberwald (1368 m,), oberstes Dorf im Goms	Oberwald – Münster (1388 m; 4 Std.) – Bellwald (9 Std.)	Wegzeiger, gelbe Mark.	In den Dörfern
4 Blinnental – Grathorn, 2673 m Abwechslungsreiche Tal- und Höhenrunde; vom Grathorn prächtige Umschau	Reckingen (1326 m,), Dorf im Goms. Sehenswert: alte Walliser Häuser	Reckingen – Chäller (1845 m; 2 Std.) – Grathorn (4 1/4 Std.) – Mannlibode (2452 m) – Reckingen (7 1/4 Std.)	Wegzeiger, rot-weiße Mark.	
5 Risihorn, 2875 m Kein markanter Gipfel, aber ein prächtiger Aussichtspunkt und im Gegensatz zum benachbarten Eggishorn recht einsam. Im Frühsommer Blumenpracht auf den Wiesen	Bellwald (1559 m,), Bergdörfchen in hübscher Lage über dem Fiescher Tal. Der Aufstieg lässt sich mit dem Sessellift erheblich verkürzen (Richinen, 2075 m; Bidmere, 2564 m).	Bellwald – Richinen (2075 m; 1 1/2 Std.,) – Steibechriz (2433 m; 2 1/2 Std.) – Risihorn (4 Std.); Abstieg auf dem gleichen Weg (gesamt 6 3/4 Std.)	Wegzeiger, rot-weiße Mark.	Richinen
6 Eggerhorn, 2503 m Aussichtsberg über dem Eingang ins mineralienreiche Binntal. An Hangweg Trittsicherheit erforderlich. Sehenswert: Walliser Dorf Ernen (1195 m)	Binn (1400 m,), Zufahrt von Fiesch via Ernen 12 km	Binn – Sattulti (2128 m; 2 1/4 Std.) – Eggerhorn (3 1/2 Std.) – Sattulti – Fäld (1547m; 5 3/4 Std.) – Binn (6 3/4 Std.)	Wegzeiger, rot-weiße Mark.	
7 Albrunpass, 2409 m Etwas für Mineralienliebhaber! Das Binntal gehört zu den ergiebigsten Fundregionen der Schweizer Alpen. Bis Chiesstafel zwei Talwege	Imfeld (1519 m), gebührenpflichtiger Parkplatz unterhalb des Weilers Fäld. Zufahrt von Fiesch via Binn (1400 m,), 14 km	Imfeld – Blatt (2109 m; 2 Std.) – Albrunpass (3 Std.) – Imfeld (5 1/4 Std.)	Wegzeiger, rot-weiße Mark.	Binntalhütte (2267 m)
8 Eggishorn, 2927 m Die große Überschreitung eines Seilbahnbergs. Einmalig der Aletschgletscher, der größte Eisstrom der Alpen. Neu angelegter Gratweg mit längeren gesicherten Passagen, nur für Geübte!	Bergstation des Bettmergratlifts (2647 m), Talstation Bettmeralp (1957 m). Die autofreie Ferienregion Bettmeralp-Riederalp erreicht man aus dem Tal per Seilbahn.	Bettmergrat – Bettmerhorn (2858 m) – Elselicka (2722 m) – Eggishorn (2 1/2 Std.) – Kühboden (2212 m; 4 Std.) – Bettmeralp (5 Std.)	Wegzeiger, blau-weiße und rot-weiße Mark.	Bettmergrat (2647 m), Eggishorn (2869 m), Kühboden (2212 m)
9 Aletschwald – Märjelensee, 2300 m Wanderklassiker in der Aletschregion, auch verschiedene kürzere Varianten möglich, z. B. von Biel zurück zur Riederalp (gesamt 3 1/4 Std., mark.). Besuchenswert: Villa Cassel mit Naturschutzzentrum und Alpengarten. Interessant: geführte Überquerung des Aletschgletschers nach Belalp!	Riederalp (1905 m), Chaletsiedlung, erreichbar von Mörel (759 m,) mit der Seilbahn	Riederalp – Riederfurka (2065 m; 1/2 Std.) – Aletschwald – Biel (2292 m; 2 1/4 Std.) – Märjelensee (4 1/2 Std.) – Kühboden (2212 m; 5 1/2 Std.,)	Wegzeiger, rot-weiße Mark.	Riederfurka (2065 m); Gletscherstube Märjelen (2360 m); Kühboden (2212 m)
10 Oberaletschhütte, 2640 m Großartiger Panoramaweg, führt hoch über dem Oberaletschgletscher zu der gleichnamigen Hütte. Längere gesicherte Passagen, hochalpine Kulisse	Bergstation der Belalp-Seilbahn (2094 m), Talstation Blatten (1327 m). Anfahrt von Brig-Mörel, 10 km	Belalp – Hotel Belalp (2130 m; 1/2 Std.) – Oberaletschschlucht – Höhenweg – Oberaletschhütte (4 1/2 Std.); Abstieg auf dem gleichen Weg (gesamt 8 Std.)	Wegzeiger, rot-weiße und blau-weiße Mark.	Oberaletschhütte (2640 m)
11 Massaweg Rekonstruierter Waalweg, abschnittsweise in steile Felsabstürze trassiert (Seilsicherungen). Interessant die Überreste der 1385 erstmals in einer Urkunde erwähnten »Riederi«. Tour kann auch in Fiesch (1049 m,) gestartet werden (gesamt dann 6 3/4 Std., mark.)	Ried-Mörel (1189 m); Zwischenstation der Riederalp-Seilbahn, Talstation Mörel (759 m,)	Ried-Mörel – Massaschlucht – Blatten (1327 m; 2 3/4 Std.,)	Wegzeiger, rot-weiße Mark.	In den Ortschaften

Tourenziel/Charakteristik	Ausgangspunkt	Wegverlauf & Gehzeit	Markierung	Einkehr am Weg
12 Sparrhorn, 3021 m Wanderdreitausender mit grandiosem Panorama; faszinierend vor allem der Blick in den stark vergletscherten Hochgebirgsraum um den Oberaletschgletscher. Zum Gipfel hin Schrofen	Bergstation der Belalp-Seilbahn (2094 m), Talstation Blatten (1327 m,)	Belalp – Sparrhorn (3 Std.) – Hotel Belalp (4 3/4 Std.) – Egga (1647 m) – Blatten (6 1/4 Std.)	Wegzeiger, rot-weiße Mark.	Hotel Belalp (2130 m)
13 Foggenhorn, 2569 m Leicht erreichbarer Panoramapunkt über dem oberen Rhonetal. Ohne Gipfel verkürzt sich die Wanderung auf etwa 2 1/2 Std.; alter Waalweg.	Bergstation der Belalp-Seilbahn (2094 m), Talstation Blatten (1327 m,)	Belalp – Bäll (2010 m; 1/4 Std.) – Foggenhorn (2 1/4 Std.) – Nessel (2010 m; 3 1/2 Std.) – Birgisch (1093 m; 5 1/4 Std.)	Wegzeiger, rot-weiße Mark.	Bäll (2010 m), Birgisch
14 Fülhorn, 2738 m Den schönsten Vogelschaublick auf Brig bietet das Folluhorn (2657 m), ein noch etwas weiteres Panorama das Fülhorn. Empfehlenswert: Abstecher zum Saflischpass (2563 m), hin und zurück 3/4 Std., mark.	Chaletsiedlung Rosswald (1819 m), Zufahrt und Seilbahn von Ried (917 m,)	Rosswald – Folluhorn (2 3/4 Std.) – Fülhorn (3 Std.) – Saflisch-Passweg (2433 m; 3 3/4 Std.) – Rosswald (5 1/2 Std.)	Wegzeiger, rot-weiße Mark.	
15 Monte-Leone-Hütte, 2848 m Ganz nahe an den mächtigen, stark vergletscherten Dreitausender heran führt diese Tour. Geübten sei ein Abstecher zum Wasenhorn (3246 m) empfohlen (1 1/2 Std., Spuren, Kletterstellen I).	Bushalt »Schallbett« (1933 m) an der Nordrampe der Simplonstraße, 20 km von Brig (894 m,)	Schallbett – Mäderlicke (2887 m; 3 Std.) – Monte-Leone-Hütte (3 1/4 Std.) – Simplonpass (5 1/4 Std.)	Wegzeiger, rot-weiße Mark.	Monte-Leone-Hütte (2848 m); Simplonpass (2006 m)
16 Sirwoltesee, 2437 m Faszinierende Hochgebirgsbilder bietet diese Tour, besonders schön der Ausblick von der namenlosen Kuppe unter dem Schilthorn	Simplonpass (2006 m,), Alpenübergang zwischen Brig und Domodossola. Sehenswert: Altes Hospiz	Simplonpass – Bistinepass (2417 m; 1 3/4 Std.) – Sirwoltesattel (2621 m; 3 Std.) – Sirwoltesee (3 1/2 Std.) – Kote (2623 m; 4 Std.) – Rossbodestafel (5 1/2 Std.) – Simplon Dorf (1472 m; 6 1/2 Std.,)	Wegzeiger, rot-weiße Mark.	
17 Lagginbiwak, 2428 m Leicht abenteuerliche Runde im Laggintal. Faszinierend das eisgepanzerte Lagginhorn (4010 m). Trittsicherheit unerlässlich!	Simplon Dorf (1472 m,) an der Südseite der Simplonstraße	Simplon Dorf – Antonius (2060 m; 1 3/4 Std.) – Lagginbiwak (3 1/4 Std.) – Talschluss – Bidemji (1989 m; 5 Std.) – Biel (1504 m; 6 Std.) – Simplon Dorf (7 Std.)	Wegzeiger, Mark.	
18 Höhenweg Simplon Süd Aussichtsweg an der Südflanke des Monte Leone, nur wenig Steigung, aber recht lang. Zwischenabstiege nach Simplon Dorf möglich; Steig an der Alpjerweng recht ausgesetzt	Simplonpass (2006 m,), Alpenübergang zwischen Brig und Domodossola	Simplonpass – Balma-Hohmatta (2093 m; 1 3/4 Std.) – Balmabidi (2190 m; 4 Std.) – Alpje (1587 m; 5 Std.) – Simplonstraße (Alte Kaserne, 1157 m; 6 Std.,)	Wegzeiger, rot-weiße Mark.	
19 Bistinepass, 2417 m Vom Simplon nach Visperterminen. Im abgelegenen Nanztal an der 6 km langen »Wasserfuhre Heide« (Waal) entlang	Simplonpass (2006 m,), Alpenübergang zwischen Brig und Domodossola	Simplonpass – Bistinepass (1 3/4 Std.) – Obers Fulmoos (2460 m; 3 Std.) – Wasserfuhre Heide – Gebidumpass (2201 m; 4 1/2 Std.) – Visperterminen (1336 m; 6 1/4 Std.,)	Wegzeiger, rot-weiße Mark.	Liftstation Giw (1962 m)
20 Visperterminen, 1336 m Wanderung zu den höchstgelegenen Weinbergen der Alpen (1200 m); Reblehrpfad. Alternativ auch bergab	Visp (651 m,), Städtchen an der Mündung der Vispertäler	Visp – Ribe (Rebberg) – Hohtenn (1234 m; 2 Std.) – Visperterminen (1336 m; 3 1/4 Std.)	Wegzeiger, gelbe Mark.	Visperterminen
21 Gsponer Höhenweg Ziemlich lange, aber wenig anstrengende Höhenwanderung an der rechten Flanke des Saastals; faszinierende Ausblicke. Zwischenabstiege nach Eisten und Saas Balen möglich	Bergstation der Seilbahn nach Gspon (1893 m), Talstation Stalden (799 m,)	Gspon – Schwarzwald (2191 m) – Heimischgarten (2100 m; 3 1/2 Std.) – Saas Grund (4 3/4 Std.)	Wegzeiger, rot-weiße Mark.	Gspon (1893 m), Heimischgarten (2100 m)
22 Höhenweg Wyssi Flüe – Almageller Alp Aussichtsreicher, fast flach verlaufender Weg an der Westflanke des Weissmies (4023 m). Im Talschluss der Mattmark-Stausee. Trittsicherheit am Weg zur Wyssi Flüe	Zwischenstation Chrizbode (2397 m) der Hohsaas-Seilbahn, Talstation Saas Grund (1559 m,)	Chrizbode – Wyssl Flüe (2420 m) – Almageller Alp (2 1/2 Std.) – Saas Almagell (1673 m; 3 1/2 Std.,)	Wegzeiger, rot-weiße Mark.	Chrizbode (2397 m), Almageller Alp (2194 m)
23 Britanniahütte, 3030 m Gletscherwanderung unter dem Mischabelmassiv; bei gutem Wetter problemlos. Am spaltenfreien Chessjengletscher meist breite Spur (Wanderstöcke)	Bergstation der Felskinn-Seilbahn (2991 m), Talstation Saas Fee (1809 m,). Sehenswert: Kapellenweg von Saas Almagell nach Saas Fee	Felskinn – Egginerjoch (2989 m) – Britanniahütte (1 Std.) – Plattjen (2570 m; 2 3/4 Std.,) – Saas Fee (4 Std.)	Wegzeiger, rot-weiße Mark.	Felskinn (2991 m); Britanniahütte (3030 m)

	Tourenziel/Charakteristik	Ausgangspunkt	Wegverlauf & Gehzeit	Markierung	Einkehr am Weg
Vispertäler	**24 Höhenweg Grächen – Saas Fee** Das Saastal von seiner schönsten Seite! Abwechslungsreiche Höhenwanderung, einige felsige Passagen. Zwischenabstiege möglich	Bergstation der Hannigalp-Gondelbahn (2121 m), Talstation Grächen (1615 m)	Hannigalp – Rote Biel (2280 m; 1 3/4 Std.) – Stafelälpji (3 1/2 Std.) – Saas Fee (1809 m; 5 Std.)	Wegzeiger, rot-weiße Mark.	Hannigalp (2121 m), Saas Fee (1809 m)
	25 Europaweg Grächen – Zermatt Ein Höhenweg der Superlative: fraglos der schönste Weg nach Zermatt, aber sehr lang! Übernachtung in der Europahütte empfehlenswert. Einige gesicherte Felspassagen, 490-m-Hängebrücke; diverse Zwischenabstiege möglich	Grächen (1615 m), Ferienort über dem unteren Mattertal, 25 km von Visp	Grächen – Gasenried (1659 m; 3/4 Std.) – Grat (2320 m; 2 3/4 Std.) – Galenberg (ca. 2650 m; 4 3/4 Std.) – Europahütte (6 1/4 Std.) – Ottavan (9 1/2 Std.) – Tufteren (11 Std.) – Zermatt (12 1/2 Std.)	Wegzeiger, rot-weiße Mark.	Europahütte (2265 m); Ottavan (2184 m), Tufteren (2215 m)
	26 Oberrothorn, 3415 m Trotz zahlreicher Liftanlagen und Pisten lohnende Gipfeltour; vom Oberrothorn großes Panorama der Zermatter Hochgebirgskulisse	Bergstation der Unterrothorn-Seilbahn (3103 m), Talstation Zermatt (1616 m), umsteigen in Sunnegga (2288 m)	Unterrothorn – Oberrothorn (1 3/4 Std.) – Fluhalp (3 1/2 Std.) – Sunnegga (2288 m; 4 3/4 Std.)	Wegzeiger, rot-weiße Mark.	Unterrothorn (3103 m), Fluhalp (2616 m), Sunnegga (2288 m)
	27 Gornergrat, 3135 m Der Zermatter Aussichtspunkt schlechtin, auch als Wanderziel lohnend. Alternativ Bergabwanderung (bis Zermatt 3 Std.)	Zermatt (1616 m), berühmter Ferienort am Matterhorn. Bahnverbindung mit Visp, Autos nur bis Täsch	Zermatt – Riffelalp (2222 m; 1 3/4 Std.) – Rotboden (2815 m; 3 1/2 Std.) – Gornergrat (4 1/2 Std.)	Wegzeiger, rot-weiße Mark.	Riffelalp (2222 m), Riffelberg (2566 m), Gornergrat (3135 m)
	28 Hörnlihütte, 3260 m Ausgangspunkt der meisten Matterhorn-Besteigungen: auf den Spuren alpiner Heroen – und moderner Freizeitabenteurer . . .	Bergstation der Schwarzsee-Seilbahn (2582 m), Talstation Zermatt (1616 m)	Schwarzsee – Hirli (2888 m; 3/4 Std.) – Hörnlihütte (2 Std.) – Schwarzsee (3 1/4 Std.) – Zum See (1766 m; 4 3/4 Std.) – Zermatt (5 1/4 Std.)	Wegzeiger, rot-weiße Mark.	Schwarzsee (2583 m); Hörnlihütte und Berghaus Matterhorn (3260 m)
	29 Höhenweg Höhbalmen Aussichtsweg über dem Talkessel von Zermatt; großartig der Blick in die Nordwand des Matterhorns und über den Gornergletscher auf den Monte Rosa (4634 m)	Zermatt (1616 m), berühmter Ferienort am Matterhorn. Bahnverbindung mit Visp, Autos nur bis Täsch	Zermatt – Trift (2 1/4 Std.) – Höhbalmen (3 1/4 Std.) – Schwarzläger (2726 m; 4 Std.) – Zmuttgletscher (2327 m; 5 Std.) – Zermatt (6 1/2 Std.)	Wegzeiger, rot-weiße Mark.	Edelweiss (1961 m), Gh. Trift (2337 m), Zmutt (1936 m)
	30 Arigscheis, 2243 m Rundwanderung fernab vom Zermatter Rummel; faszinierender Ausblick auf das Weisshorn (4505 m). Trittsicherheit auf den steilen Wegen	Täsch (1450 m), kleiner Ferienort im Mattertal, Endpunkt der Talstraße, 31 km von Visp	Täsch – Arigscheis (2 1/2 Std.) – Schalenäbi – Täsch (4 1/2 Std.)	Wegzeiger, rot-weiße Mark.	
	31 Augstborderi – St. Niklaus Interessante Höhenwanderung an der linken Flanke des untersten Mattertals, läuft z. T. mit der Wasserleitung »Augstborderi«. Abschnittweise ausgesetzte Wege, Trittsicherheit. Seilbahn Jungen – St. Niklaus	Moosalp (2048 m), ausgedehntes Alpgelände im Winkel zwischen Rhone- und Vispertal; Zufahrten von Törbel, Zeneggen und Bürchen	Moosalp – »Augstborderi« – Läger (2099 m; 1 1/4 Std.) – Embdbach (2 Std.) – Jungen (1955 m; 3 1/4 Std.) – St. Niklaus (1127 m; 5 Std.)	Wegzeiger, rot-weiße Mark.	Moosalp (2048 m), Jungen
	32 Stand, 2119 m Sehr aussichtsreiche kleine Wanderrunde in der Augstbordregion. Naturschutzgebiet (Hochmoore)	Moosalp (2048 m), ausgedehntes Alpgelände im Winkel zwischen Rhone- und Vispertal; Zufahrten von Törbel, Zeneggen und Bürchen	Moosalp – Stand – Bonigersee – Breitmatte (1945 m) – Moosalp (2 Std.)	Wegzeiger, Mark.	Moosalp (2048 m)
Rhonetal – Lötschental	**33 Wyssa (Gredetschtal)** Spannende Wanderrunde entlang alten Wasserwegen. Trittsicherheit unerlässlich, einige Tunnels und sehr exponierte Passagen (teilweise Drahtseile). Sensationell: rekonstruierter Abschnitt der Suone	Mund (1188 m), stattliches Dorf über der Mündung des Gredetschtals. Unterhalb des Ortes wird Safran (!) angebaut – einzigartig in der Schweiz.	Mund (1188 m) – Ewigschmatte – Wyssa – Gredetschtal (1540 m; 2 Std.) – Stigwasser – Mund (3 1/4 Std.)	Wegzeiger, Mark.	
	34 Baltschiedertal Alte Wasserleitungen im wildromantischen Baltschiedertal: eine ebenso genussreiche wie wenig anstrengende Tour (Naturschutzgebiet). Einige exponierte Passagen (Sicherungen)	Ausserberg (1008 m), Station an der Lötschberg-Bahnlinie, Zufahrt von Visp.	Ausserberg – Salmufee – Niwärch – Ze Steinu (1287 m; 2 Std.) – Eultini (1476 m; 2 3/4 Std.) – Ze Steinu – Gorperi – Eggerberg (846 m; 4 1/4 Std.)	Wegzeiger, rot-weiße Mark.	
	35 Wiwannihütte, 2463 m Traumhaft gelegene Hütte auf einem Höhenrücken unter dem Wiwannihorn (3001 m)	Ausserberg (1008 m), Station an der Lötschberg-Bahnlinie, Zufahrt von Visp. Taxi bis Telwald, dann 1 3/4 Std.	Ausserberg – Lerchwald (2065 m; 3 Std.) – Wiwannihütte (4 1/2 Std.); Abstieg auf dem gleichen Weg (gesamt 7 1/4 Std.)	Wegzeiger, rot-weiße Mark.	Wiwannihütte (2463 m)

Tourenziel/Charakteristik	Ausgangspunkt	Wegverlauf & Gehzeit	Markierung	Einkehr am Weg
36 Höhenweg Lötschberg Süd Technik und Natur: (interessante) Einsichten und (schöne) Aussicht vermittelt der beliebte Höhenweg.	Station Hohtenn (1077 m) an der Lötschberg-Südrampe	Hohtenn – Ausserberg (931 m; 3 Std.) – Lalden (801 m; 5 1/2 Std., Bus)	Wegzeiger, Mark.	Ausserberg, Eggerberg (846 m)
37 Lötschentaler Höhenweg Wenig anstrengende Höhenwanderung; zur großen Tour wird's, wenn man in Goppenstein (1216 m, Bus) startet, via Faldumalp (2037 m) und Kummenalp bis Lauchernalp etwa 4 1/2 Std. Sehenswert: Bergdörfer im Lötschental	Seilbahn Lauchernalp (1969 m); Bergstation der Seilbahn. Talstation zwischen Kippel und Wiler; Anfahrt vom Rhonetal	Lauchernalp – Weritzstafel (2099 m) – Tellistafel (1865 m) – Fafleralp (1787 m; 2 1/2 Std., Bus)	Wegzeiger, rot-weiße Mark.	Tellistafel (1865 m), Fafleralp (1787 m)
38 Albinen – Leukerbad, 1402 m Alter Talweg abseits der Straße über die berühmten Albinenleitern (historischer »Klettersteig«). Sehenswert: das Städtchen Leuk, Albinen, die moderne Therme in Leukerbad	Leuk (731 m, Bus), historischer Flecken im Rhonetal, 24 km von Sion	Leuk – Albinen (1274 m; 2 1/4 Std., Bus) – Albinenleitern – Leukerbad (4 1/2 Std.)	Wegzeiger, gelbe und rot-weiße Mark.	Albinen (1274 m), Restaurant Flaschen (1540 m)
39 Gemmipass, 2322 m Klassisches Wanderziel in der Umgebung von Leukerbad (Seilbahn), kunstvoll angelegter Felsensteig. Trittsicherheit. Empfehlenswert: Rundwanderung um den Daubensee (2208 m, knapp 2 Std.)	Leukerbad (1402 m, Bus), Ferienort und Heilbad, 16 km von Leuk	Leukerbad – Gemmipass (2 1/4 Std.)	Wegzeiger, rot-weiße Mark.	Gemmipass (2322 m)
40 Flüealp, 2040 m Leichte Höhenwanderung vor den Südabstürzen des Rinderhorns (3453 m). Abstieg auf dem Thermalquellen-Steg	Leukerbad (1402 m, Bus)	Leukerbad – Folljeret (1773 m; 1 1/4 Std.) – Flüealp (2 3/4 Std.) – Flüekapelle (2070 m) – Leukerbad (4 1/2 Std.)	Wegzeiger, rot-weiße Mark.	Flüealp (2040 m), Buljes
41 Bisse de Varen – Pfynwald Abwechslungsreiche Runde im Rhonetal. Landschaft und Kultur: Rebweg, Bisse de Varen, Föhrenbestände im Pfynwald (Naturlehrpfad)	Sierre (533 m, Bus), Städtchen im Rhonetal, 18 km von Sion. Besuchenswert: Walliser Reb- und Weinmuseum	Sierre – »Sentier viticole« – Salgesch (581 m) – Bisse de Varen (1030 m) – Varen (760 m) – Susten (624 m) – Pfynwald – Sierre (Tagesunternehmung mit diversen Besichtigungen, gesamt 6–7 1/2 Std.)	Wegzeiger, gelbe und rot-weiße Mark.	Mehrere Gasthäuser am Weg
42 Bella Tola, 3025 m Berühmter Aussichtsgipfel über dem untersten Val d'Anniviers	Seilbahn Bergstation der Tignousa-Standseilbahn (2186 m), Talstation St-Luc (1655 m)	Tignousa – Bella Tola (3 Std.); Abstieg auf dem gleichen Weg (gesamt 5 Std.)	Wegzeiger, rot-weiße Mark.	Tignousa (2169 m)
43 Höhenweg St-Luc – Zinal Aussichtsroute über dem Val d'Anniviers, großartig der Talschluss mit dem Dent Blanche (4357 m)	St-Luc (1655 m, Bus), Dorf im Val d'Anniviers, 19 km von Sierre	St-Luc – Nava Secca (2162 m; 2 3/4 Std.) – Zinal (1675 m; 5 1/2 Std., Bus)	Wegzeiger, rot-weiße Mark., zusätzliche grüne Bez. (»Tour du Val d'Anniviers«)	Zinal (1675 m)
44 Roc de la Vache, 2581 m Aussichtskanzel über dem Talschluss des Val d'Anniviers	Zinal (1675 m, Bus), letzte Siedlung im Tal, 24 km von Sierre	Zinal – Roc de la Vache (2 3/4 Std.) – Ar Pitetta – Zinal (5 Std.)	Wegzeiger, rot-weiße Mark.	
45 Petit Mountet, 2142 m Aussichtswanderung vor der stark vergletscherten Hochgebirgskulisse um Zinalrothorn (4221 m) und Dent Blanche (4357 m)	Seilbahn Bergstation der Sorebois-Seilbahn (2438 m), Talstation Zinal (1675 m, Bus)	Sorebois – Petit Mountet (2 3/4 Std.) – Zinal (4 Std.)	Wegzeiger, rot-weiße Mark.	Cabane du Petit Mountet (2142 m)
46 Sasseneire, 3254 m Dreitausender zwischen den Tälern von Anniviers und Hérens, grandioses Panorama. Am Gipfelgrat ist Trittsicherheit unerlässlich; nur bei sicherem Wetter gehen!	Lac de Moiry (2250 m, Bus), Zufahrt von Sierre über Grimentz (1564 m), 28 km	Lac de Moiry – Col du Torrent (2918 m; 2 1/2 Std.) – Sasseneire (3 1/2 Std.); Abstieg auf dem gleichen Weg (gesamt 6 Std.)	Wegzeiger, rot-weiße Mark., zum Gipfel Spur (Steinmännchen)	Lac de Moiry (2250 m)
47 L'Ar du Tsan, 2184 m Alte Wasserwege, ein malerisch-verwunschenes Tal, interessante Vegetation (Naturschutzgebiet): das Vallon de Réchy	Seilbahn Bergstation der Crêt du Midi-Seilbahn (2331 m), Talstation Vercorin (1322 m, Bus)	Crêt du Midi – Ar du Tsan (1 1/4 Std.) – La Lé (1661 m; 2 Std.) – Vercorin (3 1/2 Std.)	Wegzeiger, rot-weiße Mark.	Crêt du Midi (2331 m)

Rhonetal – Lötschental – Val d'Anniviers

Region	Tourenziel/Charakteristik	Ausgangspunkt	Wegverlauf & Gehzeit	Markierung	Einkehr am Weg
Montana – Val d'Hérens	**48 Varneralp – Leukerbad** Wenig anstrengende, aber recht lange Höhenwanderung; fantastische Aussicht auf das Rhonetal und die Walliser Alpen	Bergstation der Petit Mont Bonvin-Seilbahn (2383 m), Talstation Aminona (1514 m)	Petit Mont Bonvin – Montagne du Sex (2027 m; 1 Std.) – Varneralp (2181 m; 3 1/2 Std.) – Chäller (1875 m; 4 1/2 Std.) – Leukerbad (1402 m; 6 1/4 Std.)	Wegzeiger, rot-weiße Mark.	
	49 Bisse du Ro Spektakulär angelegter Waal über dem wilden Graben der Ertentse. Schwindelfreiheit unerlässlich!	Plan Mayens (1620 m), Chaletsiedlung etwas oberhalb von Crans Montana	Plan Mayens – Bisse du Ro – Er de Chermignon (1733 m; 1 1/4 Std.) – Pra du Taillour (1399 m; 2 Std.) – Pas de l'Ours (1520 m; 3 1/4 Std.) – Plan Mayens (4 Std.)	Wegzeiger, rot-weiße Mark.	
	50 Grande Bisse de Lens Aussichtsreiche Höhenwanderung entlang der 14 km langen Wasserleitung (Bisse); längere felsige Abschnitte (teilweise Sicherungen)	Chermignon (910 m), Terrassendorf über dem Rhonetal, 7 km von Sierre	Chermignon – Bisse de Lens – Liène (1178 m; 3 1/2 Std.) – Pra du Taillour (1399 m; 4 Std.) – Crans (1476 m; 5 1/2 Std.)	Wegzeiger, rot-weiße Mark.	Icogne (1026 m)
	51 La Selle, 2709 m Anspruchsvolle Runde am Wildhornmassiv (3248 m), faszinierend die Felsregion der Audannes mit dem Lac des Audannes (2453 m). Trittsicherheit erforderlich, nicht bei Nebel gehen! Beim Abstieg heikle Felspassage	Bergstation des Pas-de-Maimbré-Sessellifts (2362 m), Talstation Chaletsiedlung Anzère (1515 m)	Pas de Maimbré – La Selle (1 3/4 Std.) – Cabane des Audannes (2 3/4 Std.) – Serin (1937 m; 4 1/4 Std.) – Anzère (5 3/4 Std.)	Wegzeiger, Mark.	Cabane des Audannes (2508 m)
	52 Pas de Lovégno, 2695 m Großzügige Pass- und Höhenwanderung über der Mündung des Val d'Hérens	Nax (1265 m), Dorf in schöner Terrassenlage, 12 km von Sion	Nax – Col de Cou (2528 m; 3 1/2 Std.) – Lac Louché (2567 m; 4 1/4 Std.) – Pas de Lovégno (4 3/4 Std.) – Suen (1429 m; 7 1/4 Std.)	Wegzeiger, rot-weiße Mark.	
	53 Col de la Meina, 2702 m Tagestour zwischen den Tälern von Hérens und Hérémence; von der Passregion lohnender Aufstieg zum Pic d'Artsinol (2997 m; 1 Std., mark.)	Evolène (1371 m), hübsches Walliser Dorf im Val d'Hérens, 23 km von Sion	Evolène – Col de la Meina (4 1/4 Std.) – Pralong (1608 m; 6 Std.)	Wegzeiger, rot-weiße Mark.	
	54 Cabane des Aiguilles Rouges, 2810 m Hochalpine Runde über dem Val d' Arolla, großartig die Aussicht auf Gipfel und Gletscher im Talschluss	Arolla (1956 m), höchstgelegener Flecken im Val d'Hérens, 34 km von Sion	Arolla – Cabane des Aiguilles Rouges (2 1/2 Std.) – Lac Bleu (2090 m; 4 Std.) – Arolla (4 3/4 Std.)	Wegzeiger, rot-weiße Mark.	Cabane des Aiguilles Rouges (2810 m)
	55 Mont Blava, 2932 m Natur contra Technik: ein Gipfelweg zum Nachdenken. Riesig der Stausee von Dix (2364 m), noch größer die Gebirgskulisse	Le Chargeur (2141 m), Endpunkt der Straße zum Lac des Dix, 26 km von Sion	Le Chargeur – Cabane de Prafleuri (1 1/2 Std.) – Col des Roux (2804 m; 2 Std.) – Mont Blava (2 1/2 Std.) – Col des Roux – Lac des Dix – Le Chargeur (4 Std.)	Wegzeiger, rot-weiße Mark.	Cabane de Prafleuri (2660 m); La Barma (2458 m)
	56 Bisse de Vex Gemütliche Wanderung auf den Mittelgebirgsterrassen von Nendaz und Veysonnaz. Verschiedene Varianten möglich	Haute-Nendaz (1252 m), Ferienort über dem Rhonetal, 15 km von Sion	Haute-Nendaz – Planchouet (1505 m; 1 3/4 Std.) – Bisse de Vex – Mayens de Sion (1350 m; 4 1/2 Std.) – Vex (939 m; 5 1/4 Std.)	Wegzeiger, gelbe und rot-weiße Mark.	Veysonnaz (1233 m)
Rund um Martigny	**57 Croix de la Cha, 2351 m** Auf hohen Wegen ins wildromantische Tal von Derborence	Mosson (1560 m), 11 km von Conthey (511 m) im Rhonetal	Mosson – Flore (1953 m; 1 1/2 Std.) – Croix de la Cha (3 3/4 Std.) – Derborence (1455 m; 6 Std.)	Wegzeiger, rot-weiße Mark.	
	58 Grand Garde, 2145 m Auf einen prächtigen Ausguck hoch über dem Unterwallis	Ovronnaz (1332 m), kleiner Ferienort in sonniger Lage über dem Rhonetal, 10 km von Leytron	Ovronnaz – Petit Pré (1998 m; 2 Std.) – Grand Garde (3 1/4 Std.) – Ovronnaz (4 3/4 Std.)	Wegzeiger, rot-weiße Mark.	
	59 Pierre Avoi, 2473 m Fantastische Aussichtskanzel über dem Rhoneknie, im Blickfeld auch das landschaftsfressende Siedlungsgeflecht von Verbier. Am felsigen Gipfelaufbau solide Stiege	Pas du Lin (1656 m), Zufahrten von Martigny und Sembrancher	Pas du Lin – Bisse de Saxon – Torrent de Vella (1584 m; 1 1/4 Std.) – Col de la Marlene (2315 m; 3 1/2 Std) – Pierre Avoi (4 1/4 Std.) – L'Aroley – Pas du Lin (6 Std.)	Wegzeiger, rot-weiße Mark.	

Tourenziel/Charakteristik	Ausgangspunkt	Wegverlauf & Gehzeit	Markierung	Einkehr am Weg
60 Tour du Val de Bagnes Die schönste Höhenwanderung des Val de Bagnes, Ausdauer und Trittsicherheit unerlässlich. Kürzere Variante über den »Sentier des Chamois« mit Abstieg vom Col Termin nach Fionnay 3 Std. (mark.)	Seilbahnstation Les Ruinettes (2195 m), Talstation Verbier (1490 m)	Les Ruinettes – »Sentier des Chamois« – Col Termin (2648 m; 2 1/2 Std.) – Le Da (2365 m; 4 1/2 Std.) – Ecuire du Crêt (2298 m; 6 Std.) – Mauvoisin (1841 m; 8 Std.)	Wegzeiger, rot-weiße Mark.	Les Ruinettes (2195 m); Ref. du Mont Fort (2457 m)
61 Cabane de Chanrion, 2462 m Rund um den Alpenfjord des Lac de Mauvoisin und hinauf in die arktische Landschaft nahe dem Hauptkamm der Walliser Alpen	Mauvoisin (1841 m), Endpunkt der Straße ins Val de Bagnes, 36 km von Martigny	Mauvoisin – Westuferweg – Boussine (2015 m; 2 Std.) – Cabane de Chanrion (3 1/2 Std.) – Col de Tsofeiret (4 1/4 Std.) – Mauvoisin (6 1/4 Std.)	Wegzeiger, rot-weiße Mark.	Mauvoisin (1841 m), Cabane de Chanrion (2462 m)
62 Col des Otanes, 2846 m Große, hochalpine Tour zum Galcier de Corbassière, über dem der Grand Combin (4314 m) aufragt	Mauvoisin (1841 m), Endpunkt der Straße ins Val de Bagnes, 36 km von Martigny	Mauvoisin – La Tseumette (2297 m; 1 1/2 Std.) – Col des Otanes (3 Std.) – Cabane Bagnoud (3 1/2 Std.) – Fionnay (1490 m; 5 1/4 Std.)	Wegzeiger, rot-weiße Mark.	Mauvoisin (1841 m), Cabane Bagnoud (Panossière; 2645 m)
63 Le Catogne, 2598 m Inselberg über dem untersten Drancetal, faszinierend die Aus- und Tiefblicke. Nur für erfahrene Berggänger, einige leichte Kletterstellen (I) und mehrere exponierte Passagen. Alternative für Genusswanderer: Belvedere (1811 m), 1 Std. ab Champex	Champex (1477 m), kleiner Ferienort am dem Straßenpass im »Rücken« des Catogne, 10 km ab Orsières	Champex – Crête du Bonhomme (1 3/4 Std.) – Le Catogne (3 3/4 Std.); Abstieg auf dem gleichen Weg (gesamt 6 1/4 Std.)	Wegzeiger, rot-weiße Mark.	
64 Col des Cheveaux, 2757 m Drei-Pässe-Runde am Großen St. Bernhard, mit faszinierenden Ausblicken auf das Mont-Blanc-Massiv und den Grand Combin. Raue Wege, Trittsicherheit!	Col du Grand St-Bernard (2469 m), historischer Übergang vom Wallis ins Aostatal, 44 km ab Martigny	Col du Grand St-Bernard – Col des Cheveaux (2714 m) – Col des Bastillons (2757 m; 2 3/4 Std.) – Fenêtre de Ferret (2698 m; 4 Std.) – Col du Grand St-Bernard (5 Std.)	Wegzeiger, rot-weiße Mark.	Col du Grand St-Bernard (2469 m)
65 Bisse du Trient – Col de Balme, 2204 m Vom Col de la Forclaz über einen alten Wasserweg zum Trientgletscher und zum Mont-Blanc-Blick am Col de Balme	Col de la Forclaz (1526 m) an der Strecke vom Wallis nach Chamonix, 16 km von Martigny	Col de la Forclaz – Bisse du Trient – Chalet du Glacier (1583 m; 3/4 Std.) – Les Grands (2113 m; 2 1/2 Std.) – Col de Balme (3 3/4 Std.) – Trient (1279 m; 5 1/2 Std.)	Wegzeiger, rot-weiße Mark	Chalet du Glacier (1583 m), Les Grands (2113 m), Col de Balme (2204 m)
66 Vallée du Trient Gemütliche Wanderung durch das tief eingerissene Tal des Trient. Rückweg per Bahn oder auf mark. Wegen via Salvan (gesamt 4 1/2 Std.). Unbedingt sehenswert: Gorges du Trient, Steig von Vernayaz aus	Vernayaz (452 m), Dorf an der Mündung der Gorges du Trient	Vernayaz – Pont du Gueuroz (625 m) – Les Marécottes (1030 m; 2 3/4 Std.)	Wegzeiger, rot-weiße Mark.	In den Ortschaften
67 Lacs de Fully, 2135 m Spannende Runde über den Diabley-Grat (2469 m), packende Tiefblicke ins Rhonetal	Bergstation der Seilbahn nach Champex d'Alesse (1120 m), Talstation Dorénaz (451 m) im Rhonetal	Champex d'Alesse – Cabane du Sex Carro – Le Diabley – Cabane Demècre (4 Std.) – Lac de Fully (4 1/2 Std.) – Cabane Sorgno – Portail de Fully (2267 m) – Sex Carro (2091 m) – Champex d'Alesse (8 Std.)	Wegzeiger, rot-weiße Mark.	Hütten: Selbstversorger
68 Dent de Morcles, 2969 m Mächtiges Kalkmassiv über dem Rhoneknie, fantastische Rundschau, einmalige Tiefblicke. Ausgesetzter, aber ordentlicher Felssteig zum Gipfel	Morcles (1160 m), Bergdorf über dem Rhonetal mit kurvenreicher Zufahrt, 8 km von St-Maurice. Weiterfahrt bis etwa 1600 m möglich	Morcles – Rionda (2156 m; 3 Std.) – Dent de Morcles (5 1/2 Std.); Abstieg auf dem gleichen Weg (gesamt 9 Std.)	Wegzeiger, Mark.	Cabane de la Tourche (2198 m), 10 Min. vom Weg
69 Refuge d'Antème, 2035 m Höhenwanderung unter dem mächtigen Kalkstock der Dents du Midi (3257 m), Teilstück der »Tour des Dents du Midi«	Champéry (1055 m), Ferienort, 13 km von Monthey	Champéry – Refuge d'Antème (3 1/2 Std.) – Signal de Soi (2054 m; 5 Std.) – Val d'Illiez (995 m; 7 3/4 Std.)	Wegzeiger, rot-weiße Mark.	Ref. d'Antème (2032 m)
70 Col des Esserts, 2029 m Abwechslungsreiche Alm- und Passwanderung unter den Südabstürzen der Diablerets	Solalex (1469 m), Zufahrt von Villars-sur-Ollon (1253 m) 10 km	Solalex – Anzeindaz (1876 m; 1 1/2 Std.) – Col des Esserts (2 1/4 Std.) – La Vare (1756 m; 3 Std.) – Solalex (5 Std.)	Wegzeiger, rot-weiße Mark.	Anzeindaz (1876 m)
71 Rochers de Naye, 2042 m Überschreitung des berühmten Aussichtsbergs statt Bahnfahrt. Faszinierende Tiefblicke auf den Genfer See, großes Alpenpanorama. Taschenlampe für Naye-Grotte	Les Avants (968 m), Dörfchen oberhalb von Montreux, 8 km	Les Avants – Col de Jaman (1512 m; 2 Std.) – Grottes de Naye – Rochers de Naye (5 Std.) – Caux (1048 m; 7 Std.)	Wegzeiger, rot-weiße Mark.	Mehrere Gasthäuser am Weg

Lago Maggiore und Valli d'Ossola

Vom »Lago mediterraneo« ins eisige Hochgebirge

Natürlich kennt jede/r den Lago Maggiore, in der Nachkriegszeit noch Traumziel wenig verwöhnter Bundesbürger, und wer weiß etwa nicht, wo der Monte Rosa steht? Doch dazwischen? Bergketten, wildromantische Täler, Industrieorte am Toce, Spuren der spätmittelalterlichen Walseransiedlung, ein Nationalpark und zahlreiche Seen – also Tourenziele en masse. Und eine Landschaft, die ihren ganz eigenen Zauber hat und mit starken Kontrasten aufwartet.

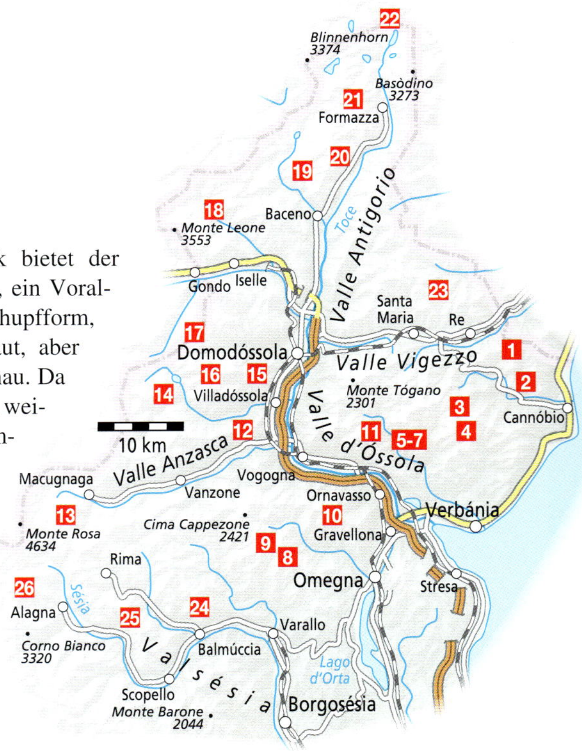

Den besten Überblick bietet der Mottarone (1491 m), ein Voralpenberg in Gugelhupfform, übererschlossen und verbaut, aber mit grandioser Südalpenschau. Da hat man alles im Blick, den weiten, im Sonnenlicht schimmernden Spiegel des Lago Maggiore und den »Minore«, den Lago d'Orta, im Nordwesten die Eisriesen der Walliser Alpen. Genau nördlich öffnet sich jenseits des Tocetals das Val Grande, heute Nationalpark und eine Landschaft von extremer Wildheit, menschenleer, unzugänglich schier, doch bloß ein paar Kilometer von den belebten Uferpromenaden Verbanias entfernt. Nicht zu übersehen sind auch die modernen Industrieansiedlungen im Tal des Toce und das Betonband der Superstrada, die (noch mehr) Ausflügler aus der Poebene anlockt.

Gegensätze. Sie prägen diesen Winkel der Alpen, und entsprechend präsentiert sich auch die touristische Infrastruktur, von inexistent bis vorzüglich. So findet der Wanderer etwa im Val Cannobina ein bestens ausgeschildertes und markiertes Wegnetz, während es andernorts ausgiebiger Spurensuche bedarf, damit man nicht vom richtigen Pfad abkommt. Doch ein Hauch Abenteuer gehört halt bei manchen Touren im alpinen Hinterland des Lago Maggiore, in den Ossolatälern und im Val Sesia einfach dazu – »Outdoor adventure« heißt so was heute …

Steckbrief

Fläche: 3600 qkm
Höchster Punkt: Monte Rosa (Dufourspitze, 4634 m)
Gebirgsgruppen: Tessiner Voralpen (West), Walliser Alpen (Südost)
Wichtigste Ortschaften: Verbania, Stresa, Omegna, Domodossola, Macugnaga, Varallo, Alagna Sesia
Wandervorschläge: 26

Solo per esperti: der Sentiero Bovè

Wer leicht abenteuerliche Touren mag, wird im Hinterland des Lago Maggiore leicht fündig: alte Bauernpfade, Wege ins »Niemandsland« und wilde Jagsteige gibt es hier en masse. Und sogar einen prächtigen Kammweg, vor über einem Jahrhundert angelegt, mittlerweile neu markiert und an einigen Stellen mit Sicherungen versehen. Leider nur noch eine Ruine ist die Hütte des CAI Verbano an der Bocchetta di Campo; dafür gibt es am Monte Zeda ein stets zugängliches Biwak. Der Wegverlauf: Falmenta (669 m) – Bivacco all'Alpe Fornà – Monte Zeda (2156 m) – La Piota (1925 m) – Passo delle Crocette – Monte Torrione (1984 m) – Marsicce (2135 m) – Cima dei Fornaletti (1815 m) – Finero (896 m). Gehzeit etwa 12 Std., Nächtigung im Bivacco all'Alpe Fornà (1649 m) dringend empfohlen. Eine großartige, alpine Tour für ausdauernde Fährtensucher. Kein bewirtschafteter Stützpunkt unterwegs!

Wildnis am Südalpenrand

5 Cima Sasso, 1916 m

Was für ein Kontrast! Unten auf der Ufermeile Intras stauen sich die Autos, rund um die mächtige, kuppelgekrönte Basilika San Vittore herrscht geschäftiges Treiben, am Hafen legt gerade die Ferry ab, irgendwo rattern Baumaschinen. Und nicht einmal zehn Kilometer landeinwärts ist man allein, allein in einer menschenleeren Wildnis, höchstens das Rauschen eines Bachs im Ohr: das Val Grande, ein »letztes Paradies«, fern unserer hektischen Alltagswelt, seit ein paar Jahren unter Schutz.

Mitten im Parco Nazionale della Val Grande erhebt sich die Cima Sasso, ein felsiger Gipfel – nomen est omen! – in dem lang gestreckten Grat, der die Gräben des Val Grande und des Val Pogallo trennt. Die Gipfeltour vermittelt einen guten Eindruck von der ungezähmten Wildheit dieser Bergregion am Südrand der Alpen – »Lichtjahre« fern vom Trubel am Lago Maggiore.

Ein alter Weg führt von Cicogna angenehm schattig hinauf zur Alpe Prà. Hinter der Casa Alpino (1250 m) links in den Wald, um einen ersten Gratzacken herum und durch eine enge Scharte auf die Ostseite. Die verfallene Alp Leciuri bleibt abseits, der Weg führt zurück in den Wald und über ein paar Felsen auf den Monte Spigo (1439 m). Weiter der unmarkierten Spur folgend über den Colma di Belmello und am Grat, zuletzt ein paar Zacken rechts umgehend, in die Scharte vor der Cima Sasso. Packender Blick ins innerste Val Pogallo und zum Monte Zeda (2156 m); links das verästelte Grabensystem des Val Grande, Kernregion des Nationalparks »Val Grande«. Nun über ein Blockfeld mühsam aufwärts (Steinmännchen) und durch die Ostflanke zum Grat. Links in leichter Kletterei zum Gipfel.

Alte Wege, große Aussicht

12 Pizzo Castello, 1607 m

Die großen Gipfel stehen zwar nur im Panorama, doch das mindert den Reiz der Tour über den Monte Castello in keiner Weise. Hier ist der Weg das Ziel, und der ist ganz besonders kunstvoll angelegt, schraubt sich über steile Hänge, vom Dorf zur Maiensäß, weiter zur Hochalm. Und überall die Rustici mit ihren Plattendächern, manchmal isoliert stehende Bauten, mitunter verfallend, dann wieder ganze Dörfchen wie etwa Drocala. Weniger schön wirken daneben die neuen, oft brutal ins Gelände geschlagenen Straßen. Die Bauern sind ja längst fort, subventioniert wird hier höchstens noch ein Freizeitbedürfnis der Mailänder: Wochenende auf dem Land, TV inklusive.

In einer Stunde steigt man von Cimamulera hinauf zur Alpe Ceresole (953 m), wo sich ein erster Prachtblick auf den Monte Rosa und seine gigantische Ostwand bietet. Weiter am licht bewaldeten Rücken bergan; der Testa del Frate (1258 m) wird links auf schmalem Band umgangen, hinter der Alpe Castello steuert das Weglein den Gipfel des Pizzo Castello an.

Der Abstieg beginnt als Kammwanderung, führt westlich zu den Almhütten von Colma (1509 m), dann links in Serpentinen hinunter zum Alpdörfchen von Drocala. Hier kann man direkt zur Talstraße absteigen; interessanter ist der alte Pfad, der über die Weiler an der Sonnseite des Valle Anzasca zurückleitet nach Cimamulera.

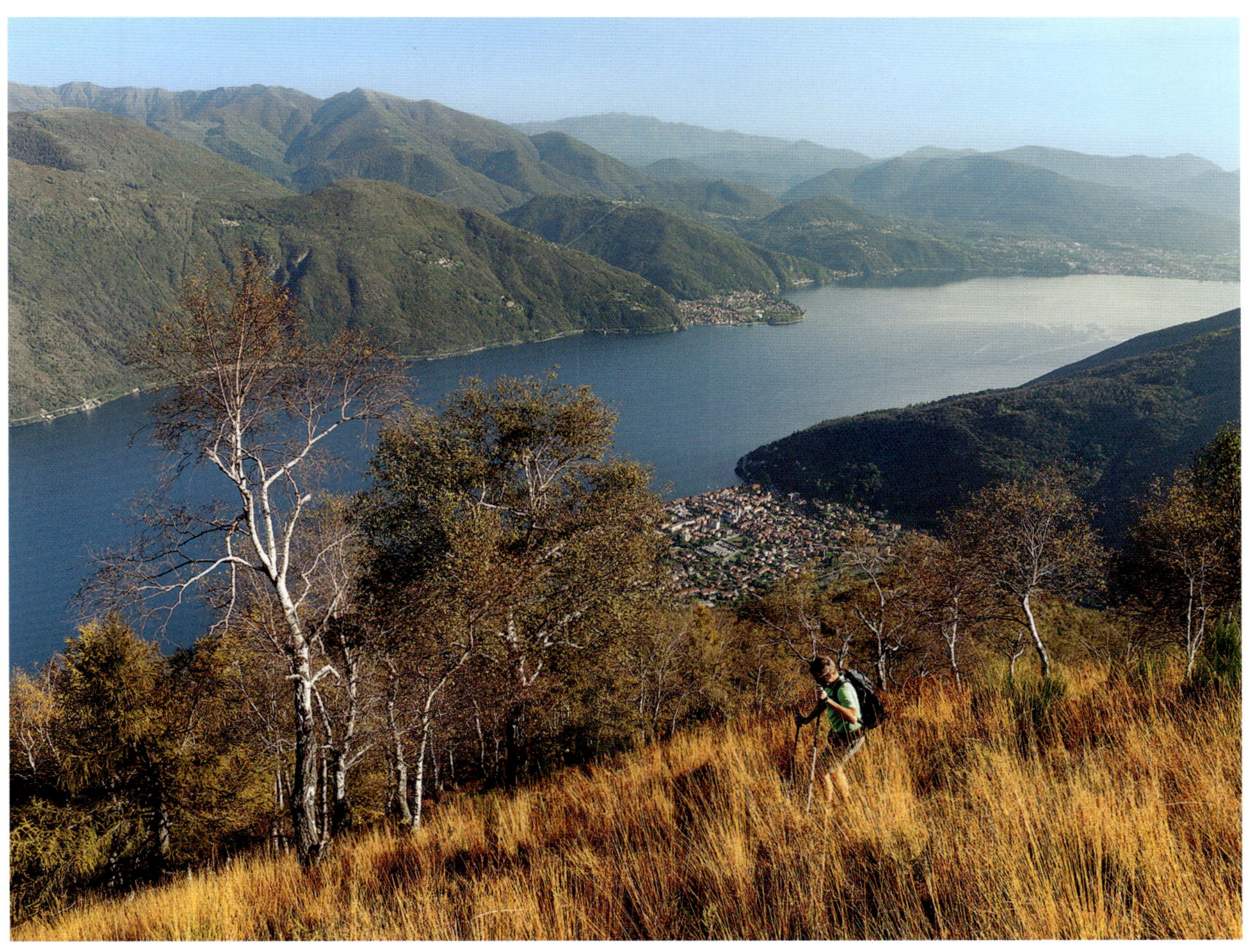

Mediterrane Welt am Alpensüdrand: Cannobio, der Lago Maggiore und seine Berge

	Tourenziel/Charakteristik	Ausgangspunkt	Wegverlauf & Gehzeit	Markierung	Einkehr am Weg
Lago Maggiore	**1 Monte Torriggia, 1703 m** Rundwanderung im Valle Cannobina, schöner Blick auf die Tessiner Berge	Cúrsolo (886 m, 🚌), Dorf im inneren Valle Cannobina, 20 km von Cannobbio (214 m, 🚌)	Cúrsolo – Monte Vecchio (1094 m; 3/4 Std.) – Monte Torriggia (2 3/4 Std.) – Pluni (1454 m; 3 1/2 Std.) – Monti di Cúrsolo (4 1/4 Std.) – Cúrsolo (5 Std.)	Gut bez. Wege, Hinweistafeln	Rif. al Monte Vecchio di Orasso (1094 m)
	2 La Borromea Historischer Talweg im Valle Cannobina, Frühlings- oder Spätherbstwanderung	Cannobio (214 m, 🚌), Ferienort am Westufer des Lago Maggiore	Cannobio – Traffiume (245 m) – Cavaglio (501 m) – Gurrone (697 m) – Spocchia (798 m) – Cúrsolo (886 m; 4 3/4 Std., 🚌)	Mark. Wege	In den Dörfern
	3 La Piota, 1925 m Rundwanderung auf einen Nebengipfel des Monte Zeda; im Sommer massenhaft Heidelbeeren am Weg	Gurro (812 m), »Schottendorf« (soll von Schotten gegründet worden sein) im Valle Cannobina	Gurro – Alpone (1539 m; 2 3/4 Std.) – La Piota (3 3/4 Std.) – Passo delle Crocette (5 Std.) – Gurro (7 1/4 Std.)	Wegzeiger, gute Mark.	
	4 Monte Zeda, 2156 m Großartiger Aussichtspunkt über dem Lago Maggiore. Alte Militärwege, auch für Biker interessant. Abstieg alternativ nach Miazzina (736 m) oder Intragna (708 m) möglich	Colle (1238 m), Zufahrt von Intra via Premeno (804 m, 🚌), 33 km	Colle – Passo Folungo (2 Std.) – Monte Zeda (4 1/2 Std.); Abstieg auf dem gleichen Weg (gesamt 7 3/4 Std.)	Kaum markiert, aber nicht zu verfehlen	
	5 Cima Sasso, 1916 m Felsiger Grat hoch über der Wildnis des Val Grande. Ausdauer und Trittsicherheit wichtig	Cicogna (732 m), Weiler im unteren Val Pogallo, Zufahrt von Intra via Santino (304 m, 🚌)	Cicogna – Casa dell'Alpino (1 1/2 Std.) – Monte Spigo (1439 m) – Colma di Belmello (1589 m) – Cima Sasso (4 1/4 Std.); Abstieg auf dem gleichen Weg (6 3/4 Std.)	Bis Casa dell'Alpino mark., dann weitgehend ohne Bez.	Casa dell'Alpino (1250 m)
	6 Val Grande Interessante Runde im untersten Val Grande; wilde Kulisse. Wichtig: Der direkte Zugang durch das schluchtartig eingerissene Tal ist zerstört und nicht mehr begehbar!	An der Straße nach Cicogna, etwa 3 km hinter Rovegro (weiter bis Cicogna Parkverbot!) knapp unterhalb von Bignugno	Bignugno – Alpe Scellina – Ponte di Velina (470 m; 2 1/2 Std.) – Alpe Vota (872 m) – Ponte Casletto – Bignugno (6 Std.)	Weg zur Velinabrücke gut bez., weiter gelegentlich rote und gelbe Punkte	
Valli d'Ossola – Val Sesia	**7 Monte Faiè, 1352 m** Trotz der vergleichsweise geringen Höhe sehr dankbarer Aussichtsberg	Ruspesso (ca. 930 m), Anfahrt von Intra über Santino (304 m, 🚌), 14 km)	Ruspesso – Colma di Vercio – Monte Faiè (1 3/4 Std.) – Ruspesso (2 3/4 Std.)	Mark. Wege	Rif. Fantoli (980 m)
	8 Massa del Turlo, 1959 m Aussichtsreiche Höhenwanderung südlich über dem Val Strona; Fortsetzung der Überschreitung von der Massa del Turlo zum Rif. Traglio möglich (etwa 6 Std., Fährtensuche)	Alpe Camasca (1180 m), Zufahrt von Omegna über Quarna Sotto (796 m, 🚌), 11,5 km. Parkplatz	Alpe Camasca – Monte Croce (1643 m; 2 Std.) – Colle del Campo (1571 m) – Massa del Turlo (3 3/4 Std.); Rückweg auf der gleichen Route (gesamt 6 1/4 Std.)	Spärlich mark., Vorsicht bei Nebel!	
	9 Altenberg, 2394 m Gipfel im hintersten Val Strona mit alpinem Touch. Herrlicher Blick auf die Walliser Alpen	Kampel (1305 m), alte Walsersiedlung; Zufahrt von Omegna via Forno (892 m, 🚌), 19,2 km	Kampel – Rif. Traglio (2 1/4 Std.) – Altenberg (3 Std.); Abstieg auf dem gleichen Weg (gesamt 5 Std.)	Rot-weiße Mark., Nrn. 1 und 3	Kampel
	10 Monte Massone, 2161 m Aufgrund seiner weit gegen den Lago Maggiore vorgeschobenen Lage besonders lohnender Aussichtsgipfel. Unschwierig, aber recht weite Wege	Alpe Quaggione (1175 m), Zufahrt von Omegna via Germagno 11 km	Alpe Quaggione – Monte Cerano (1702 m; 2 Std.) – Poggio Croce (1765 m) – Bocchetta di Bagnone (1589 m; 2 3/4 Std.) – Monte Massone (4 3/4 Std.) – Bocchetta di Bagnone – Alpi Morello – Alpe Quaggione (7 1/4 Std.)	Mangelhaft, rote Tupfer und »3M«	Alpe Quaggione (1175 m)
	11 Pizzo Proman, 2099 m Anstrengende Gipfeltour, faszinierender Blick in die Wildnis des verzweigten Val Grande; Trittsicherheit	Colloro (523 m), 4,5 km oberhalb von Premosello Chiovenda (222 m, 🚌) im Tocetal	Colloro – Lut (1/2 Std.) – La Motta – Colma di Premosello (1728 m, 3 1/2 Std.); – Pizzo Proman (5 Std.); Abstieg auf dem gleichen Weg (gesamt 8 Std.)	Mangelhaft bez., aber kaum Orientierungsprobleme	Bar in Colloro
	12 Pizzo Castello, 1607 m Wanderrunde über dem untersten Valle Anzasca, herrliche Aussicht auf die Walliser Alpen. Bemerkenswert: die alten Wege und Rustici (soweit noch nicht umgebaut)	Cimamulera (484 m, 🚌), Fraktion der Gemeinde Piedimulera; Zufahrt über die Talstraße, 4 km	Cimamulera – Alpe Ceresole (953 m; 1 1/4 Std.) – Pizzo Castello (3 3/4 Std.) – Alpe della Colma (1509 m; 4 1/2 Std.) – Drocala (940 m) – Meggiana – Cimamulera (7 1/2 Std.)	Spärlich bis gar nicht mark., bei gutem Wetter Orientierung einfach	
	13 Rifugio Zamboni-Zappa, 2070 m Hüttentour vor der größten Wand der Alpen, dem Ostabbruch des Monte Rosa	Macugnaga (1358 m, 🚌), Ferienort im Valle Anzasca, 30 km von Piedimulera	Macugnaga – Alpe Rosareggio (1825 m; 1 1/2 Std.) – Rif. Zamboni-Zappa (3 Std.) – Macugnaga (5 Std.)	Gut mark. Wege	Rif. Zamboni-Zappa (2065 m); Rif. Saronno (1932 m)
	14 La Forcola, 1914 m Wanderrunde über dem inneren Valle Antrona, Aufstieg selten begangen, Abstieg teilweise auf der Straße	Antronapiana (908 m, 🚌), Zufahrt von Villadossola 16 km	Antronapiana – Alpe Fornalei (1094 m) – La Forcola (3 Std.) – Cheggio (1497 m; 4 Std.) – Antronapiana (5 1/2 Std.)	Aufstieg sparsame gelbe Bez., Abstieg nicht zu verfehlen	Cheggio (1497 m)

Tourenziel/Charakteristik	Ausgangspunkt	Wegverlauf & Gehzeit	Markierung	Einkehr am Weg
15 Moncucco, 1899 m Anspruchsvolle Überschreitung mit bezaubernden Aus- und Tiefblicken. Trittsicherheit, gelegentliche Wegsuche unvermeidlich. Kürzerer Anstieg von der Alpe Lusentino (1089 m, 10 km ab Domodossola), 2 3/4 Std.	Haltestelle »Cresti« (520 m) an der Straße von Villadossola (257 m,) ins Valle Antrona	Cresti – Sasso – Aulamia (1070 m; 2 Std.) – Colle del Pianino (1620 m; 3 3/4 Std.) – Moncucco (5 Std.) – La Colma (1261 m; 6 1/4 Std.) – Villadossola (8 Std.)	Nur teilweise bez.	
16 Cima Camughera, 2249 m Nicht ganz einfache Rundtour, ziemlich raue Wege; Ausdauer erforderlich. Vom Gipfel Schau über die Täler und Gipfel der Ossola	Bognanco Fonti (669 m,), kleiner Kurort im Valle di Bognanco, 8 km von Domodossola	Bognanco Fonti – Alpe Manzano (1299 m; 2 1/4 Std.) – Cima Camughera (5 Std.) – Alpe Pezza Lunga (1174 m; 7 Std.) – Bognanco Fonti (8 1/4 Std.)	Teilweise bez.	Alpe Manzano (1299 m), Alpe Garione (1634 m)
17 Laghi di Campo, 2279 m Alm- und Seenwanderung im innersten Valle di Bognanco, Ausdauer erforderlich. Im Frühsommer reiche Flora	Pizzanco (1142 m), Häusergruppe 5 km von Bognanco Fonti (669 m,)	Pizzanco – Alpe Oracchia (1651 m; 1 1/2 Std.) – Alpe Laghetto (2 3/4 Std.) – Laghi di Campo (3 3/4 Std.) – Alpe Campo (1889 m; 5 Std.) – Pizzanco (7 1/4 Std.)	Nur teilweise mark.	Rif. Alpe Laghetto (2046 m)
18 Alpe Veglia, 1760 m Rundwanderung im Naturpark Alpe Veglia. Startet man in San Domenico, erhöht sich die Gehzeit auf 6 Std.	Bergstation des Ciamporino-Sessellifts (1936 m), Talstation San Domenico (1410 m); Zufahrt von Varzo	Ciamporino – Alpe Veglia (2 1/2 Std.) – Ponte Campo (1320 m) – San Domenico (4 1/2 Std.)	Mark. Wege	Rif. Città di Arona (1761 m)
19 Corna Troggi, 2230 m Aussichtsreicher Kammrücken über den Stauseen von Agaro und Dévero; im Sommer üppige Blumenwiesen. Alternativ kann man auch durch die Westflanke der Corna Troggi zu den Laghi del Sangiatto (2034 m) queren (mark.)	Goglio (1133 m), Zufahrt von Baceno (655 m,) 7 km. Sehenswert: Ausone (Ospo), alte Walsersiedlung	Goglio – Auseno (1462 m; 1 Std.) – Stollen – Lago d'Agaro (1597 m; 1 3/4 Std.) – Corna Troggi (4 1/4 Std.) – Bocchetta di Scarpia (2248 m; 5 Std.) – Laghi del Sangiatto – Crampiolo (1767 m; 6 Std.) – Alpe Dévero (1634 m) – Goglio (7 1/2 Std.)	Mark. Wege; Taschenlampe für den Werksstollen!	Goglio (1133 m), Rif. Castiglioni (1640 m) auf der Alpe Dévero
20 Salecchio, 1509 m Auf den Spuren der Walser, jahrhundertealter Talweg	Fondavalle (Stafelwald, 1220 m,), Weiler im Val Formazza (Pomat)	Fondavalle – Altillone (Puneiga, 1249 m) – San Antonio (1448 m; 2 Std.) – Salecchio (Am obru Bärg; 3 1/4 Std.) – Passo (787 m; 5 Std.,)	Mark. Wege	
21 Passo di Nefelgiù, 2573 m Hochalpine Runde der Kontraste: faszinierende Natur und (weniger schöne) Technik. Sehenswert: der Toce-Wasserfall (wenn nicht »abgestellt«)	Canza (Früttwald, 1412 m), oberstes Dörfchen im Val Formazza, 42 km von Domodossola. Sessellift Valdo – Sagersboden (1772 m)	Canza – Sagersboden (1772 m; 1 1/4 Std.) – Rif. Margaroli (2194 m; 2 3/4 Std.) – Passo di Nefelgiù (3 3/4 Std.) – Alpe Stafel – Cascata del Toce (5 3/4 Std.) – Canza (6 3/4 Std.)	Mark. Wege, zuletzt Straße	Rif. Myriam (2045 m); Rif. Margaroli (2194 m)
22 Griespass, 2479 m Grenzüberschreitende Pässe- und (Stau-) Seenwanderung	Nufenen-Passstraße, Abzw. (2303 m,) der Zufahrt zum Gries-Stausee, 12 km von Ulrichen	Nufenenstraße – Griespass (3/4 Std.) – Riale (1731 m; 2 1/4 Std.) – Passo di San Giacomo (2313 m; 4 1/2 Std.) – Passo del Corno (2485 m; 6 1/2 Std.) – Nufenenstraße (7 Std.)	Wegzeiger, rotweiße Mark.	Rif. Maria Luisa (2157 m), an der San-Giacomo-Passstraße; Capanna Corno Gries (2338 m)
23 Bocchetta di Ruggia, 1990 m Auf alten Wegen zu sonnigen Höhen über dem Val Vigezzo. Alternativ kommt auch die Seilbahnstation Piana di Vigezzo (1706 m) als Ausgangspunkt in Frage.	Arvogno (1247 m) im Hochtal des Melezzo, Zufahrt von Santa Maria Maggiore (816 m,) 7 km	Arvogno – San Pantaleone (1992 m; 2 1/4 Std.) – Bocchetta di Ruggia (3 1/4 Std.) – Bocchetta di Muino (1977 m; 4 Std.) – Piana di Vigezzo (4 3/4 Std.) – Arvogno (6 Std.)	Aufstieg gut bez., Abstieg nur spärlich mark.	Rif. Arvogno (1247 m), Piana di Vigezzo (1706 m)
24 Pizzo Tracciora, 1917 m Leicht erreichbarer Panoramapunkt über den Tälern von Mastallone und Sermenza	Rossa (813 m), Weiler im Valle Sermenza, 4 km von Balmuccia (560 m,)	Rossa – Selletto – Pizzo Tracciora (3 1/4 Std.); Abstieg auf dem gleichen Weg (gesamt 5 Std.)	CAI-Mark.	
25 Cima Sajonchè, 2344 m Einer der schönsten Aussichtsgipfel der Region; steiler, mühsamer Anstieg, grandiose Umschau. Nicht bei Nässe gehen!	Mòllia (880 m,) in der Valsesia, 26 km von Varallo	Mòllia – Alpe Ortigosa (1307 m; 1 1/2 Std.) – Punta Massarei (2061 m; 4 Std.) – Cima Sajonchè (5 Std.); Abstieg auf dem gleichen Weg (gesamt 7 3/4 Std.)	Mark. 83	
26 Rif. Città di Vigevano, 2864 m Aussichtsreiche Bergabwanderung über dem inneren Valsesia. Faszinierende Ausblicke auf den Monte Rosa	Zwischenstation Passo Salati (2980 m) der Punta-Indren-Seilbahn, Talstation Alagna (1191 m)	Passo Salati – Rif. Città di Vigevano (1/2 Std.) – Passo Foric (2432 m; 1 1/2 Std.) – Follù (1664 m) – Alagna Valsesia (4 Std.)	Mark. Wege	Seilbahnstation; Rif. Città di Vigevano (2864 m)

Das Aostatal

Zwischen Walliser Alpen, Mont Blanc und Gran Paradiso

Die Parallelen sind augenfällig, unübersehbar: hier wie dort ein riesiges Tal, umrahmt, geschützt von den höchsten Alpengipfeln, uralter Kulturboden, geschichtsträchtig. Legendäre Gipfel und jede Menge Gipfelgeschichten im Wallis wie im Aostatal, ein Tourismusboom im Sog des Wintersports, Bergbauernwelt und Transitland. Die Liste ließe sich fast beliebig verlängern, man denke nur an die kilometerlangen, oft halsbrecherisch dem Steilgelände abgerungenen Wasserleitungen, über die kostbares Nass aus den Seitentälern auf die Felder vor den Dörfern geleitet wurde, oder an die Mehrsprachigkeit – Wal(li)ser auf beiden Seiten des Alpenkamms.

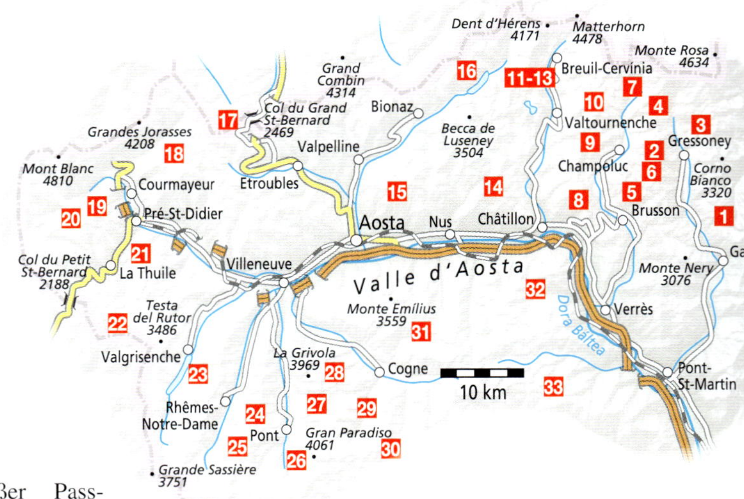

Ein großer Passübergang verbindet das Wallis mit dem Aostatal, spätestens seit der Bronzezeit begangen und benannt nach einem Heiligen: der Große St. Bernhard (2469 m). Dass der Namensgeber aus Frankreich kam, hat einen historischen Grund: Das Val d'Aoste war in seiner Geschichte lange Zeit Teil des Herzogtums Savoyen, mit Hauptstadt Chambéry und später Turin. Der heilige Bernhard stammte aus Menthon am Lac d'Annecy und richtete vor ziemlich genau tausend Jahren zwei Hospize am Großen und Kleinen St. Bernhard ein. Die »Barrys« wurden allerdings von den Wallisern okkupiert; das berühmteste Exemplar, das »une quantaine des personnes« gerettet haben soll, kann im Naturhistorischen Museum von Bern bewundert werden – ausgestopft.

Fast noch bekannter als die Lawinenhunde vom Großen St. Bernhard sind die Steinböcke des Gran Paradiso, einst königliche Jagdobjekte und als solche vor den Nachstellungen des gemeinen Volkes geschützt. Paradoxerweise rettete gerade die Jagdleidenschaft des »Gran Rey« der Bergziege mit den mächtigen Hörnern, lateinisch *Capra ibex*, alpenweit das Überleben. Mittlerweile geht ihre Population als Ergebnis zahlreicher Wiederansiedlungen in die Tausende (allein im Nationalpark Gran Paradiso sollen es über 4000 Exemplare sein), da und dort wird der Steinbock auch bejagt, ganz legal.

Natürlich sind die Viertausender des Aostatals das Revier der Alpinisten, doch wie drüben im Wallis (noch eine Parallele) bietet auch das Aostatal vielfältige Wandermöglichkeiten, vom Burgenbummel über die alpine Passwanderung bis zum Dreitausender. Und über den Tälern stehen (fast) die gleichen berühmten Gipfel: Monte Rosa (4634 m), Matterhorn (4478 m), Grand Combin (4314 m), Mont Blanc (4808 m) – und dazu der Gran Paradiso (4061 m).

Steckbrief

Fläche: ca. 3600 qkm
Höchster Punkt: Mont Blanc (4808 m)
Gebirgsgruppen: Walliser Alpen (Süd), Mont-Blanc-Massiv (Südost), Grajische Alpen (Nordost), Gran Paradiso (Nord)
Wichtigste Ortschaften: Gressoney, Breuil-Cervinia, Aosta, Cogne, Courmayeur
Wandervorschläge: 33

Burgenwandern im Aostatal

Es lohnt sich, im Aostatal den Spuren der Geschichte nachzugehen. Die hat hier viele alte Mauern zurückgelassen, vor allem Burgen, in Aosta auch einen römischen Triumphbogen; im Val di Cogne kann man ein kunstvoll gebautes Aquädukt aus dem 3. Jh. v. Chr. bewundern, bei Pont St-Martin einen »ponte romano«. Zu den schönsten Schlössern des Tals gehört die Burg von Fénis, eine mächtige Anlage, im Kern wohl romanisch, später dann mehrfach aus- und umgebaut. Ein Tipp: Besonders gut lässt sich das Tal der Dora Baltea mit dem Radl erkunden, auf den kleinen Sträßchen abseits von Autobahn und Hauptstraße.

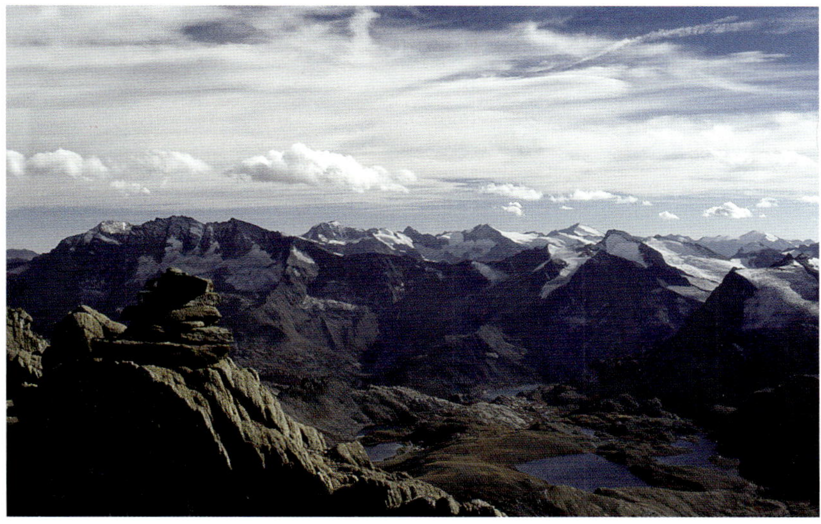

Unbekannte Westalpen: die Passregion des Col del Nivolet mit seinen Seen vom Monte Taou Blanc

Großes Belvedere vor den Walliser Viertausendern

2 Testa Grigia, 3314 m

Ein kurzer Blick auf die Landkarte macht es deutlich: Der »graue Kopf«, stattlicher Dreitausender zwischen den Tälern von Gressoney und Ayas, ist eine hervorragende Aussichtswarte vor dem Hauptkamm der Walliser Alpen. Da stehen sie Parade, die Viertausender, weiße Grate und schroffe Zacken: Grand Combin (4314 m), Dent d'Hérens (4171 m), Matterhorn (4478 m), Breithorn (4164 m), Castor und Pollux (4226 m), der riesige, mehrgipflige Monte Rosa (4634 m). Im Westen schließt das Mont-Blanc-Massiv wuchtig den tiefen Graben des Aostatals ab. Sehr instruktiv auch der Blick nach Süden, auf die Gran-Paradiso-Gruppe. Besonders auffallend hier der Monte Emilius (3559 m), Aosta um drei Kilometer überragend; links dahinter Grivola (3969 m) und Gran Paradiso (4061 m).

Das grandiose Panorama muss man sich allerdings recht hart verdienen: fast 2000 Höhenmeter sind nicht jedermanns Sache. Also ganz früh aus den Federn und dann hinauf, Schritt um Schritt bis zu jenem Punkt, wo der Blick rundum ins Weite geht – Gipfelglück.

Die große Tour beginnt mit dem Aufstieg von Chemonal zu den verlassenen Alpsiedlungen an der Westflanke des Val di Gressoney. Bald schon kommt man aus dem Wald; über dem Talschluss zeigen sich die Ewigschneegipfel des Lyskamms und des Monte Rosa (4634 m), mit der Kapelle von Groß Alpenzu (1779 m) im Vordergrund ein besonders schönes Bild. Hinter der ex-Alpe Loage (2255 m) leitet der Pfad in den Vallone Pinter und in dem rauen Tal steil hinauf in den Colle Pinter (2777 m). Nun nordwärts über einen felsdurchsetzten Geröllhang in die kleine Senke im Rücken des Monte Pinter (3132 m) und am Grat leicht zum Gipfel des Testa Grigia.

Aussichtswarte über dem Aostatal

8 Monte Zerbion, 2722 m

Die ideale Eingehtour bei einem längeren Aufenthalt in der Region: nicht zu weit, aber gerade hoch hinauf, um ein fast lückenloses Panorama des riesigen Tourenreviers zu bieten. Da stehen die Viertausender Parade, schaut man hinunter ins Tal der Dora Baltea, geht der Blick

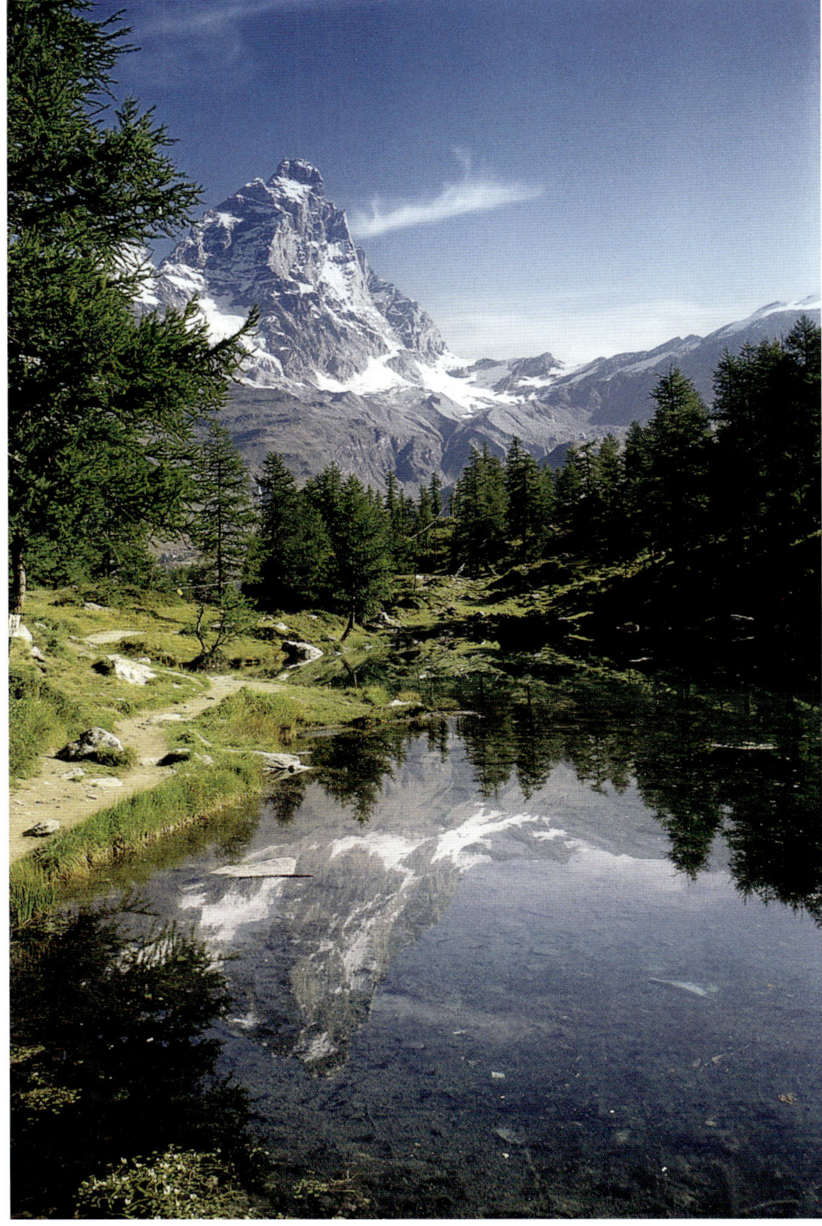

Die »Rückseite« eines weltberühmten Berges: das Matterhorn (Mont Cervin, 4478 m) von Süden

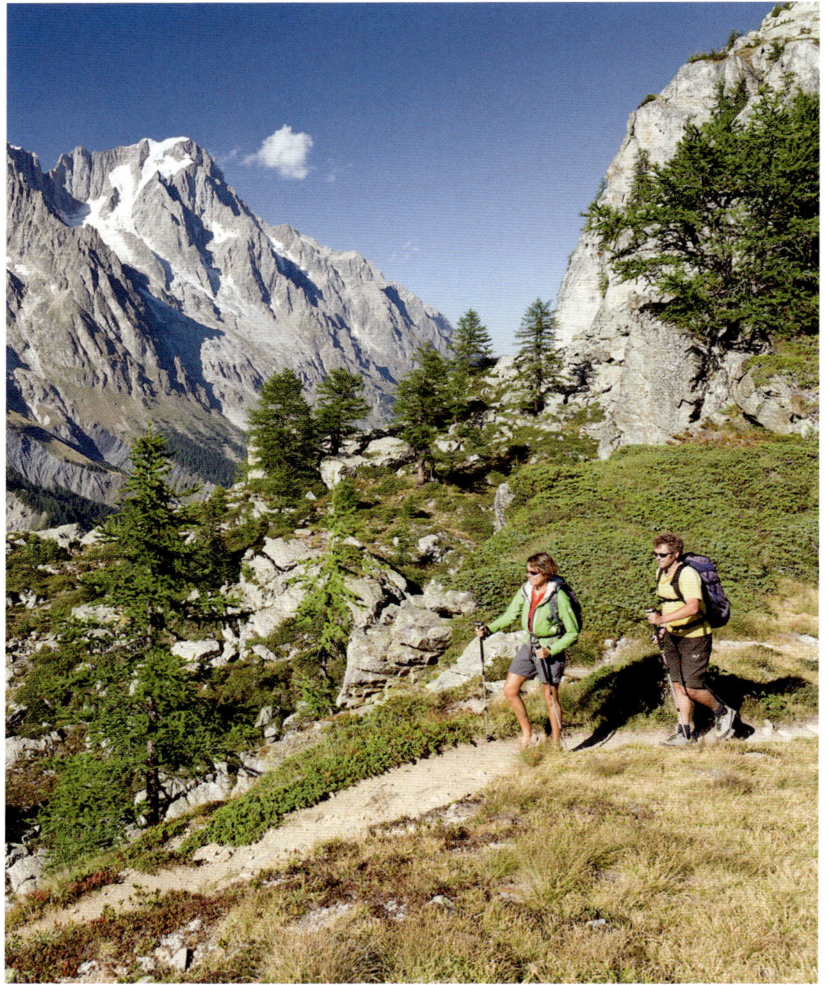

Ein Aussichtspunkt ersten Ranges: der Mont Chétif, Blick zu den Grandes Jorasses

zum hohen Eisdom des Mont Blanc, zum Matterhorn und zum Monte Rosa. Berge rundum, tiefe Talgräben – und zahllose Wege, steile, gemütliche, alte und neue. Wohin gehen wir morgen? Von Artagnod folgt man den Markierungen, die Schleifen einer Erschließungsstraße abkürzend, über Wiesen und Wald, zuletzt durch eine Karmulde in den Colle Portola. Hier links und am Kamm entlang, steileren Aufschwüngen in die Westflanke ausweichend, zum Gipfel.

Gratroute über dem Großen St. Bernhard

17 Grande Chenalette, 2890 m

Weil die Höhen über dem Großen St. Bernhard besonders schöne Aussichtspunkte sind, bekam die Petite Chenalette vor ein paar Jahrzehnten einen Sessellift: in fünf Minuten vom Pass zum Panorama. Die Bahn hat ihren Betrieb längst eingestellt, geblieben ist bloß die Ruine der Bergstation. Dafür gibt's einen schönen, an einigen Stellen gesicherten Gratweg, der über die Grande Chenalette und den Pointe de Drône zu den Lacs de Fenêtre führt, vor einer grandiosen Kulisse, die im Osten vom Grand Combin, im Westen von Grandes Jorasses und Mont Blanc dominiert wird, nach Süden bis zum Gran Paradiso reicht.

Der markierte Anstieg führt vom Hospiz am Großen St. Bernhard zunächst hinauf zur Petite Chenalette (2792 m), dann über gestufte Felsen (Drahtseile, Leitern) auf die Grande Chenalette. Nun am Grat entlang mit einigem Auf und Ab zum Pointe de Drône (2949 m). Von seinem westlichen Vorgipfel leiten die Markierungen an einem Geröllrücken abwärts ins Fenêtre d'en Haut (2724 m). Aus der Scharte nordseitig durch ein Geröllkar hinunter zu den Lacs de Fenêtre (2456 m), dann südlich hinauf zum Fenêtre de Ferret (2698 m) und auf italienischem Boden zurück zur Passstraße und zum Großen St. Bernhard. – Wer sich den Umweg über die Bergseen sparen will, der kann aus dem »Oberen Fenster« (Fenêtre d'en Haut) auch direkt zum Großen St. Bernhard absteigen (Wegspur).

Schauen, schauen, schauen

19 / 20 Mont Chétif, 2443 m

Der schönste Ausflug von Courmayeur führt ins Val Veny und hinauf zu den Aussichtswegen und -kanzeln vor dem grandiosen Südostabsturz des Mont-Blanc-Massivs. Da hat man sie dann alle im Blick, die Gipfel und Grate, an denen Alpingeschichte geschrieben wurde: Dent du Géant (4013 m), Grandes Jorasses (4208 m), Peutereygrat, Brenvaflanke. Sehenswertes auch im Talboden: der Jardin du Miage im Vorfeld des mächtigen (in den letzten Jahren stark geschwundenen) Glacier du Miage und die beiden Flachwasser hinter dem Moränenriegel des Gletschers, der winzige Lac du Miage und der Lac de Combal.

Nach der Erkundung des eigenartigen »Gartens« und einem Abstecher zum Lac du Miage führt der Weg über die beiden Almen von Arp Vieille bergan gegen den Nordgrat des Mont Favre (2967 m). Anschließend wandert man auf dem Höhenweg, allmählich etwas Höhe verlierend, hinüber zum Col Chécroui. Hier führt links ein Weg hinab ins Val Veny; bei gutem Wetter empfiehlt sich aber unbedingt ein Abstecher auf den Mont Chétif, einen besonders lohnenden Aussichtspunkt mit einer monumentalen Statue am Ostsporn.

Hoch hinaus am Gran Paradiso

27 Col Lauson, 3298 m

Mitten durch die Hochgebirgswelt des Gran Paradiso verläuft dieser Passweg, vom Val Savarenche ins Valnontey – eine Route der Superlative. Dabei überschreitet man den Hauptkamm des Massivs, der die beiden höchsten Gipfel, die wuchtige Grivola (3969 m) und den Gran Paradiso (4061 m) verbindet. Entsprechend großartige Bilder vermittelt die Tour, und wer im Rifugio Vittorio Sella übernachtet, kann sich mit der Punta Rossa (3630 m) einen stattlichen Wanderdreitausender vornehmen (4 Std. von der Hütte, markiert).

Von Valsavarenche auf steilem Pfad bergan zur Alm Lévionaz, wo sich ein Prachtblick auf die Punta Bianca (3427 m) und die Punta Bioula bietet. Nun flacher taleinwärts, dann links in vielen Kehren, zuletzt reichlich mühsam, in den Col Lauson. Jenseits zunächst etwas heikel bergab (Drahtseile), weiter im Zickzack zum großen Rifugio Vittorio Sella. Auf dem komfortablen (ehemalig) königlichen Jagdweg mit schöner Sicht auf den Torre del Gran San Pietro (3692 m) hinunter nach Valnontey.

Tourenziel/Charakteristik	Ausgangspunkt	Wegverlauf & Gehzeit	Markierung	Einkehr am Weg
1 Colle Valdobbia, 2480 m Übergang vom Valle di Gressoney ins Val Sesia, Teilstück des großen »Walserwegs«; Abstieg alternativ nach Alagna Valsesia 3 Std. (mark.). Großer Viertausenderblick vom Corno Valdobbia (2755 m, 3/4 Std., weglos)	Gressoney-St-Jean (1385 m, Bus) im Valle di Gressoney, 27 km von Pont-St-Martin	Gressoney-St-Jean – Colle Valdobbia (3 Std.); Abstieg auf dem gleichen Weg (gesamt 5 Std.)	Mark. rot-weiß, Nr. 11	Rif. Ospizio Sottile (2480 m)
2 Testa Grigia, 3314 m Großes Gipfelziel vor der Viertausenderparade; Aufstieg über den Südgrat des Grauhauptes (Testa Grigia) nur bei sicherem Wetter. Tagestour für Konditionsbolzen. Sehenswert: Walsersiedlungen	Gressoney-St-Jean (1395 m, Bus); Abzweigung des Weges hinter dem Weiler Chemonal (1407 m), 4 km nördlich von St-Jean	Chemonal – Alpenzu (1779 m; 1 1/4 Std.) – Alpe Loage (2355 m) – Colle Pinter (2777 m; 4 1/4 Std.) – Testa Grigia (6 1/4 Std.); Abstieg auf dem gleichen Weg (gesamt 10 1/2 Std.)	Rot-weiße Mark., Nrn. 6, 11A	
3 Lago Gabiet, 2367 m Runde im innersten Lystal (Val di Gressoney), herrliche Bergkulisse, aber auch diverse unschöne Eingriffe (Lifte, Skipisten, Stausee). Übergang ins Val Sésia möglich; vom Lago Gabiet über den Col d'Olen (2881 m) nach Alagna etwa 4 1/2 Std. (mark.)	Gressoney-la-Trinité (1624 m, Bus), Urlaubsort, 33 km von Pont-St-Martin. Sessellift zur Punta Jolanda (2240 m)	Gressoney-la-Trinité – Punta Jolanda (2240 m; 1 3/4 Std.) – Lago Gabiet – Rif. del Lys (3 Std.) – Mostal – Stafal (1825 m; 4 1/4 Std., Bus)	Rot-weiße Mark.	Rif. del Gabiet (2357 m), Rif. del Lys (2342 m)
4 Rifugio Quintino Sella, 3585 m Ganz nah an die Region des ewigen Eises heran führt diese Hochgebirgswanderung. Trittsicherheit erforderlich, längere gesicherte Felspassagen, Schnee (Spur). Nur bei sicherem Wetter!	Bergstation der Gondelbahn zum Colle di Bettaforca (2672 m), Talstation am Ende der Talstraße bei den Häusern von Stafal (1825 m, Bus), 4 km von Gressoney-la-Trinité	Colle di Bettaforca – Passo di Bettolina (2905 m; 1 Std.) – Rifugio Sella (3 1/4 Std.); Abstieg auf dem gleichen Weg (gesamt 5 1/4 Std., bis Stafal 7 1/2 Std.)	Rot-weiße Mark., Nr. 9	Rif. Quintino Sella (3585 m)
5 Mont de Boussolaz, 3023 m Großartige Seen- und Gipfelrunde; Pensum lässt sich mehrfach variieren. Für den Mont de Boussolaz (Corno Bussola) Bergerfahrung unerlässlich (leichte Felsen)! Auch ohne Gipfel sehr dankbar (gesamt 6 1/2 Std.)	Brusson (1338 m, Bus), Ferienort im Valle d'Ayas, 16 km von Verres	Brusson – Lac de Bringuez (2519 m; 3 1/2 Std.) – Lac Long (2632 m; 4 1/2 Std.) – Mont de Boussolaz (5 3/4 Std.) – Lac de la Bataille (2487 m; 7 1/4 Std.) – Lavassey (1998 m) – Brusson (9 1/2 Std.)	Mark. Wege	Rif. ARP (2440 m), 1/2 Std. vom Lac de la Bataille
6 Lac Perrin, 2635 m Rundwanderung über dem mittleren Valle d'Ayas, herrlicher Blick auf den Hauptkamm der Walliser Alpen. Lässt sich auch mit der Tour am Mont de Boussolaz (3023 m) verbinden	Champoluc (1568 m, Bus), Zufahrt von Verres 27 km	Champoluc – Chavannes (2105 m; 1 1/2 Std.) – Lac Perrin (3 Std.) – Cuénaz (2032 m; 4 1/4 Std.) – Champoluc (5 Std.)	Mark. 14A, 13	
7 Refuge Mezzalama, 3009 m Anstrengende Hüttentour in hochalpines Gelände. Faszinierend die Eis- und Felskulisse unter dem Breithorn. Lohnend auch die Wanderung zum Lac Bleu (2215 m; Mark. 7, 7A, gesamt 3 1/2 Std.)	St-Jacques (1689 m, Bus) im hintersten Valle d'Ayas, 31 km von Verres	St-Jacques – Plan de Verraz (2069 m; 1 1/4 Std.) – Plan de Verraz superieure (2388 m; 2 1/4 Std.) – Ref. Mezzalama (4 Std.); Abstieg auf dem gleichen Weg (gesamt 6 1/2 Std.)	Mark. 7	Ref. Mezzalama (3004 m)
8 Monte Zerbion, 2722 m Einer der lohnendsten Aussichtsgipfel des Aostatals, leichtester Anstieg von Ayas	Artagnod (1694 m, Bus), Ortsteil von Ayas im gleichnamigen Tal, 24 km von Verres	Artagnod – Colle Portola (2410 m; 2 1/4 Std.) – Monte Zerbion (3 1/4 Std.); Abstieg auf dem gleichen Weg (gesamt 5 1/4 Std.)	Mark. 105, 2	
9 Colle de Nana, 2775 m Auf einer Etappe der »Alta via No. 1« vom Valle d'Ayas ins Val Tournenche. Große Kulisse; der Aufstieg von St-Jacques zieht sich ganz ordentlich.	St-Jacques (1689 m, Bus) im hintersten Valle d'Ayas, 31 km von Verres	St-Jacques – Colle de Nana (3 3/4 Std.) – Cheneil (2105 m; 5 1/2 Std.) – Valtournenche-Paquier (1528 m; 7 Std., Bus)	Rot-weiß, Dreieck mit Nr. 1	Cheneil (2105 m)
10 Monte Roisetta, 3334 m Ein großes Panorama der Walliser Alpen samt Matterhorn – aber ohne den Liftzirkus rund um Breuil. Trittsicherheit erforderlich, im Gipfelbereich leichte Felsen (I) und reichlich Geröll	Cheneil (2105 m), Zufahrt von Valtournenche-Paquier (1528 m, Bus 6,5 km)	Cheneil – Alpe Lezan (2684 m; 2 Std.) – Monte Roisetta (4 Std.); Abstieg auf dem gleichen Weg (gesamt 6 1/2 Std., ab Paquier 9 1/2 Std.)	Mark. 23A	Cheneil (2105 m)
11 Finestra di Cignana, 2441 m Auf der »Grande Balconata del Cervino« ins innerste Val Tournenche. Lässt sich mit der Wanderung zum Rif. Jumeaux verbinden	Valtournenche-Paquier (1528 m, Bus), großer Urlaubsort im Val Tournenche, 18 km von Châtillon	Paquier – Lago di Cignana (2158 m; 1 3/4 Std.) – Finestra di Cignana (2 3/4 Std.) – Alpe Bayettes (2288 m; 4 1/4 Std.) – Breuil-Cervinia (5 Std.)	Mark. 5, 6A, 8A, 9, 10	Rif. Barmasse (2169 m) am Lago di Cignana

Walliser Alpen

Region	Tourenziel/Charakteristik	Ausgangspunkt	Wegverlauf & Gehzeit	Markierung	Einkehr am Weg
Walliser Alpen	**12 Rifugio Jumeaux, 2769 m** Höhenwanderung mit großer Matterhorn-Schau; teilweise raue Wege, Trittsicherheit. Rif. Jumeaux (Bobba) nur Selbstversorgerhütte	Perrères (1830 m), Kraftwerk an der Straße Valtournenche – Breuil-Cervinia	Perrères – Alpe Bayettes (2288 m; 1 3/4 Std.) – Rif. Jumeaux (3 1/2 Std.) – Breuil-Cervinia (2012 m; 4 3/4 Std.)	Mark. 9, 10, 11	
	13 Grande Balconata del Cervino Auf Höhenwegen nach Breuil-Cervinia; auch Teilbegehungen möglich	Chamois (1836 m), Chaletsiedlung über dem Val Tournenche, Zufahrtsstraße, Seilbahn von Buisson (1115 m)	Chamois – Cheneil (2105 m; 1 1/2 Std.) – Lago Bleu – Breuil-Cervinia (2012 m; 4 3/4 Std.)	Mark. GB	Cheneil (2105 m)
	14 Becca d'Avert, 2489 m Durch Wälder und über Wiesen auf den schönen »Guck-ins-Land« zwischen den Tälern von Tournenche und St-Barthélemy	Grand Villa (1412 m), Dörfchen in schöner Terrassenlage über dem mittleren Aostatal. Zufahrt von Nus (529 m) oder Chambaye, je etwa 15 km	Grand Villa – Becca d'Avert (3 Std.); Abstieg auf dem gleichen Weg (gesamt 5 Std.)	Mark. 5	
	15 Becca di Viou, 2855 m Fast 2 1/2 Kilometer über Aosta – was für eine Aussichtskanzel! Alternativ Abstieg nach Valpelline (960 m), möglich (mark., 3 1/2 Std.)	Blavy (1471 m), Weiler über der Mündung des Valpelline; Zufahrt von Aosta via Veynes 15 km	Blavy – Alpe di Viou (2062 m; 2 Std.) – Colle di Viou (2698 m; 4 Std.) – Becca di Viou (4 1/2 Std.); Abstieg auf dem gleichen Weg (gesamt 7 Std.)	Mark. Weg	
	16 Lac Mort, 2843 m Seenrunde im inneren Valpelline in großartiger Hochgebirgskulisse	La Lechère (1808 m), Häusergruppe unter der Staumauer des Lago di Place Moulin; Zufahrt von Aosta durch das Valpelline, 32 km via Oyace (1365 m)	La Lechère – Lac de Mont Ros – Lac Mort (3 1/2 Std.) – Lac Long – Greyssema (2128 m) – La Lechère (5 1/2 Std.)	Bis Lac de Mont Ros mark., Geröllspur	
	17 Grande Chenalette, 2889 m Gipfelüberschreitung auf gesichertem Steig zu den Lacs de Fenêtre (2456 m), teilweise weglos; Blickfang in der großen Kulisse ist natürlich der Mont Blanc. Nur für Geübte!	Col du Grand-St-Bernard (2469 m), Übergang vom Wallis ins Aostatal	Großer St. Bernhard – Grande Chenalette (1 1/2 Std.) – Pointe de Drône (2949 m; 2 1/2 Std.) – Fenêtre d'en Haut (2724 m) – Passstraße – Großer St. Bernhard (4 Std.)	Mark.	Großer St. Bernard (2469 m)
Mont Blanc – Grajische Alpen	**18 Tête entre deux Sauts, 2729 m** Rundwanderung mit Gipfelabstecher; vom »Kopf« grandioser Mont-Blanc-Blick	La Vachey (1642 m), Weiler im Val Ferret; Zufahrt von Courmayeur 10 km	La Vachey – Armina (2009 m; 1 Std.) – Pas entre deux Sauts (2524 m; 2 3/4 Std.) – Tête (3 1/4 Std.) – Pas entre deux Sauts – Vallon de Malatra – La Vachey (5 1/2 Std.)	Mark. Wege, teilweise identisch mit T.M.B.	Rif. Walter Bonatti (2015 m)
	19 Mont Chétif, 2343 m Aussichtskanzel vor dem Mont Blanc und seinen Gletschern; besonders eindrucksvoll der Blick auf den riesigen, zerrissenen Glacier de la Brenva	Chalets Purtud (1489 m) an der Straße ins Val Veny, 6 km von Courmayeur (1226 m)	Purtud – Rif. Monte Bianco (1703 m; 3/4 Std.) – Col Chécroui (1956 m) – Mont Chétif (2 3/4 Std.); Abstieg auf dem gleichen Weg (gesamt 4 1/2 Std.)	Mark., teilweise identisch mit T.M.B.	Rif. Monte Bianco (1703 m), Rif. Maison Vieille (1956 m)
	20 Alpe superieure de l'Arp Vieille, 2303 m Aussichtswanderung über dem Val Veny mit einzigartigen Blicken auf die Südabstürze des Mont-Blanc-Massivs	Cantine de la Visaille (1659 m) im Val Veny, 9,5 km ab Courmayeur	Cantine de Visaille – Lac du Miage (1 Std.) – Alpe de l'Arp Vieille (2 Std.) – Col Chécroui (3 1/2 Std.) – Chalets Purtud (4 1/4 Std.)	Mark., teilweise identisch mit T.M.B.	Rif. Maison Vieille (1956 m); Rif. Monte Bianco (1703 m)
	21 Punta della Croce, 2478 m Aussichtsbalkon südlich über Pré-St-Didier (1004 m), lässt sich in eine wenig beschwerliche Rundwanderung einbeziehen	Colle San Carlo (1971 m), Straßenverbindung von Morgex nach La Thuile. Lohnend: Spaziergang zum Tête d'Arpi (2022 m) mit traumhaftem Mont-Blanc-Blick (1/2 Std.)	Colle San Carlo – Lac d'Arpi (2066 m; 3/4 Std.) – Col de la Croix (2381 m; 1 3/4 Std.) – Punta della Croce (2 1/4 Std.) – Col de la Croix – Colle San Carlo (3 1/4 Std.)	Mark. 4, 4A, 2; Gipfel nur Spur	Colle San Carlo (1971 m)
	22 Rifugio Deffeyes, 2494 m Recht lange, landschaftlich aber sehr reizvolle Hüttenwanderung im Rutormassiv. Sehenswert: Wasserfälle, Bergseen, Rutorgletscher	La Thuile (1441 m), Dorf an der Nordrampe der Passstraße über den Kleinen St. Bernhard (2188 m). Zufahrt bis La Joux möglich (1607 m), 3,5 km. Parkplatz	La Thuile – La Joux (1 Std.) – Rifugio Deffeyes (4 3/4 Std.); Abstieg auf dem gleichen Weg (gesamt 7 1/2 Std.)	Rot-weiß, Dreieck mit Nr. 2	Rifugio Deffeyes (2494 m)

Tourenziel/Charakteristik	Ausgangspunkt	Wegverlauf & Gehzeit	Markierung	Einkehr am Weg	
23 Chalet de l'Epée, 2370 m Höhenwanderung über dem mittleren Val Grisenche, zuletzt Straßenhatscher am Stausee von Beauregard entlang	Valgrisenche (1664 m), Hauptort des gleichnamigen Tals; Zufahrt von Rochefort 16 km	Valgrisenche – Alpage de Plontaz (2302 m; 2 3/4 Std.) – Chalet de l'Epée (3 3/4 Std.) – Arp Nouvaz (2135 m; 4 1/4 Std.) – Valgrisenche (6 Std.)	Mark. 6, Dreieck mit Nr. 2, 9	Chalet de l'Epée (2370 m)	Mont Blanc – Grajische Alpen
24 Col di Entrelor, 3007 m Hochalpiner Übergang vom Val di Rhêmes ins Val Savarenche. Herrliche Aussicht auf das Gran-Paradiso-Massiv. Ausdauer und Trittsicherheit erforderlich	Rhêmes-Notre-Dame (1723 m), letzter Ort im Val di Rhêmes; Zufahrt von Villeneuve 20 km	Rhêmes-Notre-Dame – Col di Entrelor (4 1/2 Std.) – Eaux Rousses (1666 m; 7 Std.)	Rot-weiß, Dreieck mit Nr. 2		
25 Monte Taou Blanc, 3428 m Große Gipfeltour vom innersten Val Savarenche aus; lohnend auch bereits die Talwanderung zu den Hochgebirgsseen am Col del Nivolet (2612 m). Tolles Panorama vom Gipfel, oberhalb des Col de Leynir Geröll und leichte Felsen	Pont (1960 m), Endpunkt der Talstraße, 25 km von Villeneuve. Die (in einigen Karten noch herumgeisternde) Nordrampe der Nivolet-Straße wurde nie vollendet.	Pont – Rif. Savoia (2 1/2 Std.) – Monte Taou Blanc (5 1/4 Std.); Abstieg auf dem gleichen Weg (gesamt 8 1/2 Std.)	Mark. Wege	Rif. Savoia (2532 m)	
26 Rifugio Vittorio Emanuele, 2732 m Aussichtsreiche Wanderrunde im innersten Val Savarenche; zur Hütte bei Schönwetter jeweils viel »Verkehr«	Pont (1960 m, Endpunkt der Talstraße, 25 km von Villeneuve	Pont – Rif. Vittorio Emanuele (2 1/4 Std.) – Rif. Chabod (2750 m; 4 Std.) – Terre (1834 m; 5 1/2 Std.) – Pont (6 Std.)	Mark. Wege	Rif. Vittorio Emanuele (2735 m); Rif. Chabod (2750 m)	Gran Paradiso
27 Col Lauson, 3298 m Über einen hochalpinen Pass ins Zentrum der Gran-Paradiso-Gruppe: vom Val Savarenche ins Valle di Cogne. Ausdauer wichtig, evtl. Nächtigung im Rif. Vittorio Sella	Valsavarenche (1540 m), 17 km von Villeneuve. 3 km weiter südlich, bei den Häusern von Eaux Rousses (1668 m), beginnt der Passweg (Parkplatz).	Valsavarenche – Lévionaz d'en Bas (2303 m; 2 1/4 Std.) – Col Lauson (5 Std.) – Rif. Vittorio Sella (6 3/4 Std.) – Valnontey (1666 m; 8 1/2 Std.)	Rot-weiß, Dreieck mit Nr. 2	Rif. Vittorio Sella (2584 m)	
28 Col di Trajoz, 2877 m Interessante, aber ausgedehnte Runde nördlich der Grivola (3969 m). Fantastisch die Nordabstürze des Fast-Viertausenders	Epinel (1452 m), Weiler an der Straße von Aosta nach Cogne	Epinel – Trajoz (2037 m; 1 3/4 Std.) – Col di Trajoz (4 Std.) – Alpe Gran Nomenon (2309 m; 5 1/4 Std.) – Trajoz (7 1/2 Std.) – Epinel (8 1/2 Std.)	Mark. 108, 111		
29 Bivacco Money, 2872 m Lohnendes Wanderziel im innersten Valnontey: Gipfel, Gletscher, Steinböcke. Sehenswert: Alpengarten in Valnontey	Valnontey (1666 m), knapp 3 km von Cogne	Valnontey – Valmianaz (1729 m) – Money (2325 m; 2 1/4 Std.) – Biv. Money (4 Std.); Abstieg auf dem gleichen Weg (gesamt 6 1/2 Std.)	Mark.	Valnontey (1666 m)	
30 Colle Bardonney, 2833 m Ruhige Talwanderung im Osten des Gran-Paradiso-Nationalparks; vom Pass herrliche Aussicht in den unberührten Gebirgsraum des Forzotals	Lillaz (1617 m, hinterste Siedlung im Valle di Cogne, 3 km von Cogne	Cogne – Les Goilles (1854 m; 3/4 Std.) – Alpe Bardonney (2323 m; 2 1/2 Std.) – Colle Bardonney (4 Std.); Abstieg auf dem gleichen Weg (gesamt 6 1/2 Std.)	Mark.		
31 Laghi di Lussert, 2907 m Abwechslungsreiche Tal- und Seenwanderung unter dem Monte Emilius (3559 m)	Gimillan (1787 m), Dörfchen in schöner Terrassenlage oberhalb von Cogne; Zufahrt 3 km	Gimillan – Alpe di Pralognan (2418 m; 2 1/2 Std.) – Laghi di Lussert (4 1/4 Std.); Abstieg auf dem gleichen Weg (gesamt 7 1/2 Std.)	Mark.		
32 Monte Barbeston, 2482 m Abwechslungsreiche Runde über dem untersten Aostatal, einsam. Naturpark Monte Avic	Barbustel (1240 m), ehemalige Walsersiedlung; Zufahrt von Verres bzw. Champdepraz (523 m), 10 km	Barbustel – D'Hérin (1463 m; 1 Std.) – Monte Barbeston (4 Std.) – Col de Valmeriana (2281 m) – Praz Orsie – Barbustel (6 3/4 Std.)	Mark. 8, 7B, 7		
33 Lago Veroche, 2202 m Alm- und Seewanderung in einem Seitental des Valle di Champorcher	Mellier, Ortsteil von Champorcher (1427 m); Zufahrt von Bard (400 m) 15 km	Mellier – Alpe Leurty – Lago Veroche (2 3/4 Std.); Abstieg auf dem gleichen Weg (gesamt 4 1/2 Std.)	Mark.		

Alta via No. 1

Mehrtägige Wanderung an der Südseite der Walliser Alpen (Alpi Pennine) mit viel Auf und Ab (rund 9000 Höhenmeter) vor einer grandiosen Fels- und Eiskulisse. Insgesamt acht Etappen zwischen Gressoney-la-Trinité und Entrèves bei Courmayeur; Trittsicherheit, eine gute Kondition – und eine stabile Wetterlage sind wichtig. Nächtigung auf Hütten oder in den Tälern, wo man die Tour jeweils auch abbrechen kann.

Die anspruchsvolle Route vermittelt einmalige Hochgebirgsbilder: Viertausender rundum, vom Monte Rosa (4634 m) über den Mont Blanc (4808 m) bis zum Gran Paradiso (4061 m) südlich des Aostatals. Dort gibt's übrigens eine vergleichbare Höhenroute, ebenfalls durchgehend markiert.

1. Etappe: Gressoney-St-Jean (1385 m) – Colle di Pinter (2777 m) – St-Jacques (1689 m), 7 1/2 Std. **2. Etappe:** St-Jacques – Col de Nana (2775 m) – Valtournenche (1528 m), 6 1/2 Std. **3. Etappe:** Valtournenche – Rifugio Barmasse (2169 m) – Fenêtre de Cian (2734 m) – Rifugio Cuney (2652 m), 10 Std. **4 Etappe:** Rifugio Cuney – Colle di Versona (2783 m) – Oyace (1365 m), 5 Std. **5. Etappe:** Oyace – Col de Breuson (2492 m) – Ollomont (1356 m), 5 Std. **6. Etappe:** Ollomont – Col Champillon (2708 m) – St-Rhémy (1619 m), 6 1/2 Std. **7. Etappe:** St-Rhémy – Colle Malatrà (2928 m) – Lavachey (1642 m, nach Courmayeur), 7 Std.

Die Piemonteser Alpen

Täler und Berge zwischen Gran Paradiso und Ligurischen Alpen

Monviso (Monte Viso, 3841 m) heißt der Berg, und das zu Recht, man sieht ihn einfach von überall her und nicht nur im Piemont. Wer beispielsweise an einem klaren Wintertag einen der Hausberge von Lugano, etwa den Brè (925 m), besucht, kann ihn im südöstlichen Horizont entdecken, eine felsige Pyramide, alles um sich beherrschend, überragend. Viel zu »visitare« gibt's auch, wenn man einmal oben steht; die überwältigende Schau geht bis in die Pyrenäen und ins französische Zentralmassiv, zur Bernina und übers Wasser nach Korsika!

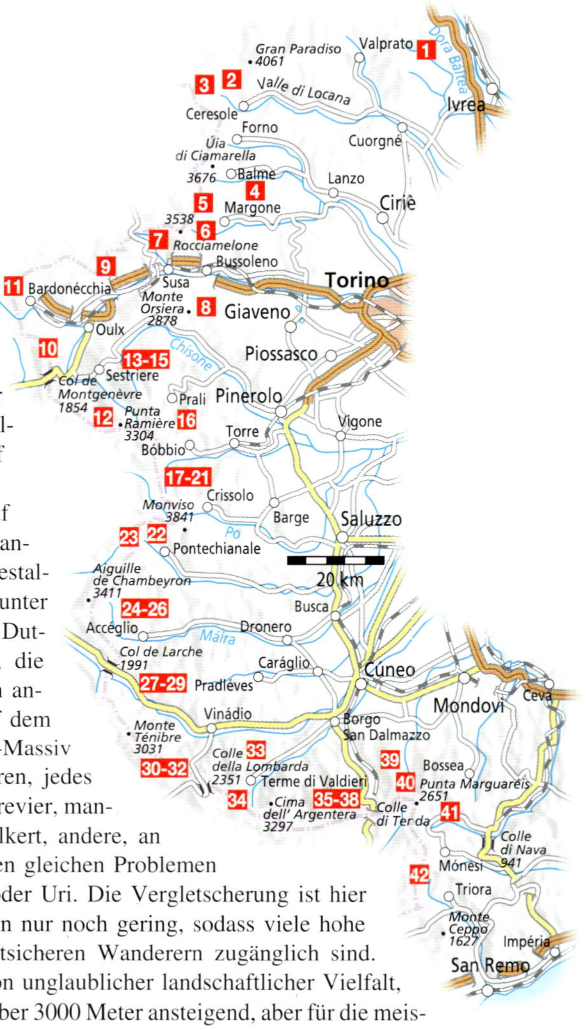

Und rundum erstreckt sich jenes Bergland, das den Turinern so nahe, deutschsprachigen Bergsteigern aber ferner als das ferne Nepal ist: die Täler und Berge der Piemonteser Alpen, Kette hinter Kette, tief gestaffelt. Wer hier unterwegs ist, wandert meistens auf der GTA, dem großen Fernwanderweg der italienischen Westalpen, vom Monte Rosa bis hinunter zu den Alpi Liguri. Ein gutes Dutzend lang gestreckter Täler, die zur französischen Grenze hin ansteigen, sind dabei allein auf dem Weg vom Gran-Paradiso-Massiv zum Colle di Tenda zu queren, jedes von ihnen ein eigenes Tourenrevier, manche (mittlerweile) fast entvölkert, andere, an Transitrouten gelegen, mit den gleichen Problemen kämpfend wie das Wipptal oder Uri. Die Vergletscherung ist hier trotz beachtlicher Gipfelhöhen nur noch gering, sodass viele hohe Berge ausdauernden und trittsicheren Wanderern zugänglich sind. Insgesamt ein Alpenrevier von unglaublicher landschaftlicher Vielfalt, aus der Poebene bis auf weit über 3000 Meter ansteigend, aber für die meisten »terra incognita«. Warum nicht einmal in den »heimischen« Alpen auf Entdeckungsreise gehen statt Zigtausende Kilometer weit weg? Und hinterher, nach der Tour, kann man sich ja von der piemontesischen Küche verwöhnen lassen, vielleicht mit einer schönen Portion Agnolotti und einem Glas Barbera dazu.

Übrigens: Von Stuttgart oder Karlsruhe ist es nach Turin gar nicht so viel weiter als in die Dolomiten, und die Berge über den Quelltälern des Po sind fast so schön wie Drei Zinnen & Co.

Steckbrief

Fläche: ca. 7000 qkm
Höchster Punkt: Monte Viso (3841 m)
Gebirgsgruppen: Gran Paradiso (Süd), Grajische Alpen (Südost), Cottische Alpen (Ost), Seealpen (Nord), Ligurische Alpen (West)
Wichtigste Ortschaften: Ivrea, Torino, Susa, Bardonecchia, Sestriere, Pinerolo, Cúneo, Mondavi, San Remo
Wandervorschläge: 42

Sentiero Roberto Cavallero

Fünf-Tage-Trekking im alpinen Niemandsland der Cottischen Alpen. Grandios-einsame Tour, Übernachtungen in Biwaks und einem Posto Tappa GTA.
1. Tag: Chiappera – Punta Terre Nere (3035 m) – Bivacco Barenghi (2815 m) **2. Tag:** Bivacco Barenghi – Monte Viarysse (2838 m) – Bivacco Bonelli (2360 m) **3. Tag:** Bivacco Monelli – Casermetta Feuillas (2590 m) **4. Tag:** Feuillas – Monte Scaletta (2840 m) – Chialvetta GTA (1494 m) **5. Tag:** Chialvetta – Il Colletto (2680 m) – Chiappera
Durchgehend rot-blau markiert, Abschnitte weglos, kurze gesicherte Passagen.

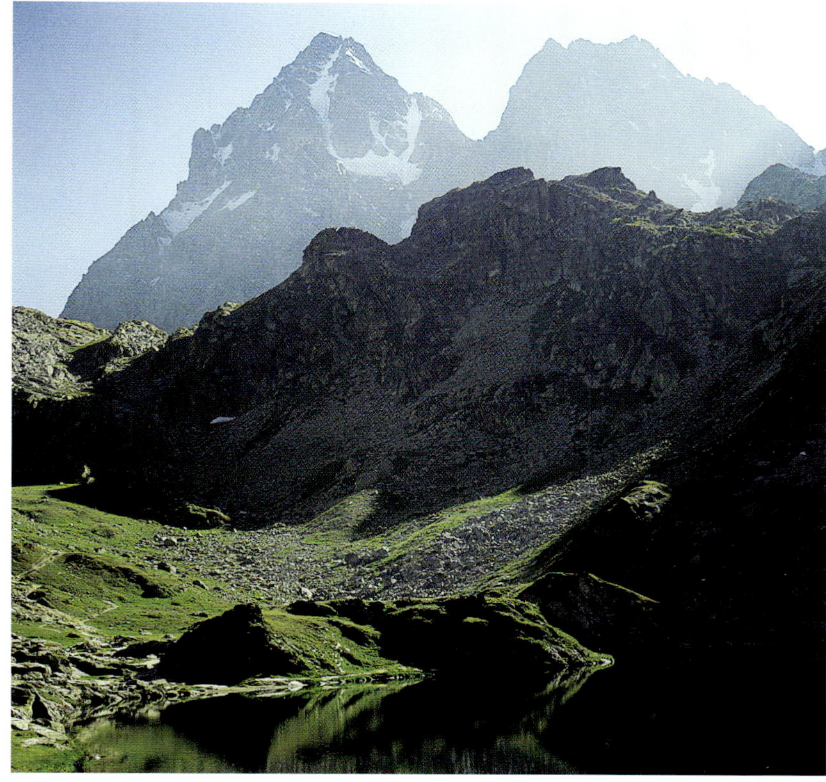
Was für ein Berg! Der Monviso (3841 m), höchster Gipfel der Cottischen Alpen

ein Dörfchen – bis schließlich hinter Acceglio ganz unvermittelt halb links ein fantastisch schlanker Felszahn (2720 m, namenlos!) auftaucht, scheinbar schwerelos über dem Vallonasso del Sautron schwebend. Da ist die Neugierde geweckt, führt die Runde über den Colle della Cavalla doch unmittelbar an diesem Campanile vorbei und in einem weiten Bogen bis nahe an den Grenzkamm heran: eine Überraschungstour hinter die »sieben Berge«.

Von Saretto zunächst auf der Teerstraße taleinwärts bis zur zweiten Kehre, hier links in den Wald und, von deutlichen Markierungen geleitet, an einem Hang aufwärts zu einer alten Mulattiera. Sie steigt in bequemen Serpentinen an zu den verfallenen Häusern von Pausa und in einer großen Schleife weiter gegen den Passo della Fea. Abkürzend auf dünner Wegspur zum Nordostgrat des Monte Soubeyran (2701 m) und auf dem breiten Weg in den Pass, dann rechts über einen Geröllhang mühsam zum Colle della Cavalla. Dahinter erstreckt sich ein welliges Almgelände mehrere Kilometer weit unter dem zerklüfteten Grenzkamm. Zwi-

Was für eine Aussicht!

3 Rocciamelone, 3538 m

Hier ist der Gipfel das Ziel: 3 Kilometer hoch ragt er über Susa in den Himmel, was ein überwältigendes Panorama verspricht. Da muss bloß das Wetter mitspielen, dann kann man spätestens am Mittag mit dem Gipfelsuchen in der 360°-Rundschau beginnen: Monte Viso, Aiguille de Chambeyron, Barre des Ecrins, Mont Blanc, Matterhorn, Monte Rosa …

Vom Straßenendpunkt La Riposa auf viel begangenem Weg in zahlreichen Kehren über die Grashänge zum Rifugio Cà d'Asti. Weiter am schiefrigen Südgrat aufwärts, in Serpentinen, zuletzt mit Seilsicherung zum Gipfel mit Kapelle, Biwak, einer riesigen Marienstatue und einer (kleinen) Büste des Königs Vittorio Emanuele II.

Hinter den »sieben Bergen«

26 Colle della Cavalla, 2539 m

»Abgelegen« ist keine schlechte Charakterisierung für die Berge zwischen dem Col de Larche (Colle della Maddalena) und dem hintersten Valle Maira. Allein schon die Anfahrt von Cúneo zieht sich schier endlos; noch ein Seitental, dann

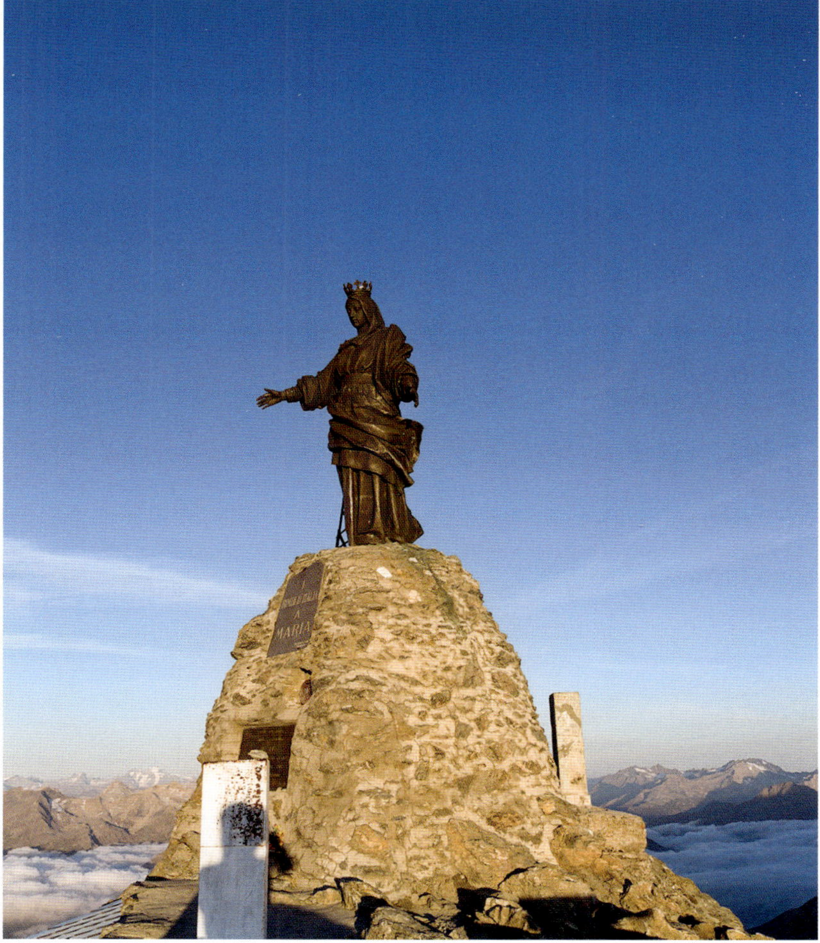
Wallfahrtsort und Aussichtsberg über dem Susatal: der Rocciamelone

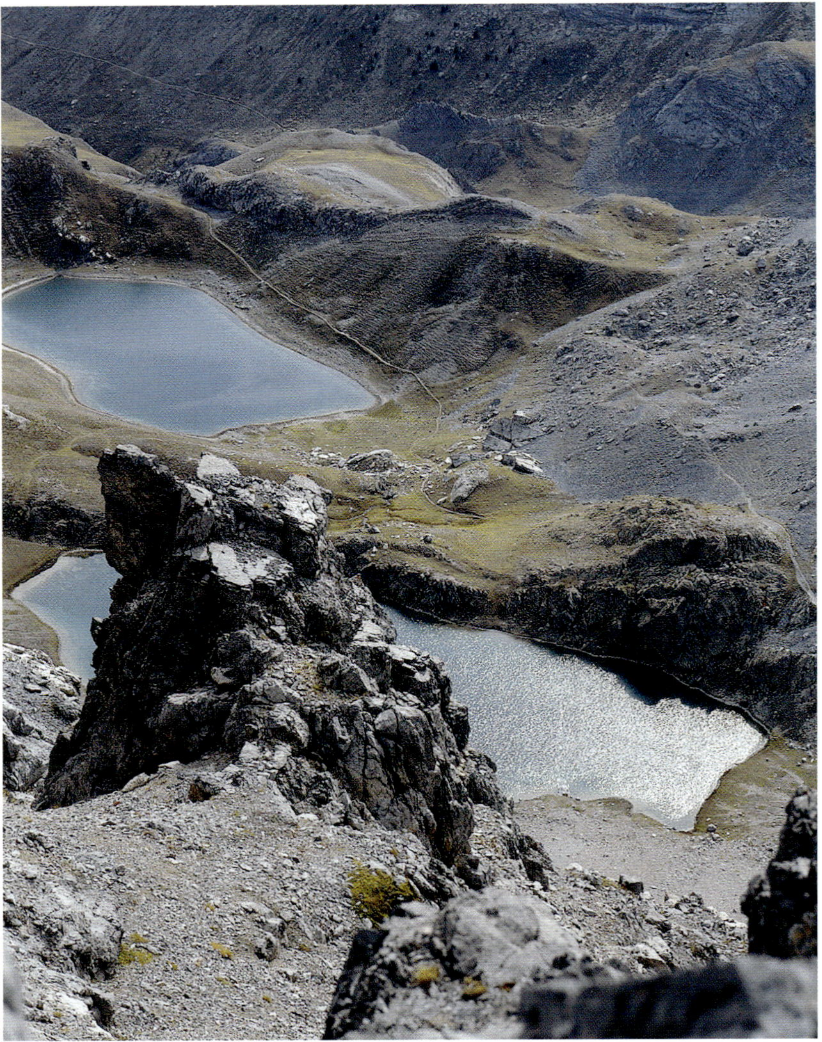

Die Laghi di Rebourent am Fuß des Monte Scaletta

schen dem Grün der kargen Almböden liegen einige kleine Seeaugen, die im Spätherbst allerdings jeweils fast austrocknen. Auf alten Kriegswegen hinab und hinüber zum Bivacco Bonelli, das etwas oberhalb des stillen Lago d'Apzoi steht. Nun unter den senkrechten Felswänden des Auto Vallonasso (2885 m) in Kehren bergab zum abflusslosen Lago Viasaia (1916 m), hoch über dem Gewässer quer durch steile Hänge und dann hinunter nach Saletto, zuletzt auf einer Sandstraße.

Zackiger Grat, großes Panorama

29 Monte Scaletta, 2840 m

Der Col de Larche war seit jeher ein wichtiger und deshalb schwer befestigter Übergang vom (italienischen) Valle Stura ins (französische) Ubaye. Mächtige Forts entdeckt man vor allem auf der Westseite des Passes, etwa hoch am Tête de Viraysse (2772 m; Bikertour) und schräg gegenüber am Roche la Croix (1908 m). Auch den Monte Scaletta »zieren« Schützengräben und Wege, was in diesem Fall kein Nachteil ist, kommt man so doch vergleichsweise leicht auf den felsigen Gipfel. Und das lohnt sich allemal, bietet er doch eine berauschende Aussicht auf große Teile der Alpes du Sud, wo das Meer nicht mehr weit und das Licht klarer ist.

Der Aufstieg von Argentera zu den Laghi di Roburent ist zwar nur sehr spärlich bezeichnet, bei guter Sicht aber kaum zu verfehlen: erst schräg am Hang aufwärts zur Tinetta (2026 m), dann flach in das Tälchen und in einem Rechtsbogen aufwärts zum Abfluss des unteren Sees. Auf deutlicher Spur hinauf zum Lago superiore di Roburent (2426 m) und rechts über einen Steilhang in den Colle della Scaletta. Aus der Scharte, von rot-blauen Markierungen geleitet, steil über die felsige Nordwestflanke des Monte Scaletta berg-an, dann durch einen auszementierten, aber ziemlich engen Tunnel auf die Nordseite. Über Schrofen zum Kamm und an ihm entlang problemlos zum Gipfel.

Der Abstieg folgt zunächst dem mit einigen bizarren Türmen besetzten Südostgrat des Bergstocks; zwei kurze Passagen sind dabei gesichert. Dann rechts über einen Geröllhang abwärts und unter den Felsen des Rocca Peroni hindurch, bis man auf einen spitzwinklig abgehenden, unmarkierten Weg stößt. Auf ihm hinab zu den beiden unteren Seen von Roburent und zum Anstiegsweg.

Im Parco dell'Argentera

34 Rifugio Questa – Colle del Valasco, 2429 m

Die Cima dell'Argentera (3297 m) darf man durchaus als den letzten (oder ersten?) wirklich großen Berg im Alpenbogen bezeichnen; bis zu den Badestränden der Riviera sind es lediglich noch 50 Kilometer. Das garantiert einen herrlichen Meerblick; den wiederum kann die Runde im innersten Valdieri nicht bieten, dafür gibt es mehrere kleine Gewässer zu bestaunen und (mit etwas Glück) Gämsen, Steinböcke, Murmeltiere, viele Blumen sowie jede Menge schroffer Zacken rundum. Das reicht allemal für einen ausgefüllten Wandertag im Naturpark Argentera, und das fantastische Schlussbild liefert – so gehört es sich auch – dann die mehrgipflige Cima dell'Argentera.

Die große Runde folgt weitgehend alten, mehr oder weniger gut erhaltenen Militärwegen. Bis hinauf zum Lago inferiore di Valscura hat man eine kunstvoll trassierte Straße, deren Schleifen sich gelegentlich abkürzen lassen. Im weiten, stimmungsvollen Talboden von Valasco steht das ehemalige Jagdschloss von König Umberto, mittlerweile liebevoll restauriert. Vom See auf einem Plattenweg in aussichtsreicher Hang- und Karquerung hinüber zum Lago del Claus (2344 m) und weiter zum Rifugio Questa, das auf einer kleinen Anhöhe über dem Lago delle Portette steht. Nun kurz abwärts zum Valle del Prefouns und hinüber ins Valle Morta. Auf komfortabler Trasse bei angenehmer Steigung in den Colle del Valasco, hinter dem sich in einer Karmulde unter dem felsigen Testa di Bresses (2830 m) der Lago di Fremamorta versteckt. Grandioser Blick auf die West-abstürze der Cima dell'Argentera. In vielen Kehren, unterbrochen von einer längeren Hangtraverse, hinab nach Gias delle Mosche und auf der Sandstraße durch das Valle Gesso della Valletta hinaus nach Terme die Valdieri.

Zu den südlichsten Dreitausendern der Alpen

36 Lago Bianco del Gelas – Rifugio Pagarì, 2650 m

Der Mont Clapier (3045 m) ist der südlichste Dreitausender der Alpen; die Gestade des Mittelmeers, Palmen, Jetset und Spielcasino sind gerade noch 40 Kilometer weit weg. Doch von all dem spürt man auf der Wanderrunde zum Rifugio Pagarì nichts, noch weht ein rau-alpiner Wind, die Wege sind steil, die Gipfel abweisend schroff. Für den Bergsteiger kommt hier von Süden höchstens der Wind, und der ist meistens feucht, was Nebel und Regen bedeutet – vermasselt der Tourentag.

Die Wanderrunde beginnt – wie so oft in dieser Grenzregion – auf einer alten Kriegsstraße. Hinter der Prà del Rasur über den Bach; am Eingang in den Vallone Muraion verlässt man die Mulattiera (Hinweistafel) und folgt dem schmalen Pfad, der diagonal ansteigt zur verfallenen Hütte von Pantacreus (1862 m). Über einen Felsriegel gelangt man ins einsame Vallone Pantacreus (Gämsen, Steinböcke, Mufflons). Nun auf gut markiertem Weglein über Wiesenhänge und

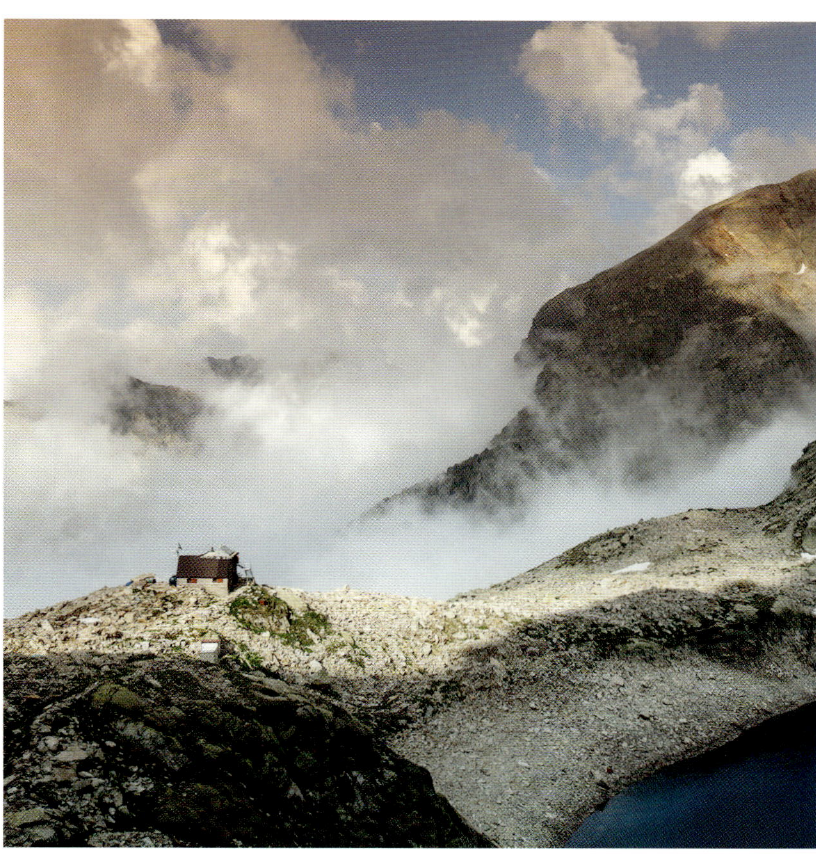

Tourenstützpunkt über dem Hochtal von Valasco: das Rifugio Questa

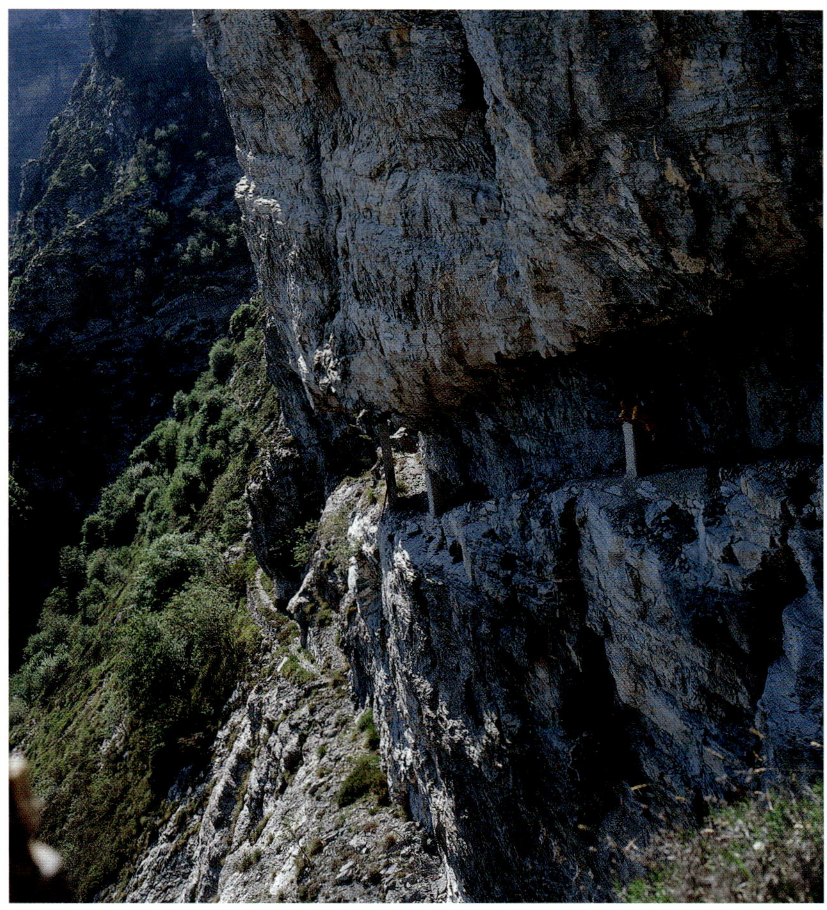

Ein Relikt aus vergangenen Zeiten: der vom Militär angelegte »Sentiero degli Alpini«

Schrofen bergan zum dunklen, von riesigen Geröllhängen umrahmten Lago Bianco del Gelas (2549 m). Hier nicht weiter aufwärts zum Bivacco Moncalieri, sondern links über Blockwerk (Hinweis »Rifugio«) abwärts, unter Felswänden hindurch, dann erneut ansteigend in ein wildes Kar. Mühsam hinauf zu einem Gratrücken, dem ein schroffer Felszahn entragt. Dahinter weiter aufwärts, dann nur mehr leicht steigend durch mehrere Karmulden und schließlich nochmals kurz bergan zum Rifugio Pagarì.

Wer in den Hütte übernachtet, kann anderntags die Cima Peirabroc (2940 m; 1 Std.) besteigen. Der Anstieg verläuft über den Passo del Pagarì (2819 m, bis hierher markiert). Etwas anspruchsvoller gestaltet sich die Besteigung des Monte Clapier (3045 m): vom Passo del Pagarì südlich abwärts, bis man auf die vom Refuge de Nice heraufkommende Spur trifft, dann links bergan gegen den Grenzkamm und über den felsigen Westgrat (Kletterstellen I–II) zum Gipfel. Nur für erfahrene Bergsteiger, keinesfalls bei schlechter Sicht gehen; einige alte Markierungen.

Für den Rückweg vom Rifugio Pagarì ins Tal nimmt man den kunstvoll angelegten, kehrenreichen alten Kriegsweg. Er bietet bemerkenswerte Ausblicke auf die Bergkulisse des Vallone Muraion.

Cottische Alpen

Tourenziel/Charakteristik	Ausgangspunkt	Wegverlauf & Gehzeit	Markierung	Einkehr am Weg
1 Rifugio Chiaromonte, 2014 m Lohnende Hüttentour über dem Valchiusella; im Frühsommer herrliche Flora. Sehenswert: Felszeichnungen im Tal (»Sentiero delle Anime«, Dokumentationszentrum in Traversella)	Traversella (827 m,), Hauptort des Tals; Zufahrt von Ivrea 20 km	Traversella – Pianacrosa (1601 m) – Rif. Chiaromonte (3 1/4 Std.); Abstieg auf dem gleichen Weg (gesamt 5 1/4 Std.)	CAI-Mark. 719	Rif. Chiaromonte (2015 m)
2 Colle della Porta, 3002 m Anstrengende Runde um die Cima di Courmaon (3162 m), Bergerfahrung notwendig. Am Pass meistens bis in den Sommer Schneefelder	Ceresole Reale (1612 m,), kleiner Ferienort im inneren Valle di Locana; Zufahrt von Cuorgnè 39 km	Ceresole Reale – Lago Lillet (2765 m; 3 1/2 Std.) – Colle della Porta (4 1/4 Std.) – Alpe di Breuil (2387 m; 5 1/2 Std.) – Colle Sià (2274 m; 6 1/4 Std.) – Ceresole Reale (7 3/4 Std.)	CAI-Mark. 540, 550, 542, GTA	
3 Monte Taou Blanc, 3438 m Wander-Dreitausender am Col del Nivolet mit großem Panorama; am Gipfel Geröll, leichte Felsen	Col del Nivolet (2612 m), Übergang vom Valle di Locana ins Val Savarenche (Nordrampe nie fertiggestellt)	Col del Nivolet – Lago Rousset (2703 m) – Col di Leynir (3084 m) – Monte Taou Blanc (3 Std.); Abstieg auf dem gleichen Weg (gesamt 5 Std.)	Mark. 16 bis Col di Leynir, dann Spur	Rif. Savoia (2532 m), Rif. Città di Chivasso (2604 m), beide am Col del Nivolet
4 Il Forte, 2366 m See- und Gipfeltour; vom Forte Prachtblick über das Val di Ala und seine Bergumrahmung	Balme (1432 m,), Dorf im Val di Ala; Zufahrt von Lanzo Torinese 28 km	Balme – Lago di Afframont (1986 m; 1 1/2 Std.) – Il Forte (2 3/4 Std.); Abstieg auf dem gleichen Weg (gesamt 4 1/4 Std.)	CAI-Mark. 213, vom See zum Gipfel Spur	
5 Passo delle Mangioire, 2768 m Anspruchsvolle Runde am Alpenhauptkamm; Ausdauer und Trittsicherheit erforderlich. Evtl. Übernachtung im Rif. Gastaldi	Pian della Mussa (1781 m) im innersten Val di Ala; Zufahrt von Lanzo Torinese 32 km	Pian della Mussa – Rif. Gastaldi (3 Std.) – Collarin d'Arnas (2851 m) – Lago della Rossa (2718 m; 4 1/2 Std.) – Passo delle Mangioire (2768 m; 5 1/2 Std.) – Pian della Mussa (8 1/4 Std.)	CAI-Mark. 222, 122, 119, 218	Rif. Gastaldi (2658 m)
6 Monte Palon, 2965 m Aussichtsgipfel im Kamm zwischen dem Valle di Viù und dem Susatal; weite Aussicht. Am Gipfel leichte Felsen	Lago di Malciaussia (1805 m) am Endpunkt der Straße ins Valle di Viù, 41 km von Lanzo Torinese	Lago di Malciaussia – Colle Croce di Ferro (2558 m; 2 Std.) – Monte Palon (3 1/4 Std.); Abstieg auf dem gleichen Weg (gesamt 5 1/4 Std.)	CAI-Mark. 114, zum Gipfel Spur	
7 Rocciamelone, 3538 m Einer der schönsten Aussichtsgipfel der Piemonteser Alpen, bei guten Bedingungen mäßig schwierig. Zum Gipfel Seilsicherungen. Immenses Panorama bis zur Bernina! Jeweils am 5. August ist die Rocciamelone Ziel einer Wallfahrt.	La Riposa (2205 m), Endpunkt des schmalen, aber größtenteils asphaltierten Rocciamelone-Sträßchens, 20 km ab Susa (503 m,)	La Riposa – Rif. Cà d'Asti (1 3/4 Std.) – Rocciamelone (3 3/4 Std.); Abstieg auf dem gleichen Weg (gesamt 6 Std.)	CAI-Mark. 558 bis Cà d'Asti	Rif. Cà d'Asti (2854 m)
8 Colle del Villano, 2506 m Abwechslungsreiche Wanderrunde um die Costa Cravera; vom Colle del Villano besteigen Geübte in 45 Min. die Punta Il Villano (2663 m; mühsam, unmark.). Naturpark Orsiera-Rocciavrè	Adret (1140 m), Häusergruppe über dem Eingang ins Val Gravio; Zufahrt von San Giorio di Susa (486 m,) 10 km	Adret – Rif. GEAT (3/4 Std.) – Colle del Villano (3 3/4 Std.) – Rif. Toesca (5 1/4 Std.) – Rif. Amprimo – Adret (7 Std.)	CAI-Mark. 506, 509, 511, 510, 513	Rif. GEAT (1340 m), Rif. Toesca (1710 m), Rif. Amprimo (1385 m)
9 Cima della Vallonetto, 3217 m Prächtiger Aussichtspunkt über dem Valle di Susa, am Gipfelgrat leichte Felsen	Rif. Levi-Molinari (1849 m), Zufahrt von der Strada Statale No. 24 (Abzweig zwischen Exilles und Salbertrand) 9 km	Rif. Levi-Molinari – Passo Galambra (3050 m; 3 1/4 Std.) – Cima della Vallonetto (4 1/4 Std.); Abstieg auf dem gleichen Weg (gesamt 7 Std.)	CAI-Mark. 802 bis Passo Galambra, zum Gipfel Mark. B 18	Rif. Levi-Molinari (1849 m)
10 Rocca del Lago, 2744 m Schöner Aussichtspunkt über Oulx, alte Kriegswege	Pourachet (2053 m) am Endpunkt einer Militärstraße, 12 km von Oulx (1075 m,)	Pourachet – Passo di Desertes (2545 m; 1 3/4 Std.) – Rocca del Lago (2 1/2 Std.); Abstieg auf dem gleichen Weg (gesamt 4 Std.)	CAI-Mark. 601b bis Pass, dann Spur	
11 Punta Nera, 3040 m Grenzgipfel nordwestlich von Bardonecchia mit schöner Aussicht auf das Vanoise-Massiv. Etwas für Dauerläufer, die gerne abseits ausgetretener Pfade unterwegs sind; reichlich Geröll zum Gipfel hin	Bardonecchia (1312 m,), bekannter Piemonteser Ferienort, Autobahn-Schnellstraße von Turin. Zufahrt auf schlechter Strecke bis Granges la Rhô (1686 m) möglich	Bardonecchia – Granges la Rhô (1 Std.) – Colle della Rhô (2562 m; 3 3/4 Std.) – Punta Nera (5 1/4 Std.); Abstieg auf dem gleichen Weg (gesamt 8 1/4 Std.)	CAI-Mark. 721 bis Colle della Rhô, dann Pfadspur (Steinmännchen)	
12 Punta Ramière/Bric Froid, 3303 m Mächtiges Bergmassiv über dem Valle Argentiera mit großer Rundschau über die Cottischen Alpen	Argentiera (1897 m), Weiler im Valle Argentiera; Zufahrt von Cesana Torinese (1344 m,) via Sauze di Cesana 8 km	Argentiera – Colle della Ramière (3007 m; 3 1/4 Std.) – Punta Ramière (4 Std.); Abstieg auf dem gleichen Weg (gesamt 6 1/2 Std.)	CAI-Mark. 632 bis Colle della Ramière, dann Wegspur	

Tourenziel/Charakteristik	Ausgangspunkt	Wegverlauf & Gehzeit	Markierung	Einkehr am Weg
13 Punta Rognosa, 3280 m »Hausberg« des Agnelli-Retortenortes Sestriere; wegen der gegen das obere Valle del Chisone vorgeschobenen Lage besonders schöne Rundschau. Trittsicherheit, am Gipfelgrat leichte Felsen. Prachtblick zum Monviso!	Sestriere (2035 m), Skiort auf dem gleichnamigen Pass, der die Täler von Susa und Chisone verbindet (Cesana Torinese – Perosa Argentina 37 km)	Sestriere – Passo di San Giacomo (2638 m; 2 Std.) – Punta Rognosa (4 Std.); Abstieg auf dem gleichen Weg (gesamt 6 1/2 Std.)	CAI-Mark. 613, 613 a	
14 Bric Ghinivert, 3037 m Aufstieg von Westen, durch den Naturpark Val Troncea (Blumen, Wild), große Rundschau. Am Gipfelgrat leichte Felsen	Laval (1677 m), Häusergruppe am Taleingang; Zufahrt von Pragelato (1521 m, Bus) 6 km	Laval – Troncea (1915 m; 1 Std.) – Colle del Beth (2785 m; 3 1/4 Std.) – Bric Ghinivert (4 Std.); Abstieg auf dem gleichen Weg (gesamt 6 1/2 Std.)	CAI-Mark. 320 bis Colle del Beth, dann Spur	
15 Forte di Fenestrelle, 1150–1800 m Größte der zahlreichen Festungsanlagen in den Tälern von Susa und Chisone	Fenestrelle (1154 m, Bus) im Valle del Chisone. Infos zur Besichtigung im Ort	Aufstieg innerhalb der Anlage bis zum Forte delle Valli, Besichtigung der gesamten Anlagen (einen Tag einplanen)	Führungen	Fenestrelle
16 Tredici Laghi, 2386 m Wenig anstrengende Seenrunde (13 Seen) unter der Punta Cornour (2867 m); bei Start in Malzat Gesamtgehzeit 5 1/2 Std.	Sessellift Station Plan dell'Alpet (2232 m) des 13-Laghi-Sessellifts, Talstation Ghigo-Malzat (1490 m), 13 km von Perrero (844 m, Bus)	Plan dell'Alpet – Lago dell'Uomo (2360 m; 3/4 Std.) – Laghi Verdi – Lago la Drago – Miande Lausarot (1772 m) – Malzat (3 1/2 Std.)	CAI-Mark. 205, 204	
17 Col Manzol, 2701 m Rundwanderung im obersten Valle Pellice; Ausdauer erforderlich. Steiler Schlussaufstieg zum Col Manzol. Oasi faunistica del Barant (Naturreservat)	Rif. Barbara Lowrie (1753 m), Zufahrt von Bobbio Pellice (734 m, Bus) 10 km. Interessant: Waldensermuseum in Torre Pellice	Rif. Barbara Lowrie – Col Manzol (3 Std.) – Rif. Granero (3 3/4 Std.) – Rif. Jervis (5 1/4 Std.) – Colle del Baracun (2373 m; 7 1/4 Std.) – Rif. Barbara Lowrie (8 1/2 Std.)	CAI-Mark. 112, 116, 117, GTA	Rif. Barbara Lowrie (1753 m), Rif. Granero (2377 m), Rif. Jervis (1732 m)
18 Punta Sea Bianca, 2721 m GTA-Übergang vom Valle Pellice ins Quelltal des Po; Abstieg nach Pian Melzè möglich (gesamt 5 1/2 Std.)	Ponset (1481 m), Hütten an der Straße zum Rif. Barbara Lowrie (1753 m), von Bobbio Pellice (734 m, Bus) 7,5 km	Ponset – Granges della Gianna (1750 m; 1 Std.) – Colle della Gianna (3 Std.) – Punta Sea Bianca (3 3/4 Std.); Abstieg auf dem gleichen Weg (gesamt 6 1/4 Std.)	Mark. 113, GTA	
19 Punta d'Ostanetta, 2375 m Prächtiger Aussichtsgipfel zwischen Poebene und Alpenhauptkamm; faszinierende Schau über das Valle del Po auf den Monviso	Ostana (1282 m, Bus), Dorf im Valle del Po, 10 km von Paesana	Ostana – Colle Bernardo (2245 m; 2 3/4 Std.) – Punta d'Ostanetta (3 1/4 Std.); Abstieg auf dem gleichen Weg (gesamt 5 1/4 Std.)	Mark.	
20 Rifugio Quintino Sella, 2634 m Klassische Hüttenwanderung vor dem riesigen Monviso (3841 m). Der Gipfel ist ein Ziel für erfahrene Bergsteiger (mark., Kletterstellen I–II, ca. 5 Std.)! Von seinem Gipfel Aussicht bis zu den Pyrenäen, ins Zentralmassiv und nach Korsika	Pian del Re (2020 m), Endpunkt der Straße ins Valle del Po, 18 km von Paesana via Crissolo (1318 m, Bus)	Pian del Re – Rif. Sella (2 3/4 Std.); Abstieg auf dem gleichen Weg (gesamt 4 1/2 Std.)	Rot-weiß GTA, V 13	Pian del Re (2020 m); Rif. Quintino Sella (2634 m)
21 Rifugio Giacoletti, 2744 m Auf alpinen Wegen rund um die Rocce Alte (2837 m), zu Füßen »seiner Majestät«, dem Monviso. Von der Hütte besteigt man in 20 Min. die Rocce Alte.	Pian del Re (2020 m), Endpunkt der Straße ins Valle del Po, 18 km von Paesana	Pian del Re – Rif. Giacoletti (2 1/2 Std.) – Lago Superiore (2313 m) – Pian del Re (4 Std.)	Mark. V 16, V 19, V 14, V 17	Pian del Re (2020 m); Rif. Giacoletti (2744 m)
22 Passo della Losetta, 2872 m Großzügige Tal- und Passwanderung, große Felskulisse unter dem Monviso	Sessellift Bergstation des Sessellifts Tre Chiosis (2350 m), Talstation Pontechianale (1614 m, Bus) im Valle Varaita	Tre Choisis – Rif. Vallanta (2 1/2 Std.) – Passo della Losetta (4 Std.) – Agnello-Passstraße (ca. 2100 m; 6 Std.)	Mark. U 12, U 13, U 18	Rif. Vallanta (2450 m)
23 Colle del Lupo, 3052 m Großzügige Tour am Alpenhauptkamm, malerisch die Seen am Weg zum Col du Longet. Blumen!	Chianale (1797 m, Bus), höchstgelegene Siedlung im Valle Varaita, 57 km von Saluzzo	Chianale – Col du Longet (2649 m; 2 3/4 Std.) – Colle del Lupo (4 Std.) – Grange Genzana (2212 m) – Pontechianale (1614 m; 6 1/2 Std., Bus)	Mark. U 21, U 17, U 15	
24 Rocce del Pelvo, 2321 m Aussichtsreiche Höhenwanderung über dem Valle di Bellino. Prachtblicke zum Monviso	Chiazale (1705 m, Bus), Weiler im Valle di Bellino, 8 km von Casteldelfino	Chiazale – Rutund (2367 m; 2 Std.) – Rocce del Pelvo (3 3/4 Std.) – Chiesa (1480 m; 5 1/4 Std., Bus)	Mark. U 24, U 22	

	Tourenziel/Charakteristik	Ausgangspunkt	Wegverlauf & Gehzeit	Markierung	Einkehr am Weg
Cottische Alpen	**25 Rund um den Monte Castello; Colle Gregouri, 2319 m** Wanderung um den markanten Kletterzacken; vermittelt ein gutes Bild der geologisch hochinteressanten Region des innersten Valle Maira. Blumen! Normalweg auf den Rocca Provenzale (2402 m) leichte Kletterei (I–II). Im Valle Maira vielfältige Tourenmöglichkeiten	Chiappera (1661 m) im innersten Valle Maira, 8 km von Acceglio (1261 m, 🚌)	Chiappera – Vallone del Maurin – Grange Turre (2071 m; 1 3/4 Std.) – Colle Gregouri (2 1/2 Std.) – Chiappera (4 Std.)	Mark. T 40, T 13, T 14, T12	
	26 Colle della Cavalla, 2539 m Interessante Seen- und Passwanderung, faszinierende Felskulisse mit bizarren, oft ganz isoliert über grünen Matten aufragenden Zacken	Saretto (1530 m), Dörfchen im innersten Valle Maira, 6 km von Acceglio (1261 m, 🚌)	Saretto – Grange Pause (2055 m; 2 Std.) – Passo della Fea (2493 m) – Colle della Cavalla (3 1/2 Std.) – Biv. Bonelli (2330 m; 4 1/4 Std.) – Lago Visaisa – Saretto (6 1/4 Std.)	Mark. S 16, S 17, S 15, S 13	
	27 Passo della Gardetta, 2457 m Einmalige Biketour mit einem halben Dutzend Pässen über dem Valle Stura, Abfahrten auch in die Täler von Maira und Grana möglich	Demonte (780 m, 🚌), Hauptort im Valle Stura	Demonte – San Giacomo (1312 m; 9,5 km) – Colle Valcava (2416 m; 23 km) – Colle Cologna (2394 m; 28 km) – Passo Gardetta (38 km)	Ehemalige Militärstraßen	
	28 Monte Nebius, 2600 m Landschaftlich sehr abwechslungsreiche Runde; auch ohne Gipfelabstecher lohnend. Faszinierende Felskulisse des Valle della Madonna	Sambuco (1184 m, 🚌), Dörfchen im oberen Valle Stura, 20 km von Demonte	Sambuco – Gias Salè (1969 m; 2 1/2 Std.) – Colle Serour (2432 m) – Colle Moura delle Vinche (2434 m; 4 1/2 Std.) – Monte Nebius (5 Std.) – Rif. Nebius – Vinadio (904 m); 8 Std., 🚌	Mark. P 34, P 12	
	29 Monte Scaletta, 2840 m Spannende Gipfelüberschreitung, kurze gesicherte Passagen, ein alter Kriegstunnel. Großes Panorama, stimmungsvolle Bergseen	Argentera (1684 m, 🚌) an der Straße zum Colle della Maddalena/Col de Larche (1991 m), 35 km von Demonte	Argentera – Lago superiore di Roburent (2426 m; 2 1/4 Std.) – Colle della Scaletta (2614 m; 3 Std.) – Monte Scaletta (3 3/4 Std.) – Laghi inferiore di Roburent (2330 m; 5 Std.) – Argentera (6 Std.)	Mark. P 41, S 10, S 35	
Seealpen – Ligurische Alpen	**30 Rund um die Cima del Rous** Wanderrunde durch zwei Seitentäler des Valle Stura; alte Militärwege	Pietraporzio (1246 m, 🚌), Dorf im Valle Stura, 15 km von Vinadio	Pietraporzio – Vallone di Pontebernardo – Rif. Talarico (2 Std.) – Passo Sottano delle Scolettas (2223 m; 3 1/2 Std.) – Pietraporzio (5 3/4 Std.)	Mark. IPP, LV, rotweiß GTA	Rif. Talarcio (1750 m)
	31 Cima d'Ischiator, 2906 m Grenzgipfel zu Frankreich mit stimmungsvoller Rundschau; im Vallone dell'Ischiator schöne Lärchenwälder	Bagni di Vinadio (1279 m), altes Thermalbad, Zufahrt von Pianche (966 m, 🚌) 5 km	Bagni di Vinadio – Rif. Migliorero (2100 m; 2 1/2 Std.) – Cima d'Ischiator (5 Std.); Abstieg auf dem gleichen Weg (gesamt 8 1/2 Std.)	Mark. P 26	Rif. Migliorero (2094 m)
	32 Lacs Lausfer, 2360 m Wenig anstrengende, grenzüberschreitende Runde, lässt sich leicht zum Colle della Lombarda (2351 m) ausweiten (gesamt dann knapp 6 Std., mark.)	Santa Anna di Vinadio (2010 m), alpiner Wallfahrtsort an der Straße von Vinadio (904 m, 🚌) zum Colle della Lombarda	Santa Anna – Passo Tesina (2400 m) – Passo del Lausfer (2460 m; 1 1/2 Std.) – Lacs Lausfer – Passo di Santa Anna (2308 m) – Santa Anna (3 Std.)	Mark. P 19, P 19 b, LV, P 18	Santa Anna di Vinadio (2010 m)
	33 Rifugio Bianco, 1910 m Beliebte Hüttenwanderung im Parco dell'Argentera; in 1 1/4 Std. steigt man vom Rifugio auf zu dem malerischen, felsumschlossenen Lago Soprano della Sella (2329 m, mark.)	Santa Anna di Valdieri (1011 m, 🚌), Dörfchen im Val Gesso, 8 km von Valdieri	Santa Anna – Rif. Bianco (3 Std.); Abstieg auf dem gleichen Weg (gesamt 5 Std.)	Mark. N 04	Rif. Dante Livio Bianco (1890 m)
	34 Rifugio Questa – Colle del Valasco, 2429 m Großartige Seenrunde zwischen den Tälern von Valasco und Valletta, überwiegend alte Militärwege; einmalig der Blick auf die Westabstürze des Argentera-Massivs. Gämsen, Steinböcke, Murmeltiere	Terme di Valdieri (1368 m, 🚌), Thermalbad im Val Gesso, 15 km von Valdieri. Parkplatz oberhalb der Siedlung	Terme di Valdieri – Pian del Valasco (1 1/4 Std.) – Lago inferiore di Valscura (2 3/4 Std.) – Rif. Questa (4 Std.) – Colle del Valasco (5 1/4 Std.) – Gias delle Mosche (1591 m; 7 Std.) – Terme di Valdieri (7 3/4 Std.)	Mark. N 43, N 23, N 22, N 18, N 16	Rif. Questa (2388 m)
	35 Colle di Fenestrelle, 2463 m Kontraste im Parco dell'Argentera: (herrliche) Hochgebirgslandschaft, (hässliche) Kraftwerkanlagen. Grandios die Cima dell'Argentera, Steinböcke, Gämsen	Lago della Rovina (1535 m), Zufahrt von Valdieri 14 km. Parkplatz am Südende des Sees	Lago della Rovina – Lago del Chiotas (1978 m; 1 1/2 Std.) – Colle di Fenestrelle (3 Std.); Abstieg auf dem gleichen Weg (gesamt 5 Std.)	Mark. M 08, M 10	Rif. Genova-Figari (2010 m) am Lago del Chiotas, 10 Min. vom Weg
	36 Lago Bianco del Gelas – Rifugio Pagari, 2627 m Große, anspruchsvolle Runde unter dem Haupt- und Grenzkamm der Alpi Marittime. Ausdauer und Trittsicherheit unerlässlich, viel Geröll und Blockwerk	San Giacomo (1213 m), Zufahrt von Valdieri bzw. Entracque 13 bzw. 9 km	San Giacomo – Prà del Rasur (1430 m; 1 Std.) – Lago Bianco del Gelas (2549 m; 4 1/4 Std.) – Rif. Pagarì (5 3/4 Std.) – Prà del Rasur (8 1/4 Std.) – San Giacomo (9 Std.)	Mark. M 14, M 13, M 20, M 29, M 21	Rif. Pagarì (2627 m)

Tourenziel/Charakteristik	Ausgangspunkt	Wegverlauf & Gehzeit	Markierung	Einkehr am Weg
37 Passo di Monte Carbonè, 2800 m Auf alten Kriegswegen zu schönem Aussichtspunkt; jenseits der Gratsenke liegt der Lago Carbonè (2569 m)	San Giacomo (1213 m), Zufahrt von Valdieri bzw. Entracque, 13 bzw. 9 km	San Giacomo – Prà del Rasur (1430 m; 1 Std.) – Lago del Vei del Bouc (2054 m; 2 3/4 Std.) – Passo del Monte Carbonè (5 Std.); Abstieg auf dem gleichen Weg (gesamt 8 1/4 Std.)	Mark.M 14, M 19	
38 Rocca dell'Abisso, 2755 m Alte Festungen am Weg vom Colle di Tenda hinauf zur großen Schau über die Seealpen. Bike und Hike	Colle di Tenda (1871 m), Zufahrt von Limone Piemonte 14 km	Colle di Tenda – Forte di Giare (2253 m; 2 1/4 Std.) – Rocca dell'Abisso (3 3/4 Std.); Abstieg auf dem gleichen Weg (gesamt 6 1/4 Std.)	Straße, Gipfelweg mark.	
39 Bric Costa Rossa, 2404 m Auf hohen Graten am Val Colla; eine Tour für Dauerläufer. Trittsicherheit am Bisalta-Grat wichtig	San Giacomo (800 m) im Valle Colla, Zufahrt von Boves (600 m, Bus) 6 km	San Giacomo – Passo Ceresola (1620 m; 2 1/2 Std.) – Monte Pianè (1835 m) – Bric Costa Rossa (4 1/2 Std.) – Cima della Besimauda (2231 m; 6 Std.) – Colle della Bercia (1220 m; 7 1/2 Std.) – San Giacomo (8 1/4 Std.)	Mark. L 20, L 08, L 17, CA	
40 Giro delle Carsenne; Passo del Duca, 1989 m Wanderrunde im innersten Valle Pesio; interessante Karstlandschaft (Conca delle Carsenne). Exponiertes Wegstück am Passo di Barban	Pian delle Gorre (992 m), Zufahrt von Chiusa di Pesio (575 m) 14 km	Pian delle Gorre – Rif. Garelli (2 1/2 St.) – Passo del Duca – Gias dell'Ortica (1836 m; 4 1/4 Std.) – Passo di Barban – Pian delle Gorre (6 1/4 Std.)	Mark. H 1, H 8, H 7, H 10, H 11, rot-weiß GTA	Rif. del Parco (1044 m) am Pian delle Gorre; Rif Garelli (1970 m)
41 Giro delle Gole del Tanaro; Rifugio Saracco-Volante, 2220 m Wildromantische Gräben und interessante Karstformationen prägen diese Runde; vom Colle dei Signori (2112 m; 20 Min. ab Valle dei Maestri) besteigen Geübte in 1 3/4 Std. die Punta Marguareis (2651 m, mark.). Vom Gipfel grandiose Rundschau, südlich bis Korsika!	Carnino Superiore (1397 m), Zufahrt von Ormea (736 m, Bus) via Viozene 23 km	Carnino Superiore – Gola della Chiusetta – Vallone dei Maestri – Rif. Saracco-Volante (3 Std.) – Passo di Mastrelle (2061 m; 3 1/2 Std.) – Carnino Superiore (4 3/4 Std.)	Mark. A 3, A 3B, A 4	Rif. Saracco-Volante (2220 m), nicht bew., oft geschlossen
42 Sentiero degli Alpini Spannende Runde auf alten Kriegswegen, der »Sentiero degli Alpini« ist kühn in steiles Felsgelände trassiert (Sicherungen). Im Frühsommer artenreiche Flora. Vom Passo della Valletta lässt sich in einer halben Stunde leicht der Monte Pietravecchia (2038 m), der südlichste Zweitausender der Alpen, besteigen.	Colla Melosa (1540 m), Zufahrt von Ventimiglia über Pigna (281 m) und dem Pass Colla Langan (1127 m), 43 km	Colla Melosa – Straßenkehre (ca. 1670 m) – »Sentiero degli Alpini« – Passo di Fonta Dragurina (1810 m; 3 Std.) – »Alta via dei Monti Liguri« – Passo della Valletta (1918 m) – Colla Melosa (5 Std.)	Mark. Wege	Rif. Allavena (1540 m) am Colla Melosa

Seealpen – Ligurische Alpen

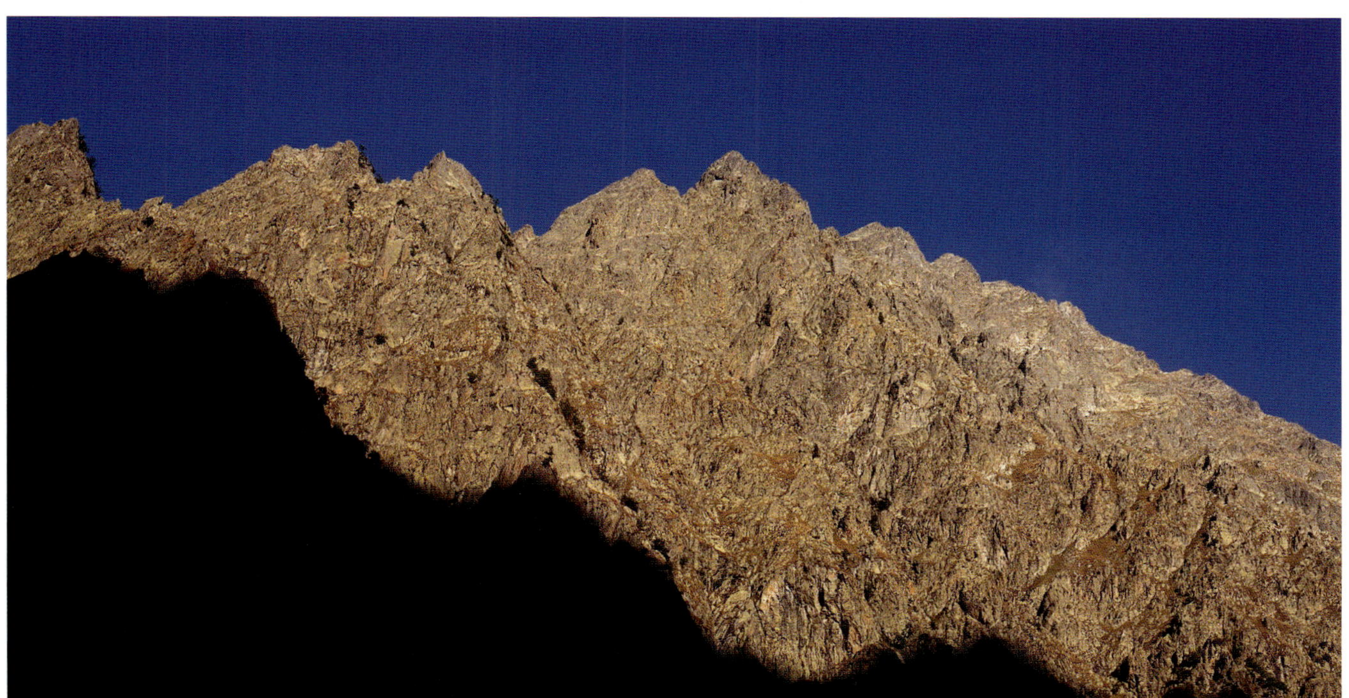

Erstes Sonnenlicht am Argentera-Massiv

Hochsavoyen

Vom Genfer See zum Mont Blanc

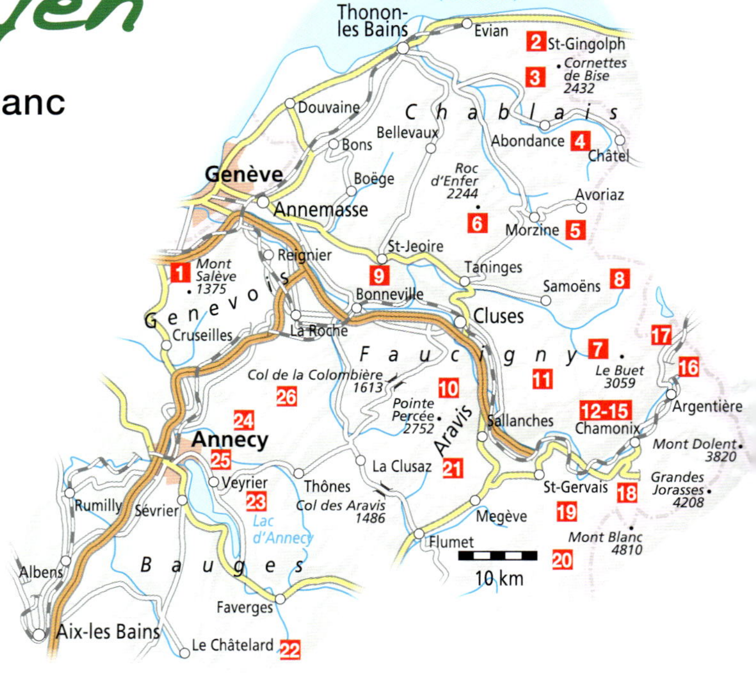

Die Haute Savoie ist eine Bergregion mit Superlativen: Im Norden grenzt sie an den größten (Vor-)Alpensee, den Lac Léman, im Osten steigen die Bergketten allmählich an bis zum »Dach Europas«, dem Mont Blanc (4810 m). Der zieht natürlich Gipfelstürmer aus aller Welt an. Doch wer kennt die Chaîne des Aravis oder die bizarren Kalkzacken über dem Karstplateau Désert de Platé, die idyllische See- und Berglandschaft von Annecy, die Aussichtsgipfel über den grünen Almen des Chablais?

Die Genfer, natürlich. Für sie ist Hochsavoyen, was Isarwinkel, Karwendel und Wilder Kaiser für die Münchner sind: alpines Hinterland, Ausflugs- und Tourengebiet. Nicht zufällig war es auch ein Genfer, der Naturforscher Horace Bénédict de Saussure, der die Erstbesteigung des höchsten Alpengipfels durch Paccard und Balmat initiierte (1786), und Genfer Alpinisten sicherten am Salève noch vor der Wende zum 20. Jahrhundert luftige Bänderrouten: Klettersteige – nichts so Neues unter der Alpensonne!

Neuland für die meisten Bergwanderer deutscher Zunge ist dagegen Hochsavoyen. Da fährt man ins Berner Oberland oder ins Wallis, den »Sprung« über den Genfer See wagen nur die wenigsten. Schade, denn zwischen der mondänen UNO-Stadt und dem Gletscher- und Felsrevier des Mont-Blanc-Massivs gibt es viel zu entdecken, idyllische Täler, Höhenwege vor großer Kulisse, interessante Gipfel. Und das Käsefondue schmeckt südlich des Lac Léman genau so gut wie in der Westschweiz; immerhin reklamieren die Savoyards die Erfindung des berühmten Gerichtes für sich.

Tour du Mont Blanc

Einer der klassischen Weitwanderwege der Alpen, durchgehend als T. M. B. markiert, Übernachtung auf Berghütten bzw. in den Talorten. Teilbegehungen und verschiedene Varianten möglich; beste Jahreszeit Ende Juli bis Mitte September. Normalerweise begeht man die Tour in zehn Tagen; Hüttenreservation absolut unerlässlich!
1. Etappe: Les Contamines-Montjoie (1167 m) – Notre Dame de la Gorge (1210 m) – Chalet-Hôtel de la Balme (1706 m), 3 Std. **2. Etappe:** La Balme – Col du Bonhomme (2329 m) – Col de la Croix du Bonhomme (2443 m) – Les Chapieux (1554 m) – Chalet-Refuge des Mottets (1870 m), 6 3/4 Std. **3. Etappe:** Les Mottets – Col de la Seigne (2516 m) – Rifugio Elisabetta Soldini (2195 m) – Lac Combal – Col Chécroui (1956 m), 6 1/2 Std. **4. Etappe:** Col Chécroui – Courmayeur (1226 m) – Rifugio Elena (2062 m), 5 1/2 Std. (bei Busfahrt Courmayeur – Lavachey 3 1/2 Std.) **5. Etappe:** Rifugio Elena – Grand Col Ferret (2537 m) – Ferret – La Fouly (1592 m) – Champex – L'Arpette (1675 m), 8 Std. (bei Bustransfer La Fouly – Champex 5 Std.) **6. Etappe:** L'Arpette – Fenêtre d'Arpette (2665 m) – Trient (1300 m), 6 1/2 Std. **7. Etappe:** Trient – Col de Balme (2204 m) – Tré-le-Champ (1417 m), 4 1/2 Std. **8. Etappe:** Tré-le-Champ – Lac Blanc (2532 m) – La Flégère (1877 m), 5 Std. **9. Etappe:** La Flégère – Le Brévent (2525 m) – Refuge de Bel Lachat (2136 m) – Les Houches (993 m), 6 1/2 Std. **10. Etappe:** Les Houches – Col de Voza (1653 m) – Les Contamines-Montjoie/St-Gervais-les-Bains, 4 Std.

Steckbrief

Fläche: ca. 5000 qkm
Höchster Punkt: Mont Blanc (4810 m)
Gebirgsgruppen: Genevois, Chablais, Faucigny, Chaîne des Aravis, Mont-Blanc-Massiv (West), Les Bornes, Les Bauges
Wichtigste Ortschaften: Genf, Thonon-les-Baines, Morzine, Cluses, Chamonix, St-Gervais, Megève, Annecy, Aix-les-Bains
Wandervorschläge: 26

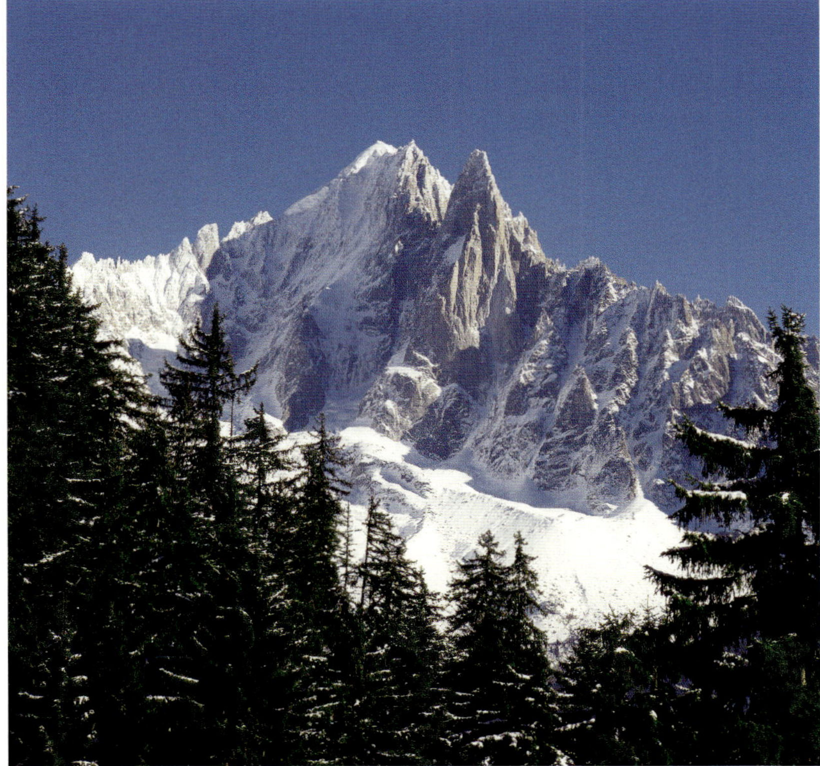

Hochgebirge in Savoyen: die Aiguille Verte, rechts flankiert vom Dru

Die Mont-Blanc-Promenade

15 Grand Balcon; Planpraz, 1995 m

Der Name verrät es: der »Grand Balcon« ist die große Aussichtswanderung vor dem Mont-Blanc-Massiv. Und wer die Tour gleich am Col des Montets startet, bekommt sie alle vors Objektiv, die Gletscher und Viertausender, vom Glacier du Tour bis zum Glacier des Bossons, dessen Zunge – der Klimaveränderung (noch) trotzend – bis fast in den Talboden von Chamonix herunterhängt. Der Weg zur Seilbahnstation La Flégère bietet auch einen Blick ins »eisige Herz« des Mont-Blanc-Massivs, über das Mer de Glace hinweg zum Dent du Géant (4013 m).

Zuerst einmal muss man hinauf zum »Balkon«, was vom Col des Montets aus nur wenig Anstrengung kostet – eineinhalb Stunden bergan. Dann heißt es: Augen auf! Am Weg hinüber nach La Flégère und weiter bis Planpraz bieten sich immer neue Blickpunkte, gibt ein hoher granitsplittriger Grat nach dem andern Einblick in eben noch verborgene Gletscherwinkel. Im »Genusstempo« ziehen die Gipfel vorbei – Aiguille d'Argentière (3900 m), Aiguille Verte (4122 m), Grandes Jorasses (4208 m), Dent du Géant (4013 m), Aiguille du Midi (3842 m), Mont Blanc (4810 m): was für eine Parade!

Der viel begangene Höhenweg führt an den winzigen Seeaugen der Lacs des Chéserys (2133 m) vorbei; hier ist auch ein Abstecher zu dem herrlich gelegenen Lac Blanc (2352 m) möglich (knapp 1 Std. zusätzlich). Hinter La Flégère quert man zwei Gräben unter den Aiguilles Rouges; dann läuft der »Grand Balcon« über die Montagne de la Parsa, zuletzt kurz ansteigend nach Planpraz.

Kleiner Berg – große Aussicht

22 La Belle Etoile, 1843 m

Manchmal sind es ja auch ganz unscheinbare Gipfel, die eine besonders schöne Aussicht bieten, auf die »Großen« und steil hinab in die Täler. Genau das zeichnet auch den »Schönen Stern« aus, der sich westlich über Albertville erhebt. Wenn es allerdings geregnet hat oder in den Nächten bereits gefriert, tut man gut daran, sich einen anderen (Gipfel-)Stern zu suchen; dann sind die Wege zumindest matschig oder sogar gefährlich!

Oberhalb von Ramaz informiert ein Schild über die Wege am Belle Etoile. Zunächst geht's im Wald in ausholenden Serpentinen bergan, dann in ganz kurzem Links-rechts-Rhythmus am Grat entlang zu einem ersten Kreuz (1843 m) und über ein paar Kuppen zum Hauptgipfel. Ein Panorama von 1913 informiert über all die Gipfelprominenz rundum.

Der Abstiegsweg folgt dem schmalen Nordgrat, ist abschnittweise ziemlich luftig, an zwei Stellen auch gesichert (Drahtseile, Klammern). Aus der Wiesensenke unter dem Roc Rouge (Chalet d'Alpette, 1580 m) links auf gutem Weg zunächst fast eben durch die Westflanke des Belle Etoile, wobei mehrere Gräben zu queren sind (Vorsicht bei Nässe oder Vereisung!), dann hinab zu einer Forstpiste und auf ihr zurück zum Ausgangspunkt.

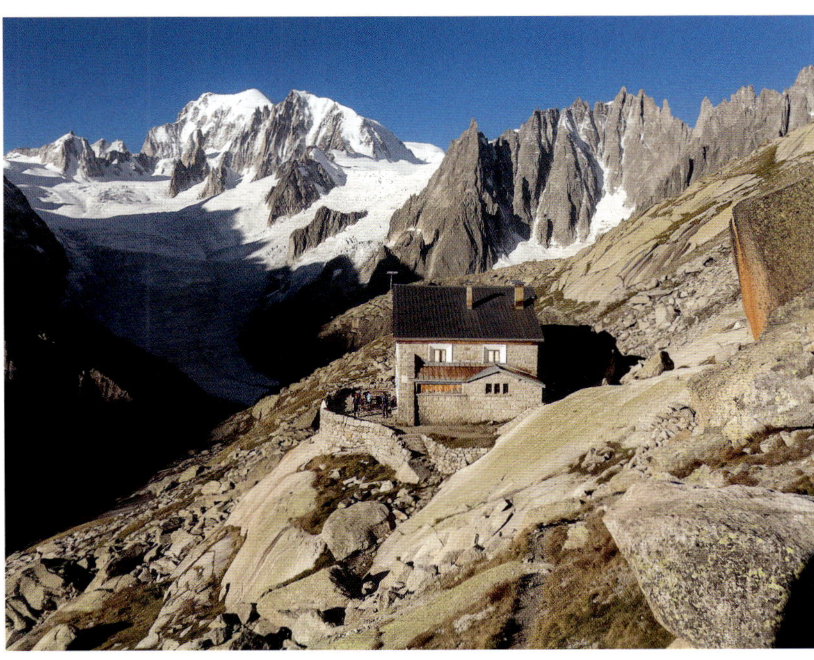

Der Mont Blanc mit dem Refuge du Couvercle; re. die Aiguilles von Chamonix

Region	Tourenziel/Charakteristik	Ausgangspunkt	Wegverlauf & Gehzeit	Markierung	Einkehr am Weg
Genevois – Chablais – Faucigny	**1 Le Salève, 1309 m** Genfer Hausberg mit steilen (Kletter-) Flanken und einem breiten Rücken, Höhenstraße sowie Seilbahn. Faszinierende Tiefblicke auf die UNO-Stadt. Trittsicherheit, luftige Passagen am »Sentier de la Corraterie« (Drahtseile)	Collonges-sous-Salève (550 m), südlich von Genf unweit der Grenze	Collonges – La Grande Gorge – Salève (1309 m; 2 1/4 Std.) – »Sentier de la Corraterie« – Grotte de l'Orjobet – Collonges (4 1/4 Std.)	Mark. Wege	
Genevois – Chablais – Faucigny	**2 Pic des Mémises, 1674 m** Aussichtsbalkon über dem Südufer des Genfer Sees, am Gipfelgrat felsige Passagen. Aufstieg statt Liftfahrt: 1 3/4 Std. zusätzlich	Bergstation der Gondelbahn (1598 m), Talstation Thollon (937 m)	Gondelbahn – Pic des Mémises (1/2 Std.) – Col de Pertuis (1512 m) – Thollon (2 1/4 Std.)	Gratweg Teilstück des »Balcon du Léman«	
Genevois – Chablais – Faucigny	**3 Dent d'Oche, 2221 m** Markanter Gipfel über dem Genfer See mit sehr stimmungsvollem Panorama. Gesicherte Passagen, leichte Felsen	La Fétiuère (1206 m), Zufahrt von Evian-les-Bains via Bernex (936 m) 18 km	La Fétiuère – Chalets d'Oche (1660 m; 1 1/2 Std.) – Ref. de la Dent d'Oche – Dent d'Oche (3 Std.) – Col de Planchamp – Chalets d'Oche – La Fétiuère (5 1/4 Std.)	Im Talbereich Straßen, Wege mark.	
Genevois – Chablais – Faucigny	**4 Mont de Grange, 2432 m** Aussicht auf das gesamte Chablais bietet der Mont de Grange, besonders lohnende Überschreitung. Abstieg über den Arête du Pertuis teilweise weglos, nur für Geübte; Vorsicht bei Altschneeresten im Frühsommer!	Les Plagnes (1191 m) am gleichnamigen kleinen See, 5,5 km von Abondance (930 m)	Les Plagnes – Chalets de Lens (1588 m; 1 1/4 Std.) – Lenlevay (1733 m; 2 1/4 Std.) – Mont de Grange (4 Std.) – Arête du Pertuis – L'Enquernaz (6 Std.) – Les Plagnes (7 Std.)	Mark. Wege	Les Plagnes (1191 m)
Genevois – Chablais – Faucigny	**5 Les Hauts Forts, 2466 m** Bekannter Aussichtsgipfel an der Grenze zur Schweiz; am luftigen Westgrat heikle Passagen, leichte Felsen. Anstiege von Avoriaz kürzer (2 1/4 Std., mark.), aber mit Dauerblick auf Hochhäuser und Wintersportanlagen	Le Crêt (1097 m), Häusergruppe 3 km südöstlich von Morzine (976 m)	Le Crêt – Col du Pic à Talon (2041 m; 3 Std.) – Les Hauts Forts (4 1/4 Std.); Abstieg auf dem gleichen Weg (gesamt 6 1/2 Std.)	Mark. Weg	
Genevois – Chablais – Faucigny	**6 Roc d'Enfer, 2243 m** Einer der schönsten Aussichtspunkte der Savoyer Voralpen. Am Grat steile Grasflanken, gestufte Felsen	Häusergruppe Le Foron (1355 m) an der Route über den Col d'Encrenaz (1433 m), Zufahrt von Taninges (640 m) 14 km	Le Foron – Col de Foron (1832 m; 1 1/2 Std.) – Roc d'Enfer (3 1/4 Std.) – Col Ratti – Le Foron (5 Std.)	Mark. Wege	
Genevois – Chablais – Faucigny	**7 Cirque des Fonts** Prächtiger Talschluss mit zahlreichen Wasserfällen; weniger spektakulär als der Cirque du Fer à Cheval, aber auch weniger überlaufen	Salvagny (860 m) 2 km südlich des Dorfes Sixt-Fer-à-Cheval (757 m)	Salvagny – Refuge des Fonts (1368 m; 2 Std.); Abstieg auf dem gleichen Weg (gesamt 3 1/4 Std.)	Mark.	Ref. des Fonts (1368 m)
Genevois – Chablais – Faucigny	**8 Lac de la Vogealle, 2016 m** Packende Bilder des Talschlusses Cirque du Fer à Cheval vermittelt der Aufstieg. Am Pas du Boret exponierte Passagen	Straßenende am Plan du Lac (950 m), 13 km von Samoëns (701 m)	Plan du Lac – Chalets du Boret (1388 m; 1 3/4 Std.) – Ref. de la Vogealle (3 1/4 Std.) – Lac de la Vogealle (3 3/4 Std.); Abstieg auf dem gleichen Weg (gesamt 6 Std.)	Rot-weiße Mark.	Ref. de la Vogealle (1901 m)
Genevois – Chablais – Faucigny	**9 Le Môle, 1863 m** Beliebtes Wanderziel, dank der isolierten Lage mit schönem Panorama von Genf bis zum Mont Blanc. Auch kürzere Varianten	Bonneville (450 m), Städtchen an der Arve, 28 km von Genf	Bonneville – Chez Béroud (1150 m; 2 1/4 Std.) – Le Môle (4 1/2 Std.) – Marignier (476 m; 7 1/2 Std.)	Mark. Wege	
Genevois – Chablais – Faucigny	**10 Pointe d'Areu, 2478 m** Nördlicher Eckpfeiler der Araviskette mit weit reichender Aussicht. Steiler Schlussanstieg; Trittsicherheit	Romme (1297 m), Bergnest südlich über Cluses (485 m), Zufahrt 10 km	Romme – Chalets de Vormy (1903 m; 1 3/4 Std.) – Pointe d'Areu (4 Std.); Abstieg auf dem gleichen Weg (gesamt 6 1/2 Std.)	Mark. Weg	
Genevois – Chablais – Faucigny	**11 Désert de Platé** Interessante Wanderrunde über das riesige Karrenplateau mit Aussicht bis zum Mont Blanc. Vorsicht bei Nebel oder Altschnee (Klüfte)!	Bergstation der Seilbahn Les Grandes Platières (2480 m), Talstation Flaine (1577 m), Zufahrt von Cluses via Arâches 27 km	Les Grandes Platières – Lacs du Laochets (2135 m) – Refuge de Sales (1 3/4 Std.) – Combe des Foges – Les Verdets (2385 m; 4 1/2 Std.) – Flaine (6 Std.)	Mark., GR 96 rot-weiß	Les Grandes Platières (2480 m); Ref. de Sales (1870 m)
Chamonix	**12 Le Marteau, 2289 m** Ein »Hammer« (= marteau), das Profil dieses Berges! Aufstieg vom Plateau d'Assy mit gesicherter Passage du Dérochoir	Station de Plaine Joux (1337 m), Zufahrt von St-Gervais-les-Bains via Passy 20 km	Plaine Joux – Ayères des Pierrières (1637 m; 1 1/4 Std.) – Passage du Dérochoir – Le Marteau (3 3/4 Std.); Abstieg auf dem gleichen Weg (gesamt 6 Std.)	Mark. Wege	
Chamonix	**13 Lac de Pormenaz, 1945 m** Stimmungsvolle Wanderrunde abseits vom Trubel rund um den Mont Blanc	Häusergruppe Le Mont (970 m), Zufahrt von Servoz (812 m) 2 km	Le Mont – Chalets de Pormenaz (3 Std.) – Lac de Pormenaz (4 Std.) – Chalets du Souay – Le Mont (6 3/4 Std.)	Gute Wege, bez.	

Tourenziel/Charakteristik	Ausgangspunkt	Wegverlauf & Gehzeit	Markierung	Einkehr am Weg
14 Refuge de Bellachat, 2136 m Bergabwanderung vom aussichtsberühmten Brévent (2525 m) nach Chamonix. Blickfang: der Mont Blanc und seine Gletscher	Bergstation der Brévent-Seilbahn (2525 m); Talstation Chamonix (1037 m)	Le Brévent – Ref. de Bellachat (3/4 Std.) – Merlet (1563 m; 2 Std.) – Chamonix (3 1/4 Std.)	Mark. Wege, GR 5 rot-weiß	Le Brévent (2525 m), Ref. de Bellachat (2136 m)
15 Grand Balcon; Planpraz, 1995 m Berühmter Panoramaweg vor der grandiosen Kulisse des Mont-Blanc-Massivs; Start auch am Col des Montets (1461 m) möglich (bis La Flégère 3 1/2 Std., mark.)	Chamonix (1037 m), Ferienort/Bergsteigerdorf am Fuß des Mont Blanc (4810 m)	Chamonix – La Flégère (1877 m; 3 Std.) – Planpraz (4 3/4 Std.)	Mark. Wege	Flégère, Planpraz (1995 m)
16 Aiguillette des Posettes, 2201 m Aussichtsreiche Wanderrunde über dem obersten Arvetal; besonders schön der Blick zum mächtigen Glacier du Tour	Bergstation des Col de Balme-Sessellifts (2190 m), Talstation Le Tour (1453 m)	Liftstation – Col de Balme (2204 m) – Col des Posettes (1997 m) – Aiguillette des Posettes (1 1/2 Std.) – Le Tour (3 Std.)	Mark. Wege	Col de Balme (2204 m)
17 Col de la Terrasse, 2645 m Grenzüberschreitende Runde über dem Stausee von Emosson. Dinosaurierspuren (180 Mio. Jahre alt) oberhalb des Lac du Vieux Emosson (ca. 2400 m)	Lac d'Emosson (1930 m), Zufahrt von Finhaut (1298 m) 8 km	Lac d'Emosson – Lac du Vieux Emosson (2205 m; 1 1/2 Std.) – Col de la Terrasse (3 3/4 Std.) – Vallorcine (1256 m; 6 Std.)	Mark. Wege	
18 Bec du Corbeau, 2221 m Grandiose Hochgebirgsbilder prägen diese Runde; faszinierend die zerschrundenen Eiskatarakte von Bossons- und Taconnaz-Gletscher, am Gratrücken leichte Felsen	Les Bossons (1012 m), Talstation des Mont-Sessellifts	Les Bossons – Glacier de Taconnaz – Bec du Corbeau (3 1/2 Std.) – Chalet des Pyramides (1895 m; 4 1/4 Std.) – Les Bossons (6 Std.)	Mark. Wege	Chalet du Glacier (Sessellift Mont, 1420 m), Chalet des Pyramides (1895 m)
19 Col de Tricot, 2120 m Rundwanderung im Vorfeld des vergletscherten Mont-Blanc-Massivs; schöner Blick auf die Zunge des Glacier de Bionnassay. Sehenswert: Gorges de la Gruvaz	Val Montjoie, Anfahrt von St-Gervais-les-Bains (795 m) bis zum Weiler La Gruvaz (1115 m; Gemeinde Les Contamines-Montjoie), 6,5 km. Parkplatz	La Gruvaz – Bionnassay (1314 m; 2 Std.) – Col de Tricot (4 1/4 Std.) – Chalets de Miage (1559 m) – La Gruvaz (7 Std.)	Rot-weiße Mark.	Bionnassay (1314 m), Chalet de l'Are, Chalet de Miage (1559 m)
20 Refuge de Tré-la-Tête, 1982 m Frequentiertes Wanderziel vor dem Glacier de Tré la Tête	Les Contamines-Montjoie (1167 m), 11 km von St-Gervais-les-Bains (795 m)	Les Contamines – Notre Dame-de-la-Gorge (1210 m; 1 Std.) – Ref. du Nant-Borrant (1 1/2 Std.) – Ref. de Tré-la-Tête (3 Std.) – Les Contamines (4 1/2 Std.)	Mark. Wege	Ref. du Nant-Borrant (1392 m), Ref. de Tré-la-Tête (1982 m)
21 Croisse Baulet, 2236 m Schönster Aussichtsberg von Megève, liegt außerhalb des Skizirkus. Prachtblick zum Mont Blanc	Bergstation des Jaillet-Gondellifts (1568 m), Talstation Megève (1082 m). Alternativ Les Frasses (1540 m), 5 km von Megève	Le Jaillet (1568 m) – Col de Jaillet (1723 m; 1 1/4 Std.) – Petit Croisse Baulet (2009 m; 2 Std.) – Grand Croisse Baulet (3 1/4 Std.); Abstieg auf dem gleichen Weg (gesamt 5 1/2 Std.)	Mark. Wege	Chalet des Frasses (1620 m)
22 La Belle Etoile, 1843 m Prächtiger Aussichtspunkt über Albertville. Am Grat einige etwas heikle Passagen (Sicherungen), bei Nässe z. T. schmierige Wege	Col de Tamié (907 m), Übergang von Faverges nach Albertville. Zufahrt bis zu einer Lichtung oberhalb von La Ramaz (1066 m, 2,5 km)	La Ramaz – La Belle Etoile (2 Std.) – Chalet de l'Alpette (1580 m; 2 3/4 Std.) – La Ramaz (4 1/4 Std.)	Wegzeiger, spärlich mark.	
23 La Tournette, 2352 m Mächtiges, isoliertes Felsmassiv über dem Ostufer des Lac d'Annecy; weites Panorama, Steinbockrevier. Gesicherte, mäßig schwierige Passagen	Montmin (1060 m), Häusergruppe an der Straße über den Col de la Forclaz (1150 m; Menthon – Faverges)	Montmin – Pointe des Frêtes (2019 m; 3 Std.) – Pointe de la Bajaluz – La Tournette (4 1/2 Std.) – Ref. de la Tournette – Chalet de l'Aulp (1424 m) – Montmin (7 Std.)	Mark. Wege	Ref. de la Tournette (1774 m)
24 Tête du Parmelan, 1832 m Mit seiner markanten Felsstirn beherrscht der Parmelan die Bergumrahmung von Annecy. Unter dem Grat felsige Steilpassage	La Blonnière (950 m), Zufahrt von Annecy via Dingy-St-Clair 17 km	La Blonnière – Grand Montoir – Tête du Parmelan (2 1/2 Std.) – Col du Pertuis (1565 m; 4 1/4 Std.) – La Blonnière (5 1/4 Std.)	Mark. Wege	Chalet-Hôtel du Parmelan (1825 m)
25 Mont Veyrier, 1291 m Hausberg von Annecy mit Prachtblick auf den See und seine Bergkulisse. Kurze gesicherte Passage am Grat	Col de Bluffy (630 m) an der Straße von Veyrier nach Thônes	Col de Bluffy – Col des Contrebandiers (1050 m; 1 1/2 Std.) – Mont Veyrier (2 1/2 Std.) – Annecy (453 m; 4 1/4 Std.)	Mark. Wege	
26 Champ Laitier, 1354 m Steiler Weg zu einem idyllischen Almrevier. Im Zweiten Weltkrieg war die Gegend ein Zentrum der Résistance. Am Aufstieg kettengesichertes Band	Thorens-Glières (670 m), Anfahrt auf der Straße zum Plateau des Glières bis zur Brücke (947 m) oberhalb von Nant Sec	Nant Sec – Pas du Roc – Champ Laitier (1 1/2 Std.); Abstieg auf dem gleichen Weg (gesamt 2 1/2 Std.)	Mark. Weg	

Chamonix

Aravis – Bornes – Bauges

Täler und Berge in Savoyen

Chambéry, die Tarentaise und die Maurienne

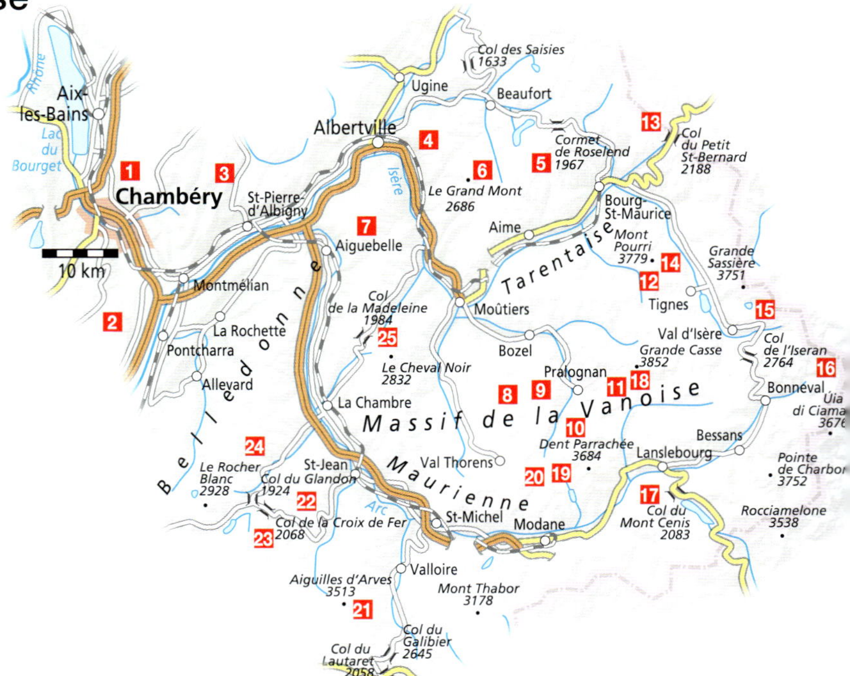

Dass Savoyen ein paar Jahrhunderte lang ein Herzogtum war, ab 1713 Königreich und unabhängig von Frankreich, dürfte hierzulande nicht überall bekannt sein. Hauptstadt war zunächst Chambéry, das sich heute noch als »Capitale des Alpes« sieht, später Turin, von wo aus König Charles Albert die italienische Einigung betrieb.

Das Ergebnis: Savoyen fiel an Frankreich, die Grenze zu Italien verlief fortan am Alpenhauptkamm. Parallelen zu Tirol, das ein halbes Jahrhundert später ebenfalls geteilt werden sollte, sind unübersehbar. Wie der Brenner wurde auch der Col du Mont Cenis, den möglicherweise Hannibal auf seinem Feldzug gegen die Römer überquert hatte, zum Grenzpass.

Zum Anfang des 21. Jahrhunderts verschwinden die Grenzen innerhalb Westeuropas, die Zöllner vom Mont Cenis haben sich längst verabschiedet, und deutsche Skiurlauber in den Trois Vallées, in La Plagne, Tignes und Val d'Isère bezahlen nicht mehr mit Francs, sondern mit Euro. Bei den Wintersportlern ist die Tarentaise recht bekannt, viel weiße Pracht, herrliche Pisten und eine Infrastruktur, die kaum Wünsche offenlässt. Im Sommer allerdings, wenn der Schnee geschmolzen ist, sieht manches nicht mehr so unschuldsweiß aus, und etwa in den »Drei Tälern« mit ihren zahllosen Liftanlagen und hässlichen Bettenburgen wird wohl niemand gerne wandern. Ganz anders dagegen die oberste Maurienne, wo man bewusst auf sanften, einigermaßen naturverträglichen Tourismus setzt. Wie im alten Bergsteigerdorf Pralognan ist auch hier der Parc national de la Vanoise Hauptanziehungspunkt für Alpinisten, Trekker und Wanderer.

Steckbrief

Fläche: ca. 6500 qkm
Höchster Punkt: La Grande Casse (3855 m)
Gebirgsgruppen: Les Bauges (Süd), Massif de la Chartreuse (Nord), Beaufortin, Grajischer Hauptkamm, Massif de la Vanoise, Grandes Rousses-Galibier, Chaîne de Belledonne
Wichtigste Ortschaften: Chambéry, Albertville, Val d'Isère, Pralognan, Courchevel, Modane, St-Jean-de-Maurienne
Wandervorschläge: 25

Tour de la Vanoise

Fünf-Tage-Tour im Vanoise-Massiv; Übernachtung jeweils in Hütten. Verschiedene Varianten, auch Zwischenabstiege möglich. **1. Tag:** Champagny-le-Haut (1470 m) – Ref. de Plaisance (2184 m) – Col du Plan Séry (2616 m) – Ref. du Col du Palet (2590 m), 6 Std. **2. Tag:** Ref. du Col du Palet – Col de la Leisse (2750 m) – Ref. de la Leisse (2487 m), 6 1/2 Std. **3. Tag:** Ref. de la Leisse – Ref. de l'Arpont (2309 m), 6 Std. **4. Tag:** Ref. de l'Arpont – Ref. de la Dent Parrachée (2511 m), 6 Std. **5. Tag:** Ref. de la Dent Parrachée – Ref. du Fond d'Aussois (2350 m) – Col d'Aussois (2916 m) – Pralognan (1418 m), 8 1/2 Std.

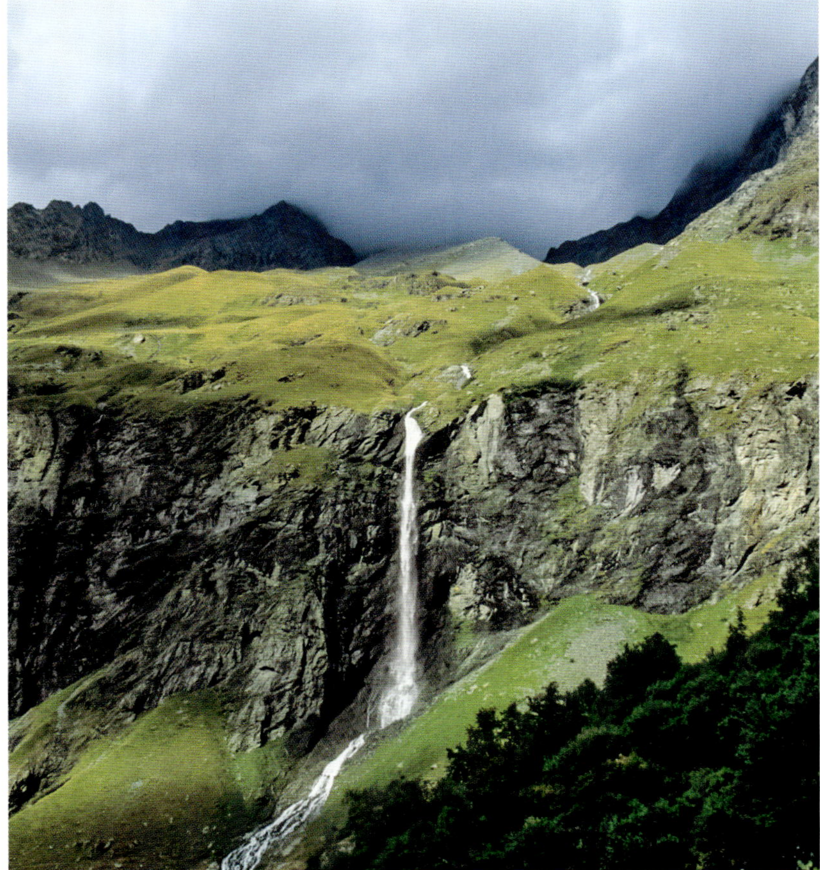

Wasserfall im Vallon de Rosuel, einem Hochtal des Vanoise-Massivs

Hausberg von Chambéry

1 Croix du Nivolet, 1547 m

Das riesige Kreuz steht ja nicht zufällig auf diesem markanten Bugfelsen über Chambéry; von keinem anderen Platz aus bietet sich ein so schöner Blick auf die alte Hauptstadt Savoyens und den Lac du Bourget. Da lohnt sich der vergleichsweise kurze Weg (mit felsigem Finale) allemal, und wenn das Wetter mitspielt, kann man gleich Maß nehmen für größere Unternehmungen – es muss ja nicht unbedingt der Mont Blanc sein!

Die kleine Runde beginnt mit dem Anstieg zu den Chalets de Sire (1544 m). Hier rechts über zwei Serpentinen abwärts, dann flach auf der riesigen, schütter bewaldeten Terrasse hinüber zum Südwestsporn des Dent du Nivolet, wobei man den von Pragondran heraufkommenden Weg kreuzt. Ansteigend in die Südflanke des Gipfels und über die »Pas de l'Echelle«, eine Rinne mit künstlichen Tritten, auf den Rücken und links kurz zum Kreuz.

Der Abstieg verläuft über den breiten, nur nach Westen steil abfallenden Rücken teilweise schattig hinüber zu den Chalets de Sire. Dann auf dem Schottersträßchen hinunter zur Passage du Croc.

Über dem Kleinen St. Bernhard

13 Lancebranlette, 2936 m

Eigentlich ist die Lancebranlette nur eine unauffällige Kuppe in dem vom Sommet des Rousses nach Südosten abstreichenden Grat. Dass der Touring Club de France ausgerechnet hier eine Panoramatafel montiert hat, lässt allerdings vermuten, dass es einiges zu sehen gibt. Und bei schönem Wetter lohnt sich der Aufstieg allemal, bietet die Lancebranlette doch einen grandiosen Mont-Blanc-Blick, dazu einen Rundumblick auf Walliser Alpen, Gran Paradiso, den Grenzkamm der Grajischen Alpen und die Vanoise. Nicht schlecht für einen Gipfel, der eigentlich gar keiner ist … Übrigens: Eine hübsche Aussicht, allerdings nicht so umfassend wie die von der Lancebranlette, bietet der Col de la Traversette (2383 m) südlich über dem Passscheitel des Kleinen St. Bernhard. Genau nördlich steht der Mont Blanc (4808 m), rechts davor sein Namensvetter, der felsige Mont Bério Blanc (3247 m). Aufstieg zum Col de la Traversette knapp 1 Stunde, markiert.

Vom alten Hospiz auf der französischen Seite des Kleinen St. Bernhard (2188 m) auf markiertem Weglein bergan zu den steinigen Wiesen von Les Rousses, dann etwas flacher zum Südrücken der Lancebranlette und in kurzem Zickzack zur Gratkuppe.

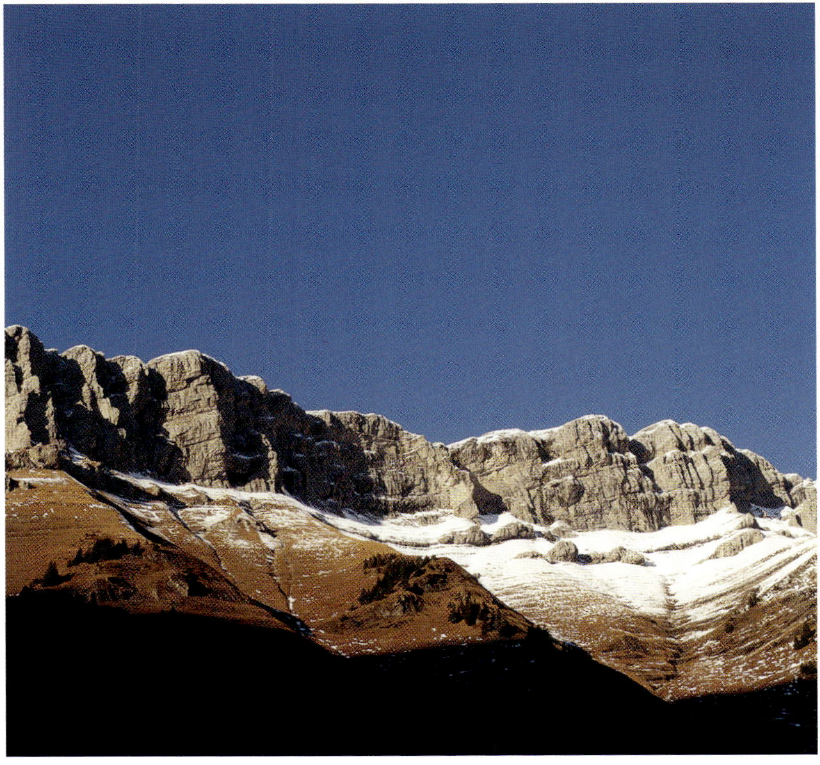

Kletterwände, Aussichtsgipfel: die Chaîne des Aravis

	Tourenziel/Charakteristik	Ausgangspunkt	Wegverlauf & Gehzeit	Markierung	Einkehr am Weg
Chambéry – Albertville – Beaufortin	**1 Croix du Nivolet, 1547 m** Höhenwanderung mit felsigem Finale zum 25 m hohen Gipfelkreuz. Faszinierend die Tiefblicke auf den Lac du Bourget. Am Pas de l'Echelle (gesicherter Kamin) Trittsicherheit	Passage du Croc (1419 m), Zufahrt von der Mont-Revard-Ringstraße, 2,5 km ab La Féclaz (1319 m,)	Passage du Croc – Hangweg – Pas de l'Echelle – Croix du Nivolet (2 1/2 Std.) – Chalets du Sire – Passage du Croc (4 Std.)	Blau-gelbe und rot-weiße Mark.	Passage du Croc (Le Sire)
	2 Mont Granier, 1933 m Mit seinem mächtigen Nordabsturz beherrscht er den Talkessel von Chambéry; Trittsicherheit unerlässlich. Interessant: die Grotte de la Balme	La Plagne (1108 m), Häusergruppe am Westfuß des Mont Granier; Zufahrt vom Col du Granier (1134 m) via Epernay, 7 km	La Plagne – Grotte de la Balme (1726 m) – Mont Granier (3 Std.) – Col de l'Alpette (1547 m; 4 1/4 Std.) – La Plagne (6 1/4 Std.)	Mark. Wege, GR 9A rot-weiß	Refuge de l'Alpette
	3 Mont Trélod, 2181 m Markanter Felszacken im Herzen der Bauges, sehr abwechslungsreiche Überschreitung. Exponierte Grate und leichte Felsen; Trittsicherheit erforderlich, nicht bei Nässe gehen!	Magnoux (930 m), 6 km von Ecole (729 m,) via Compôte. Alternativ Wanderparkplatz Les Cornes (1204 m), 4 km von Magnoux	Magnoux – Mont Trélod (3 1/4 Std.) – Les Cornes (5 Std.) – Magnoux (6 Std.)	Mark. 6	
	4 Fort du Mont, 1127 m Interessante Runde über Albertville: vom mittelalterlichen Mini-Städtchen Conflans hinauf zum Fort du Mont (19. Jh.). Auch Bikerziel	Albertville (339 m,), Olympiastädtchen mit reizvollem Ortskern (19. Jh.)	Albertville – Conflans (1/4 Std.) – Farette (557 m) – Fort du Mont (3 Std.) – Le Pommarey – Albertville (5 Std.)	Mark. Wege	Conflans
	5 Col du Grand Fond, 2671 m Große Wanderrunde zwischen Lac de Roselend und dem gleichnamigen Pass, als Teilstück der »Tour du Beaufortin« gut bez.	Refuge du Plan de la Laie (1818 m) an der Straße über den Cormet de Roselend (1967 m; Albertville – Bourg-St-Maurice). Parkplatz	Refuge du Plan de la Laie – Col du Bresson (2469 m) – Ref. de Presset (5 1/4 Std.) – Col du Grand Fond (5 3/4 Std.) – Cormet de Roselend (8 1/2 Std.) – Refuge du Plan de la Laie (9 Std.)	Rot-weiße Mark., GR 5	Ref. du Plan de la Laie (1818 m); Ref. de Presset (2514 m)
	6 Le Grand Mont, 2686 m Ein großer Berg mit großem Panorama; alternativ auch Anstieg aus der Tarentaise möglich (Zufahrt durch das Vallée de la Grande Maison, ab Grande Maison, 1629 m, 3 1/2 Std.)	Lac de St-Guérin (1557 m), Zufahrt von Beaufort (743 m,) via Arêches 12 km	Lac de St-Guérin – Col de la Louze (2119 m; 1 1/2 Std.) – Le Grand Mont (3 1/2 Std.) – Col de la Forclaz (2374 m; 4 Std.) – Lac de St-Guérin (5 3/4 Std.)	Bis in den Col de la Louze gut bez., dann nurmehr spärliche Mark.	
Tarentaise	**7 Le Grand Arc, 2482 m** Dankbarer Aussichtsgipfel; am Grat etwas heikle Passagen	Hütten von Barbet (ca. 1480 m), Zufahrt ab Aiguebelle (319 m,) 12 km	Barbet – Lac Noir – Le Grand Arc (4 Std.); Abstieg auf dem gleichen Weg (gesamt 6 1/2 Std.)	Mark. Wege	
	8 Refuge du Saut, 2126 m Weitgehend von Seilbahnen und Pisten verschonter, sehr reizvoller Winkel der Trois Vallées; Naturschutzgebiet Plan de Tenda	Méribel-Mottaret (1680 m,), Chaletsiedlung, Zufahrt von Moûtiers via Méribel-les-Allues 21 km	Méribel-Mottaret – Refuge du Saut (2 3/4 Std.); Abstieg auf dem gleichen Weg (gesamt 4 1/2 Std.)	Rot-weiße Mark.	Ref. du Saut (2126 m)
	9 Petit Mont Blanc, 2677 m Kleiner Gipfel mit großer Schau auf die vergletscherten Dreitausender des Vanoise-Massivs	Ref. Le Repoju (1711 m), 5 km von Pralognan-la-Vanoise. Parkplatz	Ref. Le Repoju – »Sentier du Secheron« – Petit Mont Blanc (3 Std.) – »Sentier des Diés« – Les Planes (5 Std.) – Pralognan (5 3/4 Std.)	Rote und blaue Mark.	Ref. Le Repoju (1711 m)
	10 Refuge de la Valette, 2585 m Wanderrunde vor großer Kulisse im Parc National de la Vanoise	Pralognan-la-Vanoise (1418 m,), altes Bergsteigerdorf im Zentrum des Vanoisemassivs	Pralognan – Pas de l'Ane (2020 m; 2 Std.) – Ref. de la Valette (4 Std.) – Le Repoju (1711 m; 5 1/2 Std.) – Pralognan (6 1/2 Std.)	Rote und blaue Mark.	Ref. de la Valette (2585 m), Ref. Le Repoju (1711 m)
	11 Col de la Vanoise, 2517 m Mit Seilbahnfahrt zum Mont Bochor nur mäßig anstrengende, landschaftlich sehr eindrucksvolle Tour	Bergstation der Mont-Bochor-Seilbahn (2023 m), Talstation Pralognan-la-Vanoise (1418 m,)	Mont Bochor – Ref. Les Barmettes (1/2 Std.) – Col de la Vanoise (2 1/2 Std.) – »Sentier des Arollets« – Pralognan (4 1/2 Std.)	Rote und blaue Mark.	Ref. Les Barmettes (2010 m); Ref. du Col de la Vanoise (2517 m)
	12 Refuge du Mont Pourri, 2370 m Hüttenrunde am Fuß des Mont Pourri (3779 m); vom Plan de la Plagne lohnender Abstecher zum Lac de la Plagne (2144 m; 1 Std. hin und zurück)	Les Lanches (1524 m), Zufahrt von Landry über Peisey-Nancroix (1298 m) 12 km	Les Lanches – Refuge du Mont Pourri (2 1/2 Std.) – Plan de la Plagne (2092 m; 4 Std.) – Les Lanches (5 3/4 Std.)	Mark. Wege	Ref. du Mont Pourri (2370 m); Ref. de Rosuel (1589 m)
	13 Lancebranlette, 2936 m Panoramapunkt über dem Col du Petit-St-Bernard (2188 m)	Altes Hospiz (2149 m) am Kleinen St. Bernhard (2188 m)	Ancien Hospice – Lancebranlette (2 1/4 Std.); Abstieg auf dem gleichen Weg (gesamt 3 3/4 Std.)	Mark. Weg	

Tourenziel/Charakteristik	Ausgangspunkt	Wegverlauf & Gehzeit	Markierung	Einkehr am Weg	
14 Refuge de la Martin, 2154 m Höhen- und Hüttenwanderung über dem obersten Isèretal	Tignes-le-Lac (2093 m), Skistation, Zufahrt von Tignes am Lac du Chevril 6 km	Tignes-le-Lac – Le Glattier (2191 m) – Sache d'en bas (2047 m; 1 1/4 Std.) – Ref. de la Martin (2 3/4 Std.) – Les Brévières (1559 m; 4 Std.)	Mark. Wege	Ref. de la Martin (2154 m)	Tarentaise
15 Col de la Bailletta, 2852 m Hochalpine Runde zwischen Val d'Isère und dem Stausee von Sassière; an der Passage de Picheru viel Geröll. Naturschutzgebiet	Val d'Isère (1840 m), berühmte Skistation am Col de l'Iseran (2764 m), 24 km von Bourg-St-Maurice	Val d'Isère – Col de la Bailletta (4 Std.) – Lac de la Sassière (2461 m; 5 Std.) – Passage de Picheru (2760 m; 5 3/4 Std.) – Val d'Isère (7 1/2 Std.)	Mark. Wege		Tarentaise
16 Refuge du Carro, 2759 m Höhenwanderung über dem Quellgebiet des Arc mit herrlicher Aussicht auf die Grenzgipfel um die Levanne und den Albaron (3637 m)	Pont de l'Ouillette (2476 m) an der Südrampe der Iseran-Passstraße, 10 km von Bonneval-sur-Arc (1835 m). Keine Buslinie	Pont de l'Ouillette – »Sentier Balcon« – Ref. du Carro (4 Std.) – L'Ecot (2027 m; 5 3/4 Std.) – Bonneval (6 1/2 Std.)	Mark. Wege	Ref. du Carro (2759 m)	Maurienne
17 La Grande Turra, 2796 m Auf alten Kriegswegen über dem Col du Mont Cenis – auch tolle Bikergegend mit Touren für Konditionsbolzen (z. B. Mont Malamot, 2917 m, vom Lac du Mont Cenis aus)	Col du Mont Cenis (2081 m), uralter Passübergang (Hannibal?) von der Maurienne ins Susatal	Col du Mont Cenis – Petite Turra (2507 m; 1 1/4 Std.) – Grande Turra (2 Std.) – Col des Sollières (2639 m; 2 3/4 Std.) – Lac du Mont Cenis – Col du Mont Cenis (5 1/4 Std.)	Spärliche Bez.	Col du Mont Cenis (2081 m)	Maurienne
18 Col de la Vanoise, 2517 m Wenig anstrengende Talwanderung in die weite Senke unter der Grande Casse (3855 m)	Bellecombe (2307 m) im Vanoisepark, Zufahrt von Termignon-la-Vanoise (1340 m) 15 km. Großer Parkplatz	Bellecombe – Ref. de Plan du Lac (1/2 Std.) – Ref. d'Entre deux Eaux (1 1/2 Std.) – Col de la Vanoise (3 1/2 Std.); Rückweg auf der gleichen Route (gesamt 6 1/2 Std.)	Rot-weiße Mark.	Ref. de Plan du Lac (2364 m), Ref. d'Entre deux Eaux (2120 m), Ref. du Col de la Vanoise (2517 m)	Maurienne
19 Pointe de l'Observatoire, 3015 m Nomen est omen: von dem Dreitausender hat man eine umfassende Schau über die Vanoise und auf die Grenzberge zu Italien. Trittsicherheit, bei Altschnee heikel	Plan d'Amont (2078 m), Stausee oberhalb von Aussois (1483 m), Zufahrt 7,5 km. Parkplatz. Sehenswert: die Festungen von Esseillon	Plan d'Amont – Ref. du Fond d'Aussois (1 1/2 Std.) – Col d'Aussois (2916 m; 3 1/2 Std.) – Pointe de l'Observatoire (4 Std.); Abstieg auf dem gleichen Weg (gesamt 6 1/2 Std.)	Bis in den Pass mark., dann Spur	Ref. du Fond d'Aussois (2350 m)	Maurienne
20 Col de Chavière, 2796 m Hochalpiner Übergang von der Maurienne nach Pralognan-la-Vanoise; lässt sich in eine abwechslungsreiche Runde einbeziehen. Naturlehrpfad	Porte de l'Orgère (1935 m), Zufahrt von Modane (1057 m) via St-André 15 km	Porte de l'Orgère – Col de Chavière (3 3/4 Std.) – Grand Planay (2322 m; 4 1/2 Std.) – Polset (1770 m; 5 1/4 Std.) – Porte de l'Orgère (6 Std.)	Mark. Weg, GR rot-weiß	Ref. de l'Orgère (1935 m)	Maurienne
21 Aiguille de l'Epaisseur, 3230 m Ganz im Banne der Aiguilles d'Arves (3513 m) steht diese Tour. Zum Gipfel hin weglos, mühsam. Lohnend auch die Hüttenwanderung	Bonnenuit (1697 m), Häusergruppe an der Straße zum Col du Galibier, 5 km von Valloire (1401 m)	Bonnenuit – Ref. des Aiguilles d'Arves (1 3/4 Std.) – Aiguille d'Epaisseur (4 3/4 Std.); Abstieg auf dem gleichen Weg (gesamt 7 1/2 Std.)	Bis zur Hütte rot-weiß, dann nurmehr spärlich bez.	Ref. des Aiguilles d'Arves (2260 m)	Maurienne
22 Mont Charvin, 2207 m Aussichtsgipfel über dem Tal des Arvan; besonders schön der Blick auf das elegante Felstrio der Aiguilles d'Arves (3513 m). Kürzer: Aufstieg von St-Jean d'Arves (2 3/4 Std.)	Corbier (1686 m), Retortensiedlung über dem Arctal, Zufahrt von St-Jean-de-Maurienne (537 m) 16 km	Corbier – Col d'Arves (1748 m; 3/4 Std.) – Le Villard (1510 m; 1 1/4 Std.) – Mont Charvin (3 1/2 Std.) – Forêt du Roset – Roset (1305 m; 5 1/2 Std.) – Corbier (6 1/2 Std.)	Im Forêt du Roset unmark., sonst bez. Wege	St-Jean-d'Arves (1549 m)	Maurienne
23 Trois Lacs, 2502 m Seenwanderung am Col de la Croix de Fer; Geübte besteigen von den Drei Seen aus die Cime de la Valette (2858 m; 1 1/2 Std., spärlich bez.)	St-Sorlin-d'Arves (1510 m) an der Straße zum Col de la Croix de Fer, 22 km	St-Sorlin-d'Arves – Combe de la Balme – Ref. Durand (2 1/2 Std.) – Trois Lacs (Lac Tournant; 4 Std.) – Col de la Croix de Fer (2064 m; 5 1/2 Std.) – St-Sorlin-d'Arves (6 1/2 Std.)	Rot-weiß, Straßen	Ref. de l'Étendard (2430 m)	Maurienne
24 Grand Truc – Col de Bellard, 2233 m Aussichtsreiche Kammwanderung, Abstieg durch die Combe de Bellard	St-Colomban-des-Villards (1108 m) an der Strecke zum Col du Glandon (1924 m), 12 km von La Chambre	St-Colomban – Grand Truc (2209 m; 3 1/4 Std.) – Tête de Bellard (2225 m) – Col de Bellard (4 1/2 Std.) – Combe de Bellard – St-Colomban (6 1/2 Std.)	Mark. Wege		Maurienne
25 Le Cheval Noir, 2832 m Markanter Felsgipfel über dem Col de la Madeleine (1984 m), zum Gipfel hin leichte Felsen. Großes Panorama	Chalets Penat (1795 m) an der Straße von St-François-Longchamp zum Col de la Madeleine	Chalets Penat – Le Roc Blanc – Le Cheval Noir (3 Std.); Abstieg auf dem gleichen Weg (gesamt 5 Std.)	Mark. Weg		Maurienne

Rund um Grenoble

Vom Chartreuse-Massiv bis zur Meije

Grenoble, die historische Hauptstadt der Dauphiné, ist heute ein Hightech-Zentrum Frankreichs, Cité Universitaire und urbaner Mittelpunkt der gesamten französischen Alpen, immer weiter in den flachen Boden des Isèretals hinauswuchernd, mit einem hohen Horizont rundum. Neben Innsbruck die einzige größere Stadt, die nicht vor, sondern in den Alpen liegt.

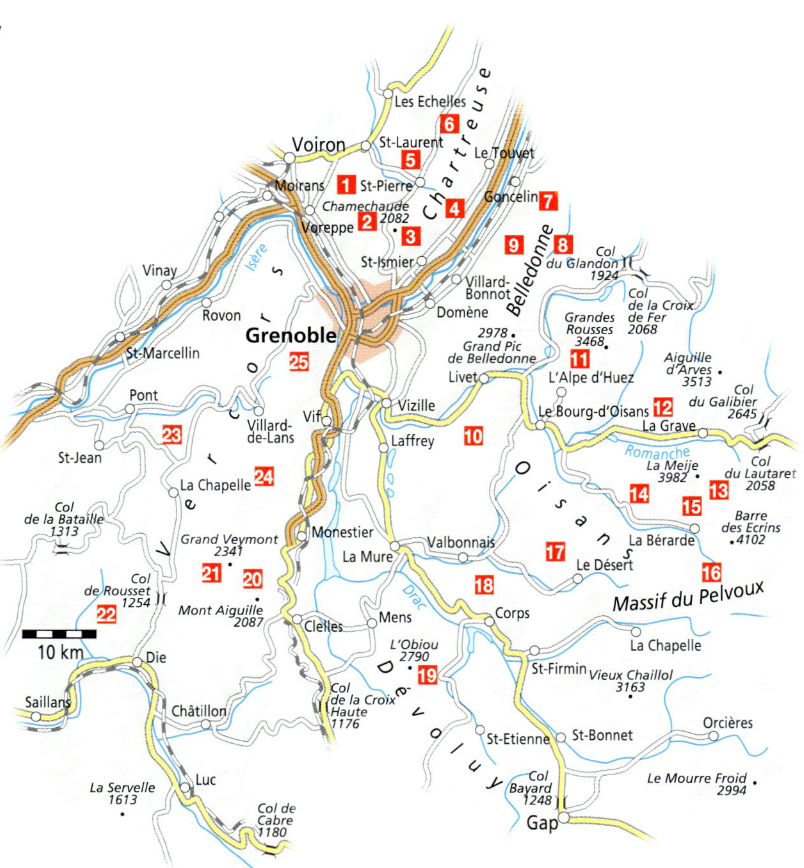

Grate und Gipfel, wohin man auch schaut: Im Norden sind es die gebänderten Kalkketten der Chartreuse, im Südwesten steht das Karstplateau des Vercors, über steile Felsflanken zur Isère und zum Drac abfallend, im Osten die Chaîne de Belledonne. Nach Süden hin erstrecken sich der Trièves, ein weites, welliges Talbecken, von dem mehrere Täler tief ins Pelvoux-Massiv hineingreifen. Den schönsten Blick auf dieses große Panorama hat man vom Fort de la Bastille über Grenoble, und wer genau hinschaut, entdeckt fern am südlichen Horizont ein unglaubliches Profil: den Mont Aiguille (2087 m), eines der »sieben Wunder der Dauphiné«. Er wurde 1492 auf Befehl König Charles VIII. von einem Trupp Soldaten bestiegen – eine der frühesten alpinistischen Unternehmungen überhaupt.

Viel höher und mindestens so berühmt ist ein anderer Gipfel der Dauphiné, die stark vergletscherte Meije (3982 m). Sie liegt am Nordrand des 920 Quadratkilometer großen Parc National des Écrins (Pelvoux-Massiv). Ganz in der Nähe kommt im Hochsommer meistens auch die Tour de France vorbei, auf dem Weg über die großen Pässe, und eine »Königsetappe« endet dann auf Alpe d'Huez: 1000 Höhenmeter und 22 Serpentinen oberhalb von Le Bourg-d'Oisans. Allez, allez!

Steckbrief

Fläche: ca. 8000 qkm
Höchster Punkt: Barre des Ecrins (4102 m)
Gebirgsgruppen: Massif de la Chartreuse, Chaîne de Belledonne (Süd), Grandes Rousses-Galibier, Massif des Ecrins (Pelvoux-Massiv), Dévoluy, Vercors
Wichtigste Ortschaften: Grenoble, Vizille, Alpe-d'Huez, La Mure, Villard-de-Lans
Wandervorschläge: 25

La Grande Traversée du Vercors

Wanderroute quer durch das Vercors, 140 Kilometer lang, einheitlich markiert.
Der Wegverlauf: Méaudre (974 m) – La Moulière (1709 m) – Les Allières (1426 m) – Corrençon-en-Vercors (1100 m) – Château Julien (1550 m) – La Chapelle-en-Vercors (900 m) – Vassieux-en-Vercors (1057 m) – Font-d'Urle (1435 m) – Lente (1070 m). Eine Wochentour, wobei verschiedene Varianten, auch Teilbegehungen möglich sind. Übernachtung wahlweise in Hütten, Bauernhöfen und Gasthäusern.

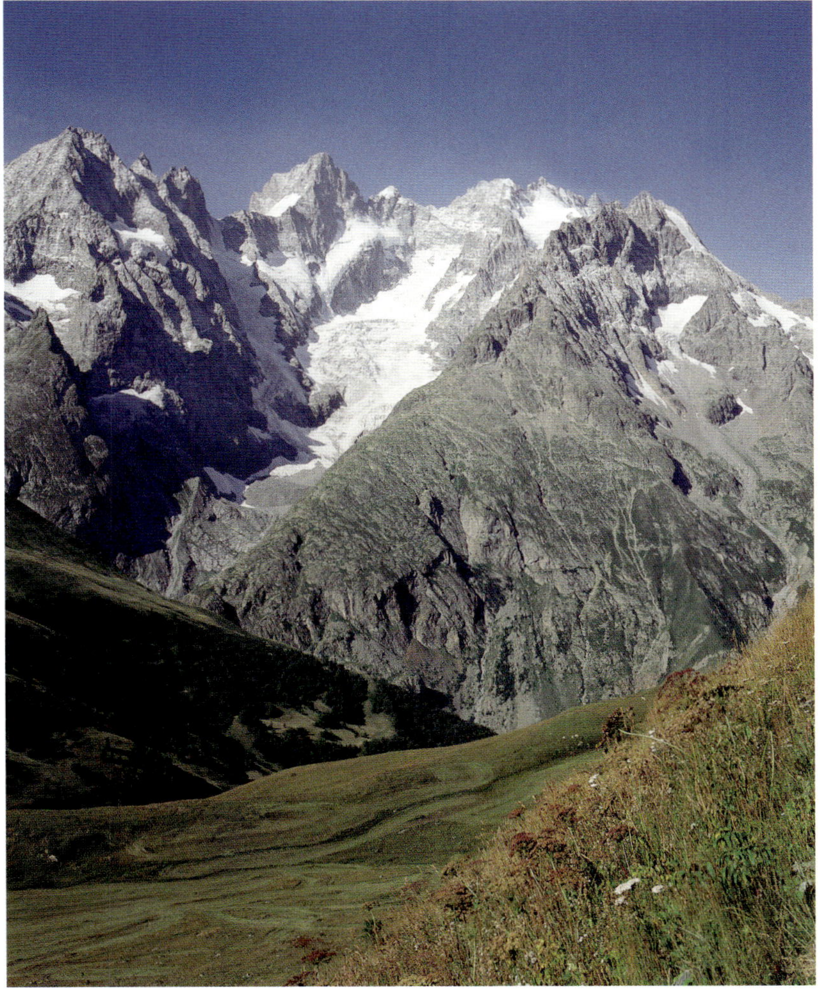

Der Glacier de l'Homme und die Meije (3982 m) vom Col du Lautaret

Der Aussichtshügel

15 Tête de la Maye, 2518 m

Besonders hoch ist er nicht, der Tête de la Maye, mehr ein abgerundeter Felsbuckel als ein richtiger Gipfel, aber halt der schönste Aussichtspunkt mitten im Pelvoux-Massiv. Da hat man sie alle im Blick, die großen Ziele dieser stark vergletscherten, wilden Alpenregion, Fels und Eis rundum, tief drunten der Graben des Vallée du Vénéon. Besonders schön ist die Barre des Écrins (4102 m), der einzige Viertausender des Massivs, links flankiert vom Roche Faurio (3730 m); ziemlich genau nördlich ragt der berühmteste Gipfel im Parc National des Ecrins, die Meije (3982 m), in den blauen Himmel.

Von La Bérarde zunächst unter dem Tête taleinwärts, dann links und auf gutem Pfad in ziemlich steilen Kehren bergan, größeren Felsaufschwüngen ausweichend. Über sanft geneigte Hänge erreicht man schließlich das herrliche Belvedere.

Einzigartig, wirklich!

20 Rund um den Mont Aiguille

Wow! Wer ihn zum ersten Mal zu Gesicht bekommt, etwa auf der Fahrt von Grenoble zum Col de la Croix Haute, wird wohl unwillkürlich für ein paar Augenblicke die Luft anhalten: was für ein Gipfel, ein echter Solitär, frei stehend (oder schwebend?) über dem Waldgrün der Umgebung! Dass die Tour rund um den Mont Aiguille dann ganz im Banne dieses unglaublichen Felsstocks steht, versteht sich von selbst.

Die Runde beginnt bei den Häusern von Donnière und führt zunächst leicht steigend talauswärts. Oberhalb von Ruthière mündet der Weg in ein Sträßchen. Nach ein paar Hundert Metern links ab und auf rauer Spur aufwärts gegen die Serre Buisson, dann wieder abwärts zur Straße nach Trésanne. Hinter dem Weiler bergan zum Col de Papavet und abseits der Straße am Grat entlang in den Col des Pellas (1330 m). Aus der Senke leiten Markierungen, die Serpentinen der Schotterpiste abkürzend, hinunter nach Les Pellas. Hier auf einer Straße flach links zum Bach und weiter taleinwärts. Allmählich steiler aufwärts, zuletzt im Wald in Serpentinen an die vom Mont Aiguille herabziehenden Schuttreißen heran. Übers Geröll zum Ansatzpunkt des Westgrats und hinunter in den Col de l'Aupet (1627 m). Nun links und auf gutem Weg in Kehren talabwärts, zuletzt auf einer Waldstraße zurück nach Donnière.

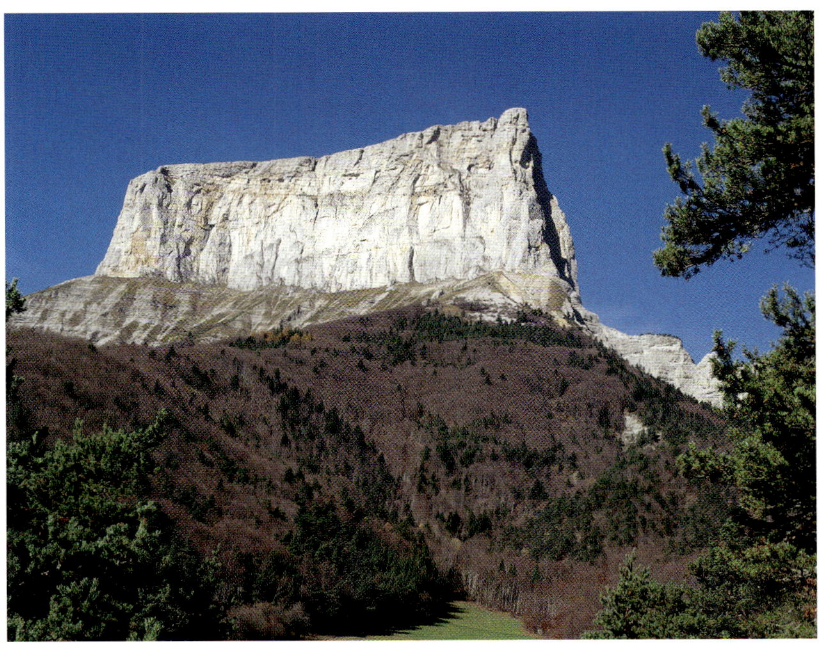

Ein echter Solist: der Mont Aiguille (2087 m)

Region	Tourenziel/Charakteristik	Ausgangspunkt	Wegverlauf & Gehzeit	Markierung	Einkehr am Weg
Chartreuse – Belledonne	**1 La Grande Sure, 1920 m** Abwechslungsreiche Überschreitung, leichte Felsen und einige alte Sicherungen. Vom Gipfel stimmungsvolle Aussicht über den Alpenrand hinaus	Les Trois Fontaines (760 m), Zufahrt vom Col de la Placette (587 m; Strecke Voreppe – St-Laurent-du-Pont) etwa 4 km. Wanderparkplatz	Les Trois Fontaines – Jusson – Grande Sure (4 Std.) – Pas de Miséricorde – Les Trois Fontaines (6 1/4 Std.)	Mark. Wege	
	2 Charmant Som, 1867 m Trotz der Straße, die von Süden bis in Gipfelnähe führt (Chalets de Charmant Som, 5 km vom Col de Porte) lohnende Wanderrunde. Nicht bei Nässe gehen!	Habert de la Malamille (929 m), Zufahrt von St-Pierre-de-Chartreuse (888 m) 5 km. Parkplatz	Habert de la Malamille – Le Collet (1562 m; 2 Std.) – Chalets de Charmant Som (1669 m; 2 1/2 Std.) – Charmant Som (3 1/4 Std.) – »Chemin de la Cochette« – Habert de la Malamille (5 1/2 Std.)	Mark. Wege	
	3 Chamechaude, 2082 m Höchster Gipfel des Chartreuse-Massivs mit markantem Felsprofil. Gesicherte Passage	Col de Porte (1326 m) an der Strecke Grenoble – St-Pierre-de-Chartreuse	Col de Porte – Cabane du Bachasson – Chamechaude (2 1/2 Std.); Abstieg auf dem gleichen Weg (gesamt 4 Std.)	Mark. Wege	Col de Porte (1326 m)
	4 Dent de Crolles, 2062 m Spannende Runde mit packenden Tiefblicken ins Graisivaudan. Vom Gipfel großes Panorama. Einige Felspassagen. Kürzerer Anstieg vom Col du Coq (1434 m; 2 1/4 Std., mark.)	Perquelin (978 m), Zufahrt von St-Pierre-de-Chartreuse (888 m) 3 km. Parkplatz	Perquelin – Source du Guiers Mort (1350 m; 1 1/4 Std.) – Dent de Crolles (3 3/4 Std.) – Col des Ayes (1538 m; 4 3/4 Std.) – Perquelin (6 Std.)	Mark. Wege	
	5 Grand Som, 2026 m Aussichtsgipfel. Kurze exponierte Passage, im Abstieg eine Stelle gesichert. Sehenswert: Kloster Grande Chartreuse	La Coche (938 m), 1 km nördlich von St-Pierre-de-Chartreuse (888 m) in Richtung Col du Cucheron	La Coche – Col du Frenay (1610 m; 2 Std.) – Grand Som (3 1/2 Std.) – Col des Aures (1690 m; 4 1/4 Std.) – La Coche (5 1/2 Std.)	Mark. Wege	
	6 Les Lances de Malissard Nord, 1913 m Interessante Runde über dem romantischen Talschluss von St-Même. Am Pas de la Mort leichte Kletterei mit gesicherten Passagen (Drahtseile, Leiter)	Pont de Drugey (859 m) vor dem Cirque de St-Même, Zufahrt ab St-Pierre-d'Entremont (703 m) 4,5 km	Pont de Drugey – Pas de la Mort (1 1/2 Std.) – Forêt de l'Aulp du Seuil – Les Lances de Malissard (3 3/4 Std.) – Col de Fontanieu (1481 m; 4 3/4 Std.) – Pont de Drugey (6 Std.)	Mark. Wege	
	7 Le Grand Charnier, 2528 m Lohnender Aussichtsgipfel im Norden der Belledonne-Kette, steil-luftiges Finale (bei Nässe gefährlich!)	Super Collet (1621 m), Sportstation, Zufahrt von Allevard (475 m) 15 km	Super Collet – Col de Claran (1956 m; 1 3/4 Std.) – Grand Charnier (3 3/4 Std.); Abstieg auf dem gleichen Weg (gesamt 6 1/4 Std.)	Mark. Wege	Super Collet (1621 m)
	8 Col des Sept Laux, 2184 m Herrliche Seenwanderung, Ausdauer erforderlich. Alternativ Abstieg südseitig ins Défilé de Maupas möglich (gesamt 6 3/4 Std.)	Fond de France (1100 m) im Talschluss des Vallée du Haut Bréda, 17 km von Allevard (475 m)	Fond de France – Lac Noir (3 1/2 Std.) – Lac Cottepens – Col des Sept Laux (4 1/4 Std.); Abstieg auf dem gleichen Weg (gesamt 7 Std.)	Mark. Weg	Ref. des Sept Laux (2135 m)
	9 Col de la Mine de Fer, 2400 m Recht lange, landschaftlich sehr reizvolle Runde unter dem Hauptkamm der Chaîne de Belledonne	Vallon du Muret (ca. 1290 m), Zufahrt von Brignoud über Prabert 12 km	Vallon du Muret – Lac de Crop (1944 m; 2 Std.) – Col de la Mine de Fer (3 3/4 Std.) – Ref. Jean Collet (4 1/2 Std.) – Pré Marcel (1291 m; 6 Std.) – Vallon du Muret (7 1/2 Std.)	Mark. Wege, bis Ref. Jean Collet rot-weiß GR 549	Ref. Jean Collet (1960 m)
Oisans	**10 Taillefer, 2857 m** Ein ganz großer Aussichtsberg zwischen dem Talkessel von Grenoble und den Hochgipfeln des Pelvoux-Massivs. Achtung: In der Nordflanke liegt bis in den Sommer Schnee (evtl. Steigeisen, Pickel).	La Grenonière (1286 m), Häusergruppe bei Ornon; Zufahrt von der Strecke Le Bourg-d'Oisans – La Mure	La Grenonière – Lac Fourchu (2050 m; 2 1/2 Std.) – Taillefer (5 Std.); Abstieg auf dem gleichen Weg (gesamt 8 1/2 Std.)	Mark. Weg	Ref. du Taillefer (2056 m) am GR 50, 3/4 Std. vom Lac Fourchu, mark.
	11 Lac de la Fare, 2641 m Seen- und Höhenrunde unter den Grandes Rousses, lässt sich bis zum Col du Couard (2234 m) verlängern (mit Rückweg über die Chalets Roche Melon gesamt etwa 6 Std.)	Zwischenstation der Grandes-Rousses-Seilbahn (2616 m), Talstation Alpe-d'Huez (1860 m)	Seilbahnstation – Col du Lac Blanc (2722 m) – Lac de la Fare (1 Std.) – L'Alpette (2055 m; 2 1/4 Std.) – Lac Besson (3 1/4 Std.) – Alpe-d'Huez (4 Std.)	Mark. Wege	Ref. de la Fare (2280 m)
	12 Höhenweg Lac du Chambon – La Grave Tolle Aussichtswanderung über das Plateau de Paris, mit herrlicher Aussicht auf die vergletscherte Nordflanke des Pelvoux-Massivs (La Meije, 3982 m)	Lac du Chambon (1044 m), Stausee an der Strecke zwischen Le Bourg-d'Oisans und La Grave	Lac de Chambon – Mizoën (1185 m; 1/2 Std.) – Chalets du Fay (2258 m; 4 Std.) – Col du Souchet (2365 m) – Le Chazelet (6 1/2 Std.) – La Grave (1481 m; 7 1/2 Std.)	Rot-weiß GR 54 bzw. GR 50	Chalets du Fay (2258 m)
	13 Refuge Adèle Planchard, 3173 m Großartige Hüttentour im Pelvoux-Massiv (Massif des Ecrins), einige leichte gesicherte Passagen. Ausdauer erforderlich, evtl. Nächtigung auf der Hütte	Le Pied du Col (1705 m), Häusergruppe am Col du Lautaret, Zufahrt von La Grave 6,5 km. Parkplatz für Parkbesucher	Le Pied du Col – Ref. de l'Alpe de Villar-d'Arêne (1 1/2 Std.) – Ref. Planchard (5 1/2 Std.); Abstieg auf dem gleichen Weg (gesamt 9 Std.)	Rot-weiße Mark.	Ref. Adèle Planchard (3173 m)

Tourenziel/Charakteristik	Ausgangspunkt	Wegverlauf & Gehzeit	Markierung	Einkehr am Weg	
14 Refuge de la Selle, 2635 m Talwanderung zum Südfuß der Meije (3982 m), spektakuläre Hochgebirgskulisse	St-Christophe-en-Oisans (1501 m, 🚌), Bergdörfchen im Vallée du Vénéon	St-Christophe – Vallée de la Selle – Ref. de la Selle (4 Std.); Abstieg auf dem gleichen Weg (gesamt 6 1/2 Std.)	Rot-weiße Mark.	Ref. de la Selle (2635 m)	Oisans
15 Tête de la Maye, 2518 m Schönster Aussichtspunkt im Zentrum des Pelvoux-Massivs (Massif des Ecrins), Aufstieg mit einigen leichten Felspassagen	La Bérarde (1713 m, 🚌), winziges Bergsteigerdorf, 31 km von Le Bourg-d'Oisans (719 m, 🚌)	La Bérarde – Tête de la Maye (2 1/2 Std.); Abstieg auf dem gleichen Weg (gesamt 4 Std.)	Rot-weiße Mark.		Oisans
16 Refuge de la Pilatte, 2577 m Tal- und Hüttenwanderung, Hin- und Rückweg größtenteils auf verschiedenen Wegen; faszinierende Hochgebirgskulisse	La Bérarde (1713 m, 🚌), winziges Bergsteigerdorf, 31 km von Le Bourg-d'Oisans (719 m, 🚌)	La Bérarde – Ref. du Plan du Carrelet (1 1/4 Std.) – Ref. de la Pilatte (3 3/4 Std.) – Torrent du Chardon – La Bérarde (gesamt 6 1/2 Std.)	Rot-weiße Mark.	Ref. du Plan du Carrelet (1909 m), Ref. de la Pilatte (2577 m)	Oisans
17 Cabane du Vallon, 1978 m Talwanderung in das Steinbockrevier von Valsenestre	Valsenestre (1294 m), Zufahrt von Valbonnais (783 m, 🚌) 17 km	Valsenestre – Cabane du Vallon (2 1/2 Std.); Abstieg auf dem gleichen Weg (gesamt 4 1/4 Std.)	Mark. Weg		Dévoluy – Trièves
18 Le Gargas, 2208 m Kahler Aussichtsgipfel zwischen dem Trièves und dem Pelvoux-Massiv. Kurzer, aber weniger interessanter Anstieg vom Wallfahrtsort Notre Dame de la Salette (1770 m; 1 1/4 Std.)	Le Villard (934 m), Weiler knapp 3 km südöstlich von Entraigues (806 m, 🚌)	Le Villard – Col d'Hurtières (1827 m; 2 1/2 Std.) – Le Gargas (3 3/4 Std.); Abstieg auf dem gleichen Weg (gesamt 6 1/4 Std.)	Rot-weiße Mark. als GR 50 bis auf den Pass		Dévoluy – Trièves
19 L'Obiou, 2790 m Frei stehendes Massiv zwischen den grünen Tälern des Trièves und des Dévoluy. Ein Ziel für Bergerfahrene; leichte Kletterei (I–II) und viel Geröll. Superbes Panorama mit faszinierenden Tiefblicken. Nur bei sicherem Wetter!	Chalet des Baumes (1562 m), Zufahrt auf schmalem Sträßchen von Corps (937 m, 🚌) über die Barrage du Sautet und den Weiler Les Payas, 14 km	Chalet des Baumes – Pas du Vallon (1896 m; 1 Std.) – Combe du Petit Obiou – Obiou (4 Std.); Abstieg auf dem gleichen Weg (gesamt 6 1/4 Std.)	Spärlich bez.		Dévoluy – Trièves
20 Rund um den Mont Aiguille Wanderrunde um den frei stehenden, allseits steil abbrechenden Felszahn des Mont Aiguille (2087 m)	Donnière (1022 m), Häusergruppe am Südfuß des Mont Aiguille; Zufahrt von Clelles (744 m, 🚌) 7 km	Donnière – Trésanne – Col des Pellas (1330 m; 2 1/2 Std.) – Col de l'Aupet (1627 m; 4 3/4 Std.) – Donnière (6 Std.)	Gelbe Mark., einige Wegzeiger	Donnière (1022 m), Trésanne (990 m)	Dévoluy – Trièves
21 Le Grand Veymont, 2341 m Der höchste Gipfel des Vercors ist ein lohnendes Tourenziel; vom Vercors-Hochplateau aus ein volles Tagespensum. Bei Schnee oder Nebel Orientierungsprobleme!	La Coche (1350 m), Zufahrt von der Strecke La Chapelle-en-Vercors – Col de Rousset. Parkplatz	La Coche – Pas de la Ville (1925 m; 2 3/4 Std.) – Grand Veymont (4 Std.) – Pas des Chattons (1827 m; 5 1/4 Std.) – La Grande Cabane (1563 m) – La Coche (7 Std.)	Mark. Wege		Vercors
22 Tête de la Dame, 1506 m Aussichtswanderung entlang den Südabbrüchen des Vercors	Station de Font-d'Urle (1435 m), Zufahrt von Vassieux-en-Vercors (1057 m)	Font-d'Urle – Tête de la Dame (3 1/2 Std.) – Ref. d'Ambel (4 1/2 Std.) – Plateau d'Ambel – Font-d'Urle (7 1/4 Std.)	Mark. Wege		Vercors
23 Pas de l'Allier, 1171 m Weite Wälder und senkrechte Felsabstürze im Vercors. Unbedingt sehenswert: die Grotten von Choranche (Führungen)	Les Baraques-en-Vercors (674 m) oberhalb der Grands Goulets (Klamm)	Les Baraques – Col de l'Allier (2 1/2 Std.) – Pas des Voûtes (1160 m; 3 1/2 Std.) – Bois de l'Allier – Pas de l'Allier (4 1/2 Std.) – Les Baraques (6 Std.)	Mark. Wege		Vercors
24 Tours Playnet, 1994 m Abenteuerliche Runde an den Ostabstürzen des Vercors-Hauptkamms. Einige delikate, sehr exponierte Passagen, leichte Felsen. Keinesfalls bei Nässe gehen, Absturzgefahr!	St-Andéol (1020 m), Weiler; Anfahrt von Vif über den Col de d'Arzelier	St-Andéol – Pas Ernadant (1833 m; 2 1/2 Std.) – 1ère Tour Playnet – Pas Morta (1899 m; 2 3/4 Std.) – St-Andéol (4 1/4 Std.)	Nur teilweise bez., Spuren: etwas für Pfadfinder		Vercors
25 Le Moucherotte, 1901 m Berühmter Aussichtsgipfel. Die alte Seilbahn ist außer Betrieb; Normalweg leicht, Ostanstieg bei Nässe gefährlich. Schmale, abschüssige Pfade, Felspassagen	St-Nizier-de-Moucherotte (1170 m, 🚌), hübsch gelegenes Dorf, 15 km von Grenoble. Sehenswert: Grotte von Vallier (Steig)	St-Nizier – Rocher de Château Bouvier – Moucherotte (2 1/2 Std.) – St-Nizier (4 Std.)	Mark., Abstieg rot-weiß als GR 91		Vercors

Alpes du Sud

Von Briançon bis zu den Seealpen

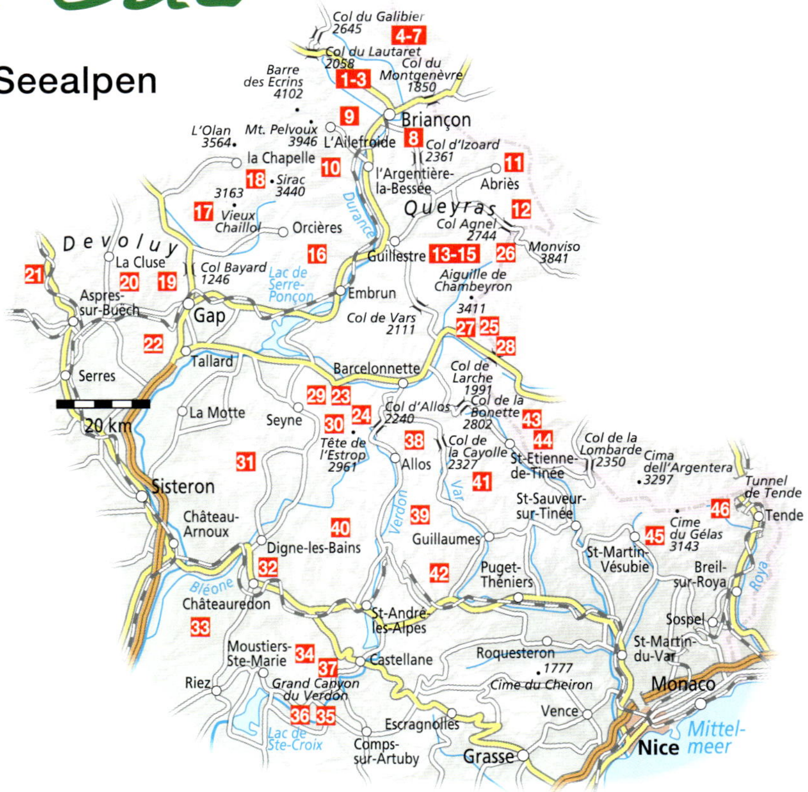

Bei Briançon, das als »höchstgelegene Stadt Europas« mit über 300 Sonnentagen im Jahr für sich wirbt, beginnt er wirklich, der alpine Süden. Wer aus der Maurienne über den Col du Galibier (2642 m) anreist, spürt den ersten Hauch – mehr eine Ahnung – bereits oben am Pass. Auf der anschließenden Talfahrt nimmt einen dieser »alpine Süden« dann zunehmend gefangen, man staunt über die bunten Farben, allerdings mit weniger Grün als drüben im Savoyischen, registriert die aufgerissenen Bergflanken, auch in Talnähe; Fels, Geröll dominiert hier, die Szenerie wirkt fast wie eine erdgeschichtliche Baustelle.

Und dann das Licht, intensiv, durchscheinend. La lumière de la Provence, das Generationen von Künstlern fasziniert hat. Wenn die Alpen irgendwo exotisch sind, dann hier, hinter dem Pelvoux-Massiv, in den Tälern der Durance, der Ubaye, des Var und der Tinée, die sich tief in den felsigen Untergrund gegraben haben.

Schluchten. Sie prägen das Landschaftsbild ebenso wie die kahlen Bergflanken mit ihren grünen Oasen. Und erst ganz zuletzt stürzen die Alpen ab ins Mittelmeer, und da ist es dann kein Wunder, dass man von so manchem Gipfel übers Wasser bis nach Korsika schauen kann – und im Norden stehen fern am Horizont die Eisriesen der Walliser Alpen. Eine grandiose Landschaft, sogar mit einem ganzen Tal voller Wunder – dem Vallée des Merveilles.

Touristische Schwerpunkte der Region sind Briançon, das Vallouise mit seinen Gletschern, das Ubayetal, dann die Gegend des Grand Canyon du Verdon und das oberste Tinéetal. Als besonders schönes Wandergebiet gilt das Queyras mit seinen kleinen Dörfern, die weitere Umgebung von Digne ist geologisch hochinteressant, und im Hauptkamm der Alpes Maritimes stehen die südlichsten Dreitausender der Alpen.

Steckbrief

Fläche: ca. 18 000 qkm
Höchster Punkt: Barre des Ecrins (4102 m)
Gebirgsgruppen: Grandes Rousses-Galibier, Cottische Alpen, Massif des Ecrins, Provenzalische Alpen, Seealpen
Wichtigste Ortschaften: Briançon, Gap, Barcelonnette, Sisteron, Digne-les-Bains, Castellane, Nizza
Wandervorschläge: 46

Argentera – Mercantour

Alpine Wanderrunde in den Seealpen (Alpes Maritimes), teilweise raue Wege. Verläuft größtenteils innerhalb der Naturparks Argentera (Italien) und Mercantour (Frankreich). Besonders interessant: die prähistorischen Felszeichnungen im Vallée des Merveilles (vgl. Tour 46). Übernachtung auf Berghütten beiderseits des Grenzkamms.

1. Etappe: St-Dalmas-de-Tende (696 m) – Lac des Mesches (1390 m) – Ref. des Merveilles (2111 m), 5 Std. **2. Etappe:** Ref. des Merveilles – Baisse de Valmasque (2549 m) – Baisse du Bastro (2693 m) – Ref. de Nice (2232 m), 5 Std. **3. Etappe:** Ref. de Nice – Pas du Mont Colomb (2548 m) – Ref. de la Madone de Fenestre (1903 m), 3 Std. **4. Etappe:** Ref. de la Madone de Fenestre – Colle Finestra (2474 m) – Pera de Fener – Biv. Moncalieri – Rif. Pagari (2627 m), 6 1/2 Std. **5. Etappe:** Rif. Pagari – Passo dell'Agnel (2560 m) – Lac de l'Agnel – Casterino – St-Dalmas-de-Tende, 7 1/2 Std.

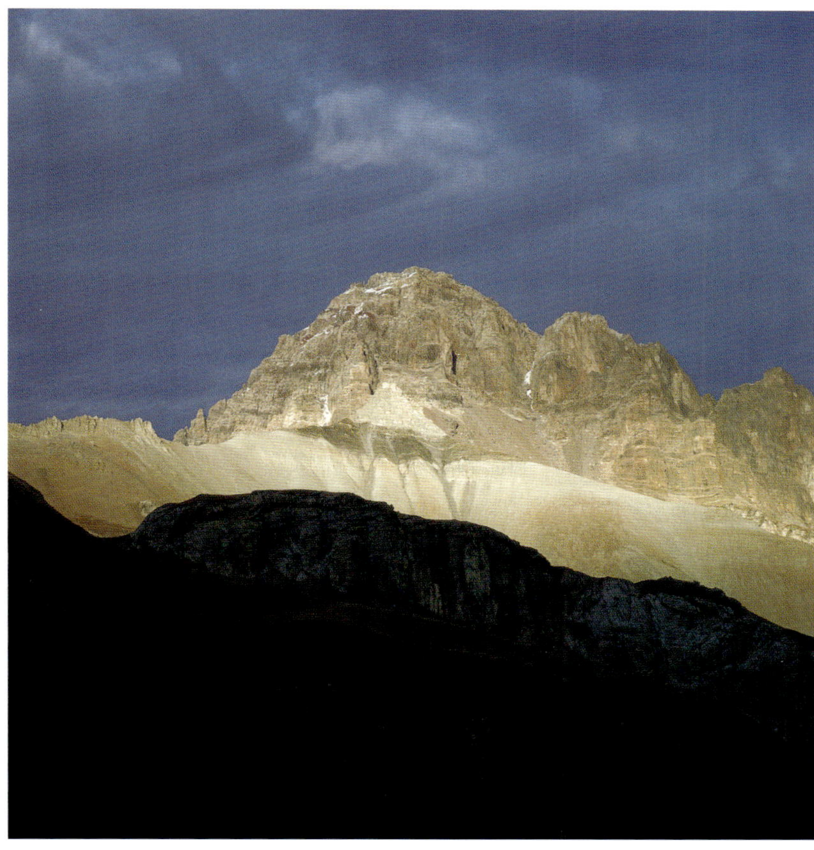

Oben am Col du Galibier beginnt der Süden. Blick auf den Grand Galibier (3229 m)

Markierungen folgend, hinauf in die weite Senke des Col des Acles. Anschließend auf einer schotterigen Trasse leicht steigend zum Passo della Mulattiera (2412 m). Hier weist ein Schild zur »Ferrata degli Alpini«: erst im Zickzack bergan, anschließend auf dem breiten Diagonalband (Drahtseile) durch die gesamte Nordflanke des Sommet du Charra bis in den Col de la Grande Hoche (2642 m). Aus der Scharte rechts und am breiten Grat entlang mit ein paar ganz leichten Felspassagen (I) zum Gipfel.

Zurück zum Pass, dann südseitig auf einem unmarkierten, aber deutlichen Weg über ein paar Serpentinen abwärts und in längerer Querung durch die Südflanke des Bergstocks zurück in den Col des Acles, wo man auf den Anstiegsweg stößt.

Am End' der Welt

14 Mortice Nord, 3186 m

Eine Tour der Superlative: länger, anstrengender, einsamer und noch schöner. Wer's wagt und gut drauf ist, erlebt einen garantiert unvergesslichen Tag. Den Auftakt macht der Weg aus dem Val d'Escreins hinauf zum Col de Houerts. Dahin-

Kriegswege – Grenzwege

6 Sommet du Charra, 2844 m

Die »Ferrata degli Alpini« ist eine Hinterlassenschaft der Geschichte, allerdings stammt sie – im Gegensatz zum berühmten »Alpinisteig« in den Sextener Dolomiten – aus dem Zweiten Weltkrieg. Bergwanderer brauchen nun nicht zu erschrecken; was da hochtrabend als Klettersteig daherkommt, ist in Wirklichkeit eine aussichtsreiche Panoramastrecke durch die zerklüfteten Nordabstürze des Sommet du Charra (Punta Charra). Die »Ferrata« folgt im Wesentlichen einem markanten, mit Drahtseilen versehenen Felsband, das, fast überall meterbreit, auf den Col de la Grande Hoche mündet. Faszinierend die Ausblicke, hinab ins Talbecken von Bardonecchia und auf den Kranz der Dreitausender mit dem Mont Thabor als Blickfang. Noch umfassender ist natürlich die Schau vom Gipfel, südlich bis zum Monviso, nach Westen hin vom eisgepanzerten Pelvoux-Massiv dominiert.

Die interessante Gipfelrunde beginnt auf der Schotterpiste, die von Plampinet über ein paar Serpentinen ins Val des Acles führt. Hinter der winzigen Kapelle St-Roch links ab und, den rot-weißen

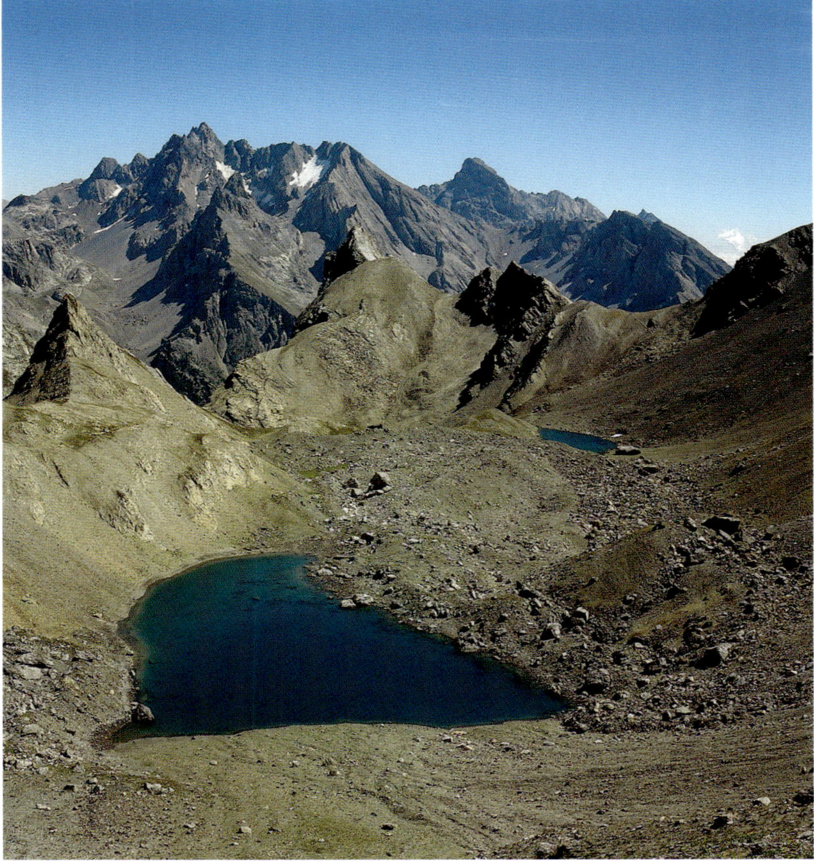

Bergeinsamkeit pur in den Cottischen Alpen: der Lac Vert vor der Aiguille de Chambeyron (3411 m)

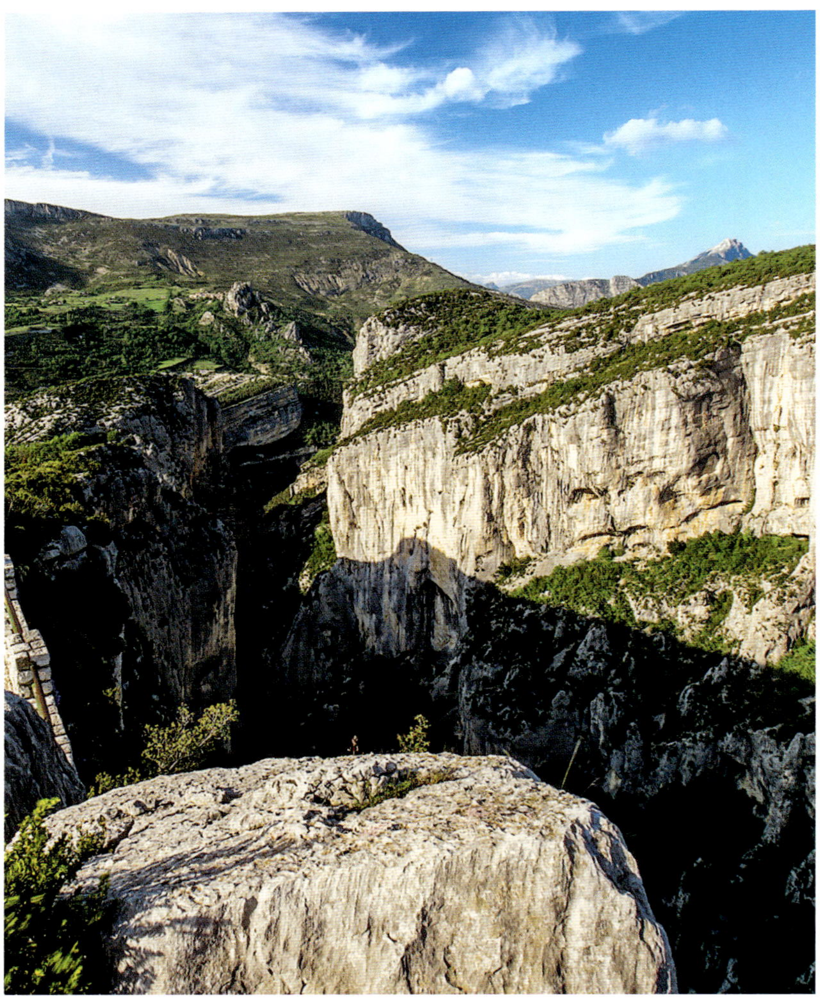

Der Grand Canyon du Verdon ist die größte Schlucht der Alpen.

ter versteckt sich der grandios weltabgeschiedene Talkessel des Lac Vert, dem man kraxelnd über eine Schrofenflanke entsteigt. Es folgt die Kammüberschreitung zur Mortice Nord (Aussicht!) und schließlich, nach dem Abstieg in den Col de Sarenne, die gemütliche Wanderung durch das Murmeltiertal hinaus und hinab zum Ausgangspunkt, mit einem prächtigen Himbeerschlag zum guten Schluss. Bon appétit!

Die große Runde startet im Naturschutzgebiet des Val d'Escreins als gemütliche Talwanderung, teilweise schattig und mit Aussicht auf den zerklüfteten Bergstock der Pics de la Fonte Sancte (3385 m). Unter dem Zackengrat der Montagne de la Selette steigt der Weg in Serpentinen über einen Hang an zum obersten Talboden, schließlich über Geröll in den Col des Houerts (2871 m). Dahinter auf einer Spur kurz abwärts zum Lac Vert, dann durch eine Steilrinne in leichter Kletterei (unmarkiert, I–II) mühsam hinauf in die Karmulde unter dem Pic des Houerts (3235 m) und links in eine namenlose Scharte (3061 m). Achtung: Nun nicht jenseits absteigen, sondern links am Grat auf die Nordkuppe der Mortice (Steinmann). Vom Gipfel südseitig über Felsstufen und Geröll abwärts zum Col de Sarenne (2674 m). Hier stößt man auf einen guten Weg, rot-weiß markiert, der durch den Vallon Laugier hinausläuft. Zuletzt über die Combe de l'Ubac im Zickzack bergab ins Val d'Escreins. Dabei bietet sich nochmals freie Sicht auf die »Einsamkeitsberge« rund um das Val d'Escreins.

Die größte Schlucht der Alpen

35 Sentier Blanc-Martel

Mit dem Grand Canyon muss man sie ja nicht unbedingt vergleichen, die Verdon-Schlucht, aber in Amerika – das wissen wir – ist sowieso alles etwas größer. Für alpine Verhältnisse sind die Dimensionen des Grand Canyon du Verdon einmalig: rund 25 Kilometer lang, bis 900 Meter tief in das Plateaugebirge eingegraben, mit Schwindel erregenden Felsabstürzen. Nicht zufällig schwärmen Kletterer von diesen Wänden; drunten im Verdon tummeln sich die Kanuten. Für die Wanderer hat der französische Touringclub einen Klammweg angelegt, vom Chalet de Maline zum Point Sublime sechs Erlebnisstunden lang, mit einigen spektakulären Passagen, etwa an der romantischen Brèche Imbert mit ihren steilen Leitern. Achtung: Im Sommer kann's in der Schlucht sehr heiß werden; also ausreichend Getränke mitnehmen!

Vom Chalet de la Maline zunächst in Kehren steil hinab zum Verdon. Die Abzweigung zur Hängebrücke von Estellié bleibt rechts; der »Sentier Martel« führt flussaufwärts durch den romantischen Pas des Cavaliers. Dahinter geht rechts der Stichweg zur Mescla ab (sehr lohnend, 30 Min. hin und zurück). Nun steil hinauf zur Brèche Imbert mit einmaligem Tiefblick auf den Verdon. Aus der Scharte über 249 Leiterntritte steil, aber nicht ausgesetzt abwärts, unter Felsen hindurch und mit einer kurzen Gegensteigung zum »plage«. Nun etwa zwei Kilometer fast eben flussaufwärts zum Chaos de Trescaïre und durch einen 100 Meter langen Tunnel weiter zum wildesten Engpass der Klamm, dem Couloir Samson. Zwischen den himmelhoch ragenden Felsmauern verschwindet der »Sentier Martel« erneut im Berg (Leiternzugang zur Taubenhöhle). Schließlich über Treppen hinunter zum Verdon, kurz an seinem Ufer entlang und hinauf zum Point Sublime, wo der Weg endet. Zurück zum Chalet de Maline per Taxi.

Der Wüstenberg

38 Mont Pelat, 3050 m

Schön ist der Berg auf gar keinen Fall, und dennoch geht von dem mächtigen Geröllhaufen eine eigenartige Faszination aus. Hier zeigt sich der Süden der Westalpen von seiner »afrikanischen« Seite, als Steinwüste unter sengender Sonne. Was für ein Kontrast zu dem von lichtem Lärchenwald umrahmten, türkisblauen Lac d'Allos!

Wichtig: Früh losgehen, denn im Sommer verwandelt sich der Schutthang in einen riesigen Glutofen. Getränke!

Die Gipfeltour beginnt am Nordufer des Sees, zu dem man vom Endpunkt der Straße leicht in einer halben Stunde aufsteigt. Zunächst fast eben in den Graben von Méouille, dann im weiten Bogen zu einer Weggabelung. Hier links zur Barre du Pelat, zwischen den Felsstufen hinauf und in weiten Schleifen über den Geröllhang zum Gipfel.

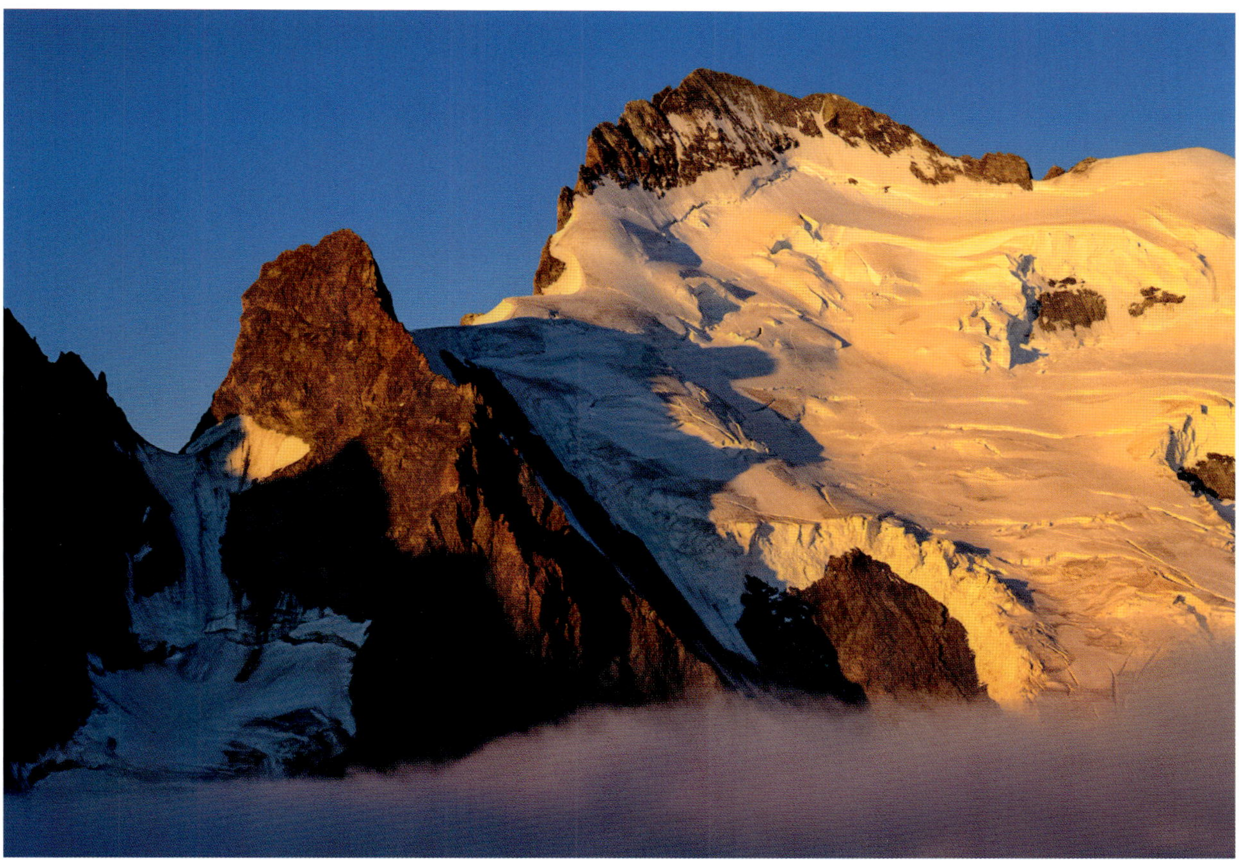

Im Pelvoux-Massiv steht der südlichste Viertausender der Alpen (Barre des Ecrins, 4102 m).

Das Tal der Wunder

46 Vallée des Merveilles; Baisse de Valmasque, 2549 m

Gar keine Frage: eine wunderbare Tour, bestimmt eine der lohnendsten Wanderungen in den Alpes Maritimes, sehr alpin, aber trotzdem bereits geprägt von der Nähe des Mittelmeers. Besucht wird die Gegend ja bereits seit Jahrtausenden, was durch unzählige Felsgravuren im Vallée des Merveilles und am Mont Bégo belegt ist. Am Anstieg vom Refuge des Merveilles zur Baisse de Valmasque kann man einige besonders gut erhaltene Zeichnungen bewundern. Am Pass oben geht der Blick dann über die drei (Stau-)Seen, die aus der Frühzeit der Wasserkraftnutzung stammen (1909–1915): moderne Zeichen am Berg?

Die große Runde beginnt gemütlich mit dem Anstieg durch den Vallon de la Minière. Etwa auf halber Strecke zwischen dem Lac des Mesches und dem Refuge des Merveilles signalisiert eine große Tafel die Grenze des Nationalparks Mercantour, ein Stück weiter lassen sich dann die ausholenden Schleifen der Fahrspur auf einem schmalen Pfad abkürzen. Hinter der Hütte in einem Bogen ins Vallée des Merveilles, zuletzt steil hinauf in die Baisse de Valmasque (2549 m). Aus der Baisse nördlich hinab und auf schönem Weg an den drei Stauseen vorbei. Das Refuge Valmasque bleibt links; über den Serpentinenweg wandert man bergab ins Valmasque und auf einer alten Kriegsstraße hinaus nach Casterino. Zuletzt auf Asphalt zurück zum Lac des Mesches.

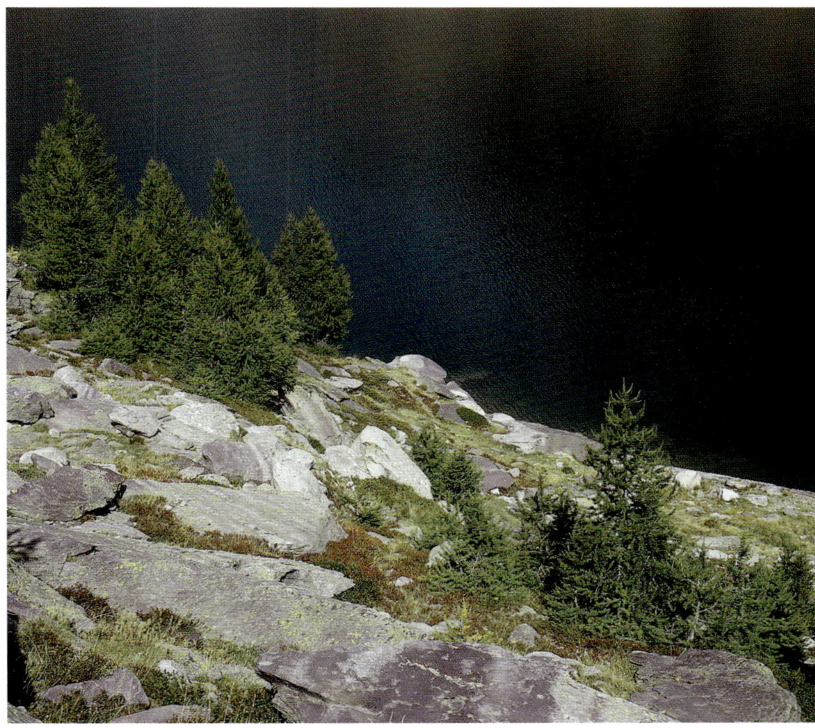

Im »Tal der Wunder« (Vallée des Merveilles) liegt der Lac Long supérieur.

Briançonnais – Queyras

Tourenziel/Charakteristik	Ausgangspunkt	Wegverlauf & Gehzeit	Markierung	Einkehr am Weg
1 Col d'Arsine, 2340 m Übergang vom Guisane- ins Romanchetal; von der Scheitelhöhe Prachtblick auf La Grande Ruine (3765 m) und Pic Gaspard	Le Casset (1512 m), Weiler im obersten Guisanetal, 17 km von Briançon (1326 m, Bus)	Le Casset – Col d'Arsine (2 3/4 Std.); Abstieg auf dem gleichen Weg (gesamt 4 1/2 Std.)	Rot-weiße Mark., GR 54	
2 Rund um die Aiguillette du Lauzet Wanderrunde mit prächtiger Aussicht auf das Pelvoux-Massiv (Massif des Ecrins)	Pont de l'Alpe (1710 m) an der Strecke zum Col du Lautaret, 20 km von Briançon (1326 m, Bus)	Pont de l'Alpe – Alpe du Lauzet (1940 m; 3/4 Std.) – »Sentier du Roy« – Col de l'Aiguillette (2534 m; 3 Std.) – Col du Chardonnet Sud (2638 m; 3 1/2 Std.) – Alpe du Lauzet – Pont de l'Alpe (5 Std.)	GR 50 und GR 57 rot-weiße Mark.	
3 Crête de Peyrolle, 2645 m Große Wanderrunde an dem felsigen Kamm zwischen Guisane- und Claréetal. Herrliche Aus- und Tiefblicke	Les Etieux (1847 m), Zufahrt von Briançon (1326 m, Bus) über die schmale und kurvenreiche D 232T, ca. 7 km	Les Etieux – Croix de Toulouse (1962 m) – Grande Peyrolle (2645 m; 2 1/2 Std.) – Col de Barteaux (2382 m; 3 3/4 Std.) – Les Etieux (6 1/2 Std.)	Gratweg rot-weiß, GR 5C	
4 Lac Blanc, 2695 m Ausgedehnte Talwanderung in wildromantischer Kulisse; kleiner Abstecher zum Col du Vallon (2645 m; 1/2 Std.) empfehlenswert	Névache (1650 m, Bus) im Vallée de la Clarée, 21 km von Briançon	Névache – Chalets du Vallon (2174 m; 2 Std.) – Lac Blanc (4 Std.); Abstieg auf dem gleichen Weg (gesamt 7 Std.)	GR 57A, rot-weiße Mark.	
5 Mont Thabor, 3178 m Berühmter Aussichtsgipfel zwischen den großen Westalpenmassiven der Vanoise und des Pelvoux. Im Frühsommer meistens noch Schnee am Schlussanstieg	Granges de la Vallée Etroite (1765 m), Zufahrt von Bardonecchia 10 km, von Briançon über den Col de l'Echelle (1762 m) 35 km	Granges de la Vallée Etroite – Maison des Chamois (2118 m; 1 1/2 Std.) – Col des Méandes (2719 m; 3 1/2 Std.) – Mont Thabor (4 3/4 Std.); Abstieg auf dem gleichen Weg (gesamt 7 1/4 Std.)	Rot-weiße Mark., teilweise GR 57	Granges de la Vallée Etroite (1765 m)
6 Sommet du Charra, 2844 m Interessante Runde am Grenzkamm zu Italien; Aufstieg zum Col de la Grande Hoche über einen rekonstruierten Kriegssteig (»Ferrata degli Alpini«). Am Gipfelgrat leichte Felsen; insgesamt anspruchsvolle Tour, aber kein echter Klettersteig	Plampinet (1482 m, Bus), Weiler im Vallée de la Clarée, 15 km von Briançon. Sträßchen ins Val des Acles gesperrt	Plampinet – St-Roch (1846 m; 1 1/4 Std.) – Col des Acles (2212 m) – Passo della Mulattiera (2412 m; 2 3/4 Std.) – Col de la Grande Hoche (2642 m) – Sommet du Charra (4 1/4 Std.) – Col de la Grande Hoche – Val des Acles – Plampinet (7 1/4 Std.)	GR 5B mit rot-weißen Mark. bis in den Col des Acles, dann nurmehr spärliche Bez.	
7 Mont Chaberton, 3131 m Stattlicher Dreitausender, ganz unverkennbar mit seiner »Festungskrone«, großes Panorama	Montgenèvre (1850 m, Bus), Skistation am gleichnamigen Alpenübergang (Briançon – Susa)	Montgenèvre – Sept Fontaines (2253 m; 1 1/2 Std.) – Col du Chaberton (2674 m; 2 3/4 Std.) – Mont Chaberton (4 1/4 Std.); Abstieg auf dem gleichen Weg (6 3/4 Std.)	Bis zum Col du Chaberton rot-weiße Mark., dann alte Kriegsstraße	
8 Sommet des Anges, 2459 m Die Festungstour! Briançon, selbst Festung, ist von einem ganzen Kranz von Forts umgeben. Besichtigung teilweise möglich, schöne Aussicht über das Briançonnais. Lässt sich beliebig variieren. Praktisch: ein Bike!	Briançon (1326 m, Bus), malerisches Städtchen, mauerumgürtet und von einer Zitadelle überragt	Briançon – Fort de Randouillet (1604 m; 1 1/2 Std.)- Fort d'Anjou – Fort de l'Infernet (2377 m; 3 1/2 Std.) – Fort du Gondran (2459 m; 5 Std.) – Poët Morand (1929 m) – Briançon (8 Std.)	Militärstraßen	
9 Refuge du Glacier Blanc, 2542 m Beliebte Hüttenwanderung im Pelvoux-Massiv, führt unmittelbar an der Zunge des Glacier Blanc vorbei	Pré de Madame Carle (1874 m), Zufahrt von Argentière-la-Bessée (978 m, Bus) durch das Vallouise 24 km	Pré de Madame Carle – Ref. du Glacier Blanc (2 Std.); Abstieg auf dem gleichen Weg (gesamt 3 1/4 Std.)	Rot-weiße Mark.	Ref. Cézanne (1874 m), Ref. du Glacier Blanc (2542 m)
10 La Blanche, 2953 m Einer der schönsten Aussichtsgipfel des Briançonnais; Aufstieg etwas monoton, Panorama superb	Puy-Aillaud (1580 m), Weiler im unteren Vallouise, 15 km von Argentère-la-Bessée (978 m, Bus)	Puy-Aillaud – Croix du Chastellet (2475 m; 2 1/2 Std.) – La Blanche (4 Std.); Abstieg auf dem gleichen Weg (gesamt 6 1/2 Std.)	Mark. Weg	
11 Sommet de la Lauzière, 2576 m Höhenwanderung mit schönem Blick über das Queyras, im Süden der Monviso	Sessellift Bergstation des Gilly-Sessellifts (2020 m), Talstation Abriès (1538 m, Bus)	Liftstation – Gilly (2467 m; 1 1/4 Std.) – Sommet de la Lauzière (2576 m) – La Monta (1661 m; 3 1/4 Std.) – Abriès (4 1/2 Std.)	Rot-weiß, GR 58D	Ristolas (1604 m)
12 Le Pain de Sucre, 3208 m Grenzgipfel mit großem Panorama der Cottischen Alpen; dominierend der Montviso. Einige leichte Kletterstellen (I), viel Geröll	Ref. Agnel (2580 m) an der Nordwestrampe der Straße zum Col Agnel (2744 m), 23 km von Château-Queyras	Ref. Agnel – Col Vieux (2806 m; 1 Std.) – Pain de Sucre (2 1/2 Std.); Abstieg auf dem gleichen Weg (gesamt 4 Std.)	Mark. Weg	Ref. Agnel (2580 m)

Tourenziel/Charakteristik	Ausgangspunkt	Wegverlauf & Gehzeit	Markierung	Einkehr am Weg	
13 Tête de la Cula, 3121 m Ein malerisches Tal und ein schöner Gipfel, dazu im Frühsommer eine üppige Flora – und viel Bergesruh'	Parkplatz im Val Cristillan (Les Claux, 2010 m), 7 km von Ceillac (1643 m, 🚌)	Les Claux – Ancienne Cabane des Douanes (2620 m; 2 ¼ Std.) – Tête de la Cula (3 ¾ Std.); Abstieg auf dem gleichen Weg (gesamt 6 Std.)	Spärlich bez.		
14 La Mortice Nord, 3186 m Anspruchsvolle Runde in grandioser Kulisse; am Übergang vom Lac Vert über den Nordrücken der Mortice (3186 m) leichte Kletterpassagen (I–II). Beide Pässe sind für sich lohnende Wanderziele.	Val d'Escreins (1781 m), Zufahrt von Guillestre (1040 m, 🚌) 12 km. Wanderparkplatz im Naturpark Val d'Escreins	Val d'Escreins – Col des Houerts (2871 m; 3 ¼ Std.) – Lac Vert (2677 m; 3 ½ Std.) – Scharte (3061 m; 4 ¾ Std.) – Mortice Nord – Col de Sarenne (2674 m; 6 Std.) – Vallon Laugier – Val d'Escreins (8 ¼ Std.)	Beide Passwege mark., Übergang nur ein paar Steinmännchen.		Briançonnais – Queyras
15 Pic d'Escreins, 2734 m Landschaftlich sehr reizvolle, aber ziemlich lange Gipfeltour; besonders dankbar die Überschreitung nach Ceillac (gesamt 6 ½ Std.)	Val d'Escreins (1781 m), Zufahrt von Guillestre (1040 m, 🚌) 12 km. Wanderparkplatz im Naturpark Val d'Escreins	Val d'Escreins – Südwestsporn Sommet de Cugulet (2201 m; 2 Std.) – Sommet de Cugulet (2520 m; 3 Std.) – Pic d'Escreins (4 Std.); Abstieg auf dem gleichen Weg (gesamt 7 Std.)	Mark. Weg		
16 Mont Guillaume, 2550 m Der schönste Aussichtsberg des Embrunais; faszinierend der Blick auf den mehrarmigen Stausee von Serre Ponçon	Chalets de Pré Clos (1587 m), Zufahrt von Embrun (870 m, 🚌) 11 km. Wanderparkplatz.	Chalets de Pré Clos – Les Séyères – Mont Guillaume (3 Std.) – Col de Trempa-Latz (2537 m; 3 ½ Std.) – Chalets de Pré Clos (5 ¼ Std.)	Wegsuche erforderlich, da schlecht mark.		
17 Val de la Muande Etwas für Liebhaber einsamer Wandertage; herrliche Flora, Überreste der aufgegebenen Berglandwirtschaft. Ausdauer für die lange Rundtour notwendig	Molines-en-Champsaur (1222 m), 10 km von St-Bonnet via La-Motte-en-Champsaur. Parkplatz vor dem Weiler	Parkplatz – Val de la Muande – Cabane de Londonnière (1532 m) – Le Sellon – Bois du Roy – Parkplatz (7 Std.)	Schlecht bez. Weg, etwas für Spurensucher		
18 Refuge de Vallonpierre, 2271 m Interessante Hüttenrunde unter der wilden, stark vergletscherten Nordflanke des Sirac (3440 m). Vom Ref. de Chabournéou Prachtblick über das innere Valgaudemar	Ref. Xavier Blanc (1399 m) im innersten Valgaudemar, Zufahrt über La Chapelle-en-Valgaudemar (1091 m, 🚌)	Ref. Xavier Blanc – Ref. de Vallonpierre (2 ¾ Std.) – Ref. de Chabournéou (4 ¼ Std.) – Ref. Xavier Blanc (5 ¾ Std.)	Rot-weiße Mark.	Ref. Xavier Blanc (1399 m), Ref. de Vallonpierre (2271 m), Ref. de Chabournéou (2050 m)	
19 Col de Chétive, 1853 m – Chaudan Ausgedehnte Wanderrunde im Dévoluy, vom Bois Poligny ins Tal des Petit Buëch. Mufflonkolonie, reiche Flora, Versteinerungen	Bois de Poligny (ca. 1375 m), Zufahrt von St-Bonnet (1025 m, 🚌) via Poligny ca. 8 km. Parkplatz	Bois de Poligny – Col de Chétive (1853; 1 ¾ Std.) – Petit Buëch (1266 m) – Chaudan (1313 m) – Col de Chétive (6 Std.) – Bois de Poligny (7 ½ Std.)	Mark. Wege, teilweise GR 93 rot-weiß		Rund um Gap
20 Bric de Bure, 2709 m Höchster Punkt der Montagne d'Aurouze mit großem Panorama, eigenartiges Hochplateau (oft sehr windig). Am Westgipfel (2563 m) Radioteleskop	Maison des Sauvas (1343 m), Zufahrt von Montmaur an der Strecke Gap – Serres über den Col des Gaspardon (1433 m) 10 km	Maison des Sauvas – Bric de Bure (4 ¼ Std.); Abstieg auf dem gleichen Weg (gesamt 7 Std.)	Rot-weiße Mark., GR 94B		
21 Cirque d'Archiane, 1160 m Eindrucksvoller Talschluss im Süden des Vercors, von hohen Wänden und bizarren Felsen umschlossen. Vom Belvédère fantastischer Blick auf den Cirque	Archiane (784 m), Zufahrt von Menée (636 m, 🚌) an der Strecke Clelles – Châtillon-en-Diois 5 km. Parkplatz vor dem Weiler	Archiane – Abzweigung vor Bénevise (1 Std.) – Belvédère (1160 m; 1 ½ Std.); Abstieg auf dem gleichen Weg (gesamt 2 ¾ Std.)	Bis Bénevise GR 93 rot-weiß, dann unmarkiert, aber Wegzeiger	Archiane (784 m)	
22 Pic de Céüse, 2016 m Wie ein Hörnchen gebogener Bergkamm im Westen von Gap mit schönem Mischwald. Exponierte Bänder am Pas du Loup	Manteyer (1013 m, 🚌), Zufahrt von Gap 11 km	Manteyer – Pic de Céüse (3 Std.); Abstieg auf dem gleichen Weg (gesamt 5 Std.)	Gelbe Mark.		
23 Les Eaux Tortes, 2251 m Rundwanderung im Südwesten von Barcelonnette, stimmungsvolle Landschaft unter den kahlen Gipfeln der Trois Evêches (2819 m) und des Tête de l'Estrop (2927 m). Uraltes Bauernland, mäandernde Bäche	Abbaye de Laverq (ca. 1580 m), schmale Zufahrt von Le Martinet (972 m) an der Strecke Lac de Serre Ponçon – Barcelonnette, 10 km	Laverq – Plan Bas (1839 m; 1 ¾ Std.) – Les Eaux Tortes (3 Std.) – Cabane de la Séléta (2243 m; 3 ½ Std.) – Plan Bas (4 ¼ Std.) – Laverq (5 ¾ Std.)	Gut mark. Wege	Laverq	Ubaye
24 Grande Séolane, 2909 m Aussichtsreiche Kamm- und Gipfelwanderung über den Tälern der Ubaye und des Verdon. Sehr sonnig, zuletzt leichte Felspassagen (I)	Col d'Allos (2240 m), Übergang von Barcelonnette (1136 m, 🚌) ins Hochtal des Verdon	Col d'Allos – Tête de Vescal (2516 m; 1 Std.) – Col de la Sestrière (1 ½ Std.) – Col des Thuiles (2376 m; 2 ¼ Std.) – Grande Séolane (4 ¼ Std.); Rückweg auf der gleichen Route (gesamt 7 ½ Std.)	Rot-weiß mit GR 56 bis Col des Thuiles, dann gelbe Bez.	Col d'Allos (2240 m)	

	Tourenziel/Charakteristik	Ausgangspunkt	Wegverlauf & Gehzeit	Markierung	Einkehr am Weg
Ubaye	**25 Lac des Neuf Couleurs, 2841 m** Hütten- und Seenwanderung vor grandioser Hochgebirgskulisse. Geübte besteigen vom Ref. du Chambeyron aus den Pointe d'Aval (3320 m; 2 1/2 Std., Spur)	Fouillouse (1907 m), Weiler im obersten Ubayetal, 7,5 km von St-Paul (1466 m,)	Fouillouse – Ref. de Chambeyron (2 1/2 Std.) – Lac des Neuf Couleurs (3 1/2 Std.); Abstieg auf dem gleichen Weg (gesamt 5 3/4 Std.)	Rot-weiße Mark.	Ref. de Chambeyron (2626 m), bew. Mitte Juni bis Mitte September
Ubaye	**26 Bric de Rubren, 3340 m** Großes Gipfelziel im Hauptkamm der Cottischen Alpen, grandios-einsame Landschaft. Viel Ausdauer notwendig. Für Konditionsriesen Rückweg über Pas de Salsa (3175 m) und Lac du Loup möglich (10 Std.)	Maljasset (1910 m), hinterster Weiler im Ubaye, 36 km von Barcelonnette (1136 m,)	Maljasset – Ubayebrücke (2196 m; 1 3/4 Std.) – Cabane de Rubren (2449 m; 2 1/4 Std.) – Pas de Mongioia (3085 m; 4 1/4 Std.) – Bric de Rubren (5 1/4 Std.); Abstieg auf dem gleichen Weg (gesamt 8 3/4 Std.)	Mark. Weg	
Ubaye	**27 Rund um die Rochers de St-Ours** Faszinierendes Ödland: Felsen, Geröll – und darüber der blaue Himmel der Provence. Ausdauer erforderlich	St-Ours (1775 m), Weiler im Hochtal der Ubayette; Zufahrt von Barcelonnette via Jausiers und Meyronnes, 25 km	St-Ours – Col du Vallonnet (2524 m; 2 1/4 Std.) – Fouillouse (1907 m; 3 3/4 Std.) – Col de Mirandol (2433 m; 5 1/2 Std.) – St-Ours (6 3/4 Std.)	Mark. Wege, GR rot-weiß	Fouillouse (1907 m)
Ubaye	**28 Lac de l'Orrenaye, 2411 m** Gemütliche Talwanderung, stimmungsvoll der Lac de l'Orrenaye, faszinierend der wild zerklüftete Bergstock des Tête de Moïse	Parkplatz (1948 m) am Col de Larche, knapp vor der Scheitelhöhe, von Barcelonnette 33 km	Col de Larche – Lac de l'Orrenaye (2 Std.); Abstieg auf dem gleichen Weg (gesamt 3 1/2 Std.)	Mark. Weg	
Ubaye	**29 Dormillouse, 2505 m** Aussichtsgipfel über dem untersten Ubayetal mit Tiefblick auf den Lac de Serre Ponçon, in Verbindung mit der Seenrunde besonders lohnend. Ab Col de St-Jean gesamt 8 Std.	Bergstation der Télésiège du Belvédère (2060 m), Talstation Col de St-Jean (1333 m) an der Strecke Le Lauzet-Ubaye – Seyne	Liftstation – Dormillouse (1 1/2 Std.) – Lac du Milieu (2053 m; 2 1/2 Std.) – Vallon de Provence – Col Bas (2153 m; 3 1/2 Std.) – Liftstation (4 1/4 Std.)	Mark. Wege	
Rund um Digne – Verdon	**30 Pic des Têtes, 2661 m** Hauptgipfel der Montagne de la Blanche mit großer Schau auf die Bergketten des Ubaye und der Gegend um Digne. Viel Geröll, zum Gipfel hin brüchige Felsen	Fahrweg zur Cabane de Mulets; Parkmöglichkeit bei der Brücke hinter den Häusern von Les Martins (ca. 1460 m), 7 km von Seyne	Les Martins – Cabane des Mulets (1710 m; 1 1/2 Std.) – Pic des Têtes (4 Std.); Abstieg auf dem gleichen Weg (gesamt 6 1/2 Std.)	Mark. Route	
Rund um Digne – Verdon	**31 Les Monges, 2111 m** Recht ausgedehnte, abwechslungsreiche Wanderung auf einen dankbaren Aussichtsgipfel. Stimmungsvoll der Lac des Monges	Barles (998 m,), kleines Dorf an der Strecke Digne – Seyne. Sehenswert: die Clues de Barles	Barles – Col de Clapouse (1692 m; 2 1/4 Std.) – Lac des Monges (1544 m; 3 Std.) – Les Monges (5 Std.) – Col de Clapouse (5 3/4 Std.) – Barles (7 Std.)	Gelbe Mark., GR 6 rot-weiß	
Rund um Digne – Verdon	**32 Sommet de Cousson, 1516 m** Belvedere über dem weiten Talbecken von Digne. Die Gegend ist geologisch hochinteressant; es besteht ein 1500 qkm großes »Réserve Géologique«.	Digne-les-Bains (608 m,), Lavendelstadt an der Bléone. Sehenswert: Historischer Ortskern, Museum der Orientalistin Alexandra David-Neél	Digne – Sommet de Cousson (2 3/4 Std.); Abstieg auf dem gleichen Weg (gesamt 4 1/2 Std.)	Gelbe und rot-weiße Mark.	
Rund um Digne – Verdon	**33 Gorges du Trévans** Spannende Klammwanderung, Schwindelfreiheit und ein sicherer Tritt sind wichtig. Kurze gesicherte Passage; alternativ Rückweg von der Naturbrücke via Gros Jas (914 m) und Trévans möglich (mark.)	Estoublon (508 m,), Dorf im Tal der Asse, 21 km von Digne. Auf schmalem Sträßchen taleinwärts, 4 km bis zum Ausgangspunkt des Schluchtweges	Parkplatz – St-André – Gorges du Trévans – Pont de Tuf (806 m; 3 Std.) – Tourquet – Parkplatz (5 1/4 Std.)	Gute Mark. rot, gelb und grün	
Rund um Digne – Verdon	**34 Le Chiran, 1905 m** Einer der schönsten Aussichtspunkte der Region; am Gipfel Observatorium (Übernachtung mit Blick ins Firmament möglich, Infos in Castellane)	Blieux (965 m), Zufahrt von Barrême (720 m) via La Tuilière (809 m) 15 km	Blieux – Le Villard (1356 m) – Portail de Blieux (1595 m; 3 Std.) – Chiran (4 Std.); Abstieg auf dem gleichen Weg (gesamt 7 Std.)	Mark. Wege	Blieux (965 m)
Rund um Digne – Verdon	**35 Sentier Blanc-Martel** Die Tour im Grand Canyon du Verdon schlechthin; Trittsicherheit erforderlich, für die Tunnels Taschenlampe. Im Sommer sehr heiß!	Chalet de la Maline (893 m) an der »Route des Crêtes«, 33 km von Castellane. Rückfahrt vom Point Sublime per Taxi	Chalet de la Maline – »Sentier Blanc-Martel« – Brèche Imbert (710 m) – Point Sublime (6 Std.)	Mark., nicht zu verfehlen!	Chalet de la Maline (893 m), Point Sublime
Rund um Digne – Verdon	**36 Sentier de l'Imbut** Kürzer, aber etwas anspruchsvoller als der »Sentier Martel«, am »Sentier de l'Imbut« gesicherte Passagen, ebenso im Aufstieg zur »Corniche Sublime«	Auberge des Cavaliers (802 m) an der »Corniche Sublime«, 40 km von Castellane	Cavaliers – Passerelle de l'Estellié (3/4 Std.) – Imbut (2 1/4 Std.) – »Corniche Sublime« (3 1/4 Std.) – Cavaliers (4 Std.)	Mark. Wege	Auberge des Cavaliers (802 m)

Tourenziel/Charakteristik	Ausgangspunkt	Wegverlauf & Gehzeit	Markierung	Einkehr am Weg	
37 Cadières de Brandis, 1545 m Abwechslungsreiche Runde, die ein gutes Bild der provenzalischen Berglandschaft vermittelt. Einige originelle Passagen, der höchste Punkt des Bergstocks (1626 m) wird nicht betreten. In den Wäldern der Region zahlreiche Wildschweine (sangliers)	Col des Lèques (1146 m,), Übergang von Castellane nach Barrême an der »Route Napoléon«	Col des Lèques – Crête de Colle Bernaiche – Cadières de Brandis (1 3/4 Std.) – Col des Lèques (3 3/4 Std.)	Gelbe Mark.	Col des Lèques (1146 m)	Rund um Digne – Verdon
38 Mont Pelat, 3050 m Geröllhaufen mit großer Aussicht, unbedingt früh starten (Sonne)! Auch die Wanderung zum Lac d'Allos sehr lohnend. Alternativer Ausgangspunkt ist der Col de la Cayolle (2326 m), 2 3/4 Std. über den Col de la Petite Cayolle, mark.	Parkplatz am Endpunkt des Serpentinensträßchens zum Lac d'Allos (ca. 2100 m), 13 km von Allos (1425 m,)	Parkplatz – Lac d'Allos (2230 m; 1/2 Std.) – Mont Pelat (3 Std.); Abstieg auf dem gleichen Weg (gesamt 5 Std.)	Mark. Weg	Ref. du Lac d'Allos (2250 m)	
39 Gorges de St-Pierre Abwechslungsreiche Höhen- und Klammwanderung; ein sicherer Tritt und Schwindelfreiheit sind unerlässlich. Viele Gämsen, im Frühsommer eine reiche südalpine Flora	Beauvezer (1150 m,), Dorf am Verdon, 24 km von St-André-les-Alpes	Beauvezer – Le Couguyon (2147 m; 3 Std.) – Cabane de Chabanal (1905 m; 4 Std.) – Gorges de St-Pierre – Villars Heyssier (6 Std.) – Beauvezer (6 1/2 Std.)	Mark. Wege		
40 Sommet de la Mulatière, 2283 m Wanderrunde an dem hohen Kamm der Montagne du Cheval Blanc; schöne Kiefernwälder. Ausdauer notwendig	Château Garnier (1098 m,) bei Thorame-Basse (1126 m), Zufahrt von St-André-les-Alpes 14 km	Château Garnier – Cabane du Cheval Blanc (1850 m; 2 1/2 Std.) – Sommet de la Mulatière (2283 m; 4 1/2 Std.) – Baisse de Paluet (2197 m; 4 3/4 Std.) – Château Garnier (7 3/4 Std.)	Mark. Wege		
41 Rund um die Montagne de l'Estrop Abwechslungsreiche Wanderrunde durch eine einsame Bergregion von archaischer Wildheit. Am Col de la Roche Trouée leichte Felsen	Ref. d'Estenc (1845 m) an der Straße von Entraunes zum Col de la Cayolle	Ref. d'Estenc – Col de la Roche Trouée (2 3/4 Std.) – Ref. de Gialorgues (2283 m; 3 1/4 Std.) – Col de Gialorgues (2519 m; 4 Std.) – Ref. d'Estenc (5 3/4 Std.)	Mark. Wege	Ref. d'Estenc (1845 m)	Seealpen
42 Ravin de la Grave Interessantes, sehr abgelegenes Hochtal; malerisches Alpdörfchen Aurent, Überreste einer Römersiedlung bei Argenton, Kastanienhaine. Lohnende Abstecher von Aurent zu den Cascades de Coulomp (1 Std.) und zu den verfallenen Cabanes de Pray (1597 m; 1 1/2 Std.)	Col du Fam (1320 m), Zufahrt von Enriez via Castillet-les-Sausses knapp 10 km. Unbedingt sehenswert: Daluis-Schluchten	Col du Fam – Aurent (1212 m; 1 1/4 Std.) – Argenton (1323 m; 2 1/2 Std.) – Col du Fam (4 Std.)	Spärlich mark. Wege	Argenton (1323 m)	
43 Lacs de Vens, 2327 m Seenwanderung auf einem alten Militärweg	Parkplatz »Vens« (ca. 1540 m) an der Straße zur Bonette, 8 km	Vens – Lacs de Vens (3 Std.); Abstieg auf dem gleichen Weg (gesamt 5 Std.)	Mark. 21, 23	Ref. de Vens (2380 m)	
44 Refuge de Rabuons, 2523 m Herrlich gelegene Hütte am Lac Rabuons; von der Hütte besteigen Geübte in 2 1/2 Std. den Mont Ténibre (3031 m), den höchsten Gipfel der Gegend (mark., leichte Felsen)	St-Etienne-de-Tinée (1161 m,), Ferienort im oberen Tinéetal	St-Etienne-de-Tinée – Ref. de Rabuons (4 Std.); Abstieg auf dem gleichen Weg (gesamt 6 3/4 Std.)	Mark. Weg	Ref. de Rabuons (2523 m)	
45 Cime de la Valette de Prals, 2496 m Lohnende Gipfelüberschreitung vor dem Hauptkamm der Alpes Maritimes. Teilweise weglos	Madone de Fenestre (1903 m), Zufahrt von St-Martin-Vésubie (960 m,) 13 km	Madone de Fenestre – Baisse de Prals (2339 m; 1 3/4 Std.) – Cime de la Valette de Prals (2 1/4 Std.) – Baisse de Ferisson (2254 m; 3 Std.) – Madone de Fenestre (4 Std.)	Mark. Wege	Ref. de la Madone de Fenestre (1903 m)	
46 Vallée des Merveilles; Baisse de Valmasque, 2549 m Wanderklassiker in den Seealpen. Hochinteressante Felszeichnungen im Vallée des Merveilles und am Mont Bégo (2872 m). Ausdauer notwendig	Lac des Mesches (1390 m), Zufahrt von St-Dalmas-de-Tende (696 m,) 10 km. Parkplatz	Lac des Mesches – Ref. des Merveilles (2 3/4 Std.) – Baisse de Valmasque (4 1/2 Std.) – Ref. de Valmasque (5 3/4 Std.) – Casterino (1543 m; 7 1/2 Std.) – Lac des Mesches (8 1/4 Std.)	Rot-weiße Mark.	Ref. des Merveilles (2111 m), Ref. de Valmasque (2221 m), Casterino (1543 m)	

Das Register umfasst alle Wanderziele. Rif., Ref. etc. sind unter dem Eigennamen verzeichnet.

Impressum

Verantwortlich: Gerhard Hirtlreiter
Redaktion: Andreas Kubin
Layout: Vera Waldmann/Andreas Kubin
Repro: Cromika
Kartografie: Heidi Schmalfuß
Herstellung: Alexander Knoll
Printed in Italy by Printer Trento

Sind Sie mit diesem Titel zufrieden? Dann würden wir uns über Ihre Weiterempfehlung freuen.
Erzählen Sie es im Freundeskreis, berichten Sie Ihrem Buchhändler, oder bewerten Sie bei Onlinekauf. Und wenn Sie Kritik, Korrekturen, Aktualisierungen haben, freuen wir uns über Ihre Nachricht an Eugen E. Hüsler, Ostener Str. 5, 83623 Dietramszell, Tel. 0 80 27/13 69 oder per E-Mail an eugen.huesler@t-online.de

Unser komplettes Programm finden Sie unter 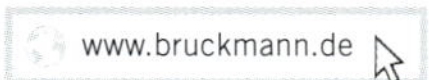

Alle Angaben dieses Werkes wurden vom Autor sorgfältig recherchiert und vom Verlag geprüft. Für die Richtigkeit der Angaben kann jedoch keine Haftung übernommen werden, weshalb die Nutzung auf eigene Gefahr erfolgt.

Autorenempfehlung
Sie sind auf der Suche nach weiterführender Literatur? Dann empfehle ich Ihnen die Titel »Hüttentreks Ostalpen – Bayern und Österreich« und »Hüttentreks Ostalpen – Südtirol und Trentino« von Mark Zahel. Oder Sie werfen einen Blick in die Zeitschrift »Bergsteiger«. Hier werden Sie bestimmt fündig.
Ihr Eugen E. Hüsler

Bildnachweis Alle Bilder im Innenteil stammen von Eugen E. Hüsler mit folgenden Ausnahmen: D. Anker 269; G. Auferbauer 108; W. Heitzmann 115; G. Hirtlreiter 124; M. Kostner 15, 17, 123, 160, 165, 171, 179 u, 180, 185, 186, 194, 205; I. Kürschner/powerpress 47, 217, 218, 244, 247, 267, 277, 282, 287, 289, 295, 299, 308; B. Ritschel 37, 41, 43, 125, 309; Chr. Rolle 36, 79 o, 83 u. 223 o, 237 o, 260, 281 o; A. Strauß 4, 6, 25, 37, 51, 53, 59, 69, 74, 79, 88, 93, 152, 151.
Umschlagvorderseite: Unterwegs am Soomsee/Ötztaler Alpen (Foto: A. Strauß)
Umschlagrückseite: Der Cimon della Pala und die Baita Segantini (Foto: M. Kostner)

Die Deutsche Nationalbibliothek verzeichnet diese Publikation in der Deutschen Nationalbibliografie; detaillierte bibliografische Daten sind im Internet über http://dnb.d-nb.de abrufbar.

ISBN 978-3-7343-1195-6

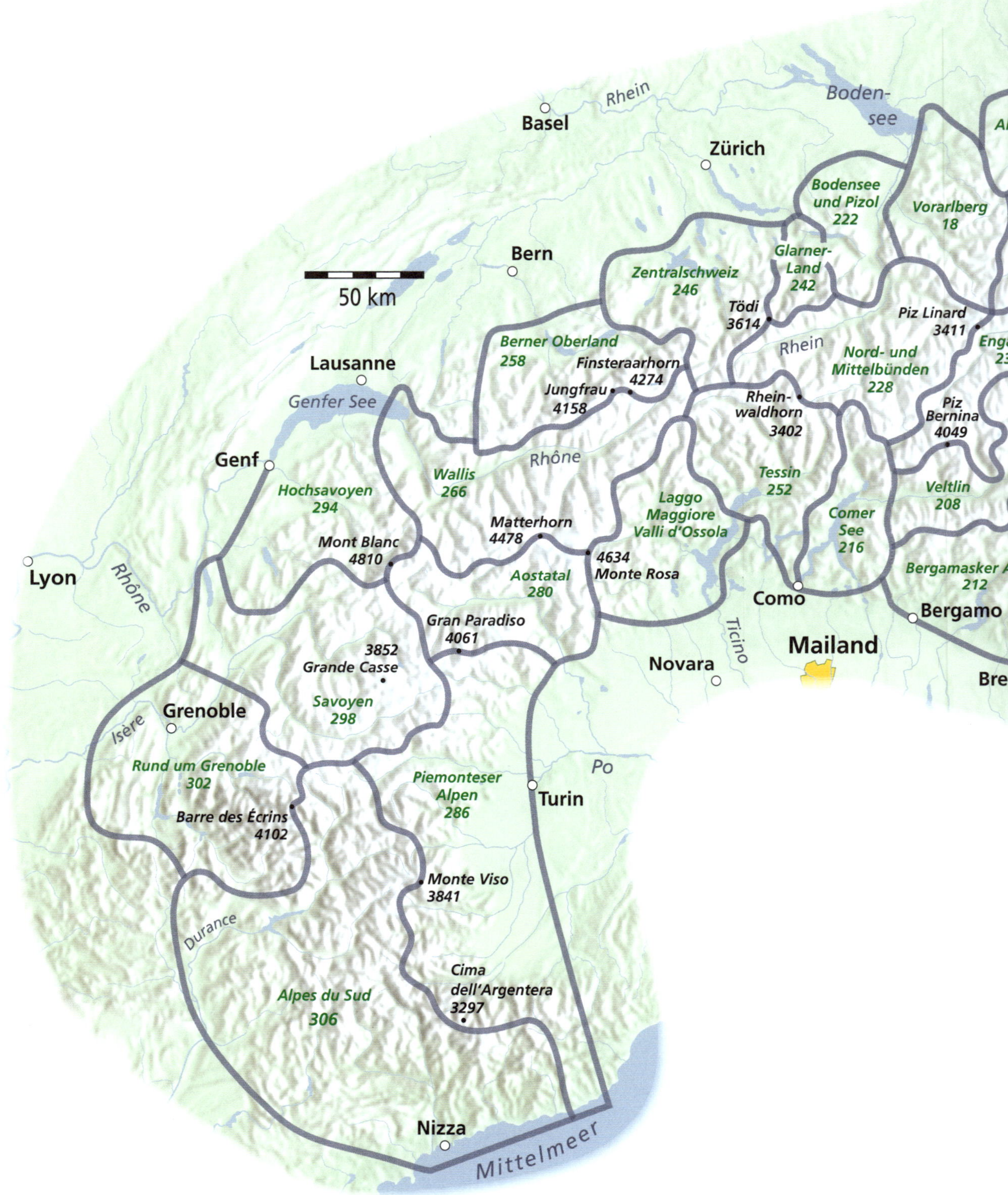

Basel
Rhein
Boden-
see
Zürich
Bodensee
und Pizol
222
Vorarlberg
18
Bern
50 km
Zentralschweiz
246
Glarner-
Land
242
Tödi
3614
Piz Linard
3411
Berner Oberland
258
Finsteraarhorn
4274
Rhein
Nord- und
Mittelbünden
228
Lausanne
Genfer See
Jungfrau
4158
Rhein-
waldhorn
3402
Piz
Bernina
4049
Genf
Rhône
Hochsavoyen
294
Wallis
266
Tessin
252
Veltlin
208
Laggo
Maggiore
Valli d'Ossola
Matterhorn
4478
Comer
See
216
Mont Blanc
4810
4634
Monte Rosa
Aostatal
280
Bergamasker Alp
212
Lyon
Rhône
Como
Bergamo
Gran Paradiso
4061
Ticino
Mailand
3852
Grande Casse
Novara
Savoyen
298
Grenoble
Isère
Rund um Grenoble
302
Piemonteser
Alpen
286
Po
Turin
Barre des Écrins
4102
Monte Viso
3841
Durance
Cima
dell'Argentera
3297
Alpes du Sud
306
Nizza
Mittelmeer